ENCYCLOPÉDIE NATIONALE

DES SCIENCES, DES LETTRES ET DES ARTS

ou

RÉSUMÉ COMPLET DES CONNAISSANCES HUMAINES

comprenant :

L'HISTOIRE, LA BIOGRAPHIE, LA MYTHOLOGIE,
LA GÉOGRAPHIE, LA RHÉTORIQUE, LA PHILOSOPHIE, L'ÉCONOMIE
POLITIQUE, L'ASTRONOMIE, LES MATHÉMATIQUES, LA MÉCANIQUE, LA STATISTIQUE,
LA PHYSIQUE, LA CHIMIE, LA GÉOLOGIE, LA MINÉRALOGIE, LA PHYSIOLOGIE, L'ANATOMIE, LA ZOOLOGIE,
LA BOTANIQUE, LA MÉDECINE, L'ARCHITECTURE, LES ARTS ET MÉTIERS, LE COMMERCE,
L'INDUSTRIE, LA LÉGISLATION, L'AGRICULTURE, LES BEAUX-ARTS,
LA LITTÉRATURE, ETC., ETC., ETC.

Rédigée par une Société de Savants et d'Hommes de Lettres,

SOUS LA DIRECTION DE

M. J.-P. HOUZÉ.

AVEC PLUS DE 1,200 GRAVURES.

En offrant ce nouvel ouvrage au public, nous croyons nécessaire de dire quelques mots sur le but que nous nous proposons. Aujourd'hui, il faut bien le reconnaître, la civilisation intellectuelle est moins avancée que la civilisation sociale. Il existe un nombre immense de citoyens honnêtes, importants par leur travail, leur activité, leur influence même, dont l'instruction n'est pas au niveau de leur situation. C'est donc de la civilisation intellectuelle qu'il faut seconder les progrès. Pour atteindre ce but, il fallait un livre qui s'adressât à ceux dont la vie est pleine et occupée ; qui n'ont que peu de loisirs à consacrer à l'étude et pas de temps à perdre en de vaines recherches. Tel est l'ouvrage que nous offrons aujourd'hui au public. Une ENCYCLOPÉDIE est comme un vaste bazar intellectuel, où les résultats de tous les travaux de l'esprit humain s'offrent en commun au lecteur, et sollicitent à l'envi sa curiosité. Les connaissances de tout genre vont au-devant de lui sans fatigue. — Nous ne chercherons pas à comparer cette Encyclopédie à toutes celles qui l'ont précédée ; notre œuvre ne consiste pas à dénigrer celle des autres, nous leur rendons au contraire pleinement justice, et nous reconnaissons avec plaisir qu'elles nous ont souvent été utiles. Mais jusqu'à ce jour aucun ouvrage de ce genre n'a encore été publié à un prix assez modique pour pouvoir être acquis par la classe de citoyens qui pourrait en tirer la plus grande utilité. — Plusieurs encyclopédies se sont adressées aux *gens du monde*, aux classes riches de la société ; il est temps d'offrir aux classes moins favorisées de la fortune un ouvrage rationnel, basé sur les véritables lumières, donnant de chaque science les principes les plus positifs, les plus avancés, et puisant son esprit général dans l'intérêt bien compris des masses.

L'utilité d'un pareil livre est universellement reconnue ; sans parler de la facilité que présente pour les recherches l'ordre alphabétique, de la prodigieuse économie de temps qui en résulte, il faudrait des milliers de volumes pour remplacer un répertoire bien fait, résumant toutes les connaissances humaines.

Nous avons cru devoir joindre au texte un grand nombre de gravures, surtout pour les arts, la mécanique, la physique, l'histoire naturelle, etc.; car il est des choses que la parole est inhabile à représenter à l'esprit, et que le crayon seul peut peindre aux yeux.

CONDITIONS DE LA SOUSCRIPTION.

L'ENCYCLOPÉDIE NATIONALE paraîtra par livraisons composées de 16 pages d'impression, 32 col., avec gravures dans le texte.

Prix de la livraison : 20 cent.

Cet ouvrage paraîtra aussi par séries de 5 livraisons renfermées dans une couverture imprimée.

Prix de chaque série : 1 fr. 5 cent.

L'ouvrage complet formera 4 magnifiques volumes in-4° de plus de 700 pages, divisés en 150 livraisons ou 30 séries, et contenant la matière de plus de 30 vol. in-8°.

Prix de l'ouvrage complet : 30 fr.

Il commencera à paraître le 10 décembre 1850.

En vente à Paris,

CHEZ **J. BRY** AÎNÉ, ÉDITEUR, **27**, RUE GUÉNÉGAUD.

Paris. — Imprimerie LACOUR et Cᵉ, rue Saint-Hyacinthe-Saint-Michel, 31, et rue Soufflot, 11.

ENCYCLOPÉDIE

NATIONALE.

PARIS. — IMPRIMERIE LACOUR et Cᵉ,
Rue Souflot, 16.

ENCYCLOPÉDIE

NATIONALE

DES SCIENCES, DES LETTRES ET DES ARTS

ou

RÉSUMÉ COMPLET DES CONNAISSANCES HUMAINES

comprenant:

L'HISTOIRE, LA BIOGRAPHIE, LA MYTHOLOGIE,
LA GÉOGRAPHIE, LA RHÉTHORIQUE, LA PHILOSOPHIE, L'ÉCONOMIE
POLITIQUE, L'ASTRONOMIE, LES MATHÉMATIQUES, LA MÉCANIQUE, LA STATISTIQUE,
LA PHYSIQUE, LA CHIMIE, LA GÉOLOGIE, LA MINÉRALOGIE, LA PHYSIOLOGIE, L'ANATOMIE, LA ZOOLOGIE
LA BOTANIQUE, LA MÉDECINE, L'ARCHITECTURE, LES ARTS ET MÉTIERS, LE COMMERCE,
L'INDUSTRIE, LA LÉGISLATION, L'AGRICULTURE, LES BEAUX-ARTS,
LA LITTÉRATURE, ETC., ETC., ETC.

Rédigée par une Société de Savants et d'Hommes de Lettres,

SOUS LA DIRECTION DE

MM. J.-P. HOUZÉ ET L. BARRÉ.

Tome Premier.

PARIS,

CHEZ **J. BRY** AÎNÉ, ÉDITEUR, RUE GUÉNÉGAUD, 27.

1851.

ENCYCLOPÉDIE NATIONALE

A

A est la première lettre et la première voyelle dans toutes les langues modernes, et dans la plupart des langues anciennes. C'est le son dont l'émission paraît la plus facile, et c'est en effet le premier qui sorte de la bouche des enfants. Cette lettre est une des finales les plus communes dans les idiomes du midi de l'Europe. — Chez les Grecs, le son de la lettre A prononcé par les prêtres pendant le sacrifice était regardé comme de mauvais augure, parce que cette lettre était l'initiale d'*ara* (malédiction). — Chez les Romains, au contraire, c'était une lettre favorable (*littera salutaris*), parce que dans les tribunaux les bulletins en faveur de l'accusé étaient marqués d'un A, lettre initiale du mot *absolvo* (j'absous). — Comme lettre numérale, l'A des Grecs (*alpha*) valait *un* s'il portait l'accent en dessus, et 1,000 s'il le portait en dessous. Chez les Romains il valait 500, et surmonté d'un trait horizontal A͞, il valait 5,000. — Dans notre langue, A considéré comme mot est verbe ou préposition. A,

troisième personne du singulier au présent de l'indicatif du verbe *avoir*, n'a point d'accent. A préposition prend l'accent grave. — On a calculé que le douzième des mots français commence par cette lettre.

AALBORG. Voyez *Jutland*.

AAR (en latin *Arola* ou *Arula*), rivière importante de la Suisse, qui prend sa source au mont Grimsel, traverse Berne et Soleure, et se jette dans le Rhin à Coblentz, après un cours de 60 lieues.

AARAU. Voyez *Argovie*.

AARON, grand-prêtre des Juifs et frère de Moïse, naquit l'an 1575 av. J.-C. Il accompagna partout son frère, et ne joua qu'un rôle secondaire. Pendant l'absence de Moïse, qui était en prières sur le mont Sinaï, le peuple israélite se révolta contre Aaron et le força à construire un veau d'or qui fut adoré en place du vrai Dieu. A son retour, Moïse entra dans une grande colère, mais Aaron s'excusa sur la violence qui lui avait été faite, et à cause de son repentir, il ne fut pas enveloppé dans le châtiment qui atteignit les coupables. Les autres événements de la vie d'Aaron se rattachent à l'histoire de Moïse. Comme son frère, il fut privé du bonheur d'entrer dans la terre promise; châtiment que leur attira leur manque de foi dans les promesses de Dieu. Lorsque les Hébreux, continuant leur route vers Chanaan, furent arrivés auprès de la montagne de Hor, Dieu fit connaître à Moïse qu'il était temps qu'Aaron mourût. Ils montèrent donc tous deux sur la montagne, accompagnés d'Eléazar, fils d'Aaron. Le grand-prêtre étant mort Moïse revêtit Eléazar de ses habits sacerdotaux et revint avec lui au camp, où l'on observa un deuil de trente jours. C'est en l'an 1451 av. J.-C. que mourut Aaron, âgé de 123 ans.

AARON. Voyez *Haroun-al-Rachid*.

ABAJOUES (zool.). On nomme ainsi les poches que certains mammifères portent aux deux côtés intérieurs de la bouche. Presque tous les singes de l'ancien continent et quelques rongeurs en sont pourvus. Ces poches servent à ces animaux comme de garde-manger pour la conservation de leurs aliments.

ABANCOURT (de Franqueville d'), né à Douai en 1758, était neveu de Calonne. Ses opinions avancées lui valurent le ministère après la journée du 20 juin 1792. Décrété d'accusation le 10 août de la même année, il fut arrêté et conduit dans les prisons de la Force. Le 9 septembre suivant, il fut massacré à Versailles avec les autres prisonniers de la Haute-Cour.

ABAQUE (du grec *abax*, tablette). On donne ce nom au couronnement du chapiteau d'une colonne (voyez *Chapiteau*); il porte aussi le nom de *tailloir*.
Abaque est aussi le nom d'une machine à calculer. Voyez *Calcul* (machines à).

ABAT-JOUR, baie de fenêtre dont les bords sont taillés en talus pour permettre plus facilement l'accès de la lumière extérieure.
On donne également ce nom aux réflecteurs adaptés aux divers appareils d'éclairage qui ont pour but de renvoyer en bas les rayons lumineux.

ABATIS se dit de la coupe d'un bois ou d'une forêt. — *Abatis*, en terme de guerre, se dit des arbres entassés pour entraver la marche de l'ennemi. Les anciens historiens parlent des *abatis* comme d'un moyen de défense très commun chez tous les peuples. Jules César en tira de grands avantages au siège d'Alesia et dans son expédition contre les Morins (*De bello gallico III*, 29).

ABATTOIRS. On nomme ainsi des établissements où l'on *abat* les animaux destinés à la consommation alimentaire des grandes villes. Les bouchers y tiennent en dépôt les bœufs et les moutons qu'ils achètent sur le marché et les font tuer et dépecer selon les besoins de leur commerce. Ces édifices se trouvent ordinairement placés proche des murs d'enceinte, tant pour raison de salubrité que pour éviter le passage des bestiaux dans l'intérieur de la ville. — Un abattoir se compose d'une grande cour dans laquelle sont: un corps de bâtiment consacré à l'administration, des parcs pour les bœufs et pour les moutons, des bouveries, bergeries, échaudoirs, triperies, fondoirs de suif, remises et écuries, et surtout de grandes conserves d'eau. La ville de Paris possède cinq abattoirs établis par Napoléon; ce sont les abattoirs du Roule, de Montmartre, de Ménilmontant, d'Ivry et de Grenelle.

ABAZES, peuple belliqueux qui habite les bords du Couban, au nord-ouest du Caucase. Les Abazes cultivent un terrain fertile et élèvent des bestiaux, principalement des chevaux dont la race est très estimée. On les dit, de plus, habiles forgerons, et les armes qu'ils fabriquent sont assez recherchées; mais ils travaillent peu et préfèrent, montés dans des barques légères, parcourir et piller les bords de la mer Noire, ou exercer leurs brigandages dans les montagnes. Les femmes abazes sont fort belles, et plus d'une est vendue dans les harems turcs comme Circassienne. Du temps du Bas-Empire, cette peuplade fut convertie au christianisme; mais en passant sous la domination des Turcs, elle embrassa l'islamisme. L'Abazie forme, depuis 1815, une province de la Russie.

ABBAS Ier dit le *Grand*, septième chah de Perse et de la dynastie des Sophis, monta sur le trône de Perse teint du sang de ses deux frères, en 1589 (998 de l'hégire). A la mort de Mohammed Khoda-bendeh, Ismaïl, son second fils, avait assassiné son frère aîné, Hamsah, pour se saisir de la couronne, mais il avait bientôt lui-même péri sous les coups d'Abbas. Seul maître désormais de ce sceptre ensanglanté, Abbas transporta le siége de son empire à Ispahan et s'occupa de pacifier la Perse. Il soumit une partie de l'Afghanistan, s'empara de plusieurs places de la Tartarie, et, par la victoire de Bassorah, força les Turcs à lui demander la paix. Bientôt sa gloire remplit l'Asie, et retentit même en Europe. Dans un accès d'injuste méfiance, Abbas avait fait tomber la tête de l'aîné de ses fils et fait crever les yeux aux deux autres. Il en ressentit plus tard un grand chagrin, et pour punir le trop fidèle ministre de ses cruautés, il le força de faire rouler à ses pieds la tête de son propre fils. On peut, par ces quelques traits, juger du caractère de cet Abbas, que l'on a surnommé le *Grand*. Aussi habile politique que grand guerrier, il enleva, par la ruse, Hormuz aux Portugais. S'il suffisait, pour mériter le nom de *Grand*, d'avoir fourni une brillante carrière, protégé les arts et les sciences, et laissé des traces durables d'un haut génie, peu de princes le mériteraient mieux que chah Abbas. Il mourut en 1628 (1037 de l'hég.), dans la 41e année de son règne. Nous donnons le portrait de ce prince, d'après un manuscrit persan.

ABBAS II monta sur le trône de Perse en 1642 et mourut en 1666, des suites de ses débauches. Ce prince fut un monstre de cruauté. Sous son règne la province de Candahar fut ajoutée à la Perse. Les voyageurs Chardin et Tavernier, témoins de ses orgies, ont rapporté beaucoup de détails sur ce prince et sur sa cour.

ABBASSIDES, nom d'une des plus illustres dynasties arabes et musulmanes, dont le fondateur fut Aboul Abbas, le vingtième des kalifes successeurs de Mahomet, et le descendant d'*Abbas*, oncle du prophète. Après la chute de la dynastie des *Ommiades* (V. ce mot.) en 750, Aboul Abbas commença le règne de sa maison, qui, jusqu'en l'année 1258 de l'ère chrétienne, offre une succession de trente-sept kalifes. A l'avénement de la dynastie des Abbassides, l'empire comprenait l'Asie mineure jusqu'au mont Taurus, la Transoxiane, le Kowaresm, la Boukarie, l'Indostan, l'Égypte, toutes les côtes septentrionales de l'Afrique, et la plus grande partie de l'Espagne. Mais deux siècles à peine s'étaient écoulés, et ce vaste empire se trouvait réduit à Bagdad et à quelques provinces environnantes. Abdérame, le seul des Ommiades échappé au fer d'Aboul Abbas, avait porté le premier coup à ses ennemis, en leur enlevant l'Espagne. Les possessions africaines étaient devenues des principautés particulières. Ce démembrement rapide ne peut accuser l'énergie d'hommes tels qu'Aboul Abbas, Djafar-al-Mansour et Aaron-al-Raschid, grands guerriers et protecteurs des arts, des sciences et du commerce; mais cet empire formait un corps trop vaste pour que les membres en fussent solidement unis. Cependant, diminué de la péninsule espagnole et des possessions africaines, l'empire des kalifes, ramené à de justes proportions, eût pu se soutenir s'il fût tombé en des mains fermes. Mais un nouvel élément de décadence surgit sous le règne de Motassem-Billah, huitième kalife abbasside. Dans le but de fortifier son despotisme, ce prince se composa une garde nombreuse d'esclaves. Comblée d'honneurs et de richesses, cette milice devint bientôt toute puissante, faisant et défaisant les kalifes. Alors l'empire s'épuisa dans l'anarchie; de toutes parts les émirs levèrent l'étendard de la révolte et aspirèrent ouvertement au kalifat. Kadi-Billah, prince faible, pressé par ses ennemis, créa, au profit du plus puissant d'entre eux, la charge d'émir-al-omrah (chef des princes), espérant par-là s'en faire un appui. Dès lors s'éteignit la puissance des kalifes; les émirs-al-omrah devinrent pour eux ce que furent les maires du palais pour nos *rois fainéants*. En 936 le kalifat fut réduit à Bagdad, et l'empire des Abbassides, jadis si puissant, se traîna languissamment jusqu'en 1258, pour s'éteindre dans la personne du kalife Mostazem, le dernier des Abbassides, sous le souffle du Mogol Houlagou, petit-fils de Genghizkhan. Jamais dynastie n'a jeté un plus vif éclat; c'est cette époque que l'on doit ces élégantes mosquées, ces palais arabes, dont les colonnes délicates et les ogives dentelées ont orné, depuis les croisades, nos vieilles cathédrales ; c'est à ces règnes que le livre des *Mille et une Nuits* a emprunté la vivacité et la richesse merveilleuse de son coloris.

ABBATUCCI (Charles), né en 1770, suivit les cours de l'école de Metz, et en sortit, à l'âge de 16 ans, avec le grade de lieutenant d'artillerie. Il fit la campagne de Hollande avec le grade d'adjudant-général. Il passa rapidement par les grades intermédiaires et obtint celui de lieutenant-général. Moreau lui confia la défense d'Huningue. Ce fut là, qu'en faisant une sortie contre les Autrichiens, il fut frappé mortellement, le 2 décembre 1796.

ABBAYE, maison religieuse d'hommes ou de femmes, dont le chef portait le titre d'*abbé* ou d'*abbesse*. On distinguait ces établissements en *abbayes en règle* et en *abbayes en commende*. Les premières étaient électives comme Cluny, Cîteaux, Prémontré, etc., et ne relevaient que du pape. Les secondes étaient à la nomination du roi et placées plus directement sous l'autorité civile. Fondées, dans l'origine, pour servir de retraite à des hommes pieux qui fuyaient le monde et cherchaient la paix dans la solitude et les travaux du cloître, les abbayes devinrent, au IVe siècle, des séminaires, d'où sortirent d'illustres docteurs. Aux Ve et VIe siècles, elles envoyèrent au loin de hardis missionnaires qui prêchèrent la foi chrétienne aux païens. Mais, du VIIIe au Xe, la grossièreté des mœurs, les ravages des Sarrasins et des Normands en diminuèrent considérablement le nombre, jusqu'à ce que la foi renaissante, aux Xe et XIe siècles, les multiplia plus que jamais. — Toutes les abbayes de filles étaient électives, bien que les abbesses en fussent presque toutes nommées par le roi, dans le siècle dernier ; mais les bulles qu'elles obtenaient en cour de Rome portaient toujours qu'elles avaient été élues par leurs communautés, parce que ces abbayes n'avaient pas été comprises dans le concordat passé entre Léon X et François Ier. Avant la révolution du siècle dernier, il existait, en France, 1,147 abbayes, dont 126 abbayes régulières d'hommes, 308 abbayes régulières de femmes, et 713 abbayes en commende et à la nomination du roi. — Aujourd'hui, les mille abbayes de la France ont disparu, ou à peu près. Partout on voit crouler les dernières pierres de ces solides monuments de l'architecture romane et gothique. Le peuple des moines a disparu

aussi pour ne plus revenir. L'abbaye, considérée comme bâtiment religieux, ne se distingue par aucun caractère tranché d'un monastère quelconque, et son église d'une cathédrale ou d'une

paroisse. Souvent les abbayes avaient une étendue considérable ; entourées des bâtiments qui en dépendaient, tels que fermes, moulins, granges, écuries, etc., elles offraient l'aspect d'une petite ville. Les abbayes renfermaient très souvent plus de cent moines, sans compter leurs nombreux serviteurs. Du reste, l'architecture des abbayes et le plan des bâtiments étaient trop différents pour que l'on pût leur assigner une disposition spéciale. Nous donnons, ici, un croquis de l'abbaye de Jumiéges, en Normandie.

ABBÉ. Le nom d'*Abbé* tire son origine du mot hébreu *ab*, qui signifie *père*, d'où les Syriens et les Chaldéens ont fait *abba*, et les Grecs et les Latins *abbas*. — Les anciens abbés étaient des moines qui avaient établi des monastères, ou qui avaient été choisis par les moines mêmes d'un monastère, pour les gouverner. Ces abbés et leurs couvents, suivant la disposition du concile de Chalcédoine, devaient être soumis aux évêques, tant en Orient qu'en Occident. L'abbé assemblait les moines pour demander leur avis dans toutes les circonstances importantes ; mais il était maître de la décision. Au reste, il devait vivre comme un autre moine, excepté qu'il était chargé de tout le soin de la maison, et qu'il avait sa table à part pour y recevoir les hôtes. Les biens des monastères, étant devenus considérables, excitèrent la cupidité des séculiers Dès le vᵉ siècle, en France et en Italie, les rois s'en emparèrent et en gratifièrent leurs officiers et leurs courtisans. Sous Charles-Martel, non-seulement les laïques furent mis en possession d'une partie des biens des monastères, mais ils prirent même le titre d'*abbés*. Charlemagne et Charles-le-Chauve cherchèrent à réformer ces abus, qui subsistèrent néanmoins sous leurs successeurs. Le père de Hugues Capet n'était riche que par ses abbayes, et on ne l'appelait pas autrement que Hugues l'*abbé*. — Enfin, par le concordat entre Léon X et François Iᵉʳ en 1516, la nomination des abbayes, en France, fut dévolue au roi, à l'exception d'un très petit nombre qui étaient chefs d'ordre, comme Cluny, Cîteaux, Prémontré, Grammont, etc. Le roi s'engagea, toutefois, à ne nommer à une abbaye que des religieux appartenant à l'ordre dont dépendait cette abbaye ; mais cette clause ne fut point exécutée et le pouvoir royal nomma sans réserve aux abbayes des séculiers tonsurés, destinés en apparence à recevoir les ordres, mais qui ne remplissaient presque jamais cette condition, ce qui ne les empêchait par de jouir des revenus de l'abbaye. Saint Basile et saint Benoît, pour arrêter le relâchement qui régnait de leur temps parmi le clergé, avaient imaginé de rassembler sous une règle les moines dispersés dans les campagnes et dans les villes. (Voyez *Couvent* et *Moine*.) Mais, par la suite, les abbés *réguliers* ne méritèrent pas toujours ce nom. On leur reproche de *se charger d'affaires temporelles, de quitter leur chaire et d'abandonner le peuple pour fréquenter les foires et s'enrichir par le trafic*. Plus tard, il y eut des abbés cardinaux, des abbés princes ; et plusieurs de ces communautés qui avaient fait vœu de pauvreté, acquirent des richesses considérables. L'abbé Tritème (xvᵉ siècle), qui reproche aux abbés de vivre au milieu des plaisirs impudiques et dans l'ivrognerie, évaluait à cent millions de revenu les biens des bénédictins. Leur fondateur, saint Benoît, n'était certes pas aussi à son aise qu'eux. — La plupart des abbés vécurent alors dans le monde, au sein de l'opulence, tandis que les moines restaient renfermés dans les couvents, et souvent misérables. Enfin, au siècle dernier, le titre d'abbé se donnait indistinctement à tout individu portant l'habit ecclésiastique. Les abbés de cour, frisés, poudrés, musqués, disputaient la vogue aux philosophes, et montraient plus de science du monde que d'étude de la théologie. Ce que nous avons dit des abbés s'applique aux abbesses ; et si l'on vit le duc de Sully huguenot posséder une abbaye, on vit aussi madame la princesse de Conti posséder l'abbaye de Saint-Denis.

ABBEVILLE (*Abbatis villa*), ville située sur la Somme, à cinq lieues de la mer, n'était, dans l'origine, qu'une maison de plaisance du riche et puissant abbé de Saint-Ricquier. Peu à peu la villa abbatiale se transforma en un château entouré de maisons, et à la fin du xᵉ siècle, Hugues Capet, trouvant la position convenable, fortifia le bourg pour arrêter les ravages des Normands, et y établit un de ses vassaux qui porta le titre d'avoué, parce qu'il devait protéger les terres du monastère. Plus tard, l'avoué s'adjugea le titre héréditaire de comte de Ponthieu, et Abbeville devint la capitale de ce comté. — Abbeville est aujourd'hui l'un des chefs-lieux d'arrondissement du département de la Somme. On y remarque l'église de Saint-Vulfran et l'Hôtel-de-Ville. Elle possède aussi un théâtre, une bibliothèque, un grand hôpital, un haras, et occupe un rang important parmi nos villes industrielles, par ses manufactures de draps, de velours et de moquettes. Abbeville est la patrie des géographes Sanson et Nicolas Duval, et du poète Millevoye.

ABDALLAH, père de Mahomet, était simple conducteur de chameaux. (Voyez *Mahomet*.)

ABD-EL-KADER (*Hadji-sidi-Mohammed*) naquit en 1806, aux environs de Mascara. Il fut élevé dans une espèce de séminaire, où les marabouts ses ancêtres réunissaient les jeunes gens pour les instruire dans les lettres, la théologie et la jurisprudence. Son père, Sidi-Mahi-ed-Dym, marabout très vénéré dans la province d'Oran, prétendait appartenir à une famille dont il faisait remonter l'origine jusqu'aux kalifes Fathémides. (Voy. ce mot.) Il vivait en derviche, des aumônes des fidèles, que sa réputation de piété lui attirait, d'autant plus nombreuses et plus abondantes, qu'on lui attribuait le pouvoir d'enrichir ceux qui le visitaient. Lorsque Muley-Aly, neveu de l'empereur de Maroc, eut abandonné le beylik d'Oran, Sidi-Mahi-ed-Dym fut élu bey de Mascara ; et bientôt après Abd-el-Kader succéda à son père. Lors d'un pèlerinage au tombeau du prophète, les saints de la Mecque lui avaient dit qu'il régnerait un jour. Plein de foi dans cette

prédiction, il s'était exercé dès lors au maniement des armes et aux exercices de l'équitation
et de la gymnastique, en sorte qu'à l'âge de vingt-
un ans, il passait déjà pour le meilleur cavalier
de la Barbarie. S'étant livré avec non moins d'ardeur à l'étude de l'histoire, il connaissait non-
seulement celle de sa propre nation, mais encore
celle des autres peuples. Doué d'une nature intelligente et vigoureuse et d'une grande facilité
de parole, il fut bientôt considéré comme l'homme
le plus instruit de son pays, et reçut des Arabes
le titre de *thaleb* (savant), et celui de *marabout*
(saint), qu'il mérita par sa conduite exemplaire.
Dès qu'il eut le pouvoir, il marcha contre Tlemcen, alors divisé en deux partis : celui des Maures, à la tête duquel était Ben-Nouna, et celui
des Coulouglis, sous les ordres de Ben-Aouada :
il fit taire la rivalité des deux factions et s'empara du pouvoir, après s'être débarrassé de ses
rivaux. Il alla ensuite mettre le siége devant Mostaganem, mais repoussé par Ibrahim, il se vengea
en emportant d'assaut Arzew, et en faisant crever les yeux et trancher la tête à Sidi-Ahmet,
qui avait combattu dans la place avec les Kabyles.
De retour à Mascara, le jeune bey s'occupa d'é-
tablir une administration régulière. Du sein de
son palais de briques, ayant à peine pour le servir quelques esclaves noirs, il rêvait la restauration d'un empire arabe. La présence des Français à Alger, loin de contrarier ses projets, les
servait au contraire en lui permettant d'appeler
au nom de l'indépendance toutes les tribus de
l'Atlas sous sa domination. Saisissant avec habileté toutes les occasions, il accrut en peu de temps
sa popularité et son importance militaire. Aussi,
lorsqu'après la conquête d'Oran et d'Arzew,
nos troupes, abandonnant le littoral, voulurent s'avancer dans les terres du côté de Médéah et de Tlemcen, elles rencontrèrent des
nuées d'Arabes devant lesquelles elles furent obligées de reculer. En 1833, l'indépendance du
chef arabe fut reconnue et on lui constitua un
véritable empire dont Mascara devint la capitale.
Ses possessions, confinées par l'empire du Maroc,
les provinces d'Oran, de Titteri et de Tlemcen,
comprenaient un pays fertile, semé de villages
peuplés. On lui accorda de plus des avantages
commerciaux considérables, et on poussa l'oubli
de toute prudence jusqu'à lui donner des fusils.
— Aidé par des transfuges, l'habile chef organisa
aussitôt ses troupes à l'européenne, forma une
infanterie, et lorsqu'il crut ses troupes suffisamment exercées, commença à enfreindre les traités
en commettant des dégâts dans les provinces
d'Oran. Les infractions se succédant rapidement,

on dut employer la force pour les réprimer. Le
26 juin 1835, le général Trézel obtint un avantage marqué, et malgré une résistance opiniâtre,
il franchit le Sig et alla se loger dans le camp
même de l'ennemi, qui envoya le lendemain des
parlementaires, mais refusa de reconnaître la domination française : obligé dès lors à se retirer
sur Arzew, le général se mit en marche le 28 au
point du jour, mais vers midi, arrivé dans un défilé fangeux sur les bords de la Macta, il fut tout-
à-coup assailli par les forces réunies des Arabes.
La légion étrangère ayant un instant plié devant
ce choc imprévu, Abd-el-Kader se jeta au centre
même de l'armée, égorgea nos blessés et mit en
déroute les soldats qui protégeaient le convoi.
A la voix de leurs chefs, nos soldats reformèrent
leurs bataillons et repoussèrent l'ennemi, mais
non sans essuyer de grandes pertes. Le maréchal
Clauzel fut alors nommé gouverneur de nos possessions d'Afrique, et le duc d'Orléans voulut as-
sister à la campagne. Abd-el-Kader, connaissant
les préparatifs que l'on faisait, ne resta pas inac-
tif, il parcourut les tribus, rappela aux beys l'humiliation d'une domination étrangère, et les
exhorta à s'unir pour secouer le joug. Il réunit
en peu de temps 30 mille hommes, à la tête desquels il nous attendit de pied ferme. Nos troupes, au nombre de 8 mille hommes, partirent
d'Oran le 26 novembre; elles arrivèrent à Mascara le 5 décembre, prirent cette ville, la détruisirent, et reprirent la route d'Oran. Abd-el-
Kader, bientôt remis de cet échec, reparut en
armes sur le territoire d'Oran, et intercepta les
communications entre cette place et Tlemcen.
Au mois d'avril, le général d'Arlanges attaqua
et culbuta les Arabes, que commandait le bey en
personne, et se dirigea vers Tlemcen; mais
quelques jours après, Abd-el-Kader rejoignit
notre petite colonne à la tête de 6 mille hommes,
et l'obligea, après une lutte acharnée, à rentrer
dans son camp retranché de la Tafna. Continuellement harcelé par les tirailleurs arabes, le général d'Arlanges, dont la position devenait fort
embarrassante, à cause du manque de fourrages
et de vivres, quitta son camp le 6 juillet, et après
un combat des plus meurtriers, sortit vainqueur
de la lutte. Depuis lors aucune affaire sérieuse
n'eut lieu avec les Arabes, mais le bey continua
à inquiéter la marche de nos troupes par des es-
carmouches continuelles. Cet état de choses faisant juger utile de revenir au système de conciliation déjà tenté en 1833, le général Bugeaud
fut, dans ce but, envoyé avec plein pouvoir de
conclure une convention avec lui ; des négociations furent entamées, et le 3 mai 1837, fut signé

à la Tafna un traité que le gouvernement français ratifia, et par lequel le bey, qui reconnaissait la souveraineté de la France en Afrique, devait administrer les provinces d'Oran, de Titteri
et la partie de celle d'Alger qui n'était pas comprise dans les limites convenues; il ne pouvait
pénétrer dans aucune autre partie de la Régence,
et ne pouvait concéder aucun point du littoral à
une puissance quelconque sans l'autorisation de
la France; de plus, il devait donner à l'armée
française 60 mille fanègues de froment et d'orge
et 5 mille bœufs.

L'année 1838 se passa sans hostilités ainsi
qu'une partie de l'année 1839. Cependant, Abd-
el-Kader, après avoir cruellement châtié les tribus qui n'avaient pas tenu pour lui, et s'être assuré le soutien de l'empereur du Maroc, envoya
des émissaires dans la province de Constantine
afin de nous y susciter des ennemis. Alors eut
lieu l'expédition du Biban ou des *Portes de fer*,
qui avait pour but de reconnaître toute la partie
de la province de Constantine, qui s'étend de
cette capitale au Biban. Pendant ce temps, des
razzias continuelles avaient été exercées chez les
tribus alliées de la France, et bien qu'Abd-el-
Kader n'eût point encore déclaré la guerre, plusieurs engagements avaient eu lieu. Enfin, mettant de côté toute dissimulation, l'émir déclara la
guerre sainte, et les établissements français furent attaqués de tous côtés. L'infatigable chef
parcourait les tribus, réveillant et gourmandant
leur haine et leur fanatisme. Mais nos troupes
ne s'étonnaient de rien, et leurs exploits à Mazagran, à Téniah et dans vingt autres lieux, apprirent aux Arabes à respecter le nom français.
Plusieurs tribus se détachèrent du parti d'Abd-
el-Kader, et en entraînèrent bientôt d'autres
dans leur défection. Dès lors son étoile pâlit, et
malgré ses efforts, malgré sa persévérance, il
éprouva chaque jour de nouveaux échecs. Il perdit sa smala, et se vit enfin contraint de quitter
l'Algérie. Abd-el-Kader alla chercher dans le
Maroc une retraite et des partisans; mais rede-
venu un moment puissant, il tenta de renverser
le sultan, la fortune lui fut encore contraire et il
fut lui-même vaincu. Alors, abandonné par ses
partisans, errant parmi ces tribus qu'il avait gouvernées, et craignant pour ses propres jours, l'é-
mir se livra aux mains des Français, et fit sa
soumission au général Lamoricière le 22 décembre 1847. Deux jours après il s'embarquait pour
Oran avec sa famille, et le 29 du même mois,
la frégate à vapeur l'*Asmodée* entrait dans le
port de Toulon, portant l'émir, qui fut transféré
au fort Lamalgue. Nous croyons faire plaisir à
nos lecteurs en ajoutant à ces détails le portrait
du vaillant Arabe.

ABDÉRAHMAN ou **ABDÉRAME**, gouverneur
de l'Espagne sous le kalife Yésid. Ce zélé musulman avait voué aux chrétiens une haine implacable. Il envahit l'Aquitaine vers 731, et battit les armées combinées d'Eudes, duc d'Aquitaine, et de Charles-Martel. Il s'avançait en vainqueur vers les bords de la Loire, lorsque Charles-Martel le joignit entre Tours et Poitiers, à la
tête de forces considérables. Là se livra une sanglante bataille dans laquelle les musulmans furent complètement battus. Cet heureux événement, qui sauva la France et peut-être l'Europe
entière du joug des musulmans, eut lieu dans le
mois d'octobre de l'année 732.

ABDÉRAHMAN ou **ABDÉRAME**, de la dynastie des Ommiades, qui fut renversée du trône
de Bagdad par les Abbassides, échappa seul au
massacre de sa famille. Il se réfugia en Afrique,
et de là passa en Espagne, où les chefs des tribus
arabes qui y étaient établies vinrent lui offrir la
couronne. Après avoir vaincu Ioussouf-el-Fehry,
émir d'Espagne, il monta sur le trône de Séville,
et par une série de victoires s'assura la possession de l'Espagne. Il fut toujours en guerre avec
les Français et les rois de Léon; mais l'agitation
continuelle de son règne n'empêcha pas Abdérame de protéger les arts et les lettres. Il embellit l'Espagne d'un grand nombre de mosquées
que l'on y admire encore. Ce fut lui qui planta

dans les magnifiques jardins de Cordoue le premier palmier que vit le sol espagnol. Il mourut en 787, ayant mérité le surnom de *Sage*.

ABDÈRE ET ABDÉRITAINS. La ville d'Abdère, située sur la côte de la Thrace, passait pour avoir été fondée par Hercule, en l'honneur d'Abdérus, l'un de ses compagnons. Soumise par les Macédoniens, elle recouvra sous les Romains son indépendance républicaine. Bien qu'Abdère se glorifiât d'être la patrie de Démocrite et de Protagoras, la stupidité de ses habitants était devenue proverbiale. C'est cette tradition qui a fourni à Lafontaine sa fable de *Démocrite et les Abdéritains*.

ABDICATION. C'est l'acte par lequel un roi renonce au pouvoir. Quant aux effets de l'abdication, il faut distinguer ceux qui regardent le roi qui abdique et ceux qui regardent l'État. — Par rapport au roi, l'effet de l'abdication est de le dépouiller de l'autorité dont il était revêtu; il rentre dans la classe des citoyens, est soumis aux obligations qui pèsent sur eux, et peut être accusé et jugé pour les actes postérieurs à son abdication. — Par rapport à l'État, l'effet est différent suivant la forme de gouvernement. Si la couronne est élective, la nation rentre dans sa souveraineté; le roi ne peut donc nommer son successeur, il n'a que le droit de l'indiquer et de le proposer au peuple, qui peut le rejeter et en choisir un autre. Si des lois fondamentales ont réglé le droit de successibilité au trône, le roi ne peut intervertir cet ordre, et le roi appelé par la loi succède à celui qui a abdiqué. Ce n'est que dans les gouvernements nommés *patrimoniaux*, forme tout-à-fait arbitraire, que les rois pourraient disposer de la couronne en faveur de la personne qu'il leur plairait de choisir. — La charte de 1830, non plus que celle de 1814, n'a point prévu le cas de l'abdication. La seule Constitution du 3 septembre 1791, œuvre de l'Assemblée constituante, l'avait prévu. Suivant ses dispositions, l'abdication est expresse ou légale. *Expresse*, elle résulte de la volonté formelle du roi. *Légale*, elle peut résulter de trois cas différents : 1° de ce que le roi n'aurait pas prêté le serment exigé par la Constitution, ou de ce qu'après l'avoir prêté il l'aurait rétracté; 2° de ce que le roi se serait mis à la tête d'une armée et en aurait dirigé les forces contre la nation, ou de ce qu'il ne se serait pas opposé par un acte formel à une telle entreprise qui se serait exécutée en son nom; 3° de ce qu'il ne serait pas rentré dans le royaume, s'il en était sorti, après l'invitation qui

lui en aurait été faite par le corps législatif, et dans le délai qui aurait été fixé par la proclamation, lequel ne pourrait être moindre de deux mois. (Constit. du 3 sept. 1791, tit. 3, chap. 2.) — Les abdications les plus célèbres sont celles des empereurs Dioclétien et Maximien (305), celles de Charles-Quint (1566), de la reine Christine de Suède (1654), de Gustave IV (1809), de Napoléon (1814), de Charles X (1830), de Louis-Philippe en 1848. — Le plus souvent, les abdications ne sont rien moins que volontaires; elles sont plutôt l'ouvrage de la nécessité ou de la faiblesse. — Dioclétien céda le trône aux manœuvres de Valère. Auguste abdiqua le trône de Pologne sous l'épée de Charles XII. Napoléon abdiqua en présence des armées de l'Europe entière coalisée contre nous. Cependant l'histoire nous offre quelques exemples d'abdications volontaires. Le plus célèbre est sans contredit celui de Charles-Quint. Au faîte de la prospérité, cet homme extraordinaire, lassé tout-à-coup de l'éclat de sa grandeur et du fardeau de son gouvernement, abdiqua de son plein gré en faveur de son fils, et alla chercher le repos dans un couvent. Peut-être le regretta-t-il! Le jour anniversaire de son abdication, son fils Philippe II disait : « Il y a un an qu'il a abdiqué, et un an qu'il a commencé à s'en repentir. » Le trône de Suède fut aussi regretté par Christine, qui tenta plusieurs fois d'y remonter.

ABDOMEN ou *ventre* (anat.). L'abdomen est la région du corps des animaux dont la cavité renferme une partie des organes digestifs. Cette portion du corps varie beaucoup dans les diverses classes d'animaux, tant pour l'étendue, que pour les organes qu'elle contient; aussi l'étudierons-nous en particulier aux articles *Mammifères, Oiseaux, Reptiles, Poissons, Mollusques, Insectes*, etc. Chez l'homme l'*abdomen* se divise en trois régions : la supérieure ou *épigastre*, l'inférieure ou *hypogastre*, et la moyenne ou *ombilicale*. Il renferme les principaux organes digestifs, l'estomac et les intestins, le foie, la rate et le pancréas, les organes urinaires et reproducteurs, etc. Les côtés de l'épigastre, ou partie supérieure de l'abdomen, ont reçu le nom d'hypocondres; l'hypocondre gauche est occupé par la rate, et le droit par le foie; on donne le nom de flancs aux côtés de la région ombilicale. (Voyez *Digestion*.)

ABDOMINAUX. Les *abdominaux* forment le 1er ordre de la division des poissons *malacoptérygiens* de Cuvier. Ce groupe comprend la plupart des poissons d'eau douce ; leur carac- tère principal est d'avoir les nageoires ventrales suspendues sous l'abdomen en arrière des pecto- rales, sans aucune relation avec les os de l'é- paule. — Cet ordre est subdivisé en cinq familles, ce sont : 1° les *cyprinoïdes* ; 2° les *ésoces ;* 3° *siluroïdes* ; 4° les *salmones* ; et 5° les *clu- pes.* (Voyez ces mots.)

ABDUL-HAMID, 27e empereur ottomam, né le 20 mai 1725, était le 5e et dernier fils d'Ach- met III. Il monta sur le trône en 1774. Voulant mettre un terme aux humiliations de la Porte, ce prince rassembla sur les bords du Danube une armée de 40 mille hommes dont il confia le commandement au grand visir Moussom Oglou. Mais son armée fut taillée en pièces par les Russes, et Abdul-Hamid fut contraint de sous- crire au traité de Koutchouck-Kaïnardji (21 juil- let 1774), et de céder à Catherine ses provinces d'au-delà du Danube, et notamment la Crimée. Il essuya de nouvelles défaites, et mourut de douleur en 1789.

ABÉCÉDAIRE, se dit d'un A, B, C, d'un livre dans lequel on apprend à lire aux enfants. (Voyez *Alphabet.*)

ABEILLE, *apis.* Ce genre intéressant d'in- sectes de l'ordre des hyménoptères, et de la fa- mille des *apiens*, se distingue des genres voisins, par des antennes filiformes, des mandibules en forme de cuiller chez les neutres, et bidentées chez les mâles et les femelles ; le 1er article des tarses des jambes postérieures, très développé et quadrilatère dans les neutres où il présente intérieurement une brosse de poils. Il existe chez les abeilles trois sortes d'individus : des mâles, des femelles et des neutres, ou ouvrières ; ces dernières ne sont, du reste, que des femelles dont les organes reproducteurs sont demeurés à l'état rudimentaire ; elles sont par conséquent impropres à la reproduction, et ont pour mission spéciale de donner des soins à la postérité des *reines* ou femelles fécondes. Avant d'entrer dans l'histoire des mœurs de ces intéressants animaux, nous allons dire quelques mots sur leur orga- nisation.

Les *mâles* (1), qui sont plus gros que les neu- tres, sont ordinairement désignés sous le nom de *faux bourdons*, leur tête est plus arrondie, ce qui est dû au grand développement de leurs yeux ; ils manquent toujours d'aiguillon. Les *femelles* ou *reines* (3) ont des ailes plus cour- tes que celles des mâles et des neutres ; leur

tête est triangulaire, leur abdomen prolongé en pointe est armé d'un aiguillon. Les *neutres* ou *ouvrières* (2), qui sont les plus petits, se distin- guent surtout des précédents par la conforma- tion de leurs pattes postérieures ; le 1er article des tarses est, comme nous l'avons déjà dit, en quadrilatère, il s'articule avec la jambe et peut se replier sur elle comme une petite pince. Cet article est lisse au côté externe, mais garni en dedans d'une brosse de poils rigides ; la jambe présente elle-même à sa surface externe un petit creux auquel on a donné le nom de *corbeille.* Ces instruments qui n'existent que chez les neu- tres, servent à faire la récolte du pollen. Lors- que l'insecte se roule dans le calice des fleurs, la poussière fécondante des étamines s'attache aux poils qui recouvrent son corps ; c'est alors qu'au moyen de la brosse qui garnit son tarse postérieur, l'abeille réunit cette poussière en petites masses qu'elle dépose dans la cavité de la jambe ou corbeille.

Les abeilles se nourrissent de liquides végétaux. C'est au moyen de leur trompe qu'elles retirent du nectaire des plantes le suc qu'elles conver- tiront bientôt en miel. Chacun sait en effet que c'est aux sécrétions des abeilles que nous devons le miel et la cire. On a pensé pendant longtemps que cette dernière matière était due au pollen, dont se nourrissent quelque fois les ouvrières, que ce pollen, élaboré dans leur estomac, était ensuite dégorgé sous forme d'une bouillie blan- châtre qui, durcissant à l'air, constituait la véri- table cire. Il n'en est cependant pas ainsi, car la cire est sécrétée entre les arceaux inférieurs des anneaux de l'abdomen, ce dont on peut facile- ment se convaincre en soulevant un peu ces an- neaux. C'est avec la cire que les ouvrières con- struisent les cellules destinées à recevoir les œufs pondus par la reine. Chaque cellule ou alvéole a la forme d'un petit godet hexagonal, fermé d'un côté seulement, et la réunion de ces alvéoles constitue ce que l'on nomme *gâteau*. Les gâteaux résultent de l'adossement de deux couches d'alvéoles disposées de telle sorte que le fond des unes devient le fond des autres ; en outre la base de chaque cellule est formée par la réunion de trois cellules opposées, et il y ainsi économie de matière et d'espace. On ne sait trop ce qu'il faut le plus admirer, ou de la régularité et de la délicatesse de l'ouvrage, ou de l'habileté des ouvrières. Pour construire, l'abeille prend successivement les plaques de cire sécrétées entre les anneaux de son abdomen, au moyen de la pince que nous avons décrite plus haut, les porte à sa bouche, puis les mâche pour leur donner l'apparence de filaments mous, et les applique contre la voûte de la ruche. Plusieurs abeilles travaillent de concert, et les filaments qu'elles déposent forment bientôt une masse assez étendue dans laquelle elles creusent les cellules. Les cellules sont de trois sortes ; il y en a de *petites* (1), de *moyennes* (2) et de *grandes* (3). Les petites, destinées aux larves des ouvrières, et les moyennes destinées aux larves des mâles, sont telles que nous les avons décrites plus haut ; mais celles qu'on appelle *grandes*, et qui sont destinées aux œufs et par suite aux larves devant donner naissance à des reines ont une forme particulière. Elles sont toujours en très petit nombre, 16 à 20), placées verticalement et comme détachées du gâteau ; ici les ouvrières ne sont plus économes de matière, ni d'espace, car une seule de ces loges royales pèse autant que cent cellules ordinaires. Lorsque le gâteau est terminé, d'autres ouvrières pénètrent dans chaque alvéole pour en polir les parois et pour garnir les pans et l'orifice de *propolis*, sorte de gomme résineuse qu'elles recueillent principalement sur les bourgeons du peuplier sauvage.

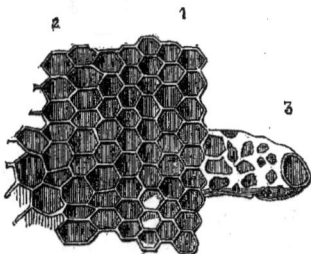

C'est au printemps seulement qu'a lieu l'accouplement des abeilles. A cette époque, la reine quitte la ruche, s'élève dans les airs, et revient environ trente minutes après son départ, fécondée par un mâle. Un fait digne de remarque, c'est que l'accouplement ne peut avoir lieu que dans l'air ; les reines que l'on retient enfermées dans les ruches restent infécondes. A son retour, la reine est l'objet des soins les plus empressés de la part des ouvrières ; celles-ci la caressent de leur trompe, et dégorgent de temps en temps du miel qu'elles lui présentent. C'est environ quarante-huit heures après sa fécondation que la reine commence à pondre ; elle parcourt les gâteaux, et, enfonçant le bout de son abdomen dans chaque alvéole, elle y dépose un œuf qu'elle colle au fond de la cellule. Les premiers œufs que pond la reine sont des œufs d'ouvrières ; ce n'est qu'au bout d'une quinzaine de jours seulement qu'elle pond les œufs de femelle, mais à un jour de distance pour que celles-ci n'éclosent pas en même temps. Les œufs des mâles ne sont pondus que onze mois après, au dire de Huber. Si par hasard la reine dépose plusieurs œufs dans une même cellule, les ouvrières les détruisent immédiatement. Une fois pondus, les œufs sont abandonnés aux soins de certaines ouvrières qui remplissent les fonctions de nourrices ; trois jours après la ponte, les larves éclosent ; alors, plusieurs fois par jour, les ouvrières leur apportent une espèce de bouillie qui diffère suivant l'âge de la larve et suivant son sexe. La nourriture des larves de reines est toute particulière, et son influence est telle que lorsqu'une ruche vient à perdre sa reine les ouvrières en font naître une autre en donnant à une larve d'ouvrière une nourriture semblable Ce fait surprenant a été constaté mainte et mainte fois. La larve des abeilles est blanchâtre, apode ; son corps est composé de 14 anneaux, y compris la tête qui est munie de deux mandibules rudimentaires et de deux lèvres. Au bout de cinq à six jours, la larve, après avoir changé plusieurs fois de peau, a acquis son entier développement ; les ouvrières bouchent alors l'alvéole avec un petit couvercle de cire, et le ver se file lui-même, en 36 heures, une coque de soie. L'insecte parfait éclôt sept ou huit jours après cette métamorphose, et se débarrasse de son enveloppe en perçant sa coque et le couvercle de cire qui ferme son alvéole. Aussitôt les autres abeilles lui prodiguent tous les soins nécessaires, l'essuyant, le léchant et lui offrant du miel jusqu'à ce qu'il soit bien raffermi ; si c'est une ouvrière qui vient d'éclore, elle ne tarde pas à se mêler à ses compagnes et à partager leurs travaux. Après la fécondation, les mâles sont bien loin de recevoir de la part des ouvrières les mêmes soins que les reines; ils ne peuvent plus rentrer dans la ruche, car les ouvrières font un affreux carnage de tous ceux qu'elles rencontrent. Ces insectes ne sont plus considérés que comme des bouches inutiles, et la destruction en est d'autant plus facile aux ouvrières que les mâles sont privés de tout moyen de défense contre leur redoutable aiguillon.

Après les époques d'*éclosions*, le nombre des individus devient tellement considérable qu'ils ne peuvent plus habiter tous la même ruche, et cela est facile à concevoir puisqu'une seule reine peut pondre 30,000 œufs et davantage. C'est alors qu'ont lieu les émigrations; mais elles ne peuvent s'effectuer que lorsqu'une nouvelle reine remplacera celle qui va partir en tête de la colonie, et le départ est toujours retardé jusqu'à ce moment. A peine la nouvelle reine a-t-elle vu le jour qu'un grand nombre d'abeilles quittent la ruche ayant à leur tête la vieille reine. On donne le nom d'*essaims* à ces colonies errantes. Bientôt les abeilles s'arrêtent dans un endroit quelconque, le plus souvent sur une branche d'arbre, et forment une espèce de grappe en s'accrochant les unes aux autres. C'est le moment que doit choisir le cultivateur pour s'emparer de l'essaim et le placer dans la ruche. Le nombre des femelles n'est pas toujours proportionné à celui des colonies, il se trouve quelquefois deux et même trois reines dans le même essaim; mais alors il y a entre ces rivales un combat à outrance dont les ouvrières demeurent toujours simples spectatrices, et qui finit par la mort de l'une des combattantes; celle qui parvient à se placer au-dessus de l'autre lui perce l'abdomen avec son aiguillon, ce qui la tue instantanément.

Les abeilles ont de nombreux ennemis à craindre : les frelons, les guêpes, les crabonites, les teignes, les sphinx, sont les principaux; aussi font-elles bonne garde, réunissant tous leurs efforts contre l'ennemi lorsqu'elles l'ont découvert.

Les abeilles sont connues depuis l'antiquité la plus reculée; les Hébreux la nommaient *Deborah* et les Grecs *Melissa*. Leur travail a dû profiter à l'homme avant même toute civilisation. Le miel et la cire constituent aujourd'hui des branches d'industrie très considérables. Une ruche fournit souvent de 6 à 8 kil. de miel par année, et presque autant de cire.

ABEL, second fils d'Adam et d'Ève, élevait les brebis, et son frère Caïn labourait et ensemençait la terre. Tous deux firent hommage de leurs offrandes à Dieu : Caïn lui offrit les prémices de ses fruits, et Abel les premiers-nés de son troupeau. Dieu reçut favorablement le sacrifice d'Abel, mais il rejeta celui de Caïn. Celui-ci, dévoré de jalousie, étant allé avec son frère dans les champs, le tua. (Voyez *Caïn*.)

ABÉLARD (Pierre), l'un des plus illustres philosophes du XIIe siècle, naquit en 1079, dans les environs de Nantes au bourg de Palais, dont Béranger son père était seigneur. Sa passion pour l'étude était si profonde que, pour s'y livrer tout entier, il fit à ses frères l'abandon de ses droits d'aînesse et d'héritage. Son nom avait eu déjà quelque retentissement lorsqu'à l'âge de 20 ans il vint à Paris. Il se fit disciple de Guillaume de Champeaux, archidiacre de Notre-Dame, qui tenait alors l'école du cloître avec grand honneur. Guillaume de Champeaux enseignait le réalisme. Abélard attaqua cette doctrine avec ardeur et se fit parmi ses condisciples de nombreux partisans. Encouragé par ses premiers succès, il ouvrit à Melun, où se tenait la cour, une école qu'il transféra plus tard à Corbeil et dans laquelle il continua sa polémique contre le réalisme. Peu après il vint à Paris même, et dressa ses batteries sur la montagne Sainte-Geneviève, contre son adversaire. Cette nouvelle guerre lui valut de nouveaux triomphes. Il resta maître du champ de bataille, et Guillaume de Champeaux, vaincu, alla cacher sa défaite dans un cloître. Vers le même temps Anselme enseignait la théologie à Laon et passait pour le premier maître en cette science. Malheureusement pour lui, Abélard eut l'idée de devenir son élève. Il vint à Laon, fut mécontent de son maître, se posa comme son rival, et entreprit de faire, devant ses condisciples, le commentaire d'Ézéchiel. Anselme, craignant le sort de Guillaume de Champeaux, se débarrassa de son dangereux élève en lui interdisant la fréquentation de son école. Abélard vint alors à Paris, et peu après il prenait possession de la chaire du cloître qu'il avait si ardemment ambitionnée. Par ce nouvel enseignement il accrut encore sa renommée. Un auditoire immense se pressait à ses leçons. C'est à cette époque de la vie d'Abélard que lui arrivèrent ses aventures avec Héloïse, qui ont rendu son nom si populaire. Cette personne célèbre était la nièce d'un riche chanoine nommé Fulbert. Abélard sut s'en faire aimer et la rendit mère d'un enfant qui reçut le nom d'Astrolabe. Fulbert, ayant tout découvert, devint furieux. Abélard, pour le calmer, lui proposa d'épouser sa nièce, à la condition toutefois que le mariage serait tenu secret. Fulbert y consentit et la cérémonie eut lieu. Mais manquant à ses promesses, il s'empressa de tout divulguer. Héloïse, craignant plus pour la gloire de son amant que pour son propre honneur, protesta contre les bruits répandus par son oncle. Et Abélard, redoutant alors pour elle la colère du chanoine, l'envoya au couvent d'Argenteuil où elle prit l'habit moins le voile. Fulbert crut qu'il la mettait au couvent pour s'en débarrasser, et résolut de se venger ; il apposta quelques misérables, qui, ayant surpris Abélard la nuit, le mutilèrent de la manière la plus affreuse. Le philosophe alla cacher sa honte dans le couvent de St-Denis. Ses élèves vinrent l'y chercher et il finit par céder à leurs instances. Il composa pour leur instruction un livre intitulé *Indroduction à la Théologie* qui lui attira une accusation d'hérésie. Le concile assemblé à Soissons, en 1121, le déclara hérétique sabellien et le condamna comme tel sans qu'il lui fût permis de se défendre. On lui accorda, peu après, de retourner à St-Denis. Il s'y attira de nouveaux malheurs en s'avisant de soutenir que Denis l'aréopagite n'était pas le fondateur du monastère. Forcé de fuir pour éviter les suites de son imprudence, il se réfugia sur les terres du comte de Champagne, et se retira dans une solitude où il se bâtit une cabane. Il espérait y trouver le repos, mais ses disciples ayant découvert le lieu de sa retraite, vinrent en foule l'y trouver et se bâtirent des cabanes autour de la sienne. En peu de temps, le nombre de ses auditeurs s'éleva à plus de 3,000. Ils bâtirent à leur maître un oratoire auquel il donna le nom de Paraclet, c'est-à-dire consolateur. Menacé de nouvelles persécutions, il apprit que les moines de St-Gildas, en Bretagne, l'avaient choisi pour leur abbé, et il s'y rendit aussitôt, mais la conduite dissolue des moines et leurs violences le forcèrent d'en sortir. Une grande consolation lui fut accordée. Il devait revoir Héloïse dont il était éloigné depuis onze ans. Après l'événement qui l'avait séparée de son époux, Héloïse avait pris le voile au couvent d'Argenteuil, dont elle était devenue supérieure. Mais l'abbé de St-Denis venait d'en expulser la congrégation qui se trouvait sans asile. Abélard les installa au Paraclet dont il leur fit donation. La congrégation était pauvre ; les éloquentes prédications d'Abélard lui valurent d'abondantes et riches aumônes. Ses actions furent dénaturées par la médisance. Indigné, il retourna à St-Gildas, et là écrivit l'*Historia calamitatum*, sombre et touchante peinture de ses malheurs. Il fut de nouveau obligé de quitter cette retraite inhospitalière où le fer et le poison menaçaient sans cesse ses jours. On sait peu de choses sur la dernière période

de la vie d'Abélard. Salisbury, son élève, nous apprend qu'en 1136 il avait repris son enseignement sur la montagne Ste-Geneviève. Son audace croissant avec les années, il se livra tout entier à la liberté de ses pensées. St-Bernard lança contre lui une accusation solennelle d'hérésie devant le concile de Sens qui le condamna sans lui permettre de se défendre. Il se contenta d'en appeler au pape ; mais Innocent II confirma la sentence du concile. Abélard trouva un asile à Cluny où Pierre-le-Vénérable le reçut avec bonté. Ce saint homme le réconcilia avec St-Bernard qui obtint du pape son absolution complète. Il termina ses jours dans le monastère de Cluny et ses restes furent envoyés au Paraclet. Les lettres d'Abélard et d'Héloïse respirent une touchante simplicité, et montrent combien leurs esprits étaient naturellement élevés. A la mort d'Héloïse son corps fut déposé auprès de celui de son amant, et en 1820, leurs restes furent religieusement transportés dans le cimetière de l'Est, où on leur éleva un monument, sorte de restauration dans le goût du XII° siècle.

ABENCÉRAGES. Ce nom qui figure plus souvent dans les romans espagnols que dans l'histoire, était, d'après les romanciers, celui d'une puissante tribu maure, rivale de celle des Zégris. — Parmi les Arabes qui envahirent l'Espagne, se signalèrent les *Sanhajdides*, dont la famille avait régné à Tunis et à Tripoli, et qui fournit la première et courte dynastie des rois de Grenade. Les *Zeïrides*, dont les ancêtres avaient possédé le royaume de Fez, figuraient aussi au premier rang parmi les conquérants arabes. L'orgueil et la jalousie de ces deux maisons princières, dont on a changé les noms véritables en ceux d'Abencérages et de Zégris, donnèrent lieu à des querelles qui ensanglantèrent souvent le royaume de Grenade et hâtèrent la chute de l'empire arabe en Espagne.

ABENSBERG, ville de Bavière, sur l'Abens, avec un château, deux églises et des bains minéraux. On y fabrique divers tissus de laine. Cet endroit est devenu célèbre par la bataille que Napoléon y remporta, le 20 avril 1809, sur l'archiduc Charles et le général Hiller. 1,000 habitants. A 5 l. S.-O. de Ratisbonne.

ABERDEEN, ville située à l'embouchure de la Dee et chef-lieu du comté de ce nom. C'est la quatrième ville de l'Ecosse pour la population et la première pour la marine marchande. Ses constructions les plus remarquables sont : la digue formée de blocs de granit d'une grandeur extraordinaire, le Palais de Justice, l'Hôpital des Fous et l'Ecole de Médecine, et dans ses environs immédiats un magnifique pont en pierre sur le Don ; chacune de ses cinq arches a vingt-trois mètres d'ouverture. Son Université, fondée en 1593, est célèbre. — On y compte 50,000 habitants. — A trois kilomètres de la ville se trouve *Old Aberdeen*, le vieux Aberdeen que l'on regarde aujourd'hui comme l'un de ses faubourgs, mais qui en est séparé sous le rapport administratif. Il possède aussi un collège et une riche bibliothèque; sa population est de 5,000 habitants.

ABERRATION DE SPHÉRICITÉ (*opt*.), confusion des images obtenues par réfraction; cette confusion est due à ce que les rayons lumineux, émergeant des bords d'une lentille, ne concourent pas au même point que ceux réfractés près de l'axe. On obvie à cet inconvénient en interceptant par un diaphragme les rayons venant des bords.

ABERRATION DE RÉFRANGIBILITÉ, diffusion des couleurs dans les images formées par les lentilles ; l'image est blanche au centre et entourée d'anneaux colorés ; ce qui est dû à la différence de réfrangibilité des rayons composant la lumière blanche. L'achromatisme a pour but de corriger ce défaut. (Voy. *Achromatisme*.)

ABERRATION. Les astronomes ont donné ce nom au déplacement apparent des étoiles fixes causé par les mouvements combinés de la terre autour du soleil et de la lumière envoyée par l'étoile. C'est en 1728 que l'astronome anglais Bradley découvrit ce phénomène.(Voyez *Etoiles*.)

ABIME. Voyez *Abyme*.

ABIMÉLECH. Ce nom qui paraît avoir été commun à tous les rois philistins de Gérare, comme celui de Pharaon à tous les rois d'Égypte, est donné dans l'Ecriture à un roi contemporain d'Abraham. Celui-ci, qui voyageait avec son épouse Sarah, la présentait comme sa sœur dans la crainte qu'un rival jaloux ne le fît périr ; car Sarah, malgré ses quatre-vingts ans, était encore d'une rare beauté. Cet Abimélech enleva Sarah ; mais Dieu lui apparut en songe et le menaça de le faire mourir. Le roi la rendit alors au patriarche son époux. Un autre Abimélech eut une aventure à peu près semblable avec Isaac et Rébecca.

AB INTESTAT se dit en jurisprudence d'un homme qui meurt sans avoir fait de dispositions testamentaires. On donne le nom d'héritier *ab intestat* à celui qui recueille une succession en vertu des dispositions de la loi, à défaut de testament.

AB IRATO. Cette locution latine, qui signifie *par un homme en colère*, est employée en jurisprudence pour désigner des actes de libéralité dont la haine ou la colère ont été la cause. Elle peut être un motif pour faire annuler les dispositions testamentaires (Code civil, art. 901).

ABJURATION. C'est un acte public et solennel par lequel on renonce à certaines opinions religieuses. Lorsque l'on abjure les erreurs païennes pour embrasser le christianisme, cet acte prend le nom de *conversion*. Lorsque l'on renonce, au contraire, au culte du vrai Dieu en faveur de l'idolâtrie ou de l'islamisme, ce n'est plus une simple abjuration ; dans le langage reçu c'est une *apostasie*. — Une abjuration faite avec conviction et de bonne foi est, certes, un acte respectable ; mais, le plus souvent, de honteux calculs, des vues politiques, les menaces et la terreur en ont été les seules causes. — L'abjuration est volontaire ou forcée, et les exemples du second cas sont malheureusement beaucoup plus nombreux que ceux du premier. La torche et le glaive ont plus déterminé d'abjurations que les

arguments des membres du très saint-office de l'inquisition. La crainte des tortures fit abjurer les Bohêmes en masse, et les dragonnades de Louis XIV rendirent à beaucoup de huguenots la foi en l'infaillibilité du pape. — Parmi les abjurations célèbres que l'histoire nous a transmises, nous citerons celle de Galilée, bon catholique, mais dont la théorie du mouvement de la terre lui valut les plus cruelles persécutions, auxquelles il fut trop heureux de pouvoir se soustraire par une abjuration que sa langue rebelle révoqua tout aussitôt (voyez *Galilée*) ; celle que signa, en 1593, Henri IV, chef des huguenots, et que lui conseillaient la politique et l'esprit de charité ; celle de Christine de Suède, en 1655, dont on ne connut jamais les véritables motifs ; celles, enfin, de Pierre III, d'Auguste, électeur de Saxe et de Bernadotte, qui sacrifièrent à l'amour du trône leurs croyances religieuses.

ABLES et **ABLETTE** (de *albus*, blanc), poissons de petite taille, de la famille des cyprinoïdes abdominaux. Ils se distinguent par l'absence d'épines et de barbillons. Les pêcheurs de nos rivières les nomment *poissons blancs*; leur chair molle est au reste peu estimée. Parmi les espèces de ce genre qui habitent nos rivières, nous citerons celles connues des pêcheurs sous les noms de *meunier*, *gardon*, *vaudoise*, *ablette*, etc. Cette dernière espèce mérite de nous arrêter quelques instants. L'*ablette*, très connue dans toutes les eaux douces de l'Europe, est longue de 16 à 22 cent., d'un vert jaunâtre sur le dos, et brillant du plus bel éclat d'argent sur le reste du corps. C'est cette matière argentée, recueillie au moyen de l'ammoniaque, qui s'emploie, sous le nom d'essence d'Orient, à la fabrication des fausses perles, on la trouve en plus grande quantité à la base des écailles et dans les intestins. L'ablette se réunit souvent en troupes nombreuses.

ABLUTION, action de laver, d'enlever les taches, les souillures. — Les *ablutions* jouent un grand rôle dans les rites religieux de certains peuples. C'est chez les Hébreux que nous trouvons l'origine de cet usage qui s'est propagé principalement dans les pays chauds. Chez les Orientaux, où l'entretien du corps demande des bains fréquents, et où l'ardeur du climat fait de la propreté une loi de première nécessité, les législateurs ont toujours établi l'ablution comme une des pratiques principales du culte religieux. — Chez les Juifs, l'ablution était surtout imposée aux prêtres qui devaient la pratiquer avant de pénétrer dans le temple pour y remplir les fonctions de leur ministère. Chez les Grecs et les Romains, les prêtres se plongeaient dans des fontaines consacrées. Dans l'Inde, l'eau du Gange est principalement recommandée pour les ablutions. Chez les mahométans les ablutions sont une cérémonie des plus méritoires et des plus souvent répétées ; la loi les oblige à une ablution complète, c'est-à-dire de tout le corps, d'abord trois fois par semaine, puis dans un grand nombre de circonstances particulières ; ils ont à cet effet des fontaines dans les parvis de toutes les mosquées. — L'eau ne fut pas seule consacrée aux ablutions religieuses. A son défaut on y employa souvent les substances qui présentaient avec elle certaines analogies. C'est ainsi que les musulmans, lorsqu'ils manquent d'eau dans leurs déserts brûlants, la remp'acent par du sable. — Le but évident des ablutions proprement dites, de celles où l'on employait l'eau, était d'entretenir la propreté, indispensable dans les pays chauds, pour prévenir les maladies de la peau et le fléau plus terrible encore de la peste. On sait que les croisés qui négligèrent les précautions de propreté dans la Palestine, rapportèrent la lèpre en Europe. Ces institutions étaient parfaitement adaptées à l'époque où elles furent établies, ainsi qu'aux peuples auxquels elles s'adressaient De nos jours, l'instruction plus générale permet de ne plus faire intervenir la religion dans ce qui concerne l'hygiène.

ABNER, beau-père de Saül et général de ses armées, le servit toujours avec fidélité. Après la mort de ce prince, il fit reconnaître Isboseth pour son successeur ; mais mécontent de ce dernier, il passa du côté de David. Abner fut assassiné par Joab en 1048 avant J.-C.

ABO, ancienne capitale de la Finlande. (Voyez *Finlande.*)

ABOIEMENT. On a supposé que l'aboiement était chez les chiens le résultat de la civilisation; un essai d'imitation de la voix humaine. Quoi qu'il en soit, les chiens sauvages n'aboient pas, et les chiens domestiques perdent cette habitude en recouvrant la liberté. Les chiens de l'île de Juan Fernandez qui descendent de ceux que les Espagnols y laissèrent antérieurement à l'expédition de lord Anson ont tout-à-fait perdu l'habitude de l'aboiement; des chiens amenés du pôle nord par le navigateur Mackensie en Angleterre n'aboyèrent jamais, tandis que des petits qu'ils eurent apprirent à aboyer en fort peu de temps. On a remarqué le même fait singulier pour les chats qui, en retournant à la vie sauvage, perdent le miaulement qu'ils font entendre en domesticité. (Voyez *Chien.*)

ABORDAGE. C'est l'effet soit du choc accidentel de deux navires qui se heurtent, soit de l'attaque corps à corps tentée par l'un des deux contre l'autre. En terme de guerre, c'est manœuvrer un bâtiment pour accoster, accrocher le vaisseau ennemi; on y réussit en jetant sur son grécment les grapins d'abordage, forts crochets de fer à plusieurs branches attachés à des chaînes et suspendus au bout des basses vergues. Une fois les deux bâtiments accrochés, l'élite de l'équipage abordeur armée de sabres, de pistolets et de haches d'armes, s'efforce de sauter sur le pont du vaisseau abordé, pour en chasser l'ennemi. Ce genre de combat est toujours des plus meurtriers. Nous avons représenté l'enlèvement à l'abordage du vaisseau anglais *Carnation* par le brick français le *Palinure*, commandé par le capitaine Janse. Ce mémorable fait d'armes, dans lequel les Anglais avaient l'avantage du nombre, eut lieu en octobre 1808.

ABORIGÈNE (*ab*, de, *origo*, origine). On donne ce nom aux animaux et aux plan-

tes qu'on regarde comme originaires de la contrée qu'ils habitent.

ABOU-BEKR, beau-père de Mahomet, fut, après la mort du prophète, élu 1er kalife. Son règne fut illustré par les nombreuses victoires que ses lieutenants remportèrent en Arabie, en Syrie, etc. Lui-même vainquit en Palestine l'empereur Héraclius. Il mourut en 634 (an 13 de l'hég.), et fut enterré à Médine.

ABOUKIR, village de la Basse-Egypte; sur l'emplacement de l'ancienne Canope, célèbre par plusieurs combats, dont son terrain et la mer voisine furent le théâtre durant la campagne d'Egypte. — Aboukir est situé à l'extrémité d'une presqu'île formée par le lac Madieh et la mer; son extrémité est défendue par un rocher sur lequel s'élève un fort. Entre cette pointe et l'embouchure du Nil qui en est éloignée de huit lieues, s'étend la vaste rade à laquelle le village donne son nom. C'est là que se livra, le 1er août 1798, entre la flotte anglaise commandée par Nelson et la flotte française sous les ordres de Bruéis, le combat dans lequel ce dernier perdit la vie. L'année suivante, les Français écrasèrent près du village 15,000 Turcs que la flotte ottomane venait d'y débarquer; mais en 1801 les Anglais s'emparèrent de cette position, et peu de temps après eut lieu la capitulation qui leur livra l'Egypte. (Voyez *Egypte.*) — Aboukir est à 24 kil. au N.-E. d'Alexandrie.

ABOUL ABBAS. Voyez *Abbassides.*

ABRAHAM ou IBRAHIM, père de la nation juive par Isaac et de la nation arabe par Ismaël, naquit à Ubr en Chaldée, l'an 1996 av. J.-C. — Il vivait avec son père qui était idolâtre, lorsque Dieu lui ordonna d'aller dans la terre de Chanaan, lui promit de la lui donner tout entière, et lui annonça qu'il serait le père d'une grande nation. Il sortit donc de Chaldée avec toute sa famille et vint s'établir à Sichem. Il était alors âgé de 75 ans. La famine le força d'aller à Gérare où Abimélech lui enleva sa femme Sarah qu'il faisait passer pour sa sœur. Mais ce prince la lui rendit aussitôt par ordre du Seigneur. De retour en Palestine, Abraham se sépara de Loth, son neveu, et se fixa dans la terre de Mambré. C'est alors que Dieu lui apparut de nouveau et fit alliance avec lui et tous ses descendants, lui ordonnant, pour signe de cette alliance, de se circoncire avec toute sa famille. — Désespérant d'avoir des enfants de sa femme Sarah, qui était alors âgée de 90 ans , il eut commerce avec Agar , esclave égyptienne , et en eut un fils nommé Ismaël. Mais ensuite des anges envoyés de Dieu lui promirent que Sarah lui donnerait un fils dans l'année même. Bientôt , en effet , naquit Isaac. Lorsqu'il eut atteint l'âge de 25 ans, Dieu, pour éprouver la foi d'Abraham , lui ordonna de le sacrifier. Abraham se prépara à obéir, mais au moment même où il allait l'immoler , un ange lui arrêta le bras et lui fit voir un bélier qu'il sacrifia à la place de son fils. Il mourut à l'âge de 175 ans. — Les musulmans ont une grande vénération pour Abraham, qu'ils appellent Ibrahim, et vont en pèlerinage à Hébron où ils le croient enterré. Les Persans ont cru qu'Abraham n'était autre que Zoroastre. (Voyez ce nom.)

ABRANCHES. Voyez *Annélidse.*

ABRANTÈS, petite ville située à la rive droite du Tage, dans l'Estramadure portugaise. Sa position sur le fleuve au point où il devient navigable, au pied de collines escarpées qui forment en cet endroit un défilé, et l'ancien château, qui au besoin pourrait servir de citadelle, lui donnent une haute importance militaire. En 1808, le général Junot, après une marche longue et périlleuse le long du Tage, arriva à Abrantès dont il s'empara : il fit mettre en état de défense le château et la ville, puis, malgré la fatigue de ses troupes, se portant rapidement sur Lisbonne qui avait une garnison de 15,000 hommes et 350,000 habitants, il y entra à la tête de 1,500 grenadiers. Ce brillant fait d'armes lui valut de la part de Napoléon le titre de *duc d'Abrantès.*

ABRANTÈS (*duc d'*). Voyez *Junot.*

ABRÉVIATION. C'est le retranchement de quelques lettres dans un mot pour écrire plus vite et en moins d'espace.—L'usage des abréviations était déjà très répandu au VIe siècle ; il le devint plus encore au VIIIe et suivit jusqu'au XVe siècle une marche progressive. A cette époque les manuscrits et les premiers exemplaires de l'imprimerie en étaient tellement farcis qu'il existe des ouvrages où les neuf dixièmes des mots sont abrégés. Dès le XIVe siècle, Philippe-le-Bel s'était vu obligé de rendre une ordonnance (1304) pour bannir des actes juridiques et des minutes des notaires toutes les abréviations qui exposaient les actes à être mal entendus ou falsifiés : cette défense a été renouvelée par l'article 46 du Code civil.

En numismatique, les abréviations sont fort usitées ; on comprend que le petit espace que présente une pièce de monnaie exige que les mots qui ne sont pas les plus essentiels soient abrégés dans la légende. Nous parlerons des plus importantes à l'article *Numismatique.*

En mathématiques, on nomme abréviations les signes dont on se sert pour exprimer d'une manière générale et abrégée les opérations et les raisonnements que comporte la résolution d'une question. (Voyez *Algèbre.*)

Les anciens chimistes avaient imaginé des signes particuliers pour représenter abréviativement chacune des substances qu'ils employaient ; mais de nos jours ces signes ont été abandonnés. On a introduit dans la science un signe déterminé pour désigner chaque nature d'atome ; ce qui permet de représenter la composition des combinaisons chimiques avec une grande facilité. M. Berzélius, à qui l'on doit cette ingénieuse conception, s'est servi pour cela de la première lettre du nom des corps simples en y joignant, lorsque plusieurs noms de corps ont la même initiale, la première lettre qui ne leur est pas commune. En outre, afin de remédier à l'inconvénient de la diversité des langues, on est convenu de prendre l'initiale des noms latins.

Abréviations (cosmographie).

N. Nord.
S. Sud.
O. Ouest
N.-E. Nord-Est.
N.-O. Nord-Ouest.
N.-N.-E. Nord-Nord-Est.
N.-N.-O. Nord-Nord-Ouest.
E.-N.-E. Est-Nord-Est.
O.-N.-O. Ouest Nord-Ouest.
S.-S.-E. Sud-Sud-Est, etc., etc., etc.

Les mouvements et le temps se marquent : ° degré, ' minute, " seconde, h heure ; A, austral ; B, boréal ; A. M, avant le passage au méridien ; P. M, après le passage ; AS dr, ascension droite ; *déclin.* ou *d.,* déclinaison; *long.,* longitude; *lat.,* latitude, etc.

ABRICOTIER, espèce du genre *prunus.* Cet arbre, qui est bien connu de tout le monde, paraît être originaire de l'Arménie, d'où le nom botanique de *prunus armeniaca* (prunier d'Arménie). On l'a trouvé aussi végétant spontanément au Japon et sur quelques montagnes de la Chine. L'abricotier n'est pas difficile sur la qualité du terrain, cependant il faut se garder de le planter dans un sol argileux et humide, où ses fleurs printanières auraient plus à souffrir des effets de la gelée. On le multiplie de semences,

ou bien de greffes sur amandier et sur prunier. On le tient en espalier ou en plein vent; par la seconde méthode, les fruits sont peut-être moins beaux, mais ils sont plus savoureux et plus abondants. Le bois de l'abricotier sert à des ouvrages de tour. Son fruit se sert crû ou cuit, et l'on en fait des conserves et des pâtes.

ABROGER, ABROGATION. C'est l'acte par lequel une loi, une coutume, un usage, sont annulés, anéantis. L'autorité législative seule a qualité pour opérer cette abrogation : *cujus est condere ejus est abrogare.* — L'abrogation peut être ou *expresse* ou *tacite;* elle est *expresse* si une loi existante est explicitement déclarée anéantie par une loi postérieure; *tacite* par la promulgation d'une loi nouvelle inconciliable avec une loi antérieure. L'usage peut abroger une loi. Voici ce qu'écrivait à ce sujet le chancelier d'Aguesseau au premier président du parlement de Toulouse : « Toutes les lois sont sujettes à tomber en désuétude, et il est bien certain que quand cela est arrivé on ne peut plus tirer un moyen de cassation d'une loi qui a été abrogée tacitement par un usage contraire..... »

Il y a bien des choses qu'on a conservées dans la rédaction ou la réformation des coutumes, par respect pour d'anciennes traditions qui ne doi-

vent plus tirer à conséquence depuis que la législation s'est perfectionnée, et qui sont censées suffisamment abrogées par l'usage commun de toute la France, qui en est le plus sûr interprète.

ABRUZZES, la province la plus septentrionale du royaume de Naples. Elle est bornée au N. et à l'O. par les États de l'Église, au S. par la Pouille et la terre de Labour. Les Abruzzes se divisent en Abruzze ultérieure au N.-O. et en Abruzze citérieure au S.-E. La chaîne des Apennins traverse dans sa plus grande hauteur ce pays montagneux. Les fleuves qui y prennent leur source, le Tronto, le Trontino, etc., coulent la plupart en ligne directe vers la mer Adriatique. Ces fleuves, grossis au printemps par les eaux pluviales, deviennent des torrents et occasionnent souvent des dégâts considérables. Le climat des Abruzzes est assez rude, la cime de ses montagnes est couverte de neige d'octobre en avril. Les vallées sont fertiles, mais produisent peu de blé; en compensation l'amandier, le noyer, l'olivier et beaucoup d'autres arbres fruitiers y croissent abondamment. On y voit paître de magnifiques troupeaux qui sont l'unique article d'exportation. — Les villes les plus importantes sont : Aquila, Pescara et Sulmone. C'est de ces contrées que descendent ces nombreux bandits qui infestent les frontières du royaume de Naples et des États romains, et n'ont d'autres ressources que le vol et le meurtre.

ABSALON, fils de David, tua son frère Ammon dans un festin, et se révolta contre son père. Il fut vaincu et prit la fuite, mais ses longs cheveux s'embarrassèrent dans les branches d'un arbre auquel il resta suspendu, et Joab, général de David, l'ayant rencontré dans cette position, le tua.

ABSENCE, ABSENT. Le mot *absence* indique, en droit, l'état d'une personne sur l'existence de laquelle règne une incertitude complète; et l'on donne le nom d'*absent* à la personne sur le compte de laquelle règne cette incertitude, soit qu'elle ait disparu de son domicile sans qu'on sache ce qu'elle est devenue, soit qu'étant partie dans un but connu, elle ait cessé par la suite de donner de ses nouvelles. — L'ancienne jurisprudence française n'avait établi aucune règle fixe concernant l'absence; le Code civil a comblé cette lacune. L'absence peut être *présumée* seulement ou judiciairement *déclarée.*

I. Il y a *présomption d'absence*, dès qu'il y a

incertitude sur l'existence d'un individu; les tribunaux seuls ont le droit de constater cette incertitude, en tenant compte de toutes les circonstances. Si durant la présomption d'absence il y a nécessité de pourvoir à l'administration de tout ou partie des biens de l'absent, les parties intéressées doivent s'adresser au tribunal de première instance, lequel ordonnera les mesures qu'il jugera nécessaires. — Si l'absent présumé a laissé des enfants mineurs, et si c'est la femme qui est absente, le mari présent conserve la puissance paternelle et rien n'est changé; mais si le mari est absent, la femme exerce à sa place l'autorité qu'il exerçait; elle est chargée de surveiller l'éducation des enfants et d'administrer leurs biens. Mais si l'un des parents est en présomption d'absence et l'autre mort, la tutelle est ouverte, suivant les règles ordinaires, six mois après la disparition de l'absent.

II. *Déclaration d'absence.* Lorsque l'absent n'a point laissé de procuration pour l'administration de ses biens, la déclaration d'absence peut être demandée au bout de quatre ans. Si au contraire il a laissé une procuration, ce n'est qu'après dix ans qu'on peut provoquer la déclaration d'absence. Ce droit appartient aux parties intéressées et par conséquent en première ligne aux héritiers présomptifs. C'est au tribunal du domicile de l'absent que doit être portée la demande. Le tribunal ordonne une enquête par jugement inséré au *Moniteur.* Un an après, le jugement déclaratif d'absence pourra être rendu. — L'absence une fois déclarée, l'absent est présumé mort et tout ce qui se ferait si son décès était constant, a lieu provisoirement. Les héritiers présomptifs peuvent se faire envoyer en possession provisoire des biens sur lesquels ils ont droit. Puis, lorsqu'il s'est écoulé trente ans depuis la déclaration d'absence ou cent ans depuis la naissance de l'absent, les cautions qu'avaient dû fournir les envoyés en possession provisoire sont déchargées de plein droit, et les parties intéressées sont définitivement mises en possession des biens.

ABSIDE ou **APSIDE**, en latin *absis.* En architecture, abside signifie arc, voûte. On appelait abside la partie intérieure des anciennes églises, où le clergé était assis et où l'autel était placé. On lui donnait ce nom, parce qu'elle était bâtie en voûte ou en arcade. L'abside était bâtie en figure hémisphérique et consistait en deux parties, l'autel et le presbytère ou sanctuaire. Au milieu de ce demi-cercle, séparé de la nef par une grille, était placé le trône de l'évêque, et ce dernier portait aussi quelquefois le

nom d'abside ou *apsis,* du lieu où il se trouvait. On donne encore le nom d'abside aux chapelles latérales et même aux extrémités des deux côtés nord et sud de la croix, lorsque les églises ont cette forme et que ces parties sont en arc ou en voûte. — Jadis on appelait *absides* les châsses qui contenaient les reliques des saints, quand elles avaient la forme que le terme indique. En ce sens, cette dénomination n'est plus employée.

ABSINTHE, genre de plantes de la famille des synanthérées. — On distingue trois variétés d'absinthe, la *grande,* la *petite* et l'*absinthe maritime.* — La grande absinthe se plaît dans les lieux arides et montueux de nos climats. Elle fleurit en juillet et août. Ses tiges sont droites, de huit à douze décimètres de hauteur, cannelées, cotonneuses: les feuilles sont alternes, larges, d'un vert argenté et profondément découpées, les fleurs sont petites, jaunâtres et disposées en grappes. Cette plante répand une forte odeur aromatique, sa saveur est amère.

La *grande absinthe* est d'un usage très répandu dans l'économie domestique, la médecine et l'art vétérinaire. — On prépare avec cette plante un vin vermifuge et stomachique, un sirop, une infusion aqueuse, etc. On connaît également la liqueur de table appelée extrait d'absinthe suisse que l'on boit étendue d'eau au commencement d'un repas pour aiguiser l'appétit.

— La *petite absinthe,* particulière au midi de l'Europe, a les mêmes propriétés que la grande, mais à un degré moins élevé. L'*absinthe maritime* est aussi un puissant vermifuge.

ABSOLU. L'absolu est ce que nous ne pouvons ni anéantir, ni modifier. C'est la cause première; c'est Dieu créateur, incréé, indépendant et existant par lui-même. — Les connaissances absolues sont des idées, des jugements indépendants des circonstances au milieu desquelles nous nous trouvons placés, et qui restent invariables au sein des changements que notre existence éprouve. (Voyez *Connaissances*.)

ABSOLUTION. En droit criminel, l'absolution est le renvoi d'un accusé, prononcé, à raison de ce que le fait dont il est déclaré coupable n'est pas défendu par une loi pénale. — Il y a cette différence entre l'*absolution* et l'*acquittement*, qu'un accusé ne peut être *acquitté* que lorsqu'il a été déclaré non coupable, tandis qu'au contraire, l'accusé est *absous*, lorsque le fait dont il a été déclaré convaincu n'a pas été qualifié délit par la loi.

L'*absolution*, en matière religieuse, est la rémission des péchés après confession publique ou particulière. L'absolution ou le pardon des fautes se retrouve dans toutes les religions, parce qu'elle est fondée sur un besoin impérieux du cœur. Tout homme qui se sent coupable et se repent, désire l'absolution. Le prêtre est l'intermédiaire entre Dieu et le coupable. Après avoir entendu la confession du pécheur (voyez *Confession*), et s'être assuré de son repentir, le prêtre prononce les paroles de rémission: *Ego te absolvo a peccatis tuis in nomine Patris, etc.*; ou selon l'Eglise d'Orient, *Jesus-Christus te absolvat*. Le ministre protestant déclare simplement l'homme repentant absous par le seul fait de son repentir, et non par un pouvoir délégué. — Dans les premiers siècles de notre ère, où la barbarie luttait encore contre le christianisme, les peuples et les princes commettaient quelquefois des crimes énormes ou se laissaient entraîner à des erreurs solennelles qui exigeaient des pénitences publiques, après lesquelles l'absolution était prononcée à la face de tous; le refus de soumission pouvait entraîner l'*excommunication*. (Voyez ce mot.) Au moyen-âge, l'absolution a souvent été une arme politique entre les mains des papes. — Henri IV fut absous par le pape et devait attacher une grande importance à un acte qui seul pouvait affermir son trône.

ABSOLUTISME. Il ne faut pas confondre l'*absolutisme* avec le *despotisme*; les publicistes l'en distinguent par ce caractère que le *despotisme* n'est point soumis à la loi, tandis que le *roi absolu* lui est soumis. L'absolutisme serait

donc la même chose que le gouvernement monarchique, où *un seul gouverne par des lois fixes et établies*, selon l'expression de Montesquieu, qui, du reste, pas plus que Machiavel et Puffendorf, n'a employé ce mot dans ses écrits. Notre ancien gouvernement offrait ce caractère, et nous n'en voulons d'autre exemple que Louis XI et Louis XIV, qui certes, n'ont pas été les moins absolus de nos rois. Louis XI étant à son lit de mort fait mander son fils auprès de lui; il l'exhorte à se gouverner par le conseil des princes du sang, des seigneurs et autres personnes notables, à ne point changer les officiers après sa mort, à *suivre les lois*, à soulager ses sujets, et à réduire les levées des deniers à *l'ancien ordre du royaume qui était de n'en point faire sans l'octroi des peuples*. — Louis XIV fait publier: « Qu'on ne dise point que le souverain ne soit pas sujet aux lois de son Etat, puisque la proposition contraire est une vérité du droit des gens, que la flatterie a quelquefois attaquée, mais que les bons princes ont toujours défendue comme une divinité tutélaire de leurs Etats. » — Il y a donc une différence entre l'absolutisme et le despotisme. Le pouvoir absolu est en définitive la réunion dans les mains du monarque des trois éléments constitutifs de la souveraineté, du pouvoir législatif, du pouvoir exécutif et du pouvoir judiciaire. L'absolutisme règne encore de nos jours en Russie, en Danemark, dans plusieurs principautés allemandes, et dans la plupart des monarchies asiatiques.

ABSORPTION. C'est l'action par laquelle certains corps se pénètrent et s'imprègnent de fluides ou de solides très divisés. Ce phénomène est le plus général dans tous les êtres vivants. En effet on ne peut concevoir l'accroissement et l'entretien des animaux et des végétaux, sans la fonction de faire pénétrer dans leur intérieur les matériaux du monde extérieur et sans la faculté de rejeter au-dehors ceux qui sont devenus inutiles. Il s'effectue incessamment diverses absorptions à toutes nos surfaces, et dans le parenchyme même de nos organes.

Un grand nombre d'expériences ont démontré cette faculté absorbante; ainsi par exemple si l'on plonge dans l'eau le corps d'un animal, de manière à ce que le liquide ne puisse pénétrer dans sa bouche; on trouve néanmoins qu'au bout d'un certain temps son poids est augmenté sensiblement; or cette augmentation de poids est bien évidemment due à l'absorption de l'eau par la surface extérieure du corps.

Suivant M. Magendie, l'absorption est un simple phénomène d'imbibition, et tous les tissus sont doués de la propriété d'absorber; en effet, toutes les fois qu'une substance liquide est en contact avec un point quelconque des tissus, elle s'introduit dans les porosités qui s'y trouvent.

Il y a, dans l'intestin, absorption du chyle, après digestion; absorption d'air, dans les bronches pulmonaires, dans l'acte de la respiration; absorption d'air ou d'eau, de principes alimentaires ou délétères, à la surface de la peau et des membranes. M. Orfila ayant placé sous la peau d'un animal de l'arsenic dans un sachet, cet arsenic disparut en quelques heures par l'absorption vitale, et occasionna un empoisonnement mortel. La médecine a souvent mis à profit le phénomène de l'absorption, soit pour administrer à certains malades des médicaments qu'ils n'auraient pu avaler, soit pour nourrir des individus qui ne pouvaient rien prendre autrement. Dans les animaux des classes inférieures dont la structure est moins compliquée et les facultés plus bornées, l'absorption ne consiste que dans l'imbibition; les substances étrangères traversent l'épaisseur des parties solides avec lesquelles elles sont en contact, et pénètrent ainsi dans la profondeur de tous les tissus. Chez les animaux dont l'organisme est plus compliqué, chez lesquels il se fait une circulation régulière, cette imbibition s'effectue bien de la même manière; mais dès que ces substances ont pénétré dans les vaisseaux qui traversent les tissus, et se sont mêlées aux sucs nourriciers du corps, un autre phénomène a lieu; les molécules nutritives, au lieu de continuer à se répandre de proche en proche dans les diverses parties, sont entraînées par des courants et distribuées immédiatement dans tous les points où le sang lui-même pénètre. Les veines jouent par conséquent un rôle très important dans l'absorption, chez les animaux pourvus d'un système circulatoire. (Voy. *Circulation.*) Chez les animaux et chez les plantes, le phénomène de l'absorption est d'autant plus rapide que le tissu offre une texture plus lâche et plus spongieuse, et la rapidité de l'absorption est en raison du degré de vascularité du tissu qui en est le siége. Ainsi, dans les poumons, qui sont, de toutes les parties de l'économie animale, celles dont la structure est la plus spongieuse, l'absorption est plus rapide que partout ailleurs. Par la peau, au contraire, dont la texture est très dense, l'absorption ne se fait que difficilement.

ABSOUTE. Dans l'Église romaine, on nomme ainsi une absolution publique donnée le jeudi de la semaine sainte, avant l'office du matin. Elle est précédée de la récitation des psaumes pénitentiaux et de plusieurs autres prières.

ABSTINENCE (*physiol.*). On se sert ordinairement de ce mot pour désigner la privation totale ou partielle des aliments solides ou liquides. Nous nous occuperons d'abord de l'abstinence absolue. Le corps perd sans cesse, par les diverses excrétions, une partie de sa substance; ces pertes sont réparées par la nutrition et l'absorption, et les molécules nutritives charriées par le sang dans toutes les parties du corps remplacent constamment celles qui en sont expulsées. Lors donc que ces molécules nutritives viennent à manquer, le corps, perdant plus qu'il ne reçoit, ne tarde pas à s'affaiblir, puis bientôt à périr complétement. L'histoire du siége de Jérusalem par Titus, de celui de Paris par Henri IV, les relations des naufrages, etc., nous font connaître jusqu'où peuvent aller les horreurs de la faim; nous allons décrire brièvement les phénomènes qui accompagnent toujours l'abstinence. Les premiers moments de la faim sont les plus difficiles à passer, surtout si celui qui en souffre est jeune et robuste, s'il a les habitudes d'une vie active et régulière. Bientôt surviennent les bâillements et les pandiculations; les intestins se contractent avec bruit, puis le sentiment poignant de la faim s'affaiblit peu à peu; mais le corps a déjà perdu de son énergie, la tête s'alourdit, et le sommeil vient bientôt suspendre les souffrances. Cependant ce sommeil est agité, entrecoupé et troublé par des songes. Au réveil, la faim paraît tolérable, on ne sent plus d'aussi vives douleurs à l'épigastre; mais les lassitudes augmentent, les somnolences deviennent plus fréquentes, le visage se décolore et s'affaisse. Le sang, ne recevant plus d'aliments, s'appauvrit, et par cela même les sécrétions diminuent, alors la peau et le gosier se dessèchent ainsi que les intestins et la vessie, le ventre se retire; la bouche devient brûlante, la langue épaissit comme dans la fièvre, et une soif ardente se fait sentir : c'est là la plus grande souffrance de ceux qui endurent la faim. Le cœur s'affaiblit sensiblement, les extrémités deviennent froides, et l'on s'éteint enfin au bout de sept ou douze jours. Cependant on a vu des hommes résister plus longtemps, et nous nous contenterons de citer le Corse Viterbi, qui endura pendant seize jours les tourments de l'abstinence volontaire pour échapper à une mort infamante.

La mort, par le fait de l'abstinence, est d'autant plus prompte que les patients sont plus près de l'enfance, plus actifs et plus maigres. — En un mot, c'est le manque de nourriture, c'est l'appauvrissement du sang, l'anéantissement graduel du cœur qui cause la mort, mais non le sentiment douloureux de la faim. Le terme de l'abstinence dépend, comme nous l'avons fait pressentir, de l'âge, du sexe, de la force corporelle et de l'énergie de l'esprit. Les malades offrent quelquefois l'exemple de jeûnes de plusieurs semaines. Haller cite beaucoup de vieillards et de femmes qui avaient strictement jeûné des mois entiers sans mourir. Si l'on en croit Voltaire, Charles XII, qui s'étudiait à lutter contre toutes les fatigues et toutes les privations, passa sept jours sans rien manger. A la suite d'une abstinence trop prolongée, le corps conserve des traces ineffaçables; les organes s'altèrent promptement, et ceux qui ont enduré les souffrances de la famine gardent les caractères indélébiles d'une vieillesse anticipée.

ABSTINENCE. Considérée sous le rapport religieux, l'abstinence est une privation obligatoire de certains aliments et boissons réputés impurs. L'homme n'ayant pas, comme les animaux, cet instinct qui, entre mille objets, distingue de prime abord celui qui convient à sa nourriture, n'a pu, qu'à la suite de nombreux essais, et après avoir été lui-même souvent victime de son inexpérience, connaître les principaux objets capables de satisfaire son appétit sans nuire à sa santé. Une fois cette connaissance acquise, il fallait en assurer les fruits. La politique et la religion se réunirent alors pour formuler en loi absolue des prescriptions hygiéniques qui eussent été trop facilement enfreintes comme mesures purement sanitaires. — Parmi les plantes, nous en trouvons peu de prohibées; néanmoins, des motifs de pureté firent défendre aux Hébreux, par Moïse, l'ail, l'ognon et les fèves. La religion des Indous y ajoute les champignons. Le genre d'aliment qui a provoqué le plus grand nombre de lois prohibitives est la chair des animaux; en effet, dans les climats chauds, son usage peut causer des effets morbifiques. Moïse et Zoroastre ont désigné comme impure la chair du porc, et généralement celle de tous les quadrupèdes à sabot non fendu, et qui ne ruminent pas. Quant aux reptiles et aux insectes, leur usage, presque toujours dangereux, était partout défendu. Les Indous et les Hébreux devaient aussi s'abstenir des oiseaux carnivores, ainsi que des poissons qui paraissent sans nageoires et sans écailles, etc. Parfois aussi des raisons politiques, fondées sur l'utilité ou la rareté de certains animaux, en firent interdire l'usage comme aliment. C'est ainsi que

dans une partie de l'Egypte on s'abstenait de la chair de chèvre, à cause du commerce dont son poil était l'objet. Les Égyptiens et les Phéniciens, dit Porphyre, auraient plutôt mangé de la chair humaine que de la chair de vache. L'abstinence des boissons fermentées joue un grand rôle dans les législations orientales. Pour ne parler que du vin, il était interdit en Égypte pendant les jours de solennité, et Moïse le défendit également. A Rome et en Grèce, il était défendu aux femmes, aux enfants et aux esclaves, et l'on connaît les lois rigoureuses de Mahomet à cet égard. Quant aux abstinences périodiques, d'institution religieuse, nous en parlerons au mot *Jeûne*.

ABSTRACTION (du latin *abstrahere*, ôter de, séparer). C'est, en philosophie, l'acte par lequel on sépare dans un objet chacune de ses parties, qualités ou propriétés, et dans une pensée, chacune des idées qu'elle renferme. — Ainsi, lorsque la connaissance d'un corps nous est transmise par les sens, nous le percevons comme étendu sous trois dimensions. La vue nous le transmet comme étendue colorée; l'odorat nous y fait percevoir l'odeur s'il est odorant, et la saveur, le goût, s'il est sapide. Toutes ces qualités réunies dans un même sujet, l'esprit peut les considérer isolément en faisant abstraction de toutes les autres. Il peut, par exemple, ne s'occuper que de la grandeur ou de la couleur de l'objet, sans faire attention aux autres attributs de la même substance; cette faculté s'appelle l'*abstraction*. La grandeur, la couleur, la forme, n'ont point d'existence indépendante de la substance qui les manifeste; mais l'esprit leur en donne une en les isolant. L'abstraction est la condition de toute analyse; cette faculté vient en aide à la faiblesse de l'intelligence; sans elle l'esprit n'aurait que des perceptions vagues et confuses; en divisant l'objet, il se concentre sur chacune de ses parties qu'il examine isolément, et il peut ainsi procéder à une analyse qui, en éclairant successivement les parties du haut, répand une vive lumière sur l'ensemble recomposé par la synthèse.

ABSTRAIT se dit de ce qui n'a point de réalité hors de l'esprit. Ainsi, l'on dit des idées abstraites, des principes abstraits. — *Abstrait* se dit d'un nombre, lorsqu'on ne désigne pas l'espèce des unités qui le composent.

ABUS. C'est l'usage mauvais, excessif ou injuste d'une chose. — Voltaire définit l'abus: un vice attaché à tous les usages, à toutes les lois, à toutes les institutions des hommes; le détail, ajoute-t-il, n'en pourrait être contenu dans aucune bibliothèque. — Partout, en effet, l'histoire de l'espèce humaine nous montre l'abus à côté du bien, de l'utile; il s'attache aux choses les meilleures, comme la rouille s'attache à l'acier le plus pur. — L'abus de la ferveur religieuse est le fanatisme; l'abus du pouvoir, la tyrannie; l'abus de la liberté, la licence; l'abus de la science, l'orgueil; l'abus de la richesse, la corruption; l'abus du crédit, l'injustice exigée, imposée aux autres. — Il faudrait donc, pour déraciner les abus, pouvoir étouffer dans l'homme les mauvais penchants, les passions toutes personnelles qui le dominent habituellement, donner, en un mot, à la vertu, l'empire du monde auquel seule elle a droit. Combien d'abus déjà ont été réformés, mais combien il en reste encore. Il ne faut pas cependant se décourager; mais travailler ardemment au grand œuvre, et si les abus ne disparaissent pas totalement de la surface du globe, du moins ils deviendront aussi rares et aussi peu dangereux qu'il est permis à la nature humaine de l'espérer.

ABYME (du grec *abussos*, sans fond). Le nom d'abyme était donné par les historiens sacrés à la masse des eaux formée en même temps que la terre, et qu'ils supposaient constituer, au sein de celle-ci, cet immense réservoir qui, suivant la Genèse, s'ouvrit pour produire en partie le déluge mosaïque. Les géologiens donnent aujourd'hui le nom d'*abyme* à des cavités, le plus souvent verticales dont l'ouverture est à la surface du sol et dont le fond n'est pas connu. Les abymes sont à sec, ou remplis d'eau, soit en totalité, soit en partie; leur fond présente tantôt un lac tranquille, tantôt un gouffre profond où vont se perdre les eaux qui coulent à la surface du sol. Il est, au reste, difficile de distinguer d'une manière bien tranchée les *abymes* des *puits naturels*, des *fondrières*, etc., dont nous parlerons plus tard.

ABYSSINIE. Ce nom s'applique à cette région de l'Afrique intertropicale qui s'étend entre le 8⁰ et le 16⁰ degrés de latitude boréale et le 32⁰ et 41⁰ de longitude est, ce qui lui donne une étendue superficielle de 45,000 lieues carrées. Ses limites sont encore assez incertaines; elle est bornée à l'orient par la mer Rouge au nord par de vastes et épaisses forêts au delà desquelles est la Nubie, à l'ouest et au sud par des peuples et des contrées presque entièrement inconnues. — L'Abyssinie est un pays élevé, coupé de montagnes, dont l'arête principale court vers le sud-ouest. Elle est jalonnée de cimes rocheuses ou *amba*, dont la plus haute l'*amba Detjem* a 4,600 mètres au-dessus du niveau de la mer et domine comme un autre Mont-Blanc ces Alpes abyssiniennes. La crête semble se continuer dans l'ouest jusqu'aux célèbres montagnes de la Lune. Le Bahr-el-Azreck ou Nil abyssinien qui traverse le lac de Dembea est le cours d'eau le plus considérable de la contrée; il descend au nord vers le lac Ssana qu'il traverse de l'ouest à l'est, puis après s'être contourné vers le sud, il reprend le nord pour s'aller jeter dans le grand Nil auprès de Halfây. La plupart des rivières d'Abyssinie sont de fougueux torrents et les cataractes y sont fréquentes. Aux influences climatériques résultant de sa configuration montagneuse, il faut joindre en Abyssinie tous les désagréments qu'entraîne sa position sous les tropiques. En effet, il en résulte que l'année y est partagée en deux saisons; la saison sèche et la saison des pluies. Celle-ci verse sur le sol pendant cinq mois (de mai à septembre) une telle quantité d'eau qu'elle fait cesser toute espèce de travaux, et que les habitants sont obligés, pour se mettre à l'abri de ses ravages, de placer leur demeure sur des hauteurs. Du reste, la température y est assez douce. Tout ceci ne s'applique nullement à la lisière maritime qui borde la mer Rouge, pays sec et stérile, qui présente ce phénomène étrange que les pluies y commencent quand elles finissent dans l'intérieur. Il y a peu de contrées en Afrique qui présentent une aussi brillante végétation que l'Abyssinie, une flore plus variée. A côté des jasmins qui couvrent souvent des collines et embaument l'air de la plus délicieuse odeur, s'élèvent le bambou et le papyrus à la tête panachée; à côté de nos céréales, le blé, le maïs, l'orge, l'avoine, etc., croissent des graminées qui nous sont tout-à-fait inconnues, telles que le *thef* aux fleurs empourprées, qui donne une farine savonneuse dont on fait un pain blanc et léger, nourriture ordinaire des hautes classes; le peuple se nourrit de *torano*, sorte de blé qui croît là ou nulle autre plante ne peut prospérer, et quand la moisson vient à manquer, on mange l'*ensété*, espèce de bananier dont la tige seule est exquise lorsqu'elle n'a pas toute sa croissance. Une foule de beaux arbres embellissent les paysages; les sycomores toujours verts, les *kouaras* aux fleurs de corail, les *mimosas* qui donnent la gomme, le gigantesque *baobab*, le *tamarinde*, etc., etc. Parmi une foule de plantes qui croissent à l'ombre de ces grands végétaux, nous citerons l'*aunginous* qui guérit les dysenteries, le *cousco*, vermifuge puissant; et sur le haut plateau de Kaffa croît le caféier qui fait la richesse de l'Yémen. La faune de l'Abyssinie n'est pas moins riche que sa flore ; un grand nombre d'animaux sauvages ou féroces errent dans les immenses pâturages qui s'étendent de toutes parts dans les plaines et sur les montagnes. Les hyènes et les chacals viennent rôder la nuit jusque dans l'intérieur des villes. Au milieu des fourrés épais qui couvrent les rives des fleuves vivent l'éléphant et le rhinocéros; et le crocodile et l'hippopotame habitent leurs eaux. Le lion, la panthère et le léopard portent la terreur au milieu des troupeaux. La girafe et le zèbre y sont rares; mais par une heureuse compensation, le lièvre, les oies, les canards, les bécasses et un grand nombre d'oiseaux de toute espèce y vivent en troupes innombrables. Les singes et les sangliers ravagent souvent les champs. Si l'on en excepte le chameau qui est fort en usage dans toute la région maritime, les animaux domestiques sont à peu près les mêmes qu'en Europe. Les bœufs sont avec les mulets les moyens de transport en usage sur les plateaux. Les chevaux abyssiniens sont fort beaux. Les serpents sont nombreux, et quelques-uns atteignent une longueur effrayante. On connaît peu de poissons remarquables, si ce n'est une espèce de torpille électrique. Parmi les insectes, nous citerons l'abeille qui y est très commune; les grosses fourmis et une espèce de taon sont les plus désagréables de tous les insectes qui infestent le pays. La minéralogie de l'Abyssinie est riche; la province de Damot possède des mines d'or, et le fer est si abondant au Béghemder qu'il suffit pour l'obtenir de creuser la surface du sol. L'une des plus curieuses productions naturelles du pays est un sel fossile qui occupe une immense plaine entre Mumonah et Amphilah. On le coupe par morceaux qui non seulement servent à l'usage ordinaire mais encore de monnaie courante. Les Abyssins offrent deux types distincts ; le type le plus commun semble européen ; les hommes qui y appartiennent ont de belles formes, leur teint est bronzé, et par les traits comme par l'expression de la physionomie, ils ressemblent aux Bédouins de l'Arabie. C'est à cette classe qu'appartiennent la plupart des habitants des montagnes. Le second type se distingue par son teint noir, son nez moins effilé, ses lèvres épaisses et ses cheveux crépus; il se rapproche du nègre, et comprend une partie des habitants de la côte d'Abyssinie et des régions voisines de la frontière nord. Les Hazortas sont cuivrés. Nous donnons ici le type abyssin.—*Histoire.*—Selon les annales

conservées par les prêtres d'Axoum, les enfants de Chus s'établirent en Abyssinie et peuplèrent rapidement cette contrée : leurs descendants habitèrent d'abord des cavernes et bâtirent plus tard la ville d'Axoum, qui devint la capitale d'un grand empire. Ces mêmes annales nous apprennent qu'un grand nombre de colonies s'établirent dans cette partie de l'Ethiopie qui avoisine la mer Rouge. La race abyssinienne est donc un mélange de plusieurs nations, ce qu'indiquent d'ailleurs ses diverses langues d'origines différentes. Les premiers rois qui ont régné en Abyssinie sont : *Aroué, Za-Bizi, Za-Gdu, Za-Zébas, Za-Kaouasia*. A ce dernier succéda la célèbre *Makéda*, reine de Saba, qui visita Salomon et en eut un fils, qu'elle mit au jour après son retour en Abyssinie. Païenne à l'époque de son voyage, Makéda se convertit au judaïsme et envoya son fils nommé Ménilek à Salomon, qui le fit élever. Ménilek revint dans son pays accompagné de douze docteurs juifs qui répandirent leur religion. Les listes des rois qui ont régné depuis Ménilek sont incomplètes et diffèrent les unes des autres. Le judaïsme continua à se propager sous les successeurs du fils de Makéda. Le christianisme s'est introduit en Abyssinie en l'an 330 ; le premier évêque, nommé Frumentius, fut envoyé par Athanase, patriarche d'Alexandrie. Une fois convertis à l'Evangile, deux siècles s'écoulent pendant lesquels l'histoire ne fait aucune mention des Abyssins. Au viie siècle, lorsque Mahomet allait prêcher sa religion dans l'Orient, les Abyssins soutinrent contre les Arabes une guerre dont la Mecque fut le théâtre et qu'une tradition arabe a nommée *la guerre de l'Éléphant*. Les Abyssins vaincus se réfugièrent dans leurs montagnes, mais la partie orientale de leur pays fut occupée par les Arabes qui y fondèrent le royaume de Zeïla. Au xe siècle Judith, princesse qui gouvernait les juifs du Samen, s'empara de l'empire ; un seul

prince de la lignée de Salomon échappa au massacre de sa race, et se réfugia dans la province
de Schoua qui lui resta fidèle. Trois siècles après
l'empire fut rendu aux descendants de Ménilek.
Icon Amlac fit aux islamites de Zeïla une guerre
interminable. En 1438, le roi abyssin Kosthan-
tinos, plus connu sous le nom de *Prêtre Jean*,
envoya deux ambassadeurs au concile de Florence.
Depuis longtemps on avait en Europe la vague
connaissance d'un prince chrétien de ce nom, régnant sur un puissant empire de l'Afrique, et son
existence excitait au plus haut point la curiosité
générale. Jean II, roi de Portugal, envoya des
ambassadeurs en Afrique, avec ordre de chercher
le prêtre Jean et de se rendre auprès de lui en quelque pays qu'il se trouvât. L'un d'eux, nommé Co-
vilham, le découvrit et lui offrit l'alliance de son
maître. Peu après, les Abyssins s'adressèrent en
effet aux Portugais pour obtenir des secours dans
leurs guerres contre les musulmans. Avec les soldats portugais arrivèrent des missionnaires jésuites, dont l'intolérance et les exigences excitèrent de terribles révoltes. Le roi Socinios en fut
la victime et abdiqua en faveur de son fils Facili-
das (1632). Celui-ci s'établit à Gondar et s'occupa
de pacifier ses États. Pour y parvenir il ordonna à
tous les missionnaires de quitter l'Abyssinie.

Depuis lors, ce pays fut comme fermé pour les
Européens. Bientôt tous les éléments de dissolution
se réunirent contre ce malheureux pays ; les conquêtes des Turcs, les guerres intestines, l'invasion des Gallas et les querelles religieuses. L'anarchie le désole encore aujourd'hui, et il faudrait
un esprit vaste et une main ferme pour recon-
stituer son ancienne unité.

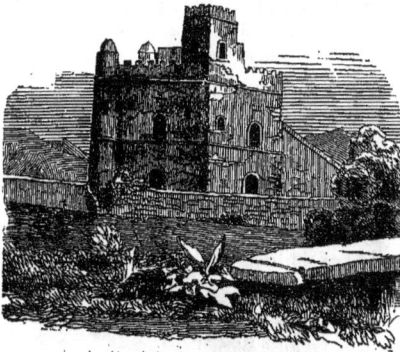

Château du roi à Gondar.

Nous renvoyons pour plus de détails aux voyages
de MM. Combes et Tamisier et de MM. Ferret et
Galinier.

ACACIA (*bot.*). L'arbre connu vulgairement
sous ce nom appartient au genre *robinier* des
botanistes ; les vrais *acacias* forment un genre
de la famille des légumineuses, de la division des
mimeuses. Nous les renverrons donc à l'article
Mimeuses, pour ne nous occuper ici que de l'a-
cacia ordinaire ou *robinier*. C'est au botaniste
Jean Robin que l'on doit l'introduction de ce bel
arbre en Europe, vers le commencement du
XVIIe siècle. Le robinier est originaire de la Virginie, mais il est, aujourd'hui, si communément
cultivé en Europe qu'il a fini par s'y naturaliser.
Il atteint jusqu'à 25 et 30 mètres ; son tronc est
droit, ses jeunes branches et ses rameaux sont
longs et grêles, et de fortes épines naissent de
chaque côté de la base des feuilles ; celles-ci sont
ailées avec impaire de douze à vingt-un folioles,
ovales oblongues. Ses fleurs, en nombreuses
grappes pendantes, répandent une odeur délicieuse. La rapidité avec laquelle cet arbre croît
fait qu'il fournit, dans un temps donné, plus de
bois qu'aucun de nos arbres indigènes à bois dur.
On le multiplie par rejetons, et mieux encore par
semis. Bien que l'acacia préfère un sol frais et
léger, il réussit bien dans toutes sortes de terre ;
ce qui fait que c'est aujourd'hui l'une des plantations d'agrément les plus répandues. Son bois,
quoique peu employé, est très propre à la menuiserie et au tour ; il est dur, compacte et résistant, et c'est à tort qu'on le repousse comme cassant. Cette erreur vient de ce que ses branches
sont souvent brisées par le vent aux bifurcations ;
mais c'est toujours par la dissociation des fibres
et non par la rupture que ces fractures se produisent. C'est de plus un très bon bois de chauffage. On cultive quelques autres espèces de *robi-
niers*, toutes originaires de l'Amérique septentrionale ; tels sont : le *robinier en boule* ou
acacia parasol, dont la tête ressemble à une
boule compacte de verdure ; le *robinier hérissé*
ou *acacia rose*, à grandes fleurs roses, est du
plus bel effet.

ACADÉMIE. C'était un jardin, situé dans le
Céramique, l'un des faubourgs d'Athènes, que
son propriétaire, Académus, avait légué à la République. Platon, qui possédait dans le voisinage
un petit domaine, y réunissait ses disciples ; de
là son école prit le nom d'*académie*, et ses sectateurs celui d'*académiciens* (voy. *Platonisme*).
Lors de la renaissance des lettres, le nom d'*académie* sortit de l'antiquité à laquelle il avait appartenu jusque-là pour s'appliquer à des institutions d'un ordre nouveau ; il servit à désigner
non plus une assemblée de disciples écoutant les

leçons du maître, mais bien l'assemblée des maîtres eux-mêmes, mettant leurs lumières en commun dans le but d'accroître le cercle des connaissances humaines et de perfectionner les arts. — Ce fut d'abord en Italie qu'on vit surgir de tous côtés ces réunions de savants et de littérateurs; chaque ville eut bientôt une académie, et le nombre en est trop grand pour que nous les citions. — Bientôt les autres contrées de l'Europe suivirent l'exemple et établirent des sociétés analogues. — La première et la plus illustre de celles qui s'établirent en France est l'*Académie française;* une société de gens de lettres qui se réunissait chez Conrart en fut le noyau. Le cardinal de Richelieu l'érigea en académie, en 1634, et lui donna le nom qu'elle porte encore aujourd'hui. L'objet de son institution fut de polir et de fixer la langue française. Le nombre de ses membres, limité à quarante, n'a jamais été dépassé; c'est dans son sein que sont élus le directeur, le chancelier et le secrétaire perpétuel de l'académie. Nul n'est reçu dans la compagnie que pour des titres littéraires, et dix-huit suffrages au moins sont exigés pour être admis. — Parmi ses premiers travaux, il faut citer les *Sentiments sur le Cid,* qu'elle publia sur les ordres de Richelieu, œuvre dans laquelle elle chercha à lutter autant que possible contre son redoutable et jaloux protecteur en faveur de Corneille ; puis elle se renferma dans le travail de son dictionnaire, dont la composition dura cinquante ans, et qui ne parut qu'en 1694. Aujourd'hui chaque académicien nouvellement élu prononce en séance publique un discours dont le fond est l'éloge de son prédécesseur. La plupart des grands écrivains du XVIIᵉ et du XVIIIᵉ siècles ont fait partie de l'académie française; cependant on peut lui reprocher d'avoir souvent, par un esprit de parti mesquin, exclu des écrivains du premier mérite. C'est ainsi que ni Descartes, ni Rotrou, ni Pascal, ni Molière, ni Regnard, ni Jean-Baptiste Rousseau, ni Malebranche, ni Lesage, ni Dumarsais, ni Louis Racine, ni Jean-Jacques Rousseau, ni Diderot, ni Beaumarchais, ni Mirabeau, n'en ont fait partie. Dans ce siècle, P.-L. Courrier, B. Constant, Millevoye et Balzac, sont morts sans y avoir été admis, tandis qu'elle ouvre ses portes à une foule d'écrivains médiocres dont on chercherait vainement les titres littéraires. M. Tastet a fait l'*Histoire des quarante fauteuils.*

L'*Académie des inscriptions et belles lettres* fut fondée, en 1663, par le ministre Colbert, sous le nom d'*Académie des médailles et inscriptions,* pour l'étude et l'explication des monuments de l'antiquité, et pour perpétuer par des médailles, des bas-reliefs et des inscriptions, les événements mémorables. Cette société ne fut d'abord composée que de quatre ou cinq membres qui se réunissaient dans la bibliothèque Colbert, et recevaient les ordres du roi. Mais Louvois, lorsqu'il arriva au ministère, lui donna une constitution fixe et régla les réunions qu'il rendit périodiques. Enfin, Ponchartrain, devenu ministre, eut à son tour la direction de l'académie aux travaux de laquelle il accorda une protection marquée. Il plaça à sa tête son neveu, l'abbé Bignon, qui élabora un nouveau réglement approuvé le 16 juillet 1701. L'académie dut alors s'occuper d'histoire, de littérature ancienne, de monuments, d'inscriptions, de médailles et de belles-lettres ; elle fut composée de dix membres honoraires, dix pensionnaires, dix associés et dix élèves (cette dernière classe fut plus tard supprimée). L'un des premiers travaux de cette académie fut l'*Histoire du règne de Louis XIV par les médailles.* Ses mémoires, commencés en 1717, forment deux séries : la première est de cinquante volumes et s'arrête à l'année 1793.

L'*Académie royale des sciences* fut établie par les ordres de Louis XIV et par les soins de Colbert, en l'année 1666. Le ministre composa d'abord une société mixte de savants, d'érudits et de littérateurs. Plus tard, cette société reçut une nouvelle organisation ; les érudits et les littérateurs cessèrent d'en faire partie, et elle ne se composa plus que de savants proprement dits. Cette société commença, en 1692, la publication de ses travaux ; la collection forme, jusqu'en 1793, 164 vol. in-4°. Parmi ses travaux, l'un des plus importants est la mesure du méridien ; cette mesure, qui fut reprise de nouveau et avec plus de rigueur par la classe de l'institut qui a succédé à l'académie des sciences, a servi de base à la fixation du système métrique.

Palais Médicis à Rome.

L'*Académie de peinture et de sculpture*, autorisée en 1648, et définitivement constituée en 1655, eut pour premier protecteur le cardinal Mazarin. Elle était composée d'un protecteur, d'un vice-protecteur, d'un directeur, d'un chancelier, de quatre recteurs et de professeurs, puis d'adjoints, de conseillers, de secrétaires, etc.

Chaque année, cette Académie distribue des grands prix de peinture, sculpture, architecture, gravure, composition musicale et paysage historique. Ceux qui remportent ces grands prix sont entretenus à Rome aux frais de l'Etat dans le palais Médicis. Ils y restent pendant cinq ans et envoient chaque année leurs œuvres à Paris (Voyez *Beaux-arts* (école des).

L'*Académie d'architecture* fut établie par Colbert, en 1671, et placée sous la direction du surintendant des bâtiments. Les professeurs et le secrétaire devaient toujours être choisis parmi les architectes chargés de la surintendance des bâtiments de la couronne. — Sur un décret du 8 août 1793, la Convention prononça la suppression de toutes les académies ; mais ce fut pour les réorganiser bientôt après sur un plan plus large, en les remplaçant par un institut qui devait embrasser toutes les branches des connaissances humaines. La loi du 3 brumaire an IV, sur l'instruction publique, établit l'*Institut national des sciences et des arts* pour perfectionner les sciences et les arts par des recherches non interrompues, par la publication des découvertes, par la correspondance avec les sociétés savantes étrangères, et pour suivre conformément aux lois et aux arrêtés du directoire exécutif les travaux scientifiques et littéraires qui auront pour objet l'utilité générale et la gloire de la République. Cet institut fut composé de cent quarante-quatre membres résidant à Paris, d'un nombre égal d'associés répandus dans les diverses parties de la République, et de vingt-quatre associés étrangers. Ces membres furent répartis en trois classes, divisées chacune en sections. La première fut celle des *sciences physiques et mathématiques*, comprenant dix sections ; la seconde, celle des *sciences morales et politiques*, comprenant six sections ; la troisième, celle de la *littérature et des beaux-arts*, comprenant huit sections. Le directoire nomma les quarante-huit premiers membres, qui élurent les quatre-vingt-seize autres. Une fois organisé, l'institut dut se recruter par la voie du scrutin, chaque classe nommant ses membres sur la présentation de la section. — Cette organisation fut modifiée par un arrêté du 3 pluviôse an XI. L'institut fut divisé en quatre classes : 1° *sciences physiques et mathémati-*

ques ; 2° *langue et littérature françaises ;* 3° *histoire et littérature anciennes ;* 4° *beaux arts*. — Chaque classe eut un secrétaire perpétuel choisi parmi ses membres. La première classe fut répartie en dix sections ; la seconde classe, composée de quarante membres, fut chargée de la continuation des travaux de l'Académie française, et par conséquent du dictionnaire ; à la troisième classe fut réservée la continuation des travaux de l'ancienne académie des inscriptions et belles-lettres. — Cette organisation subsista pendant toute l'époque impériale ; mais, en 1816, Louis XVIII rendit aux classes le nom des académies dont elles étaient réellement la continuation ; la quatrième classe devint l'*académie des beaux-arts*. Cependant l'ensemble de ces quatre classes continua à porter le nom d'institut. Le 26 octobre 1832, une ordonnance contresignée Guizot rétablit, sous le nom d'*académie des sciences morales et politiques*, la deuxième classe de l'institut que Napoléon avait supprimée. — L'Institut de France est aujourd'hui le premier corps savant du monde. Depuis sa création, il a renfermé soit comme membres, soit comme associés, toutes les illustrations intellectuelles de l'univers. Outre l'Institut, il existe à Paris et dans la France un grand nombre de sociétés savantes. Nous allons faire connaître les plus importantes. — L'*Académie royale de médecine*, fondée en 1820, pour répondre aux demandes du gouvernement sur tout ce qui se rapporte à l'hygiène publique ; elle se divise en trois sections, médecine, chirurgie et pharmacie, composées chacune de membres honoraires et de membres titulaires ; elle a de plus un certain nombre d'académiciens libres, d'associés ordinaires et étrangers. Il existe d'autres sociétés médicales à Paris, à Lyon, à Bordeaux, à Marseille, à Caen, à Toulouse, à Nîmes, etc. — *La Société royale et centrale d'agriculture*, fondée en 1761, et dont Turgot fut un des premiers membres, fut reconstituée en 1814 ; elle se compose de quarante associés ordinaires, vingt-quatre associés libres, douze associés étrangers et de correspondants. Elle a un secrétaire perpétuel qui était nommé par le roi. — La *Société d'encouragement pour l'industrie nationale*, rétablie en 1802, etc. — Plusieurs sociétés s'occupent en France de l'étude des antiquités nationales ; telles sont : la *Société des antiquaires de France*, fondée en 1805 ; la *Société des antiquaires de Normandie ;* celle des *Antiquaires de la Picardie ;* de la *Morinie*, à Saint-Omer ; des *Archéologues du Midi*, à Toulouse, etc. — Enfin, un grand nombre d'académies de province supprimées à la révolution reparurent sous le régime impérial et à la Restauration , et une foule de nouvelles sociétés d'agriculture, des sciences et des arts, se formèrent dans les départements. Les pays étrangers ont suivi les exemples qui leur avaient été donnés en si grand nombre par l'Italie et la France. L'Angleterre et l'Allemagne surtout virent des sociétés savantes s'élever sur tous les points de leur sol.

ACADIE. Voyez *Écosse* (Nouvelle).

ACAJOU. On connaît deux sortes d'acajou : l'*acajou Mahogon* (swietenia Mahogoni) et l'*acajou à pommes* (cassuvium pomiferum). Le premier est un grand arbre de la famille des méliacées très commun dans l'Amérique méridionale d'où on nous l'expédie en grosses pièces. On le débite en planches d'une extrême finesse. Tout le monde connaît les meubles que l'on en fait. Son bois, d'un rouge brunâtre plus ou moins foncé, reçoit un très beau poli. — L'*acajou à pommes* est un arbre de troisième grandeur à feuilles simples, grandes, ovales, à fleurs petites, blanchâtres, disposées en panicules terminales. Son fruit est une noix en forme de rein, lisse, grisâtre, renfermant une amande blanche, attachée, par sa plus grosse extrémité, au sommet d'un réceptacle charnu en forme de poire ; ce réceptacle est blanc ou jaunâtre. La substance en est spongieuse, acide, un peu âcre, mais abondante en sucre et agréable au goût.

Cet arbre est un des plus utiles dont la Providence

ait gratifié les pays chauds. On retire du fruit de l'acajou à pommes, un suc qui, fermenté, devient vineux et qui, distillé, donne un esprit très ardent. On en fait également une boisson rafraîchissante en coupant un de ces fruits en quatre et le laissant tremper quelques heures dans de l'eau fraîche. — On retire de la noix une huile caustique très inflammable, qui teint le linge d'une couleur de fer indélébile, et qui consume sans danger, au dire de Nicholson, les verrues et les cors. De son tronc transsude, quand on le taille , une gomme roussâtre , transparente , tenace qui, fondue dans un peu d'eau, donne une glu excellente. L'écorce de cet arbre est grise, et son bois blanc et tendre est recherché pour la menuiserie. Nous en donnons ici la figure.

ACALÈPHES (du grec *akaléphè*, ortie de mer). Les acalèphes sont des animaux mous, d'une consistance gélatineuse, flottant toujours dans la mer, où ils se meuvent à l'aide d'organes locomoteurs. Leur organisation est très simple ; ils sont pourvus d'une grande cavité digestive qui, le plus souvent, communique à une bouche et donne naissance à des canaux qui se ramifient dans les diverses parties du corps. — Cuvier divise les acalèphes en *A. simples*, comprenant les méduses, les béroës, les porpites et les velelles ; et en *acal. hydrostatiques*, comprenant les physalies et les diphyes.

1° Les *acalèphes simples* sont libres et nagent dans la mer en contractant et en dilatant leur corps : la famille la mieux connue de cette classe est celle des *méduses*, dont les espèces très nombreuses et très variées abondent principalement dans les pays chauds ; cependant, quelques-unes fréquentent assez communément nos côtes. La taille de ces animaux varie beaucoup ; des méduses parviennent à plusieurs décimètres de diamètre, tandis que d'autres ne sont visibles qu'au microscope. Leur corps gélatineux et transparent offre des formes très régulières et des couleurs variées et brillantes. La partie supérieure de leur corps, assez semblable à la tête d'un champignon, et nommée *ombelle*, aide les mouvements par la faculté qu'elle a de se contracter et de se dilater. Les méduses se nourrissent d'animaux marins et principalement de petits poissons qu'elles prennent à l'aide de leurs tentacules. Une des espèces les plus remarquables est le *rhizostome bleu*, qui n'a pas de bouche, mais dont l'estomac communique au-dehors par un grand nombre de petits canaux terminés par des pores et percés dans ses tentacules. Son ombelle a jusqu'à six décimètres de largeur; on la trouve communément sur nos côtes à la marée basse.

— Les *béroës* ressemblent à de petits ballons voguant dans la mer.

2° Les *acalèphes hydrostatiques* sont suspendus dans les eaux au moyen d'une ou de plusieurs vessies remplies d'air. Les *physalies* qui se rencontrent dans toutes les mers chaudes offrent l'apparence d'une grande vessie oblongue relevée en-dessus d'une crête saillante oblique et ridée qui leur sert de voile lorsqu'elles nagent, et garnie en-dessous d'appendices charnus et cylindriques. Elles font éprouver, quand on les touche, la même sensation que les orties. Les *diphyes* sont toujours emboîtées, deux, l'une dans l'autre, mais on peut les séparer sans les faire périr.

ACANTHACÉES (*bot.*), famille de plantes dicotylédones, à corolle monopétale, offrant pour caractères : calice à quatre ou cinq divisions, corolle tubuleuse, à limbe le plus souvent bilabié; quatre étamines, dont la paire antérieure plus courte; anthères à deux loges ou à une seule, s'ouvrant par une fente longitudinale; ovaire surmonté d'un style simple que termine un stigmate bilobé. Le fruit est capsulaire à deux loges qui s'ouvrent en deux moitiés, emportant chacune une partie de la cloison sur le bord intérieur de laquelle sont attachées les graines. — Les acanthacées tirent leur nom du genre *acanthe* qui en est le type, et renferment des plantes herbacées ou frutescentes, à feuilles opposées, entières ou dentées, à inflorescence axillaire ou terminale, quelquefois uniflore, plus souvent disposée en faisceaux, en grappes ou en épis, dans lesquels les fleurs sont ordinairement accompagnées de une ou trois bractées foliiformes. Le plus

grand nombre des espèces habite les régions tropicales; quelques-unes seulement se montrent en Europe dans le bassin de la Méditerranée. Les espèces de cette famille n'ont pas de propriétés remarquables; on les cultive comme plantes d'ornement.

ACANTHE. Ce nom qui nous vient des Grecs est celui du genre type de la famille des acanthacées; il ne désigne aujourd'hui ni l'arbre épineux à feuilles toujours vertes et à baies couleur de safran dont parle Virgile, ni l'arbre épineux à gousses longues que décrit Théophraste; ce sont des plantes herbacées à larges feuilles épineuses qui périssent à l'approche de l'hiver et repoussent au printemps. Ces plantes sont presque toutes propres aux régions tropicales, deux espèces seulement, l'acanthe molle (*A. mollis*) et l'acanthe épineuse (*A. spinosus*) croissent naturellement dans le midi de l'Europe et de

la France. On sait que la première de ces deux espèces a donné au sculpteur Callimaque l'idée du beau chapiteau corinthien. Voici, au reste, l'historiette que Vitruve raconte à ce sujet : « Une jeune fille de Corinthe étant morte au moment où elle allait se marier, sa nourrice recueillit dans une corbeille plusieurs petits objets auxquels elle avait été attachée pendant sa vie. Pour les mettre à l'abri des injures du temps et les conserver, cette femme couvrit la corbeille d'une tuile et la posa ainsi sur le tombeau. Dans ce lieu se trouvait, par hasard, la racine d'une plante d'acanthe. Au printemps, elle poussa des feuilles et des tiges qui entourèrent la corbeille. La rencontre des coins de la tuile força leurs extrémités de se recourber, ce qui forma le commencement des volutes. Le sculpteur Callimaque, passant près de ce tombeau, vit ce panier et remarqua la manière gracieuse avec laquelle ces feuilles naissantes le couronnaient. Cette forme nouvelle lui plut; il l'imita dans les colonnes qu'il fit par la suite à Corinthe, et il établit, d'après ce modèle, les proportions et les règles de l'ordre corinthien. — Nous donnons ici la figure de l'acanthe épineuse et une feuille de l'acanthe grecque. Les Grecs et les Romains ont employé l'acanthe à orner aussi des moulures, des vases et des meubles. (Voyez *Ordre Corinthien*.)

ACANTHOPTÉRYGIENS (du grec *akantha*, épine, et *pterugion*, nageoire), nom donné par Artédi à un ordre de poissons, pour exprimer que les rayons des nageoires sont durs et piquants comme des épines. — Cuvier, dans son *Règne animal*, a fait des *acanthoptérygiens* le premier ordre des poissons osseux. — Ces poissons, qui forment la division la plus nombreuse, se reconnaissent aux épines qui tiennent lieu de premiers rayons à leur dorsale ou qui soutiennent seules leur première nageoire du dos, lorsqu'ils en ont deux. Leur anale a aussi quelques épines pour premiers rayons, et il y en a généralement une à chaque ventrale. Cet ordre est divisé en quinze familles naturelles que nous ne ferons que citer ici, mais dont nous donnerons les principaux caractères et les habitudes en traitant à part de chacune d'elles. Ce sont : 1° les percoïdes; 2° joues cuirassées ; 3° sciénoïdes; 4° sparoïdes; 5° ménides ; 6° squammipennes ; 7° scombéroïdes; 8° ténioïdes; 9° theutyes ; 10° pharyngiens labyrinthiformes ; 11° mugiloïdes ; 12° gobioïdes ; 13° pectorales pédiculées; 14° la broïdes; et 15° les bouches en flûte.

ACAPULCO, ville du Mexique située par 16° 50' de latitude N. et 102° 6' de long. O. de Paris. Cette ville ne devait sa célébrité qu'au privilége dont elle jouissait, sous la domination espagnole, de recevoir le fameux galion qui apportait au Mexique les différents articles manufacturés dont l'Espagne s'était réservé le droit de fournir cette contrée. Ce privilége, qu'elle devait à son port, l'un des plus beaux du globe, était l'unique source de sa prospérité. L'arrivée du galion dans le port attirait à Acapulco des milliers de marchands mexicains qui, aussitôt les achats faits, s'empressaient de fuir l'air chaud et empoisonné de cette malheureuse ville. Environnée par de hautes montagnes de toutes parts, exposée à la chaleur étouffante de la zône torride, elle est à peine rafraîchie par l'échancrure qui existe du côté de la mer et qui ne peut même déplacer les miasmes pestilentiels des marais voisins , source de fièvres dont les habitants ainsi que les étrangers deviennent victimes. Il faut ajouter à cela que son sol est exposé à de fréquents tremblements de terre, ce qui explique l'état d'abandon où se trouve Acapulco depuis qu'on ne signale plus l'arrivée du galion dans son port. Aujourd'hui, cet immense bassin, si bien abrité qu'il ressemble à un lac de montagnes et où cinq cents navires tiendraient à l'aise, ne reçoit plus que quelques barques. La ville elle-même n'a qu'une trentaine de maisons et une centaine de huttes. Sur une hauteur qui la domine s'élève le château de San Carlos, grande et forte citadelle.

ACARIDES ET **ACARUS** (*arach.*). Ces animaux, que l'on confond communément sous le nom de mites ou cirons, forment une division de la famille des arachnides holètres; ils tirent leur nom du genre *acarus* qui est le type du groupe, et présentent pour caractères principaux : un corps mou, sans enveloppe écailleuse; deux antennes-pinces, des palpes très courts, huit pattes et à l'extrémité des tarses qui les terminent, une pelotte vésiculeuse, au moyen de laquelle ils s'attachent aux corps. Les acarides sont presque tous microscopiques, ils pullulent beaucoup, et vivent en parasites sur la peau ou dans la chair de divers animaux, sur les substances alimentaires et principalement sur le fromage ; on en trouve également sur les plantes, dans la terre et jusque dans les eaux. On attribue à quelques espèces la maladie de la gale, qui se manifeste chez l'homme comme chez divers animaux domestiques. L'on a même pensé, pendant quelque temps, que les *acarus* de la gale humaine mis sur le corps d'une personne saine lui communiquaient cette maladie; mais M. Raspail a démontré que ces animaux ne faisaient que vivre en parasites sur les individus galeux, ainsi que le font les poux les enfants qui ont la teigne. Parmi les trop nombreuses espèces qui composent la tribu des acarides, nous citerons encore celles que l'on a réunies sous le nom générique d'*ixodes*, et qui sont connues vulgairement sous ceux de *ricins*, de *louvettes* ou *tiques*. Les ixodes fréquentent les bois épais, et se cramponnent aux chiens, aux chevaux, aux bœufs, et autre mammifères qui passent à leur portée ; leur bouche, terminée par un suçoir ou bec avancé, s'enfonce tellement dans les chairs, qu'on ne peut les en détacher qu'avec force et en enlevant le morceau..Ils pondent par la bouche une immense quantité d'œufs, et se multiplient souvent à tel point, sur les animaux où ils se sont logés, que l'on a vu ceux-ci périr quelquefois d'épuisement.

Nous avons figuré l'*acarus de la gale* (1) (A. scabiei) et celui du fromage (2).

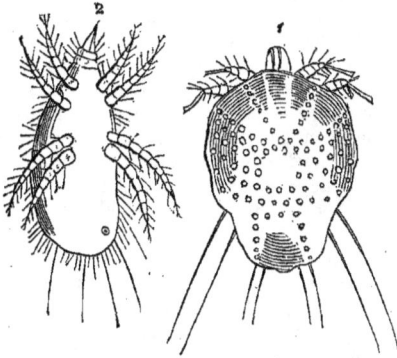

ACARNANIE, province de l'ancienne Grèce, bornée par la mer Ionienne, le golfe d'Ambracie, l'Étolie et l'Épire. Ses limites ont peu varié. A la suite de la seconde guerre de Thèbes, Alcmaon, chef des Argiens, fit la conquête de l'Acarnanie, s'y établit et fonda la ville d'Argos. Le silence d'Homère fait croire que les Acarnaniens n'allèrent pas devant Troie. Quelques guerres contre les Étoliens et contre la Macédoine, leurs démêlés avec les Messéniens, sont les seuls faits remarquables de leur histoire. Lors de la conquête de la Grèce, les Romains joignirent l'Acarnanie à l'Épire. — Du temps de Diodore, il n'y avait en Acarnanie de villes que sur le bord de la mer ; l'intérieur présentait des villages et des bourgades comme celles des Schypetars, qui les habitent aujourd'hui et qui fortifient les maisons isolées pour les mettre à l'abri des brigands. Les terres sont généralement incultes : des troupes de porcs sauvages et de cerfs errent dans les forêts de chênes et de châtaigniers. Des villages et quelques villes peu importantes s'élèvent sur les ruines des anciennes cités : Machela, une des principales places, ne compte que 70 maisons. —Les habitants du district de Vonitza exportent du riz et du maïs. Ceux de Dragomestre, vis-à-vis Ithaque, font aussi quelque commerce. Là se borne l'industrie des Acarnaniens, dont l'esprit turbu-

lent et féroce est indomptable : les guerres et les émigrations ont réduit à 7 ou 8,000 habitants une population qui autrefois s'élevait à 200,000. L'Acarnanie fait partie du nouveau royaume de Grèce.

ACCAPAREMENT. On désigne sous ce nom une opération qui consiste à enlever de la circulation d'un pays, par des achats prémédités, tel ou tel produit, pour se rendre maître d'en régler la vente et d'en fixer arbitrairement le prix à un moment donné. Ce genre de spéculation peut produire deux résultats différents, selon qu'on l'envisage au point de vue commercial ou au point de vue politique. Si les accapareurs agissent simplement comme des négociants désireux de faire des bénéfices, ils achètent à bon marché lorsque le produit est abondant, et ils revendent en hausse quand le produit manque sur le marché. Si au contraire la spéculation s'exerce dans un but politique, elle ne se contente pas de céder à haut prix ce qu'elle a acquis ; elle ne consent même pas à revendre, et crée ainsi la disette. Ces deux effets se combinent le plus souvent en temps de crise politique, et comme l'accaparement s'exerce de préférence sur les denrées de première nécessité, sur les grains notamment, il en résulte que les spéculateurs réalisent des profits exorbitants en même temps qu'ils affament le peuple et le poussent au désordre. L'école d'économie politique, dont Adam Smith est le chef, prétend que l'accaparement est une opération parfaitement licite. La liberté du commerce est pour eux un principe tellement sacré qu'ils ne reculent devant aucune de ses conséquences. Mais l'intérêt égoïste et individuel a-t-il le droit de se substituer à l'intérêt social ; en d'autres termes est-il permis de faire disparaître de la circulation une masse nécessaire aux besoins généraux, pour la rendre rare, d'abondante qu'elle était ? Quoi qu'il en soit, les lois les plus anciennes ont considéré l'accaparement comme un crime. Salomon, dans le Livre de la Sagesse, dénonce les accapareurs à la malédiction des peuples. A Athènes, l'accapareur était puni de mort. Sous la République romaine, il n'y eut point de lois contre l'accaparement, mais sous les empereurs, ces lois se multiplièrent. Elles punissaient l'accaparement suivant les circonstances. Les capitulaires de Charlemagne et les ordonnances des rois de France contiennent un grand nombre de dispositions contre les accapareurs. Sully accorda au commerce des grains une liberté sans entraves. Mais sous Louis XIII et Louis XIV, les lois prohibitives reprirent leur vigueur, et les parlements sévirent contre ceux qui faisaient des approvisionnements de blé. Sous Louis XV, ces lois furent mises en oubli, et c'est alors qu'on vit se former cette association infâme connue sous le nom de *pacte de famine*, à laquelle le roi fit une avance de dix millions. Les édits de 1763 et 1764 donnèrent toute liberté aux projets criminels de l'association, en permettant d'exporter des grains à l'étranger et d'en faire magasin. Ces horribles opérations eurent pour résultat les famines générales de 1740 et 1741, 1752, 1767 à 1769, 1775 et 1776. Tel était l'état des choses lorsqu'arriva la révolution de 1789. L'Assemblée constituante et l'Assemblée législative assurèrent, par différents décrets, la vente et la libre circulation des grains et farines. Cette liberté illimitée ne profita qu'à des hommes cupides, qu'à l'étranger et aux factions ennemies de la liberté. La révolution avait renversé le pacte de famine, mais elle vit naître une multitude d'autres associations qui produisirent des effets tout aussi désastreux. Alors on vit les famines de 1791 et 1792; si elles n'ont pas été produites entièrement par l'accaparement, ce fait en fut au moins l'une des causes principales. — Alors vint la Convention nationale qui, par la loi du 26 juillet 1793, punit de mort les accapareurs, considérant toute opération mercantile faite aux dépens de la vie de son semblable non comme un trafic, mais comme un brigandage et un fratricide.

ACCÉLÉRATION, augmentation de vitesse. C'est, en astronomie, le mouvement des astres de l'orient à l'occident. A l'égard de l'accélération physique, voyez *Mouvement, Vitesse*.

ACCENT. On entend par *accents* certains sons de notre voix, qui, sous l'empire d'une émotion quelconque, traduisent pour l'oreille, sans le secours des mots articulés, ce qui se passe en nous; tels sont les *accents de la joie*, les *accents de la douleur*, etc. Lorsque des accents de cette nature accompagnent la parole en lui faisant subir divers degrés d'intonation, de manière à agir sur la sensibilité de l'auditeur, on leur donne le nom d'*accents pathétiques*. Le discours, considéré sous le rapport du débit, est une espèce de chant: « *Est in dicendo etiam quidam cantus*, » dit Cicéron, et comme la musique il a sa tonalité, son diapason, ses modulations. L'art d'accentuer convenablement constitue en grande partie le talent du débit chez l'orateur; les Latins en faisaient une étude toute spéciale, et Plutarque rapporte même que Caïus Gracchus plaçait derrière lui, à la tribune, un esclave chargé de régler les intonations de sa voix avec une flûte. — L'accent chez les hommes ne varie pas moins que la physionomie. Chaque peuple a sa langue, qu'il accentue à sa manière, et chez un même peuple les diverses provinces ont leurs accents différents. — Ces accents ont reçu les noms d'*accent national* et d'*accent provincial*. Peut-être faut-il admettre au nombre de ses causes l'influence des climats sur les organes. Du reste, chaque individu a son accent particulier, qui se modifie suivant les sentiments divers qu'il éprouve. — On désigne par *accent*, en grammaire, certaines manières de prononcer et certains signes de prononciation. On distingue deux espèces d'accents: les *accents grammaticaux* et les *accents prosodiques*. — I. Dans les accents grammaticaux, les uns se rapportent uniquement à l'orthographe, les autres indiquent des nuances de prononciation. 1° L'*accent orthographique* est destiné à distinguer un mot d'avec un mot homonyme, ainsi *à* préposition et *a* troisième personne du singulier de l'indicatif du verbe avoir ne diffèrent en rien par la prononciation, l'écriture seule les représente comme différents. 1° L'*accent phonique* ou de prononciation indique que la voyelle sur laquelle il tombe est plus ou moins ouverte, plus ou moins longue. Dans les lettres *a i o u* la syllabe brève n'a point de signe particulier, la longue porte celui qu'on nomme accent circonflexe. Ex.: *rame, blâme, agite, gîte, étole, tôle*, etc. Dans la prononciation de la lettre *e*, on distingue trois nuances, l'*é* fermé, l'*è* ouvert, l'*ê* circonflexe, ou très ouvert. De là les trois accents aigu, grave et circonflexe. Ex.: *régénéré, père, fête*. — II. Les *accents prosodiques* se rapportent exclusivement à la prononciation. On peut dire que tout mot a un accent prosodique, quoique souvent très peu marqué. En français, il tombe toujours sur la dernière syllabe s'il s'agit d'un mot sans *e* muet final, et sur la pénultième si le mot a l'*e* muet final; c'est-à-dire qu'il affecte toujours la dernière syllabe prononcée.

ACCEPTATION. C'est en général le consentement de recevoir ce qui nous est donné ou offert. On distingue: 1° l'*acceptation de communauté*, qui est l'acte par lequel une femme ou ses héritiers acceptent la communauté de biens qui était entre elle et son mari avant la dissolution du mariage; 2° l'*acceptation de donation*, qui est l'acte par lequel le donataire déclare vouloir profiter de la libéralité qui lui est faite par acte entre-vifs; 3° l'*acceptation de succession*, qui est l'acte par lequel on manifeste la volonté de recueillir l'hérédité à laquelle on est appelé par la loi; 4° l'*acceptation d'une lettre de change*, qui est l'acte par lequel celui sur qui une lettre de change est tirée s'oblige à en payer le montant. (Voyez *Communauté, Donation, Succession, Lettre de change*.)

ACCÈS, retour d'une maladie après un intervalle plus ou moins long. L'accès peut être irrégulier ou périodique. On donne aussi le nom d'accès à toutes les expressions violentes par lesquelles débute une émotion ou une passion vive. C'est ainsi qu'on dit : des accès de colère, des accès de fureur, des accès de désespoir, etc.

ACCESSIT, terme emprunté du latin', qui signifie une récompense donnée à celui qui, ayant concouru pour un prix, a obtenu le plus de suffrages après celui qui l'a remporté.

ACCESSOIRE, ce qui accompagne une chose principale, ce qui s'y rattache, ce qui s'y unit ou s'y incorpore, ce qui n'est point essentiel à la chose. On appelle *contrats accessoires* ceux qui supposent l'existence d'un autre contrat.

ACCIPITRES (de *accipiter*, épervier, oiseau de proie). Ce nom, donné par quelques ornithologistes aux oiseaux de proie, répond à celui de *rapaces* plus généralement adopté. (Voyez *Rapaces*)

ACCLIMATATION. Ce mot désigne les changements qui tendent à assurer la conservation des espèces végétales ou animales sous l'empire de conditions nouvelles. —Lorsqu'on transporte dans un climat nouveau certains êtres, ce ne sont pas les individus seulement, ce sont les races qui ont besoin de s'acclimater ; et lorsque l'acclimatation a lieu, il s'opère communément dans ces races certains changements durables qui mettent leur organisation en harmonie avec les climats où ils sont destinés à vivre. Des altérations ou modifications permanentes, dans les fonctions de la vie animale, sont souvent le résultat d'un changement dans les habitudes qui influent sur ces fonctions ; et les caractères psychologiques des races sont aussi bien que leurs caractères physiques susceptibles de changements sous l'influence des causes extérieures. — L'introduction de nos espèces domestiques en Amérique offre un exemple de la marche graduelle de l'acclimatation. Lorsqu'on transporta des oies au Nouveau-Monde, on remarqua que les pontes furent d'abord très rares, se composant d'un pe-

tit nombre d'œufs, dont un quart à peine venait à éclore, et plus de la moitié des jeunes oisons mourait dans le premier mois. Ceux qui échappèrent formèrent une seconde génération, qui déjà réussit mieux que la première, et de nos jours l'espèce est devenue aussi féconde en Amérique qu'en Europe. On a remarqué la même chose pour les gallinacés. M. Rankin a fait une observation du même genre à Sierra Leone. Lorsqu'on sème dans ce pays du froment anglais, il pousse des tuyaux dont les épis ne contiennent que fort peu de grains. A la seconde génération, ces grains produisent davantage ; bref, au bout de quelques générations, le blé devient acclimaté dans l'Afrique tropicale. — Les changements physiques qu'éprouvent les plantes et les animaux, par suite du changement de climat, sont des plus curieux. C'est ainsi que sur quelques plateaux élevés de l'Amérique, la taille des chevaux est diminuée et leur poil est devenu si touffu, qu'il les rend presque difformes. Les moutons introduits en Amérique par les Espagnols présentent dans certaines parties chaudes du continent un phénomène bien plus singulier encore. La laine chez les agneaux croît à peu près de la même manière que chez ceux des climats tempérés; mais si on néglige de la couper, bientôt elle s'épaissit, se feutre, et finit par se détacher par plaques qui laissent au-dessous d'elles non une laine naissante, mais un poil court brillant et couché, semblable à celui de la

chèvre. — Les moutons à *grosse queue* des Kirghis, dont cet organe offre un caractère si remarquable, lorsqu'on les transporte en Sibérie, ou même dans l'Oural méridional, ne conservent point les particularités qui les distinguent ; les herbages secs et amers des steppes ne sont point favorables à la formation de, la matière adipeuse, et les moutons y perdent bientôt la

masse de graisse de leur queue. Le poulet de race anglaise, nouvellement importé, est couvert d'un duvet serré; il est encore vêtu comme pour vivre dans un climat tempéré ; mais au bout de trois ou quatre générations il reste complétement nu jusqu'à la croissance des plumes de l'aile.— Il faut en général, dans le fait de l'acclimatation, procéder graduellement, et par stations intermédiaires. — Veut-on transporter une plante du midi au nord, il ne faut pas tout d'abord lui faire franchir un long espace; il faut que la transition ne soit pas trop brusque, chaque génération fait un pas. C'est ainsi qu'on voit depuis des siècles la vigne, le mûrier, le pêcher, etc., originaires des plaines brûlantes de l'Asie, s'avancer peu à peu vers le nord de l'Europe et faire la richesse de contrées qui semblaient devoir les repousser à jamais. Cependant, l'acclimatation ne réussit pas toujours, bien que le climat ait une grande influence sur l'organisme, celui-ci résiste souvent, et parfois même succombe dans la lutte. Il se développe des réactions maladives qu'il importe de connaître. — Quelle que soit la flexibilité de l'organisation humaine, l'homme ne peut s'éloigner d'un climat pour aller vivre dans un autre, sans qu'il s'opère dans son économie un changement notable. En changeant de climat, il se trouve soumis à une influence complexe résultant de l'action du calorique, de la lumière, des diverses qualités de l'air, du sol, de la nature des eaux, des productions. Les habitants des régions tempérées possèdent au plus haut degré la faculté d'acclimatation. Le froid qu'on y éprouve en hiver, la chaleur qui s'y fait sentir en été, les rendent plus aptes à vivre dans d'autres climats. — Il n'en est pas de même de ceux des régions boréales ou équatoriales. Tou-

tes les fois qu'un habitant des pays chauds se trouve transporté dans une contrée froide, les fonctions des poumons acquièrent un surcroît d'activité à la suite de laquelle cet organe peut promptement se désorganiser ; de là les inflammations aiguës de poitrine qui enlèvent un si grand nombre de créoles pendant les premières années de leur séjour en France. — Si au contraire le changement se fait d'un pays froid à un pays chaud, la respiration diminue d'activité; il survient des symptômes de pléthore générale, et des congestions inflammatoires tendent à se manifester sur tous les points de l'économie. Du reste, le passage d'un pays froid à un pays chaud est plus dangereux que la condition opposée. — La modération en toutes choses est nécessaire à ceux qui vont habiter un pays nouveau pour eux. En procédant méthodiquement et par degrés, on peut éviter les maladies qu'amènent infailliblement les transitions brusques et saccadées. Les Anglais, dont les établissements s'étendent sur toute la surface du globe, font passer successivement et par gradation leurs troupes d'Angleterre dans leurs possessions méditerranéennes, puis à l'île de France, puis aux Indes. Ils doivent à cette sage précaution de n'avoir dans leur armée qu'une mortalité insignifiante.

ACCOLADE, embrassement, caresse. — Lorsque l'on conférait anciennement l'ordre de chevalerie, on donnait *l'accolade* au récipiendaire, c'est-à-dire qu'on l'embrassait en lui passant les deux bras autour du cou, après lui avoir donné sur chaque épaule un léger coup de plat d'épée frappé en forme de croix. — *L'accolade* ne pouvait être donnée que par un chevalier à un homme âgé de vingt-un ans au moins, appartenant à une famille noble, et déjà distingué par quelque exploit. Le chevalier qui recevait *l'accolade* était nommé *chevalier d'armes*. Ceux qui avaient été ainsi reçus chevaliers avaient seuls le droit de porter l'épée et les éperons dorés; les écuyers ne pouvaient porter que des éperons argentés. On trouve des traces de la cérémonie de *l'accolade* même dans les temps antérieurs à l'existence de la chevalerie. Grégoire de Tours rapporte que les rois mérovingiens embrassaient sur la joue gauche ceux à qui ils confiaient quelque commandement, en même temps qu'ils leur remettaient le baudrier et la ceinture militaire. — Aujourd'hui, *l'accolade* se donne encore aux personnes que l'on reçoit dans la Légion-d'Honneur. — Dans un compte, *l'accolade* est un trait de plume qui joint ensemble plusieurs articles pour n'en faire qu'un seul.

ACCORD. On donne ce nom à l'ensemble harmonique produit par l'émission simultanée de plusieurs sons. L'accord fondamental de tous les autres, ou *accord parfait*, se compose d'une tonique, d'une tierce et d'une quinte. — Les accords se composant d'une réunion de sons musicaux, pour indiquer les rapports respectifs que ces mêmes sons ont entre eux, dans la composition de tel ou tel accord, on les désigne par le titre d'intervalles. Le point de départ qui est toujours pris du son le plus grave, que l'on nomme *basse*, est désigné par 1 ; et l'octave qui est la répétition de la tonique par 8. — Ainsi donc, l'accord parfait se composant de 1,—3,—5,—8, si l'on voulait l'employer sur le ton de *fa*, par exemple, la prime ou 1 sera *fa;* la tierce ou 3 sera *la ;* la quinte ou 5 sera *ut;* et l'octave ou 8 sera *fa* en haut. Ainsi de même pour tous les tons.

ACCOUCHEMENT, parturition. C'est ainsi que l'on désigne habituellement l'acte par lequel un enfant est mis au monde. On nomme accouchement naturel celui qui est opéré par les seules forces de la nature, et accouchement artificiel, celui qui ne peut se terminer que par le secours de l'art. L'accouchement naturel est le plus fréquent; d'après les relevés faits à la Maternité de Paris, il résulte que, sur 83 accouchements, un seul réclame l'intervention de la chirurgie. La parturition ne s'opère ordinairement qu'au neuvième mois révolu de la grossesse ; ce n'est cependant pas une loi invariable. Il n'est pas rare de voir des enfants parfaitement bien conformés venir au monde, tantôt vers la fin du neuvième mois, tantôt après. On appelle *avortement* la naissance d'un enfant âgé de moins de six mois.—Comme un fruit qui se détache de l'arbre qui l'a nourri, dès qu'il est parvenu à sa maturité, le fœtus n'est expulsé de la matrice (lorsqu'aucun accident, toutefois, ne vient troubler la marche de la grossesse) que quand il a atteint son parfait développement. — L'enfant peut se présenter dans plusieurs positions au détroit supérieur du bassin; voici, d'après M. Dugès, le tableau des positions réellement observées à la Maternité; sur un total de 21,723 accouchements :

Le *vertex* s'est présenté	20,698 fois.
Le *siége*	—	804 —
La *face*	—	103 —
L'*épaule droite*	—	65 —
L'*épaule gauche*	—	53 —
		21,723

Comme on le voit, la position du *vertex* (sommet de la tête) est incomparablement la plus fréquente de toutes et se présente en moyenne 19 fois sur 20. — Il est à remarquer que ce tableau ne renferme aucune présentation du pieds ou des genoux, dont l'existence réelle ne peut être révoquée en doute, mais cela prouve leur extrême rareté. — Lorsque la femme *entre en travail*, elle éprouve une sorte de malaise accompagné de douleurs sourdes, très courtes et éloignées, vulgairement appelées *mouches*; ces douleurs deviennent de plus en plus sensibles, plus longues et plus rapprochées. L'abdomen se resserre et l'utérus se durcit, l'orifice de la matrice se rétrécit. Lorsque la douleur est passée, l'abdomen et l'utérus reprennent leur volume et leur souplesse jusqu'à ce qu'une nouvelle douleur vienne reproduire les mêmes phénomènes. A force de se répéter, ces douleurs finissent par opérer graduellement la dilatation complète de l'orifice utérin. Bientôt tous ces symptômes s'élèvent à un plus haut degré d'intensité, le pouls devient plus fréquent, l'agitation redouble, la chaleur augmente, et les matières sanguinolentes se montrent; on dit alors que la femme *marque*. Toutefois cet écoulement peut survenir plus tôt. Les membranes qui se sont engagées dans l'orifice où elles forment une saillie que l'on nomme *poche des eaux*, cédant aux contractions utérines, se rompent brusquement et donnent passage au liquide qui sort avec impétuosité. La tête de l'enfant s'applique aussitôt sur l'orifice devenu libre par la rupture des membranes; elle s'avance par degrés à chaque douleur, franchit le détroit supérieur, et se trouve tout entière dans le vagin qui a subi pour cela une dilatation considérable. Les contractions redoublent de fréquence et d'énergie, et la femme se livre alors à des efforts inouïs ; enfin une dernière douleur plus poignante que les autres opère la sortie de la tête, et une faible douleur chasse l'enfant en totalité : l'accouchement est terminé. — Dix, vingt ou trente minutes après la sortie de l'enfant, quelques nouvelles contractions peu violentes déterminent l'expulsion de l'arrière-faix ou *délivre*. (Voy. *Placenta.*) — Pendant un ou deux jours après les couches, des douleurs périodiques appelées *tranchées* se font sentir; la matrice diminue successivement de volume, les parois abdominales reviennent sur elles-mêmes ; mais il reste presque toujours sur cette partie du corps des *éraillures* blanchâtres. Les règles n'apparaissent guère qu'un mois ou six semaines après l'accouchement. Chez les femmes qui nourrissent, elles sont supprimées pendant tout le cours de la lactation. — Quarante-huit heures environ après l'accouchement, surviennent les symptômes de la fièvre de lait, les mamelles se gonflent, se durcissent et sont le siége d'une très grande sensibilité. Cette fièvre ne dure guère que vingt-quatre heures. Les accoucheurs de Paris prescrivent d'habitude à la malade une légère infusion de tilleul et de feuilles d'oranger pour boisson. Quand la mère n'allaite point, elle doit se contenter le premier jour de quelques bouillons pour toute nourriture ; le lendemain on peut lui accorder des crêmes de riz, des potages, etc. ; mais aussitôt que la fièvre de lait se déclare il faut la tenir à une diète absolue; on change alors la première tisane pour une infusion de pervenche et de racine de canne. Les femmes croient généralement que cette boisson a la propriété de faire *passer le lait*, mais il n'en est rien, la pervenche et la canne n'ont pas pluscette propriété que tant d'autres boissons dont on obtiendrait les mêmes résultats. On couvre les seins avec un linge ouaté légèrement chauffé qu'il convient de renouveler de temps en temps. Après la disparition de la fièvre on permet à l'accouchée de se lever d'abord uniquement pour faire son lit, le lendemain elle peut rester quelques heures assise sur un fauteuil. Il faut surtout tenir la mère chaudement, car le froid est un de ses plus dangereux ennemis. Successivement on augmente la quantité de nourriture, de telle manière que vers le huitième ou neuvième jour elle soit à peu près revenue à son régime habituel. Nous ne terminerons pas cet article sans dire un mot sur l'usage où sont les femmes de consacrer leur première sortie à l'église. Certes, rien n'est plus louable que d'offrir à Dieu ses remercîments, mais nous devons déclarer que rien n'est plus pernicieux pour une nouvelle accouchée que la fraîcheur, l'humidité et le mauvais air qui règnent constamment dans les églises. Nous parlerons des soins que réclame le nouveau né aux articles *Enfant* et *Fœtus*.

ACCOUPLEMENT (*copulatio*). On donne ce nom au rapprochement du mâle et de la femelle pour accomplir l'acte de la génération. Le mode d'accouplement varie suivant les espèces; chez quelques-uns même il n'a pas lieu. Certains animaux sont munis des deux sexes à la fois, et peuvent se féconder isolément. Les naturalistes ont établi trois divisions dans les différents modes d'accouplement : 1° accouplement *simple*, celui où a lieu l'accouplement du mâle avec la femelle; — 2° *réciproque*, lorsque deux animaux hermaphrodites fécondent et sont fécondés

à la fois; — 3° *composé*, lorsque le même animal hermaphrodite se féconde lui-même sans le secours d'un autre individu. Le mode et la durée de l'accouplement dépendent de la conformation du corps et des organes de la génération, et varient à l'infini, en raison des espèces ; c'est ainsi que, instantané dans un grand nombre d'oiseaux, il dure très longtemps chez beaucoup d'insectes. Nous décrirons les moyens souvent très curieux qu'emploient les animaux aux articles qui traitent des diverses classes des êtres vivants. (Voyez les mots *Fécondation* et *Génération*.)

ACCROISSEMENT (*physiol.*). C'est l'augmentation de l'étendue d'un corps, par le dépôt successif des nouvelles molécules constituantes. Ce phénomène est commun aux êtres du règne organisé et à ceux du règne inorganique. Les animaux, les végétaux, les minéraux s'accroissent ; mais le mode d'accroissement n'est pas le même dans les deux règnes : nous allons, en conséquence, les étudier séparément.

Accroissement des corps organisés. Dans le règne organique, l'accroissement est soumis aux lois de l'absorption (voyez ce mot) ; les molécules, qui doivent nourrir et augmenter le volume des corps, entrent dans leur intérieur, et après y avoir subi une élaboration particulière, sont dirigées dans les canaux que ces corps renferment et distribuées dans leurs diverses parties, pour augmenter la masse de dedans en dehors. Ils s'agrandissent par *intus susception ;* ils puisent dans le monde extérieur les matériaux qu'ils assimilent et incorporent à leur propre substance. — L'accroissement est donc l'un des principaux caractères communs à tous les corps naturels; seulement, dans les végétaux et les animaux, il est contenu dans de certaines limites qu'il ne saurait dépasser.

Accroissement des corps inorganiques. L'accroissement dans les corps inorganiques ou minéraux diffère sous deux rapports de l'accroissement des corps organisés : 1° Nous avons vu que chez ces derniers il y avait *intus susception;* les minéraux au contraire, s'agrandissent par *juxta position*, c'est-à-dire par la superposition extérieure des nouvelles couches qui ne font qu'envelopper la masse déjà formée; 2° dans les corps organisés le phénomène est renfermé dans de certaines limites, dans le corps inorganique au contraire, l'accroissement n'a pas de limites. (Voyez *Animal* et *Végétal*.)

ACCURSE ou *Accorso*, célèbre jurisconsulte, naquit à Florence vers le milieu du XIIe siècle.

Il ne commença à se livrer à l'étude du droit qu'à l'âge de quarante ans et fut disciple d'Azon. Nommé professeur à Bologne, il entreprit de réunir en un corps d'ouvrages toutes les discussions et décisions éparses des jurisconsultes ses prédécesseurs sur le droit romain. Ayant appris qu'Odefroy, qui, comme lui, était disciple d'Azon, travaillait aussi à la concordance et au commentaire des lois, il craignit d'être devancé par lui, et travailla avec tant d'ardeur, qu'il termina en moins de sept années son gigantesque ouvrage, connu sous le nom de *Grande Glose*, ou *Glose continue*. Cet ouvrage important, qui occupe la première place dans la renaissance du droit romain, rendit son auteur célèbre. Comblé d'honneurs et de biens, Accurse mourut à Bologne, sa ville natale, à l'âge de 78 ans. Son fils

aîné, François Accurse, fut aussi professeur de droit à Bologne. Accurse eut une fille remarquable par sa beauté et par son savoir, qui, dit-on, professa également le droit à Bologne ; on ajoute qu'elle ne paraissait jamais en chaire que voilée, afin que sa beauté ne pût distraire ses auditeurs.

ACCUSATION. On entend en jurisprudence par accusation, dans un sens général, toute imputation d'un fait prévu et puni par la loi pénale. — Chez les Juifs, les Égyptiens, les Perses, les Grecs, les Romains, les accusations étaient *populaires*, dans ce sens que tout citoyen pouvait se porter accusateur d'un délit qualifié public, tel que le meurtre, le sacrilége, la sédition,

la conjuration, la concussion, le péculat, le faux, le viol, le rapt, etc., c'est-à-dire d'un délit considéré comme intéressant la société tout entière. Mais il en résultait d'innombrables abus. « Quiconque, dit Montesquieu, avait bien des vices et bien des talents, une âme bien basse et un esprit ambitieux, cherchait un criminel ; c'était la voie pour arriver aux honneurs et à la fortune.» — Caton fut accusé quarante-quatre fois, et toujours absous. — Ce mal n'existe plus aujourd'hui, un fonctionnaire spécial est chargé de dénoncer aux tribunaux tout ce qui pourrait troubler l'harmonie sociale et d'appeler l'attention des juges et la vengeance des lois sur tous les crimes, et même sur les moindres délits.—Dans les derniers temps de notre ancienne jurisprudence, l'accusation était portée ou par la partie lésée, ou par le ministère public ; quelquefois le juge poursuivait d'office le coupable. Certaines personnes ne pouvaient se porter accusatrices de certaines autres : la femme ne pouvait accuser son mari, ni le mari, sa femme. Le ministère public lui-même ne pouvait poursuivre d'office le vol commis par le fils au préjudice de son père, ni la femme adultère contre laquelle il n'y avait pas plainte du mari. Mais aussi la loi punissait dans quelques cas particuliers la négligence à accuser les coupables qu'on connaissait comme tels. Ainsi elle punissait la veuve, le fils, le frère, qui ne se portaient pas accusateurs du meurtrier de leur époux, de leur père ou de leur frère ; l'héritier qui, instruit du meurtre de celui dont il devait hériter, gardait le silence, était repoussé de la succession comme indigne. La plupart de ces dispositions ont été conservées par nos codes. — Dans notre législation actuelle, l'accusation est l'*action publique* intentée et suivie pour l'application de la peine contre un ou plusieurs individus par le *procureur général* du roi ou de la république, sur laquelle un arrêt de la cour a ordonné leur mise en accusation et leur traduction devant la cour d'assises, après qu'il a été reconnu que le fait qui leur est imputé est de nature à entraîner l'une des peines portées par nos lois. (Voyez *Procureur général*, *Dénonciation*, etc.)

ACCUSATEUR PUBLIC. Ce nom désignait, pendant la période révolutionnaire, les membres du ministère public chargés de soutenir devant les tribunaux criminels les accusations qui y étaient renvoyées. (Voyez *Procureur général*.)

ACÉPHALE (du grec *a képhalé*, sans tête). On donne ce nom à tous les monstres dépourvus de tête ou pourvus d'une tête incomplète. Quelques auteurs ont fait des monstres acéphaliens un genre à part, nous en parlerons à l'article *Monstre*.

ACÉPHALES. Cuvier a donné ce nom à l'une des grandes divisions des mollusques, composée, en effet, d'animaux sans tête, comme le sont tous les mollusques à coquilles bivalves. Nous renvoyons à l'article *Mollusque* que nous traiterons en détail.

ACÉTABULAIRE. Ce genre curieux a tour à tour été placé parmi les polypiers et parmi les plantes; Cuvier, dans son règne animal, le range parmi ses polypes à polypiers; de Blainville le considère comme un végétal, et les naturalistes, Cavolini et M. Raffenau, sont du même avis; ce dernier le place même dans la famille des conferves. — Trois espèces composent ce genre; la plus connue se trouve sur les côtes de la Méditerranée, principalement en Algérie; c'est l'*acétabulaire de la Méditerranée* que nous

avons figuré. — Cette espèce ressemble en quelque sorte à des champignons composés d'une tige très allongée, grêle, qui porte à son sommet une plaque ronde et mince comme un parapluie, les rayons de son disque sont creux et contiennent des grains verdâtres.

ACÉTATES (d'*acetum*, vinaigre). En chimie on donne ce nom aux sels formés par la combinaison de l'acide acétique avec les diverses bases. Les acétates sont très solubles dans l'eau, à l'exception de ceux d'argent et de protoxyde de mercure; ils se reconnaissent très facilement à l'odeur de vinaigre qu'ils dégagent lorsqu'on les traite par l'acide sulfurique. Tous les acétates sont décomposés par la chaleur. Parmi les produits de ces décompositions, nous citerons : l'acide acétique, l'acétone, l'acide carbonique et l'eau. Les principaux acétates sont : l'*acétate de potasse*, qui, à ce que l'on croit, se rencontre en petite quantité dans les végétaux. Pour l'obtenir, on sature ordinairement du vinaigre de bois avec du carbonate potassique; ce sel est employé en médecine sous le nom de *terre foliée végétale*. — L'*acétate d'alumine*, sel déliquescent et très soluble que l'on prépare par le mélange de dissolutions d'alun et d'acétate de plomb; il est fréquemment employé en teinture et surtout dans la fabrication des toiles peintes. — L'*acétate de cuivre*; on en connaît plusieurs à divers degrés de saturation; mais deux seulement, l'*acétate neutre* et l'*acétate bibasique*, sont employés dans les arts. Le premier, connu sous les noms de *vert cristallisé* et de *cristaux de Vénus*, se présente en gros cristaux d'un vert foncé; on le prépare en traitant le *vert de gris* (sous-acétate de cuivre), par une dissolution bouillante de vinaigre distillé. On l'emploie pour préparer l'acide acétique concentré ou vinaigre radical. Le second, l'*acétate bibasique*, connu sous le nom de *vert-de-gris*, se présente sous la forme de poussière pulvérulente, d'un bleu verdâtre; il ne faut pas le confondre avec le vert-de-gris qui se forme sur le cuivre par l'action de l'air humide (carbonate de cuivre). Ce sel se prépare en grand à Montpellier en stratifiant des lames de cuivre avec du marc de raisin aigri; on remplace quelquefois l'action du marc de raisin par celle du vinaigre. Les acétates de cuivre sont vénéneux.—L'*acétate de plomb*, connu sous le nom de *sel de Saturne*, présente des cristaux d'un beau blanc; on l'obtient en dissolvant de la litharge dans du vinaigre de bois. Cet acétate a dans les arts des usages importants; on l'emploie aussi en médecine. C'est un poison violent. — L'*acétate triplombique* ou *tribasique de plomb*, connu sous le nom d'*extrait de Saturne*, se prépare en faisant bouillir une dissolution d'acétate de plomb avec de la litharge; on l'emploie pour la fabrication du carbonate de plomb. (Voyez *Céruse*.) Une faible dissolution de ce sel dans l'eau constitue l'*eau végéto-minérale de Goulard*.

ACÉTIQUE (acide). Voyez *Vinaigre*.

ACHAB, roi d'Israël, monta sur le trône l'an 918 av. J.-C. Soumis à la funeste influence des conseils de sa femme Jézabel, il persécuta les prophètes et éleva un temple à Baal. Il battit plusieurs fois les armées d'Adad, roi de Syrie, et parvint même à s'emparer de ce prince auquel il rendit ses États. La guerre ayant plus tard recommencé entre eux, Achab périt dans le combat. Les crimes d'Achab et de Jézabel ont été immortalisés par le grand Racine dans Athalie.

ACHAIE, nom d'une province de la Grèce ancienne qui occupait la lisière maritime du Péloponèse, le long du golfe de Corinthe. Elle a été successivement habitée par des peuples d'origine diverse, jusqu'à ce que les Achéens y soient venus et lui aient imposé leur nom. (Voyez *Achéens*.)

ACHAT. Voyez *Vente*.

ACHAZ, roi de Juda, fils et successeur de Jonathas fut, en punition de ses crimes, privé de la sépulture des rois. Il mourut 726 ans av. J.-C., connu seulement par son impiété et ses cruautés. Il sacrifia aux faux dieux et alla jusqu'à offrir ses enfants à l'idole Moloch.

ACHE (APIUM) (*botan.*), plante de la famille des ombellifères, connue des anciens, qui s'en couronnaient dans les cérémonies funèbres, probablement à cause de la teinte sombre de son feuillage. Elle est bisannuelle et se trouve tantôt

à l'état sauvage dans les marais, les lieux bas et humides, tantôt dans nos jardins, modifiée par la culture et devenue une plante alimentaire fort estimée sous le nom de *céleri*. — L'ache sauvage est pourvue d'une grande quantité d'huile volatile; aussi présente-t-elle une odeur et une saveur aromatiques, et est-elle employée en médecine comme excitant. On en fait une conserve

agréable. — Nous avons figuré ici la plante à l'état sauvage. (Voyez *Céleri* pour plus de détails.)

ACHÉENS, peuples qui habitaient les environs d'Argos, d'où ils furent chassés par les Héraclides. Ils s'emparèrent alors d'une contrée située au nord-est du Péloponèse, qui fut depuis nommée Achaïe. Les villes de l'Achaïe furent d'abord gouvernées par des rois dont elles secouèrent le joug pour former une confédération. Elles conservèrent longtemps leur indépendance, qui ne fut détruite que par les rois de Macédoine, successeurs d'Alexandre. Ils reconquirent leur liberté et formèrent une nouvelle confédération qui devint célèbre, sous le nom de ligue achéenne. Pendant un siècle et demi, cette confédération conserva son indépendance. Aidée par plusieurs peuples du Péloponèse, et guidée par des généraux tels que Philopœmen et Aratus, elle défendit avec courage et jusqu'au dernier moment la liberté de la Grèce. Elle fut enfin détruite en l'an 146 av. J.-C., par le consul Mummius. Mais les Romains lui rendirent un dernier honneur, en donnant son nom à la Grèce entière, qui, réduite en province romaine, reçut le nom d'Achaïe.

ACHÉLOUS, fleuve de la Grèce occidentale; il prend sa source au sommet du Pinde, coule entre l'Acarnanie et l'Etolie et se jette dans la mer Ionienne. — La mythologie raconte que le dieu de ce fleuve, épris des charmes de Déjanire, osa la disputer à Hercule, et le combattit sous la forme d'un taureau; mais dans la lutte Hercule lui arracha une de ses cornes qui devint la corne d'abondance. On explique cette fable en disant qu'Hercule opposa des digues aux débordements du fleuve Achéloüs, réunit ses deux bras dans un seul lit, et que par là il fertilisa des pays auparavant stériles.

ACHEM. Voyez *Sumatra*.

ACHÉRON ET **ACHÉRUSE**. L'Achéron ou fleuve des douleurs, nommé aujourd'hui Velikhi, prend sa source dans la Thesprotie, où il découle du lac Achéruse (*Acherusia palus*), pour traverser ensuite l'Épire jusqu'au golfe de Prévésa. C'est sur les bords de ce fleuve, dont l'eau, comme celle du Cocyte son voisin, est saumâtre, noire et amère, que les anciens Grecs ont placé le Tartare. Son cours, longtemps caché sous la terre, et l'insalubrité qu'il répandait, le firent regarder, avec le Cocyte, comme un fleuve de l'enfer; et le voisinage de l'Aornos ou Avernus, marécage dont les exhalaisons rendaient toute la contrée malsaine, contribua à mettre cette tradition en crédit. (Voyez *Enfer*.)

ACHIAS, nom donné par Fabricius à un genre singulier d'insectes diptères, de la tribu des muscides. Cette mouche est remarquable par la manière dont sont disposés les yeux qui, au lieu d'être placés immédiatement sur la tête, comme dans les mouches ordinaires, sont situés à l'extrémité de prolongements latéraux en forme de cornes dont chacun dépasse la largeur de la tête. Les antennes sont insérées sur le front. La tête et le corselet sont de couleur obscure, mais l'abdomen est d'un cuivré brillant. Ce singulier

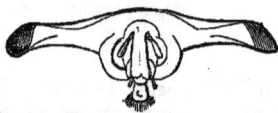

insecte, dont on ne connaît pas les mœurs, se trouve à Java.

ACHILLE, fils de Thétis et de Pélée, le plus grand des héros qui se signalèrent au siége de Troie, fut élevé par le centaure Chiron qui le nourrit de la moelle des bêtes fauves. Sa mère, craignant pour lui les dangers de la guerre, le cacha sous des habits de femme et sous le nom de Pyrrha à la cour du roi Lycomède. Mais Ulysse découvrit le lieu de sa retraite, et sut le décider à le suivre au siége de Troie. Achille s'y distingua bientôt par les exploits les plus éclatants. Mais Agamemnon lui ayant ravi son esclave, Briséis, il cessa de combattre, et punit les Grecs par son inaction. Il reprit cependant les armes pour venger la mort de Patrocle, qui avait été tué par Hector, et immola le héros troyen aux mânes de son ami. Quelque temps après, Achille conduisait à l'autel Polixène, fille de Priam, qu'il devait épouser, lorsque Pâris lui décocha une flèche qui le perça au talon et le tua. Achille

figure comme le principal héros dans l'Iliade d'Homère.

ACHMET Ier, empereur des Turcs, fils de Mahomet III, monta sur le trône en 1603 et mourut en 1617. Son règne n'offre rien de remarquable.

ACHMET II, frère et successeur de Soliman III, monta sur le trône en 1691, et mourut quatre ans après, en 1695. Son règne fut marqué par la défaite de l'armée ottomane à Salankemen, dans sa guerre contre l'Allemagne.

ACHMET III, fils de Mahomet IV, succéda en 1703 à son frère Mustapha II, que les janissaires avaient déposé. Il fit la guerre aux Russes et aux Persans, et enleva la Morée aux Vénitiens; mais il ne fut pas heureux contre les Impériaux qui, commandés par le prince Eugène, battirent constamment ses armées. Les janissaires, toujours séditieux, le déposèrent en 1730 et élevèrent à sa place son neveu Mahomet V. Achmet III fut enfermé dans le vieux sérail de Constantinople et y mourut quelques années après.

ACHROMATISME (du grec *a chroma*, sans couleur). On donne le nom d'achromatisme à l'ensemble des procédés dont on se sert pour détruire, dans les instruments d'optique, la confusion des images résultant de l'aberration de réfrangibilité. — Dolland, célèbre opticien anglais, parvint le premier à achromatiser une lentille biconvexe de *crownglass* (verre à vitre), avec une lentille planconcave de *flintglass* (verre à cristal), sans faire disparaître la convergence imprimée aux rayons lumineux, en disposant convenablement la courbure des lentilles. On détermine facilement, au moyen du calcul, quel doit être le rapport des angles réfringents de deux substances pour que leur ensemble n'imprime aucune déviation à un rayon de réfrangibilité donnée. Du reste, cet achromatisme n'est pas parfait; car il faudrait que les rapports des dispersions partielles des deux substances fussent les mêmes; ce qui n'a pas lieu, les indices de dispersion variant d'une couleur à l'autre dans le même rayon lumineux. M. Amici, de Modène, a construit des lentilles de sept substances différentes, qui lui ont permis de ramener au même point les foyers des sept couleurs principales du spectre. (Voyez *Lumière, Optique*.)

ACIDES (*chim.*). On comprend aujourd'hui sous le nom d'acides des substances composées, douées d'une saveur aigre, piquante, comme le vinaigre; rougissant les couleurs bleues végétales; neutralisant plus ou moins les propriétés des oxydes métalliques, et produisant avec eux des *sels*, c'est-à-dire des combinaisons dont les acides sont négatifs et les bases positives. Il arrive quelquefois que, comme dans la silice, la solubilité manque dans un acide ; cet acide n'a pas alors, non plus, la propriété de rougir les papiers réactifs; mais il a toujours celle de s'unir avec les bases, et c'est là le caractère essentiel de l'acidité. Le plus grand nombre des acides contient de l'oxygène; quelques-uns cependant, et de ce nombre sont le soufre, le chlore, etc., forment, en s'unissant à l'hydrogène, des composés véritablement acides. On leur a donné le nom d'*hydracides*, pour les distinguer des premiers auxquels on donne celui d'*oxacides* ou simplement *acides*. — Presque tous les acides contiennent de l'eau, qu'on ne peut leur enlever qu'en les combinant avec un autre corps. L'eau de cristallisation des acides se rencontre toujours en proportion définie. On trouve ordinairement un atome d'eau pour un atome d'acide. Les acides sont très nombreux, et quelques-uns sont d'une grande importance par leurs applications dans les arts, l'industrie et la médecine. Ce sont les agents les plus énergiques qu'on puisse employer pour changer la nature des corps. Nous allons examiner les plus importants, avec quelque détail.

Acide acétique, ou *vinaigre radical ;* c'est un des acides organiques les plus puissants ; on l'obtient de plusieurs manières : 1° en distillant le vinaigre, de manière à séparer de l'acide une partie de l'eau et des matières étrangères ; 2° par la décomposition de l'acétate neutre de cuivre ; il se produit, outre l'acide, du gaz hydrogène carboné, de l'oxyde de carbone et de l'acétone, ou esprit pyroacétique ; on le rectifie pour le priver de l'acétate de cuivre qui détermine la coloration en bleu du produit. — L'acide acétique est un liquide incolore, d'une saveur caustique, d'une odeur pénétrante ; il est soluble dans l'eau et l'alcool, et cristallise en lames confuses, par un froid de 16°. Sa densité est de 1,063, et sa formule, lorsqu'il est sensiblement pur, est $C^4 H^6 O^3 + H^2 O$.— L'acide acétique est produit par toutes les liqueurs fermentées exposées à l'air, c'est aussi l'un des produits constants de la décomposition des matières organiques sous l'influence de l'air et de l'humidité. La distillation du bois donne naissance à une quantité assez considérable de cet acide, qui porte alors le nom d'*acide pyroligneux*. Nous consacrerons un article particulier à la fabrication du *vinaigre*. (Voyez ce mot.)

Acide borique (ac. boracique). Cet acide se présente en petites paillettes blanches, inodores, rougissant faiblement les teintures bleues végétales. Soumis à la chaleur, il perd son eau; il entre en fusion à la chaleur rouge, et présente après son refroidissement l'aspect d'un verre incolore et transparent. Il n'est altéré ni par l'eau ni par l'oxygène, et est tout à fait indécomposable. On le retire en grande quantité des sources thermales de la Toscane, pour préparer le borax en l'unissant avec la soude artificielle. Sa formule est $B O^3$. Les dispositions adoptées pour recueillir l'acide borique consistent à former, sur l'issue des courants, des bassins glaisés, puis à diriger dans le plus élevé de ces bassins A l'eau des sources environnantes; quand l'eau y a séjourné 24 heures, on ôte la bonde d'un ajutage O et on la fait écouler par un caniveau dans le bassin inférieur B, où elle reste le même temps. On continue à faire passer ainsi le liquide dans plusieurs bassins, en remplaçant toujours le liquide écoulé d'un bassin inférieur par celui que contient le bassin supérieur. L'eau se trouve chargée d'acide borique par ces diverses opérations; on l'amène alors dans un réservoir H où on la laisse reposer 24 heures; enfin on la décante

dans un second réservoir. La solution d'acide borique est ensuite concentrée dans des chaudières, et l'acide borique cristallisé par le refroidissement. — Cet acide est employé en médecine comme calmant et antispasmodique. On s'en sert dans les arts pour faciliter la fusion des métaux tels que le manganèse, le cobalt, etc.

Acide sulfureux. C'est un gaz incolore d'une saveur forte et d'une odeur suffocante, qui excite la toux et resserre la poitrine; le froid le liquéfie facilement, mais la plus forte chaleur ne le décompose pas. On l'obtient soit en brûlant du soufre dans l'air, soit en désoxygénant partiellement l'acide sulfurique par les métaux ou certaines

matières organiques telles que le bois. On l'emploie au blanchiment de la laine et de la soie, et, en médecine, dans le traitement des maladies de la peau.

Acide sulfurique. C'est le plus important de tous les acides, et celui dont les usages sont les plus nombreux. On le connaît sous le nom vulgaire d'*huile de vitriol.* C'est un liquide incolore, inodore, très caustique, soluble dans l'eau en toutes proportions. Une température élevée le décompose en acide sulfureux et en oxygène. Il dissout la plupart des métaux, désorganise sur-le-champ toutes les matières animales et végétales, et décompose la plupart des sels. Cet acide a une grande affinité pour l'eau, et lorsqu'on laisse un flacon d'acide sulfurique ouvert, il absorbe continuellement la vapeur d'eau contenue dans l'air et perd ainsi toute sa force. Lorsque l'acide sulfurique se combine avec l'eau, il y a un fort dégagement de chaleur; un mélange de quatre parties d'acide pour une partie d'eau élève le thermomètre à 105°; si au lieu d'eau on se sert de neige ou de glace dans les mêmes proportions, le thermomètre s'élève encore; mais si le mélange est fait avec les proportions inverses, le thermomètre descend à 17°. — La fabrication de l'acide sulfurique en grand se fait dans de vastes chambres de plomb, dont le sol est recouvert d'eau et dans lesquelles on fait arriver de l'acide sulfureux et du deutoxyde d'azote (qui passe à l'état d'acide nitreux au moyen de l'air), en chauffant un mélange de huit parties et de une partie de nitrate de potasse. Le liquide ainsi obtenu présente une densité de 40 à 45° à l'aéromètre de Baumé, on le concentre alors dans des chaudières de platine jusqu'à 66°, on a ainsi l'acide sulfurique hydraté dont la formule est $SO_5 + H_2O$. Dans les laboratoires, on prépare l'acide sulfurique aqueux de la manière suivante.

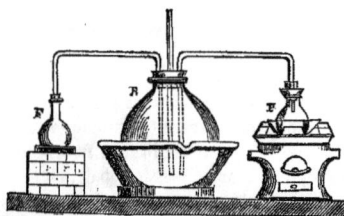

On prend un ballon B rempli d'air, et fermé par un bouchon percé de trois trous qui donnent passage à deux tubes recourbés et à un tube droit; celui-ci sert à introduire de l'air à volonté; les deux autres communiquent avec deux fioles FF; de l'une se dégage du deutoxyde d'azote, de l'autre du gaz acide sulfureux. Aussitôt que ces deux gaz humides arrivent dans le ballon, l'air cède son oxygène au deutoxyde d'azote et le fait passer à l'état d'acide hyponitrique. Une partie de cet acide est décomposée par l'acide sulfureux qui se convertit en acide sulfurique, et qui alors s'unit avec une certaine quantité d'acide nitreux et d'eau, pour former des cristaux blancs qui s'attachent aux parois du ballon et qui à leur tour sont décomposés par un excès d'eau. — Cet acide sert à la préparation de presque tous les autres acides, ainsi que de la soude artificielle, de l'alun, des sulfates, des éthers, du phosphore, etc.; quelques gouttes d'acide sulfurique dans un litre d'eau constituent la limonade minérale employée en médecine.

Acide carbonique. C'est un gaz parfaitement incolore, d'une saveur et d'une odeur légèrement piquantes; l'acide carbonique se rencontre abondamment dans la nature, soit libre, comme dans certaines grottes, soit en combinaison avec d'autres corps, comme dans le carbonate de chaux; soit dissous dans l'eau, comme dans l'eau de Seltz. Ce gaz se forme constamment par la combustion du charbon et par la respiration. Sa densité étant plus grande que celle de l'air, il se tient toujours dans les lieux bas. Un corps allumé plongé dans ce gaz s'y éteint subitement, aussi est-on sûr qu'il n'y a pas d'acide carbonique là où une bougie brûle facilement. Ce gaz est très délétère. Dans les cuves où l'on fait fermenter les raisins, sa présence occasionne souvent de graves accidents. Les liquides mousseux tels que les eaux de Seltz, les bières, les cidres, etc., doivent cette propriété à l'acide carbonique qu'ils renferment. — Sa formule est CO_2, c'est-à-dire qu'il est formé de un atome de carbone et de deux atomes d'oxygène. On l'obtient en mettant en contact, avec des carbonates de chaux (*craie, marbre*), des acides puissants; l'acide carbonique est chassé par eux et peut alors être facilement recueilli. Une pression de 36 atmosphères suffit pour liquéfier ce gaz à la température ordinaire. L'acide carbonique liquéfié offre l'exemple singulier d'un liquide quatre fois plus dilatable que le gaz; il devient solide à une température voisine de 100° au-dessous de 0; il ressemble alors à des flocons de neige. L'eau absorbe une quantité de gaz acide carbonique, d'autant plus grande que la température est plus basse et la pression plus forte. A la température et à la pression ordinaires, elle en dissout à peu près son volume. L'acide carbonique se forme dans une multitude de circonstances : il est produit par la respiration des animaux, par la combustion, par la décomposition des substances organiques, par la fermentation alcoolique ; par la calcination des pierres à chaux, etc.; on sait quel rôle important il joue dans les phénomènes de la végétation. L'eau chargée de cinq fois son volume de gaz acide carbonique constitue l'eau gazeuse qui sert de base à l'eau de Seltz artificielle.

Acide phosphorique. Le phosphore donne quatre combinaisons acides avec l'oxygène ; ce sont : l'*acide hypophosphoreux*, dont la formule est $P^4 O^3$; l'*acide phosphoreux*, $P^2 O^3$; l'*acide hypophosphorique*, $P^6 O^6$, et l'*acide phosphorique*, $P^2 O^5$. Ce dernier est le plus important ; il est solide, très acide, inodore et incolore ; il cristallise difficilement. Lorsqu'on l'expose à une chaleur rouge, il fond et donne lieu à un verre transparent ; il se vaporise à une température plus élevée. L'acide phosphorique se dissout facilement dans l'eau et dans l'alcool. Quand on brûle du phosphore dans de l'oxygène sec, on obtient de l'acide phosphorique anhydre $P^2 O^5$. Cet acide dissous dans l'eau s'hydrate immédiatement et forme un composé contenant un atome d'eau, $P^2 O^5 + H^2 O$. L'acide phosphorique a la propriété de précipiter l'albumine. Si l'on abandonne la dissolution au bout de quelque temps, l'acide a absorbé trois atomes d'eau, et est devenu $P^2 O^5 + H^3$. C'est là de l'acide phosphorique ordinaire, qui, au lieu de précipiter l'albumine, la dissout quand elle est coagulée. Cet acide précipite le nitrate d'argent en jaune. Pour obtenir l'acide phosphorique, on traite le phosphore par l'acide nitrique, ou bien encore on décompose du phosphate d'ammoniaque par le feu ; dans ce dernier cas c'est l'acide phosphorique anhydre qu'on obtient ; mais l'eau le transforme bientôt en acide phosphorique ordinaire. Cet acide est peu employé, on en fait usage seulement dans l'analyse des pierres gemmes et en médecine.

Acide hydrochlorique (ac. *muriatique* du commerce). Cet acide est un gaz incolore qui produit à l'air des fumées blanches, à cause de sa grande affinité pour l'eau qui y est contenue à l'état de vapeur ; cette affinité est telle que l'eau en dissout jusqu'à 500 fois son volume. L'acide hydrochlorique du commerce est un liquide saturé de ce gaz ; il est caractérisé principalement par la propriété de former, dans les sels d'argent, un précipité blanc insoluble dans l'eau et dans les acides, très soluble au contraire dans l'ammoniaque, et se colorant en violet foncé par le con-

tact de la lumière. C'est par le mélange de l'acide hydrochlorique avec l'acide nitrique, dans le rapport de 3 à 1 , que l'on obtient la combinaison connue sous le nom d'*eau régale* dont l'on se sert pour dissoudre l'or. On extrait particulièrement cet acide en versant de l'acide sulfurique sur du sel marin ; à cause de la facilité avec laquelle ce gaz se dissout dans l'eau, on le recueille sur le mercure. Ce gaz se rencontre assez fréquemment dans la nature ; il constitue en grande partie les vapeurs épaisses et asphyxiantes qui s'échappent du cratère de certains volcans ; on le rencontre aussi en dissolution dans quelques sources chaudes de la Nouvelle-Espagne. On l'emploie à la préparation du chlore, à celle de la gélatine des os , et à plusieurs autres usages dans les laboratoires de chimie.

Acide nitrique ou *azotique* (vulg. *eau forte*). C'est un liquide incolore, odorant, très acide et corrosif. Sa formule est $Az^2 O^5$, mais comme il ne peut exister sans la présence de l'eau, sa formule devient pour l'acide le plus concentré, $Az^2 O^5 + P^2 O$. Cet acide n'existe dans la nature qu'en combinaison avec la magnésie, la chaux , la soude et la potasse. Il est très avide d'eau, et par conséquent perd sa force si on laisse ouvert le flacon qui le renferme. Ses principaux caractères sont de détruire le sulfate bleu d'indigo ; de produire avec le cuivre des vapeurs rutilantes, et avec l'acide sulfurique une couleur rose ou pourpre, suivant les proportions. — On le prépare en décomposant le nitrate de potasse par l'acide sulfurique, et condensant le produit de la distillation qui est l'acide nitrique même. L'acide nitrique ainsi obtenu est mêlé d'acide hydrochlorique , parce que le nitrate qu'on emploie contient presque toujours des chlorures : on l'en dépouille par un peu de nitrate d'argent et par une seconde distillation. L'acide azotique ou nitrique est un des réactifs les plus employés dans la chimie ; on l'emploie dans les arts pour dissoudre un grand nombre de métaux.

Acide fluorique ou *hydrofluorique*, composé d'oxygène et de fluor. C'est un liquide incolore, d'une odeur âcre et piquante , d'une saveur très caustique ; c'est l'un des plus violents corrosifs que l'on connaisse. Il est très avide d'eau et répand à l'air des vapeurs blanches très épaisses. On prépare cet acide dans des vases de plomb, en décomposant à chaud le spath fluor par un excès d'acide sulfurique concentré. Comme il attaque avec facilité la silice , on s'en sert avec succès pour graver sur le verre, en employant le même procédé que pour la gravure à l'eau forte sur le cuivre.

Acide hydrosulfurique (hydrogène sulfuré). Il est gazeux, incolore, d'une odeur et d'une saveur insupportables, et analogues à celles des œufs pourris. C'est de tous les gaz le plus délétère. Un oiseau plongé dans de l'air qui en contient seulement 1/1500ᵉ périt sur-le-champ, et un chien de moyenne taille succombe en respirant de l'air qui contient 1/1000ᵉ de ce gaz. C'est la présence du gaz hydrosulfurique qui, dans les fosses d'aisance, cause les funestes accidents dont les vidangeurs sont quelquefois les victimes. On le prépare en traitant le sulfure d'antimoine par l'acide hydrochlorique et le recueillant sur le mercure. Il se trouve à l'état naturel dans les eaux sulfureuses. On l'emploie comme réactif et dans les maladies de la peau. Sa formule est $H^2 S$.

Acide hydrocyanique (ac. prussique). Composé de cyanogène et d'hydrogène. C'est un liquide incolore, d'une odeur forte, analogue à celle des amandes amères. Sa formule est $H^2 C^2 N^2$. Lorsqu'on distille avec de l'eau des feuilles de pêcher, de laurier cerise, des amandes amères, l'eau distillée qu'on obtient contient de l'acide hydrocyanique. On se le procure également en traitant le cyanure de mercure par l'acide hydrochlorique. C'est un des poisons les plus dangereux que l'on connaisse. Une seule goutte de cet acide pur sur l'œil d'un chien de moyenne taille le fait tomber comme foudroyé. Le savant Berzélius rapporte qu'un chimiste, qui préparait cet acide, en ayant laissé tomber un peu sur son bras nu, mourut au bout de deux heures. Le meilleur contre-poison de l'acide cyanhydrique est l'ammoniaque liquide étendu.

Acide citrique. Il se rencontre dans beaucoup de fruits et principalement dans les citrons, d'où il tire son nom ; dans les oranges, les groseilles, etc. On l'extrait avec avantage de ces derniers fruits, en saturant leur suc avec de la craie et décomposant ensuite par l'acide sulfurique, le citrate de chaux préalablement lavé. On reconnaît cet acide à ce qu'il forme des sels insolubles avec la chaux, la baryte, la strontiane, l'oxyde de plomb. On emploie l'acide citrique pour les limonades, et pour l'impression sur toile.

Acide oxalique (acide du sucre). Cet acide existe dans un très grand nombre de végétaux, mais principalement dans les oxalis, d'où il tire son nom ; dans les fruits du sorbier, dans les lichens ; on le rencontre tantôt libre, tantôt à l'état salin. Ordinairement on prépare cet acide en traitant le sucre ou l'amidon par l'acide nitrique ou par la potasse caustique. On l'emploie comme réactif de la chaux, il forme avec elle un sel in-soluble. On s'en sert aussi pour enlever les taches d'encre et les taches de rouille. On en fait usage comme mordant dans les fabriques de toiles peintes ; c'est du reste un poison très énergique.

ACIER. Tout fer qui, chauffé au rouge, puis refroidi brusquement par une immersion subite dans l'eau froide, devient plus dur et plus cassant, prend le nom d'acier. Le fer doit ordinairement cette faculté à son union avec le carbone. — L'acier est blanc grisâtre, d'une texture compacte, à grain fin égal et serré, susceptible de prendre un beau poli. Sa cassure jouit de l'éclat métallique, mais à un moindre degré que celle du fer. Sa densité varie de 7,74 à 7,92. L'acier se distingue éminemment du fer proprement dit par les qualités remarquables qu'il acquiert lorsqu'on le chauffe jusqu'au rouge et qu'on le plonge dans un liquide froid. Cette opération, que l'on nomme *trempe*, rend l'acier plus dur, plus élastique, plus cassant, moins malléable, moins ductile et moins dense. Les effets de la trempe varient suivant plusieurs circonstances : plus la température est élevée, plus l'acier devient dur ; sa dureté est aussi d'autant plus grande que le refroidissement est plus rapide. — Le mercure donne la trempe la plus dure ; viennent ensuite l'eau salée et acidulée ; en dernier lieu les huiles et les corps gras. Si l'on fait chauffer au rouge de l'acier trempé, et qu'on le laisse refroidir lentement, il reprend son état primitif. Cette opération inverse de la trempe se nomme *recuit*. Les effets du recuit, comme ceux de la trempe, varient avec la température à laquelle on porte l'acier lorsqu'on le réchauffe. Si on le porte au rouge, il est complètement détrempé. A un degré inférieur, le recuit détruit d'autant moins les effets de la trempe que la température est moins élevée. Dans les arts, on tire parti de cette propriété pour donner à l'acier les qualités qu'exige l'usage auquel on destine les objets fabriqués. Ainsi après avoir rendu aussi dur que possible un instrument d'acier, on le ramène par le recuit à la dureté que l'on désire. On juge de la température à laquelle on porte l'acier pour le recuit d'après la couleur qui se développe à sa surface ; chauffé sur des charbons ardents, l'acier passe successivement au jaune paille. au jaune foncé, au rouge, au violet, au bleu et au gris. Le jaune paille indiquera par conséquent le degré le plus dur, celui qui convient aux burins et aux ciseaux destinés à travailler le fer. — On distingue quatre variétés d'acier : l'acier naturel ou de forge, l'acier de cémentation, l'acier fondu et l'acier damassé. — L'*acier naturel* est celui que l'on obtient avec la fonte à laquelle on enlève une partie du carbone et du silicium qu'elle contient. (Voy. *Fonte.*) — La fabrication de cet acier ne diffère de celle du fer même que par la lenteur avec laquelle on dépouille la fonte de son carbone et de son silicium afin d'arrêter l'opération avant que la totalité de ces corps ne soit brûlée. — L'acier naturel a besoin de subir un affinage qui le rende plus homogène, plus tenace et plus élastique. Cette opération consiste à le réchauffer et à l'étirer sous le marteau pour le réduire en barres. — L'*acier de cémentation* s'obtient avec du fer auquel on combine une quantité convenable de carbone ; pour cela on chauffe au fourneau à réverbère des barres de fer entourées de poudre de charbon dans des caisses de tôle ou de terre réfractaire. Ces barres sont disposées par couches avec des lits alternatifs de charbon. On porte la température de 80 à 90° du pyromètre de Wedgwood. La durée de l'opération est subordonnée à l'épaisseur des barres et aux dimensions de la caisse. Des pièces d'essai que l'on tire de temps en temps du fourneau, et que l'on brise pour examiner leur cassure, font connaître quand la cémentation est terminée. On laisse alors lentement refroidir la caisse. Dans ce traitement le carbone se combine avec le fer en passant des couches superficielles aux couches profondes ; aussi les premières sont-elles toujours plus carburées que les dernières. En outre, la surface des barres est inégale et boursoufflée. Pour lui donner l'homogénéité qui lui manque, il est nécessaire de le réchauffer et de le forger en réunissant plusieurs barres ensemble de manière à former ce que l'on appelle des trousses. Les barres qui en résultent sont recoupées et reforgées de la même manière une deuxième et une troisième fois. — L'*acier fondu* s'obtient avec de l'acier de cémentation que l'on met simplement en fusion dans un creuset. Il est plus dur, plus homogène que les autres aciers, et prend un superbe poli, aussi est-il préféré pour la coutellerie fine. — L'*acier damassé* est un acier fondu qui jouit de la faculté remarquable de laisser paraître une sorte de moiré quand on attaque sa surface avec un acide. C'est avec cette sorte d'acier que sont fabriqués les sabres des Orientaux. Cet acier est difficile à forger ; chauffé au blanc, il s'émiette ; au rouge cerise, il se brise. La manière dont on l'étire influe beaucoup sur la forme des dessins que les acides développent à sa surface. Suivant M. Bréant, le phénomène que présente l'acier damassé par l'action d'un acide est le résultat d'une véritable cristallisation produite par un refroidissement lent de la matière. En fondant cent parties de fer doux et deux parties de noir de fumée, ou bien parties égales de limaille de fonte grise et de la même limaille grillée, et laissant refroidir lentement le creuset, il a obtenu de l'acier damassé de la meilleure qualité. En alliant l'acier à certains métaux on améliore singulièrement ses qualités. Uni à 1/300 d'argent, il devient plus dur que le meilleur acier fondu ; avec 1/100 de nickel il est aussi très dur et susceptible d'un beau poli.

ACOLYTES ou *Acolouthes.* C'étaient de jeunes clercs attachés à l'église, et chargés d'entretenir le luminaire, de porter les cierges et de figurer dans les cortéges solennels ; enfin de servir les évêques et les prêtres dans l'exercice de leurs fonctions. Ils faisaient partie du clergé et prenaient rang immédiatement après les sous-diacres. Depuis le VIIe siècle, le service des acolytes est fait par des serviteurs laïques.

Aujourd'hui ce mot transporté dans le langage vulgaire signifie compagnon.

ACONIT (*aconitum*), genre de plantes de la famille des helléboracées, renfermant des espèces en général très vénéneuses, remarquables d'ailleurs par la beauté et la singularité de leurs feuilles. Les aconits sont des plantes vivaces, à tige droite,

peu élevée, à feuilles palmées et multifides, à
fleurs bleues ou jaunes, imitant la forme d'un
casque. L'espèce la plus remarquable est l'*aconit
napel*, qui croît en France et dans les régions
méridionales de l'Europe. On la cultive souvent
dans les jardins, à cause du bel effet que produisent ses fleurs en longues grappes bleues. Cette
espèce est un poison des plus violents. Les Germains et les Gaulois empoisonnaient leurs
flèches en les trempant dans le suc de cette
plante, et, suivant quelques voyageurs, certains
peuples de l'Inde emploieraient au même usage
une autre espèce également vénéneuse. On emploie quelquefois l'aconit en médecine contre les
affections rhumatismales chroniques.

AÇORES. Les îles de ce nom sont situées dans
l'océan Atlantique, entre les 36° 49' et 39° 40' de
latitude nord et les 27° 30' et 33° 25' de longitude ouest, à 300 lieues de Lisbonne. Elles occupent un espace d'environ 100 lieues de l'ouest-
nord-ouest à l'est-sud-est. Leur découverte remonte à l'époque des premiers voyages d'exploration
ration exécutés par les Portugais sous le règne de
Jean Ier, roi de Portugal. — Les îles Açores sont
au nombre de neuf, et forment trois groupes bien
distincts. Celui du centre réunit *Tercère, Pico,
Fayal, Saint-Georges* et *Graciosa;* le plus
oriental est composé de *Saint-Michel* et *Sainte-
Marie;* à l'extrémité opposée se dressent *Flores*
et *Corvo*. Le pic qui donna son nom à ces îles a
2,230 mètres de hauteur. — Le nom d'Açores
vient de la présence dans ces îles d'un épervier
fort commun que les habitants nommaient *Açor*.
— Toutes ces terres, hautes, accidentées, d'un
aspect pittoresque et sauvage et d'une nature
volcanique, sont d'une fertilité prodigieuse et
jouissent du plus beau climat. L'action de leurs
pics qui attirent et retiennent les vapeurs suspendues dans l'atmosphère, entretient l'humidité
nécessaire à la végétation, et les brises de mer
tempèrent la chaleur. — Les habitants se livrent
à la culture des céréales, de la vigne et des arbres fruitiers, qui sont pour la colonie une source
abondante de richesse. Toutes les parties rocheuses sont couvertes de vignobles dus à la naturalisation de ceps apportés de Madère et de
Portugal, tandis que les plus belles récoltes de
froment, d'orge et de maïs, mûrissent dans les
plaines et les vallées. De délicieux bosquets d'o-
rangers couronnent les vertes collines, et ce ne
sont partout que jardins étalant aux regards les
plantes les plus belles et les plus utiles ; tabac,
café, sucre, coton, etc., prospèrent à l'envi. —
Malheureusement, ces îles fortunées, où ne se

rencontre aucun animal malfaisant, sont exposées à de furieux ouragans et à de fréquents tremblements de terre ; les éruptions volcaniques y
sont rares, mais terribles. Trois surtout ont été
remarquables : l'une forma, en 1445, le lac dit
des Sept-Villes ; une autre, en 1522, précipita
deux collines sur Villa-Franca, où 4,000 habitants périrent ; la dernière, en 1811, donna naissance à l'île Sabrina, qui s'est depuis replongée
dans l'Océan. Les Açores renferment plusieurs
villes assez considérables : *Angra*, capitale de
Tercère et de tout l'Archipel, ne compte pas
moins de 25,000 habitants ; *Punta-Delgada*,
capitale de Saint-Michel, en a 22,000. *Lagens,
Horta, Villa-Franca, Vellas, Santa-Cruz,
Porto*, viennent ensuite. Angras et Horta ont

Villa Franca

chacune un arsenal. La plupart de ces villes sont
assez régulièrement bâties. On y voit de beaux
édifices, de somptueux palais et un luxe inouï
d'églises, de chapelles, de couvents et de forts ;
mais les rues, non pavées, sont sales et mal entretenues, ainsi que les chemins. — Outre l'agriculture, les habitants se livrent à l'élève des bestiaux, dont on exporte une grande quantité en
Portugal, ainsi que de grains. L'on y charge en
outre pour le Brésil, l'Angleterre, les États-Unis
et la Russie, environ 20,000 pipes de vin ou
d'eau-de-vie et 200,000 caisses d'oranges.

ACOSTA. Plusieurs personnages distingués
portugais ou espagnols ont porté ce nom. Le
premier dont l'histoire fasse mention est *Chrétien Acosta*, chirurgien portugais, né vers la fin
du xve siècle à Mozambique, en Afrique. Il
voyagea dans les Indes orientales, et à son retour
en Europe, il s'établit à Burgos, où il publia la
relation de ses voyages et un traité sur les drogues et plantes médicinales des Indes orientales
(1578, in-4°).
Joseph d'Acosta, jésuite, né en 1540 à Mé-

dina del Campo, fut envoyé au Nouveau-Monde comme provincial de l'ordre des jésuites ; au Pérou, il se livra avec ardeur à la conversion des Indiens et publia plusieurs ouvrages estimés, dont un sur l'*Histoire naturelle et morale des Indes* (1591, in-8°). Joseph d'Acosta revint en Espagne, où il mourut en 1600, recteur de l'université de Salamanque.

Uriel d'Acosta, le plus remarquable des personnages de ce nom, naquit à Oporto vers la fin du xvi° siècle. Son père, après avoir abjuré le judaïsme, avait embrassé avec ardeur le christianisme ; Uriel fut élevé dans les mêmes principes et montra dès sa plus grande jeunesse une grande passion pour l'étude des saintes Écritures ; il lut et relut le Nouveau-Testament et en médita profondément le sens ; mais bientôt les doutes se présentèrent en foule à son esprit, et trouvant mille objections au dogme de la divinité du Christ, il en vint à nier la vérité du christianisme et résolut de retourner à la religion de ses pères. Mais avant, il quitta le Portugal, où l'on était peu tolérant, et alla se fixer à Amsterdam. Là, il se fit circoncire et devint l'un des membres les plus zélés de la communauté juive. Mais il s'aperçut bientôt que le judaïsme d'alors était bien éloigné de la religion des Hébreux, telle que la lui avaient fait concevoir les livres de Moïse. Il en fut vivement affecté, et publia des observations auxquelles les rabbins répondirent avec aigreur. — Acosta, ne gardant plus alors aucune mesure, ne se contenta plus d'attaquer les rabbins, il nia la mission divine de Moïse comme il avait nié celle de Jésus-Christ ; il alla même jusqu'à ébranler le dogme de l'immortalité de l'âme. Les rabbins l'accusèrent alors devant le magistrat d'Amsterdam, comme un impie qui voulait détruire toutes les religions. — Acosta fut mis en prison, son ouvrage fut confisqué, et il ne recouvra la liberté qu'en payant une forte amende; il persévéra cependant dans ses convictions et fut en butte à tous les genres de persécution. Fatigué des outrages qu'on lui prodiguait et dégoûté de la vie, il ne songea plus qu'à se venger; il courut d'abord chez un cousin qui s'était montré l'un des plus ardents à le persécuter et tenta de lui ôter la vie ; mais ayant manqué son coup, il se brûla à lui-même la cervelle en 1647. Cet homme extraordinaire a laissé plusieurs ouvrages curieux parmi lesquels nous citerons : l'*Examen traditionum pharisaïcarum ad legem scriptam* (1624), et l'Histoire de sa vie écrite par lui-même sous le titre d'*Exemplar vitæ humanæ*.

ACOTYLÉDONES. On désigne sous ce nom toutes les plantes que Jussieu comprend dans sa première classe des végétaux, et qui sont privées de *cotylédons* (V. ce mot), et par conséquent d'embryon ; il répond aux *inembryonées* de quelques botanistes. Cette classe renferme les familles que Linné comprenait sous le nom général de *cryptogames*. (V. *Botanique*.)

ACOUSTIQUE (*phys.*). L'acoustique a pour objet de déterminer les lois suivant lesquelles le son se produit dans les corps et se transmet ensuite jusqu'à notre oreille. Lorsque les corps sont ébranlés, les molécules qui les composent exécutent des mouvements de vibration, se communiquant à l'air, qui vibre lui-même de proche en proche, et transmet ainsi à la membrane du tympan les mouvements exécutés par le corps; c'est alors que le cerveau éprouve la sensation de tel ou tel son. — Il est facile de s'assurer que c'est par suite des vibrations de leurs molécules que les corps rendent des sons ; ce phénomène est surtout frappant dans les cordes de harpe et de violon ; les oscillations sont, il est vrai, trop rapides pour que l'on puisse les compter, mais l'œil les aperçoit parfaitement.

Si l'on frappe une cloche de verre ou de métal, et que l'on pose le doigt légèrement dessus, on sent un frémissement qui accompagne toujours le son. Plus un corps est élastique, c'est-à-dire plus ses molécules peuvent vibrer, et plus il est sonore; c'est ainsi que si l'on frappe une plaque de cuivre, on produira un bruit plus grand qu'en frappant de la terre, parce que le premier est très élastique et que l'autre l'est à peine. Il faut que les oscillations des corps élastiques aient une certaine rapidité pour faire naître en nous la sensation du son, et c'est à cette plus ou moins grande rapidité des vibrations qu'est due la gravité ou l'acuité des tons. Un son est d'autant plus grave, qu'il est produit par un plus petit nombre de vibrations, et d'autant plus aigu, qu'il est produit par un plus grand nombre de vibrations. Il existe cependant des limites entre lesquelles un son doit être compris pour devenir perceptible. Ainsi, lorsque le nombre des vibrations se trouve au-dessous de trente à trente-deux par seconde, le son devient trop grave pour que l'oreille puisse le distinguer; et lorsque ce nombre dépasse 20,000 par seconde, le son est trop aigu pour être sensible. Le docteur Wollastan, célèbre physicien anglais, pensait que les petits insectes pouvaient bien avoir, dans leur conformation, les moyens de produire des sons vocaux ; mais que ces sons étaient tellement aigus, que nous ne les entendions pas. — Le son est produit, comme nous l'avons dit, par la transmission à notre oreille des mouvements vibratoires des corps, il est évident, par conséquent, que nous ne pouvons l'entendre qu'autant qu'il existe de l'air ou un fluide d'une certaine densité entre notre oreille et le corps sonore (1). Pour le prouver, il suffit d'ailleurs d'une expérience fort simple. Si l'on place sous une cloche, où l'on a fait le vide, un mouvement d'horlogerie à détente, muni d'un timbre, le marteau frappe le timbre par intervalle, et aucun bruit ne se fait entendre au dehors ; mais si l'on fait rentrer de l'air dans la cloche, le bruit devient sensible, et de plus en plus fort, à mesure que l'air rentre. Le son ne peut donc pas se propager dans le vide, là où il n'y a plus de matière pondérable, il n'y a plus de véhicule du son. A une grande hauteur, il diminue d'intensité, par suite de la raréfaction de l'air. De Saussure dit qu'au sommet du Mont-Blanc un coup de pistolet fait moins de bruit qu'un pétard tiré au pied de la montagne. L'air n'est pas le seul corps qui puisse transmettre les sons, tous les fluides élastiques jouissent de cette propriété, l'eau transmet très bien le son. Franklin rapporte avoir entendu sous l'eau le bruit de deux pierres que l'on y frappait l'une contre l'autre, à la distance d'un demi-mille. Les corps solides peuvent aussi transmettre le son ; on peut s'en assurer en approchant l'oreille de l'extrémité d'une longue poutre de sapin, tandis que l'autre extrémité est frappée très légèrement ; l'observateur entend distinctement un bruit qu'entend à peine celui qui le produit. — Les vibrations du corps sonore se communiquent aux couches d'air environnantes, de proche en proche, d'une manière analogue à ce qu'on observe, en jetant une pierre dans l'eau tranquille, on voit alors les ondes s'y propager circulairement autour du centre d'ébranlement..

Tous les sons, quelle qu'en soit la nature, se propagent avec la même vitesse. En effet, s'il en était autrement, un concert entendu à des distances différentes ne présenterait pas toujours la même harmonie.

De nombreuses expériences ont été faites pour mesurer la vitesse du son, c'est-à-dire l'espace qu'il parcourt dans une seconde. La plus concluante a été faite en 1822, par les membres du

(1) Nous verrons, à l'article *Insectes*, qu'en effet ces animaux n'ont pas de voix sensible à notre oreille, et que les sons que produisent quelques-uns d'entre eux proviennent du frottement de certains organes.

bureau des longitudes, sur la proposition du savant Delaplace. Les observations furent faites entre Villejuif et Montlhéry, chacune des deux stations fut munie d'un canon du même calibre et de gargousses de même poids. Il avait été convenu que chaque station tirerait un coup de canon de dix minutes en dix minutes, et que l'une commencerait cinq minutes avant l'autre. Les coups réciproques étaient le seul moyen de découvrir l'influence du vent et des agitations de l'air sur le son. A chaque coup de canon, on notait sur des chronomètres le temps qui s'écoulait entre l'apparition de la lumière et l'arrivée du son, ce temps se trouva être en moyenne de 54 secondes 6 dixièmes ; les deux canons étaient à une distance de 9,549 toises, 6, l'un de l'autre. En divisant donc l'espace parcouru par le nombre de secondes employé à le parcourir, c'est-à-dire 9,549, 6 par 54, 6, on trouve 174, 9 toises ou 340 mètres 88, pour l'espace que le son parcourt en une seconde.

La vitesse du son peut donner lieu à des observations curieuses et importantes ; elle fournit, en effet, un moyen d'estimer la distance à laquelle on se trouve d'un lieu où se produit un bruit avec une lumière ; celle, par exemple, de la foudre qui gronde en se manifestant par des éclairs ; il suffit de multiplier par 340 m. le nombre de secondes qui s'écoule entre l'apparition de la lumière et la perception du son. — La vitesse de propagation du son dans l'eau est beaucoup plus grande, elle est de 1,453 m. par seconde.

Il faut distinguer dans le son le bruit et le son musical ; le son musical consiste dans une série de vibrations isochrones, c'est-à-dire de même durée, qui viennent produire une action agréable sur notre oreille, tandis que le bruit est un choc instantané communiqué aux particules aériennes.

L'intensité du son ne dépend pas de la longueur des ondes sonores (c'est-à-dire de l'ensemble des ondulations communiquées aux différentes couches d'air), elle dépend seulement des compressions plus ou moins fortes, ou des vitesses plus ou moins grandes, que l'air a reçues du corps sonore et qui se transmettent, de couche en couche, jusqu'à notre oreille. Ainsi, une corde de basse peut être à l'unisson avec le bruit déchirant du tamtam, c'est-à-dire que les ondes sont de même longueur ; mais l'air, frappé par le tamtam, accomplit des vibrations dont l'amplitude est beaucoup plus grande ; c'est ce qui cause son intensité assourdissante.

Les vibrations des plaques et des membranes

présentent des phénomènes très singuliers. Lorsqu'on frotte, à l'aide d'un archet, les bords des lames élastiques, il en résulte des mouvements vibratoires analogues à ceux que sont susceptibles de prendre les verges et les cordes. Lorsque ces mouvements sont excités dans les plaques et les membranes, les limites des ondulations sont indiquées par des lignes de repos qu'on a appelées *figures* ou *lignes nodales*. Ces lignes nodales s'observent facilement ; en jetant du sable fin et sec sur la surface d'une lame élastique en état de vibration, elles produisent ainsi des figures présentant une symétrie parfaite. Pour faire ces expériences, on se sert de lames de verre bien planes et également épaisses, que l'on tient entre les doigts et on frotte leurs bords avec un archet. Ces vibrations donnent lieu aux figures les plus variées. Nous nous contenterons de rapporter les cas les plus simples. Quand les plaques sont carrées, le son le plus grave donne la fig. 1. Le ton le plus grave, après le précédent, donne la fig. 2, où l'on voit que les lignes passent par les diagonales, seulement pour l'obtenir, au lieu d'appliquer l'archet à l'un de ses angles, on le passe au milieu de l'un de ses côtés. En variant la forme et l'épaisseur des lames et les points où l'on applique l'archet, on obtient un grand nombre de figures qui diffèrent les unes des autres. (Fig. 3, 4, 5, 6, 7, 8, 9.)

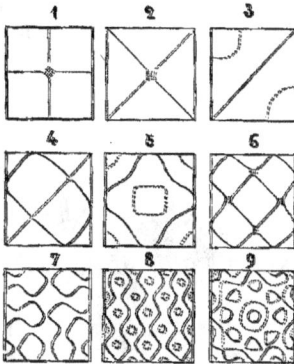

Lorsque le son se propage dans une masse d'air limitée, comme, par exemple, dans un tuyau cylindrique, il peut se propager à de grandes distances, en conservant la même intensité ; mais lorsqu'au contraire le son est produit dans une masse d'air indéfinie, il se propage tout autour de son point d'origine, de manière qu'à chaque instant les particules d'air ébranlées se trouvent être sur une surface sphérique, dont le rayon va sans cesse en augmentant. Dans ce cas, l'intensité du son décroît en raison inverse du carré de la distance au centre d'ébranlement. — Lorsque le son se propage dans une masse d'air indéfinie, les ondes sonores qui en résultent peuvent s'étendre indéfiniment ; mais si elles rencontrent un obstacle quelconque, elles sont réfléchies à la manière du calorique et de la lumière, c'est-à-dire en faisant l'angle d'incidence égal à l'angle de réflexion. La réflexion du son produit les échos, il faut donc, pour qu'il y ait *écho*, que le son soit renvoyé par un obstacle qu'il rencontre au point d'où il est parti, et pour cela, il faut que cet obstacle soit perpendiculaire à sa direction ; il faut aussi qu'il soit éloigné d'au moins 340 m., c'est-à-dire qu'il y ait au moins une seconde d'intervalle entre le son et l'écho, sinon il serait réfléchi confusément et ne serait plus qu'une *résonnance*.

Les échos multiples, qui renvoient plusieurs fois le même son, doivent cette propriété curieuse à deux ou plusieurs obstacles, entre lesquels est placé l'observateur ; le son étant renvoyé plusieurs fois d'un obstacle à l'autre, frappe aussi plusieurs fois l'oreille de l'observateur. On cite des échos qui répètent le même son jusqu'à vingt fois et plus, tel est en Angleterre l'écho du parc de Woodstock. — L'instrument, connu sous le nom de *porte-voix*, est fondé sur le renflement du son ; il consiste en un tube de cuivre ou de fer-blanc de longueur variable, et dont l'une de ses extrémités est très évasée. Dans cet instrument, les sons, produits à son extrémité la plus étroite, acquièrent, à une certaine distance du centre d'ébranlement, toute l'impulsion qui, à l'air libre, serait donnée à une onde sphérique ; et comme les vibrations ne peuvent se faire que dans l'espace correspondant aux côtés de l'instrument, il en résulte que le mouvement vibratoire se répandant dans un espace beaucoup plus petit, l'intensité du son doit être beaucoup plus forte. — Le *cornet acoustique* n'est, en quelque sorte, que le porte-voix renversé ; son objet est de renforcer les sons destinés à aller frapper la membrane du tympan. Cet instrument reçoit, par son ouverture évasée, une plus grande largeur de l'onde sonore, qui va en se rétrécissant à mesure qu'elle se propage vers la petite ouverture située du côté de l'ouïe, et renforce considérablement le son. Cet instrument est destiné aux personnes qui ont l'ouïe dure. Nous traiterons dans des articles particuliers tout ce qui a rapport aux organes de la *voix* et de l'*ouïe*. (Voyez ces mots.)

ACQUIESCEMENT (*jurispr.*). On appelle ainsi la renonciation que fait une partie condamnée au droit qu'elle avait d'attaquer la sentence rendue contre elle. S'il s'agit d'une partie condamnée par défaut, l'acquiescement a pour effet de donner au jugement ou arrêt par défaut la force d'un jugement ou arrêt *contradictoire*. L'acquiescement n'est assujéti à aucune forme, et peut être fait par une simple déclaration sous seing privé. Il peut résulter de l'exécution du jugement soufferte sans protestation.

ACQUISITION. En droit, c'est l'action de devenir propriétaire d'une chose suivant un mode déterminé. Ce mot s'applique également à la chose acquise. (Voyez *Vente*.)

ACQUIT. Ce mot désigne tout acte par lequel on déclare avoir reçu le montant d'une obligation. — Les mots *pour acquit*, accompagnés de la signature du porteur d'un billet à ordre, constatent que le paiement en a été effectué entre ses mains. — L'*acquit à caution* est un certificat délivré au bureau des douanes ou des contributions indirectes pour faire passer librement des marchandises au lieu de leur destination, sans les assujétir à la visite des bureaux placés sur la route qu'elles doivent parcourir.

ACQUITTEMENT (Voyez *Absolution.*)

ACRE, nom d'une mesure agraire autrefois usitée en France, et dont l'étendue variait suivant les provinces. En quelques endroits, il valait un arpent et demi, en d'autres, 60 perches carrées.

ACRE, l'un des quatre pachaliks de la Syrie; borné au nord par le pachalik de Tripoli, à l'est et au sud par celui de Damas, à l'ouest par la Méditerranée, il présente une étendue de cinquante-six lieues environ du nord au sud et de quinze lieues de l'est à l'ouest dans sa plus grande largeur. La population, qu'on évalue à 420,000 âmes, est composée de Turcs, de Grecs, d'Arabes, d'Arméniens et de Maronites. Le sol est fertile quoique sablonneux, et produit du tabac, du lin, des olives, du coton, de la canne à sucre, etc.; l'élève des vers à soie constitue l'une des principales industries du pays. Les villes principales sont Saïde ou Sidon, Baïrout, Sour ou Tyr, Nazra ou Nazareth; le chef-lieu du pachalik est :

SAINT-JEAN-D'ACRE, ville maritime et place de guerre. Elle est située à trois lieues du mont Carmel par 32° 54' de lat. sept et 32° 46'. de long. or. Elle s'étend en demi-cercle sur un promontoire qui enferme au nord une baie d'un accès facile pour les vaisseaux. Son port est bien situé, mais comblé autrefois, il ne peut recevoir que de petits vaisseaux. Les gros navires, qu'y attire son heureuse position à laquelle elle doit d'être l'entrepôt de la Syrie, mouillent dans la partie de la baie que borde le village de Caïffa. Ses monuments sont peu anciens, mais ont cela de curieux qu'ils sont presque tous construits avec des matériaux empruntés aux ruines des antiques cités qui l'avoisinent. Les plus remarquables sont: le *palais du pacha* où l'on voit une superbe fontaine en marbre blanc, la *mosquée de Djezzar*, *deux bazars* et des *bains publics*, qui passent pour les plus beaux de l'Orient. Sa population est d'environ 20,000 âmes. Cette ville, d'une grande antiquité, portait primitivement le nom d'*Acco*; elle prit sous les Ptolémée le nom de Ptolémaïs, puis conquise par les Perses, elle passa sous la domination romaine et devint enfin la proie des successeurs de Mahomet. Lorsqu'en 1099 les premiers croisés, longeant les côtes de la Syrie, se présentèrent devant ses portes, le gouverneur musulman, pour éviter les horreurs d'un siége, promit aux chrétiens de se rendre quand Jérusalem serait prise; et l'année suivante, elle tomba sans combat au pouvoir de Godefroy de Bouillon. En 1187, après la bataille de Tibériade, Saladin s'en empara et s'appliqua à la rendre extrêmement forte, c'est de là que date son importance. Deux ans après, elle fut investie

Fort de Saint-Jean-d'Acre.

par les croisés; plus de cent combats et neuf grandes batailles furent livrés sous ses murs. Enfin Philippe-Auguste et Richard Cœur-de-Lion s'en emparèrent en 1191. De nouvelle fortifications y furent ajoutées et rien ne fut négligé pour en faire une digue puissante pour arrêter les efforts des Sarrasins. Elle fut longtemps le siége de l'ordre des chevaliers de Saint-Jean, et c'est là ce qui fit changer son nom de Ptolémaïs en celui de Saint-Jean-d'Acre. En 1291, Chalil, surnommé *Mélik-al-Alschraf* (le roi illustre), septième sultan d'Egypte et de Syrie, la prit d'assaut après un mois de siége, en rasa les fortifications et en combla le port. Djezzar pacha y fit de nombreux embellissements, et s'y renferma, lorsqu'en 1799, Bonaparte tenta la conquête de la Syrie. Les musulmans, soutenus par la flotte anglaise, se défendirent avec acharnement; et les Français, après deux mois d'efforts stériles, furent obligés de lever le siége. Mais en se retirant Bonaparte réduisit presque la ville en cendres. Djezzar répara ces désastres et ajouta de nouvelles fortifications aux anciennes. Cela n'empêcha pas Ibrahim-Pacha, fils de Méhémet-Ali, vice-roi d'Égypte, de l'emporter d'assaut le 4 mai 1832. Elle fut reprise le 4 novembre 1840, après trois heures de bombardement par le commodore anglais sir Charles Napier, commandant les flottes combinées de la Porte, de l'Autriche et de l'Angleterre. Méhémet-Ali fut contraint de signer l'abandon de la Syrie, et une garnison turque occupe aujourd'hui les murs de Saint-Jean-d'Acre.

ACROBATE (du grec *acron*, extrémité, et *baïno*, je marche, qui marche sur l'extrémité du pied). Ce nom désigne tous ceux qui font profession de marcher, de danser ou de voltiger sur une corde tendue. On comprend assez ordinairement sous cette dénomination générale tous les *saltimbanques* (voy. ce mot) dont les tours exigent de la force, de la souplesse et de la hardiesse. Les Romains poussaient jusqu'à l'excès le goût de ce genre de spectacle.

ACROCHORDE (du grec *akrochordon*, verrue), nom donné à un genre de reptiles ophidiens, dont le corps est en effet revêtu d'écailles ayant l'apparence de verrues; ce sont des tubercules squameux, rhomboïdaux juxtaposés et surmontés d'une petite pointe. Ces reptiles qui paraissent tout-à-fait conformés pour vivre dans les eaux, ont été rangés par Cuvier dans sa famille des vrais serpents; ils présentent pour principaux caractères: les dents intermaxillaires nulles, les maxillaires courtes et égales; les narines situées sur le dessus du bout du museau ort près l'une de l'autre, les yeux verticaux, pas

de plaques sur la tête, sous le ventre ni sous la queue; le corps est comprimé, la queue pointue, préhensile, aplatie latéralement; les acrochordes ont le corps très gros au milieu, aminci aux deux bords, le ventre tranchant et suivi dans toute sa longueur par une carène denticulée; la queue est courte, assez fortement comprimée, carénée en dessus, et enroulante en dessous comme celle des boas. Leur tête est petite et aplatie, leur museau arrondi, les yeux très petits. La bouche de ces serpents, médiocrement fendue, offre une conformation toute particulière; comme chez les autres serpents, leur lèvre supérieure présente une petite gouttière par laquelle ils poussent leur langue hors de la bouche, sans que celle-ci soit ouverte; mais ici, cette gouttière se trouve bouchée à la volonté de l'animal, par une protubérance mobile, correspondante, qui existe à la partie médiane de l'extrémité antérieure de la mandibule, et comme la lèvre inférieure a son bord rentré en dedans, la bouche se trouve ainsi hermétiquement fermée, de manière à ce que l'eau n'y puisse pénétrer. Ces reptiles habitent les eaux douces, et sont tout-à-fait inoffensifs, quoi qu'en aient dit quelques voyageurs, car ils n'ont pas de dents venimeuses. *L'achrochorde de Java*, qui est l'espèce la mieux connue, a le dos de couleur verdâtre avec de nombreuses taches noires, son ventre est d'un jaune sale. Souvent il quitte les eaux pour s'enrouler autour des branches à la manière des boas; il atteint, dit-on, jusqu'à près de deux mètres de longueur.

ACROSTICHE, pièce de vers où les premières lettres des vers qui la composent forment ensemble un sens ou un nom particulier. Ainsi si l'on veut faire un acrostiche sur le mot *Julie*, le premier vers commencera par un J, le second vers par un U, le troisième par un L, le quatrième par un I, et le cinquième par un E. Ce genre de poésie, fort à la mode au siècle dernier, est aujourd'hui abandonné.

ACTE. En droit c'est un écrit qui constate qu'une chose a été dite ou faite. Les actes se divisent en *actes authentiques* et en *actes privés*. — L'acte authentique est celui qui a été reçu par officiers publics avec les solennités requises. L'effet de l'authenticité est que l'acte qui en est revêtu fait pleine foi par lui-même. — L'*acte privé* est celui passé entre les parties sans le concours d'un notaire, il a la même valeur que l'acte authentique, mais seulement lorsque l'écriture et les signatures sont reconnues par leurs auteurs. — *Acte administratif.* C'est celui qui émane de l'autorité administrative et qui a rapport à ses fonctions. — *Actes de l'état civil.* Ce sont ceux qui constatent la *naissance*, le *mariage* et le *décès.* (Voy. ces mots.)— *Acte conservatoire.* Celui qui a pour objet de conserver nos droits et de nous en assurer l'exercice. Telles sont les appositions de scellés, les inscriptions hypothécaires, les oppositions, etc. — *Acte de procédure.* C'est celui qui émane de tout officier de justice. L'acte de procédure est toujours authentique.

ACTE. Dans l'art dramatique, l'acte est l'une des parties dans lesquelles se divise une pièce de théâtre. On donne le nom de scènes aux subdivisions qu'établissent dans chaque acte l'entrée et la sortie des divers personnages. Quelques auteurs modernes, imitant en cela Shakspeare, ont partagé les actes en tableaux, pour se donner la facilité de changer de lieu. Les anciens avaient adopté la division en cinq actes et nos auteurs dramatiques se renferment généralement dans ce cadre, suivant le précepte d'Horace :

Neve minor, neu sit quinto productior actu
Fabula, quæ posci vult et spectata reponi(*).

Nous donnerons aux mots *Théâtre* et (Art) *dramatique* les règles de l'art théâtral.

ACTE ADDITIONNEL. Lorsque Napoléon, échappé de l'île d'Elbe, vint ressaisir pour un instant la couronne que son despotisme lui avait fait perdre, il comprit la nécessité d'offrir à la nation des garanties contre le retour d'un système qui avait étouffé la liberté. La charte octroyée par Louis XVIII avait réveillé un besoin de liberté auquel la gloire militaire avait bien pu donner le change un moment, mais que le premier revers avait fait renaître. La constitution de l'an VIII ne pouvait plus suffire aux esprits, depuis surtout qu'elle avait été remplacée par la charte bien plus libérale que lui avaient substituée les Bourbons. Napoléon le comprit. Il sentit bien qu'il fallait sacrifier quelque chose aux exigences du moment ; mais ce sacrifice coûtait beaucoup à son caractère ambitieux et peu habitué à plier. Il se résigna cependant, et publia une série d'articles supplémentaires à ce qu'il nommait les *Constitutions de l'Empire.* Mais ce n'était pas là ce que la nation attendait, et bien que l'*acte additionnel* fît revivre les bonnes dispositions de la charte de Louis XVIII, le titre même en déplut ; ce n'était qu'une addition aux constitutions de l'Empire dont on ne voulait plus.

(*) Une pièce doit avoir cinq actes, ni plus ni moins, pour être redemandée et revue plusieurs fois.

Aussi fut-il accepté comme il était donné, de mauvaise grâce. Le 1er juin la constitution nouvelle fut jurée par les représentants du peuple à l'assemblée dite du *Champ-de-Mai,* et Cambacérès annonça dans un discours pompeux que l'acte additionnel accepté par un million trois cent mille votants n'avait été rejeté que par quatre mille deux cent six. Vaine formalité, puisqu'on ne pouvait que le rejeter, sans être admis à y proposer aucune modification. A la rentrée des Bourbons, un grand nombre de fonctionnaires qui avaient donné leur adhésion à l'acte additionnel reçurent leur démission.

ACTES DES APÔTRES. Voy. *Apôtres.*

ACTÉON, petit-fils de Cadmus, était passionné pour la chasse. Ayant un jour aperçu Diane qui se baignait avec ses nymphes, il monta sur un rocher pour mieux contempler la déesse. Les uns disent qu'il voulut lui faire violence, d'autres, qu'il s'était vanté d'être plus habile chasseur qu'elle. Quoi qu'il en soit, Diane tira une éclatante vengeance de l'audacieux chasseur, car lui ayant jeté quelques gouttes d'eau au visage, le jeune prince fut métamorphosé en cerf et déchiré par ses propres chiens.

ACTEUR, ACTRICE. Ce nom s'applique à toute personne qui joue un rôle dans une pièce de théâtre. — Par extension on a appelé acteur, celui qui exerce l'art du comédien. Ce dernier mot a même pris une sorte de défaveur, et ce n'est guère plus que dans un sens de mépris ou de dénigrement qu'on l'emploie. — L'art de l'acteur consiste à paraître ce qu'il n'est pas. De là, l'application qui a été faite du mot *hypocrite,* qui, en grec, veut dire comédien, aux hommes qui, dans la société, en imposent par de faux dehors. — La condition civile des acteurs a varié suivant les temps et suivant les lieux. En Grèce, leur profession passait pour très honorable, et on les chargea même quelquefois de missions importantes, témoin Aristodème qui fut envoyé en ambassade auprès de Philippe, roi de Macédoine. A Rome, au contraire, un homme en montant sur le théâtre perdait ses droits de citoyen. Esopus et Roscius, *célèbres acteurs romains,* furent cependant les amis de Cicéron ; mais celui-ci disait d'eux qu'*avec tant de vertu et de probité ils n'auraient jamais dû monter sur le théâtre.* — On retrouve chez les peuples modernes ces mêmes contradictions ; c'est ainsi qu'en Angleterre les acteurs ont été traités de tout temps comme ils l'étaient en Grèce; tandis qu'en France on les a longtemps traités comme ils l'étaient à Rome. De nos jours, tout acteur qui mérite l'estime comme honnête homme, est sûr de l'obtenir, quoique l'on n'ait peut-être pas encore dépouillé tout préjugé à cet égard. (Voyez *Comédien*.)

ACTIF. C'est en comptabilité ce que possède un individu ou une société, par opposition au mot *passif* qui désigne les charges ou obligations dont on est grevé. L'excédant de l'actif sur le passif, ou du passif sur l'actif, la nature des valeurs qui les composent, etc., forment l'état de la fortune du commerçant, qui se constate au moyen de la *balance* et de l'*inventaire*. (Voyez ces mots.)

ACTINIE (du grec *aktin*, rayon), genre de zoophytes rangés par Cuvier parmi les polypes charnus. Les actinies ont le corps en forme de disque, charnu, contractile, concave en dessous, et produisant, lorsqu'il est fixé sur un rocher, l'effet d'une ventouse. La partie supérieure est munie de nombreux tentacules, ou appendices, disposés sur plusieurs rangées circulaires au milieu desquelles se trouve placée la bouche, ou plutôt l'unique orifice de l'estomac. Pour changer de place, l'animal glisse sur sa base ou se détachant complétement, se laisse emporter au gré des flots. C'est au moyen de leurs tentacules que les actinies arrêtent au passage toutes sortes de petits animaux marins qu'elles font entrer dans leur bouche au moyen de ces membres dé-

liés. Elles sont hermaphrodites, et n'ont par conséquent nul besoin de s'accoupler pour reproduire leur espèce. Le tégument extérieur se replie à l'intérieur pour former les parois de l'estomac, et celui-ci ne se trouve fermé au fond que par la contraction de la membrane, qui s'ouvre au besoin pour donner passage aux jeunes polypes qui se développent entre le tégument extérieur et l'estomac. Les petits sont rejetés par la bouche en assez grand nombre, dès qu'ils ont atteint un

certain développement. Lorsque le soleil brille de tout son éclat, ces animaux couvrent les rochers; ils sont ornés des plus vives couleurs, et leurs rayons étalés comme les pétales d'une fleur double leur ont fait donner par les marins le nom d'*anémones de mer*. Quelques espèces ont également reçu celui d'*orties de mer*, parce qu'elles causent lorsqu'on les touche une cuisson brûlante semblable à celle que font ressentir les orties. Comme la plupart des polypes, les actinies ont une très grande faculté reproductive; leurs tentacules coupés repoussent en très peu de temps; et lorsqu'en voulant les détacher du rocher auquel il adhère, on déchire le pied de l'animal, celui-ci continue de vivre, reproduit bientôt une bouche et de nouveaux tentacules et devient un animal complet.

ACTION. On donne ce nom en philosophie à la manifestation extérieure de l'activité intellectuelle. Tout ce que fait l'homme ne constitue pas des actions; ses membres et toutes les parties de son corps fonctionnent et n'agissent pas; toute action suppose une volonté. (Voyez *Intelligence* et *Volonté*.)

ACTION et ACTIONNAIRE. C'est une part dans les fonds et l'intérêt d'une compagnie formée pour une entreprise quelconque. On emploie aussi ce terme pour désigner le titre qui constate ce droit. —L'action est d'ordinaire accordée pour une mise de fonds; mais elle peut être également attribuée à celui qui apporte dans une société son travail ou son industrie. L'*actionnaire* est celui au nom duquel l'action existe si elle est nominative; et celui qui la possède si elle est sous forme d'un titre au porteur. La cession des actions nominatives se fait par une déclaration de transfert inscrite sur les registres et signée de celui qui fait le transfert; la cession d'actions au porteur s'opère par la simple livraison du titre.

ACTIUM, ville et promontoire d'Acarnanie, à l'ouest d'Anactorium, à l'extrémité de la presqu'île qui ferme le golfe d'Ambracie. Ce lieu est célèbre par le combat naval où Auguste défit Antoine et Cléopâtre, le 2 septembre, l'an 31 avant J.-C. La bataille d'Actium a donné son nom à une nouvelle ère, *Æra victoriæ actiacæ*. Cette ère ne date pas précisément de la bataille d'Actium, mais de la soumission de l'Egypte, qui eut lieu un an après, l'an 724 de Rome, 30 ans avant Jésus-Christ.

ACTIVITÉ. Voyez *Intelligence* et *Volonté*.

ADAGE, du latin *adagium.* C'est une maxime, une sentence, un précepte utile. On confond ordinairement l'adage avec le proverbe. (Voyez ce mot.) Érasme a fait une collection de sentences, de maximes tirées des poètes, orateurs et philosophes grecs et latins, que l'on nomme les *Adages d'Érasme.*

ADAGIO, *lentement, posément*, est une indication qui, placée à la tête d'un morceau de musique, détermine dans quel mouvement il faut le prendre : *adagio* est un plus vif que *largo* et un plus lent qu'*andante.* On prend quelquefois ce mot substantivement, pour exprimer par extension le morceau ou la fraction de morceau dont il spécifie le degré de vitesse ; c'est ainsi qu'on dit : un *adagio* de Mozart, un bel *adagio.*

ADAM, père du genre humain, fut, d'après le récit mosaïque, formé par Dieu, du limon de la terre, le sixième jour. Dieu forma l'homme à son image, et l'institua maître souverain de toutes les créatures animées, non pourvues comme lui de raison. — Il lui donna pour compagne Ève, formée d'une de ses côtes. Le jardin d'Eden leur fut assigné pour demeure, et ils purent toucher à tous les arbres chargés de fruits, à l'exception d'un seul, situé au milieu du jardin, l'*arbre du bien et du mal*, dont le Créateur leur avait défendu de goûter les fruits. Tentée par le serpent, ou le démon, Ève cueillit un fruit de cet arbre, et excita son époux à en manger avec elle. Mais cette faute détruisit leur bonheur ; l'aspect des choses changea soudain devant leurs yeux. Ils reconnurent qu'ils étaient nus et se cachèrent ; mais Dieu les appela et les maudit à cause de leur désobéissance. Adam fut condamné à manger son pain à la sueur de son front, il fut sujet à toutes les misères de la vie et aux angoisses de la mort. — Adam eut trois enfants mâles ; la Genèse ne fait aucune mention de ses filles. Caïn l'aîné fut maudit de Dieu, et le germe de sa race fut anéanti dans les eaux du déluge. Abel, tué par Caïn, mourut sans postérité. Seth, le dernier né, donna naissance à une famille qui descend directement jusqu'à Noé. — Beaucoup de rabbins ont regardé la formation d'Adam et d'Ève et leur aventure comme une allégorie. Toutes les anciennes nations célèbres en ont imaginé de pareilles, et toutes ont voulu expliquer l'origine du mal moral et du mal physique par des idées à peu près semblables. Nous n'agiterons pas ici la question de savoir si ces peuples ont emprunté aux Juifs, ou si au contraire ces derniers ont puisé ces idées chez les Chaldéens et les Egyptiens. (Voyez *Juifs*, *Egyptiens*, etc.)

ADAM-BILLAUT, connu sous le nom de *Maître Adam*, était menuisier à Nevers. Il vécut sous la fin du règne de Louis XIII et pendant les vingt premières années de Louis XIV, étant mort en 1662. — Les poètes du temps l'appelèrent le *Virgile au rabot*, il faisait ses vers au milieu des outils et des bouteilles, et il en publia le recueil en deux volumes intitulés *Chevilles* et *Villebrequins.* Le duc de Saint-Aignan disait de lui que pour les vers et pour le nom il était le premier homme du monde, et Maynard assure que les muses ne doivent être assises que sur des tabourets faits de sa main. Malgré ces louanges, les poésies de Maître Adam sont fort inégales ; à côté de quelques bons vers, on en trouve considérablement de faibles, et dont les rimes sont parfois très libres. Nous nous contenterons de citer une de ses œuvres les plus connues :

> Aussitôt que la lumière
> Vient redorer les coteaux,
> Poussé d'un désir *de boire*,
> Je caresse les tonneaux ;
> Ravi de revoir l'aurore,
> Le verre en main je lui dis :
> Voit-on plus au rive more
> Que sur mon nez de rubis ?

Certes, beaucoup d'artisans cultivent aujourd'hui les muses d'une façon plus brillante. Du reste, tous les biographes de Maître Adam ne sont pas ses admirateurs, car Baillet dit de lui (*jugements sur les poètes*), que c'était un homme sans lettres et sans études, un *goujat du Parnasse.*

ADAM (*pic d'*). Voyez *Ceylan.*

ADAMANTIN (*min.*). Ce mot s'applique aux minéraux qui offrent l'éclat ou la dureté du diamant.

ADAMITES, secte de chrétiens du IIe siècle. Ils prétendaient que pour prier Dieu il fallait être sans vêtements, comme Adam à l'état d'innocence.

ADAMS (John), président des Etats-Unis d'Amérique, est considéré comme l'un des premiers hommes d'Etat de son pays. Il naquit, en 1755, à Braintrée, dans le Massachusset, et s'acquit de bonne heure une grande réputation comme jurisconsulte. L'Angleterre chercha vainement à se l'attacher en lui offrant le poste important d'avocat-général près la cour de l'amirauté. Adams refusa. Elu membre du congrès qui s'assembla à Philadelphie en 1774, il fut réélu en 1775. Il fut un des principaux promoteurs de la déclaration de 1776. En 1777, il fut envoyé à Versailles avec Franklin, et ils y conclurent avec la France ce traité d'alliance qui contribua si puissamment à l'affranchissement des Etats-Unis. En 1780, envoyé comme plénipotentiaire en Hollande, son habileté contribua beaucoup à entraîner cet Etat dans la guerre contre la Grande-Bretagne. Washington, élu deux fois président, le choisit deux fois pour vice-président. Lorsque ce grand homme refusa le siége de la présidence que ses concitoyens lui offraient pour la troisième fois, Adams fut élu à sa place. Il continua la politique suivie par Washington, politique beaucoup plus recommandable par sa sagesse que par sa générosité. A l'ex-

piration de son mandat, Adams, n'ayant pas été réélu, se retira des affaires et alla se reposer de ses fatigues dans sa maison de campagne à Quincy. Il mourut à New-York en 1826, âgé de 94 ans.

ADAMS (John Quincy), fils du précédent, fut, dans les années 1801 et 1802, ministre plénipotentiaire des Etats-Unis à Berlin. Il fut plus tard envoyé comme ambassadeur en Russie, puis en 1814 il se présenta en qualité de plénipotentiaire des Etats-Unis près des puissances européennes réunies à Vienne. — Nommé en 1817 secrétaire d'Etat à l'intérieur, il remplaça, en 1825, M. Monroë comme président de l'Union, et ne se montra pas moins habile que ses prédé-

cesseurs dans ce poste éminent. Cependant il ne fut pas réélu, et fut remplacé par le général Jackson en 1829.

ADANSON (Michel), célèbre botaniste, membre de l'Institut, naquit à Aix en Provence en 1727. Après avoir fait d'excellentes études à Paris, il suivit les cours de Réaumur et de B. de Jussieu. Passionné pour l'histoire naturelle et principalement pour la botanique, il explora pendant cinq ans le Sénégal et y dépensa tout son patrimoine. Ce fut au retour de ce voyage qu'il conçut le plan d'une encyclopédie qui devait embrasser toutes les *existences physiques, intellectuelles et morales*. Il travailla seul le reste de sa vie à l'édification de ce monument qui aurait exigé les forces de plusieurs hommes. Il reçut, comme encouragements à ses travaux, plusieurs places du gouvernement de Louis XVI. La révolution les lui enleva toutes. Il tomba alors dans un tel dénûment, qu'appelé à l'Institut lors de sa réorganisation, il ne put s'y rendre *faute de souliers*. Le directoire vint à son secours en lui faisant une pension de 6,000 fr., qui fut doublée par Napoléon. Ce savant mourut en 1806.

ADANSONIA (*bot.*), nom scientifique du *baobab*, dédié à Adanson, célèbre botaniste du XVIIIᵉ siècle. (Voyez *Baobab*.)

ADDISON (Joseph), né à Milston dans le Wiltshire, en 1672, fut un des plus élégants écrivains de l'Angleterre. Il commença sa réputation par des poésies latines fort estimées de son temps. En 1695, il composa sur la bataille de Bleinheim un poème intitulé : *The Campaign*, (la Campagne), qui lui valut une immense popularité. En 1713, il fit représenter sa tragédie de *Caton* qui eut un très grand succès. Addison aida Steele dans la publication du *Babillard*, et fit paraître ensuite le *Spectateur* qui contribua le plus à augmenter sa réputation de critique élégant et judicieux. La vie d'Addison n'a pas été entièrement consacrée à la littérature. Il se mêla aussi à la politique et parvint même, aidé de sa renommée littéraire, au poste de secrétaire d'Etat. Il quitta bientôt cette place, pour laquelle il n'était pas fait, et reçut en dédommagement une pension de 1,500 liv. sterl. Addison mourut en juin 1719.

ADDITION. Cette opération a pour but de réunir plusieurs nombres de même espèce en un seul qu'on appelle *somme*. S'il s'agit de nombres entiers, tout l'artifice de l'opération consiste à additionner d'abord les unités simples de tous les nombres proposés, puis les dizaines, puis les centaines, et ainsi de suite, en un mot de faire dépendre l'opération proposée de plusieurs opérations partielles beaucoup plus simples. — Pour additionner des fractions, il faut d'abord les *réduire au même dénominateur* (voyez *Fractions*), afin qu'elles représentent des parties de même grandeur. On ne pourrait, par exemple, ajouter immédiatement $\frac{2}{9}$ et $\frac{4}{5}$, mais si on propose d'ajouter les fractions $\frac{10}{45}$ et $\frac{36}{45}$ qui sont équivalentes aux premières, on comprendra de suite que l'opération doit s'effectuer par addition des numérateurs et que la somme est $\frac{46}{45}$. En *algèbre* (voyez ce mot), c'est-à-dire entre quantités dont la valeur demeure indéterminée, le signe de l'addition est +, et s'énonce *plus*; celui de la soustraction est —, et s'énonce *moins*. L'addition des quantités algébriques s'effectue en les écrivant à la suite l'une de l'autre avec leurs signes, et *réduisant* les termes semblables s'il y a lieu. Ainsi la somme des quantités 2A+B et A—2B est 2A+B—A—2B, ou, en réduisant, 3A—B.

ADÉLAÏDE. Plusieurs princesses, filles, femmes ou mères de rois, ont porté ce nom. La première dont l'histoire fasse mention était fille d'Irmangarde et de Louis-le-Débonnaire; elle épousa Robert-le-Fort et fut mère de Eude et Robert, rois de France.

— *Adélaïde*, fille de Lothaire IV, roi d'Italie, épousa Hugues Capet et fut mère de Robert-le-Pieux, roi de France.

— *Adélaïde*, fille de Humbert, comte de Savoie, fut épouse de Louis VI et mère de Louis VII; princesse recommandable par ses vertus, elle fonda l'abbaye de Montmartre, et y mourut en 1443.

— *Adélaïde de France* (madame Marie), fille de Louis XV et tante de Louis XVI, se mêla peu des affaires publiques, et n'usa de son influence sur le faible Louis XVI que dans le choix de Maurepas pour premier ministre. Effrayée des troubles qui commençaient à agiter le royaume, elle quitta Paris le 19 février 1791, pour se rendre à Rome accompagnée de sa sœur madame Victoire. Arrêtées à Moret par la municipalité, elles ne purent continuer leur route que sur l'autorisation expresse de l'Assemblée nationale; ce qui fit dire à Menou : « Que pensera l'Europe en apprenant que l'Assemblée « de France a passé deux séances à discuter si « deux femmes entendraient la messe à Paris ou « à Rome.» — Les deux fugitives habitèrent

cette ville jusqu'à la première occupation de Rome par l'armée de Championnet (1798); elles se retirèrent alors à Trieste où elles moururent, madame Victoire en 1799, et madame Adélaïde en 1800.

— *Adélaïde d'Orléans* (Mlle Eugène-Louise), fille de Louis-Philippe-Joseph, duc d'Orléans, et sœur de l'ex-roi Louis-Philippe, naquit en 1777. Elle sortit de France en 1791 pour se rendre en Angleterre, d'où elle revint l'année suivante, pour se fixer en Belgique auprès de son frère (alors duc de Chartres), qui commandait une des divisions de l'armée républicaine, cantonnée aux environs de Mons. Forcé de fuir par suite d'un décret d'arrestation porté contre lui, le duc fit conduire sa sœur aux avant-postes autrichiens où ils se séparèrent, et mademoiselle Adélaïde rejoignit son frère à Schaffhouse; de là elle se rendit, accompagnée de madame de Genlis, à Fribourg qu'habitait la princesse de Conti, et lorsque cette princesse quitta la Suisse pour se rendre en Bavière, sa nièce la suivit. Après huit années de séjour avec sa tante, mademoiselle Adélaïde se rendit en 1802 auprès de sa mère, qui habitait Figuières, en Catalogne. En 1809, elle accompagna son frère à Malte et de là à Palerme où elle se fixa après le mariage du duc d'Orléans avec la fille du roi des Deux-Siciles. Depuis lors mademoiselle d'Orléans ne quitta plus son frère; elle vécut auprès de lui en Sicile, jusqu'au retour de Louis XVIII où toute la famille revint en France. Mademoiselle Adélaïde a pris une part active aux évènements qui ont préparé l'élévation de l'ex-roi Louis-Philippe.(Voyez *Philippe-Louis d'Orléans*.) — Depuis lors aucun fait mémorable n'a marqué dans la vie de cette princesse. Ses biographes s'accordent à dire qu'elle joignait à une grande force d'âme, à une énergie de caractère peu commune, les plus douces et les plus aimables vertus de son sexe. Mademoiselle Adélaïde d'Orléans mourut au palais des Tuileries le 31 décembre 1847 dans les bras de son frère, et ses restes furent transportés à Dreux, où reposaient déjà les cendres de l'infortuné *duc d'Orléans*.

ADEPTE (*sciences occultes*), du latin *adeptus*. On donnait ce nom à certains alchimistes qui prétendaient avoir trouvé la pierre philosophale, ou, d'après leur langage, qui croyaient être parvenus au grand œuvre. — Ce mot se dit aujourd'hui de tous ceux qui sont initiés dans les mystères d'une secte, ou qui sont profondément versés dans une science ou dans un art quelconque.

ADHÉRENCE. En physique, on appelle adhérence ou adhésion la force en vertu de laquelle deux corps mis en contact parfait adhèrent l'un à l'autre et ne peuvent être séparés qu'au moyen d'une violence plus ou moins considérable. Nous avons dit contact parfait, parce que, presque toujours, il reste, entre deux corps qui semblent se toucher, une couche d'air qui, toute mince qu'elle est, suffit pour les empêcher d'adhérer ensemble. Mais si l'on applique l'un sur l'autre deux corps polis, d'entre lesquels on a complètement chassé l'air en les faisant glisser l'un sur l'autre ou bien en mouillant légèrement leur surface, ils s'attachent très exactement, et l'on a besoin d'une traction fort énergique pour les séparer. Une expérience de physique très connue consiste à faire adhérer deux plaques de verre ou de marbre; il en est une autre dans laquelle une plaque de cuir mouillé étant appliquée sur un pavé y adhère avec assez de force pour qu'on puisse enlever la pierre du lieu où elle est enfoncée. — C'est sur cette propriété que sont fondées plusieurs opérations importantes et usuelles dans les arts; telles sont les diverses espèces de *collage*, de *soudure*, l'étamage des glaces, la *dorure* sur bois et sur métaux, etc., et même la fabrication des *pierres artificielles*. (Voyez *Cohésion*.)

ADHÉSION. C'est l'acquiescement donné à une proposition, l'approbation donnée à un acte. On adhère à un contrat, à un traité. En physique, adhésion est synonyme de *adhérence*. (Voyez ce mot.)

ADIANTHE, genre de fougères désignées par les anciens botanistes sous le nom de *capillaires* et remarquables par la finesse de leur pétiole et de ses divisions. Les adianthes sont propres aux pays chauds, quelques-unes cependant croissent dans le bassin de la Méditerranée. Ces plantes ont des pétioles grêles se subdivisant en rameaux nombreux très fins, brillants, d'un noir d'ébène qui portent des folioles cunéiformes, membraneuses, d'un vert tendre et présentant sur le bord des capsules. Leurs feuilles répandent un parfum agréable et ont des qualités mucilagineuses qui les font employer en médecine pour fabriquer des sirops ou des tisanes émollientes. On les cultive en serre chaude. Nous avons figuré l'*adianthe tendre.*

ADIGE (*Athesis* des anciens), fleuve du royaume Lombardo-Vénitien, qui a ses sources dans les Alpes helvétiques, traverse le Tyrol sous le nom d'Etsch, passe à Vérone, et se jette dans l'Adriatique, au nord des bouches du Pô. Cours, 90 lieues. Navigable à partir de Trente. De cette ville à Vérone sa largeur moyenne est de 90 à 100 mètres; de Catagnaro à la mer, de 200; sa profondeur varie de 2 à 4; mais elle est très incertaine, parce que le fleuve éprouve à la fonte des neiges des crues extraordinaires contre lesquelles on a été obligé de se mettre à l'abri par de fortes digues. Jusqu'à son entrée en Italie, l'Adige roule dans une vallée qui s'élargit ensuite et se confond bientôt avec la plaine. Ses affluents sont : Avisio, Alpon et Nose. Elle donne naissance à deux canaux, Catagnaro et Adigetto.

ADJACENT. En mathématiques on dit qu'un angle est adjacent à une ligne droite lorsque cette ligne forme l'un de ses côtés. Deux angles sont adjacents quand ils ont un côté commun.

ADJECTIF, Mot qui sert à exprimer une qualité, une manière d'être qui se rapporte à une chose. Ce nom vient du latin *adjectum,* ajouté, parce que l'adjectif s'ajoute au substantif pour en déterminer et en compléter l'idée. — Le nom d'adjectif ne devrait s'appliquer qu'à cette espèce de mots qui expriment la qualité, comme *beau, bon, mauvais,* etc.; cependant, quelques grammairiens l'ont étendu à tous les mots qui, ajoutés au nom, en modifient l'idée, comme l'article, le nom de nombre, les pronoms possessif, démonstratif et indéfini. — L'adjectif proprement dit prend alors le nom d'adjectif qualificatif, le second prend le nom d'adjectif déterminatif. — L'adjectif reçoit généralement les modifications de genres, de nombres et de cas, dans les langues qui en admettent, comme le substantif auquel il se rapporte. Dans certaines langues, il est toujours invariable, comme dans l'anglais, le turc, etc. — Outre les variations de genres, de nombres et de cas, l'adjectif en reçoit d'autres qui lui sont propres, ce sont celles au moyen desquelles on exprime les divers degrés de force, de qualité, et que l'on appelle degrés de comparaison : le positif, le comparatif et le superlatif.

ADJOINT. L'adjoint au maire est un officier municipal institué pour remplacer le maire en cas d'absence ou d'empêchement, et pour remplir celles des fonctions que celui-ci juge à propos de lui déléguer. (Voy. *Maire*.)

ADJUDANT, officier qui en aide un autre. Il y a deux adjudants par bataillon : l'un, l'adjudant sous-officier, transmet les ordres à tout le corps des sous-officiers; l'autre, l'adjudant-major, transmet les ordres à tous les capitaines du bataillon. Il y a aussi des adjudants de place, chargés de tous les détails du service d'une place et quelquefois du commandement particulier d'un fort. Il y avait autrefois des adjudants-généraux intermédiaires entre les colonels et les généraux de brigade, mais ils ont été remplacés par les colonels d'état-major.

ADJUDICATION. On nomme ainsi l'acte par lequel on adjuge ou attribue un droit ou un bien quelconque. Il y a deux sortes d'adjudications : l'adjudication par voie d'enchères, qui se prononce au profit de celui qui offre le plus haut prix de l'objet mis en vente, et l'adjudication par voie de soumission au profit de celui qui offre de faire au plus bas prix les travaux proposés. Toutes les adjudications sont précédées et suivies de formalités exigées par les lois. (Voy. *Enchères* et *Soumission*.) On donne le nom d'*adjudicataire* à celui qui devient propriétaire de la chose mise en vente.

ADJURATION. Voy. *Exorcisme*.

ADMÈTE. Voy. *Alceste*.

ADMINISTRATION. D'après la définition de l'Académie française, ce mot signifie *gouvernement, direction, conduite des affaires publiques et particulières;* et encore *un corps d'administrateurs ou d'employés chargés collectivement de quelque partie de l'administration publique.* — On ne peut faire un pas dans la vie sans se mettre en rapport avec l'administration de son pays; la naissance, le mariage, la mort, sont pour elle l'occasion d'autant d'actes que réclame l'intérêt de la société aussi bien que celui

des familles. Mais nous ne pouvons mieux faire connaître l'administration qu'en citant les paroles suivantes du savant M. Macarel : « Atteignez-vous la majorité? dit-il, c'est sur l'appel de l'administration et sous ses auspices que vous devenez gardien de l'ordre ou défenseur de la patrie. Cultivateur, manufacturier, commerçant, c'est l'administration qui protège votre industrie. Vos champs sont menacés d'inondation? elle intervient et détourne le fléau. L'incendie va dévorer vos habitations? les secours de l'administration sont prêts, elle se précipite avec eux au travers du danger. Cette petite rivière traverse ou avoisine de nombreuses propriétés arides? l'administration dirige vers elles et leur répartit des eaux fécondantes. La force des eaux servirait de puissant moteur à votre industrie? elle vous autorise à les appliquer à cet usage. Etes-vous habitants des villes? l'ordre règne au sein de la cité; elle est ornée de voies de communication nombreuses et aérées; le passage y est sûr et commode; les approvisionnements sont assurés; des fontaines jaillissent, des promenades sont créées, des ombrages se sont élevés; l'utile et l'agréable sont ainsi réunis autour de vous... Qui vous a fait ces biens? l'administration. Formez-vous, au-delà du sol natal, des relations de commerce? vous trouvez à l'étranger des agents de l'administration, des représentants de la patrie qui sauront vous donner aide et faire, au besoin, respecter votre personne et vos biens. Et durant votre absence, n'est-ce pas sous son égide inaperçue que reposeront les êtres qui vous seront chers et les propriétés que vous aurez laissées? L'administration, c'est l'action vitale du gouvernement, et, sous ce rapport, elle en est le complément nécessaire; il est la tête, elle est le bras de la société. L'administration est donc le gouvernement du pays, moins la confection des lois et l'action de la justice. » — Les premiers siècles de la monarchie française étaient loin de jouir des bienfaits de l'administration intelligente qui s'est développée avec la civilisation et le progrès des lumières. — Sous le régime de la féodalité, nous voyons tous les pouvoirs confondus entre les mains des seigneurs. Les nombreuses calamités dont l'histoire de cette époque retrace les souvenirs prouvent le déplorable abandon dans lequel était laissée la gestion des intérêts généraux. La peste, la famine, l'incendie, l'inondation survenaient de toutes parts, les voies de communication étaient impraticables, la plupart des terres demeuraient incultes et étaient souvent ensevelies sous des eaux croupissantes et infectes. Le commerce et l'industrie languissaient sans protection et sans encouragement. La force était en réalité la seule loi, et les villes et les campagnes étaient constamment désolées par des crimes qui restaient impunis. La puissance féodale ne s'occupait que de construire des châteaux, des monastères et des églises, dont les ruines couvrent aujourd'hui le sol, tandis que les populations gémissaient dans l'ignorance et la misère. — Lorsque le pouvoir royal, secouant le joug des grands vassaux, eut repris quelque énergie, ● chercha à rétablir l'organisation administrative telle qu'elle existait sous Charlemagne. — Les premiers rois de la troisième race instituèrent les *baillis* et sénéchaux pour rendre la justice et veiller aux divers besoins de la société dans toutes les parties du royaume. Ces magistrats étaient surveillés par d'autres, nommés *maîtres des requêtes*, qui étaient envoyés de Paris en tournées pour voir comment chacun remplissait sa charge, et pour écouter et transmettre les plaintes du peuple. — Ce n'est qu'au XVe siècle que le pouvoir administratif commença à avoir ses agents en province, et l'organisation de l'administration des finances a précédé celle de l'administration proprement dite. (Voy. *Finances.*) — Henri II établit des *commissaires pour l'exécution des ordres du roi;* leurs attributions, d'abord restreintes aux bureaux des finances, grandirent avec l'autorité royale, dont ils devinrent les représentants dans les provinces. En 1635, Louis XIII leur donna le titre d'*intendants du militaire, justice, police et finances,* et plus tard Colbert rédigea pour eux des instructions qui leur ouvrirent la plus vaste carrière. — Mais en 1789, l'Assemblée constituante jeta à bas le vieil édifice de la monarchie, elle chassa devant elle parlements, intendants, bailliages, prévôtés, etc., et rebâtit sur un terrain neuf avec des mains libres. La loi du 22 décembre divisa le royaume en *départements, districts, cantons* et *municipalités.* Toutes les communes eurent un *maire*, un *procureur* de la commune et des *officiers municipaux.* Plusieurs modifications furent successivement apportées au système administratif jusqu'à ce que la loi du 28 pluviôse an VIII et le sénatusconsulte de l'an X réorganisèrent l'administration sur les bases qu'elle a conservées jusqu'à ce jour. Chaque département eut un *préfet*, chargé seul de l'administration active; auprès de lui furent placés un *secrétaire général* pour être son substitut, et un *conseil de préfecture* à la fois tribunal administratif et conseil. Les départements furent divisés en arrondissements qui eurent chacun à leur tête un *sous-préfet* sous l'autorité du préfet. — A côté

de l'administration active des préfets et des sous-préfets furent institués des *conseils généraux* et des *conseils d'arrondissements*, qui se réunissent chaque année pendant quelques jours pour effectuer la répartition de l'impôt entre les arrondissements et les communes, pour voter les centimes additionnels et vérifier l'emploi des deniers levés pour les dépenses départementales. Une administration municipale, composée d'un *maire* et d'un ou plusieurs *adjoints* chargés de l'administration active, et d'un *conseil municipal* chargé de voter et d'arrêter les dépenses locales. Les conseillers généraux et d'arrondissement sont nommés par des assemblées électorales formées dans chaque canton; les conseillers municipaux sont nommés par des électeurs communaux, et les maires et les adjoints sont choisis par le chef de l'Etat ou par le préfet parmi les conseillers municipaux. Pour les diverses branches de l'administration, voy. *Justice, Instruction publique, Guerre, Agriculture, Travaux publics, Finances, Marine,* etc.

ADMONITION, remontrance faite à un magistrat ou à un avocat à huis-clos, avec avertissement d'être plus circonspect à l'avenir. — En matière ecclésiastique, l'*admonition*, synonyme de monition, est un avertissement juridique qui se fait en certains cas, par l'autorité de l'évêque, avant de procéder à l'excommunication.

ADOLESCENCE (du latin *adolescere,* grandir). L'adolescence est cette période de la vie humaine comprise entre la seconde enfance et la seconde jeunesse; elle s'étend de l'âge de quatorze ans à celui de vingt-cinq chez l'homme; et chez la femme, en général plus précoce, elle commence vers douze ans pour finir à vingt. — Cet âge, que les poëtes ont appelé la fleur de la vie, est celui où se complète le développement de l'individu. Le corps prend de l'élévation, les membres deviennent plus robustes; alors se prépare la fonction qui doit assurer la conservation de l'espèce. Aussi l'adolescence est-elle l'époque des amours, des combats, des folies; heureux temps que tout le monde blâme et que tout le monde regrette. Chez les femmes, l'appareil générateur se développe et devient le siège d'une hémorrhagie périodique, les glandes mammaires s'accroissent, le sein se détache et s'arrondit; les membres perdent ces formes grêles et anguleuses de l'enfance, tout s'arrondit et devient gracieux chez celle dont toute la puissance résidera dans la faculté de plaire. (Voyez *Puberté.*) — C'est à cet âge aussi que se forment et l'esprit et le cœur;

les impressions qu'on reçoit alors étendent presque toujours leur influence sur le reste de la vie, et il importe de venir en aide à la nature et de préparer l'avenir de l'adolescent par une sage éducation physique et morale. — Les changements, souvent fort brusques, produits dans la constitution, à cette époque, amènent parfois de grands troubles. Le développement des forces respiratoires expose surtout les garçons à de nombreuses maladies de poitrine. (Voyez *Hygiène* et *Éducation*.)

ADOLPHE *de Nassau*, simple gentilhomme, fut élu roi des Romains et couronné empereur à Aix-la-Chapelle en 1292. N'ayant pour toute qualité qu'une bravoure à toute épreuve, et ne devant son trône qu'à la haine des électeurs pour son compétiteur Albert d'Autriche (voy. ce mot), il mécontenta bientôt ses sujets allemands, qui le dépossédèrent de l'empire en 1298. Ayant voulu soutenir ses droits par la force, il fut défait et tué par Albert, son rival.

ADOLPHE-FRÉDÉRIC (*de Holstein-Eutin*), dans la personne duquel la maison de Holstein monta au trône de Suède, naquit en 1710. Il fut élu roi de Suède en 1751 ; ce prince régna avec sagesse, mais ne sut pas opposer à l'ambition des grands assez de fermeté. Adolphe finit par déposer une autorité qui n'était plus respectée, mais les instances de la diète la lui firent reprendre. Il mourut en 1771, laissant la couronne à son fils Gustave III, plus capable que lui de la défendre.

ADONIS, fruit de l'inceste de la princesse Myrrha avec son père Cinyre, devint, en grandissant, d'une beauté si rare, que Vénus elle-même s'en éprit d'amour. Passionné pour la chasse, le jeune homme parcourait sans cesse les forêts ; mais un jour ayant blessé un sanglier, celui-ci furieux se jeta sur lui et le blessa mortellement. Vénus ne put le rappeler à la vie, et pour éterniser son souvenir elle le changea en *anémone* Elle obtint de Jupiter la grâce de partager avec Proserpine, déesse des Enfers, la possession de son amant ; de sorte qu'Adonis passait alternativement six mois dans les Enfers et six mois dans l'Olympe.

ADONIS (*Adonis*), genre de plantes de la famille des renonculacées, qui doit son nom à la fable d'Adonis changé en fleur. Le calice a cinq folioles, les pétales varient en nombre de cinq à quinze ; les étamines sont nombreuses et iné-

gales. Parmi les quelques espèces de ce genre, nous citerons l'*adonis d'automne*, plante annuelle cultivée dans les jardins, et qui se distingue par

ses fleurs d'un beau rouge. L'*adonis æstival* ou œil de perdrix, assez commune dans les moissons, se cultive aussi dans les jardins, à cause de son port élégant et de ses jolies fleurs jaunes.

ADOPTION. L'usage de l'adoption remonte à la plus haute antiquité ; à Athènes et à Lacédémone les adoptions étaient fréquentes, et il est fait mention d'une institution pareille dans les livres saints. Les adoptions furent très usitées dans les premiers siècles de Rome, et elles étaient considérées comme des actes assez importants pour exiger l'approbation du peuple entier assemblé par curies. Mais Rome de simple ville devenant peu à peu un puissant empire, l'intervention de la cité s'effaça dans les adoptions et fut remplacée par des moyens fictifs, fréquents dans les usages de la république. Sous l'empire, la solennelle approbation du peuple fut remplacée par un rescrit de l'empereur, auquel les demandes étaient directement adressées. — Au moyen-âge, des capitulaires ou ordonnances statuèrent sur la manière dont l'adoption devait s'accomplir. Dagobert ordonna (*Baluze, t. I, p.* 39) que tout homme qui n'avait pas d'enfant pouvait, avec la permission du roi, adopter telle personne qu'il lui conviendrait de choisir pour son héritier, et que l'adoption se ferait par un acte ou par la tradition de l'adopté à l'adoptant, en présence de témoins. Charles-le-Chauve renouvela cette ordonnance. — Les coutumes des provinces, pour la plupart, passèrent sous silence l'adoption, quelques-unes même la prohibèrent, en sorte que l'on n'en trouve guère trace dans nos lois ou nos usages jusqu'en 1792. A cette époque (18 janvier 1792), on proclama de nouveau et comme droit général le principe de l'adoption; mais aucune formalité ne fut imposée à cet acte important, qui fut enfin consacré par le tile VIII du Code civil. — Le Code distingue trois sortes d'adoption : 1° *l'adoption ordinaire*, rigoureusement soumise aux conditions de la loi ; 2° *l'adoption rémunératoire*, dispensée par faveur de certaines conditions; et 3° *l'adoption testamentaire.* — L'adoption ordinaire impose certaines conditions à l'adoptant : *Il doit jouir de ses droits civils et être âgé de plus de cinquante ans ; il faut qu'il ait quinze ans au moins de plus que l'adopté* (343, C. civ.).—*Que son conjoint consente à l'adoption* (344, C. civ.). —*Qu'il jouisse d'une bonne réputation* (355, C. civ.). *Qu'il ait donné pendant six ans au moins des soins et des secours à l'adopté pendant sa minorité.*—*Qu'il n'ait ni enfant ni descendants légitimes* (343, C. civ.), l'adoption ayant été établie pour la consolation des vieillards et non pour introduire dans les familles, au mépris des droits du sang, un étranger dont rien ne justifierait la présence. — Les conditions exigées de l'adopté sont les suivantes: *Il doit avoir comme l'adoptant l'exercice des droits civils.*—*Il doit être majeur.*—*Il lui faut, de plus, obtenir le consentement de ses père et mère ou du survivant, s'il est mineur de vingt-cinq ans, sans distinction de sexe; après cet âge, il doit requérir leur conseil* (346, C. civ.). — *Il doit ne pas avoir été adopté par une autre personne, si ce n'est par le conjoint de l'adoptant* (344, C. civ.). — *L'adoption rémunératoire* est ainsi définie par l'art. 345 : L'adoption pourra être exercée envers celui qui aurait sauvé la vie à

l'adoptant soit dans un combat, soit en le retirant des flammes ou des flots. — Il est clair que cela peut s'appliquer à celui qui aurait généreusement exposé sa vie pour sauver une personne en danger de mort, dans tout autre cas que ceux prévus par la loi. Les tribunaux sont, du reste, souverains appréciateurs des dangers que l'adopté a pu courir. — Dans ce cas il suffit que l'adoptant soit majeur et plus âgé que l'adopté, ne serait-ce que d'un jour. — Qu'il n'ait point d'enfants ni descendants légitimes, et qu'il ait obtenu le consentement de son conjoint.—Quant à l'adopté, les conditions que nous avons indiquées plus haut sont exigées. — *L'adoption testamentaire* n'est permise qu'en faveur d'un mineur dont l'adoptant a été pendant cinq ans le tuteur officieux. — L'adoption s'opère au moyen d'une inscription faite sur les registres de l'état civil, après un jugement prononcé par le tribunal de première instance et confirmé par la Cour d'appel. Si le jugement est confirmé, les parties ont un délai de trois mois pour faire inscrire l'arrêt sur le registre de l'état civil. — La première conséquence de l'adoption, aujourd'hui, est de conférer à l'adopté le nom de l'adoptant en l'ajoutant à son nom de famille. Mais tous rapports ne sont pas rompus entre l'adopté et sa famille naturelle, et l'art. 348 déclare formellement : *que l'adopté reste dans sa famille naturelle et y conserve tous ses droits comme il en garde le nom;* d'un autre côté, l'adoption ne libère pas l'adopté des obligations que la loi impose aux enfants envers leurs parents.

ADORATION. Dans l'antiquité, ce mot signifiait l'hommage rendu à quelqu'un ou à quelque chose, et ne se rapportait pas seulement au culte rendu à Dieu. Ainsi, selon l'Écriture sainte, Abraham *adore* le peuple d'Hébron ; la Sunamite *adore* Élisée qui lui a rendu son fils. De nos jours *adoration* signifie profond respect, vénération, soumission absolue. Les catholiques adorent la croix, les reliques des saints. Mais dans le sens propre du mot, l'adoration ne doit s'appliquer qu'à Dieu seul. On nomme *adoration perpétuelle* l'habitude qu'ont certaines congrégations religieuses d'adresser à l'objet de leur culte des prières non interrompues, récitées à tour de rôle par chacun de leurs membres. Les religieuses augustines et bénédictines se vouaient particulièrement à l'*adoration perpétuelle.* Nous ne savons trop sur quel fondement repose l'idée du mérite d'un pareil culte; car l'Evangile dit: « Or, quand vous priez, n'usez pas de vaines redites comme les païens, car ils croient qu'ils seront exaucés en parlant beaucoup. Ne leur ressemblez donc pas; car votre Père sait de quoi vous avez besoin avant que vous le lui demandiez. »

ADOUR (*Aturis*), rivière de France qui prend sa source dans les Pyrénées au col de Tournalet, arrose la belle vallée de Campan, Bagnères, où elle forme une cascade de cent pieds de haut, Tarbes, Aire, Saint-Sever, où elle devient navigable, et tombe dans le golfe de Gascogne, à Bayonne.

ADRAGANT. Voyez *Gomme*.

ADRESSE, discours dans lequel un corps politique, administratif ou judiciaire, exprime au souverain ses sentiments et ses vœux. — On donne aussi ce nom aux réponses que faisaient les chambres au discours de la couronne, à l'ouverture de chaque session.

ADRIATIQUE (mer). La mer Adriatique, ou golfe de Venise, est une portion de la mer Méditerranée, qui baigne les côtes orientales de l'Italie et les côtes occidentales de la Turquie d'Europe; elle s'étend du S.-E. au N.-O., entre le 40e degré de lat. et le 45e 55'. Son nom de mer Adriatique lui vient de l'ancienne ville d'Adria, port de mer très florissant aux beaux temps de Rome. L'entrée du golfe, entre la Cenina et Otrante, est large de 14 lieues. — Le niveau des eaux de l'Adriatique s'élève de jour en jour, les eaux courantes qui sortent de la Lombardie, du Tyrol et de la Carinthie, l'alimentent sans cesse, tandis que les flots de la Méditerranée, soulevés par les vents d'Afrique, opposent une barrière insurmontable à ceux du golfe. Sa navigation, qui pendant la belle saison ne présente aucun danger, est pénible et périlleuse en hiver, et force souvent les navires à chercher un asile dans les bassins que forment les îles nombreuses des côtes de la Dalmatie. Vers la partie supérieure du golfe, la nature a formé un barrage qui transforme ses eaux en un immense marais, toujours tranquille au milieu des plus violents orages, et parsemé d'îles et de bas-fonds. C'est de ce marais que s'éleva la puissante république de Venise, dont les vaisseaux sillonnèrent si longtemps en maîtres les eaux de l'Adriatique.

ADRIEN (Publius-Ælius Adrianus), quinzième empereur romain, naquit le 24 janvier de l'an 76 de J.-C. Il succéda l'an 117 à Trajan, son père adoptif. Sous son règne, les chrétiens furent

violemment persécutés. Il fit la paix avec les Parthes, vainquit les Alains, les Sarmates et les Daces. Ce fut lui qui fit bâtir ce mur long de 80 milles qui séparait l'Angleterre de l'Écosse, et qui était destiné à garantir les Bretons des incursions des Calédoniens. Les Juifs se révoltèrent deux fois sous son règne; ils furent vaincus et dispersés. Selon les prédictions, Adrien mourut

l'an 138 de J.-C. Il conserva sur le trône les vertus et les qualités brillantes qui lui avaient mérité l'estime de Trajan. Il donna un code à l'empire sous le titre d'Édit perpétuel. Sa gloire a été ternie par son attachement aux superstitions païennes et par sa criminelle passion pour *Antinoüs*.

ADRIEN. Six papes ont porté ce nom :

Adrien Ier, 94e pape, succéda en 772 à Étienne III; il appela Charlemagne à son secours contre Didier, roi des Lombards, et pour prix de ses services le créa patrice de Rome. Il mourut en 795, regretté des peuples et des rois.

Adrien II, 105e pape, succéda à Nicolas Ier en 867. Il eut des contestations graves avec Photius et l'empereur Bazile. En faveur de Louis II, il menaça Charles-le-Chauve de l'excommunication; mais la fermeté de ce prince et celle des évêques arrêtèrent les foudres papales. Il mourut en 872.

Adrien III, 108e pape, mourut en 885, après avoir occupé le trône pontifical à peine dix-huit mois.

Adrien IV, 166ᵉ pape, monta sur le siége de Rome en 1154, à la place d'Anastase IV. Il excommunia le roi de Sicile, qui avait ravagé le territoire de l'Église. L'empereur Frédéric ayant rencontré Adrien en route, lui tint l'éperon tandis qu'il remontait à cheval. Le pape le conduisit alors à Rome et le sacra roi des Romains. Il mourut en 1159, le 1ᵉʳ septembre. C'est le seul Anglais qui ait occupé le saint-siége.

Adrien V, 181ᵉ pape, fut élu en 1276, et mourut un mois après; il était Génois et se nommait Ottobani.

Adrien VI, né à Utrecht en 1459, fut professeur de théologie, vice-chancelier de l'Université et précepteur de Charles-Quint. Il devint évêque de Tortose, puis vice-roi d'Espagne, et fut enfin élu pape en 1522, par la protection de Charles-Quint. Il fut simple de mœurs et ami des savants. Il reconnut qu'*un pape peut errer même dans ce qui appartient à la foi*, et mourut en 1523.

ADULTE (*âge*), période de la vie qui s'étend de la jeunesse à la vieillesse, c'est-à-dire de 30 à 60 ans environ chez l'homme, c'est le synonyme d'*âge viril*. Cet âge est celui de la consistance, où l'accroissement est terminé et où le déclin n'a pas commencé encore; c'est alors que l'homme fait, pour nous servir de l'expression consacrée, jouit de toute la plénitude de ses facultés physiques et morales. (Voyez *Virilité*.)

ADULTÈRE. L'adultère est la violation de la foi conjugale consommée par la femme ou par le mari. On donne ce nom au coupable lui-même. Il est inutile ici d'insister sur la criminalité d'un tel fait. Ses conséquences sont de briser les liens de la famille et de jeter ainsi dans la société un désordre profond, sans parler des méfiances et des haines que l'adultère allume dans le cœur des époux; des crimes qu'il provoque souvent, enfin de la suspicion très légitime qu'il produit dans l'esprit d'un père à l'égard de cette paternité que la loi lui a si libéralement attribuée en toutes circonstances. (*Pater is est quem nuptiæ demonstrant.*) L'enfant conçu pendant le mariage a pour père le mari (C. civ., art. 312).— Toutes ces considérations, et bien d'autres, ont été répétées mille fois, et sont exactes. — Nous sommes forcés de reconnaître cependant que la femme qui viole la fidélité conjugale mérite parfois plus de compassion que de mépris. Le mariage, de nos jours, n'est trop souvent, hélas! qu'un marché, qu'une vente, que le résultat d'avides spéculations. C'est ce que l'on est convenu d'appeler un mariage de convenance. Mais laissons de côté ces considérations, et examinons de quelles peines les législations, tant anciennes que modernes, frappaient le crime d'adultère. Les Égyptiens coupaient le nez et les oreilles à la femme coupable, et administraient à son complice mille coups de fouet. — Les Arabes et les Parthes punissaient de mort les coupables. Chez les Juifs, la loi était formelle : « Si quelqu'un commet un adultère avec la femme de son prochain, que l'homme et la femme meurent tous deux » (Lévit., ch. xx). — A Athènes, Solon avait permis de tuer les coupables en flagrant délit; dans tout autre cas, des juges instruisaient l'affaire, et, suivant les circonstances, appliquaient des peines plus ou moins fortes, mais jamais la peine de mort. L'entrée des temples était interdite à la femme souillée, et chacun avait le droit de l'en chasser si elle s'y présentait. Les Saxons brûlaient les coupables, et les lois espagnoles prononçaient la castration. A Rome, dans l'origine, la peine la plus ordinaire était le bannissement. Du reste, la femme n'avait pas le droit de se plaindre de l'adultère de son mari, l'eût-elle même surpris en flagrant délit, tandis que l'époux outragé pouvait tuer sa femme sans autre forme de procès. Plus tard, Auguste fit de l'adultère un crime public et le punit par relégation et la confiscation du tiers des biens. Constantin ordonna la mort des coupables sans distinction de sexe. — Les capitulaires de Dagobert et de Charlemagne ordonnèrent des *arrangements pécuniaires* entre les parties intéressées. Aux termes des ordonnances de 1537 et 1632, l'adultère était puni du fouet et de l'amende. Cependant les parlements prononcèrent fréquemment la peine capitale, notamment dans le cas d'adultère entre une femme et son valet, entre le médecin ou l'avocat et ses clientes, entre le geôlier et sa prisonnière, le confesseur et sa pénitente, etc. Il est à remarquer que durant cette période de la législation française, l'homme, en qualité de mari, n'était jamais considéré comme adultère, il ne pouvait être poursuivi que comme complice d'une femme mariée. — Aujourd'hui, toutes ces pénalités exorbitantes ont disparu de la plupart des législations en vigueur. — Il n'y a guère, parmi les États européens, que la Turquie qui ait conservé la peine de mort contre l'adultère, encore est-elle rarement appliquée. — Quant à notre loi pénale actuelle sur l'adultère, la voici textuellement : « La femme, convaincue d'adultère, subira la peine de l'emprisonnement pendant trois mois au moins et deux ans au plus (C. civ., 336). — Le complice de la femme adultère sera puni de l'emprisonnement pendant le même espace de temps, et en outre, d'une amende de 100 à 2,000 francs. — Le mari qui aura entretenu une concubine dans le domicile conjugal, et qui aura été convaincu sur la plainte de sa femme, sera puni d'une amende de 100 à 2,000 fr. (339). — Dans le cas d'adultère prévu par l'art. 336, le meurtre commis par l'époux sur son épouse ainsi que sur le complice, à l'instant où il les surprend *en flagrant délit, dans la maison conjugale*, est excusable » (324). — Maintenant, quels sont les caractères légaux de l'adultère, en d'autres termes, à quels signes, à quelles preuves l'adultère est-il reconnu par le juge? — Les Juifs trouvaient une présomption suffisante d'adultère dans ce fait qu'une femme était demeurée cachée avec un homme le temps suffisant pour *cuire et manger un œuf*. Nous n'avons pas heureusement une foi aussi mince dans la chasteté féminine; et en général, lorsqu'un commissaire de police est chargé par un époux malheureux de constater officiellement sa mésaventure, le procès-verbal n'est dressé et ne produit guère de résultat qu'autant que les deux coupables ont été trouvés *nudus cum nuda, solus cum sola, pudenda cum pudendis*. C'est du reste aux juges à examiner les faits et à en tirer telles conséquences que leur sagacité leur indiquera.

ADULTÉRIN. On donne ce nom à l'enfant né d'un adultère. (Voyez *Bâtard* et *Enfant naturel*.)

ADVERBE, mot invariable, qui se joint aux verbes et aux adjectifs et qui les modifie de diverses manières. — On divise les adverbes en adverbes de qualité (tous ceux qui dérivent des adjectifs qualificatifs (*sagement, justement*); en adverbes de quantité (*très, peu, beaucoup*); en adverbes de lieu (*ici, là*); de temps (*aujourd'hui*); d'affirmation et de négation.— On nomme phrase adverbiale, proposition adverbiale, un membre de phrase qui ne se compose que d'un substantif et d'un participe, ou ne figure dans la phrase que comme dépendance d'une autre proposition. Ex. : Dieu aidant, je réussirai. Cela répond à l'ablatif absolu des Latins.

AÉROLITHE (de *aer*, air, et *lithos*, pierre), vulg. *pierre tombée du ciel*. On désigne sous ce nom, et mieux encore sous celui de *bolide*, des corps enflammés qui se meuvent dans l'espace avec une grande rapidité, en laissant derrière eux une traînée brillante, et finissent par éclater. La chute des aérolithes est presque toujours précédée de fortes détonations, suivies d'un roulement assez semblable au bruit du tonnerre, puis l'on entend des sifflements analogues à ceux que produit la chute de corps pesants et l'on voit tomber des pierres en plus ou moins grande quantité. Les anciens ont souvent observé ce phénomène singulier, puisqu'on en trouve des relations dans Pythagore, dans Pline, dans Tite-Live, César, etc. Il existe également plusieurs citations chez des auteurs du moyen-âge; mais ce n'est qu'au commencement de notre siècle que des observations exactes ont été faites. La chute des aérolithes, révoquée en doute par les écrivains sceptiques du XVIIIe siècle, fut admise irrévocablement après l'effroyable pluie de pierres qui eut lieu à Laigle en Normandie, le 26 avril 1803. Le savant M. Biot, envoyé sur les lieux par l'Institut, fit un rapport détaillé qui ne permit plus d'élever aucun doute à ce sujet; et depuis cette époque, un grand nombre de chutes de pierres ont rendu le fait populaire. — Le volume des aérolithes est extrêmement variable, ainsi que leur forme, qui ne présente d'autre caractère particulier que celui de l'usure de leurs angles et de leurs arêtes. Leur surface est ordinairement couverte d'un enduit noirâtre, quelquefois terne, d'autres fois luisant comme un vernis, ce qui paraît provenir de la fusion de la partie extérieure du bolide. Ils possèdent toujours, au moment de leur chute, une température très élevée, et s'enfoncent plus ou moins profondément dans le sol. La composition chimique de ces météorites est très variable; mais la silice est toujours l'élément le plus abondant du corps et forme le plus souvent au moins un tiers de son poids ; le fer, tantôt à l'état métallique, tantôt à l'état d'oxyde, y forme quelquefois près d'un autre tiers, puis s'y présentent en moindres proportions de l'alumine, de la magnésie, de la chaux, de l'oxyde de manganèse, du nickel, du chrome, de la soude, du soufre, de la potasse, du cuivre et du carbone, mais ces principes n'y sont pas constants, et les derniers ne s'y rencontrent même que très rarement. Voici, au reste, les résultats de l'analyse d'une des pierres tombées à Laigle, par M. Thénars :

Silice	46	
Magnésie	10	
Fer	45	pour 100.
Nickel	2	
Soufre	5	

Le grand bolide, décrit par Pallat dans les plaines de la Sibérie, pesait 700 kil. et était presque entièrement composé de fer. On conserve au

Muséum d'histoire naturelle un aérolithe tombé à Juvinas, dans l'Ardèche. Cette pierre, qui s'était enfoncée de 18 décimètres dans le sol, pesait 92 kil. avant d'avoir été rompue; l'échantillon du Muséum pèse encore 42 kil. et mesure environ 25 cent. cubes.

L'origine des aérolithes est encore loin d'être expliquée d'une manière irrécusable; on en a cependant donné plusieurs hypothèses ingénieuses. La première est celle qui attribue ces corps à des volcans terrestres; mais cette supposition ne paraît guère soutenable, car non-seulement on observe la chute de ces météorites dans des lieux souvent extrèmement éloignés des contrées volcaniques, mais encore ils diffèrent de tous les produits volcaniques connus. C'est avec plus de probabilité qu'on a supposé les bolides produits par les volcans de la lune; le savant De Laplace a calculé qu'un corps lancé de cette planète avec une vitesse quintuple de celle d'un boulet de canon (ce qui peut s'accorder avec les effets de nos volcans terrestres), pouvait parvenir à un point de l'espace où l'attraction de la terre serait prépondérante à celle de la lune; de sorte que ce corps au lieu de retomber sur la lune serait entraîné vers la terre et acquerrait dans sa chute une rapidité qui, combinée avec la résistance de l'air, développerait une chaleur suffisante pour produire l'état d'inflammation que l'on remarque chez les aérolithes. Quelques savants ont également admis une condensation subite des matières volatiles qui flottent dans l'atmosphère. Enfin une dernière hypothèse, qui compte un grand nombre de partisans, est celle qui attribue à la matière éthérée, d'abord répandue dans toute l'immensité, des divers degrés de condensation qui auraient donné naissance aux nébuleuses, aux étoiles, aux comètes, aux planètes, aux satellites et à cette quantité de météorites qui semblent errer dans l'univers. (Voyez les articles *Éther* et *Cosmogonie*.)

AÉROMÈTRE, instrument à mesurer l'air. (Voyez *Baromètre*.)

AÉRONAUTE. On donne ce nom à ceux qui au moyen d'appareils divers s'élèvent dans les airs. (Voyez *Aérostat*.)

AÉROSTAT. On désigne sous le nom d'aérostat ou *ballon* une enveloppe sphéroïdale de taffetas enduit de gomme élastique dissoute dans l'essence de térébenthine et renfermant ordinairement du gaz hydrogène ou tout autre gaz moins pesant que l'air atmosphérique, dans lequel cette enveloppe s'élève en vertu de sa légèreté spécifique. La théorie des aérostats repose sur ce principe de physique découvert par Archimède : qu'un corps plongé dans un fluide perd de son poids, celui du fluide qu'il déplace. En un mot, tout corps dont la pesanteur spécifique est à volume égal moindre que celle du fluide dans lequel on le plonge, s'élèvera, jusqu'à ce que le fluide devienne lui-même assez rare pour s'équilibrer avec lui. C'est ce que nous voyons dans un bouchon de liége que l'on plonge dans l'eau, ou dans les nuages qui flottent dans l'atmosphère à une hauteur d'autant plus grande qu'ils sont moins denses ou plus légers.

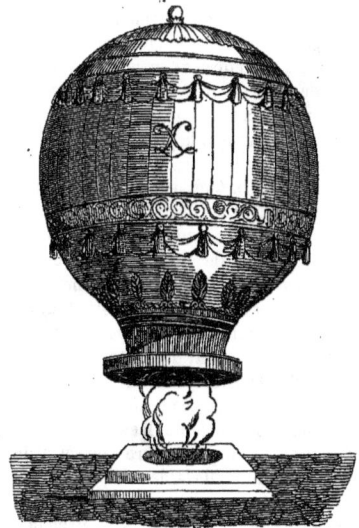

Montgolfière.

Si donc une enveloppe est remplie d'un gaz plus léger que l'air atmosphérique, à volume égal, elle quittera la terre et s'élèvera continuellement, jusqu'à ce qu'elle rencontre une couche d'air d'une densité égale à la sienne, où elle restera suspendue ou en équilibre. — La première idée rationnelle qui ait été émise à ce sujet est due au père Lana, jésuite italien, qui la publia vers le milieu du XVIIe siècle. Son appareil devait se composer d'une barque soutenue par quatre globes de cuivre mince, d'un volume suffisant, et dans l'intérieur desquels on aurait fait le vide pour les rendre plus légers qu'un volume égal d'air; mais les difficultés et les frais de construction d'une semblable machine firent que l'idée du père Lana resta toujours à l'état de théorie. Un siècle plus tard, vers l'an 1745, un Portugais, Francisco de Guzmao, traversa le Tage, monté sur une espèce d'aigle dont il faisait mouvoir les ailes ; il aurait pu pousser plus loin ses expériences sans l'inquisition qui le menaça de ses tortures. Elle le désignait déjà publiquement comme ayant des rapports avec les esprits infernaux, quand son frère, ministre de Jean V, craignant pour ses jours, lui fournit les moyens de quitter le Portugal. Selon toute probabilité, les ailes de la machine n'ont pu servir qu'à donner le change sur le véritable moteur qui tenait l'aérostat suspendu en l'air. Quoique ayant fait grand bruit dans le temps, l'expérience de Francisco de Guzmao resta pour ainsi dire ensevelie dans l'oubli jusqu'en 1783, où elle fut renouvelée, avec un certain éclat, par les frères Montgolfier, propriétaires de la manufacture de papier d'Annonay. Déjà Maude avait découvert qu'il se dégageait d'un mélange d'acide sulfurique, d'eau et de fer, un air très inflammable ; et, plus tard, Priestley reconnut que cet air, auquel on a donné depuis le nom de *gaz hydrogène*, était beaucoup plus léger que l'air atmosphérique. Enfin, Charles, en répétant dans ses cours de physique les expériences de Priestley, avait produit des bulles de savon soufflées d'hydrogène qui montèrent rapidement vers le plafond. Dès lors il fut bien convaincu que l'homme pouvait s'élever dans les airs, et il s'occupait, dit-on, des moyens de réaliser cette idée, lorsque l'un des frères Montgolfier arriva par une voie beaucoup plus simple à la solution de ce problème. Il eut l'idée de renfermer dans une enveloppe légère une sorte de nuage artificiel dont il éleva la température au degré convenable pour que sa légèreté spécifique lui permît d'enlever avec lui son enveloppe. A cet effet, il fit brûler de la laine avec de la paille, et le nuage, à mesure qu'il se formait, était reçu au fond d'un grand sac de toile doublé de papier ; le fond de ce sac fut bientôt soutenu par l'expansion de la vapeur, le ballon, dont la circonférence était de 36 mètres, se développa de lui-même, et lorsqu'on l'abandonna, il s'éleva à une hauteur de 2,000 mètres environ. Cette expérience eut lieu aux Célestins, près d'Annonay, le 5 juin 1783, en présence des États du Vivarais qui étaient alors assemblés. — Sur l'invitation de Louis XVI et de quelques membres de l'Académie des sciences, MM. Montgolfier ayant construit à Paris un aérostat assez grand pour porter deux hommes, Pilâtre des Rosiers et le marquis d'Arlandes osèrent se confier à cette périlleuse voiture, à laquelle était suspendue la galerie circu-

laire qui devait les porter, et le 21 novembre de la même année ils partirent du château de la Muette où la montgolfière avait été gonflée ; elle resta vingt minutes en l'air, et tomba ensuite sans accident dans la plaine de Montrouge, à deux lieues environ du point de départ. — Cependant on ne pouvait sans témérité se confier à ces machines aérostatiques qui sont aujourd'hui entièrement abandonnées à cause des dangers qu'elles présentent. Mais Charles, qui, dès le 27 août 1783, peu de temps après l'expérience d'Annonay, avait déjà lancé au Champ-de-Mars un ballon d'essai d'un genre tout différent de celui des frères Montgolfier, vint à son tour expérimenter la machine de son invention, connue depuis sous le nom de *Charlienne*. Physicien habile, il apporta dans la construction de son appareil aérien un soin et une prévoyance tels, que cet appareil sortit de ses mains dans le même état de perfection qu'il présente encore aujourd'hui après soixante-sept ans d'application, toujours suivie de succès. — A l'air raréfié par la chaleur qu'employaient les frères Montgolfier, et qui ne peut s'obtenir qu'à l'aide d'un appareil fort incommode et toujours avec le risque de communiquer le feu à l'aérostat, Charles substitua le gaz hydrogène, qui, à la même température que l'air, est quinze fois plus léger que ce dernier.

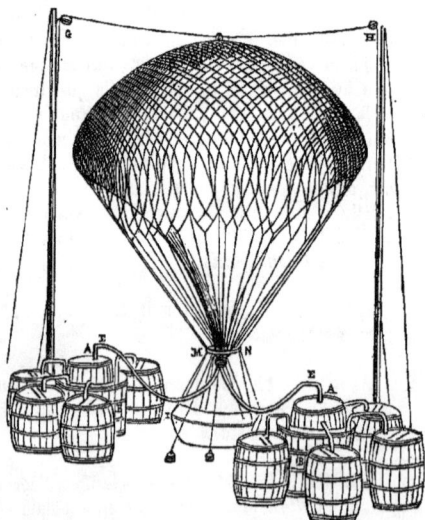

Aujourd'hui, le gaz hydrogène est employé exclusivement à gonfler les ballons. — Ce gaz se prépare par l'action de l'acide sulfurique étendu d'eau sur des copeaux en fer. Nous figurons ici l'appareil qui sert à remplir un ballon de gaz hydrogène : AA sont deux baquets renversés, placés dans deux autres beaucoup plus grands qui sont remplis d'eau. Chaque baquet AA est percé d'un trou auquel est adapté un tuyau de ferblanc EE; à ces tuyaux sont attachés des conduits en soie imperméable communiquant avec l'intérieur du ballon. Chacun des grands baquets BB est entouré de plusieurs tonneaux remplis à moitié de petits morceaux de fer et d'acide sulfurique étendu d'eau ; à la partie supérieure de ces tonneaux se trouvent deux trous; à l'un de ces trous est adapté un tuyau de ferblanc qui, passant pardessus le bord du grand baquet B, traverse l'eau qu'il contient et va aboutir sous le baquet A; le second trou, qu'on tient bouché pendant l'opération, sert à introduire les matières nécessaires à la confection du gaz.

Pour l'enveloppe, Charles choisit le taffetas revêtu d'un enduit composé d'une dissolution de gomme élastique dans l'essence de térébenthine mêlée à de l'huile de lin siccative. A la partie supérieure de sa machine et en dedans, se trouvait une soupape retenue par un ressort auquel était attachée une corde qui, traversant l'aérostat et descendant dans la nacelle, permettait d'ouvrir et de fermer cette soupape à volonté. Le premier ballon d'essai qu'il lança au Champ-de-Mars, le 27 août 1783, dont le diamètre était d'environ 4 mètres, s'éleva dans les airs, en deux minutes, à une hauteur de plus de 1,000 mètres, et on le perdit de vue dans les nuages. Enfin, le 1er décembre de la même année, eut lieu la mémorable expérience des Tuileries. Charles entra dans la nacelle accompagné de Robert, qui l'avait aidé dans ses travaux, et, tenant à la main un poids de dix livres, il adressa avec sang-froid ces paroles à ses anciens élèves et aux spectateurs qui l'entouraient : « Ce poids est le seul lien qui me retienne encore sur la terre. » Il lâcha le poids et la machine s'éleva lentement jusqu'à la hauteur d'environ 600 mètres, hauteur à laquelle il avait promis à quelques astronomes de se maintenir pour y faire des opérations barométriques qui se trouvèrent à peu près conformes aux angles observés. Lorsque la charlienne fut hors de vue, les deux aéronautes s'élevèrent à une hauteur bien plus considérable et parcoururent ainsi un espace de neuf lieues en très peu de temps. Ouvrant ensuite la soupape qui leur permettait de perdre du gaz à volonté, ils descendirent dans une plaine aux environs de Pontoise. Le soleil était couché et Charles voulut le revoir ; à cet

effet, il partit seul et s'éleva jusqu'à la hauteur de près de 4,000 mètres ; puis, abaissant en quelque sorte à son gré son équipage aérien, il vint descendre lentement près du bois de la tour du Lay avec la même sécurité que la première fois. — C'est incontestablement à ce physicien que revient l'honneur d'avoir apporté dans la construction des aérostats des perfectionnements sans lesquels les sciences, qui leur doivent déjà et leur devront encore par la suite d'utiles découvertes, n'eussent pu s'en servir.

Les voyages aériens les plus remarquables sont ceux des frères Robert qui parcoururent cinquante lieues en moins de cinq heures en suivant la direction du vent, et de Blanchard qui fit le trajet de Douvres à Boulogne. Pilâtre des Rosiers et un jeune homme nommé Romain périrent en voulant faire la traversée de Boulogne à Douvres. La machine à l'aide de laquelle il voulait opérer son voyage était une grande charlienne à moitié remplie d'hydrogène ; contrarié par le vent, il voulut s'élever dans les hautes régions, espérant y trouver un courant favorable ; mais il n'avait pour cela d'autre moyen que celui de raréfier l'hydrogène de l'aérostat, à l'aide d'un réchaud allumé sous le cylindre de toile qui conduisit la chaleur au ballon. Malheureusement le feu se communiqua au gaz, et les deux infortunés aéronautes tombèrent, entraînant dans leur chute les débris de la machine. On sait que les aérostats furent employés avec succès en 1794, à la bataille de Fleurus, pour observer les mouvements de l'ennemi. — En 1804, MM. Biot et Gay-Lussac firent une ascension, dans le but de constater l'état électrique de l'air et la permanence du pouvoir magnétique à de grandes hauteurs. Plus tard M. Gay-Lussac s'éleva seul à une hauteur de 7,000 mètres, et puisa de l'air atmosphérique qu'il trouva composé des mêmes éléments que celui que nous respirons. — Les diverses ascensions de Garnerin et de sa fille, de Green, de Gale, etc., sont connues de tous les habitants de Paris, et, depuis quelques années, ce genre de spectacle s'est multiplié d'une façon prodigieuse. — On n'a pu trouver jusqu'à ce jour les moyens propres à diriger les aérostats dans les airs. Un grand nombre d'inventions impracticables ont tour-à-tour surgi sans résultat. Le système qui se reproduit presque constamment consiste à produire le mouvement par des ailes analogues à celles des oiseaux; mais un savant géomètre, M. Navier, étudiant la question sous un point de vue négligé par les inventeurs, celui de la force nécessaire pour produire les effets indiqués, est arrivé à cette conclusion : que l'homme ne dispose pas à chaque instant, toute proportion gardée, de plus de la quatre-vingt-douzième partie de celle que l'oiseau déploie lorsqu'il se soutient dans l'air. — Il est bien certain que les aérostats doivent, comme les vaisseaux, trouver leur point d'appui dans le milieu où ils naviguent ; mais il y a entre l'eau et l'air des pifférences telles, que les principes hydrostatiques ne peuvent s'appliquer que très imparfaitement à la direction des aérostats. Ainsi le vaisseau ne plonge qu'en partie dans l'eau, tandis que le ballon est complètement immergé dans l'atmosphère ; et le vaisseau trouve, pour résister aux vents contraires, son appui dans le liquide ; il faudrait donc, pour qu'il y eût parité, que le ballon pût se servir de l'air d'une couche inférieure pour résister à la violence de l'air de la couche supérieure.

AÉTIUS, fameux général romain du v⁰ siècle, gouvernait la Gaule quand ce pays fut envahi par les Huns, sous la conduite d'Attila ; il les battit complètement dans les plaines de Cabillonum. L'empereur Valentinien III, jaloux de sa gloire, le tua de sa propre main, l'an 454 de J.-C.

AFFICHE, placard exposé en public de manière à attirer l'attention des passants et à pouvoir être lu aisément. On affiche des lois, des ordonnances, des arrêts, des opérations commerciales et industrielles faites ou à faire, des annonces de toutes sortes, etc., etc. — Les affiches des particuliers sont soumises au droit de timbre et à une surveillance légale dont on comprendra la nécessité. — Les anciens pour faire connaître les actes publics ou des faits mémorables, se servaient de tables d'airain. Pour des faits d'une moins grande importance, on gravait sur des planches, on inscrivait même sur les murs. A Rome des affiches écrites sur parchemin faisaient connaître les décrets rendus ou annonçaient les ventes par enchère. Le mot français *libelle* (voyez ce mot) fut appliqué à des placards injurieux. En temps de révolution ou de troubles, on use beaucoup des affiches. Dans ces derniers temps on en a même abusé, et chacun a voulu faire sa profession de foi ou adresser des conseils au public, aussi tous les murs de la capitale disparaissaient-ils sous les affiches.

AFFILIATION. Voyez *Sociétés secrètes* et *Franc-Maçonnerie*.

AFFILOIR, corps dur dont on se sert pour aiguiser les instruments tranchants. L'action de l'affiloir consiste dans un simple frottement de ce corps sur les côtés du tranchant qu'il s'agit d'affiler. Le résultat de l'action est l'usure de la partie qui a subi le frottement et par conséquent l'amincissement du tranchant. Cet effet n'a lieu qu'autant que l'affiloir est doué d'une plus grande dureté que l'instrument sur lequel il doit agir. Les affiloirs les plus usités sont des grès houillers ou des grès rouges, telles sont les pierres de Lorraine, les pierres à faulx, etc. Certains schistes argileux et une dolomie à grain serré, appelée pierre du Levant. On emploie aussi des affiloirs métalliques d'une trempe plus dure que celle des instruments tranchants.

AFFINAGE. Ce mot qui, dans son acception la plus générale, désigne l'action de purifier une substance quelconque, s'emploie d'une manière spéciale pour l'opération de l'épuration de l'or et de l'argent. Ce travail a pour but de rendre ces métaux parfaitement malléables en les séparant des matières étrangères qui en altèrent les qualités ; cette opération leur donne plus de ténacité et de ductilité et les rend susceptibles de former sous le marteau du batteur d'or ces feuilles si légères, et à la filière ces fils si déliés qui entrent dans la composition des étoffes les plus riches. — Plusieurs opérations successives sont nécessaires pour arriver à ce but ; il faut d'abord débarrasser les matières d'or et d'argent du cuivre, de l'étain et même du plomb qui s'y trouvent mélangés, afin qu'il ne reste plus qu'un alliage d'or et d'argent. On fait donc fondre le tout dans un creuset en y ajoutant du nitraté de potasse ; et l'on obtient par le refroidissement un culot d'or et d'argent qui se trouve au fond du creuset, après avoir enlevé les métaux étrangers qui sont au-dessus du bain métallique sous forme de scories. Cette opération se nomme la *poussée*. Le culot est ensuite de nouveau fondu et versé par petit filet dans de l'eau où il se réduit en grenaille. On traite cette grenaille par l'acide nitrique dans des vases de platine ; l'argent se dissout, et l'or reste au fond des vases sous forme de poussière ou de petites masses. On fait fondre cet or dans des creusets avec un peu de nitre, et l'on obtient ainsi ce que l'on nomme *or de départ*. L'or ainsi affiné contient cependant encore quelques parcelles d'argent, et l'argent, quelques parcelles d'or ; on les obtient parfaitement purs en substituant l'emploi de l'acide sulfurique à celui de l'acide nitrique. Cette méthode est due à M. Dezé, affineur des monnaies.

AFFINITÉ. Ce mot exprime la force en vertu de laquelle les molécules des corps s'attirent les unes les autres, et s'attachent entre elles d'une manière plus ou moins solide. Il ne faut pas confondre l'*affinité* avec la cohésion. (Voyez ce mot.) La cohésion est l'attraction qui s'exerce entre les parties de même espèce, tandis que l'affinité est celle qui a lieu entre les parties d'espèces différentes. — C'est donc la force qui tend à unir les atomes d'espèce différente, et cette force varie entre les divers corps. Par exemple un corps *A* n'a pas pour un corps *B* le même degré d'affinité que pour un corps *C*, d'où il résulte qu'il sera plus ou moins facile de séparer *A* de *B* que de le séparer de *C*, toutes les circonstances étant égales d'ailleurs. — L'affinité est modifiée dans ses résultats : 1° par la quantité relative des corps entre lesquels la combinaison a lieu ; 2° par les combinaisons dans lesquelles les corps peuvent être engagés; 5° par la chaleur, l'électricité des corps, leur densité, la pression , etc. — Si on met un corps simple *A* (voyez *Corps*) en contact avec un corps *B*, composé de deux autres corps *a* et *b*, ou l'action réciproque sera nulle, ce qui arrivera presque toujours si les corps sont solides, ou il s'opérera une action réciproque plus ou moins énergique, ce qui aura presque toujours lieu si les corps sont liquides, et alors le corps A se combinera avec les corps *a* et *b*, en formant un composé ternaire A+a+b (+ *veut dire plus*), ou s'unira avec chacun d'eux pour produire deux composés binaires A+a et A+b, ou bien s'emparera de l'un et isolera l'autre. Ainsi par exemple lorsqu'on plonge des lames de cuivre dans une dissolution d'argent par l'acide nitrique, ce dernier ayant plus d'affinité pour le cuivre que pour l'argent, abandonne celui-ci pour se combiner avec le cuivre; l'on a alors un nitrate de cuivre, et l'argent est mis à nu. L'affinité joue un rôle très important dans les opérations de la nature et dans celles de l'art. Sa puissance est incalculable et elle agit même sur les corps organisés. C'est par elle qu'on décompose et qu'on analyse les corps , et l'étude des phénomènes et des lois de l'affinité fait la base de la chimie. (Voyez *Chimie* et *Analyse chimique*.)

AFFINITÉ. Ce mot désigne aussi le lien qui unit un mari ou une femme aux parents de son conjoint. — On dit aussi qu'il y a affinité entre deux caractères, entre deux peuples d'un pays à l'autre, pour désigner des rapports intimes existant entre eux, et leur tendance à s'allier.

AFFIRMATION. En droit, c'est l'acte par lequel on affirme *avec serment* la vérité d'un fait. C'est un acte religieux considéré comme assez grave pour faire preuve en certain cas. L'affirmation, dans nos lois, n'est pas distincte du serment qu'elle suppose généralement.

— En logique, l'*affirmation* consiste à attribuer à une chose une qualité quelconque ou à admettre simplement qu'elle est. *La terre est ronde ; tous les hommes sont mortels*, sont des propositions affirmatives. Toutes les propositions dans lesquelles est renfermée l'affirmation se nomment aussi propositions positives. La *négation* en est le contraire. (Voyez ce mot.)

AFFLUENT. On donne ce nom à tout cours d'eau qui se décharge dans un fleuve et le grossit de ses eaux. L'affluent diffère du *confluent* qui est la réunion de deux fleuves se confondant en un seul à partir du point de jonction.

AFFRANCHISSEMENT. Affranchir un esclave, c'est le libérer de la servitude dans laquelle il se trouve, pour lui donner un état civil qui parfois est celui des autres citoyens, parfois un état mixte entre la liberté et l'esclavage. Le peuple de l'antiquité, chez lequel l'affranchissement joua le plus grand rôle, est le peuple romain. Dans les premiers siècles de la République, alors que le titre de citoyen romain avait une si haute valeur, l'affranchissement ayant pour but l'admission d'un nouveau membre dans la cité, était un acte public dans lequel comparaissaient avec solennité les trois parties intéressées à cet acte: l'esclave, le maître qui affranchissait, et la cité qui allait recevoir un nouveau citoyen et qui approuvait la demande qui lui était faite par l'entremise des magistrats. A dater du règne de Servius, lorsqu'un maître voulait affranchir son esclave, il le faisait inscrire comme homme libre, au moment du recensement quinquennal des citoyens, et du jour des cérémonies lustrales , l'inscrit devenait citoyen. Plus tard , Rome s'agrandissant par les conquêtes et le nombre des esclaves augmentant, les affranchissements devinrent plus fréquents; il suffit de déclarer l'esclave libre devant les conseils. L'affranchissement se donna aussi et très fréquemment par testament, ce fut même bientôt une habitude admise par la vanité des riches, de donner la liberté à un grand nombre d'esclaves au moment de leur décès, afin qu'une foule nombreuse d'hommes libres assistât à leurs funérailles. Sous le règne d'Auguste, on songea à imposer certaines règles , pour mettre un terme aux désordres qu'amenait la présence d'un grand nombre d'affranchis sans aveu, sans moyens d'existence. De nouvelles lois exigèrent : que l'esclave affranchi eût au moins trente ans, qu'il n'eût jamais commis une faute grave, et que son maître eût le domaine du droit civil ; il fut de même ordonné qu'on ne pourrait jamais affranchir plus de la moitié de ses esclaves, et que ce nombre ne pourrait dépasser cent. Ces lois furent abrogées par Justinien, et tous les modes d'affranchissement procurèrent la liberté pleine et le titre de citoyen. Quoique le souvenir de leur esclavage assignât toujours aux affranchis un rang infime dans la société, beaucoup d'entre eux luttèrent avec succès contre leur mauvaise fortune. Quelques-uns amassèrent par le commerce de grandes fortunes ; d'autres devinrent célèbres à divers titres. Térence était affranchi, et Horace fils d'affranchi. Des liens nombreux rattachaient les affranchis à leur patron, et beaucoup restaient, quoique libres, dans la famille ; ils captaient souvent sa confiance et devenaient les complaisants de ses débauchés ou les agents de son ambition. L'affranchi Narcisse fut le complice et peut-être l'instigateur des crimes de Néron. — Pendant le moyen-âge, dans ce nouveau monde qui succéda au monde romain, les règles fixes qui régissaient la matière des affranchissements disparurent comme tant d'autres. Ce furent alors des ordonnances royales qui décrétèrent des affranchissements en masse, et modifièrent l'esclavage. — Bientôt, toute la servitude imposée à l'esclave fut de payer à son maître une redevance consistant en grains, en bétail, en peaux, etc.; les noms mêmes changèrent, et les esclaves devinrent des *serfs* (de *servus*, serviteur). — L'affranchissement des individus prépara celui des *communes* (voyez ce mot) ; après une longue dépendance des seigneurs féodaux, les communes, enrichies par le commerce, et déjà émancipées par leurs lumières, obtinrent successivement leur exemption des droits seigneuriaux. C'est au temps des croisades surtout que l'affranchissement des communes devint général en Italie, en Allemagne et en d'autres pays. En France, les rois de la 3ᵉ race favorisèrent constamment les communes contre l'aristocratie qui les opprimait. Louis VI et saint Louis préparèrent leur affranchissement qui fut consommé sous Louis-le-Hutin. Le manque d'argent le força non seulement de favoriser l'abolition de la servitude, mais même d'ordonner aux serfs de se racheter. « Comme selon le droit de nature, dit-il dans son ordonnance de 1316, chacun doit être Franc, et que notre royaume est appelé le royaume des *Francs*, et voulant que la chose soit en vérité conforme au nom, ordonnons que généralement partout notre royaume, franchise soit donnée à bonnes et convenables conditions. » — Le droit de *main-morte* remplaça le servage ; il comprenait toutes les charges que le seigneur imposa aux serfs en les affranchissant de la servitude personnelle. Enfin la révolution arriva et fit justice de ce qui restait de l'ancienne servitude, en abolissant les dîmes, les corvées, etc. Le 4 août 1789 l'Assemblée nationale décréta l'égalité des impôts, le rachat des droits féodaux et l'abolition des justices seigneuriales. — L'esclavage règne encore de nos jours chez les Orientaux et dans plusieurs parties de l'Amérique et de l'Afrique. Dans la majeure partie de l'Europe orientale, on a changé seulement son nom en celui de servitude. Mais c'est surtout sur les malheureux nègres qu'il pèse dans toute sa rigueur ; arrachés à leur sol natal, pour être écrasés dans des pays lointains sous le poids des travaux, et pour enrichir de leurs sueurs d'impitoyables colons qui les achètent et les vendent comme les plus viles marchandises. (Voyez *Traite*.) — La loi confère aux nègres affranchis les mêmes droits et immunités qu'aux personnes nées libres, mais il n'en est pas ainsi en réalité. Au stigmate de l'esclavage se joint, pour les esclaves des colonies, une marque bien plus indélébile, la couleur de la peau. Le nègre affranchi a toujours l'épiderme noire et les cheveux crépus. Voyez *Esclavage* (abolition de l').

AFFRE (Denis-Auguste), archevêque de Paris, naquit à Saint-Rome de Tarn (Aveyron), le 28 septembre 1793. Après avoir fait ses études au collège de Saint-Affrique, M. Affre entra à Saint-Sulpice en 1808 et y demeura jusqu'en 1816. A cette époque il fut envoyé à Nantes, où il professa la philosophie pendant deux ans. De retour à Saint-Sulpice en 1818, il y fut ordonné prêtre le 16 mai de la même année et accepta la chaire de théologie dans cet établissement ecclésiastique. En 1821, il fut nommé grand-vicaire du diocèse de Luçon, et deux ans plus tard à celui d'Amiens, qu'il occupa pendant onze ans. Pendant ce temps il écrivit plusieurs ouvrages parmi lesquels nous citerons : l'*Essai historique et critique sur la suprématie temporelle des papes et de l'Église* (1829); ce livre, qui est une réfutation des doctrines de M. de Lamennais, est dirigé aussi contre les doctrines ultramontaines ; aussi fut-il vivement attaqué par le *Mémorial catholique*. En 1833, M. de Quélen appela M. Affre auprès de lui et l'attacha au diocèse de Paris à titre de grand-vicaire, et en 1839, le Chapitre métropolitain de Paris lui conféra la dignité de vicaire-général capitulaire. Enfin, en 1840 (26 mai), M. Affre fut nommé, par ordonnance royale, archevêque de Paris. Le pape confirma le choix du gouvernement, et le 6 août le nouvel archevêque fut sacré. A l'occasion de son avénement au siége de Paris, M. Affre publia une lettre pastorale qui reçut l'approbation universelle. Le nouveau prélat s'y attachait à prêcher la paix et la concorde, la fusion des opinions divisées, et à montrer le néant des ambitions de la terre : « Notre arrivée parmi vous, disait-il, sera comme celle de cet ancien prêtre d'Israël, comme lui nous ne venons ni gouverner ni troubler la cité, mais offrir une victime.... Pauvres exilés sur cette terre où germent tant de maux et qui est devenue la patrie de tant d'orages, ne nous disputons pas dans le chemin.... attachons-nous enfin, non à des rêves qui ne valent pas une heure de soucis, mais à Dieu et à la vérité qui demeurent éternellement. » M. Affre persévéra assez longtemps dans cette ligne d'excellente modération qu'il semblait s'être tracée, et improuva les premières attaques que les enfants perdus de l'ultramontanisme dirigèrent contre l'Université, mais enfin il se laissa entraîner par le courant, et au lieu de se placer en médiateur entre les partis, il entra résolument dans la croisade anti-universitaire. Au commencement de 1844, l'*Univers* publia une protestation dirigée contre le nouveau projet de loi relatif à l'instruction publique ; elle fut signée par M. l'archevêque de Paris et MM. les évêques ses suffragants. Depuis cette époque M. Affre ne cessa d'encourager la lutte de l'ultramontanisme qu'il avait autrefois combattu, contre l'esprit de notre époque. Cependant, soit par prudence, soit par esprit de conciliation, l'archevêque ne se montra pas hostile au gouvernement républicain qui, en 1848, s'établit sur les ruines de la monarchie. On peut même dire qu'il le seconda de tout son pouvoir jusqu'à ses derniers moments. Sa mort, arrivée le 27 juin 1848, lui a mérité la palme du martyr. Pendant ces affreuses journées où le sang français, versé par des mains fratricides, coulait à flots dans les rues de Paris, le vénérable pasteur allait porter la croix et le signe de la réconciliation au milieu du meurtre et du carnage. Arrivé à la place de la Bastille, il monta sur une barricade, portant un rameau en signe de paix, et suivi seulement de ses deux vicaires. Il avait à peine adressé quelques paroles pleines d'onction, lorsqu'un coup de feu parti on ne sait d'où renversa le vénérable prélat. Emporté sanglant à travers les barricades, une seule pensée, un seul

vœu, sortit de ses lèvres : « *Que mon sang soit le dernier versé,* » s'écriait le martyr. Après deux jours de cruelles souffrances, le pasteur mourut plein de calme et de courage, implorant le pardon pour ses meurtriers.

AFFRÉTEMENT. Ce terme de commerce maritime désigne le marché en vertu duquel on loue un bâtiment marchand tout entier, pour le transport de marchandises, de troupes, etc. Il est synonyme de *nolissement.* (Voyez ce mot.)

AFFUT, espèce de chasse qui consiste à attendre le gibier à la sortie du bois pour le tirer. On entend par affût l'endroit où l'on se poste pour attendre le gibier ; de là l'expression proverbiale et figurée : *être à l'affût*, pour guetter, épier l'occasion de faire quelque chose.

Affût. Ce nom s'applique également à une espèce de train ou voiture sur lequel on place les canons pour les manœuvrer. L'affût éprouve des modifications selon qu'il supporte des pièces de campagne, de place, de siége ou de marine. (Voyez *Canon.*)

AFGHANISTAN, pays des Afghans. Il est borné au nord par les monts Hindou-Kousch et Paropamisus ; à l'est par l'Indus et le mont Salomon ; au sud par la vallée de Bolahn et les montagnes qui bordent le Sivistan, et à l'ouest, du côté de l'Iran, par le grand désert. C'est un pays élevé, formé de grandes vallées et de plateaux d'une vaste étendue. Le fleuve principal est l'Indus. Le climat est sec et salubre, et le sol, en général, très fertile. L'Afghanistan est compris entre les 58° et 69° de long. orient. et les 28° et 35° de latitude nord. Les principaux produits sont l'argent, le fer, le plomb, l'antimoine, le soufre, le sel gemme, l'alun, le lapis lazuli, etc.; des chevaux, des ânes, des chameaux, du bétail. Le sol produit du maïs, du froment, du tabac, de la garance et des fruits délicieux. Au nombre des villes importantes de cette contrée, nous citerons Caboul qui en est la capitale ; Ghizni, Candahar, riche par son commerce et ses fabriques, Siva, etc. — La population que les géographes estiment à 12 millions, se compose d'Afghans, de Hindous, de Tatars et Belloudches, répartis dans de nombreuses tribus. On y professe généralement l'islamisme. Le trône est héréditaire, mais le pouvoir absolu du souverain est tempéré par celui des chefs de tribus. — Le peuple afghan est très belliqueux, indépendant par caractère et par habitude, vindicatif et un peu adonné au brigandage, mais il passe pour brave, franc et hospitalier. — Les Afghans se disent descendants d'Afghan, prétendu petit-fils de Saül, roi des Hébreux. Ils suivirent

d'abord la religion de Zoroastre; mais en 997 leur pays fut conquis par un chef tatar, et bientôt après ils embrassèrent l'islamisme auquel ils sont restés fidèles. Djenghis-Khan et Tamerlan soumirent ensuite leurs provinces, mais les habitants des montagnes conservèrent leur indépendance. Différentes dynasties se succédèrent jusqu'à Baber, l'un des descendants de Timour, qui établit sa capitale à Caboul. Au XVIIIe siècle, les Afghans reprirent un moment leur indépendance et fondèrent un puissant royaume; Ahmed-Chah établit le siége de la monarchie à Candahar et s'agrandit aux dépens de l'Inde et de la Perse. Son fils, Timour-Chah, lui succéda en 1773 et repoussa les attaques que les Sykes commençaient à entreprendre. Zéman lui succéda en 1793, mais il fut bientôt détrôné et mis à mort par son frère Mahmoud, aidé par les intrigues et les conseils de son ministre, Jethah-Khan. Celui-ci, en 1819, parvint à renverser Mahmoud du trône et conserva le pouvoir jusqu'en 1826, époque à laquelle il perdit la vie dans un combat contre les Perses. Ses deux fils se partagèrent le royaume; mais affaiblis par les dissensions intestines, ils ne régnèrent que sous le bon plaisir de Runjet-Sing, roi de Lahore, auquel ils furent forcés de payer un tribut. L'influence anglaise, qui s'était étendue sur toute la contrée, cherchait cependant à empêcher, autant que possible, ces nations de s'affaiblir entre elles, dans le but de maintenir une ligue puissante contre les envahissements de la Russie. Mais en 1836, le roi de Perse, encouragé par cette puissance, renouvela d'anciennes prétentions sur la ville d'Hérat et tenta de s'en emparer. D'un autre côté, Dost Mohammed, roi de Caboul, demanda des secours à la Perse contre le roi de Lahore, allié de la Grande-Bretagne, et l'Angleterre, craignant pour son influence qui commençait à baisser devant la puissance russe, résolut de frapper un grand coup. Accusant le roi de Caboul et celui de Perse d'attaques contre un allié de l'Angleterre, et prétendant, d'ailleurs, que Dost Mohammed, fils de Jethah-Khan, n'était qu'un usurpateur, elle porta la guerre au cœur de l'Afghanistan. Après avoir soumis sur sa route le Sindy, l'armée entra à Candahar le 24 avril 1839: trois mois après Ghizni était enlevé, et, le 7 août, Caboul tombait en son pouvoir. Dost

Mohammed, ne pouvant défendre la place, chercha un refuge dans les montagnes du Nozarch, et Chah-Soudjah, frère de Mahmoud, fut replacé sur le trône de ses pères. Mais bientôt la lutte s'engagea de nouveau entre le roi détrôné et Chah-Soudjah. Le 21 novembre 1841, une révolte éclata et les Anglais furent massacrés. Enfin un traité intervint entre le major Pottinguer et Akbar-Kan, un des fils de Dost Mohammed, pour assurer la retraite de l'armée anglaise; mais au mépris des conventions, celle-ci fut attaquée et un horrible massacre eut lieu, dans lequel périrent près de 5,000 hommes. Chah-Soudjah fut tué quelque temps après. Ces terribles événements consternèrent les Anglais qui se préparèrent à en tirer une vengeance éclatante; en effet, l'armée d'occupation fut augmentée, et les Afghans battus de toutes parts. Caboul, Istalif, Djellabad, furent livrés aux flammes et leurs habitants passés au fil de l'épée. Les Afghans sollicitèrent la paix que les Anglais leur accordèrent; mais cette guerre, qui avait commencé par la fraude et le mensonge, et qui finit par des actes d'une cruauté inouïe, sera à jamais une tache pour l'Angleterre.

AFRICANUS *Julius* (Jules Africain), historien né en Palestine, se convertit au christianisme vers l'an 231. Il fit, en grec, une chronographie qui embrassait toute l'histoire, depuis Adam jusqu'au règne d'Héliogabale. Il n'en reste que quelques fragments conservés par Eusèbe et plusieurs Pères de l'Eglise. On a de lui une *lettre à Aristide*, où il cherche à concilier saint Matthieu et saint Luc au sujet de la généalogie de Jésus-Christ.

AFRIQUE Les anciens n'appliquaient ce nom qu'au territoire occupé par les États de Tunis et de Tripoli, qui formait autrefois celui de la république de Carthage.—Les Égyptiens appelaient Libye toute l'Afrique à l'occident de l'Égypte. C'est le poète Ennius qui, le premier, employa le nom de *Africa*, en latin. — L'Afrique est double de l'Europe en étendue; elle ne tient à l'Arabie que par un isthme (celui de Suez), et est de toutes parts entourée par la mer. — SA POSITION ASTRONOMIQUE est comprise entre 19° long. occid. et 49° long. orient., et entre 38° lat. boréale et 35° australe. — Sa plus grande longueur, depuis le cap Bugaroni, dans l'Algérie, jusqu'au cap des Aiguilles, dans l'Afrique australe, est de 8,110 kilom. Sa plus grande largeur, depuis le cap Vert jusqu'aux environs du cap Calmez, sur la mer Rouge, est de 5,870 kilom. — Ses limites sont, au *nord*, le détroit de Gibraltar et la mer Méditerranée; à l'*est*, la Mer-Rouge, le Bab-el-Mandeb et l'Océan indien; au *sud*, l'Océan austral, et à l'*ouest*, l'Océan atlantique. — Les eaux qui entourent l'Afrique lui sont communes avec l'Europe et l'Asie, la Méditerranée n'étant qu'une branche de l'Océan atlantique. Quant à la mer Rouge, ce n'est, à proprement parler, qu'un golfe, que les géographes nomment depuis quelque temps golfe *Arabique*. — Les géographes modernes divisent l'Afrique en seize contrées; au nord la *Barbarie* qui comprend

l'Algérie, le Maroc et les tribus barbaresques; l'*Egypte*, le *Sahara* ou *Grand-Désert*. Au centre la *Sénégambie*, la *Guinée septentrionale*, la *Nigritie* ou *Soudan*; la *Nubie*, l'*Abyssinie*, l'*Ajan*. Au midi la *Guinée méridionale*, la *Hottentotie*, la *Cafrerie*, le *Monomotapa*, le *Mozambique*, le *Zanguebar*; et, dans l'intérieur, une vaste contrée totalement inconnue. — Outre le *golfe Arabique* et celui de *Suez* qui en est une subdivision, on remarque le golfe d'*Aden*, entre l'Arabie et l'Abyssinie; ce n'est proprement que la partie antérieure du golfe Arabique; le golfe de *Bénin*, sur la côte de Guinée; le grand golfe de Guinée, le golfe de Sidre, dans le ci-devant État de Tripoli, et celui de *Cabes*, dans la régence de Tunis. Mais si l'Afrique a peu de golfes, elle offre plusieurs vastes baies: celle de *Sofala* est un des plus beaux ports de l'Afrique australe; la *False-Bay* (fausse baie), à l'est du cap de Bonne-Espérance; la *baie de Lagóa*, sur la côte orientale; celle de *Saint-Ambroise*. — DÉTROITS. L'Afrique n'en a que deux; celui de *Bab-el-Mandeb*, qui, séparant l'Asie de l'Afrique, forme la communication entre le golfe Arabique (mer Rouge) et celui d'Aden; l'autre est le *détroit de Gibraltar*, qui sépare l'Afrique de l'Europe. Le prétendu détroit de Mozambique n'est qu'un bras de mer. — CAPS. Les plus remarquables sont, sur la côte nord-ouest: le cap *Spartel*, sur l'Océan atlantique, à l'entrée du détroit de Gibraltar; le cap *Bon*, près de Bizerte, dans la régence de Tunis. C'est le plus septentrional de toute l'Afrique. — Sur la côte occidentale et sur l'Océan atlantique on trouve: les caps *Noun*, *Bojador*, près d'Arguin, sur la côte du Sahara; le cap *Vert*, dans la Sénégambie, les caps de *Las-Palmas*, *Formoso* et *Lopez*, dans la Guinée; le cap *Negro*, dans le Congo; le cap de *Bonne-Espérance*, dans l'Afrique australe et occidentale, et le cap des *Aiguilles*, qui est le point le plus austral de toute l'Afrique. — Le long de la côte orientale et sur l'Océan indien se trouvent: les caps *Correntes* et *Delgado*, dans l'Afrique portugaise; le cap d'*Orfui* et le cap *Gardafui*, tous deux situés dans le pays de Somaulis. Sur la mer Rouge se trouve le cap *Calmez*, dans la Nubie. — FLEUVES. L'hydrographie de l'Afrique est très incomplète, et l'on ne connaît encore le cours entier d'aucun de ses plus grands fleuves. A l'égard du Nil, nous sommes aussi peu avancés que les anciens Égyptiens, une seule de ses sources est connue avec précision. Cependant, deux savants officiers français, MM. Galinier et Ferret, viennent d'établir d'une manière incontestable que le Kordofan et l'Abyssinie tout entière renferment les sources dont est formé le Nil. Les plus grands fleuves de l'Afrique débouchent dans les trois mers suivantes : la mer Méditerranée reçoit le *Nil;* l'Océan atlantique reçoit le *Sénégal* et la *Gambie,* le *Dialiba, Quorra* ou *Niger,* qui traverse une grande partie de la Nigritie centrale (Soudan et Guinée), le *Couango* (Congo), et la *Couanza,* qui arrosent

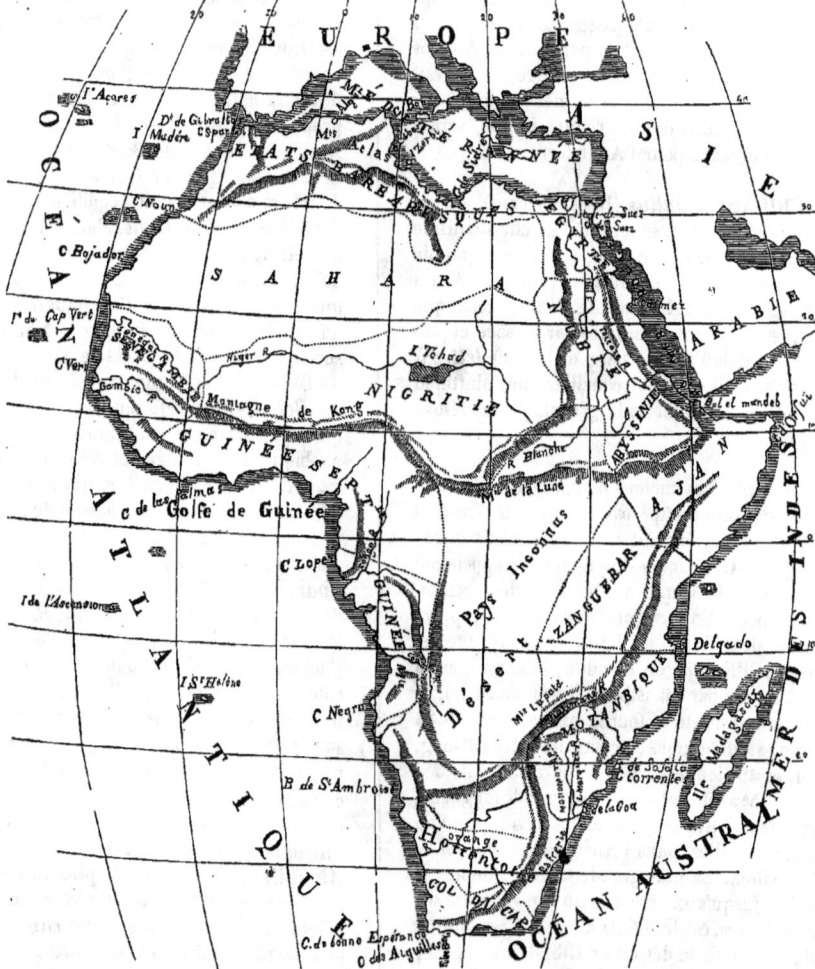

la Nigritie méridionale (Congo), et l'*Orange,* qui parcourt l'Hottentotie, dans l'Afrique australe. — Les principaux fleuves qui débouchent dans l'Océan indien sont: le *Zambèze,* le *Livouma,* le *Loffih,* l'*Ozy,* le *Pangany* et le *Jubo* ou *Webi,* qui traversent d'immenses espaces dans des contrées presque entièrement inconnues de l'Afrique orientale; ils ont leurs embouchures sur les côtes de Mozambique et de Zanguebar. Le cours de presque tous ces fleuves est encore conjectural. — Le lac *Tchad,* dans la Nigritie centrale, est le plus grand de tous les lacs connus de l'Afrique dont il occupe presque le centre; il est rempli d'îles habitées par les féroces Biddoumahs. Viennent ensuite le lac *Djebou*, traversé par le Djoliba ; le lac *Kouffona* (lac mort), le lac *Zivoua* où *Nassa*, qui est semé d'îles ; le lac *Dembéa* en Abyssinie, et le *Berket-el-Kéroun* en Égypte ; ce dernier est la cunette du célèbre lac *Mœris*, que le savant Jomard a prouvé être l'ouvrage de la nature et non celui des hommes. Dans l'Algérie se trouvent le lac *Fistré*, le *Sébyah*, au sud d'Oran ; le *Loudéah*, dans l'État de Tunis ; le lac *Assal* est remarquable par la grande dépression du niveau de ses eaux, qui, selon le docteur Bèke, serait de 252 mètres au-dessous de celui de l'Océan.— ILES. Le contour peu interrompu des côtes de l'Afrique offre moins d'îles que les autres grandes divisions du globe. Les principales sont : dans la Méditerranée l'île *Zerbi* qui appartient à Tunis ; c'est la plus considérable de toutes. Viennent ensuite *Pantellaria*, qui dépend de la Sicile, et *Tabarca*, que le bey de Tunis a cédée à la France, et où se fait la pêche du corail. — DANS L'OCÉAN ATLANTIQUE, sont : le *groupe de Madère* et l'*archipel de Cap-Vert*, dans l'Afrique portugaise ; l'*archipel des Canaries*, dans l'Afrique espagnole ; l'*île Gorée*, dans l'Afrique française. Viennent ensuite l'*archipel des Bissagos*, vis-à-vis l'embouchure du Geba et du Rio-Grande. L'île de *Boulama*, où les Anglais firent un établissement en 1792 ; celle de *Chebro*, la plus étendue de la Guinée occidentale, et dont les habitants ont conservé leur indépendance. Les îles de l'*Ascension* et de *Sainte-Hélène* appartiennent aux Anglais. Les îles africaines de l'Océan austral sont toutes très petites. — L'Océan indien offre un vaste assemblage d'îles appartenant géographiquement à l'Afrique, et que les géographes anglais ont nommé *Archipel* éthiopien, nom auquel Balbi, avec raison, propose de substituer celui d'*archipel de Madagascar*. Cet archipel sera décrit à l'article MADAGASCAR. Parmi les îles assez nombreuses de la mer Rouge, l'île *Dahlac* est la plus grande de toutes ; jadis très florissante, elle n'est aujourd'hui habitée que par de pauvres pêcheurs. — MONTAGNES. L'orographie de l'Afrique n'offre encore, à quelques exceptions près, que des données incomplètes, vagues et incertaines sur la direction des diverses chaînes, leur élévation, etc. Balbi les range provisoirement en quatre grandes divisions qu'il nomme : *système atlantique,* — *abyssinien,* — *austral,* — et *nigritien* ou *central.* Nous nous bornerons à donner le tableau des points culminants de ces systèmes.

TABLEAU *des points culminants au-dessus du niveau de la mer.*

	Mètres.
SYSTÈME ATLANTIQUE *Chaîne du grand Atlas.*	
Points culminants (Maroc) (4) . . .	4,288
SYSTÈME ABYSSINIEN. *Chaîne du Sémen ou Montagnes de la Lune.*	
Le mont Detjem (5).	4,610
Le mont Taranta (2)	2,376
SYSTÈME NIGRITIEN.	
Groupe sénégambien. — Sierra-Leone	840
Groupe austral. —Mont Zambi (6).	4,791
Groupe du Congo.—Mont Muria(7).	5,067
SYSTÈME AUSTRAL.	
Monts Neuweld.—(Afrique anglaise)	3,118
Montagne de la Table au Cap (1). . .	1,086
SYSTÈMES INSULAIRES.	
Iles Canaries.— Pic de Ténériffe (3).	3,719
— *du Cap-Vert.* — L'île de Fer. .	2,686

La majeure partie de l'Afrique n'étant qu'une succession de hautes terrasses étagées les unes sur les autres, cette partie du globe offre nécessairement un grand nombre de vallées. Celle du Nil est, selon Balbi, la plus longue du globe. Il en existe plusieurs autres moins étendues dans le Maroc, l'Algérie, la Nigritie, etc. — VOLCANS. Le continent africain n'offre que deux volcans en activité : celui d'Ankober, en Abyssinie, et le *Moulandou-Zambi* (mont des âmes), situé dans le Congo, entre les royaumes d'Angola et de Benguela. Les îles voisines du continent africain en offrent plusieurs, dont les principaux sont : le *pic de Ténériffe*, celui de *la Corona*, de l'île Lanzarota dans l'archipel des Canaries; le *pic de l'île de Feu* (Fogo), dans l'archipel de Cap-Vert. M. Daussy a fait connaître un *volcan sous-marin*, situé presque sous l'équateur (22' sud), au milieu de l'Océan atlantique, au N.-N.-O. de l'île de l'Ascension. — DÉSERTS. Les vastes déserts qui occupent une si grande partie de l'Afrique offrent aussi les plaines les plus étendues. Le *Sahara* occupe, sous différentes dénominations, la majeure partie de la région du Maghreb (occident), se prolonge bien avant dans celle du Nil, et même, en quelques parties, au-delà de la Nigritie. Par la nature sablonneuse du sol, le Sahara s'échauffe pendant le jour jusqu'à 50 et 60° du thermomètre centigrade. D'autres déserts moins vastes s'étendent entre le Nil et la mer Rouge. Celui d'*Angad* occupe la partie occidentale de l'Algérie.

Les *Karrous*, dans le pays des Hottentots, offrent le contraste d'oasis de belle végétation pendant la saison pluvieuse, et de déserts arides pendant la saison sèche. — On peut attribuer l'existence de ces immenses déserts de sables à deux causes principales : la démolition progressive des montagnes et l'écoulement de grands lacs. Malte-Brun et plusieurs géologues pensent qu'une grande partie du Sahara fut autrefois occupée par plusieurs lacs qui finirent par disparaître, laissant le sol couvert de coquillages, et en plusieurs localités de sel marin et de fossiles fluviatiles. On peut évaluer l'étendue du grand désert ou Sahara à 1,100 lieues de l'est à l'ouest et 400 de largeur vers le cinquième méridien oriental. — SUPERFICIE. La surface de l'Afrique peut être évaluée, en nombres ronds, à 29,149,519 kilomètres carrés. — CLIMAT. L'Afrique est, de toutes les parties du globe, celle dans laquelle la température se maintient à un degré plus élevé; cela est dû au concours de plusieurs causes. Placée, dans sa plus grande étendue, entre les tropiques, sous la zone torride, renfermant d'immenses plaines de sable brûlant, dépourvue de grandes masses d'eaux intérieures, trop éloignée dans sa partie centrale des mers qui la ceignent, l'Afrique, excepté sur ses côtes septentrionales et australes, près des montagnes, des plateaux élevés et des grands lacs, n'est rafraîchie que par les pluies périodiques qui partagent l'année en deux saisons, celle des pluies et la saison sèche.

Des vents réguliers y répondent; ils soufflent sur les côtes orientales de l'Afrique du nord-est pendant une moitié de l'année (d'octobre en février), et du sud-ouest pendant l'autre moitié (d'avril à août). Sur toute la côte occidentale, les vents soufflent du sud-ouest et du nord-ouest avec la même constance et régularité, et amènent également la pluie et la sécheresse. Les pluies diluviales font déborder les rivières, et le limon qu'elles déposent féconde le sol; mais l'air humide et chaud et les eaux stagnantes engendrent des fièvres épidémiques et autres maladies très dangereuses. Sur les côtes, des montagnes, quoique peu élevées, offrent un séjour exempt de cet inconvénient pendant la saison humide, et jouissent d'une température plus tempérée pendant les fortes chaleurs. Dans les régions intertropicales, et surtout dans la proximité des déserts, le thermomètre de Réaumur monte à 45° et même à 50° pendant le jour à l'ombre. Il est vrai qu'il baisse beaucoup la nuit, dont la longueur égale à celle du jour mitige l'action intense du soleil. L'Atlas et les montagnes du Semen se couvrent de glaces. — Ce qui frappe l'observateur dans la constitution géologique de l'Afrique, c'est le peu d'élévation des montagnes, la presque totale absence des volcans, le peu de lacs et de fleuves et la prédominance des déserts sablonneux. Dans toutes les chaînes de montagnes de l'Afrique, on a reconnu la base granitique, avec les porphyres, le gneiss, le micaschiste, le quartz, le calcaire primitif, etc. Les grès surtout abondent. Le sel se trouve soit en couches, soit dissous dans les eaux de quelques lacs, particulièrement dans l'Afrique septentrionale. On rencontre sur plusieurs chaînes, des basaltes, des roches trapéennes. La plupart des caps de la côte occidentale sont basaltiques. — Le continent Africain possède en abondance des mines de fer, de cuivre et d'or; ces dernières se trouvent surtout dans le Ouankarah dans l'ouest, et dans le pays de Sofalah dans l'est, que les Arabes nomment *Beled-el-Tebr* (pays de l'or). Des pierres précieuses, les émeraudes et le diamant se rencontrent dans le Congo, la région du Nil et ailleurs. — La chaleur et l'humidité réunies, jointes à la richesse du sol partout où il n'est pas couvert de sables, donnent naissance à la plus vigoureuse végétation dans chaque zone de l'Afrique. — Dans la Barbarie, croissent les oliviers, les orangers, le ricin, le dattier; plus au sud, on trouve le *lotus*, si abondant dans cette contrée, que les peuples anciens se nourrissaient exclusivement de son fruit, et avaient reçu le nom de *lotophages*. Le poivre, le tabac, le cotonnier, l'indigotier, l'arbre à séné, abondent dans le Soudan, la Sénégambie et la Guinée. Les forêts sont formées d'arbres d'espèces variées. Plusieurs sortes de palmiers croissent en grand nombre sur les rives du Sénégal et de la Gambie. Diverses sortes de gommiers y forment des forêts entières. Nous citerons encore le *baobab*, ce colosse du règne végétal. Les plantes alimentaires les plus généralement cultivées sont le maïs, la cassave, le millet, le sorgho, le sarrasin, une espèce de haricot et quelques autres légumes. Le limonier, le bananier, le papayer, le tamarinier, donnent d'excellents fruits, et le *raphia vinifera* fournit le fameux vin de palmier. — Sous le rapport zoologique, l'Afrique est également riche. Dans toute la partie centrale et boréale errent le lion, la panthère, les chacals, les hyènes, les gazelles et diverses espèces d'antilopes ; le chameau à une bosse dont les caravanes peuplent le désert. Plus loin apparaissent les éléphants, les rhinocéros, l'immense girafe, l'informe hippopotame, le zèbre, etc. ; les forêts sont remplies de singes de diverses espèces. Parmi les oiseaux, nous citerons l'autruche, le secrétaire qui détruit les reptiles, les vautours, les griffons, les aigles, les pigargues, les éperviers, les faucons et autres oiseaux de proie. Puis les couroucous et les touracos au plumage éclatant, les calaos, les coucous, les indicateurs ; d'innombrables espèces de perroquets et de perruches, et de passereaux de toute sorte, tels que les bengalis et les sénégalis de toutes couleurs. Puis encore ce sont les outardes, les grues, les marabouts, les cigognes et les spatules, les anhingas, les grèbes, les cormorans, les pélicans, les albatros ; plusieurs espèces de canards et d'oies, les pintades, les colins, les perdrix et les gangas. Au nombre des reptiles sont ces énormes crocodiles, jadis adorés par les Égyptiens, les pythons, le céraste, le naja; puis ces immenses tortues franches, des lézards variés, des geckos, le singulier caméléon, etc. — Parmi les poissons des eaux douces, citons le gigantesque bichir, les coffres, les pimelades, etc. — Les coquillages sont très nombreux et des plus variés. Quant aux insectes de l'Afrique, ils sont en si grand nombre et si variés qu'un volume suffirait à peine pour en dresser le catalogue. — ETHNOGRAPHIE. L'Afrique est habitée par un grand nombre de nations indigènes. Nous proposant de traiter à fond l'importante question des races humaines dans un article spécial (*Races humaines*), nous nous contenterons d'offrir ici un aperçu rapide des races africaines. — Si l'on considère la race arabique et les races araméennes ou assy-

riennes comme étrangères à l'Afrique, ce qui nous paraît fondé, on trouve sur ce vaste continent trois races caractérisées par la conformation très différente du crâne et de la face, indépendamment de la couleur de la peau et de la nature des cheveux, laineux, crépus ou soyeux et lisses. En prenant donc l'angle facial pour base, on peut réduire à deux types toutes les races indigènes africaines, dont chacune a un grand nombre de variétés résultant des croisements avec des peuples étrangers, et de l'effet de causes dont la nature est encore peu connue. La race à visage ovale, à angle facial très ouvert, au nez aquilin, aux membres bien conformés, aux cheveux longs et noirs, aux lèvres minces, offre les traits caractéristiques des anciens Égyptiens, tels qu'on les voit sculptés et peints sur les monuments, et tels que nous les présentent la plupart des momies. Cette race a tous les caractères de la caucasienne; elle ne se distingue des peuples européens que par le teint plus foncé, la lèvre supérieure un peu plus grosse que l'inférieure, et surtout par la position des oreilles, placées plus haut. Cette race a presque disparu par le croisement avec les Arabes, les Nubiens, etc. Les Berbères, qui paraissent descendre des anciens Atlantes, les Maures, les Nubiens noirs, aux cheveux lisses ou crépus, et autres peuples noirs du Soudan, au teint variant du noir de jais au gris de fer et au cuivré, ont les mêmes caractères de tête, plus ou moins parfaits. — Le second type africain, et celui-ci est indubitablement originaire de cette contrée, est la race appelée vulgairement *nègre*, à cheveux crépus, aux grosses lèvres, aux pommettes saillantes, au front étroit, au crâne très épais et très dur, aux pieds longs. Quant au teint, il varie depuis le plus noir jusqu'au cuivré, et ce ne sont point les plus noirs qui offrent les formes de la face les plus laides et les plus rapprochées du singe. Par exemple, les Ouolofs, qui ont le teint le plus noir de tous les nègres, sont ceux qui ont le nez le moins épaté. Dans toute cette race, l'angle facial est plus petit, et elle se distingue par une grande perfection dans tout ce qui tient aux fonctions animales. Elle présente de nombreuses variétés, des cheveux crépus aux cheveux presque lisses et d'une certaine longueur. Cette race est très robuste, atteint souvent un âge très avancé, et on y voit beaucoup d'individus d'une haute taille, peut-être plus élevée que celle des peuples blancs ou noirs africains à face ovale et à cheveux lisses. Cette race est la plus nombreuse de toutes celles qui habitent l'Afrique, et a tous les caractères d'une espèce primitive. Les Cafres

en sont une variété. Les Bojesmans ou Hottentots, et les autres variétés semblables, que nous
regardons comme des sous-races de la précédente,
chez lesquelles l'angle facial se rapproche plus
de celui du singe que de l'Européen, sont inférieures en intelligence. Leur taille est plus petite, et ils ont la figure hideuse. — HISTOIRE.
Parmi les peuples anciens de l'Afrique, les Egyptiens avaient seuls, au dire des historiens grecs,
des annales d'une haute antiquité, dont il ne
nous reste malheureusement que de faibles débris. (Voyez *Egypte.*) D'après les traditions
égyptiennes, la Méditerranée communiquait jadis
à l'Océan par une autre voie, celle où sont aujourd'hui les landes et les lagunes de la Gascogne et du Languedoc, avant le cataclysme qui
rompit le détroit de Gibraltar et sépara l'Espagne
de l'Afrique. Voilà à quoi se réduisent les principales traditions. Quant aux événements politiques, ils appartiennent à l'histoire de l'*Égypte*,
de *Carthage*, de l'*Empire romain*, de l'*Arabie*
et de l'*Espagne*. (Voyez ces mots.) — Des témoignages irrécusables prouvent que les navigateurs tyriens et carthaginois explorèrent les côtes
de l'Afrique et en firent même la circumnavigation. Le Carthaginois Hannon avait, au dire de
Pline, franchi l'Océan depuis le détroit de Gadès
(Cadix) jusqu'aux confins de l'Arabie. Les Romains firent plusieurs expéditions dans l'intérieur de l'Afrique, mais il est impossible de préciser les points jusqu'où ils ont pénétré. Mais de
tous les peuples, anciens et modernes, aucun n'a
eu des notions aussi exactes sur l'intérieur de
l'Afrique que les Arabes. Et nous-mêmes ne

sommes pas encore assez avancés pour retrouver
tous les points dont ils parlent. Les découvertes
des Européens furent très tardives; après plusieurs petites expéditions sur les côtes et dans
l'intérieur, Barthélemy Diaz atteignit, en 1483,
le cap des Tourmentes ou cap de Bonne-Espérance. Quatorze ans après, Vasco de Gama le
doubla pour se rendre dans l'Inde. — Les Portugais, les Français, les Anglais et les Hollandais ont, par les établissements qu'ils ont formés
sur différents points de la côte d'Afrique, contribué à faire mieux connaître cette partie du monde;
mais le voile qui couvre l'intérieur n'a pas encore été soulevé. Plusieurs voyageurs ont essayé
d'y pénétrer par différentes voies. Ledyard, Hor-
nemann, Ritchie, Hanghton, Mungo, Park, Tuc-
key et beaucoup d'autres ont péri victimes de
leur zèle. Quelques-uns, plus heureux, ont revu
l'Europe, mais sans avoir pu pénétrer bien avant.
Tous ces renseignements sont loin de pouvoir
fixer les incertitudes des géographes, et ne font
qu'exciter la curiosité sur tout ce qui touche cette
contrée.

AGA ou **AGHA**, nom que donnent les Turcs
au commandant d'une troupe; il y a des agas
des *sphahi* et des *silihdar*, c'est-à-dire de la cavalerie et de l'infanterie.
Le chef des eunuques noirs et celui des eunuques blancs portent aussi le titre d'aga.

AGAME, genre de reptiles de la famille des
iguaniens et dont le caractère distinctif est d'a-
voir le palais lisse et sans dents. — Les agames
ont les formes générales des lézards; mais ils
en diffèrent par les caractères propres à tous les
iguaniens. Ils ont le corps et la queue couverts
de petites écailles rhomboïdales, imbriquées: tout
le long du dos règne une rangée d'épines ou
plutôt d'écailles redressées et pointues. Leur tête
est large et couverte de plaques, leurs mâchoires
fortes et armées de dents triangulaires; la peau
de la gorge et des flancs est lâche et plissée en
travers; et lorsque ces animaux sont irrités cette
peau se gonfle et ils font entendre un sifflement
aigu. Les agames habitent de préférence les
lieux arides et sablonneux, se cachent sous les
pierres ou dans de petits terriers peu profonds.
Ils ont beaucoup de vivacité, et, quoique de petite
taille, sont très courageux et se défendent même
contre l'homme; mais c'est à tort qu'on les a
prétendus venimeux; leur morsure n'est pas plus
dangereuse que celle de nos lézards. La femelle
pond et dépose dans le sable de vingt-cinq à
trente œufs de la grosseur d'un pois, qu'elle

abandonne sans en prendre aucun soin. Quelques espèces ont, comme le caméléon, la faculté singulière de changer brusquement de couleur, suivant les passions qui les agitent. Leur taille est celle de nos lézards. On en connaît douze à quinze espèces qui presque toutes habitent les Indes orientales et l'Afrique. L'une d'elles, l'*agame ocellé*, qui atteint jusqu'à quatre décimètres de longueur, est d'un brun verdâtre, avec des taches jaunes arrondies et bordées de noir sous le ventre ; sa mâchoire inférieure est garnie en dessous d'une série d'épines qui lui ont fait donner le nom latin de *barbata*. Elle vient de l'Australie.

AGAMEMNON, roi d'Argos et de Mycènes, était petit-fils du fameux Pélops, fils de Plistène et frère de Ménélas. Thyeste, son oncle, s'étant emparé d'Argos, Tyndare, roi de Sparte, l'aida à recouvrer son royaume et lui donna en mariage sa fille Clytemnestre dont il eut deux filles et un fils qui fut Oreste. Lorsque les Grecs se préparèrent à venger l'outrage fait à Ménélas par l'enlèvement d'Hélène, Agamemnon fut nommé généralissime. Retenu en Aulide par les vents contraires, il obéit à l'oracle en sacrifiant sa fille Iphigénie. Après la guerre de Troie, il devint éperdûment amoureux de Cassandre, fille de Priam, qui lui prédit qu'il périrait s'il rentrait dans ses États. Mais Agamemnon ne tint aucun compte de cette prédiction, et revint à Argos accompagné de sa belle prisonnière. En son absence, Clytemnestre s'était laissé séduire par Egisthe, fils de Thyeste, qui, pour venger son père, poignarda Agamemnon, l'an 1183 av. J.-C.

AGAMI, *psophia* (du grec *psopheo*, faire du bruit), genre d'oiseaux de l'ordre des échassiers, placé par Cuvier en tête de sa tribu des grues. Ces oiseaux ont le bec droit, se rapprochant de celui des gallinacés ; le tour des yeux nu, les tarses longs et grêles, trois doigts devant, dont les deux externes réunis par une petite palmure et un derrière. Les ailes sont arrondies, concaves, à rémiges courtes, très étagées, la queue est courte. L'espèce la plus connue est l'*agami trompette* (*psophia crepitans*, L.), qui se trouve à la Guyane ; elle est de la grosseur d'un faisan, mais élevée sur pattes comme les grues ; son plumage est noirâtre avec de brillants reflets verts et violets sur la poitrine ; ses yeux sont entourés d'un cercle rouge, et son bec recourbé en pointe est de couleur jaunâtre. L'agami doit son nom d'*oiseau trompette* à la faculté qu'il a de faire entendre, assez fréquemment,

un son sourd et prolongé, sans ouvrir le bec ; ce bruit semble provenir de la trachée-artère, et a assez d'analogie avec la voix interne des ventriloques. A l'état sauvage, les agamis vivent en troupes nombreuses, dans les forêts montagneuses, où ils se nourrissent d'insectes, de graines et de fruits sauvages. Comme tous les oiseaux à ailes courtes, leur vol est lourd et bas, mais leur course est légère et rapide. Ils perchent sur les arbres peu élevés et creusent au pied de ceux-ci des trous peu profonds qui leur servent de nid, et dans lesquels ils pondent deux ou trois fois par an de 10 à 15 œufs d'un vert clair, un peu plus gros que les œufs de poule. Leur chair est, dit-on, d'un goût assez agréable chez les jeunes, mais elle devient fort dure chez les vieux individus.

L'agami s'apprivoise très facilement et paraît susceptible d'un grand attachement pour son maître. Il est même très jaloux des autres animaux domestiques et leur livre souvent des combats, en les harcelant à coups de bec. Là ne se bornent pas ses qualités, car, au dire des voyageurs, on l'emploie en Amérique à la garde des troupeaux ; il s'acquitte de ce soin avec beaucoup d'intelligence, ramenant ceux qui s'écartent à grands coups de bec, et ne rentrant au bercail que le dernier. Deux agamis remplacent avantageusement, dit-on, un chien bien dressé. Ces précieuses qualités devraient faire désirer la naturalisation de cet oiseau dans nos contrées ; mais il ne paraît pas qu'il ait été fait jusqu'à ce jour aucun essai.

AGAPES. Ce nom, qui vient du grec *agapê*, (amour), était donné à des festins que les premiers chrétiens faisaient en commun dans les églises. Ils étaient destinés à entretenir et à cimenter l'union qui devait exister entre tous les membres de la grande famille chrétienne, et à rapprocher le grand du petit, le maître de l'esclave, car ils étaient tous frères en Jésus-Christ. Pendant quelque temps, le recueillement, la fraternité et la tempérance présidèrent à ces assemblées, mais bientôt il s'y glissa des abus qui les firent dégénérer en véritables orgies. Tertullien lui-même avoue que de son temps on y faisait grande chère, mais d'autres écrivains prétendent que cette grande chère amenait de grands excès et une grande licence. Saint Augustin cherche à détourner le peuple d'Hippone de ces réunions, et les exhorte à fuir ces plaisirs grossiers et dégoûtants. Saint Épiphane va plus loin et raconte sur les agapes de la secte des gnostiques (voyez ce mot) de telles turpitudes, que notre plume se refuse à traduire en français le passage grec où ce saint parle d'eux. Voltaire en a donné une traduction latine dans son dictionnaire philosophique à l'article *Baiser*. Les agapes furent enfin condamnées et formellement défendues par différents conciles, et les évêques les anéantirent complètement. — Au temps de la révolution française, on tenta de rétablir les agapes, qui avaient lieu dans les rues, mais la Convention les abolit en 1794, sur un rapport de Barrère, dans lequel il disait qu'elles donnaient lieu à un grave inconvénient, qui était qu'un aristocrate, assis à côté d'un patriote, pouvait le corrompre par ses discours.

AGAR, servante d'Abraham, partagea la couche du patriarche, et eut de lui un fils nommé Ismaël, qui devint le père de la nation arabe. (Voyez *Ismaël*.)

AGARIC (*agaricus*). Ce mot, employé de tout temps pour désigner certains champignons, vient, suivant quelques auteurs, d'*Agaria*, contrée de la Sarmatie, dans laquelle croissaient abondamment ces végétaux. On applique aujourd'hui ce nom, d'après Linné, à tous les champignons à surface inférieure, garnie de lames rayonnantes, simples ou rameuses. Voici comment on les caractérise : champignons sans volva, à chapeau distinct, de forme assez variable, sessile ou pédiculé, garni à sa surface inférieure de lames simples, d'égale longueur ou entremêlées de lames plus courtes vers la circonférence.

Les agarics forment le genre le plus nombreux que l'on connaisse; on en compte plus de cent espèces dans les seuls environs de Paris. Ils croissent, pour la plupart, dans les lieux humides, les prairies, les fumiers, les troncs d'arbres et les bois pourris. Leur développement est plus ou moins rapide, suivant les espèces; un seul jour suffit aux unes, tandis que d'autres n'ont atteint leur maturité qu'au bout d'un mois. Lorsque l'agaric est arrivé à ce terme, les capsules éclatent et donnent passage aux graines ou sporules qui recouvrent la surface des feuillets d'une matière pulvérulente, de couleur variable, suivant les espèces; cette matière s'attache aux objets environnants, et donne naissance à des champignons de même nature. Quelques espèces se dessèchent et meurent aussitôt après s'être reproduites ; d'autres survivent plus ou moins longtemps à cet acte. Parmi les agarics, un petit nombre sert à la nourriture de l'homme; mais la plupart des espèces constituent un poison actif et violent. On a cherché à reproduire les espèces comestibles, mais on n'a réussi jusqu'à ce jour que pour un très petit nombre d'entre elles. Le champignon de couche (*agaricus edulis*, fig. 1) est celui que l'on obtient le plus facilement, et voici comment on procède : on fait un mélange de terreau, de fumier pourri et de crottin de cheval, et on en forme dans une cave des couches de deux ou trois pieds de haut. On étend sur toute cette surface du blanc de champignon que l'on recouvre ensuite d'une couche de terreau. Il est nécessaire d'arroser de temps en temps, pour entretenir la fermentation, la chaleur et l'humidité, trois circonstances nécessaires au développement des champignons. Cette espèce est la plus usitée, et la seule qu'il soit permis de vendre sur les marchés de Paris. Elle croît naturellement sur les pelouses sèches et exposées au soleil.

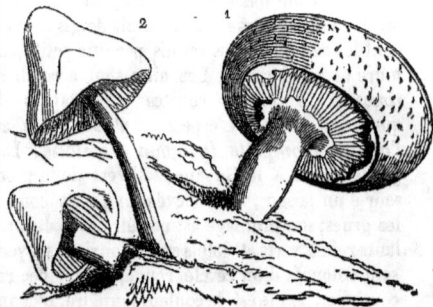

Nous parlerons, en traitant des champignons en général, des caractères auxquels on reconnaît ceux qui sont vénéneux de ceux qui ne le sont pas; nous nous contenterons ici de conseiller à nos lecteurs de repousser comme dangereuses les espèces qui croissent dans les lieux humides ou à l'ombre dans les bois touffus. — Parmi les espèces d'agarics les plus remarquables, nous citerons d'abord, comme espèces comestibles: l'*agaricus cæsareus*, à chapeau, d'un jaune vif. Les Romains en étaient très friands. Chacun sait que l'empereur Claude mourut après en avoir mangé. Les historiens accusent Agrippine d'y avoir mêlé du poison; mais il se pourrait bien que le mets fût tout simplement préparé avec l'*ag. muscarius*, espèce très dangereuse qui ressemble assez à la précédente. — L'*ag. mousseron*, fig. 2) ou champignon muscat, ainsi nommé à cause de son odeur musquée, est une des espèces les plus savoureuses. — L'*ag. élevé* (*ag. procerus*), vulgairement *parasol* ou *potiron*, est une des plus grandes espèces que l'on connaisse; son pédicule a de 25 à 35 centimètres de hauteur, et supporte un large chapeau de couleur bistrée. — L'*ag. du houx* (*ag. aquifolii*), qui croît sous les buissons de houx, est très estimé des amateurs.

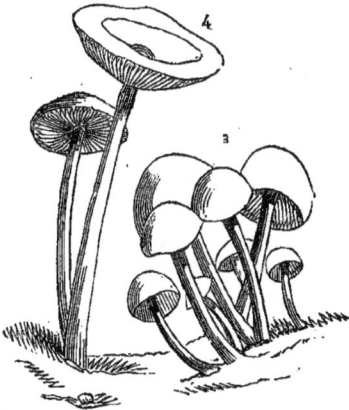

Parmi les espèces les plus dangereuses, nous citerons l'*ag. fausse orange* (*ag. muscarius*, fig. 3), espèce très dangereuse, qui a souvent causé dans nos pays de graves accidents; Pallas assure cependant qu'on le mange en Russie sans inconvénient. Ce fait est-il dû au climat? — Mais ce qu'il y a de singulier dans l'histoire de ce champignon, c'est l'usage que l'on en fait au Kamts-

chatka; au dire de Langsdorf, les habitants le font sécher pour le conserver, ou en préparent une boisson dont ils se servent au lieu de vin. Ceux qui le mangent ou qui boivent sa liqueur sont pris d'une ivresse particulière, dans laquelle les facultés intellectuelles sont anéanties, et qui détermine chez les uns une gaîté folle, chez les autres une tristesse profonde. Cette espèce est quelquefois employée en médecine, et a été administrée avec succès dans l'épilepsie et quelques affections nerveuses; on l'emploie aussi à très petites doses, pour combattre les affections scrofuleuses. L'*ag. brûlant*, fig. 4), l'*ag. caustique* et l'*ag. meurtrier* sont également des espèces très dangereuses.

On donne le nom d'*agaric des pharmaciens* (agaricon), à deux espèces de *bolets* (voyez ce mot) qui croissent sur le chêne et sur le mélèze, et celui d'*agaric des chirurgiens* ou *agaric amadouvier* au *boletus fomentarius* qui croît sur le tronc de plusieurs arbres et principalement sur celui du hêtre.

AGATE ou **AGATHE** (*min.*), pierres qui ont beaucoup de rapport avec les silex, et qui, comme ces derniers, font feu au briquet; se distinguant des autres quartz par leur cassure ondulée, leur transparence et leurs couleurs riches et variées. — Les agates se trouvent disséminées, sans ordre, dans certaines roches amygdaloïdes, sous forme de masses globuleuses; on les trouve aussi sous la forme de galets, au bord de la mer et de quelques fleuves. Les masses globuleuses d'agates, ou rognons, sont généralement engagées dans des roches rougeâtres, et sont revêtues à l'extérieur d'une légère couche de terre verte (talc chlorité); on en trouve depuis la grosseur d'un grain de millet jusqu'à celle d'un melon, mais ces dernières sont rares. — Les principaux gisements d'agates se trouvent en Bohême, en Écosse, en Sicile, en Islande, en Sibérie, etc.; mais c'est surtout d'Oberstein que l'on tire la meilleure partie des agates d'Europe. Il nous vient d'Orient des agates magnifiques, toutes travaillées, en plaques, en vases, en coupes, mais sans que l'on connaisse précisément l'endroit d'où on les tire. Les agates portent différents noms, suivant leurs couleurs. — Les *calcédoines* sont d'un blanc bleuâtre ou roussâtre, assez transparentes; quelques-unes sont comme pommelées; on en tire d'assez belles d'Oberstein et des îles Féroë. — Les *onyx* présentent des couches de couleurs différentes, nettement tranchées, et disposées en bandes ondulées, droites et même concentriques. Ce sont ces sortes d'agates que se graveurs en pierres fines emploient pour faire des camées. — Les *cornalines* offrent une couleur rouge, transparente : les unes, pâles, sont les moins recherchées ; les autres, d'un rouge de sang, nous viennent du Japon et sont très estimées. — La *chrysoprase*, qui est l'espèce d'agate la plus rare, est d'un beau vert pomme ; on la tire de la Haute-Silésie, de roches magnésiennes. Selon Klaproth, sa couleur est due à trois centièmes d'oxyde de nickel. — On trouve encore des agates arborisées, connues sous le nom de *dendrites*, et qui présentent des dessins fort singuliers.

AGATHOCLÈS, tyran de Syracuse, naquit vers l'an 359 avant J.-C. Il était fils d'un potier. De simple soldat il devint bientôt général. Un riche mariage ayant augmenté sa puissance, il aspira ouvertement une première fois à l'autorité souveraine, mais n'ayant pas réussi, il quitta Syracuse. Ses ressources étant épuisées, il se mit à la tête d'une troupe de brigands et vécut de rapines. Il rentra plus tard dans Syracuse et réussit à s'emparer du pouvoir suprême. Les Carthaginois lui firent la guerre, et s'étant emparés d'une partie de la Sicile, ils assiégeaient Syracuse où Agathoclès s'était renfermé avec son armée, lorsque celui-ci conçut le hardi projet de porter la guerre en Afrique. Cette diversion réussit complétement. Les Carthaginois, effrayés, quittèrent précipitamment la Sicile. Agathoclès mourut empoisonné, l'an 287 avant J.-C.

AGAVE, plante grasse, de la famille des broméliacées, propre aux contrées chaudes de l'Amérique, d'où on l'a transplantée dans le midi de l'Europe et en Afrique. — Cette plante, que l'on a souvent confondue avec l'aloès, a le tronc cylindrique et écailleux, ressemblant d'abord à une énorme asperge ; puis elle s'élève jusqu'à trente pieds de hauteur ; sa base est garnie de feuilles épaisses qui ont six pieds de longueur sur plus de moitié d'épaisseur ; elles sont étalées en rosace ; les fleurs disposées de chaque côté du tronc, depuis le milieu environ jusqu'au sommet, donnent à la plante l'aspect le plus gracieux. — L'agave ne fleurit qu'une fois ; mais dans nos contrées froides on voit rarement les fleurs s'épanouir : c'est peut-être ce qui a donné lieu à cette croyance populaire, que cette plante ne fleurissait que tous les cent ans et que son épanouissement était toujours accompagné d'une détonation semblable à celle d'un canon. Son accroissement est excessivement rapide : le Jardin-des-Plantes en a possédé une espèce qui fleurit et qui, à cette

époque, croissait de six pouces par jour, et parvint ainsi à une hauteur de trente-deux pieds. —

Cette plante est de la plus grande utilité pour l'homme. L'agave d'Amérique, nommée dans le pays *pitte*, a été naturalisée dans le midi de l'Europe et surtout en Espagne ; l'on en forme des haies qui deviennent impénétrables à cause des fortes épines des feuilles. Ces feuilles, préparées, donnent une assez grande quantité de fils, dont on fabrique des cordages et même de la grosse toile. — L'agave du Mexique ou *maguey* des Mexicains, outre les fils que donnent ses feuilles, fournit aussi aux habitants une matière visqueuse qu'ils emploient en place de savon dans les lavages. Ils en tirent encore, en arrachant ses feuilles intérieures, une excellente boisson, d'abord sucrée et douce, mais qui devient forte et vineuse.

AGE. Entre la naissance et la mort l'organisation de l'homme éprouve de nombreux changements. Ces modifications n'arrivent cependant pas dans un temps bien déterminé, elles sont progressives et subissent diverses influences ; aussi les physiologistes ne sont-ils pas parfaitement d'accord sur les époques nommées âges de la vie. — On en suppose ordinairement quatre : 1° l'*enfance*, de la première jusqu'à la quatorzième année, se divise elle-même en première et seconde enfance, la première embrassant la période de dentition, et la seconde commençant avec la septième année et s'étendant chez la femme jusqu'à la douzième année, et chez l'homme jusqu'à la quatorzième; — 2° l'*âge de puberté* s'étend, dans les climats tempérés, chez les femmes jusqu'à la vingtième année et chez les hommes jusqu'à la vingt-cinquième; — 3° l'*âge viril*, qui est la période de consistance pendant laquelle la nature paraît s'arrêter pendant une suite d'années plus ou moins longue; 4° enfin la *vieillesse*, qui commence à soixante ans et va jusqu'à la mort, époque funeste où toutes les facultés physiques et morales s'affaiblissent graduellement. (Voyez *Enfance, Adolescence, Puberté, Virilité, Vieillesse*.)

AGE DU MONDE. Les commentateurs de la Genèse datent le commencement du monde, les uns du premier jour de la création, les autres de la formation d'Adam; ils placent cette date 4,004 ans, 3,616 ou 6,484 ans avant l'ère vulgaire, suivant qu'ils adoptent l'un des trois textes de la Bible: l'hébreu chaldaïque, l'hébraïque ancien, ou la version grecque dite des septante. Mais comme il existe plus de cent cinquante supputations diverses sur le temps écoulé entre la naissance du monde et celle du Christ, nous abandonnerons ce terrain peu solide, pour ne nous occuper que des ères employées par les chronologistes qui ont pris pour point de départ la création du monde. — Jules Africain plaça la naissance de Jésus-Christ en l'an 5500 de la création; adoptée par les chrétiens cophtes, cette ère a reçu le nom d'*ère d'Alexandrie*. Une autre ère de la création du monde est celle que suit encore l'Église grecque et que les Russes avaient conservée jusqu'au règne de Pierre-le-Grand; c'est l'ère de Constantinople qui fut établie avant le milieu du VII° siècle. L'an 5509 du monde commence au 1ᵉʳ septembre avant l'ère vulgaire. Les Juifs modernes suivent une ère dont l'année 3761 finit à l'ère vulgaire. La date de la création généralement suivie par les auteurs chrétiens est l'an 4004 avant Jésus-Christ.

AGE DE LA TERRE. Voyez *Terre.*

AGE D'OR. Voyez *Ages* (les quatre).

AGEN et AGÉNOIS. L'Agénois fut d'abord comté et puis duché. Louis XIII l'engagea à Richelieu, dont les héritiers en jouissaient encore en 1789. L'Agénois forme aujourd'hui le département du *Lot-et-Garonne*. (Voyez ce mot.)

Agen, ville principale du duché, est aujourd'hui le chef-lieu du département. Située sur la rive droite de la Garonne, cette ville éprouva les vicissitudes des guerres soutenues au moyen-âge contre les Normands et les Anglais. Elle appartint tour-à-tour aux catholiques et aux huguenots. — Entrepôt de commerce entre Bordeaux et Toulouse, Agen fait une grande exportation de blé, de vins, d'eau-de-vie, de chanvre, de fruits, etc.; elle possède une manufacture de toiles à voiles. Cette ville est le siége d'un évêché et d'une Cour d'appel. On y compte 11,000 habitants. C'est la patrie de Scaliger, de Lacépède et du général Lacuée.

AGENDA, mot latin passé dans la langue française et qui signifie *choses à faire*. Ce mot désignait autrefois les livres d'offices connus aujourd'hui sous les noms de *brefs* ou *ordo*, indiquant les prières et le cérémonial des différents offices de l'année. Il y avait un *agenda matutina* pour les offices du matin, et un *agenda vespertina* pour les offices du soir. — De l'Église ce mot passa dans le monde industriel, où il fut adopté pour désigner de petits registres peu volumineux à l'usage des personnes qui veulent prendre note de ce qu'elles ont fait ou de ce qu'elles ont à faire. La forme et les dimensions des agendas varient selon le caprice des fabricants ou des acheteurs; mais c'est généralement un petit livret de papier blanc, muni d'un crayon. (Voyez *Album*.)

AGENT. Ce mot désigne une force agissante quelconque, et s'applique aux êtres animés et inanimés. Il s'emploie dans la physique et la chimie comme dans la langue des affaires. — Les économistes nomment *agents de la production* les industriels de profession aussi bien que leurs instruments, et *agent de la circulation* la monnaie. — Appliqué à l'homme, ce mot signifie en général une personne chargée de veiller aux intérêts d'un État ou d'une société quelconque; ainsi, le nom d'AGENT DIPLOMATIQUE s'applique à toute personne employée par un gouvernement dans ses relations avec d'autres gouvernements. L'ordonnance royale du 16 décembre 1832 a établi quatre degrés différents d'agents diplomatiques: 1° missions du premier ordre, au titre d'*ambassadeur*; 2° missions du second ordre au titre de *ministre plénipotentiaire*; 3° missions du troisième ordre au titre de *résident*; 4° et missions du quatrième ordre au titre de simple *chargé d'affaires*. En général, la tâche des agents diplomatiques est de veiller à ce que les citoyens de leur nation soient partout respectés dans leur vie, leur liberté et leurs propriétés, et de s'opposer à toute violation du droit des gens à leur égard. (Voy. *Ambassadeur, Consul*, etc.)

AGENT DE POLICE, officier subalterne revêtu ou non d'un caractère public et chargé soit de maintenir l'ordre et la tranquillité dans une ville, soit de veiller d'une manière spéciale à l'exécution des lois, ordonnances et réglements. Les agents dont il est ici question sont, au premier rang, les commissaires de police, et en sous-ordre, les officiers de paix, les inspecteurs, les sergents et les mouchards. Le préfet de police du département de la Seine n'est qu'un agent supérieur. (Voyez ces différents mots.)

AGENT DE CHANGE. C'est un agent intermédiaire pour les actes de commerce. En d'autres termes, c'est un officier public autorisé à négocier les lettres de change et autres effets commerçables, moyennant une rétribution. — L'origine des agents de change remonte au règne de Charles IX. Ce fut en 1572 que furent institués les *courretiers de change, de deniers et marchandises.* La loi du 17 mars 1791, proclamant l'abolition de tous monopoles et la liberté illimitée de toutes professions, supprima les offices d'agents de change, comme tous les autres offices. Mais la Convention, effrayée des abus qui survinrent, les rétablit par la loi du 28 ventôse an IX. — Aujourd'hui, il existe des agents de change dans toutes les villes qui ont une bourse de commerce ; ils sont nommés par le chef de l'État. Avant d'entrer en fonctions, ils versent un cautionnement et prêtent serment devant le tribunal de commerce du lieu où ils doivent exercer. Le droit de négocier les effets publics, ainsi que les lettres de change ou billets et tous papiers commerçables, et d'en constater le cours, appartient exclusivement aux agents de change.

AGENT D'AFFAIRES. C'est l'individu qui fait profession de gérer les affaires d'autrui moyennant salaire. — Les agents d'affaires n'ont aucun caractère officiel, ils ne sont point nommés ni sanctionnés par le gouvernement ; ce sont de simples commerçants, et la loi leur impose toutes les obligations attachées à ce titre. Ils sont soumis à une patente et sont obligés d'avoir des livres comme tout commerçant.

AGENTS PHYSIQUES. On donne ce nom à tout ce qui, dans la nature, est susceptible d'exercer une action quelconque ; la pesanteur, le calorique, l'électricité, etc., sont des agents physiques.

AGES (*les quatre*). Les poètes de l'antiquité ont distribué le temps qui suivit la formation de l'homme en quatre âges : l'âge d'or, l'âge d'argent, l'âge d'airain et l'âge de fer. — Ils ont placé l'*âge d'or* sous le règne de Saturne, pendant lequel régnèrent l'innocence et la justice ; alors la terre produisait, sans être déchirée par la charrue, tout ce qui est nécessaire à la vie ; des fleuves de lait et de miel coulaient de toutes parts ; le printemps régnait éternellement. Les hommes menaient alors une vie douce, exempte de soucis et d'ambition, et ne connaissaient ni les armes ni la guerre. — Mais le bon Saturne fut détrôné par son fils Jupiter, et les hommes devenus moins vertueux devinrent aussi moins heureux ; l'année fut divisée en quatre saisons, la terre se refusa à produire toute seule, et les arts devinrent nécessaires pour suppléer à ce que ne donnait plus la nature ; cette période fut nommée l'*âge d'argent*. — Dans l'*âge d'airain*, qui revient à ce que l'on nomme les temps héroïques, celui dans lequel vivaient les demi-dieux et les héros ; l'innocence des premiers âges commence à faire place à la ruse et à l'artifice ; on commença à forger le fer, mais aucun crime ne vint encore souiller la terre. Puis arrive enfin l'*âge de fer*, signalé par le débordement de tous les crimes ; alors règnent la violence et la cruauté ; on fabrique des armes et des chaînes pour détruire et opprimer. Les hommes devenus insatiables se livrent au meurtre et au pillage, et Astrée épouvantée fuit la terre pour remonter aux cieux. C'est alors que les Titans, bravant la foudre de Jupiter, entreprirent d'escalader les cieux. Ovide nous a laissé une magnifique peinture de ce tableau allégorique.

AGÉSILAS, roi de Sparte, monta sur le trône l'an 400 avant J.-C. Il remporta de grands avantages sur les Perses et les Athéniens, et vainquit les Béotiens et leurs alliés à Coronée ; mais il fut battu par eux à Mantinée. A l'âge de 80 ans, il alla secourir Tachos, roi d'Égypte, qui était en guerre avec Artaxercès. Il mourut en revenant de cette expédition, l'an 361 avant J.-C. Plutarque et Cornélius Népos ont écrit la vie de ce grand capitaine. Il était petit, laid et boiteux, mais avait une grande âme.

AGIO. Ce mot désigne la différence en plus d'une monnaie sur une autre. L'élévation de ce bénéfice établit la concurrence qui la fait rechercher avec plus ou moins d'empressement. Les changeurs et les banquiers se livrent à ce genre de commerce, qui n'a rien de répréhensible en soi, mais qui le devient lorsqu'ils cherchent à faire monter ou baisser ce taux par des moyens que les lois et la probité commerciale réprouvent, soit en faisant abonder ou en accaparant une espèce de monnaie, soit en répandant de fausses nouvelles. Ce mot désigne encore l'avantage des espèces sur une lettre de change aux mêmes espèces prises dans une place de commerce étrangère et réciproquement; ou bien encore le bénéfice des espèces courantes sur les billets de banque et *vice versa*.

AGIOTAGE. On comprend généralement sous ce nom les manœuvres employées par des spéculateurs peu scrupuleux pour obtenir de gros bénéfices.

AGIS. Quatre rois de Sparte ont porté ce nom. *AGIS I*er succéda à son père Enrysthène, l'an 980 avant J.-C. et ne régna qu'un an.

AGIS II, fils d'*Archidamus II*, lui succéda l'an 427 avant J.-C. Il vainquit les Argiens à Mantinée.

AGIS III monta sur le trône l'an 338 avant J.-C. Il tenta en vain de délivrer la Grèce du joug des Macédoniens, et périt en 347 dans une bataille contre Alexandre.

AGIS IV arriva au pouvoir l'an 244 avant J.-C. Célèbre par les tentatives qu'il fit pour corriger les mœurs de ses concitoyens et pour rétablir les lois de Lycurgue, il échoua dans son entreprise, et fut mis à mort par l'ordre des éphores, l'an 235 av. J.-C.

AGNADEL, bourg du Milanez, situé près de l'Adda, et célèbre par la bataille qu'y remporta Louis XII, le 14 mai 1509, sur les Vénitiens commandés par l'Alviane et le comte Petigliano. L'honneur de la journée fut à l'infanterie gasconne qui, sous les ordres de la Trémouille, enfonça les lignes ennemies. Cette victoire eut pour résultat de dépouiller la célèbre république de Venise de l'influence qu'elle avait jusqu'alors exercée sur l'Italie.

AGNÈS SOREL. Voyez *Sorel*.

AGNÈS DE FRANCE, impératrice de Constantinople, naquit en 1171. Elle était fille de Louis-le-Jeune et sœur de Philippe-Auguste. A

l'âge de huit ans, elle fut fiancée au jeune Alexis Comnène. Trois ans plus tard, elle devint l'épouse du cruel Andronic Comnène qui, après avoir tué Alexis, s'était emparé de son trône. Elle eut un troisième mari, Théodore Branas, gouverneur d'Andrinople.

AGNÈS DE MÉRANIE devint l'épouse de Philippe-Auguste, en 1196, après que ce prince eut répudié Ingelberge. Les censures du pape Célestin ayant forcé Philippe à reprendre sa première femme, Agnès de douleur en mourut.

AGNÈS. Au théâtre, ce mot est devenu synonyme de celui d'ingénue, depuis que Molière a donné le nom d'Agnès à la jeune fille de l'*École des femmes* et à celle de l'*École des maris*. Molière a fait, de son Agnès, une ignorante, mais non une idiote, une jeune fille naïve, mais non niaise. Et les auteurs dramatiques qui lui ont emprunté ce caractère l'ont bien défiguré. On dit aujourd'hui une *Agnès* pour une jeune innocente, comme on dit un *Tartufe* pour un hypocrite et un faux dévot.

AGNEAU. Voyez *Brebis*.

AGNEAU PASCAL. Voyez *Pâques*.

AGONIE (du grec *agôn*, combat) sert à exprimer la dernière lutte entre la vie et la mort: c'est le dernier effort de l'organisme pour résister aux causes de destruction qui l'envahissent de toutes parts. Cet état se manifeste par des phénomènes divers, selon les causes qui entraînent la mort, et consiste, tantôt en un affaiblissement total des organes, tantôt en une agitation violente, un désordre effrayant qui entraîne enfin la mort après un court repos. La connaissance se perd, tantôt longtemps avant la mort, tantôt elle subsiste pendant toute l'agonie et ne s'éteint qu'à la fin de celle-ci. L'homme à l'agonie ressemble déjà au cadavre, la figure est pâle, jaunâtre; l'œil cave, la peau tendue, le nez blanc, les tempes et les oreilles affaissées; les membres et le visage sont couverts d'une sueur froide et visqueuse; la respiration devient râlante, et cesse enfin tout-à-fait. Lorsque l'homme est à l'agonie, il n'y a plus moyen de le sauver, les secours de l'amitié et de la religion seuls lui sont utiles.

AGOUTI (*cavia*), genre de mammifères de l'ordre des rongeurs. Ces jolis petits animaux habitent le nouveau continent, où ils remplacent nos lièvres et nos lapins; ils sont de la taille de ces derniers, dont ils ont aussi les mœurs et les habitudes. Leur conformation les rapproche plutôt des cochons d'Inde. Ils ont les oreilles courtes et presque nues, arrondies ; leur queue rudimentaire ; cinq doigts aux pieds de devant et trois à ceux de derrière, pourvus d'ongles longs et forts ; leur poil est luisant, mais raide et cassant, noir à la base et jaune au sommet, ce qui donne à l'animal une teinte verdâtre qui lui a fait donner

le nom de *chloromys* (rat vert) par Cuvier. Ces animaux vivent dans les trous d'arbres, et ne se creusent jamais de terriers ; leur nourriture consiste en écorces tendres et en fruits sauvages. Ils se servent de leurs pattes de devant pour porter leurs aliments à leur bouche, mais pas avec autant d'adresse que les écureuils. Leur naturel est craintif, mais cependant très irascible, et lorsqu'on les agace, ils mordent avec rage. — On rencontre, surtout à Cayenne, les agoutis par troupes de vingt ou trente ; on leur fait une chasse suivie ; leur chair est assez délicate, malgré son petit goût sauvage. Comme nos lièvres, ils courent très vite en plaine ou en montant les collines ; mais lorsqu'ils descendent, leurs jambes de derrière, un tiers plus longues que celles de devant, occasionnent de fréquentes culbutes.

AGRA ou AGRAH, ville de l'Indoustan, autrefois la plus grande et la plus riche des Indes orientales, et résidence du grand Mogol. La translation du siége de l'empire à Delhi lui fit beaucoup perdre de son ancienne splendeur. Cependant, depuis 1803, les Anglais ont donné une nouvelle vie à cette ville qui renferme aujourd'hui près de 100,000 habitants. — Le palais d'Akbar et le superbe mausolée de Nour-Djehan attestent encore son ancienne magnificence.

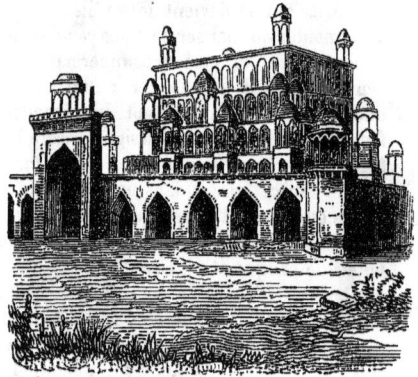

Agra était autrefois la capitale d'une province de ce nom, située entre celles de Delhi, d'Oude, d'Allahabad et de d'Adjmeer. Elle est aujourd'hui le chef-lieu du district du même nom, et appartient aux Anglais.

AGRAFE, crochet de fer par lequel on suspend un objet ou qui sert à en joindre plusieurs. — Comme terme d'architecture ou de sculpture, ce mot désigne tout ornement qui semble unir plusieurs membres d'architecture les uns avec les autres.

AGRAIRES (*lois*). Ces lois ne tendaient pas, comme beaucoup d'écrivains l'ont avancé, au partage égal des terres entre tous les citoyens ; elles se rapportaient, non aux propriétés particulières, mais à celles de l'Etat. — Denys d'Halicarnasse rapporte qu'après avoir partagé son peuple en tribus, et les tribus en curies, Romulus fit deux parts du territoire : l'une fut divisée en trente portions égales, dont une fut assignée à chaque curie, l'autre demeura la propriété de l'État. — Bientôt ces terres de l'État furent affermées aux familles nobles moyennant une redevance d'un dixième sur les grains et d'un quinzième sur les olives et le vin. Les patriciens, maîtres absolus du pouvoir politique, accaparèrent bientôt ces terres dont ils recueillaient des profits énormes ; ils s'acquittaient fort mal des redevances lorsqu'ils ne s'en affranchissaient pas complètement, et dévoraient des revenus considérables, augmentant ainsi sans cesse leurs immenses domaines, tandis que la plèbe, infime et sans ressources, condamnée aux rigueurs du service militaire, périssait misérablement pour ajouter par la conquête des terres nouvelles aux terres de l'État, toujours arrachées à ses légitimes réclamations. Parfois il arrivait, qu'exaspéré enfin de ses misères et de l'orgueil des patriciens, le peuple s'agitait pour obtenir un coin de terre conquise au prix de son sang ; car l'histoire de ces émeutes populaires, de cette lutte continuelle entre les patriciens et les plébéiens est toute là. Les patriciens, effrayés, consentaient alors à faire quelques concessions territoriales, et le prolétariat triomphant prenait possession des champs qu'on lui abandonnait. Mais qu'arrivait-il ? pour exploiter et faire fructifier son petit domaine, il fallait quelques capitaux ; or, ces capitaux, qui n'étaient pas dans ses mains, c'était par des emprunts qu'il fallait se les procurer, et il était obligé d'avoir recours à ces mêmes patriciens, qui lui prêtaient leur or à un taux usuraire de 48 à 70 p. 0ⁱ0. — Obéré profondément par une pareille dette, sa pénurie croissait rapidement, et bientôt le noble usurier s'emparait du champ du pauvre tenancier pour se couvrir de ses avances. Tel est, en deux mots, le fond de toutes les émeutes sous la République romaine. — Après l'expulsion des Tarquins, et pour intéresser la plèbe à la révolution qui venait de s'opérer, chaque citoyen pauvre fut doté de sept arpents, ou *jugera*, des biens du roi. Mais la loi agraire la plus importante fut celle proposée par Licinus Stolo, et nommée *loi Licinia*. Elle décidait que nul ne pourrait posséder plus de cinq cents arpents de terre, et que le surplus serait distribué aux pauvres. Plus tard, cette loi tomba en désuétude, et lorsque Tiberius Gracchus et son frère Caïus tentèrent de la rétablir, ils payèrent de leur vie leur courage et leur généreuse compassion des misères populaires. Au temps de César, d'Antoine et d'Auguste, les terres et les villes conquises furent distribuées en récompense aux légions victorieuses, anéantissant ainsi du même coup la République et le domaine de l'État, et les minimes lambeaux qui survécurent à ces désastreuses libéralités se réunirent dès lors aux biens de l'empereur. — Quant à ceux qui se disent partisans de la *loi agraire* et qui demandent par là une nouvelle répartition des propriétés privées et publiques, nous leur répondrons qu'à Rome les propriétés privées étaient placées sous la garde des Dieux, et que violer le champ d'un citoyen, proposer publiquement son démembrement au préjudice du propriétaire, eût été un crime capital, un sacrilége inouï ; le soupçon seul d'une telle impiété eût révolté l'esprit public, comme de nos jours.

AGRAM ou **ZAGRAB**, ville capitale de la Croatie et siége d'un évêque. Elle est divisée en deux parties, la ville royale et la ville épiscopale, et est bien fortifiée : elle a une académie, un gymnase et un entrepôt général de marchandises ; il s'y fait un commerce considérable favorisé par la Save, qui y est navigable et qui la fait communiquer au Danube. C'est là que se vendent presque tous les tabacs et les blés de la Hongrie et les porcs de la Bosnie. 17,000 habitants. A 60 lieues S. de Vienne. Lat. N. 45° 49' 2" ; long. E. 13° 44' 26".

AGRÉÉ. On donne ce nom aux praticiens attachés aux tribunaux de commerce français, pour y représenter les plaideurs qui veulent bien leur confier leurs intérêts. Les agréés aux tribunaux de commerce figurent ordinairement dans les faillites, comme conseils des parties ou comme médiateurs entre elles ; mais n'ayant pas de caractère officiel, ils ne peuvent être considérés dans ces fonctions que comme de simples agents d'affaires.

AGRÉGATION, mode de formation des corps inorganiques, qui résulte de la simple réunion de leurs molécules par superposition. Ce mot se met en opposition avec celui d'intus-susception qui exprime le mode de formation des corps organiques. (Voyez *Accroissement*.) — On appelle encore ainsi l'agglomération accidentelle de plusieurs corps entre eux.

AGRÉGATION, concours ouvert à tout individu qui réunit les titres exigés pour être admis dans le corps des professeurs de l'Université. Ce concours consiste en une série d'examens subis publiquement devant un jury composé de professeurs nommés *ad hoc*. — Pour être *agrégé*, il faut d'abord avoir été successivement reçu bachelier, licencié et même docteur. Il faut aussi avoir, aux termes des réglements universitaires, cinq années de service comme répétiteur ou comme maître d'études. Les fonctions des *agrégés* consistent à suppléer les professeurs absents.

AGRÉMENT, nom que donnent les passementiers aux ornements en or, en argent, en soie ou en laine, destinés à être appliqués sur les robes de femme ou sur les meubles. — En musique, on nomme *notes d'agrément* des notes qui s'ajoutent dans le cours d'un morceau, et que l'exécutant peut omettre ou rendre, et même varier à volonté ; ces notes, qui ne sont pas indispensables à la contexture du morceau, ne

comptent pas dans la mesure et s'écrivent d'ordinaire en caractères plus petits.

AGRÈS, mot collectif sous lequel on désigne
tout ce qui concerne le système de cordages qui
se croisent en tous sens sur les mâts d'un navire,
soit pour maintenir sa mâture, soit pour faire
manœuvrer ses voiles. Par extension, on l'applique aux mâts, aux vergues, etc. Il ne faut
pas confondre les agrès avec le *gréement*. (Voyez
ce mot.)

AGRESSEUR, AGRESSION. L'agresseur est
celui qui fait naître une querelle, soit en inju-
riant, soit en menaçant, soit en frappant, etc.
Devant la justice, la position de l'agresseur est
toujours défavorable. Il importe donc de savoir
qui a fait naître la querelle. C'est un principe de
droit naturel que celui qui est attaqué a le droit
de se défendre. Les lois humaines l'ont consacré
en ne prononçant aucune peine contre le meurtre
commis en cas de légitime défense. Cependant,
lorsque celui qui se défendait a fait plus que ne
lui commandait sa défense, la loi ne fait de
l'agression qu'un simple cas d'excuse, qui a pour
effet de diminuer la peine encourue par l'accusé
ou le prévenu.

AGRESTE (du latin *ager*, champ), champêtre,
qui a un aspect champêtre: *site agreste*. — Il se
dit par extension d'une personne de la ville qui
a les manières d'un campagnard ou d'un paysan.
— En botanique, on désigne par cette épithète
les plantes qui croissent spontanément dans les
terres labourées; et en zoologie, certains animaux
qui habitent ordinairement les terrains cultivés,
comme le mulot (*mus agrestis*), l'araignée
agreste (*aranea agrestis*).

AGRICOLA, célèbre général romain, beau-
père de Tacite, naquit en l'an 40 de J.-C. Après
avoir été successivement questeur d'Asie, tribun
du peuple et préteur, il eut le gouvernement
de l'Aquitaine. Sous Domitien, il fut envoyé comme
gouverneur dans la Grande-Bretagne, où il acquit beaucoup de gloire et mérita les honneurs
du triomphe; mais Domitien, jaloux de ses exploits, le rappela. Il mourut l'an 93 de J.-C.
Tacite a écrit sa vie.

AGRICULTURE, art de cultiver la terre. —
L'agriculture fut en honneur chez tous les peuples civilisés de l'antiquité. Les monuments de
l'Égypte nous ont transmis la représentation des
instruments aratoires en usage à différentes époques pharaoniques qui remontent à plus de quinze
siècles avant l'ère vulgaire. S'il faut en croire les
historiens chinois, le blé était cultivé dans le
Céleste-Empire dès l'année 2822 avant l'ère chrétienne. — On a beaucoup disputé pour savoir à
quel peuple il fallait attribuer l'honneur d'avoir
le premier cultivé la terre. Il est probable que
les peuples du midi, en raison de la fertilité du
sol, eurent la priorité sur les autres. Les peuples
plus ou moins septentrionaux furent les derniers
à couper leurs forêts et à cultiver leurs terres. —
L'Ibérie, l'Italie, la Sicile, donnèrent l'exemple;
la Gaule, du temps de César, était beaucoup plus
avancée en agriculture que la Germanie et la
Grande-Bretagne, bien que ces deux nations nous
dépassent aujourd'hui. — Sous l'occupation romaine, la culture dégénéra dans les Gaules autant par l'impéritie des gouvernements que par
leurs exactions. Le système féodal n'avait pas
d'encouragements pour l'agriculture, et Charlemagne tenta de vains efforts. Charles VIII,
Louis XII et François Ier favorisèrent l'agriculture;
mais les guerres civiles et étrangères compri-
mèrent l'élan donné, et ce ne fut que pendant
les années tranquilles du règne de Henri IV que
l'agriculture entra dans une voie d'amélioration
et de prospérité. Olivier de Serres, le père de
l'agriculture française, publia son *Ménage des
Champs*. Ce savant agriculteur seconda avec enthousiasme toutes les vues de son maître, et
le pays lui doit une éternelle reconnaissance.
Henri IV publia des lois sur le défrichement des
terres incultes et sur le desséchement des marais.
La culture fut négligée dans les orages du ministère de Richelieu; elle le fut davantage dans
les guerres civiles de la Fronde. Une famine, en
1661, acheva la ruine des campagnes. Un arrêt
du parlement défendit, dans cette année malheureuse, à tous particuliers de faire *amas de
grains*, et la crainte ferma nos ports à l'exportation du blé. Le laboureur craignit à son tour
de se ruiner à créer une denrée dont il ne pouvait
espérer un grand profit, et les terres ne furent
pas aussi bien cultivées qu'elles auraient dû l'être.
Cet arrêt, en prohibant la circulation du blé
comme denrée commerciale, porta un terrible
coup à l'agriculture; elle languit pendant un
siècle. — Enfin, en 1764, cette espèce d'interdiction fut levée et le blé fut cultivé avec plus
d'extension. — La révolution vint ensuite et dégagea l'agriculture des obstacles qui l'embarras-
saient; les dîmes, les redevances féodales furent
abolies. — Depuis la révolution, l'agriculture a
fait en France quelques progrès, mais il lui reste
encore beaucoup à faire. Si l'on excepte la Flan-

dre, l'Alsace, l'Auvergne, le Poitou, le pays de Caux, le Quercy, l'Aunis, l'Ile-de-France et les rives de la Garonne, la terre est presque partout meilleure que sa culture. — 49 millions d'hectares environ sont livrés à l'agriculture : 23 millions d'hectares sont composés de terres labourables ; 2 millions 200 mille sont consacrés à la vigne; le reste est occupé par les diverses cultures, les landes, les bruyères et les forêts. — Un climat tempéré comme celui de la France se prête à un nombre infini de cultures. — La Provence produit les huiles et les fruits les plus exquis. Les vignobles les plus renommés sont ceux de Bourgogne, de Champagne, de Languedoc, de Guienne ou de Bordeaux, de Roussillon, du Quercy et de l'Alsace. Les vins sont une des plus riches branches du commerce de la France. Malheureusement la culture de la vigne est loin d'être aussi intelligente qu'elle pourrait l'être. — La Flandre, la Picardie, la vallée d'Auge, du pays de Bray, l'Alsace, la Lorraine, la Touraine, le Poitou, le Limousin, l'Auvergne, etc., etc., offrent les plus gras pâturages. — Les diverses cultures de la France présentent une grande variété et occupent environ 1 million 345 mille hectares. M. Matthieu de Dombasle estime que l'agriculture produit à elle seule 5 milliards; il pense que la moyenne générale de la production d'un hectare est de 166 fr. — La production est loin d'être en rapport en France avec les besoins des consommateurs. Suivant plusieurs économistes, l'Angleterre elle-même, malgré ses progrès, éprouve tous les ans un grand déficit de céréales. Dans l'espace de douze ans, les importations s'en sont élevées à 1 milliard 800 millions de francs. — Un État bien constitué doit autant que possible pouvoir se passer de ses voisins; et l'agriculture, considérée sous le rapport de la subsistance de la population et de son bien-être, prend les proportions d'une question d'économie sociale des plus importantes et mérite toute l'attention du législateur. D'après un tableau publié par M. Millot, le mouvement commercial depuis 1778 jusqu'en 1833, c'est-à-dire dans l'espace de cinquante-cinq ans, présente une somme de 1 milliard 11 millions 467,000 francs consacrée à combler l'insuffisance de nos récoltes. — « A « quelles causes faut-il attribuer cette insuffisance « habituelle de nos récoltes en France?... L'in- « dustrie des cultivateurs, depuis un certain nom- « bre d'années, semble s'être dirigée sur des pro- « duits d'un autre genre. Ainsi la culture des « plantes fourragères a pris plus d'extension ; « celle des plantes textiles et celle des espèces « oléagineuses se sont propagées davantage, de « sorte que, malgré les nombreux défrichements « qu'on a faits depuis 1789, la culture du blé « ne semble pas avoir suivi la même progression. « Autrefois l'assolement triennal, généralement « en vigueur, ramenait tous les trois ans une ré- « colte de froment sur les mêmes terres. Aujour- « d'hui les assolements, plus variés, qu'on peut « d'ailleurs regarder comme un progrès, ayant « été adoptés par les meilleurs cultivateurs, quoi- « qu'en supprimant la jachère, donnent cepen- « dant un produit moins considérable en blé. « Ainsi, nous connaissons un très bon cultivateur « dont l'ensemble des cultures est, tous les ans, « de 200 hectares et qui ne sème, chaque année, « que le quart de ses terres en blé; d'autres ne « font revenir cette céréale qu'après une rotation « de cinq à six ans. Suivant nous, les différentes « causes dont nous venons de parler doivent avoir « eu de l'influence sur l'insuffisance des récoltes « de blé, que nous avons, en général, éprouvée « en France depuis une soixantaine d'années; « mais la cause principale est due sans doute à « l'accroissement de la population. » *(Considérations sur les céréales*, par M. Loiseleur-Deslongchamps.) — Il est donc de la plus urgente nécessité d'augmenter les productions du sol et de les mettre en rapport avec les besoins d'une population croissante. C'est sous ce rapport surtout que l'agriculture doit être l'objet de la sollicitude constante des gouvernants.

AGRIGENTE, aujourd'hui *Girgenti*, située dans la Sicile, entre le Naro et le Drago, fut bâtie 600 ans avant J.-C. Elle était célèbre par ses édifices, dont on voit encore quelques ruines aujourd'hui, et dont les plus remarquables étaient les temples de Junon, de Minerve et de Jupiter. Les murs de la ville étaient assis sur des rochers inaccessibles, sur le mont Akragas. — Agrigente avait des rois particuliers. Dans la première guerre punique, les Carthaginois et les Romains l'assiégèrent inutilement. Mais lors de la seconde, le préteur romain Livinus en fit décidément la conquête, et depuis ce temps elle resta soumise aux Romains avec la Sicile entière.

AGRION, genre d'insectes névroptères, de la famille des subulicornes, voisins des libellules, dont les caractères sont : ailes élevées perpendiculairement dans le repos ; tête transversale, plus large que le corselet; ocelles disposées en triangle sur le vertex; l'abdomen est presque filiforme et terminé chez les femelles par des lames en scie. Ces jolis insectes, connus sous le nom vulgaire de *demoiselles*, habitent dans le voisinage de l'eau; on les voit voltiger sur les haies, où ils poursuivent les moucherons et autres petits insectes dont ils font leur nourriture. Leur larve vit dans l'eau, et en sort pour se métamorphoser. On connaît plusieurs espèces d'agrions, toutes ornées des plus brillantes couleurs, mais parmi lesquelles le bleu et le vert azuré dominent. Nous

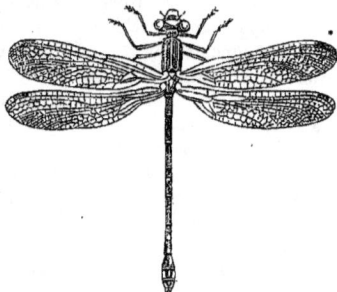

avons figuré l'agrion Jouvencelle (*A. puella*), et nous donnerons au mot *Libellule* tous les détails de mœurs et d'organisation qui leur sont communs.

AGRIPPA (M. Vipsianus), général romain, né 64 ans avant J.-C., était d'une famille obscure. Il parvint par son seul mérite aux dignités militaires et devint l'ami d'Octave. Il contribua beaucoup au gain de la bataille d'Actium, et par conséquent à l'élévation de son ami à l'empire. Octave, devenu empereur sous le nom d'Auguste, fit d'Agrippa le second personnage de l'empire, lui donna en mariage sa fille Julie, veuve de Marcellus, et lui confia le gouvernement de tout l'empire pendant le voyage de deux ans qu'il fit en Grèce et en Asie. Agrippa aurait sans doute succédé à l'empire s'il ne fût mort avant Auguste, l'an 12 avant J.-C., âgé de 51 ans. Ce grand

homme ne se distingua pas moins par ses vertus que par ses talents; vainqueur des Germains, il

refusa le triomphe. Il fit de sa fortune le plus noble usage, et bâtit à ses frais le Panthéon et des Thermes magnifiques.

AGRIPPINE, fille de Vipsianus Agrippa et de Julie, épousa Germanicus. Elle accompagna son mari dans toutes ses campagnes, et lorsqu'il fut empoisonné en Syrie par Pison, elle rapporta en Italie les cendres de son époux, et poursuivit son meurtrier, donnant un libre cours à son indignation et à sa douleur. Adorée du peuple pour ses vertus, et par cela même haïe de Tibère, elle fut exilée dans l'île de Pandataria, où elle se laissa mourir de faim, l'an 33 de J.-C.

AGRIPPINE, fille de la précédente et de Germanicus, épousa d'abord Domitius Ænobarbus qui la rendit mère de Néron. A la mort de Domitius elle convola en secondes noces, et peu de temps après épousa son oncle, l'empereur Claude.

Cette femme n'hérita pas des vertus de ses parents; ambitieuse, cruelle, et de mœurs dissolues, elle fit périr Claude pour assurer l'empire à Néron. Celui-ci, digne fils d'une telle mère, lassé de ses manières impérieuses, la fit égorger, l'an 59 après J.-C.

AGRONOMIE. C'est le nom que l'on donne plus spécialement à la théorie de l'art de cultiver. Un grand nombre de sciences se rattachent à l'agronomie; la *chimie agricole* indique à l'agronome la nature du terrain et les parties qui le composent, et lui permet d'apprécier l'action réciproque de ces parties entre elles et la puissance qu'elles exercent sur la plante. Elle le guide dans l'emploi des sels qui activent la végétation, des amendements qui ameublissent la terre, des engrais ou auxiliaires végétatifs. La *botanique* lui enseigne le traitement qu'exige une plante et le lieu où elle se plaît, le moyen de diriger l'accroissement vers la partie du végétal qui doit être employée. La *géologie* lui fournit les moyens de reconnaître la direction des couches, le mélange des terres qui se succèdent, et le choix du travail et du genre de culture.— L'*agriculture* proprement dite le guidera dans le choix et l'adoption des instruments, dans le réglement des travaux manuels ; dans l'art d'employer utilement les hommes et les animaux. — La *zoologie* lui offre une suite d'études intéressantes sur les animaux; et les moyens d'augmenter la toison des brebis, la quantité de lait fournie par la vache ; la corpulence du porc et les qualités du cheval. Elle lui fait connaître aussi quels sont les animaux utiles et nuisibles à l'agriculture.—L'*artvétérinaire* ne saurait non plus lui être étranger, puisqu'au moyen des principes de l'hygiène, il pourra éloigner de ses étables les maladies auxquelles les animaux sont sujets, et éviter ainsi des pertes considérables. — L'étude des *lois rurales* est également un devoir pour l'agronome, surtout celles d'entre elles qui concernent les intérêts sociaux.— Tel est le cercle de connaissances que doit parcourir l'agronome, cercle que nous avons plutôt resserré qu'étendu.

AGUADO (marquis de Las-Marismas), l'un des financiers les plus célèbres de notre époque, d'origine juive, naquit à Séville en 1784. Il embrassa d'abord la carrière militaire, fut nommé colonel en 1810, et aide-de-camp du maréchal duc de Dalmatie, lors de l'occupation de l'Espagne. En 1815, il abandonna la carrière des armes pour suivre celle du commerce. Nommé en 1823 banquier d'Espagne à Paris, il réussit à procurer quelque crédit au gouvernement de Ferdinand VII. La plus considérable de ses opérations consiste dans la conversion des anciens valès royaux en nouvelles rentes espagnoles. C'est à cette opération que l'on fait remonter l'origine de sa fortune. Il se rendit alors à Madrid, et revint à Paris avec le titre de marquis de Las-Marismas. — Il faisait un assez noble usage de son immense fortune et protégeait les artistes. Appelé en Espagne en 1842 pour la négociation d'un nouvel emprunt, il fut à son retour frappé d'une attaque d'apoplexie dans un petit village de la Navarre, et mourut au bout de quelques jours.

AGUESSEAU (Henri-François D') naquit à Limoges en 1668, d'une ancienne famille. Nommé à l'âge de 21 ans avocat du roi au Châtelet, il fut fait avocat général en 1691 et procureur général en 1700. Après la mort du chancelier Voisin, le régent lui confia les sceaux; mais il les perdit

l'année suivante, et fut exilé à Fresnes pour s'être opposé au système de Law. La cour, détrompée par des désastres trop fameux, le rendit à ses hautes fonctions ; mais, tour-à-tour disgracié et rappelé à cause de sa justice et de sa fermeté, il les reprit enfin en 1737 et ne les quitta plus qu'en 1750, époque à laquelle l'âge et les infirmités lui firent désirer la tranquillité. Il mourut l'année suivante, âgé de 83 ans. Cet homme éloquent et vertueux a laissé des ouvrages très estimés ; ils ont été publiés à Paris, en 13 volumes in-4°, en 1789, et en 16 volumes in-8°, en 1819.

AI ou AY, bourg situé à 4 kil. E.-N.-E. d'Épernay (Marne), renommé pour ses vins de Champagne.

AI (*acheus*). Les *aïs* ou paresseux et les *bradypes* forment un groupe à part dans l'ordre des quadrumanes, avec lesquels ils présentent le plus de rapports. Cependant quelques naturalistes, se fondant sur leur manque d'incisives, en ont fait des édentés (*tardigrades*). — Les aïs

ressemblent à des singes difformes; rien n'égale leur gaucherie à terre. La disproportion de leurs membres, dont les antérieurs sont beaucoup plus longs, les force à se traîner sur les coudes; la largeur de leur bassin et la direction de leurs cuisses en dehors les empêchent d'approcher les genoux; leurs doigts, au nombre de trois, sont réunis par la peau et ne marquent au dehors que par d'énormes griffes. Mais toutes ces imperfections s'effacent dès qu'ils sont sur les arbres, ils présentent alors les conditions les mieux combinées pour grimper; ils se cramponnent aux branches et y saisissent facilement les feuilles dont ils font leur principale nourriture. Leur estomac est divisé en quatre poches assez analogues à celles des ruminants, mais leur canal intestinal est court et sans cœcum. — Les aïs habitent les forêts de l'intérieur de l'Amérique méridionale. On en distingue plusieurs espèces, dont la plus connue est l'*aï* ou *paresseux à trois doigts* (*acheus tridactylus*). Cet animal doit son nom d'*aï* à son cri. C'est le seul mammifère qui ait plus de sept vertèbres cervicales (il en a neuf). Sa taille est celle d'un gros chat, le poil long et touffu qui recouvre son corps ressemble à de l'herbe fanée. En définitive, cet animal ne mérite pas les épithètes dont la plupart des naturalistes l'ont gratifié; il n'est ni stupide ni inerte; et des observations récentes nous ont appris que la lenteur des aïs était loin d'être aussi grande qu'on l'avait cru. Les marins à bord de l'*Uranie*, pendant son voyage de circumnavigation, ont pu observer un de ces animaux qui, en moins de vingt minutes, partait du pont et arrivait par les cordages au haut d'un mât de 40 mètres; un jour le même individu se jeta volontairement à l'eau, et l'on eut occasion de remarquer qu'il nageait très bien et même avec une certaine activité (Zool. de l'*Uranie*, p. 16.) Voyez *Bradype*.

AIDE-DE-CAMP, officier attaché à un officier général, pour transmettre ses ordres, lui servir de secrétaire, remplir certaines missions, par exemple faire des reconnaissances, des visites, etc. Le nombre et le grade des aides-de-camp varient en raison de l'élévation du grade et de l'emploi des officiers généraux auxquels ils sont attachés.

AIDE-MAJOR, chirurgien placé dans un régiment ou dans un hôpital, dont les fonctions dans les corps sont déterminées par l'ordonnance du 2 novembre 1833, et dans les hôpitaux par celle du 1ᵉʳ avril 1831. Cette dernière ordonnance et celle du 18 septembre 1824 ont fixé l'uniforme et le mode d'avancement des chirurgiens aides-majors. (Voyez *Chirurgien*.)

AIDE-MAJOR GÉNÉRAL. Lorsque plusieurs armées sont réunies sous un seul commandement, le chef de l'état-major général prend temporairement le titre de major général; les officiers généraux employés immédiatement sous le

major général reçoivent le titre d'aide-major général (ordonnance du 3 mai 1832).

AIDES. Les aides étaient des contributions qu'on levait à divers titres sur les denrées et les marchandises débitées en France. — Les seigneurs féodaux, en leur qualité de détenteurs du sol, réclamèrent les premiers de leurs vassaux des *aides* ou secours; ces taxes onéreuses réputées volontaires, à titre d'*aides libres gracieuses, loyaux aides*, etc., dégénérèrent au profit des seigneurs en droits attachés à certains cas spécifiés. Ainsi, il fallait payer « pour réception du seigneur ou de son fils aîné dans la chevalerie, pour mariage de sa fille aînée, pour rançon, s'il était fait prisonnier, ou pour voyage en terre sainte. » Il y avait aussi l'*aide de chevauchée* due en cas de guerre. — Il existait encore d'autres aides que le seigneur ne pouvait lever qu'une fois dans sa vie, comme, par exemple, *pour acheter une terre à sa convenance*. — Peu à peu, les rois, après avoir rencontré en eux le despotisme féodal, levèrent des aides royales; c'était presque toujours à l'occasion d'une guerre qu'elles étaient demandées. Ces aides ne furent d'abord déterminées, quant à leur montant, que par les ordonnances mêmes qui en prescrivaient la levée ou par les circonstances qui y donnaient lieu. Mais peu à peu on s'accoutuma, vu la périodicité annuelle de leur retour, à les regarder comme un impôt perpétuel, et on dressa des taxes qui parurent un bienfait, en ce que leur fixité approximative empêchait, jusqu'à un certain point, les vexations et l'arbitraire. Elles prirent dès lors le nom d'*aides ordinaires*, et on comprenait généralement sous ce nom toutes sortes de contributions, impôts ou subsides. — Sous Louis XIV, la signification du mot devint bien plus restreinte; on entendit par *aides* les seuls droits prélevés au nom du roi sur les marchandises débitées et transportées dans l'intérieur du royaume. Cette taxe ne pesait guère que sur les classes pauvres, car les nobles, les ecclésiastiques et les communautés religieuses en étaient affranchis, les échevins, les prévôts, les membres de l'Université jouissaient des mêmes exemptions. — Ce système subsista jusqu'en 1789, époque à laquelle les aides furent abolies. Les aides appartenaient à un ensemble d'institutions dont les perfectionnements de l'administration financière ont rendu, Dieu merci ! le retour impossible.

AIDES (*cour des*). Ancienne cour souveraine, établie pour juger les procès tant civils que criminels, en matière d'impôt. — L'institution de cette cour appartient à Charles V, fils du roi Jean qui, par ordonnance de 1364, composa un tribunal de six commissaires généraux, choisis parmi les premiers personnages du royaume; ils avaient toute juridiction civile et criminelle sur le fait des aides et tailles et nommaient les agents préposés au recouvrement et au maniement des sommes qui en provenaient. Au commencement du règne de Charles VI, le peuple soulevé obtint l'abolition des aides; mais peu d'années après elles furent rétablies. La cour des aides ne fut rétablie que sous Charles VII. Sous les successeurs de Charles VII, le nombre des membres de cette cour fut étendu. L'histoire de la cour des aides n'offre rien de remarquable jusqu'à la révolution éprouvée par la magistrature en 1771, époque à laquelle la cour des aides fut supprimée. (Voyez *Parlement.*) Rétablie en 1774, elle fut définitivement abolie en 1789. Par la loi du 7 septembre 1790, le jugement des contestations élevées au sujet de l'impôt fut attribué soit au pouvoir judiciaire, soit aux corps administratifs, selon que les contestations paraîtraient administratives ou civiles. Nous n'avons parlé que de la cour des aides séant à Paris; mais plusieurs autres cours furent établies successivement à Bordeaux, Montauban, Clermont, et plusieurs autres cours créées à des époques diverses, furent réunies aux parlements de Montpellier, de Dijon, de Rennes, d'Aix, etc.

AIGLE (*aquila*), grand genre de la famille des oiseaux de proie diurnes. Ils se distinguent des faucons surtout par leurs ailes tronquées obliquement, les premières pennes sont plus courtes que les quatrième et cinquième, qui sont les plus longues; cette disposition de l'aile rend leur vol moins fort que celui des faucons; cependant leur forme allongée leur donne encore une grande puissance de vol. Leur bec robuste, droit à sa base et recourbé vers sa pointe, ne présente pas, comme celui des faucons, une ou plusieurs dents saillantes. Leurs tarses sont emplumés jusqu'à la base des doigts. — L'aigle habite les montagnes, où il chasse les oiseaux et les mammifères, ne se nourrissant que de proie vivante. Son regard est étincelant, sa démarche fière, et, même dans le repos, il reste la tête haute, hardiment campé sur ses jambes. — Il choisit une compagne, avec laquelle il passe toute son existence; le couple se construit un nid entre deux rochers, ou quelquefois sur un arbre élevé, dans des lieux presque inaccessibles. Ce nid, que l'on appelle *aire* et qu'ils gardent toute leur vie, au lieu d'être creux

comme celui des autres oiseaux, est plat, large de plusieurs pieds, et formé de bâtons appuyés par les deux bouts; ceux-ci sont traversés de branches flexibles, recouvertes de joncs ou de bruyères. C'est là qu'ils vivent en parfaite intelligence, chassant de concert et prenant soin d'éloigner des environs de leur demeure tous les autres oiseaux de proie. — Tous les ans la femelle élève deux ou trois petits. On prétend que lorsque les aiglons sont assez forts pour voler, leurs parents les chassent au loin hors du nid et les empêchent de revenir; mais il est entièrement faux qu'ils mettent à mort les plus gourmands de leurs nourrissons. On fixe la durée de leur existence à un siècle et plus. — L'espèce la plus connue est : — l'*aigle royal.* C'est l'un des plus puissants oiseaux de proie : il est long de trois pieds et demi depuis le bout du bec jusqu'à l'extrémité des serres. Son plumage est brun ou noirâtre: les plumes de la nuque sont effilées, plus claires et d'une teinte dorée; la queue est plus foncée, marquée de bandes cendrées. — Dans sa jeunesse, cette espèce a la queue blanche dans sa moitié supérieure, ce qui l'a fait prendre par Buffon pour une espèce différente, qu'il a décrite sous le nom d'*aigle commun.* Il habite les contrées montagneuses de l'Europe et de l'Asie, et dans l'Afrique et l'Amérique septentrionales. —

L'*aigle impérial* et l'*aigle criard* se distinguent par leur taille plus petite et les nuances de leur plumage. D'autres espèces d'aigles habitent le bord des fleuves et de la mer, et se nourrissent en grande partie de poisson. On leur donne le nom d'aigles pêcheurs ou *pigargues*. (Voyez ce mot.)

AIGRE (*méd.*), saveur légèrement acide et désagréable qui se rencontre surtout dans les substances qui subissent la fermentation acide. Cette saveur se rencontre souvent dans les liquides rendus par régurgitation ou vomissement dans la plupart des maladies de l'estomac.

AIGRELET (*méd.*), saveur très légèrement acide et agréable, propre à beaucoup d'acides végétaux, et que l'on produit artificiellement avec les acides minéraux les plus concentrés, l'acide sulfurique, par exemple, en les étendant d'une grande quantité d'eau; ils peuvent alors, comme les acides végétaux, servir à la confection des boissons rafraîchissantes.

AIGRETTE (*zool.*). On désigne sous ce nom des faisceaux de plumes décomposées, de nuances ordinairement variées et placées comme ornement sur différentes parties du corps de certains oiseaux. Cet ornement sert souvent à distinguer les sexes et se trouve chez les individus mâles adultes. On s'est servi de cette disposition pour distinguer plusieurs espèces. Ainsi on appelle grande et petite aigrette deux espèces de hérons dont les mâles adultes ont les plumes du bas du dos longues et effilées. (Voyez *Héron*.) Il y a encore l'hirondelle de mer à aigrette (*sterna juca*). En botanique, on donne le nom d'aigrette (*pappus*) à certaines productions d'aspect variable, qui surmontent le fruit d'un grand nombre de plantes. Quelque variable que soit la forme de ces aigrettes, leur nature est toujours la même; ce n'est que le limbe libre d'un calice dont le tube est intimement adhérent à l'ovaire. L'aigrette est *écailleuse* (1) (*catananche*); ou *pileuse* (2), quand elle se déchiquette en lanières très fines comme des poils (genre *agathœa*); ou *plumeuse*

(3), lorsqu'elle se divise en petits rameaux (genre *pterocephalus*). Les aigrettes jouent un rôle important dans la dissémination des fruits, chez les plantes qui en sont pourvues, en offrant beaucoup de prise au vent et en emportant ainsi le fruit toujours petit et léger au sommet duquel elles sont fixées.

AIGREUR (*méd.*). On a donné ce nom à des rapports de gaz ou de liquides aigres qu'éprouvent beaucoup d'individus à la suite du repas, ou encore le matin quand ils sont à jeun. Dans le premier cas, on a souvent pensé que l'aigreur provenait, ou de la mauvaise qualité des aliments, ou de leur imparfaite digestion ; dans le second, on considère toujours ce phénomène comme un symptôme de maladie de l'estomac. — On emploie ordinairement contre cette indisposition des substances qui s'emparent volontiers des liquides à la présence desquels on attribue l'aigreur. Celle qui est le plus en usage est la magnésie.

AIGU (du latin *acutus*), terminé en pointe, piquant, tranchant. — L'accent aigu (*grammaire*) se forme de droite à gauche. (Voyez *Accent*.) — En géométrie, un *angle aigu* est celui dont l'ouverture est plus petite que celle de l'angle droit. (Voyez *Angle*.) — En histoire naturelle, on applique cette épithète à tous les corps qui se terminent par une pointe plus ou moins déterminée. — En physique, on se sert de ce mot pour caractériser le son lorsqu'il est clair et perçant.

AIGUADE, terme de marine qui désigne un lieu où l'on envoie pour faire de l'eau. La provision d'eau douce qu'on a faite porte aussi ce nom.

AIGUE–MARINE, pierre précieuse ainsi nommée parce que sa couleur rappelle celle de l'eau de la mer. C'est une pierre de couleur verte, de la même nature que l'émeraude, et qui se trouve dans divers pays et notamment en Russie. Elle portait anciennement le nom de *béril*. L'aigue-marine n'est guère employée que dans la bijouterie commune; elle se compose d'alumine, de silice, de glucyne, de chaux et d'oxyde de fer.

AIGUES–MORTES (*géogr.*), ville du département du Gard, en France, à quelque distance de l'embouchure de la grande Roubine dans la Méditerranée, et sur un canal qui la joint au Rhône. C'est à tort qu'on répète dans beaucoup de livres que cette mer baignait autrefois les murs de la ville et qu'elle avait son port de mer. On

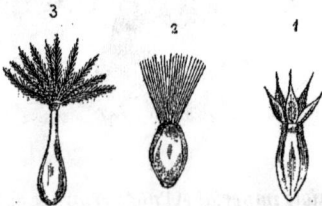

3   2   1

lit, il est vrai, que saint Louis s'y embarqua pour son expédition dans la Palestine, et il est certain qu'Aigues-Mortes faisait de grandes affaires maritimes avant que la Provence fût réunie à la couronne de France : mais elle n'a jamais communiqué avec la mer que par un canal, et vouloir tirer de l'éloignement actuel de la côte une preuve de la retraite de la mer serait une grave erreur. Aigues-Mortes n'a qu'un peu au-delà de 2,500 habitants ; on y remarque un château fort appelé tour de Constance et muni d'un fanal. Les marais et étangs du voisinage nuisent à la salubrité du climat.

AIGUILLES, petits instruments en acier employés à divers usages et bien connus de tout le monde. L'aiguille à coudre, qui est la plus généralement employée, est une petite tige cylindrique d'acier poli, dont le diamètre et la longueur varient selon les cas ; mais dont un bout est toujours en pointe très déliée et l'autre bout, appelé tête, porte un trou pour recevoir le fil qu'on veut introduire dans l'étoffe. — Ce petit instrument, si simple et d'un prix si modique, exige une main-d'œuvre des plus compliquées ; une aiguille, avant d'être entièrement terminée, passe entre les mains de plus de cent vingt ouvriers. — Les aiguilles sont fabriquées avec de l'acier très pur, tiré à la filière d'un diamètre convenable à la grosseur de celles qu'on veut faire. (Voyez *Tréfilerie*.) Le fabricant reçoit cet acier en bottes ; et, pour s'assurer de sa qualité, il en coupe quelques bouts de chaque botte, les fait rougir, les trempe dans l'eau froide et les casse ensuite entre les doigts. Il rejette les bottes de ceux qui plient sans casser, et met à part ceux qui cassent le plus nettement pour la fabrication des aiguilles dites *anglaises*. Après s'être assuré que le fil est d'égale grosseur partout, on coupe la botte avec de grosses cisailles aux deux extrémités ; puis les fils sont ensuite coupés de la longueur de deux aiguilles, à l'aide d'un mandrin qui fixe la longueur d'une manière invariable pour les aiguilles de même qualité. Un ouvrier dresse ces fils au nombre de six mille à la fois, avec la plus grande facilité ; un autre les aiguise par les deux bouts pour faire les deux pointes, en les faisant rouler entre le pouce et l'index. Cette opération se fait sur une meule à sec, c'est le *dégrossissage*. On coupe alors les fils de la longueur que doit avoir l'aiguille, au moyen d'un second mandrin, puis on les donne au *palmeur* chargé d'aplatir la tête. Après qu'on a recuit les aiguilles dans un four on les donne au *perceur*, qui les perce avec un poinçon et les

passe au *troqueur* qui ouvre le trou et le termine. Toutes ces opérations se font avec une vitesse et une habileté incroyables. Alors l'*évideur* fait la cannelure et arrondit la tête. On les redresse ensuite et on les trempe, puis on les recuit afin qu'elles ne soient pas aussi cassantes ; on les décrasse, on redresse au marteau celles qui se sont faussées, et on les livre au *polisseur*. — Le polissage est l'opération la plus longue, elle dure plusieurs jours ; mais cette lenteur est compensée par la grande quantité d'aiguilles qu'on peut polir à la fois. La même machine, mue par un courant d'eau et qu'un seul homme peut diriger, polit en même temps douze ou quinze millions d'aiguilles. Après le polissage, on les dégraisse dans un tonneau avec de la sciure de bois ; on les vanne ensuite et on les arrange dans une boîte. Les cinq opérations du polissage se répètent plusieurs fois chacune, puis on essuie les aiguilles avec un linge. — On procède au triage. Un ouvrier *détourne* les aiguilles, c'est-à-dire qu'il tourne toutes les têtes d'un même côté ; on sépare celles qui sont défectueuses, puis on les divise en deux qualités en raison du poli ; trois autres ouvriers vérifient les pointes, la longueur, l'acuité. Puis on passe à la mise en paquets et à l'affinage ; ce sont les dernières opérations qui emploient encore une dizaine d'ouvriers. Les aiguilles anglaises véritables sont faciles à distinguer des autres, en ce qu'elles ont toujours leurs pointes dans l'axe, ce qu'on aperçoit facilement en les faisant rouler entre le pouce et l'index, tandis que les autres ont le plus souvent leur pointe hors de leur axe. — Dans les arts mécaniques, diviser le travail, c'est l'abréger ; multiplier les opérations, c'est le simplifier ; attacher un ouvrier particulier à chacune d'elles, c'est obtenir à la fois vitesse et économie.

Les *aiguilles de chirurgien* sont faites à la main par les couteliers qui fabriquent les instruments de chirurgie.

La fabrication de tous les autres genres d'aiguilles a beaucoup d'analogie avec celle des aiguilles à coudre ; elle présente moins de difficultés.

L'*aiguille aimantée* des boussoles (voy. *Boussole*) est une lame d'acier fondu, mince, d'une longueur proportionnée au diamètre du cercle qu'elle doit parcourir. Après qu'elle a été limée, trempée, bleuie et polie, on fixe au milieu de sa longueur une *chape* en laiton et mieux en agate. Cette chape est creusée d'un trou conique bien poli, destiné à recevoir le pivot d'acier trempé et poli ; à l'aide de ces précautions, l'aiguille se meut facilement et presque sans frotte-

ment. On sait que l'aiguille aimantée tourne constamment l'une de ses extrémités vers le pôle nord
et l'autre vers le pôle sud. Pour obvier à l'inclinaison boréale de l'aiguille, on lui laisse, en la
limant, un peu plus de matière du côté *sud*. On
bleuit ordinairement le côté qui doit se trouver
vers le *nord;* puis on l'aimante. (Voyez **Aimant
artificiel**.)

AIGUILLETTE. On appelait ainsi autrefois
des lacets garnis d'un petit bout métallique destinés à attacher les différentes pièces de l'habillement. Aujourd'hui, les boutons et les bouton-
nières les ont remplacés. L'on nomme actuellement *aiguillette* un ornement porté par certains
corps de l'armée et qui consiste en une ganse
d'or, d'argent ou de laine, garnie de nœuds et
de bouts métalliques, attachée sur l'épaule. Cet
ornement figure un paquet de cordelettes que,
dans l'origine, les cavaliers portaient sur l'épaule
et destinées à lier le fourrage. On en fit, plus
tard, un objet d'ornement pour la maréchaussée,
d'où il passa à divers régiments de cavalerie. —
Nouer l'aiguillette était un proverbe français,
qui provenait de ce que, du temps des bragues
et des braguettes, cette dernière partie du vêtement se fermait au moyen d'aiguillettes dont
nous avons parlé en commençant. Lorsqu'un
jeune marié se trouvait hors d'état de satisfaire
au devoir conjugal, on attribuait cette infortune
à un sort jeté par un sorcier, et on exprimait
décemment l'idée attachée à cet état en disant
que *son aiguillette était nouée*. (Le concile
provincial de Reims, en 1583, tit. *De sortileg.*,
n° 2, excommunia les noueurs d'aiguillettes.) On
disait encore *courir l'aiguillette* pour signifier
fréquenter les maisons de débauche, parce qu'à
Toulouse les femmes publiques étaient obligées
de porter sur l'épaule une aiguillette qui avait
rapport, comme on l'a vu, au vêtement mas-
culin.

AIGUILLON, arme dont sont pourvus les insectes femelles de l'ordre des hyménoptères, et
qui leur sert non-seulement à attaquer ou à se
défendre, mais qui, complément des organes générateurs, est propre aussi à la ponte des œufs.
Cet appendice, adhérent par sa base au dernier
segment de l'abdomen, varie pour la forme suivant les différents genres, mais il est toujours
composé de trois pièces principales : la base, l'é-
tui et l'aiguillon. La *base* est formée de petites
pièces unies entre elles, et munies de muscles
qui font agir l'aiguillon avec lequel elles s'articulent. L'*étui* est une espèce de fourreau de
consistance cornée, renflé à sa base et diminuant
progressivement de grosseur jusqu'à son extrémité, qui est aiguë; une espèce de gouttière,
creusée dans son milieu, se prolonge dans toute
sa longueur et sert à loger le *dard*. Ce dernier
se compose de deux stylets fort minces, unis par
leur côté interne, dans lequel est creusé un léger
sillon; leur extrémité inférieure offre une pointe
très acérée et armée de petites dents dirigées
par en haut comme une flèche barbelée. Pendant le repas, l'aiguillon reste enfermé dans
l'abdomen; mais lorsque l'insecte veut le faire
mouvoir, il contracte brusquement les muscles
de la base et le projette au dehors avec force.
L'extrémité pointue de l'étui pénètre dans le corps
et sert de point d'appui à la base dont les muscles
font glisser le dard dans la coulisse du fourreau
et le font pénétrer plus profondément dans l'ouverture faite par l'étui. Il arrive souvent que, retenu par sa partie barbelée, le dard reste dans la
plaie : alors l'insecte, par suite des efforts violents
qu'il fait pour le retirer, déchire son oviducte et
perd la vie avec son aiguillon.

Quelques poissons présentent également des
épines qui remplacent les rayons des nageoires
ou sont disséminées sur la peau. Ces aiguillons
sont mobiles chez la *vive*. Les diodons ont la peau
armée de gros aiguillons pointus, et quelques espèces de raies ont le corps couvert de gros tubercules osseux garnis d'un aiguillon recourbé.

AIGUILLON (*bot.*). Voyez *Épine.*

AIGUILLON (Armand-Vignerod-Duplessis-
Richelieu, duc d'), né en 1720, se distingua
d'abord comme militaire. En 1756, il fut nommé
gouverneur de Bretagne, et s'y fit détester par
son humeur altière et sa conduite tyrannique.
Accusé de concussion, il ne dut son salut qu'au
crédit de madame de Pompadour qui le protégeait. D'accord avec la favorite, il fit de grands
efforts pour renverser le ministère du duc de
Choiseul. Il y parvint, et même lui succéda
dans le département des affaires étrangères. C'est
sous la triste administration de ce ministre que
s'accomplit le partage de la Pologne. A l'avénement de Louis XVI, il fut destitué et exilé. Il
mourut en 1780.

AIGUILLON (Armand-Vignerod-Duplessis-
Richelieu, duc d'), fils du précédent, fut député
de la noblesse d'Agen aux États-généraux. Il fut
l'un des premiers de ceux qui renoncèrent à
leurs priviléges dans la nuit du 4 août. — Décrété d'accusation après le 10 août, il émigra en
Allemagne et y mourut en 1800.

AIGUISERIE. On nomme ainsi une usine dans laquelle on aiguise et polit les lames de divers instruments tranchants, à l'aide de meules de pierre ou de bois, mues par la vapeur ou par tel autre moteur. — Les meules qu'on emploie pour aiguiser, et qui diffèrent seulement par les proportions de celles qu'on voit chez les couteliers et les rémouleurs, sont formées le plus ordinairement d'un granit tendre. Elles ne sont pas mouillées, et font de deux cent cinquante à cinq cents tours par minute. — Les meules à polir sont faites de bois de chêne, enduites d'émeri délayé dans l'huile de navette ou de charbon léger dont on frotte leur circonférence. L'ouvrier ajuste les pièces sur des morceaux de bois qui leur conserve leur forme, et il les plonge dans l'eau quand elles viennent trop à s'échauffer ; cet échauffement a de grands inconvénients en ce qu'il détrempe les instruments ; on y remédie en enduisant de suif la surface de la meule ; et telle est l'efficacité de ce moyen qu'une meule ainsi préparée enlève toute la taille d'une lime douce sans l'échauffer sensiblement. Le mouvement rapide et le choc des pièces à aiguiser donnent naissance à une poussière métallique et pierreuse, dont les ouvriers étaient fort incommodés, et qui devenait pour eux la source de graves maladies de poitrine. Un Anglais a imaginé une machine propre à les en garantir : c'est un ventilateur garni de soufflets qui entraînent la poussière dans une direction opposée à la respiration de l'aiguiseur.

AIL, *allium* (*bot.*), genre de plantes de la famille des liliacées, qui présente pour caractères des fleurs disposées en ombelles simples, chaque fleur composée d'un périgone à six pièces égales entre elles, six étamines, d'un pistil à ovaire triloculaire et à style unique. Le fruit qui succède à ces fleurs est une capsule à trois angles, à trois loges polyspermes. Quelques espèces présentent un autre mode de reproduction qui consiste en ce que les fleurs et les fruits sont remplacés par des *bulbilles*, sortes de petites bulbes qui multiplient la plante aussi bien que les graines, de là la division des aulx en espèces à ombelle *capsulifère*, et à capsule *bulbifère*. Les feuilles de ces plantes sont tantôt planes, tantôt cylindriques et creuses. Ce genre renferme aujourd'hui près de 200 espèces, dont la plupart croissent naturellement dans les parties méridionales de l'Europe et en Asie. La France en possède 35 espèces, cultivées soit comme plantes d'ornement, soit comme plantes potagères. Parmi ces dernières est l'ail commun (*allium sativum*), originaire de la Sicile, qui est l'objet d'une culture et d'un

commerce importants : on le multiplie non de graines mais par ses cayeux. — Le poireau (*allium porrum*) ; l'ognon (*allium cepa*), dont tout le monde connaît les usages alimentaires ; il se multiplie de graines, et produit un grand nombre de variétés ; l'échalotte qui nous vient d'Orient, la ciboule, la civette, etc. Parmi les espèces cultivées comme plantes d'ornement, nous citerons l'ail doré ou moly (*allium moly*) à fleurs d'un beau jaune doré ; l'ail à odeur de vanille (*allium fragrans*), remarquable par l'odeur de vanille que répandent ses fleurs roses et pourpres, etc.

AILE. Ce mot, qui ne servait primitivement qu'à désigner les organes du vol chez les oiseaux, a été étendu à tous les appendices qui remplissent la même fonction chez d'autres classes d'animaux, tels que certains mammifères, quelques reptiles et presque tous les insectes. — On rencontre chez certains *mammifères* des espèces d'ailes formées par le développement des membranes interdigitales, mues par un appareil musculaire ; tels sont les *cheiroptères* ou chauvessouris (voyez ce mot), dont le bras et la main sont transformés en aile. On a fort improprement appliqué le nom d'aile aux membranes ou extensions cutanées, que l'on rencontre chez quelques autres mammifères, tels que le galéopithèque volant, les palatouches et trois espèces de phalangers (voy. ces mots) ; mais ces membranes, qui ne font que faciliter le saut et la course, sont, à proprement parler, de simples parachutes. — Chez les *oiseaux*, l'aile remplace les membres antérieurs des mammifères et est exclusivement destinée à la locomotion dans les airs. Nous en parlerons avec détail à l'article *Oiseau*. Parmi les *reptiles* antédiluviens, dont les ossements fossiles nous ont révélé les gigantesques proportions et les formes plus ou moins bizarres, un genre de sauriens, nommé ptérodactyle, par Cuvier, était muni d'ailes dans le genre de celles des chauves-souris et des galéopithèques. Aujourd'hui nous possédons encore un individu de ce genre, le dragon, qui se soutient quelque temps dans les airs au moyen de fausses ailes situées horizontalement de chaque côté de l'épine dorsale. Cette espèce de lézard ne saurait cependant s'élever dans l'atmosphère, et l'appareil qu'il possède et qui lui a valu le nom de dragon, animal fabuleux, n'est qu'une membrane soutenue par les six fausses côtes, qui, au lieu de tourner, comme à l'ordinaire, vers le sternum, s'étendent horizontalement. Elles sont couvertes de fines écailles; mais elles n'ont aucun rapport avec les ailes de chauves-souris, puisqu'elles sont indépendantes des membres thoraciques. — Les nageoires offrent assez d'analogie avec les ailes des oiseaux; aussi quelques poissons sont-ils pourvus de longues nageoires pectorales, qui peuvent, au besoin, les soutenir quelque temps au-dessus de l'eau. Plusieurs espèces de muges et d'exocets échappent ainsi aux carnassiers de l'Océan; mais leur élément ne tarde pas à les réclamer, car les rayons du soleil, en séchant leurs ailes, ne sont pas moins fatals à ces icares aquatiques qui retombent pesamment dans leur humide région.— Chez les *Insectes*, pourvus de cet organe du vol, les ailes sont au nombre de deux ou de quatre; leur forme, leur position, leur consistance, varient beaucoup et ont fourni les principaux caractères à la classification. (Voyez *Insectes*.)

AILE. En architecture, on donne ce nom aux parties latérales d'un bâtiment qui font avec le corps principal un angle droit. Les anciens, au contraire, appelaient ainsi les galeries et les colonnes annexées à un temple.

Dans l'art militaire, on donne le nom d'*ailes* aux deux parties latérales droite et gauche d'une armée rangée en bataille. La cavalerie forme ordinairement les ailes destinées à couvrir et à assurer le centre.

AILLY (Pierre d') *Petrus Alliaco*, cardinal, naquit à Compiègne en 1350, il fut l'un des prélats les plus éminents de son époque. Son savoir et son éloquence lui valurent le titre d'*ai-*gle *des docteurs* de la France et de *marteau des hérétiques*. Reçu docteur à trente ans, il fut quatre ans plus tard nommé grand-maître du collége de Navarre. Quelques années après, il devint confesseur de Charles VI. Il fut nommé successivement aux siéges du Puy et de Cambrai. Il acquit au concile de Pise, par son éloquence, un tel renom, que Jean XXIII lui conféra la dignité de cardinal et le nomma son légat en Allemagne. Il eut une grande part à la condamnation de Jean Hus. Nommé légat d'Avignon par le pape Martin V, d'Ailly mourut dans cette ville en 1420. Le plus connu de ses ouvrages est le *Traité de la réforme de l'Eglise*, il a laissé aussi une *Vie du pape Célestin V, De Vita Christi, De Anima*, etc.

AIMANT (*min.*), *magnes*. On donne ce nom, ou encore celui de *pierre d'aimant*, à une mine de fer appartenant au fer oxydulé amorphe de Haüy, sorte de combinaison naturelle de protoxyde et de deutoxyde de fer, suivant M. Berzelius. Cette substance, remarquable surtout par la double propriété qu'elle possède d'attirer le fer et de lui communiquer la faculté d'attirer d'autre fer, en même temps que l'une de ses extrémités se dirige vers le nord et l'autre vers le sud, se trouve dans les mines de fer noir en roche qui existent dans les montagnes primitives; on la rencontre particulièrement en Sibérie, en Norwége, en Suède, dans l'île d'Elbe, en Chine,

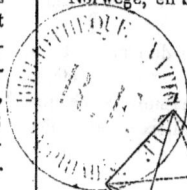

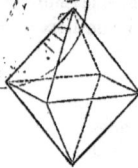

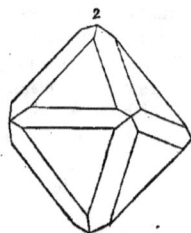

à Siam, aux îles Philippines, etc. Elle se présente ordinairement en fragments irréguliers et très pesants; d'une couleur généralement noirâtre, mais quelquefois brune ou rougeâtre, ou même blanchâtre; d'une structure tantôt compacte, tantôt granuleuse ou écailleuse; d'une consistance très dure, quelquefois aussi on la rencontre en cristaux dont la forme la plus ordinaire est l'octaèdre régulier (1) ou à arêtes tronquées (2).

AIMANT ARTIFICIEL. On donne ce nom aux substances dans lesquelles nous parvenons par des procédés particuliers à fixer du *magnétisme*. (Voy. ce mot.) Gassendi, le premier, observa que des barres de fer tenues longtemps dans une position fixe et verticale acquièrent naturellement la vertu magnétique. C'est ainsi que les croix de fer, placées sur les clochers, deviennent, à la longue, de très bons aimants. Il en est de même des instruments et des barres de fer qui sont restés longtemps dans la position verticale; la partie supérieure de ces barres devient toujours un pôle austral, tandis que le bas est un pôle boréal. Une percussion vive et forte développe également la vertu magnétique dans une barre de fer. On met sur une enclume et dans le plan du méridien une barre de fer doux; on frappe un coup sec avec un marteau sur l'extrémité tournée du côté du nord et aussitôt elle devient pôle boréal, en frappant de même l'extrémité opposée elle devient pôle austral. Mais on obtient le même résultat d'une manière plus efficace et plus prompte, au moyen d'un aimant naturel que l'on fait glisser sur la surface et dans toute la longueur du barreau d'acier que l'on veut aimanter. La méthode de la *double touche* consiste à frotter le barreau avec deux aimants, en mettant les pôles de nom contraire au milieu du barreau, puis les faisant glisser jusqu'à chaque extrémité du barreau, les reportant au milieu de celui-ci, les faisant glisser de nouveau, et ainsi de suite un certain nombre de fois.

AIMON (les quatre fils). Aimon, duc de Dordogne, eut quatre fils, Alard, Richard, Guiscard et Renaud, le fameux Renaud immortalisé par l'Arioste. L'Italie, la Provence, la Belgique, ont fourni leurs fables, leurs poèmes, leurs contes merveilleux au sujet des quatre frères qui, du temps de Charlemagne, accomplirent contre les païens tant de faits et de gestes héroïques. Qu'il suffise ici d'avertir que ces héros n'appartiennent pas à l'histoire, excepté peut-être Renaud.

AIN, département de la France orientale, formé de l'ancienne Bresse, du Bugey, du Valromey et de la principauté de Dombes, parties de l'ancienne généralité de Bourgogne, et qui tire son nom de la rivière d'Ain, laquelle le traverse au centre. Il est borné au nord par le département du Jura, au nord-est par la Suisse et la Savoie, au sud par le département de l'Isère, à l'ouest et au nord-ouest par ceux du Rhône et de Saône-et-Loire. Sa superficie est de 537,300

hectares ou 271 lieues et demie carrées. Le sol de ce département est en partie plat et en partie montagneux. — Tout le pays qui s'étend à l'est, entre l'Ain et le Rhône, est couvert de montagnes appartenant à la chaîne du Jura, et qui s'abaissent graduellement vers le midi, en même temps que le sol devient plus fertile. A l'Ouest de l'Ain, la configuration du terrain peut se diviser en deux parties : au nord, l'arrondissement de Bourg (l'ancienne Bresse) est légèrement ondulé et forme la meilleure partie du département; au sud s'étend un plateau qui embrasse presque tout l'arrondissement de Trévoux, sans pente déterminée, couvert d'une multitude d'étangs qui sont la seule richesse de l'habitant, mais qui, en même temps, sont sa ruine physique et morale; car, au milieu des exhalaisons délétères de toutes les eaux stagnantes, il vit à peine, dévoré par les fièvres régulières et épidémiques. Les rivages de la Saône, cultivés et fertiles, consolent de la tristesse que présente l'intérieur des terres. — Les principales rivières du département sont le Rhône, qui forme ses limites orientales et méridionales; la Saône qui le borne à l'ouest, et l'Ain; la Reyssouse, la Veyse et la Chalaronne, affluent de la Saône, la Valserine, aux eaux impétueuses; le Furon, affluent du Rhône; l'Albarine, qui se jette dans l'Ain. Le Rhône est navigable à partir du Parc, au-dessus de Seyssel, jusqu'à Lyon, sur une étendue de 53 lieues le long du département. La Saône est navigable dans toute la partie qui longe le département; l'Ain est dans le même cas. Les cantons les plus fertiles sont la partie septentrionale de la Bresse, où les terres sont cultivées avec le plus grand soin, et les vallées du canton de Belley, au sud-est. Au reste, les parties cultivées du sol forment tout au plus un tiers de la superficie; mais ce tiers produit suffisamment de grains et de denrées pour la consommation, et fournit même souvent à l'exportation. Le froment, le seigle, l'orge, le maïs, le sarrasin, le chanvre, les graines à huile, les légumes secs, les pommes de terre, les raves, les menus grains, y donnent d'abondantes récoltes. Les étangs, mis successivement à eau et à sec, fournissent une grande quantité de poissons dans leur premier état, et produisent dans leur second de l'orge, de l'avoine et autres grains. Le bétail y est abondant, mais languissant comme l'homme. La race des chevaux est assez belle, surtout lorsqu'ils sortent jeunes du pays. Le Bugey élève aussi beaucoup de gros bétail, de cochons. On connaît partout les poulardes de la Bresse, qui rivalisent avec les chapons du Mans, et peuvent être regardées comme une des branches intéressantes de l'industrie du pays. Les lieux reculés des montagnes, les forêts, servent de refuge à quelques ours, à des loups et à des renards, mais en petit nombre. Les autres animaux nuisibles sont ceux du reste de la France. — Le département de l'Ain est favorisé en bois et forêts, lesquels occupent près d'un trentième de sa superficie : le chêne, le sapin, le pin, le hêtre, le charme, l'aune, sont les essences dominantes. De belles et majestueuses forêts couvrent les lieux élevés des montagnes de la partie orientale. Les vignobles occupent une surface de 50,000 hectares; ils se trouvent généralement à la côte de Revermont, chaîne de collines et de montagnes, qui borde la rive gauche de l'Ain à l'est de Bourg. Les meilleurs crûs sont ceux de Montmerle et de Thoissey. Ce département n'est pas riche en mines métalliques; on y trouve seulement des oxydes de fer et de cuivre en abondance; quelques indices de houille et de grands dépôts de bitume et de pierre bitumineuse dans tout le territoire de Seyssel; on y trouve aussi des carrières de pierre de taille, de pierre à plâtre, etc. —L'industrie manufacturière est peu développée dans ce département; ses branches les plus actives sont la fabrication des toiles, la filature de coton, la papeterie, les ouvrages en buis et en corne et de la boisellerie; il y a aussi quelques verreries et faïenceries. Les importations avec Lyon et Genève sont assez importantes, et consistent en gros bétail, en porcs, volailles, beurre, œufs, etc. — Le département de l'Ain est divisé en cinq arrondissements, Bourg, Nantua, Gex, Belley et Trévoux. On y compte environ 347 mille habitants. Son chef-lieu est Bourg.

AINE. On désigne sous ce nom l'enfoncement ou mieux le pli qui sépare l'abdomen de la cuisse, et qui s'étend depuis l'épine antérieure et supérieure de l'os ilion jusqu'à la partie moyenne de la branche horizontale du pubis. — La peau qui recouvre cette partie est fine et délicate, et contient dans son épaisseur une assez grande quantité de follicules qui sécrètent une humeur très odorante; des poils la recouvrent dans le voisinage du pubis. La présence d'une assez grande quantité de glandes lymphatiques sous la peau de l'aine rend cette région un lieu d'élection pour les abcès froids et les engorgements chroniques, le voisinage des organes génitaux en fait le siège du bubon vénérien; et c'est également sous la peau de l'aine que la hernie crurale fait saillie.

AINESSE (*Droit d'*). Le droit d'aînesse ou droit de primogéniture est l'ensemble des priviléges qui résultent pour l'un des enfants, de ce qu'il est né avant les autres. La plupart des législations anciennes l'ont consacré, et il est encore admis par quelques nations modernes. — Le 25ᵉ chapitre de la Genèse dit qu'Esaü, revenant des champs, vendit à Jacob son *droit d'aînesse* pour un plat de lentilles. Le droit d'aînesse existait donc sous le régime patriarcal; en quoi consistait-il? aucun texte de la Bible ne nous l'apprend. Mais lorsque vint Moïse, législateur de l'égalité, l'aîné des enfants mâles n'eut plus la totalité de la succession paternelle, le patrimoine fut à peu près divisé entre tous les fils; mais les biens ne devant pas sortir de la famille, les filles n'avaient aucun droit aux biens de leur père, si ce n'est à défaut de tout enfant mâle. — Le droit d'aînesse existait à Athènes, il existait également à Sparte, établi par Lycurgue concurremment avec l'égalité la plus absolue. L'aîné de chaque famille avait la direction des biens plutôt que la propriété, et ne pouvait ni vendre ni léguer par testament une portion de terrain. C'était le seul moyen de maintenir l'égalité des divisions territoriales établies, et pour empêcher tout essai d'accaparement et d'inégalité, Lycurgue avait décrété l'inaliénabilité des possessions territoriales. — A Rome, il n'y avait aucune distinction légale, sous le rapport héréditaire, entre les enfants d'une même famille, et le principe de l'égalité présidait rigoureusement au partage. Plus tard, la loi des XII Tables permit même au père de se choisir tel successeur qu'il jugerait convenable, soit dans sa famille soit au dehors. — En France, sous les rois de la première race, l'égalité se maintint; la couronne et les alleux étaient démembrés au profit de tous les fils par égales portions; quant aux fiefs amovibles ou à vie, ils retournaient naturellement, à la mort du concessionnaire, à la couronne dont ils n'étaient qu'une dépendance. « Mais, plus tard, quand les fiefs furent héréditaires, le droit d'aînesse s'établit dans la succession des fiefs, et par la même raison dans celle de la couronne qui était le grand fief. On établit un droit de primogéniture, et la raison de la loi féodale força celle de la loi politique ou civile. » (*Montesquieu, Esprit des lois.*) — Ce fut alors que dans tous États de l'Europe le droit d'aînesse jeta des racines si profondes que plus de dix siècles après, lorsque l'unité et la centralisation nationales s'étaient substituées à la féodalité, nous le retrouvons debout, entretenu par l'orgueil de la noblesse et le vain désir de perpétuer d'illustres maisons. En France, sous la jurisprudence coutumière, le droit d'aînesse s'exerçait seulement en faveur des enfants nobles, ou à raison des biens possédés noblement. Le père et la mère ne pouvaient préjudicier au droit d'aînesse ; mais l'aîné pouvait valablement y renoncer avant l'ouverture de la succession, et alors le droit passait au plus âgé des autres enfants. Lorsqu'au contraire la renonciation n'avait lieu que postérieurement à l'ouverture de la succession, le droit d'aînesse s'anéantissait et les biens étaient partagés par portions égales. Nous ferons remarquer que dans les provinces méridionales, nommées *pays de droit écrit*, où les lois romaines n'avaient pas cessé de prévaloir, on n'admit jamais le droit d'aînesse et le principe de l'égalité dans les partages fut constamment suivi, sauf la volonté contraire du père de famille. Tel était l'état des choses lors de la convocation des États généraux en 1789. Le droit d'aînesse fut, à cette époque, attaqué de toutes parts au nom du droit naturel et du christianisme. Le 2 novembre 1790, l'abbé Grégoire fit, à l'Assemblée nationale, une proposition contre l'inégalité dans les partages successifs, et Mirabeau laissa en mourant un discours *sur l'inégalité des partages dans les familles.* « Que les Français, s'écriait-il, donnent l'exemple, et ne reçoivent la loi que de la raison et de la nature.... Si la nature a établi l'égalité d'homme à homme, à plus forte raison de frère à frère. » Ce discours d'un aîné de famille noble fut lu solennellement à la tribune une heure après la mort du célèbre orateur. Six jours après, le 8 avril 1791, l'Assemblée nationale abolit le droit d'aînesse par une loi dont l'article 1er est ainsi conçu : Toute inégalité ci-devant résultant entre héritiers *ab intestat*, des qualités d'aîné ou de puîné, de la distinction des sexes ou des exclusions coutumières, soit en ligne directe, soit en ligne collatérale, est abolie. Tous héritiers en égal degré succéderont par portions égales aux biens qui leur sont déférés par la loi. » — La Convention compléta l'œuvre de l'Assemblée nationale en enlevant aux pères la faculté de tester. Mais le despotisme de Napoléon ne s'accommoda pas de cette législation salutaire ; le 4 germinal an VIII, une loi fut présentée dans le but de rendre aux pères de famille la faculté d'avantager un ou plusieurs de leurs successibles dans certaines limites, et le Code civil la confirma bientôt par les articles 913 et suivants. Non content de cette loi, l'Empereur, aidé de son sénat, institua les majorats ou biens héréditaires dévolus exclusivement au fils aîné du titulaire, noble de mâle en mâle et par ordre

de primogéniture. (Voyez *Majorat.*) Les majorats ne furent abolis que par la loi du 12 mai 1835. La Restauration avait accueilli favorablement cet héritage et essaya même d'en reculer les limites. En février 1826, le comte de Peyronnet proposait à la chambre des pairs le rétablissement du droit d'aînesse ; mais ce projet de loi fut énergiquement repoussé. — Un privilège de primogéniture existait encore sous la Restauration : c'était la transmissibilité héréditaire de la pairie à l'aîné des enfants mâles. La loi du 29 décembre 1831 a détruit ce dernier vestige du droit d'aînesse en France. — Le droit d'aînesse continue de subsister aujourd'hui en Espagne, en Sicile, en Italie. En Angleterre, il n'affecte que la propriété immobilière ; mais cette loi contre nature y produit les effets les plus désastreux.

AIR (*aer*). On donne le nom d'*air* au fluide invisible dans lequel nous vivons, et dont la totalité qu'on nomme *atmosphère* environne la terre jusqu'à une hauteur d'environ 75 kilom. (19 lieues). — L'air est diaphane, mais en laissant passer la lumière il la réfracte. (Voyez *Dioptrique.*) Il est incolore en petite quantité, mais en grande masse il paraît bleu, et c'est lui qui forme ce qu'on nomme le *ciel.* L'air, comme tous les corps de la nature, est pesant, ce dont on peut s'assurer facilement en pesant une vessie gonflée d'air, et en la pesant de nouveau après l'avoir dégonflée. Un litre d'air pèse 1 gramme 30 centigr. — La pression de l'atmosphère fut observée pour la première fois vers le commencement du XVIIe siècle par Galilée, et peu après irrévocablement démontrée par son disciple Torricelli, à qui la science est redevable de l'invention du *baromètre.* (Voyez ce mot.) Cette pression, au niveau de la mer, égale un poids d'environ 1 k. 033 par centimètre carré de surface, ce qui équivaut à une colonne d'eau de 32 pieds ou à une colonne de mercure de 28 pouces (0,76 c.); en sorte qu'on peut évaluer le poids de la colonne d'air que supporte un homme de moyenne taille, à environ 16,000 kilogr.; mais cette pression énorme n'est pas sensible pour nous, parce qu'elle est contrebalancée par la réaction des fluides élastiques qui remplissent notre corps. Sans cette pression même les animaux périraient infailliblement ; l'air et les autres fluides élastiques contenus dans leur intérieur, n'étant plus contenus, se dilateraient et rompraient par leur force expansive le tissu des organes qui les renferment. C'est ce qui arrive aux poissons qui vivent habituellement au fond de la mer ; ces animaux sont pourvus d'une vessie remplie de gaz qui suffit pour faire équilibre à la colonne d'air qui pèse sur eux; mais si tout à coup on les tire hors de l'eau, comme ils n'ont pas de conduits assez larges pour laisser échapper promptement le superflu de ce gaz, la vessie se gonfle et crève; le gaz remplit alors le corps, renverse leur estomac en dehors et les fait périr avant même qu'ils ne soient sortis de l'eau. La même chose arrive lorsqu'au moyen de la *machine pneumatique* on soustrait un animal à la pression atmosphérique. Cette machine, inventée par Otto de Guéricke et perfectionnée par plusieurs physiciens, sert à faire le vide. Elle est

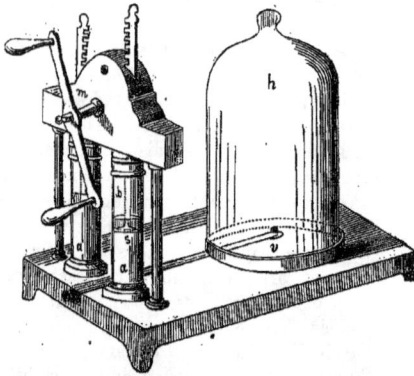

formée de deux corps de pompe *a*, dans lesquels se meut un piston à frottement *b*, les pistons portent en *s* une soupape de métal qui s'ouvre de bas en haut; elle s'ouvre quand la pression qui s'exerce sous le piston est plus grande que la pression extérieure. Quand celle-ci l'emporte, la soupape reste fermée. — Au fond des corps de pompe le *conduit* de la machine prend naissance; il s'étend ensuite jusqu'en *v*; *h* est une *cloche* où l'on fait le vide, son bord s'applique exactement sur la platine, on l'enduit d'une légère couche de suif pour achever d'établir l'adhérence, afin que l'air extérieur ne puisse pénétrer entre la cloche et la platine. Les deux pistons sont à crémaillère et mus par la manivelle *m*. — Lorsqu'on s'élève sur de très hautes montagnes, on éprouve un malaise général qui tient à la diminution du poids de la couche d'air qui nous entoure de toutes parts. — La densité de l'atmosphère n'est pas la même partout. Il est évident que, comme la colonne atmosphérique diminue de longueur à mesure qu'on s'éloigne de la terre, es couches inférieures ont à supporter tout le

poids de celles au-dessus d'elles, et conséquemment plus l'élévation est grande moins, il y a de pression, en d'autres termes, plus l'air est léger. La température a aussi une grande influence sur la densité de l'air; la chaleur en le dilatant diminue sa pesanteur, c'est-à-dire que si l'air s'échauffe, il occupe plus d'espace et exerce par conséquent, à volume égal, une pression plus faible sur celui qui l'environne. Plus l'air est froid, au contraire, plus il pèse; aussi l'air chaud tend toujours à s'élever et se trouve continuellement remplacé par l'air froid qui est plus pesant; c'est là la cause des courants d'air, du tirage des cheminées, etc. C'est au moyen du *baromètre* (voyez ce mot) que l'on apprécie la densité de l'air. — L'air est compressible et parfaitement élastique, c'est-à-dire qu'il peut être réduit à un petit volume par la compression, et qu'il reprend complètement son premier volume dès que cette compression cesse. C'est ainsi qu'une vessie à moitié remplie d'air, portée au sommet d'une haute montagne, s'y gonfle entièrement et pourrait même crever, par suite de la diminution de la compression de l'air extérieur. L'air condensé dans un vase sort rapidement dès qu'on lui donne une issue, et cet effet de son ressort a donné lieu à un grand nombre d'applications ingénieuses; tel est le *fusil à vent*. Sa crosse est en métal,

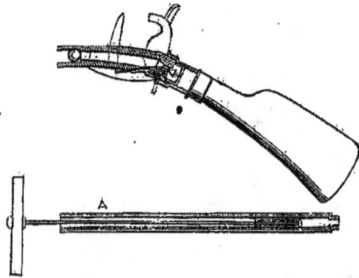

creuse et très solide, garnie à sa partie supérieure d'une soupape qui s'ouvre de dehors en dedans. On introduit de l'air dans cette crosse au moyen d'une petite pompe foulante **A**, qui se monte sur la crosse et à laquelle on substitue ensuite le canon du fusil. L'air comprimé dans la crosse pousse sur la soupape et la maintient fermée. On fait partir une détente qui presse la soupape; l'air sort alors avec violence, chasse la balle du canon, et la soupape se referme à l'instant. On peut ainsi tirer plusieurs coups sans recharger la crosse. Le fusil à vent peut lancer une balle avec autant de force que le fusil ordinaire. — Le volume de l'air est en raison inverse de la pression qu'il subit ; ainsi une portion d'air qui, sous un poids d'une livre, occupe 100 litres, n'en occupera que 50 sous un poids de 2 livres. Cette loi est appelée loi de Mariotte ; elle est à peu près la même pour tous les gaz. (Voyez *Gaz*.) Cette élasticité de l'air et sa mobilité donnent lieu à des phénomèmes bien connus ; tels sont le vent, la propagation du son, la dissémination des odeurs, etc. — L'air, comme tous les corps, se dilate et se raréfie sous l'influence du calorique, de même qu'il se resserre et se contracte par l'action du froid. Si on approche du feu une vessie remplie d'air, on la verra se gonfler, se tendre avec force et enfin crever par l'augmentation du volume de l'air, à mesure qu'il s'échauffe. C'est sur cette propriété qu'est fondé le thermomètre à air. (Voyez *Thermomètre*.) La température de l'atmosphère varie selon le degré d'élévation. La chaleur atmosphérique provient du soleil, mais les rayons solaires n'échauffent pas directement l'air ; ils échauffent la surface de la terre, et ce n'est que par son contact avec celle-ci que l'air s'échauffe, de sorte que plus on s'éloigne de la terre plus l'air est froid. On a trouvé que dans la région équatoriale la température diminuait de 1 degré cent. par 191 mètres. — L'air était un des quatre éléments des anciens philosophes ; ce ne fut que vers la fin du xviii° siècle que sa composition fut découverte par Priestley. L'air est composé d'un volume de gaz *oxygène* et de quatre volumes de gaz *azote*. C'est là la composition de l'air atmosphérique pur, mais il ne l'est jamais absolument ; il contient toujours une petite quantité d'acide carbonique et quelque vapeur d'eau ; l'oxygène et l'azote ne sont point combinés chimiquement, ils ne sont que mélangés, et ce mélange peut se faire artificiellement. — L'air est l'aliment de la vie ; il est indispensable à la respiration des animaux et à celle des plantes, il l'est également à la combustion. Ses propriétés sont dues en grande partie à la présence de l'oxygène ; l'azote sert à modérer l'activité de cet énergique élément. (Voyez *Respiration*.)

AIRAIN, alliage de 100 parties de cuivre et de 8 à 12 parties d'étain. Les anciens s'en servaient pour la fabrication des armes, des ustensiles de ménage et des statues. Les Grecs lui donnaient le nom de *chalcos;* on l'emploie encore aujourd'hui pour les médailles, les statues, les canons et les cloches. (Voyez *Bronze*.) Ce

que les Latins appelaient *œs* paraît avoir été plutôt du cuivre que de l'airain. (Voyez *Cuivre*.)

AIRE. Ce mot a plusieurs acceptions : il désigne en général une surface plane et circonscrite par les bords ; par exemple, si une pièce de terre a la figure d'un carré dont le côté soit de dix mètres, l'*aire* ou la surface de cette pièce de terre aura cent mètres, c'est-à-dire qu'elle contiendra cent petits carrés dont le côté sera d'un mètre. Ainsi, trouver l'aire d'une figure, c'est trouver combien la surface contient de mètres, d'ares ou d'hectares carrés. (Voyez *Arpentage, Surface*.) — On donne aussi le nom d'*aire* à une surface horizontale, recouverte d'un enduit et destinée à tenir lieu d'un plancher ou d'un pavé. — L'*aire*, chez les agriculteurs, est le sol sur lequel on bat le blé ; il doit être préparé de manière à fournir aux instruments de percussion un solide point d'appui et à ne pas s'émietter. — C'est aussi le nom que l'on donne au nid de l'aigle. (Voyez *Aigle*.)

AIRE-*sur-l'Adour* (Landes, *Gascogne*) est une jolie ville située sur le penchant d'une montagne que baigne l'Adour, et entourée d'un pays agréable et fertile. Elle possède un évêché érigé avant le vi° siècle, et un séminaire. Avant 1789, Aire était la capitale de la Gascogne propre. Très importante au temps des Visigoths, elle fut ruinée successivement par les Normands, les Sarrazins et les guerres de religion. On voit encore les ruines d'un palais où Alaric, roi des Visigoths, établit sa résidence. Elle n'a guère aujourd'hui que 4,000 habitants.

AIRE-*sur-la-Lys* (Pas-de-Calais, *Artois*), jolie ville fortifiée située sur la Lys, à 15 kilom. S.-E. de Saint-Omer. Elle fut fondée en 630 par Lidoric, comte de Flandre. Détruite par les Normands au ix° siècle, elle fut rebâtie et fortifiée. Le maréchal de la Meilleraye la prit en 1641 et, peu de temps après, les Espagnols en reprirent possession. Louis XIV s'en empara de nouveau en 1674. Reprise encore en 1710, elle resta enfin à la France, en 1713, par la paix d'Utrecht. On y remarque l'Hôtel-de-Ville et son beffroi, et l'église Saint-Pierre.

AIRELLE, genre de plantes de la famille des bruyères, ayant pour caractères : un calice très petit à quatre divisions, une corolle monopétale campanulée, huit ou dix étamines portant chacune une anthère fourchue à deux arêtes sur le dos, comme dans la plupart des bruyères ; les fruits sont des baies globuleuses divisées en quatre ou cinq loges contenant chacune quelques graines. — Ce sont des arbrisseaux provenant du nord de l'Europe et de l'Asie, mais principalement de l'Amérique septentrionale. L'espèce la plus con-

nue en Europe est l'*airelle myrtille* ou *raisin de bois*. Cette petite plante n'atteint pas plus de soixante centimètres de hauteur; elle croît dans les bois et les terrains sableux; ses rameaux sont verts et anguleux et portent des fleurs d'un blanc rosé, qui donnent au mois de mai de petites baies d'un beau rouge, qui deviennent d'un bleu violet en mûrissant; ses feuilles sont alternes, ovales, ressemblant à celles du myrte: de là le nom de *myrtille*. — Ces baies, de la grosseur d'un pois, sont bonnes à manger, et, dans plusieurs contrées montagneuses où l'airelle est très commune, les habitants les mangent avec du lait. Elles ont un goût acide assez agréable. On en fait aussi des confitures sèches et un sirop rafraîchissant, employé dans la médecine contre la dysenterie. On s'en sert aussi en teinture, elles donnent une belle couleur bleue ou violette. — Les espèces de l'Amérique septentrionale sont en tout supérieures à celles de l'Europe. Leurs baies sont plus grosses et d'un goût plus agréable. Dans la Caroline, c'est le dessert ordinaire des planteurs.

AISANCE (*Lieux d'*). Voyez *Latrines, Fosses d'aisance*.

AISNE (*Azona*), rivière de France qui prend

sa source dans le département de la Meuse, près de Vaubecourt en Argonne, arrose les départements de la Marne et des Ardennes, traverse celui de l'Aisne, entre dans celui de l'Oise et se jette dans l'Oise à une demi-lieue de Compiègne. Son cours a 248 kil., dont 112 sont navigables.

AISNE, département de la France septentrionale, qui tire son nom de la rivière de l'Aisne et qui est formé d'une partie de la Picardie méridionale, de l'Ile-de-France et de la Brie. Il est borné au nord par le département du Nord, à l'est par celui des Ardennes, au sud par celui de la Marne, au sud-ouest par celui de Seine-et-Marne, et à l'ouest par ceux de l'Oise et de la Somme. Sa superficie est de 728,530 hectares carrés. Le pays est généralement plat, excepté au nord où s'élève une chaîne de collines; c'est là que se trouve la hauteur isolée que couronne la ville de Laon. Les principales rivières qui le traversent sont: la Somme, l'Oise, l'Aisne et la Marne. Le climat est sain et tempéré, le sol très fertile. Les terres labourables forment les trois quarts de sa surface. La culture y est très soignée. Les principales productions consistent en froment, seigle, orge, avoine, chanvre, lin, etc. La culture de la vigne ne commence qu'au midi de Laon et sur les côteaux qui bordent le cours de l'Aisne et de la Marne. Il y a de nombreuses plantations de pommiers dans l'arrondissement de Saint-Quentin et dans une partie de celui de Laon. Le cidre que l'on y fait forme, avec la bière, la boisson ordinaire des habitants du nord du département. Le foin qu'on y récolte en abondance dans l'arrondissement de Laon fournit une partie de l'approvisionnement de Paris. Les bois sont répartis d'une manière assez égale; leur superficie est de 102,206 hectares; le chêne, le hêtre, le charme, le bouleau, y sont assez communs. On y recueille aussi diverses plantes oléagineuses. — L'éducation des chevaux et du bétail n'y est pas fort importante, sauf celle des porcs, dont la chair est presque la seule que consomment les habitants des campagnes. La volaille et le gibier y sont peu abondants. — La pierre à bâtir, le grès, le sable et l'ardoise sont assez communs dans l'Aisne. L'industrie du département est très importante; l'arrondissement de Saint-Quentin livre au commerce une quantité considérable de tissus de toute espèce. On y fabrique aussi beaucoup de bonneterie, d'huiles grasses, de sparterie, de clouterie, etc. Il y a de nombreuses raffineries de sucre indigène, des filatures de coton et de laine, des briqueteries, des verreries. C'est ici que se trouve la fameuse fonderie de glaces de Saint-Gobin. Le département de l'Aisne, dont le chef-lieu est Laon , a une population de 550,000 habitants.

AISSELLE. C'est la région située au-dessous de l'articulation du bras avec l'épaule, l'enfoncement que forment. en se réunissant, la poitrine et l'épaule. L'aisselle est revêtue d'une peau fine, toujours enduite d'une humeur odorante. A l'âge de puberté il y paraît un poil crépu et fin. Sous la peau de l'aisselle se trouvent du tissu cellulaire, de la graisse et des ganglions lymphatiques qui livrent passage à des organes importants, tels que l'artère et la veine axillaires. La première donne naissance à quelques vaisseaux secondaires, elle est accompagnée, dans tout son trajet, par la seconde. Les nerfs axillaires, destinés à l'animation du bras et de l'épaule, forment un entrelacement d'où émanent des filets qui se rendent aux parois de l'aisselle. La présence d'un tissu cellulaire abondant, des glandes et des vaisseaux lymphatiques rend le creux de l'aisselle un lieu d'élection pour les furoncles, les abcès et les anthrax. Presque toutes les maladies de la main ou du bras réagissent sur les glandes auxiliaires par l'intermédiaire des vaisseaux lymphatiques. Vers la fin des grandes maladies, il se forme souvent des abcès dans cette région, et parmi les symptômes de la peste, le plus caractéristique, est l'apparition de bubons à cette région.

En botanique, on donne le nom d'*aisselle* à la petite cavité formée par la réunion des feuilles d'une plante avec la tige , et l'on nomme *fleurs axillaires* celles qui naissent de cette partie de la plante.

AIX, ville fondée dans les Gaules, en l'année 124 avant Jésus-Christ, par le consul C. Sextius Calvinus, près d'une source d'eaux thermales. Marius l'embellit quelque temps après, et César y établit une colonie. Plus tard, elle devint la métropole de la seconde Narbonnaise. Durant l'invasion, les Wisigoths et les Bourguignons dévastèrent son territoire; après eux vinrent les Sarrasins qui incendièrent la ville et en massacrèrent la population. Ce ne fut qu'en 796 qu'on commença à relever ses murailles. Sous Alphonse II, roi d'Aragon et comte de Provence, à la fin du XIIe siècle, Aix fut comme le centre de la littérature provençale ; et elle resta la capitale des comtes de Provence jusqu'à l'extinction de leur race. On y garde encore le souvenir du bon roi René. Sous le règne de François Ier, Aix fut pillée par les Marseillais, et prise en 1535

par Charles-Quint, qui s'y fit couronner roi d'Arles. — « Il n'y a point de ville d'une égale population , excepté Dijon , dit Millin, dans son Voyage du Midi, qui ait produit autant d'hommes distingués dans les lettres et dans les arts. Nous nous contenterons de citer les naturalistes Adanson, Tournefort; le moraliste Vauvenargues; le poète Brueys; les littérateurs Bougerel, Montjoie; les savants Saint-Vincent père et fils, Pitton, Thomassin; les jurisconsultes Dubreuil, Meuclar; le médecin Lieuteau; les peintres Vanloo, Barres, Forbin-Janson, Granet; le contre-amiral d'Entrecasteaux; le lieutenant-général Miolis.» —Aix n'est plus aujourd'hui qu'un chef-lieu d'arrondissement dans le département des Bouches-du-Rhône; mais sa population est encore de 23 mille âmes ; et elle a conservé des bons temps du roi René, auquel elle a élevé une statue en 1819, le goût des lettres et des arts. Son musée d'antiquités, sa bibliothèque de cent mille volumes, ses facultés de droit et de théologie, sa société d'agriculture, de sciences et d'arts, en font toujours une ville littéraire, et elle porte le nom d'Athènes de la France méridionale. Le voisinage de Marseille a fait décliner son commerce; mais ses huiles d'olive conservent leur réputation.

AIX[1], petite ville des Etats sardes (Savoie), dans une vallée agréable, près du lac du Bourget. Elle possède des eaux thermales qui attirent chaque année une grande affluence d'étrangers. Ces eaux étaient connues des Romains sous le nom d'*Aquæ gratianæ;* et l'on voit encore à Aix les restes d'un arc-de-triomphe et d'un temple de Diane. La ville est à 12 kil. N. de Chambéry et compte environ 2000 habitants.

AIX-LA-CHAPELLE (*géogr.*) (en allemand *Aachen*), ville de Prusse, capitale de la province du Bas-Rhin et chef-lieu d'une de ses régences. Elle a l'apparence des anciennes villes gothiques, mais elle s'embellit chaque jour. On y remarque l'hôtel-de-ville , où furent couronnés Louis-le-Débonnaire, Charles-Quint et trente-cinq autres empereurs ou rois; la cathédrale, édifice gothique, bâti par Charlemagne, dont on y voit encore le crâne; la redoute, bâtiment moderne, et les bains qui ont donné naissance à la ville et sont encore très fréquentés. L'ouverture s'en fait le 1er mai avec grande cérémonie. Aix-la-Chapelle est une ville manufacturière : elle a des fabriques de draps, d'aiguilles, d'épingles et dés à coudre, d'horlogerie, de toiles de coton, de neteries, de soieries, de chapeaux, de chandelles, de tabac, de bleu de Prusse, de sel ammoniac, de savon ; de grandes teintureries de laine, des tanneries. Foire très fréquentée le 21 mai. 43,265 habitants ; à 13 lieues O.-S.-O. de Cologne. Cette ville a été fondée par Charlemagne, et fut pendant longtemps la seconde résidence des empereurs. On y voit encore son tombeau. C'est là que fut conclu le traité de paix de 1660 entre la France et l'Espagne, et celui de 1748 qui mit fin à la guerre de la succession d'Autriche. Elle a appartenu à la France depuis 1794 jusqu'en 1814.

AJACCIO (*géogr.*). Cette ville de l'île de Corse, qui a acquis une si grande célébrité dans ce siècle pour avoir vu naître Napoléon Bonaparte, a été fondée par une colonie de Lesbiens, qui lui donnèrent le nom de leur patrie, la petite ville d'Ajasso dans l'île de Lesbos. Au VIe siècle, Ajaccio était le siège d'un évêché ; au XVe, ses habitants la reconstruisirent à quelque distance du point qu'elle occupait, pour éviter les exhalaisons d'un marécage. Aujourd'hui, c'est une assez belle ville, régulière et simple, chef-lieu de la préfecture de la Corse. Elle a une cathédrale, un hôtel de préfecture, une bibliothèque de 15,000 volumes, un hospice, etc., etc. 9,000 habitants.

AJAX. Deux guerriers de ce nom se distinguèrent au siège de Troie ; Ajax, fils d'Oïlée et Ajax, fils de Télamon. Le premier, roi des Locriens, fut le moins célèbre ; lorsque les Grecs eurent pénétré dans la ville de Troie, Cassandre, fille de Priam, se réfugia dans le temple de Pallas, mais elle y fut poursuivie et violée par le féroce Locrien. Pallas, irritée de ce forfait, le fit périr au milieu des flots, lorsqu'il retournait dans sa patrie. *Ajax*, fils de Télamon, qui fut surnommé le *Grand*, était de Salamis. Homère le peint comme le plus beau et le plus vaillant des Grecs, après Achille. A la mort de ce dernier, il disputa les armes du héros à Ulysse ; mais celui-ci les ayant obtenues, il en conçut un tel ressentiment qu'il en devint fou, et se donna la mort.

AJONC, *ulex,* sous-arbrisseaux de la famille des légumineuses, garnis de rameaux nombreux, épineux à leur sommet : leurs feuilles sont raides et hérissées de piquants ; leurs fleurs, disposées en épis au sommet des rameaux, sont jaunes et produisent un assez joli effet ; le calice a quatre divisions profondes ; le fruit est une gousse renflée, bivalve, renfermant un petit nombre de graines arrondies. — L'ajonc d'Europe, connu vulgairement sous le nom de *genet épineux* ou *jonc marin*, ne dépasse pas dans nos contrées trois à quatre pieds ; mais en Espagne, dans les montagnes de la Galice, il parvient à une hauteur de quinze et dix-huit pieds. Il pousse de nombreux rameaux touffus, épineux, portant au printemps quelques petites feuilles dures et pointues qui se changent en épines. Cette plante, très abondante, couvre les landes de la Bretagne et de la Normandie, prospérant dans les plus mauvais terrains. On emploie les ajoncs desséchés comme combustible et les sommités des rameaux comme un fourrage nourrissant et délicat pour les bestiaux ; on prétend même qu'il donne du lait aux vaches. On en forme des haies en Angleterre, où il est aussi employé comme engrais. Desséché, puis répandu sur le sol par poignées et brûlé, il donne une cendre saline qui produit les meilleurs effets.

AJOURNEMENT. Voyez *Citation* et *Assignation.*

AJUSTEMENT. AJUSTEUR. AJUSTOIRE. Le mot *ajustement* s'emploie dans les arts pour exprimer l'action d'ajuster, d'établir un rapport de position ou de proportion entre divers objets. L'*ajusteur* est l'ouvrier chargé de cette partie du travail. Ce nom s'applique spécialement 1° à ceux qui fabriquent les poids et mesures, conformément aux étalons établis par les lois. 2° aux employés de la monnaie chargés de constater le poids des *flans* (voyez ce mot) avant qu'ils soient soumis au balancier pour recevoir l'empreinte. — Les ajusteurs de la monnaie se servent d'une balance d'une justesse extrême qui porte le nom d'*ajustoire*.

AJUTAGE. C'est une pièce additionnelle qui s'adapte à un tuyau au moyen duquel, dans les expériences chimiques, on fait communiquer ensemble deux appareils. Dans une acception plus spéciale, ce mot désigne le bec métallique qu'on adapte à l'extrémité d'un tuyau destiné à conduire l'eau d'un réservoir quelconque, et à déterminer le volume et la forme du jet de liquide qui s'en échappe. C'est donc un instrument employé à la production des jets d'eau. Des règles mathématiques, qui seront exposées à l'article *Hydrostatique*, déterminent le volume proportionnel et la direction à donner aux ajutages; et des calculs sont établis relativement à la hauteur des jets, à la capacité des réservoirs et à l'écoulement du liquide qu'ils renferment. (Voy. *Jet d'eau.*)

AKBAR (DJELALEDDIN MAHMED), empereur mogol de l'Inde, de la race de Tamerlan. Son père, obligé d'abandonner ses États (Inde septentrionale), se réfugia en Perse. Rentré dans l'Inde, il mourut lorsqu'Akbar n'avait encore que quatorze ans. Ce prince vainquit les Patans, venus des montagnes de l'Afghanistan, réprima plusieurs rébellions, et parvint enfin à faire reconnaître son autorité dans toutes les provinces situées entre l'Indus, le mont Himalaya, le golfe de Bengale et le Decan. Akbar, homme de génie, créa de grandes institutions, fit tracer des routes, établit une police sévère, assura la paix entre les vainqueurs et les peuples indigènes, chose difficile à cause de la différence des religions, fit dresser des tableaux exacts de la population et des ressources de chaque contrée, réglant les impôts en conséquence; enfin il ne négligea rien de ce qui pouvait affermir et rendre florissant ce grand empire mogol qui fit plus tard l'admiration des voyageurs européens. Akbar (*grand*), qui avait justifié son nom, mourut en 1605, après quarante-neuf ans de règne. Pour toute inscription, on lit sur son tombeau : AKBAR.

AKERMAN, ville de district de la province russe de *Bessarabie*. (Voy. ce mot.)

ALABAMA (*géogr.*), vaste province de l'Amérique du nord, au nord de la Floride, arrosée par le fleuve de même nom et par le Mobile qui se jettent dans le golfe du Mexique. Ce pays faisait autrefois partie des possessions françaises du Mississipi, dont il a suivi le sort; il est devenu,

en 1819, l'un des États de l'Union américaine. — Les Chéro Kees, nation indigène de cette contrée, pratiquent aujourd'hui avec succès plusieurs industries, fabriquent du salpêtre et de la poudre, ont des moulins à scie et à blé, des métiers à filer et à tisser. Et, tandis que, sur tous les autres points de l'Amérique occupés par les Européens, leur nombre n'a pas cessé de décroître rapidement, il s'est élevé dans l'Alabama de 12,300 à 16,000 depuis 1810. Le sol de cet État, bas, marécageux et malsain sur la côte, est élevé vers l'intérieur. On y a découvert, en 1834, une mine d'or dont l'exploitation a donné, dès le début, de magnifiques résultats. La ville de Mobile, située sur la rivière et au fond de la baie de ce nom, est la principale ville de cet État. Elle possède un théâtre, une banque et 9 à 10,000 habitants. Elle ne porte pas toutefois le titre de capitale, qui a été donné à Tusculousa, petite ville de 1,800 habitants, bâtie dans l'intérieur sur la rivière Black. Deux autres villes, celle de Cahawba et celle d'Alabama ou Montgomery, sont les seules qui méritent encore d'être citées. L'État d'Alabama, dont la superficie est de 50,800 milles carrés, compte environ 500,000 habitants, sur lesquels 150,000 esclaves. Le coton, que l'État d'Alabama produit en abondance, est presque son seul objet de commerce.

ALABASTRITE, chaux sulfatée. Cette substance, qui se trouve principalement dans les carrières à plâtre de la Toscane, offre une blancheur éblouissante. Son peu de résistance au ciseau et le beau poli qu'elle peut recevoir la font rechercher des sculpteurs pour les petits objets d'art. L'alabastrite n'est, en effet, autre chose que ce que dans le monde on a l'habitude d'appeler *albâtre*. (Voyez ce mot.) L'albâtre est de la chaux carbonatée, et n'offre que très rarement une couleur blanche bien éloignée de la pureté de celle de l'alabastrite.

ALACOQUE (Marguerite), plus connue sous le nom de Marie Alacoque, fameuse visionnaire et religieuse mystique, née en 1647, à Lauthecourt, dans le diocèse d'Autun. Elle eut, dit-on, des entretiens avec Dieu, fit plusieurs miracles, prédit la mort de plusieurs personnes et la sienne même. C'est à elle qu'on doit l'institution de la fête du Sacré-Cœur. Un seul fait montrera ce mélange d'exaltation mystique et religieuse dont elle était possédée. Elle grava avec un canif le nom de Jésus sur son sein, et ressentit, dit-elle, une délicieuse sensation durant l'opération. Elle mourut le 17 octobre 1690.

ALAINS, nom d'un des peuples barbares qui concoururent au démembrement de l'empire romain. On rapporte généralement les Alains à la famille des Sarmates, c'est-à-dire des Slavons. C'était un peuple vaillant et belliqueux, très anciennement établi au pied du Caucase, entre la mer Noire et la mer Caspienne. De là, se rapprochant de plus en plus des Goths, ils ne tardèrent pas à se précipiter sur eux. Des Palus-Méotides ils s'étendirent jusqu'au Dniéper et, après de vains efforts pour entamer l'empire romain du côté de l'orient, ils se jetèrent à l'occident, vers la Germanie qu'ils ravagèrent à la suite des Huns. Plus tard (406), ils se rendirent maîtres des Gaules avec les Vandales, puis pénétrèrent en Espagne et en Lusitanie, et ne s'arrêtèrent qu'en 418, où Vallia, roi des Wisigoths, leur fit éprouver une sanglante défaite. Le plus grand nombre se porta vers la Scandinavie; d'autres se réfugièrent dans les montagnes du Caucase. Quelques historiens les ont appelés *Huns blancs*, peut-être du nom d'*Albani* qui ne serait qu'une corruption d'*Alani* (Alains), et auquel les provinces du Caucase ont dû une de leurs plus anciennes dénominations. (Voyez *Albanie*.) Ces peuples, excellents cavaliers, trouvaient le même charme dans les dangers de la guerre, dit Ammien Marcellin, que les hommes paisibles en trouvent dans le loisir.

ALAIS, ville de France, bâtie au pied des Cévennes sur le Gardon, est l'un des chefs-lieux d'arrondissement du département du Gard. C'est une ville bien bâtie, dont l'origine remonte à une haute antiquité, au XVIe siècle; les habitants se déclarèrent en faveur des protestants, et se maintinrent longtemps dans l'indépendance; mais en 1629 ils furent réduits par Louis XIII, et Louis XIV, pour les contenir, y fit bâtir un fort en 1689. On trouve, dans les environs, des sources d'eaux minérales, et plusieurs mines abondantes de couperose, de manganèse, de zinc, etc. On y rencontre le fer et la houille en couches nombreuses et d'une qualité supérieure, et l'extraction en est organisée sur une grande échelle par plusieurs compagnies. La population s'élève à 13,500 habitants.

ALAMANS. Voyez *Alemans*.

ALAMBIC. On donne ce nom, d'origine arabe, à un appareil destiné à la distillation de diverses substances liquides ou volatiles. Les alambics sont quelquefois de verre, mais plus ordinairement d'étain ou de cuivre étamé. Ils peuvent varier pour la forme et les dimensions, mais ils se composent toujours de trois pièces principales : la chaudière, le chapiteau et le serpentin. — La *chaudière* A en cuivre, montée sur un fourneau en briques, et sur laquelle s'adapte le *chapiteau* ou couvercle B en forme de dôme, terminé par un tuyau recourbé *b c d* qui communique avec un serpentin. Le *serpentin* est renfermé dans une grande cuve cylindrique *p q r j*, en métal, et que l'on maintient pleine d'eau. L'extrémité du serpentin débouche en *a*

au dehors de la cuve. On introduit par la tubulure *t* l'eau ou le liquide que l'on veut distiller. Comme l'eau de la cuve qui sert de réfrigérant s'échauffe, par suite de la condensation des vapeurs dans le serpentin, on est obligé de la renouveler de temps en temps. On a pour cela un réservoir supérieur, renfermant de l'eau froide que l'on amène lentement par le tube extérieur *TT'* à la partie inférieure de la cuve, et l'eau échauffée se déverse par la tubulure *o* placée à la partie supérieure. (Voyez *Distillation*.)

ALARIC Ier, roi des Wisigoths, apprit l'art de la guerre en combattant sous les ordres de Théodose-le-Grand. Sous le règne de l'empereur Honorius, il envahit l'Italie après avoir ravagé la Grèce. En 408, il parut devant Rome et fit payer à ses habitants un énorme tribut. Deux ans après, il se rendit maître de cette ville célèbre qui, pendant six jours, fut livrée à toutes les horreurs du pillage. Alaric mourut l'année suivante à Cozensa; ses soldats détournèrent le cours du Busento et l'enterrèrent dans le lit de cette rivière.

ALARIC II, roi des Visigoths, fut tué en 507 par Clovis, roi des Francs, à la bataille de Vouillé, près Poitiers. Il avait donné à ses sujets un code connu sous le nom de *Breviarium Alaricum.*

ALARME. C'est la perturbation morale occasionnée par l'approche d'un danger. — Dans le langage militaire, c'est un signal pour réunir les troupes et leur faire prendre les armes d'une manière précipitée. — On *donne l'alarme* dans les cas d'attaque imprévue. (Voyez *Alerte.*)

ALARMISTE. On donne ce nom aux personnes toujours empressées d'accueillir ou de répandre des nouvelles fâcheuses. Ce mot, qui nous vient de la Révolution, était employé sous la Terreur pour désigner ceux qui s'effrayaient de la direction imprimée au gouvernement, et qui répandaient leurs craintes. Ils furent dénoncés à la Convention par Barrère, qui demanda que les alarmistes fussent punis de mort.

ALASKA, presqu'île de l'Amérique russe, qui s'avance dans le grand Océan vis-à-vis la chaîne des îles *Aleutiennes.* (Voyez ce mot.) Elle est située entre les 55e et 63e degrés de latitude nord.

ALBANAIS. Voyez *Albanie.*

ALBANE (François d'Albani, *dit l'*), peintre célèbre, né à Bologne en 1578, eut pour premier maître Denis Calvart. Il suivit ensuite l'école des Carraches, et devint bientôt un de leurs plus illustres élèves. Ce peintre excellait dans le genre gracieux. L'albane épousa en secondes noces une femme d'une beauté merveilleuse, qui lui donna des enfants non moins beaux qu'elle. Aussi prit-il toujours ses modèles dans sa propre famille. Les chefs-d'œuvre de ce peintre sont la Toilette et le Triomphe de Vénus, les Amours de Vénus et d'Adonis, etc. Il mourut en 1660, âgé de 83 ans.

ALBANIE, nom d'une province de la Turquie d'Europe, située sur les bords de la mer Adriatique, qu'il ne faut pas confondre avec l'ancienne contrée de ce nom, située au pied du Caucase, sur les bords de la mer Caspienne, et qui porte aujourd'hui le nom de *Chirvan.* (Voyez ce mot.)

L'Albanie actuelle occupe l'emplacement des anciens royaumes d'Illyrie et d'Épire. C'est un

Janina.

pays hérissé de montagnes, arrosé de nombreuses rivières et riche en sites pittoresques. Cette contrée, poétisée par les souvenirs de la mythologie grecque, où s'élève le Pinde, où coule le sombre Achéron, relève aujourd'hui de l'autorité du sultan. Sa population, qui monte à sept ou huit cent mille âmes, est un mélange de Turcs, de Grecs, de Serviens, de Juifs et d'Albanais proprement dits, ou *Schypetars,* comme ils se nomment eux-mêmes. Le langage qu'on y parle se ressent de ce mélange de peuples, et l'on y remarque le même mélange de religions. Au moyenâge, les Albanais étaient tous chrétiens, les uns professant le rit grec, les autres reconnaissant l'Église latine; cette division existe encore; mais il y a aussi un grand nombre de musulmans, partagés eux-mêmes en plusieurs sectes; de cette divergence résulte une grande aversion des habitants les uns pour les autres, ce qui, joint au caractère turbulent et indomptable des Albanais, rend le pays un foyer de troubles continuels. Ce peuple est aujourd'hui en proie à l'ignorance et aux superstitions les plus grossières; mais il est très belliqueux et excelle dans le maniement des armes. Toujours prêts à se piller et à se faire violence entre eux, les Albanais ne forment pour ainsi dire pas de société; chaque maison est isolée et placée sur une hauteur, de manière à pouvoir au besoin devenir une espèce de forteresse. Depuis plusieurs siècles, les Albanais forment le noyau des armées ottomanes. — Ils vécurent dans leur farouche indépendance jusqu'en 1395, époque où ils furent un moment soumis par Tura-can; mais à la voix du héros Scanderbeg (voyez ce mot), ils firent un effort violent, et les Turcs, repoussés et écrasés, se virent forcés de signer la paix (1461). Scanderbeg mourut, et la guerre fondit de nouveau sur l'Albanie, qui fut enfin réunie à l'empire ottoman par Mahomet II, en 1467. Cependant, le bas pays seul subit le joug; les montagnards, retranchés derrière les diffi-cultés du sol, dictèrent leurs conditions aux vainqueurs, ils conservèrent leur religion et de-meurèrent maîtres du sol; moyennant ces clau-ses, ils reconnurent la suprématie du sultan. Leur histoire depuis ce moment n'est qu'une longue suite de révoltes et de résistances. Les tentatives de la Turquie, pour y établir une ad-ministration régulière ou pour y implanter des lois, ont toujours échoué. Le pays est divisé en puchaliks; mais l'autorité des pachas ne peut s'exercer qu'autant qu'elle ne porte pas ombrage aux habitants. Un instant, sous la main de fer d'Ali-Pacha (voyez ce mot), on put croire qu'un gouvernement régulier s'établirait sur cette vaste province; mais tout ce qui était l'œuvre de ce satrape a disparu avec lui, et depuis sa mort l'esprit de faction s'est de nouveau emparé des beys et des chefs du pays. — Il y a dans l'Alba-nie peu de villes importantes; Janina, sa capi-tale, compte 40,000 âmes, c'est une ville com-merçante et industrieuse : elle était le siége du gouvernement d'Ali-Pacha. — Scutari, siége d'un pachalick et d'un évêché catholique, forme le boulevart de l'empire du côté de l'occident. On y fabrique des armes, des étoffes de laine, on y construit des vaisseaux; elle compte 20 mille habitants. Elle était autrefois la capitale des rois d'Illyrie. Nous citerons encore Albanopolis, An-tivari, Tirana, Croïa, Metzovo, Durazzo, etc. Le climat de l'Albanie est beau et agréable. La terre, mal cultivée mais fertile, produit du vin, du blé, de l'huile, du coton, des olives, etc.

ALBANO, petite ville de l'État de l'Église, sur une montagne; siége d'un évêché. On y voit plusieurs beaux palais, et entre autres celui Cor-sini. Beaucoup de riches Romains viennent y passer la belle saison. Près de là sont, dit-on, les tombeaux des Horaces.—Vin estimé. 4 mille habitants; à cinq lieues S.-S.-E. de Rome.

ALBANY. Voyez *New-York*.

ALBANY (Louise-Marie-Caroline, comtesse d'), cousine du dernier prince régnant de Stolberg-Gedern, épousa, en 1772, le prétendant d'An-gleterre, Charles Stuart, et prit, après ce ma-riage, le nom de comtesse d'Albany. Maltraitée par son mari, qui était presque toujours ivre, elle se réfugia, en 1780, dans un cloître. Après la mort de son époux, la France lui fit une pen-sion annuelle de 60,000 fr. Elle survécut à la maison des Stuarts, qui s'éteignit par la mort de son beau-frère le cardinal d'York, et mourut à Florence, le 29 janvier 1824, dans sa soixante-douzième année. Elle aima les arts et protégea les artistes. Elle fut l'amie d'Alfieri.

ALBATRE (*Alabastrum*), pierre calcaire (*chaux carbonatée*, var.). — Cette substance, moins dure que le marbre, est aussi susceptible d'un moins beau poli. Elle est très rarement blanche, et offre ordinairement des nuances va-riées et rembrunies. On donne à tort le nom d'albâtre à une foule de petits objets d'art dont la matière est l'*alabastrite* (voyez ce mot); c'est également à tort que l'on dit *blanc comme de l'albâtre*. On connaît plusieurs espèces d'albâtre; les plus estimées sont l'*albâtre agate* et l'*albâtre onyx*, qui présentent des veines de diverses cou-leurs. On en fait des camées, des vases, etc. C'est principalement dans la partie méridionale de l'Europe que se trouve l'albâtre. On en a également trouvé des morceaux dans les carrières à plâtre de Montmartre.

ALBATROS, *diomedea* (ois.), genre d'oiseaux de l'ordre des palmipèdes, famille des longipen-nes, ayant pour caractères : bec fort et tranchant, recourbé à l'extrémité en forme de croc, comme celui des oiseaux de proie; leurs ailes sont très

longues et très étroites, leurs jambes courtes ; et leurs pieds, manquant absolument de pouce, présentent trois doigts longs et palmés. — Les albatros sont les plus grands et les plus massifs de tous les oiseaux qui parcourent la surface des mers ; ils atteignent une longueur de 4 pieds (1 mètre 33 centim.) ; leurs ailes étendues ont, d'une extrémité à l'autre, de 10 à 11 pieds (en moyenne, 3 mètres 50 cent.). Leur vol est très puissant. Ils suivent en troupes les vaisseaux pendant des jours entiers, et semblent se jouer des orages Ces oiseaux sont très gloutons ; aussi s'en empare-t-on très facilement en amorçant un hameçon avec un morceau de peau. Souvent, lorsqu'ils sont repus, ils se reposent sur les flots et s'y endorment même ; ils sont alors tellement alourdis qu'ils ne peuvent échapper aux matelots qui les poursuivent dans les barques et les tuent à coups de crocs ou de rames. — Ils se nourrissent de poissons, de mollusques, de zoophytes et de frai de poissons ; ils poursuivent surtout avec acharnement les poissons volants qu'ils saisissent au sortir de l'eau. — L'espèce la plus connue des navigateurs est l'*albatros commun*, que l'on nomme *mouton du Cap*, à cause de sa grosseur et de son plumage blanc ; il est très abondant au-delà du tropique du Capricorne ; ses ailes sont noires ; sa voix, forte et désagréable, ressemble, dit-on, au braiement d'un âne.

ALBE (*Alba longa*). Cette ville était la capitale du Latium, fondée, dit-on, par Ascagne, fils d'Énée. Énée Sylvius, fils d'Ascagne, et ses descendants régnèrent à Albe plus de 400 ans et finirent à Numitor. Elle existait 487 ans avant Rome, et passe pour en être la mère. Sous le règne de Tullus Hostilius, l'an de Rome 84 (670 av. J.-C.), les Romains prirent les armes pour défendre leur territoire contre les incursions des Albains qui étaient venus camper presque aux portes de Rome. Les chefs des deux armées convinrent de finir la guerre par un combat entre trois citoyens d'Albe et trois citoyens de Rome. Le sort tomba sur les Horaces et sur les Curiaces. Ce fut l'un des Horaces qui triompha et qui, par sa victoire, mit les Albains sous la domination de sa patrie. On sait que ce fait a fourni à Corneille le sujet d'une de ses plus belles tragédies. — Peu de temps après, les Romains rasèrent complètement Albe. — Les empereurs romains avaient établi, sur les ruines de cette ville, un camp dans lequel se tenaient des troupes de réserve. Les environs étaient remplis de magnifiques maisons de plaisance appartenant aux grands de Rome. Tibère et Domitien y eurent leur pa-

lais. — Le vin d'Albe était célèbre chez les Romains, témoin les odes d'Horace, et il l'est encore aujourd'hui sous le nom de *vin d'Albano*.

ALBE (François-Alvarez de Tolède, duc d'), célèbre général et homme d'État espagnol, naquit en 1508. Il gagna, en 1547, la bataille de Mühlberg contre l'électeur de Saxe. En 1567, le roi Philippe II l'envoya, en qualité de gouverneur, pour apaiser les troubles des Pays-Bas. Il y établit ce fameux Conseil des troubles qui fut appelé le Tribunal de sang. Les cruautés du duc d'Albe, qui se vantait d'avoir livré au bourreau 18,000 victimes, firent naître dans les Pays-Bas une terrible guerre civile. Découragé par plusieurs échecs, il demanda lui-même son rappel et l'obtint. Il fut depuis envoyé en Portugal, détrôna don Antonio, et soumit son royaume aux lois de l'Espagne en 1581. Il mourut peu après, âgé de 74 ans.

ALBEMARLE. Voyez *Monk*.

ALBERONI (Jules), cardinal et premier ministre de Philippe V, roi d'Espagne, était fils d'un jardinier. Il naquit dans le duché de Parme

en 1664. — Devenu agent politique du duc de Parme à Madrid, il sut par son habileté gagner la confiance du roi Philippe V et le décida à épouser Élisabeth, héritière du duché de Parme. Par le crédit de cette princesse, il obtint le chapeau de cardinal et plus tard la place de premier ministre. Il conçut alors de vastes desseins qui devaient rendre à l'Espagne son ancienne splendeur; mais la France et l'Angleterre déjouèrent ces projets. Les gouvernements de ces deux nations, ayant remporté quelques avantages sur l'Espagne, forcèrent Philippe à renvoyer son ambitieux ministre. Alberoni mourut à Rome en 1752, âgé de 87 ans.

ALBERT. Plusieurs princes des maisons d'Autriche, de Saxe, de Bavière, etc., ont porté ce nom. Les plus remarquables sont :

*Albert I*er, empereur d'Allemagne et duc d'Autriche, naquit en 1248. Il était fils de Rodolphe de Habsbourg, et fut obligé de disputer la couronne à Adolphe de Nassau, qui avait de nombreux partisans. Il vainquit son rival à Spire et le tua de sa main. Le pape Boniface VIII refusa de reconnaître Albert, prétendant qu'il n'appartenait qu'aux papes de nommer les empereurs; mais celui-ci fit alliance avec Philippe-le-Bel, ennemi acharné du Saint-Siége, et força le pape à le reconnaître comme roi d'Allemagne. En 1308, les Suisses, exaspérés par la tyrannie du gouverneur Gesler, se rendirent indépendants. Albert marchait contre eux pour les soumettre, lorsqu'il fut assassiné par son neveu Jean de Souabe, en 1308.

Albert II, fils du duc d'Autriche, Albert IV, fut couronné empereur d'Allemagne en 1438; prince juste et éclairé; son règne fut malheureusement de très courte durée; il mourut en 1439, après avoir fait de vains efforts pour empêcher les envahissements des Turcs.

Albert (Casimir), fils du roi de Pologne Auguste III, naquit aux environs de Dresde en 1738. Il épousa Marie-Christine, archiduchesse d'Autriche, qui eut le gouvernement des Pays-Bas, et les administra conjointement avec elle, jusqu'en 1789, époque à laquelle la révolte du Brabant les força d'abandonner Bruxelles. Lorsque les troubles furent apaisés, il retourna dans son gouvernement, et dans la guerre contre la France, en 1792, il commanda l'armée de siége devant Lille; mais il fut obligé de se retirer, et la victoire de Jemmapes lui fit évacuer entièrement la Belgique, où Dumouriez s'était maintenu en dépit de ses efforts. Il passa le reste de ses jours à la cour de Vienne, où il mourut en 1822.

ALBERT (*le Grand*), naquit à Lauigen, en

Saxe, en 1205. Après avoir achevé ses études à l'université de Pavie, il entra chez les Bénédictins. Envoyé à Paris pour y instruire la jeunesse de son ordre, il y commenta Aristote avec un si grand succès que le Saint-Siége se décida à retirer la bulle qui condamnait l'enseignement de la philosophie péripatéticienne. Le pape Alexandre IV lui donna l'office de maître du sacré Palais. En 1260, il fut élevé à l'archevêché de Ratisbonne; mais bientôt il abandonna les honneurs de l'épiscopat pour retourner à ses études. Son savoir prodigieux l'a fait passer pour magicien. Après sa mort, son pieux disciple, saint Thomas d'Aquin, brisa un automate, construit par son maître, et que l'on croyait l'œuvre du démon, tant il était admirablement fait. Albert-le-Grand mourut à Cologne en 1280. Ses ouvrages ont été imprimés à Lyon, en 1651.

ALBI (*Albiga*), ville de France, chef-lieu du département du Tarn; cour d'assises, tribunaux de première instance et de commerce; recette générale; siége d'un archevêque dont relèvent les évêques de Rodez, Cahors, Mende et Perpignan. Elle est irrégulièrement pavée, mais bien bâtie. On y remarque l'église de Sainte-Cécile, la préfecture et l'hôpital Saint-Jacques, ainsi qu'une belle promenade appelée *la Lice*. Fabriques de drap commun, de toiles d'emballage, de belles toiles de lin, de linge de table, coutils, de toiles et couvertures de coton, molletons, tapisserie, étoffes de laine, cire, papeteries; une fonderie de boulets, un laminoir à cuivre; une fabrique de faïence et des mines de houille. Commerce de blé, vins, indigos de pastel que l'on y prépare depuis des siècles. Albi est fort ancien et a beaucoup souffert des guerres de religion. C'est dans son sein que s'est tenu le concile qui condamna les Albigeois en 1176. 11,800 habitants. A 588 kil. S. de Paris. Lat. N. 43° 55' 46''. Long. O. 0° 11' 41''.

ALBIGEOIS, sectaires du XIIIe siècle, contre lesquels le pape Innocent III fit prêcher une croisade célèbre dans l'histoire par les cruelles persécutions auxquelles elle donna lieu. Les Albigeois, très nombreux à la fin du XIIe siècle, étaient répandus en Provence et dans le Languedoc, surtout dans les villes de Béziers, Avignon, Carcassonne, Toulouse et Albi, c'est de cette dernière qu'ils tirent leur nom d'Albigeois. A cette époque, l'avidité et la corruption du clergé étaient arrivées au plus haut degré; grand nombre de moines vivaient dans l'opulence, passant leur vie dans la mollesse et les plaisirs de la table, et prêchant la pauvreté et l'abstinence à des peuples affamés. Les Provençaux, plus avancés en civilisation que le reste de la France, furent frappés du contraste qui existait entre les paroles et la conduite de ce clergé débauché. Les esprits les plus religieux sentirent les premiers le besoin d'une réforme, et l'esprit d'investigation fit surgir une infinité de sectes dont les chefs prétendaient réformer l'Église, et rendaient le pape responsable de tout le mal et de tous les désordres qu'il n'empêchait pas. Ces sectes, connues sous les noms de *catharins, patérins, publicains, ariens, vaudois,* etc., furent bientôt confondues sous le nom d'*Albigeois.*

Ces sectaires, simplement vêtus, observant la chasteté, s'abstenant du mensonge et pratiquant la charité, comparaient leurs mœurs à celles du clergé adonné au luxe et à la dépravation. — Rome ne vit pas d'abord d'hérésie dans ces réformes, et considéra, au contraire, les premières sectes, comme des ordres monastiques propres à réveiller la ferveur publique. Mais lorsque leurs docteurs tonnèrent contre la *grande prostituée de Babylone,* nom qu'ils donnaient, dans leur langage emphatique, au Saint-Siége, et qu'ils émirent des opinions contraires aux doctrines catholiques, le pape s'adressa d'abord aux princes et demanda une répression sévère. Plusieurs chefs périrent sur les bûchers ; mais comme toujours, les persécutions ne firent que donner une nouvelle force à leurs doctrines, et leur nombre devint considérable. — Il serait difficile d'établir bien nettement les doctrines des Albigeois, et presque impossible de dire quelles étaient les dissidences qui séparaient entre elles leurs diverses sectes. Au milieu des assertions passionnées des historiens du temps, voici à peu près ce qu'on peut démêler : les Albigeois méconnaissaient tous l'autorité papale ; ils rejetaient le sacrement de la confirmation et la confession, taxaient d'idolâtrie l'exposition des images dans les églises, et niaient la présence réelle du corps du Christ dans l'Eucharistie ; ils blâmaient les cérémonies de l'Église romaine, et disaient que cette dernière était une caverne de larrons. A ces accusations d'hérésies se joignent des accusations tellement monstrueuses que nous ne pouvons y croire. Cependant, il est bien probable que certaines sectes, confondues alors sous le même nom avec les Albigeois, méritent les reproches qui leur sont adressés. — Quoi qu'il en soit, la révolte de tous contre l'autorité de Rome était flagrante. Alexandre III avait déjà fait prononcer contre eux, par le concile de Latran

(1179), l'excommunication entraînant la confiscation des biens, et le fougueux Innocent III confirma cette décision dans un nouveau concile (1215). Cependant, plusieurs princes et seigneurs, eux-mêmes partisans de la réforme, ne tinrent aucun compte des excitations du pape, et refusèrent d'affaiblir leur propre puissance en chassant ou en exterminant des sujets industrieux. De ce nombre furent les comtes de Toulouse, de Foy, de Béarn et le vicomté de Béziers. Ils furent excommuniés. — En 1208, Pierre de Castelnau, légat du pape, après avoir lancé l'excommunication contre le comte de Toulouse, eut une violente dispute avec un gentilhomme partisan de la réforme, dans laquelle il fut assassiné. Innocent III accusa de ce meurtre le comte de Toulouse, Raymond VI, et son neveu Roger, vicomte de Béziers. En vain, le comte chercha-t-il à se justifier, en vain fit-il amende honorable, l'altier pontife trouvait l'occasion d'assouvir sa haine contre Raymond trop belle pour la laisser échapper. Les légats Milon et Arnaud, abbé de Cîteaux, furent chargés de diriger la croisade contre les Albigeois. L'infortuné Raymond, caractère faible et timoré, se soumit aux plus dures humiliations, et fut même obligé de se joindre aux croisés pour faire le siége de Béziers, que défendait son neveu Roger. La ville fut prise d'assaut (1209), et livrée aux flammes, ses habitants, hérétiques ou fidèles, furent tous passés au fil de l'épée. *Tuez, tuez tout,* s'écriait le légat Milon, *Dieu saura bien reconnaître les siens.* 60,000 hommes furent égorgés, disent les historiens, car les habitants des environs étaient venus chercher un refuge à Béziers. Le vicomte Roger prit le parti de traiter avec les vainqueurs; mais il fut traîtreusement jeté en prison, et mourut peu de temps après par le poison. De Béziers, les légats se transportèrent devant Carcassonne, dont les habitants n'échappèrent au sort qui leur était réservé que par la fuite. En 1215, Innocent III fit adjuger le comté de Toulouse à Simon de Montfort, comte de Leicester, guerrier sanguinaire, qui, aidé des *frères prêcheurs,* chargés de l'inquisition contre les Albigeois, répondit parfaitement aux cruelles intentions du pontife. Simon de Montfort ravagea le territoire des Albigeois et fit la conquête du riche domaine dont il venait d'être investi, mais il ne put jamais s'y maintenir, ses sujets se révoltèrent constamment, et les Toulousains refusèrent de lui ouvrir leurs portes; il entreprit le siége de la ville et y périt en 1218. Raymond VI, à force de pénitences et d'humiliations, recouvra ses États, et les laissa en mourant à Raymond VII, son fils, qui, enveloppé dans la même persécution, céda, pour avoir la paix, la moitié de son territoire à la France, et lui assura le reste par héritage, abandonnant ainsi à leur sort les malheureux sectaires, livrés sans défense au fanatisme des dominicains qui élevèrent partout des bûchers. Louis VII et Louis VIII prirent également la croix contre les Albigeois, et ce peuple infortuné se trouva presque complétement détruit vers le milieu du XIII⁰ siècle; son nom du moins disparut de l'histoire, et ses débris se confondirent avec les partisans de Pierre de Vaud, sous le nom de *vaudois*. (Voy. ce mot.)

ALBINISME. Voyez *Albinos*.

ALBINOS. Ce mot espagnol, qui veut dire blanc, s'applique à certains individus caractérisés par une structure particulière de la peau, consistant dans l'absence ou la diminution du *pigmentum* (voy. ce mot), ou matière colorante. Les albinos ont la peau d'un blanc mat, les poils blancs et cotonneux, leur pupille est rose comme celle du lapin blanc, et ne peut supporter l'éclat du jour. Le plus souvent ces malheureux sont idiots ou tout au moins leur intelligence est très bornée. Il n'existe pas, comme l'ont avancé quelques écrivains du XVIII⁰ siècle, des peuplades d'albinos en Afrique; seulement, les individus atteints de cette maladie sont plus communs dans cette contrée que dans d'autres. On a vu, rapporte Buffon, des négresses blanches, ou albinos, produire avec les nègres noirs des nègres pies, c'est-à-dire marqués de blanc et de noir

par grandes taches. Nous donnons ici la figure d'une petite négresse-pie communiquée à Buffon. L'albinisme n'est pas le partage exclusif de l'espèce humaine; on l'a observé chez un grand nombre d'animaux. Les chevaux, les lapins, les chats, les souris, nous en offrent tous les jours des exemples; et chez quelques-uns même cette altération est devenue presque une seconde nature, et peut se transmettre de génération en génération. Il en est de même des animaux pies. On a également observé des exemples d'albinisme chez les écureuils, les rats, les taupes, les renards, les éléphants, les ours, les chameaux, les ânes, les chèvres, les corbeaux, les merles, les serins, les poules, les paons, les faucons, les moineaux, etc. — Il en est chez lesquels cet état n'est pas permanent, et qui, devenant blancs pendant l'hiver, reprennent leur couleur spécifique dans la saison des amours.

ALBINUS (Clodius), général romain sous les empereurs Marc-Aurèle et Commode, était en Bretagne à la tête des légions romaines, lorsqu'il apprit qu'à la suite de l'assassinat de Pertinax, en 193, les prétoriens avaient mis le trône à l'enchère et l'avaient adjugé à Didius Julianus, riche sénateur et le plus offrant. A cette nouvelle, il marcha sur Rome avec ses troupes; mais il apprit en route que Septime Sévère avait été proclamé empereur. Celui-ci s'efforça de mettre Albinus dans ses intérêts, en le comblant d'honneurs; mais plus tard, craignant l'influence de ce général, il le fit arrêter et décapiter.

ALBION. C'est le nom que portait autrefois l'Angleterre proprement dite; l'Écosse s'appelait *Calédonie;* on disait aussi l'*Albion citérieure* et l'*Albion ultérieure.* Les *Galli,* qui paraissent avoir été ses premiers habitants, s'y établirent au VI⁰ siècle avant J.-C. Plus tard les *Kymri* y débarquèrent, ainsi que d'autres émigrants du nord-ouest de la Gaule. Elle prit alors le nom de *Britannia* que l'on distingua par l'épithète de *major* de la *Britannia* gauloise ou *minor.* César en fit la conquête et donne dans ses *Mémoires* une longue description des peuples qu'il y trouva établis.

ALBOIN, roi des Lombards, monta sur le trône en 561. Il vainquit et tua Cunimond, roi des Gépides, et emmena en captivité sa fille Rosamonde qu'il épousa. Peu de temps après, secondé par Narsès qui voulait se venger de l'ingratitude de Justinien, il envahit l'Italie à la tête d'une armée formidable, et en conquit toute la partie septentrionale dans laquelle il s'établit, en 570. — Ayant, dans un banquet, envoyé à sa femme Rosamonde une coupe faite du crâne de Cunimond, en l'invitant *à boire avec son père*, cette princesse en conçut un tel ressentiment qu'elle le fit assassiner (573). Cet événement est le sujet d'une des plus belles tragédies d'Alfiéri.

ALBORAK, nom d'une jument merveilleuse sur laquelle, au dire des musulmans, Mahomet monta au ciel. Cette jument est représentée avec des ailes, et tout éclatante de pierres précieuses; elle a de plus un visage humain et la faculté de penser et de parler. *Alborak*, en arabe, veut dire *qui lance des éclairs*, allusion faite à son incroyable vitesse.

ALBRET (Jeanne d'). Voyez *Jeanne d'Albret.*

ALBUFÉRA, lac d'une grande étendue et très poissonneux, au nord de la ville de Valence en Espagne, dont une partie forme pendant l'été une espèce de marais; il a une embouchure dans la mer. Le général français Suchet reçut le titre de duc d'Albuféra pour avoir enfermé et fait prisonnier dans Valence le général espagnol Blake. Ce lac, par la chasse des oiseaux d'eau et par la pêche des anguilles, donne un revenu annuel de 12,000 piastres.

ALBUFÉRA (Louis-Gabriel Suchet, duc d'). Voyez *Suchet.*

ALBUFÉRA. Albuhéra est un village de l'Estramadure, en Espagne, célèbre par la bataille qui y fut livrée entre l'armée du maréchal Béresford et celle du maréchal Soult, le 16 mai 1811. (Voyez *Soult.*)

ALBUM. On donnait ce nom, à Rome, soit à des tables blanches, soit à des murs blanchis sur lesquels étaient inscrits les événements publics auxquels on voulait donner de la publicité. On voit encore sur le côté extérieur de la ville de Pompéi des murs blanchis pour cet objet, portant des inscriptions tracées en couleur rouge. On donna par la suite le nom d'*album* (blanc) à tout registre soit public, soit particulier. Ces registres portaient en Grèce le nom de *leucoma* (de *leukos*, blanc). — De nos jours, on donne le nom d'*album* à un cahier ou à un livre dont toutes les pages blanches sont destinées à recevoir de la prose, des vers, de la musique ou des dessins. L'usage de ce genre d'album semble avoir pris naissance

en Allemagne, et fut importé en France vers le commencement du XIXe siècle. — Dans ces derniers temps, quelques journaux ont pris le nom d'*album*.

ALBUMEN. Voyez *Périsperme.*

ALBUMINE. L'albumine est un composé organique qui se trouve dans tous les animaux supérieurs et dans presque toutes les plantes. Elle fait partie du sang, de la chair musculaire, du blanc d'œuf, des liquides séreux, etc. Suivant M. Dumas, la composition élémentaire de l'albumine du blanc d'œuf est: carbone, 53,37; hydrogène, 7,10; oxygène, 23,76; azote, 15,77. Elle renferme en outre du soufre et du phosphore. L'albumine soluble forme avec l'eau froide une dissolution incolore et transparente, d'une saveur peu prononcée, et verdit le sirop de violettes. Si on porte à la température de l'ébullition une dissolution d'albumine, celle-ci se coagule et se sépare du liquide. L'albumine coagulée est blanche, opaque, élastique et désormais insoluble. Cette faculté de coagulation est mise à profit pour clarifier certains liquides, et particulièrement les dissolutions de sucre. On mêle l'albumine au liquide que l'on veut clarifier, puis l'on chauffe lentement jusqu'à l'ébullition. Au moment où l'albumine se coagule, elle forme un réseau délié qui se meut de bas en haut, enchaîne les corps flottants dans le liquide et les rassemble à la surface. C'est à cet usage qu'est employé le sang de bœuf dans les raffineries de sucre. C'est avec le blanc d'œuf qu'on clarifie les sirops. (V. *Clarification.*) L'alcool sépare l'albumine de ses dissolutions; le tannin la précipite également. Elle est employée comme agglutinatif puissant, combinée à la chaux vive. C'est ce que l'on emploie pour raccommoder le verre et la porcelaine. Les dissolutions métalliques forment, avec l'albumine, un coagulum qui renferme à la fois la base et l'acide. Tels sont les sels de cuivre et de mercure: aussi l'albumine est-elle le meilleur contre-poison de ces sels. Si l'on mêle du blanc d'œuf à du sucre ou à une pâte de farine, ce mélange devient spongieux et d'une grande légèreté, quand on l'expose à une température de 100 degrés. Plusieurs productions de l'art culinaire doivent, à la présence du blanc d'œuf, cette légèreté qui fait leur principal mérite.

ALBUNÉE, genre de crustacés de l'ordre des décapodes, famille des macroures. On lui assigne pour caractères: deux pieds antérieurs terminés par une main très comprimée, triangulaire et monodactyle; le dernier article des suivants est en faucille. Les antennes latérales sont courtes et les intermédiaires terminées par un long filet sétacé. Les pédicules oculaires occupent le milieu du front et forment, réunis, une sorte de museau. Le test est presque plan, carré, arrondi aux angles postérieurs et finement dentelé au bord antérieur. L'espèce la mieux connue est l'*albunée*

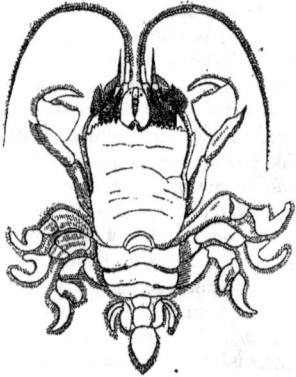

symniste qui habite les mers des Indes orientales. Ces crustacés se retirent dans des fentes de rochers ou dans des trous en terre. Mais leurs mœurs nous sont inconnues.

ALBUQUERQUE (Alphonse D'), vice-roi des Indes, naquit à Lisbonne en 1452. Il descendait des rois de Portugal. Il fut nommé vice-roi des établissements portugais en Asie, où il était arrivé avec une flotte et quelques troupes de débarquement. La conquête de Goa, la soumission complète du Malabar, de Ceylan, de la presqu'île de Malaca, des îles de la Sonde, et la prise d'Ormuz (1507), portèrent au plus haut point la puissance des Portugais. Albuquerque administra avec sagesse les possessions portugaises; mais ses ennemis trouvèrent le moyen de lui nuire dans l'esprit du roi Emmanuel, qui, malgré les immenses services qu'il avait rendus, le rappela et fit partir Lopez-Soarez pour le remplacer dans la vice-royauté des Indes. Cet homme illustre mourut quelque temps après, en 1515.

ALCADE, juge espagnol. Les attributions de l'alcade, en Espagne, tiennent de la police civile et militaire, et répondent en partie à celles qu'exerçaient jadis les prévôts en France et aujourd'hui les maires.

ALCALA. Plusieurs villes d'Espagne portent ce nom : 1° *Alcala de Guadaira*, dans l'Andalousie, près de Séville, célèbre par ses oliviers. Sous les ruines d'un ancien château maure se trouvent des grottes qui servent de retraite à quelques familles de gitanos. Elle a 1,700 hab. — 2° *Alcala de Henarès*, dans la nouvelle Castille, fut très florissante sous les Goths qui s'y étaient établis. Elle fut rebâtie par Raymond, archevêque de Tolède. Le cardinal Ximénès de Cisneros y fonda, en 1517, une université qui rivalisa avec celle de Salamanque. C'est dans cette ville que fut imprimée la fameuse Bible polyglotte connue sous le nom de Bible d'Alcala. Parmi les hommes célèbres auxquels elle donna le jour, il faut citer Michel de Cervantes. Elle a eu 60,000 habitants, mais n'en compte plus que 6,000.— 3° *Alcala del Rio*, ou *Sevilla la Vieja*, sur le Guadalquivir, patrie de Trajan, d'Adrien et de Silius Italicus. — 4° *Alcala la Real*, dans l'Andalousie, près de Jaen. Les Français y remportèrent une victoire en 1810. Elle a 10,000 h.

ALCALIS. On appelait autrefois *alcalis* les oxydes du potassium, du sodium, du lithium, et *terres alcalines* les oxydes de barium, de strontium, de calcium et de magnesium. On réunit aujourd'hui sous le nom d'*alcalis* les protoxydes des métaux de la première section, savoir : le potassium, le sodium, le lithium, le barium, le strontium et le calcium, qui absorbent l'oxygène à la température la plus élevée et décomposent l'eau à la température ordinaire. Ces oxydes ont tous la propriété de ramener au bleu le papier de tournesol rougi par un acide, de verdir le sirop de violettes, etc. C'est cette propriété qu'on désigne sous le nom de réaction alcaline. Cette propriété se retrouve dans quelques autres oxydes métalliques. On donne le nom d'*alcali volatil* au gaz ammoniac. (Voyez *Ammoniac*.)

ALCALOIDES ou *Alcalis végétaux*. On a donné ce nom à certaines substances végétales qui ont la propriété de neutraliser les acides pour former des sels bien définis, et ramènent au bleu la teinture de tournesol rougie par un acide. Les alcaloïdes sont éliminés de leurs sels par tous les alcalis. Tous les alcaloïdes sont formés d'oxygène, d'hydrogène, d'azote et de carbone. Tous sont peu solubles; mais tous se décomposent par l'action de la chaleur et produisent de l'ammoniaque.

ALCANTARA, ville d'Espagne dans l'Estramadure, qui a donné son nom à un ordre de
chevalerie. Cette ville, bâtie par les Maures sur
les bords du Tage, fut donnée par Alphonse IX
aux chevaliers de Calatrava; et par ceux-ci à un
ordre ecclésiastique qui y fixa son siége principal
et en prit le nom. En 1494, Alcantara fut réunie
à la couronne par Ferdinand-le-Catholique, devenu administrateur de l'ordre. La qualification
d'ecclésiastique donnée à cet ordre n'impose pas
à ses membres le devoir du célibat. Leurs insi-
gnes consistent en une croix de pourpre fleurde-
lisée.

ALCARAZAS, nom que les Espagnols ont
donné à des vases ayant la forme d'une bouteille,

et destinés à rafraîchir les boissons. La propriété
réfrigérante des alcarazas leur vient de la trans-
sudation des liquides qu'ils renferment à travers
les parois de la terre poreuse dont ils sont faits.
La portion de liquide qui transsude en s'évapo-
rant absorbe le calorique du vase, et en refroidit
par conséquent le contenu. Pour obtenir ce résultat, il faut exposer l'alcaraza, remplie d'eau
et placée à l'ombre, à un courant d'air. Hormis
celle de Malaga, peu de terres sont propres à la
fabrication de ce genre de poterie : la plupart
sont trop compactes ou trop légères. Pour remédier à cet inconvénient, on mêle à la matière,
lors du pétrissage, une certaine quantité de sel
marin qui la divise, en écarte les molécules, et
produit en se dissolvant une multitude de petits
trous. M. Formy est le premier qui se soit occupé
en France de la fabrication des alcarazas. L'invention de ces vases, que l'on attribue aux Égyptiens, nous a été transmise par les Espagnols, qui
eux-mêmes l'avaient reçue des Arabes.

ALCÉMÉROPE, genre d'oiseaux voisins des
martins pêcheurs et des guêpiers. L'alcémérope
ressemble aux guêpiers par son bec long et arqué,
et par son port général, et aux martins par ses
narines percées à la base du bec et cachées sous
les plumes ; la queue est longue et carrée, les
tarses courts et les deux doigts externes sont réunis dans une grande partie de leur longueur.
L'*alcémérope à fraise* (merops amictus) est
est l'un des plus beaux oiseaux de Sumatra, tant
pour l'élégance de ses formes que pour la magnificence de ses couleurs. Il porte sur le front une
calotte pourpre ; la gorge et la poitrine présentent de longues plumes qui forment une sorte de
fraise d'un rouge vermillon brillant. Le reste du
corps et le dessus de la queue sont du plus beau
vert. Ses mœurs sont peu connues ; on sait ce-

pendant qu'il a des habitudes nocturnes et cré-
pusculaires analogues à celles des engoulevents.

ALCESTE, fille de Pélias et épouse d'Admète,
roi de Thessalie. Son époux malade devait périr,
suivant l'oracle, si quelqu'un ne s'offrait à la
mort à sa place. Alceste eut le courage de faire
aux dieux le sacrifice de sa vie : elle mourut et
Admète se rétablit. Hercule, ami du roi, descendit aux Enfers, arracha à la mort la proie qu'elle
venait de saisir et ramena Alceste à son époux.

ALCHIMIE. Ce mot, d'origine arabe, désignait au moyen-âge la chimie ou plutôt les pré-

miers essais de cette science. Considérée de nos jours comme une des aberrations de l'esprit humain, l'alchimie n'appartient plus qu'à l'histoire, de même que la magie et l'astrologie. A cette époque où les connaissances étaient peu répandues, où le grand livre de la nature ne s'ouvrait que pour quelques-uns, celui qui avait pu en déchiffrer quelques fragments passait pour posséder une science immense, au milieu de la foule ignorante. Il ne faut pas s'étonner de la stérilité et du mutisme de la science; à une époque où tout ce qui paraissait surnaturel pouvait coûter la vie ou tout au moins la liberté, les chimistes avaient de fort bonnes raisons pour ne pas produire en public le résultat de leurs expériences. Les expériences d'alchimie se transmettaient de père en fils, et il est très probable qu'à cette époque on connaissait nombre de faits qui sont aujourd'hui considérés comme des découvertes modernes. Mais chacune des expériences, qu'aujourd'hui un professeur de chimie fait dans son cours, aurait amplement fourni matière à un procès en sorcellerie: témoin Roger Bacon, qui, malgré son éloquente profession de foi sur la nullité de la magie, fut condamné à passer une partie de sa vie en prison. — Quoi qu'il en soit, c'est dans les premiers siècles du christianisme que l'alchimie fut cultivée avec les autres sciences occultes; les diverses parties des connaissances humaines n'étaient pas encore étudiées séparément, et la physique, la chimie, la botanique, etc., rentraient dans la science de l'alchimie, lorsqu'elles avaient pour but soit la transmutation des métaux, soit la découverte d'une panacée universelle. Le mystère le plus profond enveloppait toutes les opérations des alchimistes, qui avaient un langage et des caractères allégoriques, et qui s'entouraient d'appareils compliqués pour arriver à des résultats qu'on atteint de nos jours avec la plus grande facilité. On n'obtenait qu'à grand'peine d'être initié aux secrets du *grand œuvre;* et l'on désignait sous le nom d'*adeptes* ceux à qui les yeux avaient été ouverts. — En résumé, les alchimistes ont rendu de grands services à la science. Si, dans leurs travaux, ils ne trouvaient pas ce qui faisait l'objet de leurs recherches, c'est-à-dire la production de l'or, le hasard leur fit souvent découvrir des faits d'une haute importance. C'est ainsi qu'en tourmentant dans leurs creusets les métaux de mille façons, ils obtinrent un grand nombre de sels et d'oxydes métalliques, qui devinrent de précieuses conquêtes pour la médecine et pour les arts industriels. — Les alchimistes croyaient que, pour faire de l'or, il était besoin d'un agent qui renfermât

en soi le principe de toutes les matières et qui fût un dissolvant universel. Cet agent était nommé *pierre philosophale;* il devait avoir en même temps la force d'éloigner du corps toute atteinte de maladie ou de vieillesse, et d'en écarter indéfiniment la mort. Parmi les alchimistes les plus célèbres du moyen-âge, nous citerons Albert-le-Grand, Raymond Lulle, Paracelse, Roger Bacon, Kircher, etc. A cette époque, la France, l'Allemagne, l'Angleterre, l'Italie, étaient infestées par une multitude d'alchimistes qui ne cherchaient qu'à s'enrichir aux dépens des gens crédules. — «Le monde, dit un auteur italien du xvIIe siècle, est rempli de faux alchimistes tant religieux que laïques, qui vont tenter et tromper les princes, les seigneurs, les marchands et les gens de basse classe, en leur promettant de les enrichir en peu de temps et en leur enseignant les moyens de changer en or le plomb, l'étain, le fer, le mercure, etc.; puis il ajoute: ceux qui prétendent savoir de semblables choses sont gens très astucieux qui veulent toujours vivre aux dépens d'autrui.» — On donne parfois à l'alchimie le nom de *science hermétique*, et aux adeptes celui d'*hermétiques*, parce qu'on attribuait autrefois à Hermès, fils d'Anubis (voyez *Hermès*), divers ouvrages sur la chimie et la magie.

ALCOOL, liquide transparent, incolore, d'une odeur forte et d'une saveur brûlante, très volatil et s'enflammant au contact de la flamme ou de l'étincelle électrique. On le nomme vulgairement *esprit de vin*. Sa pesanteur spécifique est 0,792. Il est formé de 52,66 de carbone, 34,44 d'oxygène, et 12,90 d'hydrogène. L'alcool s'unit à l'eau en toutes proportions; et les variétés d'alcool du commerce sont des mélanges d'eau et de ce corps en différentes proportions. Un mélange pesant 18 à 21 degrés de l'aréomètre de Beaumé constitue l'eau-de-vie. Il jouit, à l'égard de beaucoup de corps, d'une faculté dissolvante très prononcée; il dissout les huiles essentielles, presque toutes les résines, les baumes, le camphre, les sels déliquescents, etc. Il fait partie de toutes les liqueurs spiritueuses, sert à la préparation d'une foule de médicaments, et de liquides parfumés pour la toilette. — L'alcool s'obtient d'un grand nombre de substances: 1° celles où l'alcool se trouve tout préparé et qu'il n'est besoin que de distiller; 2° celles qui renferment du sucre qu'il faut convertir en alcool par une fermentation méthodique; 3° celles enfin qui contiennent de l'amidon qu'il est nécessaire de convertir d'abord en sucre, puis en alcool. Au nombre des premières sont le vin, la bière, le cidre et les résidus de la fabrication du vin. Parmi les secondes, on remarque des sucs de toute espèce de fruits sucrés, tels que raisins, cerises, pommes etc.; les jus de la canne à sucre et de la betterave, le miel, etc. Au nombre des dernières sont le blé, l'orge, la pomme de terre, l'avoine, tous les fruits féculents et les fécules qui en proviennent. Mais c'est le vin qui est plus spécialement employé à la fabrication de l'alcool. (Voy. *Distillation, Vin* et *Eau-de-vie*.)

ALCOOLOMÈTRE, instrument destiné à mesurer le degré de concentration de l'alcool. (Voyez *Aréomètre*.)

ALCIBIADE, fils de Clinias et de Dinomaque, tous deux de familles illustres, naquit à Athènes vers l'an 450 avant J.-C. Ayant perdu son père à la bataille de Chéronée, il fut élevé dans la maison de Périclès, son oncle maternel, et montra dès son enfance ce qu'il serait un jour. Sa beauté et ses talents lui donnèrent beaucoup d'amis et d'admirateurs. Socrate qui l'avait pris en amitié s'efforça de l'amener à la vertu, mais il ne put parvenir à réformer ses mœurs licencieuses. Il fit ses premières armes à Potidée, où Socrate lui sauva la vie, et il eut plus tard à Délium le bonheur de rendre le même service à son illustre maître. Par haine pour Nicias, qui était sur le point de conclure la paix avec les Lacédémoniens, il engagea les Athéniens dans une nouvelle guerre et eut le commandement. Les Athéniens, ayant résolu d'envoyer une flotte en Sicile, le nommèrent général en chef, conjointement avec Nicias et Lamachus. Mais tandis que cette expédition se préparait, on trouva un matin toutes les statues de Mercure mutilées. Les ennemis d'Alcibiade ne manquèrent pas de l'accuser de ce sacrilége; on le laissa néanmoins partir pour la Sicile, mais à peine y était-il arrivé, qu'il reçut l'ordre de venir se purger de cette accusation. Connaissant le caractère changeant de ses compatriotes, Alcibiade jugea plus prudent de prendre la fuite. Il fut en effet condamné à mort par contumace. « Je ferai bien voir aux Athéniens, dit-il en apprenant sa condamnation, que je suis encore en vie.» Il se rendit donc à Sparte et dans l'Asie mineure, souleva toute l'Ionie contre les Athéniens et leur fit beaucoup de mal. Ayant séduit la femme d'Agis, roi de Sparte, il fut obligé de fuir et se retira auprès de Tissapherne, satrape du roi de Perse. Là, cet homme extraordinaire, qui savait si bien se plier aux mœurs de tous et qui, chez les Spartiates, s'était fait à leurs habitudes grossières et rudes, déploya un luxe tout

asiatique, et fit si bien que Tissapherne ne put bientôt plus se passer de lui. Revenant à de meilleurs sentiments en faveur de sa patrie, il lui procura l'alliance de la Perse et, ayant obtenu le commandement des troupes athéniennes, il remporta plusieurs victoires sur les Lacédémoniens. Mais ce triomphe fut de courte durée; obligé de laisser sa flotte sous les ordres de son lieutenant Antiochus, celui-ci livra bataille contre ses ordres exprès et fut défait. Ses concitoyens qui, la veille encore, le comblaient d'honneurs, par une inconstance devenue proverbiale chez les Athéniens, le rendirent responsable de cet échec et lui ôtèrent le commandement. Alcibiade se retira alors en Thrace; mais les Athéniens ne tardèrent pas à porter la peine de leur ingratitude. Malgré les conseils d'Alcibiade, les généraux athéniens livrèrent la bataille d'Ægos-Potamos, où Lysandre les défit complètement, et Athènes elle-même tomba bientôt entre ces mains. Alcibiade se rendit alors à la cour d'Artaxerce pour le rendre favorable à sa patrie; mais celui-ci, de concert avec les Lacédémoniens, le fit lâchement assassiner. Ainsi mourut en 405 (av. J.-C.), âgé de 45 ans, cet homme remarquable.

ALCIDE. Voyez *Hercule*.

ALCMÈNE, mère d'*Hercule* et femme d'*Amphitryon*. (Voyez ces deux noms.)

ALCORAN. Voy ez *Khoran*.

ALCOVE (de l'arabe *al kauf*, tente), espèce de cabinet en menuiserie, pratiqué dans une chambre à coucher pour y placer le lit. L'alcôve est garnie de rideaux ou de portes qui se ferment pendant le jour. L'immensité des appartements qu'habitaient nos pères en faisait presque une garantie nécessaire contre le froid pendant le sommeil. Mais aujourd'hui, nos habitations sont réduites à un degré d'exiguïté qui rend cette disposition malsaine et dangereuse.

ALCUIN ou *Albin*, l'un des plus illustres savants du VIIIe siècle, naquit aux environs de Londres. Charlemagne, qui attirait à sa cour tous les hommes supérieurs, le pressa d'accepter un établissement en France, et ce savant se rendit à ses désirs. Alcuin fut chargé de la direction des écoles, et de l'éducation des enfants de Charlemagne, qui, lui-même, prit des leçons du savant Anglais. Plus tard, dégoûté de la grossièreté des mœurs du peuple, et, fatigué du bruit qui l'environnait, il se retira dans l'abbaye de Tours que Charlemagne lui avait donnée ainsi que plusieurs autres. De cette retraite il entretint une correspondance suivie avec l'empereur, qui le consultait sur ses doutes, et lui demandait des lumières dans toutes les circonstances difficiles. Alcuin termina tranquillement sa vie en 804, âgé de plus de 70 ans. Il avait formé des moines et des disciples aux sciences et aux lettres, et a laissé plusieurs ouvrages (imprimés à Paris en 1617). Ce savant réunissait toutes les connaissances de son temps. Il possédait le grec, le latin, l'hébreu, et se signala également comme théologien, philosophe et mathématicien.

ALCYON, genre de polypiers charnus, présentant pour caractères distinctifs des tentacules foliacés, au nombre de six ou huit, un œsophage distinct, une cavité digestive, s'ouvrant en dehors par une seule ouverture et entourée de six ou huit ovaires. Ces ovaires communiquent avec l'estomac, de sorte que les œufs sont rendus par la bouche. Les alcyons vivent réunis en polypiers, et ont un système de vaisseaux communs, servant au transport du suc nourricier. Cette conformation singulière fait que la nourriture prise par un seul individu profite à tous les autres. Les polypiers des alcyons présentent les formes les plus variées ; tantôt ils s'étendent sur différents corps, sous la forme d'une croûte gélatineuse ; tantôt ils affectent la forme globuleuse des

champignons ; d'autres fois enfin, ils sont arborescents et divisés en rameaux. Ils se fixent aux rochers et aux plantes marines. Les cellules où vivent ces animaux sont répandues à la surface du polypier ou placées à l'extrémité des rameaux. Le polype s'allonge jusqu'à l'ouverture de sa loge où il étale ses tentacules rangés en étoile autour de la bouche, c'est au moyen de ces rayons qu'il arrête et porte à cet orifice les corpuscules qui forment sa nourriture. Les œufs qu'ils rejettent donnent naissance à de petits polypes qui nagent librement à la surface de la mer jusqu'à ce qu'ils se fixent à quelque rocher pour former un nouveau polypier. — Nous figurons ici un alcyon grossi et son polypier.

ALDE et ALDINES. On donne le nom d'*Aldines* à des éditions fort recherchées, sorties des presses de la famille *Manuce* (voyez ce nom), dont l'un des membres les plus connus portait le prénom d'*Alde*.

ALDERMAN. C'est, en Angleterre, le nom que portent les magistrats municipaux ou les chefs des corps de métiers. C'est par l'avis des *aldermen* que se font les règlements de police ; il y en a dans toutes les villes, et leur nombre varie suivant la population de ces dernières. Les maires sont choisis parmi eux.

ALDOBRANDINI. Voyez *Clément VIII*.

ALDROVANDE, célèbre naturaliste, naquit à Bologne en 1522. Appartenant à une famille distinguée, il étudia d'abord la philosophie, le droit et la médecine ; puis il entreprit de nombreux voyages dans lesquels il rassembla la collection la plus complète de ce temps, entretenant à ses frais un grand nombre de peintres, de graveurs et de copistes, pour travailler au grand ouvrage qu'il avait entrepris. Ce ne fut que plusieurs années après qu'il publia son *Histoire naturelle* en treize volumes, dont quelques-uns ne furent mis au jour qu'après sa mort. Il mourut en 1605, et légua sa collection et ses manuscrits à la ville de Bologne, d'où, à l'époque de la révolution, ils furent transportés au Muséum du Jardin des Plantes à Paris.

ALE. Voyez *Bière*.

ALECTO. Voyez *Euménides*.

ALEMANNI ou *Alemans*. Les Alemanni faisaient partie des anciens Suèves, peuple germanique, et leurs descendants sont nommés Souabes. Depuis le commencement du III° siècle, ils

figurent dans l'histoire comme un peuple puissant, et se rendirent redoutables dans toute la
Forêt-Noire, jusque sur les bords du Rhin. Divisés en un grand nombre de cantons distincts,
dont chacun était indépendant, avait une assemblée du peuple, des lois et un duc particulier,
ils se rassemblaient pour faire la guerre. Ce fut
principalement contre les provinces romaines de
la Germanie, de l'Helvétie et de la Rhétie qu'ils
dirigèrent leurs attaques. L'empereur Caracalla
vécut d'abord en bonne intelligence avec ce peuple au milieu duquel il avait longtemps séjourné;
mais l'ayant excité par des traitements injustes,
il fut obligé de le combattre, sans réussir à le
dompter. A cette époque, les Alemanni habitaient entre le Haut-Rhin, le Mein et le Danube;
depuis lors il s'avança continuellement vers l'occident. Ils tentèrent plusieurs fois d'envahir l'I-
talie, mais ils furent constamment battus par les
Romains; c'était du reste un peuple belliqueux;
ils étaient, dit Ammien Marcellin, grands et robustes, sauvages et turbulents. En 303, les Alemanni envahirent de nouveau l'Helvétie et y
commirent de tels ravages que cette contrée devint déserte. A l'avènement de Constantin-le-
Grand, ils étaient en possession de la rive gauche du Rhin, depuis Mayence jusqu'au delà de
Strasbourg; cet empereur remporta sur eux une
bataille décisive à Langres, mais ce fut l'empereur Julien qui leur porta les plus rudes coups
et les força à demander la paix. Plus tard, à la
faveur des désordres qui bouleversaient l'empire
d'Occident, ils rompirent la trêve et se mêlèrent
aux Huns dont ils partagèrent la défaite dans les
champs catalauniens. Après que les Francs se
furent établis dans la Gaule, les Alemanni tentèrent de s'emparer de la Belgique, mais Clovis
leur livra la bataille de Tolbiac (496), qu'il
remporta, et les dépouilla de leurs possessions
sur le Bas-Rhin. Depuis cette époque, ils se dirigèrent vers le sud et peuplèrent les Alpes, où
leurs descendants vivent aujourd'hui sous le nom
de Suisses.

ALEMBERT. Voyez *D'Alembert.*

ALENÇON (*Alenconium*), ville de France,
aujourd'hui chef-lieu du département de l'Orne,
sur la Sarthe et la Briante, passait autrefois pour
la troisième ville de la Normandie. Colbert y
établit une manufacture de dentelles, dont les
produits sont connus sous le nom de *point d'A-
lençon.* Cette création permit à la France de
s'affranchir des tributs qu'elle payait à Venise, à
Gènes, à la Flandre et à l'Angleterre pour leurs
dentelles. Alençon, qui compte 13,277 habitants,
est la patrie du chirurgien Desgenettes et du naturaliste Louton-Labillardière, etc.— Cette ville
a une cour d'assises, des tribunaux de première
instance et de commerce, une direction des domaines et des contributions, une conservation
des hypothèques. Elle est entourée de cinq faubourgs très agréables. Ses rues sont généralement larges, bien pavées et bien bâties. On y remarque l'église principale, édifice gothique, avec
des vitraux de toute beauté; la halle au blé, bâtiment circulaire d'une bonne architecture; l'hôtel-de-ville et le palais-de-justice, édifices très
simples et qui s'élèvent sur l'emplacement de
l'ancien château, dont il reste les tours très

bien conservées. On trouve sur son territoire des
cailloux appelés *diamants d'Alençon*, avec lesquels on fait quelques bijoux. Au Xe siècle, Alençon, qui n'était encore qu'un simple château entouré de quelques maisons, fut donné (997) par
Richard II, duc de Normandie, à Guillaume Ier,
seigneur de Bellème et comte de Poitiers, en récompense de ses services.

ALENÇON (Maison d'). Le comté d'Alençon
devint, sous Philippe de Valois, l'apanage de son
frère Charles de Valois, fondateur de la maison
d'Alençon. Après sa mort, à la bataille de Crécy,
en 1346, le comté passa à sa descendance; en
1410, ce comté fut érigé en duché-pairie, et le
premier duc d'Alençon fut Jean Ier, petit neveu
de Charles VII, qui perdit la vie en 1415, à la
bataille d'Azincourt. Son fils, Jean II, suivit

comme lui le parti des Armagnacs contre le duc de Bourgogne, et prit une part active aux guerres intestines qui déchiraient la France. Lorsque le dauphin Louis se révolta, en 1440, contre Charles VII, son père, le duc d'Alençon, Jean V, le soutint, et fut même le chef avoué de la *Praguerie*. (Voyez ce mot.) Arrêté par ordre du roi, il fut traduit devant la cour des pairs et condamné à mort ; cette sentence ne fut cependant pas exécutée, mais ses biens furent confisqués, et il resta renfermé à Loches jusqu'à l'avènement de Louis XI, qui lui rendit, avec la liberté, son duché et sa pairie. Mais le duc ne resta pas plus tranquille sous le règne du fils qu'il n'avait été sous celui du père ; en 1465, il entra dans la ligue *du bien public*, et plus tard, conspira contre le roi avec les ducs de Bretagne et de Bourgogne. Il fut encore une fois condamné à mort, mais le roi commua sa peine en une prison perpétuelle. Cependant, à la suite du traité de Picquigni, conclu entre les rois de France et d'Angleterre et le duc de Bretagne, il fut élargi, mais il ne jouit pas longtemps de la liberté, et mourut l'année suivante. Son successeur, Réné, tout aussi turbulent, mourut en 1492. Charles IV, son fils, épousa Marguerite de Valois, sœur de François Ier ; le roi lui confia le commandement de l'avant-garde de son armée de Flandre. Il opéra le passage de l'Escaut, que Charles-Quint n'osa lui disputer ; mais ne sut tirer aucun profit de cet avantage. A la bataille de Pavie, où il commandait l'aile gauche, il battit en retraite et fut la principale cause de la funeste issue de cette journée. A son retour en France, il fut si mal accueilli et tellement accablé de reproches par la princesse Marguerite, qu'il en mourut, dit-on, de douleur le 21 avril 1525, deux mois seulement après sa défaite. En lui s'éteignit la branche d'Alençon. — Charles IX donna ce duché à son frère François, duc d'Anjou, qui mourut en 1584. Ce domaine fut ensuite donné, en 1710, par Louis XIV à son petit-fils, le duc de Berri, lors de son mariage avec une princesse d'Orléans, et en 1774, par Louis XVI, au comte de Provence, l'aîné de ses frères. Le domaine fut depuis réuni à celui de la couronne.

ALÈNE, sorte de poinçon aigu, à forme tantôt courbe, tantôt droite, façonné en losange et planté sur un léger manche de bois. Cet instrument, à l'usage des cordonniers, des selliers et autres artisans du même genre, sert à percer le cuir. L'alène se fabrique à la forge ou à la lime, d'ordinaire à l'une et à l'autre. Quelquefois en acier, plus souvent en fer, qu'on prend soin de tremper

après la confection, l'alène se polit à l'aide de l'émeri et de l'huile.

ALÉOUTES (Iles). Voyez *Aleutiennes*.

ALEP, capitale du pachalick de ce nom, l'un des gouvernements généraux de l'empire ottoman. Ce pachalick, qui comprend la partie nord de la Syrie où s'élève le mont Liban, renferme 450,000 habitants sur une surface de 522 lieues carrées ; il est arrosé par l'Oronte, et produit du blé, de l'orge, du froment, de la sésame, du coton, de l'indigo, etc. Le mûrier, le figuier, l'olivier, croissent dans les montagnes. La ville d'Alep est grande et d'un aspect imposant ; dans son centre s'élève une haute colline, dont le sommet est occupé par une forteresse qui domine entièrement la ville. Du milieu de ses toits en terrasses s'élèvent de nombreuses tours et minarets qui lui donnent une apparence d'autant plus pittoresque que le pays qui l'entoure est plus inculte et plus désolé. Les rues sont, il est vrai, étroites et fangeuses, mais ses mosquées, ses bains et ses bazars déploient la plus grande richesse. Placée sur la route des caravanes, qui, des bords de la mer Rouge, se rendent dans l'Asie mineure, Alep voit affluer dans ses murs une foule de marchands de tous pays. On porte sa population à 100,000 âmes, dont les chrétiens et les juifs forment presque la moitié. Cette ville serait l'une des plus agréables de l'Orient, si le sol n'était parfois bouleversé par de violentes secousses de tremblement de terre. En 1822, une secousse terrible renversa les deux tiers de la ville et fit périr plus de 8,000 habitants, et quelques mois plus tard, un autre tremblement de terre vint compléter le désastre de cette malheureuse ville, qui commence à peine depuis quelques années à renaître de ses cendres.

ALÉPINE, sorte d'étoffe dont la chaîne est de soie et la tissure de laine.

ALERTE (de l'italien *all' erta*, au bord d'un abîme), locution qui répond à notre *garde à vous !* Donner l'alerte, c'est donner l'éveil, c'est appeler les soldats aux armes ; une fausse alerte est un appel sans motif.

ALÉSIA. Voyez *Alise*.

ALEUTIENNES (iles). *Aléoutes* ou *îles des Renards*. Réunion d'îles formant une chaîne légèrement courbée, et semblant les piles d'un pont immense qui unirait la presqu'île du Kamstchatka, en Asie, à la presqu'île d'Alaska, en Amérique. Elles isolent du grand Océan le bassin particulier de la mer de Behring. — Cette chaîne d'îles, comprise entre les 165° 49' long. O., 169° 10' long. E., et entre 51° 40' et 55° lat. N., forme trois groupes distincts : 1° Les *îles des Renards*, les plus considérables, sont en très grand nombre. La première, en partant du cap Alaska, est la plus étendue des îles Aléutiennes : c'est Ounemak ; viennent ensuite Oumalatchka, Ounamak, Oumuchta, Amlaï et Atcha. 2° Les Andrénowskies, du nom du navigateur russe André Tolstik, qui les découvrit en 1761. Elles sont au nombre de vingt, dont les plus considérables sont Tugonla, Adak, Konaga, Tarag, Kiska et Bouldir. — Le troisième groupe, celui des Aléoutes ou Aléoutskies des Russes, termine la chaîne à l'ouest. Ces îles, découvertes en 1727 par Behring, sont moins étendues que celles des deux autres groupes. Les plus remarquables sont Agattou et l'île de Behring, la plus rapprochée du Kamstchatka. Ce fut dans cette île que périt, en 1741, le grand navigateur de ce nom, ainsi que la plus grande partie de son équipage. — Les Aléutiennes n'offrent qu'un amas de roches volcaniques et plusieurs cratères qui lancent des matières enflammées. —

Le climat de ces îles est moins froid que celui du continent sous la même latitude, mais des brouillards continuels le rendent sombre, humide et très malsain. L'été offre peu de jours réellement chauds. — Quelques-unes des Aléutiennes seulement sont habitées par une race d'hommes qui présente les mêmes caractères que les Kouriles du nord du Japon. — Le reste de la population, composé de Russes et d'Européens, se partage en deux classes : la première est celle des chasseurs ; ils se réunissent par détachements sous les ordres d'un officier, et ont une légère prime par animal qu'ils tuent ; la seconde se compose d'ouvriers emp'oyés à la préparation et à la conservation des peaux. Ces derniers sont presque aussi misérables que les naturels du pays. Leurs demeures, comme celles de ces derniers, ne consistent qu'en des trous creusés dans la terre et recouverts d'une espèce de hutte très basse. La baleine et le phoque font presque tous les frais de leur existence : la première leur fournit ses côtes pour consolider leurs huttes, son huile et ses os pour s'éclairer et se chauffer ; la peau du phoque sert à les vêtir ; ils en font encore des sacs, des courroies et divers ustensiles ; sa chair les nourrit et sa graisse leur donne de l'huile. — La végétation des îles Aléutiennes est très pauvre : le peuplier, l'aune, le pin et le sapin sont les seuls arbres qui y croissent, et en petit nombre. Les quadrupèdes que l'on y rencontre sont l'ours blanc, le renard bleu et la souris ; mais on ne trouve nulle part une plus grande quantité ni une variété aussi étendue d'animaux marins. Leur nombre diminue cependant chaque jour par la chasse assidue qu'on leur fait.

ALEXANDRE I à IV, rois de Macédoine. (Voyez *Macédoine*.)

ALEXANDRE-LE-GRAND, fils de Philippe, roi de Macédoine, naquit l'an 312 avant J.-C. Dès sa jeunesse, se développèrent en lui les grandes qualités dont la nature l'avait doté. A l'âge de douze ans, il fut remis entre les mains d'Aristote, auquel le jeune prince dut non-seulement une science prodigieuse pour ce temps-là, mais encore une conception facile et un esprit d'une grande élévation. — Philippe de Macédoine avait assujéti la Grèce, et, selon quelques historiens, cette domination protectrice était un bienfait pour eux, en leur permettant d'unir leurs forces contre la Perse, leur éternelle ennemie. La mort de Philippe parut aux nations vaincues le signal du retour à la liberté ; elles reprirent les armes pour secouer le joug de la Macédoine. Alexandre se mit alors en marche et reçut bientôt la soumission des révoltés. A l'exemple de son père, Alexandre se contenta du titre de généralissime des Grecs contre les Perses. Thèbes s'étant une seconde fois révoltée fut détruite et ses habitants massacrés. Dès lors la guerre fut reprise contre les Perses. La victoire du Granique (335) le rendit maître de l'Asie mineure. Darius, après cette défaite, avait conduit toutes les forces de la Perse

ALE

dans les défilés de la Cilicie; mais là son armée fut complètement défaite; il abandonna au vainqueur son camp, ses trésors et sa famille, et s'enfuit dans l'intérieur de son royaume. Alexandre continua sa marche à travers la Syrie, la Phénicie, la Palestine, jusqu'aux frontières de l'Égypte. La seule Tyr osa lui résister, et tint pendant sept mois le vainqueur devant ses murs. Darius offrit alors une partie de ses trésors et de ses États pour obtenir la paix, mais le héros macédonien, rejetant ces offres avec dédain, continua sa marche triomphale à travers l'Égypte et les sables de la Libye; il s'avança jusqu'au temple de Jupiter Ammon, et les prêtres le déclarèrent fils de ce dieu. Après avoir fondé Alexandrie, le conquérant quitta l'Égypte pour passer dans l'Asie centrale. Ce fut dans les plaines d'Arbelles que la puissance de Darius reçut le dernier coup. Les contrées du centre de la Perse, Babylone, Suze et l'antique Persépolis tombèrent au pouvoir du vainqueur, et avec elles tous les trésors de l'Asie. La conquête rapide des provinces du nord, où Darius s'était réfugié après sa défaite, prouva qu'Alexandre savait non-seulement vaincre, mais encore profiter de la victoire. L'infortuné Darius fuyait toujours devant son terrible vainqueur, lorsqu'il devint victime de la perfidie d'un de ses satrapes. Alexandre, pour le sauver et aussi pour empêcher une nouvelle puissance de se former dans le nord, l'avait suivi à marches forcées; mais il n'arriva que pour le venger. Trois ans se passèrent à organiser la conquête, après lesquels Alexandre soumit les Evergètes, les Bactriens, les Sogdiens, les montagnards du Paropamisus, et pénétra dans les contrées populeuses de l'Inde septentrionale (Penjab). Il fit alliance avec le roi Taxile, passa l'Indus, l'Hydaspe, battit le vaillant Porus, dont il gagna ensuite l'amitié, et s'avança jusqu'à l'Hypase; là, son armée refusant d'aller plus loin, il fut contraint à la retraite. Il traversa le pays des Malliens jusqu'à l'Hydaspe sur lequel il s'embarqua et, continuant sa route par eau sur l'Acésinès et sur l'Indus jusqu'à l'Océan, il soumit toutes les nations sur les deux rives. Ayant alors quitté sa flotte qui, sous le commandement de Néarque, fit le trajet depuis l'embouchure de l'Indus jusqu'au golfe Persique, il passa avec ses troupes de terre à travers les déserts sablonneux de la Gédrosie et de la Carmanie, dans la Perside, et de là à Babylone. Les trois quarts de ses troupes succombèrent à la famine et aux maladies; mais il leur fit oublier tous ces maux par la magnificence qu'il déploya à Babylone; il y donna audience aux gouverneurs des provinces, ainsi qu'aux ambassadeurs des peuples éloignés;

il réforma de nombreux abus dans l'administration, décerna des récompenses, infligea des châtiments et médita de vastes projets, autant pour organiser son royaume que pour en reculer les bornes. La capitale du grand empire devait être Babylone qui, par sa position au milieu du monde alors connu, serait devenu le centre du commerce, par terre et par mer, avec les peuples éloignés. Alexandre devait devenir le maître du monde, et déjà il méditait la conquête de l'Arabie et peut-être de l'Afrique entière, lorsqu'une fièvre violente l'emporta à l'âge de 32 ans, en 344. On a attribué sa mort au poison ou à ses débauches; mais les détails de sa maladie, conservés par Arrien, tendent à prouver que ce fut d'épuisement causé par des veilles fréquentes, et la tension perpétuelle des organes du cerveau. — On a

Alexandre d'après un buste antique.

reproché à Alexandre ses débauches et ses cruautés, mais on n'a pas toujours cherché les causes par lesquelles il fut fatalement entraîné. Après la conquête de l'Empire asiatique, ce grand conquérant ne songea plus qu'à unir les deux nations, qu'à faire disparaître toute distinction entre le vainqueur et le vaincu. Dans ce but, il s'entoura en public de ce luxe et de cette étiquette minutieuse exigée par les usages de l'Orient, mais qui excitèrent le déplaisir et les plaintes des rudes et grossiers Macédoniens. De là des défiances, des complots, qui expliquent la sévérité d'Alexandre à l'égard de plusieurs de ses généraux. D'un autre côté, pour complaire à ses soldats, il se conformait dans son intérieur aux usages de sa patrie, en prenant part à des orgies où régnaient l'abandon, la familiarité et cette brusquerie grossière propre aux Macédoniens. Plusieurs historiens l'assurent, c'est par condescendance pour ses frères d'armes qu'Alexandre s'habitua à boire avec excès ; aussi Montesquieu l'absout-il de quelques actes criminels commis dans l'ivresse et qu'il racheta ensuite par un repentir sincère. « On les oublie, dit-il, pour se souvenir de son respect pour la vertu, de sorte qu'ils furent considérés plutôt comme des malheurs que comme des choses qui lui fussent propres. » — Olympias, sa mère, lui survécut, ainsi que son épouse Statyre, fille de Darius. Roxane, autre épouse d'Alexandre, était à sa mort enceinte d'un enfant qui régna plus tard sous le nom d'Alexandre. A défaut d'un fils auquel il pût remettre l'Empire, il le laissa au plus digne, et sa mort fut le signal de luttes sanglantes dont il sera parlé ailleurs. (Voyez *Perse et Macédoine*.) L'histoire d'Alexandre a été écrite par Arrien, Plutarque, Justin, etc. — Quinte-Curse, plus rhéteur qu'historien, a fait de son élégante histoire une espèce de roman. Sainte-Croix a laissé un excellent ouvrage à consulter, c'est l'*Examen critique des anciens historiens d'Alexandre-le-Grand.*

ALEXANDRE DE PHÈRES. Voyez *Phères*.

ALEXANDRE-SÉVÈRE (Marcus-Aurelius), empereur romain, successeur d'Héliogabale, était fils de Genesius-Marcianus et de Julie Mammée, sœur utérine d'Héliogabale, et naquit en l'an 208 de J.-C. Sa mère lui donna une excellente éducation et le préserva de la corruption de la cour d'Héliogabale. L'empereur, voulant se ménager un appui auprès du peuple et des soldats qui adoraient Alexandre, l'adopta en 221 ; mais bientôt, jaloux de sa popularité, il tenta de le faire périr. Les prétoriens, instruits de son projet, se révoltèrent, proclamèrent Alexandre empereur et massacrèrent Héliogabale. Le nouvel empereur signala son règne par des lois utiles et des guerres heureuses. Il battit les Perses et les Germains ; mais sa sévérité indisposa bientôt contre lui les troupes qui se révoltèrent et le tuèrent, en nommant pour son successeur Maximin, soldat de fortune, en 235. Ce prince, juste et accompli, aimait les lettres et les protégeait. Il fut regretté malgré sa sévérité.

ALEXANDRE. Huit personnages de ce nom ont occupé, à différentes époques, le trône pontifical. Le premier, qui compte parmi les martyrs, y monta en 109, mais il ne mérite qu'une simple mention.

Alexandre II, appelé d'abord Anselme de Milan, fut évêque de Lucques, et monta sur le trône pontifical en 1061, soutenu par le crédit du cardinal Hildebrand (voyez *Grégoire VII*), tandis que la noblesse romaine choisissait Honorius II. Ce dernier parvint à expulser Alexandre de Rome, mais un synode convoqué par les soins d'Hildebrand reconnut Alexandre ; les Romains cédèrent, et le pape Alexandre reprit possession du pouvoir qu'il conserva jusqu'en 1073, époque de sa mort, sous la tutelle de Hildebrand.

Alexandre III (1159-1181). Il eut à lutter contre le parti de l'empereur Frédéric Ier, et des antipapes Victor III, Paschal III et Calixte, qui s'élevèrent successivement contre lui. Il fut obligé en 1161 de se réfugier en France, mais en 1165 il fut rappelé par les Romains et les Lombards avec lesquels il contracta une étroite alliance. Frédéric Ier l'attaqua de nouveau ; mais la victoire, remportée par les Lombards sur les impériaux, près de Legnano, en 1177, le força à conclure une paix humiliante. — Il excommunia Henri II d'Angleterre, à l'occasion de l'assassinat de l'archevêque de Cantorbéry, Thomas Becket, et mit l'Écosse en interdit. Il installa aussi Alphonse II comme roi de Portugal, et poursuivit jusqu'à sa mort, en 1181, le système d'intolérance et de domination de Grégoire VII.

Alexandre IV, d'abord évêque d'Ostie, monta en 1254 sur le siége pontifical. Quoique bien intentionné et pacifique, ce pape fut mêlé et compromis dans les querelles des Guelfes et des Gibelins, et ne put réussir à pacifier le pays ni par ses prières ni par ses anathèmes. Il laissa à sa mort, en 1261, les affaires de l'Église dans l'état le plus déplorable.

Alexandre V, natif de l'île de Candie, appartint d'abord à l'ordre mendiant des Mineurs ; il s'éleva jusqu'au rang de cardinal et parvint, en 1409, au trône pontifical. Il eut à lutter contre les antipapes Grégoire XII et Benoît XIII, et, au moment où il fulminait contre les doctrines de Wiclef et de Huss, il fut, dit-on, empoisonné.

Alexandre VI, connu d'abord sous le nom de Rodrigue Lenzuoli, prit ensuite le trop célèbre nom de sa mère *Borgia*. Dès sa jeunesse, il se fit remarquer par ses talents et par ses mœurs dissolues. Il eut cinq enfants nés de son commerce avec une femme d'une grande beauté, Rosa Vanozza ; et, lorsqu'il fut devenu pape, il s'occupa de leur donner un rang élevé dans le monde. César Borgia et Lucrèce (voyez *Borgia*) furent les plus célèbres. — Pour arriver au trône pontifical, Borgia corrompit les cardinaux Sparza Biario et Cibo ; et lorsqu'il eut atteint le but de ses désirs, il chercha à augmenter sa puissance en diminuant celle des princes italiens et en s'emparant de leurs possessions pour en enrichir sa

famille. Tous les moyens lui furent bons pour arriver à son but. Politique sans foi et sans scrupules, il en donna des preuves multipliées dans ses relations avec ses voisins. Il mourut en 1503, âgé de 74 ans, emportant dans la tombe la haine et le mépris de tous ceux qui le connaissaient.

Alexandre VII, né à Sienne en 1599, fut d'abord cardinal Chigi, et nonce du pape en Allemagne pour les négociations de paix à Munster. Son zèle pour le bien de l'Église, et la sainteté apparente de sa conduite le rendirent l'objet de la vénération publique. Mais dès qu'il fut parvenu au trône pontifical, en 1665, il jeta le masque de piété dont il s'était couvert et se livra sans retenue à son penchant pour les plaisirs. Il s'attira la haine de Mazarin, et plus tard celle de Louis XIV qui lui enleva Avignon et le comtat Venaissin, et le força en 1663 à conclure le traité de Pise. Il mourut en 1665, dans la déconsidération.

Alexandre VIII, de la famille des Ottoboni, naquit à Venise en 1610 et devint pape en 1689. Il obtint de Louis XIV la restitution d'Avignon et du comtat Venaissin. Il fournit aux Vénitiens des secours en argent et en vaisseaux pour faire la guerre aux Turcs. Il condamna à la fois les

jésuites et les jansénistes, et mourut en 1691, âgé de 81 ans.

ALEXANDRE NEFSKI, fils d'Iaroslaf II, naquit en 1219. Nommé au gouvernement de Novgorod, il sut conserver son indépendance, tandis que son père pliait sous le joug des Mongols. Attaqué par les Suédois, les Danois et les chevaliers porte-glaive de la Livonie, il les vainquit sur les bords de la Newa. Après la mort de son père, l'usurpation de son frère André le força à prendre les armes et à reconquérir son trône ; il régna pendant onze ans avec sagesse et prudence, et jouit de l'amour de son peuple, qui l'éleva au rang des saints. Jamais héros ne fut plus populaire et plus respecté en Russie.

ALEXANDRE Ier, *Paulowitch* (c'est-à-dire *fils de Paul*), naquit le 13 décembre 1777, de l'empereur Paul Ier et de Marie Fédérowna. Elevé sous les yeux de sa grand'mère, la célèbre Catherine II, il eut pour gouverneur Nicolas Soltikoff et pour précepteur le colonel Laharpe, homme capable et instruit, qui devint plus tard l'un des directeurs de la Suisse régénérée. Ce fut à ces maîtres qu'Alexandre dut ses vastes connaissances, son jugement prompt et sûr, ses lumières et son esprit de tolérance et de philanthropie. A peine âgé de quinze ans, Alexandre épousa, en 1793, la princesse Louise-Marie-Auguste de Bade, jeune personne accomplie, mais qui n'avait alors que quatorze ans. Ce mariage fut célébré avec la plus grande pompe, et Catherine, qui en était l'auteur, mourut peu d'années après. Paul Ier monta alors sur le trône, et de ce moment commença pour Alexandre et toute sa famille un temps d'inquiétudes et de souffrances, pendant lequel sa liberté même fut menacée ; Paul Ier, d'un naturel sombre et ombrageux, redoutait même ses plus proches parents. Les défiances et le despotisme du souverain occasionnèrent dans l'empire un mécontentement général. Un complot fut tramé contre lui, complot dans lequel aurait trempé Alexandre, si l'on en croit quelques historiens. Mais il faut dire que si ce prince eut connaissance de cette conspiration, il était loin d'en prévoir le terrible dénouement. Le comte Pahlen lui dépeignait l'abdication forcée et la réclusion de Paul dans une forteresse, comme le seul moyen de sauver ses jours et ceux de sa mère, qu'on lui disait être menacés ; Alexandre ne s'opposa plus à l'accomplissement du complot, et le 24 mars 1801, Paul Ier avait cessé de vivre. Après la perpétration du crime, Alexandre quitta le palais où gisuit le cadavre de son père, et se rendit au palais d'hiver où il reçut dès le lendemain le serment de fidélité de tous les grands de l'empire. L'avénement d'Alexandre éveilla de grandes espérances, qui furent en partie réalisées. Sous le règne de ce prince, la Russie fit des pas immenses dans la carrière de la civilisation; après avoir réparé les nombreuses injustices de son père, rappelé des déserts de la Sibérie les victimes de ses bizarres fantaisies, et ramené la marche du gouvernement dans la ligne que Catherine lui avait tracée, il rechercha pour son pays les nouveaux moyens de civilisation, et s'efforça d'y assurer le règne des lois dont jusque-là les volontés du souverain avaient seules tenu lieu. Il proclama, immédiatement après son avènement au trône, l'abolition de la censure, de la confiscation et de la torture; il réduisit les impôts, créa des hospices et des universités, réforma le Code criminel et donna une nouvelle organisation au sénat qu'il constitua en haute cour de justice. Il forma, en 1805, avec l'Angleterre, une coalition dans laquelle entrèrent ensuite l'Autriche, la Prusse et la Suède; mais après avoir perdu les batailles d'Austerlitz, d'Eylau et de Friedland, il se vit contraint à demander la paix. Il eut alors avec Napoléon, sur le Niémen, une entrevue devenue célèbre, à la suite de laquelle fut signé le traité de Tilsitt (7 juillet 1807), et par lequel Alexandre reconnut toutes les conquêtes de l'empereur et accéda au système du blocus continental. En paix avec la France, Alexandre tourna d'un autre côté ses projets d'agrandissement; il enleva la Finlande à la Suède (1808), et fit la conquête de plusieurs provinces sur la Perse et la Turquie. En 1812, la guerre se ralluma entre la Russie et la France, par suite de l'inobservation de plusieurs clauses du traité de la part d'Alexandre. Il perdit d'abord les batailles de Smolensk et de la Moskowa, mais bientôt le manque de vivres et la rigueur du climat jetèrent le désordre et la mort dans l'armée française, qui se retira après avoir éprouvé des pertes immenses. Alors le tzar adressa de Varsovie à tous les souverains de l'Europe une proclamation par laquelle il les appelait aux armes (février 1813). Il réussit à former une nouvelle coalition dans laquelle entrèrent successivement l'Angleterre, la Suède, la Prusse et l'Autriche. On sait quel enchaînement de succès et de revers amena devant Paris les troupes confédérées (31 mars 1814). — Alexandre se conduisit alors en pacificateur plutôt qu'en conquérant: il replaça sur le trône la famille des Bourbons, et signa avec Louis XVIII un traité qui assurait la paix générale et garantissait à la France l'intégrité de son territoire primitif. En novembre 1814, il se rendit au congrès de Vienne et s'y fit céder la Pologne. A la nouvelle du retour de Napoléon en France, Alexandre reprit les armes, et lorsque la bataille de Waterloo eut décidé la question, il vint de nouveau à Paris (juillet 1815). Cette fois, il prit part aux mesures rigoureuses dont on accabla la France; mais il s'opposa au démembrement du pays, et préserva plusieurs monuments qu'on voulait détruire. Trois ans après (1818), au congrès d'Aix-la-Chapelle, il fit réduire l'énorme contribution qui avait été imposée à la France et hâta la libération de son territoire. Avant de quitter Paris, Alexandre avait signé avec la Prusse et l'Autriche le fameux traité de la *Sainte-Alliance*. Il signa ce traité sous l'influence de certaines idées mystiques qui lui avaient été inspirées par madame de Krüdner. (*Voy*. ce mot.) De retour dans ses États, Alexandre s'occupa de réparer les maux de la guerre, il donna une constitution à la Pologne, affranchit un grand nombre de serfs et bannit les jésuites qui, selon leur habitude, agitaient l'Empire par leurs intrigues (1820). Dans les dernières années de sa vie, il devint adversaire des idées libérales qu'il avait d'abord professées, et sévit contre la presse et les associations secrètes. Alexandre se disposait à visiter la Crimée, lorsqu'il fut pris d'une fièvre qui l'emporta en quelques jours. Il mourut à Taganrok, où l'impératrice lui ferma les yeux, en 1825.

ALEXANDRETTE, en latin *Alexandria minor*, ville de Syrie, située sur le bord de la mer Méditerranée, et près du ruisseau de Beloum (long. 33° 33', latit. 36° 35'). Elle ressemble en quelque sorte à un cimetière, car on y voit plus de tombeaux que de maisons. Elle est d'ailleurs sans murailles. Avant la découverte du cap de Bonne-Espérance, Alexandrette était l'entrepôt du commerce de l'Inde pour l'Europe. Elle sert encore de débouché à Alep, quoiqu'elle en soit éloignée de plus de vingt-cinq lieues, parce que la route qui conduit à Lattakié, ville plus rapprochée, est infestée de bandes arabes dangereuses pour les voyageurs. Autrefois, dès qu'un bâtiment entrait dans le port d'Alexandrette, on expédiait à Alep des pigeons pour en porter la nouvelle.

ALEXANDRIE (*École d'*). Lorsque la Grèce eut perdu son ancienne splendeur avec son indépendance, les lettres se réfugièrent à la cour d'Alexandre-le-Grand, dont les victoires et les découvertes avaient agrandi le domaine de la science. Après la mort du héros macédonien, ses généraux partagèrent son empire, et Alexandrie devint sous Ptolémée-Soter, fils de Lagus, un foyer de lumières. Sa population, mélangée d'Egyptiens et de Grecs, auxquels étaient venues se joindre de nombreuses colonies juives, devait, par un échange continuel d'idées, faire de rapides progrès sous le rapport intellectuel. L'Orient et l'Occident s'y fondaient l'un dans l'autre. Les Ptolémées attirèrent à eux les savants et les hommes de lettres de toutes les parties de la Grèce, et le fils de Lagus fonda le *Musée*, vaste établissement où les savants de toutes les contrées trouvaient les moyens de cultiver avec fruit la branche des sciences ou des lettres à laquelle ils s'étaient voués. Il fit réunir les ouvrages les plus célèbres de la Grèce, de l'Asie et de l'Afrique, et jeta ainsi les fondements de cette fameuse *bibliothèque*, qui fit l'admiration des anciens. Des grammairiens, des poètes, des mathématiciens, des géographes, des naturalistes, des médecins et des philosophes mirent à profit la grande et généreuse protection des Ptolémées. Tous ces savants, quoiqu'à des époques différentes, constituent par leur ensemble l'école d'Alexandrie. On y faisait des lectures publiques et des leçons; il y eut même des combats littéraires et scientifiques où des récompenses étaient décernées aux vainqueurs. Suivant Flavius Josèphe, la bibliothèque se composait, sous Ptolémée Philadelphe, de 200,000 rouleaux en toutes langues. Lorsqu'en l'an 47 avant J.-C., César s'empara d'Alexandrie, le faubourg de Bruchion, où se trouvait la bibliothèque, devint la proie des flammes, et une partie de ce trésor fut détruite dans l'incendie. Marc-Antoine chercha à réparer ce malheur en faisant cadeau à Cléopâtre, reine d'Egypte, de la magnifique collection des rois de Pergame, qui fut déposée au temple de Sérapis. Alexandrie et son école se relevèrent bien vite du coup que les guerres civiles lui avaient porté. Au IIᵉ siècle de notre ère, tous les philosophes semblèrent s'y être donné rendez-vous, et une philosophie nouvelle, qui eut une grande influence sur les dogmes du christianisme, y prit naissance. Sous le cruel Caracalla, le musée fut supprimé, et les habitants d'Alexandrie massacrés. Cependant la bibliothèque subsistait toujours, et ce ne fut qu'en 641, lorsqu'Alexandrie tomba au pouvoir des Arabes, que leur général, Amrou, ordonna la destruction de la bibliothèque, prétendant que si ces livres s'accordaient avec le Koran, ils étaient inutiles; que dans le cas contraire, ils devaient être détruits. Ces livres furent, dit-on, employés au chauffage des

bains, et telle en était la quantité, qu'ils suffirent pendant six mois pour chauffer 4,000 bains. — Parmi les savants alexandrins dont le nom est parvenu jusqu'à nous, nous citerons Zénodote d'Éphèse, Eratosthène de Cyrène, Aristophane de Bysance, Aristarque de Samothrace, Denys de Thrace, Apollonius, Didyme et Zoïle, comme grammairiens et littérateurs. Apollonius, Lycophron, Aratus, Nicandre, Callimaque, Théocrite, se distinguèrent comme poètes. Ce fut également aux Alexandrins que les mathématiques durent leur premier ensemble systématique. Euclide, né à Alexandrie, sous le règne de Ptolémée-Soter, fut le père de la géométrie, et donna ses fameux éléments de cette science, qui furent continués par Hypsiclès, Théon et sa docte fille Hypatia. Apollonius, Anatole, Pappus, Nicomaque, Jamblique, Ctésibius et son disciple Héron furent des mathématiciens distingués. Le premier système scientifique d'astronomie et de géographie fut fondé à Alexandrie, et quelque défectueux qu'il fût, il prépara néanmoins le perfectionnement de ces sciences par les siècles suivants. C'est d'Alexandrie que vint aux Romains, du temps de Jules César, la théorie perfectionnée du calendrier. Les œuvres historiques des Alexandrins ne sont malheureusement pas parvenues jusqu'à nous. L'histoire naturelle et l'anatomie durent à la protection des Ptolémées leurs progrès. Hérophile et Erasistrate furent de grands anatomistes. Zopyre et Cratéras s'occupèrent de thérapeutique, et le célèbre Galien fit à Alexandrie l'apprentissage de son art. — L'école philosophique d'Alexandrie commença avec le Iᵉʳ siècle de notre ère et finit vers le milieu du VIᵉ par le décret de l'empereur Justinien qui ordonna que les écoles des philosophes fussent fermées. La philosophie des Alexandrins, qui fut enseignée par Enésidème, Sextus Empiricus, Potamon et Ammonius Sakkas, se distinguait de la philosophie grecque par des doctrines plus vaporeuses, par une alliance plus intime avec la religion. Ces philosophes cherchèrent d'abord à concilier les différentes écoles pour les opposer aux doctrines chrétiennes qui tendaient à les dominer. Mais elle ne tarda pas à s'emparer des dogmes du christianisme qui dut ainsi une partie de ses progrès à cette philosophie nouvelle. Dans tous les cas, l'école philosophique d'Alexandrie eut une grande part au développement intellectuel de cette époque. (Voy. *Philosophie, Christianisme*, etc.)

ALEXANDRIE. Plusieurs villes, la plupart fondées par Alexandre-le-Grand, ont anciennement porté ce nom. La plus célèbre de toutes, en turc *Scanderoun*, devint la capitale de l'E-gypte sous les Ptolémées qui en firent leur rési-dence. Elle est située entre un golfe de la mer Méditerranée et le lac Mareotis, sous le 31° 11' de lat. nord. Alexandre-le-Grand voulut en faire l'entrepôt du commerce du monde ; les Ptolé-mées ne cessèrent de l'embellir, et firent de cette ville le centre des lumières et des arts. Alexan-drie avait plusieurs ports, dont deux existent en-core : le *Grand-Port*, situé à l'est, est protégé par deux forts d'architecture turque ; c'est celui réservé aux navires européens. Le port *Eunos-tus* ou port turc, situé à l'ouest, est uniquement destiné aux vaisseaux du sultan et de ses sujets. La presqu'île de Farillon (Pharos) est en avant de ces ports ; l'on y voit encore les ruines du cé-lèbre *Phare* des Ptolémées. — Les premiers ha-bitants d'Alexandrie étaient un mélange d'Égyp-tiens et de Grecs, mais par la suite on y envoya de nombreuses colonies de Juifs qui adoptèrent la langue et les mœurs des Grecs. Le plus beau quartier de la ville était le *Bruchion*, qui con-tenait les plus grands édifices et les palais royaux, on y voyait aussi le fameux *Musée* qui renfer-mait la bibliothèque d'Alexandrie, et le *Sema*, château bâti sur le grand port par Ptolémée Ier, et où l'on déposait les restes mortels des rois. Le Bruchion était fortifié et séparé de la ville par une muraille ; près de là se trouvait le Sérapion ou temple de Jupiter Sérapis, où fut déposée la bibliothèque des rois de Pergame. C'est non loin de ce lieu que s'élève aujourd'hui la grande mos-

quée et le bazar d'Alexandrie. Les aubourgs de la ville étaient la Nékropole, qui renfermait

les cimetières et les maisons pour l'embaume-ment des cadavres, où l'on célébrait aussi les courses et les jeux quinquennaux ; et Nikopolis, célèbre par la victoire qu'y remporta César-Au-guste sur Antoine et Cléopâtre. De tous ces mag-nifiques édifices, de toutes ces colonnades, il ne reste presque rien que des ruines. — Dans le partage de l'empire romain, Alexandrie échut avec l'Egypte à l'empire d'Orient. Les Arabes s'en emparèrent en 640, et la ville eut beaucoup à souffrir. En 868, elle tomba au pouvoir des Turcs ; elle devint l'entrepôt général du com-merce au moyen-âge, et resta florissante jusqu'à la fin du xve siècle, où le passage du cap de Bonne-Espérance ouvrit à l'Europe le chemin de l'Inde. L'Alexandrie moderne n'occupe qu'un petit espace entre les deux ports, et comprend à peine la huitième partie de la circonférence de l'ancienne. Sa population, autrefois de 300,000 habitants, se réduit aujourd'hui à 15,000, com-posée de négociants de tous les pays du monde. Ce n'est plus qu'une espèce de dépôt pour les marchandises de l'Egypte, de l'Arabie et de l'A-byssinie. La ville est partagée en deux quartiers, celui des Francs et celui des Turcs. Le premier, habité par les Européens, est mieux bâti que le second.

ALEXANDRIE-DE-LA-PAILLE (*della pa-glia*), ville du Piémont, capitale de la province qui porte son nom, au confluent de la Bormida et du Tanaro, siége d'un évêché, est fort impor-tante comme position militaire, aussi est-elle bien fortifiée ; elle a une citadelle construite par les Français et plusieurs ouvrages avancés sur les deux rivières. Le terrain est marécageux ; cepen-dant la population est de 35,000 habitants. Cette ville a encore, outre son importance militaire, deux foires considérables. L'aspect de la ville est triste, bien qu'elle compte plusieurs monuments, entre autres l'hôtel-de-ville, quelques églises, le palais royal, etc. ; elle possède une société litté-raire connue sous le nom assez singulier d'Aca-démie des immobiles. Elle fut bâtie en l'honneur du pape Alexandre III, en 1168 ; elle joua un grand rôle dans les guerres d'Italie sous la Ré-publique ; en 1801, le 16 juin, Mélas y signa un armistice avec Bonaparte après la bataille de Marengo. L'Italie supérieure, jusqu'au Mincio, nous fut cédée. — Alexandrie doit son surnom *della paglia* à ce que toutes ses maisons étaient couvertes en chaume.

ALEXANDRINS (*vers*). Ce sont des vers fran-çais de douze syllabes dans les rimes masculines,

et de treize dans les rimes féminines. Le vers alexandrin, qu'on appelle aussi *vers héroïque*, répond à l'hexamètre des latins; comme lui, il est séparé en deux parties égales par un repos appelé hémistiche. On peut employer des rimes croisées dans les vers alexandrins; mais pour les tragédies et les épopées, il est d'usage de les faire rimer par distiques tour-à-tour masculins et féminins. La régulière succession des rimes enchaînées deux à deux, jointe à l'invariable césure, donne souvent aux alexandrins de la froideur et de la monotonie, et, comme l'a dit Voltaire, en le comparant au pentamètre:

L'hexamètre est plus beau, mais parfois ennuyeux.

Son nom d'alexandrin lui vient, suivant les uns, de ce qu'Alexandre Paris le premier en fit usage; suivant les autres, de ce qu'il fut d'abord employé dans un poème du XIIᵉ siècle, intitulé: *Alexandre*.

ALEXIS Iᵉʳ (Comnène), fils de Jean *Comnène* (voyez ce mot), naquit à Constantinople en 1048. Il fit ses premières armes contre les Turcs qu'il vainquit en plusieurs rencontres. Nicéphore Botoniate ayant détrôné Michel Parapinace, Alexis lui jura fidélité et l'aida à triompher de plusieurs gouverneurs révoltés. Mais, plus tard, Nicéphore prit ombrage de l'influence d'Alexis sur ses troupes et résolut sa perte. Celui-ci, averti à temps, se rendit à l'armée et marcha sur la capitale, où il fut proclamé empereur en 1081. L'Empire, environné d'ennemis, était dans une situation difficile qui rendait nécessaires les talents et l'activité d'Alexis. Après avoir battu les Scythes, les Turcs et les Manichéens, il mourut en 1118, après trente-sept ans de règne. Les événements qui arrivèrent à sa cour en 1096, lors de la première croisade, forment le sujet d'un roman de Walter Scott (*Robert de Paris*).

ALEXIS II (Comnène), né en 1167, fut déclaré Auguste dès l'âge de deux ans. Il était fils de Manuel Comnène et de Marie d'Antioche. Il monta sur le trône à la mort de son père en 1180, et fut étranglé trois ans après, par les ordres de son cousin Andronic Comnène.

ALEXIS (*le faux*), célèbre imposteur qui, en 1191, sous le règne d'Isaac l'Ange, se fit passer pour le fils de Manuel Comnène, auquel il ressemblait. Il parvint à rassembler une armée de 8,000 hommes, et se fit proclamer empereur. Mais ses troupes, vil ramassis de mahométans et de pillards, commirent bientôt de tels excès que le nom d'Alexis devint l'objet de l'exécration publique. Un prêtre, se faisant l'interprète de l'indignation générale, s'introduisit de nuit dans la chambre à coucher du faux Alexis, saisit son épée suspendue au chevet de son lit, et l'assassina.

ALEXIS III (l'Ange), frère d'Isaac *l'Ange* (voyez ce mot), empereur de Constantinople. Ce prince conspira contre son frère et, l'ayant renversé du trône, il lui fit crever les yeux et le renferma dans une prison. Cette cruauté et la tyrannie d'Alexis le rendirent bientôt odieux, ainsi que sa digne épouse Euphrosine. Il comprima plusieurs fois la révolte de ses sujets, mais fut enfin obligé de prendre la fuite. Les croisés français et vénitiens prirent et brûlèrent Constantinople, et Alexis tomba entre les mains de Théodore Lascaris, qui lui infligea le même supplice qu'il avait fait subir à son malheureux frère. Son règne avait duré huit ans et trois mois.

ALEXIS IV, fils d'Isaac l'Ange, détrôné par son frère Alexis III, s'était réfugié, après la déposition de son père, à la cour de Philippe, empereur d'Allemagne, qui avait épousé sa sœur Irène. Il sollicita les princes croisés de replacer son père sur le trône; ceux-ci s'emparèrent en effet de Constantinople, le 18 juillet 1203, et rétablirent Isaac; mais privé de la vue et affaibli par une longue captivité, l'Ange associa au trône son fils Alexis; celui-ci souleva bientôt contre lui, par ses actions, l'indignation générale, et Alexis Ducas fut reconnu empereur. Alexis IV fut étranglé, il avait régné cinq mois.

ALEXIS V (Ducas), surnommé Murzuphe, à cause de l'épaisseur de ses sourcils, était grand-maître de la garde-robe, sous le règne d'Alexis IV et de son père Isaac. Il profita de la sédition pour se faire proclamer empereur. Dès qu'il fut maître du pouvoir, il exila tous les grands dignitaires de la cour, s'empara de leurs richesses et leur substitua ses parents et ses amis, tous indignes d'occuper de telles places. Il se rendit bientôt odieux à ses sujets qui l'eussent chassé, si les croisés ne se fussent pas rendus maîtres de la ville (1204) qu'ils livrèrent au pillage. Alexis Ducas prit la fuite et se réfugia dans le Péloponèse. Mais il tomba entre les mains d'Alexis III, qui était alors fugitif comme lui et qui lui fit crever les yeux. Il fut ensuite reconduit à Constantinople, condamné à mort et précipité du haut d'une colonne. Il avait régné près de trois mois.

ALEXIS (Michælovitz), fils du tzar Michel

Fœdorovitz, naquit en 1630. Il n'avait que seize ans lorsque son père mourut et lui laissa l'empire. Son gouverneur, Boris Morizof, devenu son premier ministre, gouverna en son nom; mais sa mauvaise administration excita un soulèvement dans Moscou, et le tzar eut beaucoup de peine à sauver son favori. Alexis prit alors les rènes du gouvernement et déploya une grande énergie. Il reprit aux Polonais les places que leur avait cédées son père, et força Charles Gustave, roi de Suède, de quitter la Lithuanie qu'il avait envahie (1661). Il s'occupa activement de la civilisation et de la prospérité de ses sujets. Sous le règne de ce prince, une révolte des cosaques du Don jeta le trouble dans ses États; Stenko Razin s'empara d'Astrakan et menaça un instant le pouvoir impérial; mais la mort de ce chef mit fin à la rébellion. (Voyez *Stenko.*) Alexis aida Jean Sobieski dans ses guerres contre les Turcs, et mourut en 1677, laissant trois fils, dont l'un fut le célèbre *Pierre-le-Grand.*

ALEXIS (*Petrowitz*), fils aîné de Pierre-le-Grand et d'Eudoxie Lapouskin, naquit à Moscou en 1695. Doué d'un caractère sombre et féroce, il se montra dès sa jeunesse opposé aux réformes du tzar qui résolut de le déshériter. Soit crainte, soit dissimulation, Alexis feignit de se soumettre, mais il s'enfuit bientôt à l'étranger. Son père lui ordonna de rentrer en Russie, Alexis obéit; mais Pierre-le-Grand, dont le caractère entier ne pouvait supporter la plus légère contradiction, sévit d'une manière terrible; il fit périr sur la roue ses principaux confidents, relégua sa mère Eudoxie dans un monastère et, supposant un complot contre sa vie, il déshérita solennellement son fils, le fit juger et condamner à mort. Cependant il lui fit grâce de la vie; mais ces événements firent sur Alexis une telle impression qu'il mourut subitement. Il était âgé de 23 ans, et laissa deux enfants dont l'un monta sur le trône sous le nom de Pierre II.

ALFIERI (Victor) naquit en 1749 à Asti, en Piémont. A peine âgé d'un an, il perdit son père et fut placé sous la tutelle de son oncle, Pellegrino Alfieri, gouverneur de Coni. Il entra à neuf ans au collège des nobles à Turin, et en sortit en 1765, époque à laquelle il se trouva, par suite de la mort de son tuteur, maître absolu de sa personne et possesseur d'une grande fortune. Il se décida à voyager, parcourut l'Italie, la France, l'Angleterre, l'Allemagne, la Russie, puis l'Espagne et le Portugal, et reparut à Turin en 1772. Un amour malheureux lui fit chercher des consola-

tions dans la culture des lettres, et dès lors se révéla son génie. Il s'essaya d'abord dans l'art dramatique, et débuta par sa *Cléopâtre* et par une petite pièce intitulée *les Poètes;* ce double essai eut du succès. Il se livra alors avec ardeur à l'étude des langues italienne et latine. En moins de sept années, Alfieri racheta la longue oisiveté de sa jeunesse par quatorze tragédies: *Philippe II, Polynice, Antigone, Agamemnon, Virginie, Oreste, la conjuration des Pazzi, Don Garcia, Rosemonde, Marie Stuart, Timoléon, Octavie, Mérope* et *Saül*, et par plusieurs autres ouvrages en prose ou en vers, tels que le *Traité de la tyrannie* et la *Traduction de Salluste*, l'*Étrurie vengée*, poème en quatre chants; et cinq grandes *odes sur la révolution des États de l'Amérique du Nord*. Sur ces entrefaites, Alfieri venu à Rome se lia d'amitié, et plus tard d'un lien plus intime, avec la comtesse d'Albany, femme du prétendant Édouard Stuart. Cette union déplut au pape, qui était déjà indisposé contre Alfieri, à cause de ses idées républicaines, et le poète fut exilé. Il se rendit à Strasbourg, où il écrivit *Agis, Sophonisbe, Myrrha* et *les deux Brutus*. De là il vint s'établir à Paris, où il rédigea son *Traité du prince et des Lettres*, le *Panégyrique de Trajan, la Vertu méconnue*, et l'*Amérique libre*. Il vivait heureux avec son amie dans Paris, lorsque, prévoyant les grands événements qui se préparaient, il écrivit, le 14 mars 1789, à Louis XVI, une lettre pleine de dignité, dans laquelle il l'invitait à aller franchement au-devant de tout ce que le peuple demanderait avec justice, et à détruire l'affreux despotisme que l'on exerçait en son nom. Cette lettre demeura sans effet, et la révolution éclata le 14 juillet suivant. Alfieri, entrevoyant le règne de la liberté, chanta son triomphe dans une ode sur la prise de la Bastille (*Parigi sbastigliato*). Mais bientôt lui-même fut forcé de fuir devant l'orage populaire, et il gagna Florence en toute hâte. Ne pouvant atteindre sa personne, on détruisit ses propriétés; ses meubles furent vendus, sa bibliothèque et ses manuscrits enlevés, et les fonds qu'il avait placés sur l'État furent confisqués. Alors cet amour qu'il avait pour la France se convertit en haine, et les événements, survenus en 1798 en Italie, ne firent qu'envenimer ce sentiment. Il publia contre la France diverses satires, et particulièrement son *Miso-Gallo*. — Il approchait de sa cinquantième année lorsqu'il entreprit d'étudier le grec. Il traduisit bientôt l'*Alceste* d'Euripide, les *Perses* d'Eschyle, les *Grenouilles* d'Aristophane; puis composa cinq nouvelles tragédies, sept comédies et une sorte de drame, *Abel*. — Il traduisit plus tard les *comédies* de Térence et l'*Énéide* de Virgile, et écrivit l'histoire de sa vie, que madame d'Albany a continuée jusqu'au 14 mai 1803. Alfieri mourut le 8 octobre de la même année. Son corps fut déposé dans l'église de Santa-Croce, à Florence, entre le tombeau de Machiavel et celui de Michel-Ange Buonarotti. — Alfieri s'est surtout montré grand auteur tragique. Ses tragédies offrent toutes de grandes beautés; le plan en est bien conçu et les caractères sont tracés avec la plus grande vigueur; les situations sont savamment amenées et combinées avec beaucoup d'art. On peut dire que l'Italie ne possédait réellement pas de scène tragique avant lui. Nous possédons une traduction de ces tragédies par Petitot, mais elle laisse beaucoup à désirer. Les comédies d'Alfieri ne sont pas à la hauteur de ses tragédies; la satire n'y est point égayée par la plaisanterie. Ses deux ouvrages *sur la Tyrannie et le Prince et les Lettres* respirent la haine du despotisme et l'éloquence d'un véritable tribun. Quant à ses mémoires, publiés en 1809, ils ne font pas honneur à son caractère.

ALFONSIE *(Alfonsia)*, nom donné par M. de Humboldt à un genre de palmiers dont les caractères principaux sont : fleurs monoïques, calice à six divisions profondes, à peu près égales; six étamines à filets réunis à la base, ovaire simple; trois styles, un drupe ovoïde, fibreux, à une seule graine. Une seule espèce compose ce genre, c'est l'*alfonsia oleïfera*. Cet arbre croît dans les lieux chauds et arides de l'Afrique et de l'Amérique tropicales. Ses drupes sont charnus, variant du jaune au rouge. Cette espèce de palmier que plusieurs botanistes regardent comme faisant double emploi avec celle nommée par Jacquin *Elaïs Guineensis*, porte dans la Guinée le nom d'avoira, et celui de corozzo dans la Nouvelle-Grenade. C'est de cet arbre que l'on tire l'*huile de palme*, substance butyracée, ayant la couleur de la cire jaune et se liquéfiant par la simple chaleur des mains. Elle se rancit vite et de jaune devient blanche. Son odeur est agréable et sa saveur nulle. Elle est fusible à 29° cent. L'alcool à 40° la dissout à froid, et les alcalis la saponifient complètement. Cette matière est employée en pharmacie, et les indigènes des pays où croît l'alfonsie, l'emploient dans l'économie domestique. L'huile de palme entre dans la composition du baume Nerval, et elle faisait autrefois la base de l'emplâtre de Diapalme, mais on lui a substitué l'axonge; on extrait cette huile du fruit en en écrasant la pulpe, qu'on jette ensuite dans des baquets pleins d'eau chaude, on recueille ensuite avec des écumoires la matière butyreuse qui surnage. Les nègres se servent de ce beurre pour apprêter leurs mets, s'éclairer et s'oindre le corps. Les propriétés de cette huile sont adoucissantes; on l'emploie en frictions contre les douleurs rhumatismales.

ALFORT, village situé à neuf kilomètres de Paris, vis-à-vis de Charenton, dont il est séparé par la Marne. En 1764, le ministre des finances Bertin y établit une école vétérinaire. On y professe l'anatomie, la botanique, la pharmacie; on y fait aussi des cours sur les maladies des animaux et sur les soins qu'exige leur éducation. Cette école renferme de belles collections anatomiques et pathologiques et des hôpitaux où l'on soigne de nombreux animaux malades. Des cours sur l'agriculture et l'économie rurale sont aussi professés dans cette école. Le premier directeur de cet établissement fut Chabert, et, parmi les professeurs qui l'ont justement rendu célèbre, nous citerons Vicq-d'Azyr, Daubenton, Fourcroy, Flandrin, Girard, Dupuy, etc. En 1814, les élèves d'Alfort défendirent courageusement l'école contre les alliés.

ALFRED-LE-GRAND, roi d'Angleterre, fils d'Ethelwulf et petit-fils d'Egbert-le-Grand, naquit en 849 et succéda à son frère Ethelred en 871. Lorsqu'il monta sur le trône, la contrée était en proie aux ravages des Danois; il entreprit de les chasser, mais il eut d'abord peu de succès et fut contraint de négocier la paix. En 877, attaqué de nouveau par ces pirates, il équipa une flotte; mais il fut battu et forcé même de se cacher pour ne point tomber entre les mains de ses ennemis. Quelques chefs saxons se retirèrent dans les forêts et s'y défendirent avec succès; leur troupe se grossit insensiblement, et le roi les rejoignit. Les Saxons, conduits par Alfred, attaquèrent alors les Danois avec toute l'énergie du désespoir, et remportèrent une victoire complète. Alfred, poursuivant ses succès, alla assiéger leur chef Gothrun dans ses retranchements, et le força à demander la paix qu'il ne lui accorda qu'à la condition d'embrasser le christianisme. Le chef danois ayant pu apprécier la valeur et la loyauté de son adversaire, d'ennemi acharné devint un allié fidèle. Alfred se consacra dès lors tout entier au bonheur de son peuple. Après avoir mis l'armée, la flotte et les principales villes dans un bon état de défense, il tourna tous ses soins vers l'administration intérieure. Il donna des lois à ses sujets, et entreprit de restaurer les lettres dans son royaume; il établit un grand nombre d'écoles, attira à sa cour des savants distingués, et bientôt le bruit de sa sagesse se répandit au-delà des limites de son royaume. Les

dernières années de ce règne glorieux furent néanmoins troublées par de nouvelles invasions des pirates. Alfred les battit dans plusieurs rencontres, et en débarrassa l'Angleterre jusqu'à l'époque de sa mort qui arriva en l'année 900. Il laissa deux fils, dont l'aîné, Édouard, lui succéda.

ALGALIE. Voyez *Sonde*.

ALGAROTTI (François, comte D') naquit à Venise en décembre 1712. Il joignait au mérite du savant celui de l'artiste et de l'homme de lettres. Après avoir fait de brillantes études à Rome, puis à Venise et à Bologne, il vint en France, où il se lia avec les plus grandes célébrités de l'époque. Il n'avait que vingt-un ans lorsqu'il composa son *Neutonianismo per le donne* (Neutonianisme à l'usage des dames), ouvrage dont la *Pluralité des mondes*, de Fontenelle, lui avait donné l'idée. Cet ouvrage le rendit célèbre. Il consacra une partie de sa vie à voyager, visita la France, l'Angleterre, la Russie, l'Allemagne et l'Italie. Après avoir été comblé de faveurs par Auguste III de Pologne et Frédéric II de Prusse, il revint à Venise, puis il habita Pise, et mourut dans cette dernière ville le 3 mars

1764, d'une affection de poitrine. Il a laissé plusieurs écrits sur les sciences et les arts, et quelques poésies. Il comptait parmi les premiers connaisseurs de l'Europe pour la peinture et la sculpture, et lui-même dessinait et gravait avec une rare habileté. Voltaire l'appelait le *Cygne de Padoue*.

ALGARVES (*royaume des*), province du Portugal, sur l'Océan atlantique et au sud de la province d'Alentejo. Le fleuve Guadiana la sépare de l'Espagne. Elle a environ 12 milles carrés d'étendue. Elle est traversée par diverses chaînes de montagnes d'où descendent de petites rivières vers la mer. Le climat de cette province est très doux, la chaleur est tempérée par les brises de la mer. Généralement rocailleux, le sol n'est bien fertile que dans les vallées. Le vin est une des principales productions du pays, et on compte le vin d'Algarve, après celui de Porto, au nombre des meilleures espèces de Portugal. Cette province est renommée aussi pour ses bons fruits, tels que dattes, oranges et grenades. Les forêts des montagnes produisent du liége et du kermès. Les récoltes ne suffisent pas pour les besoins de la population qui est de 127,600 âmes. L'Algarve a plusieurs baies commodes pour la navigation sur la côte méridionale. La principale ville est Lagos.

ALGÈBRE, science des nombres considérés en général. — Pour généraliser et simplifier les raisonnements et les opérations que comportent les grandeurs, on est convenu de représenter les nombres, soit connus, soit inconnus, par les lettres de l'alphabet et d'indiquer, à l'aide de certains signes, les opérations que l'on est conduit à effectuer sur les nombres ainsi représentés, ou les relations que ces nombres ont entre eux. — En général, les premières lettres de l'alphabet, a, b, c, d, etc., servent à représenter les quantités connues; et les dernières, x, y, z, servent à représenter les quantités inconnues. Celles-ci, ainsi représentées, entrent ensuite dans le calcul, absolument comme si elles étaient connues, ce qui permet d'exprimer les relations qui lient les *inconnues* aux *connues*, et de trouver la série d'opérations à effectuer pour déterminer les unes au moyen des autres. Ces opérations constituent l'algèbre, en sorte que cette science est une sorte d'*arithmétique universelle*, au moyen de laquelle on calcule les quantités inconnues comme si elles étaient connues. — Il faut toujours avoir présent à l'esprit que les lettres représentent des nombres quelconques. Ainsi, quand on dit que deux lettres sont multipliées, divisées l'une par l'autre, il faut entendre que ce sont les nombres représentés par ces lettres. — Pour simplifier les raisonnements, on fait usage de quelques signes, tels que : ($+$) que l'on énonce plus; ($-$) moins; ($\times$) multiplié par; $\frac{a}{b}$ divisé par (a divisé par b), ou encore : ($a : b$); le signe ($=$) veut dire égal à; $>$ plus grand que; $<$ plus petit que. Il est encore quelques notations qu'il est nécessaire de connaître, ainsi : $4\,a$ équivaut à $a+a+a+a$, et l'on nomme *coefficient* le nombre qui marque combien de fois la lettre doit être répétée; le coefficient est ici 4. — De même, lorsqu'une lettre doit être multipliée plusieurs fois par elle-même, on ne l'écrit qu'une seule fois, en plaçant à sa droite, et un peu au-dessus, un nombre que l'on nomme *exposant*, et qui indique combien de fois la lettre est facteur ou combien de fois, plus une, la lettre est multipliée par elle-même. Ainsi, a^3 est la même chose que $a \times a \times a$. L'exposant se nomme aussi degré de la puissance, parce qu'il fait connaître à quelle puissance est élevé le nombre représenté par la lettre. Il faut bien se pénétrer de la différence qui existe entre les coefficients et les exposants; les premiers correspondant à une addition et les autres à une multiplication; ainsi, il ne faut pas confondre $2\,a$ avec a^2, car $2\,a = a+a$, tandis que $a^2 = a \times a$. Le plus souvent, pour indiquer la multiplication, on retranche le signe $\times$ et l'on se contente d'écrire les deux lettres à la suite l'une de l'autre, comme $a\,b$ qui équivaut à $a \times b$. Pour mieux faire comprendre les procédés algébriques, supposons que l'on ait à résoudre la question suivante : *Deux frères ont ensemble 48 ans, et 3 fois l'âge de l'aîné donne une somme égale à 5 fois l'âge du plus jeune; on demande l'âge des deux frères?* — Soit x l'âge de l'aîné, celui du plus jeune sera $48-x$; 3 fois l'âge de l'aîné seront représentées par $3\,x$ et 5 fois l'âge du jeune par $5\,(48-x)$. Donc, d'après l'énoncé, $3\,x = 5\,(48-x)$, ou $3\,x = 240 - 5\,x$, en effectuant la multiplication indiquée; on tire de là $8\,x = 240$, d'où $x = 240 : 8 = 30$. L'aîné a donc 30 ans et le plus jeune $48-30$ ou 18 ans. La somme de ces deux âges égale bien 48, et 3 fois le premier ainsi que 5 fois le second donnent le même nombre 90. — Il est inutile d'insister davantage sur l'immense utilité des conventions dont nous venons d'indiquer l'application, et l'on voit combien il serait long de résoudre un tel problème sans le secours de l'algèbre. On fait en algèbre, comme on vient de le voir, sur les quantités algébriques, des opérations analogues à celles qu'on fait en arithmétique sur les nombres; c'est-à-dire qu'on les ajoute, soustrait, multiplie ou divise; enfin, elles sont susceptibles de toutes les opérations du calcul; mais ces opérations diffèrent de celles de l'arithmétique en ce que leurs résultats ne sont souvent que des indications d'opérations arithmétiques. — L'assemblage de deux ou plusieurs quantités séparées par le signe $=$ (égale) est ce qu'on appelle une *équation*. (Voyez ce mot.) Ainsi, quand on dit $2 \times 3 = 4+2$, cela veut dire qu'il y a équation entre deux fois trois et quatre plus deux. — Les équations sont d'un grand usage pour la résolution des questions qu'on peut proposer sur les quantités. — Une seule lettre, ou plusieurs jointes ensemble par le signe $\times$, forment un terme ou *monome*. Deux termes joints par le signe *plus* ou par le signe *moins* forment un *binome*, trois termes, un *trinome*; en général, une suite quelconque de termes joints par les signes $+$ ou $-$ constituent un *polynome*. — Nous n'avons encore parlé de l'usage de l'algèbre que pour la résolution des questions numériques; mais elle est également d'un grand secours dans les problèmes de géométrie. Dans l'application de l'algèbre à la géométrie, les lignes connues ou données sont représentées par les lettres de l'alphabet, comme les nombres connus ou donnés dans les questions numériques. (Voy. *Géométrie*.) — Le mot *algèbre* est d'origine arabe. On regarde communément le géomètre Diophante, de l'école d'Alexandrie, comme l'inventeur de cette science. Cependant, le livre de Diophante appartient plutôt à la haute arithmétique qu'à l'algèbre proprement dite. Les premières notions de cette science furent importées d'Arabie en Europe par Léonard de Pise, vers l'an 1200, sous le nom d'*art cossique*, et y conservèrent longtemps des formes cabalistiques. Ce ne fut guère que sur la fin du XVIe siècle que François Viète, en France; Thomas Harriot, en Angleterre; Albert Girard, dans les Pays-Bas, constituèrent vraiment l'algèbre moderne avec ses notations et ses symboles. Enfin vint Descartes, et son application de l'algèbre à la géométrie produisit une révolution dans les sciences mathématiques. Cette révolution dont le livre de Descartes contenait le germe, fut consommée par Newton et Leibnitz, qui inventèrent le calcul nouveau, nommé par l'un *calcul des fluxions* et par l'autre *calcul différentiel* (voyez); ce dernier nom a prévalu. — Le calcul différentiel et le calcul intégral, qui en est l'inverse, sont souvent désignés d'une manière collective sous le nom de *calcul infinitésimal*. Les méthodes algébriques doivent à Euler, à d'Alembert, à de Lagrange, à de Laplace, etc., de grands perfectionnements. (Voyez *Analyse, Calcul,* etc.)

ALGÉRIE. L'Algérie, avant 1830, Régence d'Alger, est une contrée située sur la côte septentrionale de l'Afrique, entre le 6° 5' de lat. E et le 3° 55' de lat. O. Elle est bornée nord par la Méditerranée ; au sud, par le désert du Sahara, à l'est, par le royaume de Tunis, à l'ouest, par l'empire de Maroc dont elle est séparée par le désert d'Angara. C'était autrefois la Numidie et la Mauritanie césarienne. — *Topographie et ethnographie.* Le territoire d'Alger est une portion du pays du *Maghreb* (pays du couchant), qui comprend, d'une part, une zône cultivable le long de la Méditerranée, nommée *Tell* ou *Hautes-Terres,* et d'autre part l'immense désert du Sahara. Ce pays, que les indigènes et les musulmans appellent *Ardh-el-Maghreb,* est plus connu en Europe sous le nom de *Barbarie.* Le territoire d'Alger est traversé par les monts *Ammer,* qui joignent le petit et le grand Atlas aux montagnes Noires... Ces monts offrent plusieurs défilés que les Turcs appellent *Demir-Capy* (portes de fer) ; les plus remarquables sont les *Bibans* et le *Teniah de Mousaiah ;* ils donnent aussi naissance à de fraîches vallées et à de vastes plaines ; celles de Bone et de Constantine, celles qui se trouvent dans les environs de Mostaganem, de Mazagran, d'Arzew, de Mascara, et enfin celle de la Metidja, sont les plus belles et les plus fécondes. L'Algérie possède des mines de toute espèce, de très beaux marbres, du fer en abondance. Les assertions de Pline sur l'existence de l'or et des diamants ont été vérifiées. Les cours d'eau ne permettent pas d'entretenir un système régulier de navigation intérieure. Ils peuvent tout au plus subvenir aux besoins de l'irrigation agricole. Les plus importants sont : dans la province d'Alger l'*Harrach,* qui traverse la Metidja, et la *Chiffa ;* dans la province d'Oran, la *Tafna* et le *Chéliff ;* dans la province de Constantine, la *Summam,* l'Oued-el-Kébir. Il existe plusieurs lacs ou marais, la plupart salés ou saumâtres, qui s'emplissent durant la saison des pluies et se dessèchent en été. Ce sont entre autres le *Chott,* la *Sebkha,* l'Oued-el-Maleh. Le mouvement des saisons et la succession des accidents atmosphériques n'est pas ordinairement brusque et ne produit point d'effets extrêmes. La température est très agréable pendant une partie de l'année ; l'été, la chaleur est vive sans être accablante. Les vents du nord et du nord-ouest règnent sur la côte depuis le mois de novembre jusqu'au mois d'avril. Le

vent du désert, le *Simoun,* souffle quelquefois dans le nord de l'Afrique et exerce la plus pénible influence sur les hommes et sur les animaux. La fertilité de la région de l'Atlas, si vantée par Pline et Strabon, doit être revendiquée pour l'Algérie, et si des siècles de barbarie ont laissé dépérir un sol si riche, sans doute il ne faut que des mains habiles pour lui rendre son ancienne fécondité. Parmi les végétaux qui croissent naturellement en Algérie, il faut citer les lentisques, les palmiers chamérops, les arbousiers, les agaves, les myrtes, les lauriers roses, qui naissent ordinairement dans la plaine. Des chênes au gland doux, des genévriers de Phénicie, des pins de Jérusalem s'élèvent sur l'Atlas. L'olivier, la vigne, le noyer, le jujubier, l'oranger amer, le citronnier, le grenadier, se montrent dans les vallées, où ils répandent un parfum agréable. Les végétaux, sous l'influence du soleil d'Afrique, y atteignent d'énormes proportions ; les arbres transplantés d'Europe et d'Amérique y viennent et s'y propagent heureusement. On avait cru d'abord l'Algérie entièrement déboisée, mais l'exploration attentive des côtes a fait découvrir des bois considérables ; les plus distingués pour la beauté et la vigueur des taillis sont ceux de *Mazafran,* d'*el Mascra,* ceux des terres de l'*Oued-el-Akral* et de l'*Oued-Nougha.* — Les animaux utiles de ce pays sont : le cheval, qui est, comme on sait, de race excellente ; le chameau, venu d'Arabie avec les colonies asiatiques et parfaitement acclimaté ; l'âne dont il y a deux espèces, et l'une grande et robuste comme celle d'Egypte et de Perse. — Parmi les populations qui foulent le sol algérien, on distingue : 1° les *Maures,* descendus, selon toute probabilité, du mélange des anciens Mauritaniens et Numides avec les Phéniciens, les Romains, les *Berbers* et les Arabes... il y en a plusieurs variétés ; 2° les *Turcs,* qui forment la population la moins nombreuse : leur établissement date du xvi° siècle, comme nous le verrons ; 3° les *Koulouglis,* produit du mélange des Turcs avec les Mauresques, classe déshéritée sous le gouvernement des Turcs, privée des droits communs ; 4° les *juifs,* qui présentent le même caractère qu'en Europe ; 5° les *nègres,* originaires du centre de l'Afrique, depuis un temps immémorial au service des Maures et des Arabes, auxquels ils sont attachés quoique sans être esclaves, le plus souvent ; 6° les Arabes établis en Afrique par la conquête ; il y en a deux classes, les cultivateurs et les nomades ou *Bédouins ;* 7° les Berbères ou Barbares sont probablement la partie des indigènes qui a résisté toujours à la civilisation étrangère. Ils ont en effet un caractère sauvage et cruel. Ils se divisent en plusieurs tribus : les *Amazeghs*, les *Kabaïls* ou Kabyles, les *Chillouhs*, les *Tibbous*.

Cavalier kabyle.

—Sous le gouvernement turc; la régence d'Alger, c'est-à-dire l'Algérie, était divisée en trois provinces ou *beyliks*, administrées chacune par un bey, sous l'autorité du dey : les beyliks de Titteri, de Constantine et d'Oran. L'Algérie est partagée, d'après l'ordonnance de 1842, en trois *divisions militaires et administratives* qui prennent le nom de leurs chefs-lieux. Dans chacune il y a des tribus dont les chefs sont nommés ou reconnus par le gouverneur général, qui forment des possessions en quelque sorte médiates. Nous allons présenter le tableau des divisions du territoire algérien, avec l'indication, sous le titre de *possessions*, des tribus soumises qu'elles renferment; cela terminera la partie géographique de notre sujet. — *1re division*. Province d'Alger, chef-lieu Alger, en arabe *Al-Djézayr*, nommée la *Malte musulmane* à cause de sa puissance maritime, est une belle ville bâtie en amphithéâtre sur le versant d'une colline. Sa position du côté de la mer est très forte; elle a un port dont l'entrée est difficile, et dont un phare signale heureusement les écueils. Les rues sont étroites et tortueuses; deux seulement, celles de *Bab-Azoun* et de la Kasbah, offrent une voie large et belle. Ses maisons sont toutes sur le

même modèle : elles sont toutes un quadrilatère à un étage surmonté d'un étage ou d'un toit plat, ce qui fait que la ville, vue de haut ou de loin, présente une masse uniforme. Les magasins sont de pauvres échoppes, dans lesquelles les marchands demeurent indifféremment accroupis. Les principaux édifices sont le *Séraï*, ou palais du dey, appelé *pachali*, dans lequel deux galeries soutenues par des colonnes de marbre servaient de lieu de supplice; la *Kasbah*, citadelle située sur une éminence à l'extrémité méridionale de la ville; l'*arsenal*, qui est un chantier de construction; la mosquée principal, la *djami* (*djouma*); les cinq *quassaryan* ou casernes réservées à la milice, bâtiments remarquables et somptueux; les *bazars* et la *nouvelle place*, ouverte par les Français en 1832, sur l'emplacement de l'une des deux grandes mosquées. Alger est une ville devenue importante, sinon par sa population, qui ne dépasse pas 38 000 âmes, du moins par ses établissements. Elle possède *trois colléges* et un grand nombre d'*écoles* publiques, une école de *médecine*, un *cours d'accouchements*, une bibliothèque publique, etc. On sort d'Alger dans la campagne par trois portes; deux donnent sur la mer. Les environs sont couverts d'élégantes villas et enrichis des productions les plus variées. Les villes les plus remarquables de la province d'Alger sont : *Cherchell, Douera, Bouffarich, Blidah, Médéah, Milianah*. — *Possessions :* les tribus des *Hadjouths*, des *Beni Moussa, el-Khachena, Isseria, Flissa, Zouazoua, Beni-Ménasser*, etc. — *2e division*. Province d'Oran; chef-lieu Oran, résidence des anciens beys, ville très bien fortifiée, avec une double rade; 8,600 habitants. Les villes les plus remarquables sont : *Mers-el-Kébir, Mostaganem, Mazagran, Arzew, Mascara, Tlemcen*, etc. — *Possessions :* les tribus des *Hachem-Gharaba, Medjaher*, des *Cherk*, des *Beni-Amer*, des *Ghosel*, etc. — *3e division*. Province de Constantine; chef-lieu Constantine (*Gosthanthynah*), résidence des anciens beys, place très forte, d'environ 20,600 habitants. On y voit un pont bâti par les Romains, un *arc-de-triomphe*, plusieurs pierres sépulcrales et une grande quantité de ruines d'autels, d'aqueducs et de colonnes. Les villes remarquables de la province de Constantine sont : *la Calle, Bone, Guelma , Sétif, Philippeville , Gigelly , Bougie*. — *Possessions :* les *kalifats de Sahe*, de *Ferdjiouah*, de *Medjanah*, les tribus des *Kabyles*, etc. — *Statistique*. L'Algérie présente une surface d'environ 22,000 lieues géographiques carrées. Au com-

mencement du xviii° siècle, sa population était
portée par les géographes à 2,000,000 d'individus. Elle a décru beaucoup depuis; elle n'est
guère aujourd'hui de plus de 800,000, sans
compter celle qui est comprise entre le petit
Atlas et le Sahara, et qu'on évalue à 250,000.
Les révolutions les plus complètes se sont succédé
dans cette partie de l'Afrique septentrionale ; les
civilisations les plus diverses y ont paru. D'abord,
sous la *domination carthaginoise* et *grecque*
(860—146 av. J.-C.), elle montre une grande
activité commerciale et une puissance qui lui
donne l'empire des mers. Sous la *domination
romaine* (146 av. J.-C.—429 après J.-C.),
elle reçoit les germes féconds d'une civilisation
brillante et devient le théâtre d'évènements célèbres. Sylla, Pompée, César, Auguste, y sont
conduits par leur fortune ; puis le christianisme,
propagé par saint Cyprien, Tertullien, Lactance,
saint Augustin, y trouve son foyer le plus ardent.
La *domination vandale* remplace tout à coup
la domination des Romains; les mœurs, les institutions changent alors aussi rapidement, et une
réaction semble se faire en faveur de la barbarie
(429—535). Elle dure peu, heureusement ;
mais la *domination gréco-byzantine* la remplace (538—630) avec le caractère de faiblesse
et d'oppression qui marque le gouvernement
impérial d'Orient. La *domination arabe*, au
contraire, vient se substituer puissamment à
cette dernière ; elle pénètre si profondément
l'Afrique, que tout le passé semble disparaître
au souffle d'une nouvelle civilisation (622—
1500). Cette période offre dans l'histoire un magnifique déploiement des arts, des sciences et
des institutions. Après avoir répandu sur les populations indigènes une influence aussi intime,
le gouvernement des Arabes aurait pu durer bien
long temps ; mais ses divisions intestines, nées
de querelles de pouvoir et de changements de
dynasties, l'avaient beaucoup affaibli. — *Domination turque*, 1500-1830. — Douze mille
corsaires, amas de brigands turcs ou renégats
accourus à Alger de toutes les parties du monde,
s'y constituent rapidement en association puissante. La puissance des califes disparaît, un
nouveau gouvernement se forme, l'*odjeak*
d'Alger, sorte de république religieuse et militaire, qui envahit toutes les principautés environnantes, *Mostaganem*, *Médéah*, *Tenez*,
Tlemcen, *Constantine*, et s'étend depuis *Ta-
harque* jusqu'à *Milionia*. Les États de l'Europe,
en même temps qu'ils apprennent son existence,
sont obligés à le traiter avec considération. Ce
repaire de pirates devient la terreur ou l'auxi-

liaire des nations les plus puissantes. François 1ᵉʳ
sollicite leur appui, et Charles-Quint, vainqueur
à Pavie et à Tunis, se retire devant eux. Le
gouvernement des Arabes, par ses habitudes de
piraterie, s'était mis dès longtemps en rapport
avec les corsaires turcs, qui infestaient comme
eux la Méditerranée, et les avait initiés au secret
de sa faiblesse. Il n'est pas douteux que les deux
célèbres chefs de ces pirates, *Hároudj* et *Kaïr-
ed-Din*, connus sous le nom de frères Barberousse, n'eussent déjà formé des projets contre
une puissance qui s'éteignait. Haroudj, surtout,
avait le génie de l'entreprise et de l'ambition ;
une occasion favorable étant venue s'offrir à lui,
il la saisit avidement. L'Espagne, pour se délivrer
des agressions permanentes des corsaires algériens, avait porté les premiers coups à leur gouvernement, pris, à la suite d'expéditions dirigées
contre le pays en 1497, 1505 et 1510, quelques
positions fortes sur la côte, et fait reconnaître la
vassalité des villes de Tunis, Tédelès, Alger,
Mostaganem, etc. Le pouvoir des musulmans en
fut ébranlé, et celui des Espagnols n'était pas
suffisamment affermi. Haroudj, jugeant les
avantages d'une pareille situation, allait peut-
être avec une poignée des siens s'attaquer à toutes
les forces de la régence, lorsque Eutemy, dey
d'Alger, l'appelle à son secours pour le seconder
dans un mouvement contre les Espagnols. Il
accourt, triomphe, fait assassiner Eutemy après
la victoire, et s'impose à sa place. Après une
lutte héroïque pour résister aux efforts de l'Espagne, il succombe, et son frère Kaïr-ed-Din
recueille son héritage. Celui-ci possédait à un
plus haut degré le génie politique ; il ménage
avec art les partis, se fait pardonner son usurpation, et, par une adresse bien rare, parvient
à placer son gouvernement sous la protection de
la Porte. De ce fait résulte la constitution politique d'Alger. Un gouvernement informe, l'*odjeak* d'Alger, asservi en réalité à celui des sultans, prend naissance. Cependant Kaïr-ed-Din,
à peine affermi, étend rapidement son territoire.
Tenez, Médéah, Tlemcen, ne tardent pas à le
reconnaître pour souverain. Ses pirateries le
rendent bientôt redoutable aux nations de l'Europe. Il soulève contre lui la chrétienté que le
pape Paul III songe à défendre en lui suscitant
pour ennemi Charles-Quint. L'empereur, après
une première expédition inutile en 1518, confiée au marquis de Moncade, vient mettre lui-
même le siége devant Alger et voit ses vaisseaux
détruits par la tempête. Kaïr-ed-Din ajoute encore à ses exploits maritimes, prête son appui
à Soliman, à François 1ᵉʳ, et termine à 80 ans

sa glorieuse carrière. Sous les pachas et deys, ses successeurs, la puissance de l'odjeak s'affaiblit au dedans; la Porte exerce sur lui une influence toujours plus grande, et les tribus indigènes sont difficiles à contenir. Sous *Salah-Reis* elle se rétablit, et alors entre dans une nouvelle période d'accroissement et de gloire. Les pillages du fameux corsaire *Dragut* remettent les armes aux mains de l'Espagne; mais une alliance habilement formée avec les forces maritimes de France lui assurent de nouveaux succès. L'Espagne perd un à un ses établissements sur le littoral de l'Afrique; en 1556, il ne lui reste plus qu'Oran et Tunis. Alger couvre la Méditerranée de ses vaisseaux, et sa marine, combinée avec celle de la Porte, est l'effroi de la chrétienté. Soliman ayant résolu de faire le siège de Malte, défendue par les célèbres chevaliers de ce nom, le dey d'Alger Hassem s'unit à lui avec deux mille cinq cents soldats qui s'appelaient fière-

VUE D'ALGER.

ment les *braves d'Alger*, et une flotte de 28 voiles. Le siège dut être abandonné (1565), mais la marine algérienne avait fait la plus vigoureuse attaque. A la bataille de Lépante, 17 octobre 1571, si glorieuse et en même temps si utile pour la chrétienté, ces intrépides corsaires furent encore nos ennemis les plus redoutables. C'est vers cette époque que la régence d'Algérie commença d'entrer en relations suivies avec les nations européennes. En 1561, deux armateurs de Marseille établirent un comptoir à la Calle qui fut le premier établissement français dans le nord de l'Afrique. Depuis, par des traités successifs, la France occupa diverses positions échelonnées sur le littoral depuis Bougie jusqu'à Tunis, sous le nom de *concessions*. Ce furent les forteresses du *bastion de France*, le *poste du Moulin*, du *Cap Rose* et du *Cap Nègre*, etc.; et les atteintes portées aux garanties promises par des traités pour ces établissements furent la principale cause de nos démêlés avec la régence. Ses vaisseaux ne cessaient pas non plus d'inquiéter le commerce français; les pachas d'Alger s'intitulaient fièrement rois de la mer, et, poussant jusqu'aux côtes du Danemark et de l'Angleterre, les désolaient avec la même sécurité que les parages de la Méditerranée. Tant d'audace méritait une énergique répression : Louis XIV prépara contre eux un armement considérable, dont le commandement fut confié au célèbre Duquesne. Vers la fin d'août 1682, la flotte française se montra devant Alger, et fit à l'occasion de ce siége le premier essai des galiotes à bombes, récemment inventées. L'effet en fut terrible : le bombardement détruisit presque en entier la ville. Le mauvais temps ayant forcé de l'interrompre, il fut repris en 1683 et fit encore de plus grands ravages. La ville ne se rendit pas cependant; mais l'effroi qu'on lui avait inspiré fut immense : il nous permit de conclure avantageusement un traité dans lequel la liberté du commerce français était stipulée. Sous Louis XV, les agressions recommencèrent de la part des pirates, et malgré plusieurs traités obtenus tantôt par la voie des négociations, tantôt par celle des armes, nous n'eûmes jamais de sécurité avec eux. — La révolution de 1789 n'apporta aucun changement dans les rapports de la France avec la régence d'Alger. Les traités de paix et d'amitié furent renouvelés en 1792 et 1793 ; mais, suivant l'habitude, elle ne se crut pas engagée par eux, et, lors de l'expédition d'Égypte, les corsaires algériens firent au nom de l'islamisme menacé une guerre à outrance à notre marine et à notre commerce. Vers cette époque, l'Espagne perdait la dernière influence qu'elle eût conservée en Afrique en abandonnant Oran au dey d'Alger, et dès lors les Turcs furent seuls maîtres de l'Algérie. — En 1800, les corsaires recommencèrent leurs courses contre nous, malgré le traité d'Amiens auquel la Turquie avait accédé. Bonaparte s'en plaignit énergiquement au dey Moustapha, et la terreur de son nom les contint quelque temps. Le désastre de notre flotte à Trafalgar (1807) leur rendit l'audace ; le dey commit une infraction évidente aux traités en faveur de l'Angleterre, et Bonaparte, s'apprêtant à tirer vengeance de cette perfide trahison, chargea le capitaine Boutin de reconnaître le littoral de l'Algérie. Ses explorations furent très remarquables, et en 1830 elles servirent de base aux opérations de notre armée. — Le congrès de Vienne s'était occupé des moyens d'opposer une digue aux déprédations vraiment inquiétantes des corsaires. L'Angleterre se chargea de venger tout un passé d'insultes et de violences. En août 1816, lord Exmouth se présenta devant Alger, et, à la suite d'un bombardement désastreux, contraignit le dey à sous-

crire un traité dans lequel les intérêts de l'humanité furent stipulés. On convint, entre autres clauses, du rachat sans rançon des esclaves chrétiens et de l'abolition de l'esclavage. Sous le gouvernement de la Restauration, les intentions du dey à notre égard devinrent hautaines et sensiblement hostiles; on en accuse la faiblesse de notre consul à Alger, M. Deval. — Le 27 avril 1827, une offense faite à la France dans la personne de son représentant rendit la guerre inévitable. Une escadre sous les ordres du capitaine Collet alla demander au dey une réparation digne de l'insulte. On ne put s'entendre, et le blocus fut mis devant Alger. Jusqu'en 1829 on ne s'occupa, par une lenteur inexplicable, qu'à resserrer au moyen d'une croisière pénible les pirates dans leur port. Le 2 août de cette année on entamait de nouvelles négociations, lorsqu'une trahison commise à l'égard d'un vaisseau parlementaire fit de la nécessité de terminer cette guerre une question d'honneur national. La France annonça officiellement à l'Europe sa résolution, et, malgré une vive opposition de la part de l'Angleterre, l'expédition s'organisa avec activité. M. de Bourmont, ministre de la guerre, fut élu commandant en chef de l'armée de terre, avec des pouvoirs qui s'étendaient sur la flotte; celle-ci fut confiée à la direction du vice-amiral Duperré. Le 30 avril 1830, toutes les troupes de l'expédition se trouvaient réunies dans leurs cantonnements; le 11 mai, les dispositions étaient prises pour l'embarquement au port de Toulon. Enfin, le 18 juin, après plusieurs jours de temps contraires, la flotte française jetait ses ancres sur les plages de Sidi-Ferruch, à quelques lieues d'Alger. Nos troupes sont saisies de l'impatience de débarquer, et les Arabes qui occupaient le rivage avec leurs batteries sont en un moment repoussés; ils se retranchent sur la hauteur de *Staouéli* et en sont chassés à la suite d'une brillante victoire. Enfin, l'armée occupe le plateau de Boudjareah et se trouve en face d'Alger; elle en commence le siége par le fort de l'Empereur, contre lequel la principale attaque est dirigée. Nous l'emportons après une vigoureuse résistance, et aussitôt notre état-major s'y établit. De là recommence contre la ville un feu meurtrier, et nous ne tardons pas à rester maîtres d'une place qui jusque-là avait passé pour imprenable. Le 4 juillet, une convention entre le général de l'armée française et le dey consacrait notre conquête. — *Domination française.* Malgré l'insuffisance des dispositions qui furent prises pour assurer notre nouvelle conquête, les populations indigènes nous laissèrent tranquilles

ALG ALG 139

d'abord. Le 24 juillet seulement, au retour d'une excursion de reconnaissance poussée jusqu'à Blidah, un corps d'Arabes et de Kabyles nous attaqua et fut repoussé. Cependant il était urgent de pourvoir à l'administration de l'Algérie. Le gouvernement de 1830, qu'une révolution venait d'élever, ne pouvait laisser le commandement à M. de Bourmont, dont le choix avait été, avant tout, un choix politique; il le rappela immédiatement, et le comte Clauzel fut nommé général en chef à sa place. Sous sa direction, l'administration de l'Algérie est rapidement organisée. Un conseil de gouvernement se forme, divisé pour l'exécution en trois départements, les finances, la justice, l'intérieur. L'armée subit aussi un remaniement; deux bataillons d'indigènes sont créés sous le nom de zouaves et lui sont incorporés. Après ces premiers soins, on s'occupa d'affermir la conquête. L'esprit d'insurrection venait de se manifester au sein de quelques tribus, et aussitôt on se prépara à une expédition dans l'intérieur du pays. Elle avait pour but de donner aux populations indigènes une haute opinion de notre puissance, et de punir le bey de Tittery qui avait été l'instigateur de la révolte. Sa déchéance avait été proclamée à la première nouvelle de son insubordination, et il s'agissait d'installer à sa place Mustapha-ben-Omar, notre allié, désigné pour son successeur. — Un premier engagement eut lieu à Blidah, heureux pour nos armes; puis le mont Atlas fut franchi par le col de la Mouzaïa, à travers les plus grands dangers, et quelques jours après nous entrions à Médéah, résidence du bey déchu, sans coup férir.

Ces précédents faisaient désirer que le général Clauzel conservât longtemps le commandement de l'Algérie; un acte de son gouvernement, vivement désapprouvé, vint le lui faire perdre. Il avait cru, dans l'intérêt de la conquête, pouvoir accepter la proposition que le bey de Tunis lui avait faite d'accorder l'investiture des beyliks de Constantine et d'Oran à deux princes de sa famille, moyennant contribution et sous la condition d'une entière dépendance du gouvernement français. Il avait en conséquence signé deux conventions pour consacrer cet état de choses; mais le gouvernement, sans regarder à l'avantage ou au désavantage d'un pareil traité, n'y vit qu'un abus de pouvoir, et se hâta de rappeler le général. C'était s'exposer volontairement aux fâcheux et inévitables tâtonnements d'un nouveau chef, et rien n'a été plus funeste à la bonne administration de l'Algérie que ce changement continu de directeurs et de directions pendant si longtemps.

— Le général Berthezène, nommé gouverneur à sa place, rencontra à son début une grande complication de difficultés. — Un bey, le fils de l'ancien bey de Médéah, Bou-Mezrag, aidé d'une troupe de Turcs et de Koulouglis, avait renversé Mustapha-ben-Omar. — D'autre part, l'insurrection avait recommencé plus générale et mieux organisée parmi les tribus; en présence de ces graves événements, l'armée se trouvait réduite à neuf mille trois cents hommes. Avec ces forces insuffisantes, le général crut pouvoir cependant tenter une nouvelle expédition contre Médéah pour le rétablissement du bey; l'issue en fut déplorable comme il était facile de le prévoir. Heureusement, l'insurrection n'eut pas les effets qu'on pouvait craindre, car on n'eût pas été en mesure de la réprimer. — L'administration du général Berthezène ne fut pas plus heureuse que ses entreprises militaires; repoussant toute idée de colonisation, tout projet d'extension de la conquête, elle semblait éviter de jeter des racines en Algérie. L'opinion publique récriminait depuis longtemps contre son impuissance. Le général, cédant à ces plaintes, et dominé peut-être par le sentiment de son insuffisance, demanda et obtint sa démission. Lorsqu'il fut question de le remplacer, on songea à séparer l'autorité civile de l'autorité militaire; celle-ci fut confiée au duc de Rovigo, l'autre au baron Pichon, avec le titre nouveau d'intendant civil. — Cette innovation ne fut pas heureuse; les deux directions se contrarièrent presque toujours et amenèrent de graves conflits. Le baron Pichon fut rappelé, et M. Genty de Bussy envoyé à sa place. Sous son administration eurent lieu les premiers essais de colonisation et la création de deux villes agricoles. — La province d'Oran, comme la plus difficile à contenir, avait été placée sous le commandement spécial du général Boyer; mais le système d'extermination qu'il essaya d'y naturaliser et qu'il prétendait être le seul capable d'asseoir notre domination en Afrique créa au contraire les plus grands obstacles qu'elle ait rencontrés. — Les tribus, impatientes d'un tel joug, se soulevèrent; l'empereur du Maroc, notre ennemi né depuis la conquête, entretint secrètement leurs dispositions hostiles, et nous suscita l'un de leurs chefs, le jeune Abd-el-Kader, dont il avait deviné le génie. Fils d'un marabout vénéré, Abd-el-Kader exerçait, par les souvenirs de son père et par son talent, une grande influence sur les tribus voisines de Mascara, qui l'avaient reconnu pour leur chef. Plein d'ambition, l'idée de restaurer une monarchie arabe dans l'Algérie germait depuis longtemps dans son esprit. Le mécontentement que les mesures rigoureuses du général Boyer avaient excité hâta l'exécution de ses desseins. Il se mit à prêcher partout la guerre sainte, et lorsqu'il eut réuni autour de lui une troupe suffisante d'hommes dévoués, il entra en campagne et vint harceler la garnison d'Oran. Renouvelées plusieurs fois, ses audacieuses tentatives servirent à développer son talent militaire et à former à la guerre les Arabes encore inexpérimentés. — Dans les premiers jours de mars 1833, le duc de Rovigo quitta l'Algérie pour tâcher d'arrêter les progrès d'une maladie cruelle dont il était tourmenté. Le général Avezard, nommé gouverneur intérimaire, prit une mesure utile : il institua, sous la dénomination de *bureau arabe*, une administration spéciale destinée à donner à nos relations avec les indigènes une régularité et une extension qu'elles n'avaient pas encore eues. La direction en fut confiée à un jeune officier, M. de Lamoricière, qui se mit en devoir de parcourir les tribus voisines pour connaître leurs besoins réels et la situation vraie du pays. Sa mission produisit les meilleurs effets. Le gouvernement Avezard dura peu ; le général Voirol vint prendre le commandement supérieur de l'armée, et s'acquitta souvent avec bonheur, toujours avec dévoûment et intelligence, de ses nouveaux devoirs. On occupa Bougie ; une expédition fut heureusement conduite contre les Hadjoutes ; une autre, dirigée sur Arzew et Mostaganem, amena la conclusion d'un traité avec Abd-el-Kader ; mais peut-être que ce fut là un acte impolitique et une grande faute. Nous reconnaissions à Abd-el-Kader un pouvoir légitime, tandis qu'il ne faisait que renouveler le rôle de ces imposteurs marabouts qui essayèrent de tout temps en Afrique d'exploiter le zèle de quelques tribus fanatiques pour fonder leur puissance à la faveur des événements. Pendant l'année 1834, le gouvernement nomma une commission chargée de reconnaître l'état de l'Algérie et de rassembler tous les documents propres à donner une solution complète aux questions qu'on élevait de toutes parts. C'était demander presque formellement si l'on devait ou ne devait pas achever la conquête. Heureusement, la commission se prononça pour la conservation de l'Algérie ; elle décida que l'honneur et l'intérêt de la France lui commandaient de conserver ses possessions sur la côte septentrionale de l'Afrique. — Le 22 juillet 1834 on rendit une ordonnance qui constituait sur de nouvelles bases le gouvernement et l'administration des *possessions françaises dans le nord de l'Afrique*, et qui nommait pour la première fois, au lieu d'un général ou d'un com-

mandant en chef de l'armée française, un *gouverneur général*. Plusieurs personnages éminents se présentaient pour occuper ce poste ; on fit un choix politique en nommant M. le comte Drouet d'Erlon, commandant de la 12e division militaire. Le comte d'Erlon apportait en Algérie de bonnes intentions et les meilleurs sentiments, mais aucune intelligence de la situation. Son gouvernement commit en peu de temps beaucoup de fautes et de faiblesses. Abd-el-Kader sut habilement les mettre à profit. Son pouvoir, rencontrant si peu d'obstacles, grandit rapidement, et le désastre qu'il fit éprouver à notre armée, à Macta, accrut beaucoup son influence. — Le comte d'Erlon quitta Alger le 8 août, emportant avec lui une réputation de probité irréprochable, mais laissant avec de sincères regrets le sentiment de son insuffisance. L'opinion publique s'irritait de voir si peu de résultats obtenus en Algérie, et son administration faible, incertaine. Le ministère se décida à lui donner une satisfaction éclatante en nommant le maréchal Clauzel gouverneur général. — La tâche que le nouveau gouverneur allait accomplir était difficile ; il s'agissait de relever notre influence bien déchue et de triompher d'un ennemi devenu puissant. L'heureuse expédition de Mascara, où nos troupes firent des prodiges de valeur et à laquelle le duc d'Orléans prit une si brillante part, fut un commencement de bon augure. Peu après, celle de Tlemcen fut aussi glorieuse pour nos armes ; mais à Constantine elles essuyèrent un échec. Le bey de Constantine, *Ahmed*, était notre ennemi le plus embarrassant ; notre conquête ne lui avait pas fait perdre la possession de ses États, et il y était même bien affermi ; une expédition contre lui devenait inévitable. La concentration des troupes se fit à Bone, qui n'est éloignée de la ville de Constantine que par une distance de quarante lieues ; le duc de Némours vint se joindre au corps d'expédition, et le maréchal Clauzel en personne en prit le commandement. La ville dont on allait faire le siége est parfaitement défendue par sa position ; elle est assise sur un plateau entouré de trois côtés par l'Oued-el-Rummel, ravin extrêmement profond et à berges escarpées, souvent même verticales. Notre armée occupa inutilement les deux meilleurs points d'attaque en s'établissant à Coudrat-Aty et à Mansourah. Malgré un feu très vif et longtemps prolongé, la ville ne céda point. Il fallut organiser la retraite ; elle se fit péniblement et à travers les embuscades de l'ennemi ; elle coûta beaucoup de soldats. Cette expédition fut vraiment malheureuse ; mais ses résultats furent exagérés par la malveillance des ennemis personnels du maréchal.

Le 12 février 1837, le maréchal Clauzel fut remplacé par le lieutenant général comte Damrémont. Ce n'était pas un homme nouveau pour l'Algérie; il avait fait avec éclat la campagne de 1830 et se trouvait naturellement appelé à prendre le commandement suprême; mais, en même temps, le gouvernement envoyait le général Bugeaud à Oran, avec des pouvoirs sur la province, assez vaguement définis, mais qui le rendaient indépendant du gouverneur général. Sa mission spéciale était de recommencer la guerre contre Abd-el-Kader s'il ne pouvait l'amener à conclure une paix convenable et définitive. Le résultat de ces négociations entamées avec l'émir fut la conclusion du célèbre traité de la Tafna, qui a donné lieu à tant de critiques. On trouvait généralement qu'il faisait beaucoup trop de concessions. Le comte Damrémont adressa au ministère des observations pleines de justesse, et M. Molé alla jusqu'à déclarer officiellement que le gouvernement ne ratifierait pas un pareil traité. Il le fit cependant, et l'on donna pour raison qu'il fallait faire cesser une guerre désastreuse, même au prix de quelques sacrifices. Il était urgent, pour notre gloire et pour notre influence, de reprendre l'expédition de Constantine. Le 25 septembre, le corps expéditionnaire, porté à dix mille hommes, était rassemblé. Le 8 octobre, toutes les mesures étaient prises pour commencer le siège; les batteries occupèrent les deux postes de Mansourah et de Coudrat-Aty, et ouvrirent le feu le lendemain. Le 11 au matin, on ouvrit la brèche. Le comte Damrémont était occupé à la reconnaître lorsqu'un boulet ennemi vint l'enlever à notre armée. Sa perte fut vivement sentie, mais ne produisit pas le découragement sur nos troupes. Le général Valée, sur qui le choix se portait naturellement, se hâta de prendre le commandement à sa place. Enfin, l'assaut est donné; une lutte acharnée, multiple, difficile à peindre, s'engage, le général en chef, qui se tenait à la batterie de brèche avec le duc de Nemours, maintient l'ordre dans cette confusion, avec le plus admirable sang-froid. Après une énergique résistance, il fallut céder à l'intrépidité de nos soldats; le même jour, nous étions dans la ville, et notre honneur, atteint par l'insuccès de la première expédition, était réparé. — A la suite de ce glorieux fait d'armes, le général Valée reçut le bâton de maréchal et le titre de gouverneur général des possessions françaises en Afrique. — Pendant le cours de l'année 1839, la province d'Alger ne fut troublée par aucun événement; cette situation pacifique permit de

tenter une reconnaissance de la province de Constantine; le prince royal, qui visitait alors l'Algérie, voulut en faire partie. Le 25 octobre, ceux qui s'associèrent à cette entreprise formèrent deux divisions sous les ordres du duc d'Orléans et du lieutenant-général Galbois; on se mit en marche dans la direction d'Aïn-Turc; on avait décidé qu'on pousserait jusqu'aux Bibans, défilés de l'Atlas, afin d'explorer la voie par laquelle on se proposait d'établir des rapports réguliers entre la province d'Alger et celle de

Constantine. L'armée avait fait plus de vingt lieues en deux marches, avec des fatigues inouïes, lorsqu'elle arriva en face d'immenses murailles rocheuses dont les crêtes formaient sur l'horizon d'étranges découpures; elle avance, et, après des montées presque à pic et des descentes pénibles, la colonne se trouva tout-à-coup au milieu d'une gigantesque formation de rochers escarpés, s'élevant de chaque côté en muraille calcaire de huit à neuf cents pieds de hauteur. Quelques ouvertures étroites, sortes de portes, y formaient un passage inconnu et mystérieux où jamais Européen n'avait passé : nos soldats eurent les premiers la gloire de le franchir. Telle fut l'expédition des *portes de fer*. Son succès irrita l'orgueil d'Abd-el-Kader. Il répandit aussitôt l'agitation dans la province d'Oran; il recommença ouvertement les hostilités; nos troupes se trouvaient disséminées, et il parvint à leur faire beaucoup de mal en les harcelant par d'incessantes attaques. Dans la matinée du 1er février il se porta sur Mazagran avec la plus grande partie de ses forces. La ville, défendue par cent vingt trois hommes formant la 10e compagnie du 1er bataillon d'Afrique, sous les ordres du capitaine Lelièvre, fit durant quatre jours une résistance qui est peut-être le plus glorieux fait d'armes de nos troupes en Algérie. L'ennemi, au nombre de dix mille hommes, fut obligé de se retirer, et nous n'eûmes que trois hommes tués et seize blessés. Cependant Abd-el-Kader ne cessait d'agiter les tribus et d'inquiéter nos divers postes. Retranché dans un des défilés de l'Atlas, le col de Mouzaïa, il avait fait son camp de cette position presque inattaquable ; il fut résolu cependant qu'on l'y attaquerait. Le duc d'Orléans commandait l'entreprise, aidé des généraux Duvivier, d'Houdetot et de Lamoricière. Bientôt l'ennemi, grâce à notre intrépidité, était délogé de cette position, et nos troupes rentraient à Alger. Le maréchal Valée, malgré son incontestable qualité d'excellent général, était peu fait pour cette guerre de surprises, de marches et de contre-marches, qui était devenue la seule possible en Algérie et dont l'exécution rapide fait tout le succès. Le mauvais état de sa santé et les habitudes de toute sa vie ne lui permettaient pas de commander ces razzias continuelles ; sentant son inaptitude, il avait demandé plusieurs fois à rentrer en France. Cette faveur lui fut enfin accordée, et l'on nomma le général Bugeaud gouverneur général. Il avait déjà publié ses idées sur la manière de faire la guerre en Afrique, et on attendait de lui des résultats différents de ceux obtenus jusque-là par ses prédécesseurs. Après une proclamation adressée à l'armée d'Afrique, le nouveau gouverneur fit connaître le programme de la guerre ; il s'agissait de donner une plus grande impulsion à l'offensive, de frapper avec énergie les tribus rebelles des provinces d'Alger et de Tittery, de détruire tous les dépôts fortifiés de l'ennemi, et de ruiner l'influence qu'exerçait Abd-el-Kader dans la province d'Oran, où il puisait constamment de nouvelles ressources.

La campagne de 1841 fut heureuse ; nous prîmes quelques places fortes d'Abd-el-Kader à la suite de plusieurs avantages obtenus contre lui. — Les prisonniers furent rendus de part et d'autre, et le caractère de cette guerre parut s'adoucir. Ces heureuses expéditions eurent pour résultat d'imposer aux tribus et de diminuer beaucoup la puissance de l'émir. — En peu de temps le nouveau gouverneur comptait de nombreux succès ; l'invasion de pays où nous n'avions pas encore pénétré, la destruction de Tekedempt, de Boghar, de Thaza, la prise de Mascara et la soumission d'une foule de tribus. De son côté, le général Lamoricière, par une suite de brillantes expéditions, toujours couronnées de succès, parvint à pacifier la province d'Oran, qui avait toujours été le foyer le plus ardent de l'insurrection, et au 31 décembre, aucune tribu de la province, à l'exception des Hachem, n'obéissait plus à l'émir. En même temps, le général Bugeaud prenait des mesures pour la colonisation de l'Algérie, et le ministère, glorieux de ces résultats, faisait déclarer solennellement au roi que l'Algérie était une terre *désormais et pour toujours française*. — Dès les premiers jours de 1842, les opérations militaires furent reprises sur tous les points pour amener la pacification complète du pays. La campagne du printemps fut close par la rentrée du général Lamoricière qui venait d'accomplir une brillante razzia sur une immense étendue de pays. La campagne d'automne s'ouvrit par une grande concentration de troupes à Mascara et à Mostaganem, destinée, sous les ordres du général Lamoricière, à poursuivre Abd-el-Kader à outrance. A la fin d'octobre, le gouverneur général résumait ainsi la situation de l'Algérie : « Du pied du Jurjura à une ligne tirée de l'embouchure de l'Oued-Suira, dans le Chélif, jusqu'à Thaz et le désert, tout le pays nous est soumis. Abd-el-Kader a perdu les cinq sixièmes de ses États, tous les forts ou dépôts de guerre, son armée permanente, et de plus le prestige qui l'entourait encore en 1840. » — Malgré la bonne opinion du général sur sa position, Abd-el-Kader reparaît sans cesse, presque sur tous les points, pour agiter les tribus, et la guerre consiste en razzias continuelles. Depuis que l'émir n'eut plus de résidence fixe, sa famille et celle des principaux personnages attachés à sa fortune se réunirent à lui avec leurs équipages et leurs richesses et formèrent une population nomade qui changeait sans cesse de demeure selon les chances de la guerre. Cette multitude, composée d'environ douze à quinze mille hommes, constituait la *smalah*. On sait comment le 10 mai elle fut attaquée intrépidement par le duc d'Aumale avec un faible corps de troupes, et le résultat de cette attaque, qui nous livra trois mille six cents prisonniers environ, et parmi le butin, les tentes de l'émir, sa correspondance, son trésor, quatre drapeaux, un canon et un grand nombre d'objets précieux. Ce brillant fait d'armes clôt dignement la campagne de 1843, et en a fait une des plus décisives qui aient eu lieu depuis bien des années. Le meurtre juridique d'un agent consulaire avait fait éclater dans le commencement de 1844 une rupture entre l'Espagne et le Maroc, et dans la guerre sainte qui fut prêchée, on mêla le nom français. Un corps d'armée marocaine se forma bientôt sur notre frontière et s'avança de deux lieues sur notre territoire; c'était une première agression. Quelque temps après, une conférence ayant été proposée aux généraux Bedeau et Lamoricière fut l'occasion d'une insigne trahison contre nous. Au lieu de venger promptement cette insulte, on négocia; mais l'opiniâtreté de l'empereur Abd-el-Rhaman rendit la guerre inévitable. La France commença les hostilités; le 6 août 1844, le prince de Joinville vint bombarder Tanger, la plus importante des villes commerciales du Maroc. Le 15, Mogador, ville de douze mille habitants, défendue par cent vingt à cent trente bouches à feu, fut aussi canonnée et bombardée. Cela se passait sur le littoral. Dans l'intérieur des terres, le maréchal Bugeaud, à la tête de huit mille cinq cents fantassins et mille huit cents cavaliers seulement, faisait éprouver à l'armée marocaine, forte de trente mille cavaliers et dix mille fantassins, une déroute complète sur les bords de l'Isly. Ces trois victoires répandirent la terreur dans les États d'Abd-el-Rhaman et l'amenèrent sur-le-champ à conclure la paix avec la France. Une de ses clauses promit l'internation d'Abd-el-Kader dans une des villes marocaines de l'Océan. L'année 1845 s'ouvrit au milieu de la plus profonde tranquillité; et le gouverneur de l'Algérie caressait le projet d'une expédition contre la Kabylie, lorsque de nouveaux dangers vinrent le distraire de son dessein. De nombreux émissaires d'Abd-el-Kader parcouraient la plaine et les campagnes, et la guerre sainte était de nouveau prêchée, réveillant partout le fanatisme arabe. L'attaque commença à Ténez et à Cherchell. Les Arabes furent repoussés; les tribus insurgées châtiées, et l'on obtint bientôt une soumission superficielle. Abd-el-Kader s'était rejeté dans le Maroc avec environ trois mille hommes, et Bou-Maza était seul resté en Algérie à la tête d'un petit nombre de partisans; il parvint à soulever les Ouled-Sbeah; mais cette tribu fut sévèrement punie, et Bou-Maza se retira dans les montagnes. Mais bientôt, à la suite d'un avantage sanglant remporté par Abd-el-Kader sur un détachement de nos troupes, tombé par trahison dans une embuscade, tout le pays des Traras et celui situé entre la rive gauche de la Tafna et l'Isser furent en pleine insurrection, elle gagna bientôt la subdivision de Tlemcen, et une nouvelle invasion menaçait du Maroc. Le général Lamoricière parvint à couper la route du Maroc, et les insurgés furent écrasés sans que l'émir fit aucun effort pour les soutenir; il s'aliéna ainsi les tribus qui le couvrirent de malédictions. Cependant l'insurrection gagnait toujours. Le maréchal Bugeaud se mit alors à la tête

de l'expédition et dirigea l'ensemble des opérations. Mais Abd-el-Kader semblait avoir compris qu'il ne pouvait reconquérir l'Algérie, aussi tous ses efforts tendirent-ils à emmener avec lui le plus de tribus possible au Maroc, afin de se refaire un État et une armée. Au commencement de 1846, l'insurrection paraissait étouffée, lorsque Abd-el-Kader parvint à soulever les Flittas qu'il abandonna ensuite pour couvrir sa retraite. Bientôt repoussé par les tribus qu'il avait sacrifiées à sa propre sûreté, l'émir se vit réduit à la plus affreuse misère. Ces succès répétés remplissaient de joie les colons, lorsqu'une horrible nouvelle vint jeter la consternation dans tous les cœurs. Pour se débarrasser de ses prisonniers, devenus incommodes, l'émir en avait ordonné le massacre, et trois cents Français avaient été décapités. Cependant tout était tranquille: et malgré les prédications de quelques fanatiques, l'année se termina dans la paix. Les tribus rebelles, rudement éprouvées, ne songeaient plus qu'à se refaire des maux de la guerre et à préparer la terre pour l'ensemencement. Cependant l'émir étendait peu à peu sa puissance dans la partie orientale du Maroc et menaçait d'ébranler le trône d'Abd-el-Rhaman: toutes les tribus kabyles du Rif reconnaissaient son autorité, et le bruit se répandit qu'il se préparait à marcher sur Fez. L'empereur, inquiet, rassembla alors ses forces, et vint à Fez, il punit sévèrement quelques tribus qui avaient refusé le contingent, et cet exemple décida les autres à rentrer dans le devoir. Abd-el-Kader vit qu'un coup de désespoir pouvait seul le sauver, avec deux mille hommes d'élite, il tomba la nuit à l'improviste sur l'un des deux camps marocains et s'en empara; mais le lendemain la masse de ses ennemis se précipita sur lui et il fut obligé de se retirer sur la Maloina pour mettre sa deira à l'abri; la deira fut sauvée, mais Abd-el-Kader perdit la moitié de son monde. L'émir espérait encore se dérober à la dure nécessité de faire sa soumission à la France, et il tenta de gagner le sud par un passage des montagnes, mais avertie à temps, la cavalerie française prit position dans la plaine, et Abd-el-Kader comprit alors qu'il n'avait plus qu'à s'assurer le bénéfice d'une reddition volontaire en se confiant à la générosité française. C'est aux mains du duc d'Aumale que l'ennemi déclaré de la France vint se remettre sans condition. Cet événement mémorable terminait la guerre en Afrique. C'est à l'article *Colonies* que nous nous occuperons du gouvernement, de l'administration et de l'avenir de l'Algérie.

ALGONQUINS, tribu du bas Canada qui habite les rives du lac Saint-Jean et de la Saghenay, elle est en partie chrétienne. Ils appartiennent à l'ancienne nation des Lenni-Lenaps, qui fut souvent désignée sous leur nom.

ALGUACIL c'est le nom que l'on donne en Espagne aux bas officiers de justice, institués pour assurer l'exécution des ordonnances du magistrat ou du juge. Ce mot répond assez à ce qu'en France on appelait jadis *exempt*, à un huissier actuel; dans notre langage familier, il est synonyme d'espion de bas étage, de *mouchard*. Le mot alguacil est d'origine arabe, comme beaucoup d'autres termes de la langue espagnole.

ALGUES (*algæ*). Les anciens désignaient sous ce nom les plantes aquatiques, soit qu'elles végétassent dans les eaux douces, soit qu'on les trouvât dans les profondeurs de la mer. Linné comprenait dans les algues les varechs (*fucus*), les ulvacées, les conferves, les hépatiques, les lichens. Ce mot n'est guère employé aujourd'hui en botanique, et a été remplacé par celui d'*hydrophytes*. (Voyez ce mot.) — On donne, en chimie et en agriculture, le nom d'*algues* à toutes les plantes marines que l'on récolte sur les bords de la mer, et à celles que les vagues jettent sur la grève et dont on tire l'alcali minéral (soude) par l'incinération. Cette soude, employée dans la fabrication du verre et du savon, n'est jamais très pure à cause des nombreux corps étrangers qui s'y trouvent attachés. On emploie encore ces algues fraîches comme engrais. Ce sont les varechs ou fucus qui fournissent l'*iode* si précieux par ses propriétés spécifiques contre les maladies lymphatiques, le goître, etc.

ALHAMBRA. Au sud de la Sierra-Veroda, dont le sommet est couvert de neiges éternelles, s'élève Grenade, la ville des khalifes. Un coteau escarpé borne la ville du côté de l'orient, et sur le faîte se dresse la forteresse de l'Alhambra qui servit longtemps de palais aux rois maures. La colline enfermée dans une double enceinte d'épaisses murailles et environnée des eaux du Xenil et du Darro, dut en faire une place imprenable, tant qu'on ne put l'attaquer avec de l'artillerie. L'Alhambra fut bâti par Abou-Abdallah-ben-Nazer, plus connu sous le nom d'*Elgaleb-Billah*, qui régna glorieusement dans Grenade, de 1231 à 1273, et ses successeurs fortifièrent et embellirent ce palais. Quand les Espagnols furent devenus maîtres de Grenade, ils y ajoutèrent en-

core, et Charles-Quint fit élever sur les ruines d'une partie de la forteresse un palais imposant peut-être, mais dont la lourde architecture dépare les restes du palais arabe. — Vu de l'extérieur, le vieux palais des rois maures offre l'aspect d'un château ceint de tours et de bastions. La principale entrée est pratiquée dans une grosse tour carrée qu'on appelait la porte du Jugement.

La première cour est un carré long, pavé en marbre blanc, entouré d'un portique; au centre est un bassin bordé d'allées d'orangers. La seconde cour, *cour des lions*, de cent pieds de longueur sur cinquante, est entourée d'une galerie soutenue par des colonnes de marbre blanc disposées deux à deux et trois à trois. Le centre est occupé par un vaste bassin, au milieu duquel s'élève une superbe coupole d'albâtre de six pieds de diamètre, portée par douze lions de marbre. Les appartements sont vastes et multipliés; la plupart des chambres ont des fontaines qui y rafraîchissaient sans cesse l'air. Ces pièces sont voûtées, et souvent leurs voûtes sont découpées à jour avec une hardiesse et une délicatesse sur-

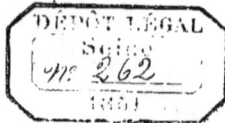

prenantes. On y voit partout des ornements en marbre et en porphyre, des arabesques en stuc, des peintures et des dorures de la plus grande beauté, et les murs sont décorés d'inscriptions pour la plupart tirées du Khoran. Au sommet de la montagne, une ancienne mosquée de l'Alhambra est devenue une église dédiée à sainte Hélène.

ALI, nom d'homme très usité parmi les musulmans, et qui en arabe signifie *sublime, noble, suprême.* Le gendre de Mahomet est le premier qui ait porté ce nom; les musulmans croient qu'une communauté de nom établit des rapports intimes entre les hommes qui sont encore sur la terre et ceux qui, par leur conduite vertueuse, ont mérité de trouver place dans le ciel. C'est pourquoi ils donnent à leurs enfants des noms d'êtres qui puissent servir d'intercesseurs auprès de Dieu, et les noms préférés sont ceux de Mahomet et d'Ali.

ALI, 4e khalife, était fils d'Abou-Thaleb, oncle de Mahomet, et naquit à la Mecque au commencement du viie siècle de notre ère. Lorsque Mahomet commença sa mission apostolique, il devint son confident et l'un de ses sectateurs les plus zélés. Il porta dans l'Yémen la parole du Khoran et, en récompense de ses services, Mahomet lui accorda la main de Fathime, sa fille bien aimée. Il aurait sans doute succédé au fondateur de l'islam si, Aïchah, fille d'Abou-Bekr et dernière femme de Mahomet, n'avait réussi à faire donner la préférence à son père. Après Abou-Bekr régnèrent Omar et Osman; ce dernier ayant été assassiné en 656, Ali fut élu khalife. Il fut accusé par ses ennemis d'avoir trempé dans le meurtre de son prédécesseur. Moaviah, gouverneur de Syrie, leva l'étendard de la révolte, et fut soutenu par plusieurs chefs arabes et par Aïchah, fille d'Abou-Bekr; mais après plusieurs rencontres sanglantes, on posa les armes des deux côtés, et il fut convenu qu'on choisirait des arbitres. — Moaviah parvint à séduire les arbitres qui se déclarèrent en sa faveur; mais bien que cette décision nuisit beaucoup à la cause d'Ali, il ne continua pas moins à la soutenir par la force des armes. Enfin, un fanatique, croyant mettre fin aux dissensions qui désolaient l'Empire par l'assassinat d'Ali, le frappa à la tête d'un coup de sabre dont il mourut en 661. Ali laissa trois fils dont l'aîné, Hassan, lui succéda dans l'Irak et en Arabie. Il a laissé plusieurs recueils de sentences, de proverbes et de poésies qui ont été traduits dans la plupart des langues de l'Occident.

ALI-PACHA, vizir de Janina, naquit à Tedelini en 1744. Il perdit son père à l'âge de treize ans et demeura sous la tutelle de sa mère Khamco, femme d'une grande énergie, qui lui donna l'éducation qui convenait à un chef de palikares. Chassé par les Kardikites, ennemis jurés de sa famille, il vit emmener en captivité sa mère et sa sœur, et fut obligé de se cacher. Dans sa fuite, Ali trouva, dit-on, dans le sable, un coffre rempli d'or qui devint le commencement de sa fortune. Il l'employa à lever des troupes, et rentra triomphant dans sa ville natale. Il devint bientôt l'un des principaux beys du pays, et forma le projet de s'emparer du pachalik de Janina. Ayant réussi dans son dessein, il tourna ses armes vers l'Épire; mais il trouva de grands obstacles dans la bravoure des Souliotes, qui le battirent plusieurs fois; il parvint enfin à les renfermer dans Agia-Paraskevi, où ils furent forcés de capituler. Ali leur promit la vie sauve, à la condition d'abandonner la ville, mais ils ne furent pas plus tôt hors de la place et désarmés qu'il les fit massacrer par ses farouches Albanais. Jamais homme

ne fut plus audacieux et plus cruel. Défiant, vindicatif et implacable, il immolait sans pitié tous ceux qui lui portaient ombrage ou dont il convoitait les biens. Lorsqu'en 1797 les Français s'emparèrent des îles Ioniennes, Ali parvint à captiver la confiance de Bonaparte, et obtint d'équiper une flotte avec laquelle il fit une descente sur la côte vénitienne. Il attaqua les habitants à l'improviste et en massacra plus de six mille. Vers le même temps, une armée française envahit l'Égypte, et la guerre fut déclarée par la Porte à la France. Ali crut le moment propice pour faire la conquête des îles Ioniennes et, voulant connaître l'état des forces françaises, il attira sous divers prétextes à Janina un officier français; il le fit mettre à la torture et, quand il en eût obtenu les renseignements qu'il désirait, il l'envoya comme espion à Constantinople, où l'infortuné mourut des suites de ses blessures. Ali attaqua d'abord la ville de Prevesa qu'il mit à feu et à sang, et reçut en récompense de ce haut fait le rang de pacha à trois queues. Mais, bientôt, le pacha de Janina devint tellement puissant que, dédaignant les injonctions de la Porte, il soumit et imposa toutes les villes environnantes. Un cri général s'élevait contre les déprédations d'Ali, mais le faible Selim III échoua dans ses tentatives de répression, et l'orgueilleux pacha étendit ses conquêtes de tous côtés. Le sultan Mahmoud succéda à Selim III et prit enfin ombrage du pouvoir d'Ali, qui fut sommé de se rendre à Constantinople pour répondre de sa conduite. Ali se garda bien d'obéir à cet ordre, et s'occupa de se mettre en état de résister aux troupes du Divan. Mais, après plusieurs défaites, il fut obligé de se renfermer dans Janina, où il se défendit pendant deux années contre une armée considérable. Enfin, poussé dans ses derniers retranchements, et abandonné par ses officiers et ses propres enfants, il se réfugia dans un pavillon où il tomba percé de coups, après avoir lui-même tué plusieurs des assaillants. Sa tête fut envoyée à Constantinople, où elle fut exposée à la porte du sérail. Ses trésors, fruit de ses cruautés et de ses rapines, furent évalués à 200 millions; mais on prétend qu'il avait réussi à en faire disparaître une partie. — Ali, comme tous les Albanais nourris dans l'ignorance la plus grossière, n'avait aucune idée de morale et ne reconnaissait de droit que la force. Il mena jusqu'à sa mort la vie la plus licencieuse, et ne respecta pas même ses propres enfants. Il avait non-seulement un sérail de femmes, mais aussi un sérail de jeunes garçons pour assouvir ses honteuses passions. Le nombre des victimes de la lubricité d'Ali était de plus de quatre cents; c'étaient, en général, les enfants des malheureux qu'il avait fait périr.

ALIBERT (Jean-Louis), médecin célèbre, naquit à Villefranche en 1775. Il étudia la médecine à Paris avec Bichat dont il fut l'ami. Il publia, en 1804, un traité de thérapeutique et de matière médicale, qui fit autorité à cette époque, mais qui a été surpassé depuis. Il fit paraître, en 1806, son ouvrage des maladies de la peau, d'après les observations qu'il avait faites à l'hôpital Saint-Louis, dont il était médecin. Alibert fut successivement nommé professeur à l'École de médecine, enfin médecin ordinaire de Louis XVIII et de Charles X. Son traité de la *Physiologie des passions* eut un grand succès; mais on lui a reproché avec raison d'avoir, dans cet ouvrage, et en général dans tous ceux qu'il a composés, sacrifié à l'agrément du style l'exactitude scientifique et la sévérité d'exposition qui conviennent aux travaux de ce genre. Alibert est mort en novembre 1837.

ALIBI. Ce mot, qui nous vient du latin et signifie *ailleurs,* a passé dans le langage du droit. On dit *prouver un alibi* quand un accusé démontre qu'au jour et au moment où s'est passé le fait qu'on lui impute, il était *ailleurs.* — La preuve de l'alibi se fait par tous les moyens, les lettres, les témoignages. Aucune disposition de la loi ne détermine de quelle nature doit être l'alibi invoqué. La preuve qui en résulte est abandonnée à l'appréciation du juge.

ALICANTE, ville située aux bords de la Méditerranée, dans le royaume de Valence, entourée de murs fortifiés, avec une citadelle démantelée depuis la guerre de la succession et un port de mer marchand. Toutes les puissances maritimes de l'Europe ont dans cette ville des consuls commerciaux. Le nombre des habitants est de près de 20,000. Le principal objet d'exportation est le vin connu sous le nom de *vin d'Alicante,* qui, pour la plus grande partie, est exporté en Angleterre. Ce fut Charles-Quint qui le premier introduisit cette culture soignée et féconde, en faisant transporter des vignes des bords du Rhin sur les rives du royaume de Valence. Alicante, par sa position, est un des dépôts les plus fréquentés entre l'Espagne et l'Italie. C'est aussi au port d'Alicante que sont embarquées un grand nombre de productions du sol heureux et fertile du royaume de Valence. Alicante fut assiégée en 1531 par les Maures, et en 1709 par les Français, sous Asfeld, qui prirent la citadelle en faisant jouer une mine.

ALIDADE (*géométrie*), règle mobile de bois

ou de métal, portant une pinnule à chacune de ses extrémités, dont on se sert pour viser les objets et tracer les lignes de leurs directions, lorsqu'on lève les plans à l'aide de l'instrument nommé *planchette*. Ce mot vient de *al-hidad* qui signifie tout à la fois, en arabe, *but et point déterminé*. On appelle encore *alidade* un instrument composé d'une règle mobile qui tourne autour du centre d'un cercle divisé en degrés et peut en parcourir tout le limbe pour mesurer les angles. C'est l'*alidade à cercle*.

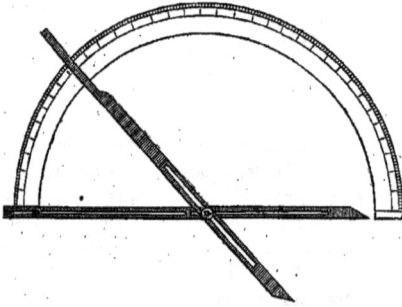

ALIÉNATION (*jurisprud.*). On appelle ainsi tout acte, soit à titre onéreux, soit à titre gratuit, par lequel un individu transfère à un autre la propriété d'une chose; ainsi, il y a *aliénation* lorsqu'on *vend*, lorsqu'on *échange* ou lorsqu'on *donne*. Dans une signification plus étendue, le mot *aliénation* comprend les différents actes par lesquels une chose est *engagée*, *hypothéquée*, soumise à un droit d'*usufruit* ou grevée d'une *servitude*. (Voyez *Gage, Hypothèque, Usufruit, Servitude*.) On *aliène* aussi lorsqu'on laisse s'établir une *prescription* (voyez ce mot), lorsqu'on consent à l'extinction d'une servitude ou de tout autre droit réel, lorsqu'on détériore la chose par des dégradations. — Quoi qu'il en soit, les actes qui opèrent une mutation de propriété constituent l'*aliénation* proprement dite, et dans l'usage, dans le langage habituel de la loi et des auteurs, c'est spécialement à ces sortes d'actes que le terme d'aliénation s'applique.

ALIÉNATION MENTALE (*sciences médic.*), expression plutôt familière que scientifique par laquelle on a coutume de désigner les désordres de l'intelligence. (Voyez *Folie*.) On dit vicieusement, quoique l'usage presque universel semble autoriser cette locution, un *aliéné* pour désigner un fou; il faudrait dire un homme dont l'esprit est aliéné. On croit adoucir par-là une expression pénible et atténuer en quelque sorte le triste fait qu'il représente. D'ailleurs, même dans le langage ordinaire, on ne donne le nom de *folie* qu'à ce degré très considérable de maladie que les médecins appellent *manie* et dans laquelle les malades se livrent à des actes de violence ou de déraison extravagante, et l'on réserve le nom d'*aliénation mentale* aux degrés inférieurs dans lesquels les individus sont tranquilles : c'est donc à l'article *Folie* que nous renvoyons tout ce qui se rapporte aux dérangements des facultés intellectuelles.

ALIGNEMENT. C'est la situation de plusieurs objets sur une même ligne. Un officier aligne des troupes. un architecte aligne des constructions. — Plusieurs ordonnances ont réglé en France l'alignement des maisons. Au moyen-âge, on ne suivait aucune règle à cet égard, aussi les rues étaient-elles généralement étroites et tortueuses, ce qui non-seulement gênait les communications, mais encore compromettait la santé publique. La première ordonnance sur cette matière est du 16 juin 1693; elle fait défense à tous particuliers, maçons et ouvriers, de faire démolir, construire ou rééditier aucuns édifices ou bâtiments, etc., sans avoir pris les alignements et permissions nécessaires des trésoriers de France, à peine contre les contrevenants de vingt livres d'amende. La même ordonnance défend, en outre, sous peine de dix livres d'amende, de faire mettre ou poser, sans une permission préalable, des auvents, pas, bornes, marches, siéges, montoirs à cheval, seuils et appuis de boutique excédant les corps des murs...., enseignes, établis, cages, montres, étalages, comptoirs, tableaux, échoppes, auvents, montants, contrevents et autres choses faisant avance sur la voie publique. Cette ordonnance est importante, en ce que l'art. 29, titre 1er, des lois des 10 et 22 juillet 1791, a spécialement maintenu tous les anciens réglements concernant la voirie des bâtiments. Dans la plupart des villes où les constructions primitives ont été irrégulières, l'alignement se rétablit à mesure que les maisons vieillissent. On ne peut alors les relever qu'en avançant ou en reculant, d'après le plan déposé à la mairie. (Voyez *Voirie*.)

ALIGRE, famille de France illustre dans la robe, surtout depuis *Étienne* D'ALIGRE, chancelier et garde-des-sceaux en 1624. Un de ses successeurs fut le *président* d'ALIGRE, dont on connaît l'opposition à ce que les états généraux du royaume fussent convoqués. Il était alors premier président du parlement de Paris, et cette conduite ne le recommanda pas, comme on peut le croire, auprès des auteurs de la révolution; aussi fut-il obligé de quitter la France, et il mourut dans l'exil, en 1798, à Brunswick. Le marquis d'Aligre, pair de France, était fils de ce premier président.

ALIME, *Alima* (du grec *alimos*, marin), genre de crustacés de l'ordre des stomapodes, famille des unicuirassés. Ses caractères sont: carapace étroite, rostre droit, filiforme, avec les angles épineux; yeux dirigés en dehors, portés sur des pédoncules longs et cylindriques; abdomen étroit, allongé, muni de pattes en forme de petites rames; les quatre pattes antérieures sont en forme de serres. Les alimes habitent les mers

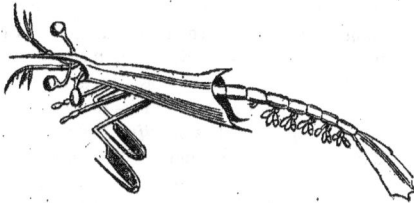

d'Afrique, des Indes, etc. Ces animaux se tiennent à de grandes profondeurs sur les fonds sablonneux et fangeux, où ils s'accouplent au printemps; ils se servent de leurs serres pour saisir leur proie. On connaît fort peu, du reste, les mœurs de ces singuliers animaux qui ont beaucoup de rapport avec les *squilles*. (Voyez ce mot.)

ALIMENTS. L'exercice de nos fonctions entraîne des pertes continuelles que nous devons sans cesse réparer. La nature nous offre dans le règne organique ces moyens de réparation, et les substances qui jouissent de cette propriété ont reçu le nom d'aliments. Ces substances ne se bornent pas à entretenir la vie en réparant nos pertes, elles servent encore à notre accroissement. Un grand nombre d'animaux choisissent leur nourriture parmi les plantes: on les nomme *herbivores*; à leur tour, ils servent d'aliments à des espèces plus élevées. Les *carnivores* sont les seuls

qui soient impropres à en nourrir d'autres. Leur chair, facilement putrescible, se décompose trop vite; ils n'ont d'utilité à cet égard que lorsque, privés de la vie, ils retombent sous l'empire des lois qui régissent la matière brute. Il en est enfin qui puisent également dans le règne animal et dans le règne végétal: on les nomme *omnivores*. Peu d'animaux partagent avec l'homme le privilège de cette nourriture variée. C'est chez ce dernier que nous étudierons les divers phénomènes de l'alimentation, en faisant ressortir à mesure qu'elles se présenteront les lois générales qui s'appliquent à tous les êtres vivants. On divise les aliments en animaux et végétaux. On les ordonne ensuite en groupes, suivant leurs qualités nutritives. En premier lieu, viennent: — *Aliments d'origine animale où la fibrine domine.* C'est, à proprement parler, la chair musculaire d'un grand nombre d'animaux adultes, tels que le bœuf, le mouton, le cochon, le cerf, le chevreuil, le sanglier, le lapin, le lièvre, et une foule d'oiseaux sauvages ou privés. De tous les aliments, c'est le plus nutritif; aussi séjourne-t-il longtemps dans l'estomac; il active la circulation, accélère la chaleur, et produit une excitation générale très prononcée. L'alimentation fibrineuse convient aux tempéraments lymphatiques, aux personnes qui dépensent beaucoup de forces par l'exercice, et aux habitants des pays froids. Le bouillon obtenu par la cuisson de ces aliments dans l'eau est très réparateur, et doit à l'osmazome qu'il renferme les propriétés stimulantes dont il est doué. Le régime des aliments fibrineux doit être proscrit dans les convalescences des maladies inflammatoires. — *Aliments d'origine animale où la gélatine prédomine.* On rapporte à ceux-ci la chair musculaire des animaux jeunes, certaines parties du corps des animaux de tout âge, telles que la peau, les membranes, les tendons, les cartilages, les os, etc. Ces aliments diffèrent des précédents par la proportion moindre de la fibrine et de l'osmazome; ils constituent un régime moins réparateur, et conviennent mieux aux convalescents des maladies aiguës, aux constitutions sèches et bilieuses, aux personnes sédentaires et aux habitants des pays chauds. Le bouillon obtenu avec ces substances est presque entièrement dépourvu des éléments nutritifs par excellence. Aussi ses qualités alibiles sont-elles fortement contestées. Le bouillon d'os, sur lequel on avait fondé de grandes ressources pour l'alimentation des pauvres dans les établissements de bienfaisance, a perdu beaucoup de son importance depuis que l'Académie des sciences s'est occupée de cette question. Des expériences faites sur les animaux, par la commission chargée de ce soin, ont établi d'une manière irréfragable que la gélatine pure est incapable d'entretenir la vie. — *Aliments de nature animale où l'albumine est en excès.* Ce sont les œufs des gallinacées, les huîtres, les moules, la cervelle des animaux, etc. Ces matières sont ordinairement d'une digestion prompte et facile; elles nourrissent beaucoup, sans stimuler aussi fortement que les aliments fibrineux.—*Aliments où la fibrine, l'albumine et la gélatine sont en quantité à peu près égales.* On rapporte à ce groupe les poissons de toute espèce. Ces aliments peuvent être placés sur la même ligne que les précédents pour leur action sur l'économie. — *Alimentation caséeuse.* Elle se compose du lait, du beurre et du fromage. Le lait est l'aliment par excellence des enfants et des malades; il est ordinairement d'une digestion peu laborieuse, et épargne les forces vitales en leur offrant des matériaux faciles à élaborer. Il convient aux constitutions épuisées par de longues souffrances, aux tempéraments irritables et nerveux, etc. — Le fromage frais et bien conservé jouit à peu près des mêmes qualités; mais celui qui a vieilli et pris un goût alcalin très prononcé irrite l'estomac.

Les *aliments végétaux* consistent dans les différentes parties des plantes, car il n'en est pas une qui ne puisse en fournir à l'homme ou aux animaux.—*Les parties herbacées* ou les feuilles et les tiges sont moins nutritives que les *racines et les fruits,* parce qu'il n'y a pas de fécule, qui est un des principes alimentaires les plus nutritifs, et parce qu'il y a presque toujours moins de sucre et moins de gomme. Les racines et les fruits ont des principes communs; ils forment plusieurs groupes, suivant leurs qualités nutritives. — *Les racines et les fruits farineux.* Les racines farineuses sont l'igname, le manioc, la pomme de terre, etc. Les racines farineuses sont beaucoup plus productives que les graines du même ordre, mais la supériorité du produit est en masse et non en qualités nutritives. — Les fruits farineux proviennent d'arbres ou sont les graines de plantes herbacées, ce sont la banane, l'arbre à pain, la châtaigne, le gland doux, etc. Les graines farineuses sont presque exclusivement tirées des légumineuses et des céréales; les premières sont beaucoup moins nutritives que les secondes. Les seules espèces susceptibles d'une bonne panification sont le seigle et le froment, surtout ce dernier qui est l'aliment par excellence de l'homme. — Les *racines et fruits doux* (non farineux). Les figues, les courges, les dattes, offrent une nourriture agréable et substantielle. — Les *fruits huileux* se divisent en deux groupes, suivant que la partie comestible est fournie par l'enveloppe, comme les olives, ou par les graines qui, toutes, sont des noix. Ils contiennent une huile douce, fort agréable. Le fruit du cocotier offre à l'homme, par sa grosseur, sa qualité et son abondance, une nourriture presque suffisante, dans certains pays chauds. — Les *fruits acidulés* réunissent trois principes qui les caractérisent : l'acide, le sucre et la gelée végétale. Sans le sucre, à cause de l'acide, ces fruits ne seraient pas alimentaires. Telles sont les groseilles, les cerises, les pêches, les poires, les pommes, etc. — Les *racines piquantes* doivent leur goût à la présence d'une huile essentielle qui se trouve surtout dans les racines ou les bulbes des crucifères et des liliacées. Elles servent à juste titre de hors-d'œuvre ou d'assaisonnement ; car l'huile essentielle âcre les rend trop excitants. — II. Les *parties herbacées* des plantes ont pour caractère d'être fort aqueuses et de contenir une matière solide moins nutritive; car d'abord, il n'y a pas, en général, de fécule, qui est un des principes alimentaires les plus nutritifs; en second lieu, il y a presque toujours moins de sucre et de gomme. Il en résulte que les aliments de ce groupe sont moins nutritifs; aussi l'homme n'est-il pas herbivore, dans le sens qu'il puisse faire des herbes sa nourriture unique. — Les *parties herbacées des phanérogames* se distinguent de celles des cryptogames par la couleur verte. Elles ont sans doute des qualités salutaires, puisque l'on a reconnu que la privation des légumes frais disposait les marins au scorbut et que leur usage, au contraire, était puissant pour les guérir de cette cruelle maladie. Les herbes et les feuilles sont bien moins nourrissantes que les tiges herbacées consistantes dans leurs parties décolorées; tels sont les *épinards* et la *chicorée,* comparés aux *cardons* et aux *asperges,* etc. — *Les parties herbacées des cryptogames* constituent toute la plante, puisqu'il n'y a sensiblement ni racine ni fruit, et que ces végétaux alimentaires sont d'une consistance molle; mais tout est pour ainsi dire tige ou feuille décolorée; la matière verte disparaît. Tels sont les *lichens* et les *champignons.* (Voyez ces mots.)

ALIMENTS. Par ce mot, on entend, dans le langage du droit, tout ce qui est nécessaire à la vie : la nourriture, le logement et le vêtement. C'est une obligation pour l'homme de nourrir les êtres qui lui doivent l'existence, c'est la loi naturelle à laquelle sont soumis même les animaux. La loi divine exige plus ; non-seulement elle ordonne de fournir aux besoins de ses enfants et des auteurs de ses jours, mais encore elle prescrit de donner des aliments à tous ceux qui sont dans le besoin. Les Grecs et les Romains avaient consacré l'obligation de se fournir des aliments entre proches parents, et leurs lois, à cet égard, avaient même plus d'extension que dans notre législation actuelle. — D'après notre Code civil, les père et mère doivent nourrir, entretenir et élever leurs enfants naturels ou adoptifs. (Voyez *adoption*.) Et réciproquement, ceux-ci sont dans l'obligation de fournir des aliments à leurs père et mère et autres ascendants, lorsqu'ils sont dans le besoin. La même obligation est imposée aux époux entre eux. Les gendres et belles-filles doivent aussi des aliments à leurs beau-père et belle-mère, à moins que la belle-mère n'ait convolé en secondes noces, ou que l'époux qui produisait l'affinité ne soit décédé ainsi que les enfants issus du mariage. Il est bien entendu que les aliments ne sont accordés que dans la proportion du besoin de celui qui les réclame avec la fortune de celui qui les doit.

ALIQUANTES. En arithmétique, les parties aliquantes d'un nombre sont celles qui ne le divisent pas exactement. 2 est partie aliquante de 7, parce que 2 n'est pas un diviseur de 7.

ALIQUOTES. Les parties aliquotes d'un nombre sont celles du nombre qui le divisent exactement. 2 est partie aliquote de 8, parce que 2 est un diviseur de 8.

ALIQUOTE (*musique*). Voy. *Son* et *Dominante*.

ALISE ou **SAINTE-REINE**, bourg de la Côte-d'Or. Son nom est dérivé de celui d'*Alesia*, que portait anciennement Alise, alors ville de la Gaule lyonnaise. Alesia est célèbre dans l'antiquité par le siége qu'elle soutint contre César, qui, pour s'en emparer et se garantir en même temps des attaques du dehors, éleva des retranchements remarquables dans l'histoire du génie militaire. (Voyez Folard, *Commentaires sur Polybe*.) Vercingétorix, le plus vaillant roi des Gaules, s'était jeté avec 80,000 hommes dans cette ville, dont la position naturelle était excellente, pour y attendre les forces qu'une insurrection générale des Gaulois contre les Romains devait mettre à sa disposition. Mais César déjoua toutes les tentatives des Gaulois, et après plusieurs combats longs et sanglants, Alesia fut obligée d'ouvrir ses portes et Vercingétorix (voyez ce nom) devint prisonnier des Romains. — Sainte-Reine y fut martyrisée en 253, et l'on y bâtit un couvent dont l'église fut mise sous l'invocation de cette sainte. Alise possède aujourd'hui deux fontaines minérales, qui attirent chaque année un grand nombre de malades.

ALISÉS (*vents*). On donne ce nom aux vents permanents qui soufflent continuellement entre les tropiques. Ces courants d'air s'étendent jusqu'au 30° degré de latitude environ. En général, la tendance des vents alisés est de l'E. à l'O., c'est-à-dire dans le même sens que le mouvement apparent du soleil. Une expérience bien simple fera comprendre la cause qui donne naissance à cette espèce de vents. Au milieu d'une cuve remplie d'eau chaude, on place un vase d'eau froide, puis on prend une chandelle éteinte qui fume encore, et on l'élève au-dessus du vase d'eau froide, aussitôt on voit la fumée se diriger au-dessus de la cuve d'eau chaude. Cette expérience démontre bien que l'air froid, qui forme pour ainsi dire l'atmosphère du vase d'eau froide, se précipite vers l'air raréfié par la chaleur de l'eau du second vase. Ce même phénomène se reproduit sur une échelle plus étendue dans la formation des vents alisés : en effet, la chaleur du soleil étant beaucoup plus forte entre les deux tropiques que dans les zônes tempérées, elle tend sans cesse à raréfier l'air ; alors l'air des zônes tempérées se précipite vers la zône torride. Il se produira donc ainsi un vent du nord vers la partie supérieure de l'équateur et un vent du sud vers la partie inférieure. Mais par suite de l'impulsion donnée à l'atmosphère par le mouvement diurne de la terre d'occident en orient, ces deux vents éprouvent, aux approches des tropiques, une résistance assez forte; cette résistance formera nécessairement un vent d'E. qui, se combinant vers la partie supérieure de l'équateur avec un vent N. et vers la partie inférieure avec un vent S., produira dans le premier cas un vent N.-E., et dans le second cas un vent S.-E. La chaleur du soleil existant toujours ainsi que le mouvement de la terre, nous aurons ainsi les vents alisés du N.-E et du S.-E., qu'on nomme aussi *vents généraux*.

ALISIER, *cratægus*, genre d'arbres ou d'arbrisseaux, de la famille des rosacées, dont les caractères sont : calice à cinq dents, corolle à cinq pétales arrondis ; ovaires à deux ou cinq loges; fruit: pomme charnue, oblongue, couronnée par les dents du calice. Les alisiers sont des arbres ou des arbrisseaux à feuilles profondément incisées et généralement cotonneuses en dessous, à fleurs blanches ou roses, de grandeur moyenne, exhalant une odeur forte, mais peu agréable dans la plupart des espèces, et disposées en corymbes ; leur fruit est ovale, rougeâtre et farineux. Parmi les espèces que renferme ce genre, les plus intéressantes sont : — L'alisier allouchier, *cratœgus aria*, qui croît dans les régions montagneuses de l'Europe, où il forme des buissons, qui s'élèvent par la culture jusqu'à neuf mètres de hauteur. Il porte des fruits que l'on nomme alises et qui, âpres d'abord, deviennent, en mûrissant, d'une saveur douce et agréable. Le bois de l'allouchier est très recherché des tourneurs et des luthiers, à cause de sa dureté. — L'alisier à larges feuilles, *cr. latifolia*, ou alisier de Fontainebleau, est un bel arbre qui croît assez communément dans la forêt de ce nom. Son port élégant et son feuillage le font cultiver dans les jardins paysagers ; ses feuilles sont ovalaires, très larges et fortement anguleuses. Ses fruits, bons

à manger, servent à préparer une espèce de cidre. On emploie son bois à divers usages. — L'alisier antidysentérique, *cr. terminalis*, assez commun dans nos forêts ; son écorce était autrefois employée en médecine.

ALISMA et ALISMACÉES. La famille des alismacées renferme des plantes aquatiques, connues sous les noms vulgaires de plantains et de sagittaires. Ses caractères sont : calice à six divisions, dont trois intérieures pétaloïdes et caduques, étamines six ou plus, insérées au calice ; pistils 6 à 30, uniloculaires à un ou deux ovules pariétaux. Plantes herbacées vivaces, croissant sur le bord des ruisseaux, des étangs, etc. — L'*alisma*, plantain d'eau ou fluteau, sert de type à la famille des alismacées. Ses tiges sont droites, triangulaires, creuses, à nœuds très espacés ; ses feuilles radicales sont droites, pétiolées, ovales-aiguës. Ses fleurs en verticilles, composés, pédonculés et roses. Cette plante fleurit en été. On prétend qu'elle est nuisible aux bestiaux.

ALIX de Champagne, fille de Thibaut IV, comte de champagne, mérite d'être placée au rang des princesses célèbres. Le renom de son esprit et de ses grâces parvint jusqu'à Louis VII, roi de France, qui l'appela à partager son trône (1160). Après quatre années d'union stérile, elle donna le jour à Philippe-Auguste. A la mort de Louis VII, Alix réclama la régence, mais le comte de Flandre, dont Philippe avait épousé la fille Isabelle de Hainaut, la lui disputa. La guerre civile allait s'ensuivre, lorsque Philippe, à peine âgé de 15 ans, les mit d'accord en montrant qu'il était assez fort pour régner lui-même. Alix aima mieux que son fils fût roi sans elle, que pupille d'un comte de Flandre, et le soutint de tout son pouvoir. Lorsque Philippe-Auguste partit pour la Terre-Sainte (1190), il ne voulut confier qu'à elle seule la direction de son royaume ; il assembla les grands vassaux, et, de leur consentement unanime, la proclama régente et tutrice de son fils Louis. Alix tint le sceptre d'une main ferme, et son autorité ne fléchit ni devant les grands vassaux, ni devant les papes. Elle sut en outre, par sa douceur et sa sagesse, se concilier l'affection de ses sujets. Elle mourut en 1216.

ALKALI. Voyez *Alcali*.

ALLAH. C'est, en arabe, le nom de Dieu, du Dieu unique que Mahomet opposa aux nombreuses divinités du paganisme. Le fondateur de l'islamisme enseigne que son Dieu est le seul qui tire son origine de lui-même ; que rien ne lui est égal dans la nature, et que tous les êtres ont reçu de lui l'existence. Il est celui qui fait naître ; mais il n'est pas lui-même engendré ; il est le maître du monde matériel et intellectuel, et son adoration, comme Dieu unique, est le dogme fondamental de la religion du prophète. — Le mot Allah est composé de l'article *al* et du mot *Elah* (l'être adorable), singulier d'*Elohim*, qui, en hébreu comme en arabe, signifie *les dieux*.

ALLAH-ABAD (*Hindoustan*), ville située au confluent du Gange et de la Djena, dont le cours est commandé par son fort, le grand arsenal des provinces supérieures. Elle est bien déchue, quoiqu'elle soit encore l'entrepôt de toutes les provinces voisines. Presque toutes ses maisons occupent l'emplacement d'édifices plus solides. Cette ville est, pour les Hindous, le plus grand et le plus saint des *prayagas* ou confluents des fleuves, aussi le concours des pèlerins y est-il immense. L'empereur Akbar en affectionnait le séjour. 20,000 habitants. A 76 kilom. O. de Benarès. Lat. N. 25° 27'; long. E. 79° 38'.

ALLAITEMENT. Cette fonction appartient exclusivement aux animaux mammifères. Le lait dont ces animaux ont seuls le privilège de nourrir leurs petits pendant les premiers temps de leur existence est sécrété par des glandes, désignées sous le nom de mamelles, dont le nombre et la position relative diffèrent suivant les espèces. — Nous nous occuperons principalement, dans cet article, de l'allaitement dans notre espèce. — Chez les femmes, les glandes mammaires, développées à l'époque de la puberté, acquièrent, pendant la grossesse, un volume plus considérable ; elles élaborent le liquide qui doit nourrir le nouvel être, et commencent à le sécréter quelquefois deux ou trois jours avant l'accouchement, mais, le plus souvent aussitôt après. Le *lait*, produit de cette sécrétion, n'a pas tout d'abord les qualités qu'il acquiert par la suite ; il est plus limpide, plus séreux ; on lui donne alors le nom de *colostrum*, et l'on prétend qu'il possède une vertu purgative, nécessaire pour débarrasser les intestins de l'enfant du *méconium* qui les surcharge. Mais après deux ou trois jours, le lait possède toutes les qualités qui le rendent propre à l'alimentation. Pour s'approprier aux besoins croissants et à la puissance digestive du nouvel être, ce lait lui-même devient de plus en plus nourrissant, c'est-à-dire de plus en plus riche en matière *butyreuse* et en *caséum*. (Voyez *Lait*.) C'est ce qui explique pourquoi les enfants nouveau-nés refusent parfois le sein et deviennent malades lorsqu'on les confie à des nourrices qui souvent allaitent déjà depuis longtemps. La durée de l'allaitement est très variable, non-seulement suivant les espèces, mais encore chez

l'homme, suivant la croissance et la vigueur de l'enfant. Quel que soit, au reste, le temps qu'elle se prolonge, cette fonction établit toujours dans l'organisme une sorte de dérivation qui s'oppose à l'accomplissement de certaines autres fonctions. C'est ainsi que le phénomène de la menstruation est suspendu chez les femmes qui allaitent. Des pages éloquentes ont été écrites, pour rappeler aux mères un devoir qu'elles négligeaient peut-être trop souvent, et la plume de Jean-Jacques a opéré, sous ce rapport, la plus heureuse révolution ; mais ce serait tomber dans un abus tout aussi fâcheux, que de prendre à la lettre des préceptes dictés par une philantropie mal éclairée. Sans doute, une femme qui, sans raisons puissantes, consent à partager avec une étrangère le doux titre de mère est blâmable ; mais combien en est-il que l'amour maternel aveugle sur leurs forces, sur les avantages qu'elles croient posséder comme nourrices ! Les suites d'une tendresse mal dirigée sont souvent déplorables. Les moindres connaissances en physiologie suffisent pour expliquer comment des travaux forcés, une maladie accidentelle, ou quelque affection morale, sont susceptibles de troubler le travail des mamelles, d'appauvrir et d'altérer le lait. — L'allaitement artificiel n'est pas sans danger, l'impossibilité de se procurer une nourrice, peut seule autoriser à employer le lait des animaux domestiques. Le lait d'ânesse est celui que ses propriétés rapprochent le plus de celui de la femme ; le lait de chèvre, plus fréquemment employé, est excitant et trouble le sommeil de l'enfant. Si l'on emploie le lait de vache, il faut, pendant les premiers temps, le couper avec une certaine quantité de petit-lait ou d'une décoction d'orge, dont on diminue la quantité à mesure que l'enfant avance en âge. Comme nous l'avons déjà dit, le lait se montre chez la femme au terme de l'accouchement. On a vu cependant cette sécrétion s'établir chez des femmes qui n'avaient jamais eu d'enfant ; on cite même l'exemple de jeunes vierges dont les glandes mammaires laissent exsuder un liquide laiteux. M. de Humboldt rapporte le fait surprenant d'un homme qui put allaiter son enfant pendant plusieurs mois. — Les différentes espèces de mammifères ont, suivant leur conformation et la disposition de leurs mamelles, une manière différente d'allaiter leurs petits. Les singes, qui portent comme l'homme des mamelles pectorales, y suspendent leurs nourrissons en les soutenant dans leurs bras. Mais la plupart des mammifères ont, en venant au monde, la faculté de se tenir sur leurs jambes et de téter leur mère dans cette situation. On trouvera aux articles *Cétacés* et *Marsupiaux* les particularités relatives à l'allaitement de ces animaux.

ALLARD (Jean-François), né à Saint-Tropez (Var), le 9 mars 1785, entra au service dans le second éclaireur de la jeune garde. Lieutenant au 2ᵉ régiment de hussards (10 juillet 1810), il passa capitaine, et devint pendant les cent-jours aide-de-camp du maréchal Brune. Il quitta la France après l'assassinat de son général et parcourut l'Égypte et la Perse. Il se fixa, en 1822, auprès de Rundjet-Singh, roi de Lahore et de Cachemyr. Ayant gagné la confiance de ce

roi, Allard, comblé d'honneurs et de dignités, fut nommé généralissime d'une armée non-seulement organisée sur le modèle des armées de Napoléon, mais encore commandée en français. Il épousa une très proche parente du roi. Ayant obtenu de Rundjet-Singh, mais sous promesse formelle de revenir bientôt, la permission de revoir la France, il fut présenté au roi Louis-Philippe, qui le nomma chargé d'affaires près la cour du roi de Lahore. Fidèle à son serment, il repartit en 1837 pour Lahore, laissant sa femme et ses enfants en France. A peine arrivé, il eut à marcher contre les Afghans; mais tout-à-coup, saisi de violents vomissements à Pischnaer, il expira le 29 janvier 1839 à l'âge de 54 ans. Sa veuve et ses enfants habitent Saint-Tropez.

T. I.

ALLÉGATION (*accep. dic.*), mot usité dans le langage de la controverse, de la tribune et du barreau; c'est la citation d'une autorité, d'une pièce authentique, d'où l'on tire un moyen de droit ou de raison; c'est l'énoncé d'un principe, d'un fait décisif, jeté dans la discussion et qui doit relever l'adversaire. — Dans le langage ordinaire, *allégation* se prend en mauvaise part, comme affirmation sans preuve, comme une preuve à débattre, un principe ou un fait contestable.

ALLÉGER. En terme de marine, alléger un vaisseau, une embarcation, c'est le décharger d'une partie de son poids. Lorsqu'un bâtiment tire trop d'eau pour s'approcher des côtes, ou pour franchir un passage peu profond, on le débarrasse d'une partie de son chargement, en la transportant dans de petites embarcations, que pour cette raison on nomme *alléges*. On se trouve dans la même obligation, quand le vaisseau est près d'échouer, ou que l'on est poursuivi par l'ennemi. Cependant, dans ce dernier cas, le changement subit de pesanteur du vaisseau peut, en changeant son centre de gravité, nuire à la vitesse de sa course.

ALLEGHANYS. La chaîne de montagnes à laquelle les Indiens du Nord donnent le nom d'*Alleghanys*, et qui porte au sud celui d'*Apalaches*, se divise en plusieurs chaînes secondaires, parallèles, qui s'étendent du N.-E. au S.-O., entre l'embouchure du Saint-Laurent et les sources de l'Alabama, vers les confins de la Géorgie, et sur une étendue de 400 lieues. Ces montagnes séparent les eaux qui descendent vers l'Atlantique de celles qui se jettent dans le fleuve Saint-Laurent et dans le Mississipi. Les deux chaînes les plus remarquables sont : la chaîne orientale, connue sous le nom de *Montagnes-Bleues*, à laquelle se rattachent les Montagnes-Blanches, où se trouve le mont *Washington*, haut de 2080 mètres, et le point culminant de toute la chaîne; et la chaîne occidentale qui conserve le nom d'*Alleghanys;* elle vient se joindre à la chaîne orientale, dans l'état de Vermont, après avoir traversé le Tennessee, la Virginie et une partie de la Pensylvanie. (Voyez *Amérique du Nord*.)

ALLÉGORIE. C'est une manière d'exprimer des faits ou des sentiments par des paroles ou des objets qui les laissent deviner, mais qui ne les font point connaître positivement. On peut dire que l'allégorie remonte à la naissance du langage primitif. En effet, les chefs de famille qui voulurent instruire leurs semblables, durent se servir de l'allégorie comme d'un interprète nécessaire pour représenter les idées abstraites. Lorsque le paganisme eut couvert la terre de dieux chimériques, l'allégorie devint une langue mystérieuse, réservée aux prêtres seuls et interdite aux profanes. Ce fut un moyen de couvrir d'un voile épais la lumière et la vérité. Ce qui n'était qu'allégorie pour les initiés devint réalité pour le vulgaire, et les êtres allégoriques qui, tels que Vénus, Minerve, Mars, etc., désignaient la beauté, la sagesse, , le génie de la guerre, devinrent de véritables divinités faites par l'homme à son image. Presque toutes les religions sont, en effet, filles de l'allégorie. — Les grammairiens la regardent comme une métaphore prolongée ; elle s'applique aux beaux arts aussi bien qu'aux discours ; parle aux yeux comme à l'esprit. — L'allégorie est souvent un moyen adroit pour donner des leçons aux hommes, sans blesser leur vanité Les moralistes et les fabulistes l'ont souvent employée ; mais elle est surtout la figure favorite de l'opprimé qui veut faire entendre des plaintes légitimes sans courir le risque d'irriter son maître. C'est ce qui explique la richesse des peuples orientaux en ce genre. La poésie, encore plus que la prose, en fait usage, et les anciens nous en offrent les plus beaux modèles. On cite l'ode d'Horace : *O navis, referent in mare te novi fluctus!* montrant le salut de la République compromis par les guerres civiles, en représentant un vaisseau au milieu de la mer orageuse. La sagesse représentée sous les traits d'une femme armée, se livrant à l'étude et choisissant pour compagne une chouette, emblème de l'obscurité : — Prométhée, enchaîné par la violence à son rocher, et souffrant sans vouloir fléchir, sont de belles allégories. Les épopées d'Homère abondent en allégories, tantôt sublimes, tantôt riantes et naïves. — On a cru trouver une grande allégorie dans la forme des pyramides, image d'une âme qui, après avoir longtemps tenu à la terre, s'éloigne peu à peu et prend enfin son essor vers le ciel. — La peinture et la sculpture ont souvent recours à l'allégorie. On connaît les belles compositions de Rubens dans ce genre, représentant la vie de Marie de Médicis, et ce tableau, qui représentait l'*Histoire* déchirant dans un livre portant le titre de *Vie du grand Condé* la page où l'on racontait les batailles livrées par ce prince, lorsqu'il portait les armes contre sa patrie. — Pour avoir de la valeur, une allégorie doit surtout être juste et s'entendre facilement, et comme l'a dit Lemierre : *L'allégorie habite un palais diaphane.*

ALLÉGRI. Voyez *Corrège.*

ALLÉGRI (Grégoire), célèbre compositeur de la famille du Corrège, naquit à Rome, vers 1580. Il étudia son art sous Jean-Marie Nanini et entra, en 1629, comme chanteur et compositeur à la chapelle pontificale. Il mourut en 1652. Il a laissé deux livres de *concerts* et deux livres *motets*, mais ce qui a rendu son nom célèbre, c'est son *Miserere* qui se chante tous les ans à la chapelle Sixtine, dans la semaine sainte.

ALLEGRO, terme italien de musique qui signifie gai, et indique un mouvement animé. *Allegretto*, diminutif du précédent, indique une allure un peu moins vive.

ALLELUIA, mot hébreu, qui signifie *louez le Seigneur*. On l'a introduit, d'après saint Jérôme, dans le rituel des Églises grecque et latine, comme l'exclamation consacrée par l'exaltation religieuse. Dans l'Église orientale, l'alleluia est chanté indifféremment tous les dimanches et jours de fête ; mais dans l'Église latine, ce chant solennel est suspendu pendant le carême, époque de silence et de tristesse, et ne recommence à se faire entendre que le jour de Pâques.

ALLEMAGNE (en allemand *Deutschland*) On comprend sous ce nom les pays où se parle la langue allemande ; le nom officiel de l'État aujourd'hui existant est celui de *Confédération germanique* (Deutscher-Bund). C'est la réunion d'un grand nombre de petits États monarchiques constitutionnels ou républicains. La Confédération germanique comprend aujourd'hui les contrées de l'Europe centrale bornées par la mer Baltique, les États danois, la mer du Nord au septentrion ; les montagnes qui séparent la Hongrie de l'Autriche, une partie du cours de la Morawa, une branche des monts Carpathes, le bassin supérieur de la Warta et le cours inférieur de la Vistule, à l'est ; au sud, les Alpes ; à l'ouest, la Prusse, la France, la Belgique et la Hollande. Cette contrée est montagneuse et fertile au sud, unie et sablonneuse au nord ; cette division est déterminée par la suite des montagnes de la Bohême, de la Thuringe, de la Hesse et de la Franconie. Les ramifications des Alpes, qui pénètrent dans la partie méridionale, remplissent le Tyrol et le Salzbourg, élèvent leurs plus hautes cimes jusqu'à 2,000 mètres. Une chaîne qui porte des traces volcaniques, suit le cours du Rhin jusqu'aux environs de Cologne. Une autre chaîne considérable, tenant aux montagnes de la Bohême et aux Carpathes de la Hongrie, longe le cours de l'Elbe, traverse la Silésie et entre dans la Saxe. L'Allemagne est bien partagée sous le rapport de la navigation; elle a dans le midi le Danube et le Rhin, dans le nord l'Elbe et le Weser; un grand nombre de rivières débouchent dans ces fleuves. Parmi celles qui se jettent dans le Rhin, on distingue la Moselle et le Mein qui arrosent des contrées très fertiles. Le Danube reçoit l'Inn, la Drave, la Save et beaucoup d'autres rivières. En outre, elle touche à plusieurs mers. Anciennement, une grande partie de l'Allemagne était couverte de forêts; il en existe encore aujourd'hui de considérables, telles sont celle de Thuringe, celle de Bohême, la Forêt-Noire, etc., qui abondent en gros gibier et en bêtes fauves. Dans le nord, on élève beaucoup de bestiaux et surtout des chevaux vigoureux. La Saxe est renommée pour la beauté des laines de ses moutons. Les récoltes de l'Allemagne suffisent ordinairement pour sa consommation. Le midi produit beaucoup de fruits. Les vins que l'on tire des coteaux qui bordent le Rhin sont renommés; mais dans le nord et dans la Bavière la bière est la boisson en usage. L'Allemagne est riche en mines: l'exploitation, la fonte et l'affinage des métaux y sont portés à un haut degré de perfection. La Saxe et le Harz donnent de l'argent et du cuivre; d'autres parties fournissent du fer, du cobalt, de l'antimoine, de l'arsenic, etc. Les salines sont nombreuses ainsi que les eaux minérales, dont quelques-unes jouissent d'une très grande réputation. Dans la Silésie, la Saxe et la Prusse rhénane, on tisse des draps estimés; la Westphalie, la Silésie, etc., fournissent au commerce une quantité immense de toiles de ménage, et la Saxe est renommée pour son linge damassé. On sait que ce pays a tenu le premier rang pour la fabrication de la porcelaine. Les grandes villes telles que Vienne, Berlin, Dresde, etc., rivalisent par leurs fabriques d'objets de luxe avec la France et l'Angleterre, et dans aucun pays on ne sait tailler le bois avec autant d'habileté.

La Confédération germanique se compose de l'Autriche, la Prusse, les royaumes de Bavière, de Wurtemberg, de Saxe, le grand-duché de Bade, les principautés de Hohenzollern-Sigmaringen et Hohenzollern-Hechingen, de Lichtenstein, le grand-duché de Hesse-Darmstadt, la Hesse-Electorale, le landgraviat de Hesse-Hombourg, le duché de Nassau, le grand-duché de Saxe-Weimar, le duché de Saxe-Meiningen-Hildbourghausen, celui de Saxe-Altenbourg, celui de Saxe-Cobourg-Gotha, les principautés de Reuss-Greitz, de Reuss-Schleitz, de Reuss-Lœ-

benstein-Ebersdorf, celles de Schwarzbourg-Rudolstadt, de Schwarzbourg-Sondershausen, le duché d'Anhalt-Dessau, celui d'Anhalt-Bernbourg, celui d'Anhalt-Kœthen, le duché de Brunswick, la principauté de Lippe-Detmold, celle de Lippe-Schauenbourg, celle de Waldeck, le grand-duché de Mecklembourg-Schwerin, celui de Mecklembourg-Strelitz, celui de Holstein-Oldenbourg, et la seigneurie de Kniphausen. Enfin, de la célèbre ligue hanséatique, il ne reste plus que l'association des trois villes de Brême, de Lubeck et de Hambourg, auxquelles les derniers traités ont rendu leurs anciennes franchises. La république de Francfort-sur-le-Mein est depuis 1815 le siège de la diète germanique. — L'Allemagne se signale au premier rang par ses établissements et ses moyens d'instruction; elle possède aujourd'hui 25 universités où professent les savants les plus distingués, et qui sont fréquentées par plus de 15,000 étudiants; 363 colléges, et un grand nombre d'écoles pour les classes industrielles. Elle possède plus de 150 bibliothèques publiques, où se trouvent réunis environ 55 millions de volumes, et un grand nombre de sociétés savantes y répandent le goût des sciences et des arts. — La librairie n'est nulle part aussi active; Leipsig en est un vaste entrepôt de librairie et deux fois par an, sa foire met au jour un nombre prodigieux de livres, de cartes et d'œuvres artistiques. — Le commerce maritime de l'Allemagne, par les ports de la Baltique, de la mer du Nord et de l'Adriatique, a principalement pour objet l'exportation des grains, des toiles, des tissus en laine, des ouvrages en fer, en bois, des vins, etc., et l'importation des denrées coloniales, des marchandises anglaises et françaises, et des vins étrangers. Malheureusement le commerce intérieur est gêné par les douanes des divers États, et leur suppression totale pourrait seule donner au commerce de l'Allemagne l'importance qu'il devrait avoir.

Histoire. — Lorsque les Romains tentèrent la conquête de l'Allemagne, alors appelée Germanie, cette contrée était tout à fait barbare. Les peuples qui l'habitaient avaient les habitudes grossières et se distinguaient par leur amour de l'indépendance. Aussi se défendirent-ils vaillamment et ne cédèrent-ils qu'à la supériorité des armes romaines. L'Allemagne méridionale, entièrement soumise, reçut des colonies, et le goût des arts y prit racine; mais la partie septentrionale, occupée par des peuplades d'origine slavone plus barbares que celles d'origine germanique, resta libre. Le nom de Germains disparut et, après la chute du puissant empire romain, nous voyons les Francs, peuple belliqueux, envahir la Gaule. Les Thuringiens, les *Alemanni* (voyez ce mot) et les Saxons (voyez), nom sous lequel on confondait toutes les tribus du nord de l'Allemagne, envahissent de toutes parts les possessions romaines. Au vii° siècle, le christianisme s'introduisit à grand'peine dans le midi, mais le nord résista longtemps encore aux étrangers et aux missionnaires. Charlemagne livra des combats acharnés aux Saxons, en transplanta une partie dans diverses contrées de son empire, et força le reste d'accepter le baptême, après que Wittikind eut fait d'inutiles efforts pour préserver son pays du joug étranger. A la mort de Charlemagne, l'Allemagne, c'est-à-dire la contrée bornée par le Rhin, le Mein, le Necker et le Danube, échut en partage à l'un de ses fils, Louis, qui fut surnommé le *Germanique*. Il agrandit son royaume de plusieurs villes de la rive gauche du Rhin, par suite de la mort de son neveu Lothaire II, et ses descendants gouvernèrent ce pays sous le titre de rois ou empereurs, jusqu'à ce que la branche carlovingienne d'Allemagne s'éteignit en 911, dans la personne de Louis IV. — *Conrad I*er, duc de Franconie, fut élu par les grands de l'empire roi de Germanie; il eut à lutter contre Henri, duc de Saxe, et Régnier, duc de Lorraine, révoltés contre lui; il enleva à ce dernier l'Alsace, le canton de Westrich et la ville d'Utrecht. Ses successeurs envahirent l'Italie et se considérèrent, ainsi que l'avait fait Charlemagne, comme les successeurs des empereurs romains. Sous le règne glorieux de Henri-l'Oiseleur, les Hongrois, les Slaves, les Bohêmes furent vaincus et refoulés, et bientôt même la Bohême fut obligée de se reconnaître dépendante du royaume de Germanie. Conrad II donna des lois qui réglèrent les coutumes féodales. Henri III, son fils, après avoir pacifié son royaume, se rendit en Italie pour décider la question entre les papes Benoît IV, Grégoire VI et Sylvestre III qui se disputaient la tiare; il les fit déposer tous trois dans un concile, et fit élire l'évêque de Bamberg, sous le nom de Clément II, qui le couronna empereur. Mais Henri IV n'hérita pas de la fermeté de son père, il courba la tête devant Grégoire VII, qui lui fit payer par l'humiliation d'une amende honorable l'audace qu'il avait eue de combattre l'autorité papale. Les croisades répandirent bientôt dans l'Allemagne l'esprit chevaleresque; un grand nombre de princes et de nobles partirent pour la Palestine, et revinrent avec des connaissances et des goûts nouveaux. L'Ordre teutonique s'organisa en Allemagne et se signala par ses exploits contre les infidèles, et par son ambition

qui le porta à se rendre peu à peu maître de la Prusse, de la Livonie et de l'Esthonie. — Les villes libres du nord de l'Allemagne conçurent l'idée de s'associer, pour former une ligue contre les pirates qui menaçaient la liberté de leur commerce. D'abord peu nombreuses, elles reçurent par la suite dans leur ligue un grand nombre de cités de l'intérieur, jalouses de profiter des avantages d'une telle association; et bientôt elle eut des comptoirs à l'étranger et devint puissante. (Voyez *Ligue hanséatique*.) Peu à peu aussi les petites souverainetés prirent des formes légales, et l'empereur institua un juge aulique pour prononcer sur leurs différends. Il se forma, dans les principales, une espèce de corps représentatif composé de propriétaires nobles ou de l'ordre équestre, des abbés chefs de couvents, et des syndics des villes. Aucun acte publié ne définissait les droits de ces représentants; l'usage et les circonstances seules déterminaient leurs attributions. L'empereur Frédéric II (1212) donna quelque consistance à cet amalgame de souverainetés qu'on appelait l'Empire. Mais après lui l'Allemagne fut de nouveau en proie à l'anarchie, jusqu'au moment où Rodolphe de Habsbourg, d'une maison puissante de la Suisse allemande, fut appelé au trône impérial (1273). Ce prince rétablit l'ordre dans ses États, et dompta les nobles les plus puissants qui refusaient de reconnaître la suzeraineté de celui qui, naguère, avait été leur égal. Il conquit l'Autriche, la Stirie et la Carniole, et fonda cette dynastie dont la ligne féminine s'est continuée dans la maison actuelle d'Autriche. Jusqu'alors la Suisse avait été regardée comme faisant partie de l'Allemagne; des baillis impériaux l'administraient; mais, sous le règne d'Albert, au commencement du xiv° siècle, l'arrogance de ces baillis souleva contre eux les pâtres des Alpes; ils chassèrent les magistrats impériaux et fondèrent leur république. (Voyez *Suisse*.) Sous les successeurs d'Albert, la couronne impériale fut un sujet de contestations sanglantes entre plusieurs compétiteurs. Le droit d'élire devenait nul par l'impuissance où étaient les électeurs de soutenir celui qui avait obtenu leurs suffrages. Louis de Bavière crut affermir son autorité en se faisant donner la couronne par le pape. Il y eut cependant assez d'honneur national chez les électeurs pour ne pas tolérer l'intervention du pontife dans les affaires temporelles. Plusieurs d'entre eux firent un pacte d'après lequel on ne reconnaîtrait, à l'avenir, d'autre empereur que celui qui aurait été élu à la majorité des voix; ce qui n'empêcha pas Charles IV de Bohême de s'arroger le titre d'empereur, du vivant même de Louis de Bavière, et de s'asseoir sur le trône après la mort de son rival et d'un second compétiteur (1346). Ce Charles IV inventa les diplômes de noblesse pour augmenter ses revenus, car il faisait payer les titres qu'il accordait. Le règne de ce prince est remarquable par la promulgation de la loi fondamentale de l'empire, contenue dans la fameuse *bulle d'or*. (Voyez ce mot.) Cette loi défendait les guerres féodales et établissait le droit d'élection dans les trois archevêchés de Mayence, Trèves et Cologne, et dans les maisons souveraines de Bohême, du Palatinat, de la Saxe et du Brandebourg; elle reconnaissait la juridiction absolue dans les maisons électorales, et le droit de primogéniture dans leurs dynasties. Mais l'usage de se faire droit par les armes était trop invétéré en Allemagne, pour qu'une charte pût y mettre fin. On se battit dans l'empire après la bulle comme avant. Sous Wenceslas, fils de Charles IV, on vit trois prétendants lui disputer la couronne. Le règne de Charles IV, qu'on accuse tant, est un siècle d'or en comparaison de celui de Wenceslas. Sa vie fut un tissu de débauches et de bassesses. La Bohême s'étant révoltée, il la livre aux *Grandes compagnies*, leur donnant le pillage pour solde. Il vend à Galéas Visconti le titre du duc de Lombardie et la souveraineté de presque toutes les villes lombardes qui relevaient de l'empire. Pence temps, les doutes sur l'infaillibilité de l'Eglise, élevés en Angleterre par Wiclef, germaient dans l'université de Prague; les Allemands devenant plus réfléchis, l'esprit de résistance à l'autorité absolue du pape prit faveur. Ce fut en vain que le concile de Constance fit brûler vif Jean Huss, les disciples de ce réformateur, proscrits et poussés à bout, prirent les armes; on se battit alors pour des opinions religieuses comme on s'était battu pour la possession de quelques arpents de terre, et la Bohême devint le théâtre des terribles guerres qui durèrent pendant tout le règne de Sigismond. L'empire rentra dans la maison d'Autriche dans la personne d'Albert II. Les villes de la Saxe avaient formé une ligue pour mieux résister aux attaques oppressives des puissants vassaux de l'empire, c'était le tiers-état en armes contre l'aristocratie abusive. Mais ce ne fut que dans les premières années du xvie siècle, que le besoin d'ordre et de paix, qui se fit généralement sentir, inspira l'idée de quelques institutions propres à maintenir l'une et l'autre. Des tribunaux et des conseils furent créés pour tout l'empire; la police et les postes furent organisées. En 1519, Charles-Quint monta sur le trône. Les idées qui donnèrent lieu à de nouvelles communautés re-

ligieuses avaient acquis leur plus grand développement. La réforme des abus de l'Eglise romaine, proclamée par Luther, fut adoptée dans la moitié de l'Allemagne qui, depuis, resta divisée en deux camps. Les électeurs de Saxe et de Brandebourg se déclarèrent les partisans de cette doctrine; Charles-Quint se mit à la tête du parti romain, et il y eut des luttes sanglantes entre l'empereur et la ligue dite *évangélique*. Quelques concessions furent d'abord accordées aux protestants, jusqu'à ce que le traité de Passau, conclu en 1552 par l'intervention de la France, accordât aux nouveaux religionnaires le libre exercice de leur culte; et la paix entre les deux partis fut enfin conclue à Augsbourg, en 1555. Tout le règne de Charles-Quint fut rempli par ses guerres avec la France. Après avoir signé avec Henri II une trève de cinq années, il céda la couronne impériale à son frère Ferdinand (1557), et retourna en Espagne pour s'enfermer au monastère de Saint-Just. Ferdinand Ier ne fut reconnu par les électeurs qu'en 1558, et le pape Paul IV lui défendit de prendre le titre d'empereur, alléguant que le consentement du Saint-Siége n'était pas intervenu à son élection. Ferdinand protesta, et depuis ce temps les empereurs cessèrent de demander la confirmation du pape. Le reste du xvie siècle se passa en querelles religieuses, où l'argutie et les subtilités furent les armes paisibles qu'on employait; mais au commencement du xviie siècle, la guerre éclata de nouveau entre les protestants et les catholiques. Les souverains étrangers s'en mêlèrent: l'armée suédoise, conduite par Gustave-Adolphe au secours des protestants, pénétra jusqu'au cœur de l'Allemagne, y remporta des victoires et y causa de grands maux. Après la mort de Gustave-Adolphe, à la bataille de Lutzen, l'Allemagne vit la France tourner ses armes contre l'Autriche agrandie outre mesure. Les victoires de Turenne amenèrent la paix de Westphalie (1648), qui mit enfin un terme aux ravages d'une guerre de trente ans. Par ce célèbre traité, la France eut l'Alsace avec ses dépendances, les droits politiques et religieux des protestants furent consacrés, et la Suisse et les Pays-Bas reconnus comme Etats indépendants; enfin on restreignit le pouvoir de la ligue hanséatique (voyez ce mot), en la réduisant aux trois villes libres de Hambourg, Lubeck et Brême. La Prusse devenue puissante se déclara elle-même royaume, et devint dès lors pour l'Autriche une rivale redoutable; tandis que les catholiques regardaient l'empereur comme leur protecteur, les protestants cherchèrent leur appui dans la Prusse. — Sous Léopold, l'empire ayant accordé son appui à la Hollande contre la France, une guerre désastreuse s'ensuivit, qui coûta Turenne à la France. Enfin, la paix de Nimègue rendit la tranquillité à l'Europe; mais en 1700, la guerre recommença au sujet de la succession d'Espagne à laquelle prétendait l'Autriche, et ne fut terminée qu'en 1713 par le traité d'Utrecht. Bientôt après, l'empereur Charles VI, dernier rejeton mâle de la dynastie d'Habsbourg, s'engagea dans de nouvelles guerres, d'abord pour l'élection d'un roi de Pologne, puis contre les Turcs. Sa fille, Marie-Thérèse, fut sur le point de perdre ses États; elle dut à son courage de les conserver. Joseph II fut le premier empereur d'Allemagne qui connut les besoins intellectuels de sa nation et eut sincèrement à cœur de l'éclairer et de la rendre heureuse; mais il portait du despotisme dans l'exécution des mesures que lui dictait l'humanité. Dans le même temps, le trône de Prusse était occupé par le roi philosophe Frédéric II qui, sans renoncer au despotisme militaire de sa dynastie ni au goût des entreprises guerrières, contribua cependant beaucoup à répandre les principes d'un siècle de lumières et la liberté de la conscience. Quelques petits États étaient gouvernés avec sagesse, mais en général l'Allemagne demeurait avec les abus et les préjugés d'autrefois. La noblesse était, comme par le passé, en possession d'injustes priviléges; une ignorance profonde régnait dans les contrées du midi et dans le nord un peu plus éclairé, toute la considération était réservée à l'état militaire. La liberté de la presse, proclamée par Joseph II, fut étouffée sous ses successeurs et prohibée partout ailleurs. Léopold II succéda à son frère Joseph II, en 1790. La révolution française venait d'éclater, et lorsque furent proclamés les principes du nouveau gouvernement de la France, les souverains de l'Allemagne crurent prudent de faire trève à leurs rivalités et d'unir leurs efforts pour repousser ces principes et attaquer la nation qui les proclamait. L'empereur Léopold II et Frédéric Guillaume II, roi de Prusse, se réunirent alors et firent le fameux traité de Pilnitz, mais sans y rester longtemps fidèles; car lorsque les Français eurent envahi la rive gauche du Rhin et enlevé cette portion de l'Allemagne à l'empire, la Prusse se hâta de faire la paix; l'Autriche imita forcément son exemple quelque temps après, et le traité de Lunéville, en 1801, sanctionna le démembrement de l'empire. Les anciennes souverainetés ecclésiastiques furent sécularisées et partagées entre les grands et les petits souverains qui réclamaient des indemnités. L'Allemagne prit alors une forme nouvelle: le

pouvoir ecclésiastique y était abattu et le pouvoir séculier fortifié; le nombre des souverains devenait moindre, mais ceux qui restaient étaient devenus plus forts. Napoléon, proclamé empereur des Français, prit bientôt une attitude menaçante. L'Autriche, renonçant au titre impérial en Allemagne, s'était érigée elle-même en empire; elle sentit la première la force de son bras puissant. Vaincue, elle fut obligée de payer des contributions de guerre énormes, et de céder plusieurs de ses provinces aux petits États voisins que la politique conseillait à Napoléon de fortifier aux dépens de la monarchie autrichienne. La création de la Confédération du Rhin (voyez ce mot), dont Napoléon se déclara le *protecteur*, mit à sa disposition tous les petits États allemands voisins de l'Empire français. Bientôt la Prusse, à son tour, fut écrasée, et perdit une grande partie de ses meilleures provinces. Les petits États gagnèrent à ces changements des institutions bien supérieures à l'organisation surannée de l'ancien empire. Mais de nouveaux événements devaient effacer définitivement les traces du régime d'autrefois. Forcée de prendre part à la guerre de Napoléon contre la Russie, l'Allemagne vit sacrifier une partie de ses troupes pour une cause qui lui était étrangère et dont elle ne devait retirer aucun avantage. D'un autre côté, la guerre acharnée que faisait l'empereur à l'Angleterre, et à laquelle l'Allemagne fut également contrainte de prendre part, détruisait un commerce avantageux et augmentait la détresse de la nation allemande. Ces sacrifices, et le rôle humiliant que Napoléon avait imposé à l'Allemagne, lui inspirèrent le désir de secouer ce joug insupportable. Profitant des revers de la France dans la désastreuse campagne de Russie, elle se leva en masse, se joignit aux vainqueurs et remporta avec eux la victoire de Leipsig, en 1813; elle affranchit son territoire et poursuivit Napoléon jusque dans la capitale de ses États, où elle aida à le renverser du trône. Un congrès assemblé à Vienne devait régler les affaires de l'Allemagne. Une seconde expédition fut faite contre l'empereur revenu en France, et le congrès reprit ses travaux; mais les résultats de cette assemblée de diplomates ne tournèrent guère à l'avantage des peuples à qui les souverains devaient leur restauration. Ils se partagèrent leurs conquêtes, et se contentèrent de laisser au libre arbitre des souverains la réforme des institutions politiques. Il fut convenu cependant que l'on améliorerait le régime constitutionnel. Les petits souverains se conformèrent pour la plupart à cet arrêté; mais les grands crurent pouvoir s'en dispenser. La liberté de la presse introduite dans quelques petits États les alarma, ils tinrent de nouveaux congrès pour aviser aux moyens de suspendre cette liberté. L'élan était parti des universités d'Allemagne, aussi furent-elles soumises à la plus active surveillance. On avait institué une nouvelle confédération sous le nom de *germanique,* qui devait être représentée par une diète assemblée à Francfort. On crut d'abord que cette assemblée s'occuperait sérieusement des intérêts nationaux; mais la publicité de ses débats fut supprimée, et elle dégénéra en une vaine assemblée de diplomates sans activité et sans considération. Nous parlerons de cette confédération dans un autre article (voyez *Confédération germanique*), dans lequel nous ferons connaître son organisation complète, sa constitution et les événements qui s'y rattachent depuis son origine jusqu'à ce jour.

CHRONOLOGIE *des rois et empereurs d'Allemagne, depuis la déchéance de la dynastie carlovingienne jusqu'à la destruction de cet empire, en 1806.*

I. Ire *Maison de Franconie.*

Arts et civilisation. — L'Allemagne, qui peut aujourd'hui servir de modèle à l'Europe pour ses établissements et ses moyens d'instruction, resta plongée dans la plus profonde barbarie, jusqu'au temps de la conquête romaine. Au dire de Tacite, les Germains ne bâtissaient leurs demeures ni de pierres, ni de tuiles, mais de masses informes et sans beauté; ils peignaient seulement leurs boucliers au moyen d'une terre pure et brillante. Ils brûlaient leurs morts et recouvraient leurs ossements d'un tertre de gazon. On a cependant retrouvé en Allemagne des *dolmens,* quartiers de rocs plus ou moins élevés qui supportent une ou plusieurs pierres plates colossales, et qui servaient de tombeaux. A quelle époque et par quels moyens furent transportées ces pierres énormes, c'est ce que nul ne peut dire. Mais quelques historiens ont pensé que ces dolmens étaient l'ouvrage d'une nation plus civilisée et disparue de l'Allemagne. Quoi qu'il en soit, la civilisation pénétra en Germanie avec les Romains, au moins dans les parties méridionales. On éleva des temples et des statues aux divinités indigènes. Lorsque le christianisme s'introduisit, au vii° siècle, en Allemagne, il amena les arts à sa suite. Les missionnaires envoyés de Rome étaient pour la plupart des prêtres pieux et instruits, qui s'efforçaient d'adoucir les mœurs encore à demi-barbares des Allemands, par les arts autant que par les pratiques religieuses. Des églises s'élevèrent de tous côtés, et avec elles s'introduisit le goût de l'architecture, de la peinture, de la sculpture et de la musique. Charlemagne vint, qui continua et agrandit l'œuvre des apôtres de la Germanie. Après avoir soumis à ses lois tous les peuples de l'Allemagne, il appela à sa cour les artistes de Rome et de Byzance, et fit bâtir à Aix-la-Chapelle une église et un palais qui surpassaient en magnificence tout ce qui s'était vu jusqu'à ce jour dans les contrées d'occident. Il établit des écoles de chant dirigées par des maîtres venus d'Italie. A partir de cette époque, les monastères se multiplièrent dans toute l'Allemagne, et secondèrent puissamment le mouvement de la civilisation. Les forêts furent défrichées, les terres arides cultivées, des colonies furent appelées qui élevèrent des bourgades et des villes, et le cercle des lumières allait s'élargissant de plus en plus. — Le règne des empereurs de la maison de Saxe ouvrit une plus large voie encore aux arts et à l'industrie. Henri-l'Oiseleur fonda de nombreuses villes et ordonna que le neuvième des habitants des campagnes vînt s'y fixer. Ses successeurs continuèrent son œuvre, et Othon II, en faisant exploiter les mines du Harz, contribua grandement aux progrès de la fonte de l'orfévrerie et de la ciselure. Aussi voyons-nous dans l'*Essai sur les arts*, du moine Théophile (xii° siècle), que l'Allemagne honore les ouvrages délicats d'or, d'argent, de cuivre, de fer, de bois et de pierre. Les alliances d'Othon I°r avec Adélaïde, reine d'Italie, et d'Othon II avec Théophanie, princesse grecque, mirent les Allemands en contact avec ce qui restait de la civilisation antique, et amenèrent à la cour impériale de nombreux artistes qui introduisirent les arts et les usages de leur pays. Le style byzantin qui à cette époque régnait aussi en Italie, s'introduisit dans l'art allemand. — Les troubles civils qui suivirent l'avénement de la dynastie de Franconie donnèrent lieu à l'accroissement du pouvoir des communes, et Henri IV, afin de se créer des appuis, accorda des priviléges et des franchises aux villes devenues populeuses. Dès-lors le commerce, l'industrie et les arts s'y développèrent hardiment. Guidés par

le même calcul politique, les empereurs de la maison de Souabe confirmèrent et étendirent ces libertés. La civilisation avait trouvé un nouvel asile où le cercle de son activité pouvait s'élargir et ne plus rester limité à une seule classe de la

Saint-Martin de Cologne.

société. Les monastères, qui avaient servi de pépinières aux arts, avaient au contraire bien dégénéré. Par leur travail et leurs talents, les moines avaient acquis de la puissance et des richesses ; mais renonçant peu à peu à la sévérité de leurs principes, ils étaient devenus oisifs et vicieux. Le foyer du progrès changea donc de place, et ce furent désormais les mains du peuple qui continuèrent les œuvres d'art et leur imprimèrent un nouveau caractère. — Jusqu'alors l'architecture byzantine avait prévalu, mais vers la fin du xiii° siècle on vit s'élever en Allemagne de vastes et magnifiques cathédrales. Ces édifices affectaient un style nouveau. C'était le style gothique qui déjà commençait à poindre en France, et que les Allemands adoptèrent de préférence aux formes rondes et horizontales du style byzantin. Le grand nombre de monuments gothiques qui embellissent les villes d'Allemagne prouve que l'architecture et la sculpture y ont eu beaucoup de maîtres habiles, dès le moyen âge et longtemps avant d'autres nations. L'Allemagne a eu une école de peinture dont les ouvrages sont encore admirés, malgré la raideur des formes et le peu d'invention. Déjà, en 1348, il se forma une corporation de peintres en Bohême. Un siècle plus tard, il y eut une école de peinture à Breslau, puis à Nuremberg, où l'on excellait d'ailleurs dans la peinture sur verre. D'autres villes florissantes, surtout Augsbourg, Ulm, Cologne, Mayence, rivalisaient avec Nuremberg dans la culture des arts. Cologne surtout a produit beaucoup de peintres : Hemmelinck, Albert Durer, Martin Schœn, Hans Holbein, sont des noms fameux dans l'art de la peinture à cette époque. Quand la gravure fut inventée, les Allemands s'y livrèrent également avec ardeur. Au xviᵉ siècle la peinture dégénéra, et elle ne s'est jamais relevée de manière à former une école qui passât pour telle à l'étranger, bien qu'il existe encore en Allemagne des artistes pleins de mérite. Aucun prince ne s'est peut-être montré plus enthousiaste pour les beaux-arts que Louis Iᵉʳ, roi de Bavière. — Pour la langue et la philosophie allemandes, nous renvoyons aux articles spéciaux *Langues* et *Philosophie*. Pour terminer par quelques mots sur le caractère allemand, dans lequel il faut chercher en partie la cause de la situation et de l'état moral et politique de la nation, nous dirons que les Allemands sont un peuple sérieux, phlegmatique à l'excès; qu'ils sont honnêtes, francs, laborieux et patients. Ils réussissent parfaitement dans les sciences et les arts qui demandent de la patience, de l'application et des recherches laborieuses. Leurs troupes se font remarquer par la discipline, l'obéissance et l'endurcissement aux fatigues. La noblesse a plus de priviléges et par conséquent plus de vanité en Allemagne qu'ailleurs ; mais aussi le reste de la nation possède plus de goût pour les études solides et le véritable savoir. Avec moins de princes, moins de noblesse, moins de souverainetés en miniature, l'Allemagne occuperait un rang élevé parmi les plus grands États de l'Europe. Dans son état actuel, elle suivra les destinées de l'Autriche ou de la Prusse, ou les puissances étrangères se serviront de la

jalousie mutuelle et de l'ambition de quelques-uns de ses princes pour abaisser les autres.

ALLÉSOIR. On donne ce nom à tout instrument destiné à forer, à agrandir et à polir l'intérieur d'un corps de pompe, d'une bouche à feu, d'un canon de fusil, en un mot tous les cylindres creux dont le calibre doit être le même dans toute sa longueur. Pour agir sur l'objet qui lui est soumis, il tourne sur lui-même en avançant dans le sens de son axe, mouvement dans lequel, au moyen de burins dont il est garni, il coupe ou use la matière. La forme et la dimension des allésoirs varient suivant l'usage auquel on les

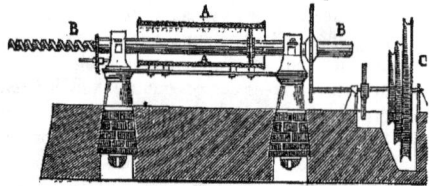

destine. En général on fixe le tube ou cylindre AA à aléser sur de forts supports; l'arbre BB est mis en mouvement par un système d'engrenages que fait marcher une grande poulie à gorges C sur laquelle s'enroule la courroie transmettant la force du moteur à l'arbre B qui porte les outils d'alésage.

ALLIAGE. On appelle alliage la combinaison de deux ou plusieurs métaux ; par exception, les alliages dans lesquels entre le mercure portent le nom d'*amalgames*. — La nature ne présente jamais les métaux purs et isolés, mais toujours à l'état d'alliages naturels. Les alliages artificiels ne sont souvent que de simples mélanges, mais, dans certains cas, ce sont des combinaisons en proportions déterminées et susceptibles de cristalliser autrement que ne le feraient leurs composants. Tous les alliages sont solides, à l'exception de ceux où le mercure prédomine. Ils sont opaques, ont l'éclat métallique et une couleur qui leur est propre. Ils sont moins bons conducteurs de la chaleur et de l'électricité que les métaux qui en font partie. Ils sont la plupart du temps plus durs et moins ductiles que leurs composants, souvent aussi plus oxydables, généralement plus fusibles. — Les métaux que l'on allie le plus fréquemment sont : le cuivre et le zinc qui constituent le *laiton*, alliage dont on obtient plusieurs variétés distinctes par la couleur et la densité, suivant la proportion de ses éléments. L'étain et le cuivre qui forment le *bronze*, employé si souvent pour les cloches, les statues, les médailles et une multitude d'autres objets. Le plomb et l'antimoine (5 parties du premier et 1 du second) avec lesquels on fond les caractères d'imprimerie. L'antimoine sert à donner dans ce cas assez de dureté au plomb, pour résister à une forte pression. Par les alliages, on obtient aussi les soudures, on donne aux monnaies d'or et d'argent la dureté nécessaire. On emploie aussi dans les arts plusieurs autres alliages tels que ceux de mercure et d'étain, de mercure et d'or, de plomb et d'antimoine, et l'alliage fusible d'Arcet composé de bismuth, de plomb et d'étain.

ALLIAGE. (*règle d'*). La règle d'alliage, en arithmétique, sert à trouver la valeur moyenne de plusieurs sortes de choses dont le nombre et la valeur particulière sont connus, ou les quantités de chaque espèce de choses qui entrent dans un ou plusieurs mélanges, lorsqu'on connaît le prix ou la valeur totale de chaque mélange. Citons un exemple du premier cas : — Un marchand de vins fait un mélange de 100 litres de vin à 1 fr. le litre, 160 litres à 0 fr. 75 c. 40 litres à 1 fr. 60 c., et 50 litres à 1 fr. 25 c. Il veut savoir à combien lui reviendra le litre de ce mélange. — Il faut d'abord multiplier chaque quantité donnée par sa valeur respective : 100 litres $\times$ 1 fr. = 100 fr. ; 160 litres $\times$ 0 fr. 75 cent. = 120 fr. ; 40 litres $\times$ 1 fr. 60 cent. = 64 fr. ; et 50 litres $\times$ 1 fr. 25 cent. = 62 fr. 50 cent. — Additionnez ensemble les produits de ces multiplications, 100 fr. + 120 fr. + 64 fr. + 62 fr. 50 cent. = 346 fr. 50 cent. Divisez ce nombre par la somme des quantités données : 100 litres + 160 l. + 40 l. + 50 l. = 350 litres, et vous aurez pour la valeur du litre de ce mélange 0 fr. 99 cent. — Citons maintenant un exemple du second cas. Le même marchand veut mélanger des vins à 0 fr. 70 cent. et à 1 fr. 20 cent. le litre, de manière que le mélange revienne à 1 fr. le litre. — Chaque litre à 0 fr. 70 c. qu'on vendrait 1 fr. procurerait 0 fr. 30 cent. de gain, et chaque litre à 1 fr. 20 cent. qu'on vendrait 1 fr. donnerait 0 fr. 20 cent. de perte. Par conséquent pour que le gain compense la perte il suffit de mêler 4 litres à 0 fr. 70 cent. avec 6 litres à 1 fr.,

20 cent. ; les 10 litres du mélange reviendront à 1 fr. le litre. — Le plus petit nombre divisible par 6 et par 4 étant 12, il est facile de voir que si l'on divise successivement un multiple quelconque de 12 par 6 et par 4, les quotiens respectifs exprimeront les nombres de litres à 0 fr. 70 cent. et à 1 fr. 20 cent. que l'on peut mélanger pour former du vin à 1 fr. le litre. — Des raisonnemens analogues à ceux qui précèdent conduisent aux solutions de tous les problèmes sur les alliages.

ALLIANCE, union de deux ou de plusieurs États. Il y a des alliances *offensives* et des alliances *défensives*. Le plus souvent, elles ont pour but d'attaquer un ennemi commun ou de se défendre contre ses agressions. Quelquefois elles ont ce double but. En général les alliances, considérées tant sous le rapport des droits et des obligations des alliés entre eux que sous celui de la position où ils se placent envers l'ennemi, forment trois classes distinctes. Ce sont : 1° ou *des alliances pour faire la guerre en commun* lorsque les deux parties s'engagent à employer toutes leurs forces contre l'ennemi commun, et dans ce cas chacun des alliés est considéré comme puissance belligérante principale ; 2° ou *des traités de secours*, dans ce sens restreint que les alliés ne s'engagent réciproquement qu'à fournir un secours déterminé, dans lequel cas une seule des deux puissances est considérée comme belligérante, et l'autre n'est que puissance auxiliaire, ou bien, 3° de *simples traités de subsides*, quand l'une des deux puissances ne s'oblige qu'à fournir des troupes moyennant un subside, ou à les mettre à la solde de l'autre puissance sans prendre elle-même une part immédiate à la guerre ; ou enfin à ne donner que des secours en argent. (Voyez *Coalition, Sainte-Alliance, Triple-Alliance*, etc.)

ALLIANCE. La Bible nous apprend en plusieurs endroits que Dieu, se rapprochant de sa créature, a fait avec elle, à diverses reprises, des alliances. C'est ainsi qu'après le déluge, Dieu dit à Noé : « Je vais faire mon pacte avec vous et avec votre race après vous... Mon arc sera dans les nuées et je me souviendrai de l'*alliance* éternelle qui a été faite entre Dieu et toutes les âmes vivantes qui animent toute chair sur la terre. » (*Genèse* vi, 18 ; ix, 16.) Plus tard c'est avec Abraham que Dieu fait une alliance, puis avec le peuple d'Israël par l'organe de Moïse, et dont il donne pour gage les Tables de la loi. Celle qu'il fit avec le patriarche fut considérée comme l'origine et le fondement du lien qui unissait à Dieu tous ceux qui se nommaient son peuple. La circoncision devint alors la marque de cette alliance, le signe auquel on pouvait reconnaître quiconque y participait. Cette alliance que les chrétiens nomment l'*ancienne* s'exprimait en Hébreu par le mot *Berith*. Ce mot fut traduit dans la version des Septante par *diathéké* dont la Vulgate par une traduction fautive a fait *Testamentum*, de là les expressions d'*Ancien* et de *Nouveau-Testament* par lesquelles on désigne l'alliance solennelle que Dieu fit avec Abraham, et d'autre part l'alliance dont Jésus-Christ fut le médiateur. C'est ainsi qu'en célébrant la Paque et en prenant la coupe, le Christ dit à ses disciples : Ceci est mon sang, le sang de *la nouvelle alliance*, lequel est répandu pour plusieurs en rémission des péchés. La même forme de langage fut adoptée par les apôtres, et les termes de *Nouveau* et *Ancien-Testament*, furent consacrés pour désigner le christianisme et la religion de Moïse. (Voyez *Testament*.)

ALLIANCE. Voyez *Anneau*.

ALLIER (département de l'). Le département de l'Allier, formé de la partie orientale de l'ancien Bourbonnais, outre un petit arrachement de l'Auvergne au sud-ouest, a, pour limites, au sud-est, le département de la Loire; à l'est, celui de Saône-et-Loire, dont la Loire le sépare en grande partie ; au nord est celui de la Nièvre; au nord-ouest, celui du Cher; à l'ouest, celui de la Creuse; au sud, celui du Puy-de-Dôme. Il occupe en superficie 742,272 hectares. — Le département est divisé en quatre arrondissements de sous-préfecture, dont les chefs-lieux sont Moulins, Montluçon, Gannat et La Palisse; on y compte 26 cantons et 321 communes. Il fait partie de la dix-neuvième division militaire, dont le chef-lieu est Clermont-Ferrand ; ses tribunaux sont du ressort de la cour d'appel de Riom; il forme le diocèse d'un évêché suffragant de l'archevêché de Sens, dont le siége est à Moulins, et fait partie de l'Académie universitaire de Clermont. D'après le dernier recensement, sa population s'élève à 329,540 âmes. — Le département de l'Allier est traversé du nord au sud par des montagnes assez élevées. Dans les parties basses, le terrain est argileux; on y trouve de nombreux étangs ou amas d'eaux stagnantes dont les émanations rendent l'air malsain, lors des grandes chaleurs, et causent parfois des maladies épidémiques. Le Cher, la Loire et l'Allier qui donne son nom au département, y arrosent

de riches vallées où l'on élève de nombreux troupeaux. Les forêts occupent plus d'un septième de la superficie du département (environ 120,000 hect.), et fournissent d'excellents matériaux pour les constructions navales. Presque tous les côteaux bien exposés sont plantés en vignes. Les autres produits agricoles sont le froment, le seigle, l'avoine, les fruits et légumes divers. L'Allier possède des mines de fer, d'antimoine, de houille, etc., le granit, le porphyre, le quartz, le kaolin, les marbres, l'argile, etc., forment les principales richesses minérales du département. Le marbre blanc de Vindelat est cité pour sa beauté. On rencontre dans les forêts des loups et des renards; le sanglier y est plus rare, mais le gibier de toute espèce y abonde. Les étangs e

Château de Bourbon-l'Archambault.

les rivières sont très poissonneux. — Le département renferme plusieurs sources d'eaux minérales célèbres depuis des siècles, telles sont celles de Néris, Bourbon-l'Archambault et Vichy. — Bien que l'Allier ne soit pas un des départements où l'agriculture est parvenue à un haut point de perfection, sa production en céréales et en vins dépasse de beaucoup la consommation locale. Outre l'élève des bestiaux, l'industrie principale du département consiste en fabriques de coutellerie, de verrerie, de porcelaines, de poteries et de rubans.

ALLIÉS. Voyez *Coalition.*

ALLIGATOR. Voyez *Caïman.*

ALLITÉRATION, figure poétique qui consiste dans la répétition des mêmes consonnes ou des syllabes qui ont le même son. On l'emploie en poésie pour produire ce que l'on appelle harmonie imitative, c'est-à-dire pour peindre d'une manière plus sensible l'objet exprimé dans la phrase ; par exemple ce vers bien connu de Racine :

Pour qui sont ces serpents qui sifflent sur vos têtes,

où la répétition de la lettre s imite le sifflement des reptiles. — Ou bien encore ce vers de Virgile :

Quadrupedante putrem sonitu quatit ungula campum,

imitant le galop d'un cheval. — Mais l'allitération est le plus souvent un défaut, et n'est que l'effet de la négligence du poète.

ALLOBROGES, peuple de l'ancienne Gaule, habitant le Dauphiné et la Savoie d'aujourd'hui, ou la région qui s'étend des Alpes au Rhône. Lorsque les Romains vinrent s'établir dans cette contrée, les Allobroges s'allièrent aux Arvernes, pour chasser les nouveaux venus de leur territoire. Ils s'avancèrent donc contre les Romains, et les rencontrèrent près de *Vindalium* (Venasque). Mais la tactique romaine eut bon marché de ces barbares, qui laissèrent vingt mille morts sur le champ de bataille. Cette défaite les livra à la merci des vainqueurs, et les Allobroges furent déclarés sujets de la République. Leur soumission ne fut jamais bien sincère ; aussi leurs députés prêtèrent-ils un instant l'oreille aux propositions de Catilina ; cependant, après quelque hésitation, ils découvrirent au sénat le plan des conjurés, et rendirent contre ces derniers, à l'instigation de Cicéron, un témoignage accablant.

ALLOCATION (*chose allouée*). On dit allocation d'un crédit pour désigner un impôt anticipé, voté par les chambres avec affectation à certaines dépenses prévues ou imprévues, mais spécifiées.

ALLOCUTION (*ad loqui*). On donne ce nom à une harangue, à un discours en quelques mots adressé par un général à ses soldats, au moment qui précède une action. L'usage en était fréquent dans l'antiquité, et nous possédons beaucoup de médailles où des empereurs romains sont représentés haranguant leurs soldats. Un mot d'inspiration, un trait inattendu ont souvent assuré la victoire. César et Bonaparte en ont improvisé d'admirables. Qui ne connaît ces magnifiques paroles prononcées en Egypte : « Soldats, songez que du haut de ces pyramides quarante siècles vous contemplent ! » et celles qu'en 1806 il adressait à ses soldats dans les champs de la Pologne : « Soldats, il y a aujourd'hui un an que vous étiez sur le champ mémorable d'Austerlitz ; les bataillons russes, épouvantés, fuyaient en déroute ou rendaient les armes à leurs vainqueurs. Eux et nous ne sommes-nous plus les soldats d'Austerlitz ? »

ALLOUATE (*stentor*). Les allouates ou singes hurleurs sont de petits singes de l'Amérique méridionale, qui présentent pour caractères distinctifs une queue très longue, prenante, surpassant la longueur du corps ; l'absence totale de callosités aux fesses, et le développement considérable de la mâchoire inférieure, qui forme un vide énorme, destiné à loger l'os hyoïde, si remarquable chez ces animaux. Les allouates doivent à leur voix puissante le nom de hurleurs (*stentores*). Plusieurs voyageurs racontent que vers le soir, ces singes se réunissent au nombre de vingt ou trente, dans les forêts, sur les rives des fleuves, et qu'ils poussent alors de concert, des cris que l'on ne peut comparer en force à ceux d'aucun autre animal ; l'effet en est, dit-on,

effrayant, et peut facilement se faire entendre dans un rayon d'une lieue. À peine hauts de deux pieds, et d'une organisation assez frêle, les allouates portent à la partie supérieure de la gorge un os hyoïde, d'une grandeur démesurée, et qui a environ deux pouces en tous sens, creux, formant une sorte de tambour; c'est en passant par cet organe que la voix acquiert sa force. Chez ces animaux, la queue est un membre important par l'habileté avec laquelle ils savent s'en servir, pour saisir les objets, cueillir les fruits et les porter à leur bouche, comme le fait l'éléphant avec sa trompe. Nue en dessous dans le dernier tiers de sa longueur, elle est douée d'une telle force que souvent ils s'élancent des cimes les plus élevées des arbres, et s'accrochent au milieu de leur chute à quelque branche, s'y balançant et s'élançant de nouveau. Aussi passent-ils leur vie sur les arbres, sautant de l'un à l'autre et vivant de leurs fruits. Leur chair, assez délicate, les expose aux coups des chasseurs; mais si la balle ne les tue pas sur le coup, ils se cramponnent par la queue aux branches, et y restent suspendus, et la contraction des muscles dure encore plusieurs jours après la mort. On en connaît plusieurs espèces, dont la plus commune, l'allouate stentor, a le pelage d'un beau fauve doré, et la mâchoire inférieure garnie d'une longue barbe.

ALLUCHONS. On donne ce nom en mécanique aux fuseaux de bois dont on garnit les roues à engrenages. Dans les machines qui éprouvent beaucoup de frottement et de pression, si on employait des roues dentées, ces dents seraient bientôt usées, et l'on serait obligé de changer la roue tout entière. C'est ce qui a conduit à faire des roues tout unies et à les garnir de pièces rapportées ou *alluchons*, qu'on peut facilement renouveler au besoin.

ALLUMETTE, petit brin de bois sec de sapin ou de tremble enduit de matière inflammable à l'un de ses bouts, et qui sert à communiquer le feu par différents moyens. Les allumettes qui, de nos jours, se vendent à si bas prix, n'exigent pas moins de huit opérations avant d'être livrées au commerce, aussi serait-ce une chose surprenante si l'on ne savait que les moyens de fabrication ont été perfectionnés au point de permettre à l'ouvrier fendeur d'allumettes d'en débiter jusqu'à huit cent mille par jour. L'allumetier choisit d'abord du bois de sapin ou de tremble bien sec et léger, il le scie en petits billots de la longueur qu'il veut donner à l'allumette, et qui est

ordinairement d'un décimètre, puis il le fait sécher au four. Le billot est ensuite pris pour être fendu, dans le sens des fibres, en petites feuilles ou tablettes, à l'aide d'une plane ou couteau à main, disposé sur l'établi comme le couteau des boulangers. Le billot, d'abord fendu dans un sens en petites tablettes, est ensuite retourné et fendu transversalement dans l'autre sens, de manière à transformer les feuillets en petites bûchettes carrées; un autre ouvrier prend ces petits brins pour en former des paquets qu'il lie avec de la ficelle. Le paquet lié passe à un autre ouvrier qui le frappe avec une palette afin que les petits brins ne dépassent pas la superficie des deux bouts; enfin, un dernier ouvrier les trempe dans une terrine de soufre fondu. On a substitué à l'usage de la plane celui d'un rabot qui donne un produit bien plus considérable. Ce que nous venons de dire s'applique aux allumettes simplement soufrées. — Les *allumettes oxygénées*, dont l'usage est plus récent, se soufrent d'abord, par un bout seulement, puis on les trempe dans une préparation formée du mélange d'une partie de soufre et de trois parties de chlorate de potasse, légèrement gommé et coloré en rouge ou en bleu. Il suffit d'en plonger l'extrémité ainsi préparée dans un flacon garni d'amiante et contenant de l'acide sulfurique, pour que, retirée à l'instant, elle prenne feu et le communique à l'allumette. Les allumettes et le flacon sont renfermés dans un petit étui que l'on désigne dans le commerce sous le nom de *briquet oxygéné*. — Aujourd'hui, on emploie généralement une autre sorte d'allumettes dites *chimiques*, qui s'enflamment par simple friction. Pour préparer ces allumettes, on fait un mélange de phosphore, de fleur de soufre et d'huile de térébenthine, qu'on chauffe au bain-marie; puis, quand le phosphore est fondu, on décante l'excès d'huile de térébenthine; le mélange forme alors une bouillie dans laquelle on plonge les allumettes. On fait ensuite dissoudre du chlorate de potasse avec de la gomme arabique à laquelle on ajoute une petite quantité de suie mouillée avec l'alcool, l'on trempe dans ce mélange le bout des allumettes déjà recouvert par la première composition, et on laisse sécher quelques heures. La pâte est alors solide et adhère suffisamment au bois; on la colore ordinairement en rouge ou en bleu; mais cette dernière opération n'est pas nécessaire. — Le chlorate de potasse forme, avec le soufre et le phosphore, un mélange qui s'enflamme au moindre choc; il suffit donc de frotter l'allumette sur un corps dur pour qu'elle prenne feu.

ALLURE. En terme de manége, ce mot exprime la manière dont marche un cheval. Il y a des allures naturelles, il y en a d'autres qui sont le produit de l'éducation. (*Voyez Équitation.*) En terme de marine, l'allure est la manière d'aller, c'est la route et la situation du vaisseau, par rapport à la direction du vent. On distingue trois allures principales : *le plus près du vent, le largue et le vent arrière.*

ALLUSION. C'est une figure de rhétorique qui sert à présenter à l'esprit une idée à l'occasion d'une autre, et qui emploie des expressions naturelles pour rappeler une idée autre que celle que les mots semblaient d'abord destinés à faire naître. L'allusion est une sorte d'allégorie qui insinue plutôt qu'elle ne désigne le rapprochement qu'on a l'intention de faire. On emploie les allusions, dans la crainte de dire trop clairement des vérités qui blesseraient, ou pour faire passer ce qu'il y aurait de trop fade dans une louange directe, ou de trop amer dans la critique, etc. — Les orateurs et les poètes se sont servis de cette figure dans tous les temps. C'est ainsi que Stésichore, poète sicilien, inventa l'apologue du *cheval et de l'homme* (imité par Lafontaine), pour détourner ses concitoyens d'implorer contre leurs ennemis le secours du tyran Phalaris, qui aurait bien pu ensuite leur donner des fers. — Les fables de Lafontaine sont remplies d'allusions ingénieuses à nos vices, à nos travers. Cicéron, dans sa harangue contre Verrès, fait souvent allusion à l'animal immonde, dont son adversaire porte le nom. Il l'appelle le *balai de la Sicile* (*verriculum in provincia*), jouant sur le mot *everrere*, qui signifie balayer, ramassser, et c'est ce qu'on accusait Verrès d'avoir fait pendant sa préture. Il le montre *se vautrant dans le bourbier des passions.* Dans un autre passage, après avoir montré Verrès un moment revenu à la modération, il s'écrie : *Repente, ex homine, tanquam aliquo Circeo poculo, factus est Verres.* (« C'était alors un homme, tout-à-coup, par le breuvage de je ne sais quelle Circé, il redevint Verrès. ») Quelle image plus hardie que cette double allusion au nom de son adversaire et au breuvage de Circé qui changeait les hommes en pourceaux. — Molière, en annonçant la défense de jouer le *Tartufe*, ajouta : *M. le premier président ne veut pas qu'on le joue.* C'était une allusion aussi fine que mordante. On voit, par ce petit nombre d'exemples, quel parti l'on peut tirer de l'allusion. (Voyez *Jeu de mots, Calembour.*)

ALLUVIONS. On donne ce nom à l'accumulation successive des particules entraînées par les eaux des rivières et des fleuves, et rejetées par elles sur les rivages ou à l'embouchure de ces cours d'eau. — Les petits filets d'eau qui sur les pentes des montagnes, tracent à peine un léger sillon, forment par leur réunion des ruisseaux qui, enflés par les pluies ou par la fonte des neiges, donnent souvent naissance à des torrents impétueux qui arrachent et roulent des fragments de rochers et des masses de sable. Ces blocs, entraînés dans leur course, et broyés les uns contre les autres, se trouvent ensuite à l'état de galets et de gravier dans les rivières et les fleuves qui vont enfin les porter à la mer. C'est ainsi que se trouvent accumulées à l'embouchure des fleuves des couches épaisses de sables et de cailloux roulés. Ces couches représentent ce que l'on appelle les *alluvions.* Mais la masse des matières charriées augmentent tous les jours, les côtes s'ensablent peu à peu et la mer recule, laissant derrière elle des flaques d'eau et des marais. Cet ensablement graduel est connu sous le nom d'*attérissement;* et toutes les côtes voisines des embouchures des grands fleuves qui ne se terminent pas par des falaises escarpées s'ensablent peu à peu d'une manière très sensible. L'ensablement du golfe de Lyon par les alluvions du Rhône marche en certains points avec une rapidité remarquable. La ville de Cette qui, d'abord, était une île, a peine à maintenir son port à une profondeur suffisante. Venise a peine à maintenir ses lagunes, et malgré ses efforts, elle appartiendra un jour au continent ainsi que Ravenne, qui, au dire de Strabon, était jadis dans les lagunes et se trouve actuellement à une lieue du rivage.

ALMAGRO (Diego D'), vice-roi du Pérou, au nom de l'Espagne, naquit en 1463 de parents inconnus, dans un petit bourg de l'Espagne, dont on lui donna le nom. Il fit d'abord, comme soldat de fortune, la guerre en Italie, puis partit pour le nouveau monde, où après quelques expéditions hardies, il forma avec Pizarre le projet de faire la conquête du Pérou. Par son audace et son courage infatigable, Almagro aplanit les difficultés de l'entreprise, et lui et Pizarre se partagèrent, au nom de l'Espagne, cette riche contrée. Mais bientôt, mutuellement jaloux de leur puissance, ils se suscitèrent des embarras. Les Indiens ayant investi Cusco, Almagro chassa les assiégeants et prit possession de la ville. Les frères de Pizarre réclamèrent en vain cette place, et Pizarre lui-même vint bientôt y assiéger son ancien compagnon d'armes. Après une bataille opiniâtre, Almagro fut fait prisonnier et étranglé. Il avait alors soixante-quinze ans. Comme tous les aventuriers espagnols, Almagro fut ambitieux et cruel ; on l'accuse d'avoir, par une infâme trahison, fait périr l'inca *Atahualpa*. (Voy. ce nom.)

ALMAMOUN, fils du fameux Haroun-al-Rachid, et septième kalife de Bagdad, naquit en 786 (178 de l'hégire). Il monta sur le trône en 813, à la mort de son frère Amin, s'appliqua à faire fleurir les sciences et les arts, et protégea les savants. Il fonda à Bagdad une académie, fit traduire les chefs-d'œuvre littéraires des Grecs et des Latins, et calcula lui-même des tables astronomiques. Le règne d'Almamoun, par rapport aux progrès qu'il fit faire aux sciences et aux lettres, peut être comparé à ceux de Léon X et de Louis XIV, et cela à une époque où l'Occident était plongé dans les ténèbres de la barbarie. Ce prince mourut en Cilicie, à la suite d'une guerre qu'il avait entreprise contre les empereurs de Constantinople, l'an 833.

ALMANACH ou *Calendrier*, tableau indiquant les divisions de l'année, les mois, semaines et jours, les phases de la lune, les saisons, les fêtes religieuses, etc. — On ne sait pas bien positivement d'où vient le mot *almanach* : quelques auteurs le font dériver d'un mot arabe qui signifie l'action de compter, d'autres voient son étymologie dans les mots saxons *all monungh* (tous les mois). La première étymologie nous semble la meilleure, puisque les Arabes étaient astronomes et connaissaient le cours des astres, à une époque où les peuples d'occident étaient plongés dans une ignorance égale à leur barbarie. Les almanachs remontent à une haute antiquité. Les Grecs et les Romains en avaient, et les Indiens et les Chinois en possèdent depuis un temps immémorial. Les premiers Romains avaient d'abord une année de dix mois faisant 304 jours. On fit ensuite l'année romaine de 355 jours ce qui fit que, du temps de César, les fêtes d'été tombaient en hiver. César réforma le calendrier. Toutes les nations de l'empire romain se soumirent à cette innovation, et les Égyptiens qui étaient en possession de donner la loi en fait d'almanachs la reçurent : mais tous ces différents peuples ne changèrent rien pour cela à la distribution de leurs fêtes. — Les premiers chrétiens suivirent le comput de l'empire ; ils comptèrent par kalendes nones, et ides ; ils reçurent l'année bissextile, mais ils se conformèrent aux Juifs pour la célébration de leurs grandes fêtes. La propagation du christianisme rendit ces tableaux plus nécessaires à cause de l'indication des fêtes de l'Église. Aussi furent ils d'un usage général dans tous les pays chrétiens. Avant l'invention de l'imprimerie, on les copiait dans les livres d'Église, on les affichait ; on les gravait même sur des tablettes de bois. Les almanachs étaient dressés par des astronomes ; mais les astrologues s'emparèrent bientôt de ce privilége, et non contents de calculer le cours des astres, ils eurent la prétention d'y lire l'avenir. Les almanachs furent alors infectés de prédictions et d'avis absurdes qui malheureusement furent trop bien accueillis par la multitude et servirent à enraciner des préjugés que l'on retrouve encore de nos jours dans la population des campagnes. Quand l'imprimerie se fut propagée, on multiplia beaucoup les almanachs ; l'esprit de parti s'en empara pour répandre des prédictions sinistres. Henri III, défendit en 1579 d'insérer dans les almanachs aucune prédiction relative aux affaires politiques ; à cette époque, comme de nos jours, ce fut un moyen de propagande. Jean Regiomontanus, astronome de Mathias Corvin, roi de Hongrie, dressa pour ce prince un almanach pouvant servir 38 ans. Son travail fut imprimé en latin et en allemand. Au XVIIe siècle, quelques astrologues surent rendre leurs almanachs populaires. Moore en Angleterre, Mathieu Laensberg à Liége, devinrent les oracles du peuple, et après leur mort, la vogue de leurs almanachs continua à être exploitée par des successeurs qui se gardèrent bien de mettre de côté des noms aussi populaires. De nos jours, il s'en débite encore chaque année un nombre considérable. Dans ces derniers temps, on a cherché à détrôner Mathieu Laensberg ; des milliers d'almanachs s'impriment chaque année, mais comme par le passé on en trouve peu de bons et beaucoup de mauvais. Cependant l'almanach est souvent le seul livre que lise le peuple des campagnes, et il serait à désirer que l'on pût substituer des almanachs raisonnables et instructifs à ceux de Mathieu Laensberg et du Messager boiteux. — Nous avons aussi des almanachs *des Dames* et *des Muses* où bons et mauvais poètes apportent chaque année les fruits de leurs inspirations. On publie en Allemagne et surtout en Angleterre quelques almanachs sous le nom de *Keepsakes*, dont le luxe et l'élégance sont le principal mérite.

ALMANSOR. — Voyez *Mansour*.

ALMANZA. (*Bataille d'*) La bataille d'Almanza qui eut lieu en 1707, fut d'une haute importance dans la guerre de succession au trône d'Espagne. La guerre durait depuis six ans; Philippe V était fugitif, et l'archiduc proclamé roi à Madrid, lorsque s'ouvrit la campagne de 1707. On vit alors la singulière anomalie d'une armée française commandée par un Anglais, le maréchal Berwick, tandis que l'armée anglaise était sous les ordres du général Galloway, né français, comte du Kuvigny. Celui-ci tenait pour l'archiduc Charles, Madrid, la Catalogne, l'Aragon et la province de Valence; Berwick se proposait de lui disputer ces provinces et de marcher sur Madrid. Après un mois d'opérations stratégiques, le maréchal se porta en avant et prit position sur la frontière de Valence, près d'Almanza, petite ville de la province de Murcie. On en vint aux mains dans la matinée du 25 avril, et Berwick remporta une victoire complète: 10,000 prisonniers, 120 drapeaux, toute l'artillerie et les bagages tombèrent en son pouvoir; la province de Valence lui fut livrée, et la conquête de l'Aragon suivit de près. Ni Philippe V, ni l'archiduc n'assistèrent à cette journée qui pouvait décider de leur couronne, ce qui fit dire au comte de Peterborough qu'on était bien bon de se battre pour eux.

ALMÉE. Les Orientaux donnent ce nom, qui signifie *savante*, à des femmes dont la profession est d'improviser des vers, de chanter et de danser dans les fêtes. Les *Almées* reçoivent par conséquent une éducation soignée; on n'y destine ordinairement que les jeunes filles dont l'esprit et la beauté promettent de se développer. On les appelle chez les grands, et elles font le divertissement de toutes les sociétés. Elles récitent des morceaux choisis de poésie ou même improvisent des couplets analogues à la circonstance; elles chantent en s'accompagnant de leurs instruments, ou quittent ceux-ci pour se livrer à la danse. Les Almées brillent plus par leurs talents que par leurs vertus, et oublient souvent toute retenue, lorsqu'elles sont animées par les chants et le bruit des instruments; alors, couvertes d'une simple robe de gaze, qui voile à peine leurs appas, elles se livrent aux danses et aux postures les plus voluptueuses que puisse leur inspirer une imagination en délire. Les Orientaux aiment beaucoup ces sortes de spectacles, qui leur tiennent lieu de théâtre et d'opéra.

ALMEIDA (Portugal), forteresse importante de la province de Beira, sur la frontière espagnole. Masséna la prit en juillet 1810, du général anglais Coco, et lorsqu'il fut obligé de l'évacuer en 1811, il engagea un combat meurtrier contre le général Wellington (3 et 4 mai). Dans la nuit du 11 mai, le général Brenier fit sauter Almeida et parvint à se frayer un passage à travers les assiégeants. Les Anglais rétablirent les fortifications.

ALMEIDA (Don François), concourut à la découverte, au mouvement, et à la consolidation des établissements portugais dans les Indes. Grand guerrier autant qu'administrateur habile, il fut nommé en 1505 vice-roi de l'Inde pour Emmanuel, roi de Portugal. Après avoir détruit la flotte du soudan d'Égypte qui disputait au Portugal le commerce des Indes, il prit possession des îles Maldives, de Ceylan et de Madagascar, et établit dans toutes les possessions portugaises une administration aussi sage que forte. On lui reproche d'avoir souillé ses victoires par de grandes cruautés. Albuquerque fut envoyé pour lui succéder, et Almeida s'embarqua pour retourner en Europe. Ayant mouillé dans la baie de Saldanha, ses gens se prirent de querelle avec les Hottentots; on en vint aux mains, et Almeida eut la gorge percée d'une flèche. Il mourut le 1er mars 1510.

ALMOHADES. La dynastie des Almoravides (voy. ce mot) était au faîte de sa puissance,

lorsqu'une nouvelle secte vint tout-à-coup menacer leur empire. Mohammed Ibn Toumert, né dans les derniers rangs du peuple, mais doué d'un esprit subtil et ambitieux, séduit par l'exemple de Mahomet et de Abdallah, résolut de former une nouvelle secte dont il serait le chef. Il voyagea d'abord en Orient pour acquérir les connaissances nécessaires, et s'arrêta à Bagdad où il devint le disciple du fameux philosophe Algazeli. De retour dans sa patrie, il se fit bientôt remarquer par sa vie austère et ses prédications exaltées. Il fit adroitement répandre le bruit parmi les tribus berbères ignorantes et crédules, qu'il était le *Mahdi*, ce douzième iman disparu miraculeusement dans son enfance, qui venait de nouveau révéler aux habitants de l'Atlas les vérités de la religion. De nombreux disciples s'attachèrent bientôt à ses pas et le suivirent à Maroc où le nouveau prophète alla braver la puissance des Almoravides. Ali-ben-Youssouf méprisa d'abord un tel ennemi et ne tenta pas d'arrêter ses prédications; mais les partisans se réunirent bientôt en foule autour de Mohammed, et lorsque Ali, reconnaissant le danger, voulut y porter remède, il n'était déjà plus temps. Le faux Mahdi se retira sur les cimes de l'Atlas où il bâtit la ville de Tinmal, et là il brava tous les efforts d'Ali. Se prétendant issu de Mahomet, il parvint à rattacher à sa cause un grand nombre de tribus arabes et berbères. Il imposa à ses disciples de nouveaux rites et écrivit pour eux un livre intitulé *De l'unité de Dieu*, d'où ses sectaires prirent le nom d'*Almohades* qui signifie *unitaires*. Au bout de quelques années, les Almohades se rendirent maîtres de Fez, de Tlemcen, d'Oran, de Tunis et de Maroc, puis de là passant en Espagne, ils soumirent l'Andalousie, Grenade, Valence et une partie de l'Aragon et du Portugal jusqu'à l'Ebre et au Tage. Mohammed n'avait pu voir avant de mourir la ruine complète de ses ennemis; mais il avait laissé le pouvoir à l'un de ses lieutenans Abd-el-Moumen, qui avait accompli ces grandes choses. Le nouvel émir prit alors le titre d'*Emir-el-Moumenin* (commandeur des croyants), qui jusqu'alors n'avait appartenu qu'aux khalifes de Bagdad. — A l'empire des Almoravides Abd-el-Moumen ajouta de nouvelles conquêtes. — Partout vainqueur, maître d'un des plus vastes empires du monde, l'émir ne songea plus qu'à donner des lois à son nouveau royaume, et à y faire fleurir les sciences et les arts. Maroc, sa capitale, s'embellit sous son règne de somptueux palais et de jardins délicieux qui en firent l'émule de Cordoue. Quatre cents vaisseaux furent construits dans ses ports, et la marine arabe prit sous son règne un développement jusqu'alors inconnu. Abd-el-Moumen se préparait à conquérir le reste de l'Espagne, lorsqu'il mourut en 1162 après 33 ans de règne. Sous son fils Youssouf et son petit-fils Yacoub, la dynastie des Almohades continua à jeter le plus grand éclat. Mais Mohammed, fils d'Yacoub, vit pâlir l'étoile de sa famille. Alphonse VIII, roi d'Aragon, vengea à un siècle de distance, dans les plaines de Tolosa, la défaite de Zalaca qui avait livré l'Espagne chrétienne aux Almoravides. Mohammed ne survécut pas longtemps à sa défaite, et laissa en 1213 la couronne à son fils Mostansir Billah. Sous son règne, les gouverneurs de province profitèrent de sa faiblesse pour se déclarer indépendants, et la dissolution ne tarda pas à devenir générale. Au lieu de chercher à raffermir un pouvoir qui menaçait de lui échapper, Mostansir-Billah se livrait à la débauche dans le fond de son palais. Un coup de corne reçu dans un combat de taureaux vint mettre fin en 1224 au règne de cet indigne descendant de Abd-el-Moumen. Après lui l'empire devint la proie des divisions et de l'anarchie; il s'éteignit en Espagne en 1257, et 12 ans après en Afrique, par l'assassinat du dernier représentant de la dynastie des Almohades.

ALMORAVIDES. Ce nom qui vient de l'arabe *Almorabeth* (champion de la religion) est celui d'une famille de princes musulmans qui ont régné sur l'Afrique et l'Espagne dans les XIe, XIIe et XIIIe siècles de notre ère. Vers le milieu du XIe siècle alors que les tribus Arabes et berbères qui habitent le versant occidental de l'Atlas, étaient en proie à l'anarchie et à l'ignorance la plus profonde, un arabe d'une haute piété et d'une vaste érudition, nommé *Abdallah-ben-Yasim*, entreprit de leur enseigner les principes de la religion musulmane. Doué d'une grande éloquence et d'une foi ardente, Abdallah ne tarda pas à s'emparer complètement des esprits de ces peuplades naïves. Les scheiks de ces tribus errantes se groupèrent autour de lui, et le nouveau prophète, à l'aide de cette armée de disciples, convainquit par la force ceux qui n'avaient pas cédé à la persuasion. Bientôt il se trouva à la tête d'une véritable armée de sectaires remplis d'enthousiasme et qui s'étaient donné eux-mêmes le nom d'*Almoravides* ou champions de la religion. Un si beau succès éveilla l'ambition dans le cœur d'Abdallah, et toujours au nom de la religion, il conquit le pays de Daza qui s'étend entre le désert de Sahara et l'ancienne

Gétulie, et bientôt son empire incessamment agrandi s'étendit depuis les bords de la Méditerranée jusqu'aux frontières de la Nigritie. Abdallah se montra toujours à la tête de ses partisans, ne ménageant pas plus son propre sang que celui de ses soldats, et mourut sur le champ de bataille en 1058, laissant le pouvoir à l'un de ses lieutenants, *Abou-Bekr-ben-Omar*. Ce nouveau chef envahit les provinces de Fez et de Maroc alors en proie à l'anarchie, et s'en rendit facilement maître ; rappelé dans l'Atlas pour apaiser la sédition de quelques tribus berbères, il laissa le commandement de l'armée à son cousin *Youssouf-ben-Tachfin*, homme habile et ambitieux, qui sut se concilier l'esprit de ses troupes, au point que lorsqu'après avoir rétabli l'ordre dans les provinces de l'Atlas, Abou-Bekr revint pour reprendre le commandement de son armée du Maroc, les troupes refusèrent de lui obéir et proclamèrent *Youssouf*. Abou-Bekr, cédant à la nécessité, abdiqua en faveur de son cousin. — Youssouf, devenu seul maître de l'empire, conçut l'audacieux projet de conquérir l'Espagne : la puissante dynastie des Ommiades était éteinte, et la Péninsule était alors divisée en un grand nombre de petites principautés que pressaient de toutes parts les princes chrétiens. Les émirs arabes d'Espagne allèrent au devant des désirs de Youssouf en l'appelant à leur secours. Le puissant chef des Almoravides ne se fit pas prier, et passant le détroit de Gibraltar, il combattit d'abord les chrétiens, et principalement Alphonse VI, roi de Castille et de Léon, qu'il vainquit dans les plaines de Zalaça, puis tournant ses armes contre ses alliés, il s'empara successivement de Séville, d'Alméria, de Valence puis enfin des Baléares, et son vaste empire s'étendit bientôt depuis l'Èbre et le Tage jusqu'aux frontières du Soudan. Youssouf mourut en 1106 à Maroc, plein de jours et de gloire, après un règne de 40 années (an 500 de l'hégyre). — Son fils Ali recueillit sans contestations ce bel héritage, mais moins habile et moins fort que son père, il ne put résister aux attaques d'Alphonse, prince d'Aragon, secondé par les intrigues des *Almohades*. (Voy. ce mot.) Malgré la valeur de son fils *Tachfin*, le sort des armes lui fut constamment contraire, et il mourut de chagrin en 1143, après avoir perdu la moitié de son empire. Tachfin, chassé de Tlemcen, se réfugia à Oran, mais obligé de quitter cette dernière place, il s'enfuit pendant la nuit, et tomba dans un précipice où il trouva la mort. Son fils Ibrahim lui succéda, mais son empire se trouvait réduit à la ville de Maroc, dernier lambeau

du puissant empire des Almoravides, qu'Ibrahim perdit avec la vie en 1146.

ALOÈS, genre de plantes de la famille des asphodèles de Jussieu, qui présente pour caractères principaux : un calice monosépale, tubuleux, presque cylindrique, à six divisions peu profondes, six étamines insérées à la base du calice, un stigmate trilobe ; fruit : capsule trigone, triloculaire, polysperme ; feuilles épaisses, charnues, réunies à la base de la hampe ; celle-ci terminée par un épi de fleurs allongées. Nous donnons la figure de l'aloès commun

(*aloe vulgaris*). Les nombreuses espèces de ce genre appartiennent presque toutes à l'Afrique, et surtout à la partie australe de ce continent. Les aloès se plaisent dans les sables brûlants des déserts, et prospèrent dans tous les terrains secs et pierreux. Leurs formes à la fois belles et étranges les font rechercher dans nos jardins et dans nos serres. — On retire de certains aloës, et principalement de l'*aloës soccotrina*, un suc résineux employé en médecine. Ce suc qui se trouve dans le commerce en masses solides, compactes, d'un brun verdâtre, est connu sous le nom de *succotrin* ou d'*aloës*. Sa saveur est très amère. On l'obtient généralement en coupant les feuilles et en les mettant dans des paniers, que l'on plonge à plusieurs reprises dans l'eau bouillante; celle-ci se sature de la matière extractive; on filtre et on évapore. A petites doses, l'aloës succotrin est un excellent tonique : à haute dose c'est un violent purgatif, et il présente même quelque danger, puisque l'on prétend que Machiavel en mourut. En pharmacie il fait la base de la teinture composée connue sous le nom d'*élixir de longue vie*. — Son amertume a donné lieu au dicton: amer comme *chicotin*; corruption du mot *succotrin*.

Ce que l'on nomme vulgairement *bois d'aloës* n'a rien de commun avec les plantes dont nous venons de parler. (Voy. *Pitte*.)

ALOI (*ad legem*); mot employé pour signifier un alliage de métaux dans des proportions fixées par une décision de l'autorité compétente : il n'est usité que pour les matières d'or et d'argent. Ainsi l'on dit qu'un alliage est de *bon* ou de *mauvais aloï*, suivant qu'il présente ou ne présente pas les conditions voulues. — Au figuré ce mot s'emploie pour indiquer les bonnes ou les mauvaises qualités d'une chose ou d'une personne; on dit d'un homme qu'il est de *bas aloi*, c'est-à-dire de basse extraction.

ALOPÉCIE. Ce mot qui désigne en médecine la chute des cheveux, vient du grec *alopéx*, (renard), parce que cet animal est sujet dans sa vieillesse à une espèce de gale qui détermine la chute des poils. L'alopécie a lieu naturellement chez le vieillard ou accidentellement chez l'enfant et chez l'adulte, à la suite de maladies qui presque toutes peuvent se rapporter à un état anormal de la peau; souvent aussi l'alopécie existe sans que le cuir chevelu présente aucune altération. On a pendant longtemps cherché des remèdes à l'alopécie, et des charlatans émérites ont inventé des poudres et des pommades héroïques, capables de faire repousser les cheveux sur les crânes les plus chauves. Mais les gens sensés se contentent de recommander l'observation rigoureuse des préceptes que fournit l'hygiène. Lorsque chez un enfant ou chez un adulte, les cheveux semblent subir un arrêt de développement, ou qu'ils viennent à tomber, on par-

vient en les rasant souvent, à accélérer leur croissance ou à en arrêter la chute. On peut employer aussi quelques frictions excitantes sur le cuir chevelu, ou quelques onctions avec des corps gras. Si ces moyens n'ont pas de succès, celui qui perd ses cheveux n'a d'autre ressource que de se couvrir de ceux d'autrui. (Voy. *Perruque* et *Cheveux*).

ALOSE, poisson de la famille des clupes. La véritable alose que l'on confond souvent avec la finte (voy. ce mot), se distingue par sa tête large et veinée, sa bouche sans dents, son dos large et arrondi, son ventre mince et tranchant; c'est un excellent poisson qui remonte dans nos fleuves pour y frayer en avril et surtout en mai, ce qui l'a fait nommer en Allemagne *may fisch*. A cette époque, ces poissons ont les laitances ou ovaires remplis, et le ventre est tellement distendu que la hauteur du corps fait près du quart de la longueur totale. Elles remontent assez haut dans les fleuves, on en prend dans la Seine jusqu'à Provins. Quand elles ont frayé, les aloses deviennent comme malades, elles maigrissent considérablement et ont si peu de forces qu'elles se laissent aller au fil de l'eau qui les reporte vers la mer; mais un petit nombre peuvent y arriver, la plupart mourant en route. Les petites aloses nées dans les eaux douces y croissent jusqu'à la taille de un décimètre, puis descendent le fleuve pour regagner la mer, où elles se développent et atteignent la taille de 3 décimètres environ. Ce poisson meurt aussitôt qu'on l'a tiré de l'eau.

ALOUETTE (*alauda*). Tout le monde connaît l'alouette; mais il est très difficile de distinguer les diverses espèces entre elles, et même souvent, celles-ci des genres voisins. Le trait le plus saillant de leur organisation est le développement excessif de l'ongle du pouce, qui de plus est presque droit. Elles partagent ce caractère avec les bergeronnettes, les farlouses, les hochequeues. Quant à leurs autres caractères, les principaux sont : bec garni à la base de petites plumes se dirigeant en avant et couvrant les narines; ailes subobtuses, à 3e rémige la plus longue, douze pennes à la queue et dix-huit aux ailes; plumage gris ou sombre, marqué de grivelures plus foncées à la gorge, au cou, et à la poitrine. La conformation de leurs pieds les empêche de se percher, mais elles marchent avec une grande facilité. Aussi vivent-elles dans les champs où elles se nourrissent de graines et d'insectes. Cuvier les a classées dans la troisième famille des passereaux, les conirostres. — Nous ne parlerons ici que de l'alouette commune dont l'histoire convient à presque toutes les espèces de notre pays. — L'alouette commune (*alauda arvensis*) a son plumage mélangé de noirâtre, de gris roussâtre et de blanc sale sur les parties supérieures, et en dessous d'un blanc roux avec des taches longitudinales noires ou d'un brun foncé. Une bande étroite de blanc roussatre passe au dessus des yeux des deux côtés. Sa longueur de l'extrémité du bec au bout de la queue est de 18 cent. environ, et l'envergure de 35 cent. — Les mâles sont plus bruns que les femelles et portent autour du cou une sorte de collier noir. Ils sont aussi un peu plus gros, bien que l'alouette la plus lourde ne pèse pas deux onces (62 gr.) — L'alouette commune est le musicien des champs ; son joli ramage devance le printemps, on l'entend dès les beaux jours qui succèdent aux jours froids et sombres de l'hiver. Le chant matinal de l'alouette était chez les Grecs le signal auquel le moissonneur devait commencer son travail, et il le suspendait durant la portion de la journée où les feux du midi imposent silence à l'oiseau. L'alouette se tait en effet vers le milieu du jour ; mais quand le soleil s'abaisse vers l'horizon, elle remplit de nouveau les airs de ses modulations variées et sonores. De même que dans presque toutes les espèces d'oiseaux, le ramage est un attribut particulier au mâle de celle-ci. — Cette voix si pure et si mélodieuse, loin de s'éteindre dans l'esclavage, s'y conserve et s'y embellit ; et si on la prend jeune et qu'on l'élève avec soin, l'alouette devient l'un des oiseaux les plus précieux, moins encore par la beauté de ses accents naturels que par sa prodigieuse mémoire qui lui permet de retenir ceux des autres oiseaux et tous les airs qu'on veut lui faire apprendre. C'est en octobre ou en novembre que l'on doit prendre celles que l'on destine au chant ; elles ne tardent pas à s'habituer à l'esclavage et deviennent familières au point de manger dans la main. Il faut seulement avoir soin de recouvrir de toile par le haut la cage où on les renferme, sans quoi, obéissant à leur instinct qui les porte à s'élever perpendiculairement, elles se briseraient la tête contre le plafond. On nourrit les jeunes que l'on prend dans le nid, avec de la graine de pavot mouillée, et lorsqu'ils mangent seuls, avec de la mie de pain aussi humectée, ou même avec toute sorte de graines. C'est ordinairement au bout de deux ans que la voix des jeunes mâles est complètement développée. C'est vers le mois de mai, dans nos contrées, que la femelle construit entre

deux mottes de terre ou au pied d'une touffe d'herbe un petit nid plat, formé de brins de paille et de menues racines, où elle pond quatre ou cinq œufs grisatres, tachetés de brun, et les petits éclosent après quatorze ou quinze jours d'incubation. Elle a pour ses petits l'affection et les soins les plus étendus, et veille sur eux, même après qu'ils peuvent quitter le nid, avec la plus grande sollicitude. Aux approches de l'hiver, l'espèce tout entière se partage en deux bandes, celle des voyageuses et celles des sédentaires. Les premières traversent la Méditerranée et vont se répandre en Syrie, en Égypte, en Nubie et en Abyssinie d'où elles reviennent au

retour de la belle saison. Quant aux alouettes sédentaires elles sont l'objet d'une guerre acharnée. C'est vers le mois de septembre que les alouettes prennent cet embonpoint, cette chair succulente qui les fait rechercher par les gourmets sous le nom de *mauviettes* et à laquelle les pâtés de Pithiviers doivent leur réputation. — L'alouette cochevis (*A. cristata*) doit son nom à une petite huppe qu'elle porte sur la tête : elle ressemble du reste beaucoup à la précédente. — L'alouette des bois ou *lulu* a comme la précédente une petite huppe ; elle a de plus la tête entièrement entourée d'une bande blanchâtre qui passe au dessus des yeux. Elle est aussi beaucoup plus petite.

ALOUETTE DE MER. Voyez *Bécasseaux*.

ALPACA ou **ALPAGA**, espèce du genre *lama*. (Voyez *Lama*.)

ALPES (*Hautes-*). Ce département a été formé de la partie S.-E. de l'ancien Dauphiné. C'est un des départements frontières de l'Italie, dont les Alpes le séparent. Il a pour limite orientale la chaîne dont il a pris le nom. Ses autres limites sont : au N.-O. le département de l'Isère, à l'O. celui de la Drôme, au S. celui des Basses-Alpes. Son chef-lieu est Gap, qui, avec Embrun et

VUE DE GAP.

Briançon, forme les trois arrondissements du département. Sa superficie est de 533,569 hectares. Sa population est de 133,100 habitants ainsi répartis :

Arrondissement de Gap. . . 69,805
— Briançon. 30,893
— Embrun. 32,402

Ce département est couvert de montagnes élevées, ramifications de la chaîne alpine. La plus importante est celle qui sépare la vallée de la Durance de celle de l'Isère; celle-ci au nord, celle-là au midi. La Romanche et le Drac se réunissent pour se joindre à l'Isère dans le département de ce nom, après avoir arrosé la vallée. La Durance traverse le département dans une longueur de 14 myriamètres du N.-E. au S.-O., et reçoit le tribut du Claret, de la Guisance, de la Gironde, de la Luie, de la Servières, du Crévoux, de la Vachère, etc. Le Buech, autre affluent de la Durance, arrose la partie S.-O. du département. Comme dans le département des Basses-Alpes, on y rencontre tous les aspects, toutes les températures, depuis les vallées émaillées de fleurs jusqu'aux hautes montagnes couronnées par les glaciers; cependant, on rencontre dans cette région des Alpes plus de torrents, plus de sites sauvages et désolés que dans celle des Basses-Alpes. Dans ses solitudes, on rencontre l'ours et le loup-cervier; le gibier y est aussi très abondant. — La partie du département livrée à la culture céréale est à peine des deux onzièmes; les bois et les forêts couvrent à peu près un tiers du département, et les landes et terrains arides et improductifs en occupent environ les deux cinquièmes. L'industrie y est généralement peu développée; la branche de commerce la plus importante est la pelleterie, dont les produits s'expédient à Lyon. Parmi les personnages distingués que le département des Hautes-Alpes a produits, nous citerons le connétable de Lesdiguières, le cardinal de Tencin, et madame de Tencin, sa sœur.

ALPES (*Basses-*). Le département des Basses-Alpes est formé d'une partie de l'ancienne Provence; les Alpes maritimes forment en grande partie sa limite orientale et le séparent de l'Italie. Ses autres limites sont : au nord le département des Hautes-Alpes, au nord-ouest celui de la Drôme, à l'ouest celui de Vaucluse, au sud celui du Var. Sa superficie est de 690,919 hectares. Le chef-lieu est Digne. Le département est divisé en cinq sous-préfectures qui sont : Digne, Barcelonnette, Castellane, Forcalquier et Sisteron ; il comprend 257 communes. — D'après le dernier recensement, sa population s'élève à 156,675 individus ainsi répartis :

Arrondissement de Digne	. . . .	52,215
—	Barcelonnette. .	18,284
—	Castellane . . .	23,831
—	Forcalquier . .	36,231
—	Sisteron	26,114

Le département des Basses-Alpes est arrosé par la Durance, le Var et beaucoup d'autres rivières secondaires qui déversent leurs eaux dans les premières ; telles sont le Jabron, l'Ausson, la Largue, la Blanche, la Bléone, etc., qui se jettent dans la Durance, et le Colon qui porte ses eaux au Var. La Durance, qui appartient au département sur une longueur de 13 myriamètres, est le seul cours d'eau navigable du département. Il y existe un assez grand nombre de lacs, dont le plus remarquable est celui d'Allos qui mesure environ 6 kilomètres de circuit. L'aspect du pays est très varié, aux paysages les plus riants succèdent des tableaux arides et sauvages, puis des scènes grandioses. On y trouve de hautes montagnes, des vallées profondes arrosées par des eaux limpides, des plaines où sont étalées toutes les richesses de la culture méridionale, ou des plateaux ombragés de belles forêts. La vallée de Barcelonnette, entre autres, offre les sites les plus admirables. — L'air est généralement vif et pur, mais la température varie considérablement ; on y rencontre en quelque sorte tous les climats et toutes les saisons. — Parmi les animaux que possède ce département, nous citerons le loup qui est assez commun, ainsi que le chamois et la marmotte. Les grands oiseaux de proie tels que les aigles, les vautours, les buses, etc., y sont en grand nombre ; le gibier y est abondant ; les rivières et les lacs sont très poissonneux. Les animaux domestiques sont de petite race ; mais les chevaux sont renommés pour leur vigueur et leur activité. Les essences principales des forêts sont le chêne, le hêtre, le sapin, le pin et le mélèze. Parmi les arbres fruitiers, nous citerons l'oranger, le mûrier, l'olivier, le figuier, le châtaignier, le noyer, le prunier, la vigne, etc. La flore est d'une richesse remarquable. La minéralogie offre également de grandes richesses ; outre des mines d'or et d'argent, autrefois exploitées, on trouve des mines de plomb, bismuth, de barythe, etc. On peut citer également des mines de cristal de roche, des carrières de jaspe et un grand nombre de gisements houillers. — La récolte des olives et du miel forment des branches

très importantes du commerce des habitants ; ils élèvent aussi des bestiaux et commencent à se livrer, depuis quelques années, à l'éducation des vers à soie. L'industrie manufacturière est encore peu avancée et ne s'étend guère au-delà des besoins locaux. Gassendi, Bayle et l'amiral Villeneuve sont nés dans le département des Basses-Alpes.

ALPES. On donne ce nom à l'ensemble des hautes montagnes de l'Europe ; qui, des bords de la Méditerranée, en France, s'étendent jusqu'en Hongrie, séparant l'Italie des autres contrées. Suivant les lexicographes, ce mot viendrait du sabin *alpus*, ayant la signification d'*albus*, blanc. Autrefois, on désignait souvent sous le nom d'Alpes les chaînes de montagnes de toutes les parties du monde, assez élevées pour que leurs sommets restent constamment couverts de neige ; ainsi, l'on appelait *Alpes scandinaves* cette longue chaîne qui sépare la Suède de la Norwège. Aujourd'hui, le nom d'Alpes est spécialement réservé à deux chaînes de montagnes : la première dirigée du N. 26° E. au S. 26° O., comprend les Alpes de la Suisse depuis le lac de Constance jusqu'aux Alpes françaises ou de Briançon, sur une longueur de près de 100 lieues. Elle est la plus élevée et contient le célèbre massif du *Mont-Blanc*, point culminant de toute l'Europe, dont la hauteur absolue est de 4,810 mètres ; cette première chaîne se distingue sous le nom de *chaîne occidentale* ou de *grandes Alpes* ; la seconde est dirigée de l'E.1/4N.-E.à l'O.1/4S.-O., depuis le Saint-Gothard jusque dans l'Autriche, sur une longueur de 75 lieues. C'est la chaîne des *Alpes orientales*. — L'ensemble des deux chaînes alpines est très compliqué, parce que les deux systèmes dont elles se composent comprennent, indépendamment des chaînes principales, des chaînons parallèles qui se rencontrent et se croisent en plusieurs points. Le point principal du croisement est le Valais où le massif du Saint-Gothard, qui appartient au système oriental, vient rencontrer les massifs du Mont-Blanc et du Mont-Rose, qui appartiennent au système occidental, sous un angle variable de 45° à 50°. Les Alpes présentent une variété de tableaux admirables : là ce sont des vallées riantes et fertiles qui contrastent avec les sommets décharnés et couverts de neiges éternelles qui les encaissent ; plus loin ce sont des amas de glaces reproduisant l'aspect d'une mer en furie qui aurait été subitement gelée. Le Mont-Blanc couronné de nuages domine la belle vallée de Chamouni. Un grand nombre des sommités des Alpes sont inaccessibles, non-seulement à cause des neiges qui opposent une barrière infranchissable, mais encore par suite de l'inclinaison des plans. Ces sommités ont reçu le nom d'*aiguilles*; ce sont d'énormes pyramides superposées aux plans les plus élevés, dont les escarpements dominent les vallées cultivées. De leurs flancs se détachent souvent des masses de rochers ou de glaces qui, roulant avec une vitesse toujours croissante sur les plans inclinés couverts de neige, donnent naissance à des avalanches dont le volume augmente avec une rapidité effrayante et qui vont se briser dans les vallées avec un bruit semblable à celui du tonnerre. Ces avalanches causent souvent les plus grands désastres, et il est des passages où la simple détonation d'une arme à feu déterminerait leur chute par la vibration de l'air. Ce fut le physicien Saussure qui, le premier, parvint au sommet du Mont-Blanc, où il fit plusieurs expériences; depuis ce savant, beaucoup d'observateurs y sont montés, et dans ce voyage, qui est presque devenu aujourd'hui une partie de plaisir, on est guidé par les habitants de la vallée de Chamouni. Du haut de cet observatoire, on peut étudier la structure de la chaîne; celle-ci se compose d'une chaîne centrale qui est la plus saillante et la plus déchirée, puis d'autres chaînes parallèles qui décroissent à mesure qu'elles s'éloignent de la chaîne centrale, et vont se perdre à l'est dans les plaines de la Lombardie et à l'ouest vers celles de la Bresse. La chaîne centrale, profondément découpée, est hérissée de rochers escarpés qui, partout où leurs flancs ne sont pas absolument taillés à pic, sont couverts de glaces et de neiges. Des deux côtés sont de profondes vallées arrosées par des cours d'eau et peuplées de nombreux villages. Les glaciers y affectent deux dispositions; les uns sont renfermés dans des vallées encaissées, les autres sont simplement étendus sur les pentes des hautes sommités qui vont se déverser jusque dans les vallées habitées. Un de ces glaciers, celui des Bois a cinq lieues de long sur une de large, et l'épaisseur de la glace y atteint jusqu'à 100 et 200 mètres. Les chaînes les plus voisines de la chaîne centrale présentent en plus petit les mêmes phénomènes, puis, à mesure qu'elles s'en éloignent, leurs hauteurs, leurs pentes diminuent, et les glaces finissent par disparaître; on voit ainsi les montagnes, en s'abaissant toujours, perdre leur aspect sauvage, revêtir des formes plus douces, se couvrir de verdure et venir mourir au bord des plaines. — Sous le rapport de la composition, les Alpes occidentales présentent une grande variété de roches; presque toute la masse du Mont-Blanc est

composée d'une roche verdâtre appelée protogyne (feldspath, talc et quartz). Les montagnes attenantes sont composées de granite passant à la syénite et au gneiss. Le développement des protogynes est lié à celui des schistes talqueux qui, depuis le Mont-Blanc jusqu'au Mont-Rose, constituent la roche dominante. En sortant de ce massif central, on trouve des schistes ardoises ou schistes argileux, des calcaires, des quartz, des micaschistes et des roches d'agrégation qui alternent ensemble. Le Saint-Gothard, où commencent les Alpes orientales, est composé de micaschistes, de gneiss et de granites. Ces gneiss et micaschistes sont regardés comme primitifs, on a cependant signalé sur plusieurs points des calcaires contenant des débris organiques qui semblent plonger vers l'intérieur de la masse et la supporter, disposition qui tendrait à la faire regarder comme appartenant au terrain de transition.

Les hauteurs des points les plus remarquables des régions alpines au-dessus du niveau de la mer, sont :

	Mètres.
Mont-Blanc	4,810
Mont-Rose	4,736
Jung-Fran	4,180
Col du Géant	3,426
Grand Saint-Bernard	3,354
Simplon	3,353
Saint-Gothard	2,766
Passage du Mont-Cervin	3,410
— du col du Seigne	2,464
— du grand Saint-Bernard	2,491
— du col Ferret	2,324
— du petit Saint-Bernard	2,192
— du Saint-Gothard	2,075
— du Simplon	2,005

ALPHABET, mot formé des noms des deux premières lettres des Grecs : *alpha, béta*. C'est la réunion des lettres ou caractères qui, par diverses combinaisons, servent à reproduire une langue. Quelle est l'origine première de l'alphabet qui a donné naissance au nôtre? C'est ce qu'il est bien difficile de dire. On en a tour-à-tour attribué l'invention à Abraham, à Seth, à Adam même. Saint Augustin ne balance pas à lui reconnaître une origine antédiluvienne. D'autres auteurs sacrés la font remonter à l'époque de la dispersion des peuples. Les Égyptiens, les Chaldéens, les Syriens et les Phéniciens se sont disputé l'honneur de l'invention. Quoi qu'il en soit, si les Phéniciens ne furent pas les inventeurs de l'alphabet, ils furent tout au moins les intermédiaires par lesquels l'usage s'en répandit, et les peuples qui le reçurent d'eux leur en attribuèrent naturellement la découverte. C'était chez les anciens l'opinion la plus généralement reçue, comme nous l'apprend Lucain dans sa Pharsale :

Phœnices primi, famæ si credimus, ausi
Mansuram rudibus vocem signare figuris.

On imagina d'abord les figures symboliques ou hiéroglyphes (voyez ce mot), qui sont en même temps signes de mots et signes d'idées ; puis ces signes altérés passèrent à l'état de caractères phonographiques, et, par des simplifications successives, devinrent de purs éléments alphabétiques. Dans son *Aperçu de l'origine des diverses écritures de l'ancien monde*, M. Klaproth établit cette hypothèse que l'alphabet a été inventé au moins trois fois et dans trois pays différents de l'ancien monde ; « car, dit-il, nous ne pouvons accorder le nom d'écriture aux peintures informes par lesquelles les Mexicains cherchaient à transmettre aux absents des notions sur les choses et les événements. » Il existe donc, suivant lui, trois principales sources d'écriture dans l'ancien continent : ce sont l'écriture *chinoise*, l'*indienne* et la *sémitique*, qui ont donné naissance aux divers alphabets de l'Europe et à plusieurs de l'Asie. Dans l'origine, l'alphabet chinois était aussi plus ou moins hiéroglyphique, mais insensiblement ils simplifièrent la forme des images et des objets, et l'on adopta une écriture plus cursive. Celle-ci est cependant toujours excessivement compliquée : elle se compose de signes figuratifs diversement nuancés pour exprimer aussi des idées abstraites, des signes de sons et des caractères syllabaires. (Voyez *Écriture*.) Les Japonais marquent par les signes de leur alphabet des syllabes. Les Indiens et les Thibétains modifient les consonnes à raison des voyelles qu'on y joint ; les Phéniciens négligeaient ces dernières presque entièrement. L'ancien alphabet indien, celui du sanscrit se compose de quatorze voyelles et diphthongues, et de trente-quatre consonnes ; sa direction va de gauche à droite. Il en existait un chez les Hindous, plus ancien et très beau, nommé *deva nagari* ou écriture des dieux ; et c'est de ce dernier que plusieurs savants font dériver l'écriture sémitique. L'écriture thibétaine qui se lit de gauche à droite, se compose aussi d'une trentaine de consonnes diversement groupées entre elles et qui donnent lieu à d'innombrables combinaisons. — La plupart des autres langues ont un alphabet moins nombreux. Si l'on en croit l'ancienne tradition, ce fut Cadmus qui apporta l'alphabet de Tyr dans la Grèce et tout l'Occident.

Tous les peuples civilisés ont un alphabet propre ou emprunté, avec plus ou moins de lettres. Parmi les modernes, les Français, les Anglais, les Espagnols, les Italiens et quelques autres ont adopté l'*alphabet* des Romains ; les Allemands en ont un qui leur appartient et qu'on nomme aussi gothique ; celui des Russes est en partie original, en partie calqué sur le grec. — Le meilleur alphabet est, sans contredit, celui qui avec le moins de signes possible suffit à exprimer justement tous les sons de la parole, toutes les nuances de la prononciation ; qui n'établit pas de discordances choquantes entre la manière d'écrire et la manière de parler. Les *caractères*, les mots écrits doivent être évidemment à l'unisson de la parole pour la suppléer. L'alphabet des Grecs et celui des Russes, qui n'en est qu'une modification, sont à cet égard bien supérieurs au nôtre et à celui des Anglais et des Allemands. Tout bon alphabet doit avoir autant de *caractères* qu'il y a de sons dans la prononciation d'une langue, et c'est une imperfection de l'alphabet que la nécessité de réunir plusieurs lettres pour rendre un son simple. Le *cha* russe, par exemple, ne peut se rendre en français que par les deux lettres *ch*, en anglais et en italien par *sh* ou *sc*, et en allemand il faut même trois lettres, *sch*, pour exprimer le même son. On rend en russe par une seule lettre même le *chtcha*, un son il est vrai composé, pour lequel il faut quatre lettres en polonais, six en français et sept en allemand. L'alphabet polonais est, sous ce rapport, l'un des plus imparfaits, ses lettres sont empruntées à l'alphabet latin ; mais il multiplie outre mesure les consonnes dont il faut quelquefois réunir un grand nombre pour exprimer un son simple. On s'est beaucoup occupé à trouver un *alphabet universel* qui rendît par des signes simples tous les sons également simples formant les différentes langues, et qui sont à peu près au nombre de soixante-dix ; le russe est celui qui s'en rapproche le plus, quoiqu'il n'ait lui-même que trente-cinq lettres. Mais nous croyons qu'il serait bien difficile de former un alphabet qui rende exactement et simplement toutes les nuances de la prononciation. On a calculé qu'il faudrait déjà vingt-un signes, pour exprimer seulement toutes les nuances de son des voyelles dans l'alphabet français.

ALPHONSE. Un grand nombre de princes de la Péninsule hispanique ont porté ce nom, et plusieurs l'ont illustré.

ROIS DE LÉON ET DE CASTILLE.

Alphonse Ier, dit *le Catholique*, fut élu par

les seigneurs des Asturies, en 739, deux ans après la mort de Pélage, dont il était gendre. Il commença aussitôt contre les Maures une guerre qui dura pendant tout le temps de son règne, et fut presque toujours vainqueur. Il conquit plusieurs places importantes, entre autres celle de Léon qui dès lors donna son nom à un royaume. Il mourut en 757, après dix-huit années de règne, emportant les regrets de ses sujets et la reconnaissance de l'Église qui lui accorda le surnom de *Catholique* en récompense de sa protection.

Alphonse II, dit *le Chaste*, monta sur le trône des Asturies en 791. Il mit habilement à profit les dissensions des Maures, qu'il battit dans la Galice, la Biscaye et la Castille. Il fut l'ami et l'allié de Charlemagne, et s'en montra toujours digne. En 833, accablé d'années et d'infirmités, il abdiqua en faveur de don Ramire, son cousin, et vécut encore pendant sept ans. Le surnom de *Chaste* lui fut donné parce qu'il vécut dans une continence absolue avec la reine, sa femme, par suite d'un vœu.

Alphonse III, *le Grand*, n'était âgé que de dix-huit ans lorsque son père, Ordogno Ier mourut en 866. Après avoir apaisé quelques troubles fomentés par les grands vassaux, il fit la guerre aux Maures. Ses nombreuses victoires lui firent donner le surnom de *Grand*. À la suite de nouvelles révoltes, il se vit obligé d'abdiquer en faveur de son fils Garcie; mais il ne déposa pas l'épée en même temps que le sceptre, et remporta, comme lieutenant de son fils, de nombreuses victoires. Il mourut deux ans après son abdication, en 912, ayant ajouté à ses États une partie du Portugal et de la Vieille-Castille. On lui attribue une *Chronique des rois d'Espagne depuis Wamba jusqu'à Ordogno*.

Alphonse IV, dit *le Moine*, petit-fils du précédent, monta sur le trône en 924. Ayant perdu la reine, sa femme, deux ans après, il en conçut un tel chagrin qu'il abdiqua en faveur de don Ramire, son frère, et entra dans un cloître. Il regretta bientôt le trône, et voulut y remonter; mais don Ramire l'ayant vaincu, lui fit crever les yeux et le renferma dans une prison où il mourut en 933.

Alphonse V, roi de Léon et de Castille, monta sur le trône en 999, âgé seulement de cinq ans. Il fit plus tard la guerre aux Maures, et fut tué en 1027, au siège de Visen, d'un coup de flèche.

Alphonse VI, fils de Ferdinand-le-Grand, roi de Castille. À la mort de son père, en 1065, il eut en partage le royaume de Léon. À Sanche, son frère aîné, échut la Castille, et à Garcie, le plus jeune, la Galice. Alphonse fut attaqué, vaincu et fait prisonnier par son frère Sanche, qui l'enferma dans un monastère; mais à sa mort, il rentra dans ses États, et après avoir juré solennellement qu'il n'avait trempé en rien dans le meurtre de son frère, il fut élu roi de Castille.

Il déposséda à son tour son frère Garcie de la Galice. Il remporta, avec l'aide du Cid (don Rodrigue Dias de Bivar), de grands avantages sur les Maures, leur prit Tolède, dont il fit la capitale de ses États, et mourut en 1099, après un règne de trente-quatre ans.

Alphonse VII, le même qu'*Alphonse Ier d'A-ragon*. (Voy. ci-après.)

Alphonse VIII, roi de Castille, de Léon et de Galice, né du premier mariage d'Urraque, fille d'Alphonse VI avec Raymond de Bourgogne, comte de Galice, partagea pendant quelque temps la couronne de Castille avec sa mère. Après la mort d'Urraque (1126), il régna seul. Il s'efforça, par de sages réglements, d'améliorer la situation intérieure du pays. Puis, après avoir repris sur son beau-père, Alphonse Ier, roi d'Aragon, Burgos et d'autres places dont celui-ci s'était emparé, il fit la guerre aux Maures, qu'il battit en plusieurs rencontres, et se fit enfin couronner *empereur* d'Espagne. Son dernier exploit fut la victoire remportée sur les Maures d'Afrique, à Jaën, en 1157, l'année même de sa mort. Il avait marié sa fille Constance au roi de France, Louis VII.

Alphonse IX, roi de Castille, fils de Sanche II, monta sur le trône en 1158, à peine âgé de trois ans. Sa minorité fut troublée par la rivalité des deux maisons de Castro et de Lara, qui se disputèrent la régence; enfin, proclamé majeur à quinze ans, par les cortès assemblées à Burgos, il fit la guerre aux autres rois d'Espagne qui s'étaient ligués pour le dépouiller de ses États. Après les avoir repoussés, il tourna ses armes contre les Maures, mais il éprouva, à Alarcas (1195) la plus sanglante défaite. Il effaça bientôt ce revers par la fameuse victoire de Tolosa où périrent, dit-on, 200,000 musulmans. Alphonse se préparait à profiter de sa victoire lorsque la mort le surprit en 1214. Il aima et protégea les lettres.

Alphonse X, surnommé l'*Astronome*, succéda à son père, Ferdinand III, en 1252. Un parti des princes allemands l'appela à l'empire, en 1257, en opposition à Rodolphe de Habsbourg. Mais tandis qu'il disputait la couronne impériale, les Maures envahirent ses Etats, et son fils, don Sanche s'empara du trône (1282). Il appela alors les Maures à son secours, et fit des efforts inutiles pour ressaisir son sceptre. Il mourut enfin de douleur à Séville en 1284. C'était l'un des hommes les plus instruits de son siècle, il donna à ses sujets un recueil de lois connu sous le nom de *las Partidas*, et fit dresser des tables astronomiques appelées de son nom *Tables Alphonsines*.

Alphonse XI, le *Vengeur*, succéda à son père, Ferdinand IV, en 1312, étant encore au berceau. Pendant sa longue minorité, le royaume fut en proie à des troubles continuels. Il prit, à l'âge de quinze ans, les rênes du gouvernement, et s'appliqua d'abord à pacifier son royaume. Il fut souvent obligé d'agir contre les rebelles avec une extrême sévérité, ce qui lui mérita le surnom de *Vengeur*. De concert avec Alphonse II, roi de Portugal, il fit la guerre aux Maures qu'il défit complètement en 1340 à Tarifa, en Andalousie. Deux ans après, il assiégea Algésiras qui ne se rendit qu'en 1344. Il attaqua ensuite Gibraltar; mais la peste s'étant mise dans son ar-

mée, il en fut atteint lui-même, et expira le 26 mars 1350, à l'âge de quarante ans. Il fut père de Pierre-le-Cruel qui lui succéda.

*Alphonse I*er, dit le *Batailleur*, roi de Navarre et d'Aragon, connu en Castille sous le nom d'Alphonse VII, épousa Urraque, fille et héritière d'Alphonse VI, roi de Castille. A la mort de ce prince (1107), il voulut joindre la Castille à ses États, mais Urraque s'y opposa et fit casser leur mariage par le concile de Palencia. Après plusieurs combats, Alphonse dut enfin renoncer à ses prétentions sur les Etats de Léon et de Castille. Ce prince tourna alors ses armes contre les Maures sur lesquels il remporta plusieurs victoires signalées; mais ayant été vaincu devant Fraga, en Catalogne, il mourut de douleur en 1134. Il avait assisté à vingt-neuf batailles rangées et n'avait encore éprouvé aucune défaite avant cette journée.

Alphonse II, roi d'Aragon, monta sur le trône en 1162. Il fit la guerre contre Raymond V, comte de Toulouse, et réunit le Roussillon et le Béarn à ses États. Il protégea les lettres, et composa lui-même des poésies en langue provençale. Il mourut en 1196.

Alphonse III monta sur le trône d'Aragon en 1285. Quoique de courte durée, ce règne est digne de remarque. La constitution politique de ce royaume prit tout son développement et devint l'une des plus libérales du moyen-âge. Le *grand justicier* se trouva investi du droit de citer le roi lui-même devant l'assemblée des Cortès et de le déposer s'il attentait aux priviléges de la nation. Alphonse III eut à combattre une ligue formée par les rois de France, de Naples et de Castille, et fut forcé d'acheter la paix à de dures conditions. Il mourut en 1291, âgé de vingt-six ans.

Alphonse IV passa les dix années de son règne à faire la guerre aux Génois. Il mourut en 1336.

Alphonse V, surnommé le *Magnanime*, fils de Ferdinand-le-Juste de Castille, fut élu par les Aragonais en 1416. Déjà roi de la Sicile, qui lui avait été transmise par son père, il fut en outre désigné par Jeanne II, reine de Naples, pour son héritier, il fut forcé de faire la conquête de cet héritage, et se trouva par là engagé dans des guerres continuelles. Son caractère chevaleresque et sa générosité lui attirèrent l'estime de ses ennemis mêmes, et lui méritèrent le surnom de *Magnanime*. Il aima les lettres et protégea les savants. Son penchant pour les femmes ternit seul son beau caractère en le portant à quelques abus d'autorité. Il mourut en 1458. Il est connu dans l'histoire de Naples sous le nom d'*Alphonse Ier*.

Alphonse II, de Naples, petit-fils du précédent, monta sur le trône en 1494. La même année, Charles VIII, roi de France, envahit le royaume de Naples. Alphonse, abandonné de ses alliés et mal secondé par ses sujets, dont il s'était aliéné le cœur par ses vices, fut obligé d'abdiquer en faveur de son fils, Ferdinand II, et quitta Naples. Il mourut en Sicile quelques mois après (1495).

ROIS DE PORTUGAL.

Alphonse Ier, *Henriquez*, fils de Henri de Bourgogne, comte de Portugal, et de Thérèse de Castille, naquit en 1094. Placé sous la tutelle de sa mère, il se vit forcé, lors de sa majorité, de lui reprendre le pouvoir de force. Il vainquit les Castillans que sa mère avait armés contre lui, et rompant le lien qui attachait encore le Portugal au royaume de Léon, il se fit couronner roi. Il remporta sur les Maures des victoires signalées, et leur arracha Lisbonne. Il fit aussi diverses conquêtes aux dépens du royaume de Léon et de l'Estramadure ; mais, blessé devant Badajoz, il fut fait prisonnier du roi de Léon, et n'obtint sa liberté que moyennant le sacrifice de tout ce qu'il avait conquis. Il mourut en 1185, âgé de quatre-vingt-onze ans, après en avoir régné soixante-treize. Ce prince était, dit-on, d'une taille gigantesque, ayant, selon quelques auteurs, sept pieds de haut.

Alphonse II, dit *le Gros*, fils de Sanche Ier, monta sur le trône de Portugal en 1211. Il fit plusieurs tentatives pour réprimer l'ambition du clergé, et fut excommunié par le pape. Il combattit les Maures d'Espagne sur lesquels il remporta plusieurs victoires, et mourut en 1223, âgé de trente-neuf ans.

Alphonse III, fils du précédent, succéda à son frère, Sanche II, en 1248. Il eut, comme son père, des différends avec la cour de Rome, et

des combats à soutenir contre les Maures. Il mourut en 1279.

Alphonse IV fut mauvais fils, mauvais frère et mauvais père. Il abrégea les jours de son père *Denys-le-Libéral*, par ses continuelles révoltes; persécuta son frère Sanche et fit le malheur de son fils en faisant mourir la célèbre Inès de Castro, que don Pèdre avait épousée en secret. Il fit longtemps la guerre à son gendre, Alphonse XI, roi de Castille; et lorsqu'il se fut réconcilié avec lui, l'aida à vaincre les Maures d'Andalousie. Il mourut en 1376, âgé de soixante-dix-sept ans.

Alphonse V, surnommé *l'Africain* à cause de ses victoires sur les Maures d'Afrique, monta sur le trône en 1438. Il était alors âgé de six ans. A sa majorité, il prit les rênes du gouvernement ; mais, poussé par l'ambition, il pénétra en Castille (1475), dont le trône était vacant par la mort de Henri IV, et se fit proclamer roi de Castille et de Léon ; mais il fut battu à Toro par Ferdinand et Isabelle de Castille. Vers la fin de son règne (1480), il fut atteint d'une sombre mélancolie qui le détermina à abdiquer. Comme il se rendait dans un monastère pour y terminer ses jours, il fut atteint de la peste à Cintra, et mourut âgé de quarante-neuf ans (1481).

Alphonse VI, fils et successeur de Jean IV de la maison de Bragance, monta sur le trône de Portugal en 1656. Ses excès en tous genres indisposèrent contre lui la nation qui le déposa (1667) et nomma son frère don Pèdre régent du royaume. Alphonse, devenu imbécile, fut enfermé et mourut en 1683.

ALPIN (Prosper), célèbre botaniste, naquit dans l'État de Venise en 1553. Il étudia à Padoue, où il se fit recevoir docteur-médecin, et fut nommé professeur de botanique. Il voyagea en Égypte et rapporta le café en Europe. Le premier, il découvrit le sexe des plantes. Il mourut en 1617.

ALPISTE (*phalaris*), genre de plantes de la famille des graminées, de la triandrie digynie de Linné. Parmi les espèces de ce genre, il en est trois qui offrent de l'intérêt à l'agriculture ; ce sont : l'*alpiste asperelle* ou *riz bâtard*, ainsi nommé parce que ses graines remplacent volontiers le riz ; cette plante croit principalement dans les lieux aquatiques des Vosges, de la Suisse, de l'Italie, dans l'ancien continent, et de la Virginie dans le nouveau. L'*alpiste des Canaries*, dont les villes de Tunis et d'Alger faisaient seules le commerce autrefois, est aujourd'hui répandu partout. C'est une plante alimentaire dont on prépare un très bon gruau ; les oiseaux et surtout les serins sont très friands de sa graine, et sa fane

est un bon fourrage. L'*alpiste chiendent* est cultivé dans les jardins à cause de ses feuilles élégamment rayées de jaune, et de ses fleurs de couleur purpurine, qui produisent le plus bel effet.

ALQUIFOUX, variété de plomb sulfuré dont les femmes de l'Orient se servent pour se teindre en noir les cils et les sourcils. Les potiers de terre l'emploient aussi pour la couverte de leurs poteries grossières. (Voyez *Plomb*.)

ALSACE. Cette ancienne province qui forme aujourd'hui, avec quelques districts détachés de la Lorraine, les deux départements du Haut et

du Bas-Rhin (voyez ces mots), était borné au N. par le palatinat du Rhin et l'évêché de Spire, à l'E. le Rhin la séparait de l'Ortenau et du Brisgau, et d'autres terres de l'empire ; à l'O. elle confinait à la Lorraine, au S.-O. à la principauté de Porentruy, au S. aux cantons suisses de Bâle et de Soleure. — Sous la domination romaine, l'Alsace était partagée entre deux provinces gauloises ; la partie septentrionale ou *Nordgaw* appartenait à la Germanie, et la partie méridionale ou *Sundgaw* était comprise dans la Séquanaise. Cette division s'est perpétuée et a donné lieu aux dénominations de haute et basse Alsace. Quant au nom d'*Alsatia*, que l'on trouve pour la première fois chez les historiens des temps mérovingiens, on croit qu'il a pour origine le nom de la rivière d'Ill, en celse *El Elsass* (habitant sur l'Ill). — Lors de la dissolution de l'empire, cette contrée se trouva comprise dans la portion de la Germanie soumise aux *Alemanni ;* elle en fut distraite vers le milieu du VIIe siècle, et elle eut ses ducs particuliers qui tentèrent, mais en vain, de se rendre indépendants. Lorsque Pépin-le-Bref devint maître du royaume des Francs, il supprima la dignité ducale d'Alsace. Plus tard, lorsque Louis-le-Débonnaire partagea ses États entre ses fils, le duché d'Alsace échut à Lothaire, et la possession lui en fut garantie par le traité de Verdun, l'an 843. Ce prince le transmit à son fils Lothaire II, et l'Alsace fit dès lors partie du nouveau royaume qui, du nom de Lothaire, fut appelé *Lothierrègne* ou *Lorraine* (voyez *Lorraine*), et elle en suivit les phases diverses. Le royaume de Lorraine ayant été, vers la fin du Xe siècle, réuni à la Germanie, l'Alsace en fut séparée, et elle ne fut comprise dans aucun des deux duchés de la haute et basse Lorraine qui remplacèrent le royaume. Les successeurs d'Othon-le-Grand réunirent l'Alsace à la Souabe, et toutes les deux firent alors partie de l'Alémannie. Dans la suite, les ducs de Souabe prirent le titre de ducs d'Alsace, surtout depuis 1080, où l'empereur Henri IV, pour récompenser les services que lui avait rendus Frédéric de Buren, seigneur de Hohenstauffen en Souabe, le créa duc de Souabe et d'Alsace. Celui-ci est le fondateur de cette célèbre maison de Hohenstauffen, qui parvint à l'empire dans le siècle suivant et lutta avec tant d'énergie contre la puissance pontificale. Cette maison posséda héréditairement l'Alsace jusqu'à Conradin son dernier rejeton, qui périt à Naples sur un échafaud (1268). Le duché d'Alsace s'éteignit de nouveau dans la personne de ce jeune prince ; mais il continua à exister deux comtés distincts. Il est important de nous arrêter un instant sur ces comtés, dont l'un fut le berceau d'une illustre maison souveraine. Les comtes ou landgraves de la haute Alsace, dont le premier remonte au viie siècle, devinrent héréditaires à la fin du xie siècle. Dès cette époque, ils font précéder leur titre de comtes d'Alsace de celui de comtes de Habsbourg. Un de ces comtes, Rodolphe, fut en 1273 élevé à la dignité impériale, et devint le fondateur de la maison d'Autriche dans laquelle se transmit depuis régulièrement la possession de la haute Alsace. Quant aux comtes ou landgraves de la basse Alsace, ils cessèrent d'exister dès le milieu du xive siècle, époque à laquelle les évêques de Strasbourg en furent investis par les empereurs. Dans la série de ces landgraves se trouve Gérard d'Alsace qui, ayant été investi en 1048 du duché de Lorraine supérieure ou Mosellane, est devenu la tige de la maison de Lorraine, confondue dans le xviiie siècle avec la maison d'Autriche. Longtemps l'Alsace, considérée comme fief de l'empire, fut gouvernée par des avoyers choisis au gré de l'empereur dans différentes maisons souveraines ou aussi parmi les évêques de Strasbourg. De 1048 à 1558, les comtes palatins furent presque héréditairement investis de cette dignité qui, depuis, resta affecté à la maison d'Autriche. Par le traité de Westphalie, en 1648, toute la partie autrichienne de cette riche province conquise par les armes des Suédois fut cédée à la France, contre une indemnité très considérable que cette puissance s'engagea à payer à l'Autriche. Louis XIV y créa en 1657 un conseil souverain, pour rendre la justice à ses nouveaux sujets. L'évêché de Strasbourg tomba aussi en son pouvoir en 1673, et lui fut définitivement cédé par la paix de Ryswick en 1697, en même temps que la république de Strasbourg qui, comme ville libre et impériale, était restée attachée à l'empire jusqu'en 1681. Les princes de Wurtemberg, de Deux-Ponts, de Bade, de Hesse-Darmstadt et quelques autres petits souverains allemands, conservèrent en Alsace de belles propriétés qui ne leur furent enlevées qu'à la révolution, et dont ils obtinrent depuis quelques dédommagements. — L'Alsace, dont le traité de Paris de 1815 a détaché l'importante forteresse de Landau, forme aujourd'hui en partie, comme nous l'avons déjà dit, les deux départements du *Haut* et *Bas-Rhin*. (Voyez ces mots.)

ALTAI. Le système des montagnes de l'Altaï, qui borde vers le sud la vaste dépression du sol sibérien, s'étend entre les 50° et 52° 1/2 de latitude de l'ouest à l'est, depuis les riches mines de Schlangenberg et le confluent de l'Ouba avec l'Irtyche jusqu'aux monts Gourbi et au sud du lac Baïkal. C'est une distance de plus de 21° de longitude ou de 260 lieues marines. (Humboldt, Climatologie comparée, 1,228.) — Les Chinois nomment l'Altaï, *Kin chan* (Mont-d'Or), et les

Vue du Mont-d'Or.

Mongoles *Altaï-alin*, mot qui a la même signification et qui fait allusion à la grande quantité de métaux précieux que recèlent ces montagnes. La chaîne de l'Altaï, que l'on distinguait autrefois en grand et petit Altaï, est séparée en deux par la vallée longitudinale de la Bouckhtarma; l'Altaï septentrional ou russe (petit Altaï) était d'autant plus mal nommé qu'il occupe le plus d'étendue et renferme les montagnes neigeuses les plus élevées. Cette partie présente des rochers de beau porphyre, de granit et de schiste. On y a reconnu aussi des bancs de houille et des pierres fines, telles que cornalines et agates. Les monts Kolivan, entre l'Ob et l'Irtyche, renferment des mines d'or et d'argent, et d'autres métaux; les monts Koussnetz, entre l'Ob et l'Iénicéï, et les monts Saïsan, entre cette dernière rivière et la Léna, offrent également de grandes richesses minéralogiques. De grandes exploitations sont établies depuis plus d'un siècle sur l'Altaï septentrional. Les mines de Kolivan et de Barnaoul fournissent beaucoup d'argent aurifère, et cette branche de l'économie publique est d'une importance telle, que le gouvernement de Tomsk tout entier est sous la direction de l'administration suprême des mines. Ces montagnes sont peu habitées; quelques vallées profondes servent d'asile à des bandes de déserteurs russes et chinois, et les hauteurs sont fréquentées par des chasseurs et des trappeurs qui font le commerce des fourrures. La chaîne méridionale ou Altaï chinois, moins bien connue, présente des cimes élevées, pour la plupart terminées en plateau, et offre des masses de granit à moitié décomposé. Les escarpements de ces montagnes et le froid qui y règne rendent difficile l'exploration des hauteurs. L'Altaï, avec trois autres grandes chaînes, l'Himalaya, les Kouenloun et les Thian-chan, constitue la charpente de l'Asie centrale. (Voyez *Asie*.)

ALTENBOURG, duché saxon de l'ancien Osterland. Sa superficie est de 24 milles carrés, et sa population de 115,000 habitants qui, à très peu d'exceptions près, professent le culte luthérien. C'est une des plus belles contrées de l'Allemagne. Le duché d'Altenbourg faisait partie des domaines de l'électeur de Saxe, et forma plus tard une principauté indépendante de la branche de Gotha. (Voyez *Saxe*.) Sa capitale, Altenbourg, fait un grand commerce de grains; elle a des manufactures de laine, des tanneries, des ganteries, etc. Le vieux château ducal, bâti sur un rocher au pied de la Pleisse, est remarquable. Après le chef-lieu il faut citer, parmi les autres villes du duché, Ronnebourg qui a 4,600 hab., et Eisenberg qui en a 4,200.

ALTENHEIM (*Bataille d'*) Le 16 juillet 1675, Turenne, qui depuis près de trois mois faisait de savantes manœuvres pour forcer les impériaux, commandés par Montécuculli, à accepter le combat, prit position à Acheren, village situé non loin de Salshach où était posté l'ennemi. Remarquant que les troupes impériales se mettaient en mouvement, il s'avançait pour observer la situation, lorsqu'un boulet tiré d'une batterie autrichienne le tua sur le coup. Le lieutenant général comte de Larges prit alors le commandement, et se mit en marche le 28 pour regagner le pont d'*Altenheim;* mais les impériaux voulant s'opposer à son dessein, l'on en vint aux mains. Le combat fut des plus sanglants; les impériaux perdirent 5,000 hommes, et le marquis de Vaubrun, lieutenant-général, resta sur le champ de bataille avec 3,000 Français.

ALTENKIRCHEN (*Bataille d'*). En 1796, Marceau, forcé de lever le blocus de Mayence par suite de la retraite de Jourdan, manœuvrait pour protéger la route de l'armée, lorsqu'il fut attaqué, le 20 septembre, par le général Hotz

qui commandait une division de l'armée de l'archiduc Charles. Une vive fusillade s'engagea à travers les bois d'Hochsteinbach, à peu de distance du château d'Altenkirchen. Le brave Marceau atteint d'une balle y fut transporté et y succomba. Un monument fut élevé à sa mémoire non loin de là, par les soins de Kléber. Il existait encore en 1815.

ALTÉRANTS. On donne en médecine le nom d'*altérants* aux médicaments qui agissent d'une manière directe sur la cause de la maladie, sans signaler leur entrée dans l'économie par des phénomènes évidents comme ceux que produisent les vomitifs, les purgatifs, etc. (V. *Médicaments*.)

ALTERNAT. Lorsqu'on force une terre à donner plusieurs récoltes successives du même produit, la terre s'épuise et les dernières récoltes sont inférieures, tant par la quantité que par la qualité. L'observation de ce fait conduisit les agriculteurs à laisser reposer leurs champs pendant quelque temps, afin qu'elle pût produire de nouveau des fruits abondants. Telle fut l'origine du système de jachères. (Voyez.) Dans les temps modernes, lorsque les sciences physiques eurent fait des progrès, on comprit que la terre en jachère ne se reposait pas, et qu'elle était seulement le siége d'une végétation d'une autre nature. On eut l'idée d'utiliser cette végétation intermédiaire, et alors fut mise en usage la culture *alternative* au moyen de laquelle une terre, tout en donnant au moins une récolte par an, ne fait que s'améliorer au lieu de s'épuiser. L'expérience a démontré qu'un certain ordre de succession devait être observé, que telle plante réussit mieux quand elle succède à telle autre. Ce sont les faits et les observations de ce genre qui, analysés et groupés, constituent le système d'*assolement*. (Voyez ce mot).

ALTERNE, se dit en botanique des diverses parties des plantes qui sont placées alternativement et non l'une en face de l'autre. Ainsi, les feuilles sont dites *alternes* lorsqu'elles sont placées les unes au-dessus des autres des deux côtés opposés de la tige.

ALTISE (*altica*), genre d'insectes coléoptères de la tribu des galérucites. Ces insectes, malheureusement trop connus des cultivateurs, sont de fort petite taille, ornés de couleurs brillantes; leurs cuisses postérieures sont renflées et propres au saut; ils sautent en effet avec une grande promptitude, et sont très difficiles à saisir. Quelques espèces d'altises multiplient beaucoup dans les jardins, et attaquent en si grande quantité les plantes potagères qu'elles leur font le plus grand tort. Leurs larves vivent aux dépens des mêmes plantes, rongeant le parenchyme des feuilles. On en connaît un grand nombre d'espèces, et l'Amérique méridionale est la contrée qui en possède le plus. La plus grande espèce de

notre pays est l'*altise* potagère (*A. oleracea*), elle n'a que deux lignes de longueur. Sa couleur est d'un vert ou bleu brillant.

ALTKIRCH, l'un des chefs-lieux d'arrondissement du département du Haut-Rhin ; tribunal de 1re instance ; située sur un coteau baigné par l'Ill, elle est divisée en ville haute et ville basse. Elle fait un grand commerce de chanvre et compte 3,028 habitants. Altkirch fut fondée au commencement du XIIIe siècle par Frédéric II. On y voit encore les ruines de son château, habité par les ducs d'Autriche pendant leur séjour en Alsace. Il fut détruit pendant la guerre de trente ans.

ALTO. On donne ce nom à la partie la plus grave de la voix de femme. C'est le synonyme de *haute-contre*. (Voy. *Voix*).

ALTONA, ville du Danemark, dans le duché de Holstein, à un kilomètre au-dessus de Hambourg dont elle n'est séparée que par un faubourg de cette dernière ville appelé Hamburger-Berg, et par un petit ruisseau. Ses rues sont assez larges et droites, et l'on y voit plusieurs beaux édifices parmi lesquels nous citerons l'église luthérienne, la maison de ville et celle des orphelins. Altona a des raffineries de sucre, des savonneries, des fabriques d'huile de poisson et des manufactures d'indiennes. Dépourvue elle-

même de port et de rade, elle fait ses chargements à Hambourg. Toutefois elle possède en propre 70 navires environ dont une partie sert à la pêche de la baleine et du hareng. On y compte aujourd'hui 25,000 habitants.

ALTORF, petite ville de Suisse, chef-lieu du canton d'Uri. Située près de l'endroit où la Reuss se jette dans le lac de Lucerne, cette ville présente un aspect des plus pittoresques. Comme monuments, elle ne possède de remarquable que l'hôtel-de-ville et un couvent de capucins fondé en 1781. Mais c'est surtout comme patrie de Guillaume-Tell qu'Altorf mérite sa place

dans l'histoire. On y voit une belle fontaine qui, dit-on, désigne l'endroit où fut placé le fils de Guillaume-Tell, quand celui-ci fut forcé par le tyran d'abattre une pomme placée sur la tête de son enfant. Altorf est l'entrepôt des marchandises qui vont par le Saint-Gothard d'Italie en Suisse, et de Suisse en Italie. Elle à 1,650 habitants.

ALUCITE, genre d'insectes de l'ordre des lépidoptères, famille des nocturnes, tribu des tinéites. — L'*alucite* ou *teigne des grains* est un petit papillon d'un gris luisant avec quelques taches plus claires sur les ailes ; sa longueur est de sept millimètres. La chenille est blanche, lisse, avec la tête brune. C'est l'un des insectes les plus nuisibles qu'aient à redouter les agriculteurs. L'alucite dépose quelquefois ses œufs sur les tiges mêmes des céréales, mais c'est surtout dans les greniers qu'elle abonde, et qu'elle commet les plus grands dégâts. Les œufs ainsi abrités contre le froid et l'humidité, éclosent et donnent naissance à de petites chenilles qui pénètrent dans le grain, et après avoir dévoré toute la substance farineuse, se transforment en chrysalides d'où sortent des alucites. Ces insectes pondent une grande quantité d'œufs, et se multiplient souvent d'une manière effrayante. On a recommandé divers procédés pour détruire les alucites ; nous en parlerons aux mots *Animaux nuisibles* et *Grains*.

ALUMINE, *oxyde d'aluminium* (du mot latin *alumen*, alun). L'alumine qui se retire de l'alun est une substance rangée par les chimistes modernes avec les oxydes métalliques ; elle existe dans la nature, à l'état de pureté ; mélangée avec la silice, ou à l'état de combinaison. Sous le premier état elle appartient aux terrains anciens et constitue le saphir, la topaze d'Orient, le rubis ou corindon, substances les plus dures après le diamant ; mélangée avec la silice, elle forme les argiles, substances qui lui doivent la propriété de faire pâte (voy. *Argile*) ; combinée avec l'eau, elle donne l'alumine hydratée ; avec l'acide sulfurique, la potasse ou l'ammoniaque, elle fournit l'alun (voy. *Alun*) ; avec l'acide fluorique et la soude elle donne la *cryolite* ; le feldspath, les kaolins, les terres de pipe, les terres, la tourmaline, etc., contiennent de l'alumine. — L'alumine est blanche, pulvérulente, insipide, inodore, douce au toucher et infusible sans addition ; elle happe à la langue, forme pâte avec l'eau qu'elle retient très fortement sans s'y dissoudre, inaltérable à l'air, se combine avec les acides pour former des sels. La plupart des chimistes considèrent l'alumine comme formée de 2 équivalents d'aluminium et de 3 équivalents d'oxygène, ou en poids de 100

d'aluminium et de 87,7 d'oxygène. L'alumine naturelle a une densité considérable qui s'élève à 3,9 ; on s'en sert à cause de cette propriété pour polir les pierres précieuses et les glaces. On utilise à cet usage le corindon opaque qui prend alors le nom d'*émeri*.

ALUMINIUM (*métal terreux*). C'est un des corps les plus répandus à la surface du globe : son oxyde (alumine), combiné à l'acide silicique et à une certaine quantité d'eau, forme les argiles. Le silicate d'alumine combiné avec d'autres silicates constitue des minéraux nombreux, dont les plus importants sont la feldspath et le mica qui entrent dans la composition des granites, c'est-à-dire des roches primitives qui forment toute la croûte intérieure du globe accessible à nos moyens d'observation. Le nom d'*aluminium* donné à ce métal lui vient de l'*alun* qui est un sulfate double d'alumine et de potasse. On prépare l'aluminium en décomposant par le potassium le chlorure d'aluminium anhydre. Il se présente sous la forme d'une poudre grise qui prend sous le brunissoir un éclat métallique. L'aluminium chauffé au contact de l'air prend feu. Les acides étendus dissolvent l'aluminium avec dégagement d'hydrogène, ainsi l'aluminium décompose l'eau en présence des acides.

ALUN, *alumen*. C'est un sel double formé par la combinaison du sulfate d'alumine avec le sulfate de potasse ou avec le sulfate d'ammoniaque. On le nommait autrefois *vitriol d'argile* ou *alumine vitriolée*. Il est tout à la fois le produit de la nature et le produit de l'art. — L'alun naturel que les minéralogistes désignent sous le nom d'*alumine sulfatée alkaline*, ne s'est présenté jusqu'alors, et en petite quantité, que sous forme d'efflorescences ou de petites masses fibreuses et concrétionnées que l'on rencontre sur les roches alunifères, telles que le schiste, la pierre d'alun, la houille, l'argile schistoïde et le schiste bitumineux. — L'*alumine sulfatée fibreuse* ou *alun de plume* est en filaments soyeux, parallèles, d'un blanc éclatant et assez semblable à l'amiante ; on le rencontre souvent dans des lieux évidemment volcaniques, tels qu'à la solfatare de Pouzzoles, dans le cratère de volcans, dans les îles Eoliennes et dans certaines eaux minérales. — L'alun artificiel que l'on fabrique par millions de kilogrammes se présente en masses plus ou moins considérables, inodores, incolores, d'une saveur douceâtre et astringente, rougissant la teinture de tournesol, solubles dans l'eau froide ou chaude, cristallisant en octaèdres. Quand on les soumet à la chaleur, il éprouve d'abord la fusion aqueuse, mais il perd ensuite son eau de cristallisation et se transforme alors en une matière légère très spongieuse et très friable, connue sous le nom d'*alun calciné*. On prépare ordinairement l'alun avec les schistes alumineux. On les expose à l'air en les arrosant de temps en temps pour que l'oxydation se fasse spontanément; la pyrite de fer qui s'y trouve absorbe l'oxygène de l'air, et se change en sulfate de fer et en acide sulfurique. Cet acide se combine, à mesure, avec l'alumine du schiste et forme du sulfate d'alumine. On le prépare encore en attaquant des argiles par l'acide sulfurique; on ajoute du sulfate de potasse ou du chlorure de potassium, et on laisse refroidir les liqueurs, en les agitant continuellement. L'alun se précipite sous la forme de petits cristaux grenus, qu'on purifie par de nouvelles cristallisations. — On distingue dans le commerce quatre variétés d'alun : 1° l'*alun de Roche* du nom de la ville de Roche en Syrie, est en grosses masses transparentes, à cassure vitreuse; 2° l'*alun de Rome* en petits fragments cubiques recouverts d'une poudre rosée, formée d'oxyde de fer et de sous-sulfate d'alumine et de potasse; 3° l'*alun du levant* en morceaux irréguliers rougeâtres; 4° l'*alun d'Angleterre* en gros fragments blanchâtres, à cassure grasse. — Les usages de l'alun sont extrêmement multipliés. Dans les arts, le teinturier l'emploie comme mordant, le fabricant de chandelles pour donner au suif plus de consistance, le papetier pour confectionner sa pâte, etc. En médecine on l'emploie comme astringent et comme caustique léger, dans ce dernier cas, on le préfère *calciné*.

ALVÉOLE, du latin *alveus*, niche. Ce mot désigne en histoire naturelle les petites cavités destinées à recevoir certains objets; telles sont les alvéoles des dents, (voy. *Dents*), qui sont creusées dans les os des mâchoires. On nomme également *alvéoles* les petites loges ou cellules que construisent les abeilles et dont la réunion constitue les gateaux de cire et de miel. (Voy. *Abeilles*.) Les botanistes donnent quelquefois le nom d'*alvéoles* aux petites loges qui renferment les semences.

ALVIANO (Barthélemy), célèbre général vénitien, remporta plusieurs avantages sur les troupes de l'empereur Maximilien. Il prit Cadore, Gorice et Trieste. Il fut moins heureux contre les Français, et perdit la bataille d'*Agnadel* (1509), où il partageait le commandement

avec le comte Petigliano, et où il fut fait prisonnier. Il recouvra sa liberté par le traité de Blois, conclu entre la France et la République de Venise (1513), et deux ans après, contribua au gain de la bataille de Marignan, remportée par François Ier. Il mourut peu de jours après au siége de Brescia. A la gloire des armes Alviano joignit celle des lettres, et fut lié avec les hommes les plus éminents de son époque.

AMADOU. C'est d'un champignon, le *boletus igniarius*, que provient l'amadou. (Voy. *Bolet*.) Ce bolet, qui croît sur le tronc des vieux chênes, des ormes, des bouleaux, etc., a son chapeau formé d'une substance molle, fongueuse, douce au toucher, et recouverte d'une écorce calleuse

et blanchâtre. On le rencontre communément dans les grandes forêts où on laisse aux arbres le temps de vieillir. C'est généralement au mois d'août et de septembre qu'on le récolte. Pour préparer l'amadou, on sépare la substance fongueuse de son écorce, et on la coupe en tranches minces que l'on bat au marteau pour l'assouplir; on fait ensuite bouillir ces tranches dans une forte lessive de nitrate de potasse; puis, après les avoir fait sécher, on les bat de nouveau et on les remet une seconde fois dans la lessive. En remplaçant la lessive de nitrate de potasse par une dissolution de chlorate de potasse, dans la préparation de l'amadou, il acquiert au plus haut degré la propriété de s'allumer rapidement.

AMAIGRISSEMENT. On nomme ainsi un état de l'économie caractérisé par une diminution graduelle du volume du corps. (Voy. *Maigreur* et *Embonpoint*).

AMALARIC, roi des Visigoths, était fils d'Alaric II, tué par Clovis à la bataille de Vouillé. Il succéda à son grand-père, Théodoric, en 526. Ayant fait un traité d'alliance avec Clovis, roi des Francs, il épousa sa fille Clotilde; mais cette union ne fut pas heureuse : Amalaric se livra envers son épouse aux plus cruelles violences, et voulut la contraindre à embrasser l'arianisme. Clotilde, désespérée, envoya à son frère, Childebert, roi de Paris, un mouchoir teint de son sang. Celui-ci marcha contre son beau-frère, le défit et lui enleva le Languedoc (531). Amalaric fut tué peu de temps après.

AMALASONTHE, reine des Ostrogoths, célèbre par ses talents et ses malheurs, était fille du grand Théodoric; elle épousa Euthéric, jeune prince de sa famille, qui mourut en lui laissant un fils nommé Athalaric. Théodoric mourut après avoir appelé son petit-fils à lui succéder au royaume d'Italie, sous la tutelle de sa mère. Cette sage princesse, qui brillait autant par ses vertus que par son savoir, poursuivit le projet de son père de fondre en un seul peuple les Romains et les Goths vainqueurs, et elle s'efforça de rendre son fils capable de continuer son œuvre; mais ce jeune prince, profitant mal des conseils de sa mère, s'adonna à la débauche et aux plaisirs barbares de ses compatriotes. Amalasonthe, prévoyant le sort qui attendait le royaume de Théodoric, hésitait si elle devait contracter un nouveau mariage ou déposer son pouvoir entre les mains de l'empereur d'Orient, lorsque Athalaric mourut des suites de ses débauches (534). Elle partagea alors son trône avec Théodat, son cousin, qu'elle aurait même épousé, suivant quelques auteurs; mais elle ne tarda pas à s'en repentir. A quelques talents réels Théodat joignait une ambition effrénée et un caractère méprisable. Il voulut bientôt régner seul et fit enfermer Amalasonthe dans un château, où la malheureuse princesse fut étranglée peu de temps après (535). Sa mort fut vengée par Justinien.

AMALEC, petit-fils d'Esaü, donna son nom aux Amalécites.

AMALÉCITÉS. Ce peuple, qui habitait au midi de l'Idumée, se trouve cité en plusieurs endroits de l'Écriture-Sainte. Un de leurs rois attaqua les Israélites après leur sortie d'Égypte; mais Josué le vainquit et massacra une grande partie de son armée. Dieu ordonna aux Israélites d'exterminer les Amalécites. Saül, et après lui David, les combattirent et détruisirent leurs villes; ils furent entièrement exterminés sous Hiskias.

AMALFI, ville du royaume de Naples, située sur le golfe de Salerne, était au 11e siècle l'une des cités républicaines les plus florissantes. Elle fut prise d'assaut, en 1135, par l'empereur Lothaire, et livrée au pillage; c'est alors, dit-on, que fut découvert l'exemplaire précieux des *Pandectes*, conservé dans la bibliothèque de Florence. Au xvie siècle, cette ville fut érigée en duché en faveur d'Octave Piccolomini, l'un des guerriers célèbres de cette époque. Amalfi est aujourd'hui une ville peu considérable, qui compte un peu moins de 3,000 habitants.

AMALGAME. On donne ce nom à l'union d'une substance métallique avec le mercure. Il y a autant d'espèces d'amalgames que le mercure peut former de combinaisons différentes avec les autres métaux; les plus usités sont les amalgames d'or et d'argent; viennent en suite ceux d'étain et de bismuth. Les amalgames sont, en général, liquides quand le mercure est en grande quantité; solides, quand la portion est moindre. Les amalgames liquides ressemblent au mercure, mais coulent plus difficilement; ceux qui sont solides sont toujours cassants et cristallisables. Tous les amalgames sont blancs, décomposables par la chaleur et oxydables à l'air. (Voyez *Mercure*).

AMALTHÉE. La mythologie donne ce nom à la chèvre qui allaita Jupiter dans l'île de Crète, et que ce dieu, par reconnaissance, plaça dans le ciel, où elle forme une constellation. Une des cornes d'*Amalthée* devint la corne d'abondance, célébrée par les poètes.

AMAN. Voyez *Esther*.

AMANDE ET AMANDIER. On donnait autrefois le nom d'*amande* au seul fruit de l'amandier; mais aujourd'hui les botanistes ont étendu ce nom à cette partie importante de la graine renfermée dans l'épisperme ou tégument propre de cette graine. (Voyez *Graine*).

L'AMANDIER (*amygdalus communis*) est un bel arbre de la famille des rosacées, originaire de l'Asie et du nord de l'Afrique ; mais parfaitement acclimaté dans le midi de l'Europe. C'est d'Espagne, d'Italie, de Barbarie et des provinces méridionales de la France que viennent les amandes les plus estimées. On connaît plusieurs variétés d'amandiers que l'on multiplie par semences. Le fruit de l'amandier est oblong,, c'est une espèce de noix dont le brou est mince et coriace, et dont la partie ligneuse renferme une semence blanchâtre, enveloppée d'une pellicule jaunâtre. Relativement à leur saveur, les amandes sont douces ou amères. Les premières sont d'un goût agréable, et renferment une grande quantité d'huile, de l'albumine, du sucre et de la gomme ; aussi sont-elles très nourrissantes. On en extrait une huile fort estimée, et principalement réservée pour l'usage de la pharmacie. Elles forment la base des émulsions, de l'orgeat, des lochs, des dragées, des nougats , etc. Les parfumeurs font, avec le résidu, la *pâte d'amande* employée pour adoucir la peau. — Les amandes amères renferment les mêmes principes que les amandes douces ; mais elles contiennent en outre de l'acide hydrocyanique ou prussique (voy. *Acides*), et une huile volatile, jaune, plus pesante que l'eau ; elles ont une saveur et une odeur caractéristiques, qui se trouvent dans les amandes des noyaux de pêches, d'abricots et de cerises. Il serait dangereux d'en manger une trop grande quantité. L'une des variétés les plus remarquables est l'amandier-pêcher , espèce d'hybride du pêcher et de l'amandier. On trouve quelquefois sur la même branche de cette variété, surtout dans les étés chauds, les deux sortes de fruits : les uns gros, ronds , charnus et succulents comme la pêche, mais d'une saveur amère, et seulement propres à être employés en compote ; les autres gros , allongés , n'ayant qu'un brou sec.

AMAR, né à Grenoble, d'une famille distinguée, était avocat au parlement de la province, lorsque arriva la révolution de 1789. Il se fit bientôt remarquer par la véhémence de ses déclamations. En septembre 1792 , il fut nommé député à la Convention, vota la mort de Louis XVI et le rejet de l'appel au peuple. Devenu membre du Comité de salut public, Amar prit part à la condamnation de Brissot, Danton, Buzot, Chabot, Fabre d'Eglantine, Bazire, Rabaut-Saint-Etienne et de beaucoup d'autres hommes qui lui portaient ombrage. Il parvint à se soustraire au sort de ses collègues le 10 thermidor ; mais il fut arrêté le 1er avril 1795, et renfermé à Ham. Il en sortit lors de l'amnistie du 24 octobre, et se trouva

plus tard impliqué dans la conspiration de Babeuf. Il fut acquitté faute de preuves ; et depuis ce temps ne fut plus inquiété. Il mourut à Paris en 1816.

AMARANTACÉES , famille de plantes dicotylédones, à pétales, comprenant des plantes herbacées ou sous-frutescentes, à feuilles alternes ou opposées , à fleurs petites, souvent hermaphrodites , quelquefois unisexuées , en épis, en capitules ou en panicules. Ces fleurs ont un calice monosépale , profondément divisé en quatre ou cinq lobes ; des étamines dont le nombre varie de trois à cinq , et dont les filets sont tantôt libres et distincts, tantôt soudés et monadelphes. L'ovaire est libre, le plus souvent uniloculaire, rarement pluriovulé. Le fruit est une petite capsule s'ouvrant transversalement ou restant indéhiscente. On a divisé cette famille en deux sections : dans la première sont les genres qui ont les feuilles alternes ; dans le seconde sont ceux qui les ont opposées.

AMARANTE (du grec *amarantos*, qui ne se flétrit pas). Ce genre de plantes est le type de la

Amaranthe gigantesque

famille des amarantacées, il appartient à la monoecie pentandrie de Linné. Ses fleurs sont unisexuées, monoïques. Les fleurs mâles ont un périanthe à trois, quatre ou cinq étamines à filets libres. Les fleurs femelles mêlées avec les mâles ont un périanthe pareil et un style tripartite. Les amarantes sont des plantes herbacées, annuelles, dont les fleurs sont en épis composés ou en grappes au sommet des rameaux. Les espèces assez nombreuses de ce genre sont dispersées dans toutes les contrées du globe, particulièrement dans les régions chaudes de l'Asie. On les cultive dans nos jardins comme plantes d'agrément. Nous citerons comme les plus remarquables : l'*amarante queue de renard (A. caudatus)*, haute de 1 mètre, à fleurs cramoisies en longues grappes pendantes ; — l'*amarante tricolore*, à fleurs vertes, se distingue par ses grandes feuilles tachées de jaune, de rouge et de vert ; — l'*amarante gigantesque (A, speciosus)*, qui atteint 5 pieds de hauteur, a des fleurs pourprées agglomérées le long des rameaux. — La beauté sombre et sévère des amarantes les avait fait consacrer aux morts par les anciens, qui les portaient en signe de deuil et les plantaient autour des tombeaux. — La fleur de l'amarante était aussi le symbole de l'immortalité.

AMARINER, terme de marine qui signifie habituer un homme ou un équipage à la mer. Dans son acception la plus étendue, *amariner un vaisseau*, c'est le pourvoir de marins; mais dans le sens d'un vaisseau ennemi capturé, sur lequel on envoie une partie de l'équipage du navire capteur, pour en prendre possession.

AMARRER. *Amarrer un vaisseau*, c'est le mettre en état de ne pas être entraîné par les vents, la marée ou le courant, soit en mouillant ses ancres, soit en portant ses amarres sur un autre vaisseau. On amarre ordinairement les bâtiments dans le port avec des câbles qu'on nomme *câbles d'amarrage* ou *amarres*.

AMARYLLIS, genre de plantes de la famille des narcisses de Jussieu, de l'hexandrie monogynie de Linné. Robert Brown en a fait le type de sa famille des *amaryllidées*, dans laquelle il a réuni tous les narcisses de Jussieu qui ont l'ovaire infère. Les amaryllis présentent pour caractères un calice monosépale, infundibuliforme, coloré, dont le limbe est à six divisions souvent inégales, six étamines libres, style terminé par un stigmate trifide, capsule triloculaire, polysperme. Toutes les plantes de ce genre ont la racine bulbifère, une hampe terminée par une ou plusieurs fleurs très grandes, qui sortent d'un spathe monophylle. La plupart des espèces sont originaires de l'Inde, de l'Amérique méridionale ou du cap de Bonne-Espérance. On en cultive un grand nombre comme plantes d'ornement, — telles sont : l'*amaryllis croix de Saint-Jacques (A. formosissima)*, de l'Amérique australe, dont les fleurs bilabiées, d'un rouge pourpre, figurent à peu près les épées rouges brodées sur les habits des chevaliers de Saint-Jacques de Calatrava. — L'*amaryllis à fleurs roses* ou belladone d'automne, dont la hampe, de 6 à 7 décimètres de hauteur, porte à son extrémité huit à douze grandes fleurs campanulées, odorantes. — L'*amaryllis jaune* à fleurs jaunes.

AMASIE ou **AMASIEH**, ville de la Turquie d'Asie située sur l'Iékil-Ermak, au pied des monts Djanik. Cette ville, grande et bien bâtie, est importante par son commerce qui consiste en grains, en laines fines, garances, soies, toiles peintes, etc. La ville est entourée de murs et dominée par un château fort bâti sur un rocher. Elle possède des colléges, des caravansérails, des bains et une belle mosquée bâtie par ordre de Bajazet. Parmi les 35,000 habitants d'Amasie il y a des Grecs, des Arméniens et des Juifs, mais l'élément turc domine. Les femmes y sont d'une beauté remarquable. Amasie est la patrie du géographe Strabon et du sultan Selim Ier.

AMASIAS, 8e roi de Juda (839-810 av. J.-C.), était fils de Joas. N'étant pas resté fidèle au culte du vrai Dieu, il fut battu et fait prisonnier par le roi d'Israël. Il lui livra les trésors du temple pour racheter sa liberté; mais il n'en jouit pas longtemps et fut assassiné par ses sujets.

AMASIS, roi d'Égypte, fut d'abord premier ministre d'Apriès qu'il détrôna; mais sa justice et ses talents firent bientôt oublier son usurpation. Il fit alliance avec les Grecs, leur permit de s'établir dans ses États et de s'y gouverner par leurs propres lois, et fit fleurir le commerce. Il fut obligé de payer tribut à Cyrus; mais ayant refusé de rendre le même hommage à son fils Cambyse, celui-ci envahit ses États. Amasis mourut l'an 525 avant J.-C.

AMAS. On désigne sous ce nom le gisement des matières minérales qui se trouvent intercalées en masses plus ou moins irrégulières dans les autres terrains. C'est ainsi que l'on rencontre, dans les anciens terrains de la Scandinavie, un grand nombre d'amas de fer oxydulé et de cuivre pyriteux. (Voyez *Dépôt* et *Gisement*).

AMAUROSE (du grec *amauros*, obscur) Ce mot désigne une espèce particulière de cécité, due à une lésion de l'appareil nerveux optique. Les altérations les plus communes sont celles que présente le nerf optique, tantôt lié dans son tissu, tantôt comprimé ou atrophié par des tumeurs molles ou osseuses développées dans le voisinage. Quelquefois, cependant, l'amaurose provient d'une altération de la rétine, décollée de la choroïde, offrant des traces d'inflammation ou devenue cartilagineuse et osseuse. Parmi les causes de cette maladie, celles qui semblent porter directement leur action sur la rétine et le nerf optique, sont les inflammations des diverses parties constituantes du globe oculaire, une application soutenue de la vision à la lueur d'un feu éclatant, l'impression prolongée d'une vive lumière, le contact de gaz irritants; les commotions de la tête et les coups portés directement sur l'œil. Les passions violentes, les affections tristes, les névroses et l'apoplexie déterminent quelquefois cette maladie. Certains individus semblent avoir des dispositions toutes particulières à l'amaurose. Le docteur Ben, célèbre oculiste de Vienne, a vu des familles entières devenir amaurotiques à un âge fixe; selon lui, sur trente personnes atteintes d'amaurose, vingt-neuf avaient les yeux bruns ou noirs. L'influence de l'hérédité est incontestable. L'amaurose peut être subite ou, ce qui est plus habituel, elle s'établit lentement. Elle peut n'affecter qu'un œil, mais le plus souvent elle occupe les deux. Enfin, l'affection est totale ou partielle. Dans le premier cas, l'œil malade ou les deux yeux ne sont sensibles à aucun rayon lumineux; dans le second, au contraire, le malade voit une partie de l'objet qu'il contemple, le reste paraît couvert d'un voile gris. En interrogeant la conformation et l'apparence du globe de l'œil, on trouve la pupille ordinairement très dilatée et le fond en est noir; d'autres fois elle est très contractée; quelquefois l'ouverture pupillaire paraît verte, grisâtre ou blanchâtre, parsemée de vaisseaux. —L'amaurose est une des maladies que le médecin combat avec le moins de succès, elle se prolonge quelquefois pendant toute la vie; mais elle n'occasionne la mort que lorsqu'elle est le résultat d'une lésion du tissu cérébral. Le traitement à faire suivre au malade est de le soustraire, autant qu'il est possible, à l'action de la lumière, et s'il y a des signes locaux d'inflammation, d'employer la saignée générale, les applications de sangsues aux tempes, etc. On a souvent obtenu du succès en employant les vésicatoires, les purgatifs, les vapeurs irritantes.

AMAURY, roi de Jérusalem, monta sur le trône à la mort de son frère Baudouin III, l'an 1165. Il passa les huit années de son règne à guerroyer avec le soudan d'Égypte et le sultan d'Alep. C'était un prince courageux et entreprenant, mais dont les belles qualités furent souillées par la cruauté et l'avarice. Il mourut en 1173.

AMAZONES (*fleuve des*). C'est le plus grand fleuve de l'Amérique méridionale; les Espagnols le nomment *Maragnon*. Il est formé de la réunion de deux rivières, le Tangaragua qui descend d'un lac des Andes du Pérou, et l'Ucayala qui descend aussi des Andes, mais sous le nom d'Apurimac. Ces deux affluents, en se réunissant sous 1°25' de latitude sud, forment l'immense fleuve des Amazones, qui traverse l'Amérique méridionale sur un espace de plus de 30° de longitude, ou plus de 700 lieues, en se dirigeant vers l'est et en recevant plusieurs grandes rivières, surtout le Rio-Negro qui communique avec le Cassiquiari, et par celui-ci avec l'Orénoque. A partir de la source de son premier affluent, jusqu'à son embouchure, l'Amazone a un cours de plus de

Sources de l'Amazone.

1,000 lieues. Ce fleuve s'élargit vers son embouchure au point de devenir un vaste golfe de près de 60 lieues de largeur. Dans la saison des pluies, ses eaux débordent et le font ressembler à une vaste mer. Des forêts de roseaux et d'arbres s'élèvent sur ses rives et servent de retraite à des

bêtes féroces et à des reptiles d'une grosseur prodigieuse, tandis que ses eaux sont peuplées de
crocodiles, de tortues et d'un grand nombre de
poissons. Plusieurs îles couvertes d'une belle végétation sortent de ses eaux comme des corbeilles
de verdure. La marée remonte le courant de ce
fleuve jusqu'à une distance de 150 lieues de la
mer et, dans les hautes marées, le flux file le
long des bords avec une force irrésistible et un
fracas effrayant, renversant tout ce qui s'oppose
à son passage. — Orellana, un des premiers
Espagnols qui, au xvie siècle, explorèrent le cours
de ce fleuve, raconta, dans la relation de son
voyage, qu'il avait observé sur ses bords une nation de femmes belliqueuses, ce qui fit donner
au fleuve le nom de rivière des Amazones. Mais
les voyageurs qui ont exploré ces rives après
Orellana n'ont pas retrouvé ces fameuses guerrières.

AMAZONES (du grec *a mazos*, sans mamelle).
Les Amazones étaient un peuple de femmes guerrières, se perpétuant sans mariages réguliers,
sans unions suivies, et tout-à-fait indépendantes
de l'autre sexe. Les légendes des anciens distinguent deux peuples d'Amazones : les *Amazones
d'Afrique* et les *Amazones d'Asie*. Les premières
subjuguèrent les Atlantes, les Numides, les Ethio-
piens, et s'établirent aux environs du lac Tritonis
où elles fondèrent une ville. Elles furent exter-
minées par Hercule, longtemps avant la guerre
de Troie. — Les Amazones d'Asie, plus célèbres
que les premières, conquirent une grande partie
des côtes occidentales et septentrionales de l'Asie
mineure et s'établirent sur les bords du Thermo-
don, dans la Thémiscyrène. Elles furent battues
par Thésée, dans l'Attique, et figurèrent dans
la guerre de Troie comme auxiliaires du roi
Priam. Leur reine était alors Penthézilée. Il est
aussi parlé des Amazones dans l'histoire de Cyrus
qui, dit-on, perdit la vie dans une bataille contre
la reine Tomyris. Ces femmes guerrières, au dire
de la fable, brûlaient la mamelle droite à leurs
filles dès l'instant de leur naissance, afin qu'elles
pussent mieux tirer de l'arc. On ne peut voir dans
l'histoire des Amazones qu'une fiction poétique,
comme presque tout ce que l'antiquité raconte.
Quelques auteurs ont pensé trouver l'origine du
mythe des Amazones dans ces représentations
emblématiques de dieux hermaphrodites, représentés avec une mamelle d'homme et l'autre de
femme, si fréquentes encore aujourd'hui dans les
temples de l'Inde. —L'histoire fait mention d'un
grand nombre de femmes fortes et hardies qui
combattaient comme les hommes et, sans compter

Tomyris, Penthézilée et Thalestris, qui sont sans
doute fabuleuses, on peut citer beaucoup d'héroïnes qui se sont distinguées dans les batailles.
Du temps des croisades, on vit des femmes chrétiennes partager avec leurs maris les fatigues et
les dangers. — Marguerite d'Anjou, femme de
l'infortuné Henri VI, roi d'Angleterre, donna des
marques d'une valeur héroïque en combattant elle-
même dans dix batailles pour délivrer son mari.
Avant elle, la célèbre comtesse de Montfort, en
Bretagne, défendit l'épée à la main ses États envahis par son compétiteur Charles de Blois. Non-
seulement elle soutint deux assauts sur la brèche
d'Hennebon, armée de pied en cap; mais elle
fondit sur le camp des ennemis, à la tête de cinq
cents hommes, y mit le feu et le réduisit en
cendres. Les exploits de Jeanne d'Arc et de Jeanne
Hachette sont des faits connus de tout le monde.
Il n'est point de nation qui ne se glorifie d'avoir
de pareilles héroïnes.

AMBASSADEUR (*ambasciator*). On donne
ce nom au représentant d'une puissance auprès
d'une autre puissance; c'est l'agent le plus élevé en
rang, accrédité à une cour étrangère, ou qui est
momentanément envoyé vers elle. Les grandes
puissances ont seules des ambassadeurs, et il est
rare que les petites en reçoivent. Les ambassadeurs sont ou *ordinaires*, c'est-à-dire à résidence, ou *extraordinaires* quand ils sont envoyés pour une mission spéciale. On a toujours
considéré l'ambassadeur comme représentant la
personne même du souverain, et comme ayant
droit par conséquent à de grands honneurs.
L'ambassadeur occupe une position privilégiée
dans le pays où il est envoyé. Sa personne est
inviolable, et plus inviolable que celle d'un simple particulier, car l'injure qui lui serait faite
rejaillirait sur le souverain qu'il représente et
compromettrait la sûreté des deux nations. On a
agité la question de savoir si l'ambassadeur devait
jouir de l'exemption de la juridiction du pays où
il est envoyé. La plupart des anciens publicistes
ont résolu la question d'une manière affirmative.
Montesquieu dit dans l'*Esprit des lois* : « Les
ambassadeurs sont la parole du prince qui les
envoie, et cette parole doit être libre. Aucun
obstacle ne doit les empêcher d'agir. Ils peuvent
souvent même déplaire, parce qu'ils parlent pour un
homme indépendant. On pourrait leur imputer
des crimes, s'ils pouvaient être punis pour des
crimes; on pourrait leur supposer des dettes,
s'ils pouvaient être arrêtés pour des dettes. Un
prince, qui a une fierté naturelle, parlerait par
la bouche d'un homme qui a tout à craindre. »

— Les ambassadeurs du pape se nomment *nonces*, et avaient autrefois le titre de légats *a latere*. (Voyez *Légats*.) En France, et dans quelques autres États, ils ont le pas avant les autres membres du corps diplomatique. On appelle *internonce* l'ambassadeur d'Autriche près la Porte-Ottomane. L'usage des ambassades est aussi ancien que le sont les relations des différents peuples entre eux. On le trouve en Orient, chez les Hébreux, les Perses, etc. Le sénat romain eut souvent à recevoir des ambassades, et la solennité des audiences se mesurait sur l'importance de ceux qui les lui envoyaient. Les ambassadeurs romains jouissaient au dehors de la plus haute considération. Au moyen-âge, les ambassadeurs ou *legati* n'étaient envoyés qu'en mission, et ce n'est que dans les derniers siècles que prévalut, chez les nations policées, la mesure d'entretenir à résidence, dans diverses cours, des agents supérieurs chargés du patronage des sujets de leur pays, et d'une certaine surveillance politique au profit de leur gouvernement.

AMBERG, ville de Bavière située sur la rivière de Vils, ancienne capitale du Haut-Palatinat. Cette ville assez bien bâtie renferme environ 7,000 habitants. Elle possède quelques monuments remarquables, parmi lesquels nous citerons le château royal, les églises St-George et St-Martin, l'arsenal, etc. Elle possède également un gymnase, une école normale et une bibliothèque. Sa fabrique d'armes donne annuellement 12,000 fusils. — Le 24 août 1796, le général Jourdan éprouva à Amberg un échec qui entraîna la perte de la bataille de Wurtzbourg.

AMBIDEXTRE. Ce mot, qui peut se traduire par *adroit des deux mains*, désigne l'homme qui se sert avec une égale facilité de la main gauche et de la main droite. Les singes sont ambidextres, et l'homme devrait l'être; c'est à un défaut d'éducation et non d'organisation que nous devons de n'être pas aussi habiles de la main gauche que de la main droite. Les personnes chargées de l'éducation des enfants, par suite d'une habitude dont on n'entrevoit pas la raison, empêchent chez eux l'exercice égal des deux mains. De là résulte pour la main qui est le plus souvent exercée, un plus grand développement de force et même de volume, et il résulte de cette détestable habitude, que l'homme est obligé à une longue étude pour redevenir ambidextre, et pour faire de sa main gauche l'usage qu'en font tout naturellement plusieurs animaux. L'ambidextie offre cependant d'immenses avantages dans la pratique des arts manuels; il est même certaines professions dans lesquelles on ne peut exceller sans cette condition; ainsi, dans les opérations chirurgicales, il est parfois indispensable d'employer les deux mains, il en est de même dans l'art vétérinaire. — La main droite n'est donc plus forte que la main gauche que par suite de l'exercice qui a été refusé à celle-ci, et il est bien évident, quoi qu'on en ait dit, que l'enfant apporte en naissant une égale aptitude à se servir des deux mains. Une des preuves les plus convaincantes que la nature n'a pas réservé seulement à la main droite la force et l'adresse, c'est que chez certains hommes, et surtout parmi ceux qui se livrent à l'escrime, on remarque souvent pour leur force ceux que l'on nomme gauchers. On voit d'ailleurs tous les jours des personnes qui, ayant perdu la main droite, acquièrent par l'habitude une grande habileté de la main gauche. Il est donc à désirer que l'on repousse ce préjugé ridicule, qui fait croire qu'il est plus poli ou plus commode de se servir exclusivement de la main droite.

AMBIGU. On donne ce nom, dans l'art culinaire, à un repas où tous les services paraissent en même temps sur la table et sont confondus en un seul. L'ambigu ne se sert ordinairement que comme collation, dans les bals ou les fêtes où le repas n'est pas la principale affaire, mais simplement un accessoire à d'autres plaisirs.

AMBITION. L'ambition est cette passion qui nous pousse à étendre continuellement la sphère de notre pouvoir. C'est le besoin de se faire un nom, de s'élever, de jouer un rôle; c'est un désir immodéré de pouvoir et d'honneurs. Renfermée dans de justes limites, l'ambition peut devenir un levier puissant pour accomplir de grandes et belles choses; et, comme l'a dit Homère: S'élever en vertu au-dessus de ses semblables, telle est la véritable, la plus noble ambition. Mais lorsqu'elle est le produit de l'égoïsme et d'une soif immodérée de gloire et de domination, elle devient l'un des fléaux les plus redoutables de l'humanité, et le plus souvent aussi un instrument de chute pour celui qu'elle dévore. C'était une noble ambition que celle qui faisait consacrer par Thucydide son histoire aux siècles à venir; qui poussait Socrate à braver des prêtres superstitieux pour établir une saine morale; qui excitait Marc-Aurèle à faire asseoir la philosophie sur le trône, et saint Vincent de Paul à fonder des hôpitaux. Mais que dire de celle qui poussait Érostrate à brûler le temple d'Éphèse, l'une des merveilles du monde, pour se faire un nom; de celle de Timour, qui s'éleva des monuments avec des têtes humaines; de celle enfin de la plupart des conquérants qui ont embrasé le monde. Quelques-uns, il est vrai, ont fait tourner au profit de la civilisation leur soif de conquêtes; mais c'est le plus petit nombre. L'ambition a du reste cela de commun avec les autres passions, qu'elle promet le bonheur et ne le donne jamais. L'ambitieux n'est jamais satisfait, ses désirs croissent avec sa fortune, tout ce qui est plus élevé que lui le fait paraître petit à ses propres yeux, il est moins flatté de laisser tant d'hommes derrière lui que rongé d'en avoir encore qui le précèdent, il ne croit rien avoir s'il n'a tout. — Presque toujours les ambitieux sont punis par une chute éclatante; l'histoire nous en donne mille preuves terribles. Cyrus périt victime d'une femme, comme Pyrrhus qu'une tuile écrase au sein du triomphe; Philippe périt sous les coups d'un assassin, son fils Alexandre meurt à la fleur de l'âge, avant d'avoir pu accomplir ses projets. César tombe sous le fer de ses anciens amis; Cromwell n'ose plus se coucher que couvert d'une cuirasse. Charles XII perd en une seule journée le fruit de toutes ses conquêtes, et, plus près de nous, Napoléon termine sa carrière gigantesque sur un rocher de l'Océan! Ce n'est pas ainsi que moururent Louis XII, le père du peuple; Washington, le fondateur d'un État libre, et tous ceux dont la noble ambition a été de faire le bien de l'humanité.

AMBLE. Presque tous les quadrupèdes marchent ou courent, en faisant succéder au mouvement du pied de devant le mouvement du pied de derrière du côté opposé. L'ours et la girafe sont peut-être les seuls dont l'allure soit différente; en effet, ils marchent en levant les deux jambes du même côté, puis les deux autres et ainsi de suite alternativement. C'est ce mode de progression que l'on désigne par le mot *amble*. Chez le cheval, cette allure est plus basse que le pas, mais beaucoup plus allongée. L'amble est la première allure des poulains quand ils s'élancent dans la prairie; mais elle est bannie des manéges. On donne aux chevaux qui vont l'amble le nom de *haquenée*. C'est au reste un signe de faiblesse, car les vieux chevaux commencent à ambler sur leurs vieux jours, parce qu'ils ne peuvent plus soutenir les autres allures.

AMBOINE, une des îles Moluques et l'une des plus importantes, a 20 lieues de long sur environ 3 de large. Elle est divisée par un bras de mer en deux parties, qui communiquent par l'isthme de Baguala. Amboine a un climat chaud, un sol argileux bien arrosé et hérissé de montagnes boisées principalement dans l'est. Sa principale richesse consiste dans les girofliers dont les Hollandais, auxquels appartient l'île, se sont réservé le monopole. Ses autres productions sont le maïs, l'indigo, la patate, le sucre, le café, etc. Les forêts sont composées des plus beaux arbres du tropique. On lui attribue une population de 50,000 âmes, la plupart de race malaise. Les Alfous, race indigène, ont été refoulés dans l'intérieur, où ils conservent en partie leurs mœurs sauvages. La capitale de l'île est Amboine, située au fond de la baie qui divise les deux parties de l'île; elle a 7,000 habitants; elle est commerçante et possède quelques monuments dignes de remarque, tels que l'hôtel-de-ville, les bazars, l'hôpital et les deux églises. Des canaux et des ruisseaux passent par les rues comme dans les villes de Hollande.

AMBOISE, petite ville d'Indre-et-Loire, ancienne capitale de la Basse-Touraine, est assez mal bâtie; elle se compose de deux grandes rues et de plusieurs rues transversales très étroites. Elle a un pont sur la Loire et est dominée par un château fort défendu par des tours et un large fossé. Dans ce château naquit et mourut

Charles VIII. De la plate-forme de sa grande tour l'œil découvre un des plus magnifiques sites

de la Loire. On y remarque aussi l'église de Saint-Denis, bâtie par saint Martin ; la chapelle de Saint-Florentin, et les curieux souterrains taillés dans le roc et connus sous le nom de *greniers de César*. On y compte 4,615 habit.

Conjuration d'Amboise. — Amboise est célèbre surtout par la conjuration qui porte son nom. En 1560, les partisans de l'Église réformée, unis aux mécontents de tout genre, tentèrent une conjuration contre François II, Catherine de Médicis, sa mère, et les princes de Guise. Le chef ostensible de ce parti était un nommé Barré de la Renaudie, dit Laforêt ; mais, en réalité, il n'était que l'agent du prince de Condé. Les conjurés s'étaient assemblés à Nantes, et leur dessein était d'éloigner les Guises de la personne du roi, mais sans mauvaise intention contre ce dernier. La cour faisait alors sa résidence à Amboise, et le plan des conspirateurs était d'entrer dans la ville par petits détachements, de s'emparer des portes du château et de se saisir des princes de la maison de Guise à qui l'on en voulait. Mais d'Avenelles, avocat de Paris, révéla l'entreprise. Le duc de Guise put alors réunir quelques troupes à la hâte et les fit cacher dans la forêt voisine, d'où elles tombèrent sur les petits détachements des conjurés à mesure qu'ils se présentaient. La Renaudie fut pris vivant et torturé ; puis son cadavre fut mis à une potence avec cet écriteau : *chef des rebelles*. Il fut ensuite écartelé, et ses membres dispersés par les quartiers de la ville. Un grand nombre de prisonniers, dont plusieurs de noble maison, furent décapités, pendus ou roués, en face même des fenêtres du château, « pour donner quelque passe-temps aux dames qui s'ennuyaient longuement en ce lieu, » dit un historien. L'un d'eux, le baron de Castelnau, ne s'était rendu avec plusieurs de ses amis que sur la parole que lui avait donnée le duc de Nemours qu'il ne lui serait fait aucun mal, et qu'il verrait le roi pour lui présenter sa requête. Mais arrivés à Amboise, ils furent jetés en prison, et comme ils invoquaient la parole donnée au nom du roi, il leur fut répondu par le chancelier Olivier : « Qu'un roi n'est nullement tenu de sa parole à son sujet rebelle ; » et lui et ses compagnons furent exécutés.

AMBOISE (George d'), cardinal, archevêque de Rouen et ministre d'État sous Louis XII, naquit en 1460. D'abord évêque de Montauban, il devint aumônier de Louis XI, et embrassa à la mort de ce prince le parti du duc d'Orléans. Son zèle pour cette cause le fit emprisonner, mais il obtint bientôt sa liberté avec l'archevêché de

Rouen. Lorsque le duc d'Orléans monta sur le trône, en 1498, sous le nom de Louis XII, George d'Amboise devint premier ministre. Le pape Alexandre VI lui envoya le chapeau de cardinal et le nomma son légat en France. Il mérita l'amour du peuple, en diminuant les impôts et en faisant beaucoup d'œuvres charitables. Il persuada à Louis XII de faire la conquête de Milan, qui lui appartenait légitimement comme héritage de Valentine sa grand-mère, et ce projet fut exécuté en peu de temps, l'an 1499. Ensuite, il s'occupa à réformer plusieurs ordres religieux, et eût été infailliblement élevé au trône pontifical, à la mort d'Alexandre VI, s'il n'eût eu un rival puissant dans la personne du cardinal de la Rovère, qui fut élu sous le nom de Jules II. Le cardinal d'Amboise mourut à Lyon, le 25 mai 1510, et, chose rare pour un ministre, le roi et le peuple pleurèrent également sa mort. Un magnifique tombeau lui fut élevé dans la cathédrale de Rouen.

AMBON, espèce de tribune élevée, ayant un escalier de chaque côté, qui, dans les anciennes églises, était placée au-dessus de la grille du chœur, au-devant de la nef, et dans laquelle on montait pour lire l'épître et l'évangile, ou pour

Jubé à Saint-Etienne-du-Mont.

prêcher. L'ambon est souvent appelé *jubé*. On en voit encore de nos jours, dans l'église de St-Etienne-du-Mont à Paris, et dans celle de Saint-Just à Lyon.

AMBRE GRIS. Cette substance qu'on trouve flottante à la surface de la mer ou rejetée sur les côtes de Madagascar, des Moluques, du Japon, etc., se présente en masses opaques et légères, plus ou moins volumineuses, formées par couches, et entremêlées quelquefois de débris de poissons et de becs de seiche. Sa couleur est un gris nuancé de noir et de jaune, elle se ramollit facilement à la chaleur de la main et se liquéfie dans l'eau bouillante. Cette matière brûle avec une vive clarté, en répandant une odeur pénétrante qui rappelle celle du musc. — Une foule d'opinions plus ou moins opposées ont été émises sur la nature de l'ambre gris. Quelques-uns ont pensé que c'était une sorte de bitume élaboré au fond des eaux ; mais l'opinion la plus généralement admise est que cette substance n'est autre chose que des aliments mal digérés, ou un mélange d'excréments et de portions de matières alimentaires retenu dans l'intestin cœcum de l'espèce de cachalot nommée *physeter macrocephalus*. MM. Pelletier et Caventon pensent que l'ambre gris pourrait bien être un calcul biliaire de certains cétacés. — Cette substance s'emploie aujourd'hui en parfumerie comme cosmétique ; on l'employait autrefois en médecine comme antispasmodique.

Ambre jaune. Voyez *Succin.*
Ambre noir. Voyez *Jayet.*

AMBROISE (*Saint*), né vers l'an 340, était fils du préfet des Gaules. Il reçut une excellente éducation, et fit de grands progrès dans l'éloquence. Nommé consul de la Ligurie par Valentinien, il s'efforça de modérer la rigueur des lois romaines et se montra indulgent et secourable au peuple. Aussi fut-il bientôt l'idole des habitants de Milan, où il avait établi le siège de son gouvernement, et lorsque Auxence, évêque de cette ville, vint à mourir, le peuple tout d'une voix le désigna comme son successeur. Ambroise, qui n'était encore que *cathécumène*, fut baptisé et consacré sur le siège de Milan malgré sa résistance. L'arianisme (voyez ce mot) commençait alors à envahir l'Italie, et trouva dans le nouvel évêque un puissant adversaire. Il disposa de ses biens en faveur de l'Église et des pauvres, et s'adonna sans relâche à l'étude des livres sacrés et aux devoirs de l'épiscopat. Il passait une partie des nuits à lire l'Écriture et les Pères, et le jour il était au peuple ; il écoutait les plaintes, donnait des conseils, jugeait les différends, visitait les pauvres et les malades, et le dimanche prêchait au peuple la parole divine. Ambroise montra toujours la plus grande fermeté ; il résista à l'impé-

ratrice Justine, qui voulait établir à Milan des églises pour le culte des ariens. Pendant ce temps, Maxime, général romain, s'était emparé des Gaules et menaçait l'Italie ; saint Ambroise tenta en vain de l'arrêter ; le jeune Valentinien et sa mère fuyaient en Orient, et l'Italie fut bientôt conquise. Maxime parvenu à Rome y releva les autels païens au nom de la tolérance. Ambroise, retiré dans son église de Milan que le vainqueur avait respectée, ne cessa par ses lettres d'appeler Théodose. Ce prince vint alors, renversa Maxime et rendit l'Italie à la famille de Valentinien, ou plutôt à l'Église. Ambroise parut grand, même devant Théodose ; lorsque ce prince eut ordonné le massacre de Thessalonique, le saint évêque osa seul élever la voix pour invoquer les droits de l'humanité, et lorsqu'il apprit que ce massacre avait été exécuté, il lui refusa l'entrée de son église jusqu'à ce qu'il eût fait pénitence. Il assista ce prince dans ses derniers moments et prononça son éloge funèbre. Saint Ambroise mourut en 397, pleuré par le peuple de Milan et vénéré dans toute l'Italie. Il a laissé plusieurs ouvrages, dont un traité *des devoirs des prêtres.*

AMBROISIE (du grec *ambrosia*, nourriture des immortels, ou rendant immortel). L'ambroisie était la nourriture des dieux, comme le nectar était leur breuvage. Cependant les anciens ne sont pas toujours d'accord sur la nature de cette substance. Suidas et Ibycus, d'après Athénée, en font un aliment solide, plus doux que le miel ; Homère en fait une liqueur rouge, répandant un parfum exquis (Iliad., t. £8), et il nous montre Junon s'en parfumant le corps, quand elle s'arme de tous ses attraits pour fixer son inconstant époux. L'ambroisie donnant l'immortalité à quiconque en goûtait, elle était refusée aux humains (Odyss., v. 93). Non-seulement cette liqueur embellissait et fortifiait les corps vivant, mais encore elle conservait les corps morts et guérissait les blessures. Homère, dans l'Iliade, nous montre Vénus frottant d'ambroisie le corps d'Hector, et, dans l'Énéide, cette déesse guérit son fils Énée en versant sur sa plaie ce suc réparateur (Æneid. XII, 410). Milton, dans son Paradis perdu, a transporté ces fictions ; il nous y montre les anges se nourrissant du nectar et de l'ambroisie que produit l'arbre de la vie. Nous renverrons, du reste, ceux de nos lecteurs qui voudraient approfondir ce sujet, à la *Dissertation sur le nectar et l'ambroisie*, de Lefranc de Pompignan.

AMBULANCE. On donne ce nom aux établissements temporaires et mobiles formés sur le champ de bataille, et destinés à donner aux blessés les premiers secours que leur état réclame. L'on trouve bien dans les auteurs anciens des traces de quelques institutions destinées à assurer aux blessés un soulagement immédiat; mais ce n'est guère que vers la fin du xvɪᵉ siècle, que l'on trouve des dispositions régulières et méthodiques propres à produire ce résultat. Aujourd'hui, le service de santé militaire est organisé de telle sorte, que lorsqu'une armée entre en campagne elle est pourvue de tout ce qui est nécessaire au service des ambulances, et le soldat blessé peut compter sur une assistance prompte et efficace.— Les ambulances sont de deux sortes, *volantes* ou de *réserve*. Les premières, ainsi que l'indique leur nom, sont celles qui, placées près du lieu d'action, reçoivent immédiatement les blessés et satisfont à leurs besoins les plus pressants; les *ambulances de réserve* établies sur les derrières, approvisionnent les autres et fournissent les moyens d'établir les hôpitaux temporaires. L'approvisionnement des ambulances, qui se compose de linge, d'instruments de chirurgie, de vases destinés aux boissons ou aux liquides des pansements, etc., est transporté sur des fourgons ou des caissons légers, et dans les endroits où les voitures ne pourraient circuler, sur des chevaux de bât; le chirurgien Percy mit le premier en usage des ambulances volantes, c'était alors une voiture légère dans le genre du wurst de l'artillerie, sur laquelle des officiers de santé, munis de médicaments et d'instruments, se portaient sur les points où leurs secours pouvaient être nécessaires; mais elle ne donnait pas le moyen de transporter le blessé et le chirurgien qui le pansait. Ce fut le baron Larrey, l'une des gloires de la chirurgie française, qui apporta cette modification précieuse. Tous les officiers de santé furent mis à cheval, et la voiture, transformée en un caisson léger, bien suspendu et convenablement disposé à l'intérieur, fut réservée au transport des blessés. Les ambulances de réserve se disposent dans les points le plus rapprochés possible de la ligne de bataille, mais toutefois à couvert du feu de l'ennemi. Là, tous les soins nécessaires sont donnés, on pratique les opérations, on fait les pansements et, suivant leur état, on renvoie les blessés à leur corps, ou on les dirige vers l'hôpital sédentaire le plus rapproché. — Le personnel des ambulances se compose d'officiers de santé de tous grades et d'employés de l'administration des hôpitaux militaires. On engageait autrefois des infirmiers pour la campagne; mais, aujourd'hui, il existe des compagnies d'ambulance organisées sur le

même pied que le reste de l'armée; les soldats sont infirmiers, les sous-officiers et officiers remplissent les fonctions d'infirmier-major, à écommis de première et de deuxième classe, enfin d'officiers comptables et de directeurs. Le service de santé se compose d'un chirurgien-major, d'un ou deux aides-majors et de six à huit sous-aides; de plus, d'un ou deux médecins et d'autant de pharmaciens. Tel est le service des ambulances actuellement établi en France, et qui a servi de modèle à plusieurs autres pays.

AME, *anima* des Latins et *pneuma* des Grecs, signifie dans son sens propre et litteral *ce qui anime*, le principe de la vie, l'attribut des êtres animés. Ainsi on dit l'âme humaine, l'âme des animaux, quelquefois même l'âme des plantes pour désigner leur principe de végétation et de vie. Nous voyons dans la Genèse : « Dieu souffla au visage de l'homme un souffle de vie et il devint âme vivante; » et dans un autre passage, « l'âme des animaux est dans le sang. » C'est dans ce sens qu'il faut entendre la définition d'Aristote : « l'âme est la première *entéléchie* d'un corps naturel, organisé, ayant la vie en puissance (*de anima*, lib. 11. c. 1), c'est-à-dire la force par laquelle la vie se développe et se manifeste réellement dans les corps destinés à la recevoir.» — Les anciens philosophes distinguaient plusieurs espèces d'âmes, à chacune desquelles ils assignaient un centre, un siége et des destinées à part. L'une, le *nous* des Grecs et le *mens* des Latins était l'âme raisonnable, le principe pensant; Platon la plaçait dans la tête, elle pouvait seule prétendre à l'immortalité; il distinguait, en outre, l'âme *irascible*, principe de l'activité et du mouvement résidant dans le cœur; et l'âme *appétitive*, source des passions grossières et des instincts physiques, enchaînée à la partie inférieure du corps, et mourant avec les organes. Cette âme matérielle des sens et des organes était le *psuché* des Grecs et l'*anima* des Latins. Plus tard les philosophes scolastiques reconnurent également trois âmes: l'âme végétative, l'âme sensitive, et l'âme raisonnable ou humaine. — Rapporter tout ce qui s'est dit sur l'âme, sur sa substance, sa manière d'être, ses attributs, demanderait des milliers de volumes, car, comme l'a dit Cicéron : Il n'y a pas d'opinion si ridicule qu'il ne se soit trouvé un philosophe pour la soutenir. — Mais qu'est-ce donc que l'âme humaine? On peut définir l'âme humaine par ses facultés et par ses modes, ou par ce qu'elle est en elle même, c'est-à-dire par son essence. Considérée sous le premier point de vue, qui est celui de la psychologie expérimentale, elle est le principe qui sent, qui pense et qui veut ou qui agit librement; c'est elle en un mot qui constitue notre *moi*; car ce fait par lequel nous nous apercevons nous-mêmes, et qui nous rend en quelque sorte témoins de notre propre existence, la conscience enfin, est une partie intégrante, une condition invariable de toutes nos facultés intellectuelles et morales. Ce *moi*, ce principe intelligent, sensible, et libre, a-t-il une existence propre, immatérielle, bien qu'unie étroitement à des organes, ou n'est-il qu'une propriété de l'organisme, quelque fluide très subtil pénétrant de sa substance et de sa vertu les autres parties de notre corps. La première de ces deux solutions appartient aux spiritualistes, et la solution contraire aux matérialistes. A moins d'embrasser le scepticisme, de tout nier, jusqu'à sa propre existence, il faut se déclarer pour l'un ou l'autre parti; il faut confondre ou distinguer le *moi* de l'organisme. Veut-on que le moi soit une partie, un effet, une simple propriété des organes ? on sera matérialiste; soutient-on que le moi et l'organisme sont deux forces, deux formes de l'existence tout à fait distinctes, on rentrera dans le spiritualisme. (Voy. ces mots.) Phérécide fut le premier philosophe grec, qui, considérant l'âme comme une portion de la divinité, la fit éternelle comme son principe. Socrate et Platon regardent l'âme comme l'ouvrage, la création d'un Dieu suprême, et comme conservant son existence individuelle après que le corps cesse d'être animé. Pythagore, Aristote, Zénon, la regardent comme une émanation de la substance divine qui après avoir quitté le corps se réunit à la substance dont elle est une portion séparée. Spinoza a rendu cette opinion plus conséquente avec elle-même en se figurant Dieu comme le principe universel de la vie, existant partout, fractionné de mille manières différentes, et formant en un mot cette âme universelle dont celle de l'homme ne serait qu'une émanation partielle destinée à rentrer au foyer commun. Parmi les philosophes qui ont adopté la doctrine de l'émanation, quelques-uns comme Aristote et Zénon, admettent la réfusion immédiate, mais d'autres, comme Pythagore et Platon, voulaient que l'âme subît une expiation préalable, par la métempsychose ou transmigration de l'âme dans divers corps d'animaux. (Voy. *Métempsychose*.) — On a souvent demandé dans quelle partie du corps l'âme fixait sa demeure. Les philosophes et les médecins se sont montrés très occupés de cette question. Nous avons déjà vu que ceux qui comme Platon et

Pythagore reconnaissaient plusieurs âmes, admettaient pour chacune d'elles un siège différent. Ceux qui se bornaient à une seule âme, la logeaient dans la poitrine ou dans la tête, selon qu'elle passait à leurs yeux pour le principe de la vie animale ou pour une force distincte de l'organisme. Descartes plaçait l'âme dans la *glande pinéale* (voy. *Cerveau*,), d'autres dans le *corps calleux*. Quoi qu'il en soit, on peut dire que son organe le plus immédiat paraît être en effet le cerveau, la partie du tissu cérébral où les principaux nerfs, les plus sensibles viennent aboutir. Les nerfs sont incontestablement les agents par lesquels l'âme reçoit les impressions du dehors, et communique avec le monde extérieur. Entendons bien que ces organes ne servent qu'à lui transmettre les sensations, et que sans l'âme, les sens ne sont rien. Attribuer tout aux nerfs serait tomber dans le matérialisme. Une autre question aussi beaucoup agitée est celle de l'origine de l'âme. De quelle manière pénètre-t-elle dans le corps pour y fixer momentanément sa demeure ? Il existe sur ce sujet plusieurs hypothèses. Les uns ont pensé que notre vie actuelle n'est que la conséquence d'une vie antérieure; que toutes les âmes ont existé avant d'appartenir à ce monde et que chacune d'elles, poussée par une force irrésistible, choisit naturellement le corps dont elle est digne par son existence passée. Ce sentiment qu'on appelle dogme de la préexistence est très répandu en Orient, enseigné par Pythagore, développé par Platon dans ses dialogues, et adopté même par quelques Pères de l'Église. Selon d'autres, Dieu crée une nouvelle âme pour chaque corps sur le point de naître, les pélagiens et les philosophes scolastiques partageaient cette croyance. Une troisième hypothèse soutenue par Tertullien, Luther et Leibnitz, est celle par laquelle toutes les âmes après avoir existé en germe dans notre premier père se propageraient comme les corps par la génération physique. — Pour nous résumer, l'âme est une substance simple et partant indivisible, ce qui tend déjà à prouver son immatérialité; car la matière est divisible. En analysant son action on y reconnaît trois aspects particuliers, trois facultés différentes, qui sont la *volonté*, l'*intelligence* et la *sensibilité*; mais qui jamais n'agissent isolément. Toutes trois se révèlent à la fois dans le fait le plus simple. Ces trois facultés semblent appartenir à l'âme en général, en constituer en quelque sorte la nature. C'est-à-dire que l'âme est susceptible d'être impressionnée, ou de se représenter des objets, ou de se déterminer pour ou contre un objet. Mais il est une autre faculté, celle des abstractions, la faculté de reconnaître le bien et le mal, les causes des effets, la cause première du monde extérieur, c'est-à-dire *la raison*. Cette faculté distingue l'âme humaine de celle des animaux. Car pourquoi refuser une âme aux animaux? ils sont sensibles, ils élaborent des idées, ils se déterminent spontanément : enfin ils ont une nature indépendante de la matière qui n'a ni sensations ni idées, ni volontés. Seulement cette âme est bien plus étroite que l'âme humaine, ou au moins l'imperfection des organes de la bête n'en permet le développement que jusqu'à un point extrêmement limité. (Voy. *Intelligence des animaux*). Ils ne savent distinguer le bien et le mal et les notions de l'être éternel, témoin et juge de nos actions, lui sont évidemment étrangères. L'animal ne se sent pas comme l'homme poussé vers un but, vers une perfection qu'il semble ne pouvoir atteindre ici-bas, et qui lui promet une continuité d'existence franchissant la tombe et lui assurant ailleurs une juste compensation, une récompense, des maux que la loi morale et divine lui ont imposés pendant sa vie. En un mot l'*immortalité* de l'âme, besoin de la raison, consolation du cœur pur. — L'étude de l'âme est l'objet d'une science philosophique particulière, la *Psychologie* (voy. ce mot); elle en étudie les manifestations, en établit les facultés et s'applique à en deviner l'essence.

AME. Dans les instruments de musique, on appelle *âme* un petit cylindre de bois qu'on place debout entre la table et le fond de l'instrument à cordes pour maintenir toujours ces parties dans le même degré d'élévation et communiquer leurs vibrations. La manière dont ce cylindre est placé contribue beaucoup à faire valoir la beauté des sons.

AMÉDÉE. Plusieurs princes de la maison de Savoie ont porté ce nom. (Voy. *Savoie* (Maison de).

AMÉDÉE VIII, comte de Savoie, fut élu pape en 1439, par le concile de Bâle. Il prit le nom de Félix V. Il se démit en faveur de Nicolas V pour apaiser les troubles qu'avait soulevés son élection, et fut créé cardinal. Il mourut en 1451, âgé de 69 ans.

AMELANCHIER, genre de plantes de la famille des rosacées, tribu des pomacées; les caractères principaux sont : calice à cinq dents, corolle à cinq pétales étalés et arrondis; ovaire ayant de deux à cinq loges, fruit oblong, charnu,

couronné par les dents du calice. L'amelanchier commun est un arbre indigène, qui s'élève à huit ou neuf pieds de hauteur, à feuilles ovales arrondies; blanchâtres en dessous; ses fleurs en bouquet, sont grandes, d'un blanc soufré; ses fruits sont d'un bleu noirâtre. On emploie le bois de l'amelanchier pour les petits ouvrage de tour; il est susceptible d'un beau poli. — L'amelan-

chier de Choisy (*cratægus racemosa*) est un arbrisseau de dix à douze pieds, à rameaux rougeâtres, à feuilles oblongues; les fleurs sont moyennes à pétales linéaires et blancs, les fruits sont noirs. Ces plantes se cultivent en terre franche, légère, exposition au nord. On mange confits les fruits de l'amelanchier commun ; leur goût, légèrement acidulé, n'est pas désagréable.

AMÉLIE. Voyez *Marie Amélie*.

AMÉNAGEMENT. L'aménagement consiste à diviser une forêt en coupes successives et à régler l'étendue et l'âge des coupes annuelles de manière à ménager à la fois les intérêts du propriétaire et ceux de la société en général. En effet, non-seulement le propriétaire est intéressé à tirer de son bois le plus grand avantage possible, sans tarir la source de la production pour l'avenir; mais l'intérêt général se trouve aussi engagé dans la question, car l'on sait que la présence d'un bois suffit très souvent pour préserver un pays des influences fâcheuses qui le menacent, soit à cause de sa nature marécageuse, soit à cause du voisinage de plaines ou de côtes sablonneuses, etc. Il est bien difficile d'établir des règles en cette matière ; le grand nombre d'espèces ligneuses, susceptibles de la culture forestière, les anomalies de leur végétation, qui varie pour chacune d'elles, avec le sol, le climat, la culture, le temps que mettent certaines espèces à se développer, et de plus, l'infinie diversité des besoins privés et locaux en font un des problèmes les plus difficiles à résoudre. Toutefois il est certaines considérations qui peuvent guider le propriétaire dans la recherche de la meilleure combinaison pour concilier tous les intérêts. — Il est reconnu que, jusqu'à une certaine limite de maturité, les végétaux ligneux continuent toujours à augmenter de volume, et que cette augmentation est progressivement croissante. Il est donc important de reconnaître l'âge où les bois atteignent leur maximum de maturité ; c'est la période de station entre les périodes de croissance et de décroissance ou de dépérissement. Cette période se manifeste généralement par la faiblesse des pousses qui sont moins allongées, la flèche de la cime devient moins prononcée, et la tête tend à s'arrondir, au printemps les feuilles du sommet ne se montrent qu'après celles des branches inférieures et elles tombent les premières en automne. La durée de ces périodes varie avec la nature des essences, et les bois durs, par exemple, atteignent la période de station longtemps avant les bois tendres. La qualité du terrain influe beaucoup, comme on le pense bien, sur le développement des bois ; ainsi, par exemple, un taillis de chêne planté sur un mauvais sol ne gagne plus que deux à six lignes de hauteur par an, après douze à quinze ans de végétation, tandis que sur un bon terrain il peut encore, au même âge, croître de douze à vingt pouces par année. A l'aide de ces observations, on a établi, suivant les différentes qualités du sol, plusieurs classes de taillis déterminées chacune par le maximum de maturité, et à ces classes se rapportent autant de périodes d'aménagement qui ramènent les coupes à des époques d'autant plus éloignées que le terrain est de meilleure qualité, condition la plus avantageuse de l'aménagement. Nous renvoyons, pour de plus amples détails, au *Dictionnaire des forêts* de M. Baudrillart, et à l'ouvrage de MM. Lorentz et Parade sur *la culture et l'exploitation des bois.*

AMENDE (*menda*, faute), peine pécuniaire infligée pour une infraction aux lois. L'amende a toujours un caractère pénal, même lorsqu'elle est la réparation d'un dommage causé et qu'elle est confondue avec les dépens et dommages-intérêts. En matière criminelle, elle constitue une peine spéciale, du genre de celles qu'on nomme pécuniaires. — Dans l'ancienne jurisprudence française, il y avait des amendes dont la quotité n'était pas déterminée par la loi et qui s'imposaient suivant les circonstances et la prudence des juges ; de nos jours, il n'en est plus ainsi, et le juge ne peut prononcer aucune peine qui n'ait été déterminée par la loi. Seulement, on a laissé à l'application qu'il en fait une certaine latitude, en fixant un maximum et un minimum, que le juge applique suivant qu'il estime le délit ou le crime plus ou moins grave. Dans le Code pénal de 1791 et dans celui *des délits et des peines* du 3 brumaire an IV, la quotité de l'amende était fixée par la moyenne de la valeur d'une journée de travail, que l'on calculait d'après le taux donné dans chaque localité, et que l'on doublait, triplait ou quadruplait selon la nature du délit. Le Code pénal de 1810 rejeta le mode d'évaluation de la quotité de l'amende, d'après le prix du travail et le remplaça par l'indication fixe d'une somme d'argent que le juge peut élever ou abaisser, suivant les circonstances, entre le *maximum* et le *minimum*. — L'amende est une peine fort ancienne, la loi romaine en fit souvent l'application. La confiscation des biens, abolie en France, mais qui existe encore dans certains pays, n'est autre chose qu'une amende. — Tous ceux qui sont condamnés pour un même crime, pour un même délit, sont tenus solidairement des amendes.

AMENDE HONORABLE. C'était une peine afflictive et infamante à laquelle on condamnait les coupables qui avaient causé un scandale public, tels que les sacriléges, les parricides, les séditieux, les faussaires, les banqueroutiers, les sorciers, les hérétiques, etc. Elle consistait en un aveu public que le coupable devait faire du crime pour lequel on l'avait condamné en demandant pardon à Dieu, au roi et à la justice. On distinguait deux sortes d'amendes honorables : l'amende honorable *simple* ou *sèche* se faisait en France, tête nue et à genoux, sans l'intervention du bourreau, à l'audience même, en présence des juges assemblés et des parties offensées. L'amende honorable *in figuris* se faisait à genoux, en chemise, pieds nus, la corde au cou, une torche à la main et le bourreau derrière le coupable, qui portait sur le dos et sur la poitrine deux écritaux où on lisait le crime pour lequel il était condamné; il s'arrêtait sur une place ou devant une église, et là, prononçait à haute et intelligible voix : *Je demande pardon à Dieu, au roi et justice d'avoir,* etc. L'amende honorable était presque toujours suivie du supplice capital ou des galères. Cet usage a été aboli en France et dans tous les États modernes. On entend aujourd'hui par l'expression *faire amende honorable,* l'action de demander pardon d'une offense à un particulier, soit dans sa maison, soit ailleurs, en présence d'un certain nombre de personnes choisies. C'est, en d'autres termes, une réparation d'honneur.

AMENDEMENT. En législation, c'est le changement proposé dans un projet de loi, lors de sa discussion, et qui a pour but de lui donner plus d'extension ou d'en réduire la portée. Sous la restauration, l'initiative du pouvoir législatif, la proposition des lois n'appartenant qu'au roi et à ses ministres, l'amendement était de la plus haute importance, puisque c'était le seul moyen pour les chambres de prendre part à la rédaction d'une loi; mais depuis que l'initiative est devenue commune aux ministres et aux chambres, il a bien perdu de son importance. Un amendement ne doit pas déranger l'économie de la loi, mais s'y adapter, rentrer dans le même cercle d'idées, en corriger les défauts et les imperfections. Une modification proposée à l'amendement est appelée un *sous-amendement.*

AMENDEMENT. En agriculture, amender la terre, c'est la rendre susceptible de produire en plus grande quantité ou en meilleure qualité qu'elle ne pourrait le faire si on l'abandonnait à elle-même. Il ne faut pas confondre l'amendement avec l'engrais : l'engrais est toujours un amendement; mais beaucoup de sortes d'amendements ne sont pas des engrais. Labourer la terre, l'arroser, l'ombrager pendant les grandes chaleurs, ce sont là des amendements. — Les découvertes modernes en physique et en chimie, principalement sur la composition de l'air, ont fait faire à l'agriculture d'immenses progrès, et l'on peut aujourd'hui calculer et préciser l'effet des amendements que l'on employait autrefois, sans se rendre bien compte de leur action. Les amendements agissent sur les différentes espèces de terres en soutirant l'acide carbonique de l'air et en stimulant la végétation d'une part, d'autre part en dissolvant le terreau ou mucilage végétal. — Parmi la nombreuse série des amende-

ments qui réclame l'attention du cultivateur, les plus usités sont : la chaux, la pierre calcaire pulvérisée, le sable, la marne, le plâtre, les cendres de bois, de tourbes, le sel, etc. (Voyez *Engrais* et *Végétation*).

AMENER, terme de marine, qui signifie baisser, abaisser, descendre. On dit amener des voiles, des vergues; amener pavillon; amener à l'ennemi. Quand deux navires se rencontrent en mer, chacun d'eux hisse le pavillon de sa nation. Si les deux nations sont ennemies et qu'un combat s'engage, celui qui est vaincu amène son pavillon pour annoncer qu'il se rend. On a vu de courageux marins préférer se faire sauter devant cette dure nécessité.

AMÉNOPHIS, nom de plusieurs Pharaons ou rois d'Égypte.

Aménophis Ier est peu connu dans l'histoire, on sait seulement qu'il monta sur le trône l'an 1778 avant Jésus-Christ, et régna vingt-un ans.

Aménophis II, fils de Thoutmosis II, fut connu des Grecs sous le nom de *Memnon,* dont

la statue rendait, dit-on, des sons harmonieux au lever du soleil, et fut mise au nombre des sept merveilles du monde. Il étendit son empire jusqu'au cœur de l'Ethiopie d'une part, et de la Scythie de l'autre. C'est lui qui prit Joseph pour ministre, après l'explication des songes. Il monta sur le trône 1687 avant Jésus-Christ, et régna trente ans.

Aménophis III, représenté sur les monuments sous le nom de Ramsès V, est le Pharaon désigné dans l'Exode comme persécuteur des Israélites. Un fragment de Manéthon, conservé par Flavius Josèphe, historien juif, paraît contredire le fait de la destruction de ce Pharaon et de son armée dans la mer Rouge, puisqu'il rapporte qu'il les poursuivit, mais revint à Memphis, craignant de combattre contre la Divinité, et qu'il porta peu de temps après ses armes en Ethiopie. Il régna dix-neuf ans, depuis l'an 1493 avant Jésus-Christ.

Aménophis IV, second successeur du grand Sésostris, est à peine connu. On sait seulement qu'il monta sur le trône 1322 avant Jésus-Christ.

AMENTACÉES. Le célèbre botaniste Tournefort avait créé cette famille, pour les plantes chez lesquelles les fleurs mâles sont généralement groupées en épi ou chaton (*amentum*). Mais les botanistes modernes ont cru devoir répartir les genres qui la composaient dans plusieurs familles distinctes, telles que les *ulmacées*, les *salicinées*, les *bétulinées*, les *muricées*, etc. Cette famille comprenait en général des arbres plus ou moins grands, à feuilles alternes, planes, simples et pétiolées, tels que les bouleaux, les chênes, les ormes, les saules, etc.

AMÉRIC VESPUCE, né à Florence en 1451, fit de bonnes études, et s'adonna principalement à l'astronomie et à la géographie. Il se rendit, en 1490, en Espagne, où l'appelaient des intérêts de commerce, et y séjourna quelque temps. Témoin des honneurs rendus à Christophe Colomb, à son retour des îles Lucayes, il résolut d'aller explorer le Nouveau-Monde, découvert par Colomb. Il partit de Cadix en 1497 avec quatre vaisseaux que lui fournit Ferdinand, roi d'Espagne, découvrit la *terre ferme* et lui donna son nom, qui devint celui du Nouveau-Monde, quoique Colomb l'eût précédé dans cette partie du globe et en eût tracé la route. De brillantes promesses le déterminèrent à entrer au service d'Emmanuel, roi de Portugal. En 1503, il découvrit le Brésil pour ce monarque, et fit par la suite plusieurs voyages au nouveau continent. Il mourut à Séville, en 1512, au retour d'un voyage dans cette partie du globe à laquelle on don-

naît déjà son nom ; mais c'est à tort qu'on l'a accusé d'avoir ravi cet honneur à Colomb, il ne le sollicita jamais, et ne le dut qu'à son caractère honorable et modeste.

AMÉRIQUE. Une des cinq parties du monde et la plus grande après l'Asie. Elle a reçu le nom de nouveau continent, parce que les habitants de l'ancien ne la connaissaient pas avant la fin du XVe siècle. Située entre 36° et 170° de longitude occidentale, et entre 71° de lat. bor. et 54° de lat. austr., les limites de l'Amérique sont au nord l'Océan arctique ou Océan glacial boréal ; à l'est, d'abord l'Océan arctique, ensuite l'Océan atlantique ; au sud l'Océan austral, à l'ouest le grand Océan, ensuite la mer de Berhing, le détroit de ce nom, qui sépare l'Amérique de l'Asie, et plus haut l'Océan arctique. — Ce continent est divisé en deux grandes péninsules, et nous allons examiner chacune d'elles séparément. — L'*Amérique du Nord* se partage naturellement en deux vastes régions presque égales : la première s'étend depuis le pôle arctique au septentrion, jusqu'aux grands lacs du Canada vers le sud, et la seconde, commençant où finit la première, s'étend sur tout le reste du continent septentrional. La région supérieure présente l'aspect d'un immense plateau, légèrement incliné vers le pôle, et partagé entre des marécages et des prairies naturelles que parcourent en tous sens et comme au hasard les courants d'eau qui vont se jeter dans les mers polaires après d'innombrables circuits. Elle comprend l'*Amérique Russe*, le *Groenland* et la *Nouvelle-Bretagne*. La seconde région plus accidentée que la première est parcourue dans toute sa longueur par deux grandes chaînes de montagnes qui la divisent en trois parties inégales. L'une sous le nom d'Alleghanys ou Apalaches suit les côtes de l'Océan Atlantique, l'autre court dans une direction parallèle à l'Océan Pacifique, ce sont les Montagnes-Rocheuses (*rocky mountains*). Entre ces deux chaînes de montagnes s'étend une immense vallée qui descend du sommet des Alleghanys et remonte sans rencontrer d'obstacles jusqu'aux cimes glacées des monts rocheux. Au fond de cette vallée coule le plus grand des fleuves de l'Amérique du Nord, le Mississipi, que les Indiens ont nommé *Mescha Chebès* (le père des eaux). Il prend sa source au sommet du plateau qui sépare les deux vastes régions du continent septentrional et descend vers le sud pour se jeter dans le golfe du Mexique, et séparant en deux le vaste territoire de l'Union, il arrose plus de 800 lieues dans son cours. Ce fleuve majestueux reçoit de toutes parts les eaux qui descendent des montagnes et répand sur son passage l'abondance et la fertilité. Cette région comprend les *États-Unis*, le *Mexique* et la confédération de l'Amérique centrale, ou *république de Guatémala*. Les mers intérieures et les principaux golfes de l'Amérique septentrionale sont : la mer de Baffin, à l'O. du Groenland ; la baie d'Hudson, au nord de la Nouvelle-Bretagne ; le golfe de Saint-Laurent, à l'E. de la Nouvelle-Bretagne ; la baie de Fundy à l'extrémité N.-E. des États-Unis ; le golfe du Mexique au S. de l'Amérique septentrionale ; la mer des Antilles au N. et à l'E. de la république de Guatémala et au N. de l'Amérique méridionale. La partie occidentale de la mer des Antilles se nomme golfe de Honduras. Le Grand-Océan forme sur la côte O. du Mexique la mer *Vermeille*, ou golfe de Californie. — Les presqu'îles de l'Amérique du nord sont : le Labrador entre la baie d'Hudson, l'Océan atlantique et le golfe de St.-Laurent ; l'Acadie ou Nouvelle-Ecosse, entre le golfe de St.-Laurent, l'Océan atlantique et la baie de Fundy ; la Floride au S. des Etats-Unis, entre le golfe du Mexique et l'Océan ; le Yucatan, entre les golfes du Mexique et de Honduras ; la Californie, entre la mer Vermeille et le grand Océan ; la presqu'île d'Alaska, entre la mer de Behring et le grand Océan. — Les détroits les plus importants sont ceux de Davis, à l'entrée de la mer de Baffin ; d'Hudson, à l'entrée de la baie de ce nom ; de Belle-Ile, entre le Labrador et Terre-Neuve ; et le canal de Bahama, entre la Floride et les îles Lucayes. — Les principaux caps sont : le cap Farewell, au S. du Groenland ; les caps Wostenholm, au N.-O., et Charles à l'E. du Labrador ; le cap Hatteras, à l'E. des Etats-Unis ; le cap Agi, au S. de la Floride ; le cap Catoche, au N.-E. du Yucatan ; le cap St.-Lucas, au S. de la Californie ; le cap Alaska, à l'extrémité de la presqu'île de ce nom; le cap Occidental ou du Prince de Galles, sur le détroit de Behring. — Le mont St.-Elie dans l'Amérique russe est un volcan et la plus haute montagne de l'Amérique septentrionale ; il a 5,658 mètres, le Popocatepetl et le pic d'Orizaba dans le Mexique sont aussi des volcans fort élevés. Les lacs sont ceux de l'Esclave et Winipeg dans la Nouvelle-Bretagne, et les lacs supérieurs, Michigan, Huron, Erié, Ontario, qui communiquent entre eux et séparent au nord les Etats-Unis de la région supérieure. C'est entre les deux derniers lacs que se trouve la fameuse cataracte appelée *Saut du Niagara* ; enfin le lac de Nicaragua, dans la république de Guatémala. —

Outre le Mississipi qui reçoit à sa gauche l'Ohio, à sa droite le Missouri, l'Arkansas et la rivière

Saut du Niagara.

Rouge, l'Amérique du Nord est sillonnée par plusieurs fleuves importants qui sont le Mackensie, qui coule au nord et doit se décharger dans l'Océan glacial ; le Nelson, qui se jette dans la baie d'Hudson ; le St-Laurent, qui sort du lac Ontario et se jette dans le golfe St-Laurent ; le Rio-del-Norte, qui se jette dans le golfe du Mexique ; le Rio-Colorado, qui se jette dans la mer Vermeille, et la Colombia, qui se jette dans le grand Océan. — La longueur de l'Amérique septentrionale, depuis le 50e de lat. N. jusqu'au 8e, est de 1,550 lieues ; sa largeur depuis le cap Charles par 58°, jusqu'au cap du Prince de Galles par 170° de long., à l'E. de Paris ; ce qui donne 1,350 lieues ; mais cette largeur diminue en allant au sud, et l'isthme de Panama qui réunit les deux presqu'îles n'a que 13 lieues dans sa partie la plus étroite.

L'*Amérique méridionale* a 1,150 lieues de longueur, du cap de la Vela par 11° 50' de lat. N. jusqu'au cap Froward, son extrémité au S. Elle a une forme triangulaire prolongée, et sa plus grande largeur est entre le cap Saint Roch, par 37° 6' et le cap Blanc, par 83° de long. O. sous le 4e parallèle S., ou 1,100 lieues. — Les principaux golfes sont : ceux de Darien, à l'E. de l'isthme de Panama ; de Maracaïbo, au N. de la Colombie, formés par la mer des Antilles ; de Tous les Saints, formé par l'Océan atlantique équinoxial, sur les côtes du Brésil ; de Saint-

Antoine, de St-Georges, de la Grande-Baie, formés par l'Océan atlantique austral, sur les côtes de la Patagonie; de Guayaquil, au S.-O. de la Colombie; de Panama, à l'O. de l'isthme, formé par le grand Océan. — Les îles principales sont : la Nouvelle-Géorgie; les îles Malouines, dans l'Océan atlantique austral; l'archipel de Magellan, dont l'île la plus considérable est la Terre de feu, au S. de la Patagonie; l'archipel de la Mère de Dieu, sur les côtes O. de ce pays; l'archipel Chiloë, au S. du Chili; les îles de Juan Fernandez, les îles de San Félix, dans le grand Océan austral; les îles Gallapagos, dans le grand Océan sous l'équateur. — Les détroits sont : le détroit de Magellan, entre la Patagonie et la Terre de feu; le détroit de Lemaire, entre la Terre de feu et la Terre des Etats. — Les caps de la Véla, au N. de la Colombie; les caps St-Roch, St-Augustin et Frio, sur la côte orientale du Brésil; les caps des Vierges, au S.-E.; de la Victoire, au S.-O.; Forward, au S. de la Patagonie; le cap Horn, au S. de l'archipel de Magellan; le cap Blanc, au N.-O. du Pérou; le cap St-François, à l'O. de la Colombie. Les montagnes sont : les montagnes du Brésil, les Cordilières des Andes qui parcourent l'Amérique méridionale du N. au S., à peu de distance de la côte occidentale, et sont les plus hautes montagnes après les monts Himalaya. — Les principaux volcans sont : le Cotopaxi, le Pichincha, dans la Colombie; l'Arequipa, dans le Pérou. On y trouve plusieurs lacs remarquables; le lac Maracaïbo, au N. de la Colombie; le lac Parime, dans la Guyane; le lac Titicaca, entre le Pérou et le Haut-Pérou; le lac de Los Pastos, au S. du Brésil. — Les plus grands fleuves sont : la Madeleine qui se jette dans la mer des Antilles; l'Orénoque, la rivière des Amazones ou Maragnon, le plus grand fleuve connu, qui reçoit à sa droite l'Ucayalé, la Madeira, le Topayos et le Xingu; à sa gauche le Rio-Negro, le Tocantin, ou Grand-Para, qui reçoit l'Araguay; le San-Francisco, qui se jettent tous dans l'Océan atlantique équinoxial; le Rio de la Plata, formé du Paraguay, du Pilcomayo, du Parana et de l'Uruguay et qui se jette dans l'Océan atlantique austral. L'Amérique méridionale se divise en dix contrées qui sont : la *Colombie*, la *Guyane*, le *Brésil*, la république orientale de l'*Uruguay*, le *Pérou*, le *Haut-Pérou* ou *Bolivia*, le *Paraguay*, la *Plata*, le *Chili* et la *Patagonie*. — Nous consacrerons des articles particuliers à chacune de ces contrées, ainsi qu'aux *Antilles*, aux *États-Unis*, au *Mexique*, à la *Nouvelle-Bretagne*, etc.

La configuration de l'Amérique doit nécessairement produire une influence remarquable sur sa température. On a en effet observé qu'elle est généralement de 10° plus basse que dans les contrées des autres parties du monde situées sous les mêmes latitudes. La prolongation du nouveau continent vers les pôles glacés, et son peu de largeur sur plusieurs points, sont les principales causes de cet abaissement de température. Il faut y ajouter l'action des vents apportés par l'Océan, les chaînes de montagnes remplies de sources et dont les sommets sont couverts de neige, l'abondance des rivières immenses qui parcourent cette contrée, et surtout les forêts immenses et impénétrables qui couvrent les plaines humides de l'équateur.

L'Amérique offre des richesses immenses dans les trois règnes : Le règne minéral des régions équatoriales est surtout remarquable. L'or et l'argent y abondent et on se fait difficilement une idée de tous les métaux que ce pays a jetés dans la circulation. « Sur les 73,191 marcs (17,635 kil.) d'or, et les 3,554,447 marcs (869,960 kil. d'argent que l'on retirait annuellement de toutes les mines de l'Amérique, de l'Europe et de l'Asie boréale, au commencement du xixe siècle, dit M. de Humboldt, l'Amérique seule fournissait 57,658 marcs d'or, et 3,250,000 marcs d'argent, par conséquent 80 centièmes du produit total de l'or, et 91 centièmes du produit total de l'argent. » Les richesses de la Californie découvertes dans ces dernières années viennent encore ajouter à ce chiffre énorme. Outre l'or et l'argent, l'Amérique possède encore de riches mines de fer, de cuivre, de plomb, d'étain, etc., et le Brésil renferme des mines de diamants. — Le règne végétal n'est pas moins remarquable que le règne minéral; c'est au nouveau continent et là seulement qu'on a trouvé ces forêts vierges qui font de la zône torride un climat frais et humide, sous la même latitude que les déserts brûlants de l'Afrique; c'est en Amérique qu'on a rencontré ces savanes si bien décrites par Cooper; ces immenses fougères qui, dans nos climats, ne s'élèvent qu'à la hauteur d'un arbrisseau et qui sur cette terre féconde élancent dans les airs leurs éventails de verdure. C'est à l'Amérique que nous devons le maïs et la pomme de terre, la tomate, la capucine, le topinambour, le quinquina, le jalap, l'ipécacuanha, le baume de Copahu, le gaïac, la salsepareille, la vanille, le cacao, le bois de Campêche, l'acajou, l'indigo, le tabac, le cotonnier, l'igname, le cocotier et le bananier, sans compter une foule d'arbres et de plantes qui font l'ornement de nos jardins. Les indigènes se nourrissaient principalement des graines du quinoa et de la racine du manioc dépouillée de ses principes délétères, avant l'arrivée des Européens ; ceux-ci y ont introduit le caféier, la canne à sucre, l'oranger, le citronnier, le riz, la vigne, l'olivier, les céréales et les fruits de l'Europe. — Le règne animal offre un caractère très remarquable, surtout par ses nombreuses espèces de singes à queue prenante, qui peuplent les forêts des parties chaudes de l'Amérique. Aucun des grands quadrupèdes de l'ancien monde ne s'y retrouve. De nombreux troupeaux de rennes et de bœufs musqués parcourent les contrées boréales, le bison le plus grand des ruminants après la girafe, erre depuis le Mississipi jusqu'aux Montagnes Rocheuses ; plusieurs espèces de cerfs peuplent le grand bassin du Mississipi et du Missouri; l'ondatras et le castor habitent le long de tous les affluents des grands lacs du Canada et de ceux du Mississipi jusqu'à l'Ohio. Le jaguar et le couguar du genre *felis* habitent au nord et au sud de l'isthme de Panama, et dans les Cordilières ; les lamas remplacent les chameaux de l'Afrique. Des ours gris et noirs, des loups, des renards et des karcajoux chassent dans les plaines herbeuses et dans les montagnes. Les cabiais, les paresseux, les fourmilliers, les tatous, les mouffettes, les loutres, etc.; partagent les forêts avec les coendous, les coätis, le chinchilla, diverses espèces de rats, et plusieurs espèces de chauves-souris dont quelques-unes atteint de grandes dimensions. Les lamantins remontent les fleuves de la région équinoxiale, et la mer sur les côtes des deux parties du nouveau continent nourrit beaucoup de phoques et de baleines. Parmi les oiseaux qui peuplent le Nouveau-Monde, un grand nombre de familles lui sont particulières ; telles que celles des colibris, des oiseaux mouches, des toucans des cotingas des tangaras, etc.

Dans les déserts du midi, le nandou représente l'autruche de l'Afrique. Les perroquets l'emportent en variété et en beauté sur ceux de l'ancien continent. Sur les plus hautes cimes des Andes, plane le condor, ce géant des vautours. Outre le dindon, le seul oiseau utile de l'Amérique, qu'on ait pu jusqu'à présent acclimater en Europe, nous citerons les hoccos, les tinamous et le marail, qui ont une chair savoureuse ; l'agami, le kamichi, le jabiru ; les pigeons qui se montrent par volées tellement innombrables que le ciel en est momentanément obscurci. Des perdrix, des cygnes, des oies, des canards et une infinité d'oiseaux aquatiques habitent l'intérieur

et les côtes de toutes les zones. Les rivières, les lacs et les mers de l'Amérique nourrissent des poissons très variés ; on y retrouve le saumon, l'esturgeon et le brochet ; on sait que le banc de Terre-Neuve est célèbre par la pêche abondante de morues qui s'y fait. Les fleuves recèlent également diverses espèces de crocodiles et de tortues. Les reptiles infestent les forêts et les prairies, le serpent à sonnettes y est très commun et les lézards de toutes dimensions peuplent les régions chaudes. Les insectes ne sont pas moins remarquables par leurs couleurs brillantes que par leur grosseur. Les cousins et les mosquites sont malheureusement aussi communs dans le nord que dans le midi, et causent souvent les plus vives souffrances. L'abeille, en compensation, est commune dans toutes les forêts, et la cochenille qui vit sur le nopal, y est élevée pour la belle couleur rouge qu'elle donne. Les Européens ont en outre transporté en Amérique les animaux qu'ils élèvent pour leur utilité, tels que le bœuf, le cheval, la brebis, la chèvre et le cochon ; ils s'y sont si bien acclimatés, que cette partie du monde offre maintenant les troupeaux peut-être les plus grands du monde. Lorsque les Européens abordèrent sur le continent américain, ils le trouvèrent habité par une race d'hommes différente de la leur ; ils leur donnèrent le nom d'Indiens, parce qu'ils se croyaient à l'extrémité orientale de l'Inde, et ce nom leur est resté. Poussés par le fanatisme et la soif de l'or, les Espagnols dépeuplèrent ces contrées. Les Antilles furent le premier théâtre de leurs cruautés, et il n'y resta bientôt plus assez de bras pour forcer la terre à pourvoir à la subsistance de ses maîtres. Le climat ne leur permettant pas de se livrer eux-mêmes à la culture dans ces contrées équinoxiales, ils songèrent à les repeupler et eurent l'idée d'extraire de l'Afrique une multitude de nègres qu'ils condamnèrent à arroser de leurs sueurs un sol étranger où ils trouvaient pour prix de leur labeur l'esclavage et le bâton. Dès-lors la *traite des nègres* fut régulièrement organisée et les malheureux Africains furent successivement déportés sur tous les points du nouveau continent dont on refoula de plus en plus les indigènes. Ces indigènes avaient la peau rouge ou bronzée ; c'étaient des hommes grands, forts, bien proportionnés, à cheveux noirs, longs et plats, au visage large avec des pommettes saillantes, ayant peu de barbe, les lèvres épaisses, les yeux enfoncés, le nez camus et la tête aplatie sur les côtés. Comme on le voit par cette description, ils se rapprochaient beaucoup des Mongols, et l'Asie orientale semble être le berceau de cette population, dont la première apparition en Amérique ne saurait être précisée, et que Malte-Brun préfère même regarder comme autochthone. Cette

Jaway Indien.

population était éparse sur les îles et le continent, au moment de la découverte et sur trois points seulement on a trouvé les hommes plus agglomérés et la civilisation plus avancée, c'était au Mexique, au Pérou et dans le Condinamarca. (Voyez ces mots.) Aujourd'hui, les Indiens indépendants, refoulés vers les régions polaires, forment à peine un vingt-cinquième de la population totale de l'Amérique, que les évaluations les plus récentes portent à 46,780,000 habitants ainsi répartis:

Amérique septentrionale.

Indiens indépendans. . .	600,000
Canada et possessions anglaises et russes. . . .	1,900,000
États-Unis..	17,100,000
Mexique..	7,500,000
Guatémala..	1,600,000
Antilles.	2,400,000
	31,100,000

Amérique méridionale.

Etats-Unis du Sud. . . .	2,800,000
Pérou.	1,700,000
Bolivia.	1,300,000
Chili.	1,400,000
Rio de la Plata. . . .	2,000,000
Brésil.	5,000,000
Guyane.	180,000
Indiens indépendants.. .	1,300,000
	15,680,000

Les Européens ont introduit dans les contrées où ils dominent, la langue et la religion de leur pays natal. Aussi la plus grande partie des habitans de l'Amérique professe-t-elle la religion chrétienne. On y trouve quelques juifs. La langue espagnole et l'anglaise sont les plus répandues. Quant aux Indiens indépendants, qui depuis longtemps vivent dans un isolement sauvage, partagés en tribus nombreuses, presque toujours en guerre, ils parlent une quantité d'idiomes qui souvent offrent très peu d'affinité entre eux.

AMÉRIQUE. — *Histoire.* — La découverte de l'Amérique a été revendiquée par plusieurs nations, mais ce n'est réellement que vers la fin du xvᵉ siècle que l'existence du nouveau continent fut révélée aux peuples de l'ancien monde. Les prétendus voyages des Phéniciens et des Carthaginois sur les côtes de cette contrée éloignée doivent être rangés parmi les fables aussi bien que ceux des navigateurs chinois dont parle Vossius. Les établissements des Norwégiens et des Islandais fondés au xᵉ siècle ne s'étendaient pas plus loin que le Groenland, dont ils habitaient la partie la plus méridionale, nommée par eux Vinland, et le souvenir en était même à peu près perdu. A Christophe Colomb revient donc la gloire d'avoir le premier fait la découverte du monde occidental. A cette époque où la science géographique sommeillait encore en Europe, les nobles encouragements des souverains du Portugal avaient attiré dans ce royaume tout ce que l'Europe possédait de marins habiles. Les Portugais avaient étendu leurs découvertes le long des côtes occidentales de l'Afrique, et Barthélemy Diaz venait de doubler le cap de Bonne-Espérance, mais ce passage était long et dangereux. A cette époque le but de toutes les recherches était un passage par mer aux Indes orientales. Les Vénitiens, par leur position avantageuse et leur activité commerciale avaient jusqu'alors accaparé les précieuses productions de cette contrée, mais leurs communications avec les Grandes-Indes se faisaient par terre, et l'on conçoit de quel avantage aurait été un passage par mer. Christophe Colomb, après de longues études, crut entrevoir la possibilité de pénétrer aux Indes par une route plus courte que celle du Cap, et pensa qu'en naviguant constamment à l'ouest de l'Europe, on rencontrerait infailliblement des terres. Il s'attacha à cette idée, et calculant la forme sphérique de la terre et l'étendue de sa circonférence, il vit que l'Europe, l'Asie et l'Afrique ne pouvaient occuper qu'une petite portion de sa surface, et pensa que ce .continent placé sur un des côtés du globe devait se trouver balancé par une quantité à peu près égale de terres dans l'hémisphère opposé, et qu'il n'était pas possible que tout le reste fût couvert par un immense océan. Des voyageurs dans l'est avaient rapporté que l'Asie s'étendait très loin dans cette direction, et Colomb conclut de là qu'en dirigeant sa course à l'ouest de l'Europe, on rencontrerait les Indes orientales. Après s'être vainement adressé au gouvernement de Gènes, sa patrie, et à celui de Portugal, Colomb après de longues et pénibles démarches, trouva des protecteurs à la cour de Ferdinand et d'Isabelle, souverains de Castille et d'Aragon. Une flottille montée par des marins d'élite et bien approvisionnée fut équipée dans le port de Palos, et Colomb en reçut le commandement avec le titre d'amiral. Il mit à la voile et quitta le port le 3 août 1492, accompagné par plusieurs nobles aventuriers parmi lesquels étaient les trois frères Pinson. Après avoir beaucoup souffert du mauvais temps et avoir couru les plus grands dangers par suite de la mutinerie de son équipage, effrayé des phénomènes de déviation de l'aiguille aimantée, Colomb aborda l'une des îles de Bahama. Il toucha ensuite plusieurs îles du groupe des Lucayes et en prit possession au nom des souverains castillans, avec tout le cérémonial d'usage. Sept mois après son départ de Palos, il rentrait dans ce port au milieu des acclamations et chargé des rares productions du Nouveau-Monde. Colomb entreprit ensuite plusieurs voyages aux Indes occidentales, mais ce ne fut pas lui qui le premier aborda sur le nouveau continent. Cet honneur était réservé à John Cabot et à son fils Sébastien, qui, chargés par Henri VII d'Angleterre d'une expédition ayant pour but la découverte et la prise de possession de contrées inconnues, atteignirent le continent américain vers le 56° de lat. N. sur les côtes du Labrador en juin 1497, c'est-à-dire quatorze mois environ avant que Colomb y abordât dans son troisième voyage. Ces navigateurs firent l'année suivante un nouveau voyage dans lequel ils explorèrent la côte au sud

jusqu'au Maryland. En 1499, Améric Vespuce accompagna l'Espagnol Alonzo de Hojeda dans une expédition faite pour explorer le littoral septentrional de l'Amérique du Sud ; à son retour, cet habile cosmographe publia le journal de son voyage. Ce livre, le premier qui renfermât des notions exactes sur le Nouveau-Monde, attacha à ce dernier le nom de son auteur, et dès l'année 1507, il commença à être appelé *Amérique*. Heureusement Colomb ne vécut pas assez longtemps pour connaître cette nouvelle injustice faite à ses travaux et à sa mémoire. Jusqu'à sa mort (1506), sa découverte ne porta d'autre nom que celui d'Indes occidentales par lequel il l'avait lui-même désignée. — En 1500, au mois

d'avril, le Portugais Pedro Alvarez Cabral se rendant aux Indes par la route que son compatriote Vasco de Gama venait de découvrir, fut éloigné des côtes d'Afrique et poussé vers l'ouest par une violente tempête. Il fut jeté sur une terre sous le 10° au-delà de la ligne qu'il prit d'abord pour une grande île inconnue, mais après l'avoir côtoyée pendant plusieurs jours, il conclut qu'elle faisait partie de quelque vaste continent, et il ne se trompait pas en effet, car cette terre c'était le Brésil où il ne se doutait pas que les frères Pin-

son eussent déjà abordé, et où le hasard seul l'a-
vait conduit. Si donc le génie de Colomb n'eût
pas fait connaître le Nouveau-Monde, le hasard
guidant Cabral nous en aurait plus tard révélé
l'existence. A quoi tient cependant la gloire humaine! — C'était alors l'époque de la grande
rivalité entre le Portugal et l'Espagne, et les expéditions se suivirent sans interruption. Juan Ponce
de Léon découvrit en 1512 les Florides et l'ensemble des Lucayes, et ce fut encore un Espagnol, Nunez de Balboa, qui, arrivé sur un des
sommets de la Cordillière, vit le premier le
grand Océan qui baigne la côte occidentale de
l'Amérique, Juan de Grijalva explora la nouvelle
Espagne, et après lui Fernand Cortez conquit
cette contrée à la couronne d'Espagne. Le Portugais Ferd. Magellan, au service de l'Espagne,
après avoir reconnu toute la côte orientale de
l'Amérique du Sud et traversé le détroit qui
porte son nom, arriva dans la mer qu'il nomma
Pacifique. En 1528, Cortez découvrit la Californie et la mer Vermeille, et Juan Verazzani
reconnut la côte orientale depuis la Floride
jusqu'à Terre-Neuve. Deux ans après François
Pizarre fit la conquête du Pérou et du Quito, en
même temps que Sébastien Cabot pénétrait dans
le Paraguay en remontant le Rio de la Plata.
Ces acquisitions importantes et les richesses immenses qu'en retirait l'Espagne, éveillèrent la jalousie des autres souverains, et les sollicitèrent
bientôt à prendre leur part de cet *el dorado* ouvert
au premier occupant. En 1541, Hugh Willoughby
prit possession du Spitzberg au nom des Anglais,
et quelques années après Francis Drake planta
leur bannière sur la Nouvelle-Albion. Walter
Raleigh débarqua en 1584 en Virginie; ses compatriotes découvrirent au sud les îles Malouines
ou Falkland, et la côte occidentale du Groenland
fut explorée par John Davis dont le nom resta
attaché au détroit qui la sépare du Labrador.
Henri Hudson attacha le sien à la baie, qui s'a-
vance dans la Nouvelle-Bretagne. Au xviie siècle,
May Button et Bylot visitèrent ces parages, Baffin découvrit la baie qui porte son nom; au
xviiie siècle, Béring, Cook, Hearne et Mackenzie
continuèrent ces explorations, et dans ce siècle
enfin, MM. de Humboldt et Bonpland et les navigateurs Krusenstern, Ross, Parry, Franklin,
etc., ont jeté une grande lumière sur quelques
points encore obscurs de la géographie du Nouveau-Monde. — Nous n'avons voulu raconter
dans cet article que la découverte générale du
Nouveau-Monde. L'histoire particulière des diverses contrées qui composent ce vaste continent
fera le sujet d'articles spéciaux.

AMERS. On donne, en médecine, le nom
d'*amers* à une certaine classe de médicaments
qui appartiennent presque sans exception au
règne végétal, et dans lesquels l'analyse chimique
a démontré l'existence d'alcalis organiques (*alcaloïdes*). Les amers sont rarement exempts d'un
mélange de principes salés, aromatiques ou autres; il en est cependant qui sont purement amers,
tels que la gentiane, la centaurée, le quassia, etc.
Le plus souvent, le principe amer se trouve associé au tannin, à l'acide gallique, aux résines ou
aux huiles essentielles. Les amers sont employés
comme toniques et fébrifuges; on les administre
avec succès dans les affections scrofuleuses et
vermineuses. Les principaux sont : le quinquina,
la gentiane, le quassia, l'aloès, la tanaisie, l'armoise, la chicorée sauvage, le pissenlit, etc.

AMÉTHYSTE (*quarz hyalin violet* des minéralogistes). C'est une pierre précieuse d'une
belle couleur violette, qui prend un beau poli
et s'emploie fréquemment dans la bijouterie.
Cette couleur, qu'une chaleur un peu forte fait
disparaître totalement, semble fuir les bords et
se retirer vers le centre lorsqu'on plonge la pierre
dans l'eau. Il est rare que les améthystes un peu
volumineuses aient dans toute leur étendue une
belle teinte violette, bien uniforme, aussi celles
qui réunissent ces deux qualités sont assez recherchées. C'est presque toujours une améthyste
qui orne l'anneau pastoral des évêques, ce qui
leur a valu leur nom vulgaire de *pierres d'évêques*. Les anciens attribuaient à cette pierre la
propriété de préserver de l'ivresse, et c'est de là
que vient son nom (du grec *améthustos*, qui
n'est pas ivre), aussi s'en mettaient-ils aux doigts
ou au cou, lorsqu'ils se préparaient à faire de
copieuses libations. Les améthystes les plus estimées viennent du Brésil et de la Sibérie; on en
trouve également en Espagne, en Allemagne et
même en France, dans l'Auvergne. La pierre que
l'on nomme *améthyste orientale* se distingue de
l'*améthyste* proprement dite par sa dureté et sa
pesanteur spécifiques beaucoup plus faibles. C'est
une variété violette du *corindon* (voyez ce mot).

AMEUBLEMENT. Voyez *Meubles* et *Décoration*.

AMEUBLISSEMENT. En terme de jurisprudence, on nomme ainsi une fiction de droit par
laquelle on fait passer un immeuble à l'état de
meuble. Lorsque les époux, ou l'un d'eux, font
entrer en communauté tout ou partie de leurs
immeubles présents ou à venir, les immeubles
deviennent par cette clause biens de la commu-

nauté comme les meubles mêmes, et cette clause du contrat s'appelle *ameublissement*. L'ameublissement est *déterminé* ou *indéterminé* : on peut déclarer mettre en communauté un tel immeuble, en tout ou jusqu'à concurrence d'une certaine somme ; on peut déclarer simplement apporter ses immeubles en communauté jusqu'à la concurrence de certaine somme. Cette disposition est établie par les articles 1506 et suivants du Code civil.

AMEUBLISSEMENT. On donne ce nom, en agriculture, à l'opération qui a pour but de rendre les terres plus meubles, plus légères, plus divisées. La terre doit avoir un degré moyen de compacité, qui permette aux racines des végétaux de s'introduire entre ses molécules et qui laisse un libre passage aux eaux. Dans les terres argileuses, par exemple, la végétation ne pourrait souvent s'opérer d'une manière convenable si l'on ne diminuait la consistance du sol, soit en le divisant fréquemment avec la charrue, la pioche ou la bêche, soit en y mêlant des substances étrangères propres à maintenir la porosité nécessaire, telles que du sable, de la cendre, du fumier, etc.

AMIABLE (à l'). On dit qu'une contestation a été terminée à l'amiable quand il y a eu conciliation entre les parties, sans l'intervention de la justice, mais par l'entremise d'un *amiable compositeur*. Celui-ci est un juge commis par les parties pour prononcer sur leur procès suivant l'équité, et sans appel. Il ne faut pas confondre l'*amiable compositeur* avec l'*arbitre*, puisque ce dernier doit se conformer au texte de la loi et que ses décisions sont sujettes à appel. (Voyez *Arbitre*).

AMIANTE (*asbeste* d'Haüy). L'amiante, que les minéralogistes classent aujourd'hui dans le genre *amphibole* (voyez ce mot), est une substance tantôt verte et grisâtre, tantôt blanche, composée de filets longs, soyeux, plus ou moins déliés. Cette singulière production du règne minéral, douce, flexible et légère, est cependant formée des mêmes éléments que les pierres les plus dures, c'est-à-dire de silice, de magnésie, d'alumine et de chaux. Elle doit son nom à sa propriété d'être *inaltérable* (du grec *amiantos*), même au feu, et elle est infusible au plus haut degré. Par sa texture fibreuse, son éclat soyeux et la facilité avec laquelle on en sépare les filaments déliés et flexibles, elle ressemble beaucoup à un composé de fibres végétales. Les anciens employaient l'a-

miante pour en faire de la toile incombustible, dans laquelle on enveloppait les corps morts pour les brûler et pour en recueillir les cendres sans qu'elles se mêlassent avec celles du bûcher. On a trouvé, dans des tombeaux romains, des linceuls de cette espèce qui ne laissent aucun doute à ce sujet. Dans les temps modernes, on en a fabriqué des mèches de lampes qui ne s'altèrent pas ; de la toile, du papier, et même de la dentelle qu'il suffit de jeter au feu pour les blanchir. — Le papier ainsi préparé est très propre à l'écriture et à l'impression, et en employant une encre composée de manganèse et de sulfate de fer, une feuille de papier couverte d'écriture peut être jetée au feu sans subir la moindre altération, ce qui rend ce papier très utile pour les actes publics et les écrits précieux. — En Corse, on mêle de l'amiante à l'argile pour faire des poteries légères capables de résister au feu. L'amiante se trouve surtout en Savoie, dans le Piémont, dans le Tyrol, en Corse, en Hongrie, à Candie, au cap de Bonne-Espérance, sur l'Oural, en Silésie, en Saxe, etc.

AMIDON (*amylum*). On appelle amidon une substance grenue, blanche et brillante, qu'on rencontre dans un grand nombre de végétaux, par exemple dans les tubercules de la pomme de terre, les graines des céréales, la moelle du sagouier, et les tiges de diverses plantes qui peuvent servir à la nourriture de l'homme et des animaux. Selon les observations de Raspail, l'amidon n'est point un corps homogène, chaque granule qui le compose est un véritable organe ; il est formé d'un tégument renfermant un seul principe immédiat, l'*amidone*, et d'une substance intérieure moins compacte. L'amidon est sans saveur ni odeur, insoluble dans l'alcool, l'éther, les huiles fixes et volatiles, l'eau froide, etc. — Traité par l'eau bouillante, il se convertit en une gelée demi-transparente connue sous le nom d'*empois*. L'acide sulfurique très étendu convertit l'amidon, d'abord en matière gommeuse soluble dans l'eau, puis en sucre identique pour la composition avec le sucre de raisin. L'orge germée possède, comme les autres acides, la propriété de convertir la fécule en matière gommeuse et en sucre de raisin. On donne le nom de *dextrine* à la matière gommeuse qui se forme d'abord. Enfin, le caractère le plus remarquable de l'amidon est sa coloration en bleu par l'iode. Les usages de l'amidon sont nombreux et importants ; associé avec des matières azotées ou des corps gras, il constitue la base de notre alimentation. Il sert à la fabrication du sucre de fécule. L'amidon du blé est spécialement employé dans les fabriques d'indiennes pour épaissir les mordants auxquels il donne plus de consistance que la gomme. Les confiseurs en font un usage journalier pour la composition des dragées; enfin c'est avec l'*empois* que les blanchisseuses donnent de l'apprêt au linge.

AMIENS, ancienne capitale de la Picardie et chef-lieu actuel du département de la Somme, est une grande et belle ville sur la Somme; elle possède une cour d'appel, des tribunaux de première instance et de commerce, une académie universitaire, une école secondaire de médecine, une académie des sciences, un collége national, un musée, une bibliothèque publique; enfin elle est le siége d'un évêché fondé vers le commence-

ment du IVe siècle. — Cette ville remonte à une haute antiquité; connue au temps de Jules César sous le nom de *Somarobriva*, elle était la capitale des Ambiani, dont elle prit ensuite le nom. Elle fut embellie par Antonin et Marc-Aurèle, et devint, après la chute de l'empire romain, la **proie des Alains, des Vandales et des Francs qui**

s'en emparèrent successivement. Clodion et Mérovée y établirent le siége de leur royaume. — Cette ville, jadis entourée de remparts, est aujourd'hui environnée de charmantes promenades entrecoupées de canaux. On y voit plusieurs édifices remarquables; au premier rang nous citerons la cathédrale, l'un des plus beaux monuments religieux que possède la France, chef-d'œuvre de l'architecture gothique du XIIIe siècle; nous citerons encore l'hôtel-de-ville, le collége, antrefois abbaye de Saint-Jean; le Château-d'Eau, la salle de spectacle, le palais-de-justice, la citadelle, etc. Amiens occupe une place distinguée parmi les villes commerçantes et industrielles; elle communique avec la mer par la Somme, par son canal avec celui de Saint-Quentin qui lui ouvre le bassin de l'Escaut, et par l'Oise avec celui de la Seine. La filature de la laine et du coton, les étoffes de laine et de soie, la bonneterie, la fabrication des tulles et des savons sont les principales branches de son industrie. Amiens, qui compte aujourd'hui 47,200 habitants, est la patrie de Pierre l'Ermite, de François Fernel, médecin de Henri II; de l'académicien Voiture, du savant Ducange, du bénédictin dom Bouquet, du poète Gresset et de l'astronome Delambre, etc.

AMIENS (*Paix d'*). Ce traité de paix fut signé en 1802, par Joseph Bonaparte au nom de la France, le marquis de Cornwallis pour l'Angleterre, le chevalier Azarra pour l'Espagne, et par M. Schimmelpenninck pour la république batave. Nous allons raconter d'une manière succincte les événements qui amenèrent la conclusion de ce traité.— En 1800, l'empereur de Russie, Paul Ier, mécontent de ce que Malte n'avait pas été rendue à l'ordre dont il était le grand-maître, décida la Prusse, la Suède et le Danemark à rétablir avec lui le système de la neutralité armée. L'Angleterre se trouva ainsi abandonnée par tous ses alliés du continent, et le ministre Pitt fit mettre un embargo sur les bâtiments des trois puissances alliées à la Russie. Dès lors le continent européen fut fermé au commerce anglais, et cette circonstance suffit pour enlever au ministère la majorité dans le parlement, et le ministère Pitt fut remplacé peu après par celui de M. Addington, dans lequel lord Hawkesbury eut la direction des affaires étrangères. Ce ministre se hâta d'ouvrir des négociations de paix; les préliminaires en furent signés à Londres, le 1er octobre 1801, et le traité définitif à Amiens, le 27 mars 1802, par la Grande-Bretagne et les puissances nommées plus haut. L'Angleterre ne conservait de ses con-

quêtes que Ceylan et la Trinité. La France recou-
vrait ses colonies de la Guyane ; Malte était rendue à l'ordre, et l'Espagne et la république batave
rentraient en possession de leurs colonies, à l'exception de Ceylan et de la Trinité. Les Français
consentaient à évacuer Rome et Naples ; on assurait une indemnité à la maison d'Orange ; enfin
l'intégrité de la Porte était garantie telle qu'elle
existait avant la guerre, et le sultan Selim accéda
au traité d'Amiens, le 13 mai 1802. Mais la paix
ne fut pas de longue durée. Le premier consul
préparant une expédition contre Saint-Domingue
et voulant établir des consuls dans tous les ports
d'Irlande, la Grande-Bretagne refusa d'évacuer
l'Egypte et Malte, sous prétexte que la France
menaçait la première. La cour de Londres envoya son ultimatum le 10 mai 1803. Pour accom-
moder tous les différends qui s'étaient élevés depuis la pacification, elle demandait une indemnité
en faveur du roi de Sardaigne banni du continent,
la cession de l'île de Lampedouse, et l'évacuation
par les troupes françaises du territoire des républiques batave et helvétique. Le gouvernement
français s'y refusa, et l'Angleterre lui déclara de
nouveau la guerre, le 18 mai 1803.

AMILCAR (Barca), père du grand Annibal,
se distingua pendant tout le temps de la première
guerre punique. Il désola pendant cinq ans la
Sicile, mais fut enfin vaincu par le consul Luta-
tius, dans un combat naval près des îles Egades
(242 av. J.-C.) qui mit fin à la première guerre
punique. De retour à Carthage, il prit parti pour
le peuple contre l'aristocratie à laquelle il appartenait. Mais sa conduite provoqua des troubles
qu'il fut lui-même obligé d'apaiser. Il fut accusé
par Hannon comme traître à la patrie ; mais le
sénat n'osa le condamner et préféra l'éloigner,
en lui confiant une expédition en Espagne. Il y
resta neuf années pendant lesquelles il subjugua
plusieurs peuples et fonda Barcine (Barcelone).
Comme il se disposait à porter la guerre en Italie,
il fut tué dans une bataille contre les Vettones,
l'an 228 avant J.-C. Il avait fait jurer sur un
autel, à son fils Annibal, âgé de neuf ans, une
haine implacable aux Romains.

AMIRAL. Nom donné à une belle coquille du
genre cône fort recherchée des amateurs, et d'un
prix assez élevé dans le commerce. Cette coquille
offre des variétés nombreuses, qui consistent la
plupart dans l'arrangement des taches plus ou
moins grandes et des fascies plus ou moins nombreuses. Nous figurons ici une des plus belles
variétés de l'espèce.

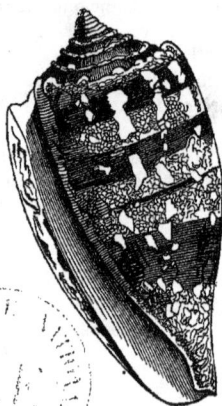

Amiral (coquille).

AMIRAL. C'est le titre du premier grade de
marine militaire en France. Autrefois cette dignité était une des premières de la couronne et
jouissait des plus grandes prérogatives. Richelieu,
jaloux de tout pouvoir élevé à côté du sien, en
prit ombrage et la fit supprimer en 1627. Louis XIV
la rétablit en 1669, mais non avec toutes ses prérogatives. Il se réserva le choix et la nomination
des officiers, et décida que l'amiral ne pourrait
prendre le commandement des armées navales
que sur son ordre exprès. Ainsi restreint, le pouvoir de l'amiral était encore immense ; il nommait les juges et les officiers chargés de rendre la
justice en son nom dans les sièges de l'amirauté ;
il donnait les congés et commissions aux capitaines de vaisseaux particuliers armés en mar-
chandise ou en guerre ; il avait la nomination
des agents chargés de veiller à l'entretien et à la
police des ports ; il contresignait les provisions et
brevets accordés par le roi, et se faisait adjuger
les droits d'ancrage, tonnage et balise, un dixième
sur toutes les prises faites en mer et, de plus,
les amendes prononcées par les sièges de l'amirauté. En 1759, le duc de Penthièvre, alors amiral de France, renonça à ces derniers droits et
reçut à titre d'indemnité une somme annuelle
de 150,000 livres. A l'époque de la révolution,
la dignité d'amiral de France disparut avec la
royauté ; mais Napoléon la rétablit en faveur de
son beau-frère Murat. A la Restauration, la dignité d'amiral fut conférée au duc d'Angoulême,

qui, non plus que son prédécesseur, n'avait jamais commandé une armée navale. Aussi cette charge se réduisait-elle à la communication des ordres royaux et au contreseing des brevets et commissions des officiers de la marine. Nos généraux de mer du rang le plus élevé avaient le titre de *vice-amiraux,* et après eux venaient les *contre-amiraux ;* par conséquent la marine ne comptait que deux rangs d'officiers généraux, et en cas d'une combinaison des forces navales de France avec celles d'une autre nation, le commandement en chef n'aurait jamais pu échoir à un officier français. Cette considération, et d'autres d'une égale importance ont déterminé le gouvernement de Louis-Philippe à créer la dignité d'amiral de France égale pour le rang à celle de maréchal. Le grade de vice-amiral équivaut à celui de lieutenant-général, et le grade de contre-amiral à celui de maréchal-de-camp. — Dans une flotte, le vaisseau monté par un amiral porte un pavillon carré de la couleur nationale en tête du grand mât; celui d'un vice-amiral porte un pavillon semblable en tête du mât de misaine, et celui d'un contre-amiral en tête du mât d'artimon. — On donne le nom de *vaisseau-amiral* dans chaque port à celui qui porte le pavillon-amiral; c'est à bord de ce navire que se tiennent ordinairement les conseils de guerre et que sont exécutées leurs sentences; c'est aussi un lieu d'arrêt pour les officiers, et il s'y trouve une prison pour les matelots.

AMIRAUTÉ (*Iles de l'*), archipel situé au nord-est de la Nouvelle-Guinée, dans l'Australie. C'est un groupe de trente îles qui présente une étendue de 150 lieues carrées. Ces îles sont presque toutes couvertes de forêts; elles produisent beaucoup de noix de coco, de betel et d'arbres à pain. Les fruits de ces arbres constituent la principale nourriture des habitants qui sont noirs, ont les cheveux crépus et se tatouent de la façon la plus bizarre; leur taille est élevée et ils vont toujours tout nus, mâchant continuellement du betel. La plus grande de ces îles est l'île de l'Amirauté, découverte par les Hollandais (1616), et qui a donné son nom au groupe entier. Elle est bordée de récifs et de bancs de corail qui en rendent l'abord dangereux. Les principales sont ensuite Negros, Saint-Gabriel, Saint-Raphaël, Saint-Michel-de-Horvo, Jésus-Marie et Vendola.

AMIS (*Iles des*) ou *archipel de Tonga.* Les îles des Amis, au nombre d'environ cent cinquante, sont situées dans le Grand-Océan, un peu au-dessus du tropique du Capricorne, dans cette partie du monde qui a reçu le nom de Polynésie. Elles furent découvertes en 1643 par Tasman, et ce fut le célèbre navigateur Cook qui, en mémoire du bon accueil qu'il y reçut, les surnomma îles *des Amis ;* depuis elles ont reçu le nom d'*archipel de Tonga.* Les principales de ces îles seulement, sont habitées par une race d'hommes qui paraît être une variété de celle trouvée dans les différents archipels de la Polynésie. Ils ont en général le nez épaté, les lèvres peu épaisses, les dents bien plantées et de beaux yeux; ils sont bien faits, d'une force musculaire et d'une adresse remarquables. La couleur de leur peau est très bronzée; mais le teint des femmes est plus clair. Ces dernières sont belles et ont les extrémités d'une remarquable finesse. Elles fabriquent des étoffes et des nattes qui surpassent en beauté toutes celles que l'on voit ailleurs. Les hommes s'occupent des soins de la culture et de la pêche qui fournissent à leurs besoins; ils construisent des pirogues et fabriquent des armes et des instruments avec beaucoup d'adresse. Ces îles offrent presque toutes un sol très fertile, mais quelques-unes sont volcaniques. On n'y rencontre guère comme quadrupèdes que des cochons, quelques rats et des chiens qui vivent en domesticité; mais des oiseaux de toute sorte s'y trouvent en grand nombre. Tonga-Tabou est la plus grande et la plus peuplée des îles de l'Archipel, c'était le siége du gouvernement sous le roi Finow Ier; mais ce monarque fut chassé de l'île, qui est aujourd'hui gouvernée par un triumvirat, et l'archipel est partagé entre plusieurs chefs.

AMITIÉ. C'est l'union intime de deux âmes sensibles et vertueuses, c'est, en quelque sorte, la vie commune de deux individus heureux l'un par l'autre. L'amitié est l'apanage des âmes pures. Le méchant n'a pas d'amis, il n'a que des complices; les débauchés n'ont que des compagnons de plaisir; les intéressés ont des associés; le commun des hommes a des liaisons, les princes ont des courtisans; l'homme vertueux a seul des amis. Cratégus était le complice de Catilina, mais non son ami, et Mécène n'était que le courtisan d'Octave, mais Cicéron était véritablement l'ami d'Atticus. L'amitié ne connaît pas d'obstacles; cette belle passion est toute de dévoûment et de sacrifice : la diversité de caractère, de goûts, d'habitudes, ne saurait même la refroidir. L'amitié ne se commande pas plus que l'amour; on aime un ami parce que c'est *lui,* a dit Montaigne. Malheureusement, la véritable amitié, celle qui seule mérite ce nom est bien rare,

Rien n'est si commun que le nom,
Rien n'est si rare que la chose,

a dit le bon Lafontaine. — Les anciens en faisaient la plus sublime vertu, et lui élevaient des
autels; l'amitié était un point de religion et de
législation chez les Grecs; et chez les Arabes,
un ami était déshonoré s'il avait refusé des secours à un ami. Aussi, les contes que ces peuples ont imaginés sur l'amitié sont admirables ;
et il faut bien l'avouer, nous n'en avons pas de
pareils. Oreste et Pylade, Thésée et Pyrithoüs
sont restés ses symboles. L'amitié a sur deux
âmes unies la force de la nature et du sang ; elle
est même souvent plus forte que l'amour dès
proches, peut-être est-ce parce qu'elle est libre
et ne ressemble pas à un devoir. — Tous les
philosophes l'on donnée pour appui à la morale,
et Cicéron a composé un traité *de l'Amitié.*

AMMIEN MARCELLIN, historien latin du
IVe siècle, naquit à Antioche, vers l'an 320. Il fit
d'abord la guerre dans la Gaule et accompagna
l'empereur Justinien dans son expédition en
Perse. Il s'établit ensuite à Rome, et débuta
dans la carrière des lettres par une histoire des
empereurs romains, depuis Nerva jusqu'à Valentinien; cet ouvrage était en trente-un livres, dont
les treize premiers sont perdus. C'est un ouvrage
important, rempli de faits et généralement écrit
avec impartialité; mais le style se ressent un peu
de la barbarie du temps. Il écrivit aussi en grec
un ouvrage sur les historiens et les orateurs de
la Grèce; mais il n'en est parvenu que quelques
fragments jusqu'à nous. Ammien mourut en
390.

AMMON, dieu égyptien, symbole de la création, créateur de toutes choses, le dieu des dieux,
source de la vie. Les Grecs le confondirent avec
leur *Zeus* ou *Jupiter*, et l'alliance des deux
noms, Jupiter Ammon, devint commune. Le principal attribut de ce dieu était les cornes de bélier, et son culte était très répandu dans toute
l'Afrique. Ammon avait plusieurs temples magnifiques, dont le principal était à Thèbes, dans
la Haute-Egypte. Le dieu y était représenté
sous la forme humaine avec une tête de bélier.
Il rendait des oracles, et sa statue, ornée de
pierres précieuses, était portée chaque année en
procession par les prêtres. On ne sait trop pourquoi ce dieu était représenté avec une tête de
bélier. Des auteurs racontent que son fils, Dio-
nysus, ou Bacchus, ayant souffert la soif au milieu des déserts de la Libye, implora le secours

de son père, qui lui apparut soudainement sous
la forme d'un bélier, et frappant du pied le sa-

Ammon (dieu égyptien).

ble en fit jaillir une eau vive. Quelques historiens ont fait dériver le nom d'Ammon du mot
grec *ammôs*, sable, parce que le dieu avait un
temple magnifique au milieu des sables de la
Libye. Mais il nous paraît peu probable que les
Egyptiens, chez qui le culte d'Ammon prit naissance, eussent emprunté à la langue grecque un
nom pour leur dieu.

AMMONIAQUE, *azoture d'hydrogène* (*alcali volatil, alcali fluor*). L'ammoniaque est
un gaz incolore, transparent, d'une saveur âcre
et caustique, d'une odeur piquante, caractéristique, qui provoque les larmes; sa pesanteur spécifique = 0,591; elle verdit fortement le sirop
de violettes. L'ammoniaque résiste à la plus forte
chaleur; mais un grand nombre d'étincelle
électriques la décomposent. Exposée à — 48°,
elle se fige et devient opaque. — L'oxygène et
l'air ne la décomposent qu'à une température
élevée, d'où résultent de l'eau, un peu d'acide
nitrique et de l'azote libre. Le carbone absorbe
90 mesures de ce gaz; mais à une température

élevée, le carbone le décompose en donnant naissance à du gaz carbure d'hydrogène, à une substance d'odeur d'amandes amères, probablement de l'acide cyanhydrique. — Le soufre, l'iode, le chlore décomposent aussi l'ammoniaque. — Plusieurs métaux à une température élevée décomposent le gaz ammoniac, principalement le fer et le cuivre ; mais celui qui offre les phénomènes les plus curieux est le mercure ; uni au potassium ou au sodium et mis en contact avec une dissolution de gaz ammoniac ou d'un sel ammoniacal, on ne tarde pas à voir l'amalgame quintupler ou même sextupler de volume et prendre la consistance de beurre en conservant son brillant métallique ; il se forme alors un composé $Az\ H^4$, qui, jouant le rôle de métal, constitue avec le mercure un amalgame d'ammonium. — Décomposée par l'étincelle électrique et analysée par l'oxygène, l'ammoniaque donne 1 atome d'azote et 3 d'hydrogène $= Az\ H^3$; c'est un alcali très puissant, et comme il est gazeux, on lui a donné le nom d'*alcali volatil*. — Le gaz ammoniac est très soluble dans l'eau ; la dissolution a lieu presque instantanément. Un morceau de glace introduit dans une cloche remplie de ce gaz fond immédiatement en dissolvant le gaz. L'eau en dissout environ 500 fois son volume à froid. On prépare l'*ammoniaque liquide* au moyen d'un appareil de Wolf. On place dans une cornue un mélange de sel ammoniac et de chaux éteinte, le gaz traverse d'abord un flacon laveur renfermant très peu d'eau, et se rend dans d'autres flacons remplis d'eau aux trois quarts. — Dans les fabriques, on remplace la cornue par un cylindre en fonte, disposé dans un fourneau. — L'ammoniaque ne se trouve dans la nature qu'à l'état de combinaison. dans les excréments de chameaux, dans les urines et dans la plupart des matières animales putréfiées. On n'emploie guère le gaz ammoniac que dissous dans l'eau. Il est usité en médecine à l'extérieur comme excitant, dans les syncopes, les défaillances: comme rubéfiant associé à l'huile d'olives ou d'amandes douces; comme caustique contre la morsure des chiens enragés, le venin de la vipère, etc. ; on l'emploie également à l'intérieur, très étendu d'eau contre l'ivresse; la morsure des animaux venimeux, les fièvres adynamiques, etc., on l'emploie également pour détacher les étoffes maculées avec des corps gras. Avant Baumé qui, le premier, le prépara chez nous, tout celui que l'on employait dans les arts et dans la médecine était envoyé d'Ammonie (de là son nom), pays d'Egypte où était un temple consacré à Jupiter Ammon, et où on le retirait de la fiente des chameaux. — On obtient le gaz ammoniac en chauffant parties égales de chaux vive et de chlorhydrate d'ammoniaque ou sel ammoniac, dans une cornue ; la chaux s'empare de l'acide chlorhydrique, forme de l'eau et un chlorure pendant que l'ammoniaque se dégage dans une cloche sous le mercure. Le gaz ammoniac se combine directement à froid avec le gaz acide chlorhydrique pour produire le sel ammoniac. En mélangeant ensemble ces deux gaz, ils disparaissent entièrement en donnant une poudre blanche de sel ammoniac qui se dépose sur les parois de la cloche. Celui-ci se livre au commerce en pains volumineux d'un blanc grisâtre, cristallisés en aiguilles pinnées.

AMMONITES. Ammon, frère de Moab, et regardé ainsi que celui-ci comme le fruit du commerce incestueux de Loth avec ses filles, passe pour être le père de la race des Ammonites. Ceux-ci habitaient le pays à l'orient de la Palestine. Ils se montrèrent toujours ennemis des Israélites, et leur refusèrent le passage sur leurs frontières, lors de leur sortie d'Egypte ; pour ce fait et non à cause de leur origine, Moïse décida qu'ils n'entreraient point dans l'Eglise du Seigneur ; mais en même temps il défendit aux Juifs de toucher au terrain possédé par les Ammonites. — Plus tard, ayant insulté des ambassadeurs que leur avait envoyés David, ce roi les vainquit et les subjugua. Ils restèrent soumis aux Juifs jusqu'à la mort d'Achab (893 av. J.-C.), et partagèrent avec eux la captivité de Babylone.

AMMONITES ou *Cornes d'Ammon*. On donne ce nom, en histoire naturelle, à un genre

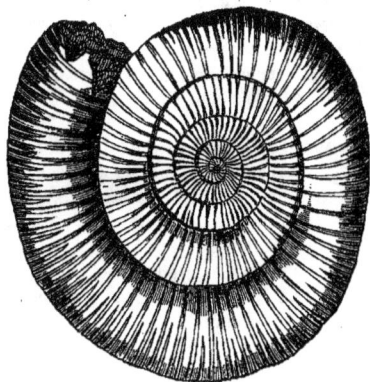

de coquilles fossiles de la classe des univalves, et que l'on considère comme antédiluviennes. Elles tirent leur nom du Dieu Ammon à cause du rapport qu'elles ont avec les cornes de bélier qui forment le principal attribut de cette divinité. Ce genre, créé par Brugnière, a pour caractères d'être en spirale discoïde à tours contigus et tous apparents, à cloisons transverses, percées par un tube marginal. Ces coquilles sont, dans l'Inde, l'objet de la vénération des peuples qui croient qu'un de leurs dieux s'est caché dedans. On trouve des ammonites dans les terrains oolithiques et crétacés; plusieurs contrées de France en possèdent en grande quantité, surtout la Lozère et les environs de la ville de Caen. On en rencontre qui ont jusqu'à deux mètres de diamètre.

AMMONIUM, nom d'une oasis de la Libye, où se trouvait un temple célèbre du dieu Ammon, qui y rendait des oracles. Le temple se trouvait au milieu d'une forteresse entourée d'une triple muraille, et les habitations des prêtres s'étendaient tout autour. Si l'on en croit Hérodote et Quinte-Curse, dans son voisinage se trouvait une source merveilleuse qui, tiède le matin et froide à midi, devenait chaude le soir et bouillante à minuit. Alexandre visita ce temple et s'y fit reconnaître par l'oracle comme fils de Jupiter Ammon.

AMNIOS, membrane lisse, transparente, d'une extrême ténuité, formant une sorte de poche dans laquelle sont contenus le fœtus et le liquide qu'on appelle les *eaux de l'amnios*. Cette membrane est recouverte extérieurement par le *chorion*. Les eaux de l'amnios sont un fluide limpide, blanchâtre, d'une odeur fade et d'une saveur légèrement salée; elles ont pour but d'empêcher que l'utérus ne s'applique immédiatement sur le fœtus, ne le serre, ne le comprime; elles servent à amortir les chocs extérieurs, et à l'instant de l'accouchement, la dilatation qu'elles opèrent par leur présence au col utérin contribue à faciliter cette fonction.

AMNISTIE. Ce mot qui vient du grec signifie *oubli*. C'est l'acte par lequel un gouvernement prononce l'oubli des torts et la rémission des peines qu'ils devaient entraîner. C'est le titre qu'après l'expulsion des trente tyrans par Thrasybule, les Grecs donnèrent à l'acte qui défendait de poursuivre aucun citoyen pour sa conduite politique. Presque toujours l'histoire nous montre l'amnistie au bout de toutes les révolutions; c'est qu'après un bouleversement, lorsqu'il surgit un état de choses nouveau, la prudence ordonne d'oublier le passé, de s'interdire toute réaction et de ne point rendre responsables de leurs actes et de leurs opinions des hommes trop souvent égarés par les passions, ou qui, dominés par les circonstances, n'ont pu écouter les conseils de la raison. Après la restauration d'Angleterre, Charles II publia une amnistie générale dont furent toutefois exceptés les régicides. La charte de 1814 publia également une amnistie générale, pour tout ce qui s'était fait pendant la révolution et l'empire en haine des Bourbons; mais cet article de la charte de Louis XVIII ne fut exécuté qu'avec certaines restrictions. Napoléon, à son retour de l'île d'Elbe, publia aussi un acte d'amnistie auquel furent faites un petit nombre de restrictions. L'acte du 12 janvier 1816 établit aussi des exceptions. L'amnistie n'est souvent qu'un acte de prudence et de conciliation; ou encore une réparation nécessaire, un acte de justice pour réparer les maux produits par une époque d'effervescence politique. C'est ainsi qu'à la mort de son père le tzar Alexandre rappela des déserts glacés de la Sibérie un grand nombre de malheureux, victimes de l'humeur irascible de l'empereur Paul; et que Charles X, lors du couronnement de Reims, sentit la nécessité de revenir sur certains actes de vengeance émanés de son frère pendant les dernières années de son règne. Depuis 1830, soit clémence, soit politique, le droit d'amnistie a souvent été exercé. — Nous ne citons que pour la flétrir l'amnistie qui précéda le massacre de la Saint-Barthélemy, et qui ne fut qu'un exécrable guet-apens.

AMOME (*amomum*), genre de plantes de la famille des balisiers. Ce sont des herbes aromatiques, originaires des pays chauds, à racines épaisses, à feuilles entières, lancéolées, engaînantes, à fleurs en épi ou panicule terminale. Les fleurs des amomes ont un calice trifide, une corolle à quatre divisions profondes, l'inférieure plus grande, une étamine à filet plane, trilobée au sommet, style filiforme. — Parmi les espèces que renferme ce genre, nous citerons le *cardamome* (A. cardamomum), à tiges nombreuses, toutes de deux pieds terminés par des épis de fleurs dont les Indiens emploient les graines comme condiment. Mais la plus importante de toutes est le gingembre (*amomum gingiber*). C'est une plante herbacée qui croît naturellement dans les lieux humides de l'Inde et aux environs de *Gingi*, à l'ouest de Pondichéri, d'où elle tire probablement son nom. C'est sa racine ou souche rampante (rhizome) qui constitue le gingembre du commerce ; cette souche, grosse comme le doigt, noueuse, légèrement aplatie, couverte d'un épiderme grisâtre, produit trois ou quatre tiges stériles, hautes d'environ deux pieds, garnies de feuilles en fer de lance, longues de sept à huit pouces et disposées presque horizontalement sur deux rangs : les tiges beaucoup plus courtes qui portent les fleurs naissent à quelque distance des tiges stériles; elles sont couvertes d'écailles. Les écailles supérieures forment une

Gingembre (amomum gengibar).

tête ovale et embrassent chacune une fleur. Cette espèce se distingue des autres *Amomes* par un appendice en forme d'alène, long, canaliculé, qui termine l'anthère. Les fleurs sont d'un beau jaune ponctué de rouge. Le gingembre est un stimulant énergique des voies digestives. Les anglais le font infuser dans la bierre pour la rendre plus fortifiante, c'est leur *ginger-beer*. Les marins le mangent en salade, coupé par tranches, pour se garantir du scorbut.

AMONT, partie de la rivière opposée à la partie d'*aval* ; par *pays d'amont*, on désigne la contrée qui forme les rivages de la partie supérieure à une ville, et par *pays d'aval* on désigne celle qui se trouve au dessous de la ville en suivant le courant. Ainsi par exemple les bateaux qui viennent de Charenton à Paris traversent, par rapport à cette ville, la contrée d'*amont*, tandis que ceux qui viennent de Saint-Cloud en remontant la Seine, naviguent en *aval*.

AMORCE. C'est la poudre que l'on met dans le bassinet des armes à feu, ou que l'on emploie dans les fusées, les pétards, etc. — Depuis plusieurs années on a adopté le système des armes à percussion dans lesquelles on amorce avec de la poudre fulminante disposée dans des *capsules* (voy. ce mot) de laiton qui renferment la dose nécessaire. On donne aussi le nom d'amorce aux mèches soufrées avec lesquelles on met le feu aux mines.

En terme de chasse, on nomme aussi amorce les appâts au moyen desquels on prend les poissons, les oiseaux, etc. (Voy. *Appât*.)

AMOROSO (*tendrement*,) mot italien qui se met en tête d'un morceau de musique pour indiquer un mouvement lent et expressif, animé seulement par une expression tendre et touchante.

AMORTISSEMENT. Mode de remboursement de la dette publique qui consistait à affecter à sa libération un revenu annuel qui s'accroissait de l'intérêt de la dette qu'il remboursait. Ce fut en 1655 que les Hollandais établirent ce mode après avoir réduit l'intérêt de la dette publique de 6 à 4. Il est aujourd'hui démontré mathématiquement, que 1 0/0 du capital de la dette publique appliqué non à la rembourser mais à la racheter au cours de la place, et secondé par la capitalisation de l'intérêt de la dette rachetée, l'éteint ou l'amortit en 35 ans. Ce problème fut résolu par le docteur Price, en Angleterre, et le ministre Pitt qui adopta ce système, lui dut toute la fortune de son administration financière. — M. de Calonne fut le premier qui essaya d'importer en France la mesure de l'amortissement. Il créa en 1784 une caisse d'amortissement, qui ne ressemblait en rien à celles qui fonctionnaient dans les autres pays, puisqu'elle ne consistait qu'en une assignation de fonds pour le paiement de la dette publique, sans aucune combinaison financière, sans aucun but spécial ; elle fut supprimée par son successeur en 1788, et nous n'en

parlons que pour mémoire. Le consulat la rétablit, mais ce ne fut réellement que par la loi de
finance de 1817 qu'elle reçut une existence durable par la dotation d'un revenu annuel ; elle
procéda par voie de rachat et de capitalisation de
l'intérêt de la dette rachetée, mais elle tomba
dans une grave erreur en empruntant le fonds
d'amortissement. Amortir une dette avec une
somme empruntée, c'est remplacer un emprunt
par un emprunt, c'est faire un trou pour en
boucher un autre, comme l'on dit vulgairement.
Si d'un côté elle racheta environ 60 millions
de rente avec un capital de 1,210,000,000, de
l'autre l'emprunt de ce capital lui a coûté
1,682,000,000. On greva par conséquent l'Etat
d'une dette infiniment supérieure à celle rem-
boursée ; c'est ce qui doit nécessairement arriver quand on n'amortira qu'avec des fonds
empruntés, et c'est aujourd'hui une loi absolue
en finance, qu'il ne faut pas emprunter pour
amortir. Cependant il ne s'ensuit pas de là qu'on
doive renoncer à un fonds d'amortissement emprunté, toutes les personnes versées dans la gestion des finances reconnaissent que si ce fonds
est impuissant pour éteindre la dette, il empêche
la dépréciation, donne au gouvernement le
moyen de lutter avec avantage pour le maintien
de la valeur vénale contre les jeux de la spéculation et les besoins des rentiers qui peuvent porter
sur la place plus de rentes à vendre qu'il n'y a
de fonds pour les acheter, ce qui les ferait tomber
à vil prix, porterait une atteinte funeste à ce genre
de valeurs et réagirait sur le crédit de l'Etat. On
prétend même que non-seulement il met la dette
publique à l'abri d'une dépréciation ruineuse,
mais même en opère la hausse et facilite la réduction de son intérêt en élevant sa valeur vénale
au-dessus de sa valeur nominale. (Voyez *Rentes*.)

AMOUR, *Amor*; *Eros*. L'Amour était fils de
Vénus et de Vulcain suivant les uns, de Mars et
de Vénus suivant le plus grand nombre. D'après
Cicéron (*de natura deorum*), les Romains distinguaient deux Amours, l'un était fils de Jupiter
et de Vénus, c'est l'Amour proprement dit, et
l'autre fils de la Nuit et de l'Érèbe, c'est Cupidon. Ils étaient tous deux de la cour de Vénus.
Les Grecs distinguaient également Cupidon de
l'Amour ; le premier (*Iméros*) était doux et
modéré, il inspirait les sages, et protégeait les
amours mutuels ; l'autre (*Eros*), emporté et
violent, possédait les fous, et vengeait les amants
malheureux. — On représente ordinairement ce
petit dieu sous la figure d'un enfant ailé, armé d'un arc et d'un carquois rempli de flèches ;
parmi ses flèches, dit Ovide, les unes sont d'or et
inspirent l'amour, les autres sont de plomb et
ne produisent que la haine. On le représente
quelquefois avec un bandeau sur les yeux, parfois aussi ayant un doigt sur la bouche.

AMOUR. L'homme ne peut vivre seulement
pour lui-même, et dans les bornes étroites de
son individualité ; il ne peut isoler son existence
de celle des autres êtres ; une force irrésistible
l'entraîne vers eux, et il est même des âmes
privilégiées qui, se regardant comme exilées sur
cette terre, s'élèvent de toutes leurs forces vers
un monde idéal et dirigent toutes leurs aspirations vers l'Être Suprême. C'est ce sentiment
général, mais qui subit de nombreuses modifications qui se nomme l'amour. Dans son acception la plus étendue, l'amour est une affection
libre, digne de la raison éclairée et de la volonté
morale de l'homme, et qui n'appartient qu'à
lui. Tel est l'amour paternel ou maternel, l'a-
mour filial, l'amour fraternel, l'amour de l'humanité et l'amour de la divinité. Tout homme
éprouve ces affections qui s'expliquent tout
simplement et sont même un devoir, et nous ne
les observons pas dans la nature des bêtes, quoi
qu'en aient dit certains naturalistes, qui ont confondu avec ce sentiment un pur instinct. Dans
son sens le plus restreint, l'amour est une passion qui ne s'explique pas, tantôt aveugle, tantôt
sublime, elle exalte notre âme et nos sens, nous
enlève en quelque sorte à nous-mêmes et nous
ravit hors de la sphère de notre propre existence ;
pour nous absorber dans un autre être devenu
l'objet de tous nos désirs, de toutes nos pensées,
de toute notre admiration. Les poètes et les romanciers ont bien souvent cherché à peindre
cette céleste affection qui unit le cœur de l'homme
et le cœur de la femme, mais l'étude de ce sentiment qui tient une si grande place dans l'existence humaine, a été négligée par les philosophes. On doit distinguer deux éléments dans
l'amour proprement dit : l'un est purement
sensuel, il est dû à cet instinct qui rapproche les
sexes et aux désirs qu'il amène à sa suite, instinct
qui existe chez tous les êtres animés. Le second
élément appartient davantage à l'âme sans être
toutefois complètement dégagé de l'influence des
sens ; c'est l'attrait irrésistible de la beauté dans
un être de notre espèce vers lequel nous entraînent déjà un instinct naturel et l'amour général de nos semblables. Ce n'est plus tant cette
beauté extérieure qui se flétrit, que la beauté
intérieure, beauté de l'âme, qui est la source
d'un sentiment plus pur et plus profond que

l'ascendant exercé sur nous par la perfection du corps. La Providence a fait naître dans chaque sexe des qualités différentes aussi bien pour l'âme que pour le corps; à l'homme elle a donné en partage la dignité et la force, le courage actif, les vertus austères, à la femme la douceur et la grâce, la résignation mêlée d'espérance, les sentiments tendres qui font le charme de la vie intérieure, ainsi que la finesse et le tact. De là résulte, que chacun des deux est pour l'autre un type de perfection. Dans cet âge où règne l'amour, et où l'imagination domine toutes les autres facultés, on attribue à l'être aimé toutes les qualités qui sont l'apanage de son sexe en général, on se le représente comme un être exceptionnel. Alors l'admiration et la tendresse ne connaissent plus de bornes et se changent en un véritable culte. — Chez les anciens, l'amour consistait plutôt dans les jouissances corporelles que dans celles des plaisirs de l'âme; c'était une espèce d'adoration des belles formes, un culte du beau idéal. — Chez les modernes, l'amour a plus son foyer dans le cœur, il se refuse quelquefois au témoignage des sens et parvient à embellir jusqu'à la laideur même. L'amour comme Rousseau l'a conçu, comme Heloïse l'a ressenti, est un concert de l'âme, de l'esprit du cœur et des sens qui exalte jusqu'au délire toutes les facultés humaines. L'amour tel que les Allemands le comprennent, tel que Gœthe l'a personnifié dans Werther, vit de rêves et de pressentiments. Cet amour que madame de Staël nomme amour métaphysique, et qu'elle compare à des roses fanées qui conservent encore quelque parfum, est à l'amour ardent et vrai ce que la pâle lumière de la lune est aux rayons vivifiants de l'astre du jour. — L'amour est le sentiment le plus doux que nous connaissions, et en même temps le plus terrible par les malheurs dont il est la source. De toutes les passions c'est celle qui jette le plus de trouble dans l'organisation et qui par son influence violente et continuelle y cause le plus de désordres. C'est en effet la seule qui agite à la fois toutes les puissances physiques et morales, l'âme et le corps. Ses effets dans l'organisation sont d'en troubler presque immédiatement toutes les facultés en y excitant une fièvre continuelle, et d'amener chez celui qui en est atteint une consomption ou même un délire qui entraîne la mort. Les moralistes et les médecins ont vainement recherché les moyens de calmer la passion qui a pris dans le désespoir ces terribles caractères. Les remèdes qu'ils conseillent sont l'éloignement de l'objet qui l'a inspirée et de vives distractions qui occupent l'âme et fatiguent le corps.

AMOUR-PROPRE. C'est l'amour de soi-même; ce sentiment par lequel l'homme cherche en tout son bien, son bonheur, ou c'est cette vaine gloire qu'il tire du sentiment juste ou faux de son mérite. Le mot *amour-propre* s'emploie également dans l'une et l'autre de ces deux significations. L'amour-propre est le mobile de presque toutes nos actions, ou du moins l'amour de nous-mêmes. Non-seulement il nous dirige vers notre bien-être physique, mais encore vers tout ce qui peut flatter nos penchants, nos faiblesses, notre vanité. Lorsque l'amour-propre est le mobile et le premier motif de toutes nos actions, il s'appelle *égoïsme*, terme consacré pour exprimer l'amour excessif et déréglé de nous-mêmes. Au contraire, lorsqu'il a pour seul but de faire mieux que les autres, on l'appelle *émulation*. Sous ce rapport, il est louable, utile, nécessaire même, puisqu'il nous conduit à la perfection des choses; mais il est digne de blâme et de mépris lorsqu'il est la fin que nous nous proposons dans nos actions, et si nous n'agissons que par vaine gloire, par *vanité*. (Voyez ce mot.)

AMOUR (*fleuve*). Ce fleuve, qui prend sa source dans les monts Barkadabahn, est un des plus grands cours d'eau de l'Asie orientale; il porte d'abord le nom d'*Onon*, se dirige au nord-est, et dans sa partie la plus septentrionale, traverse des montagnes couvertes d'épaisses forêts. Cette partie de son cours a reçu des Chinois le nom de *Sagaalien Oula*, ou la rivière de la Montagne-Noire. Il reçoit plusieurs affluents assez considérables, tels que l'Argoum, le Tchoukir, l'Onsouri, et après un cours de sept cents lieues, à travers l'Asie russe et l'empire chinois, il vient se jeter dans l'océan Pacifique, en face de l'île de Tchoka.

AMOURETTE, nom vulgaire d'une plante du genre *brize*. (Voyez ce mot.)

AMOVIBLE. Voyez *Inamovible*.

AMPÈRE (André-Marie), savant illustre, né en 1775, à Polémieux, près de Lyon, fut d'abord professeur de mathématiques à Bourg et à Lyon; nommé plus tard (1805) répétiteur d'analyse à l'école Polytechnique, il fut admis à l'Institut en 1814. En 1820, il eut la chaire de physique au collège de France, et fut enfin nommé inspecteur-général de l'Université. Ce savant mathématicien avait commencé à se faire connaître dès 1802, par des *Considérations sur la théorie mathématique du jeu.* En 1816, il publia un *Essai sur la classification des corps simples*, et présenta plus tard à l'Institut de beaux travaux d'analyse. Mais il se rendit surtout célèbre par les développements qu'il donna à la découverte d'Oersted sur l'*électro-magnétisme*, et publia sur ce sujet son excellent ouvrage intitulé *Théorie des phénomènes électro-dynamiques déduite de l'expérience* (1826, in 4°). M. Ampère, qui, dans ses vastes études, avait embrassé toutes les sciences, essaya d'en présenter la classification dans un livre intitulé *Essai sur la philosophie des sciences*, 1833. Il mourut en 1839, laissant à son fils Jean-Jacques Ampère, littérateur distingué et successeur d'Andrieux au collége de France, un nom glorieux parmi les savants, et honoré parmi les gens de bien.

AMPHIBIE (*qui vit dans deux éléments*). On désigne aujourd'hui sous ce nom les animaux pourvus à la fois de poumons et de branchies, et pouvant par conséquent vivre alternativement dans l'air et dans l'eau ; tels sont les larves d'un

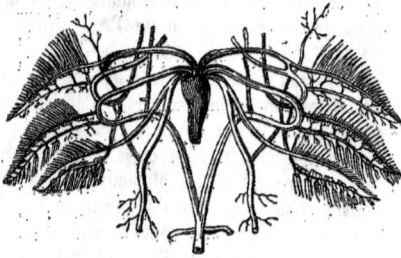

Appareil respiratoire d'une larve de Salamandre.

grand nombre de reptiles. Quelques reptiles, regardés pendant longtemps comme des larves, mais que les travaux de l'illustre Cuvier ont décidément fait ranger parmi les animaux parfaits, sont à la fois pourvus de poumons et de branchies, et sont par conséquent amphibies. De ce nombre sont les sirènes, les ménobranches, les axolotis et les protées ; mais ces derniers n'ont que des poumons rudimentaires, insuffisants pour une respiration atmosphérique, et ils meurent aussitôt qu'on les retire de l'eau. (Voyez *Reptiles* et *Batraciens*.) — Dans le langage vulgaire, on donne le nom d'*amphibies* aux animaux qui peuvent sortir de l'eau, leur séjour habituel, pour venir sur le rivage dont ils ne s'éloignent guère ; tels sont les phoques, les morses, les lamantins, les loutres, les castors, l'hippopotame, etc., parmi les mammifères, et les crocodiles et certaines tortues parmi les reptiles. Tous ces animaux ont des poumons et respirent l'air en nature, comme tous les mammifères. La plupart d'entre eux doivent la faculté de plonger et de séjourner longtemps sous l'eau, à la forme de leurs narines et à une modification de certaines parties du système veineux qui, retardant la circulation, permet une respiration moins fréquente. (Voyez *Respiration*.)

AMPHIBOLE. Cette substance minérale est, d'après Haüy, une combinaison de silex et de chaux, rayant le verre et se présentant en cristaux, tantôt noirs, tantôt verts, tantôt bleus ou gris. Le célèbre minéralogiste réunit sous le nom d'amphibole la hornblende, l'actinote et la grammatite. De nos jours, M. Beudant considère ce genre comme une division des silicates magnésiens. On donne le nom de *trémolite* aux variétés blanches ou légèrement verdâtres qui ne renferment que de la chaux et de la magnésie ; elles se trouvent en prismes rhomboïdaux, plus ou moins allongés. Les variétés d'un vert foncé portent le nom d'*actinote* ; la magnésie y est remplacée en tout ou partie par le protoxyde de fer. L'actinote cristallise en prismes rhomboïdaux. Le nom de *hornblende* a été donné aux variétés noires qui se présentent en cristaux réguliers et bien proportionnés ; elles se trouvent particulièrement dans les laves, les basaltes et les roches trachytiques. — C'est parmi les trémolites que se range la plus flexible des substances minérales, l'*amiante* ou *asbeste* (voyez ce mot), dont les longs filets soyeux sont susceptibles de se tisser et de former des étoffes incombustibles.

AMPHIBOLOGIE, double sens résultant non pas de l'ambiguité des mots en eux-mêmes, mais de leur construction. La langue grecque et la latine présentent surtout cette défectuosité dans le genre de construction que les grammairiens appellent *que retranché*. Ainsi dans cette phrase : *Credo Pyrrhum vincere Romanos*, il est impossible de deviner quel est le sujet, quel est le complément du verbe actif ainsi placé à l'infinitif entre deux accusatifs. Ici est-ce Pyrrhus qui vaincra les Romains, ou les Romains vaincront-ils Pyrrhus ? L'amphibologie était autrefois d'un grand secours aux oracles, et leurs réponses offraient presque toujours un double sens qui leur permettait d'avoir toujours prédit l'événement, de quelque façon qu'il arrivât.

AMPHICTYONS Vers l'an 1500 avant J.-C., plusieurs peuples du nord de la Grèce formèrent, à l'instigation d'Amphictyon, troisième roi d'Athènes, une ligue défensive contre les atteintes portées à la sûreté générale. Les peuples confédérés envoyaient un nombre déterminé de députés qui se réunissaient deux fois l'année, au printemps et à l'automne, tantôt dans le temple d'Apollon à Delphes, tantôt à Anthela près des Thermopyles, et qui prirent le nom d'Amphictyons en

Temple de Delphes.

l'honneur de leur fondateur. Cette institution avait pour objet de maintenir l'union entre les peuples confédérés, et de fournir au besoin à chacun d'eux les moyens de résister à ceux qui menaceraient leur indépendance. L'assemblée amphictyonique s'ouvrait par des sacrifices et de pompeuses cérémonies, qui attiraient toujours un nombreux concours de spectateurs. La diète s'occupait non-seulement des intérêts communs de la Grèce, mais elle était encore l'arbitre de toutes les contestations qui s'élevaient entre villes ou même entre peuples, et elles jugeait en dernier ressort, infligeant au peuple coupable une amende plus ou moins forte. Si les condamnés refusaient de se soumettre au jugement des amphictyons, on pouvait armer contre eux tous les autres membres de la ligue. C'était alors à la force à décider la question, de sorte que la justice pouvait bien n'avoir pas le dessus. Telle fut en effet l'issue du procès intenté par le conseil amphictyonique aux Lacédémoniens, qui, en pleine paix, s'é-

taient rendus maîtres de la citadelle de Thèbes. Condamnés à mille talents d'amende, ils refusèrent de payer, prétextant que la décision était injuste. Lorsque les Romains furent devenus maîtres de la Grèce, ils conservèrent cette assemblée utile à leur politique, et au maintien de la paix dans leur nouvelle conquête; et cette institution dura jusqu'au temps de Strabon, qui en parle, mais elle avait bien perdu de son caractère primitif.

AMPHION, fils d'Antiope et de Jupiter, fut, ainsi que son frère Zéthus, abandonné dès sa naissance sur le mont Cithéron, où tous deux furent recueillis et élevés par des bergers. Devenus grands, ils s'emparèrent de Thèbes où ils régnèrent conjointement, et où ils firent fleurir les arts. Amphion, surtout, cultiva la musique; Apollon lui fit don, selon la fable, d'une lyre d'or, au son de laquelle, les pierres elles-mêmes devenues sensibles, accouraient et venaient se placer les unes sur les autres pour former les murs de Thèbes.

AMPHISBÈNE (du grec *amphisbaïna*, qui marche dans les deux sens). Les anciens donnaient ce nom à un serpent très redouté et sur lequel on débitait de nombreuses fables. Lucain en parle dans la description des serpents de la Libye.

Et gravis ingeminum surgens caput amphisbœna (Phars. l. IX). — Pline, dans son histoire naturelle, le dit pourvu d'une tête à ses deux extrémités, et marchant en arrière comme en avant. Il ajoute qu'il suffit qu'une femme enceinte marche sur une amphisbène pour avorter et devenir stérile à jamais. On ne sait pas au juste à quelle espèce se rapportent ces descriptions. Aujourd'hui l'on donne le nom d'amphisbène à un genre de serpents d'Amérique, dont le corps est partout d'un volume égal, et dont la queue de même forme et de même volume que la tête, pourrait être confondue avec elle au premier coup d'œil, ce qui leur a fait donner par les Brésiliens le nom de *cobra das duas cabeças* (couleuvre à deux têtes), et a fait croire qu'ils pouvaient marcher dans les deux sens. Ces reptiles ont la tête obtuse, arrondie, la bouche petite, les yeux petits, à peine visibles; le tympan caché sous la peau. L'on trouve en arrière et cachés sous la peau des pieds vestigiaires composés d'une petite pièce osseuse, grêle, allongée, surmontée d'une sorte d'ergot. Ces animaux n'ont qu'un poumon; ils se nourrissent de petits insectes et surtout de fourmis, et vivent dans les bois sablonneux. Ils sont ovipares et tout-à-fait inoffensifs. Les espèces les plus communes sont : l'amphisbène blanche, l'amphisbène enfumée, l'amphisbène vermiculaire, etc.

AMPHITHÉÂTRE (du grec *amphi*, autour, et *theatron*, théâtre). On donnait le nom d'amphithéâtre, chez les anciens, à de vastes monuments construits sur un plan elliptique ou circulaire, dont la partie du milieu, appelée *arène*, était entourée de plusieurs rangs de gradins ou de rangs de siéges élevés les uns au-dessus des autres. C'est là que, pour célébrer chaque solennité de la Rome païenne, s'entr'égorgeaient les gladiateurs et les bêtes féroces, dont le sang coulait à flots au grand contentement du peuple roi. Suivant Athénée, c'est aux Etrusques qu'on doit attribuer l'origine des amphithéâtres, et la coutume d'immoler dans l'arène des victimes humaines aux mânes des héros morts en combattant. Non-seulement les Romains leur empruntèrent la forme de leurs amphithéâtres, mais ils firent venir des ouvriers d'Etrurie pour les construire et des gladiateurs pour y figurer. Dans la suite, ils perfectionnèrent eux-mêmes la forme de ces monuments et les jeux qui s'y donnaient. L'enceinte de l'arène était ordinairement de forme ovale et percée de distance en distance par des loges ouvertes (*caveæ*), qui renfermaient les animaux destinés à combattre. Au-dessus de ces loges était une galerie (*podium*) formant saillie sur l'arène et reposant sur une muraille épaisse; elle était ornée de colonnes et de balustrades, et réservée à des spectateurs privilégiés, tels que l'empereur, les sénateurs, les magistrats et les vestales. Cette galerie ou *podium*, élevée de quatre à cinq mètres au-dessus de l'arène, était en outre défendue de l'approche des bêtes féroces par de larges fossés (*euripes*), qui isolaient en-

Coupe d'Amphithéâtre.

tièrement l'arène. Au-dessus du podium venaient immédiatement les gradins ou siéges circulaires destinés aux chevaliers et au peuple. D'autres gradins coupaient les premiers de haut en bas, et servaient à la circulation, on les nommait baudriers (*baltei*). Les portes et avenues, placées au haut de chaque escalier, se nommaient vomitoires (*vomitoria*); les escaliers s'élargissaient toujours en se rapprochant des étages inférieurs, de sorte que les spectateurs pouvaient simultanément et sans confusion évacuer l'amphithéâtre. Cette combinaison était indispensable dans un édifice qui pouvait contenir 25 à 30,000 spectateurs. Les amphithéâtres étaient ordinairement couverts d'une toile immense qui mettait les spectateurs à l'abri des rayons du soleil pendant les jeux. Cette tente portait le nom de *velarium*, elle était maintenue par un système de cordages. Autour de l'arène étaient pratiqués deux sortes de canaux, les uns destinés à l'écoulement des eaux de pluie, les autres pour y faire circuler des liqueurs odoriférantes. — Les premiers amphithéâtres construits en bois donnèrent lieu à de nombreux accidents, ce qui décida Statilius Taurus, sous le règne d'Auguste, à en construire un en pierre, mais ce monument, élevé au Champ-de-Mars, fut brûlé sous Néron, ce qui prouve que les gradins étaient encore en charpente. Enfin, Vespasien jeta les fondements du Colisée, qui fut construit tout en pierre, et fut achevé sous le règne de Titus. C'est le plus beau de tous les monuments de ce genre; il contenait, dit-on, 87,000 spectateurs, de là son nom de Colisée ou *Collossæum* qui faisait allusion aux immenses proportions de l'édifice; la forme du Colisée est elliptique, il offre à l'extérieur trois rangs de quatre-vingts arcades, dont les pieds droits sont ornés chacun d'une colonne à demi engagée. Au-dessus du dernier rang s'élève un mur divisé aussi par quatre-vingts pilastres, entre lesquels sont des fenêtres. Les colonnes du premier étage sont d'ordre dorique, celles du second, d'ordre ionique, et celles du troisième, d'ordre corinthien, ainsi que les pilastres du mur supérieur. A l'intérieur se trouvaient cinquante rangs de gradins, divisés par quatre grandes entrées et de nombreux escaliers; puis, au bas des gradins, le podium, et au-dessous, l'arène, longue de 285 pieds, large de 182; la circonférence extérieure de l'édifice est de 1,681 pieds, et la hauteur de 157. Les historiens rapportent que Titus dépensa, pour sa construction, plus de cinquante millions de notre monnaie, et y employa les bras de douze mille juifs, conduits à Rome après la prise de Jérusalem. Les fêtes d'inauguration du rèrent cent jours, et cinq mille bêtes féroces y urent tuées. Les amphithéâtres ne servaient pas

Colisée.

seulement à la représentation des combats de gladiateurs et de bêtes; on rapporte que Jules César, pour fêter dignement une victoire, fit remplir d'eau une vaste arène, et y offrit au peuple romain le premier spectacle d'un combat naval et sanglant. Plusieurs empereurs l'imitèrent, mais tous furent surpassés en ce genre par Domitien, qui donna une fête dont Suétone nous a conservé la description. Ces représentations navales se nommaient *naumachies*. Parmi les amphithéâtres les plus remarquables, dont il reste encore des vestiges, nous citerons ceux d'Albano, de Capoue, de Pestum, de Taragone, d'Autun, d'Arles et de Nîmes; ce dernier est un des plus remarquables par la gravité de son architecture, la belle distribution de son ensemble et son état de conservation.

On donne aujourd'hui le nom d'amphithéâtres à des monuments destinés à l'enseignement, et qui présentent à peu près la disposition des amphithéâtres anciens; ce sont des gradins élevés les uns au-dessus des autres sur un plan circulaire ou elliptique, ou même sur une ligne droite. Les plus remarquables à Paris sont ceux de l'École de Médecine, de la Sorbonne, du Jardin des Plantes et des Arts et Métiers. — On donne également ce nom dans les théâtres à certaines places disposées en galerie circulaire, et situées ordinairement au-dessus du parterre et au-dessous des loges; aux petits théâtres, il se trouve dans la partie la plus élevée de la salle, et porte le nom de *paradis*.

AMPHITRITE, genre d'annélides de l'ordre des tubicoles, créé par Cuvier. Ce sont des vers marins reconnaissables aux pailles dorées, disposées sur plusieurs rangs en couronne, à la partie antérieure de leur tête, leur servant de défense ou peut-être de moyen de ramper ou de ramasser les matériaux de leur tuyau. Autour de la bouche sont de nombreux tentacules, et sur le commencement du dos, de chaque côté, des branchies en forme de peigne. Cuvier établit deux divisions; les amphitrites de la première se composent des tuyaux légers en forme de cônes réguliers, qu'elles transportent avec elles. Leurs pailles dorées offrent deux rangées dont les dents sont dirigées vers le bas. Ce sont les *pectinaires* de Lamarck. L'*amphitrite dorée*, fait partie de cette division, son tube, de deux pouces de long, est formé de petits grains ronds de diverses couleurs. On la trouve dans toutes nos mers. — Les amphitrites de la seconde division habitent des tuyaux factices fixés à divers corps; et leurs pailles dorées forment sur leur tête plusieurs couronnes concentriques d'où résulte un opercule qui bouche leur tuyau quand elles se contractent. Leur corps se termine en arrière en un tube recourbé vers la tête. Ce sont les sabellaires de Lamarck. L'espèce principale est l'*amphitrite à ruche* (A. alveolata), que Linné rangeait dans les polypiers. Ses tuyaux, unis les uns aux autres en une masse compacte, présentent leurs orifices assez régulièrement disposés comme ceux des alvéoles des abeilles. On la trouve sur toutes nos côtes.

AMPHITRITE, femme de Neptune et reine des mers, était fille de l'Océan et de Thétys. On la représente ordinairement se promenant sur les eaux dans un char formé d'une immense coquille et traîné par des dauphins ou des chevaux marins. Elle eut pour enfants Triton et plusieurs nymphes.

AMPHITRYON, roi de Tirynthe, en Argolide, et mari d'Alcmène, succéda à son père Alcée. Pendant qu'il était occupé par une expédition lointaine, Jupiter, qui était devenu amoureux de sa femme, emprunta sa figure et trompa la vertu d'Alcmène. De cette union naquit Hercule. Cette aventure a été mise sur la scène par Plaute chez les Romains, et chez nous par Molière. — Par allusion aux vers de ce grand écrivain :

Le véritable amphitryon
Est l'amphitryon où l'on dîne,

le maître d'un festin reçoit de ses convives le nom d'*amphitryon*.

AMPHORE, vase à anses, en terre, dans lequel les anciens conservaient du vin, du miel, de l'huile, des olives, etc. L'amphore était l'unité des mesures romaines de capacité pour les liquides; elle contenait 25 litres 89 cent. de nos mesures modernes. On lui donnait aussi le nom de quadrantal, parce qu'elle avait un pied romain en tous sens, les anciens Romains mesurant les liquides par pieds cubes. Il ne faut pas confondre cette amphore avec l'amphore attique qui valait une amphore romaine et demie. L'amphore contenait 2 urnes, ou 8 conges, ou 16 setiers, et il fallait 20 amphores pour faire un *culeus*.

AMPLIATION. On appelait autrefois, en France, *lettres d'ampliation*, celles que l'on obtenait en petite chancellerie, afin d'articuler de nouveaux moyens omis dans des lettres de requête civile précédemment obtenues. — L'*ampliation* d'un contrat ou d'un acte public est la copie de ces actes dont les grosses ou originaux restent déposés soit dans les archives publiques, soit chez les notaires.

AMPLIFICATION. C'est une figure qui consiste à étendre et à développer le sujet que l'on traite. C'est une manière de s'exprimer qui agrandit les objets ou qui les diminue, une forme qu'on donne au discours et qui sert à faire paraître les choses plus grandes ou moindres qu'elles ne sont en effet. — Pour les uns c'est une qualité, pour les autres c'est un défaut. « Quand on dit tout ce qu'on doit dire, on n'amplifie pas, dit Voltaire, et quand on l'a dit, si on amplifie, on dit trop. » — Il est en effet des sujets qui ne supportent pas l'amplification; mais, souvent aussi, elle offre des ressources inépuisables à l'éloquence et à la poésie. Les orateurs et les poètes anciens nous ont laissé des exemples admirables d'amplifications. Virgile, dans le IVe livre de l'Énéide, peignant le désespoir de Didon, et Racine, dans Phèdre, peignant sa passion, nous semblent avoir atteint le sublime dans ce genre. Les oraisons de Cicéron sont remplies d'amplifications admirables, mais les mauvais orateurs et les poètes sans poésie condamnent il est vrai l'amplification par l'usage qu'ils en font. — En optique, on appelle *amplification* la propriété qu'ont les télescopes et les microscopes d'amplifier les images des objets, de faire voir les images plus grandes qu'on ne pourrait voir les objets à simple vue.

AMPLITUDE. En astronomie, on nomme amplitude d'un astre l'arc de l'horizon compris entre l'équateur et cet astre, quand il se trouve à l'horizon. Si on mesure cet arc lorsque l'astre se lève, on lui donne le nom d'amplitude orientale ou ortive; si on la mesure lorsque l'astre se couche, on l'appelle alors amplitude occidentale ou occase. Les étoiles ont une amplitude plus ou moins grande, selon qu'elles sont plus ou moins éloignées de l'équateur.

AMPOULE. On donne ce nom à des espèces de cloches ou vessies remplies de sérosité, qui se forment aux dépens de l'épiderme et qui, le plus souvent, sont produites par des causes extérieures telles que le frottement, la chaleur violente; l'application des cantharides, de la moutarde, etc. Dans tous les cas, la guérison en est facile; il suffit d'opérer la ponction, et de faire sortir le liquide contenu dans l'ampoule; l'épiderme soulevé se sèche et tombe, laissant à nu un épiderme nouveau.

AMPOULE (*Sainte-*). La sainte-ampoule est la fiole sacrée dans laquelle était renfermée l'huile dont on faisait usage pour le sacre solennel des rois de France. Suivant une tradition longtemps accréditée parmi le peuple, cette fiole aurait été apportée à saint Rémi par une colombe blanche, lors du sacre de Clovis (496). Depuis cette époque, cette huile miraculeuse, que les siècles n'ont pu tarir, aurait servi au sacre de tous les successeurs de Clovis. Hincmar, de Reims, historien du temps de Charles-le-Chauve, est le premier qui ait fait mention de ce miracle, que n'ont pas manqué de rapporter, avec une foi entière, tous les écrivains nationaux et étrangers qui, après lui, ont écrit l'histoire de Clovis; mais les écrivains qui ont précédé Hincmar n'en font pas mention et, chose plus surprenante, ni saint Rémi lui-même, ni Grégoire de Tours, ne parlent dans leurs écrits d'un événement bien fait cependant pour attirer l'attention générale. L'évêque de Trèves, Nicétius, qui publia une relation du baptême de Clovis, garde aussi le silence sur la colombe et sur la fiole sacrée. Ce silence est bien fait, on en conviendra, pour inspirer quelque défiance à l'égard du récit d'Hincmar qui, comme successeur de saint Rémi, cherchait peut-être à donner plus de relief à la métropole de Reims. Lors des troubles qui accompagnèrent la première révolution, le représentant Ruhl, envoyé à Reims par la Convention nationale, s'empara de la fiole sacrée et la brisa, et ses débris furent expédiés à Paris; mais soit qu'un fidèle croyant en eût recueilli les fragments et les eût rejoints habilement, soit que le ciel eût daigné faire un nouveau miracle, la précieuse ampoule se retrouva et joua son rôle comme par le passé, en 1825, au sacre de Charles X.

AMPOULÉ (*style*). On se sert de ce mot pour qualifier le style où de grands mots, des figures prétentieuses sont employés à exprimer de petites choses. C'est ce qu'en d'autres termes on nomme un style boursouflé. On dit aussi un vers ampoulé, un discours ampoulé.

AMPUTATION. C'est l'opération par laquelle on retranche une partie ou la totalité d'un membre. On la pratique au moyen d'une section circulaire, ou en détachant un ou deux lambeaux de parties molles. Mais de nos jours on ne met guère en usage que la méthode circulaire; pour la pratiquer, le malade est couché ou assis, le membre est tenu par les aides, et le chirurgien prend un couteau à un ou deux tranchants, au moyen duquel il incise circulairement la peau; un second coup d'instrument coupe la couche superficielle des muscles au niveau de la rétraction de la peau; enfin une troisième incision, qui enlève les muscles jusqu'à l'os, est faite au point de la rétraction naturelle de la première couche de muscles coupés, de manière que la plaie forme un cône dont la base correspond aux bords de la plaie et le sommet au centre du membre. L'os se trouve ainsi facilement recouvert par les muscles et la peau, ce qui est une condition importante pour la guérison du malade; on retient la masse charnue au moyen d'une compresse, le périoste est coupé avec un fort bistouri, et la scie sépare l'os. Nous ferons remarquer en passant que l'idée, assez généralement répandue dans le monde, que la douleur la plus insupportable est celle déterminée par la section de l'os, surtout lorsqu'on arrive à la *moelle*, est parfaitement erronée. C'est en effet la section de la peau qui cause la douleur la plus vive. En pratique ensuite la ligature des artères et l'on procède au pansement. On ampute soit dans la continuité, soit dans la contiguïté, ou dans les articulations; cette dernière opération ne se fait guère que pour les os du pied et de la main, et dans les cas où il faut séparer du tronc le bras ou la cuisse; ce genre d'amputation présente de grandes difficultés et est souvent suivi d'accidents. De nos jours, on n'ampute un membre que dans les cas où il est bien démontré que la nature ou l'art ne peuvent plus rien pour sa conservation; ainsi, par exemple, lorsqu'il s'est développé dans les tissus une lésion organique profonde, un cancer, une carie étendue, etc., ou bien encore, à la suite des plaies d'armes à feu,

des chocs violents, des os brisés, etc. — C'est une règle établie d'opérer sur le point du membre le plus éloigné du tronc, on obtient par ce moyen une plaie plus petite, moins de parties molles à cicatriser et moins de suppuration. L'amputation est, parmi les grandes opérations, l'une de celles qui comptent le plus de succès, depuis surtout que l'éther et le chloroforme sont venus prêter leur secours au chirurgien.

AMROU (Bel-el-Ass), fils d'une courtisane, fut l'un des plus grands généraux musulmans. D'abord ennemi déclaré de Mahomet et de ses doctrines, il devint par la suite un de ses plus zélés prosélytes. Il conquit une partie de la Syrie et l'Égypte dont il fut nommé gouverneur. Il sut gagner l'affection des Égyptiens par sa justice et sa tolérance, et conserva son gouvernement jusqu'à sa mort arrivée en 663. On lui reproche l'incendie de la bibliothèque d'Alexandrie. « Si ces livres sont d'accord avec le Khoran, disait-il, ils deviennent inutiles; s'ils lui sont contraires, ils doivent être détruits; » et ce barbare dilemme anéantit les richesses scientifiques amassées pendant plusieurs siècles.

AMSTERDAM, ville principale de la Hollande, située au fond du golfe de Zuyderzée, sur la côte méridionale de l'embranchement auquel sa forme a fait donner le nom d'Y. La ville est traversée par l'Amstel, petite rivière à laquelle elle doit son nom. Au commencement du XIIIe siècle, Amsterdam n'était qu'un petit village habité par des pêcheurs. Son heureuse position en fit bientôt une petite ville; en cette qualité elle obtint des priviléges qui augmentèrent son importance. Amsterdam se vit bientôt en possession d'un commerce considérable avec la mer Baltique, et au XVIe siècle son nom figurait déjà parmi les places de commerce les plus importantes. Devenue libre, alors qu'Anvers était encore sous le joug espagnol, elle hérita du commerce du monde que faisait cette dernière ville, et bientôt elle ne se trouva plus assez grande; une nouvelle ville fut construite à l'occident de l'ancienne et, en 1622, on y comptait déjà 100,000 habitants. Sa prospérité lui suscita de nombreux ennemis et, en 1650, Guillaume II chercha à s'en rendre maître par un coup de main; mais cette tentative échoua grâce à la prudence de ses bourguemestres, dont l'influence balançait alors celle du stadhouder lui-même. Cependant, en 1655, la guerre avec l'Angleterre et la prépondérance de celle-ci sur les mers, causèrent un ralentissement dans le commerce de cette ville; mais elle se releva bientôt et atteignit, pendant le XVIII° siècle, le premier rang parmi les cités commerçantes de l'Europe. La réputation de bonne foi et d'ordre qu'avaient acquise ses habitants favorisa singulièrement les progrès de son commerce, qui ne fit que s'accroître jusqu'en 1795. A cette époque, les événements eurent sur sa prospérité la plus fâcheuse influence; en vain le roi de Hollande, Louis Bonaparte, chercha par mille moyens à relever son commerce, et y transporta même le siége de son gouvernement. En 1810, la Hollande fut incorporée à l'empire et son commerce fut anéanti. La révolution de 1813 rendit Amsterdam à son ancienne activité. Les capitaux y affluèrent de nouveau, et elle forme encore aujourd'hui le centre le plus actif et le plus opulent de la Hollande. — Amsterdam compte aujourd'hui environ 27,000 maisons bâties sur pilotis et bien alignées, elle est traversée par un grand nombre de canaux bordés de quais, et communiquant entre eux par 280 ponts. Elle renferme 45 églises de différentes communions et 5 synagogues. Nous citerons parmi ses monuments les plus remarquables l'ancien hôtel-de-ville, magnifique édifice bâti sur 13,659 pilotis, et surmonté d'une tour ronde qui s'élève à 110 mètres au-dessus du sol. L'intérieur est décoré avec les chefs-d'œuvre des sculpteurs et des peintres hollandais du XVII° siècle. Nous citerons encore la Bourse, le palais de l'amirauté, les hôpitaux, les arsenaux, la tour des harengs où se réunissent les bateaux pour la pêche; les digues, les chantiers, etc.

La Tour des Harengs à Amsterdam.

Amsterdam possède une académie, plusieurs sociétés savantes et plusieurs bibliothèques; il y a trois théâtres: français, hollandais et allemand; un jardin de botanique, une école de navigation, etc., etc. Malheureusement le séjour d'Amsterdam n'est pas sans offrir quelques désagréments aux étrangers; l'air est très humide, et il y règne surtout en été une odeur méphitique qu'exhalent les canaux; l'eau de source manque, et les maisons très hautes et très étroites sont incommodes. — Les bancs de sable qui encombrent le Zuyderzée rendaient autrefois l'entrée du port incommode, et forçaient même les grands navires à décharger une partie de leur cargaison avant d'entrer dans le port; mais la construction du grand canal du Helder, qui s'étend du port jusqu'à l'extrémité de la Hollande septentrionale, a fait disparaître une partie des obstacles qui entravaient le commerce d'Amsterdam. Ce canal, long de 14 lieues, a dans sa moindre largeur 42 mètres et 9 mètres de profondeur. La population monte aujourd'hui à 220,000 âmes. Amsterdam a donné le jour à plusieurs hommes célèbres parmi lesquels nous citerons: le philosophe Spinosa, le naturaliste Swammerdam, le poëte Van-Bosch, le jurisconsulte Bilderdyk, également poëte, etc.

AMULETTE (du mot latin *amuletta*, dérivé d'*amoliri*, éloigner, chasser). Ce mot sert à désigner des objets que l'on porte sur le corps, et auxquels on attribue la vertu d'écarter, d'éloigner les maladies, les sortiléges et toutes sortes de maux. — Cette croyance à l'efficacité des amulettes est aussi ancienne que la crainte d'une influence surnaturelle agissant au gré de certains individus privilégiés. Nous la retrouvons chez les Égyptiens, les Grecs, les Romains, chez tous les peuples du moyen-âge et, de nos jours encore, chez les peuplades peu éclairées du Nouveau-Monde. Seulement, la nature de ces objets, leur forme, leur matière a varié suivant les temps et les peuples. Tantôt c'étaient des figurines en pierre ou en métal, tantôt des mots ou des passages tirés des livres sacrés et gravés sur une matière quelconque; d'autres fois des parties végétales ou animales, telles que fruits, feuilles, fragments de tige, griffes, œil, dents, etc. — Chez les Égyptiens, les amulettes le plus en usage étaient des scarabées ou des ibis couverts d'hiéroglyphes. Les Grecs portaient des tablettes sur lesquelles étaient gravées des inscriptions relatives au culte de la Diane d'Éphèse; les Romains suspendaient à leur cou de petites idoles, comme plus tard les chrétiens y attachèrent une croix en métal ou des médailles de la Vierge, etc. Les reliques ont également servi d'amulettes, et des passages du Khoran, écrits ou gravés, en tiennent lieu aux Turcs et aux Arabes. Cette superstition était tellement répandue, que des hommes comme Virgile, Origène, Tertullien, y ajoutaient une foi entière. Ainsi Origène dit expressément : « Il y a des mots qui ont naturellement de la vertu, tels que ceux dont se servent les sages parmi les Égyptiens, les mages en Perse, les brahmanes dans l'Inde. Les noms de *Sabaoth* et d'*Adonaï* n'ont pas été faits pour des êtres créés, mais ils appartiennent à une théologie mystérieuse qui se rapporte au Créateur; de là vient la vertu de ces noms quand on les arrange et qu'on les prononce suivant les règles. — Virgile dit dans sa 8ᵉ églogue : *Carmina de cœlo possunt deducere lunam;* on fait avec des mots tomber la lune en terre. Mais c'est surtout au moyen-âge que l'astrologie multiplia l'usage des amulettes. On recommanda des formules magiques, la médecine régla le choix et la préparation des amulettes, jusqu'à ce que la marche progressive de la civilisation, en éclairant les esprits, leur fit perdre de leur importance. L'emploi des amulettes et des talismans se rattachant le plus souvent aux opérations de la magie, nous renverrons à ce mot pour de plus amples détails. (Voyez *Magie* et *Superstition.*)

AMURAT ou *Mourad*, mot arabe, qui signifie *le désiré*, est un nom qui a été illustré par plusieurs sultans othomans.

Amurat Iᵉʳ, fils d'Orcan, monta sur le trône en 1360 (761 de l'hégire), et fut l'un des plus grands princes qu'aient eus les Othomans. Il s'empara d'Andrinople, où il fixa sa résidence; dompta successivement la plupart des petits princes qui régnaient dans l'Asie mineure, et avait commencé de mettre à exécution son projet de conquérir l'Albanie, lorsqu'il fut assassiné par un prisonnier chrétien en 1389. Son fils Bayezid (voy. *Bajazeth*) lui succéda.

Amurat II, fils de Mahomet Iᵉʳ, fut investi de l'autorité suprême l'an 1421 (824 de l'hég.), à peine âgé de 17 ans. Après avoir affermi l'empire un moment ébranlé par le fameux Tamerlan, et avoir étouffé les troubles fomentés par les empereurs de Constantinople, il ajouta de nouvelles conquêtes à celles de ses prédécesseurs. Puis, fatigué des grandeurs, il céda le trône à son fils Mahomet II, et se retira dans un couvent de derviches (1444); mais l'inexpérience du jeune prince ne tarda pas à réveiller l'esprit de

faction mal étouffé; d'un autre côté, les Hongrois, les Polonais et les Transylvaniens sous les ordres de Ladislaf, attaquèrent les frontières. Amurat sortit alors de sa retraite, et se mit à la tête des troupes qu'il avait déjà tant de fois conduites à la victoire. Il joignit ses ennemis à Varna, tua Ladislaf et mit son armée en déroute; puis il rentra dans son couvent. Mais peu de temps après, une révolte des janissaires le força de sortir de nouveau de sa retraite. Il se décida alors à reprendre le sceptre, et après avoir apaisé la sédition, il chassa le fameux Scanderbeg de l'Épire et força les Épirotes à embrasser l'islamisme. Il mourut en 1451.

Amurat III, fils de Selim II, monta sur le trône en 1573; cruel et superstitieux, il fit périr ses cinq frères, dont le plus âgé n'avait pas huit ans. Toujours entouré de devins et d'astrologues, il échoua dans toutes ses entreprises, et n'obtint quelques succès que contre les Perses, auxquels il prit la ville de Tauris. Il mourut en 1595 (1003 de l'hégire).

Amurat IV fut mis sur le trône en 1623, à la place de son oncle Moustapha qui avait été déposé. Quoiqu'il n'eût que quatorze ans, il montra une grande fermeté et rétablit la tranquillité en sévissant même contre ceux auxquels il devait le trône. Il s'empara de Bagdad, qui appartenait à la Perse, en 1638, et se préparait à d'autres conquêtes lorsqu'il mourut en 1640. Il montra une grande sévérité contre ceux qui contrevenaient à la loi en buvant du vin, bien qu'il fût lui-même fort adonné à la boisson. On prétend que des excès en ce genre occasionnèrent sa mort.

AMYGDALES (du grec *amugdalè*, amande). On donne ce nom aux glandes muqueuses, ou plutôt à l'assemblage de follicules muqueux, situés de chaque côté de l'isthme du gosier, entre les piliers du voile du palais; leur forme ovoïde aplatie de dedans en dehors, leur surface rugueuse les a fait comparer à des amandes recouvertes de leur coque ligneuse. Le tissu des amygdales est gris rougeâtre et mou. La membrane muqueuse qui les recouvre présente une teinte plus prononcée que celle des parties voisines; elle est criblée d'une douzaine d'ouvertures dirigées en bas. Les nerfs des amygdales leur proviennent du voile du palais; leurs vaisseaux sanguins sont des rameaux des artères et des veines palatines; ces glandes ont pour fonctions de sécréter un mucus demi-transparent, destiné à faciliter le passage du bol alimentaire à travers l'isthme du gosier.

AMYOT (Jacques), né à Melun en 1513, de pauvres artisans, vint à Paris encore enfant et sans ressources. Pour vivre, il entra comme domestique chez de jeunes étudiants de haut parage, et profita de cette occasion pour étudier. Il dévorait les livres de ses maîtres, se rendait aux cours de l'Université dès qu'il avait un instant de liberté, et fit bientôt de rapides progrès. A force de travail, il devint en peu de temps maître ès-arts à Paris, puis docteur en droit civil à Bourges. Dans cette dernière ville, Amyot fit la connaissance de Jacques Colure, abbé de Saint-Ambroise et lecteur du roi, qui le prit en amitié et lui fit obtenir, par le crédit de madame Marguerite, sœur du roi, une chaire de grec et de latin. Amyot fut pendant dix ans professeur de l'Université; pendant ce temps, il traduisit du grec le roman de *Théagène et Chariclée*, pastorale naïve et gracieuse, qui eut un grand suc-

cès. Le savant helléniste publia ensuite les *Vies des Hommes illustres de Plutarque* (1re partie); il fit alors la connaissance du cardinal de Tournon, dont il gagna l'estime et l'amitié. Le roi Henri II cherchait justement un précepteur pour ses fils; le cardinal proposa Amyot qui fut

accepté. Il termina alors ses *Vies des Hommes illustres de Plutarque*, qu'il dédia à Henri II, et plus tard, traduisit les *OEuvres morales*, qu'il dédia à son élève Charles IX. François Ier lui avait donné l'abbaye de Bellozane; Charles lui donna celle de Sainte-Corneille et l'évêché d'Auxerre; puis il le fit grand aumônier de France. Amyot, d'un caractère faible et insoucicant, ne mettait d'importance qu'à ses textes; il fit des élèves instruits, mais ne s'occupa guère de leur éducation morale. Catherine de Médicis se chargeait du reste de cette partie. Aussi ne peut-on lui reprocher d'avoir fait des élèves tels que Charles IX et Henri III. A son avénement, Henri fit son précepteur commandeur du Saint-Esprit. Ainsi parvenu aux honneurs, Amyot mena tranquillement la vie d'un évêque gentilhomme, administrant ses affaires et celles de son église, et se mêlant le moins possible aux débats politiques de l'époque. Il termina par *Daphnis et Chloé*, ses traductions pleines de naïveté et de grâce, et mourut en 1593, dans sa soixante-dix-neuvième année. On peut regarder les œuvres d'Amyot comme le plus précieux monument de la langue française au XVIe siècle.

AN. Voyez *Année*.

ANA. On donne ce nom à des recueils de pensées détachées, de traits d'histoire, de bons mots, etc., attribués à quelque personnage célèbre, tels sont les *Menagiana, Pironiana, Voltairiana* et autres livres de même espèce. L'un des ouvrages les plus connus en ce genre est l'*Encyclopediana*. On doit à M. Peignot une notice bibliographique des livres en *ana*, publiée dans son répertoire de bibliographies spéciales, in-8°, 1810.

ANABAPTISTES. Le nom d'anabaptistes (du grec *ana baptistès*, rebaptiseur) désignait une secte religieuse qui parut à l'époque où le moine allemand Luther prêchait la réforme. — Après avoir embrassé avec ardeur la nouvelle doctrine, professée par Luther (voyez ce mot), Thomas Munzer, qui était pasteur à Altstedt en Thuringe, prêcha l'indépendance la plus absolue en matière religieuse; trouvant le réformateur Luther trop timide, il prétendit que les hommes étaient plongés dans les ténèbres, et que lui seul et ses adhérents, éclairés de la lumière de Dieu et inspirés de son esprit, étaient les dépositaires de sa volonté. Il prétendit que les pratiques religieuses étaient l'œuvre de la superstition, et que le baptême des enfants était contraire à l'Evangile. A ces dogmes il mêla une doctrine antisociale, élevée contre toute espèce d'autorité reconnue, prétendant que les prêtres et les magistrats étaient non-seulement inutiles, mais même dangereux, parce qu'ils falsifiaient les commandements de Dieu. — Cette partie du peuple, dont Munzer flattait les mauvaises passions, accourut de tous côtés pour l'entendre, et, fanatisée par les prédications de cet énergumène, elle se livra à de coupables excès. Indigné de voir son œuvre ainsi souillée, Luther tourna contre eux sa parole et sa plume; mais ce fut en vain, Munzer alla bientôt plus loin et prêcha ouvertement la communauté des biens en poussant le peuple à la révolte. La coupable indulgence des autorités lui donna de nouvelles forces, et bientôt trente mille fanatiques de la Souabe, de la Thuringe et de la Franconie prirent, à sa voix, les armes contre le clergé et les nobles. Munzer se proclama le nouveau Gédéon appelé à établir le royaume de Jésus-Christ, et il ordonna que tous ceux qui ambrassaient son parti fussent *rebaptisés* (de là le nom d'*anabaptistes*). Cependant, les excès commis par ces sectes éveillèrent la sollicitude des États d'Allemagne; plusieurs princes, et notamment Jean, électeur de Saxe, et Henri, duc de Brunswick, se mirent à la tête des troupes et remportèrent sur les rebelles une sanglante victoire. Munzer, pris à Franknau, fut décapité à Mulhausen, après avoir déclaré que ses soldats l'avaient entraîné à des excès qui n'étaient pas dans ses intentions (1525). Les troubles furent momentanément apaisés par la mort du chef des anabaptistes. — Munzer eut de nombreux disciples, Stubner, André Carlostade, Martin Cellarius et Jean Denck furent les plus distingués et les plus tolérants; plusieurs d'entre eux subirent le martyre; Hubmeier, Hetzer et Jacobi périrent sur le bûcher. Jean Mathieu ou Mathæi vint alors, qui donna à l'anabaptisme un nouvel essor; il nomma douze apôtres pour répandre de tous côtés ses doctrines, et prêcha la nécessité d'obéir à l'*inspiration*, hors de laquelle, dit-il, il ne peut y avoir qu'abus et corruption diabolique. — En 1533, Jean Bokold, l'un des apôtres de Mathæi, excita une émeute à Munster, et après avoir déposé le magistrat, il se fit nommer roi de la *Nouvelle-Sion*. Il y établit la communauté des biens et même celle des femmes, démolit les églises, et se livra aux plus grands désordres; devenu célèbre sous le nom de *Jean de Leyde* (voyez ce mot), il maintint pendant quelque temps son pouvoir, mais l'évêque de Munster investit sa ville avec une armée, et après une courageuse résistance, Bokold tomba au pouvoir de

son ennemi, et expia dans d'horribles tourments son usurpation. Ses deux principaux conseillers, Knipperdolling et Chrestking, subirent le même sort; et avec eux s'éteignit l'anabaptisme belligérant. — Cependant les doctrines de Munzer et de ses disciples, propagées par de nombreux apôtres, s'étaient répandues dans le Holstein, la Frise, l'Alsace, la Suisse, la Souabe, etc., mais renonçant peu à peu aux doctrines subversives de Jean de Leyde, ils restèrent attachés au dogme concernant le baptême et récusèrent constamment l'intervention des ministres. Ils ne furent pas toujours d'accord sur les doctrines qu'ils professaient, puisque l'évêque Grégoire (*Histoire des sectes religieuses*) affirme que peu de temps après la naissance de la secte mère, on en comptait déjà quarante-quatre, plus ou moins dissidentes. La matière la plus controversée était surtout celle de la légitimité de la polygamie et celle de la conception du Christ. Parmi les prophètes les plus remarquables des anabaptistes du xvie siècle, il faut citer Melchior Hoffmann, qui donna son nom à une secte particulière, et mourut dans les prisons de Strasbourg, victime de ses prédications; Ubbo Philippi, prêtre catholique, qui devint aussi chef d'une secte, et parut se rattacher aux vrais principes de l'Évangile; David Jorris, peintre sur verre, écrivain remarquable, qui mourut à Bâle. Mais l'homme qui eut le plus d'influence sur ses coreligionnaires fut Simonis Mennon, prêtre catholique frison, devenu sectateur de Luther, et qui, après de graves dérèglements, consacra le reste de sa vie à méditer sur les vérités religieuses, et fit oublier, par sa piété et son austérité, ses anciennes erreurs. Il réunit les anabaptistes en communauté et substitua une doctrine positive au vague de leurs croyances. (Voyez *Mennon*.) Tant qu'il vécut, il maintint l'unité et la concorde parmi les anabaptistes qui, en Allemagne et en Hollande, commencèrent à prendre le nom de *Mennonites*. Il termina à Oldeslohe une vie errante et troublée par la persécution (1561). Charles-Quint avait rendu contre les anabaptistes une ordonnance qui condamnait les hommes à être décapités et les femmes à être noyées. Après la mort de Mennon, la désunion se mit dans la communauté, et il en résulta de nouvelles sectes. Les mennonites hollandais se séparèrent des mennonites flamands. Les premiers ont aujourd'hui près de deux cents églises; la Bible est le seul symbole de leur foi, et ils se distinguent généralement par leur piété et leurs vertus. Les mennonites allemands, répandus aussi en Suisse et en Alsace, sont très nombreux et se distinguent par des mœurs pures et simples. Leurs croyances sont généralement celles de l'Eglise réformée ; mais ils ne se réunissent qu'entre eux et dans des maisons particulières; dans ces pays, ils se distinguent par leur costume et leur barbe du reste des habitants, avec lesquels ils vivent du reste en parfaite intelligence. Outre les sectes d'anabaptistes hollandais et allemands, il en existe en Angleterre, en Ecosse et dans les Etats-Unis d'Amérique, qui portent le nom de *baptists*. Leurs sectes nombreuses, qui diffèrent par des nuances très légères, se rattachent à deux principales, les *general-baptists* et les *particular-baptists*. Les premiers ont substitué l'aspersion à l'immersion dans le baptême et rejettent la prédestination telle que Calvin l'a enseignée; les seconds professent au contraire le calvinisme et sont beaucoup plus nombreux que les autres. Il existe aujourd'hui diverses autres sectes d'anabaptistes, principalement aux Etats-Unis. Tels sont les *sabbataires* qui ont substitué la célébration du samedi ou sabbat à celle du dimanche ; les *dunkers* et les *quakers*, auxquels nous consacrerons un article particulier. Nous dirons, en terminant cet article, que les mennonites de nos jours, aussi pacifiques et estimables que les anabaptistes furent dans l'origine turbulents et sanguinaires, repoussent jusqu'à leur nom, et n'ont de commun avec eux que leur attachement au dogme qui concerne le baptême.

ANABAS, petit genre de poissons *pharyngiens labyrinthiformes*, créé par Cuvier, pour une espèce de l'Inde, qui présente dans ses habitudes ce fait singulier, de monter aux arbres et de vivre dans l'eau qui s'amasse dans l'aisselle des feuilles. On ne connaît qu'une espèce d'anabas répandue dans toute l'Inde et dans les îles de son archipel. C'est un petit poisson qui ne dépasse guère seize centimètres de longueur. Sa couleur est verte, sombre, rayée en travers par des bandes plus foncées. Sa chair est fade, sent la vase et est remplie d'arêtes, mais on la mange à cause des vertus médicinales qu'on lui attribue; elle passe pour augmenter le lait des nourrices et la vigueur des hommes. L'anabas a la tête large, un peu arrondie, couverte de fortes écailles dentelées, ainsi que le reste du corps. Des dents en velours garnissent les mâchoires, le devant du chevron du vomer et la base de cet os, sous l'arrière du crâne. Cette disposition est unique chez les poissons. Pour monter après les arbres, l'anabas se retient à l'écorce par les épines des opercules, fléchit sa queue, et s'accroche par les épines de son anale, puis, détachant la tête, il s'élève

ainsi et se fixe de nouveau pour recommencer ces mouvements. Mais ce que ce poisson présente de plus singulier dans son organisation, c'est son appareil labyrinthiforme. (Voyez *Pharyngiens*.) Il forme, dit Cuvier, un vrai labyrinthe qu'on ne peut mieux comparer qu'à un chou frisé ou qu'à

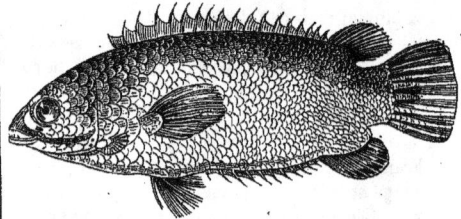

certaines espèces de millépores lamelleux. C'es au moyen des cellules formées par les replis de ces feuillets que se trouve retenue l'eau qui découle sur les branchies et les humecte pendant que le poisson est à sec, et lui permet ainsi de rester assez longtemps hors de l'eau. Aussi n'est-il pas rare d'en rencontrer se traînant sur la terre, quelquefois à d'assez grandes distances de l'eau.

ANACARDIER (*anacardium*), genre de la famille des térébinthacées, très voisin de l'acajou (*cassuvium*). Son fruit n'est pas réniforme comme dans l'acajou, mais en cœur, appuyé également sur un réceptacle charnu un peu plus gros que le fruit. On en connaît deux espèces ; la première, l'*anacardier à longues feuilles* (A. longifolium), dont les Indiens mangent l'amande; la seconde est l'*anacardier à feuilles larges* (A. latifolium). Son fruit, connu sous le nom de *noix de marais*, fournit un vernis fort recherché en Chine. Quant à ses propriétés médicinales, elles sont merveilleuses à en croire les charlatans indiens. Les anacardiers sont de grands arbres dont les fleurs sont disposées en petites grappes terminales ; ils sont originaires de l'Inde où on en mange les jeunes pousses.

ANACHARSIS, philosophe scythe, voyagea en Grèce pour s'instruire, et dans le but de civiliser ensuite ses concitoyens barbares. Il vint à Athènes vers l'an 589 av. J.-C., et se lia avec

Solon et Crésus. Ce dernier lui ayant fait des offres magnifiques pour le fixer auprès de lui, le philosophe répondit qu'il était venu en Grèce pour s'instruire et non pour s'enrichir. Les Athéniens lui accordèrent le droit de citoyen. De retour dans sa patrie, il voulut y introduire les mœurs des Grecs, mais il fut mis à mort par le roi de Scythie, son propre frère. — Le personnage dont l'abbé Barthélemy fait son héros, dans son célèbre *Voyage du jeune Anacharsis en Grèce*, n'est qu'un être imaginaire que l'auteur suppose être un descendant du premier, et qu'il fait vivre deux siècles plus tard.

ANACHORÈTE (du grec *anachoreó*, vivre à l'écart). C'est un homme qui recherche la solitude, qui, pour se livrer tout entier à la vie contemplative et aux pratiques de la pénitence, fuit le monde et ses distractions. C'est dans l'Orient que nous trouvons les premiers exemples de cette vie retirée et contemplative ; les Essémiens (*voyez*) s'y adonnaient, et l'Évangile nous montre saint Jean-Baptiste vivant au désert en attendant la venue du Messie, et après lui Jésus-Christ se préparant dans la retraite aux travaux importants et aux dangers de sa divine mission. Plus tard, sous le règne de Décius et de plusieurs autres souverains de Rome, les persécutions contraignirent un grand nombre de chrétiens à se retirer dans des lieux inhabités, plusieurs passèrent même leur vie tout entière au désert, et ce fut bientôt un acte méritoire de renoncer au monde et à la société de ses semblables. Parmi les anachorètes chrétiens dont le nom est parvenu jusqu'à nous, nous citerons Paul l'Ermite ou le Thébain, qui passa une partie de sa vie dans la solitude de la Haute-Egypte, qui prit le nom de *Thébaïde*. Il fut suivi dans cette partie de l'Egypte par plusieurs pieux solitaires au nombre desquels était saint Antoine. Celui-ci réunit autour de lui tous les ermites épars dans ces déserts, et les assujétit par certaines règles à des exercices faits en commun. Les anachorètes devinrent ainsi au IV⁰ siècle des *cénobites* (voy.) ; et ce fut là l'origine des ordres monastiques qui par la suite s'élevèrent en si grand nombre.

ANACHRONISME (du grec *ana*, contre, et *chronos*, temps). C'est une erreur dans la date d'un événement qu'on place soit plus tôt soit plus tard qu'il n'est réellement arrivé. C'est ainsi que Virgile commet un anachronisme, en faisant vivre à la même époque Enée et Didon, cette dernière n'ayant vécu que 200 ans après Enée, c'est-à-dire vers l'an 1000 av. J.-C. —

On commet également un anachronisme en attribuant à un personnage historique un langage qu'il ne pouvait tenir, ou en prêtant à une époque les mœurs et les usages d'une autre.

ANACLET (*Saint*), successeur de saint Clément sur le siége pontifical, gouverna l'Eglise de l'an 78 à l'an 91. Il souffrit à ce qu'on croit le martyre, et avait été disciple de saint Pierre. Au reste il règne sur son histoire une grande obscurité.

ANACLET II fut un antipape compétiteur d'Innocent II en 1130 ; il était fils de Pierre de Léon. Soutenu par Roger, roi de Sicile, il força le pape Innocent II à quitter Rome et l'Italie et à se réfugier en France ; mais condamné par divers conciles, décrié par saint Bernard et chargé des malédictions de son compétiteur, il fut abandonné de tous ses partisans, et mourut à Rome en 1138.

ANACRÉON, poète célèbre de la Grèce, naquit à Téos en Ionie, 350 ans environ av. J.-C. Il vécut pendant sa jeunesse à la cour de Polycrate, tyran de Samos, jouissant de l'intimité du prince et des plaisirs de sa cour, la plus voluptueuse qui fût alors. A la mort de Polycrate (523), Anacréon se rendit à Athènes où l'appelait Hipparque, fils de Pisistrate, jaloux de compter parmi les poètes dont il était entouré le chantre déjà célèbre des Amours et des Grâces. Mais lorsque le tyran Hipparque fut tombé sous le poignard d'Harmodius et d'Aristogiton, Anacréon retourna à Téos sa patrie. De là il se retira à Abdère et continua à vivre doucement au milieu des plaisirs qu'il chantait. Il mourut à l'âge de 85 ans, d'un pepin de raisin qui s'arrêta, dit-on, dans son gosier. — La vie d'Anacréon fut une longue libation aux Muses, à Bacchus et à l'Amour, et sa poésie fut un reflet de sa vie. Ce qui nous reste de ses poésies a été publié et traduit dans toutes les langues de l'Europe. M. Veissier Descombes en a donné une traduction en vers en 1839.

ANAGRAMME, transposition des lettres d'un mot ou d'une phrase de manière à former par la nouvelle combinaison de ces mêmes lettres un autre mot ou une autre phrase. Beaucoup d'auteurs ont employé l'anagramme pour cacher leur véritable nom ; c'est ainsi que Calvin à la tête de ses *Institutions* prend le nom d'*Alcuinis*, anagramme de Calvinus; que Demaillet, auteur d'une nouvelle cosmogonie, prit celui de *Telliamed*, qui lu à rebours donne son véritable nom ; que

François Rabelais cacha le sien sous celui d'*Alcofribas Nasier*, composé des mêmes lettres. Les astrologues et sorciers du moyen-âge en faisaient surtout grand usage. Considérée relativement aux phrases, l'anagramme n'est qu'un jeu difficile peu digne d'occuper un bon esprit, cependant quelques-unes offrent un sens assez curieux. Lors de l'assassinat de Henri III, les faiseurs d'anagrammes trouvèrent dans le nom de frère Jacques Clément, cette phrase : *c'est l'enfer qui m'a créé.* Un moine ligueur avait trouvé dans le nom de Henri de Valois, celui de *Vilain Hérodes* ; enfin dans Révolution Française, on a trouvé *un Corse la finira.*

ANALOGIE (du grec *analogia,* proportion, rapport), rapport ou ressemblance que plusieurs choses ont les unes avec les autres, quoique d'ailleurs différentes par des qualités qui leur sont propres. C'est là ce qui distingue l'analogie de l'identité. Raisonner par analogie, c'est s'autoriser de l'égalité des rapports qui existent entre des choses que l'on compare pour porter un jugement sur celle qu'on ne connaît pas. Les raisonnements par analogie servent à expliquer et à éclaircir les choses, mais non à les démontrer. — En grammaire l'analogie est un rapport de ressemblance ou d'approximation qui existe entre certains tours de phrase. — En mathématiques, *analogie* est pris pour synonyme de *proportion, rapport;* ainsi il y a même analogie de 4 à 6 que de 8 à 12.

ANALYSE. En chimie on donne ce nom aux opérations qui ont pour but de déterminer les éléments d'un corps composé. Il y a deux sortes d'analyses : l'*analyse qualitative* qui sert à reconnaître la nature des éléments du corps, et l'*analyse quantitative* par laquelle on mesure les proportions de ces éléments. — L'analyse chimique est de la plus grande utilité dans les arts, et ses opérations s'exécutent par des moyens très variés, mais le principe de l'action est partout le même ; on ne peut séparer deux corps unis chimiquement, qu'au moyen d'un autre corps qui s'unit à l'un deux en isolant le second. Le cas le plus simple de l'analyse est celui où le calorique suffit pour opérer la séparation. Supposons par exemple un mélange d'eau et d'alcool, on ne peut séparer mécaniquement ces deux substances, mais en chauffant le mélange, le calorique en se combinant avec l'alcool le convertit en vapeur ; celle-ci, en touchant un corps froid préparé pour la recevoir, lui cède son calorique, et l'alcool séparé de l'eau devient liquide.

Pour qu'une analyse, soit bien faite, il faut qu'aucun des éléments constituants du corps que l'on étudie ne soit perdu, et qu'on puisse représenter, à très peu de chose près, le poids primitif sur lequel on a opéré. On doit pour cela tenir compte de l'évaporation et peser tous les produits, solides, liquides ou gazeux que l'on peut recueillir. On fait souvent la preuve de l'opération par une opération inverse, c'est-à-dire en réunissant de nouveau les éléments séparés du corps soumis à l'analyse, c'est ce que l'on nomme *synthèse.* Par l'analyse on parvient à mettre en évidence une petite quantité d'une substance quelconque, pour ainsi dire perdue au milieu d'une foule d'éléments divers. C'est ainsi que dans les affaires criminelles d'habiles experts éclairent la justice et découvrent le poison jusque dans les débris putréfiés d'un cadavre.

ANALYSE. En mathématiques, c'est la métode employée pour résoudre les problèmes par une suite de déductions rigoureuses fondées sur les données et sur des propositions démontrées vraies. L'analyse est divisée, par rapport à son objet, en analyse des quantités finies et en analyse des quantités infinies. La première est ce qu'on appelle généralement *Algèbre* (voy. ce mot) ; la seconde est celle qui calcule les rapports des quantités que l'on prend pour infinies, ou infiniment petites. La principale méthode est le *calcul différentiel.* (Voy. ce mot.)

ANALYSE. C'est la réduction, la résolution d'un tout en ses parties. L'analyse, en logique, est une méthode que l'on suit pour découvrir la vérité, elle remonte des conséquences aux principes et des effets aux causes, c'est-à-dire qu'elle procède du composé au simple, au contraire de la synthèse qui procède du simple au composé. L'*analyse grammaticale* consiste à décomposer les phrases en indiquant pour chaque partie du discours le rang qu'elle occupe et la fonction qu'elle remplit dans la phrase.

L'analyse d'un livre, d'un discours, etc., est la réduction de l'ouvrage à ses parties principales ; c'est en quelque sorte le dépouiller de ses ornements pour en mieux connaître l'ordre et la suite. En littérature comme en chimie, c'est par l'analyse que l'on parvient à séparer le bon or du faux. L'art d'une analyse impartiale consiste à bien saisir le but de l'auteur, à exposer ses principes, et tout en ne lui dérobant rien de ce qu'il a de bon, à ne pas dissimuler ses défauts.

ANANAS (*bromelia*). Cette plante remarquable, dont la patrie originaire n'est pas bien connue, est aujourd'hui répandue dans les parties intertropicales de l'Asie et de l'Amérique. Rapportée du Brésil en France vers le milieu du xvi⁰ siècle par le voyageur Jean de Léry, cette plante ne réussit pas, et périt bientôt ; ce ne fut qu'un siècle après qu'elle fut de nouveau introduite en France. — Son port est élégant ; de longues feuilles vertes dentées environnent sa tige, haute d'environ 6 décimètres et qui porte un épi de fleurs violacées très nombreuses et serré, auxquelles succèdent des baies symétriquement arrangées, si pressées qu'elles semblent ne faire qu'un seul fruit assez ressemblant à un cône de pin surmonté d'une espèce de couronne de feuilles courtes, s'allongeant après la floraison, et dont on se sert aussi bien que des œilletons pour propager la plante. Son fruit est excellent, il prend à l'époque de la maturité une belle couleur jaune doré et répand une odeur très agréable.

Sa chair est douce, fondante et parfumée. Grâce aux soins des horticulteurs, cette plante a produit de nombreuses variétés dont les plus estimées sont : l'*ananas commun*, le *violet de la Jamaïque*, le *cayenne épineux*, le *cayenne sans*

épines, le *d'enville*, etc. Les fruits de quelques-unes de ces variétés diffèrent pour le poids de 1 et demi à 2 et même à 3 kilogr. Cette plante demande de grands soins, de la lumière et une chaleur très intense (25 à 40° R.), surtout au moment de la production du fruit, pour en assurer la parfaite maturation. On la tient dans des serres basses, chauffées à l'eau bouillante ; quelques horticulteurs sollicitent la végétation en introduisant la vapeur sous les racines ; par ce moyen on obtient des fruits très gros, mais peu savoureux et aqueux. — On a donné le nom d'*ananas de mer* à un polypier du genre *astrée*. (Voy. ce mot.)

ANAPHRODISIE (du grec *aphrodisia*, plaisirs de l'amour, précédé de l'*à* privatif), c'est-à-dire absence des désirs vénériens. Cet état est moins une maladie qu'une infirmité qui peut dépendre de plusieurs causes très différentes. Quelquefois elle tient à la constitution de l'individu chez qui les organes génitaux sont développés d'une manière incomplète ; mais le plus souvent elle est le résultat de l'abus des facultés génératrices. On a également observé certains cas où, par suite d'une inaction absolue, les organes génitaux tombaient dans une inertie plus ou moins complète. Newton, par exemple, qui était constamment plongé dans l'étude et la méditation, se trouvait dans ce cas. Nous ne parlons pas de l'affaiblissement qu'entraînent les progrès de l'âge, et dont l'anaphrodisie est la conséquence inévitable. — Cette affection, plus commune chez l'homme que chez la femme et qu'il ne faut pas confondre avec l'impuissance et la stérilité (voyez ces mots), est combattue par quelques substances connues sous le nom d'*aphrodisiaques* ; mais c'est seulement contre la faiblesse et l'épuisement qu'on peut les employer, et non contre la paralysie symptomatique.

ANARCHIE (du grec *arché*, gouvernement, précédé de l'*à* privatif). C'est l'absence d'un gouvernement reconnu, la situation d'un Etat sans chef. Toute agrégation d'hommes a besoin de lois, d'organisation, de pouvoirs ; ce n'est qu'à cette condition qu'une société peut exister. Lorsque les lois sont violées impunément et que personne n'a assez d'autorité pour les faire respecter, alors le lien qui unissait les membres de la société est rompu, il n'existe plus de gouvernement, on est en pleine anarchie. Tous les écrivains ont déclamé contre l'anarchie, et elle mérite bien en effet tout le mal que l'on peut en dire ; elle mène à sa suite les guerres civiles et, presque toujours, le triomphe de la tyrannie. L'histoire est remplie du récit des maux qu'enfante l'anarchie, et, pour ne citer que les événements qui se sont produits dans les temps modernes, nous rappellerons la Ligue qui divisait et la cour et la ville, qui livrait le beau pays de France aux hallebardes espagnoles, après avoir mis en branle la cloche fatale de la Saint-Barthélemy ; la Fronde qui ensanglantait les rues de la capitale, et la changeait en un champ de bataille pour des partis également insoucieux du bien public ; nous rappellerons enfin les désordres et les crimes qui ont souillé la révolution française, ces journées de sinistre mémoire qui ont vu couler, confondus, le sang le plus pur et le plus abject. — Les exemples que nous venons de citer prouvent que l'anarchie n'appartenait en particulier à aucune forme de gouvernement; toutes les sociétés y sont exposées, et les républiques n'en sont pas plus exemptes que les monarchies. Rome en offrit un triste exemple dans ce siècle agité qui précéda la naissance du Christ.

ANASTASE Ier, empereur d'Orient, de simple officier du palais fut élu empereur en 491, et mourut en 518. Son histoire n'offre rien de remarquable.

ANASTASE II, simple particulier, parvint à se faire un parti assez puissant qui le nomma empereur d'Orient en 713. Le parti opposé élut Théodose, qui l'emporta sur Anastase et le força d'entrer dans un couvent à Thessalonique. A l'avénement de Léon au trône impérial, Anastase entreprit, avec le secours des Bulgares, de s'emparer de Constantinople; mais il fut livré par ses propres soldats à Léon, qui le fit mourir en 716.

Quatre papes ont également porté ce nom :

ANASTASE Ier (*Saint*), pape, naquit à Rome, et fut ordonné l'an 398. Il s'opposa vigoureusement aux erreurs d'Origène. (Voyez ce mot.) Saint Jérôme dit de lui que c'était un homme d'une vie sainte, d'une riche pauvreté et d'une sollicitude apostolique. Il mourut en 401.

ANASTASE II, romain de naissance, fut élu en 496. On ne peut rien dire de lui, sinon qu'il complimenta Clovis sur sa conversion, et mourut en 498.

ANASTASE III gouverna l'Eglise de 911 à 913; son règne n'offre rien de remarquable.

ANASTASE IV, successeur d'Eugène III,

monta sur le trône pontifical en 1153. Il avait été d'abord évêque de Sabine et cardinal. Il donna dans son gouvernement des preuves de haute sagesse, et se fit remarquer par sa charité, pendant la famine qui dura autant que son pontificat. Il mourut en 1154.

ANASTOMOSE. Ce mot indique un abouchement, une communication qui existe naturellement entre deux vaisseaux. Le nombre des anastomoses est d'autant plus grand que les vaisseaux sont plus petits. Leur but principal semble être de multiplier les voies de communication et de suppléer ainsi aux obstacles que les liquides peuvent éprouver dans leur cours. (V. *Vaisseaux*.) On a aussi donné le nom d'anastomose à la réunion des bronches et des filets nerveux entre eux.

ANATHÈME (du grec *anathèma*, chose mise à part), sentence qui rejette hors du sein de l'Eglise ceux qui en sont atteints. Dans les premiers siècles, ce mot fut quelquefois employé pour désigner les offrandes et les *ex-voto* que la piété des fidèles consacrait dans les temples à la divinité, et plusieurs Pères de l'Eglise l'ont employé dans ce sens. Mais dans la Bible, être voué à l'anathème c'est être voué à la mort. C'est ainsi que Moïse voue à l'anathème les adorateurs des faux dieux. De même Saül voue à l'anathème tout Israélite qui, dans la poursuite des Philistins, mangera quelque chose avant le coucher du soleil (*Rois*, ch. xiv, vers. 24). — Dans l'Eglise chrétienne, l'anathème est le retranchement de la communion de l'Eglise. Celui qui a encouru l'anathème de la part de l'autorité spirituelle est excommunié, séparé des fidèles et par conséquent en état de damnation. L'anathème fut surtout porté contre les hérétiques qui combattaient les dogmes ou la souveraineté de l'Eglise, et les décrets des conciles appelés à décider des questions de foi, se terminaient presque tous par des anathèmes contre quiconque émettrait une opinion contraire à celle qu'ils venaient de promulguer.

ANATOLIE, pachalik de la Turquie d'Asie, formé de la portion occidentale de l'ancienne Asie mineure, et s'étendant de 24° 13' à 36° long. E. Sa capitale est Koutaieh, résidence du pacha ; après elle viennent Brousse, Smyrne, le port le plus commerçant du Levant; Angora, Trébisonde, sur la mer Noire, etc. (Voyez *Asie mineure*.)

ANATOMIE (du grec *anatomè*, dissection).

C'est la science qui a pour objet l'étude de la structure, de la situation et des rapports des parties dont se compose l'organisme animal. Cette vaste science se divise en plusieurs branches; lorsqu'elle s'occupe de l'organisation des différentes classes d'animaux, elle prend le nom d'*anatomie comparée ;* lorsqu'elle a pour objet une seule espèce de corps organisés, elle est appelée *spéciale ;* telle est l'anatomie humaine. — L'anatomie proprement dite, ou *anatomie descriptive*, se borne à donner la description des parties de l'animal, avec la simple indication de leurs usages ou de leurs propriétés vitales, sans insister sur ces usages. La connaissance des phénomènes qui résultent de l'organisation, l'étude des fonctions animales, sont du ressort de la *physiologie*. (Voyez ce mot.) Nous ne nous occuperons donc, dans cet article, que de l'*anatomie descriptive* appliquée à l'homme. — Le corps de l'homme est composé de solides et de fluides. Les parties solides sont ou dures comme les os et les cartilages, ou molles comme les muscles, les nerfs, les vaisseaux, etc. Les parties fluides sont le sang et toutes les humeurs qui en sont séparées par voie de sécrétion et d'exhalation, comme la lymphe, la salive, la bile, l'urine, etc. — L'étude de la structure du corps humain doit commencer par celle des os (*ostéologie*), dont l'ensemble constitue une véritable charpente intérieure, destinée à fournir des points d'appui et d'attache aux parties molles, et à former des cavités pour loger et protéger les organes les plus essentiels à la vie. (Voyez *Os*.) L'assemblage de tous les os qui forment la charpente du corps porte le nom de squelette. Le squelette se divise comme le corps lui-même en trois parties : la tête, le tronc et les membres. La *tête* se compose de deux portions principales, le crâne et la face. Le *crâne* est une sorte de boîte osseuse de forme ovalaire, qui occupe toute la partie postérieure et supérieure de la tête, et qui loge le cerveau. (Voyez ce mot.) Il est formé par la réunion de huit os : le *frontal* ou coronal (f), en avant; les deux *pariétaux* (p), en haut; les deux *temporaux* (t), sur les côtés; l'*occipital* (o), en arrière; le *sphénoïde* (s) et l'*ethmoïde* en bas; tous ces os, à l'exception du dernier, ont la forme de grandes lames minces et s'articulent parfaitement entre eux; l'ethmoïde, dont le nom signifie *semblable à un crible,* offre vers son milieu une lame horizontale criblée d'un grand nombre de petits trous qui livrent passage aux filets des nerfs *olfactifs* ou de l'odorat; l'occipital, qui loge le cervelet, s'articule avec la colonne vertébrale et est percé d'un trou que traverse la moelle épi-

nière. La *face* est formée par la réunion de quatorze os de formes très diverses, et présente cinq grandes cavités destinées à loger les organes de la vue, de l'odorat et du goût; les os principaux sont les *maxillaires supérieurs* (m s), les os *jugaux* ou os des pommettes (j), en arrière; les

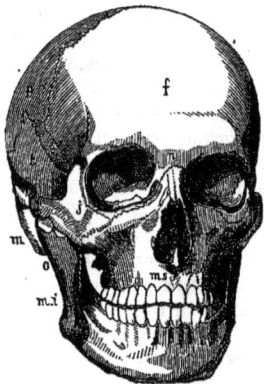

os *palatins* ou os du palais, qui se joignent au sphénoïde. Les fosses de l'œil sont formées par une portion de l'os *frontal,* et leur plancher par les maxillaires supérieurs, en dedans ce sont l'*ethmoïde* et un petit os appelé *lacrymal,* qui complètent leurs parois; le *sphénoïde* en occupe aussi le fond, où se trouvent les ouvertures servant au passage du nerf optique et des autres branches nerveuses appartenant à l'appareil de la vision. Le nez étant formé en majeure partie de cartilages, la portion osseuse du nez est peu saillante; elle est formée par deux petits os appelés *nasaux* (n); les fosses nasales sont séparées de la bouche par la voûte du palais formée par les *os palatins*, et elles sont séparées entre elles inférieurement par le *vomer*. La mâchoire inférieure est formée d'un seul os, le *maxillaire inférieur* (m i), il est mobile et s'articule avec les os temporaux. Les deux mâchoires sont garnies de petits os très blancs et très durs que l'on nomme *dents* (voyez ce mot), et dont le nombre est ordinairement de trente-deux, seize à chaque mâchoire; elles sont implantées dans des trous nommés *alvéoles*. On range encore parmi les os de la tête l'os *hyoïde*, qui est suspendu aux os temporaux par des ligaments; il a la forme d'un *V*, et placé en travers de la partie supérieure du cou, il sert à porter la langue et à soutenir le larynx. — Le *tronc* est la partie du squelette qui s'étend depuis la tête jusqu'aux membres inférieurs. La partie la plus importante du tronc est la *colonne vertébrale;* c'est une espèce de tige osseuse qui règne dans toute la longueur du corps et qui se compose d'un grand nombre de petits os appelés *vertèbres*, placés bout à bout et solidement unis entre eux; elle est placée à la partie postérieure du tronc, soutenant la tête et appuyée sur le bassin. On compte chez l'homme trente-trois vertèbres, sept *cervicales* formant le cou; douze *dorsales*, cinq *lombaires*, cinq *sacrées* et quatre *coccygiennes;* les cinq vertèbres sacrées se soudent entre elles, et ne forment plus qu'un os nommé *sacrum*. Le caractère essentiel des vertèbres est d'être traversées par un trou qui, en se réunissant à ceux des autres vertèbres, forme un canal s'étendant depuis le crâne jusque vers l'extrémité du corps et logeant la moelle épinière; les vertèbres coccygiennes ou du *coccyx* ne présentent point de canal semblable et sont solides. Chaque vertèbre se compose d'un corps et de diverses apophyses, ou prolongements épineux, qui servent de points d'attache aux muscles. Chacune des douze vertèbres dorsales porte une paire d'arceaux très longs et aplatis qui se recourbent autour du tronc, de façon à former une sorte de cage osseuse destinée à loger le cœur et les poumons. Ces arceaux sont les *côtes*, dont le nombre est par conséquent de douze de chaque côté du corps; leur extrémité se termine par une tige cartilagineuse qui, dans les sept premières paires de côtes ou *vraies côtes*, viennent se joindre au *sternum*, os qui occupe en avant la ligne médiane du corps, et sert à compléter les parois de la cavité thoracique; les cinq dernières paires de côtes ou *fausses côtes* n'arrivent pas au sternum, mais se joignent aux cartilages des côtes précédentes. — Le *bassin* situé à la partie inférieure du tronc, dont il forme la base, se compose de quatre os : le *sacrum* et le *coccyx* qui le limitent en arrière, et les deux os *coxaux* ou *os iliaques*, situés sur les parties latérales et antérieures du bassin; les os iliaques sont eux-mêmes formés de trois os, l'un supérieur, *ilion*, l'autre inférieur, *ischion*, et le troisième plus antérieur, connu sous le nom d'*os pubis;* mais dans l'âge adulte ces trois os se soudent de manière à n'en plus former qu'un. Le bassin renferme la

vessie urinaire, le rectum et les organes internes de la génération. Le bassin de la femme a plus d'amplitude et de capacité que celui de l'homme.

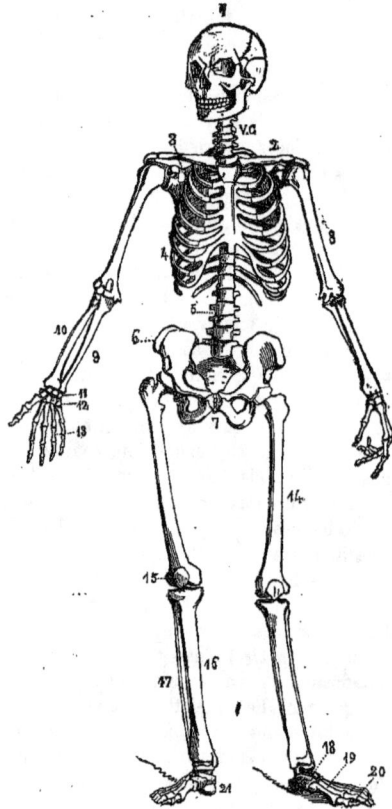

SQUELETTE DE L'HOMME.

1. Boîte osseuse du crâne. v. c. Vertèbres cervicales. — 2 clavicule. — 3 omoplate. — 4 côtes. — 5 vertèbres lombaires. 6 os iliaque. — 7 os sacrum. — 8 humérus. — 9 cubitus. — 10 radius. — 11 carpe. — 12 métacarpe. — 13 phalanges. — 14 fémur. — 15 rotule. — 16 tibia. — 17 péroné. — 18 tarse. 19 métatarse. — 20 phalanges. — 21 calcanéum.

— Les *membres* ou extrémités sont au nombre de quatre : deux supérieurs ou thoraciques, et deux inférieurs ou abdominaux. Les membres supérieurs sont formés par l'épaule, le bras, l'avant-bras et la main. — L'épaule, ou portion basilaire du membre sur laquelle s'insère le bras, est formée de deux os, l'*omoplate* et la *clavicule*. L'omoplate est un grand os plat qui occupe la partie supérieure et externe du dos, sa forme est à peu près triangulaire ; la clavicule, os grêle et cylindrique, placé à la partie supérieure de la poitrine, s'étend comme un arc-boutant du sternum à l'omoplate ; cet os est moins long chez l'homme que chez la femme. Le bras est formé par un seul os, l'*humérus ;* son extrémité supérieure, grosse et arrondie, s'articule avec une cavité de l'omoplate dans laquelle elle peut rouler dans tous les sens. L'avant-bras est formé de deux os, le *radius* et le *cubitus,* le premier situé en dehors, le second en dedans ; ces os sont unis entre eux par des ligaments, mais ils sont cependant mobiles, et le radius qui porte la main peut tourner sur le cubitus. La main, qui termine le radius, se divise en trois portions : le carpe ou poignet est formé par deux rangées de petits os courts, très intimement unis entre eux; on en compte huit ; les quatre qui forment la première rangée sont : le *scaphoïde,* le *semi-lunaire,* le *pyramidal* et le *pisiforme ;* les quatre autres sont : le *trapèze,* le *trapézoïde,* le *grand os* et l'*os crochu.* Le métacarpe est la partie de la main située entre le carpe et les doigts; il est composé de cinq os, qui s'articulent avec les doigts par leur extrémité ; ils sont unis entre eux, à l'exception du cinquième qui porte le pouce. Les *doigts*, au nombre de cinq, sont formés chacun par une série de petits os longs, joints bout à bout, et appelés *phalanges;* le pouce n'en présente que deux, mais tous les autres en ont trois ; la dernière phalange ou *phalangette* porte l'ongle. — Les membres abdominaux sont formés comme les membres thoraciques de quatre sections : la hanche, la cuisse, la jambe et le pied. La hanche est formée par l'os *iliaque* ou du bassin, qui porte sur le côté et en dehors une cavité articulaire destinée à loger la tête de l'os de la cuisse. Celle-ci, comme le bras, ne se compose que d'un seul os que l'on nomme *fémur ;* c'est de tous les os du corps le plus long et le plus volumineux, son extrémité supérieure coudée en dedans est arrondie et séparée du corps de l'os par un rétrécissement appelé *col du fémur.* — La jambe est formée de deux os principaux, en dedans le *tibia*, et en dehors le *péroné ;* les deux extrémités inférieures de ces os constituent les *malléoles* ou chevilles; on trouve en outre, au-devant du genou, un troisième os appelé *rotule.* Le pied se compose ainsi que la main de trois parties principales, savoir :

le tarse, le métatarse et les doigts. Le tarse a sept os, et son articulation avec la jambe ne se fait que par l'un d'entre eux, l'*astragale*, qui s'élève au-dessus des autres ; l'astragale repose sur le *calcaneum*, qui se prolonge beaucoup plus loin en arrière pour former le talon; enfin un troisième os, le *scaphoïde*, termine la première rangée des os du tarse; la seconde rangée se compose de quatre petits os, dont trois ont reçu le nom d'*os cunéiformes*, et le quatrième placé en dedans celui d'*os-cuboïde*. Les os du métatarse, au nombre de cinq, ressemblent exactement à ceux du métacarpe, seulement ils sont plus forts et moins mobiles. Les os qui composent les orteils, ou doigts des pieds, sont au nombre de quatorze ; leur disposition est en tout semblable à celle des phalanges des doigts, mais le gros orteil n'est pas détaché des autres, et ne peut leur être opposé comme le pouce des mains.

Des articulations des os (syndesmologie). On donne le nom d'articulation à l'union des divers os entre eux. Les parties qui concourent à former les articulations sont les cartilages, les ligaments, les fibro-cartilages et les membranes synoviales. Tantôt la substance cartilagineuse adhère fortement à l'une et à l'autre surface articulaire, et ne leur permet de se mouvoir qu'à raison de son élasticité ; d'autres fois, les surfaces articulaires glissent l'une sur l'autre et ne sont maintenues en rapport que par des ligaments qui les entourent et qui sont disposés de manière à poser des bornes à leurs mouvements. Dans les articulations contiguës, se trouvent les membranes synoviales, sortes de poches sans ouverture, qui entourent les articulations de toutes parts; leur face interne est lubréfiée par un liquide visqueux qui permet à ces surfaces de glisser facilement l'une sur l'autre ; elles ont pour but de diminuer le frottement. — *Des muscles (myologie).* Les muscles sont des organes composés de fibres contractiles rangées parallèlement entre elles, qui, sous l'influence de certaines causes, se raccourcissent brusquement et opèrent ainsi le rapprochement des parties auxquelles elles sont fixées. L'insertion des muscles sur les os ne se fait pas directement, elle a lieu par le moyen d'une substance intermédiaire de texture fibreuse qui pénètre dans la substance de ces organes. Tantôt ce tissu fibreux, qui est blanc et nacré, prend la forme d'une membrane, on l'appelle alors *aponévrose ;* d'autres fois il ressemble à une corde plus ou moins longue, et constitue alors ce que les anatomistes nomment *tendons.* Ce sont ces tendons que l'on appelle vulgairement *nerfs*, bien qu'ils n'aient rien de commun avec ces organes. — Les muscles proprement dits sont en général formés d'une partie épaisse, molle et rouge, que l'on appelle la *chair*. Tous les muscles destinés à produire les mouvements du corps sont fixés au squelette par leurs deux extrémités; il en résulte que lorsqu'ils se contractent, ils déplacent l'os qui leur présente le moins de résistance et l'entraînent vers celui qui reste immobile, et qui leur sert de point d'appui pour mouvoir le premier. Le principe de l'irritabilité qui préside au mouvement des muscles est tantôt soumis à la volonté de l'être, tantôt indépendant d'elle. De là la distinction admise par les anatomistes de muscles volontaires ou de la vie animale, et de muscles involontaires ou de la vie organique. Les premiers sont ceux qui servent à la station, aux divers genres de progression, aux mouvements du larynx et à un état des organes des sensations. Les seconds sont ceux qui servent aux mouvements organiques, tels que les mouvements du cœur, du tube alimentaire, de la vessie, etc. Cependant, il est peu de fonctions sur lesquelles la volonté, et surtout les passions n'aient une influence notable. Les mouvements des muscles sont prodigieusement nombreux et variés, on peut toutefois les rapporter à deux classes, suivant qu'ils concourent à la production d'un même mouvement ou qu'ils déterminent un mouvement contraire à celui d'un autre muscle. Dans le premier cas, on les appelle *congénères*, et dans le second, *antagonistes*. On désigne aussi les muscles d'après leurs usages, sous les noms de fléchisseurs et d'extenseurs, d'adducteurs et d'abducteurs, de rotateurs, etc. — Les muscles de la face sont tous groupés autour des ouvertures naturelles de la région antérieure de la tête, ce sont : le muscle *orbiculaire des paupières*, le muscle *orbiculaire des lèvres*, véritables sphincters, ou anneaux composés de fibres circulaires qui servent à fermer les yeux et à rapprocher les lèvres : le *muscle des joues*, le *muscle masséter*, servant à élever la mâchoire inférieure, le *muscle temporal* servant au même usage, le zygomatique, les muscles élévateurs et abaisseurs des lèvres. Les muscles de la région cervicale se portent de la colonne vertébrale à la partie postérieure de la tête, et servent à la redresser; d'autres s'insèrent sur les côtés de la base du crâne, aux apophyses, et descendent obliquement vers la poitrine, à la partie antérieure du cou, ils servent à faire tourner la tête sur la colonne vertébrale. Le poids du corps tendant continuellement à courber la colonne vertébrale en avant, il existe des muscles puissants qui s'insèrent le long de sa face postérieure et

ont pour but de redresser l'épine dorsale; ils se fixent à l'extrémité des apophyses. Les mouvements de flexion de la colonne, en avant, ne nécessitent presque aucun déploiement de force, aussi les muscles employés à les produire sont-ils grêles et peu nombreux. Des muscles nombreux fixent l'omoplate contre les côtes. L'un des principaux d'entre eux est le *grand dentelé*, qui se porte de la partie antérieure du thorax au bord postérieur de cet os, en passant entre lui et les côtes. Chez l'homme, il est peu développé, mais il est extrêmement fort chez les quadrupèdes, et constitue avec celui du côté opposé une espèce de sangle qui supporte tout le poids du tronc. Dans l'homme, le *muscle trapèze*, qui s'étend de la partie cervicale de la colonne vertébrale à l'omoplate, sert à relever l'épaule et à soutenir le poids du membre, aussi est-il très développé. Les muscles destinés à mouvoir l'humérus s'insèrent au tiers supérieur de l'os et s'attachent, par leur extrémité opposée, à l'omoplate ou au thorax ; ce sont le *grand pectoral* qui porte le bras en dedans, le *grand dorsal* qui le porte en arrière, et le *deltoïde* qui le relève. Les muscles extenseurs et fléchisseurs de l'avant-bras s'étendent de l'épaule, ou de la partie supérieure de l'humérus, à la partie supérieure du cubitus. Les mouvements de rotation du radius et de la main sur le cubitus sont effectués par des muscles situés à l'avant-bras et qui se portent obliquement de l'extrémité de l'humérus ou du cubitus à l'une et à l'autre de ces parties. — Les muscles de la main, fléchisseurs et extenseurs des doigts, forment la majeure partie de la masse charnue de l'avant-bras et se terminent par des tendons extrêmement longs et grêles, dont les uns se fixent aux premières phalanges, les autres aux phalangettes. La plupart des muscles destinés à mouvoir la cuisse et la jambe prennent insertion sur le bassin. Les muscles extenseurs de la jambe s'attachent au tibia. Le pied ne peut se mouvoir sur la jambe que dans le sens de sa longueur, et les muscles qui servent à cet usage entourent le tibia et le péroné. Les extenseurs du pied, qui forment la saillie du mollet, se fixent au calcanéum par un gros tendon appelé *tendon d'Achille ;* outre ces muscles qui sont généralement disposés par paires, les uns occupent le côté droit du corps, les autres le côté gauche; il y a des muscles impairs, tels que les sphincters et le *diaphragme.* Ce dernier est un large plan musculaire qui sépare horizontalement la cavité de la poitrine de celle du ventre; sa face supérieure convexe fait partie de la cavité thoracique ; sa face inférieure concave est tournée vers l'abdomen. Il concourt aux mouvements de la respiration et seconde les muscles abdominaux dans leurs efforts pour l'expulsion des matières fécales et de l'urine. — La *splanchnologie* est la branche de l'anatomie relative aux appareils fonctionnels. Ceux-ci peuvent se partager en deux classes, suivant qu'ils nous mettent en relation avec le monde extérieur, ou qu'ils sont destinés à la conservation de l'individu et de l'espèce. La première comprend les *organes des sens*, dont l'étude est trop importante pour que nous ne leur consacrions pas un article particulier. (Voyez *Sens.*) La seconde comprend les *viscères* proprement dits. — Les sens font plus ou moins partie de l'enveloppe générale du corps ; ils sont presque tous situés dans la tête, et au moyen de nerfs gros et courts, ils ont des connexions intimes avec le cerveau. Le *sens du toucher* s'exerce principalement par l'intermédiaire de la membrane dont la surface du corps est recouverte, ou de la *peau*. Celle-ci se reploie en dedans pour tapisser les cavités intérieures, et prend alors le nom de *membrane muqueuse*. L'*organe de l'odorat* a son siége dans les fosses nasales qui communiquent en dehors par les narines; elles sont tapissées par la membrane muqueuse, qui prend le nom de *membrane pituitaire*, et qui est continuellement lubréfiée par un liquide visqueux appelé *mucus nasal*. Les particules odorantes répandues dans l'air qui traverse les fosses nasales sont arrêtées sur la membrane pituitaire, qui reçoit les filets du nerf olfactif, et les impressions qu'elle en reçoit sont transmises au cerveau. — L'*organe du goût* a pour siége principal la langue, corps musculaire très mobile et qui reçoit de nombreuses branches nerveuses servant à conduire au cerveau les impressions des saveurs. — L'*organe de l'audition* ou de l'*ouïe* est l'oreille, appareil très compliqué que nous décrirons dans un article particulier. L'*organe de la vision* est l'*œil* (voyez ce mot), logé dans la fosse orbitaire ; nous décrirons en son lieu cet admirable organe, avec tout le détail qu'il mérite. — Le système nerveux préside à la sensibilité générale (voyez *Nerfs* et *Cerveau*); on a coutume de le diviser en deux parties : le système *cérébro-spinal* se compose de l'encéphale et de la moelle épinière, axe nerveux logé dans la cavité du crâne et du canal vertébral, et recouvert de trois enveloppes membraneuses, qui, énumérées à commencer des centres nerveux, sont la *pie-mère*, l'*arachnoïde* et la *dure-mère*. L'*encéphale* est formé de deux parties principales, qui sont le *cerveau* et le *cervelet;* l'un et l'autre se continuent inférieurement avec un gros cordon nerveux logé dans la

colonne vertébrale et appelé *moelle épinière*. Le *cerveau* est la partie la plus volumineuse de l'encéphale de l'homme, il occupe toute la partie supérieure du crâne ; on y distingue deux moitiés latérales, nommées *hémisphères du cerveau*, et séparées par une scissure profonde; ils ont leur surface externe marquée de replis anfractueux dont les parties saillantes sont appelées circonvolutions; une lame médullaire borne la scissure inférieurement, c'est le corps calleux. A la face inférieure du cerveau on distingue deux éminences arrondies (*éminences mamillaires*), et deux pédoncules très gros, qui semblent sortir de la substance de cet organe pour se continuer avec la moelle épinière. C'est également de cette partie du cerveau que sortent les nerfs auxquels ce viscère donne naissance. La substance du cerveau est blanche en dedans et grise à l'extérieur. Le cervelet est placé au-dessous de la partie postérieure du cerveau ; on y distingue, comme dans ce dernier, deux hémisphères; inférieurement, il se continue aussi avec la moelle épinière au moyen de deux gros pédoncules, et entoure ce dernier organe par une bande de substance blanche qui porte le nom de *protubérance annulaire* ou *pont de Varole*. Tous les nerfs de la sensibilité spéciale, et d'autres importants qui se rendent aux poumons et à l'estomac naissent de l'encéphale, ce sont : 1ʳᵉ paire, les *nerfs olfactifs;* 2ᵉ p., *nerfs optiques;* 3ᵉ p., *nerfs oculaires;* 4ᵉ p., *nerfs pathétiques;* 5ᵉ p., *nerfs trijumeaux;* 6ᵉ p., *nerfs moteurs oculaires externes;* 7ᵉ p., *nerfs faciaux;* 8ᵉ p., *nerfs auditifs;* 9ᵉ p., *nerfs glosso-pharyngiens;* 10ᵉ p., *nerfs hypoglosses*. La *moelle épinière* est en quelque sorte un prolongement du cerveau et du cervelet. Elle a la forme d'une grosse corde, renfermée dans l'étui osseux formé par les vertèbres, et est divisée par un double sillon en deux moitiés latérales, donnant naissance par des renflements parallèles à un grand nombre de paires de nerfs qui vont se distribuer dans les muscles, organes spéciaux du mouvement. Sa partie supérieure se prolonge dans le crâne où elle prend le nom de *moelle allongée*, on y remarque plusieurs renflements (*corps olivaires, pyramidaux*); son extrémité inférieure se termine en se divisant en un grand nombre de filaments longitudinaux disposés en queue de cheval, ce qui lui a fait donner ce nom. Au niveau de l'origine des nerfs qui se distribuent aux membres thoraciques, la moelle épinière présente un renflement bien sensible ; elle se rétrécit ensuite, et son volume augmente de nouveau vers la partie d'où naissent les nerfs des membres abdominaux.

Les nerfs qui naissent de l'encéphale et qui établissent la communication entre ce système et les diverses parties du corps, sont au nombre de quarante-trois paires. Ils proviennent tous de la moelle épinière ou de la base du cerveau, et on les distingue, d'après leur position, par des numéros d'ordre, en procédant d'avant en arrière. Les douze premières paires naissent de l'encéphale même et sortent de la boîte osseuse du crâne par les divers trous, situés à sa base. Les trente-une paires suivantes proviennent de la portion de la moelle épinière renfermée dans la colonne vertébrale, et sortent de cette gaîne osseuse par des trous situés de chaque côté, entre les vertèbres. Les faisceaux de nerfs qui partent de l'encéphale et de la moelle, se divisent successivement en branches, en rameaux et en ramuscules, et deviennent d'une ténuité extrême. — Le *système nerveux ganglionaire*, ou *nerf grand sympathique*, se compose d'un certain nombre de petites masses nerveuses, bien distinctes, mais liées entre elles par des cordons médullaires et de divers nerfs qui vont s'anastomoser avec ceux du système cérébro-spinal, ou se distribuer dans les organes voisins. Ces centres nerveux portent le nom de *ganglions*. La plupart d'entre eux sont placés symétriquement de chaque côté de la tige médiane, au devant de la colonne vertébrale et forment ainsi une double chaîne, depuis la tête jusqu'au bassin; on en trouve aussi près du cœur et dans le voisinage de l'estomac. On nomme ces ganglions *cervicaux*, *thoraciques*, *lombaires* et *sacrés*, suivant leur position. Dans la cavité abdominale, les ganglions lombaires, latéraux, sont réunis par des filaments nombreux à un ganglion médian, centre nerveux assez considérable, qui joue sans doute un rôle important dans l'acte de la digestion. — *Organes digestifs*. Chez l'homme, tous les phénomènes de la digestion se passent dans le trajet d'un canal qui s'étend depuis la bouche jusqu'à l'anus. La cavité alimentaire affecte la forme d'un tube ouvert à ses deux bouts et ordinairement élargi vers le milieu, afin que les matières nutritives puissent mieux s'y accumuler et y séjourner pendant le temps nécessaire à leur digestion. Ce tube et ses accessoires sont tapissés par une membrane muqueuse, entourée d'une tunique charnue formée de fibres musculaires, qui, par leurs contractions, servent à pousser les aliments de haut en bas. L'appareil de la digestion ne se compose pas seulement du tube alimentaire, mais aussi de divers organes glandulaires, situés à l'entour et destinés à verser dans sa cavité des liquides particuliers. Les plus importants sont les glandes gastriques, le foie, le pancréas, et les glandes salivaires. — L'ouver-

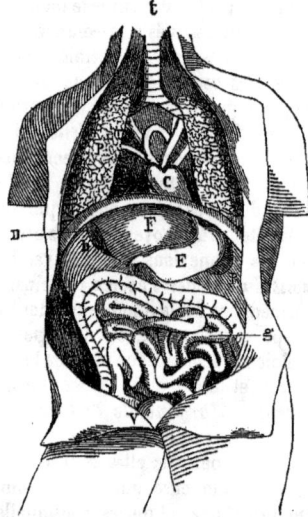

T. trachée. — P. P. poumons. — C. cœur. — D. diaphragme.
F. foie. — E. estomac. — B. vésicule biliaire. — R. Rate —
G. gros intestin, g. intestin grêle. — V. vessie.

ture supérieure du tube digestif ou la bouche est une cavité ovalaire formée en haut par la mâchoire supérieure et le palais, en bas par la langue et la mâchoire inférieure, latéralement par les joues, en arrière par le voile du palais et en avant par les lèvres. Le canal alimentaire se rétrécit alors peu à peu et forme le *pharynx* ou arrière-bouche et prend le nom d'*œsophage* un peu au-dessous du milieu du cou. Il descend ainsi entre les deux poumons, en passant derrière le cœur, traverse le diaphragme et se termine à l'estomac. L'*estomac* est une poche membraneuse, placée en travers à la partie supérieure de l'abdomen, assez semblable pour la forme à une cornemuse. C'est là que les aliments sont digérés et changés en *chyme*. (Voyez *Digestion*.) L'ouverture par laquelle l'estomac communique avec l'œsophage se nomme *cardia*, et celle qui conduit de ce viscère dans les intestins est appelée *pylore*, espèce d'anneau musculaire contracté, qui se dilate pour livrer passage aux aliments dans les *intestins*. Ceux-ci sont logés dans l'abdomen et renfermés dans les replis d'une membrane nommée *péritoine*, qui les fixe à la colonne vertébrale. Ils se composent de deux parties distinctes : l'*intestin grêle* et le *gros intestin*. L'intestin grêle, ainsi nommé à cause de son étroitesse, forme environ les trois quarts de la longueur totale des intestins, qui est six fois celle du corps ; c'est dans son intérieur que la digestion s'achève. Dans son intérieur s'ouvrent les innombrables bouches des vaisseaux absorbants qui y puisent le *chyle*. On distingue dans l'intestin grêle trois portions, le *duodénum*, le *jéjunum* et l'*iléon*. Ce dernier vient se terminer au *cœcum* où commence le *gros intestin*. Le *colon* fait suite au cœcum, se replie vers le foie et redescend vers le bassin, où il se continue avec le *rectum*, qui se termine à l'anus. Arrivés dans le gros intestin, les aliments, épuisés des parties nutritives, deviennent matières fécales et sont enfin expulsés par l'anus. Le canal alimentaire est en rapport avec la nature des aliments dont les animaux se nourrissent, et varie surtout dans son étendue. Les matières alimentaires qui pénètrent dans l'intestin grêle s'y mêlent avec les humeurs sécrétées par ses parois, et avec deux liquides particuliers, la *bile* et le *suc pancréatique*. — Le *foie*, qui est l'organe producteur de la bile, est le viscère le plus volumineux du corps ; il est situé à la partie supérieure de l'abdomen, du côté droit ; sa couleur est d'un rouge brun et sa substance est molle et granuleuse ; de nombreux vaisseaux sécréteurs se réunissent entre eux pour former un tronc (*conduit hépatique*) qui verse la bile dans le duodénum, et qui communique aussi avec une poche membraneuse située à la partie inférieure du foie et servant de dépôt à la bile, c'est la *vésicule biliaire*. — Le *pancréas* est une glande située entre l'estomac et la colonne vertébrale, qui produit un liquide assez semblable à la salive qu'elle verse dans le duodénum par un petit conduit. Nous verrons à l'article *Digestion* le rôle que jouent ces sucs. — La *rate* est un organe placé dans le flanc gauche, et accolé à la grosse extrémité de l'estomac ; sa forme est celle d'une fève. On ne connaît point encore bien son usage.

L'*appareil urinaire* se compose des *reins*, espèces de glandes d'un rouge obscur, en forme de haricot, placés dans le ventre, derrière les intestins, sur chaque côté de la colonne vertébrale. Ils communiquent avec la *vessie* par un long conduit membraneux, l'*uretère*. La *vessie* est une poche musculo-membraneuse, ovoïde, placée dans l'excavation du bassin, derrière le pubis. On y distingue deux parties : le *bas-fond*, où viennent s'aboucher les uretères, tourné vers la partie postérieure du bassin, et le *col*, situé à la partie antérieure ; il a la forme d'un goulot assez large, se rétrécit peu à peu, et donne naissance au *canal de l'urètre*, qu'il ne faut pas confondre avec l'*uretère*. C'est par l'urètre que l'urine est rejetée de la vessie, il naît du col de la vessie et se termine à l'extrémité de l'organe génital, auquel nous consacrerons un article particulier. (Voyez *Génération*.) — Le *rein* est l'organe sécréteur de l'urine, c'est dans sa substance qu'elle se forme, et elle coule goutte à goutte par l'uretère dans la vessie. — *Organes de la respiration*. Les organes de la respiration sont la *trachée* et les *poumons*, qui sont enfermés dans la cavité de la poitrine. Les *poumons*, au nombre de deux, placés de chaque côté du corps, ont la forme d'un cône irrégulier ; leur couleur

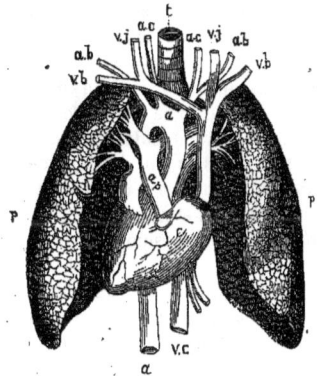

ORGANES DE LA RESPIRATION ET DE LA CIRCULATION.

t. Trachée. — p. Poumons. — c. Cœur. — a. Artère-aorte. — a. c. Artère carotide. — a. b. Artère brachiale. — a. p. Artère pulmonaire. — v. c. Veine cave.

est grisâtre, mêlée de taches noirâtres. A l'intérieur, les poumons présentent une foule de petites cellules dans chacune desquelles s'ouvre un petit rameau de la *bronche* correspondante. Ils sont enveloppés par une membrane mince qui est appelée la *plèvre*, et ils communiquent au-dehors au moyen d'un tube, la *trachée-artère*, qui monte le long de la partie antérieure du cou et vient s'ouvrir dans l'arrière-bouche. Ce tube, formé par une série d'anneaux et tapissé à l'intérieur par une membrane muqueuse, se divise à sa partie inférieure en deux branches qui prennent le nom de *bronches*, et qui se ramifient dans l'intérieur de chaque poumon comme les racines d'un arbre dans l'intérieur du sol, amenant ainsi l'air dans les cellules innombrables qui le composent. (Voyez *Respiration*.) — *Organes de la circulation*. Le sang qui distribue à toutes les parties du corps les matériaux nécessaires à leur nutrition, circule dans l'intérieur d'un appareil très compliqué, composé : 1° d'un système de canaux ou *vaisseaux sanguins ;* 2° d'un organe particulier destiné à mettre le sang en mouvement, le *cœur*. (Voyez *Circulation*.) Le cœur est une espèce de poche en communication avec les vaisseaux sanguins, qui reçoit le sang dans son intérieur et qui, en se resserrant de temps en temps, lance ce liquide dans ces canaux et y détermine ainsi un courant continuel. — Les vaisseaux sanguins sont de deux ordres, savoir : les *artères*, qui servent à porter le sang du cœur dans toutes les parties du corps ; et les *veines*, qui rapportent ce liquide de toutes les parties du corps dans le cœur. Les artères partent du cœur et se divisent en branches, en rameaux et en ramuscules, de plus en plus nombreux et de plus en plus déliés, à mesure qu'elles s'avancent et qu'elles se distribuent à des parties plus nombreuses et plus éloignées. — Les veines présentent une disposition semblable, mais qui est destinée à produire un résultat tout contraire, parce que le sang suit dans ces vaisseaux une marche inverse ; elles sont très nombreuses loin du cœur ; mais peu à peu elles se réunissent pour former des canaux plus gros qui, à leur tour, se réunissent aussi de façon à se terminer au cœur par un ou deux troncs seulement. Les dernières ramifications des artères se continuent avec les racines des veines (*vaisseaux capillaires*), de manière à former une suite non interrompue de canaux étroits dans lesquels le sang coule. Par l'extrémité opposée, les artères et les veines communiquent entre elles par l'intermédiaire des cavités du cœur. Le *cœur* est un muscle charnu, creux, renfermant quatre cavités distinctes. Une grande cloison verticale le divise intérieurement en deux moitiés, et chacune de ces moitiés, à son tour, est subdivisée par une cloison transversale, de façon à former deux cavités superposées, un *ventricule* et une *oreillette*. Les deux ventricules du cœur en occupent la

partie inférieure et ne communiquent pas entre eux, mais s'ouvrent chacun dans l'oreillette située au-dessus, au moyen d'un orifice nommé *auriculo-ventriculaire*. Les cavités du côté gauche contiennent du sang artériel, et celles du côté droit du sang veineux. — Les vaisseaux qui doivent transporter le sang artériel dans tous les organes naissent du ventricule gauche du cœur par un seul tronc appelé *artère aorte ;* elle remonte d'abord vers la base du cou, puis se recourbe en bas ; passe derrière le cœur et descend verticalement au-devant de l'épine du dos jusqu'à la partie inférieure du ventre. Pendant ce trajet, il se sépare de l'aorte un grand nombre de branches, dont les principales sont les deux *artères carotides* qui remontent sur les côtés du cou et distribuent le sang à la tête ; les deux artères des membres supérieurs prennent successivement les noms d'*artères sous-clavières*, *axillaires* et *brachiales*, suivant qu'elles passent sous la clavicule, le creux de l'aisselle, ou qu'elles descendent le long du bras ; l'*artère cœliaque* qui se rend à l'estomac, au foie et à la rate ; les *artères mésentériques* qui se ramifient dans les intestins ; les *artères rénales* qui pénètrent dans les reins, et les *artères iliaques* qui terminent l'aorte, et qui portent le sang aux membres inférieurs. Les *veines*, qui reçoivent le sang par les *vaisseaux capillaires*, après qu'il a arrosé ainsi toutes les parties du corps, suivent à peu près le même trajet que les artères ; mais elles sont plus nombreuses, et en général situées plus superficiellement. En dernier résultat, elles se réunissent toutes pour former deux gros troncs qui s'ouvrent dans l'oreillette droite du cœur, et qui ont reçu les noms de *veine cave supérieure* et *inférieure*. Le sang veineux, qui arrive de toutes les parties du corps, pénètre donc dans l'oreillette droite du cœur par les *veines caves*, et passe de là dans le ventricule situé au-dessous, pour se rendre ensuite aux poumons par l'*artère pulmonaire ;* celle-ci se divise en deux branches qui vont se ramifier dans les poumons. Les *veines pulmonaires* naissent dans la substance des poumons, des dernières divisions capillaires des artères du même nom, et se rassemblent en rameaux et en branches qui forment enfin quatre troncs, abandonnant deux à deux chaque poumon, et se rendent dans l'oreillette gauche du cœur, où elles versent le sang devenu artériel par son contact avec l'air dans l'intérieur de l'organe respiratoire. Enfin cette oreillette communique avec le ventricule gauche, d'où naît, comme nous l'avons déjà vu, l'artère aorte. Les artères et les veines sont formées intérieurement par une membrane mince et lisse qui se continue avec celle qui tapisse les cavités du cœur. Dans les artères, cette tunique *interne* est entourée d'une tunique *moyenne*, gaîne épaisse et très élastique qui se compose de fibres circulaires ; et le tout est renfermé dans une troisième tunique *externe* formée par du tissu cellulaire dense et serré. Dans les veines, on ne trouve pas de tunique *moyenne* distincte, et la membrane interne n'est entourée que par une couche mince de fibres longitudinales lâches et extensibles. Il en résulte que les veines ont des parois minces et flasques qui s'affaissent lorsqu'elles ne sont pas distendues par le sang, tandis que les artères ont des parois beaucoup plus épaisses et conservent leur calibre, lors même qu'elles sont libres.

Nous avons brièvement décrit dans cet article les organes dont l'ensemble constitue le corps de l'homme ; nous étudierons les fonctions qui ont rapport à sa conservation à l'article *Physiologie* et aux autres articles spéciaux cités dans cet article.

ANAXAGORE, philosophe grec de l'école ionienne, naquit à Clazomène 500 ans avant J.-C. Il était disciple d'Anaximène, et se livra à l'étude de la nature. Il voyagea d'abord en Egypte pour perfectionner ses connaissances, puis se fixa à Athènes, où il enseigna la philosophie avec beaucoup d'éclat. Il compta parmi ses disciples Archélaüs, Euripide et Périclès. Inquiété par les ennemis de ce dernier, et forcé de quitter Athènes (431), le philosophe se retira à Lampsaque, où ses disciples le suivirent. Il y mourut trois ans après, âgé de 72 ans. — Anaxagore était d'un caractère élevé, d'un désintéressement et d'une tempérance remarquables, et d'une telle gravité de mœurs qu'on rapporte qu'on ne l'avait jamais vu rire. Il soutenait que l'esprit était la cause de l'univers (voyez *Ionienne* (école), que le soleil est une pierre incandescente plus grande que le Péloponèse, et les aérolithes des fragments qui s'en détachent de temps en temps ; que la lune est un corps opaque éclairé par le soleil, ayant comme la terre des vallées, des montagnes, des eaux et, comme elle, habitable, et que la terre est plate.

ANAXIMANDRE, philosophe grec de l'école ionienne, naquit à Milet vers 610 avant J.-C. Il se distingua comme astronome et géographe, et fut le disciple et l'ami de Thalès. On lui attribue la découverte de l'obliquité de l'écliptique, ainsi que l'invention du *gnomon*. Il prétendait que la terre est ronde, et inventa le premier, dit-

on, la sphère et les cartes de géographie. Il prétendait aussi que le soleil, la lune et les étoiles sont des sphères pleines de feu, au centre desquelles est un trou par où le feu s'échappe, et que les éclipses du soleil et de la lune ont lieu quand le trou s'obstrue. Il mourut âgé de 64 ans.

ANAXIMÈNE, compatriote et ami d'Anaximandre, lui survécut et eut pour disciples Anaxagore et Diogène d'Apollonie. Il regardait l'air comme le principe de toutes choses ; et, selon lui, la terre, le soleil, les étoiles, sont plats, et ne sont que de l'air à des degrés de condensation différents.

ANCENIS (Loire-Inférieure), petite ville située sur la Loire à 9 lieues E.-N.-E. de Nantes, est fort ancienne ; on y voit encore les ruines d'un château dont la construction remonte au xe siècle. Elle eut beaucoup à souffrir pendant les guerres de religion du xvie siècle et, durant les troubles de la Vendée, elle fut le théâtre de plusieurs combats. C'est aujourd'hui l'un des chefs-lieux de sous-préfecture du département de la Loire-Inférieure ; sa population est de 3,800 âmes.

ANCHES. Ce sont des languettes de roseau accouplées horizontalement l'une sur l'autre et assujéties par un petit tuyau de métal, qui servent d'embouchure pour plusieurs instruments à vent. (Voyez *Instruments de musique*.) L'exécutant place l'extrémité des languettes dans sa bouche et leur imprime en soufflant un frémissement qui produit un son. L'anche de la clarinette n'a qu'une seule languette, qui produit les vibrations en frémissant contre le bec de cet instrument où elle est fixée. Les orgues ont plusieurs tuyaux armés d'anches de métal assez semblables au bec de la clarinette, et que le vent d'un soufflet fait résonner.

ANCHISE, prince troyen, descendant de Tros, était d'une si grande beauté qu'il inspira de l'amour à Vénus elle-même. De son commerce avec cette déesse naquit Énée. (Voyez ce mot.) Selon Virgile, Anchise accompagna son fils dans ses expéditions et mourut en Sicile, où son fils lui érigea un tombeau sur le mont Eryx.

ANCHOIS, petit poisson de la famille des clupes, se distinguant des harengs par une bouche beaucoup plus large, fendue bien au-delà des yeux, et par des ouvertures branchiales beaucoup plus considérables. Sa tête est assez grosse, son museau conique et pointu porte les narines sur le côté, et dépasse de beaucoup la mâchoire inférieure qui est ainsi que la supérieure hérissée de dents très fines. L'anchois ne dépasse guère un décimètre ; il est très abondant dans toutes les mers des régions tempérées de l'Europe, surtout dans la Méditerranée et sur les côtes d'Espagne, où l'on en fait des pêches importantes ; sa couleur est verdâtre clair sur le dos et argentée sur le ventre, quand le poisson est vivant, mais le vert passe au bleu aussitôt après sa mort et devient de plus en plus foncé. Les anchois vivent en troupes nombreuses ; les Provençaux les pêchent avec d'immenses filets nommés risseles, dont les mailles sont très serrées. La pêche se fait ordinairement pendant les nuits obscures, depuis avril jusqu'en juillet ; et l'on y emploie un grand nombre de petites barques qui vont trois par trois ; l'une d'elles porte un réchaud sur lequel on brûle du bois sec, de manière à produire le plus de clarté possible ; cette lueur attire le poisson et, lorsqu'il est rassemblé en quantité suffisante, les pêcheurs jettent leurs filets à l'eau et se rapprochent de la barque éclairée ; à un signal donné le feu est éteint et l'on bat l'eau avec les rames ; alors les poissons effrayés vont se jeter dans les mailles du filet qu'on lève, dès qu'à sa pesanteur on juge qu'il est suffisamment garni. L'anchois frais se mange frit, mais c'est plutôt pour le conserver en salaison qu'on se livre à sa pêche. Aussitôt que les pêcheurs ramènent les filets à terre, les femmes et les enfants s'emparent du poisson, lui arrachent la tête, et avec elle les viscères, lavent le corps et le placent dans de petits tonneaux, en mettant un lit de sel et un lit de poissons. Le sel est écrasé en poudre fine et rougie avec de l'ocre. Ainsi préparés les anchois sont livrés au commerce. Leur chair devenue piquante est un assaisonnement agréable pour beaucoup de mets. Cette préparation est très ancienne, les Grecs et les Romains faisaient grand usage de ce poisson et le faisaient entrer dans la composition de leur fameux *garum*. On connaît, outre l'anchois commun (*clupea encrasicholus*), plusieurs espèces du même genre qui fréquentent les côtes d'Amérique, du Malabar et du Coromandel.

ANCOLIE (*aquilegia*), genre de plantes de la famille des renonculacées, remarquable par la singulière organisation de ses fleurs qui ressemblent à un capuchon, et par ses feuilles qui forment, quand elles ne sont pas entièrement déployées, une espèce de cornet où la rosée et les gouttes de pluie séjournent. L'*ancolie des bois* (*aquilegia vulgaris*) est une des plus jolies plantes de nos jardins ; ses fleurs bleues doublent par la culture et deviennent blanches, jaunes, rouges et panachées. Cette plante demande de l'ombre. L'ancolie des Alpes, l'ancolie de Sibérie et l'ancolie du Canada sont de belles plantes. La dernière a des fleurs d'un beau rouge mêlé de jaune. On les multiplie de semences et par pieds enracinés que l'on sépare en avril et en septembre.

ANCONE, ville et port important des États de l'Église. Chef-lieu de la légation du même nom, elle est bornée au nord et à l'ouest par celle d'Urbino, au sud par celle de Macerata, à l'est par l'Adriatique. Bâtie en amphithéâtre sur le penchant d'une colline qui domine la mer Adriatique, Ancône offre aux nombreux vaisseaux qui, chaque année, visitent son port, un bon mouillage. Le môle, haut de 23 mètres, s'avance dans la mer sur une longueur de près de 700 mètres. Parmi les monuments remarquables qui embellissent cette ville, nous citerons : la cathédrale, les deux arcs de triomphe, dont l'un érigé en l'honneur de Trajan est tout en marbre blanc ; l'autre fut consacré à Benoît XIV, à qui l'on doit

la construction du môle et du lazaret. — Tour à tour prise et saccagée par les Romains, les Goths, les Lombards et les Sarrasins, elle se rendit enfin indépendante ; mais en 1532 elle fut incorporée à l'État romain avec son territoire. Le général français Monnier y soutint, en 1799, un siége contre les forces réunies des Russes, des Turcs et des Autrichiens. En 1815, ses fortifications furent rasées, et il ne lui resta plus qu'une citadelle qui fut occupée par les Français à la suite des événements de 1831. (Voyez *Italie*.) Ancône compte plus de 30,000 habitants ; son commerce est très florissant et consiste surtout en laine, blé, chanvre et soie.

ANCRAGE, lieu propre pour jeter l'*ancre*. C'est un endroit offrant à la fois la quantité d'eau nécessaire et un bon fond où l'on peut *mouiller* en sûreté, à l'abri du vent. Le *droit d'ancrage* est le prix que paient les vaisseaux pour avoir la liberté d'ancrer dans certains ports.

ANCRE, instrument de fer, dont l'extrémité s'accrochant au fond de la mer retient un vaisseau contre l'effort des courants et du vent. Les ancres varient beaucoup pour la taille, et il y en a qui ont jusqu'à 5 ou 6 mètres de long et qui pèsent jusqu'à 4,000 kilogrammes. Quant à la forme, elle ne change jamais ; c'est toujours une tige qui s'étend en ligne droite, et qui porte à l'une de ses extrémités l'*organeau*, gros anneau sur lequel on amarre le câble qui retient le vaisseau à l'ancre. A l'autre extrémité se trouvent les *bras* de l'ancre terminés par des palettes rondes et pointues appelées *pattes*, et dont la pointe se nomme *bec*. La partie où se joignent les bras et la verge s'appelle la *croisée* de l'ancre. Au haut de la tige, au-dessous de l'organeau, se trouve une pièce de bois appelée *jas*, et dont le rôle est très important, car c'est elle qui force l'ancre à s'attacher au fond de ses pattes. Lorsque l'ancre est abandonnée à son propre poids, elle tombe d'abord sur la croisée ; la tige ne pouvant rester dans une position verticale, s'abat de manière à ce que dans le mouvement que fait la partie supérieure de l'ancre pour s'abattre, un bout du jas rencontre le fond, et grâce à la traction exercée sur l'organeau, il tombe à plat et oblige ainsi un des becs à mordre sur le fond. — L'usage de l'ancre remonte à la plus haute antiquité, et sa forme n'a subi presque aucune modification. On dit *lever l'ancre* pour exprimer le départ d'un vaisseau. Quand, par suite de la mauvaise qualité du fond ou de la violence des coups de mer, un vaisseau s'éloi-

gne du lieu où il est ancré, on dit qu'il *chasse sur ses ancres*.

ANCRE (*maréchal* et *marquis* d'). Voyez *Concino Concini*.

ANCUS MARTIUS, 4e roi de Rome, régna de 639 à 614 avant J.-C. Il succéda à Tullus-Hostilius, et fit avec succès la guerre aux Véiens, aux Latins, aux Fidénates, aux Volsques et aux Sabins ; il recula jusqu'à la mer les bornes de son empire, bâtit Ostie, agrandit et embellit Rome, et joignit le mont Janicule à la ville par un pont. Il eut pour successeur Tarquin-l'Ancien.

ANCYRE. Plusieurs villes ont porté ce nom dans l'antiquité ; Diodore parle d'une ville de ce nom en Sicile, et deux Ancyre ont existé dans l'Asie mineure ; la première est la capitale de la Galatie, aujourd'hui *Angora* (voyez ce mot) ; la seconde est une ville importante de Mysie, c'est aujourd'hui *Mouckhalitch*. Ce fut près de la première de ces deux Ancyre qu'eut lieu la mémorable bataille qui décida du sort de Bajazet. Tamerlan, vainqueur, y détruisit son armée et le fit, dit-on, enfermer dans une cage de fer où il mourut de douleur. (V. *Bajazet* et *Tamerlan*.)

ANDALOUSIE, province méridionale de l'Espagne, située sur les côtes de la Méditerranée et se prolongeant sur celles de l'Océan, près de la jonction de ces deux mers ; elle est enclavée entre de hautes montagnes qui la séparent des provinces voisines ; c'était la Bétique des Romains ; mais sous la domination des Maures elle comprenait les quatre petits royaumes de Jaen, Grenade, Cordoue et Séville. L'Andalousie se divise actuellement en huit provinces, savoir : Almeria, Malaga, Jaen, Huelva, Cordoue, Séville, Grenade et Cadix. Elle est arrosée par le Guadalquivir et séparée du Portugal par la Guadiana. Les chaînes de montagnes de la Sierra-Morena et de la Sierra de Grenade la traversent. Malgré sa constitution montagneuse, le climat de l'Andalousie est très chaud et le sol généralement aride ; cependant, plusieurs *vegas*, ou vastes plaines semblables à d'immenses jardins, offrent un aspect très fertile. Le blé, l'orge, le maïs, s'y récoltent en abondance, ainsi que des fruits de toute espèce ; la vigne et l'olivier croissent partout, et ce dernier y forme même en quelques endroits des forêts très étendues. Les montagnes offrent de bons pâturages et des mines qui fournissaient aux Phéniciens, aux Carthaginois et aux Romains beaucoup de métaux précieux. On n'en tire plus guère aujourd'hui que du mercure, du fer, du cuivre et quelques espèces de pierres fines. Les chevaux andaloux jouissent toujours de leur ancienne renommée. Mais il reste à peine, de nos jours, quelques traces de cette brillante industrie que les Maures avaient introduite en Andalousie, et depuis les pertes des colonies, le commerce de l'Andalousie est en décadence. La population de cette province est moindre maintenant que n'était autrefois celle du plus petit des quatre royaumes mauresques qu'elle a formés, elle compte à peine 800,000 habitants.

ANDANTE. Ce terme, emprunté à la langue italienne, indique, en musique, une sorte de mouvement qui ne doit être ni trop vif ni trop lent, et dont l'exécution demande un certain laisser-aller.

Andantino, diminutif d'*andante*, indique une mesure encore un peu moins vive.

ANDELYS (des), ville de la Normandie, située dans le département de l'Eure, près de la rive droite de la Seine, au-dessous du confluent du Gambon avec ce fleuve. Elle se divise en deux parties, le grand et le petit Andelys, séparées l'une de l'autre par une chaussée d'un kilomètre. La plus ancienne, le grand Andelys, doit son origine à un couvent de filles fondé par la reine Clotilde, en 511. Elle était entourée de fortifications dont on voit encore des vestiges. Le petit Andelys fut fondé par Richard-Cœur-de-Lion, et cette contrée fut le théâtre de la lutte entre ce prince et Philippe-Auguste. Auprès du petit Andelys on voit les ruines du château Gaillard, pris par Philippe-Auguste en 1203, prison et tombeau de Marguerite de Bourgogne. — Les Andelys possèdent quelques monuments remarquables, tels que l'église, au grand Andelys, où l'on admire surtout la beauté et la conservation des vitraux; le pont suspendu d'une seule arche qui traverse la Seine au petit Andelys; l'hôpital, et plusieurs maisons dont la construction date du moyen-âge. Les Andelys font le commerce de grains, laine et bestiaux, et ont plusieurs fabriques de draps, de toiles, de papeterie, etc. On y compte 5,400 habitants. Le célèbre peintre *Le Poussin* y naquit en 1594, et La Calprenède et Thomas Corneille y moururent.

ANDERSON (Laurent), magistrat suédois, devint ministre de Gustave Wasa et contribua, par son influence, à introduire la réforme de Luther dans le royaume de Suède, et, à son instigation, la diète ne reconnut d'autre suprématie pour l'Église suédoise que celle du roi. Accusé plus tard d'avoir trempé dans un complot contre son souverain, ou tout au moins de ne l'avoir pas dénoncé, il fut condamné à mort. Sa peine fut commuée en une forte amende, et Anderson passa le reste de ses jours dans la retraite. Il mourut en 1552, âgé de 72 ans.

ANDES (*Chaîne des*). C'est la plus considérable de toutes les chaînes de montagnes qui sillonnent le globe terrestre; elle s'approche presque également des deux pôles, et ses extrémités n'en restent éloignées que de 25 à 30 degrés. Elle s'étend depuis les îlots placés au sud de la Terre-de-Feu, c'est-à-dire depuis le 55° de latitude australe jusqu'au 60° de latitude boréale. Sa direction, à partir du cap Horn, coïncide d'abord avec celle du méridien; puis, à partir du Pérou et à travers toute l'Amérique septentrionale, elle incline à l'ouest. La chaîne présente, sur une longueur totale de 2,500 lieues, de grandes inégalités dans sa largeur et son élévation. Plusieurs voyageurs, frappés de la hauteur et de la majesté des masses constituantes, les proclamèrent les plus hautes montagnes du globe; mais on a reconnu qu'elles étaient inférieures aux sommités de l'Hymalaya. C'est aux travaux du savant M. de Humboldt que nous devons une description détaillée de sa forme et de sa composition. La partie la plus célèbre est celle que l'on désigne sous le nom des Andes du Pérou, surtout entre l'équateur et le 1° 45' de latitude australe; là se trouvent le Chimborazo, qui atteint une hauteur absolue de 6,530 mètres; l'Antisana, qui s'élève à 5,833 mètres; le Capac-Urcu, qui, suivant les traditions du pays, était encore plus élevé que le Chimborazo, mais qui s'écroula à la suite d'éruptions volcaniques, et ne présente plus actuellement que des pics inclinés qui lui sont inférieurs. Ces masses imposantes ne sont cependant pas les points les plus élevés, puisqu'il y en a qui dépassent, dit-on, 7,000 mètres. Cette élévation prodigieuse est loin de se maintenir dans toutes les Andes, il existe des dépressions dans l'isthme de Panama, dans l'hémisphère boréal, qui n'ont que quelques centaines de mètres. — Les Andes sont croisées par plusieurs autres systèmes de montagnes, sous des angles presque droits; les principaux sont ceux de la Cordilière du littoral de Venezuela et de la Cordilière de Parime, traversée par l'Orénoque. La composition minéralogique des Andes n'est pas moins remarquable que sa constitution physique; ainsi, non-seulement les diverses parties de cette chaîne nous présentent les roches anciennes, telles que les granites, les syénites, les porphyres, les serpentines et les roches schisteuses (les gneiss, les micaschistes, les schistes argileux et talqueux, etc.); mais les plateaux élevés, les crêtes que forment ces roches primitives et de transition sont surmontées de dômes volcaniques, la plupart trachytiques, dont le Chimborazo fait partie. — Le caractère le plus saillant de la chaîne des Andes résulte de la présence des dômes et des cônes volcaniques qui y sont en grande quantité et dont les dimensions sont gigantesques. Ce caractère est d'autant plus important que la nature semble y avoir adopté d'autres moyens d'action que pour les autres volcans. Ces grands dômes trachytiques, dont plusieurs sont creux, ainsi que l'ont établi de nombreuses expériences, ne paraissent avoir eu aucun cratère, ni avoir donné lieu à des éruptions intermittentes Quelques-uns agissent par leurs flancs, tel est l'Antisana, dans les Andes de Quito, qui a eu des éruptions latérales, mais dont la cime n'a jamais été percée. Le grand volcan mexicain de Popocatepetl a eu au contraire des épanchements de lave, bien que son élévation soit de 5,542 mètres. Au Mexique, dit M. de Humboldt, dans l'intérieur des terres, sur un plateau trachytique situé à plus de 36 lieues de la mer, et loin de tout volcan brûlant, des montagnes de 1,600 pieds de hauteur sont sorties sur une crevasse et ont jeté des laves qui en chassent des fragments granitiques (1759). Tout à l'entour, le terrain a été soulevé en forme de vessie, et des milliers de petits cônes ont hérissé cette surface bombée en donnant lieu à des dégagements de vapeurs. — Presque toutes les sommités des Cordillères sont *trachytiques* (voyez ce mot), et les volcans actuels sont alignés par files, tantôt sur une série, tantôt sur deux lignes parallèles. Les tremblements de terre ne sont nulle part plus énergiques.

ANDORRE (*République d'*), petit État situé sur les confins de la France et de l'Espagne, mais indépendant. Il se compose de deux vallées des Pyrénées, entre Foix et Urgel, arrosées par l'Ordino et l'Embalira. Le sol est montagneux; il offre de bons pâturages, et l'on y trouve des mines de fer. La république d'Andorre se reconnaît sous la protection de la France, à laquelle elle paie un tribut de 960 francs, moyennant quoi, elle peut tirer de France, sans payer de droits, presque tous les objets nécessaires à sa consommation. On lui donne neuf mille carrés géographiques et 14,000 habitants. L'État est gouverné par un conseil souverain de vingt-quatre membres nommés par les diverses paroisses;

ce conseil nomme un syndic à vie, en qui réside le pouvoir exécutif. Chaque famille reconnaît un chef qui se succède par droit de primogéniture, en ligne directe. Les Andorrans sont, en général, robustes et bien proportionnés, leurs mœurs sont pures; ils sont catholiques et fort religieux, et relèvent de l'évêque d'Urgel. La langue vulgaire est le catalan. Andorre, capitale de ce petit État, compte 2,000 âmes.

ANDOUILLE et ANDOUILLETTE, mets de charcuterie, formé d'intestins hachés menus et mêlés de graisse, que l'on renferme dans un bout d'intestin. Pour cette préparation, les boyaux sont retournés et lavés à l'eau chaude; mais malgré cette précaution, les andouilles affectent toujours très désagréablement l'odorat, ce qui n'empêche pas les gourmands de rechercher les *andouillettes* de Troyes comme un mets très délicat.

ANDRÉ (*saint*), apôtre et frère de saint Pierre, était de Bethzabée, en Galilée, et exerçait la profession de pêcheur, lorsqu'il fut appelé par Jésus. Il prêcha, dit-on, l'Évangile en Scythie et souffrit le martyre à Patras en Achaïe. Il fut attaché sur une croix en forme d'X, à laquelle on a donné son nom. Au reste, les Évangiles et les actes des apôtres parlent beaucoup de son frère et fort peu de lui.

ANDRÉ. Trois princes de ce nom ont régné sur la Hongrie.

*André I*er, fils aîné de Ladislas et cousin de saint Étienne, occupa le trône de 1046 à 1061. — Lorsque Pierre l'allemand fut détrôné par les magnats, André obtint le sceptre de Hongrie, à la condition de ne point favoriser le christianisme. Mais loin de tenir ses promesses, il força un grand nombre de ses sujets à se faire chrétiens. Son frère se révolta contre lui, et avec l'aide de Boleslaf, roi de Pologne, il défit André qui perdit la vie avec le trône (1061).

André II, fils de Béla III, régna de 1205 à 1235. Il partit pour la Terre-Sainte et s'y distingua par sa valeur, ce qui le fit surnommer le *Hiérosolymétain*. A son retour dans ses États, en 1222, il les trouva en proie à la plus grande confusion; il rétablit promptement l'ordre par de sages concessions, et accorda à la noblesse hongroise la charte de ses priviléges. André II mourut en 1235.

André III, successeur de Ladislas III *Cumanus*, naquit à Venise d'un fils posthume d'André II. En montant sur le trône, il eut pour compétiteurs, le pape qui réclamait la Hongrie comme un fief donné au Saint-Siége par saint Etienne, le duc d'Autriche Albert et Charles Martel, prince de Sicile, qui, par sa mère, descendait des Arpades. André rassembla une armée, et malgré les réclamations du Saint-Père, battit successivement Charles Martel et Albert d'Autriche, auquel il dicta la paix sous les murs de Vienne, en 1291. Il eut aussi à réprimer les désordres des magnats, et mourut en 1390, après onze ans de règne.

ANDRÉ *de Hongrie*, roi de Naples, surnommé, par les Napolitains, *Andrcasso*, était fils de Charobert, roi de Hongrie. A l'âge de sept ans, il fut envoyé à Naples pour y être élevé et pour y épouser Jeanne, fille de Robert, roi des Deux-Siciles. En 1345, Jeanne, qui détestait son mari, le fit assassiner; il n'avait alors que dix-neuf ans. Cette femme criminelle fut, au reste, obligée de quitter Naples pour échapper à la fureur de la populace.

ANDRÉ (Yves-Marie), né en 1675, à Châteaulin, en Basse-Bretagne, fut le disciple et l'ami de Malebranche. Il entra chez les jésuites à l'âge de dix-huit ans, et remplit pendant la plus grande partie de sa vie les fonctions de professeur de mathématiques à Caen. Il a laissé plusieurs ouvrages estimés, parmi lesquels un *Essai sur le beau* et un *Traité sur l'homme*.

ANDRÉ DEL SARTO. Voyez *Sarto*.

ANDRINOPLE, seconde capitale de l'Empire ottoman, située dans la Roumélie, sur les bords de la Maritza. L'empereur Adrien la fit bâtir sur la rive droite de l'Hébrus (*Maritza*), et lui donna son nom *Adrianopolis*, d'où vient son nom moderne. En 1360, elle fut prise par les Turcs, qui changèrent son nom en celui d'*Ederneh*. Jusqu'à la prise de Constantinople, en 1453, Andrinople resta la capitale des Ottomans, mais à compter de cette époque, elle perdit beaucoup de son importance. De magnifiques monuments, tels que la mosquée de Selim II, celles de Bajazet II, et de Mourad II, et le palais d'Eski-Saraï, rappellent son ancienne splendeur. On y remarque encore plusieurs autres mosquées, le magnifique bazar d'Ali-Pacha, le nouveau sérail et des restes de constructions romaines. L'aquéduc de Soliman y alimente cinquante-deux fontaines, seize puits et vingt-deux bains. Du reste, ses rues sont sales et irrégulières comme celles de toutes les villes de l'Orient. Andrinople fait un commerce considérable, qui consiste dans la fabrication d'étoffes de soie, de laine, de coton, de tapis, de maroquins, d'essences et d'eaux odoriférantes, etc. On lui accorde 130,000 habitants.

Mosquée de Sélim II.

ANDROGYNE. Ce mot, qui vient du grec e signifie *homme* et *femme*, est généralement pris comme synonyme d'*hermaphrodite*. Quelques zoologistes n'appliquent ce nom qu'aux animaux chez lesquels il y a réunion des organes sexuels mâle et femelle sur le même individu, mais qui ne peuvent se reproduire qu'en s'accouplant deux à deux, et ils conservent celui d'*hermaphrodites* aux animaux chez lesquels les deux sexes sont réunis et qui peuvent se féconder eux-mêmes sans le secours d'un autre individu. (Voy. *Hermaphrodisme*.)

ANDROMAQUE, fille d'Eétion, roi de Thèbes, et femme d'Hector, fils de Priam. Cette princesse était célèbre dans l'antiquité pour sa beauté, et Racine, dans sa belle tragédie d'*Andromaque*, nous la représente comme fidèle à son époux, même après sa mort; mais ce n'est là qu'une fiction du poète. En effet, après la prise de Troie, elle fut faite prisonnière par Pyrrhus, qui l'emmena en Epire, et elle en eut trois fils. Plus tard, Andromaque passa dans l'Asie mineure avec Pergame, le plus jeune des fils de Pyrrhus.

ANDROMÈDE. Voyez *Persée.*

ANDRONIC Ier (*Comnène*), que Montesquieu a surnommé le Néron des Grecs, à cause de ses cruautés et de ses violences, monta sur le trône de Constantinople après avoir assassiné Alexis II en 1183. Le peuple, las de sa férocité, élut pour empereur Isaac l'Ange qui livra Andronic à la fureur de la populace. Il endura les plus cruels tourments et mourut en 1185.

ANDRONIC II (Patéologue), fils de Michel, succéda à son père en 1282. Les Vénitiens vinrent l'attaquer jusque dans le port de Constantinople, tandis que les Serviens, les Perses et les Turcs saccageaient les frontières. Trop faible pour faire face à ces dangers, il s'associa son petit-fils, Andronic le jeune, qui le déposa et régna seul sous le nom d'Andronic III. Il se retira dans un monastère où il mourut en 1333.

ANDRONIC III (Paléologue), petit-fils du précédent, qu'il priva de la couronne, chassa les Turcs de la Thrace et réprima les brigandages des Albanais. Il voulut anéantir le schisme qui séparait l'Eglise latine de l'Eglise grecque, mais les obstacles qu'il rencontra et les chagrins qu'il en ressentit le conduisirent au tombeau (1341).

ANE. Voyez *Cheval.*

ANECDOTE (du grec *ekdotos*, publié, et *a* privatif), c'est-à-dire qui est inédit. Dans son acception la plus générale, ce mot signifie le récit d'une histoire brève et amusante, d'une belle action, d'un bon mot, ou bien encore d'une aventure scandaleuse. L'anecdote ne brille pas toujours par la vérité, mais c'est là son moindre défaut aux yeux des amateurs, pourvu qu'elle soit *piquante* et que le narrateur ou l'écrivain ait de l'esprit. elle est toujours bien accueillie. Les recueils d'anecdotes qui existent en si grande quantité, seraient réduits à un bien petit nombre de volumes si on les passait au creuset de la vérité. Voltaire, dans son *Dictionnaire philosophique*, n'a pas dédaigné de prouver la fausseté et le ridicule d'une foule d'anecdotes. Si on pouvait confronter, dit-il, Suétone avec les valets-de-chambre des douze Césars, pense-t-on qu'ils seraient toujours d'accord avec lui ? C'est surtout dans les *mémoires* que les anecdotes entremêlées de réflexions et d'histoire générale offrent le plus d'intérêt. Tout le monde connaît les anecdotes modèles que nous a laissées la marquise de Sévigné dans ses incomparables lettres, et c'est principalement aux détails anecdotiques dont

Plutarque a rempli l'histoire de ses héros que ses biographies doivent leur attrait.

ANÉMOMÈTRE (du grec *anémos*, vent), instrument destiné à mesurer la force du vent. C'est une boîte longue, fermée et contenant un ressort à boudin. Dans cette boîte pénètre une tige que termine une planchette d'un pied carré; enfin, une crémaillère arrête la tige au moyen d'une bride à ressort. Si l'on expose perpendiculairement la planche à la direction du vent, la quantité dont il fera entrer la tige dans la boîte, indiquera sa force. Comme l'instrument est gradué, il est facile d'apprécier en poids l'intensité du vent au moment où le ressort a été le plus fortement comprimé. — L'anémomètre de Wolf consiste en un moulinet à quatre ailes qui communique le mouvement à une aiguille parcourant les divisions d'un cadran vertical.

Anémoscope est le synonyme de *Anémomètre.*

ANÉMONE, genre de plantes de la famille des renonculacées, renfermant des espèces nombreuses, à tige droite, robuste, haute d'un pied

Anémone des jardiniers.

environ, garnie de feuilles découpées, d'un vert foncé, portant une fleur dont le calice est rem-

placé par un involucre caulinaire, à corolle de
cinq à neuf pétales sur deux ou trois rangs, qui
ne s'épanouit que lorsque le vent souffle, d'où
leur vient le nom d'anémone (du grec *anémos*,
vent); c'est ce qu'assure Pline. Leur port élégant, la beauté de leurs fleurs font cultiver ces
plantes dans tous les jardins. On les trouve également dans les bois où elles annoncent le retour
du printemps. Les anémones sont blanches, roses
ou bleues et varient à l'infini ; leur feuillage est
d'un vert luisant ; mais elles n'ont pas d'odeur
suave. Les espèces les plus remarquables sont
l'anémone des jardins, l'anémone à couronnes,
l'anémone hépatique, l'anémone pulsatile, l'a-
némone œil-de-paon. On les multiplie par leurs
semences ou par la séparation de leurs racines
tubéreuses.

ANÉVRYSME (du grec *aneurusma*, dilatation). On désigne sous ce nom, en médecine,
deux affections fort différentes, l'*anévrysme du
cœur* et l'*anévrysme des artères*. La première
maladie est connue dans la science médicale sous
le nom d'*hypertrophie* (voyez ce mot), et l'on
a réservé le nom d'anévrysme aux affections ar-
térielles. On distingue deux espèces d'anévrysmes principales : l'*anévrysme traumatique* et
l'*anévrysme spontané*. Le premier ou anévrysme faux n'est autre chose qu'une plaie de l'artère avec épanchement de sang formé par degrés
dans le tissu cellulaire environnant ; une de ses
variétés, l'anévrysme variqueux, s'observe lorsqu'une artère et une veine ayant été blessées, le
sang de l'une passe dans l'autre. — L'anévrysme
spontané ou anévrysme vrai survient le plus souvent sans cause immédiatement apparente ; il
s'observe principalement dans les parties où les
artères se trouvent placées superficiellement et
où elles peuvent être soumises à des pressions ou
à des tiraillements. D'autres causes, telles que
l'abus des alcooliques, les excès vénériens, les
passions violentes peuvent amener l'anévrysme
spontané. Ce dernier s'annonce par une tumeur
d'abord peu considérable, molle, élastique, et
présentant des battements qui coïncident avec
ceux du pouls. Si on ne porte un prompt remède
au mal, la tumeur qui contient une certaine
quantité de sang tant fluide que coagulé, s'ouvre
et le malade meurt d'hémorrhagie ou bien la
partie est frappée de gangrène. Tous les points
du réseau artériel (voyez *Artères*) peuvent devenir le siége d'anévrysmes ; on les a divisés en
internes et en externes, suivant qu'ils se produisent à l'intérieur ou à l'extérieur du tronc.
On traite les anévrysmes en suspendant le cours

du sang à travers la tumeur ; l'on obtient ce résultat, soit par la compression soutenue exercée
sur la tumeur elle-même, soit en liant l'artère
au-dessus, en la mettant à découvert par une
incision ; alors le sang contenu dans la tumeur
se coagule et se durcit, et peu à peu l'absorption
la fait disparaître plus ou moins complètement.
Le traitement varie suivant le siége de l'anévrysme et les phénomènes qui succèdent à l'o-
blitération du vaisseau, mais le repos absolu, la
diète d'aliments solides et l'usage modéré de
l'eau pour toute boisson sont généralement re-
commandés.

ANGE (en grec *aggelos*, messager), c'est-à-dire
ministre de Dieu, être mitoyen entre Dieu et les
hommes, envoyé pour leur signifier ses ordres.
Presque toutes les religions ont admis l'existence
des anges, êtres célestes, revêtus d'un corps
éthéré, et ministres des ordres d'un Dieu. Les
livres hébreux parlent des anges dès le premier
livre de la Genèse ; mais ils ne leur donnent pas
de nom, et ce ne fut qu'après la captivité de Babylone qu'ils nommèrent Michel, Gabriel, Raphaël, etc. Dans le Lévitique et le Deutéronome,
il n'est pas fait mention des anges, et les Sadu-
céens ne croyaient pas à leur existence. Les Perses
avaient trente et un anges ; le premier de tous
s'appelle Bahaman ; il a l'inspection de tous les
animaux, excepté de l'homme sur qui Dieu s'est
réservé une juridiction immédiate ; Kur était
l'ange du soleil, Ma celui de la lune, et chaque
ange a ainsi son département. C'est, dit-on, chez
les Perses que prit naissance la doctrine de l'ange
gardien et du mauvais ange. C'est un dogme de
foi parmi les catholiques que chacun a son ange
gardien, qui est son protecteur, et quelques théologiens ont même pensé que Dieu a donné à
chaque peuple, à chaque pays et même à chaque
astre, un ange particulier qui préside à sa conservation et à son mouvement. L'Eglise nous enseigne que tous les anges ont été créés dans un
état de sainteté, mais que plusieurs sont déchus
de cet état par leur orgueil, et ont été condamnés
au supplice éternel : ce sont les mauvais anges
ou les démons. Les anciens Perses disaient aussi
que Satan était un génie qui avait fait la guerre
aux Dives et aux Péris, c'est-à-dire aux fées et
aux bons génies. — Les anges des Hébreux étaient
corporels ; ils avaient des ailes au dos, qu'ils ca-
chaient parfois sous leurs vêtements, lorsqu'ils
voulaient dérober leur qualité aux mortels qu'ils
visitaient ; c'est ce que nous voyons dans la Bible,
lorsque trois anges apparurent à Abraham qui
fit cuire un veau pour leur dîner. Les pères de

l'Eglise ne sont pas d'accord sur la nature des *anges*. Tertullien, Origène et saint Clément d'Alexandrie les croient revêtus d'un corps très subtil, mais le plus grand nombre les regardent comme des êtres purement spirituels. Denis l'Aréopagite et Grégoire Ier ont fixé le nombre des anges à neuf chœurs, dans trois hiérarchies : la première comprend les *séraphins*, les *chérubins* et les *trônes;* la seconde, les *dominations,* les *vertus,* les *puissances;* la troisième, les *principautés,* les *archanges* et enfin les *anges.* — Il n'est guère permis qu'à un pape, observe Voltaire, de régler ainsi les rangs du ciel. Saint Thomas dit que « les trônes sont aussi près de Dieu que les chérubins et les séraphins, parce que c'est sur eux que Dieu est assis ». Les peintres représentent les chérubins sous l'image d'une tête volante, ayant deux petites ailes au-dessous des oreilles; les anges et les archanges sous la figure de jeunes gens ayant deux ailes au dos. Pour de plus amples renseignements sur cette matière importante, nous renverrons aux ouvrages spéciaux, tels que la *Somme théologique* de saint Thomas, la *Théologie dogmatique* du père Pétan, le *Dictionnaire de théologie* de Bergier, etc.

ANGE (Isaac l'), empereur de Byzance, succéda, en 1185, à Andronic Comnène ; prince faible et superstitieux, il accueillait les astrologues et les prophètes. En 1195, son frère *Alexis l'Ange* le détrôna après lui avoir fait crever les yeux; mais les croisés rétablirent Isaac, et Alexis l'Ange fut mis à mort.

ANGE (Michel). Voyez *Michel-Ange.*

ANGE DE MER, nom vulgaire d'une espèce de raie.

ANGÉLIQUE, genre de plantes de la famille des ombellifères, caractérisé par ses pétales lancéolés, recourbés et par son fruit ovoïde contenant deux graines relevées de cinq côtes. Toutes les angéliques sont des plantes herbacées, bisannuelles ou vivaces, à feuilles grandes, ailées, les ombelles à rayons nombreux, étalés; les fleurs sont blanches ou verdâtres. L'espèce la plus intéressante est l'*angelica archangelica*, angélique ordinaire, qui croît spontanément en France et dans le nord de l'Europe. Elle est cultivée en grand à cause de ses propriétés aromatiques et médicales; ses tiges confites dans le sucre font des conserves très recherchées ; sa racine, dont on tire une liqueur spiritueuse, est employée comme

diurétique; ses graines, réduites en poudre, sont vermifuges. C'est principalement dans la ville de Niort que se prépare l'angélique du commerce. Il y a plus de trois siècles qu'elle y est cultivée. — L'*angélique sauvage* a les mêmes qualités, mais à un degré inférieur ; elle croît communément dans les endroits marécageux.

ANGELUS, prière instituée par l'Église catholique en l'honneur de la sainte Vierge. Elle est appelée *Angelus* parce qu'elle commence par ce mot. Elle se compose de quatre versets et de quatre répons, dont trois sont tirés de l'Évangile, de trois *ave Maria* et d'une oraison par laquelle on demande à Dieu sa grâce et le salut éternel, par les mérites de Jésus-Christ. En 1423, le concile de Cologne ordonna par son dixième statut, de sonner la cloche dans les églises au lever du soleil, comme on la sonnait déjà à son coucher, et il accorda quarante jours d'indulgences aux fidèles qui réciteraient à genoux trois *ave Maria* en l'honneur de la sainte Vierge. C'est de cette époque seulement que date l'habitude de dire l'*Angelus.* Plus tard, Louis XI ordonna de sonner la cloche de l'Angelus trois fois par jour. En Espagne et en Italie, on attache à cette prière une grande importance, et lorsque la cloche sonne, on voit beaucoup de fidèles s'agenouiller dévotement; il n'en est pas de même en France, où dans les campagnes la cloche de l'Angelus n'est que le signal du repas ou du travail.

ANGELY (L'), fou du roi Louis XIII. L'Angely, valet d'écurie au service du prince de Condé dans ses campagnes de Flandre, se fit remarquer par son esprit cynique et bouffon. Le prince en fit cadeau au roi qui le nomma fou en titre, bien que le temps en fût passé. Avare et intéressé, il fit commerce de son esprit, et se fit payer par les uns pour être amusés, et par les autres pour n'être pas en butte à ses quolibets. Comme on le craignait beaucoup, les écus et les cadeaux pleuvaient sur lui de toutes parts. Il amassa ainsi une assez jolie fortune, ce qui le fit avouer par sa famille, qui, noble, mais pauvre, l'avait renié jusqu'alors.

ANGERS, chef-lieu du département de Maine-et-Loire, et ancienne capitale de l'Anjou. C'est une belle ville bâtie en amphithéâtre, sur le penchant d'une colline qui baigne la Mayenne. Son origine se perd dans la nuit des temps. Les Romains la nommaient Juliomagus. Il était la capitale des Andegaves, petit peuple des Gaules, dont elle prit le nom, et d'où l'on a fait Angers et Anjou. Saccagée et brûlée au ixᵉ siècle, elle devint la proie des Normands qui en furent chassés par Charles-le-Chauve. Plus tard, Angers fut plusieurs fois attaqué, pris et repris par les Bretons, les Anglais et les Français; il eut beaucoup à souffrir aussi des guerres civiles. En 1585, le château fut surpris par les Huguenots, et en 1793, la ville fut infructueusement attaquée par les Vendéens. Une partie de la ville est bâtie en bois plaqué d'ardoises ou en pierres d'ardoises, ce qui lui donne un aspect sombre; mais il y a de forts beaux quartiers, tels que ceux de la préfecture et des nouveaux boulevarts. Parmi les monuments les plus remarquables, nous citerons au premier rang la cathédrale, de construction gothique, l'église de la Trinité, qui date du xiᵉ siècle et présente l'un des plus beaux morceaux d'architecture romaine; l'église Sainte-Serge, qui date de la même époque; l'Hôtel-Dieu, fondé au xiiᵉ siècle par Henri II d'Angleterre; le château bâti sur un rocher escarpé, flanqué de dix-huit grosses tours, et entouré de larges fossés, fut commencé sous Philippe-Auguste et achevé par Louis IX; il sert aujourd'hui de prison et de dépôt de munitions. Nous citerons encore l'hôtel d'Anjou, jolie maison gothique; la salle de spectacle, la bibliothèque, le musée et le jardin botanique. Angers est le siége d'un évêché, fondé au ivᵉ siècle; il possède une cour d'appel à laquelle ressortissent les départements de la Mayenne, de la Sarthe et de Maine-et-Loire; il possède aussi un tribunal de première instance et de commerce, une bourse, un collége, une école des arts et métiers, une institution de sourds et muets et plusieurs autres établissements d'instruction publique. — La population de cette ville est de 44,800 habitants. Son commerce consiste principalement en vins et eaux-de-vie, en grains, légumes, fruits, confitures, mercerie, etc.; elle possède des fabriques de toiles peintes et d'étoffes de laine et de coton, une raffinerie de sucre et une manufacture nationale de toiles à voiles. Dans les environs se trouvent d'immenses carrières d'ardoises, exploitées à ciel ouvert et où sont employés plus de 3,000 ouvriers et cinq cents bêtes de trait. Les exportations d'ardoises se montent annuellement à plus d'un million et demi. — Angers est la patrie du bon René, duc d'Anjou et roi de Sicile, du médecin Bernier, du poète Bourdigné, du comédien Montfleury, du savant Ménage, historien, poète et philologue, du comte de Labourdonnaye, des docteurs Béclard, Culleriet, Ollivier d'Angers, de Chevreul, de l'Académie des sciences, et du statuaire David d'Angers.

ANGINE (de *angere*, étrangler, suffoquer), synonyme d'*esquinancie*. — On désigne sous ce nom l'inflammation des parties comprises entre l'isthme du gosier, le larynx et l'œsophage, c'est-à-dire le pharynx et les diverses parties qui le composent, comme les amygdales, le voile du palais, la luette et l'épiglotte. Les causes de l'angine sont les mêmes que celles des autres inflammations; outre les symptômes généraux, tels que la fièvre, l'abattement, la perte de l'appétit, il s'en déclare de locaux, comme la douleur à la gorge, la difficulté d'avaler et même de respirer, qui peut, dans quelques cas graves, être portée jusqu'à la suffocation. — Le plus souvent l'angine est une maladie peu grave et d'une assez courte durée, cependant elle se complique quelquefois de manière à avoir des suites funestes. Il peut se manifester des abcès, des escarrhes gangréneuses qui augmentent beaucoup ses dangers. Le traitement de l'angine ordinaire est le même que celui des inflammations aiguës: repos, diète absolue, boissons tempérantes, gargarismes émollients; au besoin, application de sangsues sur les côtés du cou ou saignée générale. Les abcès, s'il s'en présente, doivent être ouverts pour diminuer l'étouffement. — L'*angine couenneuse* ou *membraneuse*, est une inflammation d'une nature spéciale, qui occupe les mêmes parties que l'angine ordinaire, mais qui présente en outre la production de couennes blanchâtres qui adhèrent à la membrane muqueuse. Ces excroissances s'accumulent les unes sur les autres, et peuvent, en obstruant les voies aériennes, occasionner la suffocation, comme dans le *croup* (voyez ce mot), avec lequel l'angine couenneuse présente une grande ressemblance. Des médecins éclairés regardent l'angine membraneuse comme pouvant devenir contagieuse; et l'on a remarqué en outre que certains individus, que certaines familles même présentaient une prédisposition particulière à cette maladie. Le traitement qui convient le mieux à cette maladie n'est pas encore bien fixé, car les médecins ne sont même pas encore bien d'accord sur la nature de cette affection; mais arrivée à un certain degré de gravité, elle résiste presque toujours aux secours de l'art. La saignée générale ou locale est utile au début de la maladie; on a conseillé dans cette maladie l'insufflation de la poudre d'alun dans les voies respiratoires.

ANGIOLOGIE (du grec *aggéion*, vaisseau, et *logos*, discours). On nomme ainsi la partie de l'anatomie qui traite des divers vaisseaux dans lesquels circulent les liquides que renferme le corps. (Voyez *Vaisseaux* et *Circulation.*)

ANGLE FAÇIAL. C'est l'angle formé par la réunion de deux lignes idéales, dont l'une descend du point le plus saillant du front au bord des dents incisives supérieures, et dont l'autre doit être tracée du conduit auriculaire à ce dernier point. Le degré d'ouverture de cet angle, en donnant la proportion relative du crâne et de la face, peut indiquer d'une manière assez exacte le développement plus ou moins considérable de l'intelligence chez l'homme et les divers animaux. Ce fut Camper qui, le premier, fit l'application de cette donnée mathématique. Il est facile de concevoir, en effet, que plus le crâne augmente de volume, plus le front doit faire saillie en avant, et par conséquent plus l'angle formé par la rencontre de la ligne faciale avec la ligne de la base du crâne doit être ouvert; tandis qu'il devient au contraire plus aigu à mesure que la capacité crânienne diminue, et que la ligne faciale s'incline en arrière. L'ouverture de l'angle facial diminue à mesure que l'on s'éloigne de plus en plus de l'homme et qu'on descend davantage dans l'échelle animale. L'angle facial est d'environ 80 degrés dans les têtes européennes, de 75 pour les têtes mongoles, et de 70 pour les nègres; chez l'orang-outang cet angle n'est plus que de 58 degrés. (Voyez *Homme* et *Intelligence.*)

ANGLES. On distingue trois sortes d'angles : les *angles proprement dits*, les *angles dièdres* et les *angles polyèdres*, ou solides. — Les angles proprement dits sont formés par deux lignes qui se coupent; on appelle angle la quantité dont elles s'écartent, et leur point de rencontre est le sommet de l'angle. Les angles sont dits *rectilignes* ou *curvilignes,* selon que leurs côtés sont des lignes droites ou des lignes courbes. — *Des angles rectilignes.* Un angle rectiligne est donc celui compris entre deux droites. — Tous les angles droits sont égaux entre eux. — Un angle B C A est dit égal à un autre *bca* (1), quand l'incidence de leurs côtés respectifs est telle que, transportant l'une des figures sur l'autre, de manière à faire coïncider le sommet C avec le sommet *c* et un de ses côtés C A avec le côté *c a* de l'autre, le côté C B tombe sur *cb* et qu'il y a exacte coïncidence. Si l'angle *acb* est égal à *dcb,* l'angle *acd*, somme des deux précédents, sera double de *acb; eca* en sera le triple si *dce* est égal à *dcb* à *aeb,* et ainsi de suite. Et comme l'arc de cercle *abdep* décrit du sommet *c* comme centre, avec un rayon arbi-

traire, croît et devient en même temps double, triple, etc., il est clair qu'*on peut mesurer un angle donné eca, par l'arc décrit e a qui a son centre au sommet ;* ce qui équivaut à dire que *ab* pris comme unité d'arc, est contenu dans l'arc *a e* autant de fois que *acb* pris pour unité d'angle l'est dans l'angle *ace*. C'est ce qui fait dire aux géomètres que *tout angle au*

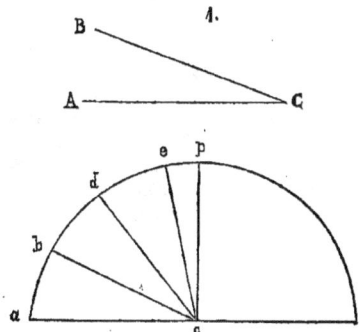

centre est mesuré par l'arc compris entre ses côtés. Pour faciliter la mesure des arcs et des angles, on partage la circonférence entière en un nombre de divisions déterminé (voyez *Arc*); c'est ainsi qu'on dit un angle de 45 ou 75 degrés, ce qui veut dire que l'arc qui le mesure a lui-même 45 ou 75 degrés. Dans l'ancien système de mesure, la circonférence se partage en 360 parties ou degrés, chaque degré en 60 minutes et chaque minute en 60 secondes. Dans le nouveau système, la circonférence se divise en 400 degrés ou grades, chaque grade, en 100 minute, chaque minute en 100 secondes. L'ancien mode est encore le plus usité aujourd'hui. — On peut donc mesurer tout angle proposé en décrivant de son sommet pris pour centre et avec un rayon quelconque un arc de cercle; et en cherchant le nombre de degrés de l'arc compris entre les deux côtés. C'est sur cette théorie qu'est basée la construction des instruments destinés à mesurer les angles sur le terrain. (Voyez *Graphomètre, Théodolite.*)

Lorsque les côtés *pc, ac* de l'angle embrassent le quart de la circonférence *pa,* on dit que l'angle est droit ou de 90 degrés, ou que la droite *cp* est perpendiculaire sur *ac*. — Un angle qui a moins de 90 degrés est un *angle aigu*, et un angle qui a plus de 90 degrés est un *angle obtus*. — Lorsque l'angle que l'on veut mesurer a *son sommet sur la circonférence du cercle* comme bad (2), *la mesure de cet angle est la moitié de l'arc* bd *intercepté*. En effet, si l'on mène des diamètres *gf*, *eh*, parallèles aux côtés respectifs, l'angle *ecf* sera dans le cas prévu ci-dessus; et comme il est égal au proposé et a pour mesure l'arc *ef*, il ne reste plus qu'à démontrer que cet arc *ef* est bien la moitié de *bd*. Or l'arc *be* est égal à *ah*, et l'arc *fd* à *ga*, par la propriété des parallèles; ainsi l'arc *gah* ou son égal *ef*, est égal à *be* plus *fd*; ainsi *ef* est moitié de *bd*. On démontrerait de même que l'*angle dont le sommet est placé dans le cercle, entre le centre et la circonférence, a pour mesure la moitié de l'arc compris entre ses côtés, plus la moitié de l'arc compris entre leurs prolongements. Et que l'angle dont le sommet est situé hors de la circonférence, a pour mesure la moitié de l'arc concave, moins la moitié de l'arc convexe compris entre ses côtés*, ou pour nous exprimer plus clairement, *il a pour mesure la demi-différence des arcs compris entre ses côtés.*

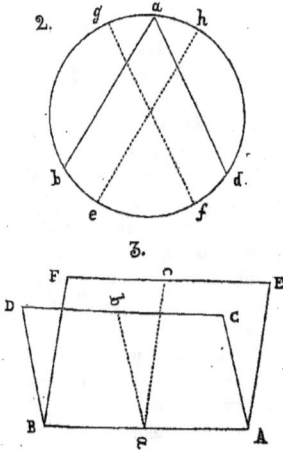

Angles dièdres. Lorsque deux plans ABEF et ABCD se coupent (3), leur intersection AB est une ligne droite, et l'on appelle *angle d'incli-*

naison ou *angle dièdre* la quantité plus ou moins grande dont ces plans s'écartent l'un de l'autre. Cet angle d'inclinaison est représenté par l'angle que font entre elles deux droites *ab* et *ac* menées dans chacun de ces plans par un même point *a*, perpendiculairement à l'intersection AB. La mesure des angles dièdres revient à celle des angles rectilignes et se tire des arcs de cercle. — Les *angles polyèdres* sont ceux qui sont formés au sommet d'une pyramide par les diverses faces triangulaires qui se réunissent en un point commun. Les propriétés géométriques des angles polyèdres se rattachent directement à la théorie des *pyramides;* nous en parlerons avec détail dans l'article que nous consacrerons à ce mot.

ANGLES. Voyez *Anglo-Saxons.*

ANGLETERRE. L'Angleterre forme aujourd'hui, avec l'Ecosse et l'Irlande, un seul et même Etat, sous le nom de *royaume-uni de la Grande-Bretagne et d'Irlande*. Nous ne tracerons pas ici le tableau de la monarchie anglaise, formé d'une multitude d'éléments. C'est aux articles *Grande-Bretagne* et *Irlande* qu'appartient l'histoire de la puissance anglaise, depuis la réunion des trois royaumes sous la même bannière. Nous ne nous occuperons ici que de l'Angleterre proprement dite, de la patrie primitive prise isolément. L'Angleterre donc, limitée au N. par l'Ecosse, au S. par la Manche, à l'E. par la mer du Nord, à l'O. par le canal de Saint-Georges, qui la sépare de l'Irlande, se divise en *Angleterre propre* à l'E., et *principauté de Galles* à l'O.—Outre la principauté de Galles, elle comprend l'île de Man, dans la mer d'Irlande, les Sorlingues à l'extrémité S.-O., et les îles de Jersey, Guernesey et Aurigny, sur les côtes de France. — L'Angleterre s'étend de 49° 57' à 55° 49' de latitude N., et de 0° 30' à 8° 5' de long. E. de Paris. Sa longueur est de 150 lieues, et sa plus grande largeur de 100; sa surface est de 7,300 lieues carrées. Le sol, uni au sud et à l'est, est montagneux à l'ouest et au nord. Sur les côtes méridionales, on trouve quelques collines assez basses; dans les comtés de Norfolk et de Lincoln, le sol qui s'élève à peine au-dessus du niveau de la mer est très marécageux. A partir du sud-ouest, jusque vers les côtes occidentales, l'Angleterre offre des montagnes de plus en plus élevées. La chaîne de Cornouailles se dirige vers le nord en se partageant en plusieurs branches; elle traverse les comtés occidentaux et se termine aux montagnes du pays de Galles, dont le Snowdon est le point culminant; il s'élève au-dessus du niveau de la mer, à 1,190 mètres. La principale chaîne de montagnes est le Peak, qui traverse les comtés de Derby, de Lancaster et d'Yorck ; dans le premier, elle présente des paysages d'une grande beauté et des grottes remarquables, surtout celle de Castleton. Le Peak abonde en merveilles de la nature. Ses plus hautes montagnes sont le Wharn et l'Ingleborough, qui atteignent près de 1,350 mètres de hauteur. Cette chaîne s'étend jusqu'au mont Cheviot, qui forme la frontière d'Ecosse. Dans les comtés de Northumberland, de Cumberland, de Lancaster, d'York, existent des landes immenses. Le Dartmoor et la forêt d'Exmoor, dans le Devonshire, offrent le même aspect. La dernière de ces landes n'a pas moins de 20,000 acres d'étendue ; on y élève des troupeaux considérables. Les rivières de l'Angleterre descendent pour la plupart de la chaîne de montagnes qui la traverse dans sa partie occidentale : la *Tamise* (*Thames*), qui prend sa source dans le comté de Glocester, se jette dans le Pas-de-Calais ; elle reçoit l'Isis et le Wey, et traverse Londres. La *Savern*, venant d'un petit lac, du versant oriental des montagnes de Plynlimman, devient, sous le nom de *canal de Bristol*, un golfe de l'Océan ; elle reçoit la Teme, l'Avon, la Wye et l'Usk. Le *Trent* vient des landes de Staffordshire, et se dirige sur l'embouchure de l'Humber, à laquelle il se réunit ; il reçoit le Derwent et l'Aire, et se jette dans la mer du Nord. L'*Ouse*, grossie par le Dow, tombe dans le golfe d'Humber. Enfin, le *Mersey*, réuni à l'*Irwell*, forme à son embouchure un golfe sur lequel est située l'opulente ville de Liverpool. La *Dée*, dans le pays de Galles, et la *Tyne*, portent des bâtiments de 500 tonneaux. La mer, qui environne la vieille Angleterre de trois côtés, présente une multitude de golfes, de baies et de ports. Parmi les lacs du pays, ceux de Westmoreland, de Cumberland et de Lancaster sont les plus considérables. Pour les relations intérieures du pays, un nombre considérable de routes, de canaux et de chemins de fer le coupent dans tous les sens. Les canaux les plus remarquables sont ceux de *Bridgewater*, qui unit la mer d'Irlande à la mer du Nord ; le *Grand Tronc*, qui unit la mer d'Irlande à la Trent et à la Severn, et qui communique à la Tamise par le *canal de jonction* ; enfin, le canal d'Oxford, qui unit la Séverd et la Tamise. Le climat de l'Angleterre est humide et variable, mais, quoiqu'on y jouisse rarement d'un ciel pur il n'est pas insalubre. Le froid et la chaleur y sont également modérés ; les hivers y sont même beaucoup plus doux que dans la plupart des pays situés sous la même latitude. La terre est

en général fertile ; toutefois, malgré le haut point où l'agriculture est arrivée dans ce pays, il existe encore environ 6,000,000 d'acres de bruyères et de landes incultes. Ses principaux produits consistent en bestiaux remarquables par leur taille et par leur vigueur. Les chevaux sont excellents. Les porcs y sont de la plus belle espèce ainsi que la volaille. Les poissons et les huîtres se trouvent en abondance sur les côtes. Le pays n'offre presque point de quadrupèdes carnassiers et très peu d'oiseaux de proie. On y cultive les blés, l'orge ; le seigle, la pomme de terre, des légumes excellents, du lin, du chanvre, du houblon en grande quantité, du safran, de la rhubarbe, etc. On y récolte aussi des fruits d'assez belle apparence, mais d'une qualité inférieure. Les pluies fréquentes et le ciel presque toujours couvert n'étant pas favorable à la culture de la vigne, on prépare pour boisson la bière et le cidre. Le bois de chauffage qui manque est en partie remplacé par la richesse des mines de charbon de terre. Les houillères qui occupent l'est des comtés de Northumberland et de Durham s'étendent sur un espace de 190 milles carrés, et consistent en une quarantaine de couches de diverses épaisseurs. Une autre formation houillère de 70 milles de long traverse les comtés d'York et de Derby. D'autres houillères très importantes existent dans le Lancashire, le Sraffordshire, de Salop, de Hereford, de Coolbrookdale, etc., sans compter les mines du pays de Galles où les houillères occupent un espace de 1,200 milles carrés, et ont pour la plupart plus de 100 pieds d'épaisseur. Les comtés de Derby et de Somsfferset ont des sources thermales ; celles de Bath ont 120° au thermomètre de Fahrenheit. L'Angleterre produit aussi une grande quantité de plomb, de fer, de cuivre, etc., et nul pays ne fournit en aussi grande abondance l'étain. Elle possède également de la plombagine, de l'arsenic, du zinc, de l'antimoine, du cobalt, du soufre, de l'alun, des ardoises, de l'albâtre, du marbre et d'excellentes pierres à bâtir. L'Angleterre a des ports nombreux, commodément situés, et offrant toutes les ressources désirables au commerce et à l'industrie. On connaît généralement les beaux *docks* ou bassins de Liverpool et de Londres. — D'après le recensement de 1841, la population de l'Angleterre, proprement dite, s'élevait à 15,911,725 âmes, dont 911,320 pour la principauté de Galles. La marine de l'Angleterre est sans contredit la première du monde, l'industrie y est portée au plus haut degré de perfection et la moitié des habitants vit du travail des fabriques. La propriété du sol est concentrée dans un certain nombre de

familles puissantes, mais le luxe de cette aristocratie alimente les fabriques et les ateliers de
toute espèce. D'ailleurs, un commerce qui a pour
débouché le monde entier, crée dans toutes les
classes laborieuses de grandes richesses. Les produits annuels des manufactures sont, déduction
faite des matières premières, de plus de 115 millions de livres sterling, et présentent annuellement un bénéfice net de 27 millions sterling. Les
fabriques les plus importantes sont celles des tissus de coton, dans lesquelles 200 millions de livres pesant de coton sont annuellement employés.
Nous citerons principalement celles de Manchester, Bolton, Blackburn, Preston, Rochdale, War-
rington, Chester, Norwich et Londres ; puis celles
des étoffes de laine auxquelles ne peut suffire l'é-
norme quantité de laine recueillie dans le pays
même. Les principales fabriques sont celles de
Leeds, Halifax, Bradford, Huddersfield, Kendal,
Frome, Stround, Colchester, Shrewsbury, Salisbury, Exeter, Taunton Coventry, Norwich, Not-
tingham, Gloucester et Leicester. Puis, les manufactures de lin, les fabriques de soie, de cuir,
de quincaillerie, de porcelaine, de verre, de papier, etc. Les Anglais excellent tout particulièrement dans la fabrication du cuir et de l'acier ;
les quincailleries et la bijouterie en acier se répandent d'Angleterre dans le monde entier. Les
quincailleries de Birmingham sont les plus estimées. On fabrique aussi dans la perfection la coutellerie et les instruments de chirurgie et de mathématiques. — La grande banque de Londres,
secondée par les banques provinciales, favorise
les relations commerciales. Parmi les compagnies
de commerce nous citerons celle des Indes-Orien-
tales, comme la plus riche et la plus importante.
— L'instruction publique n'est pas ce qu'elle devrait être dans un pays aussi éclairé que l'Angleterre. Les enfants, mis dès leur plus tendre enfance dans les fabriques, ne reçoivent aucune
éducation. Il y a cependant un grand nombre
d'institutions fondées par des particuliers et des
sociétés philantropiques. Celles des dimanches sont
surtout très fréquentées. Les écoles nationales,
où l'on suit la méthode de l'enseignement mu-
tuel, et les écoles de grammaire sont gratuites.
L'Angleterre a trois grands collèges qui servent
de préparation aux universités : ce sont ceux d'E-
ton, Westminster, et Winchester. Deux grandes
universités, établies à Oxford et à Cambridge,
confèrent les degrés de bachelier et de docteur ;
chacune consiste en un grand nombre de colléges, dont plusieurs possèdent de belles bibliothèques. Londres possède aussi plusieurs collèges
et des écoles considérables. (Voyez Londres.) —

L'Angleterre proprement dite se divise en 40
comtés (shires), et le pays de Galles en forme
12 autres. Il faut y ajouter l'île de Man, l'archipel de Scilly et les îles normandes, situées dans
la Manche, qui sont Jersey, Guernesey, Sarke et
Aurigny, reste des anciennes possessions anglaises
en France — Les comtés de l'Angleterre se grou-
pent en 6 divisions : 1° le nord, comprenant le
Northumberland, le Cumberland, Durham,
Yorkshire, Westmoreland, Lancashire ; 2° les
Borders ou frontières de Galles, savoir : Ches-
hire, Shropshire ou Salop, Herefordshire ; 3° l'intérieur ou Nottinghamshire, Derbyshire, Staffordshire, Leicestershire, Rutland Northamp-
tonshire, Warwickshire, Worcestershire, Glo-
cestershire, Oxfordshire, Buckinghamshire, Bedfordshire ; 4° l'est, contenant Lincolnshire, Hun-
tingdonshire, Cambridgeshire, Norfolk, Suffolk,
Essex Hertfordshire, Middlesex ; 5° le sud-est,
comprenant Surrey, Kent, Sussex ; 6° le sud ou
Berkshire, Wiltshire, Hamsphire ou Hants (avec
l'île de Wight), Dorsetshire ; 7° le sud-ouest ou
Somersetshire, Devonshire, Cornouailles, les
comtés de Lancaster, Durham et Chester. — En
Angleterre, la religion dominante est de l'Eglise
anglicane. (Voyez Anglicane.) Nul ne pouvait
autrefois occuper le plus mince emploi dans l'administration gouvernementale, s'il ne la professait. Cependant, depuis l'émancipation (voyez
ce mot), les catholiques et les dissidents siégent
au parlement avec les mêmes droits que les membres de la religion anglicane. — Si l'on étudie
avec soin l'histoire du peuple anglais, on voit que
le caractère et les institutions des anciens Saxons
percent dans les mœurs et dans le gouvernement.
Les vaincus ont imposé leurs coutumes aux vainqueurs ; le caractère dominant est toujours cet
esprit de liberté et d'association qui dirige vers
un but commun toutes les facultés d'un peuple.
Non seulement, l'Angleterre doit à cet esprit sa
prospérité, mais il a jeté de profondes racines,
même dans les possessions britanniques les plus
éloignées de la mère patrie.

Histoire. — L'Angleterre ou l'Albion avait
déjà été visitée par les Phéniciens, lorsque les
Romains s'en emparèrent. César envahit cette
île cinquante-cinq ans avant notre ère ; il la
trouva habitée par un peuple à demi sauvage,
divisé en une multitude de petites nations indépendantes, qu'il appela collectivement les Bretons. Les Romains ne conquirent jamais qu'imparfaitement l'Angleterre, dont la partie méridionale forma depuis Claude une province romaine, sous le nom de *Britannia romana.* Serré
de toutes parts par les peuples germaniques qui

assaillirent l'empire, Valentinien III retira en 426 les légions de l'Angleterre. Les Bretons se trouvèrent ainsi abandonnés à leur sort. Ayant perdu l'habitude de la guerre sous la longue domination romaine, ils ne purent résister aux Scots et aux Pictes, leurs farouches voisins du Nord, et appelèrent à leur secours, contre leurs excursions, les Saxons, peuple placé à l'embouchure de l'Elbe, et dont la ligue était alors assez puissante. (Voy. *Anglo-Saxons*.) Ceux-ci vinrent en Angleterre en 449, conduits par leurs chefs Hengist et Horsa : ils repoussèrent les Scots, et cherchèrent alors à se fixer dans le pays. Devenus formidables par de nombreux renforts de Saxons et d'Angles, ils forcèrent les Bretons à leur abandonner leur territoire. Ceux-ci furent relégués dans la Cambrie, aujourd'hui pays de Galles, et dans la Cornouailles, et un grand nombre d'entre eux se retirèrent dans l'Armorique de Gaule, qui prit d'eux le nom de *Bretagne*. (Voy. ce mot.) Les Anglo-Saxons établirent alors sept petits Etats (*heptarchia*), dont les chefs prirent le titre de rois, mais qui cependant restaient unis entre eux et tenaient des assemblées générales, pour traiter les affaires qui concernaient la nation entière. Ces royaumes étaient ceux de Kent, Sussex, Westsex, Essex, Northumberland, Ostanglie, Mercie avec la Westanglie. Dès la fin du ixᵉ siècle, la religion chrétienne, prêchée par le moine Augustin, s'introduisit dans l'île, et adoucit le caractère encore sauvage de ses habitants. La domination du Saint-Siége fut reconnue, et le denier de saint Pierre établi. En 827, Egbert-le-Grand, roi de Westsex, avait réuni tous ces Etats sous le nom d'Angleterre (*Anglia*.) Ses successeurs, qui n'avaient pas ses qualités guerrières, furent obligés, pour se débarrasser des Normands, de leur payer un tribut annuel. Cependant, Alfred-le-Grand (voy. ce mot), réveillant le courage de sa nation, attaqua les Danois (nom que l'on donnait aux Normands en Angleterre), et les chassa de son royaume. Mais sa mort, en 900, livra de nouveau l'Angleterre à ses ennemis, contre lesquels des princes tels qu'Edouard-l'Ancien, Adelstan, Edmond, Edred, Edouard-le-Martyr, ne suffisaient pas pour la défendre. Attaquée de nouveau par les Danois, elle fut conquise par leur roi Swen, qui accourut pour venger le massacre de ses compatriotes, ordonné en 1002, par Ethelred II. Malgré cette mesure cruelle, ce prince ne put reconquérir son trône, et son fils, Edmond Ironside, fut réduit à le partager avec Canut-le-Grand, roi des Danois. Ces derniers se maintinrent pendant 40 ans ; mais en 1048, l'Angleterre recou-

vra son indépendance. Edouard-le-Confesseur monta sur le trône et publia une collection des lois des Saxons et des Danois, que l'on appela le Droit public (*Common Law*). Après la mort d'Edouard, dernier roi anglo-saxon, décédé sans postérité, la nation reconnut pour roi Harald, comte de Westsex, alors le seigneur le plus puissant du pays. Mais Guillaume, duc de Normandie, qui fondait ses droits à la couronne sur le testament d'Edouard, débarqua en Angleterre avec 60,000 hommes, et devint maître du royaume par la bataille décisive de Hastings, le 14 octobre 1066, où Harald perdit la couronne avec la

Guillaume le conquérant

vie. Cet événement lui valut le nom de *Conquérant*, et amena pour l'Angleterre une révolution, dont ses mœurs, ses lois et sa langue se ressentirent, et qui imprima à ses développements une nouvelle direction. Guillaume gouverna en vrai conquérant : il confia toutes les charges importantes à ses compatriotes, et réprima de sa main de fer quelques essais de rébellion. Le système féodal, jusqu'alors inconnu en Angleterre, y fut introduit. En qualité de duc de Normandie, Guillaume était vassal du roi de France, mais, par sa conquête, il l'égalait en puissance. De là la jalousie du suzerain à l'égard de son vassal et les guerres qui s'ensuivirent, et qui durèrent près de quatre siècles. Guillaume mourut en 1087 ; Guillaume II, son fils, lui succéda, et fit également peser sur l'Angleterre le plus lourd despotisme. Henri Ier, son frère, monta à son tour sur le trône ; il rendit aux Anglais plusieurs de leurs anciens priviléges, mais il sacrifia tout à sa cupidité et à son ambition. Privé de postérité mâle, il fit reconnaître par la nation, comme princesse héréditaire, sa fille Mathilde, mariée au comte Godefroy d'Anjou, ce qui fit tomber le droit de succession au trône dans la ligne féminine. Il en résulta des troubles fréquents, et plusieurs dynasties se succédèrent au trône à de courts intervalles. Cependant à la mort de Henri Ier (1135), le fils de sa sœur Adèle, Etienne, comte de Blois, fut proclamé roi par la nation, malgré cette disposition. Ce fils eut pour successeur, en 1154, le fils de Mathilde, Henri II, comte d'Anjou, surnommé *Plantagenet*. Ce chef de la maison de ce nom fut un des plus puissants rois de son temps. Outre la Normandie qu'il tenait de sa mère, il avait hérité par son père de l'Anjou, du Maine et de la Touraine, et par son mariage avec Eléonore de Guienne, séparée par divorce du roi de France Louis VII, il acquérait la Guienne, le Poitou et d'autres provinces. Henri était ainsi plus puissant que Louis VII, et ajoutait à l'Angleterre un quart de la France, c'est-à-dire plus que le roi lui-même n'en possédait. Cet état de choses fut un nouvel élément à la jalousie qui existait déjà entre les deux couronnes et enfanta de fréquentes guerres. Le long règne de Henri II, qui mourut en 1189, fut des plus brillants, mais il fut troublé vers son déclin par ses discussions avec le clergé et les rébellions de ses fils. L'un d'eux, Richard-Cœur-de-Lion, lui succéda. Roi chevalier rempli de brillantes qualités, il fut cher à la nation, qui lui en donna des preuves lors de sa captivité en Autriche, car on fondit même des vases sacrés pour payer sa rançon, portée à 150 mille marcs d'argent. Pendant l'absence de Richard, des troubles avaient eu lieu en Angleterre, et une guerre désastreuse s'était allumée avec la France. Son frère Jean lui succéda en 1199 ; monarque faible qui perdit la Normandie et d'autres provinces, et qui, par suite de ses dissensions avec le pape, fut obligé de se soumettre aux plus grandes humiliations. Mécontents de sa faiblesse, les nobles et le clergé se soulevèrent contre lui, et en 1215, il fut obligé d'octroyer à ses sujets la grande charte (*magna charta*), base fondamentale des franchises et des trois ordres, et de la liberté de tous les citoyens, et qui fut par la suite confirmée et étendue par plusieurs rois. De nouvelles disputes avec les grands du royaume

eurent pour résultat la destitution de Jean et sa fuite en Ecosse, où il mourut en 1216. De là lui est venu le nom de *Jean-sans-Terre*. Le règne de son fils Henri III fut long, mais rempli de troubles que ses fautes suscitèrent. C'est sous lui que fut d'abord réunie la chambre du Parlement (1265) dite des Communes. Cette institution se développa surtout sous Edouard III (1327 à 1377), l'un des rois les plus puissants de l'Angleterre. Il se dégagea de l'autorité du pape, et conquit une grande partie de la France, au trône de laquelle il fit valoir des prétentions fondées sur ce qu'il descendait en ligne directe, mais par les femmes, des derniers Capétiens. Il prit alors le titre de roi de France. La bataille navale de l'Écluse, celles de Crécy et de Poitiers, sont écrites dans nos annales en caractères sanglants. Toutes ces guerres nécessitaient d'énormes subsides ; le Parlement les accorda, mais en même temps les rois d'Angleterre se rendirent de plus en plus dépendants du Parlement. Richard II, fils du célèbre *Prince noir*, succéda à Edouard ; mais il voulut s'attaquer aux droits de la nation, déjà plus puissante que le monarque et perdit le trône. Il mourut en prison (1399). L'élévation de Henri IV, petit-fils d'Edouard II, mais d'une autre ligne, fut la première origine de cette querelle sanglante entre les maisons de Lancaster et d'York, connue sous le nom de *Guerre des deux roses*, la famille d'York portant dans ses armes une *rose blanche* et celle de Lancaster une *rose rouge*. Ces dissensions paralysèrent heureusement les progrès des armes anglaises, qui, victorieuses à Azincourt et maîtresses de Paris, avaient déjà envahi la moitié de la France, grâce au duc de Bourgogne et à Isabeau de Bavière, indignes du nom français. Henri VI hérita de l'esprit faible et du trône de son grand-père maternel. Sous le commandement du duc de Bedford, les armées anglaises furent toujours victorieuses, et la France était à deux doigts de sa perte, lorsque Dieu suscita l'héroïque Jeanne d'Arc. La France fut alors sauvée miraculeusement, et après que la noble victime fut montée à Rouen sur un bûcher anglais (1431), les provinces qui avaient jadis fait partie du royaume revinrent toutes à Charles VII. En 1451, c'est-à-dire vingt-neuf ans après la mort de Henri V, les Anglais ne possédaient plus de notre territoire que la seule ville de Calais. — L'imbécillité de Henri VI favorisa les prétentions de la maison d'York, qui monta sur le trône en 1461. — Depuis l'affaire de Saint-Alban (1455), où s'étaient rencontrées pour la première fois les armées d'York et de Lancaster, jusqu'à la bataille de Tew-Kesbury (1471), où furent définitivement vaincus les Lancastériens, d'innombrables combats se livrèrent, dans lesquels l'Angleterre perdit plus de onze cent mille hommes. Le duc d'York périt dans une de ces rencontres, et son fils Edouard, comte de March, fut couronné sous le nom d'Edouard IV. L'Angleterre eut alors deux rois, qu'elle prit et quitta tour à tour, à la volonté du comte de Warwick, factieux puissant, surnommé le *Faiseur de rois*. Henri VI mourut prisonnier à la Tour. Enfin, Henri VII, comte de Richmond, de la maison de Lancaster, s'empara du trône en 1485, et concilia, par son mariage avec Elisabeth de la maison d'York, l'intérêt des deux familles, dont presque tous les autres membres avaient péri dans les combats ou sur l'échafaud. Après la chute de divers imposteurs ou faux Edouards, l'Angleterre jouit enfin du repos sous un prince sage qui mérita le surnom de *Salomon anglais*. Avec lui commençait la race des souverains anglais de la maison de Tudor, qui finit avec Elisabeth en 1603. Henri VIII, fils et successeur de Henri VII, fut cruel et voluptueux. Il débuta par une guerre contre l'Ecosse et remporta la victoire de Flodden-Field, dans laquelle périt le roi d'Ecosse. Il entreprit au dehors des choses importantes, mais presque toujours sans succès. Dans le grand conflit entre François Ier et Charles-Quint il aurait exercé une influence décisive, sans cette versatilité que lui communiquait son premier ministre le cardinal Wolsey, homme avide que l'intérêt personnel fit passer d'un parti à l'autre. — La réformation de l'Eglise introduite en Allemagne fit une grande sensation en Angleterre, et Henri VIII, qui ayant d'abord été destiné à l'état ecclésiastique, ne manquait pas de connaissances en théologie, entreprit de réfuter les écrits de Luther. Léon X le récompensa en lui donnant le titre de *Défenseur de la foi*. Jusqu'alors l'autorité du pape avait été grande en Angleterre; mais il en fut autrement lorsqu'en 1534 Henri rompit avec le Saint-Siége, qui refusait de légitimer son divorce avec Catherine d'Aragon. Charles-Quint était le neveu de Catherine, et Clément VII craignait de s'en faire un ennemi en consentant à ce divorce. Henri VIII refusa donc l'obéissance au pape et se déclara le chef de l'Eglise d'Angleterre. La réforme fit de grands progrès; et la diversité d'opinions, ainsi que l'envahissement des biens de l'Eglise, enfantèrent toutes sortes de troubles. (Voy. Eglise *anglicane*.) Impérieux autant que libertin, Henri VIII chercha à agrandir la puissance royale, et sous son règne le pouvoir du Parlement fut presque annulé. Son fils Edouard VI s'occupa beaucoup de fonder l'église anglicane; mais sa

sœur Marie, qui lui succéda en 1553, agit dans un sens tout opposé, rétablit le catholicisme, et épousa Philippe II d'Espagne, pour trouver un appui à l'étranger. Cette alliance entraîna en Angleterre un mécontentement universel et fut la cause d'une guerre avec la France, dans laquelle l'Angleterre perdit Calais en 1558. La dévote Marie mourut la même année, emportant dans la tombe la haine de ses sujets que lui avait attirée son intolérance. Elisabeth, fille d'Anne Boleyn, sortit alors de la prison où l'avait confinée sa sœur Marie, pour monter sur le trône d'Angleterre. Son premier soin fut de rétablir l'église anglicane, et par sa prudence et sa fermeté, elle éleva l'Etat à une grandeur jusqu'alors inconnue. Elisabeth encouragea surtout l'industrie nationale, et lui donna le plus grand essor en accueillant dans ses Etats les étrangers que la religion avait fait proscrire de leur patrie. Sous son règne, la marine anglaise acquit un grand développement, et ce fut un de ses amiraux, Walter Raleigh, qui fonda la première colonie anglaise dans l'Amérique du Nord. Supérieure en esprit et en fermeté à la plupart des souverains de son époque, Elisabeth écouta trop ses passions pour sa gloire, et ternit son beau règne par l'exécution de la coupable mais infortunée Marie d'Ecosse. Avec Elisabeth s'éteignit en 1603 la race des Tudor. — Jacques, roi d'Ecosse, et fils de Marie Stuart, était le plus proche parent d'Elisabeth. Alors s'opéra d'une manière paisible une réunion que des guerres sanglantes n'avaient pu amener : les deux pays rivaux reconnurent le même roi, et l'Angleterre accepta pour souverain Jacques VI d'Ecosse, qui devint Jacques Ier d'Angleterre, et prit le titre de *roi de la Grande-Bretagne*.

Ici se termine l'histoire de l'Angleterre proprement dite, et c'est à l'article *Grande-Bretagne* que nous embrasserons tous les éléments qui constituent aujourd'hui la puissance anglaise et l'histoire des trois royaumes (voy. *Ecosse* et *Irlande*), depuis qu'ils sont réunis sous le même sceptre. Nous terminerons cet article en donnant la liste chronologique des rois d'Angleterre depuis la fin de l'*Heptarchie*, jusqu'à la réunion du royaume avec celui d'Ecosse, en 1603.

1. DYNASTIE SAXONNE.

8. MAISON DE STUART.

Jacques Ier ou *Jacques VI d'Ecosse*. . 1603
    (Voyez *Grande-Bretagne*).

Les ouvrages les plus estimés sur l'histoire d'Angleterre sont ceux de David Hume (*History of England*), du docteur Lingard (*History of England from the first invasion by the Romans to the accession of Mary*).

ANGLICANE (*Église*) ou *Église épiscopale*. De tout temps les Anglais avaient été des sujets assez insoumis de l'Église de Rome, et des premiers ils avaient vu s'élever parmi eux des sectaires qui attaquaient la puissance du pape et les dogmes qu'il défendait. Quatre siècles avant Luther, Wiclef avait répandu ses erreurs parmi le peuple et les magistrats, et l'autorité du pape, plutôt tolérée par raison politique qu'admise comme croyance religieuse, n'avait jamais été admise sans discussion, lorsqu'une circonstance fournit l'occasion de secouer complètement ce joug. Henri VIII avait d'abord pris parti pour Rome et avait même reçu du pape le surnom de *Défenseur de la foi*, lorsque sa passion pour Anne Boleyn vint le séparer violemment du Saint-Siége, qui refusait de rompre son mariage

Henri VIII.

avec Catherine d'Aragon. Henri fit juger l'affaire en Angleterre par une cour qu'il présida lui-même ; le divorce fut prononcé et il épousa Anne Boleyn. Sûr de l'appui du haut clergé et de tous les réformés déjà très nombreux en Angleterre, il brava l'excommunication et fit publier une proclamation qui défendait de recevoir dans le royaume les bulles de Rome. Il se fit déclarer chef spirituel de l'Angleterre, et lorsqu'arrivèrent les anathèmes du Saint-Siége, il en appela au futur concile général. Le parlement, convoqué le 2 novembre 1533, déclara rompus tous les liens qui rattachaient les Anglais au pape et confirma au roi le titre de chef suprême de l'Eglise anglicane, et lui attribua les annates payées jusque-là à la cour de Rome. Henri conserva toutefois le dogme et les cérémonies du culte catholique, et ce ne fut que plus tard que, sous l'influence de l'archevêque de Cantorbéry, Thomas Cranmer (voyez ce mot), il ordonna que les offices seraient célébrés en anglais au lieu de l'être en latin. Ce fut sous le fils et successeur de Henri VIII, Edouard VI, qu'eut véritablement lieu la réforme anglicane. Moins démocratique que la réforme de Luther, la réforme de Cranmer conserva la hiérarchie catholique. Edouard mourut en 1553, et sa sœur aînée, Marie, monta sur le trône, y faisant monter avec elle le catholicisme. Son intolérance naturelle s'augmenta de tout le fanatisme de son époux, Philippe II, et l'Angleterre fut solennellement réconciliée avec le Saint-Siége. Elisabeth succédant à sa sœur Marie, en 1558, le protestantisme reparut triomphant en Angleterre. Aimant le faste, cette princesse entoura le culte d'un luxe que la simplicité des réformateurs en aurait voulu bannir. Elle donna toute influence aux évêques, et les chargea de rédiger le code religieux du royaume, de concert avec plusieurs théologiens réformés. De ces conférences sortit le symbole qui porte le nom de *Confession de foi de l'Église anglicane.* Ce symbole contient trente-neuf articles, dans lesquels on déclare l'Écriture sainte suffisante pour régler la foi et le culte des chrétiens ; on y repousse la réprobation de Calvin et on déclare la grâce indispensable ; on y reconnaît la nécessité de faire l'office en langue vulgaire ; on nie l'infaillibilité des conciles aussi bien que le purgatoire ; on supprime les indulgences, la vénération des reliques et des images, l'invocation des saints, etc. On impose la croyance aux sacrements, au baptême, à la cène, au sacrifice de la messe ; on y déclare que la cène est la communion du corps et du sang de Jésus-Christ, et qu'on ne mange Jésus-Christ que spirituellement ; on condamne le célibat des prêtres ; enfin on confirme tous les décrets portés en faveur de la su-

prématie du roi et contre celle du pape. Le roi est chef de l'Église anglicane, mais il reste étranger au dogme et à la discipline de l'Église ; le rit anglican, religion de l'Etat, est suivi par la grande majorité des Anglais ; longtemps même ceux qui en suivaient une autre restaient exclus de tous les emplois et de toute participation quelconque aux affaires de l'Etat, et l'émancipation de 1830 seulement leur ouvrit les portes du parlement. Un article de la Constitution déclare même inhabile à régner le prince qui professerait une autre religion. Aujourd'hui la dissidence a fait bien des progrès dans la doctrine, et les prêtres anglicans eux-mêmes ont déclaré que les trente-neuf articles étaient d'union et non de foi. D'un autre côté le puseysme (voyez ce mot) tend à réhabiliter dans le culte toute la liturgie romaine, et plusieurs églises ont été le théâtre de troubles occasionnés par le rétablissement de ces formes proscrites.

ANGLO-SAXONS. On désigne sous ce nom les peuples germaniques qui vinrent au ve siècle de notre ère envahir une partie de la Grande-Bretagne et s'y établir. Les Angles habitaient, selon Tacite, à l'est de l'Elbe ; mais Ptolémée les place à l'ouest de ce fleuve. Quoi qu'il en soit, réunis aux Saxons, pirates intrépides qui habitaient dans toute l'Allemagne septentrionale, et aux Jutes, indigènes du Jutland, ils envahirent l'Angleterre. Les Anglo-Saxons eurent de longues

guerres à soutenir contre les indigènes et les Danois; envahisseurs comme eux du territoire breton, et restèrent pendant plusieurs siècles les maîtres de l'Angleterre, jusqu'à ce qu'ils fussent vaincus et soumis par Guillaume-le-Conquérant. (Voyez *Angleterre*.)

ANGO (Jean), bourgeois de Dieppe et riche armateur, faisait le commerce avec l'Amérique et les Indes orientales où il envoyait ses bâtiments. C'était vers le milieu du XVIᵉ siècle, époque à laquelle les Portugais prétendaient exclusivement au commerce des deux Indes; ceux-ci trouvant sur leur chemin les bâtiments de Jean Ango les capturèrent. A cette nouvelle, Ango, sans demander justice à d'autres qu'à lui-même, arma en guerre plusieurs de ses navires, les fait monter par 800 hommes résolus enrôlés pour lui, et, sans autre formalité, s'en va bloquer le Tage avec sa flottille et débarque sur plusieurs points de la côte ses soldats qui répandent l'effroi jusqu'à Lisbonne. Le roi de Portugal ne sachant à quoi attribuer cette brusque attaque de la part des Français, envoya au roi François Iᵉʳ un chargé d'affaires. Le roi, instruit de l'audace d'Ango, loin de blâmer sa conduite, conseilla à l'envoyé de s'adresser à la puissance belligérante. L'ambassadeur se présenta donc devant Ango, qui daigna l'écouter et accorda au roi de Portugal une paix honorable, moyennant une forte indemnité.

ANGOISSE (du latin *angere*, presser, serrer étroitement). On exprime par ce mot un état pénible qui résulte de la vue d'un danger imminent, et de la conscience que nous avons de notre faiblesse ou de notre incapacité pour nous y soustraire. C'est, en un mot, le plus haut degré de la peur. — On appelait autrefois *poire d'angoisse* un instrument en forme de poire, dont les tourmenteurs et les voleurs se servaient pour bâillonner leurs victimes. Ce mot est usité dans le style familier.

ANGOLA, royaume de la Guinée, en Afrique. Il est situé sur la mer, près du royaume de Benguéla, dans les possessions portugaises. On a fort peu de renseignements sur ce pays et sur l'état actuel de la colonie. Le climat est très chaud et le sol fertile en riz, millet, miel et cire. Il n'y pleut que pendant notre hiver et notre printemps.

ANGORA, grande ville de l'Asie mineure, dans l'Anatolie; c'est l'ancienne *Ancyre de Galatie*. (Voyez *Ancyre*.) Cette ville est fort ancienne, et l'on y trouve de nombreuses antiquités romaines; presque toutes les constructions se composent même de débris d'anciens monuments. Lorsque Auguste réduisit la *Galatie* (voyez ce mot) en province romaine, il agrandit et embellit Ancyre et en fit la capitale de cette province. On avait surnommé cette ville *Iéra* (sainte), à cause de la quantité de monuments religieux qu'elle renfermait; c'était en effet la ville la moins exclusive du monde en fait de religion, et toutes les croyances y avaient des représentants. Les Gaulois, les Grecs, les Égyptiens, etc., y adoraient en paix leurs divinités. Ce fut au milieu de ce repaire de faux dieux que saint Paul vint prêcher l'Évangile, et la vraie religion y trouva des sectateurs. Dans la première moitié du IVᵉ siècle, le pape saint Jules éleva l'Église d'Ancyre au nombre des Églises apostoliques, et elle tint dès lors un des premiers rangs parmi les autres. Plusieurs conciles y furent réunis. Ancyre fut prise par les Persans en 623, puis devint successivement la proie des Arabes, des Turcs, des croisés, des Tatars, jusqu'à ce que Mahomet Iᵉʳ la remit enfin définitivement sous la domination turque (1405). Elle prit alors le nom d'*Angora* ou *Angouri*. Cette ville compte aujourd'hui 40,000 habitants; elle possède d'importantes fabriques de camelots, faits avec le poil long et soyeux des chèvres du pays. Parmi les ruines nombreuses qu'on y retrouve encore aujourd'hui, nous citerons ce que l'on appelle le *monument d'Ancyre*, célèbre inscription sur six colonnes restes du temple d'Auguste, et les deux lions de grandeur naturelle qui se trouvent près de la porte de Smyrne.

ANGORA. On donne le nom d'Angora à une race de lapins, de chèvres et de chats à longs poils, originaire d'Angora, dans l'Anatolie.

ANGOULÊME, chef-lieu du département de la Charente, et capitale de l'ancienne province de l'Angoumois, est située sur une colline hérissée de rochers qui domine au loin toute la contrée, et s'élève à 74 mètres au-dessus de la Charente qui coule au bas. La ville se partage en *ancienne ville* et en *ville nouvelle*. La première est triste et mal bâtie, mais la ville nouvelle, située au midi sur un terrain dépendant du château, offre de fort belles constructions. On parvenait à la ville par quatre rampes assez raides; mais aujourd'hui un superbe chemin planté d'arbres, et sur une pente de trois pouces par toise, descend de la porte Saint-Pierre jusqu'au bas du faubourg de ce nom. Parmi les édifices et établissements publics de la ville nous citerons, comme dignes de remarque, la cathédrale dédiée à saint Pierre, qui offre un des plus beaux types de l'architecture romane du xiie siècle; la chapelle Saint-Gelais, l'hôtel de la préfecture, le palais-de-justice, l'hôtel-de-ville, le cabinet d'histoire naturelle, l'hôpital et l'Hôtel-Dieu. Aux environs de la ville se trouvent l'établissement de la poudrerie, la fonderie de Ruelle pour les canons de la marine, et les belles papeteries dont les produits jouissent d'une si grande réputation. Angoulême est le siége d'un évêché, d'une cour d'assises, d'un tribunal civil, d'un tribunal de commerce, d'une société d'agriculture, des arts et du commerce. On y compte près de 17,000 habitants. — L'origine d'Angoulême est fort ancienne, mais en même temps fort obscure; quelques médailles trouvées dans des fouilles attestent seules son existence du temps des Romains. Clovis s'en rendit maître en 507, après la bataille de Vouillé. Cédée aux Anglais après la bataille de Poitiers, elle signala son patriotisme en chassant la garnison étrangère. Au xiiie siècle, elle devint la capitale d'un comté réuni depuis à la couronne, et François Ier l'érigea en duché pour sa mère. Elle eut beaucoup à souffrir des guerres de religion dans le xvie siècle, et devint l'apanage des fils de France. C'est la patrie de Marguerite de Valois, reine de Navarre et sœur de François Ier; de Saint-Gelais, de Poltrot de Méré, de l'infâme Ravaillac et de Balzac.

ANGOULÊME (comtes et ducs d'). Turpion, frère des comtes de Poitiers, est le premier comte de l'Angoumois; il reçut l'investiture de Louis-le-Débonnaire en 839. Une longue série de comtes lui succéda jusqu'en 1303, époque à laquelle Philippe-le-Bel s'en empara pour en faire l'apanage des princes de la famille royale. Le premier de ces princes fut Louis d'Orléans, assassiné en 1407 par Jean, duc de Bourgogne. A son avénement au trône (1515), François Ier érigea en faveur de sa mère le comté en duché. A sa mort, le duché fut réuni à la couronne. En 1582, Henri III le donna à Diane, fille légitime de Henri II, laquelle mourut sans postérité en 1619. — Charles de Valois, fils naturel de Charles IX et de Marie Touchet, hérita alors du duché d'Angoulême; il vécut sous quatre rois, et combattit pour la cause de Henri IV. Louis XIII lui confia le commandement de ses armées, et ce fut lui qui ouvrit le fameux siége de la Rochelle. Il mourut à Paris en 1650, et laissa des Mémoires particuliers pour servir à l'histoire des règnes de Henri III et de Henri IV. — Louis-Emmanuel

de Valois, second fils de Charles, succéda au duché d'Angoulême et aux titres de son père, auquel il ne survécut que trois ans. — Louis ne laissait en mourant qu'une fille, Marie-Françoise, mariée au duc de Joyeuse; elle obtint pour elle et son époux, leur vie durant, la jouissance du duché d'Angoulême. Elle mourut sans postérité en 1696.

ANGOULÊME (Louis-Antoine de Bourbon, duc d'). Voyez Bourbons.

ANGOUMOIS, ancienne province de France, qui forme aujourd'hui le département de la Charente. (Voyez Charente.)

ANGUILLE, poisson bien connu de tout le monde et qui abonde dans les rivières, les lacs et les étangs de toute l'Europe. L'anguille a le corps allongé, arrondi vers la poitrine et comprimé vers la queue. Cette partie du corps est entourée par les trois nageoires verticales réunies entre elles; les pectorales sont les seules nageoires paires du poisson, car il n'a pas de ventrales; les opercules ne sont pas visibles au dehors, ces pièces osseuses, qu'entourent concentriquement les rayons branchiostèges, sont fort petites et, comme ces derniers, complètement cachées dans l'épaisseur de la peau. Celle-ci ne laisse d'autre passage à l'eau qu'a servi à la respiration que de simples trous qui s'ouvrent tantôt sur les côtés du cou, tantôt sous la gorge, suivant les espèces. Les branchies sont placées sous la peau comme au fond d'un sac, et par conséquent mises à l'abri de tout contact extérieur, ce qui permet à ces poissons, ainsi que l'observe Cuvier, de demeurer quelque temps hors de l'eau sans périr. — Leur corps est couvert d'une peau grasse et épaisse dont les écailles ne sont visibles qu'après le dessèchement. — Les eaux douces de l'Europe nourrissent plusieurs espèces d'anguilles, désignées sous des noms différents; mais toutes ont à peu près les mêmes mœurs. L'anguille vit dans les eaux courantes ou dormantes indifféremment; c'est un animal très vorace, qui se nourrit de petits animaux de sa classe, et surtout de goujons dont il est très friand; il attaque même les petits quadrupèdes et les oiseaux aquatiques. Il chasse particulièrement pendant la nuit, et se tient blotti pendant le jour dans les touffes de plantes aquatiques ou dans des trous le long des berges. L'anguille s'enfonce aussi sous la vase des étangs, pendant le froid, et lorsqu'on met ces amas d'eau à sec pour en faire la pêche, on est obligé de faire piétiner la vase pour en faire sortir les anguilles. Dans les chaleurs de l'été et quand le temps est orageux, les anguilles aiment aussi à sortir de l'eau et vont quelquefois très loin au travers des herbes. Elles chassent à terre, mangent les petits reptiles, les vers, les colimaçons et même certaines plantes. Si le jour les surprend à terre, elles se blottissent dans une touffe d'herbes et, roulées sur elles-mêmes, y attendent la nuit; c'est ce qui explique comment, en fauchant une prairie, le fer des travailleurs a quelquefois coupé une anguille. Dans les eaux courantes, ces poissons nagent avec force et rapidité contre le courant; mais en descendant elles se laissent aller au fil de l'eau, aussi on en prend beaucoup dans des nasses tendues en travers des rivières; c'est surtout à l'époque où les anguilles descendent le courant des rivières, pour se rendre à la mer et y frayer, que l'on en prend en quantité. — On ne connaît rien de bien positif sur le mode de reproduction des anguilles, cependant l'opinion la plus généralement répandue est qu'elles sont ovovivipares, c'est-à-dire que les œufs éclosent dans le corps de la mère. L'anguille est un poisson dont la chair est, comme chacun sait, fort estimée. On a séparé des anguilles proprement dites, les *congres*, qui ne vivent que dans la mer, et dont la dorsale naît presque sur la nuque. On en connaît deux espèces dans nos mers; l'une, connue sous le nom d'*anguille* de mer (*murœna conger*, L.), atteint plus

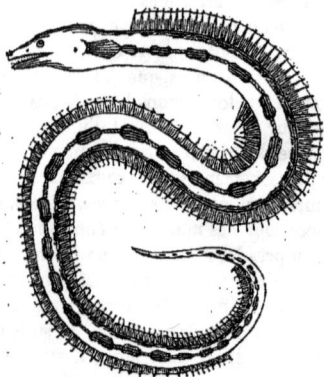

Ophisure serpent de mer.

de deux mètres de longueur; elle est commune toute l'année sur les marchés de Paris. La chair

en est peu délicate; l'autre, la *myre*, plus petite que la précédente, vit dans la Méditerranée. On distingue sous le nom de *murènes* les espèces chez lesquelles manquent les nageoires pectorales; l'une d'elles, la *murène-hélène*, célèbre chez les anciens Romains, à cause de la délicatesse de sa chair, n'a qu'une seule rangée de dents aiguës à chaque mâchoire; les Romains l'élevaient à grands frais dans des viviers construits sur le bord de la mer. On rapporte à ce sujet que Vedius-Pollio, riche patricien, qui possédait un grand nombre de ces animaux, faisait jeter vivants dans ses viviers, pour être dévorés par les murènes, les esclaves fautifs. Cette espèce fait souvent des morsures très dangereuses, que les pêcheurs prennent le plus grand soin d'éviter. L'Amérique en possède aussi plusieurs espèces. Les *ophisures* dont la dorsale et l'anale se terminent avant d'arriver au bout de la queue. Nous avons figuré l'ophisure, serpent de mer. — Cuvier fait des anguilles le type de sa famille des anguilliformes, parmi les apodes.

ANGUILLIFORMES, famille de poissons composant l'ordre des malacoptérygiens apodes, de Cuvier. Tous ceux qui en font partie manquent de nageoires ventrales, et ont le corps allongé comme celui des anguilles. Les principaux genres de cette famille sont: *anguille, gymnote, aptéronote, donzelle* et *équille*.

On nomme vulgairement:

ANGUILLE DE HAIE l'*orvet*. (Voy. ce mot.)

ANGUILLE DE MER le *congre*, dont nous avons parlé plus haut.

ANGUIS, nom d'un serpent chez les Latins, et que Linné a donné aux *orvets*. (Voy. ce mot.)

ANGUS ou **FORFAR**, comté de l'Ecosse centrale, borné au N. par ceux d'Aberdeen et de Mearns; à l'O., par celui de Perth; au S., par le comté de Fife, dont il est séparé par le golfe de Tay; à l'E., par la mer du Nord. Sa superficie est de 821 milles anglais carrés; il est en grande partie couvert par des montagnes qui sont une ramification des monts Grampians. Entre ces montagnes s'étendent plusieurs vallées fertiles qu'arrosent le Northesk, le Southesk et l'Isla, et plusieurs lacs poissonneux, ceux de Forfar, de Rescobies et de Landy. Les côtes baignées par la mer du Nord sont hérissées d'écueils, on y remarque le cap Red-Head. Le sol y est fertile, et produit le froment, l'orge, l'avoine, la pomme de terre, le chanvre, etc. La race chevaline et ovine y est fort belle. La population du comté d'Angus monte à 139,000 âmes. La principale industrie du pays consiste dans la fabrication de la toile et des cordages.

ANHALT, duché d'Allemagne, enclavé dans la province prussienne de Saxe. Il est aujourd'hui partagé entre les maisons de Dessau, de Bernbourg et de Kœthen. Chacun de ces ducs exerce dans ses Etats la puissance souveraine; cependant, sous certains rapports, les trois duchés forment un Etat indivis. Les trois ducs ont des armes et des titres communs, et ils sont unis par un pacte de famille. Les domaines de la maison d'Anhalt présentent une superficie d'environ 130 lieues carrées, sur lesquelles sont répartis 27 villes, 8 bourgs et près de 350 villages, dont la population totale est estimée à 152,000 habitants. Ce sont des contrées fertiles où l'agriculture et l'éducation du bétail font vivre les habitants dans l'aisance; il y a fort peu de manufactures. — Le *duché d'Anhalt-Dessau*, la plus étendue des trois principautés, est formé de plusieurs fractions de territoire, situées sur les rives de l'Elbe et de la Mulde, et qu'arrosent encore la Nuthe, la Fuhne, le Wipper. Le chemin de fer de Leipzig à Magdebourg traverse le pays et vient augmenter encore sa prospérité. Sa constitution est monarchique, comme celle des deux autres duchés. Les Etats ne se réunissent que pour voter l'impôt. Dessau, capitale du duché, est une jolie ville bâtie sur la Mulde; elle est le siège de plusieurs établissements littéraires, et possède 12,000 habitants. — Le *duché d'Anhalt-Bernbourg*

Château de Bellenstœdt.

est formé d'une partie inférieure, située sur la rive gauche de la Saale et d'une partie supérieure qui occupe une portion du Hartz. La première forme une surface plane et fertile; la seconde, est montagneuse et boisée; elle est riche en mines, et l'extraction de la houille, du fer, du cuivre, du plomb, occupe un grand nombre de bras. La capitale est Bernbourg, peuplée de 7,500 habitants. Le duc réside à Ballenstœdt où il possède un beau château. Il y a 4,000 habitants. — Le *duché d'Anhalt-Kœthen*, arrosé par la Saale, le Bode, la Wipper, la Mulde; il offre un terrain plat et fertile. La capitale est Kœthen, résidence du prince, et peuplée de 6,000 habitants.

ANIMALCULES. Voyez *Infusoires*.

ANIMAUX. Tous les corps répandus à la surface du globe, ou renfermés dans le sein de la terre, se divisent en *corps bruts* ou *inorganiques* et en *corps vivants* ou *organisés*. — Les corps organisés se divisent à leur tour en deux groupes, les végétaux et les animaux. De là les trois grandes divisions ou règnes de la nature, que la science a désignés sous le nom de règne minéral, règne végétal et règne animal.

Les corps bruts ou inorganiques, tels que les pierres, les métaux, sont formés de molécules qui n'ont entre elles d'autres rapports que ceux d'adhésion et de cohérence, n'exerçant d'autre action les unes sur les autres que de s'attirer et de se repousser réciproquement; ces molécules ne se renouvellent pas, ne changent pas. Si le volume de ces corps augmente, ce n'est que par juxta-position, c'est-à-dire parce que d'autres corps semblables viennent se déposer à leur surface. (Voyez *Accroissement*.)

Les corps organisés, au contraire, naissent de corps semblables à eux: ils croissent en attirant sans cesse dans leur composition des molécules étrangères qui remplacent celles qu'ils abandonnent; en un mot, ils se nourrissent et se reproduisent, et toutes leurs parties exerçant des actions variées les unes sur les autres concourent à un but commun, qui est l'entretien de la vie.

Comme nous l'avons vu, on distingue aisément un corps brut d'un corps organisé; le règne minéral se sépare d'une manière bien tranchée des règnes végétal et animal, mais il n'est pas toujours aussi facile de distinguer ces deux derniers règnes entre eux.

En effet, ce qui rend très difficile l'établissement de limites bien précises, c'est que des nuances presque insensibles conduisent d'un règne à l'autre. Lorsque nous descendons vers les derniers degrés de l'échelle animale, nous voyons des êtres qui ressemblent plus à des plantes qu'à des animaux, et cela à un tel point qu'avant le célèbre Linné un grand nombre d'entre eux avaient été confondus avec les algues ou d'autres cryptogames.

Boerhaave, qui, le premier, donna une définition scientifique des animaux et des végétaux, assigna aux premiers, comme caractère principal, la faculté d'absorber les matières nutritives par leur surface interne, tandis que les végétaux les absorbaient, au contraire, par leur surface extérieure; mais les découvertes du savant Trembley vinrent renverser cette définition. Il démontra que plusieurs espèces d'animaux, telles que les hydres ou polypes d'eau douce, pouvaient être retournées comme un gant, et n'en continuaient pas moins à vivre, en absorbant par leur surface externe les substances nutritives. — Les éponges, que tous les naturalistes regardent comme appartenant au règne animal, se nourrissent comme les plantes, par leur surface externe.

Après Boerhaave vint Linné, qui donna cette fameuse définition des trois règnes:

> Les minéraux croissent;
> Les végétaux croissent et vivent;
> Les animaux croissent, vivent et sentent.

Selon Linné, la vie caractérise donc le règne végétal et le règne animal, et la faculté de sentir distingue l'animal de la plante. C'est aussi l'opinion de Buffon. Si nous considérons les classes les mieux organisées des deux règnes, nous ne pouvons, en effet, les mieux caractériser; mais si nous descendons vers les classes inférieures, cette définition devient insuffisante.

En effet, le mouvement est, sans contredit, l'expression fidèle de la sensibilité; or, nous ne pouvons l'accorder à tous les animaux, pas plus que le refuser à tous les végétaux. Nous voyons des plantes qui ont des mouvements manifestes. Tout le monde connaît la sensitive (*mimosa pudica*) qui possède la singulière faculté de refermer son feuillage lorsqu'on la touche. Une autre plante, l'attrape-mouche (*dionæa muscipula*), présente un phénomène non moins étonnant. Lorsqu'un insecte s'introduit dans sa corolle, elle referme sur lui ses pétales et ne les rouvre que lorsque la mort a privé l'insecte du mouvement qui l'irritait. — Chez certains animaux, le mouvement est beaucoup moins sensible que dans ces plantes. Si nous voyons certains polypes agiter leurs tentacules pour saisir ou attirer les molécules nutritives, s'ils paraissent discerner ce qui

leur convient de ce qui leur est nuisible, ne voyons-nous pas aussi les plantes diriger leurs feuilles vers les lieux les plus aérés et les plus lumineux, étendre leurs racines dans les endroits les plus humides et les plus favorables à leur développement. Mais les mouvements que l'on remarque chez les plantes ne sont dus qu'à de l'irritabilité, nous dira-t-on; tout ce qui dépend de la sensibilité est spontané et volontaire, c'est vrai; mais chez les animaux des classes inférieures, on ne trouvera de même que de l'irritabilité. Le mouvement spontané et volontaire suppose quelque intelligence, et ces êtres en sont bien évidemment dépourvus. Accordera-t-on de l'intelligence à une huître ou à un polype, plutôt qu'à la sensitive? Il eût été, du reste, injuste de la part de la Providence d'accorder de la sensibilité à des êtres qui, privés du mouvement, ne pourraient ni fuir la douleur, ni atteindre l'objet de leurs désirs. — Ce n'est donc pas la sensibilité qui distingue l'animal de la plante; mais avoir des nerfs, des muscles, une bouche, une cavité digestive, sentir et se mouvoir, voilà ce qui distingue les êtres un peu élevés dans l'échelle animale du reste des corps organisés. Si ces caractères ne se rencontrent pas toujours réunis dans le même animal, il y en a au moins un de sensible; ainsi les polypes à qui l'on refuse le mouvement et la sensibilité sont incontestablement pourvus d'une cavité digestive, et certains animalcules, dont les organes digestifs se dérobent aux investigations les plus minutieuses, ont des mouvements de totalité aussi sensibles que ceux des êtres les mieux organisés. — Laissons de côté, pour le moment, ces êtres dont la simplicité de structure embarrasse le naturaliste, et ne nous occupons que des animaux supérieurs pour en étudier l'organisme.

Comme nous l'avons déjà vu, le premier et le plus important phénomène qui caractérise les animaux, c'est la vie; elle consiste, dit Cuvier, dans la faculté qu'ont certaines combinaisons corporelles de durer pendant un temps et sous une forme déterminés, en attirant sans cesse dans leur composition une partie des substances environnantes, et en rendant aux éléments des portions de leur propre substance. La vie est donc un tourbillon plus ou moins rapide, dont la direction est constante, et qui entraîne toujours des molécules de même sorte; mais où les molécules individuelles entrent et d'où elles sortent continuellement, de manière que la forme du corps lui est plus essentielle que sa matière. »

Pour assurer cette forme et établir le mouvement, il a fallu un système de parties solides ou *tissus organiques*, contenant des fluides auxquels ils impriment un mouvement continuel, nécessaire pour établir l'équilibre conservateur de la machine animale, et dont le nombre, la forme et la combinaison sont en raison de la plus ou moins grande perfection des êtres. C'est à ces fluides que les tissus doivent en partie leur flexibilité et la mollesse qui les rendent propres à remplir les fonctions auxquelles ils sont destinés. — Les parties solides dont la réunion constitue les organes, composent avec les fluides où humeurs l'organisation. — Lorsque le mouvement de ces parties est interrompu, ce ne sont plus que des corps inertes; l'équilibre est à jamais rompu, c'est la mort! Cette mort arrive chez tous les êtres organisés, soit par des accidents qui altèrent ou détruisent l'harmonie de leurs parties, soit par l'effet de la vie elle-même, qui finit pas fatiguer et user les organes de manière à y rendre impossible la continuation du mouvement vital.

Comme tous les êtres organisés, les animaux sont formés d'un tissu aréolaire, ou divisé par cellules, à peu près comme une éponge, et toujours imbibé de liquides. Ce tissu enveloppe le corps entier et toutes les parties qui le remplissent, comme une espèce de canevas. — Il a la propriété de se resserrer, et c'est cette force qui retient le corps dans une forme déterminée. Ce tissu, très serré, forme les membranes; celles-ci à leur tour, se contournant en cylindres, forment les vaisseaux : les os eux-mêmes ne sont que ce tissu durci par l'accumulation de sels calcaires. On voit combien son importance est grande, aussi le retrouve-t-on chez tous les animaux, à tous les degrés de l'échelle zoologique. — Ce tissu, légèrement modifié, forme le tissu musculaire, qui, sous la forme de fibres charnues, a pour fonctions de faire mouvoir les os qu'il entoure. Sa propriété distinctive est de se contracter.

Les fonctions organiques des animaux font l'objet de la physiologie. On peut les diviser en trois classes; celles de la *nutrition* par lesquelles l'animal s'assimile une partie des substances dont il fait sa nourriture; les fonctions de *relation* par lesquelles l'animal se met en rapport avec tout ce qui l'entoure, et les fonctions de *reproduction*. Ces dernières ont pour but la conservation de la race; tandis que les premières se rapportent à la conservation de l'individu. Ces diverses fonctions s'exécutent chez les animaux d'une manière très variée, suivant la structure de leurs organes.

C'est Lamarck qui, le premier, distingua les animaux d'après leurs nerfs et leur squelette, sous les noms de *vertébrés* et d'*invertébrés*. Mais Cuvier, sentant combien cette division fondamentale, tout ingénieuse qu'elle était, offrait encore d'imperfections, s'efforça de répartir plus également le règne animal en le distribuant d'après la considération des nerfs et des fonctions principales, en quatre grands embranchements, qui sont : les *vertébrés*, les *mollusques*, les *articulés* et les *rayonnés*. (Voyez ces mots.)

1° Le corps de tous les animaux vertébrés a pour fondement une charpente osseuse, un squelette formé d'une colonne épinière qui se compose d'un plus ou moins grand nombre de vertèbres, se termine antérieurement par la tête et postérieurement par la queue. Dans la tête se distinguent le crâne et la face, qui renferment le cerveau, les organes des sens, à l'exception du toucher et ceux de la manducation, les mâchoires; la queue est formée d'une série plus ou moins grande de vertèbres qui vont en diminuant de grosseur de la première à la dernière. Entre ces deux points sont deux paires de membres distingués en antérieurs et postérieurs et qui manquent quelquefois ; près des membres antérieurs sont les côtes, demi-cercles articulés avec les vertèbres du dos. Toutes les parties articulées de ce squelette sont mues ainsi que toutes les autres parties du corps susceptibles de mouvements, par des organes composés de fibres contractiles, les muscles. Un système nerveux, siège du sentiment, de l'intelligence et de la volonté, qui donne la vie à toutes ces parties, se compose toujours d'un cerveau et d'un cervelet contenus dans le crâne, et d'une moelle épinière renfermée dans le canal des vertèbres, d'où naissent tous les nerfs proprement dits, tant ceux qui président aux sensations que ceux qui président au mouvement. Le sang, organe de nutrition, plus ou moins rouge, suivant son oxygénation, est porté dans toutes les parties du corps par le cœur, muscle creux, dont les contractions sont la cause principale de la circulation, des vaisseaux (les artères), le conduisent du cœur jusqu'aux extrémités, et d'autres vaisseaux (les veines) le ramènent des extrémités au cœur, d'où, après s'être régénéré dans l'organe respiratoire, il est relancé vers les extrémités. L'oxygénation du sang s'opère par le fait de la respiration dans un organe spécial, différemment constitué, suivant que les animaux sont destinés à respirer dans l'air ou dans l'eau. Le sang, épuisé par les parties du corps qu'il a nourries, se répare au moyen de la nutrition, fonction qui s'opère dans l'appareil de l'alimentation où l'on distingue : 1° la bouche, siège du sens, du goût, par où les aliments sont introduits dans le corps; 2° les intestins qui commencent à l'œsophage et se terminent à l'anus

après un ou plusieurs renflements nommés esto-
macs. C'est dans les intestins que s'opère la digestion à l'aide des liquides particuliers qui y
sont versés, tels que le suc pancréatique et la bile.
A la surface interne des intestins se trouvent les
orifices des vaisseaux lactés, lesquels absorbent
le chyle, produit de la digestion, et le transportent dans les veines qui le versent au cœur. Enfin, l'espèce, chez ces animaux, se compose toujours de deux individus de sexe différent. — Les
vertébrés se partagent en quatre classes : les mammifères, les oiseaux, les reptiles et les poissons.
(Voyez ces mots.)

2° Les *mollusques* n'ont pas de squelette intérieur, leurs muscles sont attachés à une peau
molle, tantôt nue, tantôt recouverte d'un test
calcaire, nommé coquille, dont les formes varient
à l'infini. Les organes du mouvement des mollusques qui peuvent se mouvoir (car un grand
nombre restent constamment fixés à des corps
étrangers), se présentent sous toutes sortes d'aspects et de structures. (Voyez *Mollusques*.) La
respiration qui se fait ou par des poumons ou par
des branchies est complète, c'est-à-dire que tout
le sang qui vient des extrémités passe par les organes respiratoires avant d'y retourner. La circulation, chez les mollusques, est toujours double
et aidée par un ventricule charnu, aortique, quelquefois accompagné d'un ventricule pulmonaire.
Le sang consiste dans un liquide d'un blanc jaunâtre ou bleuâtre. Leur système nerveux reste
confondu avec les autres viscères; il n'a point de
boîte osseuse, et se compose de plusieurs renflements ou ganglions, espèces de petits cerveaux
unis entre eux par des filets nerveux. Beaucoup
de mollusques n'ont pas de tête distincte, et par
conséquent sont privés d'yeux; très peu possèdent
l'organe de l'ouïe; enfin, le plus grand nombre
sont réduits au sens du toucher. Ces animaux
présentent les plus grandes variations dans toutes
les parties de leur système alimentaire; leurs es-
tomacs sont tantôt simples et tantôt multiples, et
leurs intestins diversement prolongés. Chez la
plupart des mollusques, chaque individu est
pourvu des deux sexes, les uns se fécondant réciproquement, tandis que les autres ont la faculté
de se féconder seuls; tous sont ovipares, et d'une
fécondité prodigieuse.

3° Les *articulés* ont le corps formé de parties
distinctes, articulées bout à bout les unes aux
autres, à l'exception des membres. C'est à l'intérieur de cette enveloppe, molle ou coriace, que
s'attachent les muscles du tronc. Leur système
nerveux consiste en deux longs cordons régnant
le long du corps, interrompus de distance en dis-

tance par des nœuds ou ganglions, dont le premier, un peu plus gros que les autres, est placé
sur l'œsophage, et fournit des nerfs à la tête, des
autres ganglions portent les nerfs du corps et des
membres. Les modes de la circulation, de la respiration et de la génération, présentent de grandes
variétés. Ceux de ces animaux qui ont des membres, en ont toujours plus de quatre. La bouche
(sauf chez plusieurs annélides) est armée de mâchoires, toujours latérales, dont le nombre varie

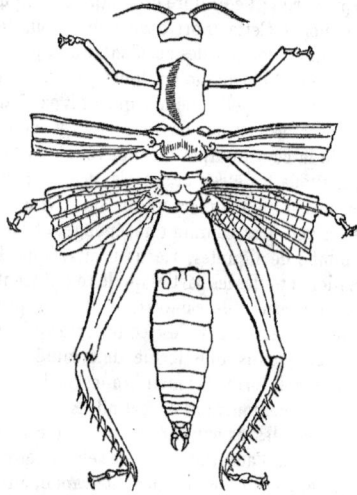

Articulé (Criquet).

de deux à six. — Les articulés renferment quatre
classes, les *annélides* ou *vers à sang rouge*
les *crustacés*, les *arachnides* et les *insectes*.
(Voyez ces mots.)

4° Les *rayonnés* ou *zoophytes* qui composent le dernier embranchement, comprennent
des êtres dont l'organisation, très simple, leur
donne quelque analogie avec celle de certaines
plantes. Ces animaux ne se distinguent guère
des divisions précédentes que par des caractères
négatifs; seulement, le plus grand nombre ont
une forme rayonnée, les organes respiratoires
douteux, à peine quelques vestiges de circulation,
ni organe spécial pour les sens, ni système nerveux bien distinct. L'appareil alimentaire est celui qui paraît persister le plus longtemps, il est
très varié. Quant au mode de la reproduction, il
offre, dans le plus grand nombre, une grande
ressemblance avec le développement du bourgeon d'une plante.

Étoile de mer.

Ces quatre grands embranchements ont été subdivisés en plusieurs classes, dont le tableau ci-joint est destiné à donner une idée générale :

1ᵉʳ ORDRE. — ANIMAUX VERTÉBRÉS.

A sang chaud.

1ʳᵉ CLASSE. — MAMMIFÈRES.

(Vivipares.)

Bimanes (*Hommes*).
Quadrumanes (*Singes*).
Chéiroptères (*Chauves-souris*).
Digitigrades (*Chat, Lion*).
Plantigrades (*Ours, Hérisson*).
Pédimanes (*Dasyures*).
Rongeurs (*Lièvre, Castor*).
Édentés (*Fourmilliers*).
Tardigrades (*Paresseux*).
Pachydermes (*Eléphant, Cochon*).
Ruminants (*Bœuf, Chameau*).
Solipèdes (*Cheval*).
Amphibies (*Phoque*).
Cétacés (*Baleine*).

2ᵉ CLASSE. — OISEAUX.

(Ovipares.)

Rapaces (*Vautour*).
Passereaux (*Corbeau, Hirondelle*).
Grimpeurs (*Perroquet, Coucou*).
Gallinacés (*Poule, Pigeon*).
Échassiers (*Cigogne, Bécasse*).
Palmipèdes (*Cygne, Frégate*).

A sang froid.

3ᵉ CLASSE. — REPTILES.

(Respirant par des poumons.)

Chéloniens (*Tortue*).
Sauriens (*Crocodile, Lézard*).
Ophidiens (*Serpent*).
Batraciens (*Grenouille*).

4ᵉ CLASSE. — POISSONS.

(Respirant par des branchies.)

Acanthoptérygiens (*Perche, Vive*).
Malacoptérygiens.
　　—　　abdominaux (*Carpe, Goujon*).
　　—　　subrachiens (*Morue, Merlan*).
　　—　　apodes (*Anguille*).
Lophobranches (*Pégase*).
Plectognathes (*Môle, Coffre*).
Chondroptérygiens.
　　—　　à branchies libres (*Esturgeon*).
　　—　　à branchies fixes (*Requin*).

2ᵉ ORDRE. — ANIMAUX INVERTÉBRÉS. — MOLLUS-QUES.

A vaisseaux sans nerfs.

5ᵉ CLASSE.

Céphalopodes (*Seiche*).
Ptéropodes (*Hyale*).
Gastéropodes (*Limace*).
Branchiopodes (*Orbicule*).
Acéphales (*Huître*).

3ᵉ ORDRE. — ARTICULÉS.

Sans vaisseaux, des nerfs, des membres.

6ᵉ CLASSE. — INSECTES.

(Antennes. Cœur nul.)

Coléoptères (*Hanneton*).
Orthoptères (*Grillon, Sauterelle*).
Névropètres (*Fourmis, Libellule*).
Hyménoptères (*Abeilles*).
Hémiptères (*Punaise*).
Lépidoptères (*Papillon*).
Diptères (*Cousin, Mouche*).
Aptères (*Pou*).

Ni antennes ni branchies.

7ᵉ CLASSE. — ARACHNIDES.

Pulmonaires (*Araignée*).
Trachéennes (*Faucheur*).

Vaisseaux, nerfs et membres.

8ᵉ CLASSE. — CRUSTACÉS.

(Sang blanc.)

Astacoïdes (*Ecrevisse*).
Entomostracés (*Monocle*).

Vaisseaux, pas de membres.

9ᵉ CLASSE. — ANNÉLIDES.

(Sang coloré. Sans cœur.)

Brachiodèles (*Néréide*).
Endobranches (*Sangsue*).

4ᵉ ORDRE. — RAYONNÉS.

Sans vaisseaux, ni nerfs, ni membres.

10ᵉ CLASSE. — ZOOPHYTES.

Echinodermes (*Etoile de mer*).
Intestinaux ou helminthes (*Ver solitaire*).
Acalèphes ou malacodermes (*Méduse*).
Polypes solides ou lithophytes (*Madrépores*).
— flexibles ou cératophytes (*Eponges*).
Infusoires ou microscopiques (*Vibrions*).

Animaux à sang chaud. On entend par cette expression les mammifères et les oiseaux dont la température est en général plus élevée que celle des autres animaux. Elle est entre les limites de 35 et de 44° centigrades ; celle des mammifères est de 35 à 40° ; celle des oiseaux, de 40 à 44°.

Animaux à sang froid. On comprend dans cette dénomination tous les animaux, hormis les mammifères et les oiseaux, parce qu'en général leur température est de beaucoup inférieure à celle des animaux de ces deux classes. Leur chaleur suit ordinairement les variations de la température extérieure, et n'en diffère que de deux ou trois degrés.

Animaux hibernants. Cette dénomination désigne les animaux qui passent une partie de l'automne et de l'hiver dans un état d'engourdissement, et qui en sortent à l'entrée du printemps. Il y en a parmi les animaux à sang chaud et les animaux à sang froid.

ANIMAUX DOMESTIQUES. On comprend sous cette dénomination les êtres que l'homme a arrachés à l'état de nature, pour les faire servir à ses besoins, les associer à ses travaux, à ses plaisirs. Les animaux soumis à la vie domestique ont tous subi dans leur régime, leur taille, la couleur de leur pelage et même dans leurs formes, des modifications plus ou moins grandes, qui ne tardent pas à s'effacer lorsque l'animal est rendu à la vie sauvage, et que ses goûts naturels peu-

vent reprendre le dessus. Ce retour à la vie sauvage n'a pas lieu tout à coup, les caractères de la civilisation ne s'effacent que graduellement et à chaque nouvelle génération, jusqu'à ce qu'ils se perdent entièrement. — Les animaux domestiques appartiennent aux mammifères, aux oiseaux et aux insectes, quelquefois même aux poissons. Les mammifères, appelés spécialement *Bestiaux* (Voy. ce mot), sont le cheval, l'âne, le mulet, le taureau, le bœuf et la vache, le buffle et sa femelle, le verrat et la truie, le bélier et la brebis, le bouc et la chèvre, le chien, le chat et le lapin. Les oiseaux de basse-cour sont le coq et la poule, le dindon, l'oie, les canards et les pigeons ; on y ajoute aussi le paon, le cygne, le faisan, la pintade, etc. Les insectes sont : les abeilles, les vers à soie, et plus rarement la cochenille. (Voy. ces mots.) Quelques poissons sont soumis dans nos viviers à une sorte de domestication, comme la carpe, la tanche, le brochet, l'anguille, etc. (Voy. *Domestication.*) — Mais quand on considère le petit nombre d'animaux répandus dans nos fermes, comparativement à la quantité de ceux qui pourraient nous être utiles, on sent combien il serait à désirer que des expériences sérieuses fussent faites à ce sujet. Pour ne citer que les principales espèces dont la naturalisation serait pour notre pays une source de richesses, nous indiquerons le renne, le lama, la vigogne, qui pourraient parfaitement vivre dans nos contrées montagneuses des Alpes, des Pyrénées, des Vosges. L'alpaca, le bison, le buffle, l'yak, etc. Parmi les oiseaux : l'eider de la Norwége, l'outarde, le hocco d'Amérique, prospéreraient dans nos basses-cours, ainsi que l'agami.

ANIMAUX PERDUS. Voyez *Fossiles.*

ANIS, plante de la famille des ombellifères, annuelle, originaire de l'Egypte, et que l'on cultive en grand aux environs d'Angers, de Bordeaux et en Espagne, pour en récolter la graine qui entre dans la composition de la liqueur connue sous le nom d'*anisette*, des dragées d'anis, et dans certaines pâtisseries. C'est une espèce du genre *pimpinelle.* (Voy. ce mot.)

Anis étoilé, nom vulgaire de la *badiane.* (Voy. ce mot.)

ANJOU, province de la France située entre le Maine, la Bretagne, le Poitou et la Touraine. Subjugués par César vers l'an 57 avant Jésus-Christ, les Andegaves restèrent sous la dénomination romaine jusqu'au bouleversement de l'empire. Vers 470, Chilpéric, chef des Francs-Saliens, fit la conquête de ce pays qu'il réunit à son royaume. Sous les rois de la seconde race, l'Anjou fut divisé en deux comtés séparés par la Mayenne ; l'un, en deçà de cette rivière, avait pour capitale Angers, l'autre, au-delà, avait Châteauneuf pour chef-lieu. Ces deux portions de l'Anjou se trouvèrent par la suite réunies sous la domination des comtes d'Anjou. Il forme aujourd'hui le département de Maine-et-Loire, et les arrondissements de Château-Gontier, de la Flèche, et partie de l'arrondissement de Chinon, dans ceux de la Mayenne, de la Sarthe et d'Indre-et-Loire. (Voy. ces départements.)

Comtes et ducs d'Anjou. — *Ingelger*, fils de Tertulle et de Pétronille, fille de Hugues-l'Abbé reçut, vers 870, de Charles-le-Chauve auquel il était attaché, le comté d'Anjou en deçà de la Mayenne; il est la tige de ces comtes si souvent mêlés aux événements de la France du moyen-âge, et d'où sortit une puissante dynastie. Ingelger défendit vaillamment la province contre les Normands, et Louis-le-Bègue pour le récompenser, lui accorda la main d'Adèle, fille et héritière du comte de Gatinais, ce qui le rendit l'un des plus puissants vassaux du royaume. — Foulques Ier, dit *le Roux*, son fils, réunit les deux comtés d'Anjou. Il eut à soutenir contre les Bretons et les Normands plusieurs guerres dont il sortit à son honneur. Son fils Foulques II, dit *le Bon*, lui succéda ; ce fut un homme pieux et instruit. Après lui, Geoffroi Ier secourut le roi Lothaire contre Otton II, roi de Germanie, qui s'était avancé jusqu'à quelques lieues de Paris, et il obtint pour ce service la charge de sénéchal de France pour lui et sous ses successeurs. Son fils Foulques III, dit *le Noir*, se rendit en Terre-Sainte (1039) pour expier plusieurs crimes dont il s'était rendu coupable, et l'on vit ce comte si hautain et si violent se faire traîner dans les rues de Jérusalem, tout nu sur une claie, la corde au cou, et flagellé par deux valets qui criaient : *Seigneur ayez pitié du traître et parjure Foulques.* — Geoffroy dit *Martel*, son fils et successeur, s'empara d'une partie de la Touraine, qu'il joignit à ses possessions. Foulques IV, dit *le Rechin* ou le querelleur, guerroya contre tous ses voisins ; le roi Philippe Ier, récompensant mal sa fidélité, lui enleva sa femme Bertrade. Foulques en fut d'abord très irrité, mais il devint bientôt, disent les historiens du temps, le plus soumis et le plus zélé des courtisans de cette princesse. On lui attribue l'invention de la chaussure pointue dite *à la poulaine*, dont la mode dura jusqu'au règne de Charles V. — Geoffroi V, dit *le Bel*, nommé *Plantagenet* parce qu'il ornait sa coiffure

d'un genêt, épousa Mathilde, fille de Henri Ier, roi d'Angleterre, et s'empara de la Normandie que son beau-père lui avait promise en dot. Il mourut en 1151 et transmit le comté d'Anjou et le duché de Normandie à son fils Henri, qui fut appelé au trône d'Angleterre en 1154 et devint l'origine de la maison d'Anjou, appelée aussi *Plantagenet*, du surnom de son aïeul. Le comté resta attaché à la couronne d'Angleterre, sauf l'hommage dû aux rois de France, jusqu'en 1246, année où saint Louis en investit son frère Charles, comte de Provence, depuis appelé au trône de Naples. Ayant passé plus tard à la branche royale des Valois, ce comté fut transmis par le roi Jean à Louis Ier, son deuxième fils, avec titre de duché-pairie. Celui-ci, adopté par la reine Jeanne de Naples, soutint, ainsi que ses successeurs, ses prétentions à la couronne. Le quatrième duc d'Anjou, Réné, devint duc de Lorraine par son mariage avec l'héritière de cette maison ; mais expulsé précédemment de Naples par Alphonse-le-Magnanime, roi d'Aragon, il fut encore dépouillé de son duché d'Anjou par le roi Louis XI qui l'accusait d'intelligence avec ses ennemis. Il mourut à Aix, sans postérité mâle, en 1480. Réné II, duc de Lorraine, son petit-fils, prétendit à sa succession, et un procès fut intenté à ce sujet ; mais un arrêt du conseil statua en 1484 que le duché d'Anjou, faute d'hoirs mâles en ligne directe, devait revenir à la couronne. Il y fut alors irrévocablement réuni et ne fut plus dès lors qu'un apanage simplement titulaire. Charles VIII, Charles IX et ses frères, Philippe V, roi d'Espagne, et Louis XV, ont porté ce titre avant de monter sur le trône. Voyez la suite chronologique des comtes et ducs d'Anjou, par D. Clément, dans l'*Art de vérifier les dates ;* les *Recherches historiques sur l'Anjou et ses monuments*, par J.-F. Bodin, et les *Archives d'Anjou*, par Marchegay.

ANKARSTROEM (Jean-Jacques), gentilhomme suédois, assassin du roi Gustave-Adolphe III, naquit en 1761 d'un père qui s'était distingué dans les armées suédoises. Il entra comme page à la cour, devint sous-officier dans la garde, puis servit comme enseigne dans les gardes-du-corps. Ankarstrœm était un de ces hommes moroses, toujours mécontents de la marche des affaires publiques et toujours prêts à se rallier aux mécontents. La conduite arbitraire de Gustave III lui avait aliéné l'esprit de la noblesse, et une conjuration fut préparée, dans laquelle Ankarstrœm se hâta d'entrer. Ses complices étaient les comtes Horn et Ribbing, le baron Bielke, le général Pechlin et le colonel Liliéhorn. La mort du roi fut résolue et le sort désigna Ankarstrœm pour la lui donner. Gustave était alors à Stockholm, où il devait paraître à un bal masqué, le 15 mars 1792. L'occasion était favorable, et elle fut saisie avec empressement par Ankarstrœm pour la perpétration de son crime. Pendant que le comte Horn arrêtait le roi en lui disant : *Bonsoir, beau masque !* l'assassin lui tira à bout portant un coup de pistolet qui le renversa et dont il mourut. Le coupable se perdit d'abord dans la foule, mais les armes qu'il avait jetées le trahirent. Arrêté et mis en jugement, Ankarstrœm confessa son crime en refusant constamment de nommer ses complices. Il fut condamné à être battu de verges pendant trois jours et à être décapité après avoir eu le poing droit coupé, sentence qu'il subit, le 29 avril 1792, avec fermeté et courage.

ANKYLOSE, maladie qui consiste dans l'adhésion des surfaces articulaires, et qui détermine plus ou moins de raideur dans les articulations. L'ankylose est complète ou incomplète. L'ankylose complète est celle où, par suite de l'ossification des surfaces articulaires et des parties ligamenteuses qui les environnent, les mouvements sont rendus impossibles. On a vu des personnes chez lesquelles l'ossification s'étendait à toutes les parties du corps, et qui se trouvaient ainsi en quelque sorte pétrifiées de leur vivant. De pareilles maladies sont au-dessus des ressources de l'art. L'ankylose incomplète est celle où les mouvements, bien que difficiles et bornés, ont lieu néanmoins dans de certaines limites ; elle consiste dans l'épaississement des ligaments et des capsules synoviales qui entourent les articulations. Cette maladie succède d'ordinaire soit à des lésions directes des articulations (plaies, contusions, luxations), soit à des affections spontanées. L'ankylose incomplète se présente aussi parfois, lorsqu'un membre a été condamné à une longue inaction. Les bains, les frictions, le massage, les tractions modérées, sont souvent très avantageux. On a proposé de traiter l'ankylose en détruisant violemment les adhérences ; mais cette opération, qui détermine une douleur atroce, est rarement couronnée de succès et peut même entraîner des dangers.

ANNABERG, ville de Saxe, dans le cercle de l'Erzgehirg, doit son nom, qui signifie *monts métalliques*, aux riches mines qui se trouvent dans son voisinage. Peuplée d'abord par les ouvriers mineurs, elle devint bientôt importante par la protection que lui accorda le duc Albert (1496). Plus tard, Barbe Uttman y importa la fabrication des dentelles, et l'exploitation des mines fut négligée pour les métiers. A l'époque où la tyrannie du duc d'Albe força les protestants belges à émigrer, un grand nombre de passementiers vinrent s'établir à Annaberg. Aujourd'hui ces deux fabrications font de cette ville l'une des plus commerçantes de la Saxe. L'exploitation des mines, dont l'importance a beaucoup diminué, donne de l'argent, de l'étain et du cobalt.

ANNALES. C'est le récit, année par année, des événements écoulés avant l'époque où vit l'écrivain ; c'est ainsi que Tacite donne le nom d'*annales* à la première partie de son ouvrage où il parle des temps qui l'ont précédé, tandis qu'il appelle *histoires* la seconde partie où il décrit les événements du son siècle. Suivant d'autres, il faut entendre par annales la narration ou l'exposé des faits de chaque année, avec brièveté, sans ornement et sans commentaire. Chez les Romains, il était d'usage que le grand pontife écrivît ce qui se passait chaque année, et qu'il l'exposât sur les tablettes en public, afin que le peuple pût en prendre connaissance. C'est ce qu'on appelait *annales maximi* (les grandes annales). Les premiers historiens romains imitèrent cette manière d'écrire l'histoire sans ornement ; et, comme le dit Cicéron (*de Orat.*, lib. II), l'histoire se réduisit d'abord à la composition des annales. De nos jours, on emploie le plus souvent le mot *annales* pour synonyme d'*histoire*. (Voyez ce mot.)

ANNAM, empire d'Asie situé au sud de la Chine, et qui comprend le Tonquin, la Cochinchine, le Tsiampa, le Cambodge et le Laos, formant ensemble la partie orientale de la presqu'île de l'Inde au-delà du Gange ; un désert de sable les sépare de la Chine. Cette contrée a 59,374 lieues carrées de superficie. Elle est baignée par la mer de Chine à l'est et au sud, et par le golfe de Siam au sud-ouest. Une chaîne de montagnes traverse l'Annam, du nord au sud, sur une longueur de 370 lieues, et offre des cimes très élevées. On compte plus de cinquante fleuves, la plupart navigables. Les principaux sont le *Cambodge*, qui vient des frontières de la Chine, et le *Sang-koï*, dans le Tonquin. Le voisinage de la mer, les vents réguliers et les pluies périodiques tempèrent beaucoup la chaleur du climat. La végétation y est des plus riches ; la partie haute du pays est couverte de forêts qui renferment des arbres précieux, tels que le bois de fer, l'arbre à suif, le calambac, le bois de rose, le bois de sandal, la laque. Les oranges y sont délicieuses. Les terres basses sont très fertiles en riz, dont on

Palais de plaisance de l'empereur, à Kecheo.

fait deux récoltes par année. On y cultive aussi le thé, l'ananas, le cocotier, la canne à sucre, l'indigo, le cotonnier, le tabac, les bananes, etc. Les éléphants, le rhinocéros, le tigre et le buffle parcourent les forêts, ainsi que les sangliers, les cerfs, les écureuils et de nombreuses espèces de singes. On y élève des chevaux, des bœufs, des ânes, des chèvres et de la volaille. La mer et les rivières abondent en poissons et en mollusques. — La contrée renferme des mines d'argent, de fer, de cuivre et d'étain. — L'une des principales industries des habitants est la fabrication d'étoffes de soie et des tissus d'écorce d'arbre. On y fait aussi le commerce de l'ivoire, du miel et de la cire, du poivre, de la cannelle, etc. — On évalue la population de l'empire d'Annam à 23 millions d'âmes. Ces habitants sont de race mongole, et ont de grands rapports avec les Chinois dont ils parlent à peu près la langue. La forme du gouvernement est tout-à-fait despotique; il y a comme en Chine plusieurs classes de mandarins. Les Annamitains suivent le culte de Bouddha. Les villes principales sont : Lantchang et Sandepoura, dans le Laos; Bak-kinh ou Kecheo, dans le Tonquin, située sur le Sang-

koï, à 40 lieues de la mer; elle renferme le palais du roi et des principaux mandarins, et possède 40,000 habitants. Han-nim et Kao-sang viennent après. Hoë-fou, capitale de la Cochinchine, a 30,000 habitants.

ANNATES, taxe imposée par les papes, d'après le revenu d'une année, sur les bénéfices vacants. Ce fut, dit-on, le pape Jean XXII qui, le premier, réclama cette taxe en France, des possesseurs de bénéfices. Les évêques et les archidiacres établirent, à l'exemple des papes, des annates sur les cures, et toutes ces exactions donnèrent lieu souvent à de graves contestations. Par ordonnance de 1385, Charles VI supprima les annates. Charles VII confirma ces édits et défendit de payer cet impôt au pape. Mais malgré ces défenses et les ordonnances de Louis XI, en 1463 et 1464, la cour de Rome persista à les exiger. François Ier consacra ce droit dans le concordat qu'il signa avec Léon X, et, suivant les calculs de Jacques Capelle, avocat-général au parlement de Paris, ce tribut lui rapportait annuellement cent mille écus. Henri II renouvela la loi de Charles VII en 1551, et la défense de payer l'annate fut encore réitérée par Charles IX; cependant ce prince, subjugué par la cour de Rome, les rétablit; et après lui Henri IV, qui craignait le pape, les confirma par édit du 22 janvier 1596. L'Assemblée nationale décréta leur abolition purement et simplement.

ANNE de Russie, épouse de Henri Ier, et mère de Philippe Ier, rois de France, était fille de Jaroslaw, duc de Russie.

ANNE COMNÈNE, fille d'Alexis Ier, empereur d'Orient, naquit en 1083. Cette princesse, le plus grand esprit de son temps, étudia avec succès la philosophie, les mathématiques, l'éloquence, la poésie et les autres sciences, avec un égal succès. Plus tard, la passion du pouvoir remplaçant chez elle celle de l'étude, elle entra, malgré son époux, Nicéphore Bryenne, dans un complot qui avait pour but de renverser son frère Jean du trône. L'entreprise échoua et, vaincue par la clémence de son frère, elle s'éloigna de la cour et se livra entièrement à l'étude des belles-lettres. Elle composa en grec la vie d'Alexis Comnène, son père. Dans cet ouvrage, elle raconte la première croisade qu'elle a vue et, comme l'on doit s'y attendre, traite les Latins et les croisés avec la partialité naturelle aux Grecs de cette époque. L'Alexiade a été publiée en français par le président Cousyn, en 1651.

ANNE de Beaujeu, fille du roi Louis XI, épouse du seigneur de Beaujeu, naquit en 1462. Le vieux roi en mourant la nomma régente, pendant la minorité de son jeune frère Charles VIII, à l'exclusion des princes du sang, dont il redoutait l'ambition. Cette princesse justifia ce choix, et gouverna avec sagesse et fermeté. Les princes et les principaux seigneurs de la cour, jaloux de son autorité, tentèrent une nouvelle *ligue du bien public*; mais la vigueur d'Anne de Beaujeu étouffa cette guerre à sa naissance. Le duc d'Orléans, battu et fait prisonnier, alla expier dans la tour de Bourges sa folle équipée, et n'en sortit que trois ans après, délivré par Charles VIII. Anne de Beaujeu mourut en 1522.

ANNE de Bretagne, fille de François II, duc de Bretagne, naquit en 1476. Promise d'abord à Maximilien d'Autriche, cette union ne fut pas effectuée, et elle épousa Charles VIII, roi de France (1491). Ce mariage blessa Maximilien, et une guerre sérieuse éclata entre l'Autriche et la France. Anne de Bretagne joignait à une grande beauté les qualités de l'esprit; et lorsque Charles VIII mourut, le duc d'Orléans, qui lui succéda sous le nom de Louis XII, l'épousa (1499). Ce mariage assura définitivement la Bretagne à la France. La reine Anne mourut en 1514.

ANNE d'Autriche, fille aînée de Philippe II, roi d'Espagne, épousa Louis XIII, le 25 décembre 1615. Négligée par le roi, et en butte à la haine du cardinal de Richelieu, cette princesse vécut dans la plus triste condition, jusqu'à la mort de son puissant ennemi. Mère de Louis XIV, son sort changea le 18 mai 1643. Au mépris du testament du feu roi, qui conférait l'intendance générale du royaume au duc d'Orléans, son frère, le parlement remit entre les mains d'Anne d'Autriche la tutelle de son fils et la régence du royaume. Malgré ses nombreux ennemis, cette princesse gouverna avec énergie. Le choix de son ministre Mazarin excita les troubles de la Fronde, mais elle en triompha après avoir été obligée de quitter Paris. En 1661, Anne d'Autriche, après avoir remis entre les mains de son fils l'autorité royale, alla vivre dans la retraite, où elle mourut en 1666. On a jeté quelques doutes sur la vertu de cette princesse, et on lui a prêté quelques intrigues galantes; mais il faut se rappeler combien elle avait d'ennemis.

ANNE IVANOWNA, duchesse de Courlande et ensuite impératrice de toutes les Russies, était fille du czar Ivan V, Alexiowitz. Née en 1693, elle épousa en 1710 Frédéric-Guillaume, duc de Courlande, qui mourut un an après sans enfants. A la mort de Pierre II, et malgré le testament de Catherine Ire, qui appelait à lui succéder sa fille Anne Petrovna, les boïards de Russie, jaloux de reprendre le pouvoir qu'ils avaient autrefois exercé, appelèrent au trône Anne Ivanowna, en qualité de fille du frère aîné de Pierre-le-Grand. Cette princesse parut d'abord accepter toutes les conditions qui lui furent imposées, et consentit même à éloigner son favori, Jean de Buren (voyez ce mot). Mais dès qu'elle fut au pouvoir, elle montra ce dont elle était capable; elle rétablit le pouvoir absolu et rappela son favori. Celui-ci, qui exerçait sur l'esprit de l'impératrice le pouvoir le plus absolu, se vengea avec cruauté de ceux qui l'avaient un moment fait éloigner, et des milliers de personnes périrent par l'ordre du sanguinaire Buren. Tel était l'ascendant de cet homme sur sa royale maîtresse, qu'il refusa souvent à ses supplications la vie de ceux qu'il avait condamnés; et cependant l'impératrice était sensible et bonne. — Le règne d'Anne Ivanowna fut d'ailleurs glorieux; secondée par le chancelier Ostermann et par le feld-maréchal Munnich, elle fit la paix avec la Chine, s'empara d'Asof, de Khotim et de toute la Moldavie, et força la Porte à reconnaître aux souverains de la Russie le titre impérial qu'ils s'arrogeaient depuis Pierre-le-Grand. Par ses ordres, des voyages de découvertes furent entrepris, et les capitaines Béring et Spangenberg visitèrent les îles Aléoutiennes et la mer Glaciale. Anne mourut en 1740, laissant la couronne à son neveu Ivan Antonowitch, sous la régence de Buren.

ANNE Stuart, reine d'Angleterre, était fille de Jacques II, roi de la Grande-Bretagne. Elle naquit en 1665 et épousa, à l'âge de 18 ans, le prince George de Danemark. Prête à suivre son père dans l'exil, elle en fut empêchée par lady Marlborough, qui exerçait sur son esprit un pouvoir absolu. A la mort de Guillaume III elle monta sur le trône et se laissa dominer par ses favoris. Bonne, mais faible et n'ayant aucune des qualités qui font les grands souverains, elle dut la gloire de son règne aux talents militaires de Marlborough et à l'éclat littéraire dont Pope, Addison, Swift, Dryden, Young, entourèrent son trône. Chérissant son frère, le chevalier de Saint-Georges, et cependant forcée de le combattre et de le proscrire, la reine Anne, malgré sa gloire, mourut dans un profond chagrin (1714), en maudissant ses succès. Elle eut du prince

Anne Stuart.

Georges dix-sept enfants, dont pas un ne lui survécut.

ANNEAU. En remontant jusqu'aux premiers siècles des temps historiques, nous trouvons les anneaux en usage chez les Egyptiens et chez les Hébreux. A cette époque, il était déjà un signe de la toute-puissance; car on lit dans l'Écriture que Pharaon mit son anneau au doigt de Joseph comme marque de l'autorité dont il l'investissait. Les Grecs et les Romains eurent aussi des anneaux; les premiers furent en fer, puis en or et en argent; plus tard on les enrichit de pierres précieuses taillées ou gravées. A Rome, l'anneau servait à distinguer les différents ordres de citoyens. Dans les premiers temps de la République, on le donnait comme distinction pour des services rendus à l'État; puis les sénateurs seuls eurent le droit de le porter. L'usage s'en étendit ensuite aux chevaliers, puis enfin à toutes les classes, et alors ce ne fut plus une distinction. Mais les esclaves portèrent toujours l'anneau de fer, et le jour de son triomphe, le triomphateur le portait aussi pour ne pas oublier qu'il ne cessait pas, malgré sa gloire, d'être l'esclave de République. — La manière de porter l'anneau varia beaucoup jusqu'au moment où chacun fut libre de le porter à sa guise. Les Hébreux le portaient à la main droite, les Romains à leur main gauche, et les Grecs au quatrième doigt de la même main, que cette coutume fit nommer *doigt annulaire*. Les Orientaux ont poussé la manie des anneaux jusqu'à en porter au nez, aux lèvres et aux oreilles; cette dernière mode s'est introduite en Europe. De nos jours encore, les nouveaux époux échangent leur anneau que l'on nomme *alliance;* cet usage remonte aux Hébreux. — Les princes et les souverains scellèrent leurs actes avec leurs anneaux, qui reçurent à cet effet le nom de *sceaux;* c'est ainsi que le pape scelle tous ses brefs apostoliques d'un anneau qui porte l'image de saint Pierre. Les évêques recevaient aussi un anneau, ordinairement orné d'une améthyste, comme gage de leur puissance spirituelle.

En histoire naturelle, on nomme *anneaux* certaines parties des plantes ou des animaux des classes inférieures : 1° dans les champignons, un cercle membraneux qui entoure le pédicule de certaines espèces et provient des débris du *volva* (voyez *Champignon*); — 2° dans les mousses, un rebord saillant qui garnit l'orifice de l'urne; — 3° dans les fougères, un cercle élastique qui entoure les capsules dans certaines espèces, pour faciliter leur rupture; — 4° dans les insectes, des parties du corps qui l'environnent afin de le contenir; — 5° dans les annélides, les pièces d'un corps éminemment contractile, qui ressemble à une série de bagues enfilées. (Voyez *Annélides*.)

ANNEAU DE SATURNE. Voyez *Saturne.*

ANNÉE. C'est l'espace compris entre deux retours successifs du soleil au même point de l'écliptique. Elle se compose de 12 mois, ou de 365 j. 5 h. 48′ 51″ 6. On la nomme *année solaire* ou *année tropique.*

Les anciens avaient reconnu que l'année solaire était de 365 1/4 jours, ce qui diffère peu de l'évaluation des modernes. L'année civile des Egyptiens était de 12 mois de 30 jours, plus 5 jours complémentaires, ou 365 jours. L'année des Hébreux était de 12 mois lunaires de 29 ou 30 jours, ou 354 1/3 jours. L'année des Grecs était également composée de 12 mois lunaires ou de 354 jours. Celle des anciens Romains, réformée par Numa, se composait de 12 mois ou 355 jours; en ajoutant, tous les deux ans, un mois intercalaire de 22 jours, pour faire coïncider l'année civile avec la marche du soleil. Mais il s'éleva, dans la suite, une telle confusion dans ce calendrier, que Jules-César jugea indispensable d'en ordonner la réforme, qui eut lieu l'an 46 av. J.-C. L'année solaire étant de 365 1/4 jours, il fut convenu que l'année civile serait de 365 jours, mais que, tous les quatre ans, elle aurait un jour de plus. Cette année fut nommée *bissextile*, parce que le jour intercalaire fut placé après le sixième jour (*sexto*) avant les calendes de mars, et s'appela ainsi *bissexto calendas Martii*. Les Egyptiens, l'an 26 av. J.-C., et les Juifs, l'an 360 de notre ère, adoptèrent ce calendrier, qui reçut le nom de *calendrier Julien*.

Mais, en fixant l'année solaire à 365 1/4 jours, il existait encore une erreur de 11 minutes 8.4 secondes, puisque, d'après les observations modernes, la fraction n'est pas exactement d'un quart de jour ou 6 heures, mais seulement de 5 heures 48 minutes 51.6 secondes. Pour y remédier, le pape Grégoire XIII réforma de nouveau le calendrier en 1582, en décidant que les années séculaires, qui étaient toutes bissextiles, ne le seraient plus que de 4 en 4 siècles. Ainsi, les années 1700, 1800, 1900, qui sont bissextiles, suivant le calendrier Julien, ne le sont plus pour nous, mais l'an 2000 sera de 366 jours. La différence entre les deux calendriers est de 3 jours tous les 400 ans. Aujourd'hui elle est de 12 jours; les Russes et les Grecs, qui sont les seuls peuples chrétiens qui aient conservé le calendrier Julien, comptent le 14 quand nous sommes au 26 du mois. L'année julienne commence le 13 janvier du calendrier grégorien. De là les noms de *vieux style* et de *nouveau style*.

Le calendrier grégorien offre une exactitude presque rigoureuse. Sur 400 ans, il y a 303 années communes et 97 bissextiles, formant un total de 146,097 jours, tandis que 400 années solaires, de 365,242,264 jours, donnent 146,096.9,056 jours, ce qui ne présente qu'une erreur d'un dixième de jour sur quatre siècles. La différence sera d'environ un jour au bout de 4,000 ans.

Année républicaine ou d'équinoxe. La loi du 5 octobre 1793 créa en France une nouvelle ère, datant du 22 septembre 1792, jour où la République avait été proclamée. L'année fut divisée en 12 mois égaux de 30 jours, et terminée par 5 ou 6 jours qui n'appartenaient à aucun mois et que l'on appela *jours complémentaires*. La loi du 4 frimaire an II, donna des noms particuliers aux nouveaux mois : vendémiaire, brumaire, frimaire; nivôse, pluviôse, ventôse; germinal, floréal, prairial; messidor, thermidor, fructidor. L'année fut appelée sextile lorsqu'elle était de 366 jours, parce qu'alors il y avait six jours complémentaires; les années 3, 7 et 11 ont été sextiles. Le mois fut divisé en 3 décades, le jour en dix heures, l'heure en 100 minutes. Mais le calendrier républicain, dont les divisions contrariaient de longues habitudes, finit par être abrogé à dater du 11 nivôse an XIV (1er janvier 1806) pour faire place au calendrier grégorien.

ANNÉLIDES, classe d'animaux invertébrés, créée par Cuvier pour les vers à sang rouge. (Voyez *Vers*.)

ANNIBAL, fils d'Amilcar Barca, naquit à Carthage l'an 247 av. J.-C. Il était âgé de neuf ans lorsque son père lui fit jurer sur les autels une haine implacable aux Romains. Amilcar ayant été tué en Espagne, neuf ans après, Asdrubal son gendre lui succéda dans le commandement, et Annibal combattit sous ses ordres; le jeune Carthaginois donna, dans plusieurs occasions, des preuves éclatantes de talent et de valeur, et, à la mort d'Asdrubal, le commandement en chef lui fut déféré par acclamation. Annibal se souvint alors du serment qu'il avait fait à son père, et pour rompre avec les Romains, il attaqua Sagonte leur alliée et s'en empara. La guerre fut

alors déclarée. Annibal rassembla une nombreuse armée, et conçut l'audacieux projet d'attaquer les Romains dans l'Italie même. Pour y pénétrer il passe l'Ebre, les Pyrénées, le Rhône, se fraie une route à travers les Alpes, entreprise regardée jusque-là comme impossible, et entre dans la Gaule cisalpine, où il recrute une armée de Gaulois qu'il flatte de l'espoir de la liberté. A peine entré en Italie, il défait Publius Scipion sur les bords du Tésin, et gagne une victoire près de la Trébie sur le consul Sempronius. Franchissant ensuite les Apennins comme il a franchi les Alpes, il taille en pièces, près du lac Trasimène, l'armée consulaire commandée par Flaminius, et écrase à Cannes les légions romaines confiées à l'imprudent Varron. Annibal, voulant alors s'assurer du midi de l'Italie par la prise de Capoue, s'en empara sans coup férir, mais le séjour qu'il fit dans cette ville énerva le courage de ses soldats. La faction aristocratique, opposée à Annibal, fit apporter dans l'envoi des secours qu'il demandait une telle lenteur, qu'ils furent facilement interceptés par les Romains. Malgré tous les embarras de sa position et l'inégalité des forces ; cet homme de génie, dont rien ne pouvait abattre la résolution, se maintint avec avantage jusqu'au moment où Scipion, portant à son tour les armes romaines en Afrique, Carthage rappela Annibal. Frémissant de colère de l'ingratitude et de la jalousie de ses compatriotes, Annibal abandonna le pays qu'il avait occupé pendant seize ans en vainqueur. Cependant, Scipion s'emparait d'un grand nombre de villes et réduisait les habitants en esclavage ; Annibal, après avoir fait des propositions de paix qui ne furent pas acceptées, marcha contre Scipion, et alors eut lieu près de Zama une terrible bataille dans laquelle, abandonnés par la fortune des armes, les Carthaginois laissèrent 20,000 des leurs sur la place ; Annibal se rendit alors à Carthage, et déclara au sénat que le seul moyen de salut était la paix. Ainsi se termina cette lutte sanglante qui avait duré dix-huit ans. (Voyez *Puniques* (guerres). Cependant les ennemis d'Annibal ne cessaient de le poursuivre, et ce grand homme, craignant enfin l'ingratitude de ses concitoyens, se réfugia à la cour d'Antiochus, roi de Syrie, et de là chez Prusias, roi de Bithynie. Le sénat romain envoya à ce souverain des députés chargés de demander son extradition ; et Annibal, voyant Prusias prêt à obéir, aima mieux se tuer que de tomber vivant entre les mains de ses ennemis ; il avala du poison qu'il portait toujours sur lui dans le chaton de sa bague, et expira l'an 183 av. J.-C. Il avait 64 ans.

ANNIVERSAIRE. Voyez *Fêtes.*

ANNONAY, ville de France dans le département de l'Ardèche, située près du confluent de la Canse et de la Deune, chef-lieu de canton, siége d'un tribunal de commerce et d'une chambre-conseil des manufactures. Annonay est bien bâti et sa position est des plus pittoresques ; ses principaux édifices sont : l'église de Trachi, qui date du xiv° siècle ; le collége, l'hôtel-de-ville, et l'obélisque élevé à la mémoire des frères Mongolfier. Le premier pont en fil de fer qu'on ait vu en France, fut construit à Annonay par les frères Séguin. Annonay possède de nombreuses fabriques de draps et de couvertures de laine, des filatures de soie et de coton, des corderies, des brasseries, des tanneries, etc. On connaît la réputation dont jouissent les papeteries d'Annonay depuis plus de deux siècles. Cette ville a donné le jour à Boissy d'Anglas, aux frères Mongolfier et à plusieurs autres hommes distingués. Sa population est de 10,384 habitants.

ANNONCIATION, fête instituée dans l'Eglise pour célébrer la mémoire de l'incarnation du Verbe, et de la nouvelle que l'ange Gabriel fut chargé d'annoncer à Marie de la part du Très-Haut, qu'elle serait la mère de Jésus. L'Eglise latine célèbre cette fête le 25 mars ; mais quelques Eglises d'Orient l'ont fixée dans la semaine qui précède Noël.

ANNUAIRE, recueil destiné à reproduire, année par année, des événements ou des faits d'un ordre quelconque. Tels sont l'*Annuaire historique*, qui offre chaque année le récit des événements qui se sont accomplis, l'année précédente, dans le monde entier ; l'*Annuaire du Bureau des longitudes*, qui contient des tables statistiques, des calculs astronomiques et une quantité de renseignements usuels, qui en font un ouvrage des plus utiles surtout pour les marins. (Voyez *Almanach* et *Calendrier*.)

ANNUEL se dit en botanique des végétaux, ou de celles de leurs parties qui ne durent qu'un an. Ainsi, une plante annuelle est celle qui naît et périt dans l'espace de temps que met la terre à accomplir une seule révolution autour du soleil. On nomme *bisannuelles* les plantes qui durent deux ans. Chez plusieurs espèces de plantes, la tige seule est soumise à cette influence, tandis que la racine reste vivace.

ANNUITÉ. C'est le nom d'une rente qui n'est payée que pendant un certain nombre d'années, de telle sorte qu'après ce terme le débiteur soit entièrement libéré et du capital et des intérêts. Il faut pour cela que la somme payée, à chaque terme convenu, soit formée d'un à-compte sur le capital outre les intérêts échus ; le capital diminuant par ces à-comptes successifs s'épuise peu à peu, jusqu'au remboursement complet. Prenons par exemple une somme de 10,000 fr., empruntée à 5 p. cent d'intérêt pendant dix ans. Lorsque l'emprunteur aura payé les 500 fr. d'intérêts échus pendant dix ans, il n'en devra pas moins les 10,000 fr. de capital à l'expiration de ce terme, tandis que s'il eût payé à chaque terme une somme de 1,295 fr., il eût été entièrement acquitté, parce que cette somme aurait été composée partie en paiement d'intérêts échus, partie en à-compte sur le capital. En effet, à la fin de la première année il aurait payé, outre les intérêts, 795 fr. sur le capital et ne devrait plus, par conséquent, que 9,205 fr. dont l'intérêt à 5 est de 460 fr. 25 c.; le second paiement de 1,295 fr. paierait donc, outre les intérêts, un nouvel à-compte de 834 fr. 75 c.; et il ne serait plus débiteur que de 8,370 fr. 25 c., et, en continuant les calculs, on verra qu'au bout de dix ans le débiteur se serait entièrement libéré. Ce mode de paiement est fort avantageux dans l'industrie, en ce qu'il donne les moyens de fonder une entreprise commerciale, et de se libérer sans enlever à l'établissement des capitaux trop forts. Le prêteur y trouve lui-même son intérêt, puisqu'en recevant ces sortes d'à-comptes avec les intérêts, il favorise l'entreprise dans laquelle il risque ses fonds, et s'assure en même temps des rentrées bien plus certaines.

ANODONTE, genre d'animaux mollusques, aujourd'hui réuni au groupe des *mulettes*. (Voyez ce mot.)

ANOMALIE (du grec *omalos*, régulier, précédé de l'*a* privatif). On désigne par ce mot, en histoire naturelle, les irrégularités de forme ou de position des organes. (Voyez *Monstruosité*.)

ANONYME (du grec *onoma*, nom, précédé de l'*a* privatif, *sans nom*). Ce mot se dit d'un écrit, d'un ouvrage dont l'auteur ne se nomme pas, on dit alors que l'auteur *garde l'anonyme*. Le nombre des livres anonymes est tellement considérable qu'il en existe un dictionnaire en 4 vol. in-8°, du bibliographe Barbier, et cet ouvrage est loin d'être complet. — Il est d'usage, en France, que l'auteur d'une pièce nouvelle garde l'anonyme pendant la première représentation, mais c'est presque toujours le secret de polichinelle. — Jusqu'à ce jour les articles de journaux étaient anonymes, ce qui permettait aux critiques de conserver plus d'indépendance dans les jugements qu'ils portaient sur les auteurs ou sur les événements ; mais la nouvelle loi sur la presse en a décidé autrement, et aujourd'hui tous les articles doivent être signés du nom de leur auteur. Un mal bien plus grand est celui des lettres anonymes, c'est assez généralement l'arme du lâche, qui emploie ce moyen perfide pour jeter le trouble dans les familles. On a vu souvent des misérables qui, sous le voile de l'anonyme, cherchaient à intimider les jurés par des lettres comminatoires.

ANOPLOTHÉRIUM. Voyez *Fossiles*.

ANQUETIL (Louis-Pierre Anquetil du PERRON), historien français, naquit à Paris en 1723, d'une honorable famille bourgeoise de cette ville. Il se voua de bonne heure aux études sacrées et fit sa théologie au prieuré de Sainte-Barbe. A peine âgé de 20 ans, il fut chargé du cours de belles-lettres à l'abbaye de Saint-Jean, à Sens. Quelques années après, il partit pour Reims avec la place de directeur du séminaire épiscopal. Ce fut là qu'il composa son premier ouvrage, l'histoire de Reims. En 1759, il fut nommé prieur de l'abbaye de La Roé, en Anjou, place favorable à son goût pour les études, mais à laquelle il fut bientôt enlevé, pour être envoyé comme directeur au collège de Senlis. Il occupa cette place pendant dix ans, et y composa l'*Esprit de la ligue* et l'*Intrigue du cabinet*; c'est au premier de ces ouvrages qu'il dut principalement sa réputation littéraire. De Senlis, Anquetil passa à Château-Renard, près Montargis, et pendant vingt ans fut curé de ce village ; mais, lorsqu'arriva la Révolution, il fut forcé d'échanger sa cure contre celle de la Villette, près Paris. C'est là qu'il commença son *Histoire universelle*; son travail fut interrompu en 1793, époque à laquelle Anquetil fut enveloppé dans la proscription du clergé. Il fut enfermé dans la prison de Saint-Lazare, dont il ne sortit que le 9 thermidor. Il termina alors et publia son *Histoire universelle*. Lors de l'organisation de l'Institut national, son mérite le fit nommer membre de la seconde classe, et il fut en même temps attaché aux archives du ministère des affaires étrangères. Il put alors consacrer tout son temps aux études historiques et, malgré son âge avancé, il entreprit avec ardeur un nouvel ouvrage, l'*Histoire de France*. Ce fut son dernier écrit et, il faut le dire, son plus faible. Il mourut le 6 septembre 1808, âgé de 85 ans ; comme tout homme vertueux, il vit approcher la mort sans inquiétude, et fut regretté de tous ceux qui l'avaient connu,

Outre les ouvrages cités dans le cours de cet article, Anquetil a laissé : la *Vie du maréchal de Villars*, écrite par lui-même, les *Motifs des guerres et des traités de paix de la France*, etc., et plusieurs dissertations insérées dans les Mémoires de l'Institut.

ANQUETIL-DUPERRON (Abraham-Hyacinthe), frère du précédent, naquit en 1731. Il s'adonna à l'étude des langues orientales, et plus tard s'engagea comme simple soldat dans un régiment qui partait pour l'Inde. Grâce à la protection de Malesherbes et de l'abbé Barthélemy, il fut libéré du service et reçut même un secours d'argent pour accomplir son voyage. Après avoir parcouru dans tous les sens la presqu'île, et en avoir étudié les différents idiomes, il se fixa à Sourate, où il fit la connaissance de quelques prêtres parses et se fit initier par eux à la connaissance des livres de Zoroastre. Il s'occupa de la recherche des manuscrits indiens, et lorsqu'il se vit en possession de matériaux suffisants, il revint en Europe en 1762. Il fut l'année suivante nommé membre de l'Académie. Anquetil se mit alors à l'œuvre, et publia en 1771, sous le titre de *Zend Avesta* (3 v. in-4º), le résultat de ses recherches; cet ouvrage qui consiste dans la relation de ses voyages, et dans une traduction littérale des livres sacrés des guèbres, fit une grande sensation dans le monde savant. On ne connaissait jusque-là, sur les doctrines de l'ancienne Perse, que les fragments transmis par les Grecs et les Romains et Anquetil offrait dans son ouvrage des monuments d'une autorité incontestable. Cet orientaliste a également publié: *Recherches historiques et géographiques sur l'Inde; l'Inde en rapport avec l'Europe*, etc. Il mourut à Paris en 1805.

ANSE. C'est un petit enfoncement de la mer dans les côtes, un golfe peu étendu. — En anatomie, on désigne sous ce nom une portion de l'intestin, d'un vaisseau ou d'un nerf qui décrit un arc; *anse intestinale*, *anse nerveuse*, etc.

ANSÉATIQUES (*villes*). Voyez *Hanséatiques*.

ANSELME (*saint*), né à Aoste en 1034, fut d'abord abbé du Bec, en Normandie, puis archevêque de Cantorbéry. Le zèle du prélat pour la défense des prérogatives de l'Eglise contre le pouvoir du prince, et sa sévérité dans les discussions qui s'élevèrent entre le roi d'Angleterre et le pape à propos de l'investiture des bénéfices, le firent exiler d'Angleterre. Il fut plus tard rap-

pelé et y mourut en 1099. On a de lui plusieurs ouvrages de théologie.

ANSON (Georges), célèbre marin anglais, naquit en 1697 dans le Straffordshire ; troisième fils de William Anson, seigneur de Shuckborough, il fut destiné à la marine, et conquit ses

grades à la pointe de l'épée. Il devint successivement contre-amiral, vice-amiral, pair, premier lord de l'amirauté, et enfin il fut nommé, en 1761, amiral commandant en chef des flottes anglaises. Il mourut subitement au retour d'une promenade, le 6 juin 1762. Son *Voyage autour du monde*, rédigé sous ses yeux, a été traduit en français par Elie de Joncourt.

ANTALCIDAS, général spartiate, fut envoyé à Suse l'an 387 avant J.-C., pour conclure avec le roi de Perse un traité de paix qui a conservé son nom. Les Athéniens, un moment anéantis pas la prise de leur ville, commençaient à se relever; ils avaient reconstruit leurs murailles et rétabli leur flotte. Le roi de Perse, qui avait intérêt à ne souffrir la prépondérance d'aucun Etat hellénique, les avait soutenus par son alliance. Alarmés des progrès des Athéniens, les Spartiates firent tous leurs efforts pour détacher Artaxerce de l'alliance avec leurs ennemis, et ils y réussirent en sacrifiant les intérêts de la patrie commune. Xénophon nous a transmis les dispositions de ce traité : Il a plu au roi Artaxerce, y était-il dit, que les villes grecques de l'Asie-Mineure lui restent soumises, mais que toutes les autres villes grecques, les petites comme les grandes, vivent dans l'indépendance... Il est décidé à combattre tous ceux des Grecs qui n'accepteraient pas cette paix, de concert avec ceux qui l'accepteront. Par ce traité, les villes grecques ne pouvaient plus former de ligue, ni se soutenir entre elles. Sparte seule conservait une grande puissance militaire, et n'attendait plus que le moment favorable d'écraser ses ennemis ou ses rivaux.

ANTARCTIQUE. Voyez *Arctique.*

ANTÉCÉDENT. En logique, on appelle ainsi la proposition dont une autre découle. C'est la première partie d'un *enthymème* (voyez ce mot), la seconde partie s'appelle *conséquent.* Exemple: *On doit respecter tout ce qui protége la société, donc on doit respecter les lois.* — En grammaire, l'*antécédent* est le mot qui précède le relatif, et auquel celui-ci se rapporte. — En mathématiques, l'*antécédent* d'un rapport est le premier des deux termes qui composent ce rapport. — Dans le langage usuel, les *antécédents* d'un individu signifie les actes de la vie passée.

ANTECHRIST (du grec *anti*, contre, et *Christos*, le Christ). C'est le génie du mal, l'adversaire du Christ, celui qui s'élévera contre le fils de Dieu, lorsque celui-ci viendra établir son règne définitif; dernière tentative de Satan contre l'œuvre de Dieu. Cette croyance a été empruntée, comme tant d'autres, par les chrétiens aux Juifs; elle se retrouve dans les traditions rabbiniques. L'apôtre saint Jean appelle antechrist *celui qui nia que Jésus soit le Christ; car quiconque nie le fils ne reconnaît point le père.* Les protestants dirent autrefois que le pape était l'antechrist; et saint Jérôme et saint Augustin nous apprennent que de leur temps beaucoup de personnes croyaient que Néron ressusciterait à la fin du monde pour être l'antechrist. Quoi qu'il en soit, les premiers chrétiens crurent à l'existence d'un personnage envoyé par le démon pour combattre Jésus-Christ, mais qui sera mis à mort par lui, et cette idée semble avoir été empruntée à la religion de Zoroastre. Dans le Zend, Ahrimane, génie du mal, s'oppose à Zoroastre et veut l'anéantir; mais celui-ci terrasse son ennemi et le force à reconnaître sa suprématie. Cette matière a été traitée fort au long dans Malvenda, *De Antechristo* (1647), et dans plusieurs autres livres.

ANTÉDILUVIEN (*antérieur au déluge*). On donne ce nom aux êtres organisés qui ont existé avant le déluge, et dont on ne retrouve plus aujourd'hui que les ossements répandus à la surface du globe. (Voyez *Fossiles* et *Déluge.*)

ANTÉE. Voyez *Géants.*

ANTENNES. On nomme ainsi des appendices placés sur la tête des crustacés et des insectes, et connus vulgairement sous le nom de *cornes.* Ce sont des espèces de filets articulés, mobiles, le plus souvent composés de petits cylindres ou articles ajoutés bout à bout. Ces articles sont cornés à l'extérieur, perforés dans toute la longueur de leur axe, et renferment une substance membraneuse qui enveloppe les derniers rameaux des nerfs. Ils varient beaucoup pour le nombre et la forme; chez certains articulés, les antennes ne se composent que de deux articles; chez d'autres, ce nombre dépasse deux cents. Leur forme est tantôt régulière ou irrégulière, cylindrique ou aplatie; on les dit *filiformes*, quand les articles sont de la même grosseur dans toute leur étendue, comme un fil; *moliniformes* ou semblables à une suite de petites perles; *claviformes*, ou terminées en massue, etc. — Les naturalistes ne sont pas d'accord sur les fonctions des antennes; quelques-uns ont avancé qu'elles étaient les organes de l'ouïe; d'autres, qu'elles étaient propres à l'odorat; d'autres, enfin, ont pensé (et nous partageons cette dernière manière de voir) que les antennes étaient destinées au sens du tact et de la préhension. En effet, leur mobilité, l'habitude qu'ont la plupart des animaux qui en sont munis de les porter en avant pour reconnaître et palper les corps qui leur font obstacle, portent à croire qu'elles sont, chez le plus grand nombre, un organe du toucher, d'autant plus délicat, que leurs yeux sont moins parfaits. — Chez les crustacés, les antennes sont presque toujours au nombre de quatre, tantôt composées d'articles très distincts, tantôt formant de véritables soies. — Chez les arachnides, elles manquent totalement. — Dans la classe des insectes, elles sont toujours au nombre de deux. (Voyez *Insectes* et *Crustacés.*)

ANTHELMINTIQUES (du grec *anti*, contre,

et *elmins*, vers), remède contre les vers. — Ce sont des médicaments auxquels on a reconnu la propriété de détruire ou d'expulser les vers intestinaux. Les uns agissent comme purgatifs, en accélérant les contractions intestinales; tels sont : le calomel, l'huile de ricin, l'huile essentielle de térébenthine, etc. ; les autres paraissent agir sur les vers comme de véritables poisons ; tels que l'ail, la cévadille, la mousse de Corse, l'écorce de grenadier, etc. Il est important d'observer que les vers intestinaux existent rarement dans un canal digestif sain, et que les moyens employés pour les chasser peuvent agir d'une manière nuisible sur les parties qui les renferment. Plus les substances employées comme vermifuges sont actives, plus on doit apporter de prudence dans leur emploi.

ANTHÉMIUS, issu d'une famille illustre, épousa la fille de l'empereur Marcien. En 467, il fut proclamé empereur d'Occident, aux acclamations du peuple. Ricimer, son gendre, prit les armes contre lui, s'empara de Rome et le fit mourir.

ANTHÈRE, l'anthère est cette partie essentielle de l'étamine, ordinairement formée de deux petites poches membraneuses, réunies par un corps intermédiaire, nommé connectif, et qui contient le *pollen* ou poussière fécondante des fleurs. L'anthère est attachée à un petit filet plus ou moins long, qui les soutient par leur base, par le milieu de leur face postérieure, ou par leur sommet. Leur forme varie à l'infini. Les anthères s'ouvrent ordinairement à l'époque de l'épanouissement de la fleur, afin que le pollen soit mis en contact avec le pistil, condition sans laquelle la fécondation ne pourrait s'opérer.

ANTHOLOGIE (du grec *anthos*, fleur, et *legein*, cueillir). On désigne généralement, sous le nom d'anthologie, un recueil de petits poèmes ou de petites pièces en prose. Mais ce mot désigne plus particulièrement l'anthologie grecque. Deux de ces recueils sont parvenus jusqu'à nous; on les doit à Constantin Céphalas et à Maxime Planudes. Ces anthologies offrent la plus riche collection de tableaux de tout genre. La mythologie, l'histoire, les arts, les tableaux de la nature en ont fourni les sujets, dont la plupart sont traités avec une grâce infinie. Les Grecs donnaient à ces petits poèmes le nom d'*épigrammes*, mot dont le sens était beaucoup plus étendu que de nos jours. (Voyez *Épigramme*.) Nos choix de poésies fugitives, la Guirlande à Julie, l'Antho-

logie latine de Pierre Burmann sont bien inférieures aux anthologies grecques.

ANTHRACITE (du grec *anthrakitès*, qui ressemble à du charbon), vulgairement houille éclatante. — L'anthracite est une substance noire, ayant l'éclat métallique, opaque, friable, brûlant lentement et avec difficulté, sans odeur ni fumée. Ces derniers caractères, joints à l'absence du bitume, suffisent pour distinguer cette substance de la houille au charbon de terre. L'anthracite est un composé de carbone presque pur, avec 3 ou 4 pour 100 de matières terreuses et quelques traces d'hydrogène; sa pesanteur spécifique est de 1,5 à 1,8. Cette substance peut être employée comme combustible; mais on ne l'enflamme que difficilement lorsqu'elle est en petite quantité; il faut, pour y parvenir, la mêler avec du bois ou de la houille, et disposer surtout les fourneaux de manière à ce qu'il y ait un fort tirage; mais une fois qu'elle est embrasée, la combustion se continue d'elle-même, en produisant une chaleur très intense. On ne peut en faire usage ni dans les foyers d'appartement, ni dans la forge du maréchal, mais on l'emploie avec succès dans beaucoup d'usines où l'on a besoin d'une haute température. C'est avec l'anthracite pulvérisé, uni à une petite quantité d'argile, qu'on forme les bûches économiques que l'on place dans le fond des cheminées. C'est principalement dans les terrains de transition que se trouve l'anthracite; il se présente en couches, en amas ou en filons. Ce combustible se trouve également dans les terrains houillers et dans le lias des Alpes. Les principaux gîtes d'anthracite en France sont dans les départements de l'Isère, des Hautes-Alpes, de la Mayenne et de la Sarthe. Il est répandu avec profusion dans les Etats-Unis d'Amérique où il joue dans l'industrie un rôle important.

ANTHRACOTHERIUM. Voyez *Fossiles*.

ANTHRAX (*anthrax*, charbon). On désigne par ce mot, en médecine, deux maladies de nature très différente. L'une, l'*anthrax benin*, n'est autre chose qu'un furoncle volumineux. (Voyez *Furoncle*.) Nous parlerons de l'*anthrax malin* ou pustule maligne, au mot *Peste*.

ANTHROPOLITHE (du grec *anthropos*, homme, et *lithos*, pierre), homme pétrifié. On a donné ce nom à des débris fossiles que l'on croyait appartenir à l'homme; mais jusqu'à présent, les travaux des anatomistes, et principalement ceux de l'illustre Cuvier, ont prouvé que tous les ossements attribués à des hommes témoins du déluge, et auxquels on prêtait une stature gigantesque, appartenaient à des reptiles ou à des mammifères dont les races sont perdues. (Voyez *Animaux perdus*.) Un fait important, et que nous développerons dans les articles *Création* et *Déluge*, est que, non-seulement on n'a trouvé jusqu'à ce jour aucun fossile humain, mais aucun débris n'est même venu révéler la présence des animaux qui s'en rapprochent le plus par leur organisation. (Voyez *Fossiles*.)

ANTHROPOLOGIE (du grec *anthropos*, homme, et *logos*, discours, théorie). C'est l'histoire de l'homme considéré sous ses rapports physiques et moraux. (Voyez *Homme*.)

ANTHROPOMORPHISME (du grec *anthropos*, homme, et *morphé* figure). On a donné ce nom à une ancienne hérésie qui attribuait à Dieu la forme corporelle de l'homme. Mais il existe un autre anthropomorphisme, qui consiste à attribuer à Dieu, non plus la forme matérielle de l'homme, mais ses actions, ses passions, ses sentiments. Les Écritures-Saintes sont remplies d'anthropomorphismes, il y est souvent question de la colère et de la vengeance de l'Éternel. L'homme qui ne juge que par analogie et qui ne saurait comprendre ou se figurer des choses pour lesquelles l'analogue n'existe pas, ne pouvait guère parler de Dieu qu'en lui prêtant ses formes corporelles, ses besoins et même ses passions. C'est le caractère inévitable de la conception humaine; et les hommes mêmes qui, par la hauteur habituelle de leur pensée, auraient dû y échapper, s'y sont parfois abandonnés, tels sont certains Pères de l'Eglise et les théologiens du moyen-âge. C'est que le langage de l'homme n'est pas au niveau d'un pareil sujet.

ANTHROPOPHAGES (du grec *anthropos*, homme, et *phago*, je mange), c'est-à-dire *mangeurs d'hommes*. — Parmi les bêtes féroces, il en est peu qui mangent leur semblable, à moins que la faim ne soit poussée au dernier degré, ou que la fureur les porte à s'entre-dévorer; mais l'homme fait partie du petit nombre de celles à qui leur propre chair ne fait pas horreur. Si l'instinct naturel ne porte pas l'homme à dévorer son semblable, elle ne l'en éloigne pas non plus. Dès l'antiquité la plus reculée, l'histoire nous offre des exemples d'anthropophagie, et sans en chercher la preuve parmi les nations encore à demibarbares, nous la trouverons chez les Euro-

péens, et notamment chez les Germains, qui, si l'on en croit Pline et Strabon, Cluvier et beaucoup d'autres écrivains étaient adonnés à l'anthropophagie. Cette coutume, d'autant plus horrible chez l'homme qu'elle n'est pas un besoin, se retrouve de nos jours dans plusieurs peuplades du grand archipel indien, dans les restes des Caraïbes des Antilles ou de l'Amérique du sud, dans l'Australie, et surtout dans la race africaine des Jagas, qui parcourt les contrées intérieures de l'Afrique. Ici on mange les prisonniers faits à la guerre, après les avoir offerts en sacrifice à quelque idole; là on tue les vieillards pour leur épargner les souffrances d'une misérable existence; et pour leur faire honneur, on leur donne pour tombeau l'estomac de leur famille. Si, dans certains pays, l'anthropophagie est une institution politique et religieuse, dans d'autres le goût seul de cette horrible nourriture pousse les cannibales à entreprendre des guerres contre leurs voisins; tels sont les Jagas dont nous avons parlé plus haut. Cependant l'instinct de sociabilité l'emporte encore chez l'homme sauvage sur ces horribles penchants, puisque les anthropophages ne mangent pas ceux de leur propre tribu. Un fait digne de remarque, c'est que chez les Battas, peuple de l'île de Sumatra, dont la civilisation est fort avancée, l'anthropophagie existe non pas comme coutume habituelle, mais comme peine réservée à des crimes graves, et notamment à l'adultère.

ANTIBES, ville de Provence, dans le département du Var. Cette ville est fort ancienne, puisqu'au dire de Strabon elle fut fondée par les Marseillais, et subit la domination romaine. Elle fut tour-à-tour occupée par les Visigoths, les Ostrogoths, les Francs, et ruinée à plusieurs reprises par les Sarrasins. Antibes a un port commode, mais peu étendu; un fort bâti sur un rocher protége la ville contre les attaques du côté de la mer. Le golfe Juan, l'une des plus belles rades de la Méditerranée, se trouve à un kilomètre à l'ouest d'Antibes. C'est dans cette rade, près de Cannes, que Napoléon débarqua le 1er mars 1815, en revenant de l'île d'Elbe.

ANTICHAMBRE. On donne ce nom à la pièce d'un appartement qui précède toutes les autres. Les anciens l'appelaient *antithalamus*. Dans les grandes maisons, c'est le lieu où se tiennent les domestiques. Dans les hôtels des ministres, l'antichambre est le salon où les visiteurs se réunissent en attendant qu'ils soient admis, ce qui n'arrive pas toujours. Delà est venue la locution faire *antichambre*, pour attendre longtemps. On dit aussi d'un solliciteur infatigable, qu'*il court les antichambres.*

ANTICHRÈSE. Voyez *Nantissement.*

ANTIDATE, date fausse mise à un acte quelconque et qui indique un temps antérieur à celui auquel l'acte a été réellement passé. En général, l'antidate constitue le crime de faux, surtout lorsqu'elle tend à porter préjudice à autrui, sauf dans un acte sous seingprivé. Dans tous les cas, c'est toujours une fraude, à moins qu'elle n'ait lieu du consentement de toutes les parties.

ANTIDOTE. *Contre-poison.* Voyez *Poison.*

ANTIENNE (du grec *anti*, contre, et *phonè*, voix). C'est un chant alternatif, un mode de chant à deux chœurs qui se succèdent et se répondent tour à tour. Cette manière de chanter les hymnes, les psaumes, etc., remonte, suivant quelques auteurs, aux temps apostoliques. Ce sont, en général, des passages courts tirés de l'Ecriture, et qui conviennent au mystère ou au saint que l'on célèbre; et qui, soit dans le chant, soit dans la récitation de l'office, précèdent les psaumes et les cantiques.

ANTIGOA, une des îles anglaises de l'archipel des Antilles (*Leward-Islands*). Cette île est entourée de récifs et d'un abordage très dangereux. Elle a une circonférence de vingt-quatre lieues. *Saint-Jean* est le chef-lieu de l'île et le siége du gouvernement anglais. Elle a 41,000 habitants, sur lesquels on ne compte que 5,200 blancs; le resté de la population consiste en nègres employés dans les plantations de sucre, tabac, coton, gingembre, etc. Les ouragans y sont terribles, et causent souvent d'affreux ravages.

ANTIGONE, fruit de l'union incestueuse d'OEdipe et de Jocaste. (Voyez *Etéocle* et *Polynice.*) Sophocle a immortalisé dans une de ses tragédies le nom de cette infortunée princesse.

ANTIGONE, l'un des généraux d'Alexandre-le-Grand, eut en partage, après sa mort, les provinces de la Lycie, de la Pamphylie et de la Phrygie. Il s'allia à Cratère et à Antipater, pour faire la guerre à Perdiccas dont il craignait l'ambition. Celui-ci fut, peu de temps après, mis à mort par ses propres troupes; mais son lieutenant Eumènes lui succéda. Antigone continua donc la guerre, s'empara de son rival et le fit périr. Il se trouva

par là en peu de temps maître de presque toute l'Asie, car Seleucus, qui régnait en Syrie, ayant voulu s'opposer à ses envahissements, avait été vaincu et dépouillé de ses Etats. Antigone s'empara aussi à Ecbatane et à Suze d'une grande partie des trésors d'Alexandre, et il refusa d'en rendre compte aux autres généraux. Ceux-ci, révoltés de son arrogance, se réunirent contre

lui, et l'attaquèrent de tous côtés. Antigone battit ses ennemis et prit le titre de roi d'Asie. Après de nombreux combats, on en vint enfin à la bataille d'Ipsus en Phrygie (301 av. Jésus-Christ), où Antigone fut vaincu et tué. Il était âgé de quatre-vingt-quatre ans.

ANTIGONE GONATAS, petit-fils du précédent et fils de Démétrius Poliorcète (voyez), s'empara de la Macédoine (277 av J.-C.). Ayant refusé des secours à Pyrrhus, roi d'Epire, contre les Carthaginois, il fut attaqué par ce prince et chassé de ses Etats, où il ne rentra qu'après sa mort. Antigone Gonatas fit éprouver une sanglante défaite aux Gaulois qui avaient fait une irruption en Macédoine. Il mourut après un règne de trente-trois ans.

ANTIGONE DOSON, succéda sur le trône de Macédoine à son frère Démétrius II (232 avant J.-C.). Son règne, qui dura onze ans, n'offre de remarquable que la guerre qu'il fit à Cléomène, roi de Sparte, pour l'empêcher de favoriser les Italiens aux dépens des Grecs, guerre dans laquelle Cléomène fut défait et réduit à se réfugier en Egypte.

ANTILLES. C'est l'archipel le plus considérable du globe; il s'étend en arc de cercle dans le golfe du Mexique, entre les 10° 32' et 27° 50' de lat. N., et les 61° 55', et 87° 18' de long. E. — L'archipel des Antilles est composé de quarante-cinq îles cultivables, et d'un grand nombre d'îlots stériles. L'usage les a fait diviser en trois groupes distincts : les Lucayes, les Grandes-Antilles et les Petites-Antilles. Les *Lucayes*, au nord des Grandes-Antilles, appartiennent aux Anglais ; c'est *Guanahani* ou San-Salvador, qui fut la première terre découverte par Christophe Colomb, le 12 octobre 1492. — Les *Grandes-Antilles* sont : *Cuba*, la *Jamaïque*, *Haïti* et *Porto-Rico*. Cuba appartient aux Espagnols ; elle a pour chef-lieu la *Havane*, port excellent. La Jamaïque est aux Anglais, sa capitale est Kingtown. — Haïti, longtemps appelée Saint-Domingue, est la plus riche et la plus importante des Antilles. Elle était autrefois partagée entre les Français et les Espagnols ; mais depuis la fin

SAINT-PIERRE DE MARTINIQUE.

du dix-huitième siècle, cette grande île a cessé d'être une colonie européenne ; elle forme une république gouvernée par un président. (Voyez *Haïti.*) La capitale est le *Port-au-Prince.* *Porto-Rico*, situé à l'E. de Haïti, appartient aux Espagnols ; sa capitale porte son nom. — Les *Petites-Antilles* ou *îles Caraïbes* sont : la Guadeloupe, la Désirade, Marie-Galante, la Martinique et en partie Saint-Martin, à la France. — Les îles Vierges, Saint-Christophe, Antigoa, la Barboude, Saint-Vincent, la Dominique, la Barbade, Sainte-Lucie, la Grenade, la Trinité, Tabago, appartiennent à l'Angleterre.

Les Suédois possèdent Saint-Barthélemy ;

Les Hollandais, Saba, Saint-Eustache, Curaçao, Bon-Air, Aruba ;

Les Espagnols, Sainte-Marguerite, Tortugas, Los-Rogues, Orchilla, Blanquilla ;

Les Danois, Saint-Thomas, Saint-Jean, Sainte-Croix qui fait partie des îles Vierges.

L'étendue totale de toutes ces îles est de plus de 600 lieues. On distingue les Antilles en *Îles-du-Vent* et *Îles-sous-le-Vent* (en anglais *Windward-Islands* et *Leeward-Islands*). Celles-ci comprennent toutes celles qui sont au nord de la Martinique. Ces noms viennent de leur situation, relativement au vent alizé de l'est, le seul par lequel on y arrive d'Europe. Les îles de la côte méridionale sont sous le vent. Une partie des Petites-Antilles est incontestablement d'origine volcanique, tels sont la Trinité, la Grenade, la Martinique, la Dominique, la Guadeloupe, Saint-Vincent, etc. Plusieurs de ces îles ont même encore des foyers en activité, quoique peu bruyants. On avait longtemps révoqué en doute la nature volcanique des Antilles, lorsque eut lieu au mois d'avril 1812, dans l'île de Saint-Vincent, une terrible éruption qui détruisit toutes les plantations de l'île ; elle avait été précédée par de nombreuses secousses souterraines, qui avaient été ressenties jusque dans les montagnes primitives de Caraccas, ce qui prouve la communication de ces volcans avec la chaîne. Le caractère volcanique se reconnaît aussi dans les autres îles ; mais elles sont couvertes d'une couche épaisse calcaire, dont l'épaisseur varie de 10 à 400 mètres. — La direction des montagnes dont les Antilles sont couvertes suit celle que ces îles gardent entre elles; les points culminants sont à Saint-Domingue l'Anton-Sepò, au pic de la grande Serriana, qui a 1,400 toises au-dessus du niveau de la mer; le mont de la Selle, de 1,155 toises. A la Jamaïque, le pic des Blue-Mountains mesure 1,136 toises; le Cold-ring, 642; à la Guadeloupe, la Sanfrière, de 737 toises; à la Martinique, les pitons du Carbet, de 900 toises; à Saint-Vincent, le Morne-Garou, de 772 toises; à la Barbade, le rocher Vaughan, de 140. Les îles volcaniques présentent en général une surface coupée de profonds ravins et hérissée de rochers aigus. Quant aux îles calcaires, elles ont des plateaux ondulés, divisés en larges terrasses. Les côtes des Antilles sont généralement plus basses à l'est qu'à l'ouest, aussi les ports qui s'y trouvent sont moins sûrs et moins spacieux. Les bancs de sable et les récifs y sont malheureusement très fréquents, surtout sur les côtes d'Haïti et de Cuba. La température y est très chaude, sa moyenne est de 27° 5'. Cependant la chaleur est tempérée par les vents d'est où alizés qui se sont rafraîchis en balayant la surface de la mer; ces vents soufflent chaque matin, s'accroissent à mesure que le soleil monte sur l'horizon et tombent tout-à-fait dans la soirée. Le temps sec commence ordinairement vers la fin d'octobre et continue jusque vers la mi-avril; viennent alors les pluies douces, mais qui augmentent continuellement, accompagnées de violents orages jusqu'en octobre. C'est alors que règnent les ouragans et les raz de marée, deux fléaux terribles qui affligent les Antilles. Un fait remarquable, c'est que jusqu'à ce jour les quatre grandes Antilles, Tabago et la Trinité ont toujours été respectées par l'ouragan. L'évaporation de la mer et des eaux pluviales, la transpiration des forêts immenses qui couvrent ces îles et les pluies abondantes qu'elles reçoivent, y entretiennent une humidité dont les effets pernicieux, joints à ceux de l'action constante des rayons du soleil, engendrent cette terrible maladie, sous les atteintes de laquelle tombent tant d'Européens, la fièvre jaune. Vers le mois de mai, la végétation devient dans ces contrées d'une vigueur extraordinaire et étale un luxe inconnu partout ailleurs. Plus de 3,000 végétaux exotiques croissent dans cet archipel, et un grand nombre de plantes d'Europe s'y retrouvent. On y récolte le sucre, le café, le cacao, le coton, l'indigo, etc. Tous les fruits propres aux régions chaudes abondent aux Antilles, et y sont d'un

goût exquis. Les céréales d'Europe n'y réussissent pas, mais bon nombre de plantes potagères et de légumes y viennent très bien. Les forêts offrent un grand nombre d'arbres remarquables, parmi lesquels nous citerons : l'acajou mahogony, le gaïac, le cédrel et de belles fougères arborescentes, puis cette quantité de plantes sarmenteuses, désignées sous le nom de *lianes*, et qui embrassent les arbres et en font de vastes rideaux de feuillage. Sur les bords de la mer s'élève le mancenillier, cet arbre empoisonné sur lequel on a écrit tant de fables. Les endroits marécageux sont couverts de mangliers, ils y forment des forêts noyées, connues sous le nom de palétuviers, desquelles s'élèvent des brouillards pernicieux. La chaleur et l'humidité font éclore d'innombrables insectes, dont les plus incommodes sont les maringouins, les chiques, les blattes et les fourmis, ces derniers détruisent tout. Les araignées, les scorpions et les myriapodes y sont également nombreux et atteignent de grandes dimensions. La mer et les rivières abondent en poissons de toute espèce, les tortues y sont communes. Les reptiles sont nombreux, et la morsure de quelques espèces est mortelle. Les crocodiles ne se trouvent que dans les grandes îles. — Les oiseaux, très variés, sont remarquables par l'éclat de leur plumage, ils font une guerre très utile aux insectes. Toutes les espèces domestiques d'Europe s'y sont propagées, et les rivages sont fréquentés par de nombreux oiseaux aquatiques. Lors de la découverte, ces îles n'offraient qu'un petit nombre de quadrupèdes, tous de petite taille, et les Européens y introduisirent leurs animaux domestiques. Les insulaires qui habitaient les Antilles, lorsqu'on découvrit ces îles, étaient d'un naturel doux et timide; la soif de l'or qui animait les Européens les fit accabler de travaux fatigants et de traitements cruels qui firent disparaître la race en quelques années. Les petites Antilles étaient habitées par les Caraïbes, race d'Indiens courageux, qui se défendirent longtemps, mais finirent par succomber. On trouve encore dans quelques-unes une race mixte de vrais Caraïbes et de nègres fugitifs. On les appelle Caraïbes noirs. On désigne les personnes nées dans les Antilles par le nom de *Créoles*. On estime la population totale des Antilles à 2,400,000 habitants.

Mer des Antilles ou *mer Caraïbe*. C'est la portion de l'océan Atlantique comprise entre les grandes et les petites Antilles au nord et à l'est, la côte de l'Amérique méridionale au sud, la côte de Darien, de Costa-Ricca, de Mosquitos, de Honduras et du Yucatan à l'ouest.

ANTILOPES, genre d'animaux mammifères de l'ordre des ruminants, formant le passage des cerfs aux chèvres. Leurs caractères principaux sont d'avoir des cornes creuses, généralement rondes, marquées, au moins à leur base, d'anneaux saillants ou d'arètes longitudinales dont le noyau osseux est totalement ou à peu près solide. Les antilopes sont, en général, des animaux faits pour la course, à taille élancée et légère; elles ont le plus souvent des larmiers comme les cerfs, des touffes de poils aux genoux, la queue courte, garnie de longs poils; les oreilles droites et assez longues. Ces animaux appartiennent presque tous à l'ancien monde, et vivent pour la plupart en troupes. Les uns habitent les plaines arides et sablonneuses, et ne se nourrissent que de plantes aromatiques; d'autres se tiennent de préférence sur les bords des fleuves. Ce sont en général des animaux doux et sociables, qui ont les yeux grands et vifs, l'ouïe très fine, et qui sont doués d'une grande légèreté. Cuvier, dans son *Règne animal*, les divise en onze groupes, d'après la forme de leurs cornes.

— *a*. Cornes annelées, à double courbure:

A ce groupe appartient la *gazelle* (dorcas), qui a les cornes rondes, grosses et noires, la taille et la forme élégante du chevreuil; pelage fauve clair dessus, blanc dessous, une bande brune le long de chaque flanc. Elle vit dans tout le nord de l'Afrique, en troupes innombrables, qui se mettent en rond quand on les attaque et présentent les cornes de toute part. C'est la pâture ordinaire du lion et de la panthère. La douceur de son regard a fourni des images nombreuses à la poésie galante des Arabes. Le *dseren* ou *chèvre jaune* des Chinois, le *saïga* de Russie, et le *nanguer* du Sénégal, appartiennent à ce groupe.

— *b*. Cornes annelées à triple courbure. ·

L'antilope des Indes (*A. cervi capra*) et l'antilope de Nubie (*A. addax*) se rapprochent beaucoup de la gazelle.

— *c*. Cornes annelées à double courbure, la pointe en arrière.

Le *bubale* ou vache de Barbarie, a des proportions plus lourdes que les autres espèces, la tête longue et grosse, la taille du cerf, le pelage fauve et la queue terminée par un flocon noir.

— *d*. Petites cornes droites, moindres que la tête.

Le chevreuil du Cap (*A. lanata*), le sauteur des rochers (*A. orestragus*), le grimme, appartiennent à cette division qui renferme les plus petites antilopes.

— *e*. Cornes annelées à courbure simple, la pointe en avant.

Le *nagor* du Sénégal à pelage brun roussâtre, de la taille du daim.

— *f*. Cornes annelées, droites ou peu courbées, plus longues que la tête.

L'antilope à longues cornes (*A. oryx*), *pasan* de Buffon, du midi de l'Afrique; sa taille est celle du cerf, ses cornes, longues de 1 mètre, sont droites, rondes et pointues; sa tête est blanche, bariolée de noir; son pelage fauve, avec une bande noire sur l'épine dorsale et une à chaque flanc.

— *g*. Cornes annelées à courbure simple, la pointe en arrière.

L'antilope bleue (*A. leucophœa*), à pelage

d'un cendré bleuâtre, et l'antilope chevaline (*A. equina*), font partie de ce groupe. Leur taille est celle du cheval.

— *h*. Cornes à arète spirale.

Le *canna* (*A. orcas*), ou élan du Cap, est de la taille d'un fort cheval et porte de grosses cornes coniques, droites, entourées d'une arète spirale. Une petite crinière règne le long de l'épine. — Le condous (*A. strepsiceros*) est de la taille du cerf; son pelage gris-brun est rayé en travers de blanc; il a une petite barbe sous le menton et une crinière le long de l'épine. Cette espèce vit isolée au Cap.

— *i*. Cornes fourchues. Un crochet se détache de leur base comme un andouiller de cerf.

L'antilope fourchue (*A. furcifera*) habite en grandes troupes les prairies de l'ouest de l'Amé-

rique septentrionale; sa taille est celle du chevreuil, son poil roussâtre.

— *k.* Quatre cornes; la première paire est en
avant des yeux, la seconde à l'arrière du frontal.

Le *tchicarra*, de la taille du chevreuil, à pelage fauve, habite les forêts de l'Indostan; la
femelle n'a point de cornes.

— *l.* Deux cornes lisses.

Le nylgau (*A. picta*), de la taille d'un grand
cerf, a les cornes courtes recourbées en avant,
une barbe sous le milieu du cou, le poil grisâtre,
les pieds marqués d'anneaux noirs et blancs.
Cette espèce habite les Indes; la femelle n'a pas
de cornes. — Le chamois (*A. rupicapra*), ou
ysard des Pyrénées, a les cornes droites, recourbées brusquement en arrière comme un hameçon. Sa taille est celle d'une grande chèvre;
il a le pelage brun foncé, avec une bande noire
descendant de l'œil vers le museau. Il court avec
la plus grande agilité parmi les rochers escarpés,
et se tient en petites troupes dans la région
moyenne des très hautes montagnes. — On a séparé des antilopes le *gnou*, animal singulier
qui habite les montagnes du Cap. Ses cornes
élargies et rapprochées à leur base, descendent

d'abord obliquement en avant et se redressent
ensuite brusquement. Son mufle est large et
aplati. Le cou est garni d'une crinière redressée.
Son corps est assez semblable à celui d'un petit
cheval. Les gnous vivent en troupes nombreuses
et courent avec une extrême vitesse.

ANTIMOINE (*contraire aux moines*, parce
que les premiers essais de l'antimoine comme
médicament eurent lieu sur des moines qu'ils
firent périr). Ce métal se présente dans la nature
à l'état natif ou pur. Il est alors reconnaissable
à son blanc d'étain, à son tissu lamelleux, à sa
fragilité, et à son peu de dureté qui permet à
une pointe de laiton de le rayer; il se dissout
dans l'acide nitrique en y laissant un dépôt blanchâtre. Il se présente dans les filons en petites
masses lamellaires. On le trouve aussi tantôt
oxydé, tantôt combiné avec le soufre ou avec
différents métaux. A l'état d'oxyde, il n'a plus
son brillant métallique; mais il est d'un blanc
nacré; il est fusible à la flamme d'une bougie et
complètement volatil en fumée blanche; il se
présente alors en lames et en aiguilles divergen-
tes. L'oxyde d'antimoine se présente encore sous
forme d'une substance terreuse très tendre et
d'un blanc-jaunâtre. L'antimoine combiné au
soufre forme le sulfure naturel d'antimoine; il
se compose de 27 parties de soufre et de 73 d'antimoine sur 100. C'est une substance métallique
d'un gris de plomb, qui cristallise en prisme
rhomboïdal; on la trouve aussi en baguettes
rayonnant d'un point central, ou en lamelles;
c'est cette espèce nommée *stibine* qui est la plus
commune dans la nature, et par conséquent la
plus exploitée pour les arts. Quelquefois, par
une sorte de décomposition, le sulfure d'antimoine prend une teinte rougeâtre, devient fragile et tendre, et forme alors l'*antimoine oxydé
sulfuré*, ou *kermès*. En cet état il est formé
d'environ 30 parties d'oxyde d'antimoine et de
70 de sulfure. L'antimoine se combine dans la
nature avec plusieurs métaux: il s'unit avec
l'argent pour former un antimoniure (*argent
antimonial*); à l'état de sulfure il se combine
avec le nickel, le plomb, le cuivre. Le sulfure
d'antimoine ou *stibine* se trouve en filons dans
le granite, le gneiss et le micaschiste. On le
trouve, en France, principalement dans les départements de l'Ardèche, du Cantal, du Gard, de
la Vendée, etc. — Ce métal est d'une grande utilité dans les arts et l'industrie. Combiné avec
l'acide tartrique et la potasse, il forme l'éméti-
que; à l'état d'hydrosulfate il fournit à la médecine le soufre doré et le kermès. Il entre dans la
composition du jaune de Naples et d'autres couleurs; à l'état de sulfure, il sert à la fabrication
des crayons communs de graphite, improprement
appelés crayons de mine de plomb. Il sert aussi
à faire plusieurs alliages: avec le plomb il est
employé pour les caractères d'imprimerie et pour
les robinets de fontaines; avec l'étain qu'il rend

plus dur, on en forme des planches qui servent à graver la musique.

ANTINOUS, jeune Bithynien remarquable par sa beauté, devint célèbre par le tendre attachement que conçut pour lui l'empereur Adrien. Antinoüs se donna la mort en se précipitant dans le Nil, soit dans la persuasion qu'il sauverait ainsi la vie à l'empereur, soit qu'il fût las de sa position brillante mais peu estimable. La douleur d'Adrien ne connut pas de bornes; il fit élever des temples à sa mémoire, donna son nom à des villes, et le fit honorer par tout l'empire comme un dieu. La statuaire antique nous a légué de nombreuses figures du beau mignon, notamment l'*Antinoüs du Belvédère* au Vatican, trouvée dans les bains d'Adrien, et l'*Antinoüs du Capitole*, découvert à Tivoli.

ANTIOCHE, aujourd'hui *Antakiè*, l'une des satrapies de l'ancienne Syrie, fut la résidence des rois séleucides. Fondée par Séleucus Nicator (300 av. J.-C.), cette ville était l'une des plus

considérables du monde. Elle était située près de l'Oronte, sur l'emplacement d'Antigonia, détruite après la bataille d'Ipsus. Elle se composait de quatre parties renfermées dans une même enceinte, mais munies chacune de fortifications particulières, et dont chacune couronnait une colline. On y cultivait les sciences et les arts. Mais la plus grande gloire d'Antioche fut d'être

le berceau du christianisme; ce fut là en effet que les apôtres portèrent tout d'abord les lumières de la foi. Elle fut le siége du gouverneur romain et du patriarche d'Asie; Bohémond, prince de Tarente, y fonda, en 1097, une maison souveraine qui dura jusqu'à la conquête de la ville faite par les Sarrazins. Le dernier prince d'Antioche fut Bohémond VI, mort en 1271. (Voy. *Bohémond*.)

La nouvelle Antioche, *Antakiè*, bourg du pachalik d'Alep, n'occupe qu'un petit espace compris dans l'ancienne enceinte; les anciennes murailles sont encore debout, partant du fleuve, elles s'élèvent sur les montagnes et forment une ligne de fortifications qui offrent un développement de plus de 8,000 mètres. Dans certains endroits ces murailles n'ont pas moins de 3 mètres de largeur. (Voyez *Syrie*.)

ANTIOCHUS. Ce nom, qui se rencontre fréquemment dans l'histoire ancienne, a appartenu à plusieurs rois de Syrie. Le premier *Antiochus* connu est un Macédonien, lieutenant de Philippe et père de *Séleucus*. (Voyez ce nom.) Son petit-fils *Antiochus Soter* succéda à son père (279 av. J.-C.) au trône de Syrie; il fit plusieurs guerres contre les Bithyniens et les Macédoniens, attaqua Ptolémée Philadelphe, et fut vaincu par Eumène, roi de Pergame. Il est plus connu pour l'amour qu'il ressentit pour Stratonice, sa belle-mère, passion qui manqua le faire descendre au tombeau. Séleucus, averti par son médecin Erasistrate, qui était parvenu à découvrir la cause de sa maladie, céda généreusement sa jeune et belle épouse à son fils.

Antiochus II, surnommé *Théos* (Dieu) par les habitants de Milet qu'il avait délivrés de l'oppression du tyran Timarque, fut empoisonné par sa femme Laodice.

Antiochus III, dit *le Grand*, succéda l'an 224 av. J.-C. à son père Séleucus Céraunus. Il battit Ptolémée Philopator et devint ainsi maître de la Syrie entière; il battit les Parthes et plusieurs peuples de l'Inde. Excité par Annibal, Antiochus tenta de lutter contre les Romains, mais il essuya plusieurs défaites; et enfin, battu à Magnésie par les Scipions, il fut obligé d'accepter une paix honteuse par laquelle il céda aux Romains toute l'Asie jusqu'au mont Taurus (189 av. J.-C.). Ayant ensuite tenté de piller le trésor du temple de Jupiter-Elyméen, il fut tué pendant cette entreprise.

Antiochus IV, son fils, surnommé *Epiphane*, est celui que l'Ecriture nous montre comme le tyran implacable de la Judée. Il fit la guerre au roi d'Egypte, Ptolémée Philopator, et s'empara d'une partie de ses Etats; mais les Romains le forcèrent à renoncer à son entreprise. Les Juifs s'étant révoltés contre lui, il les traita avec une très grande cruauté; il en fit périr un grand nombre dans les supplices, entre autres les frères Machabées. Irrité d'un échec que venaient de subir ses troupes, il se préparait à sévir de nouveau lorsqu'il tomba de cheval et mourut.

Antiochus Eupator, fils du précédent, n'avait que 9 ans à la mort de son père; il périt deux ans après sous les coups de Démétrius, fils de Séleucus Philopator. Plusieurs *Antiochus*, dont l'histoire n'offre rien de remarquable, régnèrent encore sur la Syrie jusqu'à *Antiochus l'Asiatique*, que Pompée détrôna et dépouilla de la Syrie, qui devint alors une province romaine (64 ans avant J.-C.).

ANTIPAPES. On donne ce nom à tous ceux qui, à différentes époques, furent élevés au Saint-Siége par la volonté d'un souverain ou par les intrigues d'une faction, en opposition aux papes canoniquement élus. (Voyez *Papes*.)

ANTIPATER, général et confident de Philippe de Macédoine. Alexandre en partant pour l'Asie lui confia le gouvernement de son royaume, et il remplit ce poste avec gloire et fidélité. Après la mort d'Alexandre, Antipater eut en partage les provinces d'Europe, et c'est à lui que fut confiée la tutelle de l'enfant dont Roxane, veuve d'Alexandre, était enceinte. Antipater eut à soutenir une guerre contre la Grèce coalisée, mais il battit leurs troupes et s'empara d'Athènes. Il mourut dans un âge très avancé, l'an 317 avant Jésus-Christ.

ANTIPATER. Plusieurs écrivains anciens ont illustré ce nom. L'Anthologie renferme plusieurs pièces de trois poètes de ce nom : le premier, contemporain de Philippe de Macédoine; le second, *Antipater de Sidon*, florissait cent ans avant J.-C.; Cicéron et Sénèque en parlent avec éloge. Le troisième, *Antipater de Thessalie*, vivait sous Auguste et Tibère.

Antipater Cœlius, historien latin, à qui l'on doit une histoire de la deuxième guerre punique, dont il ne nous reste que quelques fragments que l'on trouve à la suite de plusieurs éditions de Salluste, vivait vers 124 av. J.-C.

ANTIPATHIE (du grec *anti* et *pathos*, passion contraire). On nomme ainsi, dans l'homme, un mouvement aveugle et instinctif qui, sans cause appréciable, nous éloigne d'une personne que nous apercevons souvent pour la première fois. Tout sentiment analogue dont nous connaissons la cause et l'origine n'est plus de l'antipathie, mais de la *haine*, ou de l'*envie*, ou de la *colère*, selon les circonstances au sein desquelles il s'est développé. Il règne une antipathie prononcée entre certains animaux, comme entre le chat et la souris, la brebis et le loup, le crapaud et la belette, etc. L'antipathie se fait même remarquer dans les plantes, et va quelquefois au point que le voisinage de l'une fait périr l'autre. L'homme ressent souvent de l'antipathie contre les animaux et les objets inanimés; elle est alors produite par certaines circonstances, telles que l'odeur, la couleur, etc. L'antipathie contre les choses se nomme *répugnance, aversion, dégoût*.

ANTIPHLOGISTIQUE (du grec *anti*, contre, et *phlogismos*, inflammation). Le régime, le traitement antiphlogistique, c'est-à-dire propre à combattre les inflammations, consiste dans l'emploi des saignées générales ou locales, des boissons amylacées ou acidulées suivant les circonstances, des bains tièdes, et surtout dans l'abstinence des aliments et des boissons spiritueuses, et le repos du corps et de l'esprit.

ANTIPHRASE, figure de rhétorique par laquelle on donne à une chose un nom contraire à ce qu'elle est. L'antiphrase renferme presque toujours une ironie. C'est ainsi qu'on nommait les Furies *Euménides* (bienveillantes); le nom des Parques vient de *parcere* (épargner), bien que ces déesses n'épargnent personne. C'est aussi par antiphrase que plusieurs souverains de l'Orient, qui avaient fait périr leur père ou leur frère, reçurent le nom de *Philopator* ou de *Philadelphe*.

ANTIPODES (du grec *anti*, contre, et *pous*, pied). On donne ce nom aux habitants de la terre qui sont diamétralement opposés aux autres, par rapport aux endroits qu'ils habitent. Ils s'opposent mutuellement leurs pieds. La différence de leur longitude est de 180°, et les uns ont la même latitude vers le nord que les autres vers le sud. Les antipodes ont les jours et les nuits de même longueur, et les mêmes saisons, mais dans des temps différents. Les antipodes de Paris sont dans le Grand-Océan, au sud-est de la Nouvelle-Zélande.

ANTIQUAIRE. C'est celui qui s'occupe de l'étude des monuments antiques, tels que statues, médailles, inscriptions, etc. — Avant l'invention de l'imprimerie, on donnait le nom d'antiquaires aux copistes qui transcrivaient les livres. Aujourd'hui on donne de préférence le nom d'archéologues aux personnes qui s'occupent de la recherche et de l'étude des antiquités. Il existe à Paris, à Londres, à Rome, à Vienne, etc., des sociétés d'antiquaires; telles sont : la *Société royale des antiquaires de France*, fondée en 1805 sous le nom d'*Académie celtique;* cette société publie depuis 1817 des mémoires savants et curieux. La *Société des antiquaires de Normandie; Society of antiquaries of London*, l'une des plus anciennes de l'Europe. On a souvent abusé du nom d'antiquaire, en le prodiguant à de simples curieux qui s'amusent à faire des collections sans goût et sans connaissances, ou à des marchands ignorants qui entassent dans leurs magasins des vieilleries de toute sorte.

ANTIQUITÉ. On désigne en général par ce mot les temps anciens, par opposition aux temps modernes; les productions des âges passés, tout ce qui appartient enfin au vieux monde et qui est devenu étranger au monde actuel. — L'antiquité d'un peuple est son histoire primitive, en y comprenant tout ce qu'on peut recueillir dans les nuages de la mythologie et dans le vague des traditions sur son origine, ses migrations, ses positions diverses, enfin sur son existence dans les temps antérieurs à la naissance de tout état social bien organisé et à son histoire authentique. Telles sont l'histoire des Grecs avant la guerre de Troie, et celle de l'Italie avant la fondation de Rome. — Avant tout, cependant, le nom d'*antiquité* appartient à toute l'histoire ancienne telle qu'elle se trouve conservée dans les écrivains grecs et latins. La plupart et les plus célèbres des peuples de cette époque furent successivement soumis à l'empire romain, établissement immense qui absorba en quelque sorte tous les éléments de l'histoire ancienne, et qu'on peut regarder comme en étant le résumé. De ce que les Grecs et les Romains apparaissent dans l'ancien monde, les uns comme le peuple le plus savant, le plus spirituel et le plus ingénieux; les autres comme le peuple le plus prudent et le plus riche en hommes illustres par leurs vertus et leur héroïsme, il est résulté que ces deux peuples ont été placés au premier rang des anciens, et que l'idée tout entière d'antiquité se résume en eux.

ANTIQUITÉS. Au pluriel, le mot *antiquité* a un tout autre sens; il désigne les restes plus ou moins mutilés de monuments et autres objets curieux, d'un âge différent en toutes choses de celui où nous vivons; des habitations, des temples, des tombeaux, des meubles, des armes, des médailles, des inscriptions, des objets d'arts et autres plus ou moins altérés par le temps; de plus des coutumes, des pratiques, des mœurs, différentes solennités avec les traditions qui s'y rapportent et qui, témoins muets mais irrécusables d'un temps entièrement écoulé et peu semblable au nôtre, se sont conservées parmi les peuples. Ces objets, ces traditions sont environnés, par la nature même de leur origine, d'une obscurité dont la science seule parvient à triompher, et leur étude fait l'objet de l'*archéologie*.

ANTISCORBUTIQUE. Voyez *Scorbut.*

ANTISPASMODIQUE. Voyez *Spasme.*

ANTISTHÈNE, philosophe grec, fondateur de la secte cynique, naquit à Athènes l'an 424 av. J.-C. Il fut disciple du sophiste Gorgias, et tint d'abord une école de rhéteur. Mais ayant entendu Socrate, il laissa là son école pour se livrer tout entier à l'étude de la philosophie. Il puisa dans les leçons de ce philosophe un ardent amour de la vertu et une haine violente du vice. Il fit consister la vertu dans le mépris des choses de ce monde, de là son dédain pour les richesses, les honneurs, les plaisirs et même les sciences. Il regarda les bienséances sociales comme de vains préjugés, et n'hésita pas à se montrer comme un mendiant, un sac sur le dos et un bâton à la main. Platon disait de lui qu'il voyait percer la vanité à travers les trous de son manteau. Il eut de nombreux disciples, dont le plus célèbre fut Diogène. (Voyez ce mot.) Antisthène mourut dans un âge avancé. De ses nombreux ouvrages aucun n'existe aujourd'hui, que quelques lettres qui passent même pour apocryphes.

ANTISTROPHE. Voyez *Strophe.*

ANTISYPHILITIQUES. Voyez *Syphilis.*

ANTITHÈSE, figure de rhétorique qui consiste à opposer des pensées les unes aux autres, pour les faire mieux ressortir; elle exprime un rapport d'opposition entre des objets différents ou, dans un même objet, entre ses qualités ou ses façons d'être. L'antithèse amenée naturellement et employée avec discrétion est une des figures les plus agréables dans les ouvrages d'esprit; mais il faut craindre d'en abuser, et surtout de la faire dégénérer en jeux de mots. Ainsi ce vers de Racine, où Pyrrhus oppose l'amour dont il brûle pour Andromaque aux feux dont il in-cendia Troie :

> Brûlé de plus de feu que je n'en allumai.

Une telle affectation est condamnable. Racine fils a dit plus heureusement, dans son poème de *la Religion* :

> Ver impur de la terre et roi de l'univers,
> Riche et vide de biens, libre et chargé de fers,
> Je ne suis que mensonge, erreur, incertitude,
> Et de la vérité je fais ma seule étude.

Les écrivains de l'antiquité et les bons auteurs modernes nous offrent de nombreux et beaux exemples de l'emploi de l'antithèse. On connaît cette belle figure d'Auguste s'adressant à quelques jeunes séditieux : *Audite, juvenes, senem quem juvenem audivere senes.*

ANTOINE Marc (Marcus-Antonius), fils du préteur de ce nom et petit-fils du célèbre Antoine l'orateur, qui, par son éloquence et ses vertus, avait su conquérir les plus hautes dignités de l'État, et avait péri victime de Marius. — Marc-Antoine était allié à la famille de César par sa mère, Julie, qui avait épousé en secondes noces Lentulus, le complice de Catilina. Il passa ses premières années en Grèce, où il étudia l'éloquence et l'art militaire, puis suivit en Syrie le consul Gabinius, sous les ordres duquel il fit ses premières armes. Il passa dans la Gaule où commandait César, et s'attacha à sa fortune. Lorsque celui-ci se fut emparé du souverain pouvoir, il nomma M.-Antoine gouverneur de l'Italie, puis maître de la cavalerie après la bataille de Pharsale. La conduite d'Antoine dans son gouvernement indisposa d'abord César ; mais il sut bientôt par ses flatteries regagner ses bonnes grâces, et l'an 44 av. J.-C. il fut son collègue dans le consulat. La même année, à la fête des Lupercales, il se jeta aux pieds de César et lui offrit le diadème, que le dictateur repoussa aux grands applaudissements de la multitude. Peu après, César fut tué, et M.-Antoine aurait partagé le même sort, si Brutus, qui espérait le gagner au parti républicain, n'eût parlé en sa faveur. Antoine, au contraire, sut si bien gagner le peuple et l'exciter contre les meurtriers de César, que Brutus et Cassius furent obligés de quitter la ville, et qu'il régna quelque temps avec un pouvoir sans bornes. Alors arriva Octave, jeune héritier de César, qui, jaloux du pouvoir d'Antoine, embrassa le parti du sénat; Octave avait de nombreux partisans, et Antoine se retira dans la Gaule cisalpine, dont il avait le gouvernement.

Ce fut alors que Cicéron écrivit contre lui ses Philippiques. Le sénat déclara Antoine ennemi public, et la guerre civile commença. Vainqueur

et vaincu tour-à-tour, M.-Antoine se retira au-delà des Alpes, fit alliance avec Lépidus et rentra en Italie suivi de 23 légions et de 10,000 cavaliers. Octave, qui avait feint jusque-là d'être le partisan du sénat, eut une entrevue avec Antoine et Lépide, à la suite de laquelle tous trois se proclamèrent triumvirs. Ils se partagèrent le monde romain et, faisant un échange honteux de leurs ennemis réciproques, chacun abandonna aux autres ses partisans en reconnaissance de ceux qui lui étaient livrés. L'Italie devint alors un théâtre de meurtres et de rapines, et Antoine fit exposer la tête et la main droite de Cicéron sur la tribune aux harangues. Plus de 2,000 chevaliers périrent victimes de ces proscriptions. Octave et Antoine marchèrent alors contre Brutus et Cassius qui avaient rassemblé une armée en Macédoine; et les deux chefs républicains vaincus se donnèrent la mort. Antoine fut en Asie, où il s'entoura d'un luxe inouï; puis, séduit par Cléopâtre, il oublia, au sein des voluptés, et l'empire et sa femme Fulvie. Cependant celle-ci était en hostilités avec Octave; Antoine revint, mais la mort de Fulvie facilita la réconciliation qui fut scellée par l'union d'Antoine avec Octavie, sœur d'Octave. — Lépide fut relégué en Afrique, et les deux maîtres du monde firent un nouvean partage : Antoine eut l'Orient, et Octave l'Occident. De retour en Orient, il se replongea de nouveau dans la mollesse. Cependant Octave ne manquait point d'exciter l'inimitié des Romains contre Antoine, et la guerre sembla de nouveau imminente. Sa séparation publique d'avec Octavie fut le prétexte d'une rupture déclarée, et chaque parti rassembla ses forces. Les deux rivaux se livrèrent, près d'Actium (voyez ce mot), l'an 31 av. J.-C., une bataille navale qui décida du sort du monde. Antoine, vaincu, suivit honteusement Cléopâtre qui fuyait, et se retira à Alexandrie; mais bientôt, abandonné de tous ses partisans et craignant de tomber vivant entre les mains d'Octave, il se perça de son épée et mourut dans les bras de Cléopâtre; il était âgé de 56 ans. (Voyez *Octave* et *Cléopâtre*.) Plutarque et Dion Cassius ont écrit la vie de ce triumvir.

ANTOINE (*saint*) naquit à Come près d'Héraclée, dans la Haute-Egypte, en 251. Ses parents, riches et pieux, lui firent donner une éducation très religieuse. Resté orphelin de bonne heure, il s'appliqua ces paroles de l'Evangile : *Allez, vendez ce que vous avez, donnez-en la valeur aux pauvres, et vous aurez un trésor dans le ciel.* Il les suivit ponctuellement, donna tout son bien aux pauvres et se retira dans le désert. Là il pratiqua les austérités qui ont rendu son nom célèbre. Après avoir passé vingt ans dans la retraite la plus absolue, il en sortit à la prière de nombreux solitaires qui désiraient vivre sous sa direction; il fonda alors le monastère de Faïoum près de Memphis. En 355, il se rendit à Alexandrie pour disputer avec les Ariens et les ramener à la croyance du concile de Nicée. Il mourut l'année suivante, âgé de 105 ans, sans avoir éprouvé aucune des infirmités de la vieillesse, et respecté par les payens mêmes. Il reste de lui sept lettres, une règle et des sermons. — La légende, qui ne borne pas toujours ses récits aux faits authentiques, nous représente ce saint comme persécuté au désert par une légion de diables, qui n'épargnait pas non plus le singulier compagnon qu'on lui prête.

ANTOINE (*saint*) de *Padoue*, né à Lisbonne en 1195, entra en 1220 dans l'ordre des Franciscains, et devint un des disciples les plus dévoués de saint François d'Assise; il voyagea en Afrique pour convertir les infidèles, et prêcha en France et en Italie. Il a laissé des *Sermons* et la *Concorde morale de la Bible.* Ce saint mourut en 1231 et fut canonisé l'année suivante.

ANTOINE DE BOURBON. Voyez *Bourbon.*

ANTOINE (Clément-Théodore), roi de Saxe, naquit le 27 décembre 1755, de l'électeur Frédéric Chrétien, mort en 1763, et de Marie-Antoinette de Bavière. Il épousa en 1781 la princesse Marie de Sardaigne, et ne prit aucune part aux affaires publiques. Appelé en 1827 au trône de Saxe, il s'occupa du bonheur de son peuple et de l'amélioration de l'administration intérieure. Il donna aux Saxons une nouvelle charte, le 4 septembre 1831, et fit d'autres réformes utiles. Ce prince mourut en 1836.

ANTOINETTE *d'Autriche.* Voyez *Marie-Antoinette.*

ANVERS (*Antwerpen*), ville et port marchand de Belgique, sur l'Escaut, chef-lieu de la province d'Anvers. Cette ville, célèbre comme place forte et comme cité commerçante, est ornée d'un grand nombre d'édifices remarquables. Au premier rang se trouve la cathédrale, dont la voûte

repose sur 125 colonnes, et dont la flèche, haute de 150 mètres, dispute à celle de Strasbourg le premier rang parmi les constructions les plus élevées. Dans la nef de l'église se trouve le monument de Rubens, dont on admire les chefs-d'œuvre dans l'église gothique de Notre-Dame. La Bourse, le palais impérial construit par ordre de Napoléon, l'arsenal, sont des monuments dignes d'être cités. Anvers a donné le jour à un grand nombre d'artistes distingués, dont les plus éminents sont Van-Dick, Calvart, les deux Teniers, Floris, etc.; elle possède aujourd'hui une académie de peinture et de sculpture, ainsi qu'un athénée des sciences et une école de médecine et de chirurgie. L'industrie y est très florissante et consiste en dentelles, étoffes de coton et de soie, cérusc, sucre, etc. Mais Anvers doit sa plus grande réputation à son commerce favorisé par le magnifique fleuve qui baigne la ville et qui, peu au-dessous d'elle, a une largeur de 800 mètres sur 20 de profondeur. Anvers, l'une des principales places de commerce du globe, aux XIIe, XIIIe et XIVe siècles, reçut un coup funeste de la prospérité croissante d'Amsterdam, surtout après la fermeture de l'Escaut stipulée dans le traité de Westphalie. Sa population, qui montait alors à 200,000 habitants, est aujourd'hui réduite à 62,000 âmes. La ville est défendue par une citadelle construite en 1567, restaurée en 1701, d'après le système de Vauban. Outre ses cinq bastions, cette citadelle est défendue par les trois forts avancés de Kiel, de Saint-Laurent et de Montebello. Saccagée par les Normands en 836, puis ravagée par la peste, l'incendie et les guerres civiles, Anvers se releva toujours avec courage. Le duc de Parme l'assiégea, en 1584, et ne s'en empara qu'après quatorze mois de siége. Elle fut prise par les Français en 1746 et 1792. En 1814 elle fut rendue aux Anglais par Carnot, et incorporée avec toute la Belgique au royaume des Pays-Bas. Cet état de choses dura jusqu'en 1830, époque à laquelle arriva la révolution qui sépara la Belgique de la Hollande. La garnison hollandaise expulsée de la ville se retira dans la citadelle, et le général Chassé, en représailles de quelques coups de fusil tirés sur ses sentinelles, bombarda la ville. A la suite de négociations infructueuses avec le roi de Hollande (voyez *Belgique* et *Pays-Bas*), une armée française de 50,000 hommes, commandée par le maréchal Gérard, qui avait sous ses ordres les ducs d'Orléans et de Némours, entra en Belgique. La tranchée fut ouverte devant la citadelle le 29 novembre 1832, et la capitulation fut signée le 23 décembre.

ANTONIN-LE-PIEUX (Titus-Aurélius-Ful-

vius), naquit à Lavinium en 86. Son père Aurélius Fulvius avait été revêtu du consulat, et lui-même parvint à cette dignité en l'année 120. Il fut adopté par Adrien dont il avait su gagner la faveur, et lui succéda en 138. Ami de la vertu et de la sagesse, Antonin fut le père du peuple romain ; il s'occupa de rebâtir les villes détruites par la guerre, réprima la rapacité des gouverneurs de provinces, et fit cesser les persécutions contre les chrétiens. Il mérita le nom de *Pius*, à cause de sa piété filiale dont il laissa des preuves en faisant élever un temple à la mémoire d'Adrien. Quoiqu'il n'aimât pas la guerre, il combattit avec succès les Daces et les Germains, et fit élever en Bretagne une nouvelle muraille pour arrêter les incursions des Pictes et des Scots. Il mourut l'an 161, universellement regretté, après avoir nommé Marc-Aurèle à l'empire. Le sénat lui fit élever une colonne encore célèbre sous le nom de colonne Antonine.

ANTONIN (Marc-Aurèle). Voy. *Marc-Aurèle.*

ANTONOMASE, figure de rhétorique par laquelle on emploie, au lieu d'un nom propre, une qualité caractéristique, comme le fils de Vénus pour dire l'amour, ou un nom propre au lieu d'un nom commun, comme un Démosthène pour un orateur.

ANUBIS, dieu égyptien, ordinairement représenté sous la forme d'un homme à tête de chien, d'où l'épithète de Cynocéphale. Il passait pour fils d'Osiris, « et était le gardien des dieux comme le chien est le gardien des hommes ; » ainsi s'exprime Plutarque. D'après la théologie astronomique des Egyptiens, Anubis était le septième des huit dieux de la première classe ; son nom était synonyme de celui de Mercure, il présidait à une des heures du jour et était le génie de la sagesse.

ANUS, mot latin qui désigne, chez l'homme et chez les animaux, l'ouverture naturelle de l'intestin, par laquelle sortent les excréments. Cet orifice extensible se trouve ordinairement placé à la région postérieure ou inférieure du tronc. Son pourtour, appelé marge de l'anus, présente le plus souvent des plis ou rides formés par la contraction d'un muscle circulaire nommé *sphincter* de l'anus, qui fronce l'orifice anal, et le ferme de manière à empêcher la sortie des matières contenues dans l'intestin.

ANVILLE (J.-B. Bourguignon d'). Voyez *d'Anville.*

ANZIN, bourg du département du Nord, près de Valenciennes, qui renferme les plus riches mines de houille de la France. La concession d'Anzin, exploitée par une seule compagnie, a une étendue de 118 kilomètres carrés; elle occupe jusqu'à 16,000 ouvriers. La quantité de houille extraite est de plus de 4 millions de quintaux. Outre son exploitation houillère, Anzin possède quelques établissements industriels, tels que fabriques de clous, haut-fourneau, verrerie, raffineries de sel, brasseries, distilleries, briqueteries.

AORTE. On donne ce nom à la principale artère du corps des animaux qui ont un véritable cœur. On la nomme plus particulièrement *vaisseau dorsal* chez les animaux qui n'ont pas de cœur. (Voyez *Artère* et *Cœur*.)

AOSTE, ville située dans la vallée du même nom, dans les Etats sardes et sur la rive gauche de la Doire, au pied des Alpes. Son nom, sous les Romains, était *Augusta Prœtoria*, et l'on y voit encore les ruines d'un arc-de-triomphe élevé par eux; on y compte 5,000 habitants, qui suppléent à la rareté du grain que produit leur sol par des chataignes. Une belle route conduit d'Aoste dans le Piémont; elle est éloignée de Turin de 79 kilomètres.

APALACHES. Voyez *Alleghanis*.

APANAGE vient d'un mot de la basse latinité, *apanare* (donner le pain). Ce mot, appliqué d'abord à toute dotation, a fini par ne plus être employé que pour distinguer les dotations princières. Sous les rois des deux premières races, tous les fils du roi partageaient entre eux les Etats de leur père, et les filles avaient en pleine propriété les domaines qui leur étaient donnés en dot, avec la faculté d'en disposer. A partir de Hugues Capet ces partages cessèrent; le fils aîné succéda seul à la couronne, et les rois se contentèrent de donner à leurs fils puînés des dotations pour vivre selon le rang qu'ils occupaient. Ces apanages étaient presque toujours concédés à charge de retour à la couronne, à défaut d'héritiers. En 1790, l'Assemblée constituante abolit les apanages réels, et les remplaça par des rentes *apanagères* dont la quotité devait être déterminée par une loi. Un sénatus consulte du 30 janvier 1810 rétablit les apanages réels, mais comme les droits féodaux étaient anéantis, les apanages ne furent plus par le fait qu'un revenu assis sur des propriétés territoriales.

APATHIE (du grec a privatif et *pathos*, passion). Le philosophe Kant définit l'*apathie*; un phlegme heureux. L'homme qui en est doué n'est pas pour cela un sage, mais il tient de la nature une disposition favorable en vertu de laquelle il peut plus facilement qu'un autre acquérir la sagesse. Ce mot est souvent employé dans les Pères de l'Eglise, pour exprimer le détachement et le mépris des choses de ce monde.

Dans le langage ordinaire, *apathie* est pris en mauvaise part et comme synonyme d'indolence.

APELLES, peintre célèbre de l'antiquité, naquit à Cos, ou, selon d'autres, à Ephèse. Il étudia à l'école de Sicyone, alors célèbre dans toute la Grèce, et y reçut les leçons de Pamphile qu'il ne tarda point à surpasser. Il se rendit en Macédoine, où il reçut l'accueil le plus flatteur de Philippe et d'Alexandre. Il vécut à la cour de ce dernier prince, qui ne permit qu'à lui seul de faire son portrait. Apelles avait l'habitude d'exposer ses ouvrages en public, pour profiter de la critique. On raconte à ce sujet qu'un savetier ayant critiqué une sandale, Apelles reconnut la justesse de l'observation et se hâta d'y remédier; mais le lendemain le savetier, tout fier de voir ses avis si bien écoutés, se permit de critiquer le reste du tableau; alors Appelles sortant de derrière un rideau lui dit: *ne sutor ultra crepidam*, que le savetier ne juge pas au-delà de la chaussure. Les noms de trois de ses tableaux sont parvenus jusqu'à nous: c'étaient *Alexandre tonnant*, *Vénus endormie* et *Vénus anadyomène* (sortant de la mer).

APENNINS, longue chaîne de montagnes qui s'étend depuis le col de Tende, qui la sépare des Alpes jusqu'aux deux points qui terminent l'Italie, l'une au canal d'Otrante et l'autre au détroit de Messine. Elle partage cette péninsule en deux grands versants, l'un oriental et l'autre occidental. Le premier est sillonné par plus de quarante rivières peu considérables, parmi lesquelles nous citerons le Tronto, le Pescara, le Sangro et l'Ofanto; toutes se jettent dans la mer ou le golfe Adriatique. Le second versant donne naissance à des cours d'eau plus considérables; il est arrosé par quarante-cinq rivières plus ou moins importantes, dont les principales sont: l'Arno, l'Ambrone, le Tibre, le Volturno; toutes se jettent dans la Méditerranée. A la hauteur du golfe de Salerne, la chaîne se partage en deux branches, et forme un troisième versant dont les pentes entourent le golfe de Tarente. Les deux principales rivières qui en descendent sont le Brusano et le

Basento. On divise la chaîne des Apennins en trois parties distinctes : l'*Apennin septentrional,* depuis la vallée de Savone jusqu'à celle qui conduit d'Arezzo à St-Angelo ; elle court de l'ouest à l'est. L'*Apennin central,* depuis l'extrémité méridionale de la chaîne précédente jusqu'à la vallée de Pescara ; elle court du nord-ouest au sud-est, traversant les Etats du pape et séparant les Abruzzes l'une de l'autre. L'*Apennin méridional,* depuis la vallée de Pescara jusqu'au cap Spartivento. On peut regarder le *mont Vésuve* (voyez) comme une dépendance de cette partie de l'Apennin. Enfin on comprend sous le nom d'*Apennin insulaire* ou sicilien la partie qui occupe cette région.

Le Vésuve et l'Apennin méridional

POINTS CULMINANTS DE LA CHAINE DES APENNINS.

		Mètres.
Apennin septentrional.	Monte Cimone,	2,182
—	Monte Amiata,	1,812
Apennin central.	Monte Cavallo,	2,978
—	Monte Velora,	2,544
Apennin méridional.	Monte Amaro,	2,886
—	Monte Cuenzo,	1,628
Apennin insulaire.	Mont Etna,	3,400
—	Le Pizzo di Case,	2,036

La chaîne des Apennins présente deux massifs : l'un composé de granite, de gneiss, de micaschiste et de serpentine qui constituent en quelque

sorte le noyau de ces montagnes ; l'autre est formé de calcaires saccaroïdes, c'est-à-dire dont le grain ressemble à celui du sucre, et de calcaires compactes auxquels succèdent plusieurs couches parmi lesquelles la couche sablonneuse appelée *macigno*. Les calcaires saccaroïdes, dont il est ici question, offrent au ciseau du statuaire du très beau marbre blanc, dont le principal est celui de Carrare, sur le versant méridional de l'*Apennin septentrional,* et plusieurs marbres colorés : tels que le *vert de mer,* le *vert antique* de Florence, le *jaune* de Sienne et le portor du cap Porto-Venere. Les Apennins sont trop peu élevés pour être couronnés de glaciers ; cependant leurs crêtes et leurs flancs sont dépourvus de ces riches prairies qui donnent un aspect si pittoresque aux petites montagnes qui s'étendent au pied des hautes cimes des Alpes. Les arbres que l'on rencontre à la plus haute élévation sont des pins ; au dessous se trouvent les hêtres et les chênes de diverses espèces, propres aux régions méridionales de l'Europe. Les vallons, toujours étroits, ne sont que de grands ravins d'un aspect âpre et sauvage. Ce n'est qu'en approchant des plaines que les collines couvertes de noyers, de cyprès, d'arbousiers, de lauriers, d'oliviers, d'orangers et de citronniers, annoncent l'heureux climat de l'Italie.

APÉRITIFS (de *aperire,* ouvrir). On désigne par ce mot des médicaments propres à ouvrir, à désobstruer les canaux et à faciliter les sécrétions. On comprend dans cette série les sels neutres et acidules qui sont purgatifs et diurétiques, différents végétaux amers et aromatiques, et les ferrugineux. Ces médicaments, combinés de diverses manières et secondés par un régime approprié, peuvent rendre de grands services dans certaines maladies chroniques, en portant une excitation salutaire sur les organes renfermés dans l'abdomen.

APHÉLIE et PÉRIHÉLIE. Les planètes ne décrivent pas autour du soleil des cercles parfaits, mais des courbes plus allongées dans un sens que dans l'autre, que l'on nomme *ellipses* (voyez), et au foyer desquelles se trouve le soleil. Le point de l'ellipse le plus éloigné de cet astre et le point le plus rapproché sont les deux extrémités du grand axe, dont l'une, la plus rapprochée de l'astre, est le *périhélie,* tandis que la plus éloignée est l'*aphélie.*

APHORISME (du grec *aphorizô,* je choisis, je fixe). C'est une maxime, une sentence qui, sous peu de mots, renferme un grand sens. Tels sont les proverbes de Salomon, les aphorismes d'Hippocrate, traduits et commentés dans toutes les langues. Les règles de droit du *Digeste* sont en réalité des aphorismes, Qui ne connait la règle: *Impossibilium obligatio nulla*, que l'on rend vulgairement par le dicton : A l'impossible nul n'est tenu? (Voyez *Apophthegme*.)

APHRODISIAQUES (du grec *aphrodisia*, désir vénérien). On désigne sous ce nom les substances propres à exciter les désirs amoureux. Parmi ces substances, les unes sont des aliments, les autres des médicaments. La plupart sont aromatiques, et toutes sont excitantes et toniques. Les épices en général, et notamment la cannelle et le girofle, le gibier, les coquillages et le poisson de mer, les truffes, les champignons, le café et les liqueurs spiritueuses peuvent être considérés comme des aphrodisiaques. Les cantharides sont de tous les aphrodisiaques le plus actif et le plus dangereux; l'excitation qu'elles provoquent ne peut être considérée que comme une maladie déterminée par une irritation très vive des organes génitaux. L'emploi des aphrodisiaques est toujours plus nuisible qu'utile, et très souvent, loin d'agir sur l'appareil génital, il détermine des maladies graves dans d'autres organes. Les meilleurs aphrodisiaques sont : le repos des organes pour ceux chez qui l'abus en a produit l'affaiblissement, et l'emploi modéré des excitants alimentaires pour ceux chez qui l'anaphrodisie tient à d'autres causes. — On a donné par opposition le nom d'*anti-aphrodisiaques* à des substances qui, comme le camphre, le nénuphar, etc., seraient propres, selon certains auteurs, à diminuer l'énergie génitale. On peut dire que les excès en tous genres paralysent les organes génitaux ou font disparaître les désirs. Ces organes participent en effet à la vigueur et à la faiblesse générale, quelles qu'en soient les causes.

APHRODITE, nom grec de *Vénus*. (Voyez ce mot.)

APHTHES (du grec *aptô*, je brûle). Les aphthes sont des vésicules qui se développent sur la membrane interne de la bouche, et dégénèrent en des ulcérations superficielles ou en des rougeurs recouvertes d'une exsudation couenneuse plus ou moins épaisse, et qui déterminent une chaleur brûlante dans la partie malade. Les enfants sont surtout sujets à cette maladie, et les femmes y sont plus exposées que les hommes. Les aliments de mauvaise qualité, les substances

âcres et irritantes portées dans la bouche peuvent les produire. Souvent la maladie est peu grave, et la guérison s'opère d'elle-même, ou réclame tout au plus l'emploi des gargarismes adoucissants; mais parfois elle se complique et devient funeste surtout aux enfants; elle constitue alors l'affection connue vulgairement sous le nom de *muguet*. (Voyez ce mot.)

APHYLLE (*a* privatif et *phullon*, feuille). On donne ce nom aux plantes dont la tige est privée de feuilles, telles sont la véronique aphylle et la cuscute, etc. Quelquefois les feuilles sont remplacées par des écailles comme dans les orobranches.

API (*Pomme d'*). Voyez *Pomme*.

APIAIRES (de *apis*, abeille), tribu de la famille des mellifères, qui renferme les insectes hyménoptères qui ont comme les abeilles, pour principaux caractères : mâchoire et lèvres fort longues, constituant une sorte de trompe coudée et repliée en dessous dans l'inaction, et à division moyenne de la languette, aussi longue au moins que le menton et la gaîne réunis, et en forme de soie. (Voyez *Mellifères*.)

APIS, divinité que les Egyptiens adoraient sous la forme d'un bœuf. Ils croyaient que l'âme du grand Osiris s'était retirée dans cet animal, et qu'il était né d'une génisse fécondée par un rayon de la lune. (Voyez *Osiris*.) Le bœuf destiné aux honneurs divins devait être entièrement noir, il devait présenter sur le front un triangle blanc et sur le côté droit une tache blanche en forme de croissant. Lorsqu'on avait trouvé le précieux animal,

Le Bœuf Apis d'après un monument égyptien.

il était nourri pendant quatre mois dans un édifice exposé à l'orient, puis à la nouvelle lune il était mis sur un navire magnifique au milieu de cérémonies pompeuses, et amené à Héliopolis où il était nourri quarante jours par les prêtres et par des femmes qui paraissaient nues en sa présence. Au bout de ce temps les prêtres l'amenaient à Memphis, où un temple et deux chapelles lui servaient de demeure. Le bœuf Apis possédait le don de prophétie, et les ministres de son temple interprétaient au peuple ses oracles. La durée de son existence était limitée à 25 ans; au bout de ce temps on le noyait solennellement dans le Nil, puis on l'embaumait en lui faisant des funérailles magnifiques. La mort d'Apis causait un deuil public qui durait jusqu'à ce que les prêtres eussent trouvé son successeur. Le bœuf Apis est fréquemment représenté sur les médailles antiques de la ville d'Alexandrie. Il est reconnaissable à la fleur de lotus qu'il porte sur la tête. On y indique sa divinité en plaçant devant lui un autel sur lequel brûle le feu sacré. Sur les monuments égyptiens, on le représente portant entre ses cornes le disque de la lune.

APICIUS. Trois hommes de ce nom se sont rendus célèbres dans l'antiquité par leur gourmandise. Le premier vivait sous la république, du temps de Sylla; le second sous Auguste et Tibère, et le troisième sous Trajan. Le plus célèbre des trois fut le second; on rapporte qu'après avoir dépensé plus de deux millions et demi pour satisfaire sa passion gastronomique, il s'empoisonna au milieu d'un festin, parce qu'il ne lui restait que deux cent cinquante mille livres; et qu'il craignait de mourir de faim avec une pareille somme. On lui attribue un ouvrage intitulé : *De arte coquinaria, seu de obsoniis et condimentis.*

APLATISSEMENT DE LA TERRE. Voyez *Terre.*

APLOMB. C'est la direction que prend un fil fixé par son bout supérieur, et à l'extrémité duquel on suspend un corps pesant. C'est aussi la direction suivant laquelle tombent les corps à la surface de la terre; cette direction est perpendiculaire à la surface des eaux tranquilles ou à l'horizon. (Voyez *Pesanteur* et *Verticale.*)

APLYSIE (du grec *aplusia*, malpropreté). Les aplysies sont des mollusques nus, qui ressemblent assez à de grosses limaces; leur corps est ovalaire, allongé, terminé en pointe. Ils rampent sur un pied large qui déborde le corps. Les branchies sont en forme de panache flottant; les tentacules, au nombre de quatre, les antérieurs ont la forme des oreilles du lièvre; les yeux sont placés à la base en avant des tentacules postérieurs. Les organes de la génération existent séparés sur le même individu, mais liés par un canal extérieur. Ces animaux, que les anciens nommaient *lièvres marins*, ont été l'objet de fables singulières. De tout temps les pêcheurs ont eu la manie d'attribuer des propriétés malfaisantes aux animaux qui ne servent point à la nourriture de l'homme. Sa chair, disait-on, et l'eau dans laquelle on l'avait fait infuser, étaient venimeuses, et celui qui en mangeait mourait au bout d'un nombre de jours égal à celui qu'avait vécu l'animal. Une femme grosse avortait à la vue d'un lièvre marin, à moins qu'elle ne prît la précaution de placer dans sa manche un mâle desséché. Ce qu'il y a d'embarrassant dans ce cas, c'est qu'il n'y a pas d'aplysie mâle, puisque tous sont hermaphrodites, c'est-à-dire pourvus des organes des deux sexes. Il paraît que d'après cette croyance, on faisait entrer l'aplysie dans la composition des poisons, Locuste, dit-on, l'employait pour Néron. Les remèdes contre ce poison étaient le lait de femme ou de jument, les os d'âne calcinés, le suc de cèdre, etc. — Les aplysies se nourrissent particulièrement des fucus les plus tendres, mais elles mangent aussi de petits animaux marins; leurs mouvements sont très lents, et elles se tiennent tapies sous des pierres ou dans des creux de rochers. Ce qu'il y a de plus remarquable en elles, c'est la propriété qu'elles ont de répandre, à l'approche du danger, une quantité de liqueur nauséabonde et rougeâtre qui les dérobe à la vue de leurs ennemis. Ces mollusques pullulent d'une manière prodigieuse; on les trouve dans presque toutes les régions du globe; leurs œufs sont disposés en longs filaments auxquels les pêcheurs donnent le nom de *vermicelle de mer.* L'espèce type est l'*aplysie dépilante,* ainsi nommée parce qu'on croyait que la liqueur qu'elle lance faisait tomber le poil des parties du corps qu'elle touchait; on la trouve sur les côtes de la Méditerranée et de l'Océan. Sa couleur est d'un noir bleuâtre avec les bords rouges.

APOCALYPSE (du grec *apokalupsis*, révélation). Nom donné à un des livres du Nouveau-Testament, écrit par saint Jean l'évangéliste, selon Justin le martyr et saint Irénée. Clément d'Alexandrie parle d'une Apocalypse de saint Pierre. Ce livre comprend vingt-deux chapitres;

c'est une prophétie tellement obscure qu'elle a donné lieu à de nombreux commentaires, dont quelques-uns sont au moins aussi singuliers que le livre lui-même. Au reste, ni saint Bazile, ni saint Grégoire de Nazianze, ni saint Cyrille, ni le concile de Laodicée ne regardent l'Apocalypse comme un livre canonique. Saint Denis d'Alexandrie dit même que presque tous les docteurs rejettent l'Apocalypse comme un livre dénué de raison; que ce livre n'a point été composé par saint Jean, mais par un nommé Cérinthe, lequel s'était servi d'un grand nom pour donner plus de poids à ses rêveries. Aujourd'hui, ce livre mystérieux est accordé à saint Jean par les écrivains religieux, et on le trouve inséré dans toutes les Bibles. Toutes les communions chrétiennes ont expliqué l'Apocalypse en leur faveur, et chacune y a trouvé ce qui convenait à ses intérêts. Parmi les commentateurs les plus illustres de l'Apocalypse nous citerons Newton et Bossuet. Ce dernier croit que la bête à sept têtes de l'Apocalypse n'était autre que l'empereur Dioclétien. D'autres écrivains ont cru prouver que c'était Trajan, Julien ou même Caligula.

APOCRYPHE (du grec *apokruphos*, caché, secret). On désigne, sous ce nom, une nouvelle, un écrit ou un fait dont on suspecte la vérité. Les anciens appliquaient ce nom à tout écrit gardé secrètement et dérobé à la connaissance du public, tels que les livres des sibylles à Rome, qui étaient confiés à la garde d'un collège de prêtres, les annales d'Egypte et de Tyr, dont les prêtres, commis à leur garde, ne permettaient la lecture qu'aux initiés. Mais on donne aujourd'hui plus spécialement le nom d'apocryphes aux livres que l'Église chrétienne n'a pas reçus comme canoniques; soit que leur authenticité soit douteuse, soit qu'ils aient été attribués à tort aux auteurs sacrés. Eusèbe, dans son histoire ecclésiastique, fait le catalogue des livres canoniques, et ne place parmi eux que ceux qui, dit-il, sont reçus d'un commun consentement, à savoir : les quatre Évangiles, les Actes des apôtres, les Epîtres de saint Paul, de saint Jean et de saint Pierre ; mais il repousse et regarde comme supposés, les Actes de Paul, la Révélation de Pierre, l'Epître de Barnabé et les Institutions des apôtres. Les Pères ne sont pas toujours d'accord entre eux sur la canonicité de certains livres. C'est ainsi qu'Eusèbe rejette l'Epître de Barnabé qui est, au contraire, acceptée par un grand nombre de Pères. L'Apocalypse est rangée par quelques-uns parmi les livres apocryphes, mais la plupart des théologiens la comptent parmi les livres canoniques.

APOCYN ET APOCYNÉES (de *apokuon*, qui tue les chiens). Le genre apocyn est le type de la famille des apocynées. Cette famille, de plantes dicotylédones, renferme les *pervenches*, les *asclépiades*, les *lauriers roses* ou *nérions*, les *apocyns*, etc. Ce sont des plantes à tige ligneuse, remplie d'un suc laiteux, garnie de feuilles opposées, coriaces, et de fleurs monopétales, à corolle hypogyne. Les *apocyns* sont des plantes vivaces, robustes et traçantes ; leurs fleurs sont disposées en corymbes axillaires ou terminaux. Les espèces les plus connues sont : l'apocyn à feuilles herbacées (*apocynum cannabinum*). Les Américains tirent de sa tige des filaments forts et soyeux, propres à la filature et à la fabrication des toiles. Sa tige, haute de plus d'un mètre, est garnie de feuilles oblongues, velües en dessous; elle se termine par des corymbes de petites fleurs verdâtres. — L'*apocyn gobe-mouche*, à fleurs roses en bouquets, doit son nom à la singulière propriété dont jouissent ses fleurs, de retenir par la trompe les mouches qui viennent puiser le suc mielleux qui se trouve au fond de leur corolle. Ces deux plantes nous viennent de l'Amérique septentrionale. Leur suc laiteux passe pour vénéneux.

APODE (du grec *apous, apodos*, sans pieds). Cuvier donne ce nom aux poissons anguilliformes et aux serpents; Lamarck, aux annélides. Les entomologistes désignent ainsi les larves d'insectes qui sont dépourvues de pieds.

On a pendant longtemps donné le nom d'*apode* aux oiseaux de paradis (*paradisia apoda*), parce qu'on ne les recevait en Europe qu'en peaux préparées par les Papous qui leur arrachaient les pieds avant de les livrer au commerce. Ce manque de pattes a donné lieu à des contes ridicules; on prétendait que ces oiseaux vivaient dans les nuages et ne se reposaient jamais.

APOGÉE ET PÉRIGÉE. C'est le lieu où une planète se trouve à la plus grande distance de la terre. La lune, qui est le satellite de la terre, tourne autour d'elle en décrivant une ellipse. Le point de cette ellipse où la lune se trouve le plus près de la terre se nomme *périgée*, et celui où elle est le plus éloignée s'appelle *apogée*. (Voyez *Lune*.)

APOLLON, fils de Jupiter et de Latone, était, chez les Grecs, le dieu de la lumière, des arts, des lettres et de la médecine. Latone, persécutée par la jalouse Junon, erra longtemps sans asile, mais elle s'arrêta enfin dans l'île de Délos où elle donna le jour à Apollon et à Diane. A peine sorti du berceau, le jeune dieu tua à coups de flèches le serpent Python qui gardait l'antre où Géa rendait ses oracles. Après avoir élevé un temple en cet endroit, il y rendit lui-même des oracles, et prit le surnom de *Pythien*. Il tua les enfants de Niobé, pour venger l'outrage fait à sa mère, et assista Jupiter dans sa lutte contre les Titans. Plus tard, irrité de la mort de son fils *Esculape* (voyez), que Jupiter avait foudroyé, il tua à coups de flèches les Cyclopes qui forgeaient la foudre. Exilé du ciel pour ce méfait, il garda les troupeaux d'Admète et bâtit avec Neptune, exilé comme lui, les murs de Troie pour Laomédon. Rappelé par son père dans le séjour des immortels, il fut chargé de conduire le char du soleil. Comme dieu de la poésie et de la musique, il charmait les immortels dont il était le

L'Apollon du Belvédère.

troubadour (*aoïdos*); il conduisait les chœurs des Muses, et habitait avec elles sur le sommet du Parnasse, du Pinde ou de l'Hélicon. Apollon avait un grand nombre de temples et d'oracles, dont le plus célèbre est celui de Delphes. Suivant les lieux où on l'adorait, il portait divers noms, tels que ceux de *Phœbus* (radieux), de *Pæon* (médecin), de *Lykaïos* (le Lycien). On lui donnait pour attributs l'arc et le carquois, ou la cythare, et il était représenté sous les traits d'un beau jeune homme, avec de longs cheveux bouclés, flottants sur les épaules et ceint d'une auréole de lumière. On célébrait, en son honneur, les jeux pythiques. La plus belle image antique qui nous reste d'Apollon est la célèbre statue en marbre blanc, conservée au Vatican et connue sous le nom de l'*Apollon du Belvédère;* il est représenté au moment où il vient de tuer le serpent Python.

APOLLONIE. Un grand nombre de villes portaient ce nom, dans l'antiquité, et la plupart possédaient des temples et des oracles d'Apollon. Etienne de Byzance n'en compte pas moins de vingt-cinq. Les principales sont : celle fondée près de l'embouchure de l'Aoüs en Epire, par une colonie de Corcyréens; Apollonie de Chalcidique, détruite par Philippe de Macédoine; l'Apollonie de Thrace, fondée par les Milésiens. Il y avait encore des Apollonie dans l'Illyrie, dans la Troade, dans la Cyrénaïque, en Sicile, en Crète, en Palestine, etc.

APOLLONIUS *de Perga* en Pamphylie, célèbre géomètre grec, vivait environ deux cents ans avant Jésus-Christ. Il fut, avec Euclide, Archimède et Diophante, l'un des fondateurs des sciences mathématiques. On a de lui plusieurs ouvrages, dont le plus fameux est son *Traité des sections coniques*, dont une édition a été publiée à Oxford en 1710.

APOLLONIUS *de Rhodes*, poète grec, naquit à Alexandrie, vers l'an 230 avant Jésus-Christ. Il se rendit à Rhodes où il enseigna la rhétorique avec le plus grand éclat, et reçut des Rhodiens le droit de cité. Il fut, plus tard, rappelé à Alexandrie pour succéder à Eratosthène, dans la direction de sa fameuse bibliothèque. Il ne reste de ses nombreux écrits qu'un poème en quatre chants, l'*Argonautique*, dans lequel se trouvent de grandes beautés.

APOLLONIUS *de Tyane* en Cappadoce, philosophe pythagoricien, naquit au commencement de l'ère chrétienne. Il étudia la philosophie de Pythagore, et, suivant les prescriptions de ce maître, il s'interdit toute nourriture animale, vivant de fruits et d'herbages, et ne se vêtissant que de tissus formés avec des plantes. Il visita la Pamphylie, la Cilicie, et de là résolut de se rendre à Babylone et dans l'Inde pour se faire initier à la science des brahmanes. Il se mit seul en route, nu pieds, et après avoir conversé avec les sages, il revint en Grèce, où l'avait précédé une réputation de sorcier. De Grèce il passa en Italie, et se rendit à Rome. Néron venait d'en bannir les magiciens, et quelques cures merveilleuses le firent comprendre dans cette mesure. Plus tard, il se lia avec Vespasien et Titus, et après de nouveaux voyages, il revint enfin se fixer à Ephèse où il ouvrit une école pythagoricienne et où il mourut presque centenaire. On attribuait à ce philosophe de nombreux miracles, et les historiens du temps rapportent qu'il prophétisa aux Ephésiens une peste et un tremblement de terre, dont ils eurent effectivement à souffrir. On rapporte également qu'il annonça dans Ephèse le meurtre de Domitien à l'instant même où il avait lieu à Rome. Philostrate rédigea la vie d'Apollonius, d'après les écrits de son disciple Damis qui l'avait presque constamment suivi dans ses voyages.

APOLOGIE (du grec *apologia*, défense). On donne ce nom à une justification ou à une défense présentée soit par écrit, soit sous forme de discours. Telles sont les apologies de Socrate; écrites par Platon et Xénophon, ses disciples; dans le but de réhabiliter la mémoire de ce grand homme. Plus tard, on appliqua uniquement ce nom à un discours ou à un écrit pour défendre la religion contre les calomnies de ceux qui l'attaquaient. On connaît un grand nombre d'ouvrages apologétiques, dont le plus célèbre est celui de Tertullien (Voyez). Et les apologies de saint Justin, de saint Théophile, de saint Clément d'Alexandrie, de Lactance, de saint Cyrille, de saint Cyprien, de saint Jean Chrysostôme, de saint Augustin, etc. Dans les temps modernes, le *Génie du christianisme*, chef-d'œuvre d'un grand écrivain, est une véritable apologie de la foi.

APOLOGUE. Voyez *Fable*.

APOPHTHEGMES (du grec *apophthegma*, sentence, maxime). L'apophthegme est une maxime ou sentence exprimée brièvement. On donne quelquefois ce nom à des locutions proverbiales, à des paroles remarquables. Plutarque nous a laissé les *apophthegmes* ou paroles mémorables des rois et des capitaines célèbres; qui

nous font connaître, ainsi que ceux de Lycosthènes, des faits intéressants sur plusieurs personnages de l'antiquité.

APONÉVROSE, membranes blanches luisantes, très résistantes et composées de fibres entrecroisées, qui tantôt enveloppent et contiennent les muscles, tantôt servent à leur implantation. (Voyez *Muscles*.)

APOPHYSE. On donne ce nom aux éminences qui existent à la surface des os. (Voy. *Os*.)

APOPLEXIE (du grec *apoplessein*, frapper, abattre). On donne ce nom à une affection grave et subite qui ôte à celui qui en est atteint, et d'une manière plus ou moins complète, le sentiment et le mouvement, sans léser toutefois les autres fonctions. Dans la plupart des cas, l'apoplexie a pour cause un épanchement du sang dans la substance du cerveau ou dans ses ventricules, ou bien un simple engorgement des vaisseaux cérébraux. — L'apoplexie, vulgairement connue sous le nom de *coup de sang*, s'observe à tout âge, mais plus fréquemment chez les personnes d'un âge mûr, et chez celles dont le tempérament est sanguin et pléthorique. Les circonstances qui déterminent un afflux de sang considérable vers le cerveau, toutes celles qui s'opposent au retour libre du sang veineux de l'encéphale vers le cœur sont des causes prédisposantes de l'apoplexie. Les fortes émotions, l'excès des travaux intellectuels, l'abus des liqueurs fortes, l'exposition de la tête à un soleil ardent, enfin, diverses lésions organiques du cerveau lui-même. C'est principalement pendant les temps très chauds ou très froids que les attaques d'apoplexie sont les plus fréquentes. Presque toujours certains symptômes avertissent de l'approche de cette terrible affection. La douleur et la pesanteur de la tête, les éblouissements, les tintements d'oreilles, l'engourdissement d'un côté du corps, l'embarras de la langue, précèdent ordinairement l'attaque. On observe cependant quelques cas dans lesquels l'apoplexie survient d'une manière brusque et inopinée, et la mort a lieu sur-le-champ. C'est l'*apoplexie foudroyante*. Rarement une attaque d'apoplexie est unique, les mêmes causes continuant d'agir, de nouvelles attaques se manifestent toujours de plus en plus graves, et finissent par emporter le malade, où laissent après elles des traces déplorables, telles que les paralysies incurables (voyez *Paralysie*), la perte d'un ou de plusieurs sens. L'apoplexie réclame toujours les plus prompts secours puisqu'un instant de retard peut amener la rupture des vaisseaux et la paralysie qui rendent les chances de la maladie plus dangereuses. Le traitement de l'apoplexie consiste principalement dans la saignée générale ou locale; en effet, dans tous les cas, le premier besoin est de désemplir les vaisseaux pour favoriser le jeu de la circulation: l'emploi des révulsifs portés sur la peau (vésicatoires, sinapismes), ou sur les intestins (purgatifs), la diète et le repos de l'esprit. Quant aux vomitifs et aux stimulants, l'emploi en a été signalé comme très dangereux depuis longtemps, par les médecins les plus instruits.

APOSTASIE ET APOSTAT. Apostasier, c'est passer à des opinions opposées à celles que l'on professait antérieurement; l'apostat est celui qui apostasie. On réserve plus ordinairement ce nom à ceux qui renoncent à leur religion pour en embrasser une autre. (Voyez *Abjuration.*) Si ceux qui, comme l'empereur Julien retournèrent aux erreurs du paganisme après avoir professé la religion de Jésus-Christ, sont regardés par nous autres chrétiens comme des apostats, il est vraisemblable que les païens qui abandonnèrent leurs idoles pour embrasser le christianisme durent être regardés comme des apostats par leurs frères. Nous ne voyons pas trop, en effet, pourquoi l'on réserve aux premiers ce nom, qui est toujours pris en mauvaise part, tandis qu'on donne à l'acte des seconds le nom plus honorable d'abjuration. Si ces changements de religion sont dictés par la conviction, ils ne méritent pas une telle épithète ; s'ils sont les effets de la violence, ils ne la méritent pas plus. Il ne faut pas confondre le renégat avec l'apostat : le premier est celui qui renie ou qui a renié sa foi ; le second est l'homme qui persiste dans sa renégation. Ces noms s'appliquent par extension aux personnes qui violent certains engagements d'honneur.

APOSTILLE , annotation ou renvoi qu'une personne d'une autorité supérieure à celle du signataire met en marge d'un écrit, d'un mémoire ou d'une pétition pour lui donner une plus grande valeur. En droit, les apostilles sont les notes que les arbitres écrivent de leur propre main en regard des articles litigieux d'un mémoire ou d'un compte; ces notes ont la force de sentences arbitrales.

APOSTOLAT. C'est le ministère de l'apôtre, il prend sa source dans la mission donnée par Jésus-Christ aux apôtres et dans les pouvoirs qui y sont attachés. (Voyez *Apôtre.*)

APOSTOLIQUE. On donne ce nom à tout ce qui a rapport aux apôtres. L'Eglise romaine catholique se nomme aussi apostolique , parce qu'elle se regarde comme dépositaire de l'enseignement et de l'inspiration des apôtres. Les papes, comme successeurs de saint Pierre, premier évêque de l'Eglise de Rome , ont hérité de ses pouvoirs, et la bénédiction qu'ils prononcent s'appelle la bénédiction apostolique.

APOSTROPHE, figure de réthorique par laquelle un orateur interrompt son discours pour adresser la parole à des personnes présentes ou absentes, vivantes ou mortes, et même à des objets inanimés. Cette figure, habilement amenée par l'orateur, frappe l'imagination par des tableaux inattendus et produit un grand effet. Mais il faut craindre, en en faisant abus, de la rendre ridicule et de tomber dans la déclamation. Nos grands poètes sont remplis de modèles admirables en ce genre. Racine fait dire à Andromaque :

O cendres d'un époux ! ô Troyens ! ô mon père,
O mon fils, que tes jours coûtent cher à ta mère.

Les anciens employaient fréquemment cette figure dans l'art oratoire, et Cicéron surtout nous en offre de beaux exemples, comme dans cette apostrophe : *Vos, vos appello, fortissimi viri qui multum pro republica sanguinem effudistis.* — On donne aussi quelquefois ce nom à une parole injurieuse, à une insulte, ou même à un coup. C'est ainsi que Lisette dit dans les *Folies amoureuses :*

J'accours et je vous vois étendu sur la place,
Avec une *apostrophe* au milieu de la face.

Le nom d'*apostrophe* se donne également à un petit signe orthographique en forme de virgule, placé en avant d'une voyelle ou d'une h muette, pour indiquer l'élision d'une autre voyelle.

APOTHÉOSE. Ce mot désigne l'acte par lequel on élève un homme au rang de la divinité. Toutes les religions ont eu leurs apothéoses, et c'était un des dogmes enseignés par Pythagore, qu'après leur mort les hommes vertueux prenaient place parmi les dieux. Plus tard on déifia les hommes qui, par des inventions et des découvertes utiles rendaient quelque éminent service à l'humanité. Mais ce fut surtout le peuple romain qui remplit le ciel de ses divinités; et, comme le dit plaisamment Juvénal dans une de ses satires : « Atlas se plaint que les apothéoses emplissent le ciel de dieux au point qu'il est près de rompre sous le poids. » Le premier exemple en fut donné en faveur de Romulus et le second en faveur de César. Auguste eut des autels de son vivant, et bientôt la plupart des empereurs allèrent grossir le nombre des divinités. A son avénement au trône, le nouvel empereur envoyait par un décret du sénat son prédécesseur siéger dans l'Olympe. C'est ce qui fit dire à Vespasien qui se sentait mourir : *Ut puto deus fio* (il me semble que je deviens Dieu). Plus tard, même, non contents de se faire dieux, les empereurs divinisèrent leurs favoris, leurs maîtresses. Néron mit son singe au rang des dieux; Adrien y mit son mignon Antinoüs, et Marc-Aurèle lui-même, ce prince philosophe, ne rougit pas de faire rendre les honneurs divins à son épouse l'impudique Faustine. — Hérodien nous a laissé une description des cérémonies de l'apothéose. Voici en quoi elles consistaient : après que le corps du futur dieu était consumé avec les pratiques usitées en cette circonstance, on plaçait sur un lit d'ivoire une figure de cire représentant le défunt; elle y restait pendant six jours et recevait les hommages du sénat et des dames de la plus haute distinction en habit de deuil. Les jeunes sénateurs et les chevaliers portaient ensuite le lit de parade par la voie sacrée à l'ancien forum et de là au champ de Mars, où ils le déposaient sur un échafaud construit en forme de pyramide, et au milieu d'une grande quantité de matières combustibles. Les chevaliers faisaient une procession solennelle autour du bûcher, puis le nouvel empereur y mettait le feu avec une torche, tandis qu'un aigle lâché à dessein partait du sommet tenant un tison dans ses serres, s'élevait dans les airs et était supposé porter au ciel l'âme du défunt, qui dès lors était considéré comme un dieu. Beaucoup de médailles romaines représentent l'apothéose des empereurs. La Bibliothèque nationale possède un très beau camée représentant l'apothéose d'Auguste.

APOTHICAIRE. Voyez *Pharmacien.*

APOTRES (du grec *apostolos*, envoyé). Avant de quitter la terre, Jésus-Christ voulant pourvoir à la conservation de son ouvrage, choisit parmi ceux de ses disciples qui s'étaient attachés le plus étroitement à sa personne, douze apôtres ou envoyés, qu'il investit de la mission spéciale d'aller, après lui, prêcher son évangile et porter à Jérusalem, dans la Judée et la Samarie, et jusqu'aux extrémités de la terre, le témoignage de ce qu'ils ont vu et entendu. Ces douze apôtres sont : Simon, qui est appelé Pierre, André son frère, Jacques, fils de Zébédée, Jean son frère, Philippe, Barthélemy, Thomas, Matthieu le publicain, Jacques, fils d'Alphée, Thaddée, Simon le Chananéen, et Judas Iscariote, qui trahit son maître, et fut remplacé par Mathias. On compte aussi au rang des apôtres Paul et Barnabé, dont la mission n'est pas moins divine que celle des autres, qui avaient été choisis du vivant de Jésus-Christ. Partis des derniers rangs du peuple, enchaînés jusque-là dans leur grossièreté et leur ignorance par de dures professions, ces hommes, à la parole du divin législateur, parurent bientôt embrasés d'un feu céleste, et la plus vive lumière succéda dans leur esprit aux plus épaisses ténèbres. Nous verrons à l'histoire de chacun les régions qu'ils parcoururent dans leurs courses évangéliques, et les maux qu'ils eurent à souffrir pour propager la foi. Si tous ne couronnèrent pas leurs travaux par le martyre, plusieurs d'entre eux terminèrent leur vie par une mort violente.

APOTRES (*Actes des*), un des livres du Nouveau-Testament qui contient l'histoire des trente premières années de l'Eglise et principalement des premières actions de saint Pierre et de saint Paul. On en attribue la rédaction à saint Luc l'évangéliste, mais les données manquent pour préciser l'année à laquelle remonte cette composition. Quoi qu'il en soit, l'auteur ne raconte guère que les faits dont il semble avoir été le témoin oculaire; il commence son récit à la trente-troisième année de l'ère chrétienne et le termine à la soixante-troisième année, qui est la neuvième et dixième de l'empire de Néron. Ce livre est adressé à Théophile, auquel saint Luc avait déjà adressé son évangile. Dans les versions que nous connaissons, les *Actes* sont divisés en vingt-huit chapitres; le style en est plus pur généralement que celui des autres livres du Nouveau-Testament. Plusieurs écrivains ont nié que ce livre fut dû à la plume de l'évangéliste; ils ont prétendu avec quelque raison qu'il serait bien étrange que le disciple de saint Paul, l'un des premiers apôtres de la foi nouvelle, gardât le silence le plus absolu sur les actions des apôtres en Palestine, en Arabie, en Egypte, à Babylone, en Perse, etc., sur la conversion des juifs, sur le martyre de saint Jacques le mineur, etc., faits qui devaient l'intéresser au plus haut point. Ils ont remarqué aussi qu'on n'y rencontre aucune allusion aux *Epîtres*, et qu'il n'y a pas un mot de ce que saint Luc fit à Philippes. Quant à cette dernière lacune, on peut en faire honneur à la modestie de l'écrivain sacré. Au reste, tous les faits qui y sont rapportés s'accordent parfaitement avec les Épîtres de saint Paul. Si l'on remarque dans ce livre un grand nombre de variantes, il faut les attribuer aux gloses ajoutées par les copistes, ou passées de la marge dans le texte pour servir d'éclaircissement.

APPAREIL. En zoologie on donne ce nom à l'ensemble des organes nécessaires à l'accomplissement d'une fonction ; tels sont les appareils digestif, circulatoire, respiratoire, sensitif. Chaque fonction a son appareil, qui se subdivise comme la fonction elle-même. — En chirurgie, on nomme appareil l'ensemble des pièces de pansement qui sont appliquées sur une plaie ou blessure quelconque. (Voy. *Pansement*.)

Appareil. On donne ce nom en chimie à un système de vases et de machines nécessaires à une opération. Les appareils sont plus ou moins simples ou compliqués, suivant le besoin, et chacun peut en construire suivant ses besoins. Autrefois il n'était permis qu'à un petit nombre de personnes favorisées de la fortune de se livrer à des recherches sur la chimie, par la raison que les appareils étaient trop dispendieux. Aujourd'hui les appareils du chimiste reviennent à aussi bon

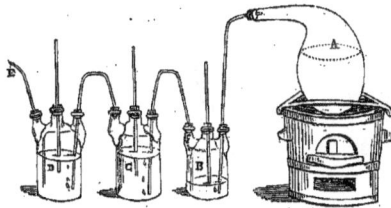

marché qu'ils sont promptement établis. Quelques cornues et ballons de verre, des tubes aux quels on donne la forme que l'on veut, des flacons à une ou deux tubulures, sont les pièces qui composent de nos jours les appareils des chimistes. Ajoutez-y du liége et du caoutchouc, et vous aurez à peu près tout ce qui est nécessaire pour les construire. Disons cependant que l'art de disposer les appareils est fort important, et des accidents graves peuvent résulter du manque de soins apportés à leur établissement. Dans les laboratoires de chimie, les appareils se montent et se démontent selon les besoins, mais dans les fabriques, leur usage étant continu, on les construit plus solidement. Nous parlerons à chaque industrie des divers appareils qu'elle emploie. Nous nous bornerons à donner ici la description de l'*appareil de Woolf*, dont il est très souvent question. — Cet appareil est établi d'après ce principe, que quand des produits gazeux se forment, il y en a toujours quelques parties absorbées par l'eau, et d'autres qui ne le sont pas. Il arrivera donc un moment où les gaz non absorbés pourront déterminer une pression capable de faire éclater les récipients. Les anciens chimistes obviaient à cet inconvénient en pratiquant une ouverture à la partie supérieure de la cornue, afin de laisser échapper l'excédant du gaz, mais ce procédé entraînait avec lui une grande perte de produits, et, en outre, ne permettait pas de recueillir séparément les gaz solubles et insolubles dans l'eau, à moins de rendre l'appareil très compliqué. L'appareil de Woolf pare à tous ces inconvénients.

On introduit dans la cornue A les substances sur lesquelles on opère. Aussitôt que la réaction a lieu, les gaz se rendent dans le premier récipient B ; une partie se dissout dans l'eau, tandis que l'autre se rend par le tube dans le second récipient. Ce tube plonge dans le second récipient C, au dessous du niveau de l'eau, de sorte qu'une nouvelle portion de gaz est encore dissoute ; celle qui échappe à la dissolution, se rend dans le troisième récipient D, et, enfin, le tube recourbé E laisse échapper ce qui est tout à fait insoluble. On peut augmenter indéfiniment le nombre des récipients. — Les tubes droits adaptés à la tubulure du milieu des flacons C et D ont pour objet de donner entrée à l'air atmosphérique, dans le cas où, par une cause quelconque, par le refroidissement, par exemple, le vide se produirait dans l'appareil ; ce sont des *tubes de sûreté*.

APPAREILLER. C'est mettre un vaisseau sous voile, disposer toutes choses pour le départ. Appareiller une voile, c'est la déployer, la mettre au vent.

APPAREILLEUR se dit ordinairement de l'ouvrier chargé de préparer et de diriger le travail des autres, mais plus particulièrement de l'ouvrier principal, qui, dans les ateliers de maçonnerie, dirige la taille des pierres dans la forme et les dimensions voulues par l'architecte.

APPARENCE. L'apparence est ce qui paraît

extérieurement d'une chose et frappe la vue, c'est aussi l'image trompeuse d'une chose qui n'existe pas telle que nous la voyons. En astronomie, les positions et les grandeurs des astres, telles qu'elles se présentent à nous, sont apparentes; diverses causes tendent à tromper nos sens; c'est ainsi que la *réfraction* de la lumière par l'air atmosphérique élève toujours les astres au-dessus de l'horizon, et que l'aberration fait dévier la direction des rayons qui en émanent. Les étoiles fixes, à cause de l'irradiation qu'elles nous présentent, paraissent beaucoup plus grandes qu'elles ne devraient nous le paraître en effet, à cause de leur immense distance. On dit aussi qu'un mouvement est apparent, quand il n'a pas lieu, mais que le mouvement de la terre le fait supposer; c'est ainsi que le soleil a un mouvement apparent.

APPARITEUR. Voyez *Bedeau.*

APPARTEMENT, disposition et suite des pièces nécessaires pour rendre une habitation commode, et qui varie suivant la fortune et le rang de celui qui les occupe.—Chez les anciens, l'appartement était divisé en deux parties : l'*andronitide,* ou appartement des hommes, qui occupait le devant, et le *gynécée,* ou appartement des femmes, qui était la partie la plus retirée. L'*hospitium,* appartement réservé aux étrangers, se trouvait ordinairement au rez-de-chaussée, sur la rue. Si l'on en juge par les ruines de la ville de Pompéïa, les appartements des Romains étaient composés de pièces fort petites, mais parfaitement distribuées et décorées avec goût. L'Italie la première donna l'exemple de ces vastes appartements que l'on voit encore dans quelques anciens quartiers de Paris, mais que la rigueur de nos hivers, le prix excessif des terrains et l'accroissement de la population font disparaître peu à peu pour faire place aux petits appartements, dont la disposition est la meilleure pour la commodité et l'agrément de la vie. Les pièces d'un appartement doivent communiquer entre elles d'une manière convenable et commode au moyen de corridors, et être disposées de telle sorte que chacune d'elles ait la forme, la dimension et la situation exigées par sa destination.

APPAT. Ce mot sert à désigner certains moyens dont on se sert pour tenter l'appétit et attirer dans le piège les animaux dont on veut se saisir. Le grain qu'on répand sous le trébuchet auprès des branches enduites de glu pour prendre les oiseaux, le ver qu'on attache à l'hameçon pour

amorcer les poissons sont des *appâts.* La nature a doué plusieurs animaux de moyens semblables pour arriver aux mêmes fins. C'est ainsi que les pics ont la langue couverte d'une humeur visqueuse qui attire les fourmis, et lorsqu'ils la plongent dans les fourmilières et les trous d'arbres, ils la retirent chargée d'insectes. Plusieurs poissons, et notamment la *baudroie* (voy. ce mot), ont des moyens merveilleux de se procurer leur proie. Ce dernier poisson a la tête garnie de longs rayons, terminés par un bout de chair blanche; il se cache dans la vase, agitant ses appendices, et attire ainsi les petits poissons dont il se nourrit. Pour l'histoire des divers moyens employés par les animaux pour faire tomber leur proie en leur puissance, nous renvoyons à l'histoire de chacun d'eux et à l'article *Ruses des animaux.*

APPEAU. On donne ce nom à un petit instrument qui sert à contrefaire les différents cris des oiseaux, qui, par ce moyen, sont attirés dans le piége. On distingue plusieurs sortes d'appeaux : les *appeaux à sifflet* (1, 2 et 3) sont en métal, en ivoire, ou tout simplement faits d'un noyau de

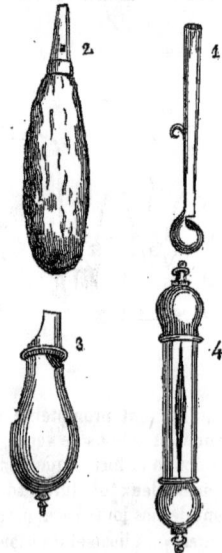

pêche usé sur une meule, percé des deux côtés, et vidé de son amande. Il servent à imiter le cri des alouettes, des perdrix, des cailles, etc. —Les *appeaux à languette* ou *pipeaux* (4) servent à piper ou à tromper les oiseaux, en contrefaisant le cri de la chouette qui, comme on sait, est l'ennemi mortel de tous les oiseaux diurnes. Ceux-ci accourent en foule et se prennent facilement aux gluaux qui leur sont dressés. Les pipeurs emploient ordinairement un petit ruban ou une feuille de chiendent. Les *appeaux à frouer* qui servent à produire un bruissement qui imite la voix ou le vol d'un oiseaux, se font avec une feuille de lierre roulée en cornet ou avec une lame d'ivoire ajustée sur un cornet d'argent. — Il y a aussi des appeaux pour appeler les cerfs, les renards, etc. ; ce sont des instruments à anches. On donne aussi le nom d'*appeau* à l'oiseau privé qu'on fixe dans le voisinage d'un piége pour appeler les oiseaux qui passent.

APPEL. C'est, en droit, le recours à un tribunal supérieur pour faire réformer un jugement émané d'un tribunal inférieur, que l'on prétend mal et injustement rendu. Dans les premiers temps de la monarchie, on en appelait au roi des jugements rendus par les comtes ou centeniers, et celui-ci, assisté de son conseil, réformait les arrêts ou les maintenait. Sous la féodalité, l'appel fut remplacé par le combat judiciaire, qui terminait l'affaire pour toujours. Saint-Louis proscrivit le combat judiciaire dans toutes les justices de ses domaines, en ordonnant que les appels de faux jugements seraient décidés sans bataille et uniquement d'après les moyens respectifs de droit des parties. Par la suite, les parlements érigés en cours de justice vinrent régulariser la forme des appels. Enfin, en 1790, l'Assemblée constituante, consacrant les deux grands principes de liberté de législation et de l'égalité des citoyens, établit l'appel en principe, et fonda par la loi du 16 août le premier système complet d'organisation judiciaire. Depuis lors, de légères modifications ont été apportées, et la constitution du 22 frimaire an VIII créa des tribunaux d'appel dont l'organisation est toujours restée la même, quoique sous les noms divers de cours impériales, de cours royales et de cours d'appel.—Dans l'état actuel de notre législation, l'appel des jugements rendus en matière civile par les juges de paix est porté devant les tribunaux civils d'arrondissement. Cet appel doit être interjeté dans les trois jours de la signification du jugement. Les tribunaux civils prononcent en dernier ressort, sauf le pourvoi devant la Cour de cassation, qui se trouve placée hors de la hiérarchie des tribunaux ordinaires. Les cours d'appel doivent connaître de l'appel des jugements rendus par les tribunaux civils et de commerce, lorsque ces tribunaux n'ont pas eux-mêmes prononcé en dernier ressort, c'est-à-dire lorsque l'objet de la contestation est indéterminé ou qu'il excède la valeur de mille francs. L'appel ne peut être interjeté avant l'expiration de la huitaine, mais il doit être interjeté dans le délai de trois mois à partir de la signification du jugement, sous peine de déchéance. L'appel est toujours recevable pour cause d'incompétence, quel que soit au fond l'objet du litige. En thèse générale, l'appel est purement facultatif. C'est une voie ouverte à la partie qui croit avoir à se plaindre d'un jugement rendu contre elle. — En matière correctionnelle, les jugements rendus par les tribunaux de simple police peuvent être attaqués par voie d'appel, lorsqu'ils prononcent un emprisonnement ou lorsque les amendes ou dommages-intérêts excèdent la somme de 5 fr. L'appel doit être interjeté dans les dix jours de la signification du jugement et porté devant le tribunal correctionnel. Les arrêts rendus par la cour d'assises sont des décisions souveraines qui ne peuvent être attaquées par la voie de l'appel et contre lesquelles n'est admis que le pourvoi en cassation.

APPELANT. On donne généralement ce nom à celui qui, mécontent d'une sentence rendue par un juge, la défère au tribunal supérieur pour en obtenir le redressement ou la cassation. Mais, historiquement, on réserve ce nom aux ecclésiastiques qui interjetèrent appel des décisions de la bulle *Unigenitus* (voy. ce mot), au jugement d'un futur concile.

APPENDICE. Comme terme de littérature, un appendice est un supplément composé d'explications ou de commentaires, qui se place additionnellement à la fin d'un ouvrage. En histoire naturelle, on donne ce nom à toute partie adhérente ou continue, à un corps auquel elle est surajoutée : les membres des animaux, les barbillons des poissons, les antennes des insectes, les tentacules des rayonnés sont des appendices. Les petits prolongements qui garnissent la corolle de certaines fleurs, les écailles qui entourent l'ovaire des graminées, le petit filet qui se prolonge au dessus de l'anthère, sont des appendices.

APPENTIS, petit bâtiment en forme de hangar, appuyé sur un autre bâtiment plus élevé et dont le toit n'a qu'un seul versant ou pente.

APPENZELL (*Abbatis cella*), canton suisse

enclavé dans celui de Saint-Gall. Il est traversé, au sud et à l'est, par une branche des Alpes dont les principales cimes, telles que le Sentis, s'élèvent à 5,900 mètres et portent même un glacier. Ce canton est divisé en deux parties indépendantes l'une de l'autre, les Rhodes intérieures et les Rhodes extérieures, dont la séparation, occasionnée par les troubles religieux, date de 1597. La partie catholique, ou les Rhodes intérieures, a pour chef-lieu le bourg d'Appenzell, dans une vallée sur le Sitter, qui renferme 1,500 habitants. Les eaux minérales de Weissbad, situées dans ses environs, sont renommées. Les Rhodes extérieures ont pour chef-lieu le village de Trogen. Chacune de ces deux petites républiques a sa constitution particulière. La principale richesse du canton consiste dans ses pâturages, dont le produit, joint à celui de ses étoffes de coton et de ses mousselines, permet aux habitants de se procurer le blé, le vin et toutes les denrées de première nécessité. La population totale du canton est d'environ 52,000 âmes, dont 36,000 réformés. Appenzell est le 13ᵉ canton de la confédération, dans laquelle il fut admis en 1513.

APPÉTIT. Dans son acception la plus ordinaire, ce mot désigne une disposition particulière de l'économie qui nous invite à recevoir des aliments. Cette sensation n'est souvent que le premier degré de la faim, mais parfois elle persiste alors même que celle-ci est apaisée. La faim est un besoin impérieux, pénible; l'appétit n'est qu'une excitation agréable, qu'un désir; cette excitation est accompagnée d'une espèce d'éréthisme des papilles de la langue, d'une abondante sécrétion de salive. L'appétit augmente ou diminue sous l'influence des circonstances qui agissent incessamment sur l'économie; il se dérave ou s'éteint par suite de l'état maladif de l'estomac ou des organes qui sympathisent avec lui.

APPIEN (Appianus), historien grec né à Alexandrie, écrivit une histoire romaine en vingt-deux livres, depuis la naissance de Rome jusqu'à Auguste; il ne nous reste que quelques livres de cette histoire qui n'est à vrai dire qu'une compilation d'un mérite médiocre. Il exerça avec distinction la profession d'avocat, et fut intendant (procurator) des revenus impériaux sous Trajan, Adrien et Antonin-le-Pieux.

APPIENNE (Voie), la plus célèbre route romaine; elle conduisait de Rome à Capoue, et fut construite par le censeur Appius-Claudius Cœcus l'an 313 avant J.-C.; dans la suite on la continua jusqu'à Brindes. Elle était en pierres cubiques fortement cimentées les unes avec les autres. On la surnommait *Regina viarum* (la reine des voies).

APPIUS CLAUDIUS, de l'illustre maison patricienne des Claudes, fut nommé consul en 451 av. J.-C. Pour se concilier la faveur du peuple, il appuya le projet de loi du tribun Térentius, qui avait pour but de changer la forme du gouvernement. Les *décemvirs* (voyez) remplacèrent les magistrats ordinaires, avec un pouvoir d'un an, et Appius Claudius fut lui-même élu. Au bout de l'année il sut se faire nommer de nouveau et, s'unissant d'intérêts avec ses collègues, il garda le pouvoir à l'expiration de la deuxième année. Mais un événement imprévu vint abattre la puissance décemvirale. Appius avait conçu la plus vive passion pour la fille de Virginius, plébéien estimé, qui se trouvait alors à l'armée. Ne pouvant légitimement posséder la jeune fille, promise au tribun Icilius, le décemvir, après avoir vainement tenté la voie de la séduction, détermina l'un de ses partisans dévoués, M. Claudius, à l'enlever. Claudius exécuta audacieusement le rapt, mais le peuple le força de rendre la jeune fille à ses parents. Pour se justifier, Claudius prétendit qu'elle lui appartenait, étant la fille d'une de ses esclaves, et il porta la cause devant le tribunal d'Appius. Cependant, Virginius averti par son frère et par Icilius, quitte promptement l'armée et se rend à Rome; il paraît sur le Forum en habits de deuil, ainsi que sa fille, et donne les preuves incontestables de la naissance libre de Virginie. Mais Appius le condamne et, comptant sur le nombre de ses gardes, il ordonne à Claudius de s'emparer de son esclave. Virginius, préférant alors perdre sa fille que de la voir déshonorer, saisit brusquement un couteau sur l'étal d'un boucher voisin, et le plonge dans le sein de Virginie en s'écriant: Va, ma fille, va pure et libre rejoindre ta mère et tes ancêtres. A ce spectacle affreux le peuple se soulève, animé par les sénateurs opposés au décemvirat, et par les amis de Virginius qui crient vengeance. Appius ne peut arrêter l'insurrection, et les décemvirs, sentant que leur puissance ne pouvait tenir plus longtemps, abdiquent. Le sénat décréta alors le rétablissement du consulat et du tribunat (449 av. J.-C.), et envoya Appius expier son crime dans une prison où il se tua. Claudius fut exilé à Tibur. La mort de Virginie a fourni le sujet de plusieurs tragédies, parmi lesquelles les plus célèbres sont celles de Laharpe et d'Alfiéri.

APPOINT. On nomme ainsi la monnaie que l'on donne pour compléter le paiement d'une somme qui ne pourrait se faire exactement au moyen des espèces principales servant à faire le paiement. Dans les caisses publiques, on ne considère comme appoint que les fractions de franc, qui seules peuvent être payées en monnaie de billon. On nomme encore *appoint* la somme qu'un négociant tire sur un autre, à l'effet d'en recevoir ce qui lui revient en vertu de leur balance de compte.

APPORT. C'est la somme ou valeur quelconque que fournit, pour la formation d'une société commerciale, chacun des sociétaires. La part de bénéfice se proportionne pour chacun d'eux à la valeur de son apport. — *Apport* signifie aussi la part de biens meubles et immeubles qu'une femme, en se mariant, a fait entrer dans la communauté. (Voyez *Communauté*.)

APPOSITION DE SCELLÉS. Voyez *Scellés*.

APPRÊT, APPRÊTEUR. On nomme apprêt la préparation que l'on fait subir aux étoffes pour leur donner du lustre et de la consistance. L'art de l'apprêteur varie suivant la nature de l'étoffe sur laquelle il s'exerce ; nous allons passer en revue les différents apprêts. — *Apprêt des toiles de lin ou de chanvre*. Lorsque les toiles ont été blanchies, on les passe à un bleu léger pour leur faire perdre leur teinte roussâtre ; on les fait sécher, puis on leur donne un nouvel apprêt qui consiste en un mélange d'amidon et d'azur ; on les déplisse, on les calandre, puis enfin on les met en presse. L'apprêt des linons ; tulles, batistes, gazes et dentelles, demande plus de précautions, à cause de la délicatesse de ces étoffes. On se sert d'un empois très léger, auquel on mêle un peu d'alun et de gomme adragant pour leur donner du lustre et de la fermeté. L'opération du grillage, qui a pour but d'enlever à ces étoffes le duvet qui les couvre, est très délicate ; on emploie pour cela la lampe à esprit de vin, ou mieux encore celle au gaz hydrogène dont la flamme très pure ne noircit pas les tissus. — *Cotonnades*. Pour préparer les cotonnades, on mouille l'étoffe avec de l'eau légèrement amidonnée, puis on la fait passer entre deux cylindres chauffés. On emploie en Angleterre des cylindres creux en ferblanc, dans lesquels on introduit de la vapeur. — *Draps*. L'apprêt des

draps, le plus important de tous, a pour but de les lustrer et de les réduire à un plus petit volume. Cela s'effectue à l'aide d'une pression plus ou moins forte, combinée ou non avec l'action de la chaleur ; de là deux genres d'apprêts, le *cati à chaud* et le *cati à froid*. La première opération consiste à insérer, dans chaque pli des étoffes, des cartons très lisses ou des plaques de tôle chauffées ; on empile ainsi sur la presse plusieurs pièces qu'on recouvre d'une plaque chaude, puis on serre la presse, et on y laisse les étoffes ainsi comprimées et chauffées pendant douze ou quinze heures. Le cati à froid diffère du cati à chaud en ce que l'apprêteur ne met point de plaques de fonte, mais seulement des cartons entre les plis du drap ; l'opération à froid doit être prolongée beaucoup plus longtemps que l'opération à chaud où l'action de la chaleur facilite beaucoup le lustrage. Les draps catis à froid ont moins de lustre, mais ils compensent bien en durée et en solidité ce qu'ils ont de moins brillant. Le cati à chaud n'est pas applicable aux couleurs claires telles que l'écarlate, le rose, etc., qu'il altérerait infailliblement. En général, plus le pressage est fort, plus l'apprêt est beau et durable. Dans l'apprêt des *étoffes de laine rases*, l'apprêteur doit d'abord les faire griller pour enlever le poil qui hérisse leur surface ; cette opération s'effectue au moyen d'un fourneau surmonté d'une plaque sur laquelle l'étoffe passe avec rapidité, puis les dégraisser dans des piles avec du savon ou du son ; teindre et blanchir, passer à l'eau froide, puis enfin mettre en presse comme pour les draps. (Voyez *Teinture* et *Impression sur étoffes*.)

APPROVISIONNEMENT. Voyez *Grénier d'abondance*.

APPROVISIONNEMENTS MILITAIRES. C'est la réunion des munitions de bouche et de guerre nécessaires aux places fortes ; les provisions destinées à alimenter les armées en campagne étant désignées sous le nom de *subsistances militaires*. Les anciens apportaient un grand soin dans l'approvisionnement des places fortes ; avant l'invention de la poudre, on réduisait en effet une ville plutôt par la famine qu'autrement. L'usage de l'artillerie rendit les approvisionnements bien moins importants ; les assauts consécutifs, les opérations bien dirigées ont toujours terminé les sièges avant l'épuisement des provisions de bouche. Les places de seconde et de troisième ligne sont regardées comme des magasins dans lesquels les armées d'opération trouvent des ressources, lorsque les leurs sont épuisées; aussi est-il de règle de les approvisionner plus complètement que les places de premier ordre.

APPROXIMATION. Il existe, en mathématiques, des quantités qu'il est impossible d'exprimer rigoureusement; on est alors forcé de se contenter d'une approximation, c'est-à-dire d'en avoir la valeur approchée à un degré déterminé par la nature du problème. C'est ainsi que l'on ne peut exprimer en fraction décimale la fraction ordinaire 1⁄3, et qu'on ne peut davantage décomposer, en deux facteurs égaux tout nombre qui n'est pas un carré parfait. — Souvent les géomètres sont arrêtés par des difficultés qui tiennent à la nature même des choses, ou qui sont le résultat de l'imperfection de nos méthodes. Alors ils sont obligés d'arriver au résultat, soit en négligeant certaines quantités très petites par rapport à d'autres dont ils tiennent seulement compte, soit en développant leur expression en une série, dont les termes vont en diminuant de telle manière que la somme des premiers l'emporte de beaucoup sur la somme de tous les autres jusqu'à l'infini. En ne conservant que le premier terme, on a la première approximation; la seconde, si on a égard aux deux premiers termes, et ainsi de suite. En physique et en chimie, les mesures ne peuvent être qu'approximatives, vu l'imperfection de nos organes et de nos instruments. Pour obtenir des résultats à peu près exacts, on observe d'abord le mieux possible, puis après avoir répété l'expérience plusieurs fois par les mêmes moyens, ou mieux encore par de nouveaux procédés, on prend la valeur moyenne, en ajoutant tous les résultats et en en divisant la somme par leur nombre.

APPUI. Voyez *Levier.*

A PRIORI et **A POSTERIORI**, formes d'arguments employées dans le raisonnement. Le raisonnement *a priori* va de la cause à l'effet, de la nature d'une chose à ses propriétés. Ex. : le cercle est une ligne courbe dont tous les points sont également éloignés du centre; donc tous les rayons sont égaux entre eux. On nomme *a posteriori* le raisonnement par lequel on remonte de l'effet à la cause, des propriétés d'une chose à son essence. Ex. : l'homme jouit de tous les moyens d'être heureux, donc son créateur est infiniment bon. Les idées *a posteriori* sont celles qui nous sont fournies par l'expérience ou par des objets qui tombent sous les sens.

APSIDE. Voyez *Abside.*

APT (*Apta-Julia*), ville de France située dans le département de Vaucluse, chef-lieu de sous-préfecture, siége d'un évêché et d'un tribunal de première instance. L'origine de cette ville remonte à une haute antiquité, ainsi que l'attestent les ruines de nombreuses constructions romaines. Apt est une jolie ville assez bien bâtie, et avantageusement située dans une riche vallée sur la rive gauche de l'Avon. On y remarque une fort belle église gothique. On compte à Apt environ 6,000 habitants, dont l'industrie consiste principalement en fabriques d'étoffes de laine et de coton, de bougies; en manufactures de poterie et de faïence, et en distilleries; on y fait également des confitures et du nougat très estimés.

APTÈRES (du grec *apteros*, privé d'ailes). On désigne sous ce nom tous les insectes privés d'ailes. (Voyez *Insectes.*)

APTÉRIX (*apteros*, sans ailes), singulier oiseau qui habite la Nouvelle-Zélande, et dont les ailes sont réduites à de simples moignons termi-

nés par un ongle recourbé. L'aptérix est de la taille d'une poule; son plumage est décomposé et tombant comme de longs poils, de couleur ferrugineuse; son bec rappelle celui de la bécasse, et ses pieds sont d'un gallinacé. Cet oiseau si singulier par ses caractères a des mœurs non moins curieuses; les naturels de la Nouvelle-Zélande l'appellent *kiwi*, d'après son cri; il se tient dans les forêts les plus fourrées et les plus sombres de l'île, et reste blotti pendant le jour dans les touffes de hautes herbes ou dans des cavités qui sont entre les racines des arbres; c'est là aussi qu'il construit son nid, où il ne pond qu'un œuf. Il sort la nuit pour chercher sa nourriture qui consiste en vers et en insectes. Le kiwi vit par paires, mâle et femelle, et, malgré la brièveté de ses jambes, il court avec une grande rapidité. Les naturels le chassent avec des chiens; ils aiment beaucoup sa chair.

APULÉE (Lucius Apuléius), né à Madaure, en Afrique, vers l'an 120 de J.-C. Il étudia à Carthage, puis se familiarisa dans Athènes avec la littérature grecque, principalement avec la philosophie platonicienne; de là il se rendit à Rome, où il étudia la langue latine. Après de longs voyages, il retourna dans sa patrie où il épousa une riche veuve. Apulée était rempli d'esprit et d'imagination; a laissé un roman en onze livres, intitulé l'Ane d'or, ouvrage ingénieux dans lequel se trouve le fameux épisode de Psyché. Apulée composa en outre beaucoup d'ouvrages philosophiques et oratoires, dont plusieurs sont parvenus jusqu'à nous, ce sont : deux livres de Discours, quatre de mélanges intitulés Florida, un traité sur le dieu de Socrate, une traduction latine du livre du Monde attribué à Aristote. M. Betolaud a donné, dans la collection Panckoucke, une traduction des œuvres d'Apulée (1835, 4 vol. in-8°).

AQUARELLE, en italien acquarella, peinture à l'eau. Les couleurs, pour peindre à l'aquarelle, se préparent ordinairement avec de l'eau légèrement gommée ou miellée, qui leur donne la consistance convenable. (Voyez Couleurs.) Les pinceaux dont on se sert pour ce genre de peinture sont faits de blaireau ou de martre. — Par la nature des procédés qu'elle emploie, la peinture à l'aquarelle n'est pas applicable à des ouvrages d'une grande dimension et de longue haleine, et comme il est difficile de retoucher, elle ne présente pas les tons vigoureux de la peinture à l'huile; aussi est-elle principalement réservée aux tableaux de genre, de paysage et surtout de fleurs, où elle produit de charmants effets. Les personnes qui cultivent la peinture en amateurs préfèrent ordinairement l'aquarelle, qui n'entraîne après elle ni mauvaise odeur ni malpropreté. (Voyez Peinture.)

AQUA TINTA, genre de gravure sur cuivre, qui imite les dessins à l'encre de Chine ou à la sépia. Voici la méthode la plus généralement employée

dans ce genre de gravure : On grave d'abord à l'eau forte les contours du dessin, puis on couvre la planche de colophane réduite en poudre très fine, et on l'expose à une chaleur ardente jusqu'à ce que la résine soit fondue. Par ce moyen, il se forme entre les molécules de la colophane de très petits espaces par lesquels l'acide nitrique peut s'insinuer et mordre. Il faut avoir soin préalablement de recouvrir d'un vernis gras, impénétrable à l'acide, les parties qui ne doivent avoir ni trait, ni ombre. On verse alors l'acide sur la planche; cinq minutes suffisent ordinairement à une température ordinaire, pour marquer les ombres faibles; on recouvre ces ombres faibles de vernis, et on fait agir l'acide une seconde fois, puis une troisième fois, et ainsi de suite jusqu'à ce que les ombres les plus fortes soient tracées à leur tour. De nos jours ce genre de gravure est arrivé à un haut degré de perfection; ses productions sont très répandues et très recherchées, quoique moins estimées que celles de la gravure au burin. Les Anglais excellent surtout en ce genre.

AQUA TOFANA. Voyez Tofana.

AQUÉDUC (du latin aquæ ductus, conduite d'eau), constructions destinées à conduire l'eau d'un lieu dans un autre, à travers des terrains inégaux. Les aqueducs sont apparents ou souterrains. Dans le premier cas, ce sont des espèces de ponts, formés d'arcades plus ou moins nombreuses et élevées, dont on voit même plusieurs rangées superposées, et sur le sommet desquelles est une rigole où coule l'eau; dans le second cas, ce sont des galeries souterraines, formant canal. Bien que ce soient les Romains qui aient construit les ouvrages les plus importants en ce genre, on connaissait les aqueducs dès l'antiquité la plus reculée; les historiens nous ont conservé la description de ceux construits par Sésostris en Egypte, par Sémiramis à Babylone, de Salomon dans le pays d'Israël, etc. Les Grecs paraissent n'avoir pas connu ce genre de construction; mais l'insalubrité des eaux du Tibre, les besoins d'une population compacte, inspirèrent de bonne heure aux Romains ces monuments. Les restes que l'on en voit encore, soit à Rome, soit dans les provinces conquises, constituent les ouvrages les plus merveilleux peut-être de l'architecture romaine. Le consul Frontin qui, sous l'empereur Nerva, avait l'inspection des aqueducs de Rome, en porte le nombre à neuf, qui fournissaient 13,594 pouces d'eau. Le premier aqueduc romain fut construit par le censeur Appius Claudius, le même auquel on dut la célèbre route appelée de son nom *voie Appienne.* — Un des monuments les

plus remarquables en ce genre est l'*aquéduc de Nîmes*, dit Pont-du-Gard, attribué à Vipsianus Agrippa, gendre d'Auguste. Élevé sur le Gardon, à trois lieues N. de la ville, il joint deux collines entre lesquelles est le lit du torrent. L'élévation de cet aquéduc, construit en belles assises de pierre, se compose de trois rangs d'arcades : le premier, de 266 mètres de longueur, en a six de 20 mètres sous clef, sur 23 d'ouverture ; le second rang, de 267 mètres de long, a quatre arcades de 17 mètres de hauteur et de même ouverture que les inférieures ; le troisième rang, de 273 mètres de longueur, a trente-cinq arcades de 38 décimètres de hauteur sur 46 décimètres de largeur. Sur cette dernière galerie est construit le canal de l'aquéduc ; il a 1 m. 66 c. sous plafond, sur 1 m. 33 c. de largeur ; il est couvert d'un rang de dalles d'un pied d'épaisseur ; la hauteur totale du monument est de 52 mètres. En 1743, on y adossa un nouveau pont qui, relié avec les constructions antiques, sert à les renforcer et offre en outre un passage aux voitures. — On trouve en France beaucoup d'autres aquéducs, parmi lesquels on remarque l'aquéduc d'Arcueil qui fournit de l'eau à la partie méridionale de Paris, et ceux de Buc qui alimentaient en partie les jardins de Versailles. Les canaux qui servent à favoriser l'écoulement des eaux qui ont servi aux usages domestiques sont aussi de véritables aquéducs, mais on leur a réservé le nom d'*égouts.* (Voyez ce mot.)

AQUILA, natif de Sinope dans le Pont, était très habile architecte et mathématicien ; chargé par Adrien de rebâtir Jérusalem, sous le nom d'OElia-Capitolina, il se lia avec le rabbin Akiba, se fit initier aux mystères de la religion juive et finit par embrasser le judaïsme. Il donna une version grecque de la Bible très estimée, et même préférée à celle des Septante.

AQUILÉE (*Aquilegia*), place de commerce florissante sous l'empire romain, au bord de l'Adriatique et sur le Timave, dans la haute Italie, avait été fondée par les Romains pour servir de boulevart contre les irruptions des barbares en Italie. Dans la suite, on y établit des greniers d'abondance et une fabrique de monnaie. Un canal la faisait communiquer avec la mer. Adrien et Marc-Aurèle l'embellirent et la fortifièrent, et elle reçut bientôt, à cause de ses richesses, le nom de *seconde Rome.* Après une vigoureuse résistance, Aquilée fut prise et ruinée par Attila. Un grand nombre de ses habitants se réfugièrent dans les îles où plus tard fut bâtie Venise. Aquilée fait aujourd'hui partie du royaume d'Illyrie, cercle de Trieste. Ses habitants vivent principalement de pêche ; leur nombre ne dépasse pas 1,500.

AQUILON. Voyez *Vent du nord* et *Borée.*

AQUIN (*Aquinium*), ville du royaume de Naples (Terre-de-Labour), détruite par les Lombards au vie siècle. Patrie de Juvénal et de saint Thomas d'Aquin.

AQUIN (saint Thomas D'). Voyez *Thomas.*

AQUITAINE (*Aquitania*), province de la Gaule, nommée d'abord *Armorique*, et qui s'étendait de la Garonne aux Pyrénées ; elle composait le territoire qui forma plus tard la Guyenne. Sous Philippe-Auguste, ses limites furent reculées jusqu'à la Loire. Les Romains la divisèrent en *Aquitania prima, secunda* et *tertia.* Sous le règne d'Honorius, les Visigoths y fondèrent un royaume (420) qui, après la défaite d'Alaric II (507), fut réuni par Clovis à celui des Francs. En 687, Eudes, duc de Toulouse, gouverneur de l'Aquitaine, en usurpa la possession et se rendit indépendant. Il fut de nouveau réuni à la monarchie des Francs sous Pépin-le-Bref, et converti en royaume par Charlemagne, en faveur de son fils Louis, en 778. A l'avènement de Louis-le-Bègue au trône de France (877), l'Aquitaine fut de nouveau érigée en duché héréditaire en faveur de Rainulfe, fils de Bernard, comte de

Poitiers, et perdit bientôt après son nom d'Aquitaine pour prendre celui de *Guyenne*. Eléonore apporta l'Aquitaine ou Guyenne en dot à Louis VII; mais, répudiée par ce prince, elle épousa en secondes noces Henri Plantagenet, qui devint roi d'Angleterre et réunit cette belle province à sa couronne. Philippe-Auguste la reprit en 1204 sur Jean-sans-Terre; mais saint Louis la restitua au roi d'Angleterre en 1259. Enfin Charles VII, après la bataille de Castillon, en fit la conquête en 1453, et expulsa de France les Anglais auxquels Calais seul resta. Dès-lors l'Aquitaine fut définitivement réunie à la France, et son nom s'effaça peu à peu. (Voyez *Guyenne.*)

ARA. Voyez *Perroquet*.

ARABES (*langue, écriture*). Voyez *Langues et Écriture*.

ARABESQUES, ornements peints ou sculptés dont les sujets sont fantastiques et imaginaires. Il y a plusieurs sortes d'arabesques; d'abord les représentations et compositions d'architecture dont les formes bizarres ont été empruntées aux édifices des Orientaux. On trouve de nombreux exemples de ce genre de décoration architectural dans les Thermes de Titus et les chambres de la ville de Pompeïa. C'est une imitation exacte des formes de l'architecture orientale, des édifices persans, égyptiens et autres. L'arabesque comprend aussi des allégories empruntées des Orientaux, qui, de tout temps, paraissent avoir eu du goût pour les êtres chimériques. Ces monstres et ces animaux ailés, ces associations bizarres d'êtres animés, dans lesquels on s'est efforcé de trouver un sens symbolique, dans ces formes capricieuses qui, le plus souvent, n'ont été créées que pour le plaisir des yeux. Le troisième genre d'arabesque, le plus employé de nos jours, tient son origine de la nature. Les rinceaux, les enroulements, les feuillages qui entrent dans sa composition ne sont que des imitations qui se retrouvent chez tous les peuples. Les Thermes de Titus et les peintures de Pompeïa nous en offrent également de beaux modèles. — Les arabesques des loges du Vatican, peintes sous la direction de Raphaël, et à l'imitation de celles des Thermes de la *Villa Adriani,* sont les plus célèbres.

ARABIE, vaste presqu'île formant l'extrémité sud de l'Asie occidentale, située entre les 12° et 34° dégrés de latitude septentrionale et les 30° et 57° de long. orientale. Elle est limitée : au N. par la Syrie et la Mésopotamie; à l'O., par la mer Rouge et l'Egypte; à l'E., par le golfe Persique, et au S., par la mer des Indes. On évalue à 50,000 milles carrés géographiques la superficie de l'Arabie. Les géographes anciens avaient adopté la division en trois régions, division suivie par beaucoup de géographes modernes. L'Arabie Pétrée, l'Arabie Déserte et l'Arabie Heureuse. — L'*Arabie Pétrée* (du grec *petraios*, pierreux), ainsi appelée à cause de son sol en général pierreux, est située au nord-ouest. C'est cette contrée montagneuse qui s'étend entre la Palestine et la mer Rouge, où s'accomplirent, après la sortie d'Egypte, les destinées du peuple d'Israël. — L'*Arabie Déserte* s'étendait depuis l'Yémen jusqu'à l'Euphrate, elle renfermait les plateaux de l'Arabie centrale, si peu connus encore de nos jours. L'Arabie Déserte ne mentait pas à son nom, et la civilisation n'occupait que quelques oasis semées dans cette vaste solitude où règne le souffle ardent du simoun. « Terre inhabitée et inaccessible, dit Jérémie, terre sèche et aride, image de la mort, terre où jamais l'homme n'a passé et où il ne demeurera jamais. » — L'*Arabie Heureuse* ou *Yémen* a mérité des Grecs les descriptions les plus pompeuses; cette patrie des encens où les champs étaient couverts d'une verdure éternelle. Petra, Gerrha, Hareb ou Saba, Sana et Sophar étaient les plus riches entrepôts du commerce des Indes. — Par la vaste étendue de son sol, l'Arabie offre une grande variété de terrains et de sites. Les côtes sont en général arrosées par les eaux descendues des montagnes. Les sommets du centre sont très élevés; si l'on en excepte l'Yémen ou Arabie Heureuse, le pays consiste en général en plaines de sable et en collines arides. Peu de pays sur la terre sont aussi dépourvus d'eau. L'Arabie ne possède aucun fleuve considérable, et ses rivières ne sont en général que des torrents appelés du nom de *ouadis* ou vallons, et qui coulent seulement au moment des pluies. Le voyageur doit craindre dans ces déserts de sable des tempêtes non moins terribles que celles qui soulèvent l'Océan. Lorsque souffle le simoun, des tourbillons de sable s'élèvent et engloutissent tout ce qui se rencontre sur son passage. — Les indigènes partagent leur contrée en plusieurs provinces qui sont : le *Hedjaz*, l'une des parties les plus stériles de la Péninsule arabique, mais célèbre par les deux villes saintes que renferme son territoire, la *Mecque* et *Medine*. (Voyez.) Le *Nedjd*, placé au centre de la presqu'île, contrée montagneuse et sablonneuse, où s'offrent tour à tour à l'œil étonné la plus désolante aridité et les plus riantes oasis. L'*Asyr*, entre le Nedjd et le

Hedjaz, peuplée d'une race belliqueuse, et où l'on cultive le café. — Le *Téhamah*, plaine sablonneuse qui s'étend entre la mer Rouge et les montagnes, et que la mer paraît abandonner de jour en jour en se retirant, mais dont le sol in-fertile n'offre guère d'utilité à l'homme. — Le *Yémen*, placé à l'extrémité méridionale de la Péninsule, résume pour ainsi dire en lui seul toutes les richesses du sol ou du climat dont la nature s'est montrée si avare envers les autres

PÉLERINAGE A LA MECQUE.

parties. Cette province a deux ports situés à l'entrée de la mer Rouge, Moka et Aden, qui contribuent beaucoup à sa prospérité. C'est dans cette région que coulent le Meïdam et le Chabb, les seuls fleuves de l'Arabie qui aient un cours permanent. — L'*Oman* est la partie de l'Arabie baignée à la fois par les eaux de la mer des Indes et du golfe Persique. C'est une vaste solitude, entrecoupée de nombreuses oasis et de fertiles vallées, et dont la ville la plus importante est Maskat. Le climat de l'Arabie est peu favorable à la végétation, cependant les parages maritimes sont en général fertiles, et surtout l'Yémen. Parmi les plantes usuelles, on compte la casse, le séné, l'arbre à baume, la canne à sucre, le plus grand nombre des arbres fruitiers d'Europe, le dattier, etc. Les arbres forestiers sont le sycomore, le lotus épineux, l'acacia qui donne la gomme, le frêne qui produit la manne. On y cultive le froment, le maïs, l'orge, le dourra, du riz; mais la plante dont s'enorgueillit surtout l'Yémen, c'est le café, dont on fait deux ou trois récoltes par an. Outre les gazelles, les chacals, les gerboises, l'autruche et les autres animaux qui remplissent les déserts et les forêts, nous citerons, au premier rang des animaux utiles, le cheval, dont la race réunit de si admirables qualités, le chameau, le buffle, le mouton à grosse queue, etc. On évalue la population totale de l'Arabie à près de 12 millions. Dans les contrées livrées à la culture ou au commerce, les Arabes ont adopté les habitudes des peuples policés et ne se distinguent pas des populations de la Syrie et de l'Egypte. Les habitants des côtes, particulièrement sur les bords du golfe Persique, vivent de la pêche, et le poisson y est, dit-on, tellement abondant qu'il sert à fumer les terres; mais dans les plaines sablonneuses on ne connaît pas d'autre vie que la vie pastorale. Les nomades qui se nomment eux-mêmes *Bédouins* sont divisés par tribus ou par familles. Chaque famille a son chef, qui est ordinairement l'homme le plus ancien, et qui, en conséquenc, reçoit le titre de *cheikh*. La famille cherche le voisinage d'un puits ou d'une source d'eau, et s'établit à l'entour avec ses troupeaux. Le nombre des tentes répond au nombre des membres qui composent la colonie. Quand les pâturages sont épuisés, elle va s'établir ailleurs,

Les nomades s'occupent surtout de l'éducation des bestiaux, et y trouvent de quoi satisfaire au petit nombre de besoins que comporte leur manière de vivre. La brebis leur fournit du lait pour se nourrir et de la laine pour se vêtir. Le chameau, par la facilité qu'il a de s'abstenir d'eau pendant plusieurs jours, et le cheval par sa vitesse, leur permettent de franchir les plus grandes distances. Il est vrai que cette facilité de se porter où ils veulent est souvent funeste aux voyageurs et aux étrangers. Dans ces pays presque inhabités et où l'on manque des choses les plus nécessaires, les voyageurs sont obligés de se réunir pour se prêter appui au besoin. Quelquefois une tribu, excitée par la misère ou par l'appât du gain, va attendre les caravanes au passage, et les dépouille. D'un autre côté, ces mêmes Arabes, quand on a recours à eux et qu'on se confie à leur bonne foi, sont fidèles aux lois de la plus généreuse hospitalité.

L'Arabie a dû être un des pays du monde les premiers habités. Les écrivains nationaux regardent comme le père des Arabes Yarab, descendant de Sem à la cinquième génération. Ce qu'il y a de certain, c'est que la langue arabe est pour le fond la même que l'hébreu et les autres langues qu'on appelle du nom général de *sémitiques*. Au bout de quelques siècles, Ismaël, fils d'Abraham, qui était allé s'établir dans le Hedjaz, auprès de la Mecque, ayant épousé la fille d'un descendant d'Yarab, donna naissance à un grand nombre d'autres tribus, parmi lesquelles était celle qui vit naître Mahomet. Ce sont là les deux principales souches autour desquelles se rangent les tribus arabes, et qui, sous les noms de *Caïssis* et de *Yéménis*, se sont fait souvent de sanglantes guerres.

Avec le temps d'autres peuples, et particulièrement les Juifs, s'établirent en Arabie. Les enfants d'Israël, avant d'entrer dans la terre promise, errèrent pendant quarante ans dans les déserts de l'Arabie Pétrée ; ils furent de tout temps limitrophes des Arabes, et naturellement quand une guerre ou une révolution inquiétait leur patrie, beaucoup d'entre eux allaient chercher un refuge parmi les nomades. Il en fut de même plus tard, pour les chrétiens de la Palestine, de la Syrie et de la Mésopotamie, lorsque ces contrées eurent été soumises aux lois de l'Evangile. Les croyances religieuses durent se ressentir d'un tel mélange. Lorsque Mahomet parut sur la scène, les Juifs n'étaient pas sans puissance en Arabie. Ils y avaient leurs lois, leur religion et leur gouvernement. Les Chrétiens n'étaient pas non plus sans force ni sans consistance : plusieurs tribus no-

mades avaient abandonné l'idolâtrie pour embrasser la foi du Christ. Mais en général les Arabes, sans excepter les descendants d'Ismaël, étaient plongés dans les ténèbres du paganisme : les peuples situés près de l'embouchure du Tigre et de l'Euphrate, à l'exemple de certaines populations de la Chaldée, adoraient les astres ; le reste des Arabes, formant la principale partie de la nation, était adonné au culte des idoles. Les Juifs occupent encore quelques cantons aux environs de Médine et forment des tribus nombreuses. Mais la masse de la nation, à quelques différences de croyance près, est devenue musulmane. Si l'Arabie échappa aux invasions si fréquentes qui désolèrent presque tout le reste de l'Asie, c'est à sa position qu'elle doit cette faveur. En effet, se trouvant hors du passage des conquérants, elle n'eût offert que des dangers à courir au milieu de son sol aride et désert. Lorsque Mahomet s'annonça comme le restaurateur de sa patrie, tout le nord de l'Arabie Pétrée était au pouvoir des empereurs de Constantinople, et la civilisation romaine, ainsi que le prouvent les imposants monuments qui subsistent encore, y avait laissé des traces profondes. Les côtes du golfe Persique et les contrées arrosées par le Tigre et l'Euphrate reconnaissaient les lois des Kosroès de la Perse ; une partie des bords de la mer Rouge, au midi de la Mecque, était soumise aux rois chrétiens de l'Abyssinie. Après le triomphe de l'islamisme, le siége du kalifat ayant été successivement transféré à Damas, à Bagdad et ailleurs, l'Arabie ne se trouva plus qu'une province de l'empire musulman. Plus tard, après la chute du khalifat, un frère du grand Saladin parvint à se rendre maître de l'Yémen, et les provinces de la Mecque et de Médine, après avoir reconnu la souveraineté des sultans mamelouks d'Egypte et de Syrie, furent obligées de se mettre sous la protection des sultans othomans. Que voulaient surtout les Wahhabites, si ce n'est l'entier affranchissement de la presqu'île ? Et n'est-ce pas là une des principales causes qui leur avaient gagné tant de partisans ? Mais Ibrahim-Pacha, fils du vice-roi actuel d'Egypte, les chassa de la Mecque et de Médine, et, les poursuivant jusqu'au fond de leurs retraites, il les a réduits, au moins pour quelque temps, à l'impuissance.

L'Arabie était célèbre autrefois par son commerce. Placée entre l'Inde, l'Egypte et la Syrie, et riche non-seulement de ses productions, mais aussi de celles de l'Asie orientale, elle fournissait une grande partie de l'ancien monde d'encens, de parfums de tout genre, d'épiceries, etc. L'idée où était l'Occident que toutes ces substances précieuses croissaient sur le sol de l'Arabie Heureuse avait fait regarder ce pays comme une véritable terre de bénédiction. Depuis les nouvelles voies ouvertes au commerce, et surtout depuis la découverte d'un monde nouveau, la sphère des entreprises mercantiles s'est agrandie, et les navigateurs ont pu aller chercher eux-mêmes dans les diverses contrées du globe les substances qui manquaient à l'Europe.

L'Arabie, berceau de l'islamisme, est devenue pour les musulmans une terre sacrée. La Mecque surtout, patrie du prophète, et Médine, qui fut le lieu de sa mort, sont l'objet de la vénération des croyants. On trouvera, sous les mots MECQUE, MÉDINE, etc., les détails qui se rapportent à ces différentes localités.

ARABIQUE (golfe). Voyez *Rouge* (mer).

ARABIQUE (gomme). Voyez *Gomme*.

ARACHIDE, genre de plantes de la famille des légumineuses, créé pour une espèce dont on ignore la mère-patrie, mais que l'on cultive en Chine, au Japon et dans les provinces méridionales des États-Unis d'Amérique et de la France, ainsi qu'en Espagne et en Italie. Cette plante, connue sous le nom de *pistache de terre*, est annuelle; on la cultive en grand pour ses propriétés alimentaires et oléagineuses. L'*arachide souterraine* (A. hypogœa) a sa racine fusiforme, composée de fibres grêles couvertes d'un grand nombre de tubercules pisiformes. Sa tige, rameuse et poilue, est longue d'environ quatre décimètres; ses feuilles sont alternes, ailées, d'un beau vert, composées de deux paires de folioles, et munies d'une paire de stipules lancéolées. Les fleurs qui naissent aux aisselles des feuilles sont réunies par petits bouquets de trois à six, petites, jaunes; les supérieures sont toutes mâles, les inférieures sont, les unes femelles, les autres polygames. Après la fécondation, les premières disparaissent; les secondes seules sont fécondées et présentent un phénomène très curieux. L'ovaire développé s'allonge peu à peu, se courbe vers la terre et finit par s'y enfoncer; elle y accomplit sa maturation à plusieurs pouces au-dessous de la surface et présente alors ensevelie une gousse longue, cylindrique, de substance coriacée, et qui renferme deux et quelquefois quatre semences de la grosseur d'une noisette. Cette espèce d'amande est enveloppée d'une pellicule couleur de chair, et sa substance est blanche, farineuse et oléagineuse. C'est dans cette amande que réside le produit de l'arachide; elle fournit la moi-

tié de son poids d'une huile grasse, agréable au goût et qui se conserve très longtemps sans rancir. Elle est très siccative et peut s'employer dans les arts. On a prétendu que les pistaches de terre pouvaient remplacer le cacao dans la fabrication du chocolat.

ARACHNÉ, suivant la fable, fille d'un simple artisan de Colophon, se rendit célèbre par son adresse à broder sur la toile et sur la tapisserie. L'admiration qu'on lui témoignait lui inspira un orgueil tel qu'elle osa défier Pallas elle-même. La déesse accepta le défi et fut vaincue. Elle en conçut un tel dépit qu'elle déchira la toile de sa rivale et la frappa de sa navette. Arachné se pendit de désespoir; mais Pallas lui conserva la vie en la changeant en araignée. Arachné est en grec le nom de cet insecte.

ARACHNIDES (du grec *arachné*, araignée). Les arachnides forment la seconde classe de l'embranchement des animaux articulés. Ce sont des animaux à corps généralement mou et non revêtu d'une peau qui n'est pas dure et calcaire comme dans les crustacés. Ils n'ont jamais d'ailes et se meuvent au moyen de pieds articulés le plus souvent au nombre de huit et terminés par deux ou trois crochets. La tête chez eux se confond avec le thorax et forme un ensemble inséparable nommé *céphalo-thorax*, elle n'est jamais pourvue d'antennes, mais présente deux pièces articulées en forme de petites serres, mal à propos comparées aux mandibules des insectes, dont on leur a donné le nom; elles se meuvent en sens contraire de celles-ci, c'est-à-dire de haut en bas; ces pièces sont remplacées, dans les arachnides dont la bouche est en forme de suçoir, par deux lames pointues servant de lancettes. Les organes de la vision consistent en petits yeux lisses, groupés de diverses manières, et dont le nombre varie de deux à douze. Leur bouche est composée d'une lèvre en languette, de deux mâchoires formées par le premier article des palpes et d'une pièce cachée sous les mandibules et qui se nomme langue sternale; les arachnides n'éprouvent pas de métamorphoses comme les insectes, mais de simples mues. La respiration s'effectue, chez les uns, au moyen de poumons, sortes de petites poches composées de nombreuses lamelles unies et rapprochées entre elles comme les feuillets d'un livre. Ces poches communiquent à des ouvertures extérieures transversales, nommées *stigmates*, dont le nombre varie de deux à huit, et situées à la partie inférieure de l'abdomen. Chez les autres, la respiration s'opère comme chez les insectes, au moyen de trachées. De là la division des arachnides en *trachéennes* et en *pulmonaires*. Le système circulatoire consiste en un cœur ayant la forme d'un gros vaisseau allongé, donnant naissance à des artères qui se rendent aux diverses parties du corps. Le système nerveux nous offre dans la plupart un volumineux ganglion central, situé à la partie médiane du thorax, et deux autres plus petits en avant, donnant naissance aux nerfs optiques et aux nerfs buccaux. Le ganglion central émet de chaque côté quatre rameaux aboutissant aux pattes, et en arrière deux grands cordons nerveux se divisant à la base de l'abdomen en quatre ou cinq rameaux branchus. Ce mode d'organisation varie cependant chez les *scorpions*. (Voy. ce mot.) Les organes générateurs existent à la base de l'abdomen, et se composent chez le mâle de deux testicules et d'un double canal afférent terminé par la verge ; l'appareil femelle est composé des ovaires consistant en deux tubes auxquels sont suspendus les œufs en forme de grappe, de l'oviducte et de la vulve. Les plupart des arachnides sont ovipares, les petits éclosent quelques jours après la ponte, et ils ont déjà la même forme que les adultes, sauf quelques espèces qui naissent avec six pattes et n'acquièrent les deux autres qu'après une mue. Les arachnides se nourrissent en général d'insectes qu'elles saisissent dans des toiles, ou à la course, d'autres vivent en parasites sur divers animaux et sur l'homme lui-même (voy. *Acarus*), ou sur des végétaux. Comme nous l'avons vu plus haut, les arachnides se divisent en deux ordres, les pulmonaires et les trachéennes. — Les *pulmonaires* ou arachnides à sacs pulmonaires placés sous le ventre, et à système circulatoire bien prononcé, comprennent deux familles, les fileuses et les pédipalpes. — Les *fileuses* ou aranéides comprennent les *araignées* proprement dites. (Voy. ce mot.) Les *pédipalpes* comprennent les *tarentules* et les *scorpions*. (Voy.) Les *trachéennes*, qui ne reçoivent l'air que par des trachées ramifiées et manquent d'organe circulatoire, se divisent en *faux scorpions,* en *pychnogonides* et en *holètres*. (Voyez ces mots.)

ARAIGNÉE. Ce nom était autrefois celui sous lequel on comprenait toutes les araignées fileuses qui forment aujourd'hui la grande famille des aranéides ; il n'est plus réservé, par les naturalistes, qu'au groupe qui renferme l'araignée domestique et ses congénères ; quoi qu'il en soit, comme ces animaux sont plus généralement connus sous ce nom, nous allons donner ici tous les

détails qui les concernent. Les araignées fileuses ou aranéides, de l'ordre des pulmonaires, se distinguent de toutes les autres familles d'arachnides, par la présence de filières à l'anus, dans les deux sexes. Leurs mandibules mobiles, sont ter-

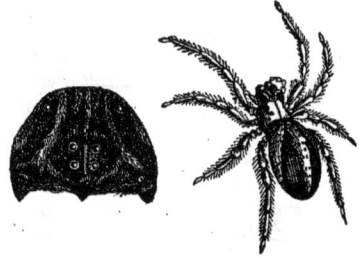

Araignée érèse. Sa tête et ses yeux grossis.

minées par un crochet très acéré, courbé, et portant à son extrémité une ouverture pour la sortie du venin renfermé dans une vésicule; les palpes des mâles dont le dernier article est fortement renflé présente de petites pièces cornées que l'on a longtemps prises pour les organes de la génération, mais qui ne sont que des organes excitateurs. L'abdomen est suspendu au céphalo-thorax par un pédicule très court et très mince, il est le plus souvent mou, soyeux, ovoïde, très bombé; à son extrémité sont situées les *filières.* Ce sont des mamelons coniques ou cylindriques, au nombre de quatre ou de six, percés de trous auxquels viennent aboutir des vaisseaux réunis en paquets dans l'abdomen. La matière gluante expulsée à travers ces pores prend de la consistance par le contact de l'air, et constitue des fils d'une ténuité extrême et d'une longueur très grande. A l'aide de ses pattes armées de crochets, l'araignée réunit en une seule corde tous ces fils, et chaque fois qu'en se balançant les filières viennent à toucher le corps sur lequel elle pose, elle y attache le bout d'un de ses fils, dont l'extrémité opposée est encore renfermée dans l'appareil sécréteur et dont elle peut par conséquent augmenter la longueur à volonté. La couleur et le diamètre de ces fils varient beaucoup; quelques espèces donnent naissance à des fils d'une ténuité telle, que plusieurs milliers sortant des pores d'une des filières égaleraient à peine en grosseur un de nos cheveux; d'autres espèces au contraire, propres aux pays chauds, forment des trames si fortes, qu'elles suffisent pour arrêter de petits oiseaux. La manière dont les aranéides mettent leur soie en œuvre ne varie pas moins, les unes se bornent à tendre des fils irréguliers, d'autres tissent une toile dont les mailles sont extrêmement irrégulières. — Les mœurs des araignées sont des plus curieuses, elles sont sédentaires ou coureuses, et par conséquent présentent une manière de vivre différente. Les premières attendent immobiles, au milieu de leur toile, ou cachées dans quelque coin, que l'ébranlement des fils vienne leur annoncer la prise d'un insecte dans leurs filets; elles se précipitent alors dessus, le saisissent, le sucent et le dévorent sur place; si la proie résiste, elle est à l'instant emmaillottée par des fils innombrables qui paralysent ses mouvements. Il arrive cependant quelquefois que l'insecte est trop fort, alors l'araignée elle-même brise sa toile pour se débarrasser d'un hôte dangereux; elle raccommode ensuite le dégât, ou s'il est trop grand, elle reconstruit une autre toile. Les araignées coureuses poursuivent leur proie ou l'épient, et d'un bond parviennent à sauter sur elle. Dans ces espèces qui vivent de chasse active, les yeux sont généralement plus développés. Ces animaux ne s'épargnent pas entre eux, et se dévorent lorsqu'ils en trouvent l'occasion. Au temps de la reproduction, les mâles, poussés par cet instinct qui agit dans tous les animaux, se mettent en quête des femelles, mais avec beaucoup de circonspection; quand un mâle a découvert une femelle, il s'approche lentement en faisant quelques pas sur sa toile, puis s'éloigne aussitôt, revient, s'approche un peu plus, et enfin, après plusieurs hésitations, se hasarde à toucher la femelle du bout d'une de ses pattes; c'est là le moment critique, malheur à lui si la belle est à jeun ou si elle est mal disposée, car dans ce cas elle se jette sur lui et le dévore. Dans le plus grand nombre des espèces, le mâle est plus petit et moins fort que la femelle, aussi se laisse-t-il tomber à terre après avoir accompli cet acte d'audace. Si la femelle n'a pas bougé, il revient à la charge, et après l'avoir caressée avec ses palpes, il la saisit avec ses pattes et l'accouplement a lieu. Les araignées prennent le plus grand soin de leur progéniture; les femelles forment avec une soie très fine une petite coque dans laquelle elles placent leurs œufs. Les araignées sédentaires le fixent dans un coin de mur ou dans un trou, mais les espèces coureuses ne le quittent pas, et beaucoup d'espèces l'emportent avec elles, fixé sous le ventre. Les œufs, qui ne sont pas des-

tinés à passer l'hiver, éclosent quinze ou vingt jours après la ponte. Les petites araignées restent ensemble jusqu'après la première mue, et filent en commun. Ce sont ces fils floconneux que l'on voit voltiger dans les airs pendant les beaux jours de l'automne et du printemps, et que l'on nomme fils de la Vierge. Dès qu'elles ont subi la première mue, les petites araignées se séparent et vont vivre chacune de leur côté.

Araignée domestique.

—On a prétendu que, dans les pays chauds, le venin de certaines espèces pouvait être funeste à l'homme lui-même; on connaît toutes les fables racontées sur la tarentule (voyez); mais M. Walckenaer, qui s'est fait piquer par les espèces réputées les plus dangereuses, assure n'en avoir éprouvé aucun mal. Cependant certaines espèces gigantesques du genre (les *mygales*), attaquent et tuent des oiseaux et même de petits reptiles. On a cherché à tirer parti de la soie des araignées, et l'on a pu fabriquer des gants et des bas, mais la difficulté d'élever en domesticité des animaux toujours prêts à s'entre-dévorer y a fait renoncer. — Les araignées sont très utiles à l'agriculture, les espèces champêtres détruisent considérablement d'insectes très nuisibles aux végétaux. Les araignées sont répandues sur la presque totalité du globe, mais c'est sous les tropiques que vivent les espèces les plus remarquables par leur taille et leurs couleurs. L'araignée n'est pas un animal à formes séduisantes, j'en conviens, mais cependant on a peine à comprendre l'horreur invincible qu'elle inspire à certaines personnes. On les accuse d'être sales, hideuses, dégoûtantes, venimeuses, que sais-je encore, et on a terni leur réputation par une foule d'histoires aussi absurdes que terribles. Certainement les araignées ont un venin, mais qui n'a d'action que sur de faibles insectes, et non sur l'homme ni sur les animaux de taille moyenne.

Araignée aquatique. (Voy. *Argyronète*.)

ARAGON, province d'Espagne qui a conservé le titre de royaume. Elle tire son nom d'une rivière venant des Pyrénées et qui, après l'avoir traversée, se jette dans l'Ebre, près de Milagro. L'Aragon, habité dans l'origine par les Celtibères, fut compris par les Romains dans la Tarraconnaise, l'une des trois grandes divisions de la péninsule ibérique. En 470, cette province passa sous la domination des Goths, et fut conquise en 714 par les Maures. Enlevé à ces conquérants par le roi de Navarre, l'Aragon forma, en 1035, un royaume séparé que Sanche-le-Grand donna à Ramire, son quatrième fils. Ce prince devint la souche de la dynastie d'Aragon, qui se confondit dans la personne de Ferdinand-le-Catholique, avec la maison royale de Castille. Cette dynastie compte vingt rois, et le règne des premiers s'écoula dans une lutte perpétuelle avec les Maures. Les rois d'Aragon se sont succédé dans l'ordre suivant :

I. DYNASTIE DE NAVARRE.

Ramire I.	1035
Sanche Ramire I.	1063
Pedro I.	1094
Alphonse I.	1104
Ramire II.	1134

II. DYNASTIE DE BARCELONE.

Raymond.	1137
Alphonse II.	1162
Pedro II.	1196
Jayme I.	1213
Pedro III.	1276
Alphonse III.	1285
Jayme II.	1291
Alphonse IV.	1327
Pedro IV.	1336
Juan. I.	1387
Martin.	1395

III. DYNASTIE DE CASTILLE.

Ferdinand I.	1412
Alphonse V.	1416
Juan II.	1458
Ferdinand II.	1479

A la couronne d'Aragon appartenaient le royaume de ce nom, ceux de Valence et de Majorque, et la principauté de Catalogne. — C'est aujourd'hui une des douze capitaineries générales du royaume d'Espagne, elle est située entre celles de vieille Castille et de Navarre, à l'O.; de Catalogne, à l'E.; de nouvelle Castille au S., et touche à la France par la frontière septentrionale. Cette province a 1,006 lieues carrées de superficie, et sa population est de 637,376 âmes. Le sol est hérissé de montagnes dans les parties septentrionale et méridionale; les montagnes du nord sont des ramifications des Pyrénées; celles du sud passent pour être les plus hautes de l'Espagne. L'Ebre traverse l'Aragon du N.-O. au S.-O, et le divise en deux parties presque égales; le Tage et le Guadalaviar y prennent leur source. On y compte en outre jusqu'à quarante-cinq rivières, dont les principales sont indépendamment de l'Aragon qui se jette dans l'Ebre, le Gallego, le Cinca, la Sogre, etc. Après Saragosse et sa capitale, les villes les plus importantes sont Zaca, Huesca, Catalayud et Albarracin. Le climat de l'Aragon est froid dans les montagnes, et très chaud dans le pays plat. On y récolte des grains, d'excellents vins, de l'huile, du safran, de la soie, du lin, du chanvre, et ces produits alimentent une exportation considérable. Les montagnes sont riches en mines, mais peu exploitées; l'industrie consiste principalement dans l'élève des bestiaux, la fabrication des draps et toiles, d'eaux-de-vie, poudre à canon, savon, etc. Le commerce est favorisé par le canal d'Aragon ou impérial, commencé par Charles-Quint en 1529, et qui, partant de Tudela, s'arrête à deux lieues au-dessous de Saragosse, après un cours de dix-huit lieues. Un projet a été étudié pour le conduire jusqu'à l'Ebre.

ARAL (mer d'), lac de l'Asie occidentale, entre le 42e et le 46e degré de latitude.—Il a 55 lieues de long, sur 12 de large, et reçoit plusieurs rivières, parmi lesquelles on remarque le Sir, l'Ouadjany, et l'Amon-Derya. L'Aral n'a aucun écoulement visible, et des travaux récents ont démontré que son niveau était de 35 mètres au-dessus de celui de la mer Caspienne, dont il est séparé par des plaines très élevées. Ce lac est entouré de vastes steppes ou plaines désertes, dont l'herbe sèche et amère est peu favorable aux bestiaux qu'y élèvent les Tartares nomades. Les eaux de l'Aral sont moins salées que celles de la plupart des lacs de la Tartarie indépendante. Une de ses branches, le Tchiganah, s'avance dans les terres sur un espace de 25 lieues, mais elle se dessèche en été. Parmi les poissons et les amphibies qui habitent le lac, nous citerons surtout l'esturgeon et le phoque. Sur ses bords, errent les tribus des Kirghis et des Uzbecks. Quelques savants, s'appuyant sur ce que les auteurs anciens ne parlent pas de l'Aral, et donnent à la mer Caspienne une étendue qu'elle ne présente pas aujourd'hui, ont supposé que la séparation de ces deux mers était due à quelque commotion volcanique qui avait soulevé le terrain et produit les montagnes qui les séparent aujourd'hui.

ARAMÉENS. On donne ce nom aux descendants d'Aram, cinquième fils de Sem, qui peuplèrent la Syrie et la Mésopotamie. (Voyez *Sémitique*.)

ARANJUEZ, jolie petite ville espagnole, située sur le Tage, dans la province de Tolède. Eloignée d'environ huit lieues de Madrid, elle possède un magnifique château bâti par Philippe II, qui sert de résidence d'été à la famille royale. Aux environs d'Aranjuez, il existe une source d'eau minérale qui a des vertus purgatives. C'est à Aranjuez qu'éclata la révolte du 18 mars 1808, qui amena l'abdication de Charles IV et l'avénement de Ferdinand VII. (Voyez ces noms.)

ARARAT, célèbre montagne de l'Arménie, qui fait partie de la chaîne, limitant au S. et à l'O. la province russe d'Erivan. Le mont Ararat est presque isolé au milieu d'une vaste plaine dont il couvre une grande partie de sa large base. Il se termine par deux sommets, dont le plus élevé, auquel on a donné le nom de *grand Ararat*, n'a pas moins de 16,200 pieds de haut, c'est-à-dire 1,300 pieds de plus que le Mont-Blanc. Le moins élevé et le plus oriental s'appelle *petit Ararat*. La base de cette montagne offre une assez maigre végétation, que se disputent de nombreux troupeaux; mais à mesure que l'on s'élève vers son sommet, l'aspect de la montagne devient de plus en plus désolé; pas un arbrisseau n'y croît, et d'effrayants abîmes déchirent ses flancs, d'où sortent fréquemment des tourbillons de fumée. On ne trouve là que des ours et des oiseaux de proie. Les parties supérieures sont couvertes de neiges. Le 12 juillet 1840, un terrible tremblement de terre désola cette contrée, de violentes secousses détachèrent d'immenses blocs de rochers, de glaces et de neiges, qui furent précipités au pied de la montagne, et détruisirent le couvent de Saint-Jacques et le village d'Acorhi, avec ses 200 maisons et ses 1,000 habitants.—La Genèse désigne le mont Ararat comme le lieu où s'arrêta l'arche après le déluge; l'historien Josèphe prétend même que, de son temps, on voyait encore les restes de l'arche sur les montagnes de l'Arménie. (Voy. *Arménie*.)

ARATUS, chef de la ligue achéenne, dans l'ancienne Grèce, naquit à Sicyone vers 272 av. J.-C. Son père ayant voulu rétablir dans sa patrie le gouvernement démocratique, fut tué par le tyran Abantidas, et Aratus enfant fut exilé avec toute sa famille. Lorsqu'il eut atteint sa vingtième année, un ardent désir de délivrer sa patrie de l'oppression lui fit faire un appel à tous les bannis. Il se met à leur tête, pénètre de nuit dans Sicyone et tue le tyran Nicoclès. Nommé stratége de la ville, il la fit entrer dans la ligue achéenne, dont il fut nommé chef, s'empara de Corinthe, en chassa Antigone roi de Macédoine, et remporta de grands avantages. Il força bientôt la plupart des villes de la Grèce d'entrer dans la ligue; mais Sparte résista et fit la guerre à la ligue, qui éprouva de nombreux échecs. Aratus fit alors alliance avec Philippe V, de Macédoine, et fut plus tard obligé de se retirer à la cour de ce prince. Son franc parler déplut à la cour, qui le fit empoisonner (213). Plutarque a écrit la vie de ce grand capitaine, auquel la ligue achéenne dut tout son éclat.

ARAUCANIENS, peuple libre et sauvage qui habite la partie méridionale du Chili. Les Araucaniens ont toujours résisté au joug espagnol et repoussé les missionnaires. Depuis que le Chili est une république, ils forment de même un État indépendant, et font la guerre aux Chiliens comme ils la faisaient aux Espagnols. Les Araucaniens ont le caractère belliqueux, sont bons cavaliers et manient leurs longues lances d'une manière redoutable. Ils font également usage du laço ou lacet à nœud coulant, avec lequel ils manquent rarement leur but. Ils vivent de rapines et ne se plaisent qu'aux combats. Quelques tribus mènent une vie nomade comme les Mogols, avec lesquels ils offrent, du reste, beaucoup de points de ressemblance. Les hommes sont forts et vigoureux, mais leurs traits sont durs et féroces, leurs cheveux noirs sont longs et raides. Ils se nourrissent de maïs et de viande desséchée, et font une liqueur fermentée, avec des fruits. Ils aiment passionnément l'eau-de-vie. Leur vêtement consiste en une pièce d'étoffe carrée, percée d'un trou pour passer la tête, et quelquefois ornée de dessins. Ce sont leurs femmes qui fabriquent ce tissu et qui s'occupent de tous les travaux les plus rudes. Les Araucaniens ont trois ordres de chefs, subordonnés les uns aux autres. Les *Tokis* ou chefs supérieurs sont au nombre de quatre, et leur pouvoir est égal ; ils ont sous leurs ordres les *Apo-ulmenes* et les *ulmenes* ou simples commandants. Ces dignités sont héréditaires dans la ligne masculine. Dans les grandes occasions, le corps entier des chefs se réunit en *auca-coyag* ou grand-conseil. — Chez ce peuple la polygamie est permise, et les Araucaniens prennent autant de femmes qu'ils en peuvent acheter, car ils sont obligés pour prendre une femme de donner une certaine dot aux parents. Les Araucaniens n'ont ni temples ni prêtres, mais ils reconnaissent un Dieu suprême qu'ils nomment *Guenupillan* (Esprit du ciel) ou Grand Toki. Ils n'ont pas d'écriture, mais se servent, comme les anciens Péruviens, de *quipos* ou cordons à nœuds. Les Puelches et les Picunches sont des tribus araucaniennes qui habitent le Chili oriental. On estime leur nombre total à 500,000 individus, disséminés sur un territoire de 4,000 milles carrés géographiques.

ARAXE, fleuve d'Arménie qui prend sa source près de Kolli, dans le pachalik turc d'Erzeroum. Il descend du mont Abus, se dirige à l'est, et, après de nombreuses sinuosités, se jette dans la mer Caspienne. Ce fleuve forme en partie la limite entre la Russie et la Perse. Son cours est très rapide, et ses eaux grossies par les pluies, débordent avec force et renversent tout sur leur passage. Xercès, Alexandre, Pompée, Mithridate et Auguste tentèrent en vain d'y établir des ponts ; leurs débris couvrent le rivage. On a supposé que ce fleuve était le *Gihon* dont parle l'Ecriture sainte.

ARBACE. Voyez *Sardanapale* et *Assyrie*.

ARBALÈTE (*arcubalista*), arme de trait, formée d'un arc monté sur un fût de bois ou chevalet, destiné à porter et à diriger le projectile. Le chevalet renferme dans le milieu de sa longueur une petite roue mobile d'acier ou *noix*, ayant deux entailles dans les deux parties opposées de sa circonférence. Dans la première s'arrête la corde de l'arbalète lorsqu'elle est tendue ; à la seconde aboutit l'extrémité du ressort de la détente. Lorsqu'on presse la clef qui se trouve sous le chevalet, le ressort se dégage, la noix tourne, la corde s'échappe et le projectile est lancé au loin. Il y avait deux sortes d'arbalètes : les unes petites, se bandaient avec la main ; les autres plus grandes, ou arbalètes de rempart, à bascule, se bandaient avec le pied droit ou même

avec les deux. L'arbalète servait à lancer des balles, des pierres ou des traits. Cette arme, dont

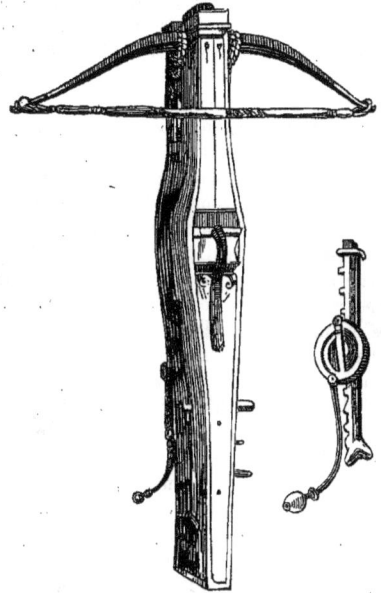

on attribue l'invention aux Phéniciens, fut introduite en France après la première croisade ; elle subit de nombreux perfectionnements mais ne fut jamais beaucoup employée en France. Il existait cependant dans les armées quelques compagnies d'arbalétriers à pied et à cheval.

ARBÈLES *Arbelæ*, Ville d'Assyrie située à l'E. de Ninive, près du Lycus (aujourd'hui *Erbil*, dans le Kourdistan), donna son nom à la victoire que remporta Alexandre sur Darius (331 av. J.-C.), et qui lui assura la possession de la Perse. (Voyez *Alexandre*.)

ARBITRAGE, juridiction que la loi ou les conventions des parties attribuent à de simples particuliers pour décider une contestation. Ces particuliers sont nommés *arbitres*. — L'arbitrage est volontaire ou forcé ; *volontaire* en matière civile, *forcé* en matière commerciale. On nomme *compromis* l'acte par lequel les parties conviennent de faire juger leurs contestations par des arbitres. Le titre 3 du Code de procédure civile (art. 1003 à 1027) donne tout ce qu'il est nécessaire de savoir relativement aux arbitrages volontaires. — L'arbitrage offre tout à la fois de grands avantages et de grands inconvénients : en effet, par cette disposition, les parties ont des juges de leur choix, qui procèdent et décident avec une grande économie de temps et de frais, sur le simple exposé des faits ou la production des pièces. On évite en outre le scandale qui se produit trop souvent dans les débats publics. Un arbitre a égard à l'équité, au lieu qu'un juge se règle uniquement sur la loi ; et c'est aussi pour donner lieu à l'équité qu'on a inventé l'usage des arbitres. D'un autre côté, en se liant par un compromis, les parties acceptent des juges qui n'offrent ni la garantie, ni l'expérience des juges éprouvés par un long exercice. Lorsque les arbitres nommés par le compromis ne sont pas d'accord, ils nomment un tiers arbitre, qui n'est plus l'homme investi d'une confiance spéciale et directe. Mais c'est bien pis lorsqu'il s'agit d'un arbitrage forcé et que les parties sont obligées de remettre leurs intérêts entre les mains d'hommes qu'elles ne connaissent pas, et qui sont nommés par ces mêmes magistrats à la juridiction desquels elles avaient voulu se soustraire! Les arbitres n'étant que des juges privés, et l'exécution d'un jugement ne pouvant être exigée qu'autant qu'il est revêtu de la sanction de l'autorité publique, il s'ensuit que le jugement des arbitres ne devient exécutoire qu'autant qu'il a été rendu tel par l'autorité publique. A cet effet, la minute du jugement doit être déposée dans les trois jours par l'un des arbitres au greffe du tribunal de première instance dans le ressort duquel le jugement a été rendu et le président peut seul prononcer l'ordonnance d'*exequatur*. Les jugements arbitraux peuvent être attaqués par voie d'appel, lorsque les parties n'y ont pas renoncé lors du compromis. Mais lorsque l'arbitrage a lieu sur l'appel ou sur requête civile, le jugement est définitif et sans appel. — Les contestations entre associés (héritiers ou ayant cause), pour fait de commerce, supposent des liquidations, des vérifications de livres et de pièces qui entraînent dans une foule de détails très compliqués au milieu desquels il serait impossible aux tribunaux de commerce de découvrir la vérité. Le tribunal nomme d'office des arbitres entre les mains desquels sont remises toutes les pièces du procès. L'action en nullité n'est pas ouverte contre le jugement des arbitres forcés; ils forment, en effet, un tribunal légal, sur lequel même le tribunal de commerce n'a pas de surveillance à exercer. Le recours en cassation est seul permis.

ARBITRAIRE. C'est la volonté individuelle substituée à la loi. Un pouvoir arbitraire est celui qui n'a d'autres bornes que la volonté de celui qui l'exerce. Ainsi, les agents du gouvernement *font de l'arbitraire* en allant au-delà de ce que les réglements prescrivent. Les lois elles-mêmes peuvent être arbitraires lorsqu'elles sont l'ouvrage d'un seul homme et qu'elles n'ont point reçu l'adhésion de tous ceux qui doivent s'y soumettre. L'arbitraire règne généralement dans tous les pays où l'on manque d'une législation fixe, claire, rationnelle et complète, comme dans l'Orient. Dans la politique, l'arbitraire se produit dans les États bien constitués par exception; dans les autres il est la règle, et réduit en système, il prend les noms de *despotisme* ou de *tyrannie*, suivant ses diverses manifestations. (Voyez ces mots.) La dictature constitue en politique un arbitraire légal, souvent utile. Il fut poussé très loin pendant le règne de la Convention nationale.

ARBITRE. Voyez *Arbitrage*.

ARBITRE (*libre*). On nomme ainsi le pouvoir qu'a l'être raisonnable d'agir ou de ne pas agir après délibération. Cette liberté est le premier fondement de la morale. Les stoïciens niaient l'existence du libre arbitre chez l'homme, prétendant que le destin maîtrisait ses actions et les rendait nécessaires. D'autres philosophes, combattant le dogme de la liberté humaine, ont avancé qu'il existait en nous un penchant au mal que nous ne pouvions surmonter, et les Manichéens (voyez) partageaient cette erreur en admettant deux principes, l'un bon, l'autre mauvais, qui nous portaient au bien ou au mal, et auxquels nous obéissions invinciblement, suivant que l'un ou l'autre agissait sur nous. Suivant Jansénius, l'homme a perdu le libre arbitre par le péché originel, et au libre arbitre ont succédé la délectation terrestre qui porte au mal, et la délectation céleste qui porte au bien. De ces deux délectations, dit-il, la plus grande l'emporte sur la plus faible, et la volonté est nécessairement entraînée par la plus forte. Avant lui, Luther avait dit que l'homme est porté au bien par la grâce et au mal par la concupiscence, et qu'il fait invinciblement le bien ou le mal suivant que la grâce l'emporte sur la concupiscence ou la concupiscence sur la grâce. Mais le dogme de la liberté humaine a prévalu dans la société comme le principe et le fondement de sa législation et de sa morale. En effet, l'homme est libre moralement (voyez *liberté*), et il faut qu'il le soit, autrement il n'y aurait plus de justice possible. Les éloges ou les récompenses donnés à la vertu, le blâme ou les châtiments infligés au vice, impliqueraient déraison ou iniquité.

ARBOUSIER (*arbutus*), genre de la famille des bruyères, renfermant des arbustes dont quelques-uns s'élèvent à la hauteur des arbres. L'espèce la plus intéressante est l'arbousier commun (**A.** *unedo*), qui croît dans le midi de la France, en Espagne et en Italie. C'est un bel arbrisseau qui s'élève de trois jusqu'à dix mètres de hauteur. Son tronc se divise en rameaux irréguliers, nombreux, d'un beau rouge, et forme de beaux taillis. Son beau feuillage, d'un vert brillant, persiste pendant l'hiver; il est alterne, ovale, oblong, denté à pétiole rouge. En septembre et en février, il est couvert de fleurs blanches ou roses, simples ou doubles, suivant la variété, disposées en grelots et en grappes pendantes axillaires ou terminales. Le fruit qui leur succède ressemble à la fraise de nos jardins, ce qui lui a fait donner le nom de *Fraisier en arbre*. Ce

fruit, d'un rouge vif lorsqu'il est mûr, est sucré, mais âpre et astringent; les oiseaux en sont très friands. Linné lui a donné le nom de *unedo*

pour *unum edo* (j'en mange un), pour exprimer que son âpreté empêchait d'en manger beaucoup. On retire de sa pulpe jaune et mucilagineuse un sucre liquide prêt à cristalliser et de l'alcool de 16 à 20°. L'eau-de-vie d'arbousier, comme celle du raisin, est le produit de la fermentation spiritueuse et de la distillation. — L'arbousier se multiplie de graines semées en temps sec, au mois de mars, et de marcottes. L'*arbousier à panicules* (A. andrachne), l'*arbousier des Alpes* (A. alpina), et l'*arbousier raisin d'ours* (A. uva ursi), ont de grands rapports avec l'arbousier commun.

ARBRE. *(Arbor).* On désigne sous ce nom les végétaux à tige ligneuse, par opposition à celui d'*herbe* ou de plante herbacée, que l'on donne à ceux dont la tige meurt chaque année. Les botanistes cependant donnent au mot *arbre* une acception plus précise et plus limitée. Ils réservent ce nom pour les végétaux ligneux les plus grands, ceux dont la tige est simple inférieurement et ne commence à se ramifier qu'à une hauteur plus ou moins considérable au-dessus du sol, en un mot pour les végétaux qui ont un *tronc*. Tous les autres végétaux ligneux ont reçu les noms d'*arbrisseaux*, d'*arbustes* et de *sous-arbrisseaux* :

1° Les arbrisseaux *(arbusculæ)* ont la tige ramifiée dès la base, et rivalisent presque avec les arbres par leur vigueur et leur élévation; tels sont les lilas, les noisetiers, etc.

2° Les arbustes *(frutices)* ont également leur tige ligneuse ramifiée dès la base, mais ils s'élèvent peu et dépassent rarement la hauteur d'un mètre.

3° enfin les sous-arbrisseaux *(suffrutices)* prennent en quelque sorte le milieu entre les arbustes et les plantes herbacées. Leur tige est ramifiée dès la base, ligneuse inférieurement; mais leurs jeunes rameaux sont herbacés et meurent chaque année tandis que la portion ligneuse persiste et vit un grand nombre d'années; telles sont la vigne vierge, la rue officinale, les clématites, etc.

Le nom d'*arbre* suivi d'une épithète significative est souvent employé pour désigner vulgairement certains végétaux ligneux, presque toujours remarquables par quelques-unes de leurs propriétés. C'est ainsi qu'on nomme :

Arbre à sang, une espèce de millepertuis de la Guiane, qui fournit par incision une résine d'un rouge sanguin.

Arbre à sucre, l'arbousier, à cause du sucre que l'on retire de son fruit.

Arbre à tan, le sumac des corroyeurs.

Arbre à thé, le symploque de l'Amérique méridionale.

Arbre au coton, le fromager à cinq feuilles.

Arbre au poivre, le poivrier d'Espagne (*schinus molle*).

Arbre aux fraises, l'arbousier, à cause de ses fruits.

Arbre aux grives, le sorbier des oiseaux.

Arbre aux tulipes, le tulipier de Virginie.

Arbre bouton, le cephalanthe d'Amérique et le gainier du Canada.

Arbre d'argent, le *protea argentea*.

Arbre de baume, le clusier jaune et le baumier gommifère.

Arbre de corail, l'arbousier d'Orient.

Arbre d'encens, le pin de Virginie et diverses espèces de baumes.

Arbre de fer, le *dracœna ferrea* de l'Inde.

Arbre de Judée, le gainier *(cercis siliquastrum)*.

Arbre de Moïse, le buisson ardent que forme le néflier.

Arbre de neige, l'amelanchier de Virginie.

Arbre de soie, la mimeuse en arbre et l'asclépiade de Syrie.

Arbre de suif, le croton porte-suif.

Arbre du vernis, l'angia de la Chine et quelques sumacs.

Arbre immortel, le cèdre du Liban.

Arbre poison, le mancenillier, le sumac et généralement tous les arbres éminemment vénéneux.

Arbre puant, l'anagyre fétide et le fétidier.

Arbre à résine, les arbres qui donnent par incision la résine.

Arbre triste, le bouleau commun et le saule de Babylone, dont les rameaux tombent souvent jusqu'à terre.

Arbre à bois blanc, les saules, les peupliers, le sapin, etc, sont désignés sous ce nom.

Arbre à cire, les ciriers.

Arbre à l'ail, une espèce de casse *(cassia alliodora)*, et le sebestier domestique.

Arbre à lait; ce nom se donne à plusieurs espèces d'apocynées, d'euphorbes et d'urticées qui fournissent un suc blanc assez semblable au lait.

Arbre à glu, le houx dont l'écorce fournit d'excellente glu.

Arbre à la gomme, l'eucalyptus résineux et le métrosidéros de la Nouvelle-Hollande.

Arbre à pain, une espèce intéressante du genre artocarpe. (Voyez.)

Arbre à perruque, le sumac fustet.

Arbres verts : on donne ce nom aux arbres et arbrisseaux qui conservent leur feuilles durant tout l'hiver.

ARBRISSEAUX. Voyez *Arbres*.

ARBRISSEL (*Robert D'*). Voyez *Fontevrault*.

ARBUSTES. Voyez *Arbres*.

ARC. L'arc est la plus ancienne de toutes les armes, il se compose d'une verge ou baguette flexible, mais élastique, aux deux extrémités de laquelle se trouve fixée une corde tendue. Une flèche se place sur la corde, et celle-ci tendue, puis abandonnée à elle-même, envoie au loin le projectile. L'origine de l'arc se perd dans la nuit des temps, et la fable attribue son invention au dieu Apollon. Les saintes Ecritures font souvent mention de l'arc, et dans tous les voyages et découvertes, les sauvages ont été trouvés pourvus de cette arme. La matière de l'arc et même sa forme ont varié suivant les matériaux que chaque peuple avait à sa disposition. On les faisait en bois dur, en corne; Homère parle dans l'Odyssée d'un arc d'ivoire; au moyen-âge on en fit en acier pour leur donner une plus grande élasticité. La corde est ordinairement de chanvre ciré ou de boyau. Jusqu'à l'invention des armes à feu, l'arc fut en usage chez presque toutes les nations, et les *archers* (voyez ce mot) contribuaient grandement au gain des batailles. De nos jours, l'arc n'est employé que comme objet d'agrément. Cette arme est bien évidemment inférieure aux armes à feu; cependant plusieurs peuples anciens, et notamment les Scythes, s'en servaient avec une rare habileté, et l'on voit encore de nos jours certaines peuplades sauvages exceller dans le maniement de l'arc.

ARC. En mathématiques, on appelle *arc* toute portion d'une ligne courbe; l'on nomme *corde* la droite qui joint les deux extrémités de l'arc, et *segment*, l'aire comprise entre l'arc et la corde. On réserve le plus souvent le nom d'arc à l'arc de cercle; la propriété qui caractérise éminemment les arcs de cercle est celle de servir de mesure aux angles plans. (Voy. *Angle*.) Nous donnerons au mot *corde* les procédés de subdivision des arcs et de leur évaluation en degrés, et au mot circonférence les propriétés générales des arcs de cercle.—*Rectifier un arc*, c'est assigner la longueur de la ligne droite à laquelle cet arc serait égal si on le concevait formé d'un fil parfaitement flexible et inextensible, et qu'on vînt à tendre le fil. La rectification des arcs est un problème de calcul intégral qui ne peut se résoudre en général que par approximation. (Voyez *rectification*.)

ARC. En architecture, on appelle *arc* une construction dont la partie inférieure présente une courbure. On dit que l'arc est *plein cintre* quand il est formé par une demi-circonférence. L'*arc surbaissé*, appelé *anse de panier* par les ouvriers, est moins élevé que le plein cintre. L'*arc surhaussé* est celui dont la hauteur verticale est plus grande que la moitié du diamètre. L'arc est *biais* quand les pieds droits ne sont pas d'équerre par leur plan. — L'*arc rampant* est celui dont les naissances sont d'inégale hauteur. — L'*arc en décharge* est celui que l'on pratique dans une construction pour soulager la partie inférieure, en reportant sur les pieds droits la charge de la partie supérieure. — L'*arc à l'envers* est un arc bandé en contre-bas; il fait l'effet contraire de l'arc en décharge; il sert dans les fondations pour entretenir les piles de maçonnerie et pour empêcher qu'elles ne tassent dans un terrain de faible consistance. Les *arcs-boutants* sont des arcs construits à l'intérieur des édifices pour soutenir la poussée et l'écartement des voûtes; les églises gothiques présentent toutes ces contreforts, décorés suivant le goût du temps. — *Arc de cloître*. Voy. *Voûte. Arc gothique*. (voy. *ogive*).

ARC DE TRIOMPHE, monument élevé à la mémoire d'un vainqueur, ou à l'occasion d'un événement mémorable. Lorsqu'après une victoire éclatante les généraux Romains rentraient dans Rome à la tête de leurs armées, on leur élevait à la hâte des portes décorées de feuillage et de guirlandes; dans la suite on les construisit en pierre, pour éterniser la gloire des vainqueurs. Cette récompense qui n'était d'abord décernée qu'au mérite, par la voix du peuple, la flatterie s'en empara pour tous les empereurs, et le sénat avili les accorda à des despotes et à des tyrans. A Rome seulement, on en comptait onze, parmi lesquels cinq ou six sont encore debout, sinon entiers du moins en partie. On distinguait, parmi ces monuments, l'arc érigé dans le Cirque, celui de Titus et de Vespasien, celui de Constantin, auprès de l'Amphithéâtre; celui d'Antonin; l'arc de Théodose, de Valentinien et de Gratien, et celui de Septime-Sévère. La plupart de ces arcs ont la forme de portails et se composent d'une grande porte cintrée entre deux portes latérales. Sur les côtés et au-dessus de ces portes, sont pratiqués des ornements et enchâssés des bas-reliefs, tel est

l'arc de triomphe de Titus, où l'on a sculpté les victoires de cet empereur sur les Juifs, son entablement décoré est supporté par des colonnes.

Arc de Titus.

La hauteur de ce monument, y compris l'attique de 13 pieds 7 pouces, est de 47 pieds 2 pouces, sur 42 pieds 9 pouces de largeur, et de 14 pieds 7 pouces d'épaisseur. Son arc a 25 pieds 5 pouces sous clé, et 16 pieds 4 pouces d'ouverture. A l'exemple de la métropole, les villes des provinces romaines érigeaient aux empereurs des monuments semblables. On voit des restes de monuments de ce genre à Aix en Savoie, à Ancône, Bénévent, Pola, Rimini, Suze et Vérone. Dans les Gaules, on en avait érigé à Orange, à Saintes, à Besançon, à Reims, etc.—Les peuples modernes ont imité cette coutume romaine; Paris est orné de plusieurs monuments de même nature, telles sont les portes Saint-Denis et Saint-Martin, élevées à l'occasion du passage du Rhin et de la conquête de la Franche-Comté, par Louis XIV. L'arc du Carrousel, élevé à la gloire des armées françaises, et enfin l'*arc de l'Etoile*, monument colossal commencé en 1806, qui rappelle assez bien l'arc de Constantin à Rome, moins les proportions. Sa hauteur est de 45 mètres 35 centimètres, sa longueur de 44 mètres 82 centimètres, son épaisseur de 22 mètres 20 centimètres.

ARC–EN–CIEL. Parmi les météores brillants dont l'atmosphère est le théâtre, l'arc-en-ciel est celui où la nature étale le plus de richesse et de magnificence. La grande variété des couleurs, la forme constante des bandes colorées, l'éclat radieux du soleil dans un temps où le nuage qui se résout en pluie semble devoir intercepter ses rayons, tout concourt à augmenter la splendeur du phénomène et à exciter l'admiration. Le phénomène de l'arc-en-ciel ne se produit que quand il pleut, et que le soleil luit en même temps; de plus, il faut pour l'apercevoir que l'observateur se trouve placé la face tournée vers le nuage qui se résout en pluie et le dos tourné vers le soleil. Ce météore est formé d'un arc, mais très souvent il y en a deux, parés de toutes les couleurs du spectre. Les couleurs de l'arc inférieur sont moins pâles que celles de l'arc supérieur; en outre, dans l'arc extérieur, c'est le violet qui est la couleur la plus élevée, et dans l'arc intérieur, c'est le rouge. Il se forme aussi quelquefois un troisième arc, mais dans lequel les couleurs sont si faibles, qu'on peut à peine les apercevoir. Lorsque la lumière solaire traverse les globules d'eau qui forment le nuage, elle éprouve, en pénétrant dans ces globules, une véritable décomposition, et donne naissance aux couleurs brillantes qui constituent l'arc-en-ciel. Chaque rayon, après avoir pénétré dans un globule, se réfléchit en partie dans son intérieur, dont la surface est concave, mais sans aucune obliquité telle, qu'au lieu de sortir du globule, il se réfléchit dans son intérieur en se trouvant alors moins oblique à la même surface; il en sort en se réfractant de nouveau pour aller frapper l'œil de l'observateur convenablement placé; et comme la lumière blanche se décompose soit à son entrée dans le globule, soit à sa sortie, il en résulte que chaque portion de lumière qui arrive à l'œil de l'observateur, après avoir traversé un globule, lui donne la sensation des couleurs du spectre solaire. (Voy. ce mot.) Nous avons dit que chaque rayon, après avoir pénétré dans un globule, s'y réfléchissait *en partie*; en effet, l'autre partie du rayon se réfléchit une seconde fois dans l'intérieur du globule, et l'on conçoit qu'il peut se faire ainsi une multitude de reflexions. Mais à chaque fois, la portion de la lumière émise est plus petite, et son intensité doit aller en diminuant avec le nombre de reflexions. Ce sont ces rayons réfléchis une deuxième, une troisième fois, qui donnent l'image du second, du troisième arc-en-ciel. On détermine par l'expérience et le calcul les angles que les rayons incidents doivent faire avec les globules aqueux pour donner la série de couleurs de l'arc-en-ciel dans l'ordre où on les observe. L'image du spectre solaire reste immobile malgré la chute continuelle des gouttes de pluie; cela tient à la rapidité avec laquelle elles se pressent et se succèdent dans les mêmes positions qu'elles doivent nécessairement occuper, pour que le phénomène soit produit. La grandeur de l'arc dépend de la hauteur du soleil et de la position du spectateur, de sorte que plus le soleil est bas ou plus le spectateur est élevé, l'arc offre un plus grand développement, et un observateur placé sur une éminence, le soleil étant à l'horizon, pourrait voir presque un cercle entier. La lumière de la lune donne aussi parfois lieu à un phénomène analogue à celui que nous venons de décrire, on le nomme *arc-en-ciel lunaire*. Il est toujours fort peu marqué et n'offre même souvent qu'un arc blanchâtre.

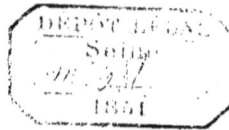

ARCADE, construction en bois ou en pierre qui, s'appuyant par ses deux extrémités sur des murs ou sur des piliers, décrit un arc de cercle plus ou moins allongé, dont la concavité regarde le sol. On donne également ce nom à une ouverture pratiquée dans un mur, quand sa partie supérieure a la forme d'un arc.

ARCADIE, contrée riante située au centre du Péloponèse (Morée), et enfermée de tous côtés

Couvent de Megaspelion.

par des montagnes. Elle est placée entre les anciennes provinces de l'Achaïe, l'Argolide, la Messénie et l'Elide. Son élévation et ses montagnes y entretiennent la fraîcheur, et les nombreuses sources qui l'arrosent rendent son terrain fertile. Aussi les anciens habitants de l'Arcadie menaient-ils une vie pastorale, et leurs mœurs conservèrent longtemps cette simplicité rustique qui distingue généralement les montagnards. Suivant la tradition, Pélasge, fils de Niobé, vint d'Argos pour civiliser les habitants sauvages de ce pays; son fils Lycaon y bâtit la première ville, et l'un de ses descendants, Arcas, donna son nom à la contrée qui portait avant celui de Pélasgie. Bien que les poètes de l'antiquité nous représentent l'Arcadie comme une terre toute dévouée au culte du dieu Pan, et retentissant sans cesse des chants d'amour des bergers, ce beau pays ne renfermait pas seulement des champs et des pâturages. Des villes importantes telles que Tégée, Mégalopolis, Mantinée, étaient sorties de son sein, et plus d'une fois la guerre l'ensanglanta. Les Arcadiens eurent à combattre les Spartiates, non pour conquérir, mais pour ne pas être eux-mêmes asservis. Du reste, la force et la bravoure des Arcadiens étaient renommées en Grèce. L'Arcadie fut d'abord gouvernée par des rois: l'un d'eux, Aristocratès II, ayant trahi les Messéniens alliés des Arcadiens, fut mis à mort, et la royauté fut abolie (671 av. J.-C.). Ils établirent une confédération républicaine de cantons et de peuplades; mais dans la suite l'aristocratie s'empara de la domination. Plus tard ils combattirent avec les Thébains, et se signalèrent à Mantinée dans la lutte contre les Lacédémoniens. L'Arcadie suivit, après la prise de Corinthe, le sort du reste de la Grèce. La ville la plus importante de l'Arcadie était *Mantinée* sur l'Ophis, elle en fut longtemps la capitale, et cet honneur échut plus tard à *Mégalopolis*. Orchomène était aussi célèbre, et sur le mont Cotyle s'élevait un beau temple d'Apollon, que remplace aujourd'hui le couvent de Megaspélion. (Voyez *Morée*.) L'*Heptanomide* (province d'Egypte) prit, dans le Bas-Empire, le nom d'*Arcadie*, en l'honneur d'Arcadius, l'un des fils de Théodose.

ARCADIUS, empereur de Constantinople, fils aîné de Théodose-le-Grand, monta en 395 sur le trône d'Orient, tandis que son frère *Honorius* (voyez) prenait le sceptre de l'empire d'Occident. Prince faible et sans mérite, il se laissa tour-à-tour gouverner par Rufin, préfet du prétoire; par Eutrope, son conseiller, et par son épouse Eudoxie. On le rendit responsable des fautes et des persécutions qui s'accomplirent sous son règne; et il mourut détesté, à l'âge de 31 ans.

ARCANE (du latin *arcanum*, caché). Les alchimistes employaient ce mot pour désigner certaines préparations mystérieuses qui, selon eux, devaient les mener à la découverte de la pierre philosophale ou de la panacée universelle. Ce mot est resté dans le langage familier, pour désigner des remèdes secrets.

ARCAS, fils de Jupiter et de Calisto, descendante de Pélasge, régna sur l'Arcadie et lui donna son nom. La fable rapporte qu'étant un jour à la chasse, il rencontra sa mère, qui avait été changée en ourse; il allait la percer de traits, lorsque Jupiter, pour lui épargner ce parricide, le changea lui-même en ours et les transporta tous les deux dans le ciel, où ils forment les constellations de la Grande-Ourse et de la Petite-Ourse.

ARCEAU. On appelle ainsi la courbure du centre d'une voûte, qu'elle soit surmontée ou surbaissée.

ARCHAÏSME (du grec *archaïos*, ancien). On donne ce nom à une expression, à une forme grammaticale dont l'usage appartient au langage d'une autre époque. De tous temps beaucoup d'écrivains se sont plu à faire de l'archaïsme; La Fontaine en offre un grand nombre d'exemples. Mais aucun de nos auteurs modernes n'a égalé Paul-Louis Courrier, dans la traduction du roman grec de Daphnis et Chloé.

ARCHANGEL. Voyez *Arkhangel*.

ARCHANGES. Voyez *Anges*.

ARCHE, voûte qui porte sur les piles et les culées d'un pont. Les arches de presque tous les ponts antiques sont en plein cintre; les arches à cintres elliptiques sont d'une invention moderne. (Voyez *Pont*.)

ARCHE D'ALLIANCE. C'est ainsi qu'on appelait le coffre que Moïse fit fabriquer par l'ordre de Dieu, au pied du mont Sinaï, pour y déposer les tables de pierre sur lesquelles étaient gravés les dix commandements. Ce coffre était en bois de *sétim*, de forme carrée, long de deux coudées et demie, et couvert en dedans et en dehors de lames d'or. Son couvercle formait une espèce de couronne d'or pur, surmontée de deux chérubins aussi en or. Aux quatre coins du coffre étaient quatre anneaux d'or destinés à recevoir deux bâtons de bois de sétim aussi couverts d'or, et au moyen desquels on portait l'arche. Les Israélites regardaient cette arche comme le symbole de la présence de Dieu parmi eux, et ils y attachaient la plus haute importance. Dans les marches du désert elle les précédait, et jusqu'à la construction du temple par Salomon, elle était placée dans le tabernacle, sorte de pavillon où se célébrait le culte divin. Elle resta dans le temple jusqu'au moment où Jérémie, pour empêcher qu'elle ne tombât entre les mains des Babyloniens, la fit porter sur la montagne de Nébo où mourut Moïse, et la cacha dans une caverne d'où rien n'indique qu'elle soit jamais sortie.

ARCHE DE NOÉ. Voyez *Noé*.

ARCHÉLAUS, philosophe grec de l'école ionienne, naquit à Milet. On ne connaît aucun détail sur sa vie, si ce n'est qu'il fut disciple d'Anaxagore et maître de Socrate, et qu'il ouvrit à Athènes une école où il professa la philosophie des Ioniens. Il prétendait que les hommes et les animaux sont nés de la chaleur de la terre, qui a distillé d'abord un limon semblable à du lait qui leur a servi de nourriture. Il pensait aussi que la terre est ronde parce que, disait-il, le soleil ne se lève pas pour tous au même moment.

ARCHÉLAUS, roi de Macédoine, était fils naturel de Perdiccas; à la mort de son père (420 av. J.-C.), il fit périr les enfants légitimes et usurpa le trône. Sans ces crimes, Archélaüs eût été un grand roi. Il fit fleurir son royaume et protégea les arts et les lettres. Euripide vécut à sa cour. Il mourut en 405 av. J.-C.

ARCHÉLAUS, fils d'Hérode, roi de Judée, lui succéda l'an 3 de J.-C. Sa cruauté irrita Auguste qui le dépouilla de ses États. Il mourut à Vienne dans la Gaule, l'an 6.

ARCHÉOLOGIE et mieux **ARCHOEOLOGIE** (du grec *archaïos*, ancien, et *logos*, discours). C'est la science qui a pour but la connaissance de tout ce qui a rapport aux mœurs et aux usages des anciens, c'est l'étude de leurs arts et des monuments qui sont parvenus jusqu'à nous. L'histoire ancienne est pour ainsi dire écrite sur les monuments; les temples nous instruisent de leurs croyances, les meubles et les ustensiles nous retracent leurs mœurs et leur civilisation; et cette étude, en nous développant la marche de l'esprit humain, nous conduit à en accroître les progrès.

— L'archéologie s'applique particulièrement à ce que l'on appelle l'*antiquité figurée*; et si souvent les passages des écrivains de cette époque ont servi à expliquer les monuments, ceux-ci ont à leur tour éclairé un grand nombre de passages obscurs dans les auteurs anciens. L'utilité de cette science ne peut être contestée, et l'attrait que présente son étude ajoute à l'intérêt qu'elle peut offrir. Lorsque nous explorons ces temps passés, à l'aide de leurs restes précieux, nous retrouvons à tous ses degrés l'intelligence de l'homme, nous remontons à l'origine des sociétés, à l'enfance de l'art; puis, en redescendant avec les siècles, nous voyons, à des essais informes, succéder, de perfectionnements en perfectionnements, des modèles qu'il nous est plus facile d'admirer que d'imiter. Nous avons en effet puisé chez les anciens les belles et larges proportions de l'architecture monumentale; et c'est par l'étude de l'antique que l'école française a été ramenée à la pureté des formes et à la noblesse de la composition. C'est cette étude qui a contribué à l'éclat de nos représentations théâtrales, en rétablissant la vérité du costume. Dans la statuaire, dans l'art de graver les pierres et les monnaies, les anciens sont encore nos maîtres. L'archéologie date, en Europe, de l'époque désignée sous le nom de *renaissance*, qui vit refleurir en même temps les lettres et les arts. Les études archéologiques ont inspiré à nos plus grands écrivains des ouvrages imprégnés de la couleur antique. Le Télémaque de Fénelon, la Phèdre de Racine, doivent beaucoup à la fidélité avec laquelle ces auteurs ont su peindre les mœurs antiques qu'ils avaient étudiées dans les auteurs anciens. L'ignorance de l'antiquité a fait commettre à plusieurs écrivains, gens d'esprit d'ailleurs, des méprises grossières. C'est ainsi que Regnard, dans son *Démocrite amoureux*, parle de clochers et d'almanachs; Boursault, dans son *Esope*, met à la cour de Crésus un marquis et un colonel.

ARCHER, celui qui tire de l'arc. — Parmi les peuples anciens, les Parthes, les Scythes et les Thraces passaient pour les plus habiles archers. Dans les temps modernes, les archers anglais étaient très renommés avant l'invention des armes à feu. Ce furent les archers anglais qui assurèrent le succès des batailles de Poitiers, de Crécy et d'Azincourt. Charles VII établit en France un corps de francs-archers, vers 1448; mais Louis XI les licencia, et fit venir à leur place des Suisses. Après que l'artillerie eut été substituée aux anciennes armes, on donna le nom d'*archers* aux soldats de police exécuteurs des ordres du lieutenant de police ; mais ils étaient armés de fusils ou de hallebardes.

ARCHER (*toxotes*), genre de poissons de la famille des squamipennes, se distinguent par la position très reculée de la dorsale, par les sept rayons qui soutiennent la membrane des branchies, et par les dents en velours qui garnissent les mâchoires, le bout du vomer, les palatins et la langue. — Ce genre renferme une seule espèce, l'*archer sagittaire* (*toxotes jaculator*), ainsi nommé à cause de la singulière faculté qu'il possède de lancer avec sa bouche, à plus de trois pieds de hauteur, des gouttes d'eau qu'il sait diriger adroitement contre les insectes qui se tiennent sur les plantes aquatiques, et qui les font tomber en son pouvoir. Ce singulier poisson a le corps en ovale irrégulier, fortement comprimé en arrière et qui augmente sensiblement d'épaisseur jusqu'aux yeux, où alors la tête se termine brusquement en un museau court et pointu ; la bouche est fendue obliquement et la mâchoire inférieure est plus longue que la supérieure. Les écailles qui couvrent son corps et sa tête sont

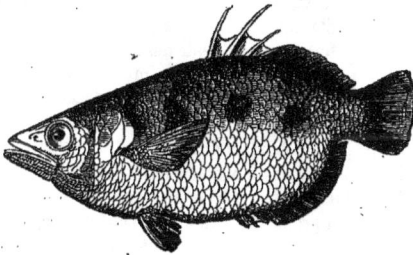

très développées et finement pointillées. L'archer a six ou sept pouces de longueur, sa couleur est d'un brun foncé en dessus avec quatre taches noires arrondies, le dessous du corps est d'un blanc argenté. Il se trouve dans le Gange et dans les rivières de l'Archipel indien, où il porte le nom d'ikan-sumpit. Les Chinois et les Javanais élèvent ce poisson dans leurs maisons comme objet de curiosité et d'amusement, et lui font exercer son industrie en plaçant des mouches ou des fourmis sur des fils suspendus au-dessus du vase qu'il habite.

ARCHET, instrument formé d'une tige de bois garnie d'une mèche de crin tendue, et qui sert à faire vibrer les cordes des violons, basses, etc. (Voyez *Violon*.) — On donne encore ce nom à un instrument fort usité dans les arts industriels ; il consiste dans une tige flexible, soit en acier, soit en baleine, montée sur un manche. Ce manche est percé d'un trou dans lequel se fixe le bout d'une corde dont l'autre extrémité, terminée par une boucle, s'accroche dans une entaille pratiquée à la portion libre de la tige. La corde s'enroule autour de la boîte à foret, puis revient s'attacher à l'entaille en question. L'archet se trouve ainsi tendu, et en lui donnant un mouvement de va-et-vient, on imprime à la boîte à foret une rotation alternative plus ou moins rapide.

ARCHEVÊQUE. Ce nom, que les Grecs donnaient, dès le IVᵉ siècle, aux évêques des principales villes, mais sans y attacher aucuns privilèges spéciaux, ne fut connu en Occident que

sous le règne de Charlemagne. L'archevêque est considéré comme le chef et le premier des évêques d'une province ecclésiastique ; mais par rapport à l'ordre et au caractère, il n'est pas plus qu'un évêque, il n'est supérieur que dans l'ordre hiérarchique. En droit, les évêques suffragants sont tenus de le reconnaître pour leur supérieur, de n'entreprendre aucune affaire importante sans l'avoir consulté ; mais l'archevêque lui-même ne doit rien faire qui intéresse toute la province, sans en avoir délibéré avec ses suffragants. L'archevêque a le droit de confirmer l'élection des évêques, de les consacrer, de convoquer le concile provincial et de le présider. En France, les archevêques n'ont jamais eu ce droit qu'avec la permission du roi. La dignité d'archevêque est demeurée chez nous une distinction honorifique, bien plutôt qu'une distinction politique. La distinction principale des archevêques était le *pallium ;* c'était le symbole de la plénitude de leur sacerdoce et de la dépendance de leurs suffragants. Cette décoration consistait en une bande de laine blanche suspendue sur la poitrine et marquée de trois croix noires. Ils avaient, en outre, le droit de faire porter la croix archiépiscopale devant eux, et de porter un manteau violet par-dessus le rochet. Il n'y a plus aujourd'hui en France que quatorze archevéchés, dont les siéges sont : Paris, Lyon, Rouen, Sens, Reims, Tours, Bourges, Albi, Bordeaux, Auch, Toulouse, Aix, Besançon et Avignon. Paris étant la capitale du royaume, l'archevêque de cette ville est le plus considéré de France.

ARCHI (du grec *archos*, chef), se met devant les noms de dignités civiles et ecclésiastiques, pour en indiquer la supériorité ; ainsi : *archiduc* est le nom que portent les princes de la maison d'Autriche ; *archiprêtre et archidiacre*. Le mot archi se trouve également dans les mots d'archange et d'archevêque ; il exprime un rang supérieur à celui des anges et des évêques. Dans le langage familier, on emploie quelquefois ce mot devant un substantif pour lui donner de la force. Ainsi l'on dit archimenteur, archifripon, archifou, etc.

ARCHIDAMUS I, II et III, rois de Sparte. (Voyez *Lacédémone*.)

ARCHIDIACRE. Voyez *Diacre*.

ARCHIDUC, titre particulier à tous les princes et princesses de la maison d'Autriche.

ARCHILOQUE, célèbre satirique grec, naquit dans l'île de Paros, vers 700 ans avant Jé-

sus-Christ. Il composa des odes, des éloges, mais surtout des satires, qui rendirent son nom odieux dans toute la Grèce. Malheur à ceux qui encouraient sa colère, il les poursuivait de ses vers plus acérés que des flèches. Lycambe, un de ses concitoyens, ayant refusé de lui donner en mariage sa fille Néobulé, Archiloque les poursuivit de ses vers, et les déchira tellement que, poussés au désespoir, le père et la fille se pendirent. Au reste, sa passion pour la satire allait si loin que, ne trouvant plus personne à décrier, il se décria lui-même, et divulgua sa lâcheté dans les combats, avouant que dans une bataille il avait jeté son bouclier pour fuir plus vite. Ses poésies, aussi licencieuses que méchantes, le firent chasser de Sparte où il fut défendu de lire ses œuvres. Il nous en reste quelques fragments dans les *poètes grecs*, de Genève. Archiloque mourut assassiné. Il fut l'inventeur du vers ïambique, les Grecs le mettaient au-dessus de Pindare et de Sophocle.

ARCHIMANDRITE, nom sous lequel on désigne le supérieur d'un couvent grec, ou d'un monastère du premier ordre.

ARCHIMÈDE, le plus célèbre des géomètres anciens, naquit à Syracuse 287 ans environ avant Jésus-Christ. Bien qu'il fût parent du roi Hiéron, il n'occupa aucune charge publique, et se livra entièrement à l'étude des sciences. On doit à cet homme célèbre les plus importantes découvertes, dans les mathématiques, la mécanique et l'hydrostatique. Il enseigna le premier « qu'un corps plongé dans un fluide y perd une partie de son poids, égale au poids du fluide qu'il déplace. » Il établit les vrais principes de la statique, trouva la propriété générale du centre de gravité et avait une telle foi dans la puissance du levier qu'il disait qu'il pourrait remuer la terre s'il avait un point d'appui. On lui doit l'invention de plusieurs machines, telles que la poulie composée, la vis hydraulique qui porte son nom, etc. Mais ce fut surtout à la défense de sa patrie qu'il consacra ses admirables connaissances. Pendant le siège de Syracuse, il incendia la flotte romaine au moyen de miroirs ardents ; la possibilité de ce fait, longtemps contestée, a été rendue évidente par les expériences de Buffon. Il prolongea trois ans la résistance de sa patrie ; mais enfin les Romains s'en emparèrent sous la conduite de Marcellus. La ville fut mise à sac, et Archimède, absorbé dans ses pensées, et tout occupé de la solution d'un problème, fut tué par un soldat (212 ans avant Jésus-Christ). Il avait alors

75 ans. Tout ce qui reste des écrits d'Archimède a été réuni et publié par Torelli (Oxford, 1792), sous ce titre : *Archimedis quæ supersunt omnia cum Eutocii Ascalonitæ commentariis.* Ses œuvres ont été traduites en français par Peyrard.

ARCHIPEL. On donne ce nom en géographie à des réunions d'îles comprises dans de certains espaces de mer limités. Mais on a plus particulièrement réservé ce nom à cette partie de la mer Méditerranée comprise entre la Turquie d'Asie à l'est, la Turquie d'Europe à l'Ouest, et l'île de Candie au sud. Elle communique, au nord, avec la mer de Marmara, par le détroit des Dardanelles. Les anciens donnaient à l'étendue de mer que nous comprenons sous le nom d'archipel, diverses dénominations. Ils appelaient *Mer Egée* la partie septentrionale, à partir du cap Colonne; *Mer Icarienne*, celle qui s'étendait au sud-ouest de l'île de Nicaria ; *Mer de Myrthos*, celle qui baignait les côtes du Péloponèse ; et enfin, *Mer de Crète*, celle comprise entre cette île et les Cyclades. (Voyez ce mot.) On fait monter à quatre-vingts le nombre des îles éparses dans l'Archipel ; les plus importantes sont : Negrepont (l'ancienne Eubée), Candie (Crète), comme étendue, et par les souvenirs historiques qui s'y rattachent, Lemnos, Lesbos, Tenedos, Kalouri (Salamine), Egine, Hydra, berceau de l'indépendance grecque, Scio, Cos, Samos, Naxos, Cerigo (Cythère) et Rhodes. Ces îles avaient reçu, la plupart, des colonies de la Grèce, et elles suivirent ses destinées. Du joug macédonien elles passèrent sous la domination romaine ; puis, arrachées aux faibles mains des empereurs du Bas-Empire, elles devinrent la proie des Vénitiens, des Génois, des Pisans, etc. Alors elles eurent des princes particuliers, dont quelques-uns prirent le titre de *ducs de l'Archipel*. Après l'époque des croisades, les Turcs en firent successivement la conquête, et elles subirent le despotisme ottoman jusqu'au moment où éclata la guerre de l'indépendance, si féconde en actes d'héroïsme. (Voyez *Grèce*.) Toutes ces îles sont montueuses ; mais coupées de vallées et de plaines fertiles. On y récolte le froment, le vin, l'huile, les figues, le coton, la soie, le miel, la cire, etc. On en tire aussi de fort beaux marbres ; mais les villes n'y offrent plus que les vestiges de leur antique prospérité, le sol y est jonché de ruines, et les habitations modernes y sont généralement de chétive apparence. Kolouri, Egine, Hydra, Négrepont et les Cyclades dépendent aujourd'hui de la Grèce ; Candie et plusieurs îles au nord de l'archipel appartiennent à la Turquie. — Le nom d'archipel s'applique aussi aux groupes des Antilles, des Açores, des Canaries, etc. (Voyez ces mots.)

ARCHIPRÊTRE, curé ou prêtre qui, dans certains diocèses, est préposé au-dessus des autres, principalement pour l'office sacerdotal. Anciennement l'archiprêtre tenait la première place après l'évêque ; il était son vicaire et le remplaçait pendant son absence pour les fonctions intérieures ; il avait l'inspection sur tout le clergé.

ARCHITECTE (du grec *archos*, chef, et *tekton*, ouvrier). C'est celui qui exerce l'art de l'architecture. Il est chargé de la conception des plans et d'en diriger l'exécution. L'architecte, appelé à guider, non-seulement les ouvriers de toute espèce qui concourent à la construction des édifices, mais encore les artistes en tous genres, doit avoir fait de profondes études, s'il veut exercer son art avec honneur. A la connaissance approfondie du dessin et des mathématiques, il doit joindre des notions de physique et de chimie, de perspective et d'optique ; la jurisprudence et la physiologie entrent aussi dans le domaine de ses connaissances.

ARCHITECTURE. C'est l'art de bâtir, suivant les règles adoptées, des édifices qui réunissent à la convenance de leur destination la beauté et la solidité. On ne peut refuser à l'architecture le premier rang parmi les arts. En effet, elle est indispensable au bonheur des hommes ; et c'est de sa prospérité que dépend celle des autres arts. L'homme, en cherchant un abri et une retraite dans les cavernes ou sous les arbres de la forêt, sentit bientôt la nécessité de leur donner des formes plus commodes que celles dans lesquelles il les trouva disposées par la nature. A des huttes faites d'arbres et de branches se réunissant au sommet, et formant une figure conique enduite de terre, succédèrent des habitations carrées, plus convenables, et couvertes d'un toit ; les côtés de ces habitations et les supports intérieurs de la toiture étaient des troncs d'arbres ; et c'est d'eux que l'on a fait dériver ces magnifiques colonnes qui ont donné naissance aux *ordres de l'architecture*.

Cet art avait atteint un haut degré d'importance chez les Babyloniens, chez les Assyriens et chez les Phéniciens ; nous en avons pour témoignages les merveilles que l'on rapporte du temple de Bélus et du palais de Sémiramis avec ses jardins suspendus ; de la célèbre Ninive et des cités renommées de la Phénicie. Les Israélites eux-mêmes possédèrent dans le temple de Salomon l'une des merveilles du monde ; mais cette architecture n'a laissé aucune trace. Parmi les autres peuples d'une haute antiquité, qui ont transmis jusqu'à nous des restes d'architecture remarquable, l'on doit citer les Indiens, les Perses et surtout les Égyptiens. Le caractère de cette architecture primitive, que nous ne pouvons réellement apprécier que dans les monuments des Egyptiens, était une solidité à toute épreuve, une grandeur gigantesque et une magnificence sévère. La première, elle eut des colonnes soumises à de certaines proportions, et on doit lui reconnaître la décoration la plus monumentale

Temple égyptien de Dendera.

que l'homme pût inventer. Les vastes temples creusés au sein des rochers du Décan et de l'île d'Éléphantine, les ruines de Persépolis et les restes du temple de Philoé sont faits pour produire l'étonnement et l'admiration. Mais cette architecture n'offre pas la beauté et la grâce qui charment dans l'architecture grecque et qui en ont fait le régulateur de la théorie et de la pratique de cet art jusqu'aux temps modernes. — On compte cinq ordres d'architecture : trois grecs, le *Dorique*, l'*Ionique* et le *Corinthien*, et deux romains, le *Toscan* et le *Composite*. Les Doriens paraissent avoir été le premier peuple hellénique qui assigna des proportions à l'ordre qui, plus tard, prit le nom de *Dorique*, et qui fut longtemps le seul employé dans la Grèce. Ce fut

sous l'administration de Périclès, à Athènes, que l'architecture dorique atteignit sa plus grande perfection. Le sentiment du beau se propagea dans le Péloponèse et l'Asie mineure, et les ouvrages de l'art revêtirent une noble simplicité et une grandeur majestueuse inconnue jusqu'alors. Les proportions de cet ordre sont : pour la hauteur de la colonne, y compris le chapiteau et la base, seize modules (le module est la moitié d'un diamètre), la hauteur de l'entablement, quatre modules divisés en huit parties, dont deux pour l'architrave , trois pour la frise et trois pour la corniche ; la base de un module, et le chapiteau de un module et demi. L'ordre ionique et l'ordre corinthien vinrent se placer à côté de l'ordre dorique ; mais cette variété porta plus sur les détails que sur les dispositions des édifices ; ils introduisirent dans l'art monumental plus d'élégance et de richesse. La colonne ionique est plus grêle, mais plus gracieuse que la dorique ; ses proportions sont : dix-huit modules pour la hauteur totale de la colonne et quatre modules pour l'entablement ; le chapiteau est de vingt-une minutes et la base de trente minutes en hauteur. Le fut est uni ou cannelé, et les ornements du chapiteau doivent répondre aux cannelures du fût. L'entablement est divisé en dix parties, dont trois pour l'architrave , trois pour la frise et quatre pour la corniche. L'ordre corinthien , qui vint après les deux autres, ne fut jamais un type particulier, et provient évidemment des précédents avec un surcroît de luxe et d'ornementation ; nous avons dit au mot *Acanthe* l'origine de son chapiteau, qui le distingue du dorique. Les proportions de cet ordre sont : vingt modules pour la hauteur de la colonne, cinq pour l'entablement et un pour la base. Le chapiteau a soixante-dix minutes de hauteur, et les proportions de l'entablement sont les mêmes que celles de l'ionique. Lorsque l'architecture des Grecs se naturalisa chez les Romains, elle avait déjà dépassé le terme de sa plus haute perfection, c'est-à-dire qu'elle commençait déjà à pencher vers une décadence, dont elle transplanta le germe en Italie. L'ordre corinthien , qui offrait plus de richesse dans les ornements, devint à Rome d'un emploi général, et l'on introduisit plus tard l'ordre composite , qui n'est, à proprement parler, qu'une variété du corinthien qui était devenu trop simple pour la magnificence et le luxe des empereurs. Quant à l'ordre toscan dont on trouve à peine aujourd'hui quelques vestiges, c'est le dorique dans toute sa simplicité, auquel on adapta une base. — Les Romains, avant leur contact avec les Grecs, n'avaient aucun édifice qui, sous le rapport de l'art, pût soutenir la comparaison avec les monuments de la Grèce, néanmoins ils avaient déjà pris une place dans l'architecture, par les importantes constructions de leurs aqué-ducs et de leurs égouts. Ce fut Tarquin-le-Su-

perbe qui, le premier, fit venir des Etrusques pour élever le temple de Jupiter Capitolin. Mais deux siècles environ avant notre ère, les Romains appelèrent les Grecs à Rome, et ceux-ci y élevè-rent les nombreux édifices dont Sylla, Marius et

Ordre Ionique.

Ordre Corinthien.

César ornèrent la capitale du monde. Auguste surtout, protecteur éclairé des arts, répandit par-tout le goût de l'architecture. Ce ne fut plus alors seulement des édifices publics que l'on construisit avec un luxe inouï, la magnificence s'étendit aux constructions privées, et la Rome de brique devint une Rome de marbre. Mais bientôt le luxe et la profusion l'emportèrent sur le goût, l'architecture commença à dégénérer à Rome, et Constantin lui porta le dernier coup en transportant le siége de l'empire à Bizance. Non contents d'emmener les artistes de Rome, Constantin et ses successeurs en enlevèrent les monuments pour en décorer la nouvelle capitale. L'architecture romaine ne put résister à cette colonisation, étouffée par le luxe asiatique, elle fit bientôt place à l'architecture byzantine ou orientale, dont l'église de Saint-Marc, à Venise, offre en Italie l'exemple le plus remarquable. Sainte-Sophie de Constantinople passe, à juste titre, pour le chef-d'œuvre de l'architecture du Bas-Empire. A la même époque où l'architec-

ture de l'Europe occidentale entrait dans une nouvelle route, la présence des Arabes conqué-rants dans l'Inde, en Grèce, en Sicile et en Es-pagne, imprimait aux édifices de ces différentes contrées un autre caractère; de là l'architecture arabe, née à la fin du viie siècle. Peuples no-mades, vainqueurs de pays déjà civilisés, les Arabes empruntèrent beaucoup aux nations sub-juguées, c'est ce qui explique les différences qui existent, principalement entre l'architecture dite mauresque d'Espagne et l'architecture arabe ou sarrazine de l'Inde, de la Grèce et de la Sicile. Les principaux caractères de leur dissemblance existent dans l'arc en fer à cheval, généralement employé en Espagne, et l'arc aigu ou en ogive (voyez), usité dans l'Inde et la Sicile. Du reste, les dispositions principales des édifices et l'ap-plication des ornements présentent une grande analogie. Les portes et les fenêtres sont entourées d'ornements à jour, les murs sont couverts de mo-saïques ou de stucs, sur lesquels brillent les cou-leurs et les dorures des dessins indiens. Les restes de l'Alhambra à Grenade semblent les fragments d'un palais des fées. Pendant les xe et xie siècles, des

Galerie du Palais de l'Alhambra.

architectes grecs élevèrent dans l'Italie de somptueux monuments, tels que la cathédrale de Pise. Vers le xiiie, un architecte florentin construisit Notre-Dame-d'Assise, remarquable par ses deux étages et les riches peintures grecques qui la décorent. Du xiie au xve siècle se développa l'architecture gothique (voyez *Gothique*), née de l'architecture arabe. C'est à cette époque que les grandes cathédrales furent construites en France, en Allemagne, en Angleterre, en Espagne. Mais il était réservé à l'Italie de donner à l'architecture un nouveau lustre; les Bruneleschi, les Alberti, brillèrent les premiers parmi les artistes du xve siècle, vinrent après eux les Bramante, les Peruzzi et tous ces hommes célèbres qui, encouragés par la protection des Médicis et des papes, parvinrent à élever l'architecture imitée de l'antique à un degré de perfection qu'elle n'avait pas encore atteint. Les Palladio, les Serlio, les Vignole continuèrent avec éclat l'œuvre de leurs prédécesseurs, et formèrent les Jean Bullant, les Pierre Lescot, les Philibert Delorme, les Mansart et les Blondel.

ARCHITRAVE. Voyez *Entablement*.

ARCHIVES. On donne ce nom aux dépôts publics ou particuliers des titres soit d'un Etat, soit des familles, ou des grandes corporations. Il est fait mention d'archives dans les annales de tous les peuples policés de l'antiquité. On comprend, en effet, que dès qu'il y eut des affaires réglées ou à régler entre deux peuples, la nécessité de conserver les documents relatifs à ces affaires, et les témoignages des transactions qu'elles engendrèrent, donna naissance à ces dépôts publics ou privés. On trouve dans le livre d'Esdras l'indication des archives où étaient conservés les actes des rois de Médie et de Babylone, Josèphe parle de celles des Hébreux et des Tyriens. Les historiens qui se sont occupés des annales égyptiennes, déclarent qu'ils ont travaillé sur des documents authentiques conservés dans les archives. Ces archives étaient déposées dans les temples, et le clergé en avait la garde. Il nous reste des pièces historiques, originales, trouvées en Egypte, et dont la date remonte au xviie siècle avant Jésus-Christ. Les temples chez les Grecs furent aussi le lieu de dépôt des archives de chaque ville; on y enfermait même le trésor public, et la sainteté du lieu les préservait de toute violation. Les Romains comme les Grecs déposèrent dans des temples les monuments écrits de leur histoire, ou les actes qu'ils voulurent conserver; des fonctionnaires spéciaux étaient commis à leur garde. Les premiers rois de France pourvurent à l'établissement et à la conservation des archives. L'autorité pontificale qui dominait surtout l'Eglise chrétienne, établit de très bonne heure des archives ecclésiastiques. Elles renfermaient à la fois les livres saints, les lettres des évêques, les actes des conciles et les titres de propriété; la direction en était confiée à un chancelier, et l'on en fait remonter l'institution au milieu du iiie siècle. Les monastères et les églises suivirent cet exemple. En France, c'est au commencement de la seconde race qu'on rapporte l'établissement des archives royales, qui conservèrent jusqu'à nos jours le nom de *Trésor des chartes*. Plusieurs ordonnances de Charlemagne et de Louis-le-Débonnaire portent que les originaux des règlements et ordonnances seront déposés *in archivo palatino*, un chancelier y présidait et délivrait des copies par l'ordre du souverain. Lorsque Saint Louis eut fait construire la Sainte-Chapelle, on y transporta les archives, et le trésor des chartes y resta jusqu'à la révolution. A l'exemple de la couronne, tous les grands établissements publics s'occupèrent de la recherche et de la conservation des documents manuscrits qui les intéressaient; chacun eut ses archives, les monastères surtout et les cathédrales, enfin les grandes maisons avaient aussi leurs archives. En 1763, le gouvernement ordonna l'examen de tous ces dépôts, des hommes instruits en furent chargés, et ce travail produisit la copie d'environ 50,000 pièces, qui forment aujourd'hui une des plus riches collections de la Bibliothèque nationale où elles sont classées chronologiquement. Peu de pays en Europe étaient aussi riches en archives que la France ; par les soins du gouvernement, des recherches semblables furent faites en Angleterre et en Italie, et il en résulta un recueil de pièces historiques précieux. — Par un décret de la Convention du 26 messidor an II de la République, les archives nationales furent établies comme dépôt central pour toute la France. Ce dépôt, établi à l'hôtel Soubise, fut confié à la garde de M. Camus, auquel succéda le docte M. Daunou. Une école spéciale des chartes (voy. *chartes* (écoles des) fut plus tard attachée aux archives pour l'étude des anciens manuscrits.

ARCHIVOLTE (*arcus volutus*, arc contourné). C'est un bandeau orné de moulures qui règne en tête des voussoirs d'une arcade et porte sur les imposte. Dans la plupart des arcs de triomphe antiques, l'archivolte est décorée par des figures.

ARCHONTES (du grec *archon*, qui commande, magistrats qui gouvernaient la république d'Athènes. Après la mort de Codrus, les Athéniens abolirent la royauté et nommèrent son fils Médon *archonte* ou chef de l'Etat (1095 avant Jésus-Christ). Cette dignité subsista dans sa famille jusqu'à la mort d'Alcméon, treizième archonte perpétuel. Alors la dignité d'archonte devint élective, et la durée de son pouvoir fut bornée à dix ans. Plus tard les archontes furent annuels, et leur nombre fut porté à neuf. Ces neuf magistrats se partageaient les affaires d'Etat. Le premier s'appelait *éponyme*, il était archonte de la justice; le second *basileus* (roi), avait dans ses attributions toutes les affaires et cérémonies religieuses; le *polémarque* était l'archonte de la guerre; les six autres étaient nommés *thesmothètes*, et étaient chargés de l'exécution des lois et de la police. La personne des archontes était sacrée. Cette forme du gouvernement dura jusqu'à la prise d'Athènes par Démétrius Poliorcète (296 av. J.-C.).

ARCHYTAS de Tarente, philosophe pythagoricien, qui florissait vers le milieu du Ve siècle avant notre ère, fut à la fois matématicien,

astronome, homme d'Etat et général habile. Il fut lié avec Platon et entretint avec lui un commerce de lettres. Il périt dans un naufrage sur les côtes de l'Apulie, et Horace a célébré sa mort (Od. lib. I.) Il ne nous reste que fort peu de chose des nombreux écrits de ce philosophe, on lui attribue l'invention de la vis et de la poulie simple.

ARCOLE, village du royaume Lombard-Vénitien, situé sur l'Alpon, petite rivière qui se jette dans l'Adige, célèbre par la victoire qu'y remportèrent le 17 novembre 1796, sur les Autrichiens, les Français commandés par Bonaparte et Augereau. — Depuis le 13 septembre, l'armée française tenait le feld-maréchal Wurmser bloqué dans Mantoue, et du sort de cette ville dépendait celui de l'Italie. Le général autrichien Alvinczy, après avoir fait essuyer le 12 novembre un échec aux divisions Augereau et Masséna, se préparait à passer l'Adige à la tête de 50,000 hommes, pour délivrer Mantoue, lorsque Bonaparte accourut; il passe l'Adige près de Ronco et tente le passage de l'Alpon près d'Arcole. En vain Augereau s'élance deux fois sur le pont, suivi de deux bataillons de grenadiers, deux fois il est forcé de reculer. Alors Bonaparte saisit un drapeau et s'élance à son tour sur le pont où, les grenadiers animés par son exemple le suivent avec impétuosité; mais, forcés de reculer, ils entraînent avec eux le général en chef qui, dans le désordre, est jeté dans le marais. Plusieurs généraux furent tués, et Lannes, Béliard et Vignole furent blessés. Repoussé par des forces supérieures, Bonaparte repassa l'Adige. Le lendemain le combat recommença, mais sans plus de succès, et, à la nuit, Bonaparte se vit de nouveau obligé de repasser le fleuve. Enfin le 17, le passage du pont fut forcé par Augereau, et les Autrichiens chassés jusqu'à Montebello et de là jusqu'à Villanova. Ces trois journées coûtèrent à Alvinczy 6,000 prisonniers, 18 canons et 18,000 morts ou blessés; les pertes des Français, quoique beaucoup moindres, furent aussi considérables.

ARÇON. On comprend sous ce nom toutes les pièces qui composent la charpente de la selle. (Voyez *Selle.*) — On appelle *pistolets d'arçon*, ceux que l'on place dans les fontes de la selle. On dit d'un cavalier qui tombe qu'il *vide les arçons*.

ARCTIQUE et ANTARCTIQUE. Voyez *Pôle.*

ARCUEIL. Village situé à une lieue de Paris,

sur la route de Fontainebleau. On y voit encore des restes de l'aquéduc que Julien y fit construire pendant son séjour à Paris, pour amener les eaux de Rongis au palais des Thermes. Ces restes sont contigus à l'aquéduc moderne, construit en 1618 par ordre de Marie de Médicis, à l'effet de conduire les eaux dans le jardin et le palais du Luxembourg. Sa longueur totale est de 7,000 toises, il est souterrain et traverse le vallon de la Bièvre, dans une largeur de 200 toises. Il s'élève de 12 toises au-dessus du niveau de cette petite rivière et se compose de vingt-quatre arches. Au siècle dernier, Paris ne recevait d'autres eaux que celles qui lui venaient d'Arcueil ou qui étaient distribuées de la Seine dans la ville, à l'aide des machines hydrauliques du Pont-Neuf et du pont Notre-Dame. Les eaux d'Arcueil alimentent encore la partie méridionale de Paris; mais la quantité de sulfate de chaux qu'elles contiennent les rend peu propres aux usages domestiques.

ARDÈCHE. Le département de l'Ardèche, formé de l'ancien Vivarais en Languedoc, appartient à la région méridionale de la France. Il doit son nom à la rivière qui le traverse, et qui prenant sa source au lieu dit *cap d'Ardèche*, à peu de distance de celle de la Loire, se jette dans le Rhône après un cours de 28 lieues. Avant de mêler ses eaux à celles du Rhône, l'Ardèche passe sous un pont naturel, le *Pont de l'Arc*, qui présente 90 mètres d'ouverture sur 30 de hauteur. Cet étonnant ouvrage paraît dû au travail lent des eaux, qui ont fini par perforer le rocher. Les limites du département sont : à l'est, le Rhône qui le sépare du département de la Drôme; au sud, le département du Gard; au nord, celui de la Loire; et à l'ouest, ceux de la Lozère et de la Haute-Loire. — Sa superficie est de 550,004 hectares, sur lesquels 150,000 environ sont des landes, des bruyères ou des terres vagues. Le département est divisé en trois arrondissements : Privas, Largentière et Tournon, qui se partagent une population de 380,000 âmes. L'Ardèche fait partie de la 8e division militaire, est du ressort de la Cour d'appel de Nîmes et de l'Académie de Grenoble. Les montagnes des Cévennes (voyez) qui couvrent à l'ouest ce département, y forment un vaste amphithéâtre, dont les degrés vont en s'abaissant du côté du Rhône. Le sol, très montueux, est naturellement fertile; le gibier y est très abondant et les eaux très poissonneuses, les espèces domestiques y sont généralement de chétive apparence. Les essences dominantes dans les forêts sont le pin, le sapin, le hêtre et le châtaignier. La vallée du Rhône, abritée par les montagnes, est très chaude; on y cultive l'olivier, on y cultive aussi le figuier. A sept lieues du Rhône à peu près, le sol s'élève, et la vigne prend la place de l'olivier. Les vins de cette contrée sont estimés, entre autres ceux de Saint-Péray. Les mûriers qu'on cultive également dans cette partie du département y produisent, année commune, 2 millions de francs; les châtaigniers, dont les fruits forment en grande partie la nourriture des habitants, sont exportés sous le nom de marrons de Lyon. L'industrie manufacturière est portée à un très haut degré. La préparation des peaux, la papeterie, les filatures de soie et les fabriques de divers tissus forment les articles principaux. — Parmi les hommes célèbres qu'a vus naître ce département, nous citerons Olivier de Serres, le cardinal de Bernis, les deux frères Mongolfier, Boissy d'Anglas, etc.

ARDENNES. Ce département tire son nom de la célèbre forêt des Ardennes; il est formé d'une partie de l'ancienne Thiérache, de la Haute-Champagne, et du Hainaut français; c'est un de nos départements-frontières de la région nord-est. Il est borné au nord par la Belgique; les départements de la Meuse, de l'Aisne et de la Marne l'entourent à l'est, à l'ouest et au midi. Sa superficie est de 523,242 hectares, dont 314,223 hectares de terres labourables, et 95,461 de bois. L'Aisne et la Meuse traversent ce département et y sont navigables. Le canal de Sédan abrége la navigation de la Meuse. Les Ardennes sont un département éminemment agricole; mais dans la partie sud-ouest, où le terrain est crayeux, la végétation est presque nulle; dans les parties centrales, on recueille du vin médiocre; plus à l'ouest, on y récolte une grande quantité de grains, et de vastes pâturages nourrissent des moutons renommés. Quoique vigoureux, les animaux domestiques y sont de petite taille. Le gibier est abondant et les rivières poissonneuses; mais les animaux sauvages tels que le loup, le renard et la belette, y sont aussi très communs. Les essences dominantes dans les forêts sont le chêne, le hêtre, le charme, l'orme et le bouleau. On trouve dans les Ardennes du fer, du plomb et de la houille en abondance, et les carrières d'ardoise et de marbre y sont très importantes. Les manufactures de drap de Sédan jouissent d'une grande réputation, et l'on fait dans le pays un grand commerce de laines et de tissus. Le département des Ardennes fait partie de la 2e division militaire, et ses tribunaux sont du ressort de la Cour d'appel de Metz. La population est de 324,825 âmes. Mézières, chef-lieu du département, forme avec Réthel, Rocroy, Sédan et Vouziers les cinq arrondissements. — Les Ardennes s'enorgueillissent d'avoir donné le jour aux bénédictins Mabillon et Carpentier, à l'abbé Batteux, à l'astronome Lacaille, au grand Turenne, au médecin Corvisart, au compositeur Méhul et aux généraux Macdonald et Savary.

ARDENTS (*mal des*) *feu Saint-Antoine* ou *mal d'enfer*. On donnait ce nom au moyen-âge à une maladie pestilentielle qui faisait de grands ravages. Les malheureux qui en étaient atteints se sentaient dévorés par un feu intérieur qui, presque toujours, amenait la mort. « Ce mal brûlait petit à petit et consumait sans qu'on y pût remédier, » dit Sauval, dans ses *Antiquités de Paris*. En effet, l'art des médecins fut impuissant pour en arrêter les effets ; et, suivant Mézeray, une épidémie de ce genre emporta en peu de temps 40,000 personnes en l'année 994. C'était, disent les historiens du temps, un feu caché qui, dès qu'il avait atteint quelque membre, le détachait après l'avoir brûlé et gagnait le reste du corps. Les médecins étant impuissants contre cet horrible fléau, le peuple de Paris eut recours aux prières et aux jeûnes ; on implora sainte Geneviève, et l'on transporta la châsse de cette sainte dans la cathédrale ; aussitôt, s'il faut en croire les anciennes chroniques, l'épidémie diminua d'intensité, et les malades qui touchèrent la bienheureuse châsse furent guéris. Quelques médecins ont cru reconnaître dans ce mal l'affection que l'on désigne aujourd'hui sous le nom d'*ergotisme gangréneux ;* d'autres n'y ont vu qu'une de ces calamités, fruits des guerres intestines et de l'affreuse misère du peuple qui disparurent avec le moyen-âge.

ARDOISE (*argile schisteuse tégulaire*). L'ardoise est une variété de la roche nommée *schiste*, et appartient exclusivement au terrain intermédiaire ou de transition. Son principal caractère est de se présenter en feuillets minces, droits, faciles à séparer, leur couleur est le gris bleuâtre un peu foncé, quelquefois rougeâtre ou violacé. Les ardoises présentent très souvent des empreintes de végétaux, et plus rarement d'animaux (poissons et crustacés) ; l'abondance des fossiles est d'ailleurs l'indice d'une ardoise de qualité médiocre. Les qualités d'une bonne ardoise sont de ne point absorber l'eau, sans quoi elles se couvrent de mousses et se détruisent promptement, et en outre de bien garder le clou ; certaines ardoises pyriteuses ont en effet le défaut de détruire par l'oxydation le clou qui les retient.

Les ardoises appartiennent toujours à des couches très inclinées, quelquefois verticales et dont les feuillets ne sont pas toujours parallèles au plan des couches. Elles sont divisées naturellement en grands blocs par des fissures qui se croisent sous différents angles.

Végétaux fossiles de l'ardoise.

sent sous différents angles. Les ardoises qui se montrent très près de la surface du sol ont éprouvé une altération plus ou moins forte, ce n'est qu'à une certaine profondeur qu'elles acquièrent toutes leurs qualités. Outre l'usage de l'ardoise comme toiture, on l'emploie pour faire des tableaux, à écrire, et sans parler de la consommation qui s'en fait en France, on en exporte annuellement plus de cinquante millions. Les principales ardoisières de France sont celles d'Angers et de Charleville, après elles viennent celles de Saint-Lô, de Cherbourg, des environs de Grenoble, de Traversac (Dordogne), de Blamont près Lunéville, etc.

ARE, unité principale des mesures agraires dans le système métrique. C'est un décamètre carré, ou un carré dont le côté a dix mètres de longueur, et par conséquent cent mètres carrés. Il remplace la perche et l'arpent et autres mesures employées autrefois pour l'évaluation des surfaces. La perche de Paris valait en mètres carrés 34,19, et l'arpent de Paris 3418,87.

AREC. Voyez *Palmier*.

ARÈNE (du latin *arena*, sable). C'était l'espace inférieur des amphithéâtres, où se livraient les combats des gladiateurs ou des bêtes féroces. Cet espace était sablé, de là vient son nom. (Voy. *Amphithéâtre*.)

ARÉNICOLE, genre de vers confondu par Linné avec les *Lombrics* (voyez), et placé par Cuvier dans l'ordre des dorsibranches. Il présente pour caractères principaux : un corps allongé, fusiforme, à tête peu distincte, sans yeux, ni antennes, ni mâchoires, bouche entourée de papilles; anneaux du corps nombreux, les antérieurs sans branchies, ceux de la partie moyenne branchifères, au nombre de treize (du 7e au 19e) pieds composés de deux rames, manquant aux

anneaux postérieurs. — Ces singuliers animaux habitent sur les bords de toutes les mers d'Europe; ils vivent dans le sable, ainsi que l'indique leur nom, et s'y creusent des galeries profondes. Les pêcheurs de nos côtes s'en servent pour amorce de pêche, ce qui leur a fait donner le nom d'*arénicole des pêcheurs*. Sa longueur varie de vingt à trente centimètres, sa couleur est cendrée rougeâtre avec les branchies rouges.

ARÉOLAIRE (*tissu*). Cette expression s'emploie comme synonyme de *cellulaire*.

ARÉOMÈTRE (du grec *araios*, léger, et *metron*, mesure). L'aréomètre ou *pèse-liqueur* est un instrument qui sert à estimer la force ou la densité relative des liquides. On sait qu'un corps

flottant déplace un volume de liquide dont le poids est égal au sien; c'est sur ce principe que sont construits les aréomètres. Il y en a de plusieurs sortes, mais le plus simple, connu sous le nom d'aréomètre de Cartier, consiste en un tube de verre, terminé inférieurement par une boule, au-dessous de laquelle est soudée une autre boule pleine de mercure, dont la destination est de lester l'instrument et de placer son centre de gravité assez bas pour qu'il puisse flotter dans une situation verticale. On emploie divers aréomètres, selon la nature des liquides; ainsi, il y a des aréomètres à alcool, à vin, à bière, à cidre, à sel, etc. Nous ne ferons mention dans cet article que de ceux employés dans le commerce pour estimer les liquides spiritueux. Pour graduer l'aréomètre à alcool, on le plonge dans de l'eau distillée, et ensuite dans de l'alcool absolu; on marque les deux points d'affleurement, qui servent de limites pour composer l'échelle de l'instrument, et l'on divise cette échelle en un certain nombre de degrés inscrits sur un papier qu'on introduit dans le tube. Pour opérer avec exactitude, il faut choisir toujours la même température, ou bien en tenir compte dans les évaluations, car les liquides se dilatent beaucoup plus que le corps de l'instrument, lorsque la température s'élève.

L'aréomètre de Cartier, adopté en 1816 par l'administration des douanes en France, était gradué à la température de 10° Réaumur (12°5 centigrades) et marquait 10 pour l'eau de rivière; l'alcool pur y aurait atteint 44°2. Depuis 1824, on emploie un nouvel aréomètre inventé par Gay-Lussac, on le nomme *alcoomètre centésimal* ou de *Gay-Lussac*.

Nous mentionnerons aussi, parmi les pèse-liqueurs les plus connus dans le commerce, l'aréomètre de Baumé, dont celui de Cartier n'est qu'une altération; et l'aréomètre des Pays-Bas, qui n'est autre que celui de Baumé, à la différence que celui-ci est constamment supérieur de 10° à l'aréomètre des Pays-Bas.

L'aréomètre de Baumé est gradué à la température de 10° Réaumur et marque 10 pour l'eau pure, comme celui de Cartier.

ARÉOPAGE, célèbre tribunal d'Athènes, ainsi nommé parce qu'il tenait ses séances sur une colline consacrée au dieu Mars, qu'on appelait *Aréos Pagos*. Ce tribunal, dont Plutarque et Cicéron attribuent l'établissement à Solon, était chargé du jugement des affaires criminelles et même de celui des simples délits. L'Aréopage jouissait d'une telle réputation de sagesse et d'intégrité, que de toutes parts on venait lui soumettre des contestations, et Démosthènes prétend qu'on avait une si haute idée de sa justice et de son impartialité, que jamais on n'entendit un condamné murmurer contre ses arrêts. — On ne connaît pas bien le nombre des membres qui composaient cette illustre assemblée. Quelques écrivains l'ont porté à neuf, d'autres prétendent que ce nombre était illimité, et cette dernière opinion paraît mieux fondée, puisque les archontes en faisaient partie à l'expiration de leurs fonctions. Les citoyens qui se recommandaient par d'éminentes vertus et une conduite irréprochable étaient aussi appelés à cet honneur; cette dignité était conférée à vie, mais l'assemblée pouvait rejeter de son sein celui de leurs membres qui aurait commis même une faute légère. L'aréopage fut le premier tribunal à Athènes qui prononça la peine de mort. Les causes se plaidaient la nuit et dans une obscurité profonde, tant pour prévenir la compassion que pouvait faire naître la vue des accusés, que pour ne point laisser connaître les juges. Tout artifice oratoire était interdit aux défenseurs qui devaient se borner à faire l'exposition pure et simple de la cause et à convaincre par le raisonnement. L'aréopage n'intervenait dans les affaires publiques qu'en cas d'urgence et de péril imminent pour l'État. Dans quelques occasions importantes où le peuple, trompé par l'éloquence d'orateurs perfides, était sur le point d'adopter des mesures contraires à la sûreté de l'État, on vit les aréopagites se présenter devant l'assemblée et ramener les esprits à la raison. — Cette noble institution trouva cependant dans Périclès un ennemi habile qui parvint à resserrer considérablement le cercle de ses attributions. Cet homme, ambitieux, jaloux d'un pouvoir qui contrariait le sien, obtint que ce tribunal n'eût plus que des fonctions purement judiciaires et ne fût appelé à prononcer que comme cour de justice ordinaire. Mais il continua à être environné de la vénération publique, alors même qu'Athènes eut perdu sa gloire et sa liberté. (Voyez *Athènes*).

ARÉTHUSE, fontaine de Sicile, dans la Péninsule d'Ortygie où était situé le palais des anciens rois de Syracuse, à peu de distance de la ville. Si l'on en croit Pline, l'Alphée, fleuve d'Elide, continuait son cours sous la mer et allait mêler ses eaux à celles de l'Aréthuse, et ce qui le prouvait, c'est qu'on retrouvait dans la fontaine ce qu'on jetait dans le fleuve. — Voici au reste comment la fable explique cette singulière histoire : Aréthuse, nymphe d'Elide, se baignant

un jour dans l'Alphée, inspira de l'amour au dieu de ce fleuve. Pour échapper à sa poursuite, elle implora le secours de Diane qui la changea en fontaine; mais le dieu, toujours passionné, alla confondre ses eaux avec celles de son amante.

ARÈTE (*arista*). On donne ce nom en zoologie aux os longs et minces qui forment la charpente des poissons. (Voy. *Os.*) En botanique, on désigne sous ce nom, dans les végétaux, toute partie de la fleur qui, sous la forme d'une pointe plus ou moins raide, n'est ordinairement que la continuation d'une des nervures, mais on a principalement appliqué ce nom aux filets plus ou moins allongés, grêles et barbus qui surmontent les valves de la glume ou du calice des graminées. (Voyez *Graminées.*)

ARETIN (Pierre l'), *Pietro Aretino*, naquit à Arezzo, en 1492. Il était fils naturel d'un gentilhomme, appelé Bazzi, et entra comme apprenti chez un relieur où il se mit à faire des vers au lieu d'apprendre le métier. Son esprit ironique et sa verve le firent bientôt remarquer; mais l'extrême licence de sa muse le fit successivement chasser d'Arezzo et de Pérouse. Il se rendit alors à Rome et parvint à s'insinuer dans les bonnes grâces des papes Léon X et Clément VII, qui l'attachèrent à leur personne, on ne sait trop à quel titre. Mais des sonnets obscènes le firent chasser de Rome, où il se réfugia à Milan, puis à Venise, où il vécut du produit de sa poésie. Comme ses satires étaient fines et mordantes, on le craignait beaucoup, et les grands lui faisaient des présents considérables pour éviter ses traits acérés; ses vers lui attirèrent cependant plusieurs aventures fâcheuses pour ses épaules. Son nom devint bientôt si fameux, que François Ier et Charles-Quint s'efforcèrent à l'envi l'un de l'autre de se l'attacher par de riches présents : le dernier lui fit même une pension. Aretino, gonflé d'orgueil et sachant bien que la crainte seule lui attirait tant d'honneurs, fit frapper une médaille à son effigie avec cette légende: *Divus Petrus Aretinus, flagellum principum.* Tour à tour satirique et flatteur, cynique et réservé, suivant que ses intérêts l'exigeaient, ce poète se mettait aux gages du plus offrant; il écrivait pourvu qu'on le payât, et avec une égale facilité, des livres obscènes et des ouvrages de piété. En 1556, s'étant un jour renversé sur sa chaise, en riant aux éclats, la siège tomba en arrière, et Aretino mourut sur le coup, au milieu des convulsions d'un fou rire. Il a laissé un grand nombre d'écrits en vers et en prose; des dialogues, des sonnets, des stances, des comédies et des ouvrages de piété; parmi ces derniers, on estime surtout sa Paraphrase des sept psaumes de la pénitence.

AREZZO, ville de Toscane dans la riche plaine de la Chiana, n'est célèbre que par les grands hommes qu'elle a produits. C'est la patrie de Guy d'Arezzo, de Pétrarque, de Vasari, de l'Arétin, de Léonard Bruni et de Michel Ange.

ARGENSON (Voyer d'), Famille originaire de Touraine, et dont plusieurs membres se sont illustrés comme hommes d'Etat.

Réné Voyer, comte d'*Argenson*, fut le premier qui abandonna la carrière militaire pour entrer dans la magistrature. Il fut chargé par les cardinaux ministres, Richelieu et Mazarin, de plusieurs missions importantes, et mourut ambassadeur à Venise, en 1651. — Son fils, qui n'avait alors que vingt-sept ans, lui succéda comme ambassadeur à Venise, et remplit avec succès diverses négociations. De retour en France, son austérité déplut au roi, et il se retira dans ses terres, où il cultiva les lettres. Il y mourut en 1700.

Marc-Réné Voyer d'Argenson, fils du précédent, naquit à Venise en 1652. Il fut nommé en 1697 lieutenant-général de police, charge dans laquelle il se fit remarquer par son activité, sa vigilance et sa pénétration. A la mort de Louis XIV, il fut investi de toute la confiance du régent, et fut nommé président du conseil de l'intérieur en 1715, trois ans après, il devint garde-des-sceaux. Mais les démêlés qu'il eut avec Law et les efforts inutiles qu'il fit pour détourner de ce système, l'engagèrent à donner sa démission. D'Argenson mourut l'année même, en 1721. Il était membre de l'Académie française et de l'Académie des sciences.

Réné-Louis Voyer d'Argenson, fils aîné du précédent, naquit en 1694. Il fut d'abord intendant du Hainaut, puis conseiller d'État, et fut enfin appelé au ministère des affaires étrangères; il s'efforça de faire respecter la France au dehors et de procurer la paix à son pays, au milieu de la conflagration générale. Il n'occupa le ministère que trois ans, et se retira des affaires pour se livrer aux lettres et au commerce des philosophes. Il avait été élevé au collége avec Voltaire, dont il resta toujours l'ami. On a de lui plusieurs ouvrages, dont les plus remarquables sont : les *Considérations sur le gouvernement de la France*, cité avec éloge dans le Contrat social de J. Rousseau; les *Loisirs d'un ministre d'É-*

tat, essais dans le goût de ceux de Montaigne (1785), réimprimé en 1825, sous le titre de *Mémoires du marquis d'Argenson*. Il mourut en 1757; il était membre de l'Académie des inscriptions et belles-lettres. Il laissa un fils, le marquis de Paulmy.

Marc-Pierre Voyer, comte d'*Argenson*, frère du précédent, né en 1696, remplaça en 1720, son père comme lieutenant-général de police, mais, comme son père, il fit une vive opposition au système financier de Law, opposition qui lui coûta sa place; il fut ensuite intendant de Touraine, conseiller d'Etat et intendant de Paris, en 1740. Deux ans après, il fut appelé au ministère de la guerre pendant que son frère avait le portefeuille des affaires étrangères. A la mort du cardinal Fleury, les affaires se trouvaient dans l'état le plus déplorable; mais grâce aux habiles dispositions d'un nouveau ministre, la France reconquit son rang. Une fois la paix assurée par le traité d'Aix-la-Chapelle, d'Argenson s'occupa de mettre la France à l'abri d'une nouvelle attaque; il fit réparer les places fortes, et fonda l'école militaire. En 1757, madame de Pompadour, qui ne l'aimait pas, parvint à le faire disgracier. Il se retira alors dans ses terres, et revint mourir à Paris en 1764, âgé de soixante-huit ans. Il était membre de l'Académie française et de celle des inscriptions et belles lettres, protecteur éclairé des lettres, il fut l'ami de Voltaire, et lui fournit les matériaux du siècle de Louis XV.

ARGENT. L'argent est un métal blanc, ductile, fusible, dont le poids spécifique est 10, 47, ce qui le distingue immédiatement de l'étain avec lequel il a quelques rapports, et qui pèse un tiers de moins. Il n'est nullement attaquable par les acides végétaux, ce qui le rend très précieux pour les usages de la vie; il est très peu oxydable et conserve par conséquent son brillant à l'air. L'argent se présente naturellement en petits cristaux octaèdres ou cubiques, presque toujours groupés sous formes dendritiques; souvent il est en filaments, quelquefois très minces. A l'état métallique, l'argent se trouve à peu près dans tous les gîtes de sulfure d'argent, où quelquefois on le rencontre en masses considérables : il est surtout très abondant dans certaines matières argilo-ferrugineuses qu'on nomme *pacos* au Pérou et *colorados* au Mexique, où il se trouve avec du chlorure d'argent. On rencontre l'argent combiné avec plusieurs autres métaux. Les procédés que l'on suit pour extraire l'argent sont très variés, suivant la nature des mines. Ces procédés consistent à réduire l'argent à l'état métallique, à l'allier au plomb ou au mercure. On le sépare du premier par la *coupellation*, opération qui consiste essentiellement à oxyder le plomb sous l'influence de la chaleur, et du second, en distillant l'amalgame ; le mercure se distille et l'argent reste. Mais, obtenu ainsi, il n'est point chimiquement pur. Voici comment on peut l'obtenir exempt de métaux étrangers : on forme du chlorure d'argent en précipitant le nitrate d'argent par le sel marin, on le lave bien avec de l'eau bouillante, on fait fondre dans un creuset deux fois autant de potasse, et quand elle est liquide, on y jette peu à peu le chlorure qui se réduit en dégageant de l'oxygène et de l'acide carbonique ; on chauffe ensuite jusqu'au point de fusion et on trouve un culot d'argent pur. L'argent est rarement employé à l'état de pureté ; il est trop mou, et les objets fabriqués s'usant promptement à leur surface, perdraient la finesse de leurs contours. On allie ordinairement l'argent à une certaine quantité de cuivre qui augmente beaucoup sa dureté. Les alliages d'argent employés pour les monnaies, les objets d'orfévrerie et de bijouterie, sont soumis à un titre légal réglé par la loi et garanti par un poinçonnage pour l'orfévrerie et la bijouterie. La monnaie d'argent de France est au titre de 900 sur 1000, c'est-à-dire qu'elle doit renfermer 900 d'argent et 100 de cuivre. Le titre pour la vaisselle et l'argenterie ordinaire est de 950 sur 1000. Le titre pour la petite bijouterie d'argent et pour les objets d'ornement est de 800 sur 1000.

ARGENT MONNAYÉ. Voy. *Numéraire*.

ARGENTINE (*République*). Voy. *Rio de la Plata*.

ARGENTURE. C'est l'art de communiquer aux substances et aux métaux communs l'éclat de l'argent, et même jusqu'à un certain point, l'inaltérabilité de ce métal précieux. On emploie plusieurs procédés pour cette opération : l'un qui consiste à appliquer une lame d'argent plus ou moins épaisse, constitue une industrie spéciale. (Voyez *Plaqué*.) Les substances que l'on argente le plus ordinairement sont : le cuivre, le bois, le carton, la pierre, l'écaille, etc. Pour les substances non métalliques, il suffit d'enduire l'objet d'une couche de solution gommeuse ou albumineuse, d'appliquer ensuite les feuilles d'argent et de brunir après avoir laissé sécher ou bien de fixer la feuille d'argent en passant un fer chauffé. De tous les métaux, le cuivre est le plus fréquemment employé pour l'argenture, mais sa préparation demande un travail compliqué. Les ouvrages sont d'abord préparés à la lime, puis émorfilés, c'est-à-dire parfaitement unis au moyen des pierres à polir ; on fait ensuite rougir les pièces, puis on les plonge dans l'eau seconde (acide nitrique étendu), afin de les décaper ; on les ponce, puis enfin on les rechauffe et on les plonge de nouveau dans l'eau seconde. Cette opération a pour but d'y former de petites aspérités propres à fixer les feuilles d'argent. La dernière préparation consiste à *bleuir* la pièce ou à la faire chauffer jusqu'à la couleur bleue ; c'est dans cet état qu'on procède à l'application des feuilles d'argent, qui se fixent sur la pièce en frottant avec un brunissoir. On applique ainsi, les unes sur les autres, un plus ou moins grand nombre de feuilles d'argent, suivant le degré de perfection et de solidité que l'on veut donner à l'ouvrage. — *L'argenture au pouce* consiste en une composition argentine que l'on applique sur le cuivre en frottant avec le doigt. Pour faire cette composition, on prend de l'argent finement pulvérisé ; à cinq grammes de cette poudre d'argent on ajoute dix grammes de crême de tartre et autant de sel marin bien blanc, puis on broie le tout dans un mortier de cristal, en ajoutant un peu d'eau pour former une pâte dont on frotte la surface du cuivre. La pièce est ensuite trempée dans une eau alcaline, puis dans l'eau pure. On donne temporairement au cuivre la couleur et le brillant de l'argent, en le frottant avec une poudre composée d'antimoine et de mercure. Les procédés de M. Ruoltz, qui sont appliqués en grand pour l'argenture comme pour la dorure sur métaux, seront décrits à l'article *Dorure*.

ARGILE, substance terreuse, dont le principal caractère est de se combiner avec l'eau pour former une pâte molle et facile à manier qui, exposée au feu, prend une consistance quelquefois très considérable et perd la propriété de se délayer dans l'eau. — Les argiles ne sont que des mélanges de différentes terres, unies entre elles dans des proportions très variables mais dans lesquelles la silice et l'alumine prédominent ordinairement. Les argiles sont en général douces et grasses au toucher, se polissant par le simple frottement de l'ongle ; elles happent à la langue, et leur couleur varie suivant les espèces, mais la plus ordinaire est le gris blanchâtre. — Les usages de l'argile sont extrêmement nombreux dans les arts et l'industrie : on en fabrique les tuiles, les briques, les carreaux, la poterie, la faïence et même la porcelaine. Les sculpteurs l'emploient pour exécuter les modèles de leurs ouvrages, et l'on s'en sert pour le dégraissage des étoffes de laine. (Voyez *Foulon*.) Les crayons rouges, les ocres, les terres de Sienne, etc., sont fabriqués avec des argiles. — Cette substance est une des plus répandues ; on la trouve en abondance dans tous les terrains anciens et nouveaux. Elle se trouve par couches superposées dans lesquelles on rencontre fréquemment des corps organisés fossiles. Les géologues pensent que l'argile est le produit de la décomposition de substances volcaniques ou de divers minéraux, tels que le granit, le porphyre, le basalte. — Les principales espèces d'argile sont : l'*argile commune* ou *glaise*, l'*argile à foulon*, le *kaolin*, qui entre dans la composition de la pâte de porcelaine ; l'argile *ocreuse* rouge ou *sanguine*, dont on fait les crayons rouges, l'argile *ocreuse* jaune, enfin, l'argile *plastique*.

ARGOLIDE, province orientale de l'ancien Péloponèse. Elle comprenait, outre l'état d'Argos, la Trézénie, l'Hermionie, l'Epidaurie. Argos en était la capitale, et Mycènes, Tyrinthe, Nauplie, Trézène, Hermione, Epidaure, en étaient les villes principales. Elle est aujourd'hui une province du nouveau royaume de Grèce. (Voyez *Argos*.)

ARGONAUTES (du grec *Argo*, nom du vaisseau, et *nautès*, navigateur). Jason, fils du roi Iolcos, en Thessalie, à qui son frère utérin Pélias disputait le royaume, ne put obtenir le trône qu'à la condition de conquérir la Toison d'or, dans la Colchide. Jason rassembla cinquante héros, parmi lesquels les plus célèbres, après leur chef, étaient Hercule, Orphée, Tiphys, Lyncée, Pélée, père d'Achille ; Télamon, père d'Ajax ; Thésée, Castor et Pollux, etc. Ils s'embarquèrent sur un vaisseau qui fut nommé Argo ; il était en bois de pin, suivant Pélion. Tiphys fut chargé du gouvernail, et Orphée charma avec sa lyre les loisirs des héros. Après mille dangers, les Argonautes, abandonnés en route par Hercule et Télamon, arrivèrent enfin en Colchide et remontèrent le Phase jusqu'à Æa, capitale du royaume où régnait le roi Aétès. Jason s'empara de la Toison d'or, aidé par Médée, fille du roi, qui s'embarqua avec lui et le suivit dans sa patrie. (Voyez *Médée*.) Les Argonautes revirent la Grèce, où ils se rendirent par le Danube et la Méditerranée, suivant les uns ; et suivant d'autres, par le Volga, la mer Baltique, l'Océan, le détroit d'Hercule et la Méditerranée. On a sur cette expédition trois poèmes anciens : l'un attribué faussement à Orphée, le second d'Apollonius de Rhodes, et le dernier dans les Argonautiques de Valérius Flaccus.

ARGONAUTE, genre de céphalopodes qui présentent pour caractères : un test uniloculaire tout-à-fait extérieur, dans lequel l'animal se contracte à volonté ; tête couronnée de huit pieds inégaux garnis de ventouses ou suçoirs, quelquefois pédiculés sur leur surface interne, et alternant sur deux séries ; les pieds supérieurs sont plus longs, élargis vers leur extrémité en forme d'aile ou de voile ; test représentant une espèce de conque ou de nacelle à carène large ou étroite ; aplati sur les côtés ; on en connaît cinq ou six espèces, dont la plus remarquable est le *nautilus argo* connu des anciens. Sa conque est très mince, fort blanche, sauf la partie postérieure de la carène qui est d'un roux brûlé. Elle est garnie sur les côtés d'une multitude de rides ou côtes serrées transverses, très lisses et fourchues

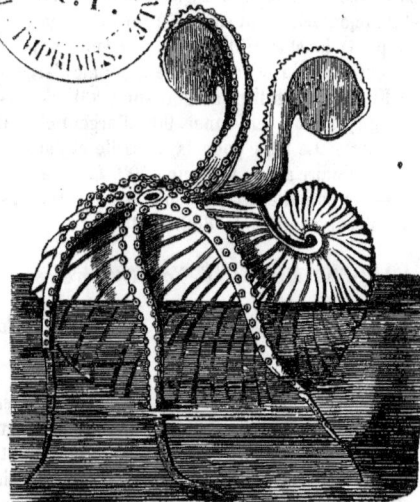

du côté de la carène. Son diamètre est de sept à huit pouces. Les écrivains de l'antiquité ont beaucoup parlé des merveilles de la navigation de l'argonaute, et ne forment pas de doute que ce soit à lui que les hommes ont emprunté les premiers principes de cet art. Aristote, le premier, a décrit les manœuvres à l'aide desquelles il vogue à la surface des eaux. Pline, toujours ami du merveilleux, a ajouté à cette description les fables les plus singulières ; il prétend, par exemple, que l'animal quitte sa coquille pour venir paître à terre ; cette opinion pourrait bien venir de ce que l'on rencontre sur certains rivages, en assez grande quantité, des poulpes qui ont une grande ressemblance avec l'animal du Nautile. — La coquille de l'argonaute a l'apparence d'une petite chaloupe dont la spire serait la poupe. La carène dont elle est pourvue aide la navigation. Cette barque fragile ne s'élève du fond de la mer que par les temps les plus calmes ; parvenue à la surface des eaux, l'animal étend ses bras et s'en sert comme de rames ; elle vogue alors avec une extrême facilité. Lorsqu'un vent doux se fait sentir, le céphalopode dresse perpendiculairement ses deux bras palmés, les tient écartés, et la membrane élargie et oblongue qui règne sur une partie de leur longueur, présentant une plus grande surface au vent, lui sert de voile ; et le bas du corps, qui forme un crochet hors de la coquille, fait les fonctions du gouvernail. Mais survient-il un ennemi ou du mauvais temps, à l'instant même tous les agrès sont rentrés, le frêle navire est rempli d'eau et s'enfonce dans les profondeurs de la mer. Les argonautes habitent la Méditerranée et les mers des Indes.

ARGONNE. Le pays de l'Argonne s'étendait entre la Meuse, la Marne et l'Aisne, partie dans la Champagne et partie dans la Lorraine. Cette contrée montagneuse et boisée offrait de petites villes et des villages dont les habitants avaient pour industrie principale l'élève des bestiaux. Sainte-Menehould en était la capitale, et Clermont, Villefranche, Varennes et Montfaucon les principales villes. L'arrondissement de Sainte-Menehould, et quelques cantons des départements de la Meuse et des Ardennes, ont été formés de l'ancien territoire de l'Argonne. Dumouriez nommait ce pays les *Thermopyles de la France*, et il y remporta, en 1792, la victoire de *Valmy* qui sauva la France de l'invasion étrangère.

ARGOS, capitale de l'ancienne Argolide, dans le Péloponèse, et chef-lieu de l'Argolide actuelle, fut autrefois le plus illustre et le plus puissant État de la Grèce antique. Environ 1,800 ans av. J.-C., Inachus débarqua dans la partie orientale du Péloponèse, conduisant une colonie de pasteurs arabes et phéniciens ; Phoronée lui succéda et répandit dans le pays la première civilisation, il agrandit la ville d'Inachia fondée par son père, et qui conserva ce nom jusqu'au temps où Argus, petit-fils de Phoronée, lui substitua

celui d'Argos. La postérité d'Inachus régna dans l'Argolide jusqu'en 1500, époque à laquelle Danaüs, arrivant d'Egypte, s'empara du royaume et y introduisit la religion et la civilisation de sa patrie. Plus tard, il se forma dans l'Argolide trois petits Etats distincts : Argos, Tyrinthe et Mycènes ; Agamemnon réunit Mycènes à Sicyone et à Corinthe, et son fils Oreste posséda toute l'Argolide, qui tomba au pouvoir des Héraclides sous le règne de Tisamène, fils d'Oreste. La royauté devenue tyrannique fut abolie, et les Argiens se donnèrent un gouvernement démocratique. Dans la guerre du Péloponèse, Argos s'unit avec Athènes ; mais cette république ne joue qu'un rôle secondaire dans l'histoire. Les Romains s'en emparèrent l'an 146 av. J.-C. et en firent la capitale d'une province romaine. Après avoir été possédée par plusieurs Etats, elle tomba au pouvoir de Bajazet en 1397 ; reprise par les Vénitiens en 1686, auxquels elle fut enlevée par les Turcs en 1715, qui la conservèrent jusqu'en 1825, époque où la Grèce recouvra son indépendance. Argos est située dans une plaine au pied de la colline Larissa, dont la citadelle et les restes du temple de Junon occupent le sommet. Les murs de l'Acropolis sont d'une très haute antiquité. On évalue la population actuelle du district d'Argos à 15,000 âmes.

ARGOT, langage de convention en usage chez les voleurs et les vagabonds. Les hommes vivant en dehors de la société ont senti le besoin de se créer un langage au moyen duquel ils pussent s'entretenir sans être compris du vulgaire. Les étymologistes ne sont pas d'accord sur l'origine du mot argot. Les uns le font venir du nom d'un certain *Ragot*, mendiant du temps de Louis XII ; d'autres le font dériver de l'*ergo* des écoles. Les argots varient non-seulement selon les pays, mais encore selon la classe de gens qui l'emploie. On a publié plusieurs vocabulaires de la langue argotique. Un des plus anciens en France est celui de Pechon de Ruby, intitulé : *La Vie générale des Maltois, gueux, Bohémiens, et cagoux, contenant leurs façons de vivre, subtilités et gergon* (1622). Le poète Villon, admiré par Clément Marot, a écrit en argot une bonne partie de ses poésies ; telles sont *les Repues franches* et *les deux Testaments ;* il est vrai qu'il devait appartenir à la confrérie de la *pince* et du *croc*, comme dit Marot, car il finit par être condamné à être pendu pour ses méfaits.

ARGOVIE, en Suisse *Aargau*, un des vingt-deux cantons de la Suisse, borné à l'est par le canton de Zurich, au sud par ceux de Zug et de Lucerne, à l'ouest par ceux de Berne, de Soleure et de Bâle, au nord par le Rhin. L'Argovie est couverte au nord-est par une branche du Jura, dont les plus hauts sommets s'élèvent à 6,000 mètres au-dessus du niveau de la mer. Ce canton offre une superficie d'environ 52 lieues carrées; il est très fertile et donne des grains, du vin et des fruits en abondance; les pâturages y sont excellents, et l'on y élève de nombreux troupeaux. Les montagnes fournissent de la houille, de la tourbe, un peu de fer et du granit; il possède aussi des eaux minérales. Le canton d'Argovie a fait jadis partie du royaume de Bourgogne, puis de l'empire d'Allemagne. Il n'a le titre de canton que depuis 1798, étant avant ce temps sous la dépendance de Berne. Sa population de 150,000 âmes est composée de catholiques, de protestants et de juifs. Les principales villes sont Aarau, chef-lieu du canton; les bains de Bade et de Schinznach, Lauffenbourg, Frick, Aarbourg, Muny et Windisch.

ARGUMENT, moyen propre à persuader, à convaincre (du latin *arguo*, je précise). En logique, l'argument ne diffère du raisonnement qu'en ce que le premier s'adresse toujours à quelqu'un que l'on veut persuader ou instruire, tandis que le second n'est que la manière de se convaincre et de s'éclairer soi-même. On distingue plusieurs sortes d'arguments qui ne diffèrent que dans la forme; telles sont le syllogisme, l'enthymème, l'épichérème, le dilemme, l'induction, l'analogie, etc. — L'*argumentation* est l'action de réunir plusieurs arguments pour réfuter une erreur ou pour démontrer une vérité.

ARGUS. Selon la fable, Argus était un prince argien, fils d'Agénor. Il avait cent yeux, dont la moitié restaient ouverts pendant le sommeil des autres; Junon le chargea de la garde de l'infortunée Io, que Jupiter avait changée en génisse pour la soustraire à la jalousie de son épouse. Par ordre de Jupiter, Mercure endormit Argus au son de sa flûte et lui coupa la tête. Junon recueillit alors les yeux d'Argus et en orna la queue du paon, oiseau qui lui fut dès-lors consacré. Les Grecs le nommaient *panoptès* (qui voit tout).

ARGYLE, comté d'Écosse situé entre ceux d'Inverness, de Perth et de Dumbarton; la baie de la Clyde, la mer d'Irlande et l'océan Atlantique. C'est un pays pittoresque et parfois d'un aspect sauvage; il est traversé par la chaîne des monts Grampian, dont un des sommets, le Bid-

denmoor, s'élève à 4,000 pieds. Le groupe des Hébrides et toutes les îles qui bordent les côtes d'Argyle font partie de ce comté. On évalue sa superficie totale à 2,920 milles carrés anglais. Le sol est peu fertile; cependant on y cultive, principalement sur le bord des rivières, de l'orge, de l'avoine, des pommes de terre et du lin. A l'intérieur, un grand lac, le Loch-Awe, occupe le fond d'une vallée sur une longueur de dix lieues. Le climat du comté d'Argyle est froid et rude; ses habitants, dont le nombre s'élève à 97,350, se livrent principalement à l'éducation des bestiaux; la pêche et la chasse des oiseaux aquatiques sont pour eux une grande ressource. Les montagnes sont boisées et produisent du fer, du cuivre, du plomb, du marbre, des ardoises, de la chaux et de la houille. Le chef-lieu du comté est Inverary, petite ville de 1,100 habitants, où réside le comte d'Argyle.

ARGYLE (*Archibald*, comte D') fut l'ami de Cromwell, et prit part à la condamnation de Charles Ier. Il fut décapité en 1661, après la restauration.

Archibald II, son fils, éprouva le même sort en 1685. Ayant conspiré contre Jacques II, il fut pris à Dumbarton et exécuté.

ARGYRONÈTE, genre de la famille des araignées, créé pour une espèce aquatique, l'*argyroneta aquatica*, très remarquable par ses mœurs. Cette araignée, qui vit constamment au sein des eaux, n'a cependant que des poumons comme les autres et ne peut, par conséquent, respirer que l'air atmosphérique. Mais elle emploie un stratagème dont on ne se douterait guère, si l'observation n'était là; elle construit une cloche à plongeur, et voici comment elle s'y prend: l'industrieux animal vient à la surface de l'eau, se courbe un peu en arc, replie ses pattes et, rentrant précipitamment dans l'eau, emporte avec elle une grosse bulle d'air qu'elle va placer sous quelque feuille de plante aquatique, en s'en débarrassant à l'aide de ses pattes. L'argyronète entoure alors sa bulle d'air de la matière soyeuse qui sort de ses filières, et la fixe aux plantes qui l'entourent, puis elle retourne à la surface de l'eau faire une nouvelle provision d'air qu'elle ajoute à la première, et en même temps agrandit sa cloche en étendant la soie et en la recouvrant de nouvelle matière; répétant le même manège une dizaine de fois, sa cloche se trouve au bout de quelques heures entièrement achevée et de la grosseur d'une petite noix: elle est ordinairement de forme régulière, et n'offre en dessous qu'une ouverture étroite pour l'entrée de son habitant. L'argyronète est peu remarquable par sa forme et ses couleurs; elle est d'un gris brunâtre, très velue. Elle vit dans les eaux dormantes ou peu courantes, où les plantes aquatiques croissent en grand nombre. Cette araignée vit comme les autres de proie vivante; quand elle attrape une mouche, elle l'attache par un fil et l'entraîne dans sa demeure pour s'en nourrir. Au printemps, lorsque l'époque de l'accouplement est venue, le mâle, qui ne serait jamais admis dans la cloche de la femelle, vient s'en construire une tout près de la sienne; puis, quand il l'a terminée, il établit une galerie qui joint les deux cloches, et dès que cette galerie ou ce vestibule est achevé, il perce la paroi latérale de la cloche de la femelle et s'élance sur celle-ci. Si la femelle est mal disposée, elle poursuit le mâle et le tue lorsqu'elle peut l'atteindre; si elle est disposée à l'accouplement, elle reste à moitié renversée dans sa demeure et reçoit ses caresses; mais à peine la femelle est-elle fécondée que le mâle s'enfuit à la hâte, car les appétits féroces de la belle reviennent aussitôt. L'argyronète femelle dépose ses œufs dans un petit cocon fin et blanc qu'elle fixe dans le fond de sa loge; les petites araignées éclosent au bout de quelques jours, et s'occupent presque aussitôt de se construire des cloches.

ARIA CATTIVA ou *mala aria* (mauvais air).
On appelle ainsi, en Italie, les émanations marécageuses qui produisent des fièvres intermittentes. L'aria cattiva exerce ses ravages aux environs des marais Pontins, dont les vapeurs soulevées par les chaleurs brûlantes de l'été retombent pendant la nuit à la surface de la terre.

ARIANE, fille de Minos et de Pasiphaë, conçut pour Thésée un amour violent, et lui donna les moyens de tuer le Minotaure et de se retrouver dans les détours du labyrinthe. Elle se sauva ensuite avec Thésée, mais ce héros l'abandonna dans l'île de Naxos; Bacchus, au retour de son expédition aux Indes, aborda dans cette île, et, épris des charmes de la belle abandonnée, il l'épousa.

ARIANE, fille de l'empereur Léon Ier, épousa d'abord Zénon l'Isaurien; mais bientôt dégoûtée de la brutalité et des débauches de son mari, elle le fit enterrer vif pendant qu'il était ivre, et épousa Anastase, que son choix éleva au trône de Constantinople; elle mourut en 515.

ARIANISME. Voyez *Arius*.

ARIÉGE. Formé de l'ancien comté de Foix et de quelques parties de la Gascogne et du Languedoc, le département de l'Ariége est situé sur la frontière de l'Espagne, entre la Haute-Garonne à l'ouest et les Pyrénées-Orientales à l'est. Sa superficie est d'environ 244 lieues carrées. Il tire son nom de la rivière qui le traverse et qui prend sa source dans les Pyrénées, au pied du pic de Framiquel. Son cours est d'environ 36 lieues, mais il n'est navigable que sept lieues avant son embouchure dans la Garonne, à deux lieues sud de Toulouse. Le département de l'Ariége présente deux vallées profondes et montueuses, séparées par un rameau de la chaîne pyrénéenne et qui reçoivent, l'une les eaux de la Salat, l'autre les eaux de l'Ariége. Ces deux rivières ont des affluents nombreux mais peu étendus. La température y est variée comme dans tous les pays de montagnes, très chaude en été, très rigoureuse en hiver. Le sol produit du froment, du maïs, du millet, du sarrazin et du vin. Les pâturages sont excellents, et l'on y élève une quantité con-

Château de Foix.

sidérable de bestiaux. Les forêts et les montagnes sont peuplées de bêtes sauvages telles que l'ours, le loup, le sanglier, le renard; on y rencontre aussi des chevreuils, des chamois et beaucoup de gibier de toute sorte. Les cours d'eau sont très poissonneux. Le règne minéral est très riche dans ce département ; l'Ariége et d'autres rivières charrient des paillettes d'or, des mines d'argent y ont été exploitées, et celles de cuivre, de plomb, de zinc, d'alun, de jais, y sont encore exploitées aujourd'hui, ainsi que des carrières d'ardoises, de plâtre, de grès, de pierres à rasoirs, des houillères, etc. On y connaît aussi plusieurs sources thermales. Le département est divisé en trois arrondissements : celui de Foix, celui de Pamiers et de Saint-Girons. Foix, chef-lieu du département est remarquable par son château qui s'élève sur un rocher isolé, coupé à pic ; il servait de palais aux princes de la maison de Foix et domine l'Ariège. Sa population monte à 265,600 habitants. Ce département a vu naître le savant Bayle et le maréchal Clausel.

ARIENS. Voyez *Arius*.

ARIETTE (*arietta*), diminutif du mot *aria*, air. Cette expression, tombée en désuétude, était autrefois employée pour désigner un air d'un seul caractère ; ainsi l'on disait : une *ariette de bravoure* pour un air de bravoure.

ARIMANE ou *Ahriman*. C'était, chez les Persans, le génie du mal ; il était opposé à *Oromaze* (voyez), qui était le principe du bien. On le représentait par les ténèbres.

ARION, célèbre poète et musicien de l'île de Lesbos, qui vivait environ 625 ans avant J.-C. S'étant rendu en Italie pour y faire briller ses talents, il y fut comblé d'honneurs et de richesses, et songea alors à retourner dans sa patrie. Il s'embarqua donc, mais, pendant la traversée, ses compagnons de voyage résolurent de le tuer pour s'emparer de ses richesses. Arion demanda la grâce de jouer une dernière fois de la lyre, et lorsqu'il eut terminé, il se précipita dans la mer. Un dauphin, que ses accords avaient attiré près du vaisseau, le recueillit sur son dos et le transporta sur les côtes de Laconie, d'où il se rendit à Corinthe. A l'arrivée du vaisseau, les coupables subirent la peine de leur crime, et l'on éleva un monument au dauphin sauveur.

ARIOSTE (*Ludovico Ariosto*), l'un des plus célèbres poètes des temps modernes, naquit à Reggio, dans le duché de Modène, le 8 septembre 1474. Son père, membre du tribunal de Ferrare, lui fit étudier la jurisprudence ; mais le jeune Arioste, entraîné par son penchant pour les lettres, négligea ses études de droit pour ne s'occuper que de poésies et de travaux dramatiques. Un recueil d'odes appela sur lui l'attention du cardinal Hippolyte d'Este, frère du duc de Ferrare, Hercule Ier, qui se l'attacha en qualité de gentilhomme, puis de secrétaire. Il fut employé dans plusieurs affaires importantes par le duc Alphonse, frère et successeur d'Hercule Ier. Partageant son temps entre les affaires et la poésie, ce fut au milieu des distractions de la cour qu'il composa son *Roland furieux* (Orlando furioso), poème en quarante chants, auquel il consacra dix années. Il montra d'abord le manuscrit au cardinal d'Este, qui le traita de fou ; mais, sans se laisser décourager par ce jugement, le poète publia son œuvre en 1516, et l'admiration de l'Italie entière vint le dédommager du mépris du cardinal. Le duc Alphonse se fit alors

le patron déclaré de l'Arioste. En 1522, il le chargea de pacifier une partie du duché infesté de brigands. On raconte qu'il tomba entre leurs mains, mais qu'en apprenant son nom leur chef le laissa partir en le comblant de marques d'honneur. De retour à Ferrare, l'Arioste fit représenter, pour la fête de la cour, plusieurs comédies qu'il avait anciennement composées, et il donna,

en 1532, une édition de son poème, soigneuse-
ment corrigée et augmentée de six chants. Il
mourut peu de temps après, en 1533, attaqué
d'une maladie de vessie qui lui causa les plus
cruelles souffrances. Aux agréments de l'esprit
Arioste joignait les avantages extérieurs. Ses traits
nobles et doux, son esprit fin et ingénieux, lui con-
ciliaient le cœur de tous ceux qui l'approchaient.
L'Arioste peut être regardé comme le créateur
d'un genre d'épopée dans lequel ses imitateurs
sont restés bien loin de lui. Aucun poète n'a mêlé
avec autant d'adresse le sérieux et le plaisant, le
gracieux et le terrible, le sublime et le familier.
Aucun n'a mené de front tant de personnages et
d'actions diverses qui tous concourent au même
but. Les œuvres d'Arioste ont été traduites dans
toutes les langues; Mirabaud, Tressan, Panckouke,
Mazuy, etc., nous en ont donné des traductions
françaises.

ARIOVISTE, roi des Suèves, appelé dans la
Gaule par les Séquanes contre les Éduens, après
avoir vaincu ceux-ci, opprima ses propres alliés.
César trouvant dangereux, comme il le dit lui-
même, de laisser les Germains s'habituer à passer le Rhin, feignit de céder à la prière des Gaulois opprimés, et livra aux Suèves, l'an 58, une
terrible bataille où Arioviste défait se sauva presque seul, en traversant le Rhin dans une petite
barque. 80,000 barbares restèrent, dit-on, sur
le terrain, et leurs femmes, leurs filles et leurs
charriots tombèrent entre les mains du vainqueur
(César, *de Bello Gallico*).

ARISTARQUE, de Samothrace, grammairien
célèbre, naquit en 160 av. J.-C. Ptolémée Philométor le chargea de l'éducation de ses enfants ;
mais atteint d'une hydropisie, il quitta Alexandrie pour se retirer dans l'île de Chypre, où il se
laissa mourir de faim, âgé de 72 ans. Aristarque
se signala surtout comme critique et par ses travaux sur Homère et Pindare. On donne son nom
par opposition à celui de Zoïle, pour désigner un
critique habile et consciencieux.

ARISTÉE, berger célèbre, fils d'Apollon et
de Cyrène, enseigna aux hommes la vie pastorale et l'art d'élever les bestiaux, de traire les
vaches et d'employer leur lait à faire du fromage;
il leur apprit aussi l'art de faire des ruches et
d'élever les abeilles, à extraire l'huile des fruits
de l'olivier, etc. Aussi les poètes ont-ils célébré
les bienfaits de ce héros, et son culte était répandu dans une partie de la Grèce.

ARISTIDE, fils de Lysimaque, célèbre par
ses vertus civiles et militaires, fut un des dix
stratéges de l'armée athénienne. Il prit une
grande part à l'administration de la république,
et mérita le surnom de *Juste*. Son rival, Thé-
mistocle, jaloux de son crédit, parvint à le faire
exiler. « Puisse Athènes, dit-il en s'éloignant,
n'avoir jamais besoin de me rappeler! » Sa patrie le rappela en effet lors de l'invasion de Xercès, et lui confia le commandement des troupes
de terre. Il contribua grandement aux succès de
Salamine et de Platée (479). Nommé archonte,
il assura, par ses sages mesures et sa modération,
la prééminence d'Athènes sur la Grèce. Il fut
ensuite chargé de l'administration du trésor, et
telle fut son intégrité qu'il mourut presque dans
l'indigence. Ses concitoyens, pour reconnaître
tant de vertu, décidèrent que ses filles seraient
dotées aux frais de l'État.

ARISTOBULE, prince juif, fils d'Hyrcan,
succéda à son père comme grand-prêtre l'an 107
avant J.-C., et prit le titre de roi. Il enferma sa
mère, fit assassiner son frère et fit la guerre aux
Ituréens qu'il força d'embrasser la religion juive.
Son règne souillé de crimes ne dura qu'une année.

ARISTOBULE II, son neveu, fils d'Alexandre
Jannée, détrôna son frère aîné, Hyrcan II. Les
Romains ne voulurent pas le reconnaître; mais
Aristobule refusa de rendre la couronne à son
frère et s'apprêta à résister aux armes romaines.
Pompée s'empara de Jérusalem (63 avant J.-C.)
après un siége de trois mois, et emmena ce prince
à Rome, où il le fit attacher à son char de triomphe. Les uns disent qu'il y mourut en prison,
d'autres qu'il parvint à s'échapper et à retourner
en Judée où il fut empoisonné.

ARISTOCRATIE. Dans l'origine, ce mot voulait dire le gouvernement des meilleurs (*kratos*,
force, et *aristos*, meilleur). Si, en effet, le gouvernement d'un peuple s'est jamais trouvé dans
les mains des plus dignes, des meilleurs, ce peuple a dû atteindre le plus haut degré de prospérité. Mais ce titre de *meilleurs* fut bientôt remplacé par celui de *plus forts*. On entendit dès
lors, par le mot *aristocratie*, une classe privilégiée dont les membres étaient seuls investis de
toutes les fonctions importantes dans l'État, et
faisaient retomber sur la multitude les charges
auxquelles ils parvinrent à se soustraire eux-mêmes. Cette classe privilégiée fut tantôt le clergé,
tantôt les hommes de guerre. Dans la suite, elle
dut recevoir dans son sein tout ce que la société

offrait d'hommes notab'es et considérés ; telle fut l'aristocratie établie par Solon à Athènes , et tel fut aussi le patriciat des Romains , alors que les grands services rendus à l'État suffisaient pour y élever des citoyens jusque-là obscurs. Plus tard, l'aristocratie ne se composa plus des meilleurs, mais des plus élevés en rang, en richesse, en naissance, prestiges auxquels la multitude cherche en vain à se soustraire. Ce n'est plus là la meilleure aristocratie ; mais c'est la seule possible. Le peuple est souverain , en ce sens que rien ne peut prévaloir contre la volonté nationale ; mais dans l'impossibilité de prendre lui-même en main ses intérêts, il faut bien qu'il commette en son nom ceux qui ont le plus de lumières, le plus d'expérience. L'aristocratie est donc en réalité le représentant naturel du peuple; mais elle devient un abus du moment où elle s'isole, où elle ferme ses rangs aux notabilités nouvelles. Dans la démocratie même, il y a toujours plus ou moins d'aristocratie , témoins les pâtres de Schwytz qui ne reconnaissent pas comme leurs pairs des hommes des nouveaux districts. C'est à tort que l'on confond la noblesse avec l'aristocratie, et que l'on applique le nom d'aristocrates à ceux qui tiennent aux priviléges ou favorisent le gouvernement monarchique. Tous les régimes, quelle que soit la forme de gouvernement qu'ils adoptent, ont leur aristocratie. (*Voyez Gouvernement.*)

ARISTODÈME, roi des Messéniens, soutint contre les Spartiates (744) une guerre longue et acharnée. Pour assurer le succès de la guerre, il sacrifia sa fille, sur la foi d'un oracle, puis, pour obéir à un nouvel oracle, il se perça lui-même de son épée.

ARISTOGITON. Voyez *Harmodius.*

ARISTOLOCHE, genre de plantes de la famille des aristolochiées de Jussieu, de la gynandrie hexandrie de Linné, offrant pour caractères un ovaire infère à trois loges, un calice souvent coloré, renflé à sa base, offrant un limbe très irrégulier, quelquefois prolongé en languette unilatérale; les six étamines soudées et intimement confondues avec le style et les stigmates forment au centre de la fleur un corps charnu , irrégulièrement arrondi ; la capsule est à trois loges polyspermes. — Les aristoloches sont des herbes ou des arbustes à tiges dressées, diffuses ou volubiles; à feuilles indivisées ou palmatilobées, alternes pétiolées. Les espèces sont très nombreuses, et appartiennent, pour la plupart,

à l'Amérique intertropicale. Ces végétaux sont, en général , remarquables par leurs propriétés médicales ; leurs racines sont le plus souvent aromatiques et amères; leurs fleurs grandes, de couleur livide. Les plus remarquables parmi les espèces indigènes sont : l'*aristoloche ronde* et l'*aristoloche longue* du midi de la France, et l'*aristoloche clématite*, abondante aux environs de Paris, qui passent pour d'excellents remèdes toniques et stimulants. *La serpentaire de Virginie* est administrée par les médecins américains pour combattre les fièvres typhoïdes; on la regarde aussi comme un antidote contre la morsure des serpents. On cultive l'*aristoloche à grandes feuilles* et l'*aristoloche à grandes fleurs*, comme plantes d'ornement. Cette dernière est un poison assez violent.

ARISTOPHANE, le plus célèbre des poètes comiques de la Grèce, naquit à Athènes vers l'an 450 avant Jésus-Christ. Il donna ses premiers essais sous les noms de Callistrate et de Philonide, acteurs qui jouaient dans ses pièces, et débuta par les *Babyloniens*, ouvrage aujourd'hui perdu, mais dans lequel il maltraite Cléon, comme dans la plupart de ses ouvrages. Aristophane appartenait au parti aristocratique, et Cléon, fougueux démagogue, avait mérité la haine du poète par ses attaques contre son parti et ses accusations contre lui-même. Du reste, il traitait sans ménagement les philosophes, les hommes d'État, les poètes, le peuple athénien et souvent même les dieux. Après avoir flagellé d'une manière sanglante son ennemi Cléon, dans sa comédie des *Chevaliers*, il attaqua Socrate dans les *Nuées* et Euripide dans les *Fêtes de Cérès* et dans les *Grenouilles*. Aristophane composa cinquante-quatre pièces, dont onze seulement sont parvenues jusqu'à nous, ce sont : *Plutus, Lysistrate*, les *Nuées*, les *Grenouilles*, les *Chevaliers*, les *Acharniens*, les *Guêpes*, les *Oiseaux*, la *Paix*, les *Harangueuses*, les *Fêtes de Cérès*. Les allusions, les personnalités, les jeux de mots dont elles sont remplies, les rendent parfois très difficiles à comprendre. Les plaisanteries n'y sont pas toujours de fort bon goût, mais, en définitive, il est difficile de trouver plus de sel et de causticité. Dans quelques-uns de ces ouvrages, Aristophane porta si loin la licence, qu'une loi défendit de représenter et de nommer sur la scène aucun personnage vivant. Les comédies d'Aristophane ont été traduites en français par Brottier et par M. Artaud. Cette dernière traduction est fort estimée.

ARISTOTE, philosophe grec, l'un des hommes qui ont le plus honoré l'esprit humain, naquit à Stagyre, en Macédoine, 384 ans avant Jésus-Christ. Son père, Nicomachus, était médecin et ami d'Amyntas II, roi de Macédoine, père de Philippe. Ayant perdu ses parents fort jeune, il fut élevé par les soins d'un certain Proxenos, auquel il dut le bienfait de son éducation. Maître d'une belle fortune, Aristote se livra de bonne heure à l'étude des sciences physiques et naturelles qui, à cette époque, faisaient partie intégrante de la philosophie. Il n'avait pas encore dix-huit ans lorsqu'il vint à Athènes pour suivre les leçons de Platon. Le grand philosophe reconnut bientôt dans Aristote les plus éminentes qualités, et il le nomma l'*âme de son école*. Aristote suivit pendant vingt ans les leçons de Platon, et quitta Athènes peu de temps après la mort de son illustre maître. Il avait déjà composé plusieurs ouvrages, principalement sur la rhétorique et sur l'éloquence. Il se retira d'abord en Mysie auprès d'Hermias, souverain d'Atarné, dont il épousa la sœur, et de là il se rendit à Mytilène où il reçut de Philippe l'invitation de se rendre à sa cour pour se charger de l'éducation de son fils Alexandre. Aristote se rendit donc auprès de Philippe, et s'emparant de l'âme ardente du jeune prince, y développa les germes de ces hautes qualités qui firent de son élève le premier héros du monde ancien, comme il en fut lui-même le plus grand esprit. Cette éducation fut l'ouvrage de cinq ou six années. Aristote profita de son influence sur Philippe pour obtenir que Stagyre, sa ville natale qu'il avait détruite, fût rebâtie; il y fit même construire un gymnase qu'il décora du nom de *Nymphœum*, et où il établit sa résidence avec un certain nombre d'adeptes, tels que Callisthène et Théophraste, ses disciples favoris. Après la mort de Philippe, Aristote revint à Athènes et y fonda, dans une promenade nommée *Lycée*, une école de philosophie. Là, en se promenant sous des allées d'arbres avec de nombreux disciples qui se pressaient autour de lui (voyez *Péripatéticiens*), il expliquait les principes de la science, dévoilant les mystères de la nature et les lois de l'esprit humain.— Les travaux d'Aristote pendant son second séjour à Athènes ne se bornèrent pas à l'enseignement de la philosophie et des sciences, il en profita pour mettre la dernière main à ceux de ses ouvrages qu'il avait ébauchés en Macédoine, et ce fut alors qu'il entreprit ces immenses recherches sur l'histoire de la nature et sur les institutions des peuples. Le concours actif et éclairé d'Alexandre et des philosophes de sa suite lui permit

d'amasser de nombreux matériaux en tous genres; mais il faut que ce grand homme ait été doué d'une activité d'esprit et d'une puissance de travail extraordinaires pour en tirer un tel parti. Aristote se trouvait alors au plus haut point de son génie et de sa fortune. Ami du vainqueur de l'Orient, il servait en quelque sorte de médiateur entre lui et les Grecs. Une telle position faisait taire l'envie même à Athènes. Mais dès que le héros fut mort, les ennemis du philosophe et les envieux que lui avaient attirés en grand nombre et sa haute fortune et la supériorité de son génie, longtemps réduits à l'impuissance par la peur, ne tardèrent pas à donner carrière à leur haine contre lui. Un citoyen d'Athènes, nommé Démophile, l'accusa d'impiété, inculpation déjà funeste à plus d'un sage. Aristote, peu jaloux de renouveler dans sa personne l'exemple de Socrate, et voulant (ce sont ses expressions) épargner aux Athéniens un second attentat contre la philosophie, prit le parti de se réfugier à Chalcis, en Eubée; ses disciples l'y suivirent, et il y continua ses leçons; mais ce ne fut pas pour longtemps: atteint d'une maladie de l'estomac, et épuisé d'ailleurs par ses immenses travaux, il termina sa carrière à l'âge de soixante-deux ans (322 ans avant Jésus-Christ.) On a répandu sur le genre de sa mort les versions les plus contradictoires; on a même dit qu'il avait mis fin à ses jours par le poison. — On peut dire qu'Aristote est le génie le plus vaste de l'antiquité, il a embrassé toutes les sciences connues de son temps. Ses écrits forment une sorte d'encyclopédie; pendant plusieurs siècles, ils posèrent les bornes du savoir humain et jouirent d'une autorité absolue. La plupart de ses ouvrages nous sont parvenus, mais quelques-uns mutilés ou altérés. Les principaux sont l'*Organon*, composé de différents traités de logique: la *rhétorique*, la *poétique*, deux traités d'*éthique* ou de *morale*, la *politique*, l'*économique*, l'*histoire des animaux*, les *parties des animaux*, la *physique*, les *traités du ciel*, la *génération* et de la *corruption*, des *météores*, du *monde*, les *problèmes*, le traité de l'*âme*, la *métaphysique* ou *philosophie première*. Doué d'une immense activité d'esprit, d'une sagacité pénétrante, d'un génie à la fois observateur et organisateur, non-seulement il s'appropria toutes les connaissances positives ou autres de son siècle, il les vérifia et les épura par sa critique, et en étendit les limites dans toutes les directions. Puis, les soumettant à sa puissante analyse, il les ramena à des principes généraux. Nous étudierons la philosophie d'Aristote au mot *Péripatétisme*. Son *Histoire naturelle* et ses recherches sur l'anatomie comparée, de l'aveu même de Cuvier, n'ont pas été surpassées. Les œuvres d'Aristote, enfouies ou cachées pendant près de deux siècles, ne furent rassemblées et publiées que vers le temps de

Aristote d'après un buste antique.

Sylla. La première édition complète des écrits d'Aristote est celle d'Alde, publiée à Venise (1495). Isaac Casaubon en publia une grecque-latine en 1596; mais l'édition la plus estimée est celle de Bekker, publiée sous les auspices de l'Académie de Berlin (1831). Les principales traductions d'Aristote sont celles de la *Morale* et de la *Politique*, par Thurot; de la *Rhétorique*, par Cassandre; de la *Poétique*, par Dacier et par Lebatteux; de l'*Histoire des animaux*, par Camus; de la *Métaphysique*, par MM. Pierron et Zévort. Enfin, M. Barthélemy Saint-Hilaire a entrepris une traduction complète, dont les premiers volumes ont paru en 1837.

ARITHMÉTIQUE (du grec *arithmos*, nombre). L'arithmétique est la science des nombres, ou plutôt c'est un recueil de procédés pour effectuer les calculs numériques, procédés qui sont relatifs, pour la plupart, à notre système particulier de numération écrite. (*Voy. Numération.*) On compte, en arithmétique, quatre *règles fondamentales*, celles de l'addition, de la soustraction, de la multiplication et de la division. Ces noms expriment, en effet, les relations les plus simples que nous puissions concevoir entre les

nombres. On parle encore en arithmétique de règles de trois, d'alliage, de société, d'escompte, etc., mais il faut remarquer que le mot de règle prend alors un sens tout différent de celui qu'il a quand on l'applique aux règles dites *fondamentales*. Celles-ci sont des méthodes de calcul et changeraient si l'on employait d'autres signes; les autres ne sont que la révolution d'équations algébriques de l'ordre le plus simple, assez simple pour qu'on puisse les résoudre commodément sans employer le secours des signes propres à l'algèbre. On trouvera au mot *numération* l'explication des procédés par lesquels on parvient à énoncer et à écrire tous les nombres possibles à l'aide d'un nombre limité de mots et de caractères *ou chiffres*. Chaque règle fera le sujet d'un article particulier, ainsi que les *progressions*, *proportions*, etc.

ARIUS, fameux hérésiarque, naquit l'an 270 à Alexandrie. S'étant fait ordonner prêtre dans un âge avancé, il fut nommé curé du district de Baucale. Homme instruit et d'un grand mérite, au dire même de ses adversaires, il étudia avec ardeur les saintes Écritures. Entendant un jour Alexandre, évêque d'Alexandrie, développer quelques points de doctrine, et dire que le Verbe fils de Dieu est égal à son père et de la même substance que lui, Arius, ne pouvant concevoir comment trois personnes distinctes existaient dans une substance simple, se porta contradicteur, et prétendit que non-seulement le Père et le Fils étaient deux personnes distinctes, mais que Jésus-Christ était une créature, qui n'existait pas avant Marie, dont il tenait le commencement de son être; que s'il était fils de Dieu ce n'était que par adoption, et parce que Dieu sachant, dans sa prescience infinie, que cette créature demeurerait dans le bien, lui avait donné, en vue des bonnes œuvres qu'il devait faire, le titre de Verbe, de Fils de sagesse, mais qu'il n'était pas véritablement Dieu. Aux agréments de l'esprit, Arius joignait les avantages extérieurs; sa taille haute et majestueuse, son extérieur grave et composé, ses traits empreints de douceur et de franchise, et de plus, l'art avec lequel il savait manier la parole lui firent, en peu de temps, de nombreux partisans. Il en trouva même parmi les prêtres et les évêques, et Eusèbe, évêque de Nicomédie, le soutint de tout son pouvoir. Alexandre, effrayé des progrès de la secte naissante, convoqua en concile les évêques de l'Egypte et de la Libye. Arius se présenta devant le concile, non en homme appelé à se justifier, mais en adversaire confiant dans la bonté de sa cause. Il n'est pas possible, dit-il, qu'un fils soit aussi ancien que son père, si Jésus-Christ fut engendré de Dieu, il n'était donc pas avant d'être engendré, il a donc commencé, il n'est donc pas éternel. Le concile d'Alexandrie décida que le Verbe était Dieu et coéternel à Dieu son père, il condamna la doctrine d'Arius, et conformément aux règles établies antérieurement, il prononça contre lui et ses principaux adhérents la sentence d'excommunication. Mais comme il arrive toujours que la persécution prédispose en faveur de la victime, Arius vit augmenter considérablement le nombre de ses partisans, et plusieurs évêques se déclarèrent en sa faveur; Eusèbe de Nicomédie assembla les évêques de sa province, opposa concile à concile, et soutint que la vérité était du côté d'Arius. Cependant, la question s'envenimant de plus en plus, dégénéra bientôt en une guerre de lettres, de pamphlets et de sermons passionnés, qui donna aux païens une triste idée de la charité chrétienne, eux qui ne s'étaient jamais querellés pour leurs dieux. Les comédiens allèrent même jusqu'à jouer sur les théâtres la religion chrétienne que professait Constantin. On voulut réprimer cette licence, mais la population s'ameuta, et la témérité profane n'en devint que plus désordonnée. L'empereur en conçut quelques inquiétudes, et après avoir vainement imposé silence aux deux partis, il résolut de rétablir à tout prix la paix dans l'Eglise. Dans ce but, il convoqua un concile de toutes les provinces de l'empire, et l'an 325, les évêques de la plus grande partie du monde chrétien se trouvèrent réunis à Nicée au nombre de trois cent dix-huit. Arius se présenta avec ses défenseurs; il exposa sa doctrine, et soutint ses opinions avec fermeté. Plusieurs évêques, et entre autres Athanase, lui répondirent, et après une longue discussion et des prodiges d'éloquence et de dialectique de part et d'autre, Arius fut condamné au bannissement par l'empereur, et ses écrits à être brûlés publiquement. Arius s'éloigna, mais il laissait à la cour des amis puissants. Eusèbe de Nicomédie, qui avait adhéré au symbole du concile de Nicée, fit si bien que Constantin se relâcha de sa rigueur, et consentit à rappeler les ariens de l'exil s'ils consentaient à reconnaître le symbole de Nicée. Arius fit une profession habile dans laquelle il éludait les questions les plus importantes et dont on se contenta; le parti des eusébiens se trouva bientôt le plus fort, et Arius fut rétabli dans Alexandrie; mais son retour ayant excité quelques troubles dans cette ville, on résolut de le faire recevoir dans la communion de Constantinople. Alexandre, devenu pa-

triarche de cette capitale, fit la plus vive opposition, et la guerre menaçait de se rallumer plus terrible que jamais, lorsque Arius mourut subitement d'une violente colique (336). Les catholiques crièrent au miracle, mais les ariens crièrent à l'empoisonnement. Quoi qu'il en soit, l'arianisme ne mourut pas avec son fondateur; l'empereur Constance le protégea ouvertement, et les évêques catholiques furent à leur tour exilés. Plusieurs conciles l'approuvèrent, et cette hérésie compta d'innombrables partisans, à la tête desquels étaient les évêques Ursace et Valens. — L'empereur Julien, à qui toutes les sectes chrétiennes étaient indifférentes, laissa faire, mais sous Valens, qui protégea les ariens, ceux-ci régnèrent en maîtres. Lorsque Théodose monta sur le trône, les choses changèrent de face, les assemblées des ariens furent prohibées, les évêques et les prêtres, convaincus d'appartenir à cette secte, furent chassés de Constantinople, et il fut même permis à leurs adversaires de leur courir sus. L'hérésie d'Arius paraissait entièrement étouffée lorsque l'invasion des barbares la ramena plus puissante que jamais. Les Goths ayant reçu le christianisme d'Ulphilas, évêque eusébien, avaient répandu l'arianisme dans les Gaules, dans l'Espagne et dans l'Afrique; Vandales, Lombards, Bourguignons, tous étaient ariens. Clovis, en se faisant chrétien, bannit les ariens de ses Etats, et ils disparurent bientôt également de l'Espagne et de l'Italie. Depuis la réformation, l'arianisme s'est reproduit sous de nouvelles formes, et a produit les sectes du *socinianisme* et de l'*unitarisme*.

ARKANSAS. Voyez *Etats-Unis*.

ARKHANGEL, province de la Russie d'Europe, bornée à l'est par Tobolsk; au sud-est, par Wologda; au sud-ouest, par Olonez; à l'ouest, par la Finlande et la Norwége; au nord, par la mer Blanche, et l'océan Arctique, dans lequel est située la Nouvelle-Zemble. Son étendue est de 16,225 lieues carrées géographiques. Selon Balbi, sa population n'est que de 263,600 habitants, composée de Russes, de Samoïèdes et de Lapons.

Arkhangel, chef-lieu de la province et port de la mer Blanche, a pris son nom d'un couvent dédié à l'archange Michel; il portait avant celui de Novo-Kholmagori, et fut longtemps le centre principal de tout le commerce extérieur de la Russie. Pierre-le-Grand lui porta un rude coup en lui enlevant ses franchises pour les accorder à Saint-Pétersbourg; mais le port d'Arkhangel s'est relevé peu à peu, et est aujourd'hui assez florissant. Malheureusement, le port n'est libre de glaces que pendant trois mois de l'année. On y construit des vaisseaux de ligne et d'autres navires. La ville est entourée de murs en pierre, mais elle est, au reste, bâtie en bois, assez régulièrement. Les édifices les plus remarquables sont : le marché en pierre, la cour des négociants entourée de six fortes tours et les chantiers de la marine. Il y a un séminaire, une école de navigation et un gymnase. Sa population est de 20,000 habitants. Il entre annuellement dans le port environ 250 bâtiments étrangers.

ARLEQUIN, personnage de la comédie italienne. Dans son *Histoire du théâtre italien*, Riccoboni présume que l'arlequin est un reste des mimes que les anciens nommaient *planipèdes* (pieds plats), qui avaient la tête rasée, un habillement de toutes couleurs et un sabre de bois. Les écrivains toscans désignaient souvent arlequin sous le nom de *zanni*, qui paraît identique avec celui de *saunio* que Cicéron applique à un bouffon bas, impudent et satirique, et tel était, en effet, le caractère de l'ancien arlequin italien. Au XVIIIe siècle, quand la comédie italienne fut transplantée en France, l'arlequin en devint le principal personnage, et bientôt on le naturalisa au théâtre français. Dominique Thomassin et Carlin firent, dans ce rôle, les délices des Parisiens. Ce caractère paraît usé maintenant, et c'est Pierrot, l'ancienne victime d'Arlequin, lui dont la gaucherie faisait ressortir la grâce de son rival, c'est Pierrot qui règne en maître aujourd'hui; empressons-nous de dire que c'est au talent de l'acteur Debureau que ce rôle doit sa suprématie.

ARLES (*Arelate*), ancienne ville de France, dans le département des Bouches-du-Rhône, située sur la rive gauche du Rhône, à 16 lieues N. O. de Marseille. Comprise par les Romains dans la Narbonnaise, Arles ne fut d'abord qu'un *emporium*, ou entrepôt de commerce; mais sa position avantageuse lui donna bientôt de l'importance. Ravagée en 270, elle fut réparée par Constantin qui en fit sa résidence, et l'embellit de nombreux édifices. En 412, Arles devint la métropole de toutes les Gaules. Sous les Mérovingiens, elle devint capitale du comté de Provence, et fut réunie à la couronne avec cette province, sous le règne de Louis XIII. Cette ville conserve des restes nombreux et remarquables de son ancienne existence, tels que les ruines de deux temples antiques, de plusieurs tombeaux, d'un arc de triomphe, d'un magnifique amphithéâtre, etc. La ville actuelle est assez bien bâtie, les alentours sont riants et fertiles. Aux restes de l'architecture antique qui embellissent Arles il faut ajouter la cathédrale qui date du VIIe siècle, les églises Notre-Dame, Saint-Honorat et de Mont-Majeur; l'Hôtel-de-Ville, bâti sur les dessins de Mansard, la Bibliothèque et le Musée. Arles est une ville commerçante; on y compte 20,500 habitants.

ARMADA, en espagnol veut dire *flotte*. Philippe II nomma orgueilleusement l'*Invincible Armada* la flotte redoutable qu'il équipa en 1588 contre Elisabeth, reine d'Angleterre. Elle se composait de 130 grands vaisseaux de guerre et de 30 autres bâtiments; elle avait à bord 20,000 soldats et 2,630 canons. Battue par l'amiral anglais Drake, et battue par la tempête, ce fut à peine si quelques vaisseaux purent regagner les côtes d'Espagne pour y porter la nouvelle du triste sort de l'*Invincible Armada*. Philippe II s'en consola en faisant dire des prières publiques.

ARMADILLE (*Armadillo*). Les armadilles ou pangolins (*manis*), sont des animaux mammifères de l'ordre des édentés, assez voisins des tatous et des fourmiliers (voy.). Ces animaux ont le corps d'une forme allongée, demi-cylindrique; leur tête est amincie vers le haut; leur queue très grosse et très longue; leurs membres sont, au contraire, courts et armés de fortes griffes; mais leur caractère, le plus singulier, est que leurs poils sont agglutinés de telle sorte qu'ils forment des écailles fortes et nombreuses qui recouvrent tout le corps en dessus; en un mot, ils ressemblent beaucoup à des sauriens dont les écailles seraient imbriquées. La tête est en cône plus ou moins allongé, la bouche petite, terminale, dépourvue de dents; la langue est fort longue, ronde et susceptible de sortir de la bouche comme celle des fourmiliers; il n'y a pas d'oreilles externes et le trou auditif est très rapproché des yeux; les pieds ont tous cinq doigts armés d'ongles robustes et crochus; la queue très longue, est presque aussi large que le corps à sa base, elle est couverte de larges écailles cornées, triangulaires, attachées à la peau par leur base. On connaît peu les mœurs de ces singuliers animaux; ils se nourrissent de fourmis, et pour s'en emparer ils plongent leur langue visqueuse dans les fourmillières qu'ils ouvrent avec leurs ongles, et la font rentrer dans leur bouche lorsqu'elle est couverte. Leur naturel est doux, leur cri faible, leur démarche lente ; ils ne sortent guère que la nuit. Ils se roulent en boule comme les hérissons lorsqu'ils sont inquiétés ; et se creusent des terriers. Leur chair passe pour être très délicate. L'espèce la plus connue est l'*armadille de Séba*

ou grand lézard écaillé. Cet animal a 65 cent. de longueur, sur lesquels la queue en a environ 50. Il habite le continent des Indes, ainsi que deux ou trois espèces plus rares.

ARMAGNAC, province de Gascogne, dont le territoire forme aujourd'hui le département du Gers et une partie de ceux de Lot-et-Garonne, Tarn-et-Garonne, Haute-Garonne. L'Armagnac devint un comté particulier en 960, et eut pour premiers comtes, Bernard-le-Louche, Giraud Trancaléon, Bernard II. Vers l'an 1140, Giraud III hérita du comté de Fezensac, qui se trouva de la sorte réuni à l'Armagnac. A la fin du XIIᵉ siècle, on voit les comtes d'Armagnac faire hommage de leur seigneurie aux comtes de Toulouse, et plus tard, aux rois d'Angleterre comme suzerains de toute cette partie de la France. Sous Bernard VI, à la fin du XIIIᵉ siècle, éclata, au sujet de possessions litigieuses entre les maisons d'Armagnac et de Foix, une guerre civile qui, malgré la médiation du roi de France, ne se termina qu'en 1379, sous le comte Jean II *le Bossu*, par le mariage de sa fille avec Gaston, fils du comte de Foix. A cette époque, la maison d'Armagnac se trouvait arrivée à un haut degré de prospérité, divers mariages avaient successivement agrandi ses possessions des comtés de Charolais, de Comminges, de Rhodez. Jean III vendit, en 1390, le comté de Charolais pour subve-

nir aux frais d'une expédition en Italie, afin de rétablir son beau-frère, Charles Visconti, dans le duché de Milan ; il y périt en 1391. Son fils, Bernard VII, compte parmi les personnages célèbres de son temps. (Voyez l'article ci-après.) En 1473, à la mort de Jean V, petit-fils du précédent, Louis XI réunit l'Armagnac à la couronne. Cependant, Charles VIII le rendit à Charles Iᵉʳ, frère de Jean V. A Charles Iᵉʳ succéda le duc Charles d'Alençon, Henri d'Albret, puis Jeanne d'Albret, et enfin Henri IV, qui le réunit définitivement à la couronne de France, à son avénement (1589).

ARMAGNAC (Bernard VII, comte d'), fils de Jean II, dit *le Bossu*, succéda, en 1391, à son frère Jean III. De funestes dissentiments ayant éclaté entre la maison de Bourgogne et celle d'Orléans, le comte d'Armagnac prit parti pour la dernière, dont le chef était devenu son gendre ; il en devint bientôt l'âme, et mérita de donner son nom à l'une des factions qui, à cette époque, désolèrent le royaume. Après l'assassinat du duc d'Orléans par le duc de Bourgogne en 1407, il se mit à la tête des partisans de la victime, et ayant fait alliance avec la cour contre le duc de Bourgogne, il entra dans Paris à la tête de l'armée royale. Il se fit alors créer connétable et premier ministre, et s'empara de tout le pouvoir ; mais bientôt ses exactions et sa tyrannie le rendirent odieux, il ne ménagea même pas la reine Isabeau, qui rompit avec lui et alla réclamer la protection du duc de Bourgogne. Celui-ci leva aussitôt des troupes et marcha sur Paris, dont les mécontents lui ouvrirent les portes. Le peuple se souleva, et le connétable et ses partisans voyant que la résistance était impossible, tentèrent de se sauver ; mais, dénoncé par un maçon chez lequel il s'était réfugié, le comte d'Armagnac fut jeté en prison et massacré peu de jours après par le peuple qui croyait qu'on voulait le délivrer.

ARMAGNAC (Jean IV, comte d'), fils du précédent, lui succéda en 1418, et arma contre lui, par les excès de toutes sortes auxquels il se livra, la colère du roi Charles VII. Il fut emprisonné et son procès instruit. Les débats prouvèrent qu'il *mettait taille en ses terres deux ou trois fois l'an ; qu'il avait fait pendre un huissier du parlement de Tholon, qui venait exécuter contre lui ; qu'il avait eu cinq châteaux de la détrousse que ses ribauds accomplissaient par son ordre ; qu'il avait pillé et emprisonné divers ecclésiastiques ; enfin qu'il battait son confesseur lorsqu'il ne voulait l'absoudre.* Toutefois, moyennant les promesses qu'il fit, et les garanties qu'il donna, il obtint du roi des lettres d'abolition et rentra dans ses Etats en 1445. Il mourut en 1450.

Armagnac (Jean V, comte d'), fils du précédent, lui succéda. Il se distingua sous le comte de Dunois, dans la guerre contre les Anglais; mais la passion qu'il conçut pour une de ses sœurs empoisonna son existence, et attira sur lui les foudres de l'Eglise et les menaces du roi Charles VII. Ayant refusé de rompre cette union incestueuse, et soupçonné d'ailleurs d'avoir des intrigues avec les Anglais, le roi fit marcher des troupes contre lui. Jean se réfugia en Aragon, où il avait des propriétés; mais son procès fut instruit, il fut condamné au bannissement et la confiscation de ses biens fut prononcée. Le comte d'Armagnac passa alors en Italie, où il fut absous par le pape. Charles VII étant mort, il obtint de Louis XI, dont il avait secondé les efforts criminels contre son père, sa rentrée en France et la restitution de ses domaines; mais, oubliant bientôt les bienfaits qu'il en avait reçus, Jean entra dans la *ligue du bien public.* Louis XI marcha contre lui avec des forces imposantes, et le comte, de nouveau dépossédé, se réfugia encore à Aragon et fut condamné par le parlement; mais cette fois à mort. Aidé par le duc de Guyenne, il reconquit ses Etats, et lutta pendant quelque temps contre les forces royales. Cependant, obligé de se renfermer dans Lectoure, il se vit forcé de capituler au bout de deux mois de siège. Pendant qu'il dressait le traité avec le cardinal Jouffroy, qui commandait les assiégeants, les troupes royales pénétrèrent dans la ville sans défiance et la livrèrent au pillage. Le comte d'Armagnac fut égorgé entre les bras de Jeanne de Foix, son épouse, et ainsi finit avec lui la puissante maison d'Armagnac. La comtesse d'Armagnac expira peu de temps après en prison, d'un breuvage destiné à la faire avorter de l'enfant qu'elle portait dans son sein.

ARMATEUR. L'armateur d'un bâtiment est le propriétaire de ce navire, ou celui qui se charge des frais et des soins nécessaires pour mettre le bâtiment en état de prendre la mer. (Voyez *Corsaire*.)

ARME. Voyez *Armes*.

ARMÉE, corps de troupes soldé par un gouvernement et envoyé par lui pour faire la guerre. — Dans l'origine, c'était une population entière se portant en armes sur un pays pour l'envahir, ou se levant en masse pour la défense de son sol. Chez les Egyptiens, les militaires formaient une caste séparée, la plus honorée après les prêtres. Les Grecs, partagés en petites républiques, n'avaient que de petites armées; mais l'art militaire fit chez eux de grands progrès, et ils combattirent avec succès contre des armées beaucoup plus nombreuses. Chez eux, l'obligation de servir sa patrie était commune à tous les citoyens; à Sparte et à Athènes, tout homme entre 18 et 60 ans était obligé de servir militairement lorsqu'il en était légalement requis. Les Romains ayant tourné toutes leurs institutions vers la conquête, mirent un soin particulier dans l'organisation et le recrutement de leurs armées. Sous Charlemagne, les armées se composaient des troupes féodales, pour lesquelles la durée du service était illimitée. Plus tard, pour restreindre les exigences des chefs particuliers des corps de troupes, les rois émancipèrent des villes, puis des provinces entières, à condition qu'elles armeraient et entretiendraient à leurs frais un certain nombre d'hommes de guerre. Les princes prirent plus tard à leur service des corps composés d'étrangers enrôlés volontairement à prix d'argent, payés et entretenus aux frais de l'Etat; mais à mesure que la civilisation s'étendit, on leur adjoignit des troupes formées avec les levées d'hommes faites sur les classes du peuple, et désignées dans chaque commune par la voie du sort. Alors le service militaire eut pour ceux-ci une durée légale qui varia suivant les pays et les époques. — Une fois la base des armées permanentes ainsi posée, elles s'agrandirent et formèrent des armées nationales. Le nombre, l'organisation et la proportion des armes qui les composèrent varièrent à l'infini, d'après la puissance, l'esprit et le degré de perfection de l'art militaire. Dans l'antiquité, les Parthes, les Mèdes et les Scythes avaient dans leurs armées plus de moitié de cavalerie. Les Athéniens n'en avaient que le dixième, et Alexandre le septième. Dans les temps modernes, la proportion qui dura le plus longtemps fut d'un sixième; mais ces rapports changèrent sous Napoléon, en 1812 la cavalerie fut d'un cinquième, et dans les campagnes de 1813 et 1814 elle fut d'un quart. L'artillerie n'a pas moins varié que la cavalerie, dans les armées actuelles elle est du quinzième au vingtième du total de l'armée. — En général on peut considérer trois modes de recrutement pour les armées: par conscription, par des levées volontaires avec prime en argent, ou par des appels forcés. En France, tout individu mâle est tenu de servir sa patrie, et la conscription frappe indistinctement tous les hommes de toutes les classes en état de porter les armes, depuis 20 ans jusqu'à 27. En Angleterre, le service militaire n'est point obligatoire pour tous, en ce qui concerne le service extérieur; il ne l'est même que pour certaines classes dans l'intérieur, on en exempte les prolétaires. Le recrutement de l'armée permanente destinée principalement au service extérieur, à la guerre offensive, se fait au moyen d'enrôlements volontaires avec prime en argent. En Autriche, l'armée se recrute par enrôlements volontaires avec primes en argent. En Russie, l'enrôlement se fait par réquisition; les seigneurs sont obligés de fournir le nombre d'esclaves déterminé par l'empereur. En Prusse, toute la population mâle, de 20 à 30 ans, est destinée à la défense de la patrie, et est soutenue en cas de besoin par les hommes de 30 à 40 ans, lesquels forment la réserve. (Voyez *Service militaire*, *Infanterie*, *Cavalerie*, *Artillerie*.)

ARMÉNIE, contrée de l'Asie occidentale comprise entre l'Imérétie et la Géorgie au N., le Kurdistan et l'Aderbidjan à l'E., l'Aldjezireh au S., et l'Anatolie à l'O. Ses limites ont, du reste, très souvent changé, et son nom longtemps effacé de la géographie n'y a reparu que tout récemment, comme celui d'une nouvelle province russe, la paix d'Andrinople ayant livré à l'empire de Russie une partie des pachaliks turcs. Un immense lac entouré de hautes montagnes est au centre de cette province et porte le nom de Goktcha. Quelques-unes de ces montagnes, telles que l'Ararat et diverses branches du Taurus, sont couvertes de neiges perpétuelles. Plusieurs fleuves célèbres, entre autres le Tigre, l'Euphrate, l'Aras, y prennent leurs sources. Quoique peu fertile, son sol produit du riz, du blé, du chanvre, du lin, du tabac, du coton, etc., mais la principale industrie des habitants est l'éducation des bestiaux. L'air y est généralement froid et le climat rude dans le haut pays, mais il est plus doux dans les vallées et les plaines. Les montagnes recèlent des mines de cuivre, de fer, d'argent, de plomb et d'autres métaux.

L'ancienne nation des Arméniens, habitant un pays hérissé de hautes montagnes, conserva longtemps son caractère propre et une espèce d'indépendance. Ils eurent de bonne heure leur écriture propre et acquirent toute l'instruction qui résulte de ce moyen de communication. Les commencements de son histoire, comme ceux de presque tous les autres pays, sont très obscurs et fabuleux; ce qu'on y voit de plus certain, c'est

que les Arméniens devinrent de bonne heure les vassaux des monarques assyriens et persans. Haïg fut le premier roi qui gouverna le pays, et l'un de ses descendants, Aram, vainquit les Mèdes et les Assyriens, et régna avec tant de gloire que le pays, nommé jusqu'alors Haïganien, prit le nom d'Arménie. Son fils Ara fut vaincu et tué par Sémiramis, qui fit alors de l'Arménie une province assyrienne, mais en conservant ses rois indigènes. Lorsque les Satrapes se révoltèrent contre Sardanapale et détruisirent son empire, l'Arménie redevint un royaume indépendant. Tigrane Ier, qui régnait en 565 av. J.-C., rétablit l'Arménie dans son ancienne puissance. Il aida Cyrus dans sa guerre contre Astyage, et bâtit Tigrano-Certa sur les bords du Tigre. Le dernier roi de la dynastie des Haïg fut Vahé, qui périt l'an 328 en combattant les généraux d'Alexandre-le-Grand. Après la mort du conquérant, les Arméniens, profitant des démêlés sanglants des généraux, qui se disputèrent l'empire d'Alexandre, secouèrent le joug étranger et se donnèrent pour chef un certain Ardoates. L'Arménie fut tantôt libre, tantôt soumise aux rois syriens, jusqu'au moment où les Arsacides en firent la conquête. Cet événement eut lieu l'an 149 av. J.-C. Mithridate Ier, roi arsacide, soumit l'Arménie avec la plus grande partie de l'Asie et y établit son frère Vagharchag, qui fit sa résidence à Nisibe, en Mésopotamie. Ce roi donna des lois et de sages institutions à son peuple, et son petit-fils, Tigrane II, réunit à ses États la Syrie et une partie de l'Asie mineure. Il embrassa la cause de Mithridate, roi du Pont, contre les Romains; mais il fut vaincu et contraint d'abandonner ses possessions. Son fils Artavasde lui succéda et périt, l'an 34 av. J.-C., par la perfidie de Marc-Antoine qui livra sa tête à Cléopâtre, et son royaume à Alexandre, fils de cette reine. Mais les Arméniens ne tardèrent pas à chasser cet étranger.

Depuis ce temps, l'Arménie ne put jamais se relever. Les successeurs de Tigrane, jouets de la politique romaine ou de celle des princes parthes, virent leur empire ravagé par ces deux puissances. — Après deux siècles de troubles, l'Arménie fut conquise (232) par Ardechir, premier roi de Perse de la dynastie des Sassanides. (Voy.) Les Arméniens restèrent pendant 28 ans sous sa domination; mais un de leurs princes, Tiridate, obtint des Romains une armée avec laquelle il reconquit l'Arménie. En 301, saint Grégoire convertit au christianisme Tiridate, et la plus grande partie des seigneurs et du peuple ayant suivi l'exemple du roi, les prêtres grecs et syriens y fondèrent des évêchés, des couvents et des églises qui répandirent la religion chrétienne dans tout le royaume. Mais l'Arménie resta le théâtre de troubles de toute espèce et, en 428, le roi de Perse, Bahram V, déposa le dernier roi, Ardachès IV, et fit du royaume d'Arménie une province de l'empire des Sassanides. Ce pays eut beaucoup à souffrir des guerres entre les Grecs et les mahométans; changeant à tout moment de maîtres, jusqu'à ce que, en 1079, les Grecs s'en emparèrent et le réunirent à leur empire. Les Mongols s'en emparèrent au XIIIe siècle. Pour échapper au joug des étrangers, un grand nombre de familles arméniennes émigrèrent dans l'Asie mineure et dans l'Anatolie; en 1463, plusieurs familles suivirent le conquérant othoman à Constantinople; leur exemple fut suivi, de sorte que Constantinople devint une des principales résidences des Arméniens. D'autres se retirèrent en Crimée et en Astrakan, où Pierre-le-Grand et Catherine les protégèrent; on en trouve aujourd'hui des communautés nombreuses à Moscou et à Saint-Pétersbourg. Lorsque les Ottomans s'emparèrent, en 1585, de l'Arménie, le plus grand nombre des habitants, chassés par la plus cruelle oppression, se réfugia à Ispahan, où le chah Abbas leur accorda sa protection. C'est ainsi que de nos jours les Arméniens vivent disséminés depuis la Chine jusqu'à Saint-Pétersbourg et jusqu'aux bords de la Méditerranée. Dans ces derniers temps, une partie considérable de l'ancienne Arménie, qui appartenait aux Persans, a été cédée par eux à la Russie.

On connaît fort peu de chose de la religion des anciens Arméniens, elle était sans doute la même que celle des Parthes. (Voyez ce mot.) Comme nous l'avons vu, la religion chrétienne fut introduite en Arménie dans les premières années du IVe siècle. Le schisme qui sépare à présent l'Église arménienne de la catholique romaine prit naissance après le concile général de Chalcédoine, tenu en 451. Une partie de la nation se déclara contre la décision de ce concile, en faveur du dogme des deux natures en Jésus-Christ; en conséquence de ce dissentiment, ce schisme s'est perpétué jusqu'à nos jours. Comme toujours, les persécutions augmentèrent le nombre des prosélytes et amenèrent la catastrophe de 813; Jean, patriarche d'Osmi, s'arrogea alors le titre de chef spirituel de la nation arménienne, se déclara indépendant de l'Église romaine, et défendit aux Arméniens de célébrer les fêtes conformément à l'ancien rituel. Actuellement, le nombre des Arméniens schismatiques est beaucoup plus considérable que celui des Arméniens catholiques.

Ceux qui se trouvent sous la domination turque dépendent du patriarche de Constantinople, ceux qui sont établis en Russie, en Perse et dans d'autres contrées asiatiques, reconnaissent la suprématie spirituelle du patriarche d'Etchmiadzin. Ce chef de l'Église est assisté d'un conseil d'archevêques et d'évêques, et sa résidence ordinaire est dans ce couvent célèbre qui porte aussi le nom des Trois-Églises; il est situé près du mont Ararat. Ce patriarche est nommé par son prédécesseur, ou élu par l'assemblée des archevêques et des évêques. Les hommes mariés sont promus au sacerdoce sans être obligés de se séparer de leurs femmes; mais ceux qui se marient après leur ordination sont punis de la dégradation.

ARMES. On donne le nom d'*arme* à tout instrument propre à servir à la défense ou à l'attaque. La nature a donné à tous les êtres des armes naturelles plus ou moins terribles, dont nous parlerons plus loin; mais le génie de l'homme a inventé les moyens les plus merveilleux pour s'entredétruire. Tous les éléments de la nature sont devenus, entre ses mains, des matériaux de destruction. — Les premières armes furent faites d'abord de bois, de pierres et d'os; puis vinrent les métaux avec la civilisation. — Les anciens n'eurent pendant longtemps que des armes de cuivre, que remplacèrent plus tard le fer et l'acier. L'esprit de destruction créa des moyens proportionnés aux difficultés à vaincre, et, à mesure du perfectionnement des moyens de défense, se perfectionnèrent les moyens d'attaque. Nous ne donnerons pas ici la longue énumération de toutes les armes artificielles inventées par l'homme dans les différents âges, et dont l'histoire nous a conservé les noms et les usages; les principales seront décrites dans le corps de cet ouvrage. L'invention de la poudre a apporté un changement total dans les armes, et l'on peut dire que, si l'effet des armes à feu est plus prompt et plus puissant, leur emploi est moins terrible pour l'homme que pour les monuments. Les chocs des guerriers, corps à corps, furent dès-lors plus rares, et les batailles moins meurtrières. Le sort des batailles dépendit moins alors de la valeur individuelle que de l'habileté des généraux; aussi les hommes braves s'indignèrent-ils qu'un homme fort et courageux fût souvent exposé à périr de la main d'un faible et lâche adversaire. — Les armes actuelles sont défensives ou offensives, portatives ou non portatives. Les armes offensives portatives sont le sabre, l'épée, la lance, le pistolet, le fusil, etc.; le canon et l'obusier sont des armes offensives non portatives. Les armes défensives portatives sont le casque et la cuirasse, et autrefois le bouclier; on range parmi les armes défensives non portatives les ouvrages de fortification, les places fortes, etc. (Voyez les noms des différentes armes et le mot *Armure.*)

ARMILLAIRE. Voyez *Sphère.*

ARMINIENS. Jacob Harmensen ou Arminius, né à Oudewater (Hollande), en 1560, après avoir vu ravager sa patrie, égorger sa mère, ses sœurs et ses frères par les troupes espagnoles, fut recueilli par quelques âmes charitables qui l'envoyèrent à l'académie de Leyde, en 1582, puis de là à Genève, où il étudia sous Théodore de Bèze et Grynœus. De retour dans sa patrie, il exerça pendant quinze ans le ministère dans l'église d'Amsterdam. Il professait la théologie à Leyde, lorsqu'il fut chargé par Martin Lydius, théologien de Franeker, de défendre la doctrine de Théodore de Bèze sur la prédestination, contre les attaques des ministres de Delft. Arminius examina les raisons des théologiens de Delft, et, au lieu de les réfuter, il adopta leurs sentiments et leur donna même de nouveaux développements. Il se prononça contre le *supralapsarisme*, c'est-à-dire contre le dogme qui enseigne la prédestination des élus et des réprouvés, comme contraire à la justice divine. François Gomar, son collègue à l'université de Leyde, se déclara contre lui et entraîna un grand nombre de ministres dans son opinion. Arminius de son côté trouva de nombreux partisans, et les deux partis prirent les noms de leurs chefs, de là les *arminiens* et les *gomaristes.* La dispute s'échauffa et produisit, de part et d'autres, de volumineux écrits remplis de bonnes raisons et d'injures. Les arminiens, craignant d'être opprimés par leurs adversaires, dont plusieurs étaient puissants, présentèrent en 1610 une *remontrance* aux Etats de Hollande, ce qui leur fit donner le nom de *remontrants.* Ils se plaignirent qu'on les accusait injustement de vouloir changer la religion, et de causer des désordres et des tumultes. Ils avouaient cependant qu'ils trouvaient nécessaire d'examiner de nouveau la confession de foi et le catéchisme, et qu'ils ne croyaient pas que Dieu eût résolu de donner Jésus-Christ aux seuls élus, mais qu'il l'avait donné pour rédempteur commun à tout le monde et pour sauver tous ceux qui croient en lui; en un mot, que le Fils de Dieu est offert pour tous, et qu'aucun n'est exclu du fruit de la rédemption par un décret absolu, ni autrement que par sa faute. — Les *gomaristes* présentèrent une remontrance opposée et furent appelés *contre-remontrants.* Les Etats de Hollande firent tous leurs efforts pour calmer les esprits et ramener la paix, mais ce fut en vain. L'édit de pacification qu'ils donnèrent en 1614 ne calma personne. La politique s'en mêla, et le prince d'Orange, qui voulait se venger de Barnevelt et de Grotius, soupçonnés de favoriser les *remontrants*, protégea les gomaristes. Un synode général fut convoqué, et ouvert à Dordrecht, le 13 novembre 1618, où les articles des arminiens furent examinés et condamnés. Les ministres qui refusèrent d'adhérer à la sentence furent destitués. L'arminianisme ne fut cependant pas étouffé, et, en 1630, il obtint la tolérance; il jeta même en Angleterre de profondes racines, et donna naissance à la secte des *méthodistes.* (Voyez ce mot.) Nous renvoyons, du reste, pour plus de détails, à l'*Histoire de la réformation des Pays-Bas*, par Gerard-Brandt, et à l'*Histoire des variations* de Bossuet.

ARMINIUS. Voyez *Arminiens.*

ARMISTICE. Voyez *Suspension d'armes.*

ARMOIRIES. On rapporte généralement l'origine des armoiries à l'époque des croisades, mais nous croyons qu'on peut la faire remonter plus haut; en effet, non-seulement nous trouvons des armoiries sur des monuments antérieurs à cette époque, mais il est de notoriété publique que tous les peuples ont eu des symboles ou enseignes nationales depuis la plus haute antiquité. Les Athéniens avaient pour symbole une chouette, les Celtes un glaive, les Romains un aigle, les Carthaginois une tête de cheval, les Francs un lion. Les grands guerriers firent, plus tard, graver ou peindre sur leurs armures et sur leurs bannières un objet quelconque, rappelant quelque action d'éclat, quelque souvenir de leur vie; et il était bien naturel que leurs descendants conservassent avec orgueil ces témoignages des vertus de leurs pères. Ce ne fut guère, toutefois, que sous le règne de Louis IX que les armoiries devinrent héréditaires dans les familles. Cette distinction nobiliaire devint même par la suite tellement précieuse, qu'on ne crut pas pouvoir en trop reproduire l'image. Le sceau destiné à rendre authentiques les actes publics et privés, les meubles, les valets, tout en porta l'empreinte, et il y eut un temps où une femme de haute naissance n'aurait osé sortir sans une robe chamarrée des armes de son mari et des siennes. — Les armoiries ont donné naissance à la science du *blason* (voyez ce mot), science à laquelle on n'attache aujourd'hui d'importance que par rapport à l'histoire.

ARMOISE (*artemisia*), genre de plantes de la famille des composées, dont plusieurs sont remarquables par leurs propriétés médicales. Outre l'*absinthe*, qui rentre dans ce genre et à laquelle nous avons consacré un article particulier, nous citerons l'*armoise commune* (artemisia vulgaris), qui croît dans les lieux incultes, et fleurit en août et septembre; elle a des propriétés toniques et stimulantes, mais moins actives que chez l'absinthe. On l'emploie, ainsi que cette dernière, en infusion, pour déterminer ou régulariser les menstrues. — L'*estragon* (artem. dracunculus), ainsi nommé à cause de la ressemblance de sa racine avec celle d'un dragon replié sur lui-même, est employé comme condiment; sa saveur piquante, aromatique, qui rappelle le goût de l'anis, le fait employer dans la salade et principalement pour aromatiser le vinaigre. On rencontre cette plante dans toute l'Europe orientale et jusque sur les confins de la Chine. L'*armoise citronelle*, ou *aurone*, et l'*armoise argentée*, se cultivent dans les jardins, à cause de leur odeur agréable. C'est de l'*armoise judaïque* que provient la poudre vermifuge connue sous le nom de *semen-contra*, et qui nous vient sèche du Levant.

ARMORIQUE (*Armorica*) (du celte *ar mor*, près de la mer). On donnait autrefois ce nom à toute cette partie de la Gaule occidentale comprise entre les embouchures de la Loire et de la Seine, c'est-à-dire toute la Bretagne et une partie de la Normandie. (Voyez *Bretagne*.)

ARMURE (*armatura*). Ce nom s'applique particulièrement à l'équipement complet des armes défensives, le bouclier, le casque, la cuirasse, etc. — Vraisemblablement, l'homme se couvrit d'abord de peaux de bêtes, et alors l'armure se confondait avec l'habillement; puis vint le bouclier, qui pouvait aller au-devant du coup et le parer; cette arme subit de nombreuses modifications; les chevaliers portaient l'écu au moyen-âge, et les fantassins, la rondache. L'usage du casque remonte à une haute antiquité; il a porté divers noms, suivant sa forme. Le heaulme, richement orné de ciselures, d'un cimier et d'un panache, était la coiffure des chevaliers et des hommes d'armes; la salade, sans crête ni crinière; le morion, porté par les fantassins. La forme des casques que porte aujourd'hui notre grosse cavalerie rappelle celle des casques des anciens. Ensuite vint la cuirasse, puis les bottines, enfin les brassarts et les cuissarts. Ce ne fut guère que vers le xie siècle que les chevaliers commencèrent à porter des armures complètes, et à barder leurs chevaux de fer. L'armure de pied en cap se composait du casque, du hausse-col, de la cuirasse, des épaulettes, des brassarts, des gantelets, des tassettes, des cuissarts, des grèves ou jambières, des genouillères. Enfin, les chevaux eux-mêmes avaient une armure qui leur

Armure du XVIe siècle.

couvrait la tête et le poitrail. La Lombardie, Toulouse et Tolède étaient les villes où se fabriquaient, au moyen-âge, les armures et les armes les plus renommées. Les armures des chevaliers étaient souvent ornées des plus riches ciselures, on peut en voir de fort belles au musée d'artillerie de Paris. L'introduction des armes à feu fit peu à peu abandonner l'usage des armures, que Louis XIII tenta vainement de rétablir ; et, suivant les réflexions de Tavannes, les grands pistolets rendent ces bardes inutiles.

ARMURIER. Ce fut d'abord celui qui fabriquait toute espèce d'armes ; mais après l'invention de la poudre, on conserva ce nom aux seuls fabricants d'armes blanches, et on donna celui d'*arquebusier* à ceux qui confectionnaient les armes à feu.

En termes militaires, l'armurier est un ouvrier appartenant au petit état-major, chargé de l'entretien et de la réparation des armes. (Voyez *Armes.*)

ARNAUD de Brescia, ainsi nommé à cause de la ville d'Italie où il naquit, vint en France au xiie siècle, et y fut disciple d'Abeilard. Doué d'une grande facilité et d'une éloquence toute naturelle, il retourna en Italie, où il embrassa l'état monastique et s'adonna à la prédication. Il prétendit réformer le clergé et rétablir la primitive Eglise, prétendant qu'il n'y a point de salut à espérer pour les ecclésiastiques qui ont des biens en propriété, pour les évêques qui possèdent des seigneuries, ni pour les moines qui ont des immeubles, toutes ces choses appartenant aux princes et l'usage n'en devant être accordé qu'aux laïques. Ces doctrines trouvèrent de nombreux partisans parmi les seigneurs et dans le peuple ; les têtes fermentèrent, et des troubles eurent lieu dans plusieurs villes où le peuple se souleva contre les évêques. Arnaud fut condamné par le pape Innocent II et par le concile de Latran, et se retira en Suisse ; mais en 1139, encouragé par le nombre toujours croissant de ses partisans, il revint à Rome et souleva le peuple. Eugène III et ses cardinaux quittèrent le palais Saint-Ange, et Arnaud se vit alors maître de Rome. Joignant la réforme politique à la réforme religieuse, il rétablit la république et forma un sénat. Mais, lorsqu'Adrien IV fut élu pape, plus courageux que ses prédécesseurs, il frappa d'anathème Arnaud et ses adhérents, et jeta l'interdit sur la ville de Rome, jusqu'à ce qu'on eût chassé ce moine audacieux. Les Romains effrayés expulsèrent Arnaud et les arnaldistes, qui se retirèrent en Toscane et y continuèrent leurs prédications contre le clergé et ses débordements. Mais ayant été pris par l'empereur Frédéric Barberousse, Arnaud fut livré au préfet de Rome, qui le fit brûler vif en 1155 et fit jeter ses cendres au vent.

ARNAULD (Antoine), célèbre théologien, fils d'Antoine Arnauld, un des plus habiles avocats de son temps, naquit à Paris en 1612. Il fut d'abord destiné au barreau, mais il se fit recevoir docteur en théologie en 1641. Arnauld fut ordonné prêtre, après s'être dépouillé de son bien en faveur du monastère de Port-Royal. Il commença à se faire connaître par son traité *De la fréquente communion*, dans lequel il attaqua l'abus que l'on faisait, selon lui, de ce sacrement. Il préluda à ses longs combats contre les jésuites par sa *Théologie morale des jésuites*. Les bons pères lui suscitèrent mille embarras. Arnaud s'enferma à Port-Royal, et c'est dans cette retraite qu'il composa ces ouvrages de théologie, de logique, de métaphysique, de grammaire et de géométrie, qui illustrèrent son nom. Arnauld s'était fait une mauvaise affaire en attaquant les jésuites, mais il s'en préparait une plus mauvaise encore en prenant parti pour *Jansénius.* (Voyez) Le pape Urbain VIII donna une bulle contre l'*Augustinus* de l'évêque d'Ypres, et en défendit la lecture. Arnault publia, en 1643, les *Premières et secondes observations*, puis une *Apologie de Jansénius.* Les persécutions le forcèrent enfin de quitter sa retraite de Port-Royal, et, en 1656, il fut, grâce aux efforts des jésuites, exclu de la société de Sorbonne et même de la faculté de théologie. « C'est aujourd'hui, écrivait-il à sa nièce, la mère Angélique, supérieure du couvent de Port-Royal, c'est aujourd'hui qu'on me doit rayer du nombre des docteurs ; j'espère en la bonté de Dieu qu'il ne me rayera pas pour cela du nombre de ses serviteurs, c'est la seule qualité que je désire conserver. » Tous les docteurs qui ne voulurent pas signer sa condamnation furent également exclus. Au reste, si la plume des bons pères était trempée dans le fiel, celle d'Arnauld ne s'en faisait pas faute. S'apercevant qu'une guerre défensive avec les jésuites lui était désavantageuse, il prit l'offensive et attaqua leur morale. Il fournit à Pascal les matériaux pour ses fameuses *Provinciales*, et publia, en 1658, *cinq écrits en faveur des curés de Paris, contre les casuistes relâchés.* Puis suivirent la *Nouvelle hérésie* et les *Illusions des jésuites.* Ce fut vers le même temps qu'il composa ces ouvrages, qui resteront comme des monuments éternels d'un des plus beaux génies qui aient honoré la France, et qui font regretter le long emploi de si grands talents à des controverses dont le fond était parfois ridicule. Il publia la *Grammaire générale et raisonnée dite de Port-Royal,* le *Réglement pour l'étude des belles-lettres,* la *Logique,* les *Nouveaux éléments de géométrie,* les *Ré-*

flexions sur l'éloquence des prédicateurs. Arnauld se plaça au premier rang des plus profonds métaphysiciens de son siècle, par ses *Nouvelles objections contre les méditations de Descartes*, son *Traité des vraies et des fausses idées*, ses *Réflexions philosophiques et théologiques*, ses *Neuf lettres au père Malebranche*, etc. Son *Apologie pour les catholiques* est un chef-d'œuvre de dialectique. En 1668, Arnauld se prêta de bonne grâce à l'accommodement appelé la paix de l'Église, et fut reçu avec la plus grande distinction par le nonce et par le roi, mais il ne fut pas rétabli en Sorbonne. Il résolut alors, afin d'éviter de nouvelles disgrâces, de tourner ses armes contre les calvinistes ; et il publia, avec Nicole, le célèbre traité de la *Perpétuité de la foi*, ainsi que plusieurs autres ouvrages estimés. Ses ennemis parvinrent à le rendre suspect à Louis XIV, et Arnauld reçut l'ordre formel de quitter Paris ; il se réfugia à Mons, puis de là à Bruxelles, et continua à écrire contre les protestants. Mais fatigué par l'âge et par ces luttes continuelles, il mourut à Bruxelles, le 8 août 1694. Les ouvrages d'Arnauld ont été publiés en 1783, en 48 vol. in-4°, avec *Vie* de l'auteur, par l'abbé de Majainville.

ARNAULT (Antoine-Vincent), né à Paris en 1766, s'adonna de bonne heure à la littérature théâtrale. Il fit jouer, en 1791, au Théâtre-Français, sa tragédie de *Marius à Minturnes*, et l'année suivante *Lucrèce*, qui obtinrent un grand succès. Malgré ses tragédies républicaines, le jeune auteur émigra après les massacres de septembre. Il fut chargé par Napoléon, en 1797, d'organiser le gouvernement des îles Ioniennes, et fut successivement nommé membre de l'Institut et de la Légion-d'Honneur, et chef de l'instruction publique. Il s'attacha à son protecteur, et lui resta fidèle même pendant son adversité ; l'esprit de parti lui en fit un crime, et la Restauration l'exila à Bruxelles. Il put revenir en France en 1819, mais il ne rentra à l'Académie française, d'où il avait été éliminé, qu'en 1829. Peu de temps après il fut nommé secrétaire perpétuel de l'Académie française, à la mort de M. Andrieux. Outre *Marius* et *Lucrèce*, cet auteur a donné au théâtre *Germanicus*, les *Vénitiens*, le *Roi et le Laboureur*, la comédie de *Duguesclin*, celle des *Gens à deux visages* ; il a laissé aussi des poésies et des fables très estimées, une *Vie de Napoléon* et les *Souvenirs d'un sexagénaire*.

Arnault (Lucien-Émile), fils du précédent, né à Versailles en 1787, a donné au théâtre plu-

sieurs tragédies : *Régulus*, *Pierre, de Portugal*, le *Dernier jour de Tibère* et *Catherine de Médicis* sont de ce nombre.

ARNO, rivière d'Italie qui prend sa source dans l'Apennin, au pied du mont Faltarone. L'Arno arrose la Toscane, Florence et Pise, et se jette dans la Méditerranée, près de cette dernière ville. Cette rivière communique avec le Tibre, par un canal. (*Voy.* *Toscane*.)

ARNOLD (Benoit), général américain, né en 1745, servit d'abord avec distinction la cause de l'indépendance ; sa bravoure et son habileté lui méritèrent, même de la part de Washington, une distinction particulière. Il fut investi du commandement de Montréal, mais il s'aliéna les Canadiens par ses exactions et son avidité ; et comme il était peu scrupuleux sur les moyens de satisfaire son goût pour les plaisirs et la dissipation, il commit des actes qui le firent dénoncer à une cour de justice. La cause fut portée devant une cour martiale qui condamna Arnold à être réprimandé par le commandant en chef. Malgré la modération toute paternelle de Washington, Arnold ne put supporter cet affront, et résolut de se venger de ses compatriotes. Il obtint le commandement de la forteresse de West-Point, l'une des places les plus importantes de l'Union, et fit des ouvertures aux Anglais pour la leur livrer. Le général Clinton lui offrit pour prix de sa trahison une somme de 36,000 livres sterl. et le grade de brigadier-général dans l'armée anglaise. Le jour de la reddition de la place avait été fixé, lorsqu'un officier anglais, envoyé par le général Clinton pour s'aboucher avec Arnold, fut arrêté : il était porteur des plans de la forteresse et d'une lettre d'Arnold, et il paya de sa vie ce rôle peu glorieux. Arnold parvint à s'échapper, et reçut dans l'armée anglaise le grade qu'on lui avait promis pour prix de sa trahison ; mais il vécut au milieu de la haine et du mépris général, et mourut à Londres en 1801.

ARNON, torrent de la Palestine, sort des montagnes de Galaad et se jette dans la mer Morte, après un cours de vingt lieues.

ARNOULD (Sophie), célèbre actrice de l'Opéra, naquit à Paris en 1744. Un extérieur avantageux, une rare intelligence et une voix délicieuse la firent recevoir à l'Opéra, aussitôt après ses premiers débuts, et elle jouit bientôt d'une grande célébrité. A ces avantages, Sophie Arnould joignait celui d'un esprit remarquable par sa finesse et sa vivacité. On a publié, sous le nom d'*Arnoldiana*, un recueil de ses bons mots et de ses plus brillantes saillies ; mais malheureusement leur nature ne permet guère de les rappeler dans un ouvrage sérieux et décent. Son bon cœur faisait du reste assez généralement pardonner les blessures causées par sa malice, et elle mourut en 1803, universellement regrettée.

ARNULPHE de Carinthie, fils naturel de Carloman, roi de Bavière, et petit-fils de Louis-le-Germanique, fut élu roi de Germanie après la déposition de Charles-le-Gros, en 888 ; le pape Formose le couronna empereur à Rome en 896. Il combattit vaillamment les Moraves et les Normands, et mourut, dit-on, empoisonné, en 899.

AROMATES (*aroma*). On donne ce nom à toutes les substances douées d'une odeur suave et que l'on emploie soit comme médicaments, soit comme condiments, soit enfin comme cosmétiques. Les aromates, tirés spécialement des végétaux, doivent leur parfum à des huiles essentielles, à des résines et quelquefois à de l'acide benzoïque. C'est des pays chauds que nous viennent les aromates les plus remarquables, tels que le poivre, le girofle, la cannelle, la muscade, la vanille, etc. L'anis, le fenouil, la coriandre, le carvi, sont également des aromates de nos pays, mais leur odeur est moins pénétrante et leur parfum est moins suave. Les propriétés des aromates sont d'être excitants et antispasmodiques ; leur saveur est ordinairement chaude, piquante et souvent même amère. — Les aromates de nature animale sont en très petit nombre ; tels sont : le musc, l'ambre gris, la civette, le castoreum.

AROME (du grec *arôma*, parfum). Ce sont les émanations subtiles, invisibles, qui s'échappent de tous les corps odorants. Les anciens regardaient l'arôme comme un principe particulier ; mais on pense généralement aujourd'hui que c'est l'impression apportée à l'appareil olfactif par les particules mêmes de ces corps, volatisées et divisées à l'infini. L'arôme est susceptible de se fixer, au moins pour un temps, dans l'eau ou d'autres liquides qui lui servent de véhicule : les eaux aromatiques s'obtiennent par la distillation ou la simple imprégnation. Il est à remarquer que plusieurs plantes d'une odeur assez forte, distillées avec l'eau, ne donnent qu'un liquide sans odeur, tandis qu'elles communiquent tout leur parfum à l'huile dans laquelle on les fait macérer.

ARONDE (*queue d'*), du latin *hirundo*, hirondelle. Les menuisiers donnent ce nom à un joint en entaille à demi-bois, d'une forme évasée, pour retenir deux pièces de bois ensemble.

ARONDELLE. Les pêcheurs de nos côtes donnent ce nom à une longue corde qu'ils étendent à marée basse sur le sable, pour prendre, au moyen d'hameçons placés sur des lignes fixées à cette corde, les poissons qui viennent rôder autour de l'endroit où elle se trouve placée. — Les marins donnent aussi le nom d'*arondelle de mer* à la mouette.

ARPÉGE. Ce mot sert à qualifier les passages dans lesquels on imite sur différents instruments à cordes les arpéges ou accords successifs que l'on pratique habituellement sur la harpe.

ARPENT, ancienne mesure superficielle agraire de 100 perches carrées. On distinguait deux sortes d'arpents, l'arpent *légal* et l'arpent de *Paris*. Le premier se mesurait avec une perche de 22 pieds de long, et celui de Paris avec une perche de 8 pieds de long seulement. Par conséquent ces deux arpents n'étaient pas égaux en surface, quoique composés chacun de 100 perches carrées. L'arpent de Paris s'emploie encore quelquefois ; il contient 900 toises carrées ; son rapport avec l'hectare est un peu plus d'un tiers, c'est-à-dire 0,3419.

ARPENTAGE. C'est l'art de mesurer les terrains, d'en évaluer l'aire ou l'étendue superficielle, d'en lever les plans. L'art de l'arpentage ne demande que la connaissance des premières règles de l'arithmétique et de quelques éléments de géométrie. Pour opérer sur le terrain, il suffit d'une équerre, de quelques jalons et d'un décamètre, qui est la mesure légale. Nous ne démontrerons pas ici les règles de calcul pratiquées dans l'arpentage, parce que ces règles sont démontrées aux articles qui concernent les figures auxquelles elles se rapportent. Le plus souvent les terrains n'affectent aucune des formes géométriques, et résultent de lignes brisées ou courbes qui se rencontrent sous diverses incidences. Alors on décompose ces lignes de manière à former des figures qui rentrent dans les formes géométriques. (Voyez *Triangle, Polygone* et *Levée des plans.*) Hérodote prétend que les Egyptiens furent les inventeurs de l'arpentage, parce que le Nil, par ses débordements, couvrant toute la surface des terres et confondant toutes les limites, c'était une nécessité de connaître l'étendue superficielle qui appartenait à chaque propriétaire.

ARQUEBUSE. C'est le premier nom qui fut donné à l'arme à feu portative, qui, plus tard, fut modifiée et appelée mousquet, puis fusil. On distinguait trois sortes d'arquebuses : l'*arquebuse à croc*, l'*arquebuse à mèche* et l'*arquebuse à rouet*. L'arquebuse à croc, la plus ancienne, était plus longue que nos fusils modernes, d'un plus grand calibre et tellement lourde qu'il fallait deux hommes pour la porter. On la tirait appuyée sur une fourchette et chargée de pierres rondes. On y mettait le feu avec une mèche. Suivant le père Daniel, l'usage de cette arme ne remonte pas plus haut que le règne de Louis XII. Ce fut par une de ces armes que Bayard fut blessé à mort. — L'arquebuse à mèche portait, à l'extrémité de sa platine, un chien garni d'une mèche, qu'une détente abaissait sur le bassinet. Enfin l'arquebuse à rouet, qui se rapprochait le plus de nos fusils, avait un chien non plus armé d'une mèche, mais d'une pierre que la détente faisait frotter sur un rouet d'acier et produisait des étincelles qui mettaient le feu à l'amorce. — On donnait le nom d'*arquebusiers* aux soldats qui faisaient usage de cette arme.

ARQUEBUSIER. On donne aujourd'hui ce nom à l'ouvrier qui fabrique les petites armes à feu, telles que les *fusils*, les *mousquets*, les *pistolets*. (Voyez ces mots.)

ARQUES (*bataille d'*). Arques est une petite ville du département de la Seine-Inférieure, située au confluent de l'Arques et de la Béthune,

Château d'Arques.

à sept kilomètres de Dieppe. Ce lieu est célèbre par la bataille que livra Henri IV au duc de Mayenne, le 24 septembre 1589. L'armée du Béarnais ne se composait guère que de six à sept mille hommes, tandis que celle du duc en comptait trente mille. Les lansquenets de Mayenne se présentèrent au camp du roi comme transfuges, mais c'était une trahison, et ils tombèrent sur les troupes du Béarnais. Celui-ci fit des prodiges de valeur et courut les plus grands dangers. Encouragés par son exemple, ses soldats chassèrent les lansquenets des retranchements, et Mayenne n'arriva que pour voir leur déroute. La bataille s'engagea alors, et la victoire se déclara en faveur du roi de Navarre. Cette journée eut une grande influence sur l'issue de la guerre. Les renforts arrivèrent de tous côtés à Dieppe, ainsi que les secours envoyés par la reine Élisabeth, et le 31 octobre, Henri IV était devant Paris.

ARRAS, ancienne capitale du comté d'Artois, et aujourd'hui chef-lieu du département du Pas-de-Calais, est une des plus anciennes villes de France. Au temps de César, elle était habitée par les Atrébates, et portait le nom de *Nemetacum*. Ce conquérant s'en empara cinquante ans av. J.-C. Les Vandales et les Normands la dévastèrent, et elle resta déserte pendant quelque temps ; mais elle se repeupla, et devint la capitale de la Flandre lorsque Charles-le-Chauve érigea ce pays en comté, en faveur de son gendre, Baudouin-Bras-de-Fer. Elle fut souvent prise et reprise pendant le cours des guerres qui marquèrent la période féodale. Au commencement du xve siècle, Arras prit un nouvel essor, et son commerce devint florissant. Il s'y tint en 1435 une sorte de congrès, sous la médiation du pape et du concile de Bâle, pour régler le différend qui régnait depuis si longtemps entre la couronne de France et le duché de Bourgogne. Après la mort de Charles-le-Téméraire, Louis XI s'en empara ; mais en 1492 la ville fut de nouveau réunie à la Bourgogne. En 1640, les troupes de Louis XIII s'emparèrent d'Arras, après cinq semaines de siége. Les Espagnols, qui tenaient la ville, avaient écrit sur les portes ;

Quand les Français prendront Arras,
Les souris mangeront les chats.

Les Français, après avoir pris la ville, effacèrent le *p* de *prendront* et laissèrent subsister le reste de l'inscription. Les Espagnols firent en effet de vains efforts pour en recouvrer la possession. Arras est aujourd'hui une des places les plus fortes du royaume. C'est une ville bien bâtie, qui a de belles places. La cathédrale et l'hôtel-de-ville sont surtout remarquables. Elle possède une bibliothèque qui contient environ 40,000 volumes, un musée, un jardin de botanique, un hôpital, un collége. L'industrie y est très active. Cette ville a produit plusieurs hommes célèbres, parmi lesquels nous citerons Adam de la Halle et Jean d'Arras, trouvères; le jurisconsulte François Balduin, le chroniqueur Pierre de Fenin, Clusius, Palisot de Beauvois, Jean Sarrazin, etc. Les deux Robespierre et Joseph Lebon étaient aussi d'Arras.

ARRÉRAGES. L'on entend par ce mot ce qui est échu d'une rente, d'un loyer, en un mot, ce qui est devenu actuellement exigible. En terme de bourse, il est devenu synonyme d'intérêts, pour les rentes constituées. (Voyez *Rentes* et *Intérêts*.)

ARRESTATION, action de saisir une personne contre laquelle s'élèvent des présomptions de crime ou de délit. — Pour que l'acte qui ordonne l'arrestation d'une personne puisse être exécuté, il faut 1° qu'il exprime formellement le motif de l'arrestation, et la loi en exécution de laquelle elle est ordonnée; 2° qu'il émane d'un fonctionnaire à qui la loi ait donné formellement ce pouvoir; 3° qu'il soit notifié à la personne arrêtée, et qu'il lui en soit laissé copie (art. 77 de l'acte constitutionnel de l'an VIII).

Un gardien ou geôlier ne peut recevoir ou détenir aucune personne, qu'après avoir transcrit sur son registre l'acte qui ordonne l'arrestation : cet acte doit être un mandat donné dans les formes prescrites par l'article précédent, ou une ordonnance de prise de corps, ou un décret d'accusation, ou un jugement (*ibid.*, art. 78). (Voyez *Emprisonnement*.)

ARRÊT, sentence rendue par un tribunal supérieur, et contre laquelle on ne peut se pourvoir par appel. Cette définition s'applique aux décisions émanées des cours d'appel qui statuent, par arrêts, sur les appels des tribunaux de premières instance.

Arrêt de réglement. C'était, dans le droit ancien, un arrêt qu'un parlement ou conseil supérieur rendait en quelque point, et dont les dispositions avaient force de loi dans le ressort du parlement ou du conseil.

ARRÊT. En terme de chasse, c'est l'action du chien qui, lorsqu'il aperçoit le gibier, s'arrête et le tient comme en échec. Un bon chien d'arrêt

marche avec précaution et sans bruit, le nez au vent. Dès qu'il voit la bête, il s'arrête immobile et l'empêche de fuir, soit par l'effroi qu'il lui inspire, soit par une sorte de puissance fascinatrice. Ayant ainsi pris son arrêt, et s'y étant affermi, il attend l'arrivée du chasseur qu'il avertit seulement de sa trouvaille par les mouvements de sa queue, car il ne doit pas même quitter le gibier des yeux, sans quoi celui-ci partirait. Le lapin, le lièvre, la perdrix, etc., se chassent au chien d'arrêt. Le chien braque et l'épagneul sont ceux qu'on préfère pour ce genre de chasse.

ARRÊTÉ. On nomme ainsi les décisions rendues par les conseils de préfecture, par les préfets, les maires, etc.

ARRHES. On appelle ainsi ce que l'on donne d'avance pour assurer l'exécution d'un marché. L'acheteur donne des arrhes en argent, le vendeur les donne en nature, et elles sont perdues pour celui des deux contractants qui refuse d'exécuter le marché projeté. (Voyez *Vente*.)

ARRIEN (Flavius), naquit à Nicomédie vers le commencement du IIe siècle. Il étudia la philosophie sous Epictète, et se distingua à la fois comme historien, philosophe, géographe et tacticien. Sous le règne d'Adrien, il repoussa les Alains qui avaient envahi l'Asie mineure, et ce prince l'éleva à la dignité de consul, en récompense de ses services. Nous avons de lui l'*Expédition d'Alexandrie*, les *Indiques*, des *Dissertations philosophiques*, un *Traité de tactique*, un *Traité de la chasse* et le *Manuel* d'Epictète.

ARRIÈRE. En terme de marine, l'arrière d'un navire est la partie qui se trouve comprise entre le grand mât et le couronnement; le milieu ou le travers du bâtiment sépare l'arrière de l'avant. Le gaillard d'arrière est la partie du pont ou du tillac située entre le milieu du navire et l'extrémité de l'arrière. Le gaillard d'avant est la partie opposée du pont située sur l'avant. L'arrière du navire est particulièrement affecté aux officiers et aux personnes de distinction; c'est sur cette partie que se trouve la barre ou la roue du gouvernail.

ARRIÈRE-BAN. Voyez *Ban*.

ARRIÈRE-GARDE. C'est un détachement qui marche derrière le corps principal de troupes. En temps de paix, l'arrière-garde ne sert qu'à ramasser les traînards et fait en quelque sorte la

police de la route. Mais en temps de guerre,
l'arrière-garde doit couvrir une armée qui effectue sa retraite, et, dans ce cas, elle est composée
de troupes d'élite, dont le commandement est
confié aux chefs les plus intelligents et les plus
intrépides, car de la conduite de ce corps dépend
le plus souvent le salut de l'armée entière. L'arrière-garde est composée suivant les localités, la
force et les moyens d'attaque de l'ennemi. Elle
doit employer tous les moyens pour arrêter la
marche de l'ennemi, par exemple : couper les
chemins, faire sauter les ponts, dresser des abat-
tis et des embuscades, etc.

ARRIMAGE. C'est l'arrangement raisonné de
la charge d'un vaisseau. L'endroit où se trouve
placé le centre de gravité du vaisseau importe
beaucoup à sa marche, et l'on doit par conséquent chercher à le fixer de la manière la plus
convenable. D'un autre côté, il faut savoir répartir la charge d'un navire de façon à perdre le
moins de place possible, à mettre les objets à
l'abri des avaries ; aussi un arrimage bien entendu demande-t-il souvent les calculs les plus
habiles de l'ingénieur. (Voyez *Lest* et *Charge-*
ment.)

ARSACE et ARSACIDES. La dynastie des
Arsacides, qui fut fondée par Arsace Ier, régna
sur la Parthie depuis l'an 256 av. J.-C. jusqu'à
l'an 226 de notre ère, époque à laquelle Artaban IV fut vaincu par Artaxerce, fils de Sassan,
qui fonda la dynastie des *Sassanides.* (Voyez ce
mot.)
Arsace Ier, officier d'Antiochus II, roi de Syrie, outragé par Agathocle qui gouvernait la Parthie au nom de ce prince, tua le gouverneur et,
appelant ses compatriotes aux armes, rendit l'indépendance à sa patrie. Elu souverain, Arsace
fixa sa résidence à Hécatompylos. — Le second
Arsace fut Tiridate, frère du précédent, qui
étendit les limites de son royaume et vainquit
Séleucus Callinicus ; après un règne de 39 ans,
il transmit le sceptre à son fils Artaban Ier.

ARSENAL, édifice destiné à la conservation
des armes et machines de guerre. On distingue
les arsenaux exclusivement destinés aux armées
de terre, et ceux destinés à la marine. Les premiers sont ordinairement composés d'une grande
cour où se trouvent classées en ordre et par séries les machines, les pièces d'artillerie, sous des
hangars, et de salles d'armes où sont rangées les
armes de mousqueterie, les armes blanches, les
magasins de munitions et tous les fourniments

militaires. Plusieurs de ces arsenaux ont des salles
spéciales où sont conservées des armes anciennes
qui, par leur antiquité et leur rareté, sont des
monuments de l'histoire et des souvenirs nationaux. Le plus souvent, il existe des cours et des
bâtiments secondaires où sont établies des fonderies, des forges et des manufactures d'armes.
Les principaux arsenaux, en France, sont ceux
de Paris, de Strasbourg, de Metz, de Lille, de
Besançon et de Perpignan.
Les *arsenaux maritimes* sont de vastes établissements où le gouvernement fait construire,
armer, désarmer, radouber et entretenir ses
vaisseaux. Un arsenal maritime réunit un port,
des chantiers, des ateliers nombreux et variés,
des bassins de construction et de radoub, des magasins, des casernes, un hôpital, un bagne, etc.,
et par conséquent il offre bien plus d'importance
qu'aucun arsenal militaire. Une rade sûre et un
bon port sont les deux conditions principales qui
déterminent le choix de l'emplacement d'un arsenal maritime. On compte en France cinq arsenaux maritimes principaux ; ce sont ceux de Brest,
de Toulon, de Rochefort, de Lorient et de Cherbourg. Quelques autres, tels que ceux de Dunkerque, le Havre, Nantes, Bordeaux, Bayonne,
ne peuvent servir qu'au radoub des frégates et
bâtiments inférieurs. Nous consacrerons à l'arsenal de *Brest*, chef-lieu de la marine militaire de
France, une description détaillée.

ARSENIC, métal d'un gris d'acier, très cassant, possédant l'éclat métallique ; sa densité est
5,8 environ. Chauffé jusqu'au rouge sombre, il
se sublime sans fondre, de sorte qu'il paraît, au
premier abord, ne pouvoir prendre que l'état
solide et l'état gazeux. Cela tient seulement à ce
que la température de la fusion de l'arsenic est
très rapprochée de celle à laquelle il bout sous la
pression de l'atmosphère. Si on le chauffe sous
une pression beaucoup plus considérable, dans
un tube de verre épais, hermétiquement fermé,
à la lampe, par exemple, on obtient l'arsenic
fondu. Lorsqu'on chauffe l'arsenic au contact de
l'air, il absorbe rapidement l'oxygène, et émet
une vapeur incolore qui répand une odeur d'ail
très caractéristique. L'arsenic est combustible,
il brûle avec une flamme livide ; le produit de la
combustion est de l'*acide arsénieux.* C'est cet
acide arsénieux que l'on appelle communément
arsenic ; on le décompose facilement par le charbon, qui lui enlève son oxygène et le ramène à
l'état d'arsenic métallique. L'acide arsénieux,
vulgairement connu sous le nom de *mort-aux-*
rats, est un poison très violent. On le rencontre

sous forme de masses amorphes, tantôt transparentes, tantôt opaques. — Dans les arts, on prépare l'arsenic métallique en décomposant, par la chaleur, un composé d'arsenic, de soufre et de fer que l'on trouve dans la nature, et que les minéralogistes nomment *mispickel*; on met cette matière dans des tuyaux de terre cuite de 1 mètre environ de longueur et de 3 décimètres de diamètre; on y ajoute quelques fragments de tôle ou de fonte de fer qui ont pour but de retenir plus complétement le soufre, et l'on couvre ce premier tuyau d'un second plus court et plus large, qui sert de récipient. Un certain nombre de ces tuyaux sont placés dans un même fourneau et chauffés jusqu'à une bonne chaleur rouge. L'arsenio-sulfure de fer se change en sulfure de fer, et l'arsenic se sublime dans le récipient. On le purifie en le distillant une seconde fois avec un peu de charbon. — L'*acide arsenique*, formé de deux atomes d'arsenic et de cinq d'oxygène, s'obtient en faisant bouillir 8 parties d'acide arsénieux, 2 parties d'acide hydrochlorique et 24 parties d'acide nitrique. On distille dans des verres jusqu'à consistance sirupeuse, on chauffe ensuite dans un creuset de platine, à une chaleur voisine de la chaleur rouge et longuement prolongée. A la chaleur rouge, il se décompose en une masse contenant des acides arsenieux et arsenique. Comme nous l'avons déjà dit, l'arsenic et ses composés sont des poisons violents. Dans l'empoisonnement par l'arsenic, le malade éprouve à l'estomac une chaleur brûlante, et une soif inextinguible se déclare, ensuite viennent les vomissements, une diarrhée violente, des sueurs froides, des spasmes, des convulsions, puis enfin la mort, si on ne porte de prompts secours. (Voyez *Empoisonnement*)

ARSÈS, fils d'Ochus, roi de Perse, lui succéda en 338 av. J.-C. L'eunuque Bagoas le fit périr avec toute sa famille pour donner le trône à Darius Codoman (336).

ARSINOE, fille de Ptolémée Aulète et sœur de Cléopâtre, non contente d'avoir en partage le trône de Chypre, tenta de ravir à sa sœur le sceptre de l'Egypte; mais Marc-Antoine s'en empara et la fit mourir pour complaire à sa maîtresse.

Plusieurs villes ont porté ce nom; les plus importantes sont *Suez*, sur l'isthme de ce nom, près de la mer Rouge; celle surnommée *Crocodilopolis*, dans une vallée au sud du lac Mœris, où l'on enterrait les crocodiles sacrés; une troi-

sième dans la Cyrénaïque, et deux dans l'île de Chypre.

ART. Voyez *Beaux-Arts*, *Dramatique*, *Militaire*, *Métiers* (arts et) *Oratoire*, etc.

ARTABAN d'Hyrcanie, officier de Xercès, assassina ce prince, et accusa de ce meurtre Darius, fils aîné de sa victime, qui fut condamné comme meurtrier. Il monta sur le trône de Perse, et se préparait à faire périr Artaxerce, second fils de Xercès, lorsque celui-ci le prévint en le tuant de sa propre main (472 av. J.-C.)

*Artaban I*er, roi des Parthes, fils d'Asace II, régna de 216 à 196 av. J.-C. Il combattit Antiochus III et le força à devenir son allié.

Artaban II, qui régna de l'an 127 à 124 avant J.-C., périt dans une bataille contre les Scythes.

Artaban III monta sur le trône l'an 18 de notre ère; mais ayant indisposé contre lui Tibère, celui-ci le renversa, et donna le trône à Tiridate (36) qui subit bientôt le même sort.

Artaban IV monta sur le trône l'an 216 de notre ère, il soutint la guerre contre Caracalla et Macrin, et vainquit ce dernier; mais il fut en 226 battu et détrôné par Artaxerce, fils de Sassan, et avec lui finit la dynastie des *Arsacides*.

ARTAXERCE. Plusieurs rois de Perse ont porté ce nom:

*Artaxerce I*er, surnommé *Longue-Main* parce qu'il avait la main droite plus longue que l'autre, était fils de Xercès assassiné par Artaban. Après avoir tué de sa propre main l'assassin de son père, il monta sur le trône (467 av. J.-C.). Il battit les Bactriens et les Egyptiens révoltés, et obtint la paix avec Athènes, en rendant la liberté aux villes grecques de l'Asie. Il mourut l'an 425 av. J.-C., après un règne de 42 ans.

Artaxerce II, surnommé *Mnémon* à cause de sa prodigieuse mémoire, succéda à son père, Darius II, l'an 404 avant J.-C. Son jeune frère Cyrus se révolta, à l'instigation de sa mère Parysatis; mais Artaxerce les vainquit et leur pardonna. Alors eut lieu la fameuse *retraite des dix mille* (voyez), l'un des plus beaux faits d'armes de l'antiquité. Il fit mourir son fils aîné, Darius, qui avait conspiré contre lui, et mourut, dit-on, assassiné par son fils Ochus, l'an 361. Ce prince

Artaxerce, d'après un bas-relief de Persépolis.

fit la guerre aux Lacédémoniens, et les força à lui céder les villes et les îles grecques de l'Asie; mais il ne put soumettre les Egyptiens révoltés.

Artaxerce III (Ochus) (bâtard), fils et successeur du précédent, soupçonné du meurtre de son père, se couvrit du sang de ses frères Aviaspe et Arsame, pour s'emparer du trône. Plus tard, craignant lui-même pour ses jours, il fit massacrer tous ses proches parents. Plus heureux que son père, il soumit l'Egypte, détruisit Sidon et ravagea la Syrie. Sa cruauté le rendit odieux à ses sujets. Etant en Egypte, il fit tuer le bœuf Apis et se le fit servir dans un festin. L'eunuque Bagoas, son favori, qui était Egyptien, indigné de l'outrage fait à sa religion, empoisonna son maître (338 av. J.-C.). Son plus jeune fils, Arsès, lui succéda.

Artaxerce, fils de Sassan. (Voyez *Sassanides*.)

ARTÉMISE, reine de Carie, suivit le roi Xercès dans la guerre contre les Grecs, et s'y distingua autant par son courage que par ses bons conseils. Elle s'opposa de toutes ses forces à ce

que l'on donnât la bataille de Salamine ; mais son avis ne fut pas goûté et les Perses furent battus. Artémise se conduisit de la manière la plus vaillante pendant le combat, ce qui fit dire à Xercès que les hommes s'étaient comportés comme des femmes et les femmes comme des hommes. Ses grandes qualités ne la délivrèrent pas des faiblesses de l'amour; elle aima passionnément un nommé Dardanus d'Abydos, et, n'étant pas payée de retour, elle se rendit à Leucade (voyez), le refuge des amants désespérés; elle fit le saut, et n'en revint pas.

ARTÉMISE, reine de Carie, souvent confondue avec la précédente, était sœur et femme de Mausole; elle s'immortalisa par les honneurs qu'elle rendit à la mémoire de son mari. Elle lui fit bâtir, dans Halicarnasse, un tombeau magnifique que l'on appela *mausolée*, et qui passa pour l'une des sept merveilles du monde. Artémise ne survécut que deux ans à son mari, et mourut vers la fin de la 106e olympiade. Elle mourut, dit-on, de regret et de tristesse avant que le mausolée fût achevé. On ajoute qu'elle détrempa les cendres de son mari dans de l'eau, et qu'elle les avala afin de lui servir de tombeau vivant.

ARTÈRES. Les artères sont des vaisseaux destinés à porter le sang du cœur dans toutes les parties du corps, tant pour servir à leur nourriture et à la préparation de certains liquides, que pour leur donner le sentiment et le mouvement concurremment avec les nerfs.

Les artères représentent dans leur ensemble deux troncs principaux, divisés et subdivisés à la manière des arbres : ces troncs sont : 1° l'artère pulmonaire, 2° l'aorte.

L'artère pulmonaire est ainsi appelée du mot latin *pulmo*, parce qu'elle va se distribuer dans les poumons. Elle part du ventricule droit du cœur, et, environ deux pouces après son origine, elle se partage en deux branches, dont l'une va se distribuer au poumon droit, et l'autre au poumon gauche. L'artère pulmonaire a pour usage d'aller exposer à l'action de l'air le sang rapporté au cœur par les veines, afin de lui faire récupérer les qualités excitantes et nutritives qu'il avait perdues par la circulation.

L'aorte, la plus grande des artères, est ce grand tronc qui, partant du ventricule gauche du cœur, a pour usage de porter le sang dans toutes les parties du corps, à l'exception des poumons. Partie du ventricule gauche, l'artère aorte se dirige en haut, puis, se recourbant, redescend et

vient s'appliquer contre la colonne vertébrale,
traverse le diaphragme, pénètre dans le ventre,
où elle vient se diviser en deux gros troncs, au
niveau de la dernière ou de l'avant-dernière vertèbre des lombes. Cette marche de l'aorte l'a fait
diviser en quatre portions : l'une *ascendante* ou
montante ; l'autre *courbure* ; la troisième *aorte
pectorale descendante* ; la quatrième *aorte descendante ventrale*. Chacune de ces quatre portions de l'aorte fournit un certain nombre de
branches. (Voyez *Circulation*.)

ARTÉSIENS. Voyez *Puits*.

ARTEVELD ou *Artevelle* (Jacques), brasseur de Gand, fut le plus terrible ennemi de la
noblesse et du comte de Flandre. Doué d'une
grande éloquence, et rempli d'audace et d'ambition, il souleva le peuple contre les déprédations
et les injustices des nobles, et fit chasser de Gand
Louis Ier et tous les grands. Le comte de Flandre
vint se réfugier à la cour de Philippe de Valois,
et lui demanda des secours que celui-ci promit.
Arteveld résolut alors d'opposer au roi de France
Edouard III d'Angleterre, avec lequel il venait
de conclure un traité de commerce ; mais les
Etats de Flandre refusèrent de s'allier avec un
ennemi du roi de France. Cependant Arteveld
parvint à les convaincre de l'utilité de cette alliance, qui fut conclue en 1339. L'année suivante, Edouard battit, à l'Écluse, la flotte française qui voulait s'opposer à son débarquement,
et, uni aux Flamands, ravagea le Tournaisis ;
mais il fut repoussé et contraint de conclure une
trêve à la faveur de laquelle Louis Ier rentra dans
ses Etats. Arteveld offrit alors la couronne de
Flandre au prince de Galles ; mais les députés
flamands s'y opposèrent, et ses ennemis l'accusèrent d'être un agent du prince anglais, et ameu-
tèrent le peuple contre lui. Arteveld, pour éviter
l'orage, se retira dans son hôtel, mais au moment
où il se préparait à haranguer le peuple, Gérard
Denis, son ennemi personnel, lui fendit la tête
d'un coup de hache (1345).

Arteveld (Philippe), son fils, vécut dans la
retraite jusqu'en 1382, époque à laquelle les
Gantois, fatigués des exactions de Louis II, comte
de Flandre, se soulevèrent et mirent Philippe
Arteveld à leur tête. Celui-ci chassa le comte,
puis s'empara de tous ceux qui avaient trempé
dans le meurtre de son père, et les fit périr. Il
marcha ensuite sur Bruges, dont il s'empara, et
fit massacrer tous les partisans du comte. Cependant Louis II avait demandé du secours à la
France, et Charles VI s'avançait sur Gand à la

tête de nombreuses troupes. Arteveld ayant en
vain demandé des secours à l'Angleterre, rassembla ses troupes, et s'avança au devant des
Français. La rencontre eut lieu à Rosebecque,
et les Flamands furent taillés en pièces. Arteveld fut tué dans la mêlée, et son cadavre fut
pendu. ●

ARTHUR de Bretagne. Voyez *Jean sans
Terre.*

ARTHUS, roi de la Grande-Bretagne, fameux
dans les romans de chevalerie, était fils naturel
d'Uther, chef des Bretons, qui avait fondé l'ordre
des chevaliers de la Table-Ronde. Il succéda à
son père vers 516 ; et, grâce à la protection de
l'enchanteur Merlin, accomplit des choses sur-
prenantes, pourfondant les géants et redressant
les torts. Il vainquit les Saxons et les Écossais
dans plusieurs combats ; soumit l'Irlande et
épousa Genevière de la famille des ducs de Cornouailles. Il mourut en 542 sur le champ de
bataille. Du reste, la vie du roi Arthus est tellement enveloppée de fables, que s'il y a du vrai
dans le récit de ses aventures, il est fort difficile
de le démêler. Le roman du roi Arthus, traduit
en français par Rusticien de Pise, parut pour la
première fois à Rouen en 1488.

ARTICHAUT (*cynara*), genre de plantes de
la famille des carduacées, dont l'espèce la plus
commune, le *C. scolymus*, originaire d'Éthiopie
et répandue de là dans l'Égypte, est aujourd'hui
cultivée dans toute l'Europe. Suivant quelques
auteurs, l'artichaut ne serait qu'une race obtenue
de culture et issue du *cardon*, qui, seul jusqu'à
ce jour, a été trouvé à l'état sauvage. La racine
de l'artichaut est grosse, fibreuse, ferme, et laisse
échapper sur toute sa longueur un chevelu clair
semé. Il sort du collet deux feuilles lancéolées,
qui sont suivies de beaucoup d'autres, du centre
desquelles s'élève une tige rameuse, très droite,
haute d'un mètre environ ; à son sommet un pé-
doncule porte un calice grand, évasé, à écailles
charnues à leur base, se terminant en pointe et
se recouvrant alternativement. L'intérieur est
garni de poils sétacés, d'où sortent des graines
ovales, surmontées d'une aigrette longue et violette, qui sont mûres en septembre. — On en
compte plusieurs variétés, dont les plus estimées
sont : l'*artichaut vert* ou *commun* ; le *violet*
à fruit plus allongé, à écailles violettes vers la
pointe ; le *rouge*, moins gros que les précédents,
en forme de pomme, d'un rouge pourpré ; le
blanc, espèce délicate et peu cultivée. Quant au

cardon, on n'en cultive que deux variétés; le *cardon d'Espagne*, dépourvu d'épines, moins haut et moins étalé que le *cardon de Tours*, et ce dernier épineux.

ARTICLE. L'article est un adjectif qui précède les noms communs pour annoncer qu'ils doivent être pris non dans un sens vague, mais dans un sens déterminé. Ce mot détermine l'acception des noms communs, en les tirant de la forme abstraite, pour exprimer une ou plusieurs choses déterminées. La plupart des grammairiens admettent deux sortes d'articles : l'article défini *le, la, les,* et l'article indéfini *un, une;* quelques-uns cependant ne reconnaissent que l'article simple *le, la, les,* et ses composés *du, au, des, aux,* formés par contraction avec les deux prépositions *de* et *à;* d'autres, au contraire, y ajoutent tous les noms de nombre, et par conséquent *un* et *une.* Les grammairiens ont, du reste, toujours beaucoup varié d'opinion sur ce mot. L'article ne se trouve pas dans toutes les langues, et n'est pas un des éléments essentiels du langage; mais les langues qui n'ont pas d'article, comme la langue latine, par exemple, perdent en clarté et en précision ce qu'elles gagnent en énergie et en rapidité. Pour en donner un exemple, comment traduire ces paroles de l'Evangile : *Si filius Dei?* doit-on les rendre par : *Êtes-vous fils de Dieu?* ou *êtes-vous le fils de Dieu?* rien ne l'indique, et cependant ces deux propositions sont essentiellement distinctes. Dans cette autre phrase : *Est-ne rex?* traduira-t-on par *est-il roi?* ou *est-il un roi?* On voit par ces exemples combien l'article est utile à la clarté de la langue; cependant il est vrai de dire que son usage trop fréquent rend le style lourd et lent.

ARTICULATION. Les articulations sont le moyen de jonction des os entre eux. (Voyez *Anatomie* et *Os.*)

ARTICULÉS. On comprend sous cette dénomination les êtres dépourvus de colonne vertébrale, dont le corps est articulé ou annelé dans sa longueur et dont les organes extérieurs, lorsqu'ils existent, sont distribués par paires. Tels sont les crustacés, les arachnides, les insectes. (Voyez ces mots et l'article *Animal.*)

ARTIFICE (*feu d'*). Voyez *Artificier* et *Pyrotechnie.*

ARTIFICIER, ouvrier qui prépare les feux d'artifice de guerre ou de réjouissances. L'art de l'artificier est tout moderne, et bien postérieur à l'invention de la poudre. La base des combinaisons de l'artificier est toujours le salpêtre, le soufre et le charbon qui entrent dans la fabrication de la poudre. A cette base il ajoute des substances qui, comme la cire, l'huile, la graisse, le camphre, l'antimoine, tendent à affaiblir l'action explosive de la poudre, ou qui, comme l'acide acétique, servent au contraire à en augmenter l'énergie, ou enfin qui sont de nature à colorer la flamme. Bien que la poudre soit considérée comme l'artifice par excellence; les Romains et les Grecs du Bas-Empire fabriquaient des pièces d'artifice, et sans parler du feu grégeois (voy.), les serpentaux et les fusées volantes étaient connus bien avant le xive siècle, époque à laquelle le moine allemand Schwartz inventa la poudre. (Voy.) Les Arabes se servaient d'artifices dont le naphte était la base, et il est aujourd'hui avéré que les Chinois connaissaient la poudre depuis un temps immémorial. Mais la composition des feux d'artifice ne constitue un art véritable, que depuis les inventions des célèbres artificiers Ruggieri. Les habitants de Paris connaissent tous les admirables feux que ces artistes ont exécutés dans la capitale : ils sont parvenus à représenter dans les airs en traits de feu les images de nos grands hommes, nos monuments, et jusqu'à la végétation de nos forêts avec ses couleurs variées. — La plupart des armées européennes ont des corps d'artificiers; et dans l'Inde, Tippo Saïb a eu les siens. La France a supprimé ses compagnies d'artificiers et ne s'est réservé qu'une école de pyrotechnie (voyez ce mot); mais les Anglais ont leur rocketcorpse; les Allemands et les Russes ont des corps d'artificiers, et le tir des fusées a sa théorie, comme celui du fusil et du canon. (Voyez *Fusées.*)

ARTILLERIE. Ce mot désigne l'art de construire toutes les machines de guerre, de les conserver et d'en faire usage; il désigne également l'ensemble de ces machines et les troupes chargées de les faire mouvoir. Avant l'invention de la poudre, on se servait de différentes machines de guerre qui, par l'effet de ressorts, lançaient des pierres, des matières combustibles, etc.; mais lorsque furent inventées les bouches à feu, leur supériorité, comme moyen de destruction, fit abandonner les premières. C'est à la bataille de Crécy, en 1346, que fut fait le premier emploi de l'artillerie par les Anglais, et c'est à partir de cette époque que l'usage s'en introduisit en France. Mais c'est au roi Gustave Adolphe que l'artillerie doit en grande partie son premier développement. Ce monarque avait devant Francfort 200 pièces d'artillerie, et au camp de Nuremberg plus de 300 canons. — On distingue l'artillerie de campagne et l'artillerie de siége et de marine. C'est surtout dans les derniers temps que de grandes améliorations ont été apportées au matériel de l'artillerie de campagne. Rendue plus mobile et plus légère, on a pu la considérer comme une arme capable de décider le sort des batailles. Napoléon regardait l'augmentation de son artillerie comme un moyen de contrebalancer les forces supérieures de ses adversaires, et il lui fut redevable des victoires de Friedland, de Wagram, de Lutzen et de Bautzen. Il pénétra en Russie avec un train d'artillerie de 1,372 bouches à feu. L'artillerie de campagne comprend un personnel et un matériel particuliers. Le premier renferme le nombre d'hommes nécessaire pour le service d'un certain nombre de bouches à feu et le transport des munitions qu'on traîne à leur suite. Le second consiste en un certain nombre de bouches à feu, d'un calibre particulier. Les batteries d'artillerie ont leurs ouvriers et leur train; elles sont réparties dans les régiments. Les pièces de campagne sont de deux espèces : des canons et des obusiers. Les canons sont de calibre moyen. On employait autrefois un grand nombre de calibres que l'on a réduits à deux dans l'artillerie française, ce sont des pièces de 8 et de 12, et des obusiers de 6 et de 24. Les canons lancent des boulets pleins et des boîtes à mitraille; les obusiers, des projectiles creux et des boîtes à mitraille. On les emploie pour incendier au besoin les villes et les villages occupés par l'ennemi. Il y a trois espèces d'artillerie de campagne : l'artillerie à pied, l'artillerie à cheval et l'artillerie de montagne. L'artillerie à pied est attachée aux troupes d'infanterie, elle marche et combat à pied; mais dans plusieurs armées, la construction des affûts et des caissons est telle que les canonniers servants peuvent être transportés avec la pièce. L'artillerie à cheval est celle qui est montée; mais elle combat à pied; elle est attachée aux troupes de cavalerie. L'artillerie de montagne est organisée, pour le personnel et le matériel, comme l'artillerie à pied et l'artillerie à cheval, mais elle nécessite plus de chevaux et plus de soldats du train; elle emploie aussi des calibres plus petits, de 3 et de 4. Les pièces sont transportées généralement sur des affûts-traîneaux. En général, le nombre de batteries d'artillerie de campagne dépend de la manière dont sont employées les divisions d'infanterie et de cavalerie. — L'ar-

tillerie de siége est celle qui est destinée à attaquer une place; on y attache, pour le personnel, un certain nombre de compagnies d'artillerie; son matériel varie alors d'après sa destination: mais on y emploie des calibres plus forts. Ainsi l'on a employé au siége d'Anvers un mortier qui lançait des bombes de 40 kilogrammes. Ordinairement on emploie des canons de 12 jusqu'à 24, et des mortiers et pierriers qui lancent des projectiles pesant jusqu'à 25 kilogr. — L'artillerie de place est celle qui est destinée à la défense d'une place, elle se compose de pièces en fer de différents calibres, de mortiers à la Cohorn et de mortiers pierriers lançant des projectiles creux de plus de 50 kilogr. de poids. — L'artillerie de marine est un corps de troupes organisé en brigades ou régiments, destiné à servir les pièces sur les vaisseaux; il tient garnison dans les ports militaires, et se répartit selon les besoins, par détachements, sur les vaisseaux de l'Etat.

ARTIMON. Voyez *Mât*.

ARTISTE et ARTISAN. L'artiste est celui qui exerce un art libéral, l'artisan, celui qui pratique un art mécanique. Le forgeron, le charpentier, sont des artisans; le peintre, le sculpteur, le graveur, le musicien, sont des artistes.

ARTOCARPE (du grec *artos*, pain et *karpos*, fruit), vulgairement *arbre à pain*. Ce genre de la famille des urticées, de la monoécie monandrie de Linné, renferme plusieurs espèces, dont quelques-unes sont, pour les régions où elles croissent, une ressource importante. Ce sont des arbres de taille moyenne, à feuilles alternes, découpées, d'un beau vert. Les fleurs sont monoïques, agrégées en chaton, long et chargé de fleurons nombreux dans les fleurs mâles; court, en massue, couvert d'un grand nombre d'ovaires connés dans les fleurs femelles. Le fruit est une baie ovale, raboteuse, couverte d'aspérités, à peau épaisse, formée par les périanthes du chaton femelle, qui se tondent après leur accroissement. Les artocarpes croissent dans l'Asie équatoriale et quelques îles de la Polynésie. La plupart produisent des fruits comestibles; mais deux espèces surtout occupent l'un des premiers rangs parmi les végétaux utiles. L'une, le *rimier* ou *arbre à pain*, est un arbre de trente à cinquante pieds de haut, à tronc très gros. Ses feuilles sont ovales, coriaces, longues d'un mètre, découpées en trois à neuf lobes pointus. Les chatons naissent aux aisselles des feuilles vers l'extrémité des rameaux. Le fruit est ovale ou presque globuleux, du volume de la tête d'un enfant, à surface couverte de tubercules prismatiques. Cette espèce croît spontanément aux Moluques, aux îles de la Sonde et dans tous les archipels de la Polynésie. Son fruit fournit aux habitants de ces contrées, pendant huit mois consécutifs, une nourriture aussi saine qu'agréable. Avant sa parfaite maturité, ce fruit se compose d'une chair

blanche et ferme, un peu farineuse. C'est en cet état qu'on le mange, soit cuit au four en guise de pain, soit bouilli ou accommodé de diverses manières; sa saveur est comparable à celle du pain de blé, avec un léger goût d'artichaut. Les Polynésiens en préparent une pâte fermentée qui se conserve assez longtemps et à laquelle ils ont recours pendant la saison où l'arbre à pain reste dépourvu de fruits. Arrivé à maturité parfaite, ce fruit devient pulpeux et d'une saveur douceâtre, mais alors il est purgatif et malsain. Avec l'écorce intérieure du tronc, les habitants de la Polynésie confectionnent les étoffes dont ils s'habillent. Une variété originaire de Taïti a ses fruits dépourvus de graines. La seconde espèce est le *jaquier*, indigène de l'Inde et des archipels environnants. Son port ne diffère point de celui de l'arbre à pain, mais ses feuilles n'atteignent que cinq ou six pouces de long. Les chatons naissent immédiatement du tronc et des

grosses branches. Le fruit est oblong, à surface couverte de gros tubercules pointus, prismatiques, il atteint 20 à 30 pouces de long sur 8 à 10 de diamètre, et son poids varie de 20 à 80 livres. Les Malais et les Hindous font de son fruit leur principale nourriture; mais les Européens le trouvent moins bon que celui de l'arbre à pain.

ARTOIS, ancienne province de France, qui forme actuellement la presque totalité du département du Pas-de-Calais, bornée au nord par la Flandre; à l'est, par le Hainaut et le Cambrésis; au sud, par la Picardie; à l'ouest, par le Boulonnais. Cette province, comprise par les Romains dans la deuxième Belgique, fut conquise par les Francs et donnée en 863 par Charles-le-Chauve à Judith, sa fille, comme dot, lorsqu'elle épousa Baudouin Bras-de-Fer. Par son mariage avec Isabelle de Hainaut, Philippe-Auguste réunit l'Artois à la couronne. En 1237, saint Louis érigea cette province en comté, et en investit son frère Robert. Celui-ci fut tué en Egypte, à la bataille de Massoura, et laissa le comté à son fils, Robert II, qui périt également dans une bataille, 1302. Sa fille Mahaud lui succéda et fit office de pair au sacre du roi Philippe V. Philippe-le-Hardi réunit, en 1382, l'Artois à la Bourgogne par son mariage avec la comtesse Marguerite. A la mort de Charles-le-Téméraire, dernier duc de Bourgogne, Louis XI réunit l'Artois à la couronne; mais sous Charles VIII, ce comté retourna aux archiducs Maximilien et Philippe, héritiers de la famille de Bourgogne. A la mort de l'archiduc Albert, en 1621, l'Artois fut réuni à la monarchie espagnole; mais en 1659, il fut définitivement réuni à la France par le traité des Pyrénées. Avant la révolution de 1789, l'Artois était un pays d'Etats; une assemblée provinciale, composée des députés du clergé, de la noblesse et du tiers-état, réglait les affaires de la province. (Voyez *Pas-de-Calais*.)

ARTS (*Beaux*). Voyez *Beaux-Arts*.

ARUM. Voyez *Gouet*.

ARUSPICES. C'était une classe sacerdotale à Rome, chargée d'observer les présages et d'en conserver la science. Ils étaient supérieurs aux augures qui observaient le vol des oiseaux. Les aruspices observaient surtout les intestins des victimes, et les lieux frappés de la foudre. Les Romains avaient emprunté ces rites aux Etrusques; mais du temps de Cicéron, la science des aruspices était tombée dans le discrédit. (Voyez *Augure*.)

ARVERNES (*Averni*), peuple de la Gaule Celtique qui occupait le territoire de l'Auvergne moderne, et qui s'était rendu redoutable à ses voisins. Les Romains, pour se les attacher, les traitèrent avec distinction, leur donnèrent le nom de frères et les gratifièrent du droit latin. Lorsque Auguste divisa la Gaule, il comprit le pays des Arvernes dans la première Aquitaine; et pour flatter le maître du monde, leur cité prit le nom de *Augusto Nemetum* (Clermont-Ferrand). Voyez *Auvergne*.

AS, monnaie romaine de cuivre. Les Romains donnaient aussi le nom d'as à toute unité, soit de poids, soit de mesure. L'as ou l'entier se divisait en 12 onces (*unciæ*), 24 *semunicæ* (demi-onces), 36 duelles, 48 siciliques, 72 sextules, 288 scrupules. Il y avait ensuite les multiples de l'as : tressis, 3 as; quadrussis, 4 as; quincussis, 5 as, etc. L'as, poids ou livre romaine, était environ les deux tiers de notre livre, c'est-à-dire 327 gr. Dans l'origine, la monnaie de cuivre, nommée *as*, pesait une livre : mais par la suite, une monnaie si lourde étant très incommode, on en réduisit le poids. Vers l'an 217 av. J.-C., l'as ne pesait plus qu'une once; et la loi Papiria (191 av. J.-C.) le réduisit à une demi-once; mais malgré ces diminutions, l'as conserva presque toujours la même valeur.

ASBESTE. Voyez *Amiante*.

ASCAGNE ou JULE, fils d'Enée et de Créuse, fut emmené par son père en Italie, après la prise de Troie ; il lui succéda à Lavinium, vainquit les Etrusques et fonda Alba-Longa. Ascagne régna trente-deux ans, et eut pour successeur son frère Sylvius, fils posthume d'Enée. Des traditions le regardent comme père de Roma, fondatrice de Rome, ou des deux jumeaux Romulus et Rémus.

ASCALON, ville de Palestine, située entre Azoth et Gaza, sur les bords de la mer. Après avoir longtemps appartenu aux Philistins, elle fut conquise par les Juifs, puis tomba successivement au pouvoir des Grecs, des Romains et des Arabes. Cette ville, très importante par sa situation, au temps des premières croisades, fut disputée par les musulmans et les chrétiens; sous ses murs eut lieu, en 1099, la veille de l'Assomption, une sanglante bataille où Godefroy de Bouillon fut vainqueur. Le visir Afdal, réfugié dans ses murs, vit tailler

en pièces sa brillante armée. Mais Ascalon ne tomba pas aux mains des chrétiens et resta sous la domination égyptienne jusqu'en 1153, époque à laquelle Baudouin III la soumit au joug de la croix. Mais lorsqu'en 1187 l'armée chrétienne eut été anéantie dans les plaines de Tibériade, Ascalon ouvrit ses portes à Saladin. En 1270, le sultan Bibars, sur le bruit d'une nouvelle invasion de saint Louis, en Syrie, la détruisit entièrement. Cette ville, aujourd'hui ensevelie sous ses ruines, est située sur un coteau immense, très escarpé, au-dessus de la mer. Dans ses environs croît une espèce d'ail (*cepa escalonica*), que par corruption on a appelé *échalotte*.

ASCARIDES. Voyez *Vers intestinaux*.

ASCENSION. Les apôtres nous apprennent que « après avoir parlé à ses disciples, Jésus les mena dehors jusqu'à Béthanie, et ayant levé les mains il les bénit et en les bénissant il se sépara d'eux et monta au ciel » (St Luc, ch. xxiv, v. 50 et 51). Quelques Pères de l'Eglise ont prétendu que Jésus était monté au ciel du lieu le plus élevé de la montagne des Oliviers ; ils assurent même qu'il imprima les vestiges de ses pieds dans l'endroit où il toucha la terre pour la dernière fois. Saint Jérôme, saint Paulin, saint Optat et saint Augustin professent cette opinion, et le vénérable Bède témoigne que cette merveille subsistait encore au viiie siècle. Cet événement a donné lieu à une fête que les chrétiens célèbrent dans tout l'univers, quarante jours après Pâques. Cette fête est célébrée par des processions et d'autres cérémonies particulières.

ASCENSION (*île de l'*), île de l'océan Atlantique, située par 7° 56' de lat. sud et 16° 52' de long. occid., à 320 lieues N.-O. de l'île Sainte-Hélène. Elle a environ 4 lieues de long sur 2 de large, est presque inculte et déserte, et sert aux Anglais de station pour les navires qui vont y renouveler leur provision d'eau.

ASCÉTISME (du grec *askein*, exercer). Ce mot sert à désigner les pratiques austères par lesquelles les premiers chrétiens croyaient arriver au bonheur éternel. L'abbé Fleury, dans son livre des *Mœurs des chrétiens*, définit ainsi la vie ascétique : « Il y avait, dit-il, des chrétiens qui pratiquaient volontairement tous les exercices de la pénitence, sans y être obligés et sans être exclus des sacrements, mais pour imiter les prophètes et saint Jean-Baptiste, et suivre les conseils de saint Paul, s'exerçant à la piété et châtiant leur corps pour le réduire à la servitude. On les appelait *ascètes*, c'est-à-dire *exercitants*. Ils s'enfermaient d'ordinaire dans les maisons où ils vivaient en grande retraite, ajoutant à la frugalité ordinaire des chrétiens des abstinences et des jeûnes extraordinaires. La *xérophagie* ou nourriture sèche, les jeûnes renforcés de deux ou trois jours de suite ou de semaines entières, porter toujours le cilice, dormir sur la terre, lire assidument l'Ecriture-Sainte et prier le plus continuellement qu'il était possible, Origène a mené quelque temps cette vie, et plusieurs de ces ascètes ont été de grands évêques et des docteurs fameux. » Mosheim établit que l'ascétisme a été l'origine du monachisme. « Telle a été, dit-il, l'origine de cette multitude de vœux et de cérémonies austères et superstitieuses qui ternissent la beauté et la simplicité de la religion chrétienne, comme aussi du célibat des prêtres, de ces mortifications et de ces pénitences infructueuses, et de ces essaims innombrables de moines qui privent la société de leurs talents et de leur travail pour acquérir une perfection imaginaire.

ASCIENS (du grec *a* privatif, et *skia*, ombre, sans ombre). On donne ce nom aux peuples qui habitent la zone torride, où le soleil est perpendiculaire en certains temps, et qui, par conséquent, ne projettent point d'ombre à midi.

ASCITE. Voyez *Hydropisie*.

ASCLÉPIADES, familles vouées à l'exercice de la médecine, et qui prétendaient descendre du dieu Esculape. Elles étaient répandues dans la Grèce et l'Asie mineure, et vivaient dans les temples où ses membres préparaient les malades à recevoir les secours du Dieu en exaltant leur imagination et en leur procurant des songes et des apparitions. Leur institution passe pour être originaire d'Egypte, d'où elle serait venue à Epidaure par la Phénicie. Il y avait des asclépiades à Rhodes, à Gnide, à Cos. Un asclépiade, natif de Pruse en Bithynie, passe pour avoir fondé à Rome une école scientifique de médecine, vers le commencement du 1er siècle de notre ère.

ASCLÉPIADE, genre de plantes de la famille des apocynées, de la pentandrie digynie de Linné. On en cultive plusieurs espèces dans les jardins comme plantes d'agrément, telles sont l'*asclépiade rouge*, l'*asclépiade tubéreuse*, l'*asclépiade élégante*, etc. Mais l'espèce la plus remarquable, par son utilité, est celle nommée à tort *asclépiade de Syrie*, puisque, comme toutes ses

congénères, elle est originaire de l'Amérique du nord ; ses graines donnent une huile excellente, et ses tiges de la filasse. Les aigrettes soyeuses qui surmontent ses graines lui ont fait donner le nom d'*apocyn à ouate*, et l'on en tire parti pour faire de la ouate et des étoffes. Un préjugé fort répandu fait regarder l'*asclépiade blanche* comme propre à guérir de la morsure des serpents et de l'effet des poisons ; cette plante est au contraire elle-même un poison dangereux.

ASDRUBAL, fils d'Amilcar et frère du grand Annibal, prit le commandement de l'armée d'Espagne lorsque son frère partit pour l'Italie. Il confia une partie des troupes à Hannon ; mais celui-ci, impatient de se mesurer avec Scipion, essuya une déroute complète près de Scissis. Asdrubal passa l'Ebre, et ayant surpris les troupes romaines, il vengea sur elles les pertes que venaient d'éprouver les Carthaginois. Battu en plusieurs rencontres par Scipion, il se retira dans l'Espagne méridionale ; mais ayant reçu de Carthage de nombreux renforts, il attaqua séparément les deux Scipions et détruisit leur armée. Sur l'ordre du sénat, il s'apprêta alors à aller rejoindre son frère en Italie. Après avoir échappé par la ruse à Claudius Néron, qui voulait s'opposer à son passage, il traversa les Pyrénées et les Alpes ; mais ayant perdu du temps à assiéger Plaisance, il donna le temps aux Romains de rassembler toutes leurs forces, et attaqué à la fois par les consuls Livius et Cl. Néron, il fut vaincu et tué par Claudius, qui fit jeter sa tête dans le camp d'Annibal.

ASER, l'un des douze fils de Jacob, donna son nom à l'une des douze tribus. (Voy. *Tribus* (*douze*.).

ASHAVÉRUS. Voyez *Juif-Errant*.

ASIE. Berceau des sociétés humaines et de la civilisation, l'Asie est la plus vaste des cinq parties du monde. Cette immense péninsule tient à l'Afrique par l'isthme de Suez, et à l'Europe par les terres comprises entre la mer Noire et l'océan Glacial arctique. Elle est baignée au nord par cet océan, et séparée du nouveau continent par le détroit de Behring. L'océan Pacifique la borne à l'orient, le Grand-Océan et l'océan Indien baignent ses côtes méridionales. Sa plus grande longueur, du sud-ouest au nord-est, est de 2,390 lieues ; sa plus grande largeur, du cap Taïmoura dans l'océan Glacial au cap Romania de la presqu'île de Malacca, est de 1,823 lieues. On évalue sa superficie, en y comprenant celle des îles qui en dépendent, à 2,100,000 lieues carrées, c'est-à-dire plus de quatre fois la surface de toute l'Europe. Quatre grands versants, l'un au nord, incliné vers l'océan Glacial ; le second à l'est, vers le Grand-Océan ; le troisième au sud, vers l'océan Indien ; le quatrième à l'ouest, vers la mer Noire et la mer Caspienne, s'appuyant tous sur un immense plateau qui s'élève entre le 30e et le 50e parallèle, forment les cinq grandes régions physiques de l'Asie. — Le plateau central, improprement appelé plateau de la Tatarie, au nord du désert de Gobi, est un assemblage de montagnes nues, de rochers énormes et de plaines élevées. Le désert de Gobi a longtemps passé pour la plus haute région de globe. Des lacs salés, de petites rivières qui se perdent dans les sables, quelques buissons chétifs dispersés çà et là, en interrompent seuls la triste monotonie. Il s'étend du sud-ouest au nord-est, depuis la chaîne des monts Bolar jusque près des sources du fleuve Amour, sur une longueur d'environ 700 lieues et sur une largeur d'environ 125 lieues. Le *Petit-Altaï*, les monts *Khangaï* et les monts *Iablonnoï*, dont le prolongement va se terminer au détroit de Behring, limitent le versant septentrional de l'Asie, où plusieurs rameaux indiquent la naissance de trois grands bassins, celui de l'Obi à l'ouest, celui de Jenisse au centre, et celui de la Lenaï à l'est. Tout ce versant est occupé par la vaste Sibérie qui s'étend vers le pôle et s'incline vers la mer Glaciale. La Sibérie est séparée de l'Europe par les monts Ourals et le fleuve de ce nom qui a environ 700 lieues de cours. Le plateau de l'Asie centrale se confond insensiblement avec la région du versant oriental. Une large chaîne de montagnes, en partie couvertes de neiges éternelles, s'étend depuis son extrémité jusque dans la Corée. Cette contrée, à l'est du désert de Gobi, est, par son élévation, la plus froide de la zône tempérée boréale. Elle comprend une partie de la Taratrie chinoise. Les ramifications des chaînes de montagnes de ce versant entourent cinq bassins maritimes : la mer de Behring, celle d'Okhotsk, celle du Japon, la mer Jaune et celle de la Chine. Les deux premiers ne reçoivent aucun cours d'eau remarquable ; dans le troisième se jette le fleuve Amour ; le Hoang-ho et le Yang-tseu-kiang se déversent dans le quatrième ; enfin le Kiang a son embouchure dans le dernier. Une prodigieuse quantité d'îles s'élèvent à peu de distance du continent. Les monts Altaï la chaîne du Thianchan et les monts Himalaya garantissent des vents glacés du nord l'Asie méridionale, magnifique parterre de fleurs, où les

peuples sont appelés par la nature à la vie agricole et pastorale. Six bassins reçoivent les eaux de cette région : le May-kang et le Meinam ont leur embouchure dans la mer de la Chine, l'Yraouaddy et le Brahmapoutra sortis du Damtchonck-kabab, le Gange qui descend de l'Himalaya, et le Godavery qui prend sa source dans les Ghattes occidentales, se jettent dans le golfe du Bengale ; le Nerbouddah et le Sind dans le golfe du Sind ou d'Oman. La cinquième région se détache plus qu'aucune autre de la masse du continent ; la mer Caspienne, la mer Noire, la Méditerranée, les golfes Arabique et Persique donnent à l'Asie occidentale quelque ressemblance avec une grande péninsule. Elle présente un climat tout opposé à celui de l'Asie orientale : celle-ci est humide, l'occidentale est sèche, parfois même aride ; la première est sous un ciel orageux et nébuleux, la seconde jouit d'une grande sérénité d'atmosphère ; la première a des chaînes de montagnes escarpées, la seconde est composée de plateaux en grande partie sablon-

Type asiatique, race jaune, Coréen.

neux. — La nature géologique des montagnes et des plaines de l'Asie est analogue à celle des autres parties du monde ; des roches granitiques, des produits ignés, des dépôts attestant les diverses époques du séjour des mers et des eaux douces dans les bassins et dans les plaines, des montagnes dont les couches inclinées annoncent comme en Europe l'effet du soulèvement du sol, enfin des volcans beaucoup plus nombreux qu'en Europe et qu'en Afrique. L'Asie est la seule partie du monde qui offre des volcans fumants situés à une distance immense de l'Océan ; en Europe, ils sont sur le bord de la mer ; en Amérique, à une trentaine de lieues ; en Afrique, à une centaine ; mais en Asie, ils sont situés à plus de 300 lieues. — Le lac Baïkal, entouré de basaltes, et les volcans du Tianchan, sont le centre des commotions volcaniques qui agitent l'intérieur

LES RIVES DU GANGE A BÉNARÈS.

de l'Asie. C'est principalement dans les îles qui bordent le continent que les volcans se montrent dans toute leur activité : l'archipel des Kouriles, les îles du Japon, Formose, près des côtes de la Chine, et plusieurs autres, sont tourmentées par de fréquentes éruptions. — Les plaines asiatiques sont, en quelque sorte, de vastes plates-formes posées sur le dos des montagnes. Tantôt s'élevant de distance en distance par terrasses, elles s'étendent au loin, en conservant presque le même niveau ; de là ces lacs sans écoulement, ces fleuves qui naissent et meurent dans le même désert ; de là ces passages subits d'un climat rigoureux à une chaleur insupportable. C'est aussi à cette configuration du pays qu'il faut attribuer ces vents périodiques de l'intérieur. Les vents glacés de la Sibérie remontent jusqu'au centre de l'Asie. Le vent d'est, chargé de brouillards, couvre dans le même instant toute la partie basse de la Chine. La division de l'Asie en cinq régions facilite celle des climats qui y règnent. Au centre, l'hiver établit son empire, et dans un espace qui, du 30e au 50e parallèle, comprend l'Afrique septen-trionale, le midi et le centre de l'Europe, il règne en Asie près des trois quarts de l'année, et laisse à de courts étés la tâche de brûler des déserts couverts de sable et presque dépourvus de végétation. Il y a cependant quelquefois de la neige en été. — La région du nord présente le triste spectacle d'immenses et froides solitudes. La région orientale, en se confondant avec les hauts plateaux du centre, est peut-être de toutes les contrées de la zône tempérée celle dont le climat est le plus rude ; mais près des bords de la mer sa température devient douce et, dans sa partie méridionale qui comprend la moitié de la Chine, la chaleur paraît d'autant plus insuppor-table que les pluies y sont peu fréquentes. Dans la région méridionale, bornée au nord par des plaines élevées, baignée à l'est et au sud par le Grand-Océan, on ne connaît que deux saisons ; depuis le mois d'avril jusqu'au mois de novem-bre les rayons solaires sont perpendiculaires. Cette région comprend la Cochinchine, l'Hin-doustan, la Perse méridionale et l'Arabie. Sur les côtes, la fin de la saison des pluies est mar-

quée par de brusques changements de vents et
par la violence des orages. — La région occidentale, qui renferme la Boukharie, l'Afghanistan, la Perse septentrionale et la Turquie
d'Asie, éprouve des chaleurs excessives pendant
les mois de juin, juillet et août. — Il n'y a pas
de minéral utile ou précieux qu'on ne rencontre
sur le continent asiatique, et si, sous le rapport
minéralogique, cette partie du monde joue un
rôle moins important que l'Amérique, ce n'est
pas parce qu'elle est moins riche, mais parce
que ses richesses sont imparfaitement connues.
— L'Asie se vante d'avoir donné à l'Europe ses
céréales, une partie de ses plantes potagères et
de ses arbres fruitiers : l'épinard, le radis, le
haricot, la chicorée, le potiron, sont originaires
de l'Asie, ainsi que le cerisier, la vigne, l'olivier,
le framboisier, le mûrier, l'abricotier, le pêcher,
l'amandier, le noyer; enfin nos jardins lui doivent ses plus belles fleurs. La rhubarbe croît
spontanément au milieu des déserts du plateau
central; dans la région méridionale croissent
l'arbre à cire, l'arbre à suif, le sumac vernis,
le camphrier, etc.; dans la presqu'île de Malacca,
l'aloès, le bois de santal, la casse odorante et
une foule d'arbres précieux, forment d'épaisses
forêts. Le cocotier est un des arbres les plus précieux de l'Inde; le riz, le millet et l'orge sont le
principal aliment des peuples de l'Asie méridionale. Nous avons déjà vu que l'*Arabie* (voyez)
offrait la plus riche végétation. Le règne animal
est plus riche en Asie que dans toute autre partie
du monde. Les zoophytes, les coraux couvrent
ès bas-fonds et bordent toutes les îles; les insectes y sont aussi nombreux que variés; les
mollusques et les poissons y offrent les formes
les plus bizarres et la chair la plus délicate. Un
grand nombre de reptiles pullulent sous la double
influence de la chaleur et de l'humidité; le Gange
et le Brahmapoutra sont peuplés de crocodiles,
et le terrible naja répand la terreur au Malabar
et au Coromandel. Les oiseaux les plus beaux et
les plus variés dans leurs couleurs peuplent l'Asie.
C'est de là que viennent la plupart de nos gallinacés : le faisan, le paon, l'argus, le coq et ces
élégants oiseaux de paradis. — Les mammifères
sont les plus grands et les plus nombreux, à
commencer par les singes; tels sont les orangs,
les gibbons, les semnopithèques; les carnassiers
y comptent les plus puissantes espèces : le lion,
le tigre royal, le léopard, la panthère; c'est dans
les montagnes boisées du nord que vivent ces
animaux à fourrure précieuse, tels que les mar-
tes, les hermines, les renards argentés, les petit-
gris, etc. L'éléphant des Indes, le rhinocéros

unicorne, le chameau et le dromadaire, plusieurs
espèces de bœufs et d'antilopes, la chèvre du
Thibet, sont propres au continent asiatique. —
Trois races d'hommes habitent l'Asie : la blanche en occupe toute la moitié occidentale; ce
sont les peuples du Caucase, les Arabes, les Persans, les Arméniens, les Géorgiens, les Turko-
mans, les Kirghiz, les Ostiaks, etc. La race jaune
comprend les Kalmouks, les Samoièdes, les
Kamtchadales, les Mongoles, les Tongouses, les
Mantchoux, les Coréens, les Japonais, les Sia-
mois et les Thibétains. La race noire, qui est la
moins nombreuse, habite les îles de Nicobar,
d'Andaman et de Ceylan. Les Malais paraissent
provenir du mélange des races blanche et jaune.

L'Asie est de toutes les parties du monde celle
qui offre la plus grande masse de population; les
géographes varient à l'égard du chiffre, mais on
peut l'évaluer à au moins 400 millions. Cependant la population y est bien moins compacte
qu'en Europe, si on en excepte la Chine, car ce
continent n'offre généralement que 520 habitants
par mille carré géographique. Le plateau central
et les immenses solitudes du nord n'offrent souvent au voyageur, pendant des journées entières,
d'autres indices de vie que des ossements ou la
fiente des bêtes de trait qui les ont traversés.
L'Asie est la patrie des fictions merveilleuses et
des rêveries mystiques, et la civilisation y remonte aux temps les plus reculés. Chez certains
peuples, comme les Chinois et les Japonais, elle
s'est conservée et résiste encore de nos jours à la
curiosité des Européens; chez d'autres, comme
chez les Hindous, les Arabes, les Persans, elle
est déchue de son ancienne splendeur. En un
mot, on la trouve à tous les degrés sur ce vaste
continent. Toutes les formes de gouvernement
se rencontrent en Asie, depuis le despotisme le
plus écrasant jusqu'à la liberté sauvage du désert. On y retrouve les formes théocratiques,
aristocratiques et démocratiques. La polygamie
règne dans une grande partie de l'Asie, et généralement les femmes vivent dans une dépendance absolue. Il est, du reste, difficile de saisir
quelques caractères communs parmi tant de peuples divers.

Plus qu'aucune autre partie du monde, l'Asie
a été le théâtre de grandes révolutions politiques.
C'est à elle que se rattachent nos plus anciennes
traditions, et c'est dans son sein que l'Ecriture
sainte place le berceau du genre humain. C'est
là aussi que se sont formés les plus grands empires connus, ceux d'Assyrie, de Babylone, de
Perse, l'empire d'Alexandre, ceux des Arabes,
des Ottomans, des Mogols, etc.; mais ces puis-

sances colossales se sont écroulées aussi vite qu'elles s'étaient élevées. Ce fut par la Bible et par les Grecs que la connaissance de l'Asie arriva aux Européens. Les Grecs ne connurent long-temps que l'Asie-Mineure ; mais leurs relations avec les Perses et les conquêtes d'Alexandre éten-dirent ces connaissances. Aux xiᵉ et xiiᵉ siècles, les croisades et le commerce des Vénitiens et des Génois mirent l'Europe en communication avec l'Asie ; ce continent fut exploré, aux xiiiᵉ et xivᵉ, par les Marco-Polo, les Rubruquis, les Plan-Carpin, etc. En 1408, le Portugais Vasco de Gama, après avoir doublé le cap de Bonne-Espé-rance, aborda à Calicut sur la côte de Malabar ; le grand Albuquerque et ses successeurs étendi-rent ensuite la domination des Portugais dans ces contrées, et bientôt furent découverts les Moluques, les Philippines, le Japon et les îles de la Sonde. Des factoreries portugaises furent éta-blies jusque dans la Chine. Les Hollandais et les Anglais s'associèrent plus tard à cette riche ex-ploitation, et, en 1600, se forma la compagnie des Indes orientales, qui fonda peu à peu un puissant empire auquel on donne aujourd'hui 53,000 milles carrés géographiques, avec 123 millions d'habitants. (Voyez *Inde*.) — De leur côté, les Russes soumirent par degrés toute l'Asie septentrionale. Depuis, Chardin, Tavernier, Kœmpfer, Niebuhr, Deguignes, Pallas, Elphin-stone, et une foule d'autres voyageurs anglais, français, russes et allemands, ont fait faire d'im-menses progrès à notre connaissance de l'Asie.

ASIE-MINEURE (*Asia-Minor*), aujourd'hui Anatolie. Les Romains donnaient ce nom à la grande presqu'île qui s'étend à l'est jusqu'à l'Ar-ménie et à la Syrie, et qui, sur les côtes, est baignée par les eaux du Pont-Euxin, de l'Hel-lespont, de la Propontide et de la mer Egée. C'est un beau pays traversé par plusieurs chaînes détachées du Taurus et du Caucase, et entre les-quelles s'étendent des plaines d'une grande fer-tilité. Les montagnes donnent naissance à une quantité d'eaux vives qui arrosent les vallées. Les fleuves prennent naissance dans la partie la plus élevée du plateau ; ce sont le Méandre, l'Hermus, le Sangarius, l'Halys et l'Iris. L'Halys, qui se jette dans le Pont-Euxin, traverse la péninsule dans presque toute sa largeur. On y distinguait onze contrées principales, savoir : à l'O. la Mysie, la Lydie, la Carie, la Lycie ; au N. la Bithynie, la Paphlagonie, le Pont ; au S. la Pamphylie, la Pisidie et la Cilicie ; au centre la Phrygie et la Cappadoce. Située auprès des confins de l'Eu-rope, et pouvant communiquer par les mers avec

les contrées les plus florissantes de l'antiquité, l'Asie-Mineure eut de bonne heure une popula-tion nombreuse et une civilisation très avancée. Les Grecs y établirent des colonies le long de la rive orientale ; on y distinguait les colonies éoliennes, ioniennes et doriennes, où se déve-loppa bientôt le goût des arts et du luxe. Des villes s'élevèrent qui le disputaient pour la ri-chesse, la civilisation et la puissance à celles de la Grèce ; telles étaient Éphèse, Phocée, Milet, Ha-licarnasse, Lampsaque, Cnide, etc. C'est dans la Mysie qu'était située l'ancienne ville de Troie, avec le mont Ida et les rivières du Simois et du Scamandre chantés par Homère. Les autres villes importantes étaient : Amysus, Pergame, Pruse, Cyzique, Amasie, Sinope, Nicomédie, Chalcé-doine, au N. ; Ancyre et Laodicée, dans la Phry-gie ; Césarée, Sébaste, Mélitène, dans la Cappa-doce ; au S., Stratonice, Tarse et Séleucie. Les îles qui en dépendaient, telles que Lesbos, Cos, Chios, Samos, etc., continuaient pour ainsi dire la Grèce. Toute cette splendeur s'est évanouie. Ces villes merveilleuses, si renommées dans l'antiquité, n'ont laissé que des souvenirs et des ruines. Sous la domination des rois de Perse, l'Asie-Mineure forma une seule satrapie. Con-quise par Alexandre, elle échut après sa mort à Antigone, et des mains de ce dernier passa sous le joug des Séleucides ; néanmoins, il s'y forma bientôt plusieurs royaumes indépendants, qui subsistèrent jusqu'à la conquête de l'Asie-Mineure par les Romains. Les kalifes en conquirent une partie au viiᵉ siècle, et les Turcs Seldjoucides s'y établirent au xiᵉ, ne laissant aux empereurs grecs qu'un tiers de l'Asie-Mineure. Après 1204, l'Asie grecque forma les deux empires de Nicée et de Trébizonde. Enfin, en 1387, Amurat, fils d'Oth-man, soumit l'Asie-Mineure qui, depuis ce temps, appartient aux Turcs. Sous leur domination se sont éteints les restes de l'ancienne prospérité de ces contrées. Elle forme aujourd'hui six pacha-licks : Anatolie, Siwas, Trébizonde, Caramanie, Seletkhé, Marach.

ASILE, lieu de refuge où les criminels cher-chaient un abri contre les poursuites. Chez les anciens, certains lieux avaient le droit d'asile, et c'était offenser les dieux que d'en arracher celui qui y cherchait son salut. Tels étaient les tem-ples, les bois sacrés, les autels des dieux, etc. Cependant tous les lieux consacrés au culte n'avaient pas le droit d'asile ; c'est ainsi qu'à Rome, sous l'empereur Tibère, les temples de Junon et d'Esculape étaient seuls inviolables. On avait du reste un moyen de rendre illusoire ce droit d'asile, en forçant ceux qui s'y confiaient à en sortir par la famine. L'usage païen s'introduisit dans le christianisme, et les églises chrétiennes devinrent des asiles pour les malheureux poursuivis par la justice ou par la violence. — Le droit d'asile, bon en ce qu'il protégeait parfois les faibles, opprimés par les grands, devint une source d'abus multipliés, et restreignit la juridiction des magistrats civils en étendant outre mesure les limites de la juridiction ecclésiastique. C'est ce qui explique pourquoi les souverains s'efforçaient de détruire ce droit, tandis que les papes et le clergé en favorisaient l'établissement de tout leur pouvoir. Le concile de Tolède étendit le droit d'asile autour des églises, jusqu'à trente pas de distance, et l'on vit les évêques et les moines l'attacher à tous leurs domaines. Louis XII, le premier, osa supprimer le droit d'asile dans ses domaines, et tint fermement la main à ses ordonnances. Peu à peu, le pouvoir des rois, en s'agrandissant, leur permit de supprimer ce droit par tout le royaume ; c'est ce que fit François Ier. — Longtemps avant 1789, le droit d'asile n'existait plus en France. Cependant le Code de procédure civile a consacré une restriction par l'article 781. C'est qu'on ne peut arrêter un débiteur dans les édifices consacrés au culte, et qu'on ne peut non plus l'arrêter le dimanche et autres jours de fêtes légales.

ASILES. On comprend aujourd'hui sous le nom d'asiles, des établissements fondés par la philantropie publique ou privée, soit pour soulager momentanément les infirmités humaines, soit pour offrir une hospitalité durable à la vieillesse, soit encore pour régénérer des êtres corrompus et les rendre dignes de rentrer dans la société, ou pour assurer les bienfaits de l'éducation aux enfants orphelins. (Voyez *Hospices*, *Crèches*, etc.)

ASINIUS POLLIO. Voyez *Pollio*.

ASMODÉE. Selon les rabbins, Asmodée, né de l'inceste de Tubal Caïn et de Noëma, sa sœur, était le prince des démons. Après avoir détrôné Salomon et pris sa place, il fut à son tour chassé par ce prince, qui le chargea de chaînes et le força à l'aider dans la construction du temple de Jérusalem. C'est ce même démon qui obséda Sara, fille de Raguel, dont parle l'Écriture dans l'histoire de Tobie. On croyait que ce démon inspirait le feu de l'amour impur.

ASOF. Voyez *Azof*.

ASPASIE, femme célèbre par sa beauté et son esprit, appartenait à une famille distinguée de Milet. Elle vint s'établir à Athènes, et sa maison devint bientôt le centre de la bonne compagnie. Nous ne savons pas trop ce qui valut à la célèbre Milésienne d'être mise au rang des plus viles courtisanes, mais il n'est pas croyable que celle qui fut honorée de l'amitié de Socrate, et que Périclès jugea digne de sa main, mérita d'être rangée parmi les femmes de mauvaise vie. Cette femme remarquable s'occupait de philosophie, de politique, de littérature, et prit beaucoup de part aux affaires de la Grèce, par suite de son influence sur Périclès. On a même été jusqu'à dire que ce grand homme lui dut ses plus beaux mouvements d'éloquence. Ses ennemis l'accusèrent d'impiété ; mais son époux la défendit avec chaleur devant l'aréopage, et obtint son absolution. Aspasie eut un fils de Périclès ; mais, après sa mort, elle s'éprit d'un jeune homme appelé Lysiclès, qu'elle épousa et que, par son influence, elle fit élever aux plus hautes dignités. Aspasie avait composé un discours en l'honneur des guerriers morts pour la patrie à Lechœum, que Socrate et Cicéron citent comme un chef-d'œuvre d'éloquence. Elle aimait et encourageait les arts, et contribua beaucoup à inspirer ce goût aux Athéniens. (Voyez *Périclès*.)

ASPERGE (*asparagus*), genre de plantes de la famille des asparaginées, de la classe des mo-

nocotylédonées. Tout le monde connaît l'asperge (*asparagus officinalis*); sa tige, de 8 à 10 décimètres de hauteur, porte des rameaux écartés, disposés en pyramide comme ceux d'un sapin; ses feuilles sont fines, réunies en faisceaux de trois à quatre renfermés d'abord entre plusieurs stipules. Les fleurs, en petit nombre, sont petites, verdâtres, mâles sur certains pieds, femelles sur les autres. Dans ces dernières, les graines sont contenues dans une baie d'un rouge très vif. — L'asperge se sème en pépinière; après un ou deux ans, on relève les pieds pour les repiquer dans des fosses ou des planches séparées, où on les recouvre chaque année de quelques pouces de fumier ou de terre. Ce sont les jeunes pousses de l'asperge qui sont servies sur les tables comme un mets délicat. On connaît l'odeur fétide que communique ce légume aux urines; quelques gouttes de térébenthine suffisent pour la changer en odeur de violette. L'asperge devient ligneuse dans les pays chauds, et, sur une vingtaine d'espèces connues, la nôtre seule est comestible.

ASPHALTITE (*lac*). Ce lac, qu'on appelle aussi mer Morte, est situé en Judée; il reçoit les torrents de l'Arnon, de Debbou et de Zored; le Jourdain le traverse dans sa plus grande longueur. On évalue sa superficie à 65 lieues carrées. La digue qui en arrête les eaux, à l'extrémité inférieure, est formée de laves, ce qui a fait penser à quelques géologues que des courants de laves, venant se jeter à travers les eaux du Jourdain, en barrèrent le cours, et donnèrent ainsi naissance au lac Asphaltite qui occupe en effet la vallée du Jourdain tout entière. La Bible lui donne le nom de mer de sel (*mare salis*), dénomination fort juste, car ses eaux sont très chargées de sel, ce qui fait que, malgré leur limpidité, elles ont une saveur d'une amertume et d'une âcreté très désagréables. Diverses analyses de cette eau ont montré qu'elle contenait en poids 45 pour 070, de sel. — La présence du bitume qui surnage sur les eaux de la mer Morte est due à la nature bitumineuse du terrain sur lequel elles coulent. L'action des eaux, jointe à celle de la chaleur, sépare cette matière des terres auxquelles elle se trouve mêlée. Le vent la pousse dans les golfes et les anses, où les Arabes la recueillent. Les anciens nommaient cette matière *gomme des funérailles*, à cause de l'usage que les Egyptiens en faisaient pour embaumer les corps morts. Dioscoride nous apprend que le bitume de Judée était très estimé, et qu'on le reconnaissait facilement au reflet couleur de pourpre qu'il offrait aux regards lorsqu'on l'ex-

posait au soleil. La pesanteur de l'eau du lac Asphaltite, comparée à celle de l'eau distillée, est dans le rapport de 5 à 4, c'est ce qui explique pourquoi le bitume, qui se précipite au fond de l'eau ordinaire, surnage sur les eaux de la mer Morte; c'est ce qui explique aussi comment des chrétiens, condamnés par Vespasien à être noyés dans les eaux du lac, restèrent à la surface, ce qui fut alors regardé comme un miracle. Suivant la croyance générale, le lac Asphaltite ne nourrit aucun poisson. La Bible rapporte qu'on voyait jadis sur ses bords cinq villes riches et florissantes : Sodome, Gomorrhe, Adama, Zéboïm et Ségor, qui furent anéanties par le feu du ciel, en punition du crime de leurs habitants. Des recherches récentes ont prouvé que le niveau de la mer Morte était inférieur d'environ 430 mètres à celui de la mer Méditerranée.

ASPHALTE. Voyez *Bitume*.

ASPHYXIE. L'asphyxie est un état de mort apparente dans lequel la respiration, la circulation et l'innervation sont suspendues, et qui, lorsqu'il se prolonge, peut amener la mort réelle. Plusieurs causes peuvent produire cet accident; tantôt c'est un obstacle mécanique qui s'oppose à l'entrée de l'air dans les poumons, comme chez les noyés, les pendus; ou bien encore ce sont des corps étrangers introduits accidentellement dans le larynx ou la trachée-artère, ou développés dans ces canaux par des maladies, comme dans le *croup*. (Voyez ce mot.) D'autres fois c'est l'introduction dans les poumons de gaz impropres à la respiration, ou de gaz délétères; mais, dans ce dernier cas, c'est plutôt par intoxication que par asphyxie que ces gaz causent la mort. (Voyez *Empoisonnement*.) Quelle que soit la cause de l'asphyxie, elle a lieu lorsque le sang, n'étant plus oxygéné par le contact de l'air, a perdu la propriété d'exciter les contractions des organes, c'est-à-dire d'entretenir l'action nerveuse; de là la mort apparente d'abord, puis bientôt réelle. Quant au traitement que réclame l'asphyxie, il diffère suivant le mode d'après lequel cet état s'est produit. Dans tous les cas, il faut d'abord écarter tout ce qui peut gêner la respiration ou la circulation, et s'efforcer à rétablir ces fonctions. (Voyez *Noyés, Pendus, Strangulation, Plomb*, etc.)

ASPIC (*aspis*), reptile célèbre dans l'antiquité pour avoir donné la mort à Cléopâtre. La morsure de l'aspic ne laissait, dit-on, aucune trace, et faisait passer sans angoisses du sommeil à la mort. En effet, Cléopâtre, après avoir essayé la force du venin sur deux suivantes, qui tombèrent comme frappées de la foudre, se fit mordre au-dessus du sein gauche et mourut aussitôt.

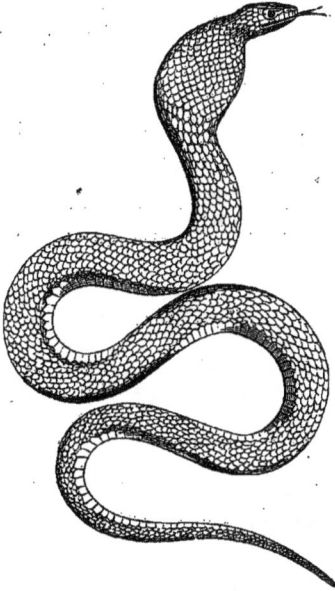

On n'est pas bien d'accord sur l'espèce à laquelle se rapportent les descriptions des anciens; cependant tout porte à croire que c'est la *vipère Haje*, qui habite l'Egypte et qui a la faculté de gonfler son cou, comme le dit Lucain de l'aspis.

Aspida somniferum tumida cervice levavit.

L'étymologie même du mot aspis (de *spizo*, distendre) semble confirmer cette présomption.

ASPIRANT DE MARINE. Voyez *Marine*. (Ecole de.)

ASPIRATION. En physiologie ce mot est synonyme d'*inspiration*, plus généralement employé, et qui désigne un des mouvements dont se compose la partie mécanique de l'acte de la respiration. (Voyez ce mot.)

ASSA FOETIDA, gomme résine que l'on obtient au moyen d'incisions et de sections trans-

versales pratiquées sur les racines de quatrième année du *ferula assa fœtida* de Linné, plante ombellifère de la Perse. — L'assa fœtida se présente en masses plus ou moins volumineuses, d'une consistance de cire, d'une couleur jaunâtre à l'extérieur, d'un blanc mat à l'intérieur, rougissant au contact de la lumière. solubles dans l'eau, l'alcool, le vinaigre, l'éther et le jaune d'œuf; d'une odeur alliacée, fétide; d'une saveur âcre, nauséeuse, extrêmement désagréable. L'assa fœtida jouit de propriétés toniques et antispasmodiques. La médecine l'emploie avec succès dans le traitement de beaucoup de maladies nerveuses.

ASSAISONNEMENT, substance ordinairement d'un goût relevé, qui sert à modifier la saveur ou les autres propriétés des aliments. Le lait, le beurre, l'huile, la graisse sont très fréquemment employés comme condiments, ainsi que le sucre, dont on se sert pour rendre les premiers moins stimulants, et pour les adoucir. Le vinaigre, le verjus, les limons, etc., modifient la saveur des aliments en leur ajoutant une certaine acidité, et les rendent rafraîchisrants. Le poivre, la muscade, le girofle, la cannelle, etc., sont des substances échauffantes, qui doivent à leurs principes aromatiques d'avoir été mis au nombre des assaisonnements les plus employés. Le sel est, de tous les assaisonnements, celui dont on fait le plus d'usage; à petites doses, il n'a aucun inconvénient; mais son abus est très nuisible. C'est un stimulant énergique. En général, presque tous les assaisonnements sont d'une nature très excitante et d'une digestion pénible.

ASSAS (Nicolas D'). Le chevalier d'Assas naquit au Vigan; capitaine dans le régiment français d'Auvergne, il s'illustra par son courage et par le noble sacrifice qu'il fit de sa vie à son pays. Dans la nuit du 15 au 16 octobre 1760, il commanda près de Klosterkamp, aux environs de Gueldre, une garde avancée. Etant sorti à la pointe du jour pour inspecter les postes, il rencontra une division des troupes ennemies prêtes à surprendre l'armée française. Pris et menacé d'être mis à mort si un cri, un seul mot sortait de sa bouche, il n'hésita point et s'écria : « A moi, Auvergne, voilà les ennemis ! » Son dévoûment lui coûta la vie.

ASSASSINAT. Le Code pénal définit l'assassinat : un meurtre commis avec préméditation, c'est-à-dire avec le dessein formé à l'avance d'attenter à la vie d'un individu. Dans presque toutes les législations, l'assassinat est en général puni de mort, en vertu de la loi du talion. (Voy. *Talion.*) Cependant le jury admet souvent des circonstances atténuantes qui font commuer la peine de mort en celle des travaux forcés. (Voy. *Homicide.*)

ASSASSINS. Nom d'une secte d'Ismaélites, qui, sous la conduite de Hassan-ben-Sabah Homaïri, s'établit dans la Perse septentrionale, vers l'an 1090. Leur nom de *haschischin* (mangeurs de haschich), qui, dans la langue des Grecs et des croisés, s'est transformé en celui d'*assassins,* leur fut donné à cause de l'usage qu'ils faisaient d'une préparation enivrante, connue dans l'Orient sous le nom de *haschisch.* (Voyez ce mot.) Hassan-ben-Sabah parcourut les provinces en propageant ses doctrines, et s'empara par la force ou par la ruse de plusieurs forteresses qui le rendirent maître de la contrée. Il s'occupa dès lors d'établir sur des bases solides son système politique et religieux, qui, du reste, pouvait se résumer tout entier dans cette maxime fondamentale : *Rien n'est vrai ni défendu, tout est permis.* Hassan, plus connu sous le nom de *Vieux de la Montagne,* devint bientôt tout puissant; ne reculant devant aucun moyen pour atteindre son but, il s'était composé une garde de jeunes sectaires, que l'on nommait les *fedavis* ou dévoués, qu'il plongeait dans le délire au moyen du haschisch, et dont l'obéissance était si absolue, qu'ils allaient sans crainte exécuter ses arrêts de mort contre les rois et les princes ses ennemis. Les meurtres nombreux que commirent ces fanatiques rendirent la puissance de leur chef redoutable. Hassan mourut âgé de soixante-dix ans, après avoir désigné pour son successeur son ministre Kia-Buzurgomid ; ce règne, digne du précédent, fut marqué par de longues guerres et de nombreux assassinats. Son fils Mohammed lui succéda, et après lui, quatre daïs ou grands-maîtres de l'ordre régnèrent sur les assassins. Ce fut Mohammed II qui envoya à Jérusalem cette fameuse ambassade, que plusieurs historiens ont attribuée au Vieux de la Montagne lui-même. L'empire des assassins s'étendait des bords de la méditerranée jusqu'au fond du Turkestan, lorsqu'il fut détruit en 1260 par le Mongol Houlagou, après avoir duré cent soixante-dix ans. C'est de ces sectaires qu'est venu le nom d'*assassin,* donné depuis à de lâches meurtriers.

ASSAUT. C'est le combat qu'on livre pour se rendre maître d'une place. Avant de commencer cette opération, qui est toujours très meurtrière, il faut rendre la brèche praticable ; c'est-à-dire écarter les débris qui ont roulé dans le fossé, adoucir la montée, et former à travers le fossé des épaulements pour couvrir les assaillants des feux de l'assiégé. Pendant ce temps, toutes les batteries et contre-batteries des assaillants font feu sur celles établies par les assiégés sur les points d'attaque, afin de démonter leurs pièces et de les empêcher de rester sur la brèche. S'il n'y a pas de retranchement au haut des brèches, l'assiégé se hasarde rarement à soutenir l'assaut; mais si les brèches sont défendues par de bons retranchements, le commandant de la place résiste le plus longtemps possible pour obtenir une capitulation plus honorable. Le commandant d'une place assiégée est obligé de soutenir au moins un assaut au corps de la place avant de se rendre, en vertu de la loi du 21 brumaire an II, de l'arrêté du 16 nivôse an VII, des décrets du 24 décembre 1811 et du 1er mai 1812. Autrefois, lorsqu'après un assaut la place était prise, on passait souvent la garnison au fil de l'épée et la ville était livrée au pillage ; tel était le droit cruel de la guerre. Il n'en est plus ainsi de nos jours, ou du moins les exemples d'une pareille barbarie sont rares.

On donne aussi le nom d'*assaut* à un combat figuré entre deux personnes, soit au fleuret, soit au sabre ou avec toute autre arme. (Voyez *Escrime.*)

ASSEMBLAGE. En terme de librairie, c'est le travail qui consiste à mettre en ordre les feuilles imprimées pour en former des volumes. En charpente et en menuiserie, c'est la réunion de différentes pièces de bois au moyen d'entailles, de tenons et mortaises, queues d'aronde, rainures, languettes, etc.

ASSEMBLÉE, réunion d'un certain nombre de citoyens d'un État, convoqués à l'effet de délibérer sur les affaires publiques, d'élire les magistrats, etc. L'usage de tenir des assemblées politiques remonte à la plus haute antiquité; dans les républiques grecques et à Rome, toutes les affaires importantes étaient portées devant l'assemblée populaire. Ces assemblées se tenaient en plein air, en présence de tous, sur la place publique, l'*agora* ou le *forum.* Dans nos pays d'Europe, les assemblées politiques qui se tenaient aux *Champs-de-Mars* et de *Mai*; les diètes allemandes, hongroises, polonaises, etc., n'étaient pas des assemblées populaires, c'étaient des assemblées féodales, où siégeait la noblesse, mais dont le peuple était exclu. Les membres de ces assemblées ne représentaient qu'eux-mêmes, et n'y défendaient que leurs propres intérêts. Lorsque l'autorité royale prévalut sur les priviléges et les prétentions des seigneurs féodaux, d'autres classes furent admises à siéger parmi eux, et l'on vit naître les assemblées représentatives, c'est-à-dire des réunions politiques dans lesquelles les différentes classes, les divers intérêts de chaque province étaient représentés par un député. Dans la plupart des Etats modernes, les assemblées représentatives forment une institution consacrée par les lois. Ces assemblées sont ou électives, ou héréditaires, ou formées de membres à vie. En Angleterre et dans plusieurs Etats du Nord de l'Europe, une chambre héréditaire concourt avec la chambre élue à l'exercice du pouvoir parlementaire ; en France, les membres de cette seconde chambre, d'abord héréditaires, furent nommés à vie à partir de 1831. (Voyez *Chambres.*) Les assemblées législatives françaises ont pris, à différentes époques, différents noms sous lesquels nous en retracerons l'histoire ; nous renvoyons donc aux mots *Notables, Constituante, Législative, Convention,* etc., ainsi qu'aux articles *États* et *Parlement.*

ASSERMENTÉ. Les interprètes, médecins, experts, etc., appelés devant les tribunaux pour déclarer leur opinion sur l'éclaircissement d'un point de fait, doivent prêter serment avant que de rien faire relativement aux fonctions qui leur sont confiées. (Voyez *Serment.*)

ASSIÈTTE. Voyez *Impôt.*

ASSIGNATION. C'est l'acte par lequel une partie en appelle une autre devant les juges pour voir procéder sur les conclusions prises contre lui. Chez les Romains, les assignations se faisaient de vive voix, le demandeur accomplissait lui-même cet acte, et avait le droit de saisir et appréhender au corps le défendeur qui refusait. Plus tard, la jurisprudence prétorienne ordonna que l'assignation serait faite par écrit et dans certaines formes qui étaient à peu près ce qu'elles sont aujourd'hui. — L'assignation doit être donnée par un huissier ; elle a pour effet d'obliger les deux parties de comparaître devant le juge qui, par l'événement de l'assignation, se trouve saisi de la cause. — Elle contient l'exposé sommaire des moyens sur lesquels on fonde les prétentions qu'on se propose de faire juger, et les conclusions, la date, les noms, prénoms, professions et demeures du demandeur, de l'huissier

et du défendeur ; l'indication du tribunal qui doit en connaître, le jour pour comparaître ; elle doit faire mention de la personne à laquelle la copie est laissée, afin que la personne assignée sache ce qu'on lui demande, connaisse les parties et puisse établir sa défense. Toutes les assignations doivent être faites à personne ou à domicile. Lorsque l'huissier ne trouve pas la personne assignée à son domicile, il remet la copie au voisin qui signe l'original, ou au maire qui le vise, et l'huissier en fait mention tant sur l'original que sur la copie. Les assignations doivent être données avant le coucher du soleil, et ne peuvent l'être les jours de fête légale, si ce n'est en vertu d'une permission du juge, et lorsqu'il y a péril en la demeure. Le délai ordinaire des assignations pour ceux qui sont domiciliés en France est de huitaine. (Voyez *Citation, Exploit.*)

ASSIGNATS. Voyez *Papier-Monnaie.*

ASSIMILATION. C'est l'action en vertu de laquelle les corps doués de la vie s'approprient, rendent semblables à eux les substances avec lesquelles ils sont mis en contact immédiat ; résultat définitif de diverses élaborations imprimées par les corps vivants aux substances dont ils se nourrissent. L'assimilation est une véritable absorption dont l'agent, différent d'une simple force chimique, est resté jusqu'à présent inconnu.

L'assimilation se complique en raison de la composition des corps. C'est ainsi que, dans les végétaux, elle change, à l'aide d'un travail plus ou moins simple d'absorption tout extérieur et de sécrétion, quelques principes venus du dehors, tels que la lumière, l'acide carbonique, l'eau, l'air, etc., en ces diverses substances dont la réunion forme l'organisation végétale ; tandis qu'à l'égard de l'homme et de la plupart des animaux, cette action, qui n'admet d'abord que des produits composés fermentescibles, et qui ont au moins passé par la filière de la végétation, suppose, de plus, la série d'altérations successives qui constituent l'insalivation, la digestion, la chylification, l'absorption, la respiration, etc. L'assimilation est donc chez les animaux le résultat collectif d'un concours d'élaborations successives qui appartiennent à la nutrition. (Voy. ce mot.)

ASSISE. Voyez *François d'Assise.*

ASSISES. Saint Louis, le premier, institua les assises et détermina leurs attributions. C'étaient des assemblées chargées d'entendre les plaintes des vassaux contre leurs seigneurs, et d'y faire droit. Elles se tenaient annuellement et rendaient publiquement et solennellement la justice. Elles jugeaient également en appel les contestations qui avaient été portées devant les juges inférieurs. Ces tribunaux supérieurs furent d'abord présidés par les seigneurs hauts-justiciers, mais par la suite cette présidence fut déléguée aux baillis, et les assises furent transformées en bailliages ou sénéchaussées. Le nom donné à l'institution s'étendit aux actes qui en étaient émanés, et l'on a appelé *assises* la collection des arrêts de ces cours. Notre législation féodale importée à Jérusalem par la conquête française est connue sous le nom d'*Assises de Jérusalem*. — Les assises seigneuriales furent abolies en 1789, et le Code d'instruction criminelle a rétabli des *cours d'assises*. Les cours d'assises ont pour mission spéciale la répression des crimes proprement dits. La charte de 1830 étendit la compétence des cours d'assises aux délits de la presse et aux délits politiques. Il y a une cour d'assises par département; elle se tient généralement au chef-lieu, et tient une session par trimestre, sauf le cas où le nombre des affaires exige des sessions plus fréquentes. Elles sont présidées par un conseiller de la cour d'appel du ressort, choisi soit par le ministre de la justice, soit à son défaut par le premier président de la cour d'appel. Le président a deux assesseurs, conseillers à la cour, ou dans les localités où il n'y a pas de cour d'appel, simples magistrats de première instance. Le ministère public est représenté par le procureur-général ou un de ses substituts, connus sous le titre d'avocats-généraux. Un greffier complète la cour. — Lorsqu'un crime est commis, la police judiciaire saisit le coupable et recherche les preuves; la chambre du conseil du tribunal de première instance et la chambre d'accusation de la cour d'appel examinent si les indices recueillis sont assez graves pour motiver des poursuites. Dans ce cas elles décident qu'il y a lieu à accusation et elles renvoient à la cour d'assises en désignant la nature du crime reproché; le procureur-général dresse l'acte qu'on nomme *acte d'accusation*, et qui contient, avec l'exposé des faits, l'indication des preuves; il se termine par les questions qui doivent être soumises au jury. La cour s'assemble et les jurés se réunissent au jour et à l'heure fixés, et avant l'audience et en présence de l'accusé le sort désigne les douze citoyens qui doivent former le jury de jugement. Puis les portes sont ouvertes au public, car la publicité des débats en matière criminelle est une garantie que la loi accorde aux accusés. L'ac-

cusé comparaît libre, et seulement accompagné de gardes pour l'empêcher de s'évader. Un conseil de son choix ou nommé d'office est assis près de lui. Le président demande à l'accusé ses noms, âge, qualité, demeure, etc., chaque juré prête serment, le greffier lit l'acte d'accusation, le procureur-général expose les faits, et les témoins sont introduits. C'est alors que commencent véritablement les débats; chaque témoin se lie par le serment et il raconte ce qu'il a vu et entendu. Le président, chargé de la direction des débats, est investi par la loi d'un pouvoir discrétionnaire en vertu duquel il ordonne tout ce que la découverte de la vérité exige. La partie civile et le ministère public ont les premiers la parole pour développer les moyens qui appuient l'accusation; l'accusé et son conseil leur répondent. Le président déclare enfin les débats terminés et il résume l'affaire; il fait remarquer aux jurés les principales preuves pour ou contre l'accusé; il fait l'analyse fidèle des discussions; il pose aux jurés les questions résultant de l'acte d'accusation. Les jurés se retirent alors dans leur chambre, le président remet à leur chef les questions écrites et les pièces du procès. (Voyez *Jury*.) Le président fait retirer l'accusé, et lorsque les jurés viennent reprendre leur place il est encore absent. Le chef du jury est alors interrogé par le président, et il prononce ces paroles graves : « Sur mon honneur et ma conscience, devant Dieu et devant les hommes, la déclaration du jury est : *Oui, l'accusé est coupable*, ou *non, l'accusé n'est pas coupable*. » Cette déclaration, signée par le chef du jury, est aussi signée par le président et par le greffier. Il ne reste plus qu'à faire l'application de la loi; c'est la mission réservée à la cour; celle des jurés est accomplie. L'accusé est alors rappelé, la déclaration du jury est lue par le greffier. Si l'accusé est déclaré coupable du fait à lui imputé, la cour, après les plaidoiries respectives, le condamne à la peine établie par la loi. Avant de prononcer l'arrêt, le président doit lire le texte de la loi appliquée. Puis il avertit l'accusé de la faculté qu'il a de se pourvoir en cassation dans le délai de trois jours, et l'audience est levée.

ASSOCIATION. Voy. *Société* et *Socialisme*.

ASSOLEMENT. C'est l'art de faire alterner les cultures sur le même sol, pour en tirer le plus de produit aux moindres frais possibles. L'expérience a démontré que certaines plantes, soit à cause du mode de culture qu'elles exigent, soit par l'effet de la manière dont elles se nourrissent dans la terre, réussissent mieux ou plus mal, selon qu'elles succèdent à telle ou telle autre plante. Cette connaissance a permis de faire rendre à la terre une suite de récoltes non interrompues et par conséquent de supprimer les jachères, sans nuire à la fertilité du sol. — Toutes les plantes n'épuisent pas également le sol, il en est même qui l'améliorent, tels sont le trèfle, la luzerne, le sainfoin, etc., et la plupart des plantes vivaces des prairies. — Les céréales, le blé, l'orge, le seigle, etc., sont, au contraire, très épuisantes; le blé est, parmi ces plantes, celle qui épuise le plus le sol. — On doit donc, autant que possible, dans un bon assolement, faire succéder des plantes améliorantes à celles qui sont épuisantes, de manière à conserver le sol dans un bon état de fertilité. On a reconnu que chaque espèce de plante épuise beaucoup plus le sol lorsqu'on laisse venir ses graines à maturité que lorsqu'on les fauche vers la floraison. Il est à la fois facile et avantageux d'alterner les cultures qui fournissent des aliments à l'homme avec celles qui servent à la nourriture des animaux domestiques. Les *prairies artificielles* forment partout la base d'un bon système d'assolement. En effet, au moyen des fourrages, on peut élever et engraisser de nombreux bestiaux qui, sans considérer leur valeur intrinsèque, fournissent des engrais qui mettent à même de cultiver mieux et d'obtenir ainsi, sous tous les rapports, des produits supérieurs et plus abondants.

ASSOMPTION (du latin *assumere*, enlever). C'est la fête célébrée dans l'Église catholique en l'honneur de la translation de la sainte Vierge au ciel. Placée d'abord au 18 janvier, elle fut fixée au 15 août, sous l'empire de Charlemagne. Mais ce ne fut guère que vers le xe siècle qu'elle acquit de la solennité en Occident.

ASSOMPTION (*Ile de l'*). Voyez *Larrons* (*île des*).

ASSOUPISSEMENT, état où l'homme se trouve entre la veille et le sommeil, et dans lequel les sens perdent peu à peu de leur activité, avant de cesser complétement leurs fonctions. Dans les maladies qui affectent le cerveau, l'assoupissement est un symptôme fréquent. On l'observe à des degrés variables, qu'on désigne par les noms de *somnolence* et de *coma*. Il s'accompagne souvent de délire. L'assoupissement profond et durable prend le nom de *léthargie*. (Voyez ces mots et *Sommeil*.)

ASSUÉRUS, roi de Perse, dont la Bible nous a transmis l'histoire par le livre d'Esther (voyez *Esther*), est connu dans l'histoire profane sous le nom de Darius, fils d'Hystaspe. (Voy. ce nom).

ASSUR, fils de Sem, fut, selon la Bible, le fondateur du royaume d'Assyrie. (Voy. ce mot).

ASSURANCE. L'assurance est un contrat par lequel une personne ou une société s'engage envers une autre, moyennant un certain prix appelé prime d'assurance, à réparer les accidents, détériorations ou pertes que des choses peuvent éprouver par cas fortuits. Cette convention s'établit par un écrit dit *police d'assurance*. — Le contrat d'assurance peut s'appliquer à tous les risques que les choses peuvent courir; il s'applique donc à l'incendie, à la grêle, au naufrage; ce n'est que dans ce dernier cas que notre Code de commerce s'occupe du contrat d'assurance, mais les règles tracées pour les risques maritimes sont le plus souvent applicables aux risques de toute autre espèce, et peuvent être considérées comme des règles générales. Ce contrat étant aléatoire (voyez *Contrat*), il faut, pour qu'il puisse être autorisé par la loi, que la chose assurée existe réellement à l'instant du contrat. Un produit futur ne saurait devenir l'objet d'une assurance légale. Il faut aussi que la chose assurée soit susceptible d'une appréciation quelconque. On ne pouvait autrefois assurer la vie des hommes, sous le prétexte que la vie des hommes n'est pas appréciable; mais cette assurance est permise aujourd'hui. La chose assurée doit encore être susceptible de perte ou de détérioration; il faut, en d'autres termes, que des risques aient lieu contre l'assuré et par suite contre l'assureur. On ne peut faire assurer une chose qui l'est déjà, par la raison qu'elle ne court plus de risques du moment qu'elle est assurée, et le contrat d'assurance ne doit point devenir pour l'assuré une occasion de gain, mais une simple garantie pour éviter de perdre. — La *prime d'assurance* est un prix qui doit être payé à l'assureur qui se charge des risques. La prime n'est pas due du jour du contrat, mais du commencement des risques. — La *police d'assurance* doit être rédigée par écrit, elle exprime le nom et le domicile de celui qui fait assurer, sa qualité de propriétaire ou de commissionnaire; la police mentionne encore la somme assurée, la prime ou le coût de l'assurance, la soumission des parties à des arbitres en cas de contestations, et généralement toutes les autres conditions que peuvent faire les parties; elle exprime aussi la nature et la valeur ou l'estimation des marchandises ou objets que l'on fait assurer. (Voy. Code de com., art. 339 et 340.) L'obligation de l'assuré consiste à payer à l'assureur la prime voulue; l'obligation de l'assureur à rembourser à l'assuré le montant des pertes éprouvées par celui-ci. Dans les risques ou *fortunes de mer*, on distingue le *sinistre majeur* et les *avaries;* dans le premier cas, l'assuré peut exiger le prix entier de la chose, en abandonnant ce qu'il en reste, c'est ce qu'on entend par délaissement; dans le cas d'avaries, il n'y a jamais lieu a délaissement. Il faut que les risques, non-seulement ne dépendent pas de la volonté des parties, mais encore des gens dont l'assuré est responsable. Les *assurances sur la vie des hommes* a pour objet de fournir à l'homme prévoyant les moyens de créer des ressources pour des personnes auxquelles il veut être utile après sa mort. L'homme dont toute la fortune est dans un traitement ou dans un revenu qui doit cesser avec sa vie, peut laisser un héritage à sa famille en prélevant et en plaçant une faible partie de sa recette annuelle. (Voyez *Caisse de retraite, Tontine,* etc.)

ASSYRIE, vaste contrée de l'Asie ancienne, située à l'est du Tigre et comprise entre la Babylonie, l'Arménie, la Médie et la Mésopotamie. Sa capitale était Ninive, et ses villes principales, Gangamèle, Arbèles, Larisse, Opis, Artémise. Le Tigre, l'Arbis, le Gorgus et les deux Zabatus étaient les principaux fleuves qui l'arrosent. Les Assyriens, que l'on a souvent confondus avec les Syriens, à cause de la ressemblance des deux langues, furent sans doute une des plus anciennes nations du monde. Suivant la Bible, ils descendaient d'*Assur*, fils de Sem. D'après les traditions, Assur construisit sur le Tigre la ville qui plus tard s'appela Ninive, l'année même où Nemrod jeta sur les bords de l'Euphrate les fondations de Babylone (2680 av. J.-C.). Il donna ainsi naissance à l'empire d'Assyrie. On ne sait rien de certain sur cette contrée, jusqu'au moment où Bélus, après avoir chassé les Arabes des terres de Babylone, réunit celles-ci à l'empire de Ninive (1993). Ninus, fils de Bélus, vainqueur de l'Arménie et de la Médie, soumit à son sceptre les nations de l'Asie supérieure jusqu'à la Bactriane et au pays des Saces. Sa veuve Sémiramis régna seule après lui, et éleva Babylone au degré de magnificence qui la fit regarder comme l'une des merveilles du monde. Cette reine se rendit célèbre par ses grandes actions; elle fonda des villes, dessécha des marais, construisit des aquéducs et des monuments de tout

genre, et tenta la conquête de l'Inde, mais elle ne réussit pas dans cette dernière entreprise. Ninyas, fils rebelle de Sémiramis, s'enferme dans son palais et établit le premier le gouvernement du sérail. Ses successeurs passent inconnus dans l'ombre, jusqu'à l'époque où Baletorès fonde une nouvelle dynastie (1297). Quinze rois succédèrent à Baletorès; renfermés au fond du sérail, livrés aux plus honteux excès, ils laissaient aux satrapes une autorité sans bornes; mais enfin, miné de toutes parts par la mollesse et l'insouciance de ces princes, l'empire s'écroula sous Sardanapale, qui, pour échapper à ses sujets révoltés, se brûla dans son palais avec ses femmes et ses trésors (759 av. J.-C). Avec lui finit le premier empire d'Assyrie. Des débris de cette puissante monarchie se formèrent les trois empires de Babylone, de Médie et de Ninive; ce dernier est désigné sous le nom de second empire d'Assyrie. Phul ou Sardanapale II en fut le fondateur. Ce prince fit trembler les rois de Juda et d'Israël, et les força de lui payer tribut. Phalazar et Salmanazar continuèrent son œuvre. Sennachérib ravagea l'Egypte, assiégea Jérusalem, triompha des Babyloniens, et mourut assassiné. Son fils Asar Haddon soumit les Babyloniens. Mais sous Saosducheus (Nabuchodonosor) et Sarac, l'empire d'Assyrie s'affaiblit considérablement, et en 625 av. J.-C., il fut réuni, par Nabopolassar, à l'empire de Babylone. (Voy. *Babylone.*) Les mœurs, la religion, les sciences et les arts des Assyriens paraissent avoir été les mêmes que ceux des Chaldéens et des Babyloniens. (Voyez ces mots.)

ASTAROTH. Voyez *Astarté.*

ASTARTÉ, divinité phénicienne, nommée dans la Bible *Astaroth.* Les traditions orientales la font fille d'Ouranos, sœur et femme de Crône. Elle était la personnification de l'immense armée des étoiles, et par suite de la voûte étoilée. Les Grecs l'identifiaient avec leur Vénus céleste, ou *Aphrodite Uranie.*

ASTER, habile archer d'Amphipolis, offrit ses services à Philippe de Macédoine, qui les repoussa. Blessé de ce refus, Aster se rendit à Méthone, qu'assiégeait alors le roi de Macédoine, et lui perça l'œil droit avec une flèche sur laquelle étaient écrits ces mots : « A l'œil droit de Philippe. » En réponse, le roi fit lancer dans la place une flèche portant ces mots : « Quand la ville sera prise, Aster sera pendu. » Et l'archer fut en effet pendu.

ASTÈRE (du grec *Aster*, étoile), genre de plantes de la famille des radiées, renfermant de nombreuses espèces dont la plupart sont indigènes de l'Amérique du Nord. Leurs fleurs sont en capitules radiés; celles du rayon sont ligulées, fertiles, disposées sur un rang; celles du disque hermaphrodites, 5 dentées. Les astères sont des plantes herbacées, vivaces, à rhizomes rampants, desquels naissent des tiges souvent rameuses, touffues, à feuilles alternes et des capitules disposés en corymbe; les fleurons sont blancs, roses, violets ou bleus. On les cultive comme plantes de parterre. Les plus belles espèces sont : l'*astère des Alpes* (A. alpinus), à grandes fleurs solitaires à rayons violets; l'*astère rose* (A. roseus) à fleurs d'un rosé violacé; l'*astère œil de Christ* (A. amellus), fleurs à rayons bleus, disque jaune; l'*astère à grandes fleurs* (A. grandiflorus), fleurs blanches répandant une agréable odeur de citron; enfin l'*astère de la Chine* (A. sinensis), ou *reine-marguerite*, dont les nombreuses variétés présentent toutes les nuances du blanc au bleu foncé ou au pourpre, ou panachées des mêmes couleurs.

ASTÉRIES ou *étoiles de mer*, genre d'échinodermes, radiaires, de l'ordre des zoophytes. Ce sont des animaux divisés en rayons, le plus souvent au nombre de cinq, mais qui peuvent atteindre dans certaines espèces jusqu'à vingt. Au centre de ces rayons est une ouverture qui sert à introduire les aliments et à rejeter les résidus de la digestion. Chaque rayon d'une astérie a, en dessous, un sillon longitudinal ayant de chaque côté une ou deux rangées de trous laissant passer des tentacules qui leur servent de pieds. Toutes les astéries sont carnassières, les unes se meuvent très lentement, d'autres, au contraire, nagent très vivement en agitant leurs tentacules. La plupart des naturalistes admettent les deux sexes chez ces animaux. Leurs ovaires, ordinairement gonflés d'œufs au mois de mai, consistent en deux corps oblongs, rameux, comparables à une grappe de raisin, et qui flottent dans chaque rayon de l'animal. Les astéries ont une si grande puissance de reproduction, que non-seulement elles repoussent en fort peu de temps les rayons qui leur sont enlevés, mais qu'un seul resté entier autour du centre lui conserve la faculté de reproduire tous les autres. Les étoiles de mer sont toutes, comme l'indique leur nom, habitantes des eaux marines, et on les trouve à diverses profondeurs. Beaucoup d'entre elles sont littorales, et le reflux les laisse souvent à sec sur la plage.

Les astéries ne servent pas à la nourriture de l'homme; on leur attribue même des qualités malfaisantes. Leur grande abondance sur les côtes de la Manche les fait employer à fumer la terre. Les espèces les plus connues dans nos mers sont : l'*astérie rouge*, que nous figurons n° 1, et l'*astérie à aigrettes*. Un genre d'astéries fort curieux est celui des *euryales*, nommé par

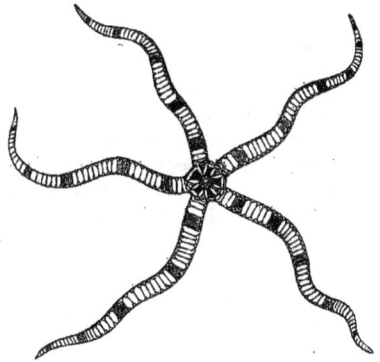

Linné *caput Medusæ* (tête de Méduse). Leurs rayons qui partent de cinq points du disque se bifurquent en très grand nombre de fois, et l'on prétend avoir compté jusqu'à huit mille branches dans certaines espèces. (Voy. *Zoophytes*.)

ASTÉRISQUE (du grec *astériscos*, petite étoile). C'est un signe (*) dont on se sert en typographie pour marquer dans le texte les renvois à des notes placées au bas de la page. Les anciens critiques employaient l'astérisque pour désigner des erreurs dans les manuscrits, d'autres l'employaient au contraire comme signe de la justesse et de l'authenticité du texte.

ASTHME (du grec *asthma*, essoufflement). L'asthme est une maladie caractérisée par la gêne de la respiration. On distingue aujourd'hui deux genres d'asthmes : l'*asthme symptomatique*, causé par un vice organique dans le thorax ou les viscères qu'il renferme, ou par la gêne que ces viscères peuvent éprouver du développement de ceux de l'abdomen; et l'*asthme idiopathique* ou *nerveux* qui se rattache à une lésion du système nerveux. Cette maladie attaque plus fréquemment les adultes que les jeunes gens et les enfants, et principalement les personnes nerveuses, délicates, susceptibles. L'asthme vient par accès dans l'intervalle desquels la respiration est souvent tout-à-fait libre, et qui se manifestent la nuit. Celui qui est atteint de cette maladie est pâle, il éprouve une grande oppression; sa respiration est bruyante, il tousse et rend avec effort quelques mucosités. Les malades chez lesquels l'asthme est exempt de toute complication jouissent d'ailleurs d'une bonne santé, et peuvent même pousser fort loin leur carrière; car c'est une maladie de longue durée et qui se montre souvent rebelle aux secours de la médecine. On voit rarement un accès d'asthme simple devenir mortel. Dans ce dernier cas, l'ouverture des corps a presque toujours fait reconnaître la lésion du cœur et des gros vaisseaux. Cependant l'asthme est une maladie bien distincte de l'anévrysme du cœur et d'autres affections avec lesquelles il offre des traits de ressemblance. — Le traitement à employer contre l'asthme est celui qui réussit le mieux contre les maladies nerveuses, c'est-à-dire les anti-spasmodiques. Les saignées générales et locales, les bains, les révulsifs, les narcotiques éloignent quelquefois le retour des accès. L'air pur, l'exercice et les bains tièdes sont généralement salutaires aux asthmatiques.

ASTRAGALE, os au moyen duquel le pied s'articule avec la jambe. (Voyez *Anatomie*.)

ASTRAGALE, genre de plantes de la famille des légumineuses, renfermant un grand nombre d'espèces à feuilles ailées, à fleurs axillaires ou terminales disposées en tête ou en épi, dont les caractères distinctifs sont : calice à cinq dents, corolle papilionacée à étendard plus long que les ailes, étamines diadelphes, stigmate simple ; légume presque toujours sessile, tantôt court et renflé, tantôt long et grêle. Les astragales sont, en général, des plantes d'un aspect agréable ; mais plusieurs d'entre elles se distinguent par leur utilité. Les *astragalus creticus, gummifer* et *verus* fournissent la gomme adragante. Mais l'espèce qui fournit celle qui nous vient d'Orient est indigène de Perse, et n'est point, comme le croyait Linné, *l'astragalus tragacantha*, qui ne fournit pas de gomme. Deux espèces croissent aux environs de Paris ; l'une connue sous le nom vulgaire de réglisse bâtarde, a des fleurs jaunes, et l'autre (*A. mons-pessulamus*) a des fleurs purpurines.

ASTRAKHAN, ville de la Russie d'Europe, capitale du gouvernement de ce nom, est située

dans une île du Volga, à dix lieues environ de l'embouchure de ce fleuve dans la mer Caspienne. Détruite en 1395 par Tamerlan, elle fut rebâtie et fut conquise en 1554 par Ivan IV; elle devint alors l'entrepôt du commerce de la Russie avec la Boukharie, la Perse et l'Inde. Elle passe aujourd'hui pour un port de mer, et a des chantiers de construction et une amirauté. Ses maisons ont peu d'apparence et sont toutes en bois, ses rues sont irrégulières et mal pavées. Outre les Russes, on y trouve des Arméniens, des Tatars, des Perses, des Hindous ; on évalue sa population totale à 70,000 âmes. Le commerce, et surtout la pêche importante de l'esturgeon et du sterlet du Volga, attire dans cette ville un grand nombre d'étrangers ; aussi rien n'est plus varié que l'aspect de ses bazars, où se coudoient des hommes de toutes les nations. Le principal faubourg d'Astrakhan est bâti au pied d'une colline occupée par un *kreml* ou vieux fort, et un *beloïgorod* (ville

blanche), deux quartiers séparés entre eux par des murailles. Astrakhan possède cinquante-sept églises et une pagode pour les Hindous. Son commerce consiste en cuirs, toiles, étoffes de laine, étoffes de soie et brochées, venant de Perse. La ville est entourée de jardins et de vignobles, et les raisins d'Astrakhan sont renommés par leur grosseur.

ASTRÉE ou *Dikè*, chez les Romains *Justitia*, fille de Jupiter et de Thémis, et déesse de la justice. Dans l'âge d'or elle habitait, dit-on, parmi les hommes pieux ; dans l'âge d'argent, elle ne descendait plus que rarement des cieux; mais, lorsque l'âge d'airain commença à forger des armes, elle quitta la terre et s'envola vers le ciel, où elle forme, dans le zodiaque, une constellation connue sous le nom de la Vierge.

ASTRINGENTS, classe de médicaments dont la propriété est de produire, sur les parties vivantes, une contraction et un resserrement plus ou moins remarquables. Les astringents principaux sont le froid, les acides et surtout les substances végétales contenant du *tannin*. (Voyez ce mot.) Les astringents sont utiles dans les hémorrhagies et dans certains écoulements muqueux, lorsqu'ils ne sont pas accompagnés d'une vive inflammation; ils peuvent être également appliqués avec avantage au début des inflammations légères.

ASTROLABE (du grec *astron*, astre, et *lambanô*, je prends), instrument au moyen duquel on mesurait la hauteur du soleil et des autres étoiles. Il consistait en une plaque de métal circulaire horizontale, divisée sur l'extrémité de sa circonférence. On obtient l'exactitude la plus rigoureuse dans la mesure des angles, au moyen du *vernier*, arc de cercle sur lequel les plus petites divisions du cercle sont subdivisées aussi exactement que le demandent les observations. Cet arc est mobile, et convient à toutes les divisions du cercle de l'instrument. Deux alidades pourvues de télescopes sont placées sur la circonférence. Une d'elles est fixe, l'autre tourne sur le centre de l'instrument. En dirigeant les alidades sur deux objets fixes, l'arc qui mesure l'angle est indiqué sur le limbe entre ses deux côtés. Cet instrument n'est plus en usage aujourd'hui parmi les astronomes. Sous Jean II de Portugal, les physiciens Roderic et Martin Behaim l'appliquèrent à la navigation.

ASTROLOGIE. On place l'origine de l'astrologie chez les Egyptiens ou les Chaldéens. Les plus anciens écrivains sont d'accord sur ce point que l'astrologie fut communiquée par les Chaldéens aux autres nations. Comme le pense Bailly, cette prétendue science doit son origine à l'influence des corps célestes, principalement du soleil et de la lune, sur les saisons, la température et la fertilité de la terre. De là on fut conduit à cette idée que ces astres n'avaient été formés que pour l'usage de la planète que nous habitons, et que, comme ils ont une influence sur la terre, ils ont probablement quelque rapport avec la destinée des individus et des nations. Au moyen-âge,

l'astrologie fut cultivée conjointement avec l'astronomie. Les rois et les princes eurent à leur cour des astrologues en titre. Louis XI et une foule de souverains croyaient leur vie écrite dans les astres, et cette croyance n'était pas nouvelle, puisqu'elle avait appartenu aux empereurs romains, qui entretenaient aussi dans leurs palais des astrologues. Louis XI, qui joignait la cruauté à la crédulité, ne négligeait aucun moyen de connaître l'avenir et consultait les astrologues; mais il fallait que les réponses le satisfissent, et il leur faisait sentir le poids de sa colère lorsqu'il les soupçonnait de le tromper. « Toi qui sais tout, dit-il un jour à un de ces derniers, sais-tu quand tu mourras? — Juste trois jours avant Votre Majesté, répondit le rusé charlatan, qui savait tout ce qu'il avait à craindre de la colère du roi. » Cette réponse en effet lui sauva la vie, et le bon prince se garda bien d'envoyer à la mort celui qu'il devait suivre de si près. Mais ce fut surtout au XVIe siècle que l'astrologie fut le plus en faveur, lorsque les superstitions italiennes vinrent à la suite de Catherine de Médicis fortifier les superstitions françaises, et l'on voit encore à la halle aux blés, bâtie sur l'emplacement de l'hôtel de Soissons, la tour qui servait d'observatoire à cette princesse. Il existe plus de mille traités d'astrologie écrits dans toutes les langues. Les astrologues ont fait place aux diseuses de bonne aventure et aux cartomanciennes, auxquelles les magnétiseurs font aujourd'hui une rude concurrence. (Voyez *Horoscope*.)

ASTRONOMIE (du grec *astron*, astre, et *nomos*, loi), science des astres et de leurs mouvements. L'astronomie a, en effet, pour but de déterminer les lois du mouvement des corps célestes, leurs distances réciproques, leurs dimensions et leur constitution physique. C'est de toutes les sciences la plus ancienne, et celle qui est arrivée au plus haut degré d'exactitude. Indépendamment du rang qu'elle tient dans le système des sciences naturelles, elle occupe la première place pour son influence philosophique et pour son utilité pratique; l'astronomie est indispensable pour la mesure du temps et l'établissement des calendriers, et cependant il est vrai de dire que les notions élémentaires de cette science sont moins répandues de nos jours qu'elles ne l'étaient chez les anciens. Mais c'est principalement à la géographie et à la navigation que l'astronomie sert de base, puisque l'observation des astres peut seule fixer avec exactitude la position d'un point à la surface de la terre. — Bien qu'il soit aujourd'hui hors de doute que les brahmes de l'Inde, les prêtres de Chaldée et d'Égypte, les lettrés chinois, aient été très anciennement en possession de certaines périodes luni-solaires, que leur avait fait connaître l'observation des éclipses, on peut dire que de tous les travaux astronomiques des anciens, jusqu'à l'école d'Alexandrie, il ne reste qu'une tradition confuse. A l'époque mémorable de l'établissement de l'école d'Alexandrie commence l'ère historique de l'astronomie, les découvertes prennent des dates fixes, et alors seulement apparaissent des observations dignes de ce nom. Aristarque de Samos est le plus ancien astronome dont les écrits nous soient parvenus (280 av. J.-C.). Hipparque, qui vint après lui, découvrit la précession des équinoxes, et fut l'auteur du premier catalogue d'étoiles ; on lui doit aussi d'avoir imaginé les longitudes et les latitudes terrestres et les moyens de les déterminer par l'observation des éclipses. Ptolémée, qui termine la série des astronomes de l'école d'Alexandrie, doué d'un esprit vaste et systématique, entreprit de coordonner toutes les parties de la science astronomique dans un ouvrage connu sous le nom d'*Almageste*. Afin d'expliquer les phénomènes que présentait le firmament, il supposa que la terre était immobile au centre de l'univers, et que les sept planètes alors connues, parmi lesquelles il rangeait la lune et même le soleil, étaient placées autour d'elle à différentes distances. Au-dessus de ces planètes, il y avait le firmament des étoiles, et plus haut une voûte de cristal, ensuite une autre voûte, et enfin la voûte extérieure du ciel qui enveloppait toutes les autres. Toutes ces sphères tournaient autour de la terre dans l'espace de vingt-quatre heures, indépendamment des révolutions périodiques qu'elles achevaient dans un intervalle de temps plus considérable. Ce système, si contraire à la réalité, fut adopté par tous les philosophes jusqu'au XVIe siècle. A cette époque, Copernic, reconnaissant la défectuosité d'un tel système, transporta le centre du monde au soleil, et fit tourner la terre autour de son axe. Mais son système était trop contraire aux sens et aux préjugés qui dominaient depuis si longtemps, pour être reçu sans conteste. Un grand observateur, Tycho-Brahé, succéda à Copernic ; comme tous ses contemporains, adversaire du système de Copernic, mais reconnaissant cependant les imperfections de celui de Ptolémée, il donna le sien. Il supposa la terre immobile au centre du monde, les cinq planètes et les comètes tournaient autour du soleil et étaient entraînées avec lui. Le soleil ainsi escorté et la lune étaient eux-mêmes emportés avec la sphère des étoiles qui accomplissaient une révolution entière en vingt-quatre heures. Kepler vint et rétablit le système de Copernic ; mais il était réservé au célèbre Galilée de démontrer, par des arguments invincibles, la stabilité du soleil et le mouvement de la terre. Kepler, en assignant les lois du mouvement elliptique des planètes, frayait la voie à Newton, dont le puissant génie découvrit le principe de la gravitation, et dès lors furent renversés sans retour les faux systèmes de l'ancienne école. — Les XVIIe et XVIIIe siècles virent s'élever au plus haut point la science astronomique, et Cassini, Euler, d'Alembert, Lagrange, Laplace, prirent la plus grande part à ces glorieux travaux. — On peut considérer les corps célestes comme formant deux grandes classes. Dans la première on comprend le soleil, au centre des mouvements, tournant sur lui-même en vingt-cinq jours et demi ; les planètes, avec leurs satellites, parcourant des orbes presque circulaires, et d'innombrables comètes accomplissant, dans des sens divers, des révolutions qui embrassent souvent un grand nombre de siècles. Cet ordre de phénomènes constitue ce qu'on nomme le *système solaire*. (Voy. ce mot.) Dans la seconde classe on comprend les étoiles fixes, les nébuleuses, les étoiles changeantes, les étoiles doubles, etc., etc. (Voyez *Étoiles*.)

Pour avoir une idée de l'état actuel de l'astronomie, il suffit de jeter un coup d'œil sur le tableau qu'elle embrasse dans sa vaste carrière. En observant l'état du ciel à différentes époques de l'année, on reconnaît que les astres, en général, ne changent pas, d'une manière sensible, dans leurs distances respectives ; on reconnaît ensuite que quelques étoiles changent de place par rapport à celles qui les environnent, et qu'elles se distinguent encore par l'espèce de lumière qu'elles nous transmettent. Ces corps forment une classe à part, qu'on nomme planètes, ou étoiles errantes, par opposition aux étoiles invariables entre elles, qu'on appelle étoiles fixes. Celles-ci sont en nombre infini ; elles ont une lumière scintillante et vive, qui change de couleur à chaque instant, et sont tellement éloignées de nous qu'on ne peut en mesurer la distance. La plus rapprochée de nous est éloignée de 22,000,000,000,000 de lieues, ou, pour donner une meilleure idée de cet éloignement, nous dirons que la lumière, dont la vitesse est de 70,000 lieues par seconde, met dix années pour arriver de cette étoile jusqu'à nous. — Les planètes jettent une lumière douce, tranquille, uniforme, et ne laissent voir aucun changement dans leur couleur. Quelques-unes d'elles ont dans leur voisinage des astres plus petits, qui tournent autour d'elles en les accompagnant dans leurs mouvements à travers les étoiles, et qu'on nomme satellites. (Voyez *Planètes*.)

On découvre encore de temps en temps, dans le ciel, des astres qui d'abord paraissent fort petits, peu brillants, et qui se meuvent avec lenteur à travers les étoiles. Peu à peu leur éclat s'accroît et leur vitesse augmente, et ils arrivent dans le voisinage du soleil et de la terre. Ces corps, à cause de la queue qui les accompagne ordinairement, ont été nommés comètes ou astres chevelus. (Voyez *Comètes*.) — Lorsque, dans une belle nuit, on dirige un télescope vers cette lumière blanche qui environne le ciel comme une ceinture irrégulière, et qu'on nomme voie lactée, on aperçoit un nombre prodigieux d'étoiles, qui paraissent assez rapprochées pour confondre leur lumière; ces étoiles, qui n'apparaissent que comme de petites blancheurs de forme vague, ont reçu le nom de nébuleuses.

ASTURIES (Les), province de l'Espagne septentrionale, bornée au nord par l'Océan, à l'ouest par la Galice, à l'est par la Biscaye et la vieille Castille, et au sud par le royaume de Léon. Les Astures, qui habitaient cette contrée à laquelle ils ont donné leur nom, résistèrent longtemps aux armes romaines, mais furent enfin soumis et partagés en *Transmontani* et en *Augustani*. Au viie siècle, les montagnes servirent de refuge aux vaillants guerriers, débris de la monarchie des Goths, qui, sous la conduite de Pélage, parvinrent à repousser le joug des musulmans et jetèrent les fondements du premier royaume chrétien en Espagne. Au xive siècle, cette province fut érigée en une principauté, dont l'héritier présomptif de la couronne de Castille dut porter le titre, ce qui existe encore aujourd'hui. Elle forme aujourd'hui une des treize capitaineries générales de l'Espagne. Le sol de cette province est montagneux et élevé, surtout dans la partie méridionale, ce qui en rend la température assez froide. est arrosé par plusieurs rivières qui toutes se jettent dans le Nalon, son principal fleuve. Ses pâturages nourrissent des chevaux renommés. On y cultive toutes sortes d'arbres fruitiers, entre autres le pommier, dont le fruit procure une grande quantité de cidre qui est un article important d'exportation. Les côtes, qui s'étendent sur la baie de Biscaye, offrent plusieurs bons ports; Gijon est le plus important. Sa capitale est Oviédo; du reste, cette province ne renferme que des villes de troisième et de quatrième ordre. (Voyez *Oviédo*.)

ASTYAGE, roi des Mèdes, grand-père de Cyrus. (Voyez *Médie* et *Cyrus*.)

ASTYANAX, fils d'Hector et d'Andromaque, fut, après la prise de Troie, précipité du haut des murailles, parce que Calchas avait prédit aux Grecs qu'il leur ferait plus de mal que son père. (Voyez *Andromaque*.)

ASYMPTOTE. Les deux branches de l'hyperbole jouissent de la propriété de s'approcher indéfiniment de deux droites également inclinées sur l'axe de la courbe, sans pourtant jamais les atteindre. On a donné à ces droites le nom d'*asymptotes*. (Voyez *Hyperbole*.)

ATALANTE, fille de Schœnée, roi de Scyros, tait célèbre par sa beauté et son agilité à la course. Pour éloigner d'elle les nombreux soupirants qui l'obsédaient, elle promit d'épouser celui qui la vaincrait à la course; mais, dans le cas contraire, le prétendant devait être mis à mort. Plusieurs de ses adorateurs avaient déjà succombé, lorsque Hippomène, fils de Mégarée, aidé par Vénus, parvint à triompher par la ruse de la vitesse d'Atalante. Il jeta devant elle des pommes d'or qu'elle ramassa et qui retardèrent sa course, et, par ce moyen, Hippomène parvint au but avant elle, et obtint sa main.

ATAULPHE, beau-frère d'Alaric, roi des Visigoths, lui succéda en 410. Il conquit une partie des Gaules, puis fit alliance avec Honorius, et épousa sa sœur Placidie, qu'il avait emmenée captive après le sac de Rome. Ataulphe, sacrifiant tout dès lors à son alliance avec les Césars, voulut changer les mœurs de sa nation et faire triompher la civilisation de la barbarie; mais il s'attira par là l'indignation et la haine des Goths, et fut assassiné (415) par un de ses officiers, au moment où il méditait la conquête de l'Espagne.

ATÈLE (du grec *atelès*, imparfait). Genre de singes américains dont les mains antérieures sont dépourvues de pouce. Les atèles ont la queue et les membres antérieurs très longs et très grêles; leur tête est petite et ronde. Ces singes vivent en troupes de douze à quinze individus, et se tiennent le plus souvent sur les arbres où ils déploient une grande agilité; leur longue queue prenante leur sert à s'accrocher aux branches où ils se balancent, et même, dit-on, à cueillir les fruits dont ils se nourrissent, car la callosité dont elle est garnie en dessous en fait une véritable main. Ce sont des animaux généralement doux, craintifs

et nonchalants. Leur voix est une sorte de sifflement doux et flûté. Les atèles sont répandus dans
une grande partie de l'Amérique méridionale;
mais ils ne peuvent supporter le climat de l'Europe, et meurent tous peu de temps après leur arrivée.

Parmi les espèces de ce genre, nous citerons
le *coaïta* (simia paniscus), c'est l'espèce qui
s'acclimate le plus facilement; son pelage est
noir, avec la face couleur de mulâtre, sa taille
est de deux pieds sans y comprendre la queue qui
est plus longue que le corps. Nous avons figuré

l'atèle *Belzébuth* apelage d'un noir brunâtre
avec les parties inférieures et le dedans des membres blancs; cette espèce habite les bords de l'O-
rénoque.

ATENCHUS, scarabée sacré des Égyptiens.
(Voyez *Scarabée*.)

ATHALIE, fille d'Achab et de Jézabel qui
régnaient sur Israël, et épouse de Joram, roi de
Juda; se rendit célèbre par ses crimes. Pour venger sur la race de David le meurtre de sa famille
exterminée dans Samarie, par l'usurpateur Jéhu,
elle fit massacrer, après la mort de son époux et
de son fils Ochosias, tout ce qui restait du sang
royal. Joas, le plus jeune des fils d'Ochosias,

échappa seul au massacre, et fut secrétement
élevé dans le temple par le grand-prêtre Joïada.
Athalie, qui avait élevé partout des autels à Baal,
s'était efforcée en vain d'effacer du cœur des
Hébreux le souvenir de David et du vrai Dieu;
aussi, lorsque le grand-prêtre présenta au peuple
et aux grands officiers Joas miraculeusement
sauvé, Jérusalem entière se souleva, Athalie fut
mise à mort et Joas proclamé roi (877 av. J.-C.).
Cet épisode des saintes Écritures a fourni à Racine le sujet d'une de ses plus belles tragédies.

ATHANASE, genre de crustacés de l'ordre
des décapodes, macraures, section des salicoques.
Leurs caractères sont d'avoir les deux pieds antérieurs plus développés que les suivants, et le
dernier article des pieds mâchoires extérieurs
plus grand que le pénultième. On ne connaît

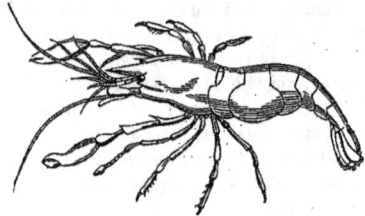

qu'une espèce de ce genre, l'*athanas luisant*
(A. nitescens), trouvé sur les côtes d'Angleterre;
il habite les fonds sablonneux voisins des côtes,
et a de grands rapports avec les palémons, salicoques, crevettes, etc.

ATHANASE (*saint*), l'un des premiers Pères
de l'Église grecque, patriarche d'Alexandrie en
Égypte, où il était né vers 294, fut élevé à ce
siége sous Constantin, en 326, et mourut sous
l'empereur Valens, en 373. Sa défense de la divinité du Verbe contre Arius, dans le concile de
Nicée, en 325, lui suscita des persécutions qui
se renouvelèrent et acquirent plus de violence à
chaque règne, sous l'influence des ariens. (Voyez
Arianisme.) Il fut tour-à-tour déposé, rétabli,
exilé, rappelé; et, après quarante-six ans de
traverses et de persécutions endurées pour la foi,
il mérita bien enfin le surnom de *Vertueux*,

que lui donne son éloquent panégyriste, Grégoire de Nazianze.

Les ouvrages qui caractérisent ce grand défenseur du dogme, sont principalement ceux qu'il a écrits sur la *Trinité*, sur l'*Incarnation*, sur la *Divinité de Jésus Christ*. Une éloquence animée et grave, une raison pressante et solide, ont servi de modèle aux docteurs de la foi catholique qui l'ont suivi. Le symbole de Nicée, qui porte aussi son nom, lui a été attribué par saint Augustin. L'édition grecque et latine de ses œuvres, la plus estimée, est celle du P. Montfaucon. — Paris, 1698. (Voyez *Symbole*.)

ATHÉISME (de *a* privatif, et *theos*, Dieu). On appelle ainsi l'opinion des athées ou de ceux qui nient l'existence de Dieu. L'athée n'est pas celui qui a une idée incomplète de la nature divine, mais celui qui la nie entièrement et qui sait qu'il la nie. C'est être athée que d'affirmer que ce monde a pu être une combinaison du hasard, et que d'expliquer les phénomènes de la nature sans l'intervention d'une cause intelligente antérieure et supérieure au monde. Que l'idée de Dieu soit innée en nous, qu'elle nous soit inspirée par la contemplation de la nature, qu'elle nous ait été révélée, toujours est-il qu'elle remonte à l'origine des choses ; elle est aussi ancienne que le monde. L'athéisme n'appartient pas aux premières époques de l'humanité, rien du moins ne tend à le faire croire, et il semble qu'il faille descendre vers des civilisations plus raffinées pour y trouver des traces de l'existence de cette opinion. Moïse parle, dans la Genèse, de la superstition et de l'idolâtrie des hommes ; mais il ne signale nulle part l'athéisme. Les prophètes tonnent contre la corruption, l'ignorance et l'indifférence où l'on vit de Dieu ; mais rien n'indique un athéisme systématisé. Le chef des Sadducéens (voyez ce mot), semble avoir le premier enseigné ouvertement l'athéisme sous Ptolémée Évergète, roi d'Égypte. Au reste, aucune accusation n'a été plus prodiguée que celle d'athéisme ; il suffisait autrefois, pour en être atteint, de ne point partager les opinions dominantes, les dogmes reçus, si grossiers qu'ils fussent. Socrate, qui fut dans la Grèce païenne le premier apôtre d'un Dieu unique, pur esprit, législateur suprême et providence du monde, fut condamné à boire la ciguë comme athée. Aristote faillit subir le même sort. Dingaras se fit gloire de son athéisme, il reçut le surnom d'*Athée*, et divers philosophes après lui s'efforcèrent de prouver que le monde est éternel ; ils admettaient divers agents matériels d'une nature supérieure

au reste de la matière ; chez les uns c'était le feu, chez les autres l'air ou l'eau. Le plus célèbre de tous ces systèmes physiques qui semblent conclure à l'athéisme, est celui des atomes d'Épicure. (Voyez.) Pour ne citer que des exemples modernes, Spinoza, Locke, Kant, Fichte, ont été accusés d'athéisme, jusqu'à ce qu'on ait remplacé ce mot par celui de panthéisme. (Voyez.) Spinoza n'a jamais mérité l'injure d'être mis au rang des athées ; son système est erroné peut-être, mais à coup sûr il annonce un esprit supérieur et vaste. Sa *nature naturante* n'est-elle pas une puissance qui possède l'action créatrice et la pensée infinie ? n'est-ce pas là Dieu ? Helvétius et le baron d'Holbach nièrent ouvertement Dieu ; et après eux Lalande et Weishaupt, le fondateur de l'illuminisme d'Allemagne. L'athéisme pratique est malheureusement commun dans notre siècle, l'indifférence est la maladie des vieilles civilisations ; mais l'athéisme systématique ne saurait exister ; la démonstration de la non-existence de Dieu est une impossibilité en philosophie, comme la quadrature du cercle l'est en mathématiques. (Voyez *Dieu*.)

ATHÉNÉE, temple, école, lieu consacré à Athéné ou Minerve. Dans Athènes, un édifice de ce nom servait aux poètes et aux orateurs de lieu de réunion. L'empereur Adrien donna encore le nom d'Athénée à une école fondée par lui sur le Capitole, vers l'an de J.-C. 140, pour l'enseignement des hautes sciences. (Dio. Cas. LXXIII, 17.) Des savants, des orateurs et des poètes y étaient logés et nourris ; on s'y réunissait pour des exercices oratoires (*declamationes*). le public venait y entendre les lectures que des écrivains faisaient de leurs ouvrages.

ATHÉNÉE, né à Naucratis, en Égypte, vivait au commencement du IIIᵉ siècle. Son érudition variée lui fit donner le nom de *Varron grec*. On ne connaît de lui qu'un seul ouvrage intitulé *Dipnosophistæ* (les savants à table). Cet ouvrage, dont il manque malheureusement les deux premiers livres et la moitié du troisième, est rempli de renseignements curieux sur les usages, les arts et la littérature des Grecs. Casaubon a publié, en 1597, une édition fort estimée, avec des commentaires. M. Lefebure de Villebrune l'a traduit en français en 1790.

ATHÈNES (*Athenæ*), ville célèbre de la Grèce, autrefois capitale de l'Attique et aujourd'hui chef-lieu de la Grèce orientale. Athènes, beaucoup plus grande anciennement qu'elle n'est

aujourd'hui, avait, au rapport de Dion Chrysostôme, 200 stades de circonférence (36 kil.), elle
était partagée en cité haute ou *Acropolis*, bâtie
sur le sommet d'un rocher élevé, et en cité basse,
qui s'étendait dans la plaine environnante. L'A-
cropole ou quartier de la citadelle, bâti par Cécrops, renfermait le temple de la Victoire, le Par-
thénon, temple consacré à Minerve, dont on voit
encore de beaux restes, un temple de Vénus, etc.
La ville, proprement dite, était entourée de fortes
murailles, elle se composait des bâtiments entourant la citadelle, du fort Munychie et des
ports de Phalère et du Pirée. Les principaux
monuments de la ville étaient le *Pompeion* où
l'on conservait les objets sacrés, et qui était orné
des statues des héros d'Athènes, le temple de
Vulcain, le temple de Thésée consacré aux exercices gymnastiques de la jeunesse, le temple de
Castor et Pollux, celui de Jupiter Olympien, le
plus bel édifice d'Athènes, au rapport de Pline;
le temple d'Apollon et de Pan, le Panthéon,
consacré à tous les dieux, le temple des Huit
Vents, tour octogone dont les côtés répondaient
aux différentes directions des vents. Athènes possédait en outre de nombreux portiques, le Musée
qui renfermait le tombeau du poète de ce nom,
et plusieurs théâtres dont le plus célèbre était
celui de Bacchus; on y voyait les statues de Sophocle, d'Euripide, d'Eschyle et de plusieurs
autres auteurs tragiques. Les places publiques
(*agorai*) étaient nombreuses; la principale,
située dans le Céramique, était décorée d'édifices
magnifiques, les uns consacrés aux dieux, les
autres au service de l'Etat. C'était là que se tenaient les assemblées du peuple et les marchés.
On y érigeait des statues aux citoyens qui avaient
bien mérité de la patrie. Athènes avait trois ports:
le *Pirée*, qui pouvait contenir quatre cents galères, et qui était l'entrepôt de la Grèce entière;
le port *Munychie*, promontoire peu distant du
Pirée, et le port *Phalère*, le plus ancien des trois,
situé à 35 stades de la ville. — Athènes, qui
compta jusqu'à 80,000 habitants, n'en a plus
guère aujourd'hui que 18,000. — Athènes fut
fondée vers l'an 1550 avant notre ère, par une
colonie égyptienne que conduisait Cécrops. Soumise pendant 230 ans à des rois, depuis Thésée
jusqu'à Codrus, elle fut ensuite gouvernée par
des archontes (voy. ce mot), dont l'autorité ne
différait de celle d'un roi que parce qu'ils devaient
rendre compte de leur administration. Solon,
élu archonte (594), donna aux Athéniens une
législation qui, en abaissant une aristocratie oppressive, prépara l'avenir de la république. Le
parti populaire triompha, mais son chef Pisis-

trate s'empara du pouvoir, et ce ne fut qu'après
la chute d'Hippias que commença la période de
la démocratie pure, qui dura jusqu'à la réduction de la Grèce en province romaine. (Voyez
Grèce). Athènes, fière de sa force et de son
opulence, prêta un secours généreux aux Grecs
d'Asie révoltés contre Darius (500), et telle fut l'o-
rigine de ces guerres nationales qui furent, pour
la Grèce entière et surtout pour Athènes, le principe d'une grandeur et d'une gloire immenses.
Dans toute cette période de la guerre des Perses
(493-479), Athènes, grâce au génie de Thé-
mistocle, fonda sa véritable puissance, et prépara cette époque brillante où, sous l'inspiration
de Périclès, elle s'embellit de tous les chefs-
d'œuvre des arts. Mais bientôt l'orgueil du peuple
athénien le poussa à des excès qui amenèrent la
fatale guerre du Péloponèse (431-404), terminée par la prise d'Athènes et la destruction de
ses murailles et de sa flotte. Le despotisme des
trente tyrans remplaça alors le gouvernement
démocratique; il ne fut pas de longue durée;
car Thrasybule le détruisit l'année suivante, et
rétablit la constitution de Solon. Mais Athènes
avait à tout jamais perdu sa suprématie; et après
soixante ans de luttes, la bataille de Chéronée
(338) la réduisit avec toutes les républiques
grecques sous la domination de Philippe de Macédoine. En vain essaya-t-elle à plusieurs reprises
de recouvrer son indépendance, elle suivit dès
lors le sort de la Macédoine, et lorsque celle-ci
fut réduite en province romaine, la Grèce entière
devint la *province d'Achaïe* (146). — Sous la
domination romaine, Athènes ne conserva de son
illustration que ses écoles et ses monuments, et
devint le lieu d'étude de la jeunesse de Rome et
du monde civilisé. Dévastée par Alaric (396), et
par les autres barbares du Nord, elle fut prise et
saccagée de nouveau par les Normands de Sicile
en 1145. Après la conquête de Constantinople
par les Latins (1203), elle échut en partage à
Othon de La Roche, gentilhomme français qui
prit le titre de grand duc d'Athènes et de Thèbes.
Cette principauté resta dans sa famille jusqu'au
commencement du xive siècle, époque à laquelle
elle lui fut enlevée par les aventuriers catalans
qui, sous la conduite de Roger de Flor, avaient
ravagé l'Orient. Ceux-ci se soumirent volontairement au roi de Sicile, Frédéric II, et Athènes
demeura sous cette dépendance jusqu'à l'an 1370,
où Acciajuoli la conquit avec l'aide des Vénitiens. Mahomet II s'en empara en 1458, et elle
demeura aux Turcs jusqu'à l'insurrection des
Hellènes en 1821. Reprise, délivrée, et reprise
tour à tour, elle fut enfin abandonnée par ses

derniers maîtres en 1831. Aujourd'hui Athènes se relève de ses ruines ; elle est la capitale du

Acropole d'Athènes.

nouvel Etat de Grèce, et la résidence du roi Othon.

ATHLÈTE (du grec *athlétès*, lutteur). Les Grecs donnaient ce nom à tous ceux qui combattaient pour disputer les prix dans les jeux publics, en exceptant toutefois les poètes et les musiciens. Les Romains réservaient ce nom aux lutteurs et à ceux qui combattaient au pugilat. Les athlètes étaient fort considérés chez les anciens, où la force corporelle était surtout en honneur. Dans la Grèce, on élevait des statues aux vainqueurs, leurs noms étaient inscrits dans les archives publiques, et les poètes se disputaient l'honneur de chanter leurs exploits. Les différentes sortes de combats étaient la lutte, le pancrace, le pugilat, le ceste, la palestre, les courses à pied et en char. Ces jeux faisaient, dans l'origine, partie des exercices militaires, et les guerriers et les héros s'y livraient comme à un noble délassement. On les célébrait surtout pour honorer les funérailles des grands guerriers. Homère et Virgile ont décrit les jeux qui accompagnèrent les funérailles de Patrocle et d'Anchise. Les prix décernés aux vainqueurs étaient des esclaves, des armes, des vases d'argent, des chevaux ou des bœufs. Mais lorsqu'on eut établi à des époques fixes le retour de ces jeux, des hommes, faisant métier de leur adresse et de leur force, disputèrent périodiquement ces prix par vanité et pour mériter les applaudissements du peuple. L'un des athlètes les plus célèbres dont l'histoire nous ait conservé le nom est Milon de Crotone (voyez ce mot), qui

assommait un bœuf d'un coup de poing, et le mangeait dans un seul repas. Les athlètes combattaient nus et se frottaient le corps d'huile ; ils avaient des amphithéâtres particuliers et des gymnases. Il ne faut pas les confondre avec les gladiateurs dont nous parlerons dans un autre article.

ATHOS (*Monte-Santo*, Montagne-Sainte), montagne et presqu'île de la Grèce, entre les golfes de Contessa et de Monte-Santo. Elle a 115 kil. de tour et 1,940 mètres d'élévation. Cette montagne était célèbre chez les anciens qui la croyaient l'une des plus élevées du globe. Du temps de Strabon, elle renfermait cinq villes, remplacées aujourd'hui par des couvents grecs, dont les moines mènent une vie austère, interdisant l'entrée de la presqu'île aux femmes. Ils ont des jardins très bien cultivés et qui rapportent d'excellents fruits. Xercès avait fait percer un canal dans l'isthme qui unit la presqu'île d'Athos au continent.

ATLANTIDE. Suivant une tradition très répandue dans l'antiquité, l'Atlantide était une île immense, qui disparut un jour engloutie par les eaux. Platon dit, dans le *Timée*, que l'île Atlantide était plus grande que l'Asie et l'Afrique réunies, et qu'elle était située dans la mer Atlantique, en face les colonnes d'Hercule. C'était une magnifique contrée gouvernée par des rois puissants, qui s'apprêtaient à asservir notre hémisphère, lorsque d'affreux tremblements de terre, suivis d'un déluge, plongèrent dans l'abîme l'Atlantide et ses habitants. Des savants modernes ont voulu voir dans l'Atlantide le continent américain ; mais il est plus probable que cette tradition se rapporte aux îles Fortunées (Canaries), peut-être alors plus étendues, à moins, toutefois, que cet événement soit une de ces mille fictions merveilleuses si communes en Orient.

ATLANTIQUE (*Océan*). On donne ce nom à la vaste étendue d'eau qui sépare l'Europe et l'Afrique de l'Amérique ; il a pour limites, au nord l'Océan glacial arctique, et au sud, l'Océan glacial antarctique ; c'est-à-dire qu'il s'étend de l'un à l'autre cercle polaire en longitude, et de l'Europe et de l'Afrique aux deux continents américains en latitude. Cette vaste surface maritime peut être divisée en zones, comme la surface du globe. Ainsi la partie comprise entre le cercle polaire arctique et le tropique du cancer prend le nom d'Océan atlantique boréal ; celle qui est située entre le tropique du cancer et celui du capricorne se nomme Océan atlantique équinoxial. Enfin, on donne le nom d'Océan atlantique austral à l'étendue de mer comprise entre le tropique du capricorne et le cercle polaire antarctique. Ces différentes portions de l'Atlantique donnent naissance à plusieurs mers. — L'*Océan atlantique boréal* forme la mer Baltique entre la Suède et la Russie ; la mer du Nord, entre l'Angleterre, la Norwége, le Danemarck et l'Allemagne ; la mer d'Irlande, entre l'Angleterre et l'Irlande ; le golfe de Gascogne, entre les côtes de France et d'Espagne ; la Méditerranée et les mers qui en dépendent, entre l'Europe, l'Afrique et l'Asie. — L'*Océan atlantique équinoxial* donne naissance au golfe du Mexique, à la mer des Antilles, en Amérique, et au golfe de Guinée , sur les côtes de l'Afrique. — L'*Océan atlantique austral*, ne baignant aucune terre qui vienne en interrompre la surface, n'est soumis à aucune subdivision.

ATLAS, chaîne de montagnes de l'Afrique septentrionale que l'on divise généralement en grand et petit Atlas ; le premier, voisin du désert, le second, plus rapproché de l'Océan et de la Méditerranée. Le grand Atlas s'étend parallèlement aux côtes de l'Océan ; il occupe tout l'empire du Maroc : c'est la chaîne la plus haute de tout le groupe ; son point culminant s'élève à 4,000 mètres environ ; il change plusieurs fois de nom en s'avançant vers l'Orient. Sur le territoire d'Alger, il prend le nom de *Monts Ammer* ; celui de *Megala* et *Djebel Fissato* dans les Etats de Tunis ; de monts *Gharians* et *Suadans* sur le territoire de Tripoli. Le petit atlas est la chaîne la plus rapprochée de la Méditerranée. Il est parallèle au grand Atlas, ou s'en détache obliquement, et se joint à celui-ci par plusieurs chaînons transversaux, dont le plus élevé est le Jurjura. Le petit Atlas commence au cap Spatel et forme le cap Bon à son extrémité orientale. On franchit aisément presque toutes les chaînes de l'Atlas à l'aide de nombreux défilés dont elles sont percées, et que les Arabes appellent *Portes*. Pour aller d'Alger à Constantine, on traverse le Jurjura par un défilé remarquable, ap-

PORTES DU DÉSERT.

pelé *Biban* ou *Porte-de-Fer*. A l'est du Maroc, des neiges perpétuelles couvrent les sommets de l'Atlas. Le versant occidental, abrité par les montagnes contre le vent brûlant du désert, offre un climat des plus salubres, et les brises de mer y rafraîchissent l'atmosphère ; mais il n'en est pas de même du versant oriental ; les vents y apportent le hâle du désert, et souvent même la peste de l'Egypte. Dans cette région, les saisons sont marquées par la sécheresse et les pluies. Les montagnes de l'Atlas ne donnent naissance à aucun cours d'eau important. Le versant occidental du grand Atlas, dont toutes les eaux vont se jeter dans l'océan Atlantique, nous offre, en allant du midi au nord, le Tenfil, la Morbea, le Sebou, le Louccos et plusieurs autres petits cours d'eau. Le versant septentrional qui s'incline vers la Méditerranée donne naissance à la Moullonia, presque à sec pendant l'été, le Chélif, l'Isser, le Saibous, l'Oued-el-Kébir, l'Afroun, etc. Au-delà du Djebel-Ammer coule l'Ouad-Djidi, qui se jette dans le Melgigy, lac marécageux et salé, sans écoulement apparent, et de 10 lieues de longueur sur 8 de largeur. Sur le versant de l'Atlas qui descend vers le Sahara, nous citerons le Ziz et l'Ouady-Darah qui vont se perdre dans les sables du désert. — Ce que les voyageurs les plus récents nous ont appris sur la constitution géologique de l'Atlas, c'est qu'il est formé d'une roche de quartz et de mica appelé *gneiss*, sur laquelle repose un calcaire de sédiment inférieur ou de transition. Le petit Atlas, plus particulièrement étudié par le capitaine Rozet, paraît composé, en suivant la série des formations depuis les plus anciennes jusqu'aux plus modernes, de schiste et de gneiss qui appartiennent aux terrains de sédiment les plus inférieurs ou de transition sur lesquels se trouve le lias ou calcaire bleu, de dépôts de sédiment supérieur, de porphyres trachytiques et de terrain diluvien ou de transport. C'est dans la formation schisteuse que se trouvent les calcaires qui ont fourni aux anciens les marbres de Numidie. La roche dominante est un schiste talqueux luisant, dont les couleurs habituelles sont le blanchâtre, le vert et le bleu. L'Atlas renferme dans ses flancs de grandes richesses métalliques; il est traversé par des filons de cuivre, d'étain, de fer, d'antimoine et probablement aussi d'or et d'argent. Les monts Gharians sont surtout riches en argent, cuivre, plomb, mercure, fer, plombagine, etc. Les plaines qui s'étendent entre les rameaux de l'Atlas sont les plus riches du monde en céréales; tous les arbres fruitiers de l'Afrique et même de l'Europe y croissent avec vigueur. Les vallées du grand Atlas sont remplies d'orangers, de pêchers, d'abricotiers, d'amandiers et de grenadiers. Au-dessus de ces vallées commence la région des forêts à laquelle succède celle des graminées et enfin celle des neiges. L'olivier sauvage, le genévrier, le térébinthe, le chêne-liége, le chêne à glands doux, le peuplier blanc et le pin de Jérusalem, forment les principales essences des forêts. Les agaves, les cactus et les orangers, croissent jusqu'à 600 mètres de hauteur sur le versant septentrional. Les figuiers croissent sur le versant méridional, et les dattiers sont dispersés çà et là sur les collines. Les plaines sablonneuses produisent des raisins monstrueux, du tabac et des

cactus. Les bords des rivières sont ombragés de lauriers, d'oliviers, de cyprès et de lentisques. Si l'on en excepte le rhinocéros, l'hippopotame, le zèbre, la girafe, l'éléphant et les grandes espèces de singes, l'Atlas nourrit la plupart des animaux communs à l'Afrique.

ATLAS, nom que l'on donne à la première vertèbre cervicale, sur laquelle repose la base du crâne, et celle qui supporte la tête. (*Voyez Anatomie.*)

ATLAS. On donne ce nom en librairie à une collection de cartes géographiques, vues, plans, etc., réunies en volume.

ATLAS, fils de Japet et de Climène, frère de Prométhée, fut changé en montagne par Jupiter pour avoir pris le parti des Titans contre lui, et condamné à porter le ciel sur ses épaules. Cette fable vient de ce que les anciens croyaient que l'Atlas était la plus haute montagne du globe, et touchait au ciel.

ATMOMÈTRE (du grec *atmos*, vapeur, et *metron*, mesure). C'est un instrument servant à déterminer l'évaporation de l'eau. On a proposé divers atmomètres, mais aucun de ces instruments n'est susceptible d'une grande précision. Le procédé le plus simple consiste à exposer au grand air un vase rempli d'eau et à déterminer, par des pesées répétées, la quantité d'eau évaporée dans un temps donné.

ATMOSPHÈRE (du grec *atmos*, vapeur, et *sphaira*, sphère). On nomme ainsi cette couche de gaz et de vapeurs qui enveloppe la terre et dont une foule de phénomènes nous révèlent l'existence. Les vents, la formation et la suspension des nuages, l'inégalité de la chute des corps pesants, sont autant de preuves évidentes de la présence d'un fluide atmosphérique autour de notre globe. — La densité de l'atmosphère décroît à mesure qu'on s'éloigne de la terre, ainsi que le démontre le *baromètre* (voyez ce mot), et cette décroissance est assez rapide pour qu'à la hauteur de 15 à 20 lieues on puisse regarder le degré de raréfaction comme aussi parfait que celui qu'on peut atteindre dans les meilleures machines pneumatiques. On peut donc conclure de là que l'atmosphère a pour limite la hauteur que nous venons d'indiquer (80 kil. environ). Au-delà règne un froid et une obscurité éternels, car la chaleur et la lumière ne se développent que par la réaction du milieu ambiant. L'atmosphère n'est pas indépendante de la terre, elle y adhère en vertu de sa pesanteur, elle tourne avec elle autour de son axe et l'accompagne dans sa révolution autour du soleil. — L'atmosphère se composant de gaz à la fois pesants et élastiques, elle doit être plus dense à la surface de la terre, et diminuer de densité à mesure qu'elle s'en éloigne. D'après la loi de Mariotte, qui veut que la densité de l'air soit proportionnelle aux pressions qu'il supporte, l'atmosphère se composerait de couches concentriques d'égale hauteur, et dont la densité diminuerait dans une progression géométrique. Le poids de l'air est égal à une colonne de mercure de même base, haute de $0^m,763$ (28 pouces), ou à une colonne d'eau de $10^m,40$ (32 pieds). Chaque pied carré de surface de la terre supporte donc un poids de 32 pieds cubes d'eau, ou de 2,240 livres. Cette pression énorme pèse sur l'homme et les animaux sans qu'ils s'en aperçoivent, parce qu'elle s'exerce en tous sens, et que par conséquent nous sommes plongés dans l'air comme une éponge dans l'eau. Il n'y a vraiment de pression que lorsqu'on fait le vide sur un point. Vue de la terre, l'atmosphère paraît bleue pendant le jour, mais sur les montagnes très élevées elle paraît presque noire. Newton explique cette couleur bleue de l'atmosphère en admettant que les molécules de l'air ne peuvent réfléchir que les rayons les plus réfrangibles, c'est-à-dire les rayons bleus et non ceux d'une autre couleur. — L'atmosphère est un composé de toutes les émanations des corps et des substances qui sont à la surface de la terre. Les exhalaisons animales, végétales, minérales, entrent dans sa composition, ainsi que le produit de toutes les fermentations, les fumées, les gaz de toute espèce. Un grand nombre de substances entrent donc dans la composition de l'atmosphère, outre ses parties constituantes principales. (Voyez *Air*.)

ATOMES (du grec *atomê*, insécable). Il est aujourd'hui admis que les corps sont des assemblages ou agrégats de corpuscules infiniment petits et insécables, qui échappent à l'investigation de nos sens. On a donné à ces corpuscules le nom d'atomes ou de molécules. (Voyez *Molécules*.)

Les corps se combinent entre eux dans des quantités déterminées et dans des rapports constants et invariables; ce fait, érigé en principe, a donné naissance à la *théorie atomique*. (Voyez *Combinaison*.)

ATONIE. On appelle atonie un état de mol-

lesse, de relâchement et d'inactivité des tissus vivants, qui succède à l'action de causes assez diverses et qui ne sont pas toujours appréciables. L'atonie peut être plus ou moins considérable et étendue. Elle réclame l'usage des excitants et des toniques; mais il faut se garder de confondre, avec la véritable atonie, les dérangements de fonctions qui sont liés à des inflammations peu évidentes et qui demandent un traitement tout opposé.

ATRÉE, fils de Pelops et d'Hippodamie, et aïeul d'Agamemnon et de Ménélas, succéda sur le trône d'Argos et de Mycènes (1307-1280 av. J.-C.), à Eurysthée dont il avait épousé la fille. Son frère, Thyeste, épris de sa belle-sœur Erope, la séduisit, vécut avec elle dans l'inceste et en eut deux fils. Atrée se contenta de chasser de son royaume Thyeste et ses enfants; mais ce frère dénaturé, loin de reconnaître la modération d'Atrée, enleva un de ses fils, l'éleva dans la haine de son père et le poussa à l'assassiner. Le jeune homme fut arrêté, et Atrée le croyant fils de Thyeste le fit mettre à mort; mais lorsqu'il reconnut son erreur, sa douleur et son désir de vengeance ne connurent plus de bornes. Feignant de pardonner à Thyeste, il l'invita à un festin avec ses enfants, fit saisir et égorger ces derniers, dont les membres, apprêtés avec art, furent servis au père, qui se rassasia de sa propre chair. Alors Atrée, témoignant une joie féroce, fit apporter devant l'infortuné les têtes et les mains de ses fils. Crébillon a fait sur Atrée et Thyeste une tragédie qui a joui d'un grand succès.

ATRIDES. C'est le nom qu'on donne aux descendants d'Atrée, et plus spécialement à ses deux petits-fils Agamemnon et Ménélas. (Voyez ces mots.)

ATROPOS. Voyez *Parques*.

ATTALE Ier, roi de Pergame (241-198 avant J.-C.), succéda à Eumènes : il battit les Gaulois qui répandaient alors la terreur en Asie, et fit de nombreuses conquêtes sur le roi de Syrie. Il protégea les cités de la Grèce contre Philippe de Macédoine, et prit parti pour les Romains contre ce prince. Il mourut frappé d'apoplexie à Thèbes, où il s'était rendu pour gagner les Béotiens à la cause romaine. Il encourageait les sciences et les lettres, et passe pour le fondateur de la célèbre bibliothèque de Pergame.

Attale II, second fils du précédent, succéda à son frère Eumènes en 157 av. J.-C. L'amitié qu'il portait à ses frères lui fit accorder le beau nom de Philadelphe, si souvent donné par antiphrase à des frères dénaturés. Il passa les premières années de son règne à guerroyer contre ses voisins, mais il se livra bientôt entièrement aux plaisirs de la table, et mourut empoisonné par son neveu Attale Philométor.

Attale III, fils d'Eumènes, monta sur le trône par un crime, son règne ne démentit pas ce commencement. Craignant le châtiment de son crime, il fit mourir tous ceux qu'il croyait attachés à la mémoire de sa victime ; et pour consolider un pouvoir qu'il craignait à tous moments de perdre, il se fit esclave des Romains. Il s'enfermait souvent dans son palais, et là se livrait, dit-on, à l'étude des poisons et à la culture des plantes vénéneuses. Il fit élever dans les jardins de son palais un magnifique tombeau à sa mère Stratonice, ce qui lui mérita le nom de Philométor. Il mourut après six ans de règne, léguant son royaume au peuple romain, et l'empire de Pergame devint alors une province romaine.

— ATTENTAT. En jurisprudence, ce mot signifie toute entreprise criminelle contre la chose publique. Aux termes de la loi du 9 septembre 1835, étaient qualifiés *attentats :* 1° la provocation par des discours, des cris ou menaces proférés dans des lieux ou réunions publics, soit par des écrits, des imprimés, des gravures, des peintures ou emblèmes vendus ou distribués, mis en vente ou exposés dans des lieux ou réunions publics ; crimes prévus par les art. 86 et 87 du Code pénal. — 2° L'offense au roi, commise par les mêmes moyens, lorsqu'elle a pour but d'exciter à la haine ou au mépris de sa personne ou de son autorité constitutionnelle. — 3° L'attaque contre le principe ou la forme du gouvernement établi par la Charte de 1830, lorsqu'elle a pour but d'exciter à la destruction ou au changement du gouvernement. (Voyez *Crime* et *lèse-majesté*.) Sous le titre d'*attentat à la pudeur*, le Code pénal (l. III, t. II, § IV) comprend : 1° l'outrage public à la pudeur ; 2° l'attentat à la pudeur sans violence ; 3° le crime de viol ; 4° l'excitation à la débauche ; 5° l'adultère ; 6° la bigamie. (Voyez ces mots.)

ATTÉRAGE. C'est l'endroit où un bâtiment peut prendre terre ; c'est aussi l'arrivée à vue de terre et la connaissance que l'on prend du rivage avant d'y aborder.

ATTÉRISSEMENT. Voyez *Alluvions*.

ATTICISME. L'atticisme est un composé de grâce, de finesse, de vivacité, de politesse et de goût ; c'est le mélange le plus heureux d'expressions et de pensée ; enfin, c'est un cachet particulier emprunté à la nation la plus ingénieuse de l'univers. A part leur puissance, les habitants de l'Attique tenaient, parmi les Grecs, un rang si distingué par le caractère de leur esprit, qu'on l'appela *atticisme* pour bien exprimer que c'était comme un produit du sol.

ATTICUS (T. Pomponius), chevalier romain, ami de Cicéron, fut élevé avec ce grand homme, et resta son ami toute sa vie. Fuyant dans sa jeunesse les guerres civiles qui désolaient sa patrie, il se retira à Athènes où il se livra tout entier à l'étude. Sa connaissance approfondie de la langue grecque lui fit donner le nom d'*Atticus*, nom sous lequel il est principalement connu. De retour à Rome, il refusa constamment tous les emplois publics, et vécut dans l'intimité des hommes éminents de tous les partis. Bien qu'il ait composé plusieurs ouvrages, il ne nous est rien parvenu de lui. Il se laissa mourir de faim (33 av. J.-C.) pour se soustraire aux souffrances d'une maladie aiguë. Il était âgé de 77 ans. Cornélius Népos a écrit sa vie.

ATTILA, roi des Huns, surnommé le *Fléau de Dieu*, régnait en 433 avec son frère Bleda, qu'il fit assassiner. On peut le compter parmi les plus grands conquérants. Il contraignit l'empereur Théodose à lui demander la paix, qu'il ne lui accorda qu'à prix d'argent. On lui paya sur-le-champ 6,000 livres d'or, et on s'engagea à lui en payer 1,000 tous les ans ; tribut qui fut déguisé sous le titre de pension. Il tourna alors ses armes du côté de l'Occident et entra dans les Gaules (451), à la tête de 500,000 hommes ; mais les forces réunies d'Aétius, de Mérovée et de Théodoric l'arrêtèrent près d'Orléans. Peu de temps après, ils le rejoignirent dans les champs Catalauniens, près de Châlons, et lui firent éprouver une sanglante défaite. Attila passa en Italie avec les débris encore imposants de son armée, et marcha sur Rome, mais il fut arrêté par les prières du pape saint Léon, qui lui promit un tribut au nom de l'empereur Valentinien III. Attila retourna en Pannonie, chargé de butin et y mourut peu de temps après (453), la nuit même de ses noces, de ses excès, selon les uns ; de la main même de sa nouvelle épouse, suivant d'autres. A une grande bravoure Attila joignait un esprit dissimulé, fin et subtil ; il se piquait de garder inviolablement la foi jurée, et d'accorder sa protection aux faibles.

ATTIQUE, petit ordre d'architecture que l'on emploie ordinairement pour en couronner un plus grand. Sa hauteur varie d'ordinaire des deux tiers à la moitié de celle de l'ordre qui le soutient. On ne peut rien dire au reste de bien précis sur les proportions de cet ordre. L'attique *continu* est celui qui environne le pourtour d'un bâtiment sans interruption, et qui suit les corps et retours des pavillons. L'attique *interposé* est celui qui est situé entre deux grands étages. L'attique *circulaire* est un exhaussement en forme de grand piédestal rond, souvent percé de petites croisées.

ATTIQUE, province de la Grèce. (Voyez *Grèce.*)

ATTRACTION, action qu'un corps exerce sur un autre en l'attirant à soi, sans qu'on aperçoive la cause du mouvement qui en résulte.

Toutes les particules de la matière composant les corps tendent à se rapprocher les unes des autres ; par exemple, si une partie quelconque de la masse du globe est écartée de sa surface, puis abandonnée à elle-même, elle s'en rapproche aussitôt, jusqu'à ce qu'elle vienne de nouveau reposer sur cette surface. Deux corps polis que l'on applique l'un sur l'autre adhèrent bientôt fortement ; deux gouttes de mercure que l'on rapproche se réunissent pour n'en former qu'une ; un acide et un alcali que l'on mêle se combinent de façon qu'il devient ensuite très difficile de les séparer l'un de l'autre. Tous ces phénomènes, et un grand nombre d'autres dont la nature est moins évidente, ont été longtemps inexpliqués ou très mal compris, Newton conçut le premier l'idée que toutes les particules matérielles étaient animées d'une sorte de force ou de puissance, en vertu de laquelle ces molécules tendaient à se rapprocher, quand elles ne rencontraient point d'obstacles insurmontables. De plus, il reconnut et démontra que cette force était exactement la même pour toutes les particules matérielles qui peuvent exister dans l'univers ; que cette force était proportionnelle aux masses ; enfin, que les particules, ainsi attirées les unes vers les autres, l'étaient d'autant plus qu'elles étaient plus rapprochées, et d'autant moins qu'elles étaient plus éloignées, et cela exactement en raison du carré inverse des distances.

Tout, dans la nature, semble lié par l'attraction ; elle varie dans ses effets, cause des change-

ments, et excite dans les corps inanimés une tendance à la combinaison, qui se fait sentir et remarquer partout. Cette force d'attraction universelle, qui s'exerce à des distances sensibles, à laquelle tous les grands corps qui constituent notre système solaire obéissent, qui les fait tendre continuellement à se porter les uns vers les autres, qui retient les planètes dans leurs orbites, et règle leurs mouvements, se distingue principalement par le nom d'attraction, de *gravitation*. (Voyez *Pesanteur, Gravitation, Cohésion.*)

ATTRACTION MAGNÉTIQUE. Voyez *Aimant, Magnétisme* et *Electricité.*

ATTRIBUT. Ce mot signifie une qualité, une propriété tenant à la nature des êtres. En mythologie, on l'emploie, soit pour désigner la qualité qu'on regarde comme caractéristique d'un dieu ou d'une déesse : ainsi, la sagesse est l'attribut de Minerve, la grâce est celui de Vénus ; soit pour désigner les accessoires symboliques que l'on place près d'eux dans les représentations figurées ; ainsi, la foudre est l'attribut de Jupiter ; la lyre, d'Apollon ; la massue, d'Hercule ; le paon, de Junon. Les attributs aident à reconnaître les figures sur lesquelles pourrait planer l'incertitude, sans leur présence. La lyre ou l'arc, la nébride ou une grappe de raisin, le pétase ailé ou le caducée feront toujours reconnaître Apollon, Bacchus et Mercure. Au point de vue de l'art, l'attribut n'ajoute rien à l'œuvre, c'est une clef hiéroglyphique qui ne fait pas partie intégrante de la figure, mais qui l'explique.

ATTRITION (du latin *atterere*, froisser). C'est le regret d'avoir offensé Dieu, inspiré par la crainte des châtiments futurs. On a agité la question de savoir si l'attrition suffisait seule, et sans aucun amour de Dieu pour justifier le pécheur dans le sacrement de pénitence. Quelques théologiens prétendent que oui. Bossuet et l'assemblée du clergé de France de 1700 sont d'un avis contraire. Du reste, comme le fait remarquer le père Morin dans son *Traité de la pénitence,* le mot attrition ne se trouve ni dans l'Ecriture, ni dans les Pères, c'est un mot inventé par les scolastiques du XIIIe siècle, et avant ce temps on n'avait point imaginé de déterminer la mesure de l'amour qu'on doit à Dieu.

ATTROUPEMENT, assemblée tumultueuse de gens agissant contre l'autorité et contre les lois. La loi du 10 avril 1831 détermine quels sont les fonctionnaires qui ont droit de les dissiper, et déclare qu'après trois sommations, précédées chacune d'un roulement de tambour ou d'un son de trompe, il sera fait emploi de la force. Toutefois les personnes qui ne se sont pas retirées après la première sommation, sont passibles des peines de simple police, après la seconde et la troisième sommation, elles deviennent justiciables de la police correctionnelle et passibles de trois mois de prison au plus dans le premier cas et d'un an dans le second.

AUBADE, concert qui se donne à l'*aube* du jour sous les fenêtres de quelqu'un. Ce mot a vieilli, et il ne s'emploie guère maintenant que pour désigner un charivari ou les roulements par lesquels les tambours complimentent les officiers à l'occasion de la nouvelle année ou d'un avancement qu'ils ont obtenu.

AUBAINE (*droit* d'), *aubanus*. On fait dériver ce mot du vieux langage des jurisconsultes, de *alibi natus*, né ailleurs.— Quoi qu'il en soit, le droit d'aubaine était celui en vertu duquel le souverain recueillait la succession de l'étranger qui, sans avoir été naturalisé, venait à mourir dans ses Etats. L'origine du droit d'aubaine est fort obscure ; Montesquieu affirme qu'il a pris naissance au milieu de l'invasion des barbares, dans l'empire d'Occident. Une charte de Charlemagne nous apprend que le droit d'aubaine existait de son temps au profit du roi, dans toute l'étendue du royaume. La féodalité se fortifiant, les seigneurs usurpèrent ce droit à leur profit, et ce ne fut guère que sous Charles VII qu'il retourna à la couronne. Etaient exempts du droit d'aubaine, les ambassadeurs, les étudiants et les marchands forains, ainsi que les étrangers résidant à Marseille et à Dunkerque.— L'assemblée constituante supprima entièrement le droit d'aubaine et admit dans tous les cas les étrangers à succéder en France, même à des Français. Cette disposition a été confirmée par la loi du 14 juillet 1819.

AUBE (*alba*), vêtement de toile blanche dont se servent les évêques, les prêtres, les diacres, les sous-diacres et autres ministres pendant le service divin. Ce vêtement, qui descend jusqu'aux pieds, est souvent orné de dentelles et de broderies.

AUBE. On donne ce nom, en hydraulique, aux planches fixées à la circonférence d'une roue, et sur lesquelles s'exerce l'impulsion du liquide.

Ces roues sont appelées *roues à aubes*. (Voyez *Roue hydraulique*.)

AUBE, département de la région centrale de la France ; il est formé de la partie méridionale de la Champagne et de quelques fractions de la Bourgogne ; il est compris entre les départements de la Marne au nord, de la Haute-Marne à l'est, de la Côte-d'Or et de l'Yonne au sud, et de Seine-et-Marne à l'ouest. Sa superficie est de 609,000 hectares, dont 393,371 de terres labourables, 79,653 de bois. Le département est divisé en cinq arrondissements dans lesquels la population est ainsi répartie :

Troyes, chef-lieu du départ. . .	92,289 h.
Arcis-sur-Aube.	36,443
Bar-sur-Aube.	52,029
Bar-sur-Seine.	42,634
Nogent-sur-Seine.	34,785
Total.	258,180

Le département tire son nom de la rivière d'Aube, qui le traverse et se jette dans la Seine, sur la rive droite, après un cours d'environ 41 l. L'Aube reçoit par la droite les eaux de l'Aupin, de la Voire, du Puis et de l'Auges. La Seine, outre les eaux de l'Aube, reçoit celles de l'Ourse, de la Barse, de la Laignes et de la Lozein. Malgré ces cours d'eau, une partie du département au nord et au nord-ouest, est frappé de stérilité. Là paraît, recouvert d'une mince couche de terre végétale, ou même quelquefois à nu, ce fond de craie qui forme le bassin géologique de Paris, aussi la végétation y est presque nulle, et cette région n'offre que de maigres pâturages où paissent quelques rares troupeaux. Cette partie du département, dont l'aspect est en général fort triste, appartient à ce qu'on appelle la Champagne pouilleuse ; mais la fécondité de l'autre partie compense heureusement la stérilité de celle-ci. Ce sont de riches vallées, ou des coteaux rocailleux, très propres à la culture de la vigne. On y récolte du blé, du chanvre, des vins estimés, et l'on y élève du gros bétail et des chevaux. — L'industrie y est variée, les tissus de coton, la bonneterie et la draperie constituent les principaux articles. On y trouve aussi des verreries, des faïenceries, des papeteries, des corderies, des sucreries, etc. La charcuterie y est renommée. Le département de l'Aube fait partie de la 18e division militaire. Ses tribunaux sont du ressort de la cour d'appel de Paris. Il existe à Clairvaux, ancienne abbaye, une maison de détention centrale. Troyes est le siége d'un évêché suffragant de l'archevêché de Sens. Ce département a vu naître plusieurs hommes célèbres, parmi lesquels nous citerons : le pape Urbain IV, le comte de Champagne, Thibault IV, Juvenal des Ursins, le sculpteur Girardon, les frères Mignard, Bailly et Danton.

AUBE. Voyez *Crépuscule.*

AUBÉPINE (*cratægus oxyacantha* L.), plante de la famille des rosacées, bien connue de tout le monde sous les divers noms d'*épine blanche*, *noble épine*, *aubépin*, etc. C'est un arbre indigène qui appartient au genre néflier ; il s'élève à 10 mètres de hauteur, et se trouve ordinairement réduit à l'état d'arbrisseau par l'usage où l'on est d'en former des haies. On en connaît plusieurs variétés, dont les principales sont : l'*aubépine de Mahon* à fleurs blanches ou roses, odorantes, à feuilles panachées, à fruits jaunes ; l'*aubépine très odorante* (cr. odorantissima), à fleurs blanches et fruits rouges. L'aubépine éveille toutes les idées gracieuses du printemps dont elle est l'emblème, et charme à la fois par la blancheur éblouissante de ses fleurs et leur parfum suave. L'aubépine jouait son rôle dans les cérémonies de l'antiquité ; aux noces des Grecs et des Romains, on portait devant les jeunes époux des branches fleuries d'aubépine ou des flambeaux faits de son bois. Les rameaux nombreux et flexibles de l'aubépine peuvent prendre, sous les ciseaux du jardinier, toute sorte de formes, c'est l'arbrisseau le plus propre à former des haies, qui sont à la fois des murs de défense et des palissades d'agrément.

AUBERGE (du latin *albergare*, héberger, loger). Voyez *Hôtellerie.*

AUBERGINE ou *melongène*, espèce de genre *solanum*. (Voyez *Solanum.*)

AUBIER (*alburnum*). On appelle ainsi, dans la tige ligneuse des végétaux dicotylédonés, les couches ligneuses les plus extérieures, qui se distinguent presque toujours au premier coup d'œil du bois proprement dit par leur couleur plus pâle et leur moindre solidité. Comme il n'existe aucune différence de structure entre l'aubier et le bois proprement dit, nous traiterons de ces deux organes au mot *Bois.*

AUBIGNÉ (Théodore-Agrippa D'), seigneur des Landes et de Chaillou, naquit à Saint-Maury (Saintonge), en 1550. Son père, zélé protestant, l'éleva dans la haine du catholicisme et, à peine

âgé de 13 ans, il se rendit au siège d'Orléans, puis quelque temps après il combattit sous le prince de Condé et le roi de Navarre. Il ne remit l'épée au fourreau qu'après l'entière dissolution de la Ligue et l'avénement au trône de son maître et ami Henri IV. D'Aubigné s'était toujours montré fidèle serviteur, mais il ne sut pas être habile courtisan. Sa franchise et sa rude parole, qui avaient plu au prince huguenot, déplurent au roi, et Henri en usa envers lui comme envers ceux de ses anciens compagnons d'armes, qui abusaient de leur familiarité et de leurs services pour lui adresser des admonestations. D'Aubigné disgracié se retira dans son gouvernement, et exhala sa mauvaise humeur dans quelques ouvrages, tels que les *Aventures du baron de Fœneste* et la *Confession catholique du sieur de Sancy.* Il donna également les deux premiers volumes de l'*Histoire universelle* de son temps, de 1550 à 1601 ; mais le troisième fut publié sans privilége et condamné par le parlement. D'Aubigné se retira alors à Genève, où il mourut en 1630. On a de lui des mémoires sur sa vie, sous le titre de : *Histoire de Théodore-Agrippa d'Aubigné, écrite par lui-même.* D'Aubigné eut deux fils dont le second, Constant d'Aubigné, abjura le calvinisme et fut père de la célèbre Maintenon.

AUBRIOT (*Hugues*), surintendant des finances, puis prévôt de Paris sous le roi Charles V, embellit la capitale de plusieurs monuments ; il fit élever la Bastille, dans le but d'opposer une barrière aux Anglais, fit construire en pierres le pont Saint-Michel, le Petit-Pont et le Petit-Châtelet, et rendit à la ville un immense service en faisant établir des égouts et des canaux pour l'écoulement des immondices. Sa popularité lui fit de nombreux ennemis ; il fut accusé d'hérésie et enfermé, l'un des premiers, dans cette Bastille qu'il avait fait construire. Il y resta plusieurs années, jusqu'à la révolte des *Maillotins* (voy.), qui l'arrachèrent de sa prison et le choisirent pour chef (1381). Mais le caractère doux et humain d'Aubriot le rendait peu capable de jouer ce rôle ; il refusa donc ce dangereux honneur et se retira à Dijon, sa patrie, où il mourut l'année suivante.

AUBUSSON (Pierre d'), surnommé le *Bouclier de l'Église*, naquit dans la Marche en 1423. Les Turcs menaçaient l'Europe, Pierre d'Aubusson se rendit en Hongrie et fit ses premières armes sous l'empereur Sigismond, dont il se concilia l'estime et l'amitié. Il accompagna ensuite Charles VII à l'attaque de Bâle et au combat de Saint-Jacques. Mais les ennemis de la foi triomphaient en Orient et d'Aubusson s'y rendit de nouveau. Reçu dans l'ordre des chevaliers de Saint-Jean de Jérusalem, il fut, à la mort du grand-maître, proclamé son successeur d'une voix unanime. Mahomet II, maître de Constantinople, voulait soumettre Rhodes qui lui barrait la mer; il envoya contre cette île 160 voiles et 100,000 Turcs (1480). D'Aubusson soutint plusieurs terribles assauts et força la flotte turque à lever honteusement le siége après deux mois d'essais infructueux. Il fut fait cardinal par le pape Innocent VIII, en récompense de ses services. Cependant Charles VIII rêvait la conquête de l'Orient, et d'Aubusson, prêchant la grande croisade, sollicitait, quoique octogénaire, l'honneur de la commander. Mais les ambitions rivales des alliés firent manquer l'entreprise, et d'Aubusson en mourut de chagrin en 1503. Cet homme illustre a laissé une relation latine du siége de Rhodes (*Scriptores rerum germanicarum*, t. II).

AUBUSSON (tapis d'). Aubusson, sous-préfecture du département de la Creuse, est une petite ville située dans une vallée assez profonde, sur les bords de la Creuse. Elle n'a guère d'autre célébrité que sa manufacture de tapis, qui occupe

près de 700 ouvriers. (Voyez *Tapis*.) On y voyait autrefois les ruines d'un vieux château dont il il ne reste plus que le dessin.

AUCH, *Elimberis*, *Auscii*, chef-lieu du département du Gers, est une des plus anciennes villes de France. Elle disputa longtemps à *Elusa* (Eause) l'honneur de servir de capitale à la Novempopulanie, et devint plus tard la capitale de la Gascogne. Détruite en 724 par les Sarrasins et reconstruite sur la rive du Gers, Auch est située sur le penchant d'un coteau très élevé, ce qui lui donne un aspect des plus pittoresques. Les rues sont peu régulières, mais propres et assez bien bâties. L'église cathédrale de Sainte-Marie, l'hôtel de la préfecture et le séminaire sont les monuments les plus remarquables de la ville. Les routes plantées d'arbres qui en ornent les abords servent de promenades. Auch possède plusieurs manufactures; on y fabrique des chapeaux, des cadis, des toiles, cotons, crépons, etc. On y fait également le commerce des vins et eaux-de-vie. Sa population est de 11,000 habitants. Du Bartas, le duc de Roquelaure, le cardinal d'Ossat, l'amiral Villaret-Joyeuse, etc., y ont reçu le jour.

AUDE, l'un des départements maritimes du midi de la France, est borné au N. par celui de l'Hérault, au S. par celui des Pyrénées-Orientales, à l'O. par celui de l'Ariége et à l'E. par la Méditerranée. Formé d'une partie de la province du Bas-Languedoc, ce département tire son nom de la rivière d'Aude (anciennement Atax), qui le divise en deux parties presque égales, et, après un cours de 55 lieues, se jette dans la Méditerranée. La superficie de ce département est de 606,397 hectares, dont 273,484 hectares de terres labourables, 183,218 hectares de landes, pâtis et bruyères et 50,150 hectares de vignes. De nombreux cours d'eau qui ont presque tous leur affluent dans l'Aude, arrosent le département, qui est en outre traversé par le canal du Midi. Des montagnes peu élevées occupent à peu près les deux tiers du territoire; dans la partie septentrionale, les chaînes des Cévennes, connues sous le nom de *Montagnes noires*, séparent le département de l'Aude de celui du Tarn; des ramifications des Pyrénées s'étendent à l'ouest et au midi. La température est très variable. Diverses espèces d'animaux sauvages habitent les montagnes et les forêts du département, tels sont : le chamois, l'ours, le sanglier, le loup, le renard, le blaireau ; le gibier de toute nature y abonde, et les cours d'eau y sont très poissonneux. Les essences dominantes des forêts sont le chêne, le hêtre, le frêne, le pin et le sapin. On y cultive aussi l'olivier. Outre les beaux marbres de Caucastel et de Cannes, le département fournit de la pierre lithographique, du gypse, de la pierre à chaux, du jayet; on y rencontre aussi des mines de fer, de cuivre, de plomb, de cobalt et d'antimoine. L'agriculture présente dans ce département un aspect très florissant, et la production du froment excède les besoins de ses habitants: mais la principale branche des richesses agricoles est la vigne. De nombreux et riches pâturages nourrissent d'innombrables troupeaux de moutons. Les principaux articles d'industrie sont des draps estimés, divers ouvrages de jayet, des peignes de bois, etc. Le département possède aussi des papeteries, des tanneries et des distilleries. Il est divisé en quatre arrondissements : Carcassonne qui est le chef-lieu du département, Castelnaudary, Limoux et Narbonne. Sa population est de 294,285 habitants. L'empereur Carus, Fabre d'Églantine, Florian, le père Montfaucon, le général Andréossy sont nés sur le territoire du département de l'Aude.

AUDIENCE. Ce mot signifie la séance dans laquelle les juges écoutent les causes qui se plaident. La publicité des audiences est en France l'une des bases du droit public. Cette publicité souffre néanmoins quelques exceptions dans l'intérêt des mœurs, et lorsqu'elle doit entraîner quelque danger pour l'ordre public, le tribunal, sur les réquisitions du ministère public, le déclare par un jugement, et le huis-clos est prononcé. La police de l'audience appartient au président du siège : lorsque les assistants se permettent des signes d'approbation ou d'improbation, ou qu'ils excitent du désordre de quelque manière que ce soit, il les fait expulser; en cas de résistance, le président peut ordonner leur arrestation. Le titre v du Code de procédure traite des audiences, de leur publicité et de leur police.

AUDITEUR. On donnait autrefois le nom d'auditeurs aux juges des cours d'appel en pairie. Ils tenaient leurs audiences trois fois l'an, et les appellations interjetées de leurs sentences ressortissaient au parlement. Il y avait aussi des auditeurs au Châtelet de Paris qui connaissaient des affaires purement personnelles jusqu'à 50 livres de valeur. Il n'y a plus aujourd'hui d'auditeurs ni dans les cours ni dans les tribunaux ; il n'en existe qu'au conseil d'État. (Voyez *Conseil d'État.*)

AUDITION, action d'entendre. (Voyez *Ouïe.*)

AUDRAN, nom d'une famille de Lyon qui a

produit, au xvii⁰ siècle, plusieurs artistes distingués. Le plus célèbre, *Girard Audran*, naquit à Lyon en 1640 et mourut à Paris en 1703. On le regarde encore aujourd'hui comme un des meilleurs graveurs d'histoire. Il étudia le dessin sous la direction de Lebrun, dont il fut l'ami. Ses principaux ouvrages sont les gravures des Batailles d'Alexandre, de Lebrun, du Martyre de Saint-Laurent, d'après Lesueur, et l'enlèvement de la Vérité d'après le Poussin.

AUERSTŒDT, ville des États prussiens (Saxe) où Davoust remporta une victoire sur les Prussiens, le 14 octobre 1806, le même jour que celle d'Iéna. (Voyez *Davoust.*)

AUGEREAU, duc de Castiglione, maréchal de France, naquit à Paris en 1757. Fils d'un maçon et d'une fruitière, il se fit soldat, puis se rendit à Naples où il donna des leçons d'escrime. Lorsque la révolution arriva, il revint en France

et partit avec les premiers volontaires. Il se fit bientôt remarquer par la décision de son esprit et une rare valeur, et conquit rapidement ses premiers grades. Nommé général de brigade en 1794 à l'armée des Pyrénées, il décida le gain du combat de Fignières; l'année suivante il défit les Espagnols sur les rives de la Fluvia, et fut envoyé, en 1796, à l'armée d'Italie comme général de division; à Millesimo, à Dégo, à Lodi, à Castiglione, il fit des prodiges de valeur et se couvrit de gloire. Au pont d'Arcole, il suivit un drapeau à la main son généralissime sous une grêle de mitraille. Investi du commandement de Paris, en 1797, il montra un dévoûment aveugle au Directoire et fut chargé d'exécuter le coup d'Etat du 18 fructidor. Le nouveau Directoire ne tint pas à son égard tout ce qu'il lui avait promis. Augereau s'en plaignit amèrement, et on l'envoya commander l'armée de Rhin et Moselle, où le général Hoche venait de mourir. En 1799, il fut nommé député au conseil des Cinq-Cents, et après le 18 brumaire, il fut chargé, par le premier consul, du commandement de l'armée de Hollande, et prit part aux opérations fameuses qui finirent la guerre par la journée de Hohenlinden. En 1804, Augereau reçut de l'Empereur les titres de maréchal et de duc de Castiglione et d'autres faveurs éclatantes. Appelé en 1804 en Allemagne au commandement d'un corps d'armée, il contribua, par ses habiles opérations, au dénoûment de la campagne. A Iéna, à Eylau, il fit admirer son talent militaire autant que son éclatant courage. Malade et tremblant la fièvre, il se fit attacher sur son cheval et commanda dans cet état au milieu des flots de neige et du feu le plus épouvantable, jusqu'à ce qu'il vît assuré le gain de la bataille. Il fut moins heureux en Catalogne, où il se fit battre et repousser, et n'obtint qu'un commandement secondaire lors de la campagne de Russie en 1812. Augereau se releva à la bataille de Leipzig, et reconquit l'entière confiance de Napoléon, qui lui donna alors le commandement du corps d'armée réuni à Lyon. Mais il répondit mal aux espérances de l'Empereur, et les alliés rentrèrent en France; sa défection suivit celle du duc de Raguse et du sénat. Il prêta serment à la restauration et aida à son installation. Le 4 juin 1814, le duc de Castiglione fut nommé pair et reçut le commandement de la 14e division militaire. Lorsque Napoléon revint de l'île d'Elbe, le maréchal courut à Paris lui offrir ses services, mais ils furent repoussés. Il se retira alors dans sa terre de la Houssaye, où il mourut le 12 juin 1816.

AUGIAS, roi d'Élis, possédait de vastes étables qui contenaient trois mille bœufs, et qui n'avaient pas été nettoyées depuis 30 ans. Il proposa à Hercule de les nettoyer, et lui promit pour prix de son travail le dixième du troupeau. Hercule y réussit en détournant le cours du fleuve Alphée qu'il fit passer dans les étables; mais lorsqu'il réclama le prix convenu, Augias

refusa d'exécuter sa promesse. Alors le héros, indigné de ce manque de foi, tua Augias et donna ses Etats à son fils Phylée.

AUGSBOURG (*Augusta Vindelicorum*), ancienne capitale de la Rhétie, ville de Bavière (Haut-Danube), au confluent de la Wertach et du Lech, est surtout célèbre par la diète qui s'y tint en 1530. Cette ville est irrégulièrement bârie, et ses rues sont étroites, mais elle possède plusieurs édifices remarquables et de belles places publiques ornées de fontaines. On y remarque surtout le palais épiscopal (*Bischofshof*); l'ancien palais impérial (*Pfalz*); l'hôtel-de-ville, dont le *salon d'or* passe pour le plus beau de l'Allemagne; la cathédrale, l'école des beaux-arts et la galerie de peinture, fort riche en tableaux de l'école flamande. Elle possède en outre plusieurs bibliothèques, des lycées et des sociétés nombreuses. On y compte 40,000 habitants, dont 15,000 protestants. Augsbourg fait un commerce très étendu de banque et de commission par ses relations importantes avec Vienne et l'Italie. Son orfèvrerie et sa gravure sont fort estimées.

AUGSBOURG (*Confession* d'), formule de foi luthérienne rédigée par Mélanchton et présentée en 1530, à la diète d'Augsbourg, à l'empereur Charles-Quint par les princes et Etats qui, l'année précédente, avaient protesté contre le recès de la diète de Spire, par lequel on avait voulu les contraindre à supprimer les réformes qu'ils venaient d'autoriser dans leurs églises et à tout remettre sur l'ancien pied. Les princes avaient repoussé cette contrainte comme attentatoire à leur conscience, à leur honneur, à leurs droits de souverains, et cette opposition leur fit donner le nom de *protestants*. Charles-Quint avait besoin du concours des princes protestants contre les Turcs; aussi, pour ne pas trop les froisser, se hâta-t-il de provoquer une nouvelle diète pour laquelle *chacun devait préparer l'exposé de sa doctrine en langue allemande et latine, et où l'on discuterait à l'amiable avec douceur et charité, les diverses opinions. La confession* des protestants fut confiée à Luther et rédigée par Mélanchton. Elle fut lue à haute voix par un chancelier de l'électeur de Saxe en pleine assemblée de la diète, et deux exemplaires, l'un en latin, l'autre en allemand, furent remis à l'empereur. Les signataires de la confession étaient: l'électeur de Saxe, le margrave de Brandebourg, le duc de Lunebourg, le prince d'Anhalt, la république de Nuremberg et la république de Reut-

lingen. La confession fut rejetée , et le luthérianisme mis au ban de l'empire, ce qui détermina
la fondation de la ligue de Smalkalde entre tous
les princes protestants. (Voyez *Réforme*.) Plus
tard la *paix d'Augsbourg*, signée par Charles-
Quint (1555), accorda la liberté de conscience,
en imposant aux prélats qui embrasseraient le
luthérianisme l'obligation de résigner leurs bénéfices.

AUGURES. Les augures étaient, chez les Romains, des prêtres qui prédisaient l'avenir d'a-
près certains signes, principalement tirés des oiseaux. On regarde généralement l'Orient comme
le berceau de la science augurale, et nous
voyons en effet dans le Deutéronome que la di-
vination par les oiseaux était défendue aux Hébreux. Les Romains la reçurent des Etrusques,
qui eux-mêmes l'avaient très probablement reçue d'Asie. Les augures formaient un collége
qui s'assemblait le jour des nones de chaque
mois; ils jouirent longtemps d'une grande considération et rien d'important ne se faisait sans
eux. L'action d'observer s'appelait *spectio*, celle
d'annoncer les présages *obnuntiatio*. L'augure,
revêtu d'une robe de pourpre, se rendait dans
un lieu élevé ; là, tournant le dos au nord, il
désignait avec le *lituus* ou bâton augural, une
certaine partie du ciel qui prenait le nom de
templum. Le prêtre examinait alors quels oiseaux paraissaient, de quelle manière ils vo-
laient, comment ils chantaient, de quel côté du
templum ils se dirigeaient. Les signes qui paraissaient à gauche passaient pour heureux, ceux
qui paraissaient à droite étaient de mauvais augure. Les Grecs au contraire regardaient comme
heureux les signes obtenus à droite, et comme
néfastes ceux pris à gauche. Cette apparente
contradiction venait de la position que prenait
l'augure, car, dans l'un et l'autre cas, les signes
observés à l'orient étaient réputés favorables. Ils
observaient les éclairs, et les poulets sacrés dont
le plus ou moins d'appétit décidait du succès des
batailles. Vers la fin de la république, la science
des augures tomba dans le discrédit au point
que Caton disait qu'il ne concevait pas comment
deux augures pouvaient se regarder sans rire.

AUGUSTE. Voyez *Octave*.

AUGUSTE. Le titre d'*Auguste* fut décerné
pour la première fois à Octave par le sénat,
l'an 28 avant J.-C. Les Romains le donnèrent ensuite à tous ses successeurs, et les titres empereur et Auguste devinrent synonymes. Les
empereurs désignés ou associés à l'empire étaient
d'abord créés *Césars*, ensuite nommés *Augus-
tes*. Les femmes et les filles des empereurs portent sur les médailles le titre d'*Augusta*. Les
empereurs de Byzance ne se contentant plus du
simple titre d'*Augustus*, on y ajouta l'adjectif
perpetuus ou *perennis*. Les empereurs d'Allemagne adoptèrent ce titre à dater du règne
d'Othon II.

AUGUSTE. Plusieurs souverains ont porté ce
nom, surtout en Saxe et en Pologne. *Auguste Ier* dit le *Pieux*, duc et électeur de Saxe,
frère de Maurice, régna de 1539 à 1586. Ce fut
un prince estimable et fort préoccupé du bien de
son peuple. Il fit rédiger la formule de concorde
pour empêcher les luthériens de se diviser. Il
favorisa le commerce et l'industrie. Mais son
goût pour l'alchimie le rendit souvent dupe d'a-
droits imposteurs.

Auguste II (Frédéric), électeur de Saxe et
ensuite roi de Pologne, naquit à Dresde en 1670.
Devenu électeur en 1795 par la mort de son
frère aîné, il se distingua pendant les guerres
de l'empire, et à la mort de Jean Sobieski, il fut
élu roi de Pologne (1697), sous le nom d'Auguste II, qu'il portait déjà comme électeur de
Saxe. Auguste II fit alliance avec Pierre-le-
Grand contre les Turcs et la Suède , et attaqua
aussitôt Charles XII, sur lequel il espérait reconquérir la Livonie. Il eut d'abord quelques succès, mais lorsque Charles XII eut battu les Russes à la bataille de Narva, il réunit toutes ses
forces et écrasa les Polonais. Auguste perdit ses
Etats de Pologne (1704) et fut forcé de céder le
trône à Stanislas Leczinski. Cependant Pierre-
le-Grand ayant vaincu Charles XII à Pultawa,
Auguste remonta sur le trône qu'il conserva jusqu'à sa mort, arrivée en 1733.

Auguste III, fils du précédent, né en 1696,
succéda à son père comme électeur de Saxe, et
l'emporta enfin sur Stanislas Ier, son compétiteur au trône de Pologne. Fastueux et indolent,
ce prince négligea complètement les affaires de
son royaume, et laissa la Russie prendre cette
influence qui devait devenir si fatale à ce malheureux pays. Toutes les puissances étaient en
guerre autour de la Pologne ; Auguste, d'abord
neutre, fit alliance avec Marie-Thérèse contre
Frédéric II, qui, deux fois lui enleva la Saxe.
Les Polonais reçurent très mal leur roi fugitif, et
un parti puissant se levait déjà contre lui, lorsqu'il mourut en 1763. Son fils , Frédéric-Chré-
tien, lui succéda dans l'électorat, mais l'influence

de la Russie fit adjuger le trône de Pologne à Stanislas Poniatowski.

AUGUSTE DE BRUNSWICH. Voyez *Brunswick*.

AUGUSTIN (*saint*), l'un des plus illustres Pères de l'Eglise, naquit à Tagaste, dans l'Afrique, en 354. Son père, nommé Patrice, était un petit bourgeois de Tagaste, et, malgré le soin qu'il prit de l'éducation de son fils, celui-ci eut une jeunesse peu studieuse et fort dissipée. Son père l'envoya à Carthage pour y terminer ses études, mais il ne s'appliqua guère plus que par le passé, et se plongea dans la débauche. Doué cependant d'une grande facilité, il profita, malgré son peu d'application et professa même la rhétorique avec un certain éclat. Il avait embrassé l'erreur des manichéens (voyez), ce qui plongeait sa mère, femme très pieuse, dans la désolation ; mais ses prières et les exhortations de saint Ambroise le firent renoncer à ses erreurs, et il reçut le baptême des mains du saint évêque de Milan (387) L'année suivante, il retourna en Afrique et fut ordonné prêtre par Valère, évêque d'Hippone, auquel il succéda après avoir rendu des services importants à l'Eglise par sa plume et par sa piété. Son éloquence attira la foule autour de sa chaire et il forma les clercs de son église, parmi lesquels plusieurs se distinguèrent. Il mourut à Hippone le 28 août 430. Ses principaux ouvrages sont : la *Cité de Dieu*, que l'on regarde comme son chef-d'œuvre ; les *Traités sur la grâce* et le *Libre arbitre* ; ses *Rétractations*, ses *Confessions*, où il fait l'histoire de ses erreurs et de sa conversion miraculeuse ; des *Traités sur l'Ecriture*, des *Lettres*, des *Sermons*, etc. La meilleure édition de ses œuvres est celle des *Bénédictins*, en 11 vol. in-f°, 1679.

AUGUSTINES, religieuses qui suivent la règle donnée par saint Augustin à sa sœur, pour la direction des filles du couvent d'Hippone. Ces religieuses se vouent d'ordinaire à la garde des malades et au service des hôpitaux. L'Hôtel-Dieu de Paris est desservi par des augustines. Plusieurs communautés d'augustines ont un costume et des statuts différents. Telles sont les augustines de la Vierge à Venise, celles de Sainte-Marthe à Rome, les augustines déchaussées d'Espagne et de Portugal, etc.

AUGUSTINS, religieux qui reconnaissent saint Augustin pour fondateur. On vit au XIIᵉ siècle se multiplier de tous côtés les communautés

d'ermites ; le pape Innocent IV leur ordonna, en 1244, de se réunir en un seul corps et d'adopter la règle et l'ordre de saint Augustin. En 1256, l'ordre fut divisé en quatre provinces, la France, l'Allemagne, l'Espagne et l'Italie ; le chapitre tenu à Sainte-Marie-du-Peuple élut un général, et le pape Alexandre VI confirma par une bulle ces opérations. A dater de cette époque, l'ordre prospéra et s'accrût de plus en plus. Le pape Pie V les plaça, en 1556, au nombre des quatre ordres mendiants. C'est de cet ordre que sortit Martin Luther. Louis XIII favorisa les augustins et bâtit pour eux le couvent de Notre-Dame-des-Victoires, à Paris ; Louis XIV leur accorda des

grâces. — Le costume des augustins a éprouvé des variations : dans l'origine, ils s'habillèrent de gris comme les franciscains. Mais le pape Grégoire IX leur prescrivit, en 1241, de porter à l'avenir un habit noir ou blanc avec des manches larges et longues, ceint d'une ceinture de cuir, et d'avoir toujours à la main un bâton haut de cinq palmes. Les augustins portaient la barbe comme les capucins, dans quelques pays, et se rasaient dans d'autres. Avant 1789, il y avait à

Paris trois célèbres couvents d'augustins, les *Grands-Augustins* ou *Vieux-Augustins*, établis dès 1259, dont le couvent était situé sur l'emplacement du marché de la Vallée; les *Petits-Augustins*, dont le couvent, bâti en 1606, par Marguerite de Valois, est devenu l'hôpital de la Charité, et les *Augustins-Déchaussés* ou de la place de la Victoire, établis en 1629.

AUGUSTULE (Romulus Momyllus Augustus), nommé par dérision *Augustulus*, fut le dernier empereur romain. Placé sur le trône, en 475, par son père, Oreste, général des armées romaines dans la Gaule, il fut renversé l'année suivante par Odoacre, roi des Hérules, qui l'exila en Campanie, et mit ainsi fin à l'empire romain d'Occident.

AULIDE, petite province de la Béotie, en Grèce, et qui tirait son nom du port d'*Aulis* sur l'Euripe, canal qui séparait l'Eubée de la Grèce. Ce port fut célèbre dans l'antiquité, parce que c'est là que s'étaient rassemblés les vaisseaux des Grecs pour se rendre au siége de Troie. Retenus par les vents contraires, les Grecs consultèrent l'oracle qui déclara que la flotte ne pourrait sortir que lorsque Agamemnon aurait apaisé les dieux irrités en sacrifiant sa propre fille Iphigénie. Le grand roi consentit à ce sacrifice barbare. On sait qu'Eschyle, Sophocle et Racine ont traité ce sujet dans leurs tragédies.

AULNE. Voyez *Aune*.

AULNOY (Marie–Jumelle de Berneville, comtesse d'), femme de lettres, née vers 1650, composa des contes, des romans et des histoires. Ses contes de fées sont seuls lus aujourd'hui; ils offrent un mélange de naïveté et de finesse qui en rend la lecture agréable. Elle a laissé des *Mémoires historiques de ce qui s'est passé de plus remarquable en Europe depuis 1672 jusqu'en 1679*. Madame d'Aulnoy mourut en 1705.

AULU–GELLE (Aulus–Gellius), célèbre grammairien latin, vivait à Rome vers l'an 130 de J.-C., sous le règne d'Adrien. Pour compléter son éducation, il se rendit à Athènes, où il demeura plusieurs années, étudiant la littérature et les mœurs. Il avait coutume d'écrire pendant les longues soirées d'hiver, ses notes et ses réflexions, de là vient le nom de *Nuits attiques* qu'il donna à l'ouvrage qu'il publia de retour à Rome. Ce recueil, où l'on trouve de précieux renseignements sur l'antiquité, était composé de

vingt livres, dont le huitième ne nous est pas parvenu. Il en existe une traduction par l'abbé de Verteuil, 1776, et une par M. Jacquinet, en 1843.

AUMALE, l'*Albemarle* des historiens anglais, est une petite et très ancienne ville de Normandie, située à six lieues à l'est de Neufchatel. C'était déjà à l'époque de la conquête de l'Angleterre par Guillaume-le-Conquérant une seigneurie assez importante, qui possédait un château et une abbaye. Guillaume fit donner à Eudes, fils du comte de Champagne, et l'un de ceux qui l'avaient le mieux secondé dans son entreprise, la terre d'Aumale qu'il érigea en comté. Sa postérité mâle le conserva jusqu'en 1194, époque à laquelle Philippe-Auguste s'en empara et le donna à Simon de Dammartin. Le titre d'Albemarle ne fut plus que nominal en Angleterre; le comté exista en France et prit le nom d'Aumale. Les comtes de Dammartin le possédèrent jusqu'en 1252, et Jeanne de Dammartin porta ce comté dans la maison de Castille qui le conserva

Ruines de l'Abbaye d'Aumale.

jusqu'en 1342. En 1343 Blanche de Castille apporta en dot le comté d'Aumale à Jean d'Harcourt, vicomte de Chatellerault, et en 1476 il passa par héritage dans la maison de Lorraine. Le comté fut érigé en duché-pairie en 1547, en faveur de Claude II, par Henri II. Par son mariage avec Henri de Savoie, Anne de Lorraine transporta le duché d'Aumale dans cette maison en 1618, et il y resta jusqu'en 1675. Il fut alors acheté par Louis XIV et donné à Louis-Auguste de Bourbon, duc du Maine. Enfin, par le mariage d'une petite-fille de ce prince avec le duc d'Orléans (1769), il entra dans la maison d'Orléans qui le possède encore. Le titre de duc d'Aumale est aujourd'hui porté par le quatrième fils du feu roi Louis-Philippe.

AUMONIERS, ecclésiastiques attachés à la chapelle des princes ou à la personne des évêques et des grands. Les prisons, les hôpitaux, les régiments, les navires, ont aussi leurs aumôniers. Le *grand aumônier* de France était un officier ecclésiastique de la cour des rois, un prélat ordinairement de haute naissance, chargé de la distribution des fonds destinés pour les aumônes du roi.

Les *aumôniers de camp*, de troupes ou de régiment, étaient nommés par le grand-aumônier qui portait dans ces derniers temps le titre d'*évêque des armées*. Ils sont approuvés par l'évêque diocésain, qui peut révoquer à volonté les pouvoirs spirituels qu'il leur donne. Leurs fonctions sont à peu près semblables à celles d'un curé dans sa paroisse, surtout quand les régiments auxquels ils sont attachés ne sont pas sédentaires dans une ville. Ils doivent veiller à ce que l'office divin se fasse régulièrement, et que les officiers et les soldats reçoivent à temps les secours des sacrements. Par les derniers règlements, les aumôniers de camp sont placés, sous le rapport du traitement, sur la même ligne que les capitaines.

AUNE, anciennement *aulne (alnus)*, genre d'arbres de la famille des Bétulinées, se distinguant par les caractères suivants : fleurs monoïques, les mâles en chatons allongés, pendants, formés de pédicelles à quatre écailles, l'une épaisse et terminale, les trois autres munies chacune d'un calice à quatre lobes renfermant quatre étamines. Les femelles en chatons ovoïdes, composés d'écailles sessiles, imbriquées, quadrifides, portant chacune deux fleurs à deux styles; l'ovaire se change en un fruit osseux, à deux loges monospermes. L'espèce que l'on trouve dans toute la France, au bord des eaux et dans les terrains marécageux, est l'*alnus communis* (*betula alnus*, de Linné). Cet arbre atteint jusqu'à quinze mètres de hauteur, son tronc est droit, recouvert d'une écorce épaisse et gercée et garni de rameaux courts et tortueux. Ses feuilles sont dentelées, souvent ponctuées, parcourues par des nervures à l'aisselle desquelles se trouvent des houppes de poils. La viscosité

qu'elles présentent dans leur jeunesse a fait nommer quelquefois cet arbre *aune visqueux*. On plante cet arbre aux bords des étangs et des rivières; ses racines longues et entrelacées contribuent à fixer le sol des rivages. La culture de l'aune est surtout d'un grand avantage dans les lieux trop marécageux pour les saules et les peupliers, et, de même que ceux-ci, il repousse avec vigueur après avoir été coupé rez-terre. Le bois d'aune a la propriété de ne pas s'altérer dans l'eau, ce qui l'a fait rechercher de tout temps pour les pilotis et autres ouvrages destinés à séjourner sous l'eau. Ce bois est aussi recherché par les ébénistes, les tourneurs, les menuisiers et les sabotiers, il est susceptible d'un beau poli, et prend facilement la couleur de l'ébène et de l'acajou; il est excellent comme combustible. L'Amérique possède plusieurs espèces d'aunes.

AUNE, du latin *ulna*, mesure de longueur pour les étoffes. L'ancienne aune de Paris avait 3 pieds 7 pouces 10 lignes 5/6; elle était égale à 1 mètre 188; elle fut remplacée par l'aune métrique dont la longueur est de 1 m. 20. La loi du 4 juillet 1834 en a définitivement proscrit l'usage, et le mètre est aujourd'hui la seule mesure usitée.

AUNIS *(Alnisium)*. Le pays d'Aunis formait autrefois une petite province de la France méridionale au sud du Poitou. Il forme aujourd'hui les arrondissements de Rochefort et de la Rochelle dans le département de la Charente-Inférieure. (Voyez ce mot.)

AURÉLIEN *(L. Domitius Aurelianus)*, empereur romain. Né en 212 d'une famille de paysans de la Pannonie, il s'enrôla comme simple soldat dans les troupes impériales, et se fit bientôt remarquer par sa valeur et sa force prodigieuse. Il passa successivement par tous les grades jusqu'à celui de tribun. Il battit les Sarmates et les Francs, et fut élevé au consulat en 258 par l'empereur Valérien. Aurélien se tint à l'écart pendant le règne de Galien, mais il reparut sous celui de Claude et le seconda avec ardeur contre les Goths. Claude lui confia le gouvernement de l'Illyrie et de la Thrace, et le désigna en mourant pour son successeur. Proclamé empereur en 270 par les légions, et reconnu par le sénat de Rome, il ne fit qu'une courte apparition dans la capitale et se hâta d'aller combattre les Goths qui menaçaient d'une nouvelle irruption. Il les défit complétement, ainsi que les Vandales, les Sarmates et les Marcomans ; il fit rentrer dans le devoir Tétricus, gouverneur des Gaules, battit Zénobie, reine de Palmyre, et mérita par ses nombreuses victoires le nom de restaurateur de l'empire. Aurélien rentra triomphalement à Rome et s'occupa dès lors du gouvernement intérieur. Il réforma des abus, créa plusieurs institutions en faveur des classes pauvres, réduisit les impôts et embellit la capitale. Aurélien méditait la conquête de la Perse lorsqu'il fut assassiné par son secrétaire Mnesthée qui s'était mis à la tête d'une conspiration ; mais sa mort fut vengée par l'armée qui fit jeter son assassin aux bêtes féroces et massacra ses complices. Sur la fin de son règne, Aurélien persécuta cruellement les chrétiens.

AURENG-ZEIB, l'un des plus grands empereurs du Mogol, descendant d'Akbar, naquit en 1619. Comme Akbar, ce prince souilla ses belles qualités par ses crimes. Il s'empara du trône en emprisonnant son père et en faisant périr ses frères, et se fit couronner à Delhy en 1659. Les premières années de son règne furent marquées par des crimes épouvantables. Il fit périr tous ceux qui lui portaient ombrage, et deux de ses fils furent au nombre des victimes. Mais lorsqu'il crut son trône suffisamment affermi, il régna avec sagesse et déploya autant de talents pour l'administration de son vaste empire qu'il avait montré de finesse pour les intrigues et de valeur dans les combats. Il s'empara de Golconde et de Visapour, et agrandit ses États aux dépens des Mahrattes qu'il combattit pendant trente ans avec succès. Cet homme extraordinaire, qui unissait à de grands talents politiques une hypocrisie profonde et un caractère sanguinaire, veilla toujours à ce que la justice fût rendue à tous ses sujets avec une scrupuleuse fidélité ; il honora constamment la religion, vécut dans la plus grande simplicité et accueillit toujours favorablement les Européens. Aureng-Zeib, qui avait pris le nom d'*Alem-Ghir* (le vainqueur des mondes), mourut en 1707 âgé de 88 ans.

AURICULAIRE. Voyez *Oreille.*

AURICULAIRE. Voyez *Confession.*

AUROCHS, *urus.* Voyez *Bœuf.*

AURORE, commencement du jour ; lumière brillante dont la couleur ressemble à celle de l'or ; temps qui dure depuis le moment où l'air reçoit les premiers rayons du soleil levant. L'aurore commence quand le soleil est à 18° sous l'horizon, environ 1 heure 18 minutes avant son lever. (Voyez *Crépuscule.*) L'Aurore personnifiée par la mythologie avait pour père le Titan Hypérion et pour mère Thia. Homère lui donne des doigts de rose, un voile jaune et un char traîné par deux blancs coursiers (Lampos et Phaëton). Elle épousa Tithon qui la rendit mère de Memnon. Elle perdit son fils, et, depuis ce temps, l'Aurore n'a cessé de répandre des larmes qui forment la rosée.

AURORE BORÉALE, phénomène lumineux de couleurs plus ou moins vives qu'on aperçoit souvent vers les parties boréales du ciel. Les aurores boréales sont en quelque sorte le soleil des hautes latitudes et des régions polaires, dit M. Pouillet, c'est une lumière qui vient de temps à autre à des périodes incertaines, pour les éclairer au milieu de leur longue nuit de plusieurs mois. Ce phénomène extraordinaire a été l'objet d'une foule d'observations, et cependant la théorie est fort incertaine ; on sait seulement qu'il a des rapports singuliers avec la direction de l'aiguille aimantée, et tout porte à croire que l'électricité y joue un rôle important. Ce phénomène s'annonce d'abord par une lumière jaune et diffuse en forme d'arc mal défini, dont le sommet cependant se trouve dans le plan du méridien magnétique. A mesure que cet arc s'élève, on le voit changer d'apparence : une foule de points deviennent plus sombres, d'autres plus éclatants ; ceux-ci s'animent, ils lancent, ils dardent des rayons semblables à d'immenses fusées qui peu à peu, en agrandissant leur course, vont converger vers un même point du ciel. Là se forme une magnifique coupole étincelante formée de rayons rouges et verts, sans cesse changeant, et se renouvelant sans cesse avec des nuances et des éclats différents. Au-dessous de l'arc se déroule un immense rideau que l'on croirait couvert de pierreries, parfois étincelant, parfois phosphorescent, qui se replie et forme de magnifiques ondulations dont les mouvements parcourent toute la largeur du ciel. Après quelques heures cette agitation prodigieuse se calme peu à peu, les rayons deviennent moins vifs, moins fréquents ; leur éclat s'affaiblit, la lumière se dissipe et tout retombe dans le calme et dans les ténèbres de la nuit. Ce phénomène n'a pas été inconnu aux anciens : on en trouve des descriptions dans Aristote, dans Pline, dans Sénèque, etc. Les chroniqueurs du moyen-âge, amis du merveilleux, parlent d'armées sanglantes aperçues dans le ciel et présageant de grands fléaux. Gassendi, le premier, étudia ce phénomène avec les yeux d'un philosophe, et lui donna le nom d'aurore boréale. De nombreuses hypothèses ont été proposées pour expliquer la cause des aurores boréales. Halley attribue leur formation à la matière magnétique qui s'enflamme comme la limaille de fer. De nombreux témoignages attestent l'existence d'un bruit, d'une espèce de crépitation, pendant les aurores boréales, tandis que d'autres affirment le contraire, ce qui tendrait à démontrer que toutes les aurores boréales ne sont pas accompagnées du bruit dont on parle.

AUSCULTATION (du latin *auscultare*, écouter). C'est un mode particulier d'exploration employé en médecine, pour reconnaître par les bruits produits l'état sain ou morbide d'un organe en fonction. L'auscultation se pratique avec l'oreille appliquée sur la région explorée ou au moyen d'instruments destinés à conduire le son. Bien qu'on ait attribué ce procédé à Hippocrate lui-même, c'est à Laënnec qu'en revient tout l'honneur. C'est en effet cet illustre médecin qui montra le premier l'immense parti qu'on en pouvait tirer dans le diagnostic des maladies, qui décrivit les phénomènes perçus par l'auscultation et la relation de tel ou tel de ces phénomènes avec telle ou telle disposition normale ou morbide des organes de la respiration et de la circulation. Laënnec est l'inventeur du *stéthoscope* (*stéthos*, poitrine, et *scopeo*, j'explore), cylindre en bois sonore dont une extrémité s'applique sur la partie malade, tandis que l'autre correspond à l'oreille.

AUSONE *(Decius-Magnus)*, célèbre poète latin du ive siècle, naquit à Bordeaux en 309. Il vécut en grande faveur à la cour de Valentinien et de Gratien, dont il fut le précepteur, faisant des poèmes, des idylles et des épîtres pour ses protecteurs, comme avaient fait Virgile et Horace pour Auguste. Nommé successivement comte de l'Empire, questeur, préfet du prétoire, consul, les plus hautes dignités ajoutèrent à sa gloire de poète. Ses poésies ont de l'esprit et de l'élégance, mais elles n'ont ni âme ni sentiment de l'art. Les morceaux les plus estimés sont le *Cento nuptialis*, tour de force passablement licencieux, composé de vers de Virgile détournés de leur véritable sens. Sa *Mosella*, ou éloge de la Moselle, où l'on trouve des études ichthyologiques très curieuses et le *crucifiement de l'Amour*. Les ouvrages d'Ausone sont enta-

chés d'obscénités, toutefois sa vie fut, dit-on, plus chaste que ses vers, et il vécut avec calme et simplicité jusqu'à la plus extrême vieillesse. L'abbé Jaubert a publié une traduction française de ses poésies en 1769.

AUSONIE. Voyez *Italie*.

AUSTERLITZ, petite ville de la Moravie, célèbre par la victoire éclatante qu'y remporta, le 2 décembre 1805, l'empereur Napoléon, sur les armées réunies de l'Autriche et de la Russie. Les empereurs François et Alexandre commandaient en personne, ce qui lui fit donner le nom de *bataille des trois empereurs*. Cette victoire qui eut pour résultat la paix de Preshourg, changea l'aspect politique de l'Europe; l'Autriche fut châtiée du rôle qu'elle avait assumé dans la troisième coalition et perdit ses provinces italiennes. (Voyez *Autriche*.)

AUSTRAL, ce qui appartient aux pays méridionaux, au midi, ou ce qui en vient, du mot latin *auster*, en grec *notos*, vent du sud; spécialement tout ce qui concerne l'hémisphère méridional ou la partie du ciel qui le couvre. On dit *Océan austral*, *Terre australe*, aurore australe, climat austral, etc.

AUSTRALIE. Voyez *Océanie*.

AUSTRASIE (Royaume d'). Ce nom désigna d'abord la France orientale, c'est-à-dire les pays situés entre le Rhin, la Meuse et l'Escaut, ainsi que plusieurs villes de la Champagne telles que Reims, Châlons, Troyes; plus tard la conquête y ajouta le Béarn, le Bordelais, le Limousin, etc. Le royaume d'Austrasie fut créé en 521 par Thierry, l'un des quatre fils de Clovis, qui se partagèrent sa vaste succession. Metz en fut la capitale et devint la résidence de huit rois ses successeurs : Theodebert, Theodebald, Sigebert, Childebert II; Theodebert II, Dagobert, Sigebert II et Childéric : L'Austrasie, deux fois réunie à la couronne sous Clotaire Ier (558) et sous Clotaire II (613), le fut encore sous Thierry III, en 673, après la mort de Childéric. Mais elle secoua le joug et se donna pour gouverneur Pepin d'Heristal. Charles Martel lui succéda en 714 et défendit l'Austrasie contre Rainfroi, maire du palais de Dagobert III. Charles Martel devint plus tard, comme son père Pepin, maître de la France sous le faible Thierry IV. A sa mort l'Austrasie échut en partage à Carloman, frère de Pepin-le-Bref; mais ce prince, s'étant fait moine, céda son royaume à son frère Pepin, devenu roi des Français en 751. Le nom d'Austrasie disparut alors de l'histoire. Lorsque les Lombards se furent rendus maîtres de l'Italie, ils donnèrent aussi le nom d'Austrasie à la partie orientale de leur nouvelle conquête.

AUTEL (du latin *altare*, *alta ara*, autel élevé), sorte de table, de plate-forme élevée au-dessus du sol et destinée aux sacrifices. Les Grecs les appelaient *thusiasterion*, de *thuein*, immoler, et les Hébreux *mizbeach*. L'histoire des autels qui se rattache à celle des sacrifices, est aussi ancienne que la présence de l'homme sur la terre, la Bible ne laisse aucun doute à cet égard. Les patriarches élevaient dans les champs des autels de pierres et de terre pour offrir leurs sacrifices à Dieu, c'est ce que nous voyons dans la Genèse. Mais lorsque les Israélites furent établis dans la terre promise, ils eurent des autels stables. Moïse leur donna l'autel des parfums et l'autel des holocaustes. Chez les païens, l'autel était une sorte de piédestal rond, carré, ou triangulaire, plus ou moins orné de sculptures et d'inscriptions et sur lequel on brûlait certaines parties des victimes que l'on immolait. Les au-

tels grecs et romains étaient de diverses grandeurs; ceux consacrés aux dieux célestes, étaient très élevés, celui de Jupiter Olympien avait trente-deux pieds environ. Les dieux terrestres et les héros avaient des autels peu élevés au-dessus du sol; quant aux dieux infernaux dont l'empire était souterrain, ils se contentaient de petites fosses (*scrobiculus*), creusées en terre, dans lesquelles on égorgeait les victimes. Dès son origine, le christianisme eut ses autels, autels mobiles, que les persécutions forçaient de transporter d'un lieu à l'autre; à mesure que le danger diminua, les autels se consolidèrent, et la conversion de Constantin fut le signal de la construction de nombreuses églises. Le concile de Paris, en 509, défendit les autels de bois, et ordonna qu'à l'avenir on ne se servirait que d'autels de pierre; ils furent d'abord sans ornements, mais peu à peu la piété des fidèles les orna jusqu'à l'excès. Il n'y eut d'abord qu'un autel dans chaque église, placé à l'orient du bâtiment, mais l'usage de la pluralité des autels prévalut au xe siècle. La table ou pierre supérieure constitue seule l'autel, le marbre, le bois et les autres matériaux qui soutiennent l'autel n'en sont que des accessoires. C'est cette pierre seule qui est consacrée par l'évêque, c'est sur elle que l'on pose l'hostie et le calice, c'est elle que le prêtre baise avant l'introït. Le *maître-autel* est érigé dans le chœur et sert aux messes paroissiales et solennelles. (Voyez *Sacrifices*.)

AUTOBIOGRAPHIE. C'est le récit que fait un personnage historique ou non des événements qui ont agité son existence. C'est une confession des pensées qui sont écloses dans son esprit, des sensations qui ont remué son âme. On ne doit pas confondre les autobiographies avec les *mémoires*, quoique dans ce genre d'ouvrage l'auteur se trouve aussi plus ou moins en scène. Ce dernier écrit le commentaire de l'histoire, tandis que l'autobiographe fait le roman du cœur. Au premier rang des autobiographes se trouve saint Augustin (voy.), échappé au monde et à ses joies trompeuses en se réfugiant dans le sein de la divinité; arrivé à la vertu la plus austère après de longues années de débauche et d'insouciance, il a tracé la marche épineuse que lui-même avait dû suivre pour atteindre au bonheur et au calme de la victoire. C'est là une véritable confession; l'auteur, revenu de ses erreurs, ne cherche ni à les cacher ni à les pallier. La franchise de l'évêque d'Hippone fait de son ouvrage le chef-d'œuvre du genre. On ne peut en dire autant des confessions de Jean-Jacques; son livre restera toujours un chef-d'œuvre de style, mais on sent que ces pages éloquentes ne disent pas toujours la vérité. Elles sont même souvent moins une confession qu'un pamphlet dicté par un hypocondriaque (Voy. *Rousseau*). A côté de ces auto-biographies, nous citerons celles de Benvenuto Cellini, Italien fanfaron et irascible ; du Vénitien Casanova, coureur d'aventures par excellence, qui développe sans pudeur ses mille et une rouesies ; de Trelawney, d'Alfieri, etc. (Voyez *Mémoires*.)

AUTOCHTHONES. Voyez *Aborigènes*.

AUTOCLAVE (mot hybride formé du grec *autos*, même, et du latin *clavis*, clef, c'est-à-dire *qui ferme de lui-même*). C'est une marmite imitée de celle de Papin, et dont le couvercle est disposé de telle sorte que la vapeur tend à le fermer très exactement. (Voyez *Marmite de Papin*.)

AUTOCRATE (du grec *autocrator*, celui qui règne en vertu de son propre droit). Chez les Grecs on nommait *autocrator*, un général qui avait un pouvoir illimité pendant la campagne, et qui était dispensé de rendre compte de sa conduite et de ses opérations. Plus tard les empereurs romains de Bysance prirent ce titre, et c'est d'eux que les tzars de Russie l'ont emprunté. Le gouvernement autocratique est celui où le chef de l'État est censé tenir son droit de lui-même après Dieu, et où la volonté de ce chef fait loi dans toute circonstance. L'autocratie n'est à proprement parler qu'une nuance de l'absolutisme. Elle possède à la fois la souveraineté qui fait les lois, le gouvernement qui les interprète et les applique, et la force publique qui les fait exécuter et respecter. Il ne faut pas cependant confondre l'autocrate avec le tyran, car l'autocratie entre les mains d'un bon prince peut produire d'heureux résultats; les exemples sont malheureusement rares, il est vrai.

AUTO-DA-FÉ, mot espagnol qui signifie *acte de foi*. L'auto-da-fé était en Espagne et en Portugal le mode d'exécution de la sentence que l'Inquisition prononçait contre les personnes qui étaient déférées à son tribunal. (Voyez *Inquisition*.)

AUTOGRAPHE (du grec *autos*, soi-même, et *graphô*, j'écris). Ce mot s'applique à une lettre, à une pièce de vers ou à tout autre manuscrit écrit de la main même de l'auteur. Une pièce signée par l'auteur est originale, mais elle n'est pas autographe si elle est écrite par une autre personne que celle qui l'a rédigée. La célébrité des personnages donne plus ou moins de prix aux

autographes, on en fait des collections, et quelques-uns se vendent des prix fabuleux.

AUTOGRAPHIE. Ce mot, qui a les mêmes racines que le précédent, a une signification toute différente. Il désigne, en effet, un procédé particulier de la lithographie, consistant à reporter sur la pierre l'écriture d'une personne, pour en tirer ensuite des exemplaires. Ce procédé est fort simple. Le papier sur lequel on écrit est enduit d'une préparation d'amidon, de gomme et d'alun, et l'encre dont on se sert est composée de graisse, de savon et de noir. Lorsqu'on veut transporter sur pierre un écrit ou un dessin exécuté sur papier autographique, il suffit de le mouiller par derrière avec une éponge imbibée d'eau tiède, ce qui fait gonfler l'espèce d'empois interposée entre le papier et les traits dont il est couvert. On applique alors le côté écrit sur une pierre lithographique, on la recouvre de plusieurs feuilles de papier mou et l'on fait passer dessus, à plusieurs reprises, le rouleau de la presse ; les caractères empreints sur la pierre, il ne reste plus qu'à la laver à grande eau pour enlever l'empois et à opérer le tirage à l'ordinaire. (Voy. *Lithographie*.)

AUTOMATE (du grec *autos*, soi-même, et *maô*, je m'efforce). Les automates sont des machines qui imitent les mouvements et les fonctions des êtres vivants. L'antiquité nous offre quelques exemples du pouvoir de la mécanique. Aulu Gelle rapporte (*Noctes atticœ*) qu'Archytas avait fait un pigeon de bois qui pouvait voler par le moyen d'une puissance mécanique. Regiomontanus construisit, au dire de Gassendi, une mouche en fer qui, lorsqu'elle était montée, faisait, en volant, plusieurs tours dans la chambre et venait ensuite se aussi poser dans sa main. Albert-le-Grand avait aussi construit un automate de figure humaine qui allait ouvrir la porte de sa cellule, et ce chef-d'œuvre de mécanique le fit regarder comme sorcier. Mais Vaucanson passe pour avoir surpassé tous ses rivaux en ce genre. Il fit d'abord un flûteur imitant, à s'y méprendre, tous les mouvements de l'instrumentiste et toutes les modulations de l'instrument ; un joueur de galoubet qui s'accompagnait du tambourin, puis enfin, un canard artificiel, qui, non-seulement, barbotait, mangeait en allongeant le cou et en battant des ailes, mais encore, chose presque incroyable, digérait et évacuait par les voies ordinaires. Malheureusement ces merveilles sont perdues pour la France ; à la mort de l'illustre mécanicien, le gouvernement les laissa passer en Allemagne.

Nous ne terminerons pas cet article sans citer le fameux automate humain de M. de Kempelen; il joue aux échecs, il fait mouvoir ses pièces selon les règles si compliquées de ce jeu, s'arrête quand l'adversaire exécute une fausse marche, et prononce distinctement les mots échec et mat lorsque la partie est gagnée. Nous ne pouvons expliquer ici par quel assemblage de ressorts, de roues, de leviers, le mécanicien peut produire des effets automatiques aussi surprenants, mais on peut consulter les œuvres du P. Kircher, de Porta, de Caus ; le *Traité des machines imitatives* de Borgnis et l'*Explication analytique de l'automate joueur d'échecs*, de M. de Kempelen.

AUTOMÉDON, l'habile conducteur du char d'Achille, et, après sa mort, écuyer de Pyrrhus, fils de ce héros. Pour désigner un homme habile à conduire un char ou un coursier, on lui donne souvent ce nom.

AUTOMNE. Voyez *Saisons*.

AUTONOMIE (du grec *autos*, soi-même, et *nomos*, loi). On donnait autrefois ce nom au privilège dont jouissaient certaines villes de se gouverner par leurs propres lois. Les villes *autonomes* choisissaient leurs magistrats et ne dépendaient du gouverneur que pour les affaires majeures qui intéressaient l'Etat. — On se sert de ce mot en philosophie pour désigner l'indépendance d'une volonté qui ne reçoit de lois que d'elle-même, qui se gouverne et se détermine sans aucune impulsion d'agents extérieurs.

AUTOPSIE (du grec *autos*, soi-même, et *opsis*, vue), c'est-à-dire inspection par soi-même des causes de la mort. C'est l'opération d'ouvrir un cadavre, afin de rechercher les causes de sa mort, le siège de la maladie à laquelle l'individu a succombé, soit pour étudier les ravages causés par cette maladie, soit pour éclairer la justice dans différents cas de médecine légale. (Voyez *Dissection*.)

AUTORITÉ. C'est le pouvoir, l'ascendant, qu'exerce un individu ou une réunion d'individus sur d'autres individus. L'autorité *naturelle* est celle qu'exerce un père sur ses enfants ; l'autorité *légale* est celle dont les magistrats sont revêtus par la loi. De là on a pris l'habitude d'appeler *autorités* les magistrats et les fonctionnaires d'un endroit. On dit aussi d'un ou-

vrage, d'un écrivain, qu'ils *font autorité* (Voyez *Famille* et *Pouvoir*.)

AUTOUR (*Astur*). Les autours forment avec les *éperviers* (voyez) une petite famille dans l'ordre des accipitres ou oiseaux de proie. Les autours proprement dits ont le bec court, recourbé dès sa base, convexe en-dessus ; narines à peu près rondes, doigts longs, les extérieurs unis à leur base par une membrane, tarses écussonnés comme ceux des éperviers, mais plus courts. Parmi les espèces de ce genre, une seule appartient à l'Europe, c'est l'autour commun (*falco palumbarius*), les autres espèces appartiennent principalement à l'Amérique et à l'Australie. L'autour commun mâle est long d'un demi-mètre, sa femelle est un peu plus grande ; il est brun en-dessus et blanc en-dessous, rayé en travers de brun dans l'âge adulte, moucheté dans le jeune âge ; il a aussi des sourcils blanchâtres. Une variété est blonde et plus rare que l'espèce type. Le vol de l'autour est bas, il fond obliquement sur sa proie, qui consiste en levrauts, rats, taupes, poules, pigeons ; son cri est rauque et fréquent. Cette espèce vit par paires comme presque tous les oiseaux de proie ; elle habite de préférence les montagnes boisées, et construit sur les arbres élevés un nid dans lequel la femelle dépose quatre ou cinq œufs d'un blanc bleuâtre avec des raies et des taches brunes.

AUTRICHE (*Empire d'*). L'empire d'Autriche, dont on évalue la superficie totale à 12 mille milles carrés géographiques, est situé entre 42° 7' et 54° 2' de lat. N., et entre 6° 12' et 24° 14' de long. E. Il est borné au N. par la Saxe, la Prusse et la Pologne ; à l'E., par la Russie et la Turquie ; au S., par la Turquie, la mer Adriatique, le Pô ; à l'O., par le Piémont, la Suisse et la Bavière. La monarchie autrichienne est formée d'une multitude d'Etats où règnent des langues, des mœurs et des religions différentes. On y distingue l'archiduché d'Autriche, qui est en quelque sorte le noyau, le point central vers lequel l'activité politique et commerciale des autres Etats tend à converger, la Styrie, le Tyrol, l'Illyrie, la Bohême, la Silésie, la Moravie, la Gallicie, la Hongrie, avec l'Esclavonie et la Croatie ; la Transylvanie, la Dalmatie, enfin le royaume Lombard-Vénitien, en Italie. Cette dernière partie, ainsi que la Hongrie, offre de vastes plaines, tandis que d'autres sont montagneuses et sillonnées dans tous les sens par les ramifications de trois systèmes principaux : les Alpes, les Karpathes et les montagnes des Géants. L'Autriche, la

Styrie, la Carinthie; la Carniole, la Dalmatie, et surtout le Tyrol (voyez), sont traversés par des chaînes qui forment le prolongement oriental des Alpes, sous les noms d'Alpes tyroliennes, noriques, juliennes, etc. ; leurs rameaux s'étendent au nord-est, jusqu'aux Karpathes, qui courent de l'est à l'ouest entre la Hongrie et la Gallicie, et en Transylvanie au nord-ouest jusqu'aux monts Sudètes, qui entourent entièrement la Bohême. La plupart de leurs cimes sont boisées, et renferment entre leurs flancs de belles vallées, mais les plus hautes sont couronnées de neiges éternelles ; tel est l'Ortelès, dans le Tyrol, qui s'élève à 4,825 mètres. Les principaux fleuves qui descendent de ces montagnes sont : le Danube qui, dans son long cours, traverse la monarchie de l'ouest au sud-est ; l'Elbe, en Bohême ; le Pô, en Lombardie ; la Vistule, en Gallicie ; le Raab, la Drave en Hongrie ; la Save, en Croatie, etc. La Hongrie et la Lombardie ont en outre de grands lacs. Le climat est en général doux, mais très varié d'un pays à l'autre par suite de l'inégalité du sol. Ainsi, les étés sont très chauds dans les plaines de la Hongrie et de la Lombardie, et les hivers tempérés, tandisque dans la Croatie, l'Esclavonie et la Dalmatie, les hivers sont très rigoureux. Les terres sont en général très fertiles, surtout dans les vallées ; on y récolte toutes les céréales de l'Europe tempérée, ainsi que le riz, le maïs, beaucoup de fruits, des vins estimés, surtout ceux de Hongrie, et d'excellent tabac. Dans le règne animal, les chevaux et le bétail de toute sorte sont une source inépuisable de richesses pour la contrée : le gibier y est commun, les rivières sont très poissonneuses. Les provinces méridionales élèvent beaucoup de vers à soie. Les montagnes et les forêts recèlent des ours, des loups, des renards, des buffles, des chamois, des cerfs, etc. Les mines de la Hongrie et de la Transylvanie produisent de l'or et de l'argent en abondance, celles de Carniole, du mercure ; de l'étain en Bohême ; du fer en Styrie ; du cinabre, du cobalt, du zinc, de la houille, etc. Les mines de Salzbourg, du Tyrol et de la Gallicie, fournissent d'immenses provisions de sel. La population totale est de 34,500,000 hab. Elle peut se diviser en quatre races principales : les Allemands au nombre de 6,500,000, les Slaves de 18,500,000, les Madjiars de 4,600,000, les Italiens de 4,900,000. A l'égard de la religion, les habitants sont catholiques pour la grande majorité ; on compte ensuite environ 1,600,000 réformés, 1,200,000 luthériens, 3,000,000 de Grecs, des Arméniens, des unitaires, et environ 500,000 juifs, en Gal-

licie surtout. Vienne, Milan, Prague, Venise, Pesth, Lemberg, Vérone et Debreczyn, sont les villes les plus peuplées. — L'empire d'Autriche est un des pays les plus avancés de l'Europe en civilisation et en industrie. L'agriculture et l'éducation des bestiaux sont florissantes : la culture des vignes offre, surtout en Hongrie, un riche produit. Les fabriques de toiles de lin et de coton, d'étoffes de soie, de draps, de tabacs ; les forges, les tanneries, les verreries, etc., fournissent abondamment à la consommation intérieure

Armes d'Autriche.

et à l'exportation dans les pays étrangers. De nombreuses sources d'eaux thermales et minérales, dont les plus renommées sont à Karlsbad, à Tœplitz, à Franzensbad, à Marienbad, à Baden, etc., attirent chaque année une foule d'étrangers. Le commerce de terre est très considérable à l'intérieur et avec la Turquie ; le commerce maritime est bien moins important, les montagnes rendant très difficiles les relations entre les provinces de l'est, du centre et du nord avec le littoral de l'Adriatique. L'empire d'Autriche possède, outre ses dix universités, de nombreux lycées, collèges et académies, des sociétés savantes et littéraires, des bibliothèques, parmi lesquelles celle de Vienne tient le premier rang. — Jusqu'en 1848, l'empereur d'Autriche exerça un pouvoir absolu ; l'empereur François-Joseph accorda, le 4 mars 1849, une constitution. Toutefois, dans la Hongrie et la Transylvanie, le pouvoir législatif était depuis longtemps partagé entre le monarque et les Etats. Le pouvoir impérial est héréditaire ; il se transmet de mâle en mâle, mais à leur défaut, les femmes peuvent succéder au trône, témoin Marie-Thérèse, qui a fondé la maison aujourd'hui régnante. Tous les princes de la famille portent le titre d'archiduc. Les armes de l'empire consistent principalement dans l'aigle noire à deux têtes couronnées, ailes et queue déployées ; la couronne impériale surmonte les deux têtes ; dans sa serre droite l'aigle tient le sceptre et une épée nue, dans la gauche, le globe en or. — Les revenus de cet empire s'élèvent à environ 440 millions de francs. Son armée, en temps de paix, est de 280,000 hommes ; elle peut s'élever à 700,000 hommes en temps de guerre. L'Autriche n'a qu'une marine insignifiante et pas de colonies. Nous étudierons séparément les éléments qui composent ce vaste empire.

Archiduché d'Autriche. — Comme nous l'avons vu, il est important de distinguer l'Autriche proprement dite de la monarchie autrichienne : la première est le berceau de l'empire, son centre ; la seconde embrasse un grand nombre de provinces et d'États, qui sont venus successivement s'y joindre, principalement par des mariages. Nous n'avons donc à nous occuper ici que de l'Autriche proprement dite (*Osterland*). Les articles *Bohême, Moravie, Tyrol, Illyrie, Dalmatie, Lombard-Vénitien* (royaume), *Hongrie, Transylvanie, Croatie,* etc., compléteront l'histoire de la monarchie autrichienne dont la constitution actuelle ne date que de 1804. L'Autriche propre ou archiduché d'Autriche, est bornée au N. par la Moravie et la Bohême, à l'O. par le Tyrol et la Bavière, au S. par la Styrie et la Carinthie, à l'E. par la Hongrie. Sa superficie est évaluée à 3,900 kil. carrés et sa population à 2,008,940 âmes. Sa capitale est Vienne. L'Ens la partage en deux parties que l'on a nommées *Haute Autriche* ou pays au-dessus de l'Ens, et *Basse Autriche,* ou pays au-dessous de l'Ens. Le Danube, l'Ens, le Traun, le March ou la Morawa arrosent cette contrée. Après Vienne, qui mérite un article particulier, nous citerons Linz, sur la rive droite du Danube, 18,000 hab. ; Kloster, Neubourg, Neustadt, Ens, au confluent de la rivière de ce nom et du Danube, Baden, Schœnbrunn, etc.

Histoire. — Subjugués par les Romains, les Noriques et les Marcomans avaient vu leur territoire réduit en provinces romaines sous les noms de Norique et de Pannonie supérieure. Plus tard, ces provinces tour à tour envahies par les Huns, les Ostrogoths, les Vandales, les Avares, restèrent la proie de ces derniers jusqu'à ce que Char-

lemagne s'en emparât en 791 et en formât un margraviat allemand d'abord appelé *Marche orientale,* puis *Ostarrichi,* d'où lui vint plus tard le nom d'Autriche. Près d'un siècle après la mort de Charlemagne, l'Autriche devint la proie des Hongrois venus des bords de la mer Noire, et elle ne fut réintégrée à l'empire qu'après la bataille de Lech, gagnée par l'empereur Othon Ier (935), aux environs d'Augsbourg. En 982, Othon II conféra le margraviat d'Autriche au comte de Babenberg, dont les descendants possédèrent cette province, d'abord sous le titre de margraves, puis sous celui de marquis. En 1156, Frédéric Ier convertit la marche d'Autriche en un duché auquel il accorda d'importants priviléges, et le duc Henri transféra à Vienne sa résidence. Frédéric II fut tué dans une bataille contre les Hongrois, et avec lui s'éteignit la ligne masculine de la maison de Babenberg (1216). De 1246 à 1282, s'écoula ce que l'on nomme *l'interrègne autrichien;* l'empereur Frédéric déclara vacants les fiefs d'Autriche et de Styrie, quoi qu'ils fussent héréditaires dans la ligne féminine comme dans les mâles, et envoya à Vienne un commissaire impérial. Ottokar, prince royal de Bohême, ayant épousé Marguerite, sœur du dernier duc d'Autriche, revendiqua le duché ; mais il fut mis au ban de l'empire, et se vit forcé après plusieurs rencontres malheureuses de cé-

Rodolphe de Habsbourg, d'après le tombeau de Spire.

der à Rodolphe de Habsbourg toutes les possessions autrichiennes (1276). Deux ans après il éleva de nouvelles prétentions, mais l'empereur marcha contre lui, lui livra près de Vienne une bataille dans laquelle il perdit la vie. Son fils Venceslas, pour conserver ses possessions héréditaires, se vit forcé de renoncer à toute prétention sur l'Autriche. En 1282, l'empereur Rodolphe investit son fils Albert du duché d'Autriche, et ce prince devint la tige de la maison d'Habsbourg, qui règne encore par les femmes en Autriche. La maison de Habsbourg qui, depuis Rodolphe, avait déjà fourni plusieurs empereurs à l'Allemagne, vit cette dignité devenir héréditaire chez elle, à partir de l'avénement d'Albert II, en 1438. A cette époque, l'Autriche s'était déjà agrandie de la Styrie, de la Carniole et des domaines héréditaires de Rodolphe de Habsbourg, c'est-à-dire de l'Alsace, de la Souabe et de la Suisse ; mais cette dernière fut perdue par suite des sanglants démêlés de Frédéric avec les Suisses. (Voyez.) Ce prince, devenu l'empereur Frédéric III, travailla à l'agrandissement de sa maison ; en 1453, il conféra à perpétuité le titre d'archiduc à tous les princes du sang. Ses Etats furent envahis par les Turcs et par Mathias Corvin, roi de Hongrie. Maximilien son fils, qui avait épousé Marie, fille et héritière de Charles-le-Téméraire, monta sur le trône en 1493: Il battit ses ennemis et réunit à ses Etats tout le Tyrol et plusieurs parties du territoire bavarois. La cour de Vienne devint sous ce prince le siége des arts et des sciences en Allemagne. Le mariage de son fils Philippe avec la princesse Jeanne, héritière de Castille et d'Aragon, fit monter la maison d'Habsbourg sur le trône d'Espagne et des Indes. En 1521, Charles-Quint, fils aîné de Philippe et petit-fils de Maximilien, fut élu empereur, mais il céda à son frère Ferdinand tous ses Etats héréditaires d'Allemagne, ne conservant que les provinces des Pays-Bas. (Voyez *Allemagne* et *Pays-Bas*.) Ferdinand, sous le règne duquel les doctrines nouvelles de Luther se répandirent en Autriche, joignit à ses Etats la Bohême et la Hongrie, mais il eut de nombreuses luttes à soutenir pour se maintenir dans la possession de ce dernier Etat. (Voy. *Hongrie*.) Lorsque Charles-Quint quitta le sceptre pour le froc, Ferdinand Ier obtint la couronne impériale (1556). A partir de cette époque, l'histoire de la maison d'Autriche se confond avec celle de l'empire d'Allemagne (voyez); le trône impérial fut continuellement occupé par des princes de cette puissante famille. Lorsque la ligne masculine de la maison de Habsbourg fut éteinte par la mort de Charles VI (1740), Marie-Thérèse, qui avait épousé le duc François de Lorraine, recueillit la

succession. (Voy. *Marie-Thérèse*.) Marie-Thérèse vit surgir contre elle de nombreux ennemis; les Hongrois seuls lui restèrent fidèles. Le roi de Prusse, Frédéric II, envahit la Silésie, et l'électeur de Bavière se fit couronner à Prague sous le nom de Charles VII; à sa mort (1745), François de Lorraine fut enfin reconnu empereur. A la mort de ce prince en 1765, son fils, Joseph II, devint empereur d'Allemagne. Ce prince philosophe opéra de grandes réformes en faveur de son peuple, et son règne est un des plus remarquables des temps modernes. (Voy. *Joseph II*.) Son frère Léopold II lui succéda ; le sort qu'avaient éprouvé en France sa sœur Marie-Antoinette et son époux Louis XVI le détermina à contracter une alliance avec la Prusse (voy. *Pilnitz*), mais il mourut avant que la guerre éclatât (1er mars 1792), et son fils, François II, monta sur le trône. Avant même que ce prince fût élu empereur, la France lui déclara la guerre. L'Autriche et la Prusse lancèrent sur la Champagne une formidable armée; mais les victoires de Dumouriez et de Custines suspendirent la guerre, qui recommença plus acharnée l'année suivante. La Hollande fut conquise en janvier 1795. La Prusse et l'Espagne firent la paix avec la république ; tout le poids de la guerre tomba dès lors sur l'Autriche. L'archiduc Charles défendit le Rhin, mais la monarchie, attaquée du côté de l'Italie, fut forcée par les victoires de Montenotte, Millésimo, Castiglione, Bassano, Arcole, Rivoli, etc., de demander la paix. Le traité de Campo-Formio (7 octobre 1797) fit perdre à l'Autriche la Lombardie et les Pays-Bas. François II s'allia avec la Russie, et recommença, en 1799, la guerre contre la France, qui essuya d'abord de cruels revers ; mais Bonaparte revint d'Egypte et força l'Autriche à conclure la paix de Lunéville (9 février 1801). François II, animé des sentiments les plus paternels pour ses sujets, s'appliqua à fermer les plaies dont de si longues guerres avaient frappé ses Etats et à y faire fleurir l'agriculture et l'industrie. Lorsque le premier consul se fut fait proclamer empereur des Français, François réunit tous ses Etats sous le nom d'empire d'Autriche et s'en déclara souverain héréditaire. La paix de Presbourg qui suivit les batailles d'Ulm et d'Austerlitz força l'Autriche à céder à la France toutes les provinces italiennes qui lui restaient, et une partie de ses possessions d'Allemagne aux petits princes allemands. Cette guerre coûta en outre à l'Autriche 800 millions, dont l'empereur fournit une partie sur son trésor particulier. Un des plus importants résultats de cette guerre fut l'établissement de la confédération du Rhin. (Voy.) En 1815, l'Autriche rentra dans une partie de ses possessions allemandes et obtint cette portion de l'Italie qui compose actuellement le royaume Lombard-Vénitien, C'est à Vienne qu'eurent lieu les négociations pour arrêter la forme nouvelle que l'Europe devait recevoir après la chute de son dominateur. (Voyez *Allemagne* et *Confédération germanique*.)

AUTRUCHE (*struthio*). Cuvier place les autruches dans la famille des brevipennes, ordre des échassiers; leurs ailes sont fort courtes, impropres au vol, terminées par un double éperon, et garnies, ainsi que la queue, de plumes à barbes longues, lâches et inflexibles; le bec est déprimé, large, droit et obtus, à mandibule supérieure onguiculée; les narines oblongues, placées vers le milieu du bec, la tête chauve, aplatie, calleuse en dessus. Les pieds sont très robustes, les tarses et les jambes très élevés, celles-ci garnies de muscles puissants. Aussi ces oiseaux ne volent pas, mais courent avec une rapidité extraordinaire. Leur appareil digestif et d'autres détails anatomiques les rapprochent des mammifères; c'est ce qu'avait fort bien remarqué Aristote, qui dit de l'autruche, *partim avis, partim quadrupes*. Ce sont les seuls oiseaux qui urinent, et l'organe mâle de la génération est très long et souvent apparent au dehors; l'accouplement a lieu par intromission comme chez les mammifères. On ne connaît que deux espèces de ce genre singulier; l'une d'Afrique (*struthio camelus*), répandue dans tout l'intérieur de l'Afrique, depuis l'Egypte et la Barbarie jusqu'au cap de Bonne-Espérance; et en Asie, depuis l'Arabie jusque dans la partie de l'Inde, en deçà du Gange; la seconde d'Amérique, connue sous le nom de *Nandou*. L'autruche proprement dite, est le plus grand de tous les oiseaux connus; elle atteint jusqu'à deux mètres et demi de hauteur et 80 kilogrammes de poids. Son cou long et mince est couvert d'un simple duvet, et supporte une petite tête munie de grands yeux à paupières mobiles et garnies de cils, d'oreilles dont l'orifice est à découvert. Le mâle adulte a le plumage du corps noir, varié de blanc et de gris avec les grandes plumes des ailes et de la queue blanches et noires. La femelle est brune et d'un gris cendré; elle n'a de plumes noires et blanches qu'aux ailes et à la queue. Les jambes sont dénuées de plumes et aussi grosses que la cuisse d'un homme. Les jeunes autruches ont la tête, le cou et les jambes couverts de plumes pendant une année, mais elles tombent ensuite pour ne plus repousser sur ces parties. L'autruche pond dans les sables exposés à l'ardeur du soleil une quinzaine d'œufs, qu'elle couve dans les régions les moins chaudes de l'Afrique, mais qu'elle abandonne sous la zone torride, à la chaleur solaire. La femelle veille avec sollicitude sur sa nichée et ne s'éloigne guère du nid qui est un enfoncement dans le sable d'un mètre de diamètre environ; les œufs sont blancs, couverts de gros points enfoncés, longs de 15 à 18 centimètres, ils passent pour un manger délicat. Les autruches sont souvent réunies en grandes troupes; elles ont l'ouïe fine et la vue perçante. Elles courent avec une telle rapidité, qu'un cheval au galop ne peut les atteindre que lorsqu'elles sont fatiguées. Leur instinct les porte, quand elles sont poursuivies de près, à lancer en arrière avec leurs robustes pieds, du sable et des pierres. Les autruches sont herbivores, mais pour satisfaire leur faim dévorante, elles mangent tout ce qu'elles trouvent; on en a vu qui avalaient des pierres, du fer, des os et même des pièces de monnaie; les voyageurs s'accordent à dire qu'elles ne boivent pas. Malgré sa force, l'autruche a les mœurs paisibles des gallinacés; elle n'attaque jamais les animaux plus faibles qu'elle, et ne se soustrait au danger que par une prompte fuite. On est parvenu pour ainsi dire à réduire ces animaux en domesticité; les habitants de Dara et ceux de la Libye en nourrissent des troupeaux dont ils tirent des plumes et une nourriture abondante. On en a vu qui étaient assez privées pour se laisser monter comme on monte un cheval. Les Arabes se livrent à la chasse de l'autruche, montés sur leurs infatigables chevaux; mais telle est la rapidité de l'oiseau qu'ils ne peuvent s'en emparer que par la ruse. L'autruche ne va point en ligne directe, mais décrit en courant un cercle plus ou moins étendu, les chasseurs la suivent en se dirigeant sur un cercle concentrique intérieur, et moindre par conséquent; puis, quand ils l'ont affamée et fatiguée, ils fondent dessus au galop et l'assomment à coups de bâton, pour que le sang ne gâte pas les plumes. On sait que de tout temps, les belles et longues plumes des ailes et de la queue, ont été très recherchées; celles des mâles sont plus estimées que celles des femelles. Le *Nandou* ou autruche d'Amérique (*struthio rhea*), est répandue dans l'Amérique méridionale; elle est moins grande que la précédente (14 à 18 décimètres); sa tête et son cou sont garnis de plumes grisâtres. Ses pieds sont forts et présentent trois doigts. Les plumes des ailes sont longues de trois décimètres, touffues et serrées contre les flancs ; ces plumes sont loin d'être aussi belles que celles de l'autruche d'Afrique. Elles sont d'un gris bleuâtre, mêlé de taches noires. Ces

Autruche d'Afrique.

oiseaux courent aussi avec rapidité ; ils s'apprivoisent facilement. Leurs œufs sont jaunâtres, moins gros que ceux de l'autruche d'Afrique.

AUTUN (*Augustodunum*), anciennement Bibracte, ville de France dans le département de Saône-et-Loire, fut fondée par les Phocéens ; elle était la capitale des Eduens et l'une des villes les plus importantes de la Gaule, lorsque César apporta dans ce pays la domination romaine. Une célèbre école de rhétorique y fut fondée, où la noblesse de la Gaule allait s'instruire. Prise et détruite par Tetricus au IIIe siècle, elle fut rebâtie par Constantin au IVe, et sacca, ée plusieurs fois par les Sarrasins et les Normands. Autun et les environs possèdent des ruines fort curieuses de nombreux monuments qu'y avait rassemblés la magnificence impériale. Autun occupe une situation pittoresque sur le versant

d'une colline, dont l'Arroux baigne le pied, c'est une ville assez bien bâtie, on y remarque la cathédrale, beau morceau gothique du XIe siècle, l'hôtel-de-ville, etc. On trouve à Autun des fabriques de tapis, de poteries, des tanneries, brasseries, forges, etc.

AUVERGNE , ancienne province de France, formant actuellement les départements du Cantal et du Puy-de-Dôme, et l'arrondissement de Brioude dans celui de la Haute-Loire (voy. ces mots). Cette province avait pour capitale Clermont-Ferrand et se divisait en haute et basse Auvergne. Avant la conquête des Gaules par les Romains, son territoire était occupé par les Arverni, peuple puissant, puisque Strabon rapporte qu'ils opposèrent au consul Fabius Maximus une armée de 200,000 hommes. Ils se mêlèrent au soulèvement des peuples gaulois (52 av. J.-C), contre les armées romaines, et ce fut même un de leurs chefs, Vercingitorix, qui fut choisi comme chef par les confédérés, et devint le plus redoutable des adversaires de César. L'Arvernie fut cependant soumise, et lors de la dissolution de l'empire, elle passa sous la domination des Visigoths, puis sous celle des Francs (507). Le premier comte d'Auvergne, dont l'histoire cite le nom, est un certain Blandin, qui soutint le duc Waifre contre Pepin-le-Bref. Après lui, plusieurs comtes d'Auvergne jouèrent un rôle important dans les affaires du pays, entre autres le comte Bernard II, à qui Louis-le-Bègue confia par testament, en 879, la tutelle de son fils aîné, et qui dirigea quelque temps le royaume avec habileté et fermeté. Lorsque s'établit le régime féodal, le comté d'Auvergne devint héréditaire comme toutes les autres grandes seigneuries. Il fut tour à tour occupé par les comtes de Poitiers et de Toulouse et devint héréditaire dans la famille des vicomtes d'Auvergne, qui se constituèrent vassaux des ducs de Guyenne. En 1428, cette seigneurie passa à la maison de Montpensier par le mariage de Jeanne , fille unique du dernier comte d'Auvergne. Le comte Gui II ayant soutenu une guerre contre Philippe Auguste, ce prince confisqua le comté, il le rendit plus tard à son successeur Guillaume XI, sauf certaines parties qui devinrent un nouveau comté d'Auvergne, que le roi Jean érigea en duché, en faveur du duc de Berry, son fils. Vers la fin du XIVe siècle, les deux comtés réunis passèrent par mariage dans la maison de la Tour d'Auvergne. En 1524, Anne, comtesse d'Auvergne, n'ayant pas d'héritiers directs, légua le comté à sa nièce Catherine de Médicis qui, en 1589, en fit don à

Charles de Valois, duc d'Angoulême, fils natu-rel de Charles IX. En 1606, Marguerite de Va-lois, fille de Catherine, se pourvut en parlement contre cette donation, et se fit adjuger le comté qu'elle céda dans la suite au dauphin, depuis Louis XIII ; celui-ci le réunit à la couronne. L'Auvergne devint depuis cette époque un des trente-deux gouvernements de la France.

AUXERRE, ville de France, chef-lieu du dé-partement de l'Yonne, est située sur la pente d'un coteau et sur la rive gauche de l'Yonne. La ville est assez bien bâtie et possède plusieurs mo-numents remarquables, parmi lesquels nous ci-terons : la cathédrale, qui passe pour un des plus beaux monuments gothiques de la France ; l'é-glise St-Pierre et l'église St-Germain, l'hôtel de la préfecture (ancien palais épiscopal), l'hôtel-Dieu, la bibliothèque, le collège, etc. Auxerre compte 12,350 habitants, on y fait le commerce des vins du territoire. La fondation d'Auxerre remonte à une époque très reculée ; elle portait sous la domination romaine le nom d'*Autissio-durum*. Lors de l'invasion des Huns, Auxerre

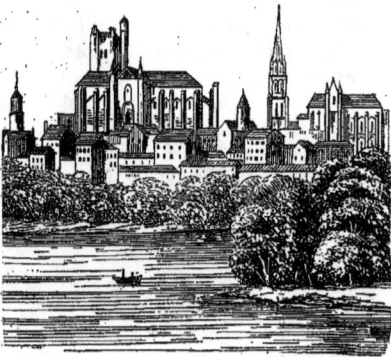

fut ravagée comme les autres villes de la Gaule, et Clovis s'en empara vers la fin du vᵉ siècle. Au xᵉ siècle, le territoire d'Auxerre fut érigé en comté et devint héréditaire dans la famille des ducs de Bourgogne ; mais il fut ensuite porté par divers mariages dans des maisons différentes. En 1370, Charles V, roi de France, l'acheta et le réunit à la couronne. Il en fut un moment dé-taché par le traité d'Arras (1435), en faveur du duc de Bourgogne, mais à la mort de Charles-le-Téméraire, Louis XI le réunit définitivement à la couronne de France.

AVAL, opposé à *amont*, signifie *en descen-dant*. L'aval d'une rivière suit la pente de ses eaux.

AVALANCHES. Ce sont des masses plus ou moins considérables de neiges ou de glaces qui, accidentellement et à certaines époques de l'an-née, se détachent des parties hautes des monta-gnes, et se précipitent avec une vitesse et un bruit effroyables dans le fond des vallées. Diver-ses causes donnent lieu à ce phénomène, dont les effets sont à craindre pour le voyageur et l'habitant, dans les pays de montagnes. En hi-ver, lorsque la neige tombe et que le vent est très fort, celui-ci chasse des pelotons de neige qui, d'abord peu volumineux, roulent sur les pentes, grossissent en peu de temps, entraînent des pierres et des terres, et renversent tout ce qu'ils rencontrent dans leur chute. On a vu des villages entiers de la vallée de Barèges, une des plus exposées à ces accidents, perdus et disper-sés. Les avalanches du printemps sont les plus dangereuses, à cause de leur densité et de leur volume souvent énorme ; ce sont des amas de neige et d'eau gelée qui, pendant la froide sai-son, ont rempli des vallons élevés dont la pente est fortement inclinée ; lorsque les rayons du so-leil commencent à échauffer, la neige fond à son point de contact avec la terre, l'avalanche se détache, elle glisse avec un bruit très grand, et, accélérant sa chute, elle arrive bientôt au pied de la montagne en entraînant avec elle des por-tions de rochers, des forêts entières, et engloutit souvent les hommes et les habitations.

AVALLON, ville de France, chef-lieu d'ar-rondissement du département de l'Yonne, située sur la rive droite du Voisin, à 37 kilomètres d'Auxerre. Les Romains la désignaient sous le nom d'*Aballo*, et elle passait du temps des rois carlovingiens pour l'une des forteresses les plus considérables de la Bourgogne. Elle possède 5,500 habitants. Le vin d'Avallon compte parmi les bons vins de Bourgogne.

AVANT-GARDE, corps détaché, ordinaire-ment formé de troupes d'élite, qui marche et prend position en avant de l'armée pour l'éclai-rer et la couvrir. La force d'une avant-garde et la proportion des armes qui doivent la composer dépendent de la composition même de la troupe dont elle émane et de la nature du terrain. L'a-vant-garde d'une armée se compose ordinaire-ment des trois armes, infanterie, cavalerie et ar-tillerie. Pendant les dernières guerres, on employait à l'avant-garde des pièces d'un moindre calibre que les autres; on se servait en France de pièces de quatre; on emploie aujourd'hui des pièces ordinaires de bataille.

AVARES, peuple barbare qui habitait d'abord les Steppes, au nord du Caucase ; ils parurent sur le Danube vers l'an 560 et firent la guerre aux empereurs grecs, auxquels ils enlevèrent la Dacie et la Pannonie. Bientôt leur empire s'étendit jusqu'à l'Autriche, à l'ouest, et comprit au sud toute la Dalmatie. Ils firent, en 626, une tentative contre Constantinople ; mais, vaincus par l'empereur Héraclius, ils virent les Slaves, les Bulgares et d'autres nations vaincues, secouer leur joug. Charlemagne marcha contre eux (796) et les extermina. Leurs débris se retirèrent dans la Dacie où ils furent détruits par les Moraves. Quelques historiens ont regardé les Avares comme étant les mêmes que les Huns. C'était, au dire des auteurs anciens, un peuple nomade et guerrier, distingué par une haute stature et un grand courage, mais perfide et cruel.

AVARIES. On donne ce nom à tout dommage survenu à des marchandises en quelque lieu et dans quelques circonstances que ce soit. Mais ce terme s'applique plus particulièrement aux dommages soufferts par les navires et les marchandises qu'ils transportent. Le plus souvent, les parties conviennent entre elles du réglement d'avaries; à défaut de conventions, le Code trace les dispositions (art. 397 à 409, Code de Commerce). On distingue les *grosses* avaries et avaries *simples*. Le Code définit avec beaucoup de détail et de soin les accidents principaux qui entraînent des avaries, soit grosses, soit simples. Si le dommage arrivé provient de la faute du capitaine, l'avarie est réputée simple et le propriétaire des marchandises en supporte seul la perte, sauf son recours contre le capitaine. Le cas d'abordage de navires est réglé par des dispositions particulières. Le dommage en provenant est supporté sans répétition par chacun des navires, à moins toutefois que l'abordage ne puisse être imputé à la faute de l'un des capitaines, dans ce cas, celui-ci en devient seul responsable. L'armateur et le navire sont solidaires avec le capitaine à l'égard des propriétaires des marchandises. L'action d'avarie n'est recevable que si l'avarie excède 1 p. % de la valeur cumulée du navire et des marchandises. Elle est en outre prescrite par cinq ans.

AVE MARIA. Voyez *Salutation angélique*.

AVENT (du latin *advenire* arriver). C'est le temps qui précède la solennité de l'avénement du Christ sur la terre. Il commence le dimanche le plus proche de la Saint André et finit le jour de l'Epiphanie (6 janvier). Il est destiné à préparer les fidèles par des prières à la célébration de la Nativité. Les moines observaient autrefois le jeûne pendant tout le mois de décembre, conformément au concile de Tours (567). Les noces sont interdites par l'Eglise pendant l'Avent comme pendant le Carême.

AVENTIN (*Mont*), la plus méridionale des sept collines sur lesquelles Rome était bâtie. L'Aventin était près du Tibre, on y voyait les temples de Diane, de la Liberté, d'Hercule, etc., au lieu où se voient aujourd'hui les églises de Sainte-Sabine et de Sainte-Prisca. D'après Tite-Live, cette colline devait son nom à Aventinus, roi d'Albe, tué dans la guerre des Toscans, et enterré sur le mont Aventin.

AVENTURIER, chercheur ou coureur d'aventures. On donnait autrefois le nom d'aventuriers à ces milices mercenaires qui, au moyen âge, vendaient leur service au plus offrant. Ils étaient employés dans presque toutes les guerres, et on les voit figurer en France depuis Louis-le-Jeune, en 1140 environ, jusqu'à Charles V, vers 1370. Au XVIᵉ siècle, les aventuriers étaient devenus un véritable fléau pour certaines provinces, ils frappaient les villes de contributions énormes, et assiégeaient même celles qui se refusaient à leurs exigences. François Iᵉʳ les déclara ennemis de l'Etat, et autorisa ceux qui voudraient le faire à leur courir sus.

AVERNE (*Averno*, en grec *aornos*, sans oiseaux), lac de la Campanie, entre Cumes et Pouzzoles, célèbre par les fables auxquelles il a donné lieu dans l'antiquité. Homère et Virgile en font l'entrée des enfers. De ses eaux s'exhalaient des vapeurs méphitiques, mortelles aux oiseaux qui passaient dans son voisinage. Ses bords escarpés étaient couverts de forêts impénétrables, consacrées à Hécate, confondue pour les attributions infernales avec Proserpine. Agrippa, pour creuser le port Jules, fit couper la forêt et joindre l'Averne et le lac Lucrin. Le lac d'Averne n'a plus aujourd'hui cet aspect sombre et lugubre, sous lequel nous le peignent les poètes de l'antiquité ; ses eaux ne sont plus malfaisantes, et les oiseaux peuvent impunément se jouer à la surface des eaux.

AVERROES, l'un des plus subtils philosophes arabes, naquit à Cordoue vers le milieu du xiie siècle. Il étudia la philosophie et les ouvrages d'Aristote, qu'il commenta avec une si grande habileté qu'on le nomma le *commentateur* par excellence. Il cultiva la médecine avec beaucoup de succès, et fut professeur à l'université de Maroc. Ses opinions religieuses, très hardies, lui attirèrent des accusations d'hérésie; mais malgré ses ennemis il s'en tira à son honneur. Dans sa philosophie, il allia aux doctrines d'Aristote celle des Alexandrins sur l'émanation et enseigna qu'il existe une intelligence universelle à laquelle participent tous les hommes. Les œuvres d'Aristote ne furent longtemps connues en Europe que par les traductions latines faites sur les commentaires d'Averroës. Ce philosophe mourut vers 1206, comblé d'honneurs.

AVEUGLE. Voyez *Cécité*.

AVEYRON, département de France formé de l'ancien Rouergue et borné, au N. par le département du Cantal, à l'E. par ceux de la Lozère et du Gard; au S. et à l'O., par ceux de l'Hérault, du Tarn-et-Garonne et du Lot. Sa superficie est de 887,873 hectares, dont 364,723 de terres labourables, 209,932 de landes, pâtis et bruyères, 83,565 de bois, etc. Il tire son nom de la rivière d'Aveyron, qui le traverse et se jette dans le Tarn après un cours de 220 kilom. Entouré par les Cévennes et les montagnes d'Auvergne, l'Aveyron est très montueux et dans certaines parties sont semés des rochers aux formes bizarres. On y rencontre aussi des grottes profondes qui servent de caves aux habitants; les plus remarquables sont celles de Roquefort où l'on dépose, pour les faire fermenter, les fromages renommés connus sous ce nom. Le Tarn et le Lot traversent ce département. Le Lot est le seul cours d'eau navigable. Le chêne, le hêtre et le sapin sont les essences dominantes des forêts; on y rencontre peu de gibier, mais beaucoup de loups et de renards. Quant au règne minéral, il y est richement représenté. On y trouve de l'argent, du cuivre, du plomb, de l'antimoine, du zinc, du fer, de la houille. Cette dernière substance a facilité l'établissement d'usines importantes et de forges considérables. Le sol est en général peu fertile; ce n'est que dans les parties méridionales que se cultivent la vigne et le froment. Les vins sont généralement médiocres. Les châtaignes et les pruneaux sont, avec les fromages, les principaux objets d'exportation. La population est ainsi répartie dans les cinq arrondissements du département :

Rhodez (chef-lieu)........	99,704 h.
Villefranche..........	81,130
Milhau.............	65,800
Espalion.............	65,639
Saint-Affrique........	58,678
Population totale.....	370,951

L'Aveyron fait partie de la 9e division militaire; il est du ressort de la cour d'appel et de l'Académie universitaire de Montpellier.

AVICENNE, célèbre médecin et philosophe arabe dont le vrai nom est *Abou-ibn-Sina*, naquit en Perse, vers la fin du xe siècle. Il embrassa toutes les sciences, et fut à la fois médecin et visir de plusieurs sultans. Il composa, sous le nom de *Kanon*, un ouvrage qui embrassait toutes les connaissances médicinales de son époque et qui était regardé au moyen âge comme le code de la science. Avicenne mourut l'an 1036 de J.-C., âgé de 56 ans. On a de lui plusieurs ouvrages de philosophie et de médecine, traduits en latin au xiie siècle et publiés plusieurs fois depuis.

AVICEPTOLOGIE (mot hybride formé du latin *avis* oiseau, *capere* prendre, et du grec *logos* discours). C'est l'art de prendre les oiseaux au moyen de toutes sortes de pièges et d'appeaux. Cette chasse, qui a pour objet de prendre les oiseaux vivants, est une des plus amusantes. Nous décrirons les divers moyens employés par les amateurs au mot *Chasse*.

AVIGNON (*Avenio*), autrefois capitale du comtat de ce nom et du comtat *Venaissin* (voy.), est aujourd'hui chef-lieu du département de Vaucluse. Fondé par les Phocéens de Marseille cinq siècles avant notre ère, Avignon devint une colonie romaine. Gondebaud, roi des Bourguignons, s'en empara au ve siècle. Elle devint ensuite la proie des Goths, puis des Francs, en 612, et appartint tour à tour aux comtes de Toulouse et de Provence. En 1329, sous le pape Clément V, cette ville devint la résidence des papes, et Clément VI, qui possédait déjà le comtat Venaissin, l'acheta 80,000 florins d'or de Jeanne de Sicile, comtesse de Provence. Pendant plus de quatre siècles Avignon resta sous la dépendance temporelle des papes, mais Grégoire XI ayant de nouveau transporté le siège pontifical à Rome, cette ville fut administrée par un légat jusqu'en 1791, époque où elle fut réunie à la France ainsi que le comtat Venaissin. — Situé sur la rive gauche du Rhône, Avignon se trouve dans une position agréable ; ses rues sont étroites et mal percées , mais ses maisons sont assez bien bâties. La ville est entourée de remparts crénelés et flanqués de tours; et d'élégants boulevarts, s'étendent le long de ces murs. Les monuments les plus remarquables sont la cathédrale, l'ancien palais des papes, l'hôtel de Crillon, le tombeau de Laure, l'Athénée, la Bibliothèque, le Musée, etc. Avignon est une ville industrieuse et commerçante ; elle possède des fabriques d'étoffes de soie, taffetas , velours, etc. , des filatures , des fonderies, tanneries, papeteries, etc. ; il s'y fait un commerce considérable de garance, de grains, de vins et eaux-de-vie, cuirs, etc. Avignon est la patrie du brave Crillon, de Folard, de J. Vernet et la résidence de la belle Laure de Noves, amante de Pétrarque. Elle a, dans ces derniers temps, acquis une triste célébrité par les crimes dont elle a été le théâtre pendant la révolution et en 1815.

AVIRON. On donne le nom d'aviron à ce que, dans le langage familier, nous appelons une *rame;* c'est une longue pièce de bois, arrondie par le manche et plate par l'extrémité, qui fend les eaux. On y distingue trois parties principales : la *poignée*, le *manche* et la *pelle* ou *pale*. L'aviron sert à faire marcher les canots, chaloupes et autres embarcations; on s'en sert même sur les petits bâtiments surpris par le calme ; il a ordinairement depuis 9 jusqu'à 20 pieds de longueur. (Voyez *Rame*.)

AVITUS (Flavius), empereur romain, naquit en Auvergne, au commencement du ve siècle. A la mort de Maxime, il fut proclamé empereur à Toulouse, mais quatre mois après il fut déposé par le patrice Ricimer. Il fut battu près de Plaisance, et fut obligé pour sauver ses jours d'entrer dans les ordres. Il fut fait évêque de Plaisance, et mourut peu après en se rendant en Auvergne.

AVISO, petit bâtiment de guerre, d'une marche supérieure, qu'on emploie à porter des avis, des ordres ou des dépêches qu'il importe de faire parvenir avec célérité.

AVOCAT (de *advocatus*, appelé au secours), défenseur au conseil des citoyens dans les débats qui s'élèvent ou peuvent s'élever devant les tribunaux. (Voyez *Barreau*.)

On donne le nom d'*avocats généraux* à ceux

des membres du parquet qui, dans les cours supérieures, remplissent aux audiences civiles et criminelles les fonctions de ministère public, à la différence des sub-tituts qui sont attachés au service intérieur du parquet.

- AVOCETTE (*recurvirostra*), genre d'oiseaux échassiers longirostres, reconnaissables à leur bec très long, très grêle, recourbé vers le haut, membraneux à sa pointe et très flexible, caractères qui distinguent les avocettes de tous les autres oiseaux. Leurs pieds sont palmés, leurs tarses grêles et élevés; leurs ailes sont assez étendues, la première rémige dépasse les autres. Ces oiseaux fréquentent les marais, les rivières limoneuses et les côtes de la mer; ils marchent à gué dans les eaux basses, cherchant dans la vase, avec leur bec recourbé, les vers, les mollusques et autres petits animaux aquatiques, ou

bien se jettent à la nage. L'*avocette d'Europe* est de la grosseur d'un pigeon, son plumage est varié de noir et de blanc ; le bec, long de trois pouces et demi, est de couleur plombée. La femelle fait un nid creux en terre, qu'elle tapisse de quelques brins d'herbe; elle y pond trois ou quatre œufs olivâtres, tachés de noir. Ces oiseaux sont d'une défiance extrême, ils ne se laissent point approcher et ne se prennent à aucun piége, aussi est-il très difficile de se les procurer vivants. Cette espèce habite le nord de l'Europe, mais en hiver elle émigre dans le midi de la France et même en Italie ; l'Amérique, l'Inde et l'Australie en possèdent chacune une espèce.

AVOINE (*avena*), genre de plantes de la famille des graminées, originaire de la Perse suivant les uns, et indigène au nord de l'Europe suivant les autres. Tout le monde connaît cette plante qui, dans toute l'Europe tempérée, sert à la nourriture des chevaux; en Allemagne, en Hollande et en Angleterre on emploie son grain à la fabrication de la bière; mais, dans certains pays peu favorisés de la nature, comme l'Islande et certaines parties de la Norwège, sa farine, unie à celle de l'orge et du seigle, constitue le fond de la nourriture du peuple. L'avoine demande un sol légèrement humide, souvent labouré et bien amendé; elle redoute les terres arides et la sécheresse. Sa fane est recherchée par tous les animaux, et améliore sensiblement le lait des vaches, lorsqu'elle est donnée avec modération. Ce genre renferme de nombreuses espèces, dont les plus répandues sont : l'avoine commune

avena sativa), qui offre de nombreuses variétés distinguées par la couleur du fruit et la présence ou l'absence des arêtes; l'avoine nue (*a. nuda*), à grain plus petit; l'avoine d'Orient (*a. orientalis*), à gros grains blancs et farineux. Quelques espèces sont sans utilité pour l'homme; l'une d'elles, même, l'avoine folle (*a. fatua*) nuit beaucoup à l'abondance des récoltes.

AVORTEMENT (*abortus*), accouchement prématuré. Dans le langage ordinaire, on remplace ce mot par celui de *fausse couche*, et l'on semble réserver le terme d'*avortement* pour les cas où il est provoqué par des manœuvres criminelles; le Code pénal l'a même consacré dans ce sens. L'avortement peut avoir lieu pendant toute la durée de la grossesse, mais il est plus fréquent dans les premiers mois. C'est un fait généralement grave, et qui peut entraîner la perte de la mère. Les chutes, les coups sur le ventre, ou les pressions habituelles, les efforts, une vive frayeur, etc., sont les causes les plus ordinaires de l'avortement. Les symptômes qui l'annoncent sont des douleurs plus ou moins vives dans les reins et dans le ventre, l'apparition d'une hémorrhagie utérine et la cessation des mouvements de l'enfant. Peu à peu le travail s'établit comme dans l'accouchement (voyez), et l'expulsion de l'œuf a lieu; le reste se passe comme après l'accouchement, seulement les suites en sont plus dangereuses. Des accidents fâcheux, des infirmités incurables peuvent succéder à l'avortement. En médecine légale et en justice criminelle, l'avortement est souvent l'objet de recherches importantes, et d'où peuvent dépendre la vie et l'honneur des accusés; aussi est-ce un des points les plus délicats et les plus difficiles de la jurisprudence médicale. (Voyez *Infanticide*.)

AVORTON. C'est le nom qu'on donne au produit de l'avortement. L'avorton est un fœtus plus ou moins développé, suivant l'époque à laquelle il a été expulsé. L'inspection des diverses parties de son corps peut faire reconnaître son âge, et faire découvrir les manœuvres au moyen desquelles il a été expulsé.

AVOUÉ (*advocatus*, appelé au secours). On nommait ainsi, au moyen âge, des défenseurs choisis par les églises et les abbayes, et chargés par elles de soutenir leurs intérêts soit dans les cours séculières, soit sur le champ de bataille. C'était le plus souvent quelque seigneur voisin du monastère, qui, en retour de sa protection, jouissait de plusieurs priviléges et de terres considérables qu'il tenait en fief de ses clients ecclésiastiques. Il arrivait bien quelquefois que les avoués violaient leurs devoirs, en spoliant ceux qui les payaient pour les défendre. — De puis sants seigneurs se glorifièrent de ce titre, c'est ainsi que Charlemagne et Pépin portèrent le titre d'*avoués de l'Église de Rome*. — Aujourd'hui, on donne en France le nom d'avoués à des officiers ministériels dont les fonctions consistent à représenter les parties devant les tribunaux, à *postuler* et à *conclure* pour elles, c'est-dire faire tout ce qui est nécessaire à l'instruction du procès, à rédiger les actes, à remplir les formalités prescrites par la loi, à présenter enfin aux tribunaux les diverses questions sur lesquelles ils doivent prononcer. Les avoués ont remplacé les *procureurs* de l'ancien régime.

AVRIL (*aprilis*, du latin *aperire*, ouvrir, — qui ouvre le sein de la terre), quatrième mois de l'année. (Voyez *Mois*.)

AXE. On désigne sous ce nom une ligne droite qui passe par le centre de rotation d'une partie tournante. On donne aussi ce nom à l'arbre d'une roue et, en général, à la tige qui traverse un levier, un balancier, etc.

On appelle *axe du monde* une ligne imaginaire qui passe par le centre de la terre, et autour de laquelle cette planète décrit son mouvement de rotation diurne. Les points où l'axe rencontre la surface terrestre se nomment *pôles*. (Voyez.)

AXILLAIRE, ce qui est relatif, ce qui appartient à l'aisselle. On dit glandes, artères, veines, nerfs axillaires. (Voyez *Aisselle*, et chacun de ces derniers substantifs.)

AXIOME, proposition dont l'évidence est si palpable qu'il est inutile de la démontrer : ainsi, *le contenant est plus grand que le contenu; deux quantités égales à une troisième sont égales entre elles*, etc., sont des axiômes.

AXIOMÈTRE, petit appareil servant à indiquer la position du gouvernail, dans les bâtiments qui gouvernent à la roue. (Voyez *Gouvernail*.)

AXIS, nom d'une espèce du genre *cerf*. (Voyez ce mot.)

AXONGE (de *axis*, axe ou essieu, et de *ungere*, oindre), graisse de porc, dont le nom vulgaire est *saindoux*. On la tire de la *panne*, tissu cellulaire qui revêt les organes abdominaux; et on la fait fondre au bain-marie pour en séparer toutes les matières étrangères. Elle est alors douce, blanche et inodore, et présente 62 d'éloïne et 38 de stéarine. Les pharmaciens l'emploient à faire des pommades et des onguents; les parfumeurs s'en servent pour les pommades odoriférantes. Dans la préparation des cuirs et la fabri-

cation des savons on fait une grande consommation de cette graisse, que, dans certains pays, on utilise aussi pour l'éclairage.

Cette substance est aussi un comestible, et les pauvres gens s'en servent beaucoup pour assaisonner leurs aliments. (Voyez *Graisse*.)

AZIMUT, mot emprunté à la langue arabe, employé en astronomie pour désigner l'angle que fait avec le méridien une verticale passant par le soleil ou par une étoile; cet angle se mesure sur un cercle horizontal. L'azimut est *oriental*, si l'observation est faite avant le passage au méridien; il est *occidental*, si elle est faite après, un cadran solaire est dit *azimutal* lorsque son style est vertical.

AZINCOURT (*bataille d'*). La France était épuisée par les guerres des Armagnacs et des Bourguignons; le roi Charles VI était fou, le dauphin incapable; Henri V, roi d'Angleterre, crut alors le moment favorable pour faire revivre les prétentions d'Edouard III à la couronne de France. Il vint débarquer à l'embouchure de la Seine, à la tête de 26,000 hommes (1415), s'empara d'Harfleur et de plusieurs autres places, et se disposait à marcher sur Calais, lorsqu'il fut arrêté dans sa marche. La noblesse française était accourue de tous côtés, si l'on en excepte toutefois les chevaliers de Bourgogne, de Savoie et de Lorraine, qui en furent empêchés par le duc de Bourgogne; et Henri V et son armée n'auraient jamais dû revoir le sol de l'Angleterre, s'il se fût trouvé dans l'armée française un chef habile et dans les nobles un peu plus de discipline. L'armée anglaise, décimée par la dyssenterie, mal approvisionnée, mal vêtue, était réduite de moitié. Les Français résolurent de couper la retraite aux Anglais entre Azincourt et Framecourt, et le connétable d'Albret, qui commandait une armée de 50,000 hommes, alla camper dans une plaine étroite et fangeuse, où la cavalerie ne pouvait se développer. C'était le 25 octobre, la nuit était froide, la pluie tombait sans relâche; les chevaliers, dit Alain Chartier, allaient se promener et se chauffer, ce n'était que rumeur et désordre. Pendant ce temps, les Anglais s'apprêtaient en silence, et, lorsque le jour parut, les trop fameux archers, réunis en un seul corps et retranchés derrière un rempart de pieux, attendaient les Français de pied ferme. La cavalerie française s'ébranla pour attaquer les Anglais, mais les archers la criblèrent de leurs longues flèches, et, y ayant jeté le désordre, ils tombèrent sur ces lourdes masses, l'épée et la hache à la main; les chevaux enfonçaient jusqu'aux genoux, et ce ne fut bientôt plus qu'une affreuse boucherie. Plus de 6,000 Français restèrent sur le champ de bataille, et Henri V emmena prisonniers Bousicault, les comtes d'Eu et de Vendôme, le duc de Bourbon et le duc d'Orléans. Cette terrible défaite, comme celles de Crécy et de Poitiers, eut pour cause l'orgueil et l'indiscipline de la noblesse française, et son ridicule mépris pour l'infanterie qui venait de lui donner une si sanglante leçon.

AZOF (*mer d'*), *Palus mœotis* des anciens. La mer d'Azof n'est, à proprement parler, qu'un vaste golfe formé par les eaux de la mer Noire, avec laquelle elle communique au sud par le détroit d'Ienikaleh. Sa plus grande longueur, du S.-O. au N.-E., est de 84 lieues; sa largeur moyenne de 40. Deux fleuves importants, le Don et le Kouban, ont leur embouchure dans la mer d'Azof. Cette mer a reçu son nom de la ville d'Azof, située sur la rive gauche du Don, à sept lieues environ de l'embouchure de ce fleuve dans la mer Noire. C'est une place forte comprise dans le gouvernement des Cosaques du Don. Pierre-le-Grand la prit en 1694; mais la paix de Pruth, en 1711, le contraignit à l'évacuer. Démantelée à la suite du traité de Belgrade (1739), elle fut définitivement cédée à la Russie en 1774. Son port est ensablé, et elle compte à peine 1,300 habitants.

AZOTE (de *a* privatif et *zótikos*, vital). L'azote est un gaz qui forme les quatre cinquièmes du volume de l'atmosphère; il a été découvert par Lavoisier, en 1775. On l'extrait de l'air. A cet effet, on place sur l'eau une cloche remplie d'air, on fait brûler dans un petit têt un morceau de phosphore, dont la combustion absorbe l'oxigène, et laisse l'azote seul. Ce corps entre dans l'air comme nous l'avons dit; de plus, il fait partie de toutes les matières animales : par conséquent, si un animal carnivore n'avait à manger que des matières végétales, qui sont privées d'azote, il finirait par s'épuiser et périr; une ma-tière est plus ou moins nourrissante, substantielle, suivant qu'elle contient plus ou moins d'azote. — L'azote, comme l'indique son nom, est impropre à entretenir la vie et la combustion; les animaux qu'on y plonge y périssent, comme ils périraient dans le vide.

AZUR, matière colorante bleue, employée dans la fabrication des émaux, et qui sert aussi à donner une couleur *azurée* à l'empois usité pour l'apprêt de divers tissus. Ce n'est qu'un verre coloré par l'oxide de cobalt, et qu'on réduit en une poudre extrêmement fine. On obtient le verre d'azur en faisant, dans de grands creusets, un mélange d'oxide de cobalt, de silex pulvérisé, de potasse calcinée et de deutoxide d'arsenic. La matière liquéfiée est projetée par petites portions dans l'eau froide où elle se divise d'abord, puis elle est soumise à l'action successive du pilon, de la meule et du tamis, et enfin à des lavages réitérés, qui achèvent de la réduire en une poussière impalpable. Il y a des azurs de différentes qualités, suivant qu'ils sont plus ou moins finement pulvérisés. Les plus fins servent dans la peinture à fresque et à la détrempe, de même qu'à donner aux papiers et aux étoffes de fil et de coton blanc la teinte azurée qu'on y recherche quelquefois. On connaît sous le nom de *boules d'azur*, des boules d'une pâte formée de savon, d'alun, de potasse et d'indigo dissous dans l'acide sulfurique, avec lesquelles les blanchisseuses *mettent au bleu* le linge avant de le repasser.

AZYMES (du grec *a*, privatif et *zumè*, levain, *sans levain*). Ce sont les pains que les Israélites mangeaient et mangent encore durant les fêtes de Pâques, en mémoire de ce que leurs ancêtres, au moment de quitter l'Egypte, avaient fait un repas avec du pain sans levain. On appelait ce jour la *fête des Azymes*. Les catholiques occidentaux se servent également du pain azyme dans la célébration des mystères eucharistiques; mais dans l'Eglise grecque, on a la croyance que le sacrement de l'eucharistie ne se peut consacrer efficacement avec du pain sans levain.

B, seconde lettre et première consonne de notre alphabet, ainsi que de l'alphabet grec et de tous ceux qui ont la même origine. Comme toutes les labiales, le B est un son doux, dont l'émission est très facile, aussi est-il un de ceux que l'enfant fait entendre d'abord. Notre B a pris son nom et sa forme du *beta* des Grecs, dérivé lui-même du *beth* des Phéniciens et des Hébreux. Dans plusieurs langues on confond le B avec le V; ce qui donna lieu à ce jeu de mots bien connu, de l'empereur Aurélien sur Bonose, qui passait sa vie à boire : « *Non ut vivat natus est, sed ut bibat.* » Il se confond aussi fréquemment avec le P. Les anciens l'employaient comme signe numérique; il signifiait, chez les Grecs, 2 lorsqu'il était surmonté d'un accent (б'), et 2,000 lorsque l'accent était en bas (,б). Chez les Romains, B signifiait 300, et 3,000 lorsqu'il était surmonté d'un trait horizontal (B̄). Comme abréviation, le B romain désigne plusieurs noms de villes ou de personnages. Sur les monnaies françaises, B désigne Rouen, et le double BB signifie qu'elles ont été frappées à la monnaie de Strasbourg. — En musique, le B placé en tête d'une partie indique par abréviation la partie de basse.

BAAL, divinité des Phéniciens ou Chananéens, souvent adorée par les Israélites. Les Babyloniens le nommaient Bel. Baal signifie maître, seigneur. On offrait à cette divinité des victimes humaines. Quelques mythographes ont dit que Baal n'était autre que Saturne, d'autres ont

pensé que c'était l'Hercule phénicien. Ce qui est aujourd'hui bien constaté, c'est que les Chaldéens se sont servis du nom de Baal comme d'un nom commun pour désigner leurs rois. (Voyez *Bélus*.)

BABEL (mot hébreu qui signifie *confusion*), Environ cent cinquante ans après le déluge, les tribus issues des fils de Noé réunies dans la plaine de Sennaar, se trouvant trop à l'étroit, résolurent de se disperser dans les contrées d'alentour; mais avant de se séparer, elles entreprirent d'élever en ce lieu un monument qui attestât à leurs descendants leur force et leur puissance. Bâtissons, dirent-elles, une tour dont le faîte s'élève jusqu'au ciel, ... mais le Seigneur, irrité de tant d'orgueil, confondit leur langage de manière qu'elles ne s'entendaient plus les unes les autres. Elles furent alors obligées de se séparer, laissant inachevé ce monument de leur impuissance, qui fut appelé *Babel*, c'est-à-dire confusion. » Tel est le récit de la Bible. Quelques savants ont prétendu que la tour de Babel n'était autre que le temple de Bélus, monument colossal élevé dans Babylone, ou que du moins ce dernier avait été bâti sur les ruines de Babel. Au dire d'Hérodote, ce monument consistait en huit tours carrées, bâties l'une sur l'autre en diminuant de grandeur, ce qui donnait à l'ensemble de l'édifice la forme d'une pyramide. La première tour qui servait de base aux autres avait un stade ou 180 mètres en hauteur et en largeur. Au haut de la tour se trouvait le temple de Bélus qui servait d'observatoire aux astronomes chaldéens.

BAB-EL-MANDEB, détroit situé entre l'Arabie et l'Abyssinie, et qui joint l'Océan indien à la mer Rouge. Son nom arabe signifie la *porte mortelle*, probablement à cause des dangers que les îles et îlots, don le détroit est semé, font courir aux navigateurs. La plus grande de ces îles, nommée *Perim*, divise le canal en deux passes, dont la plus étroite est du côté de l'Afrique. Les courants y sont très rapides, mais leur direction varie avec le vent.

BABEUF (François-Noël), fameux démagogue, connu sous le nom de *Caius Gracchus* qu'il s'était donné lui-même, naquit à Saint-Quentin, en 1764. Il fut d'abord arpenteur, puis obtint la place de commissaire à terrier. Lorsque la révolution française éclata, Babeuf se lança avec ardeur dans la carrière nouvelle qui s'ouvrait sous ses pas. Il professa les principes les plus démagogiques, et les développa dans le *Correspondant picard*, journal d'Amiens, avec une violence qui attira sur lui l'attention de l'autorité et le fit arrêter. Conduit à Paris et mis en jugement, il fut acquitté. Il fut nommé administrateur du département de la Somme par ses concitoyens, et destitué peu après à cause de sa violence. Il obtint néanmoins encore le titre d'administrateur du district de Montdidier, mais un faux qu'il commit dans cet emploi le força d'y renoncer et de venir chercher à Paris un refuge contre la peine infamante à laquelle il fut condamné par contumace. Après la chute de Robespierre, à laquelle il applaudit, il publia un écrit politique intitulé le *Tribun du peuple, par Gracchus Babeuf;* il y proposait une nouvelle loi agraire, c'est-à-dire le partage de toutes les terres et de toute les richesses entre les citoyens pauvres. Il attaqua la Convention de thermidor avec la plus grande violence, et fut de nouveau poursuivi et emprisonné. Relâché peu de temps après, il organisa, contre le Directoire exécutif, une vaste conspiration à laquelle se rallièrent une foule d'anciens jacobins. Leur but était de renverser la Constitution, alors en vigueur, pour y substituer celle de 1793, qui établissait la démagogie la plus complète, mais qui n'avait jamais été mise en vigueur. Arrêté pour ces faits avec plusieurs de ses complices, et traduit devant une haute cour de justice, à Vendôme, Babeuf se conduisit pendant le cours des débats avec l'audace d'un fanatique; loin de se défendre, il avoua tout ce dont on l'accusait, et accabla de menaces et d'injures ses juges et ses accusateurs, appelant sur eux les vengeances du peuple. Condamné à mort, avec Darthé, son partisan intime, il se frappa d'un poignard dans la salle même des séances, et fut porté vivant encore sur l'échafaud.

BABIROUSSA (*Sus babyrussa*, L.). Ce nom, qui vient de la langue malaise, et qui signifie *cochon-cerf*, est celui d'un mammifère de la famille des cochons. Il diffère des véritables cochons par son système dentaire; il a quatre incisives en haut et six en bas, et douze molaires à chaque mâchoire, six de chaque côté; plus, quatre canines, au total trente-huit dents. Les canines de la mâchoire inférieure se développent comme celles du sanglier; celles de la mâchoire supérieure ont leur alvéole dirigée en haut; elles percent la peau du museau et se recourbent en arrière pour s'enfoncer quelquefois dans la peau du front, après avoir décrit un arc de plusieurs pouces d'élévation. Les anciens, qui prenaient ces canines, pour de vraies cornes, leur donnaient le nom de *chœrélaphos* (cochon-cerf). Le babi-

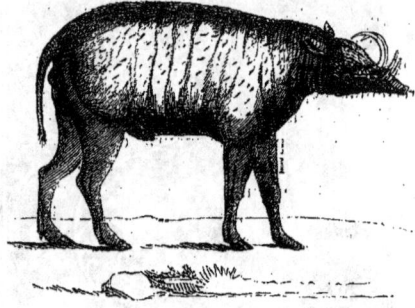

roussa a des formes trapues, et le museau très allongé. Les oreilles sont petites et pointues. La peau est dure et épaisse et forme des plis dans plusieurs endroits du corps, ce qui leur donne quelque ressemblance avec les rhinocéros, la queue est grêle et garnie d'un bouquet de poils à son extrémité. Les canines supérieures de la femelle sont beaucoup plus courtes. Les babiroussas habitent les forêts marécageuses des îles de l'archipel Indien; ils nagent fort bien, et lorsqu'ils sont poursuivis par les chiens, ils tâchent de gagner l'eau et s'y précipitent; ils plongent parfaitement, et passent quelquefois d'une île à l'autre. La chair de cet animal est très savoureuse, elle rappelle, dit-on, la chair du cerf plutôt que celle du cochon; mais elle l'emporte en finesse sur l'une et sur l'autre, elle n'a pour ainsi dire point de lard. Leux individus mâle et femelle, rapportés par MM. Quoy et Gaimard, ont vécu au Jardin-des-Plantes de 1829 à 1832.

BABORD ou BASBORD. Lorsque l'on fait face à l'avant d'un bâtiment, étant placé à l'arrière, toute la partie qui se trouve à gauche est le côté basbord; celle de droite, est le côté de tribord.

BABOUIN, espèce de singe africain du genre *cynocéphale*. (Voyez.)

BABOUR, fondateur de l'empire indien, qui, sous le nom d'empire Mogol, a, pendant plusieurs siècles, jeté un si grand éclat, était arrière-petit-fils de Tamerlan. Il n'était âgé que de douze ans lorsqu'il perdit son père, Omar-Cheik, qui

régnait sur les contrées situées au nord de l'Oxus,
entre Samarkande et l'Indus. Il eut alors à défendre ses Etats contre les princes voisins, et
après de nombreuses vicissitudes il se décida à
les abandonner pour passer l'Indus et se fonder
un royaume dans l'Indostan. A la tête de 10,000
cavaliers d'élite, Babour renversa tous les obstacles, et en moins de cinq ans son autorité était
reconnue depuis l'Indus jusqu'à l'embouchure
du Gange. Mais il n'eut pas le temps de jouir de
ses rapides conquêtes, et mourut en 1530, laissant à son fils Hamayoun un vaste empire, sur
lequel ses descendants régnèrent pendant deux
siècles et demi. Babour, d'un naturel généreux,
cultivait les lettres avec succès. Il a rédigé lui-
même en langue mogole la relation de ses conquêtes et l'histoire de sa vie.

BABYLONE. L'empire de Babylone est représenté dans les traditions hébraïques comme le
plus ancien lieu de réunion des peuples dans
l'Asie. La ville de Babylone fut, dit-on, fondée
par Nemrod, 2680 ans avant Jésus-Christ. Vers
l'an 2218, des hordes arabes conquirent l'empire
de Babylone et le divisèrent en une foule de petits États dont chacun eut ses maîtres particuliers; mais en 1993, Belus chassa les Arabes des
terres de Babylone et les réunit à l'empire de
Ninive. (Voyez.) Après la mort de Sardanapale
(888), Bélésis se fit reconnaître pour chef d'une
espèce de république, en laquelle il transforma
le pays de Babylone; mais son fils Nabonassar
s'arrogea le titre de roi, qu'il rendit héréditaire
dans sa famille. Cinq princes lui succédèrent; le
dernier, Mardo-Kempad, fit alliance avec Ezé-
chias, roi de Juda, contre leur ennemi commun
Sennachérib, roi de Ninive (709). Après sa
mort, Babylone fut livrée à l'anarchie, et Asar
Haddon, roi de Ninive, la soumit à son pouvoir
(680). Trente-six ans après, les Chaldéens s'emparèrent de Babylone sous Nabopolassar. (Voyez
Chaldée). La ville de *Babylone*, capitale de la
Babylonie et de la Chaldée, était située sur l'Euphrate, qui la divisait du nord au sud en deux
parties égales. Aujourd'hui que les voyageurs
modernes ont fouillé et interrogé la terre où fut
Babylone, on n'ose plus taxer d'exagération Hérodote, Diodore, Strabon et tous ceux qui ont raconté les merveilles incroyables de l'ancienne
reine du monde. Babylone avait donc 480 stades
de tour, et son enceinte était fermée par une
muraille haute de 350 pieds, épaisse de 90; de
distance en distance s'élevaient des tours, et au
pied des murailles était un profond fossé rempli
d'eau. Sur chacun des quatre côtés étaient vingt-

six portes d'airain massif, auxquelles venaient
aboutir les rues de la ville. Sur chaque rive de
l'Euphrate s'élevait un palais merveilleux communiquant l'un à l'autre par une galerie souterraine qui passait sous le lit du fleuve. Sur la rive
gauche, attenant au palais, s'élevaient les jardins suspendus de Babylone. C'étaient de vastes
galeries, recouvertes d'une couche de terre suffisante aux plus grands arbres, et où toutes les
plantes du monde étaient réunies. Les eaux de
l'Euphrate y montaient pour les arroser. A quelque distance des jardins suspendus était le temple
de Bélus, dans lequel on a cru reconnaître la fameuse tour de Babel. (Voyez.) Hors de la ville
étaient des canaux et de vastes réservoirs qui
prenaient les eaux du fleuve et les rendaient en
bienfaisantes irrigations aux campagnes environnantes. Après la mort d'Alexandre, Babylone
perdit beaucoup de son ancienne splendeur; et
fut tout-à-fait ruinée lorsque les Perses eurent
soumis la Chaldée. Aujourd'hui, il ne reste plus
rien de cette merveilleuse cité que quelques
masses informes de ruines où les populations
voisines puisent des matériaux depuis des siècles.

BAC. Il existe en France beaucoup de rivières
où les communications d'un bord à l'autre sont
fréquentes, et sur lesquelles il n'y a pas de ponts;
lorsque le nombre des passagers est considérable,
et qu'il se présente pour passer des voitures et
des bestiaux, les simples batelets devenant insuffisants, on se sert d'un bac, espèce de bateau en
carré long, dont les extrémités sont garnies d'un
tablier qui s'appuie sur la rive, et qui sert comme
de pont pour la facilité de l'embarquement et du
débarquement. Ce bateau, de formes massives,
demande à être solidement construit. Pour le
manœuvrer, on fixe sur les deux rives opposées,
à des poteaux, les deux extrémités d'une forte
corde qu'on nomme *traille* ou *grelin*, et que
l'on tend à l'aide de cabestans; cette traille s'engage dans la gorge d'une poulie mobile qu'elle
supporte et à la chappe de laquelle est attachée une
autre corde qui se bifurque et est fixée aux deux
extrémités; l'une est plus courte que l'autre, de
sorte que le bac prend une position oblique au
courant qui le pousse du côté de la corde la plus
courte. La poulie mobile, entraînée par le bac,
le suit dans ses mouvements en roulant sur la
traille.

BACCALAURÉAT. C'est le nom que l'on
donne, dans l'université, au premier des grades
que doivent y obtenir ceux qui en suivent les
cours et qui se destinent à l'enseignement des

sciences ou des lettres, à la carrière du barreau, à l'exercice de la médecine. Il est le premier degré pour arriver au grade de *docteur*, auquel on n'est élevé qu'après avoir obtenu celui de *licencié* qui forme le second grade universitaire. (Voy. ces mots.)

Il existe diverses opinions sur l'origine de ce mot. Les étymologistes ne sont pas d'accord sur sa formation : le plus grand nombre veut qu'il soit composé des deux mots *bacca laurea*, baie de laurier, à cause, disent-ils, de la couronne de laurier qu'on donnait à celui qui était reçu *bachelier*.

BACCHANALES, fêtes de Bacchus. (Voyez *Dionysiaques*.)

BACCHANS. On donnait ce nom aux hommes qui prenaient part aux orgies des fêtes de Bacchus déguisés en Pans, en Silènes, en Satyres, etc.

BACCHANTES (*Bacchantes, Ménades, Lenæ*), prêtresses de Bacchus. Lorsque Bacchus voulut conquérir l'Inde, il partit sur un char attelé de lions, entouré d'hommes et de femmes armés du thyrse. Ce fut à ces femmes guerrières, dans lesquelles quelques écrivains ont cru reconnaître des Amazones, qu'on donna le nom de Bacchantes, et ce fut en leur honneur que les femmes furent appelées aux fonctions sacerdotales, lorsque le culte de Bacchus se fut répandu dans la Grèce. Ces prêtresses furent d'abord choisies parmi les femmes les plus vénérées, elles enseignaient aux personnes de leur sexe la religion et la morale. Mais peu à peu l'on commença à se relâcher de la sévérité qui présidait au choix des Bacchantes, des rites bizarres furent introduits qui donnèrent bientôt naissance à de honteux abus, et Rome corrompue vit souvent des monstruosités qui l'étonnèrent elle-même. Dès lors le nom de *Bacchante* fut une injure applicable à toute femme sans retenue. Les artistes anciens nous ont laissé des scènes pleines de vérité, dont ils puisaient les modèles dans les dionysiaques. (Voy.) — Les Bacchantes, aussi appelées *Ménades*, d'un mot grec qui signifie *furieuses*, se divisaient en trois classes, les Géraires ou matrones, les Thyades ou prêtresses et les Chœurs ou simples bacchantes. Celles-ci armées de thyrses (bâtons entortillés de pampres ou de lierre) et de flambeaux, vêtues de peaux de bêtes, les cheveux épars, dansaient et bondissaient çà et là en criant : *evohe Bacche.* Animées par les vapeurs du vin, elles se livraient aux actes les plus insensés, et parfois, cette joie frénétique se changeant en folie furieuse, on les voyait courir au milieu des forêts, frappant tout ce qui s'offrait à elles et n'épargnant même pas les humains.

BACCHUS, fils de Jupiter et de Sémélé, princesse thébaine, était le dieu du vin. Son nom grec était *Dionysos*, et c'est chez les Romains qu'il reçut les noms de *Liber* et de *Bacchus*. Les mythographes racontent que Sémélé, fille de Cadmus, ayant répondu à la tendresse de Jupiter, excita la jalousie de Junon ; celle-ci, pour se venger, lui inspira le désir de voir son amant dans l'éclat et la gloire qui lui étaient propres, et Sémélé périt foudroyée. Jupiter sauva l'enfant qu'elle portait dans son sein et le renferma dans sa cuisse jusqu'au terme des neuf mois révolus. Bacchus fut d'abord élevé par Ino sa tante, et échappa à tous les dangers que lui suscita la jalouse Junon ; plus tard il fut confié aux soins des muses et de Silène. Devenu grand, il entreprit la conquête de l'Inde, monté sur un char traîné par des lions ou des panthères et entouré d'hommes et de femmes, armés de thyrses chargés de raisins et de tambourins, et faisant retentir les airs de leurs acclamations. Après avoir soumis l'Inde, Bacchus se rendit en Égypte où il enseigna aux hommes l'art de cultiver la vigne et fut adoré comme dieu du vin. Pendant le combat des dieux contre les Titans, Bacchus, transformé en lion, fit des prodiges de valeur, encouragé par Jupiter qui lui criait sans cesse : *Evoë, euie*, courage, mon fils ! mots qui devinrent le cri de triomphe dont le saluaient les bacchantes. Bacchus se fit reconnaître pour dieu dans la Grèce, et punit sévèrement ceux qui voulurent s'opposer au culte que lui rendaient les populations. (Voy. *Penthée, Lycurgue*.) Bacchus accorda ses faveurs à Érigone, Althée, Aphrodite, Nicée, Aura et beaucoup d'autres, mais il n'honora du titre d'épouse que la seule Ariane (Voy.), qu'il trouva abandonnée à Naxos. On représente ce dieu sous la forme d'un beau jeune homme riant et sans barbe, couronné de pampres verts et tenant le thyrse à la main, tantôt nu, tantôt couvert d'une peau de bête fauve. On le représente aussi parfois couvert d'une toge et portant sur la tête des cornes de bélier d'or, symbole de la force. Des mythes de différente nature, égyptiens, orientaux et grecs sont confondus dans celui-ci. Bacchus est souvent pris comme symbole du principe générateur de la terre. (Voyez l'article *Dionysiaques*.)

BACCIO DELLA PORTA. Voy. *Fra Bar-tolomeo.*

BACH, nom d'une célèbre famille de musiciens qui remonte au xvi⁰ siècle et qui a donné à l'Allemagne plus de cinquante musiciens distingués. Le chef de la famille Veit Bach, boulanger à Presbourg, forcé de s'expatrier à cause des troubles religieux, alla s'établir à Wechmar, village de Saxe-Gotha, où il se livra tout à sa passion pour la musique. Ses deux fils partagèrent ses goûts et les transmirent à leurs enfants. La famille Bach devint très nombreuse, et ses membres, dispersés par toute l'Allemagne, convinrent de se réunir une fois par an à jour fixe pour célébrer une fête musicale. On vit souvent à ces fêtes plus de cent musiciens du nom de Bach, hommes, femmes et enfants, réunis pour jouer ensemble des morceaux de leur composition. Parmi ceux qui acquirent le plus de célébrité, nous citerons *Jean-Sébastien Bach*, né en 1685 à Pisenach où son père Jean-Ambroise était musicien de cour et de ville. Ayant perdu son père à l'âge de dix ans, il reçut les premières leçons de son frère aîné Jean-Christophe, organiste à Ordruff. En 1703 il vint à Weimar où il fut nommé musicien de la cour; il quitta cette place pour celle d'organiste à Arnstadt, puis à Mulhausen. Il revint à Weimar en 1708 et fut nommé organiste de la cour, puis maître de concert. C'est là qu'il écrivit ses plus beaux morceaux de musique sacrée et qu'il atteignit sur l'orgue un degré de perfection sans égal. Il devint ensuite maître de chapelle du prince d'Anhalt Kœthen, compositeur de l'électeur de Saxe, roi de Pologne, puis enfin directeur de l'école musicale de Leipzig. La gloire de Bach retentissait dans toute l'Allemagne, lorsque l'excès du travail lui fit perdre la vue, sa santé s'altéra de jour en jour, et il mourut en 1750 âgé de 65 ans. Bach laissa après lui onze fils qui furent tous musiciens de profession. Jean-Sébastien a produit de nombreux chefs-d'œuvre dans tous les genres. En France on connaît plus particulièrement son recueil de 48 préludes et fugues pour clavecin; cet ouvrage admirable suffirait pour immortaliser le nom de son auteur, mais c'est surtout dans les compositions de musique sacrée que se révèle tout le génie de cet éminent artiste.

Guillaume-Friedemann Bach, fils aîné de Jean-Sébastien et surnommé le *Bach de Halle* à cause d'un séjour de vingt ans qu'il a fait dans cette ville, naquit à Weimar en 1710. Il se voua d'abord à la jurisprudence, mais il revint bientôt à la musique et s'établit à Dresde où il fut nommé organiste de l'église Sainte-Sophie. Il fut ensuite directeur de musique et organiste à l'église Notre-Dame de Halle et y resta vingt ans. Il mourut à Berlin en 1784. Friedemann Bach a peu écrit et presque toutes ses compositions sont restées manuscrites. Il avait dit-on un beau talent d'improvisation sur l'orgue et passait pour un des plus savants harmonistes.

Charles-Philippe-Emmanuel Bach, deuxième fils de Jean-Sébastien, naquit à Weimar en 1714; il étudia d'abord la jurisprudence, mais ce goût inné pour la musique, qui caractérisait sa famille, se réveillant en lui, il abandonna ses études de droit pour se livrer tout entier à un art qu'il devait enrichir un jour de ses belles conceptions. En 1738 il se rendit à Berlin, et Frédéric le nomma musicien de sa chapelle et accompagnateur; il y resta 29 ans et partit pour se rendre à Hambourg où il était appelé comme directeur de musique. Il passa dans cette ville le reste de ses jours et y mourut en 1788 d'une maladie de poitrine. Le nombre des compositions d'Emmanuel Bach est considérable. Quoique moins grand que son père, cet artiste tient un des premiers rangs dans les annales de l'art. Sa musique, moins savante que celle de Sébastien, a peut-être plus de grâce et de sentiment. Son *Essai sur l'art de toucher du clavecin* a joui d'un succès immense et a servi de base à une foule de méthodes qu'on a écrites pour cet instrument.

BACHAUMONT (François Le Coigneux DE), naquit à Paris en 1624. Son père était président à mortier au parlement, et lui-même y siégeait comme conseiller. Il prit une part active aux troubles de la Fronde, et fut même l'auteur du nom par lequel on désignait cette faction. Ennemi des soucis et des fatigues, Bachaumont résigna sa charge dès que la Fronde fut terminée, et se livra tout entier au plaisir et au culte des Muses. Intimement lié avec Chapelle, il composa avec lui ce joli voyage dont la relation les a immortalisés tous deux. Ses autres poésies sont éparses, sans nom d'auteur, dans les recueils du temps. Après avoir vécu en épicurien, Bachaumont mourut en chrétien à l'âge de 78 ans. Son voyage, et celles de ses poésies qu'on a conservées, ont été publiés en 1755 et 1826, avec les œuvres de Chapelle.

BACHE. Voyez *Châssis.*

BACHELIER. Le titre de *bachelier* se donnait anciennement : 1° à des chanoines d'un rang inférieur ; 2° à des chevaliers qui n'avaient pas assez de vassaux pour faire porter leur bannière, et, par la suite, à quiconque avait rang entre le chevalier et l'écuyer. Les étymologistes font venir ce mot de bas chevalier. Plus tard, il y eut des chevaliers ès-lettres et ès-sciences comme il y avait des chevaliers ès-armes, et l'on donna le nom de *bascheliers* à ceux qui n'avaient pas encore conquis tous leurs grades universitaires. — Le grade de bachelier est le premier qui est conféré à l'étudiant dans chacune des facultés, à la suite d'un examen. (Voyez *Baccalauréat*.)

BACON (Roger), célèbre moine anglais, qui s'éleva par la puissance de son génie au-dessus de son siècle, et mérita par son savoir prodigieux le nom de *Docteur admirable*. Né en 1214, à Ilchester, comté de Somerset, il entra d'abord à l'université d'Oxford, puis il vint à Paris et reçut le grade de docteur en théologie. En 1240 il retourna en Angleterre pour entrer dans l'ordre des franciscains. Il se livra à l'étude des sciences naturelles et fit des découvertes qui lui attirèrent l'admiration des gens éclairés, mais qui parurent surnaturelles à ses confrères ignorants, dont il avait, du reste, censuré les mœurs dissolues, et le firent accuser de sorcellerie. Dénoncé au Saint-Siége par les moines de son ordre, il fut jeté en prison. Clément IV, admirateur de son génie, lui rendit la liberté lorsqu'il monta sur le trône pontifical, et lui accorda sa protection ; mais il perdit encore la liberté en perdant son protecteur, et fut incarcéré de nouveau sous le pontificat de Nicolas III, sur la demande du général des franciscains. Il ne recouvra la liberté qu'à la mort de Nicolas IV, c'est-à-dire au bout de treize ans. Il se retira alors à Oxford, où il écrivit un *Compendium* de théologie et mourut quelques années après, en 1294. Malgré son grand génie, Bacon n'avait pu s'affranchir entièrement des préjugés de son siècle ; il croyait à l'astrologie et à la pierre philosophale. Bacon a laissé des écrits sur presque toutes les parties de la science. Son *Opus majus*, ouvrage remarquable, est en quelque sorte la collection faite par lui-même de ses divers écrits sur les sciences. On trouve dans ces livres des vues nouvelles et ingénieuses sur l'optique, la chimie, la mécanique. On lui attribue l'invention de la poudre, du télescope, de la pompe à air, etc. Il était très versé dans le grec et l'hébreu et écrivait le latin avec beaucoup d'élégance. C'est à lui qu'on doit en partie l'abandon de la méthode purement spéculative, pour celle de l'expérience, qu'il pratiqua lui-même.

BACON (François), illustre philosophe anglais, fils de Nicolas Bacon, garde-des-sceaux sous la reine Elisabeth, naquit à Londres en 1560. Dès son enfance il se fit remarquer par la précocité de son intelligence ; il étudia à Cambridge, et fit de rapides progrès dans les sciences et dans les lettres. Il suivit en France l'ambassadeur d'Angleterre, mais rappelé dans son pays par la mort de son père, il fut obligé de s'occuper de sa fortune qui n'était pas des plus brillantes. Il se fit recevoir avocat, se livra avec succès à l'étude de la jurisprudence, et fut nommé par Elisabeth avocat du conseil. Mais cette place était plus honorable que lucrative, et Bacon s'attacha au comte d'Essex, alors tout puissant ; celui-ci le combla de biens. Mais à la honte de Bacon, lorsque l'infortuné seigneur fut accusé de haute trahison, l'avocat du conseil plaida contre son bienfaiteur et le conduisit à l'échafaud. Un cri d'indignation s'éleva contre lui, et ce fut en vain qu'il chercha à se justifier d'une conduite qui lui attira le mépris de tous les hommes honnêtes et de la reine elle-même. Il se retira alors des affaires publiques et se consola par l'étude des sciences. Après la mort d'Elisabeth, Jac-

ques Ier, protecteur des lettres, fit en montant sur le trône un accueil flatteur à Bacon, et l'éleva rapidement aux honneurs. Il fut successivement nommé procureur-général, membre du conseil privé, garde-des-sceaux, et enfin grand chancelier. Son mariage avec la fille d'un riche alderman de Londres augmenta sa fortune et il obtint le titre de baron de Vérulam, puis celui de comte de Saint-Alban. Il seconda puissamment les efforts du roi pour unir les royaumes d'Angleterre et d'Ecosse et fit d'utiles réformes. Tout lui réussissait alors ; sa fortune et son pouvoir étaient considérables, lorsqu'il fut accusé par les communes de s'être laissé corrompre en vendant des places et des priviléges. L'accusation fut solennellement portée à la chambre des pairs. Au lieu de se défendre, Bacon sembla perdre toute force d'esprit ; il confessa ses erreurs et se reconnut coupable. Ses supplications, l'intérêt que le roi lui portait, ses éminents services même ne purent le sauver ; il fut condamné à être emprisonné dans la tour de Londres, et à payer une amende de 40,000 liv. sterling ; il fut en outre privé de toutes ses dignités et exclu des fonctions publiques. Peu de jours après le roi lui rendit la liberté et lui fit remise de l'amende, mais Bacon vécut dès lors dans la retraite, livré tout entier à l'étude des sciences. Il mourut en 1626, le jour de Pâques, d'une fluxion de poitrine, âgé de soixante-six ans. Bacon a laissé des écrits sur la jurisprudence, la politique, l'histoire, les sciences, la morale et la philosophie. C'est principalement à ces derniers qu'il doit sa célébrité. Ils sont tous compris dans son *Instauratio magna*, dont la première partie contient le traité *De dignitate et augmentis scientiarum*, la seconde le *Novum organum*, et la troisième divers traités d'*Histoire naturelle*. Tous les travaux de Bacon tendent à renverser les vaines hypothèses et les subtiles argumentations dont on abusait alors et à leur substituer l'observation et l'expérience. Il conseilla l'étude de la nature et la voie des inductions, qui vont du simple au composé, du connu à l'inconnu, du fini à l'infini. Il avait entrepris une classification nouvelle et un remaniement des connaissances humaines : Bacon divisa la science en histoire, poésie et philosophie, qu'il faisait naître de la mémoire, de l'imagination et du raisonnement. En métaphysique, il posa ce principe, développé plus tard par Locke, que rien n'est dans l'intelligence qui n'y soit arrivé par les sens. Les découvertes en physique, quoique incomplètes, ont eu de l'importance ; il entrevit l'élasticité et la pesanteur de l'air démontrées par Galilée et Toricelli ; il

indiqua l'attraction des corps, fit des recherches sur l'aimant, sur les qualités des corps, sur la lumière, etc. Son *Traité de la sagesse des anciens*, l'*Eloge d'Elisabeth*, les fragments de l'*Histoire de Henri VII* et de l'*Histoire de la Grande-Bretagne*, ses *Essais de morale et de politique*, prouvent la prodigieuse souplesse de son intelligence ; il avait étudié toutes les sciences, et les embrassait avec une incroyable supériorité. Il était à la fois créateur d'une méthode générale, inventeur de plusieurs découvertes, historien habile, moraliste profond, écrivain brillant et surtout énergique. Malheureusement, il faut distinguer l'homme de l'écrivain, et l'on voudrait trouver l'un et l'autre irréprochables. Les meilleures éditions des œuvres de Bacon sont celle de Mallet (Londres, 1763), et celle de M. Montaigu (Londres, 1825-1835). Mallet a écrit une Histoire de la vie et des ouvrages de Fr. Bacon, traduite en français. Antoine Lasalle a donné une traduction française de ces œuvres, avec des notes critiques et littéraires (1799).

BACKHUYSEN (Ludolf), un des peintres les plus célèbres de l'école flamande, naquit à Embden en 1631. Son père le plaça dans une maison de commerce à Amsterdam, où il se distingua plus par son goût pour le dessin que par son aptitude en comptabilité. Sans aucune connaissance du dessin, il commença à crayonner les vaisseaux qui entraient dans le port et, content de ces essais, il résolut de se livrer entièrement à la peinture. Il reçut les leçons d'Everdingen, et étudia avec zèle la nature. Ce fut surtout comme peintre de marines qu'il acquit une grande renommée. Il avait coutume, à l'approche d'une tempête, de s'embarquer sur un léger bateau où il observait avec calme le mouvement des vagues qui se brisaient avec fracas contre les rochers ; plus d'une fois les marins effrayés, résistant à ses prières, l'obligèrent à regagner le port. Ce zèle courageux donna à ses tableaux une si grande vérité, qu'ils se placèrent au premier rang dans ce genre. Il fit pour les bourgmestres d'Amsterdam un tableau destiné à être offert au roi Louis XIV, en 1665. Ce beau tableau est encore à Paris. Son coloris est vif, ses ciels légers et d'une grande variété. Cet artiste éminent mourut en 1709, âgé de 78 ans.

BACTRIANE, province d'Asie qui s'étendait sur le bord méridional de l'Oxus, et avait pour limite, au Midi, les montagnes qui forment le prolongement du Paropamisus et qui la séparaient de l'Inde. C'était l'un des plus anciens pays commerçants, et par sa position géographique, l'un des premiers entrepôts des marchandises de l'Asie méridionale. Les principaux fleuves de la Bactriane étaient, outre l'Oxus qui l'arrosait au nord, le Margus au milieu, et l'Arius au sud. La ville la plus importante était Bactres, aujourd'hui Balkh. Sa puissance était grande dès le temps de Ninus, qui l'assiégea, et s'en rendit maître. Les Bactriens étaient de farouches montagnards, aussi ardents pour la guerre que le sont aujourd'hui les Afghans, qui occupent leur pays. Ils furent pourtant successivement vaincus par les Assyriens, les Mèdes, les Perses et par Alexandre. Sous les Séleucides, la Bactriane fut administrée par des gouverneurs jusqu'au règne d'Antiochus Théos. A cette époque (255 av. J.-C.), le Grec Théodat qui en était gouverneur s'en empara à titre de souverain indépendant. La guerre survenue entre Antiochus et Ptolémée Philadelphe établit en sa faveur une diversion dont il sut profiter pour consolider son pouvoir. Théodat II, son fils et successeur, s'allia avec les Parthes, et recula de beaucoup les limites de la Bactriane. Eutydème, Démétrius et Eucratidas, ses successeurs, portèrent avec succès leurs armes dans l'Inde. Mais les Parthes les dépouillèrent bientôt de leurs conquêtes, et les peuples nomades venus des frontières de la Chine, arrivant dans ces contrées, anéantirent le royaume de Bactriane. Plus tard, ce pays fit partie de la Perse nouvelle et devint une province du khalifat des Arabes, puis enfin tomba au pouvoir des Turcs et des Mongols, qui en sont encore aujourd'hui les maîtres.

BADAJOZ, ville importante d'Espagne, capitale de la province d'Estramadure, située sur la rive gauche de la Guadiana, sur la frontière du Portugal. Badajoz est une place de guerre importante et sa fondation remonte à une haute antiquité. Strabon la connaissait sous le nom de *Pax Augusta*, en espagnol *Paz de Agosto*, d'où le nom actuel est bien évidemment dérivé par corruption. La ville est fortifiée et couverte du côté de la frontière par le fort Saint-Michel ; entre les ouvrages qui la défendent, on a laissé subsister plusieurs tours antiques, ainsi qu'un vieux château qui domine sa partie haute. On y traverse la Guadiana sur un magnifique pont de construction romaine. Badajoz est le siège d'un évêché suffragant de l'archevêché de Santiago. On y compte 15,000 habitants. Des fabriques de chapeaux, de cuir, de faïence et de porcelaines alimentent son commerce. On ne peut guère

citer parmi ses monuments que sa belle cathédrale. Badajoz a joué un rôle important dans plusieurs événements historiques. En 1661, don Juan y remporta sur les Portugais une grande victoire. En 1709, les Français et les Espagnols, sous les ordres du marquis de Bragy, y battirent les Anglais et les Portugais, commandés par Galloway. — Après la brillante, mais peu utile campagne de 1810, le maréchal Soult manœuvrait dans le midi de l'Espagne et cherchait à entamer les flancs du généralissime anglais Wellington. Après s'être emparé de Olivenza (23 janvier 1811), il vint mettre le siège devant Badajoz ; la tranchée fut ouverte le 5 février, et le 10 mars, la place se rendit par capitulation ; mais une diversion opérée par l'ennemi sur Cadix le rappela vers l'Andalousie. Alors, Béresford, repassant la Guadiana, investit Badajoz et poussa sa marche vers Séville. Le maréchal Soult revint sur ses pas ; douze jours après son départ il avait secouru Victor devant Cadix et livrait bataille à Béresford, devant Albuhéra. Wellington vint alors pousser lui-même le siége de Badajoz ; Soult accourut encore à la défense de cette place et le généralissime anglais fut refoulé dans l'Alentéjo. Cette ville fut enlevée aux Français le 6 avril 1812, après une vigoureuse résistance de la part du général Philippon.

BADE. Le grand-duché de Bade, qui fait partie de la confédération germanique, est borné au nord par le grand-duché de Bavière, à l'est par le Wurtemberg, au sud par la Suisse, et à l'ouest par la France, dont il est séparé par le Rhin ; il a 80 lieues de longueur, 10 de largeur moyenne et 788 lieues carrées de superficie.

Les principales rivières sont le Treisan, le Kinzig, le Murg, le Pfinz et le Necker.

Le duché de Bade est un des plus fertiles de l'Allemagne ; on y récolte en abondance du blé, du vin, des légumes, des fruits ; plusieurs cantons cultivent le lin et le chanvre, d'autres le tabac et la garance. Il y a des fabriques, des manufactures qui, quoique proportionnellement très productives, ne sont pas en assez grand nombre pour l'étendue du pays.

Les mines de fer donnent de 10 à 12,000 quintaux par an ; celles d'argent, de plomb, de cuivre, de cobalt, d'antimoine, sont moins importantes.

La population du duché s'élève à 1 million 20,000 hab., presque tous catholiques et luthériens ; mais les diverses sectes religieuses sont protégées par la tolérance des lois et la sagesse du gouvernement, qui a eu le bon esprit d'élu-

der les prétentions injustes des deux cultes do-
minants par des arrangements particuliers.

Les revenus de Bade se montent à 21,000,000
de francs; l'état militaire se compose de 18,000
hommes, le contingent à l'armée fédérale de
10,000 hommes.

Depuis 1819, le grand duché de Bade est divisé en six cercles, subdivisés en plusieurs districts. Il y a 97 villes ou bourgs, et 2,454 villages et hameaux.

Carlsruhe est la capitale du margraviat, et la
résidence du margrave, qui y a un fort beau palais. Cette ville ne date son existence que depuis
1715. On y remarque, outre le grand château
ducal et ses beaux jardins, la *Bibliothèque publique*, le *Cabinet des Monnaies*, le *Jardin
botanique*, la *Galerie de tableaux et de gravures*, l'*Ecole militaire*, l'*Ecole Royale*, et
l'*Ecole Polytechnique* fondée en 1825 (16,000
habitants).

Bade, située dans une vallée charmante de
la Forêt-Noire, à deux lieues du Rhin, est fameuse depuis l'antiquité pour ses eaux thermales; les Romains l'avaient nommée *Aurelia
aquensis*, en l'honneur de l'empereur Aurélius-
Alexandre Sévère, et y établirent des bains qui,
plus tard, donnèrent leur nom à la ville et au
pays (*Bade* vient de *bad*, bain). Les bains s'ac-
créditèrent surtout depuis le xivᵉ siècle ; les étrangers y affluèrent, et il est difficile de trouver aujourd'hui une contrée plus favorisée par la nature et plus attrayante par les agréments que l'on
y rencontre ; salles de danses, de spectacle, de
lecture, de conversation; de jeu, tout s'y trouve.
Le château repose sur des caveaux souterrains
qui sont vraisemblablement l'ouvrage des Romains. Les montagnes qui dominent la ville sont
couronnées par les ruines imposantes de l'*ancien château* des margraves de Bade. La ville
possède 3,500 habitants. — Les autres villes du
duché sont : *Freybourg*, sur la Treisan, 10,000
habitants ; *Constance*, où se tint en 1414 le célèbre concile qui condamna Jean Hus et Jérôme
de Prague, est aujourd'hui bien déchue, 5,000
habitants ; *Pforzheim*, ville très industrieuse,
7,000 habitants ; et *Heidelberg*, sur le Necker,
10,000 habitants.

BADIANE, (*Illicium*), genre de plantes de la
famille des magnoliacées, de la polyandrie poly-
ginie de Linné. On en connaît trois espèces dont
la plus remarquable est la *badiane anis*, *étoilé*,
I. *anisatum* (Chine); tiges de 10 à 12 pieds, rameuses; feuilles persistantes aiguës et coriaces
comme celles du laurier ; en *avril-mai*, fleurs

solitaires, terminales, jaunâtres, de peu d'effet,
mais odorantes comme toutes les parties de cet
arbrisseau, qui passe l'hiver en pleine terre avec
les précautions d'usage pour les arbres à acclimater.

Multiplication de marcottes avec incision,
comme celles des orangers; même terre et exposition : les deux premières préfèrent la terre de
bruyère.

Les Chinois la mâchent comme un puissant
stomachique, ils en aromatisent leur thé, la regardent comme l'antidote de plusieurs poisons;
elle peut être prise avec succès contre l'effet des
moules vénéneuses. Dans différents pays on en fait
une liqueur de table de la nature des aromates.
—Les deux autres espèces, originaires de la Flo-

ride, sont la *badiane à grandes fleurs rouges*
(I. floridanum), et la *badiane à petites fleurs*
(I. parvi florum), que l'on cultive dans les jardins comme plantes d'agrément. L'infusion de
leurs feuilles est très agréable.

BAFFIN (*Baie* ou *mer de*), vaste baie située
sur la côte nord-est de l'Amérique septentrionale
entre les 65ᵉ et 78ᵉ degrés de latit. nord. Son
nom lui vient du pilote Guillaume Baffin, qui y

pénétra le premier en 1616, par le détroit de Davis. Cette mer a environ 300 lieues de longueur sur une largeur moyenne de plus de 100 lieues. Ses côtes sont en général élevées et garnies de rochers perpendiculaires. Les explorations des derniers temps ont fait reconnaître que la baie de Baffin sert de communication par le détroit de Lancaster, entre la mer Polaire et l'Océan Atlantique. Cette baie est fréquentée depuis longtemps par les baleiniers, qui y font des pêches importantes.

BAGAUDES (du mot gallique *bagad*, attroupement). Vers le milieu du III{ᵉ} siècle de notre ère, pendant que d'horribles guerres civiles désolaient l'empire romain et surtout la Gaule, les paysans ne pouvant plus supporter le poids de leur esclavage devenu chaque jour plus accablant, se soulevèrent de toutes parts. On les appela *bagaudes*, c'est-à-dire *insurgés, attroupés*, et ils se livrèrent à leur tour aux plus affreuses dévastations. Ils assaillirent partout leurs maîtres à l'improviste, en massacrèrent un grand nombre, incendièrent les châteaux et les villes, assiégèrent et saccagèrent Autun, et firent trembler la noblesse des Gaules jusque dans les villes fortifiées où elle s'était réfugiée. Mais lorsque l'empereur Claude envoya contre eux des troupes réglées, ils furent aisément défaits et châtiés. Aurélien acheva de les apaiser par de sages mesures : il accorda la remise de tout l'arriéré des impôts et une amnistie générale, plus efficace que les armes. Mais lorsque Dioclétien monta sur le trône, une nouvelle bagauderie plus terrible que la première éclata ; les bagaudes, exaspérés par les exactions de Carinus, se soulevèrent de nouveau, pillèrent et brûlèrent les palais et les maisons et massacrèrent les officiers impériaux. Aux paysans se joignirent des esclaves fugitifs, des chrétiens persécutés, des vieux Gaulois chez lesquels fermentait la vieille haine contre les Romains ; ce peuple d'opprimés s'organisa et se choisit des chefs. La bagauderie fit des progrès et menaça bientôt de gagner les autres régions de l'empire. Dioclétien vit le danger, mais retenu en Orient, il associa Maximien à l'empire et l'envoya contre les Gaulois. Maximien entra dans les Gaules, assaillit les bagaudes, et les défit près de Cussi, en Bourgogne. Après plusieurs échecs, la plus grande partie de cette multitude indisciplinée se dispersa et mit bas les armes ; leurs chefs Ælianus et Amandus, suivis des plus braves, se retranchèrent dans la presqu'île que forme la Marne un peu au-dessus de son confluent avec la Seine, et moururent les

armes à la main. Au moyen-âge, la bagauderie reparut sous le nom de *jacquerie*. (Voyez.)

BAGDAD. Le calife abbasside Al-Mansour, pour punir les habitants de Hachemiah, qui avaient fait une sédition devant les portes de son palais, résolut de transporter ailleurs le siége de son empire. Il fit bâtir une ville nouvelle aux environs de l'ancienne Séleucie, sur la rive occidentale du Tigre ; ce fut Bagdad (762). — Elle était entourée d'un épais mur de briques et flanquée de cent soixante-trois tours. Au milieu s'élevait un château qui la dominait tout entière. Al Mansour ne mourut point dans la ville qu'il avait fondée. Il eut pour successeur son fils Mahadi qui, ainsi que son frère Haroun-Al-Rachid, agrandit et embellit Bagdad. Prise par les Mongols en 1258, elle fut livrée au pillage ; les Turcomans s'en emparèrent en 1534, et elle fut disputée par les Turcs et les Persans, jusqu'à ce que Mourad IV la conquit définitivement sur Chah-Sofi, roi de Perse, en 1638. Depuis ce temps elle est restée au pouvoir des Turcs. Bagdad est aujourd'hui le siége d'un des plus grands pachalicks ottomans ; il comprend la partie méridionale de la Mésopotamie, le Kurdistan, le littoral de l'Euphrate et du Tigre, jusqu'à Basra.

Il a 280 lieues de longueur, 242 de largeur, et plus d'un million d'habitants. — La ville de Bagdad est aujourd'hui divisée en deux parties distinctes par le Tigre : la vieille ville, celle bâtie par Al-Mansour, occupe la rive occidentale ; c'est le quartier le plus populeux ; on n'y voit que des misérables cabanes au milieu d'immenses clos de dattiers. La ville nouvelle, bâtie par les successeurs d'Al-Mansour, est habitée par l'aristocratie et le commerce : on y distingue plusieurs beaux édifices, parmi lesquels nous citerons le sérail, qui est riche et spacieux, le tombeau de Zobéide, celui de Abdoul-Kadir-Ghilani et quelques bazars assez beaux. Un pont de bateaux de deux cents mètres joint l'ancienne ville à la nouvelle. Les rues sont étroites et mal propres, comme celles de la plupart des villes de l'Orient ; les maisons sont généralement en briques, n'ont qu'un étage, et sont terminées par des terrasses. Elles sont souvent entourées de vastes jardins. La ville est ceinte d'un mur de pierre, au pied duquel est un fossé large et profond, qui peut au besoin recevoir les eaux du Tigre. L'industrie y est assez active ; la maroquins, la sellerie, la teinture des étoffes de soie, sont les principales branches de son commerce. Dans les premières années de ce siècle, le commerce des châles faisait passer tous les ans deux millions de sequins vénitiens à Bagdad. On y compte environ 100,000 âmes. Le climat y est sain, mais les chaleurs sont excessives.

BAGNE, bâtiment destiné à recevoir des forçats. Les Italiens donnaient ce nom à l'édifice de Constantinople destiné à cet usage, à cause des bains qui y étaient attachés. De là le nom est devenu commun à tous les établissements de détention du même genre. La peine des galères, qui a précédé celle du bagne, consistait, ainsi que l'indique le mot, à ramer sur les bâtiments de ce nom. Il est difficile de préciser la date de l'introduction pénale des galères en France ; tout ce que l'on peut dire, c'est que Charles IV est le premier roi de France qui ait eu des galères sur mer. La peine des galères était temporaire ou perpétuelle ; tout condamné était préalablement fustigé, exposé et marqué d'un fer chaud contenant les trois lettres G A L. Tant que la marine militaire se composa de ces bâtiments appelés galères, les condamnés et les prisonniers de guerre furent employés à la manœuvre des avirons. La suppression des galères pour le service de mer, prononcée par l'ordonnance de 1748, produisit dans la marine une révolution dont le contre-coup se fit sentir dans l'ordre de la pénalité. C'est alors que sous le nom de *bagnes* on créa des établissements permanents pour recevoir les forçats, soit à terre, soit à bord des bâtiments flottants hors de service. Il y a en France quatre bagnes, placés à Toulon, à Brest, à Rochefort et à Lorient. Une ordonnance royale

du 20 août 1828 a établi un classement des bagnes, d'après lequel celui de Toulon est affecté exclusivement aux condamnés à dix ans et au-dessous, et ceux de Brest et de Rochefort aux condamnés à plus de dix ans. Le bagne de Lorient est exclusivement réservé aux condamnés militaires. Après le jugement, les forçats sont transportés aux différents bagnes, dans des voitures cellulaires. A leur arrivée au lieu de destination, on procède à leur toilette ; on leur rase la tête, on les visite avec soin, puis on distribue à chacun, suivant la durée de sa peine, la livrée du crime. A ceux qui n'ont à passer au bagne qu'un petit nombre d'années, la houppelande, le pantalon, le gilet et le bonnet rouge ; aux condamnés à perpétuité, le bonnet vert. Les condamnés sont enchaînés par une jambe deux à deux, un anneau d'acier, nommé *manille*, est rivé au bas de la jambe et tient avec la chaîne.— Le long des salles du bagne règne une suite de lits de camp garnis de paillasses au pied desquels sont des anneaux destinés à recevoir la chaîne de chaque individu. Pendant le jour, ces vastes salles deviennent vides et silencieuses ; dès cinq heures du matin, les forçats partent par escouades, sous la surveillance des gardes chiourmes, pour leurs destinations respectives ; ils sont employés pour le compte du gouvernement aux constructions navales, aux bâtiments civils, au magasin général, aux chantiers, à la manufacture, etc. On n'emploie à la fatigue que les individus incapables. L'administration du bagne est sous la surveillance du préfet maritime et du conseil d'amirauté. Le nombre des forçats s'élève, année commune, à cinq mille huit cents. L'administration du bagne a à sa disposition les plus grands moyens de répression ; les punitions du *banc*, au pain et à l'eau, des menottes et du cachot sont les plus usitées. La plus terrible est celle de la *bastonnade*, qui consiste à appliquer sur les reins nus du coupable avec une corde goudronnée, un certain nombre de coups ; mais ce traitement barbare est fort rare, et les forçats sont généralement traités avec douceur lorsqu'ils se conduisent bien, on leur accorde même de travailler plusieurs heures par jour pour leur compte. (Voyez *Prisons*.)

BAGNÈRES. Deux villes de France, célèbres par leurs eaux minérales, portent ce nom. L'une, *Bagnères de Bigorre*, est dans le département des Hautes-Pyrénées ; déjà célèbre sous Auguste par ses sources thermales, elle portait le nom d'*Aquensis vicus*. Située sur la rive gauche de l'Adour, dans un des sites les plus pittoresques dé cette contrée, cette ville est bien bâtie et brille surtout par sa minutieuse propreté. Les environs en sont admirables. La salle de spectacle, ancienne église de l'ordre de Malte et les établissements de bains sont les édifices les plus remarquables; on y voit en outre un grand nombre de maisons charmantes, entourées de jardins. Les eaux limpides et transparentes de Bagnères de Bigorre attirent chaque année cinq à six mille étrangers qui viennent y chercher la santé ou les plaisirs. Chef-lieu de sous-préfecture, tribunal de première instance. 8,500 habitants.

Bagnères de Luchon est une jolie petite ville du département de la Haute-Garonne. Les Romains connaissaient ses eaux et la nommaient *aquæ balneariæ lixanienses*. La ville est bien bâtie et entourée de sites variés et pittoresques. L'établissement des bains se compose d'un bâtiment vaste, élégant et commode, construit au pied d'une montagne. Les sources, au nombre de neuf, ont une température qui varie entre 65 et 17 degrés. Ces eaux sont toutes sulfureuses. Bagnères de Luchon possède en outre une importante fabrique de chocolat. On y compte 2,650 habitants.

BAGOAS. Voyez *Darius.*

BAGRATION (*prince*), l'un des généraux les plus distingués de la Russie, naquit en Géorgie, en 1762, d'une des illustres familles du pays. Il se forma à l'école de Souvarof, qu'il suivit en Pologne et en Italie, et se fit remarquer par sa valeur. En 1805, il commandait l'arrière-garde de l'armée sous les ordres de Koutousof, qui s'avançait pour faire sa jonction avec l'armée autrichienne, lorsqu'il apprit qu'elle avait été anéantie à Ulm. Le corps qu'il commandait se trouva coupé entre Hollabrunn et Gundersdorf, et entouré par 30,000 Français, commandés par Murat; sa perte paraissait inévitable; mais le brave Géorgien, sans se laisser abattre, incendia le village de Hollabrunn, se fraya un passage à travers le corps français et rejoignit le général Koutousof. Ce haut fait fut récompensé du grade de lieutenant-général et la croix de saint Georges. Le prince Bagration commandait l'avant-garde russe à la bataille d'Austerlitz et à celles d'Eylau et de Friedland. En 1812, il fut mis à la tête de la seconde armée de l'Ouest, forte de 50,000 hommes; il sut, par d'incroyables efforts, échapper aux poursuites du roi Jérôme, de Davoust et de Latour-Maubourg, franchit la Bérésina et le Dnieper et joigny Barclay de Tolly qui battait en retraite sur Moscou, après de nom-

breux combats. A la bataille de la Moskowa, où il commandait l'aile gauche, il fit des prodiges de valeur et reçut de nombreuses blessures dont il mourut le 7 octobre 1812.

BAGUE. Voyez *Anneau.*

BAGUENAUDIER (*colutea*), arbrisseau de la famille des légumineuses, dont les caractères principaux sont : calice à cinq dents, dont deux plus courtes, corolle papilionacée à étendard large et redressé, à ailes étroites, non écartées, style recourbé et velu; gousse ovoïde terminée en pointe et renflée comme une vessie. Ses feuilles sont ailées avec impaire. Les haguenaudiers bien connus des enfants qui recherchent leur gousse vésiculeuse pour la faire éclater entre leurs doigts sont des arbustes dépourvus d'épines, à port élégant; leurs fleurs sont en courtes grappes axillaires. L'espèce la plus répandue est le baguenaudier commun (*colutea arborescens*) qui croît spontanément en France et dans les contrées méridionales de l'Europe. Cet arbuste forme un buisson de 4 à 5 mètres de haut, ses feuilles ont neuf ou onze folioles échancrées, ses fleurs sont jaunes et ses gousses d'un vert rougeâtre; celles-ci sont remplies d'air et éclatent avec bruit lorsqu'on les presse. On donne à cette plante le nom de *faux séné*, parce que ses feuilles et ses graines sont purgatives. Le baguenaudier d'Ethiopie et le baguenaudier d'Alep se distinguent par leurs belles fleurs rouges.

BAHAMA. Voyez *Lucayes.*

BAHIA. Voyez *Brésil.*

BAIADÈRES. Nom que l'on donne dans les Indes orientales aux danseuses et chanteuses publiques, que l'on nomme *almées* en Turquie. (Voyez *Almées.*)

BAIE (*botanique*). On appelle baie les fruits charnus qui portent une ou plusieurs graines, soit éparses dans la pulpe, ou renfermées dans une ou plusieurs loges, au milieu d'une enveloppe succulente. Les *baies* sont petites, rondes comme les groseilles, les raisins, le sureau, ou ovales comme l'épinevinette; leur disposition est en grappe, excepté le sureau, qui les a en parasol.

BAIE (*géog.*), bras de mer compris entre deux terres, assez profond pour que les vaisseaux puissent y être à l'abri des dangers de la pleine mer.

BAIE (*arch.*), ouverture d'une porte ou d'une croisée dans un mur, une cloison, et dont la hauteur est déterminée par des traverses en bois ou en fer appelées *linteaux.*

BAIES *Bajœ*, ville de la Campanie-Heureuse, entre Misène et Puteoli (Pouzzole). C'était jadis le rendez-vous de tout ce que Rome renfermait de riche et de voluptueux ; les riches Romains y avaient leurs palais de plaisance, et Baïes était

le séjour de tous les plaisirs. Horace et Martial ont célébré ses délices, et ce dernier poète a dit :

> Ut mille laudem Flacce versibus Bajas,
> Laudabo digne : non satis tamen Bajas.

Aujourd'hui il ne reste de toute cette magnificence romaine, que quelques débris et de pauvres cabanes de pêcheurs.

BAIKAL (*lac*), grand lac de la Sibérie méridionale, que les Russes nomment *mer Sacrée*. Cette immense nappe d'eau, située vers la frontière de la Chine, entre 51° et 55° de lat. N., et 101° et 107 de long. orient., a environ 470 lieues de tour et mesure 700 milles carrés géographiques, c'est-à-dire une étendue à peu près égale à celle de la Suisse. Ses eaux sont très profondes, mais il s'y trouve des écueils et des bas-fonds qui gênent la navigation. On y rencontre de nombreuses îles, dont la plus grande, *Olkou*, a 17 lieues de long ; les autres sont petites et inhabitées. Le lac Baïkal est entouré de hautes montagnes, ses bords sont très découpés. Il s'écoule par

l'Angara, du côté d'Irkoutsk, il est très poissonneux. On y rencontre le phoque et l'esturgeon.

BAIL. C'est un contrat par lequel une partie s'oblige à faire jouir une autre partie d'une chose pendant un certain temps et moyennant un certain prix, que celle-ci s'oblige à lui payer.

Il y a des baux *à loyer* et des baux *à ferme.* La première dénomination s'applique au louage des maisons ou des meubles, la seconde à celui des héritages ruraux.

Celui qui donne à louage s'appelle *bailleur*, on nomme *preneur* celui qui prend à louage.

Quelques règles sont communes aux baux à loyer et à ferme. Les plus importantes concernent la forme à laquelle ils sont soumis, la capacité de donner et de prendre à bail, les obligations du preneur et du bailleur, enfin les différentes manières dont un bail finit.

La forme du contrat de bail est la même que celle de la vente. Ainsi un bail peut être fait par acte sous seing privé comme par un acte public ; il peut même l'être verbalement. Il existe cependant une exception relative au bail des caves, celliers et magasins où l'on peut déposer des boissons. Ce bail doit être passé en forme authentique. (Décret du 5 mai 1806, art. 25.)

Le bailleur est tenu de délivrer la chose louée, de l'entretenir et de la mettre en état de servir à l'usage pour laquelle elle a été louée, et enfin d'en assurer la jouissance paisible au preneur pendant la durée du bail. De son côté, le preneur est dans l'obligation d'user de la chose en bon père de famille, de ne pas en changer la destination ; il doit souffrir les réparations urgentes, quelques incommodités qu'elles lui causent, pourvu cependant que ces réparations ne durent pas plus de quarante jours, cas auquel il pourrait réclamer une diminution dans le prix du bail, et qu'elles ne soient pas de telle nature qu'elles rendent inhabitable ce qui est nécessaire à son logement et à celui de sa famille, circonstance qui serait un motif de résiliation.

Le preneur a le droit de sous-louer et même de céder son bail à un autre, si cette faculté ne lui a pas été interdite par une clause particulière. Le bail se résout de plein droit par l'expiration du temps fixé pour sa durée par le contrat, ou, en l'absence du contrat, par l'usage des lieux. Le défaut de paiement des fermages de la part du preneur est l'inexécution la plus marquée de son principal engagement, et par suite un motif suffisant pour faire prononcer la résiliation du bail.

La mort, soit du preneur, soit du bailleur, n'est pas une cause de résiliation.

Si, à l'expiration du bail, le preneur reste et est laissé en possession, il s'opère un nouveau bail appelé *tacite reconduction*. (Voyez **Cheptel** et *Louage*.)

BAILLI, anciennement *baillif*. Suivant Ducange, ce mot viendrait du mot *bajulus* qui, en basse latinité, signifie tuteur. Dans les premiers siècles de la monarchie française, le nom de *bailli* fut porté par des commissaires spéciaux, envoyés par les rois de France pour recueillir les plaintes élevées par les peuples contre les abus du pouvoir et les exactions des grands, et pour y faire droit. Ce fut au commencement de la troisième race que cet établissement prit une sorte de régularité. La juridiction des baillis était très étendue et s'appliquait à toutes sortes d'objets, ce qui leur donnait une grande importance. Les baillis convoquaient et conduisaient le ban et l'arrière-ban à la guerre ; ils percevaient les impôts, veillaient à la construction et à la conservation des monuments publics, assistaient aux délibérations des communes, poursuivaient les brigands sur les chemins, assemblaient les pairs du canton, les présidaient, prononçaient le jugement, etc. Bientôt les rois s'effrayèrent des pouvoirs immenses dont ils avaient investi les baillis, et ils se mirent en devoir de les réduire. La surveillance de la perception des impôts leur fut d'abord enlevée, puis l'inspection des commandements militaires, et ils restèrent enfin simples officiers de justice. La puissance amoindrie des baillis reçut le dernier coup de Henri II qui institua, par ordonnance de 1551, dans la circonscription de la plupart des bailliages, des cours ou tribunaux composés de neuf magistrats, et connus sous le nom de sièges présidiaux. Il ne faut pas confondre les baillis dont nous venons de parler, et dont les offices étaient nobles et d'épée, avec les *baillis*, simples officiers de justice seigneuriale, et qui ont été si souvent exposés à la risée du public sur nos théâtres.

BAILLY (Jean-Sylvain), savant illustre, premier président de l'Assemblée constituante et premier maire de Paris, naquit en 1736, au Louvre, où son père était garde des tableaux. Destiné à la peinture, le jeune Bailly fit peu de progrès ; il travailla d'abord pour le théâtre et composa deux tragédies, *Clotaire*, et *Iphigénie en Tauride ;* mais rappelé par ses goûts à des études plus sérieuses, il se livra tout entier à l'étude de l'astronomie. Il publia plusieurs mé-

moires qui attirèrent sur lui l'attention de l'Académie des sciences, et il se vit, à l'âge de 27 ans, appelé à remplacer dans cet illustre corps l'abbé de Lacaille, son maître. L'amour des sciences n'avait pas éteint chez Bailly celui des lettres, et il obtint plusieurs succès dans les concours académiques ; il fut couronné pour les éloges de Corneille, de Charles V, de Molière et de Leibnitz, il composa aussi celui de l'abbé de Lacaille. Son

Histoire de l'astronomie, son principal titre de gloire, lui ouvrit les portes de l'Académie des inscriptions, et plus tard celles de l'Académie française. Cet ouvrage, dans lequel Bailly attribuait à un peuple du Nord, disparu de la terre, l'invention des arts et des sciences, souleva des doutes nombreux ; pour justifier son système, Bailly écrivit, en 1777, ses *Lettres sur l'origine des sciences*, et quelque temps après d'autres *Lettres sur l'Atlantide de Platon*. Il fut choisi par l'Académie des sciences pour rédiger un rapport sur les découvertes de Mesmer, touchant le magnétisme animal ; et l'on cite ce travail comme un modèle de sagesse et d'impartialité. — Lorsque la révolution éclata, il fut nommé électeur de son district, puis député aux états. A son arrivée il fut élu doyen du tiers-état, et la résistance des ordres privilégiés ayant enfin obligé les communes à se constituer en *Assemblée nationale*, Bailly se trouva président de l'Assemblée constituante. Il eut l'honneur de présider cette fameuse séance du *Jeu de Paume*. Le 16 juillet 1789 il fut nommé maire de Paris. Bailly trouva de grands et difficiles devoirs à remplir dans ces fonctions nouvelles, mais il surmonta tous les obstacles par un travail opiniâtre et un dévoûment sans bornes. Il mérita l'estime publique, mais se fit par sa justice de nombreux ennemis. Après la fuite de Louis XVI, forcé de dissiper par la force les rassemblements menaçants du Champ-de-Mars, Bailly fit son devoir; mais de ce jour il devint odieux au parti populaire, et on lui imputa ainsi qu'à Lafayette ce qu'on nomma les *massacres du Champ-de-Mars*. Abreuvé de dégoûts, cet homme vertueux voulut dès lors renoncer aux fonctions publiques; mais élu une seconde fois, il crut de son devoir d'accepter ce poste dangereux, et il remit ses pouvoirs, le 18 novembre 1791, entre les mains de Pethion nommé son successeur. Il se retira à Nantes, puis de là à Melun., près de son ami, le savant Laplace; mais il y fut arrêté et transféré à Paris, sur l'ordre du comité du salut public. Traduit devant le tribunal révolutionnaire, il entendit sans pâlir prononcer son arrêt de mort. Dans ses derniers moments Bailly montra la plus grande fermeté; poursuivi par les imprécations de la multitude, glacé par la pluie qui tombait à torrents, il ne laissa pas échapper une plainte. Pendant cette longue agonie, on le vit un moment frissonner. *Tu trembles, Bailly*, lui dit un de ses gardiens; *oui, mais c'est de froid*, répondit-il avec calme. Bailly avait vécu 57 ans. Outre les écrits que nous avons cités, il a laissé des *Mémoires* et un *Essai sur les fables*.

BAIN (*balneum*). On désigne généralement par ce mot l'immersion plus ou moins prolongée du corps dans un liquide quelconque. « Le bain, « dit Bichat, dans son Anatomie générale, est « une chose vraiment naturelle; tous les qua-« drupèdes se baignent, tous les oiseaux se plon-« gent fréquemment dans l'eau; je ne parle pas « de ceux dont ce fluide est pour ainsi dire l'élé-« ment. C'est une loi imposée à toutes les espèces « dont la peau rejette beaucoup de substance au « dehors. Toutes les races humaines observées « jusqu'ici se plongent fréquemment dans les « fleuves, les rivières ou les lacs le long desquels « elles font leur séjour. Les pays que beaucoup « d'eau arrose sont ceux que les animaux habi-« tent fréquemment, ils fuient ceux où ce fluide « manque, où même il n'est qu'en quantité suf-

« fisante pour leur boisson. Nous dénaturons « tout dans la société; dans la nôtre, des classes « nombreuses n'usent presque jamais de bains; « aussi cherchez surtout dans ces classes-là les « maladies cutanées, etc. » Rien n'est plus vrai; les effets les plus généraux du bain ordinaire sont de nettoyer, d'assouplir la peau, de la rendre plus apte à remplir ses importantes fonctions. Un grand nombre de maladies sont entretenues par le mauvais état des fonctions de la peau, et plusieurs même n'ont pas d'autres causes. — On peut distinguer le bain en *général* ou *local*, selon qu'il comprend tout le corps ou seulement une de ses parties, comme le bain de pieds, le bain de mains, etc. Il diffère aussi par sa température et peut être chaud, tiède ou froid; ces divers degrés de chaleur rendent très variables les effets du bain sur notre économie. Le *bain froid* varie de 15 à 20° Réaumur; il produit un effet tonique bien sensible, et son usage est des plus salutaires, surtout pris dans une eau courante, et en y joignant l'exercice de la natation. Il fortifie les constitutions faibles et délicates, et il a pour principal avantage de diminuer la transpiration cutanée et de s'opposer par conséquent à la faiblesse qu'entraînent les sueurs abondantes. Mais le bain très froid doit être évité; ce n'est plus un agent hygiénique, mais bien un moyen thérapeutique fort énergique, dont le médecin use au besoin. La température du *bain tiède* varie de 20 à 25° Réaumur, celle du *bain chaud* de 25 à 30, ou même 35°; elle doit, au reste, varier suivant la saison et la susceptibilité des individus. Le bain tempéré est essentiellement hygiénique; il délasse et procure un sommeil paisible, il modère l'ardeur des sens; cependant son usage immodéré est nuisible, en ce qu'il affaiblit l'action du système nerveux, diminue la contractilité et la vigueur. Les bains ont eu leurs détracteurs, et on leur a supposé de nombreux inconvénients; mais c'est à tort que certains médecins proscrivent les bains dans les rhumes et dans une foule de maladies telles que les affections éruptives, où leur usage est au contraire d'une utilité démontrée; seulement, il faut bien se garder du froid à la suite du bain; car c'est là généralement le seul et véritable danger. Le bain *très chaud* est un stimulant violent qu'on ne doit employer qu'avec de grandes précautions; il peut déterminer les accidents les plus graves. Ce que nous avons dit des bains froids peut s'appliquer aux bains de mer; les sels que l'eau de mer tient en dissolution dans des proportions considérables, lui donnent des propriétés éminemment toniques et excitantes, aussi sont-ils très favorables aux tempéraments lymphatiques, et par cela même contraires aux individus dont le système nerveux est surexcité. Les *bains d'étuves sèches, de vapeurs*, etc., fort en usage autrefois chez les Romains, et de nos jours chez les Orientaux, sont des pièces où l'on est renfermé, et que l'on chauffe à une haute température (40 à 45° R.); les bains de vapeurs sont en outre remplis de vapeur d'eau; les uns et les autres excitent vivement la peau et déterminent une transpiration abondante. Pour l'hygiène du baigneur, nous dirons qu'il est essentiel de n'avoir ni trop froid ni trop chaud avant de se mettre dans l'eau; qu'il faut éviter le bain pendant le travail de la digestion, et n'y entrer qu'au moins trois heures après avoir mangé; il ne faut pas surtout négliger de se mettre à l'abri du froid après le bain tiède et le bain chaud. Quand à la durée des bains, celle du bain froid ou tempéré est d'une heure deux heures et même davantage, selon l'état des forces des individus; celle du bain chaud est de 15 à 45 minutes, il en faut sortir dès qu'on éprouve des anxiétés, un peu de vertige.

BAJAZET. Deux princes de ce nom ont occupé le trône des Ottomans. *Bajazet Ier*, fils et successeur d'Amurat, monta sur le trône à la mort de son père (1389), en faisant étrangler son frère aîné qui voulait s'opposer à son usurpation. Il commença alors ces étonnantes conquêtes qui lui méritèrent le surnom d'*Ildirim* (la foudre). Il réunit d'abord à ses États les petites principautés indépendantes qui s'étaient élevées sur les ruines de l'empire des Seldjoucides (voyez), enleva aux empereurs chrétiens la Bulgarie, la Macédoine et la Thessalie (1393), puis assiégea Constantinople, et força l'empereur Manuel à accorder aux Turcs un faubourg, une mosquée et un juge de leur nation, et à lui payer un tribut; de là il alla gagner en Hongrie la célèbre bataille de Nicopolis (1396). Il se préparait à de nouvelles conquêtes, lorsqu'il fut arrêté dans sa marche par Tamerlan (Timour-Lenk) (voyez); les deux conquérants en vinrent aux mains dans une plaine près d'Angora, et l'armée de Bajazet fut taillée en pièces; lui-même devint le prisonnier de Tamerlan, et mourut deux ans après (1403), d'une maladie inflammatoire. Son vainqueur le traita toujours avec bonté, et l'histoire de la cage de fer où il était dit-on renfermé, est de pure invention. Voir l'*Histoire des Ottomans*, de M. de Hammer.)

Bajazet II, fils de Mahomet II, succéda à son père en 1481; il chassa de ses États son frère

Zizim (voyez) qui lui disputait la couronne, et mourut empoisonné par son fils Sélim après trente ans de règne.

Le prince *Bajazet*, qui fait le sujet de la belle tragédie de Racine, était fils d'Achmet Ier. Son frère, en défiant Amurat IV, le fit mettre à mort malgré les supplications de leur mère commune, la sultane Kiosem.

BALAAM, faux prophète de Pethor, en Mésopotamie, dont il est fait mention au livre des *Nombres*, fut appelé par Balak, roi des Moabites, pour prononcer contre les Israélites des imprécations solennelles, avant de marcher contre eux. Mais comme il se rendait aux ordres du roi, un ange armé d'une épée nue s'offrit aux yeux de l'ânesse qui portait Balaam, et l'animal refusa d'avancer malgré les coups; puis, doué tout-à-coup du don de la parole, il avait reproché à son maître son inutile cruauté. Le prophète étonné reconnut la main de Dieu, et refusa de maudire les Israélites. Ce miracle n'eut, du reste, d'autre témoin que Balaam, et l'on peut croire que, prévoyant les succès des Israélites, et ne voulant pas les indisposer contre lui; que, d'un autre côté, craignant la colère du roi Balak, il s'était habilement tiré de ce mauvais pas en inventant une fable. Quoi qu'il en soit, il n'en retira aucun profit, car il fut massacré avec les Moabites, par les Israélites vainqueurs.

BALADIN. Voyez *Saltimbanque*.

BALANCE. Instrument qui sert à déterminer le poids des corps, en le comparant à des unités de poids précédemment déterminées. Il se compose ordinairement d'une verge d'acier trempé nommée *fléau*, reposant par son milieu sur un point fixe autour duquel il peut osciller, et disposé à ses extrémités de manière à ce qu'on puisse y suspendre des *plateaux*. On juge de l'exactitude de l'équilibre par l'horizontalité du fléau, et cette horizontalité se détermine au moyen d'une aiguille perpendiculaire au fléau. Cette aiguille passe à gauche ou à droite du zéro de la division, suivant que le fléau se relève lui-même à droite ou à gauche. On met dans l'un des bassins le corps que l'on veut peser et dans l'autre des poids jusqu'à ce que l'équilibre soit établi et que le fléau soit horizontal. Alors la somme des poids mis dans le bassin opposé doit être prise pour le poids du corps. Pour qu'une balance soit bonne, il faut que le fléau n'éprouve sur ses supports que le moindre frottement possible, dans ce but le contact du fléau et du support a lieu sur le tranchant d'un couteau fixé au premier et portant sur un plan d'acier parfaitement dressé appartenant au support. On réussit ainsi à construire des balances qui, chargées dans chaque bassin d'un kilogramme, trébuchent par l'addition d'un milligramme. Dans les expériences de physique et de chimie qui exigent une extrême précision, on évite les erreurs qui pourraient résulter de l'imperfection de la balance par la méthode des doubles pesées. Elle consiste à placer dans un des bassins le corps que l'on veut peser, à mettre dans l'autre un contrepoids suffisant pour établir un équilibre parfait, et à substituer ensuite au corps que l'on veut peser des poids en quantité suffisante pour que la balance s'arrête dans la position qu'elle avait dans la première pesée. Il est évident que le poids ainsi obtenu est égal à celui du corps qu'il remplace. Cette méthode est attribuée à Borda. On emploie encore pour peser les corps d'autres instruments que nous décrirons aux articles *Romaine* et *Densité*.

BALANCE DE COMPTE. Voy. *Comptabilité* et *Livres* (tenue des).

BALANCIER. C'est, en mécanique, une pièce importante qui entre dans la composition d'un grand nombre de machines et qui sert à la transmission de la force motrice, nous en parlerons en décrivant les diverses machines où elle est employée. (Voy. *Vapeur* (machines à).)
Balancier d'horlogerie. Voy. *Pendules*.
Balancier pour frapper les monnaies Voy. *Monnaies*.

BALANCIER. On désigne sous ce nom en entomologie deux petits appendices membraneux très mobiles, remplaçant dans certains insectes de la famille des *Diptères* (voy.) la seconde paire d'ailes qui manque constamment quand l'insecte est muni de ces organes. La plupart des entomologistes pensent qu'ils sont destinés à maintenir l'insecte en équilibre pendant le vol; c'est au battement rapide des balanciers contre les ailerons qu'est dû le bourdonnement que ces insectes font entendre. (Voy. *Diptères*.)

BALBUZARD (*pandion*), genre d'oiseaux de la famille des faucons, caractérisé par un bec presque droit à sa base, à dos renflé, à cire velue et lobée au-dessus des narines, les doigts dénués de membranes, l'intérieur excédant à peine les latéraux, la troisième penne des ailes plus longue que les autres. Les balbuzards sont des oiseaux éminemment pêcheurs. Leurs ailes longues et pointues leur permettent de planer et de se balancer comme les faucons dans l'espace, d'où ils fondent avec la rapidité de la foudre sur leur proie humide. Les cuisses et les jambes revêtues de plumes courtes et tassées, les plantes et les doigts garnis d'écailles rudes comme des rapes, pour pouvoir retenir sa proie dont la peau est visqueuse et glissante, ses ongles et son bec acérés pour la dépécer, tout dénote l'oiseau pê-

cheur. Le balbuzard commun (*Pandion fluvialis*) se trouve sur le bord des eaux de presque tout le globe. Il a le manteau brun et la tête plus ou moins variée de blanc, les parties inférieures sont blanches avec des taches brunes ou d'un fauve clair sur la poitrine; le bec et les ongles sont noirs, la cire et les pieds bleus. En Europe on rencontre cet oiseau sur la lisière des forêts ou sur les rochers, proche des eaux douces, des lacs et des rivières. Il est très commun en Russie et en Allemagne, en Bourgogne et dans les Vosges. Cet oiseau atteint deux pieds de longueur, la femelle est un peu plus grande. Le balbuzard américain (*Pandion americanus*) diffère de l'espèce européenne par des couleurs plus sombres et plus uniformes sur les parties supérieures, et par un blanc plus pur sur les inférieures. Il fréquente le bord de la mer et s'attaque aux plus gros poissons. On le voit fondre sur sa proie comme une flèche et disparaître sous les flots, puis ressortir tenant entre ses serres un

poisson qui souvent ne pèse pas moins de dix
livres et qu'il va dépecer sur le rivage. Il arrive
quelquefois que le balbuzard est victime de son
courage en attaquant un poisson trop gros et
trop fort pour qu'il puisse l'emporter ; celui-ci
l'entraîne avec lui sous les flots, et si l'oiseau ne
parvient à se dégager, tous deux finissent par
périr.

BALCON, saillie pratiquée sur la façade extérieure d'un bâtiment, ou devant des fenêtres,
portée par des colonnes ou des consoles, et entourée d'un appui de fer ou de pierre. Le mot
balcon vient de l'italien *balcone* formé du latin
balcus ou du grec *ballein* (jeter), parce qu'au
moyen âge les balcons étaient de petites tourelles
élevées au-dessus des portes des forteresses et
d'où on lançait sur l'ennemi divers projectiles.
On appelle *balustrade* l'appui qui entoure le
balcon. L'usage des balcons, récent en France,
date de fort loin en Italie et en Espagne où la
chaleur du jour fait naître le besoin de venir
respirer le frais du soir.
  Au théâtre, on appelle *balcon* les deux extrémités de la galerie qui avoisinent les avant-
scènes et qui sont le rendez-vous du monde élégant en raison du prix élevé de ces places.

BALDAQUIN (du latin *baldechinum*, riche
étoffe d'or et de soie). C'est une tenture dressée
au-dessus d'une chaire pontificale, souvent de
drap d'or, ou du moins d'une riche et belle
étoffe. L'usage en était connu dans les premiers
temps du christianisme. Telle est l'origine de ce
qu'on nomme *baldaquin* en architecture, et qui
consiste en un dais soutenu par des colonnes. Le
baldaquin de Saint-Pierre de Rome a cent vingt-
deux pieds de hauteur, c'est le plus grand ouvrage en bronze que l'on connaisse. Le Val-de-
Grâce et les Invalides ont chacun un baldaquin.
Le baldaquin ramené à de petites proportions
sert à couvrir une chaire de prédicateur ou le
banc-d'œuvre des marguilliers. On appelle *dais*
le baldaquin portatif qui, dans les processions,
sert à abriter le saint Sacrement.

BALE (*canton et ville de*), canton du nord-
ouest de la Suisse, borné au N. par la France, à
l'O. par les cantons de Berne et de Soleure, au
S. par ce dernier, à l'E. par l'Argovie et le
grand duché de Bade : sa superficie totale est
d'environ douze milles carrés géographiques.
C'est un pays fertile et pittoresque. Il produit
abondamment du blé, des pâturages, de bons
fruits ; et la pêche fournit d'excellents saumons

du Rhin. Ce dernier fleuve arrose le canton, la
Birse et l'Ergolz y coulent également. La population est évaluée à 55,000 âmes, dont 47,000

réformés et 8,000 catholiques. L'industrie consiste principalement en rubannerie, cotonnades,
papéteries, tanneries et distilleries de *kirchwaser*;
on exporte le bétail, le fromage et le beurre. Le
chef-lieu de ce canton, situé sur le Rhin, Bâle,
est la plus grande ville de la Suisse, l'empereur
Julien passe pour en être le fondateur. Le Rhin
la partage en deux parties inégales jointes par un
beau pont d'environ 235 mètres de long. Le
Grand-Bâle, ou quartier de la rive gauche, est
situé en amphithéâtre sur une colline et dominé
par l'esplanade de la cathédrale, beau monument qui date du commencement du xie siècle ;
on y voit les tombeaux d'Anne, femme de Rodolphe de Habsbourg et d'Erasme. L'Hôtel-de-
Ville est surtout remarquable par ses belles
fresques d'Holbein. L'université de Bâle, fondée
par le pape Pie II est également célèbre. Nous
citerons encore la bibliothèque, le cabinet d'histoire naturelle, le jardin botanique, etc. Le
Petit-Bâle, situé dans une plaine sur la rive
droite du Rhin, était un village qui fut
entouré de murs à la fin du xiiie siècle par un
évêque de cette ville ; le magistrat l'acheta en
1391 et l'unit à la ville. Bâle est la patrie d'Euler et des frères Bernouilli, d'Isaac Iselin et du
célèbre Holbein.
  Histoire, au temps de César (58 av. J.-C.):
la partie des rives du Rhin où se trouve aujour-
d'hui le canton de Bâle était occupée par un

peuple celtique, les *Rauraci*. L'an 46 de notre
ère, M. Plancus y établit une colonie par ordre
d'Auguste, et la nomma *Augusta-Rauraco-*
rum, c'est *Augst*, à deux lieues de Bâle, où l'on
voit encore de belles ruines romaines. L'an 260
le pays fut ravagé par les Germains et la ville
incendiée; la ville se releva un peu plus loin;
ce fut là l'origine de Bâle. La ville grandit, et
après la mort de Lothaire II de Lorraine, Bâle
échut en partage à Louis-le-Germanique et à
Charles-le-Chauve (870). A la fin du IXᵉ siècle,
elle fut réunie au royaume de Bourgogne. Détruite en 917 par les Hongrois, Bâle se releva de
ses ruines. Après la mort du dernier roi de Bourgogne (1032), l'empereur Conrad II fut souverain
de Bâle. Depuis l'époque où cette ville appartint à
l'empire, elle fut le théâtre de luttes souvent violentes entre les nobles et l'avoué impérial. Au XIIᵉ
siècle, elle devint *libre* et *impériale*. En 1333,
Bâle fut excommuniée par le pape Jean XXII, à
cause du dévoûment qu'elle montra pour l'empereur Louis de Bavière; mais les bourgeois,
d'un accord unanime, méprisèrent l'excommunication et chassèrent les religieux qui vinrent
la dénoncer. De bonne heure les Balois s'appelèrent *hommes libres*, et une forte tendance démocratique les poussa toujours à profiter de
toutes les circonstances pour étendre leurs libertés. De longues et sérieuses luttes s'élevèrent
entre les différentes classes de citoyens, et pendant quelque temps, à Bâle comme à Rome, les
patriciens écrasèrent les plébéiens, mais au commencement du XVIᵉ siècle, les derniers prirent le
dessus et les nobles furent expulsés; la ville fut
partagée en quinze corps de métiers dans chacun
desquels douze personnes étaient prises pour
former le conseil général dont faisait partie le
petit conseil; celui-ci, partagé en deux corps
qui avaient alternativement pendant une année
l'administration des affaires de la république,
se composait de soixante-quatre conseillers en y
comprenant les deux bourguemestres. En 1501,
Bâle était entrée dans la ligue des cantons suisses, mais elle continua d'être comprise dans
l'Etat germanique, et ce ne fut qu'à la paix de
Westphalie qu'elle fut reconnue entièrement libre. La bourgeoisie, libre et puissante, devint à
son tour oppressive et s'arrogea, au détriment
des campagnards, des priviléges qui furent la
cause de fréquentes collisions; enfin, en 1832,
la diète intervint et décida que le canton de Bâle
serait divisé en deux parties distinctes: *Bâle-ville*
et *Bâle-campagne*. Chacune d'elles a une demi-
voix dans les délibérations de la diète fédérale.
Dans *Bâle-ville*, le pouvoir législatif est exercé

par un grand conseil de 119 membres, quinze
membres choisis dans le grand conseil forment
le pouvoir exécutif, un tribunal d'appel de treize
membres prononce en dernier ressort sur les affaires civiles et criminelles. Dans *Bâle-campa-*
gne, cinquante-huit membres forment le conseil général et cinq membres le conseil exécutif,
sept membres forment le tribunal suprême.
(Voy. *Suisse*). — Il se tint à Bâle de 1431 à
1443, un célèbre concile œcuménique dans lequel furent réglés un grand nombre de points
de discipline ecclésiastique; on y déposa le pape
Eugène IV, qui fut remplacé par Félix V.

BALÉARES, îles de la Méditerranée, à l'est
de l'Espagne, comprises entre le 39° 6' et 40° 5'
de latitude nord 0° 2' de long. O et 1° 58' de
long. E. de Paris.

Le mot *baléares* vient d'un mot grec qui signifie *habile à lancer la fronde*, parce que les
habitants de ces îles exerçaient de bonne heure
leurs enfants à se servir de cette arme. Les anciens les divisèrent en deux groupes: les *Gym-*
nésies et les *Pityuses*. Les *Gymnésies* ou *Ba-*
léares proprement dites comprennent les îles de
Majorque, *Minorque*, *Cabrera* et quelques
îlots; puis les *Pityuses*, ou qui produisent des
pins, se composent d'*Iviça*, *Fromentera* et *Co-*
nigliara.

Majorque (*Insula Major*), c'est-à-dire la
grande île, est la plus occidentale; sa circonférence est de 50 lieues, et sa superficie est de
133 lieues carrées. Cette île est presque entourée
d'une chaîne de montagnes dont une des ramifications s'étend jusque dans son centre. Le climat en est sain et tempéré, mais il y fait très
chaud en été, et les ouragans qui viennent quelquefois du sommet des montagnes, refroidissent
l'air, déracinent les arbres, détruisent les plantations. Le sol de l'île est fécond, et la végétation y est belle et vigoureuse.

Majorque a de beaux marbres, des pierres
meulières, de l'ardoise, de la pierre calcaire et
du plâtre; on en tire également du sel.

La beauté du climat, jointe à la douceur de
la température et à la fertilité du sol, font de
cette île un séjour délicieux; mais, malgré ces
avantages, les habitants n'y récoltent pas une
quantité de blé suffisante à leur consommation.
L'étendue des propriétés, les vices de l'agriculture et l'indolence des habitants, expliquent toutefois la cause de cette anomalie.

Majorque produit beaucoup de vin, d'huile
d'olive, d'oranges, de citrons, d'amandes, de
câpres, de fèves, dont on fait des exportations

pour des sommes considérables; on en exporte également de l'eau-de-vie, du fromage, de la soie, du gros lin, des chevaux, des ânes, des mulets, des cochons, des chèvres, des moutons. Il y a beaucoup de volaille, et le gibier y est excellent.

Palma, capitale de l'île de Majorque, située au fond d'une baie, sur le penchant d'une colline. Malgré ses fortifications, cette ville ne serait pas susceptible de soutenir longtemps un siége régulier. Elle est défendue par deux forts, et son port est formé par un môle de 600 toises de longueur.

Palma est généralement mal bâtie et irrégulière. On y remarque la cathédrale, la maison du gouvernement, le bâtiment dit la *Contratacion* et l'Hôtel-de-Ville. Il y a un siége épiscopal.

Minorque (*Insula Minor*), moindre que *Majorque*, est à dix lieues au nord-est de cette île; sa longueur est de douze lieues, sa largeur de quatre. *Ciudadella, Port-Mahon, Mayer* et *Mercadal*, sont les chefs-lieux des quatre districts ou *terminos* qui divisent son territoire. Elle est montueuse, dépourvue d'eau; l'air y est humide, et par conséquent malsain. Les productions sont les mêmes qu'à Majorque.

Ciudadella, capitale, a un bon port, mais la population est peu nombreuse et les fortifications peu importantes.

Port-Mahon, ville bien fortifiée sur la côte méridionale de l'île Minorque, a un des ports les plus sûrs, les plus beaux, les plus spacieux de la Méditerranée, et dont l'entrée est défendue par le fort Saint-Philippe. Les Carthaginois la fondèrent, et elle est redevable de son nom à Magon, frère d'Annibal.

Cabrera, située à quatre lieues au sud de Majorque, a environ trois lieues de tour. Elle a un bon port, mais sa population est peu considérable; son sol inégal, montueux et sans culture.

Iviça, la plus grande des Pityuses, à quinze lieues sud-ouest de Majorque. Elle a sept lieues de longueur et vingt-deux de circonférence; le sol y est fécond, et les collines sont couvertes d'une riche végétation. On en tire du sel et des fruits.

Fromentura, qui avait reçu son nom, d'après quelques écrivains, de la grande quantité de serpents qui l'habitaient. Ils ont confondu cette île avec l'*Ophiusa* ou *Colubraria* des anciens, que l'on nomme aujourd'hui Columbrette, située près de la côte de Valence.

Les trois *Conigliaras*, à l'ouest d'Iviça, sont inhabitées.

Histoire. Les habitants des *Baléares* eurent à soutenir des guerres fréquentes contre les Carthaginois; mais ceux-ci ne parvinrent à les conquérir que deux cents ans après leur première irruption dans ces îles. Ils s'en servirent ensuite avantageusement contre les autres peuples. Les Romains les enlevèrent aux Carthaginois; et Jules César en emmena avec lui dans sa campagne des Gaules, parce qu'il avait reconnu leur supériorité à lancer des pierres avec la fronde.

En 426, les Baléares furent prises par les Vandales, et en 798 par les Maures, qui, après de longs et sanglants combats contre les chrétiens, en furent chassés, en 1229, par Jacques Ier, roi d'Aragon. Ce prince réunit ces îles à sa couronne sous le nom de royaume de Majorque; un roi particulier gouverna Minorque. En 1343, l'ancien ordre de choses fut aboli, et les Baléares suivirent la fortune de l'Aragon.

La dialecte des Baléares offre un mélange de grec, de latin, d'arabe, de catalan et de castillan; on y reconnaît des mots syriaques, phéniciens, goths ou Vandales.

Les Majorquains sont de bons soldats et d'excellents marins; ils ont de l'aménité, de l'intelligence et même de l'esprit; les femmes sont charmantes et pleines de grâces naturelles. (186,000 habitants.)

BALEINE (du grec *phalaina*), nom sous lequel les anciens désignaient plusieurs espèces de cétacés.) Aujourd'hui, d'après Linné, le mot *baleine* désigne les cétacés à grosse tête ou macrocéphales dépourvus de dents; celles-ci sont remplacées par des fanons ou lames cornées, transverses, minces, fibreuses, effilées à leur bord, occupant la mâchoire supérieure seulement, l'inférieure étant nue et sans armure. Ces lames qui garnissent les côtés du palais sont au nombre d'environ sept à huit cents de chaque côté implantées à un pouce de distance environ les unes des autres; leur grandeur varie suivant leur situation; celles du centre ont ordinairement de huit à dix pieds, dans l'intervalle des grandes lames s'en trouvent de plus petites. Les baleines à fanons sont de gigantesques cétacés qui atteignent soixante-dix à quatre-vingts pieds de longueur. Leur forme générale se rapproche de celle de certains poissons. C'est une sorte de conoïde allongé. La tête de ces animaux est excessivement volumineuse, et fait à elle seule plus du tiers de la longueur totale; ce développement est dû au prolongement considérable des os maxillaires. Le cou n'est pas marqué et le tronc se continue également d'une manière indistincte avec la queue qui se termine par une nageoire horizontale en forme de croissant. Les baleines n'ont point de membres postérieurs; leurs membres antérieurs sont formés à peu près des mêmes pièces que dans les mammifères, mais les doigts, formés de phalanges bien plus nombreuses, ne sont point libres ni détachés, mais confondus en une sorte de nageoire pectorale qui a environ un vingtième de la longueur totale; ces nageoires ne peuvent servir qu'à la locomotion. La bouche de la baleine est transversale, son ouverture un peu sinueuse se prolonge en arrière jusque au-dessous des yeux; lorsque l'animal ouvre la bouche pour aspirer sa proie les vers et mollusques y sont précipités avec la masse d'eau qui les contient; la baleine ferme alors la bouche et l'eau tamisée à travers les fanons y laisse pris ces petits animaux qu'elle avale aussitôt pour recommencer la même manœuvre. Plusieurs naturalistes ont avancé qu'une partie de cette eau était rejetée par les évents; mais des observateurs consciencieux, et entre autres Scoresby qui a vu prendre sous ses yeux plus de trois cents baleines, assurent n'avoir jamais vu sortir de ces conduits de la respiration qu'une vapeur plus ou moins épaisse qui se condense par le contact de l'air froid, retombe en forme de pluie, mais ne forme aucun jet; ces évents ou narines sont au nombre de deux dans toutes les baleines. L'œil est, proportionnellement très petit, son volume dépasse à peine celui de l'œil du bœuf, il est situé un peu au-dessus de la bouche et de la commissure des lèvres. L'accouplement a lieu comme chez les mammifères. (Voyez *Cétacés*.) La femelle porte de chaque côté de la vulve, un peu en avant, une fente longitudinale, dans laquelle se trouve le mamelon, susceptible, dit-on, pendant la sécrétion du lait, de faire une saillie de dix à quinze pouces, et qui, lorsqu'il est excité par les aspirations du baleineau, lance le lait jusque dans son arrière bouche. La baleine donne ordinairement un petit qu'elle porte, dit-on, dix mois et pour lequel elle montre beaucoup de tendresse. Les téguments de la baleine sont à peu près uniformes sur toutes les parties du corps et consistent en un cuir dur et épais d'un pouce environ; au-dessous du derme on trouve une couche épaisse de tissu cellulaire graisseux gorgé d'un liquide huileux; cette couche de tissu graisseux, que les baleiniers désignent sous le nom de lard, a cinq ou six pouces d'épaisseur sur le dos et sous le ventre, et sous la mâchoire il forme une sorte de collet qui a quelquefois un mètre d'épaisseur. Certaines baleines donnent jusqu'à 80 et même 100 quintaux d'huile. La couleur de la peau n'est pas toujours la même, elle est ordinairement d'un brun ou d'un gris noirâtre en-dessus du corps et d'un blanc argenté dans ses parties inférieures. La baleine est constamment dans l'eau et ne quitte guère les mers profondes; son organisation ne lui permet pas de venir à terre comme d'autres cétacés. Mais bien que cet animal soit condamné à vivre continuellement dans l'eau, il n'en est pas moins obligé de venir fréquemment à la surface respirer l'air atmosphérique.

Les cétacés qui se rapportent aux baleines présentent entre eux quelques différences qui ont fait établir des divisions dans la famille naturelle qu'ils constituent. Ainsi, on distingue les *baleines franches* qui n'ont pour organes de locomotion que les nageoires pectorales et la queue; les *baleinoptères* qui ont une nageoire dorsale; les *rorquals* qui ont la poitrine et le dessous de la tête marqués par des plis longitudinaux. L'espèce la plus répandue est la *baleine franche*, ce géant de la création. Malgré sa force prodigieuse, cet animal est un des êtres les plus timides et les plus inoffensifs de la création. Le moindre bruit, la moindre agitation l'effraie et le met en fuite, et il ne se défend guère que par la fuite contre ses nombreux ennemis.

Pêche de la baleine. C'est pour se procurer l'huile et les fanons de la baleine qu'on se livre à la pêche de ce cétacé. Autrefois les Basques et les Hollandais avaient presque seuls le monopole de cette pêche, et ils en retiraient des bénéfices considérables. La Hollande seule y envoyait annuellement vingt mille hommes; mais alors le nombre des baleines était bien plus considérable, et l'huile qu'on en tirait avait plus de valeur que de nos jours. — Les navires destinés à la pêche de la baleine sont ordinairement du port de quatre ou cinq cents tonneaux, équipés de six à huit chaloupes, et abondamment pourvus des ustensiles nécessaires, savoir : des harpons, des lances, des crocs, etc. Le *harpon* est une espèce de fer de lance d'environ 15 à 20 centimètres de longueur, dont l'extrémité, nommée dard, est très pointue; les côtés du fer de lance sont tranchants et quelquefois barbelés afin de ne pouvoir être arrachés de la plaie. Ce dard est terminé par une douille assez longue, garnie d'un anneau de fer auquel s'attache une corde de quelques centaines de brasses de longueur. — Les expéditions partent ordinairement pour le nord au mois d'avril, et se livrent à la pêche pendant les mois de mai, de juin et de juillet, plus tôt ou plus tard, les glaces les en empêcheraient. Arrivés dans les parages fréquentés par les baleines, on, marche avec les plus grandes précautions; un temps brumeux est le plus favorable, parce que les pêcheurs se dérobent plus facilement à la vue de ces animaux qui l'ont très perçante, et qui, naturellement très défiants, prennent la fuite à la moindre apparence de danger. Plusieurs matelots, nommés *guetteurs*, se mettent en observation sur les huniers. Lorsqu'ils aperçoivent une baleine, ils signalent sa présence et indiquent sa direction, aussitôt deux embarcations sont mises à la mer, chacune est montée par six rameurs, un timonier et un ou deux harponneurs; ils font force de rames vers l'animal, en faisant toutefois le moins de bruit possible, et en évitant autant

PÊCHE DE LA BALEINE.

qu'ils peuvent de rider la surface de la mer. Le harponneur, le bras tendu, l'œil aux aguets, cherche la partie du corps la plus facile à percer, et lorsqu'il est à portée, il lance son harpon et fait à l'animal une profonde blessure. C'est ordinairement près d'une nageoire pectorale qu'un habile harponneur cherche à frapper, non-seulement parce que la peau est plus tendre dans cette partie, mais encore parce qu'il peut atteindre le cœur, le foie ou les poumons, et tuer ainsi l'animal d'un seul coup. La baleine frappée plonge aussitôt, emportant avec elle le harpon; à mesure qu'elle fuit, on lui lâche de la corde en forçant de rames pour la suivre. Le pêcheur expérimenté prévoit l'endroit où la baleine reparaîtra sur l'eau pour respirer, et il s'apprête à lui donner un second coup de harpon qui, souvent achève de la tuer. D'autres fois cette seconde blessure ne fait que l'exaspérer, elle renverse et brise alors les chaloupes avec sa queue, et met en danger la vie des hommes qui les montent; puis elle replonge de nouveau, mais son sang rougit la surface de l'eau, et lorsqu'elle remonte pour la troisième fois, le sang sort par jets de ses évents, et elle a perdu une partie de ses forces. On l'attaque alors à coups de lances et de massues. Elle expire bientôt, vacille, se laisse aller sur le flanc, et montre sur les flots son ventre blanchâtre. Lorsqu'elle est morte, on lui introduit dans la gueule un crochet attaché à une forte chaîne, et les chaloupes la remorquent auprès d'un navire où on la dépèce, on met sa graisse en tonneaux, ou, ce qui vaut mieux encore, on en extrait l'huile sur-le-champ. Le harponnage à la main, présentant de grands dangers, on a cherché à le remplacer. On employa d'abord une sorte de mousquet pour lancer le harpon, puis le canon; mais ces divers moyens, d'un emploi peu commode, ont été abandonnés pour revenir au harponnage à la main. Il arrive aussi parfois que les baleines harponnées vont mourir sous les glaces ou échouer sur quelque rivage. Elles deviennent alors la proie des oiseaux de mer ou des ours blancs. Si l'on en croit certains voyageurs, les naturels de la Floride pêchent la baleine d'une manière aussi hardie que singulière. Lorsqu'ils en aperçoivent une endormie, deux habiles nageurs, armés chacun d'une petite massue et d'une longue cheville de bois, se dirigent vers l'animal, lui montent sur le dos le plus doucement possible pour ne pas l'éveiller, s'approchent de ses évents et y plantent à la fois les deux chevilles qu'ils enfoncent d'un coup de massue. L'animal plonge aussitôt, mais, ne pouvant plus respirer, il ne tarde pas à étouffer; on le remorque alors au rivage pour le dépecer. Ce que nous venons de dire sur la pêche de la baleine franche peut s'appliquer à la pêche de tous les grands cétacés.

BALIOL ou **BAILLEUL** (John). Après la mort d'Alexandre III, roi d'Ecosse (1291), la couronne fut briguée par douze prétendants, au nombre desquels se trouvaient John Baliol et Robert Bruce, qui descendaient du roi David Ier par les femmes. Edouard Ier, roi d'Angleterre, se fit arbitre, et se prononça en faveur de Baliol qui lui rendit hommage. Mais bientôt le roi d'Ecosse refusa de se soumettre à l'obéissance servile qu'exigeait de lui Edouard, et une guerre sanglante éclata entre les deux royaumes. Baliol fit alliance avec Philippe-le-Bel (1295); mais Edouard envahit ses Etats, le fit prisonnier à Dunbar et le força à signer son abdication. Baliol se retira alors en Normandie dans sa seigneurie de Château-Gaillard et y finit ses jours. Il mourut en 1314.

Edouard Baliol, son fils, fut élu roi d'Ecosse en 1331, et fut reconnu par le roi d'Angleterre, Edouard III, qui, pour l'appuyer, fit la guerre à David Bruce (voy.). Baliol se fit couronner à Scône; mais la guerre n'en continua pas moins.

BALISE. On donne ce nom à une perche ou à un corps flottant que l'on place sur un banc ou sur tout autre endroit dangereux pour le signaler aux navires. Les balises flottantes prennent le nom de *bouées*.

BALISIER *canna*, genre de plantes de la famille des amomées, de la monandrie monogynie de Linné. Les balisiers sont de grandes et belles plantes vivaces, à racine épaisse, charnue, tubéreuse, qui croissent dans toutes les contrées chaudes de l'un et l'autre continent. Leur tige cylindrique et pleine s'élève quelquefois à deux ou trois mètres de hauteur; elle porte de grandes feuilles alternes et engainantes, de grandes fleurs d'une belle couleur jaune

ou rouge, réunies en petits groupes; et accompagnées de bractées qui forment une sorte de grappe terminale. Les graines sont noirâtres, rondes, dures, renfermées dans une capsule ovoïde qui s'ouvre en trois valves. Les Indiens et les Américains du Sud tirent de ces graines une belle teinture pourpre. On cultive dans les jardins d'agrément plusieurs espèces de balisiers, à cause de la beauté de leur feuillage et de leurs fleurs; tels sont : le *balisier de l'Inde* (canna *indica*), à fleurs d'un rouge vif et éclatant, à feuillage ovale, très large, d'un beau vert; le *balisier glauque* (C. *glauca*), à feuilles d'un beau vert de mer à fleurs d'un jaune pâle; le *balisier flasque* (C. *flaccida*), belle plante couverte de grandes fleurs d'un jaune aurore; elle vient de la Caroline du Sud.

BALISTE (du grec *ballein* lancer), machine de guerre employée par les anciens pour lancer des flèches, des poutres et des pierres. C'était une grande arquebuse qu'on bandait au moyen de leviers et de rouages. Sa construction est au reste peu connue. On emploie quelquefois ce nom pour désigner la catapulte (voyez).

BALISTE (*balistes*), genre de poisson de la division des branchiostèges. Ce singulier animal a des écailles dures et serrées, de couleurs brillantes, qui le recouvrent comme d'une cuirasse impénétrable et parsemée d'aiguillons; il a deux nageoires dorsales, dont l'une est armée d'une pointe acérée : cette nageoire, ordinairement cachée dans une fossette longitudinale, se relève brusquement au moyen d'un véritable ressort, c'est ce qui l'a fait comparer à la *baliste* des anciens. On connaît plusieurs espèces de ce genre, toutes propres aux mers intertropicales.

BALIVEAUX. On donne ce nom aux jeunes arbres réservés lors de la coupe d'un taillis, pour devenir des bois de haute futaie. On donne encore ce nom aux chênes qui n'ont pas atteint leur quarantième année.

BALKANS, chaîne de montagnes de la Turquie d'Europe, (monts *Hœmus* des anciens), qui s'étend de 18° 54' long. E., à 25° 33', et présente sur une ligne presque droite, un développement de 150 lieues. Ses ramifications nombreuses hérissent la Turquie d'Europe. Reliée à l'ouest, aux Alpes par les monts Dinariques, elle sépare la Bulgarie de l'ancienne Thrace. On divise la chaîne en grand et petit Balkan; le premier (*beuk Balcan*) est la partie occidentale, c'est la plus élevée ; le point culminant, le Tchardagh, a 3,200 mètres d'élévation ; le petit Balkan comprend la partie orientale. Les régions supérieures de la chaîne consistent en granit nu. En descendant un peu, les pentes arides présentent quelques arbres , puis d'épaisses forêts. Sur le versant septentrional, elles sont presque toujours humides et couvertes de brouillards. Au sud , l'air est pur et salubre , et de délicieuses vallées captivent l'œil, mais dans les hautes plaines de la Morée et de l'Albanie, les hivers sont longs et rudes.

BALKH, province du Turkestan, soumise à un kan particulier, bornée au S.-O. par le royaume de Kaboul ; au S. par l'Hérat ; à l'E. par la confédération des Seikhs ; au N. par les Khanats d'Ankoï et de Hissar ; elle comprend une partie de l'ancienne Bactriane voyez). Ce khanat autrefois puissant, et qui a une étendue d'environ 1,800 lieues carrées , compte à peine 300,000 habitants. Balk, la capitale du pays , (l'ancienne *Bactres*) est située dans une plaine fertile, dont le sol couvert de ruines rappelle sa splendeur passée. Elle compte aujourd'hui 10,000 habitants. Son commerce a encore quelque extension ; on y fabrique des étoffes de soie,

BALLADE. Comme l'indique son nom, la ballade n'était dans l'origine qu'un chant destiné à servir d'accompagnement à la danse ; plus tard on en fit une petite pièce de vers du genre du sonnet et du rondeau ; elle est ordinairement distribuée en trois couplets, tous trois de même mesure et sur les mêmes rimes masculines et féminines, assujétie à un refrain qui sert de dernier vers à chaque couplet, et terminée par un envoi ou adresse qui doit aussi finir par le refrain. Les ballades de Marot sont les plus célèbres; ce genre est du reste entièrement tombé en désuétude. Les Anglais et les Allemands ont composé sous le nom de *ballades* , des récits historiques ou merveilleux qu'ont imité nos poètes romantiques.

BALLES. On nomme ainsi les projectiles en plomb qu'on lance avec des armes à feu portatives. Celles qu'on emploie avec les fusils de munition sont calibrées pour les canons de ces armes , on en fait vingt à la livre (0, kil, 489). Pour les balles de pistolet , le calibre varie avec la forme de ces armes. On fabrique les balles au moyen d'un moule en deux pièces réunies par une charnière et dans la cavité desquelles on verse du plomb fondu. C'est une erreur généra-

lement répandue que les balles machées ont des propriétés vénéneuses. Les petites aspérités qu'elles présentent alors , ne peuvent pas même être considérées comme propres à agraver les plaies.

BALLE , *tegmen* , *gluma*. On donne ce nom en botanique à l'enveloppe la plus extérieure ordinairement composée de deux écailles , dans les épillets des graminées (Voy. *Graminées*).

BALLON. On désigne généralement par ce nom tout corps creux de forme sphérique. Les chimistes et les physiciens emploient continuellement dans leurs expériences des vases, qu'à cause de leur forme on nomme *ballons*. Ils sont la plupart du temps en verre.

BALLON AÉROSTATIQUE (voy. *Aérostat*). Le jouet de ce nom est en peau , et renferme une vessie de porc gonflée d'air.

BALLOTAGE. Lorsque dans une élection les suffrages sont partagés entre plusieurs candidats, et qu'aucun d'eux n'arrive à la majorité absolue, les noms des deux ou trois éligibles qui se sont partagé le plus grand nombre de voix sont *ballotés* dans l'urne électorale. Ou bien les électeurs sont obligés d'abandonner les autres candidats et d'établir leur choix exclusivement sur l'un des préférés. Ce mot vient de *balle* ou *ballot* , petite boule dont on se sert le plus fréquemment pour représenter le vote.

BALSAMINE , genre de plantes détaché des géraniées, et dont les principaux caractères sont : capsule à cinq valves, corolle à quatre pétales , irrégulière ; la pétale supérieure en capuchon. Sur deux espèces qui composent ce genre, deux méritent d'être citées : la *balsamine des jardins*, plante annuelle , originaire de l'Inde , et l'une des plus belles plantes de nos jardins; sa tige , haute de 6 à 8 décimètres, est très rameuse; ses feuilles sont sessiles, lancéolées, dentées; ses fleurs sont réunies en bouquets sur des pédoncules simples et axillaires; il y en a de rouges, de roses, de violettes, de panachées, de blanches. On multiplie cette plante en semant au printemps. La *balsamine des bois* (*Impatiens noli me tangere*), est vivace et se trouve en France dans les bois , ses fleurs jaunes font peu d'effet, mais ses feuilles, grandes, ovales, se mangent comme les épinards.

BALSAMIER (*Amyris*), genre de plantes de

la famille des térébinthacées. Ce sont des arbres ou des arbrisseaux à feuilles ternées ou ailées avec impaire ; leurs fleurs disposées en panicules axillaires et terminales ont un calice à quatre dents, une corolle à quatre pétales ouverts, huit étamines, un style épais et un stygmate en tête. Le fruit est un drupe sec, contenant un noyau globuleux, luisant, monosperme. L'espèce la plus

remarquable est le *balsamier de la Mecque* (*Amyris opobalsamum*), que l'on trouve en Egypte, en Syrie et dans l'Arabie heureuse. Dès la plus haute antiquité, on a vanté son suc comme ayant des propriétés miraculeuses ; on en obtient par incision un suc blanc, résineux, d'une odeur très pénétrante, que les Musulmans de haut parage emploient comme cosmétique et pour oindre leurs longs cheveux. Le *balsamier élimifère*, originaire du Brésil, dont on obtient par incision une résine jaune verdâtre, dont l'odeur rappelle celle de l'anis ou du fenouil. Le *balsamier de la Jamaïque* répand, quand on le brûle, une odeur de rose très prononcée.

BALTHASAR, roi de Babylone, dont le désastre est rapporté au chapitre v du livre de Daniel. Donnant à sa cour un grand festin, Balthasar fit apporter, pour les faire servir à ses orgies, les vases sacrés que son aïeul Nabuchodonosor (voy.) avait enlevés du temple de Jérusalem ; mais une main inconnue traça tout-à-coup sur la muraille les trois mots *Mané, Thécel, Pharès*, que ne purent expliquer les savants de Babylone. Daniel, appelé par le roi, lui apprit qu'ils annonçaient sa ruine et sa mort ; et, en effet, dans la nuit même, Cyrus entra dans Babylone, et Balthasar fut massacré. (538 av. J.-C.)

BALTIMORE, comté de l'Etat de Maryland, dans les États-unis de l'Amérique du Nord. Il est arrosé par le Patapsco, le Gumpunder, le Back, le Middle, fleuves qui se jettent tous dans la Chesapeak. Le pays est riche en mines de fer et l'on y cultive beaucoup de tabac. Sa population dépasse 100,000 âmes. Sa capitale, Baltimore, bâtie sur la rive gauche du Patapsco, à cinq lieues de l'embouchure de ce fleuve, possède un port spacieux et commode bordé de quais et défendu par le fort Mac-Henri. La ville est belle, bien bâtie et régulière ; le *Jone's Fall* la coupe en deux parties : *Old Town* et *Fell's point*. Parmi les monuments les plus remarquables, nous citerons la colonne de Washington, en marbre blanc ayant 163 pieds anglais de hauteur ; le monument en l'honneur des citoyens morts en défendant la ville contre les Anglais, les 12 et 13 septembre 1814 ; trente et une églises, deux colléges, deux académies, une école de médecine, un musée, une bibliothèque, etc. Comme ville commerçante, Baltimore ne le cède qu'à New-York, Boston, Philadelphie et la Nouvelle-Orléans ; on y compte neuf banques ; l'industrie est très-active et s'exerce principalement sur le vitriol, le bleu de Prusse, les verreries, etc.; on y construit des vaisseaux qui passent pour les plus fins voiliers du monde. C'est un des plus grands marchés de farine de l'Univers.

BALTIQUE. La mer Baltique que l'on pourrait presque regarder comme un vaste golfe de la mer du Nord, s'étend entre 53° 53' et 65° 50' de lat. N. et entre 7° 23' et 28° de long. E. On lui donne une superficie de 14,000 milles carrés géographiques. La chaîne des îles Aland la divise en deux parties, le nord et le sud. La partie qui se prolonge au nord prend le nom de *Golfe de Bothnie*; celle qui s'enfonce à l'est entre les provinces de l'empire russe s'appelle *Golfe de*

Finlande. La mer Baltique, dont les eaux sont beaucoup moins salées que celles de l'Océan, éprouve à peine l'effet des marées; mais elle est sujette à de violentes tempêtes, et éprouve des crues irrégulières qui élèvent quelquefois ses flots d'un mètre au-dessus de leur niveau ordinaire. Elle reçoit l'Oder, la Vistule, la Duna, la Tornea et l'Uméa. Le lac de Melaron fournit aussi à la Baltique le tribut de ses eaux. Pendant l'hiver la navigation y est arrêtée par les glaces, et dans les golfes de Bothnie et de Finlande elles ne disparaissent qu'au mois de mai, en sorte que dans ces golfes les pêches et la navigation ne sont guère que de six mois. On pêche dans cette mer beaucoup de saumons. La navigation y est si active qu'on peut évaluer à 5,000 en moyenne par année le nombre des vaisseaux qui la sillonnent.

BALUE (*Jean*), surnommé le *cardinal* DE LA BALUE, premier ministre de Louis XI, naquit en 1421, son père était, dit-on, meunier au bourg d'Angle en Poitou, où Balue passa ses premières années. Il entra dans les ordres, et, par son caractère actif et intrigant, il sut capter les bonnes grâces de Jean de Beauvau, évêque d'Angers, qui le présenta au roi Louis XI. Balue plut au roi qui le nomma évêque d'Évreux, puis son aumônier, puis enfin son intendant des finances. Il rendit d'abord quelques services au roi, surtout en décidant les bourgeois de Paris à lui rester fidèles lors de la ligue du *bien public;* il tenta de faire abolir la *Pragmatique sanction* (voy.) contre le bien de la France, et reçut en récompense du pape Paul II le chapeau de cardinal. Homme avide et sans conscience, Balue fit dépouiller à son profit ses bienfaiteurs et vendit à Charles-le-Téméraire les secrets de son maître. Mais, ses lettres ayant été interceptées, il fut arrêté et forcé d'avouer ses crimes. La pourpre romaine le sauva du supplice, mais Louis XI, pour ne pas laisser sa trahison impunie, le fit enfermer à Loches dans une de ces cages de fer que lui-même avait inventées et que l'on voit encore à Loches. Il y resta onze ans, jusqu'à ce que le pape Sixte IV obtint sa liberté en 1480. Il se retira à Rome où il fut comblé d'honneurs. Nommé, en 1484, légat *a latere* en France, il eut l'impudence de venir braver le roi à Paris; mais, à la mort de Sixte IV, il s'enfuit au plus vite de France, craignant de ne pas échapper cette fois à la vengeance de Louis XI, et retourna en Italie où il mourut en 1491.

BALUZE (*Etienne*), savant historiographe, naquit à Tulle en 1630. D'abord secrétaire de l'archevêque d'Auch, il fut appelé par Colbert qui lui confia le soin de sa bibliothèque, et il obtint une chaire de droit canon au collége royal. Mais ayant inséré dans son *Histoire de la Maison d'Auvergne* quelques passages qui justifiaient les prétentions du duc de Bouillon sur ce duché, il encourut la colère du roi Louis XIV qui lui retira sa chaire et l'exila de Paris (1708); ce ne fut qu'après la paix d'Utrecht 1713 qu'il obtint son rappel, mais on ne lui rendit ni places ni pension. Il mourut à Paris en 1718. Il rendit de grands services à l'Église et aux lettres en passant une grande partie de sa vie à rassembler de bons auteurs qu'il publiait avec des remarques et des annotations. La liste des ouvrages de Baluze est de quarante-cinq, parmi lesquels on remarque une belle édition des *Capitulaires de nos rois;* des *Lettres du pape Innocent III*, les *Vies des papes d'Avignon*, etc.

BALZAC (*Jean-Louis-Guez de*), né à Angoulême en 1594, est l'un des écrivains qui ont le plus contribué à former la langue française. Envoyé à Rome comme agent du cardinal Nogaret de La Valette, il étudia la langue du pays qu'il habitait, et en la comparant à sa langue

J. L. Guez de Balzac.

maternelle, il découvrit les progrès qu'elle avait à faire pour rivaliser avec les chefs d'œuvres de Boccace, de Pétrarque et du Tasse. A son retour en France il fut présenté au cardinal Richelieu qui lui accorda une pension de 2,000 fr. avec le titre de conseiller d'État. Les premiers ouvrages de Balzac le firent universellement regarder comme le premier écrivain de l'époque. Ses *Dissertations littéraires* donnèrent l'exemple d'une correction et d'une élégance de langage dont on n'avait point eu l'idée jusqu'à lui. Il fut en butte aux attaques du clergé et principalement du père Goulu, général des Feuillants, qui engagea avec lui une dispute littéraire et qui conserva si peu de mesure que Balzac dégoûté se retira sur les bords de la Charente. Il fut un des premiers membres de l'Académie française et y fonda un prix de 2,000 fr. Il mourut en 1855 et fut enterré à l'hôpital d'Angoulême auquel il avait légué 12,000 fr. Les œuvres de Balzac se composent de *Lettres*, de plusieurs petits traités intitulés le *Prince*, *Aristipe ou la Cour*, le *Socrate chrétien* et de poésies françaises et latines. L'abbé Cassagne a publié ses œuvres complètes en 1665, cette édition est devenue très rare. M. Campenon a publié en 1806 un choix des lettres de Balzac, Voiture et Boursault; et M. Malitourne a publié ses œuvres choisies en 1822.

BAMBARA. État nègre de l'Afrique, à l'Est de la Sénégambie. Il a environ 100 lieues de long sur 150 de large. Il forme aujourd'hui deux Etats différents, dont l'un a pour capitale Seghou, sur le Djoliba; c'est une assez jolie ville avec des maisons construites en argile et blanchies, des rues assez larges, et entourée d'une muraille en terre; on estime sa population à 30,000 âmes. La capitale du second Etat, ou *Bas-Bambara*, est Djenny, à l'extrémité d'une petite île formée par le Djoliba. Au dire des voyageurs, les maisons sont aussi grandes que celles des villages d'Europe, la plupart n'ont qu'un étage; elles sont toutes à terrasse, n'ont pas de fenêtres à l'extérieur, et les chambres ne reçoivent l'air que par une cour intérieure. Il n'y a pas de cheminées. Djenny a une mosquée en terre, dominée par deux tours massives. Les rues sont mal alignées, mais larges et propres. C'est une ville très commerçante; il y arrive et en part chaque jour de nombreuses caravanes. On lui donne 20,000 âmes. Le roi de Djenny a fondé des écoles pour la jeunesse de Bambara. Le roi de Seghou et celui de Djenny sont souvent en guerre, et ce dernier s'est emparé d'une partie des Etats

de son adversaire. Pendant longtemps, les guerres de ces petits rois ont fourni beaucoup d'esclaves aux Européens.

BAMBERG, chef-lieu du cercle Bavarois, du Mein supérieur, siége d'un tribunal d'appel et d'un archevêché, compte 21,000 habitants, pour la plupart catholiques. C'est une ville industrieuse, commerçante et bien bâtie, elle est située sur la Regnitz. Parmi les édifices les plus remarquables, nous citerons la cathédrale avec la belle statue colossale en bronze, élevée à la mémoire du dernier prince-évêque; le grand hôpital auquel sont jointes des écoles de médecine et de chirurgie; le collége, autrefois dirigé par les jésuites, et qui renferme une belle bibliothèque et un cabinet d'histoire naturelle. La place Maximilien est ornée d'une statue colossale de ce prince. Sur le *Petersberg* s'élève le château qu'habitaient les évêques, et où demeure actuellement la famille du duc Guillaume de Bavière. Bamberg n'a pas de fabriques importantes, mais sa bière est renommée, et elle possède de nombreuses brasseries; aux environs, on se livre beaucoup au jardinage. Le sol du pays de Bamberg est un des plus fertiles de l'Allemagne.

BAMBOCHE (le) (*Bamboccio*), peintre hollandais, ainsi surnommé à cause de sa difformité, naquit près de Naarden en Hollande. Son vrai nom était Pierre de Laar. Il se plaisait à peindre des sujets facétieux et burlesques qui ont conservé depuis le nom de *Bambochades*. Il passa seize années à Rome, où il se lia avec Le Poussin, Claude Lorrin et les meilleurs maîtres. Bamboccio excellait surtout à représenter des fêtes de village, des foires, des chasses, des pêches, etc.; rien n'égale l'esprit et la gaîté de ses sujets, l'animation et l'expression de ses personnages, le fini de ses accessoires. Ses tableaux eurent un grand prix, même de son vivant et sont fort recherchés aujourd'hui; il les signait *P. D. Laer*. Ce peintre, aussi spirituel et savant que sa gaîté était originale, excellait aussi dans la musique et jouait dans la perfection de plusieurs instruments. Il mourut à Harlem en 1673. On voit au musée du Louvre deux de ses tableaux : *Le départ de l'hôtellerie* et *Une Femme qui trait une chèvre*.

BAMBOU *bambos*), genre de plantes de la famille des graminées; ses caractères sont : épillets-lancéolés, comprimés, à cinq fleurs, ayant à leur base trois écailles imbriquées; balle bivalve; six étamines; ovaire surmonté d'un style bifide à stigmate plumeux, une seule semence oblongue, enveloppée de la balle calicinale. Ce genre comprend deux espèces bien connues : le *bambou*, proprement dit (*Bambos arundinacea*), graminée gigantesque qui croit dans l'Inde, soit au milieu des forêts, soit dans les plaines ou sur des montagnes où elle recouvre souvent d'immenses espaces, elle est naturalisée aujourd'hui dans toutes les régions chaudes du globe. Ses tiges élégantes s'élèvent quelquefois à une hauteur de vingt mètres et plus; ses tiges sont simples, mais de leurs nœuds naissent souvent un très grand nombre de petits rameaux verticillés, chargés de feuilles nombreuses; celles-ci sont grandes, d'un vert clair; ses fleurs forment de longues panicules droites, rameuses. Le bambou est un des végétaux les plus utiles à l'homme, ses tiges creuses et légères, très solides servent à faire des vases, des sceaux et d'autres ustensiles de ménage. Les plus fortes servent souvent à la charpente des édifices. Avec les fibres qu'on en détache on fait des nattes, des paniers, etc.; et, à une certaine époque, il découle de leurs nœuds une liqueur douce et agréable, susceptible de fermentation, et qui sert de boisson dans le pays où le bambou est abondant. On mange en outre ses jeunes pousses. La seconde espèce, le *bambou lélébé* (*bambos verticillata*) est moins grand que le précédent, mais non moins utile; ses fleurs sont en verticilles à l'extrémité des rameaux.

BAN. C'était, au moyen âge, la proclamation adressée par le roi ou les seigneurs à tous ceux de leurs vasseaux qui leur devaient le service militaire. Le *ban* était l'appel fait aux nobles par le roi pour servir dans ses armées, et l'on disait *ban*, quand il s'agissait de nobles immédiats, et *arrière-ban*, quand on voulait parler de ceux qui reconnaissaient un suzerain entre eux et la couronne. C'est ainsi qu'on disait : convoquer le ban et l'arrière-ban du royaume. Le mot de *ban* a été également employé comme proclamation publique d'une peine, d'une proscription portée contre un homme, puis encore cette proscription; et comme l'arrêt ainsi proclamé statuait ordinairement l'exil, de *ban* on a fait *bannissement*, c'est ce que démontre l'expression encore employée de nos jours, *rompre son ban*.

BAN (*banus*), mot slavon qui signifie seigneur, est un titre et une dignité dont étaient autrefois investis les commandants des marches orientales du royaume de Hongrie et qui peut être assimilé à celui des anciens margraves de l'empire. Le ban, égal en dignité au palatin de Hongrie, prenait rang immédiatement après le roi; et avait, quant à la juridiction et à l'administration de son district, les mêmes droits et devoirs que celui-ci. (Voy. *Hongrie*.)

BANANIER (*musa*), genre de plantes de la famille des musacées, présentant pour caractères un régime enveloppé dans une spathe avant la floraison; ovaire inférieur, très grand, triloculaire. Etamines, six, insérées au sommet de l'ovaire; périanthe à deux pétales dont le supérieur embrasse l'inférieur et se divise à son sommet en cinq lanières. Fruit consistant en une sorte de baie triangulaire et allongée. Le bananier n'est point un arbre, mais bien une plante herbacée dont la tige périt aussitôt qu'elle a donné son fruit; elle a la plus grande analogie avec les liliacées; un plateau charnu donne inférieurement naissance aux fibres qui constituent la racine et supérieurement à des feuilles; ces feuilles, longues de deux à trois mètres et larges d'un mètre environ, se succèdent rapidement, et leurs pétioles persistants, qui s'engaînent les uns dans les autres, forment en se desséchant une sorte de tige atteignant de trois à cinq mètres de hauteur. Elle est traversée dans son centre et dans toute sa longueur par une hampe qui naît de la bulbe et va sortir au sommet; là cette hampe se recourbe, se penche vers la terre et se termine par une espèce de régime portant les fleurs femelles et les fruits à sa base; et les fleurs mâles à l'extrémité. Ce végétal, d'un aspect étrange et superbe, est un des plus utiles que la nature a fait croître entre les tropiques. Deux espèces surtout, le *bananier du paradis* et le *bananier des sages*, fournissent aux habitants des contrées où ils croissent une nourriture aussi saine qu'agréable. Le fruit du premier, nommé *Banane*, demande à être cueilli un peu avant sa maturité, lorsqu'il commence à passer du vert au jaune; sa peau un peu coriace recouvre une chair molle d'une saveur douce et agréable, on le mange le plus communément cuit à l'eau ou sous la cendre, d'autres fois coupé par tranches et frit comme des beignets. Le *bananier des sages* ou bananier figuier, est ainsi nommé parce que l'on prétend que les *gymnosophistes* de l'Inde passaient leur vie sous son ombrage, et se nourrissaient de son fruit; ce dernier se mange presque toujours cru, sa chair est délicate, molle, fraîche. Les bananes-figues, lorsqu'elles sont fraîches, n'ont pas besoin d'assaisonnement; elles contiennent beaucoup de fécule lorsqu'elles sont vertes, mais, mûres, elles n'offrent plus que du sucre, et, sous ce rapport, le disputent à la canne et à la betterave. On les fait sécher pour les conserver et l'on en tire une farine dont on peut faire une bouillie excellente. Dans les Philippines, on utilise en les filant les fibres de ses feuilles, et partout on en couvre les cases et les pauvres habitations.

La culture de ces plantes est aujourd'hui répandue dans les parties chaudes de l'Asie, de l'Afrique et de l'Amérique.

BANAT. Ce mot veut dire, dans la langue hongroise, une province frontière ; on ne donne plus aujourd'hui ce nom qu'à une seule des provinces frontières de la Hongrie, celle du Temeswar. (Voyez ce mot.)

BANC. On donne ce nom aux parties du fond de la mer ou des rivières plus élevées que le reste, et dont souvent même une partie demeure à sec quand la marée baisse. Il y a des bancs de roche, de corail, de coquillages, de vase, etc. On nomme *bancs de glace* les énormes amas de glaces qu'on rencontre dans l'océan Glacial arctique et l'océan Glacial antarctique.

BANCS. On appelle ainsi les légions nombreuses d'animaux aquatiques qui vivent rassemblés sur un même point et voyagent en troupes. Les morues, les harengs, les maquereaux, les thons, etc., sont connus par leurs voyages périodiques, et chaque année on les voit paraître en troupes, à une époque semblable, dans les mêmes parages. Certains mollusques, tels que les hyales et les clios, sont également réunis en bancs considérables, et certaines parties de la mer sont couvertes de myriades de zoophytes

Bancs (géologie). Les substances minérales qui entrent dans la composition du sol sont disposées en *couches* ou *bancs* superposés comme les feuilles d'un livre. Les géologues appellent *strates*, d'une manière générale, les assises distinctes que présente une tranche du sol, et *stratification* cette disposition. (Voyez ce mot.)

BANDA (*îles*). Voyez *Moluques*.

BANDA ORIENTAL. Voyez *Uruguay*.

BANDAGE, appareil composé de pièces de linge de différentes formes, auxquelles se joignent souvent de petites planchettes, des coussinets de balle d'avoine ou de foin, etc., et employé au pansement des maladies chirurgicales. On appelle bandages *herniaires* des appareils plus solides destinés à maintenir les hernies, et dans la composition desquels entrent des matériaux plus durables, tels que des plaques de fer, des lames d'acier, des courroies, des boucles, etc. Les orthopédistes font usage de bandages analogues.

BANDE (de *bandum*, troupe), *bandes militaires*. (Voyez *Compagnies* (grandes), *Routiers*).

BANDE NOIRE, on a donné ce nom, en France, à des sociétés de spéculateurs et d'architectes qui se formèrent, après la révolution, pour se rendre acquéreurs des églises, abbayes, châteaux, donjons, etc. Elles les faisaient démolir ensuite, sans respect pour l'intérêt scientifique et les souvenirs historiques qui s'y rattachaient, et revendaient par lots les matériaux et les terrains, sans autre égard que leur seul intérêt.

BANDINELLI (Baccio), sculpteur et peintre italien, naquit à Florence en 1487. Son père, qui était orfèvre, lui apprit à ciseler et à modeler ; placé plus tard à l'école de Rustici, il y fit la connaissance de Léonard de Vinci, qui l'aida de ses conseils, et il devint bientôt l'un des plus habiles sculpteurs de son époque. Il a laissé de nombreux ouvrages dont les principaux sont : un Mercure acheté par François Ier, un Orphée, un Bacchus, une Cléopâtre, une Descente de Croix en bas-relief, un Hercule étouffant Cacus, l'un des plus beaux groupes connus ; il fit aussi une magnifique copie du Laocoon, anéantie dans l'incendie de la galerie de Florence, en 1762. Bandinelli eut du génie, sa composition est énergique, son desein correct et savant ; mais ce fut en vain qu'il voulut imiter Michel-Ange et, comme ce dernier, être à la fois sculpteur, architecte et peintre ; il ne fut que sculpteur. Ses tableaux peu nombreux manquent de grâce et de coloris.

BANIANS. On nomme ainsi la caste commerçante parmi les Hindous. Elle forme une secte particulière, répandue dans l'Inde et surtout dans le Mogol et le royaume de Cambaye. Ils reconnaissent un dieu créateur de l'univers, et un démon principe du mal. Leur dogme principal est la métempsychose, aussi ne mangent-ils rien de ce qui a eu vie. Ils se purifient par de fréquentes ablutions, regardent tous les hommes d'une religion différente de la leur comme impurs, et évitent toute communication avec eux.

BANKS (sir Joseph), savant naturaliste anglais, naquit à Londres en 1743. Maître d'une immense fortune, il l'employa à hâter les progrès de cette science. Infatigable voyageur, il visita, en 1765, le Labrador et Terre-Neuve ; s'embarqua, en 1769, avec le capitaine Cook, pour faire le tour du monde, et fournit les descriptions botaniques de la relation de ce voyage. En 1772, il visita les îles occidentales de l'Écosse et de l'Irlande, et y fit une riche moisson d'objets d'histoire naturelle. Elu, en 1778, président de la Société royale de Londres, il fut nommé en 1801 membre de l'Institut de France, en reconnaissance de sa généreuse intervention pour la restitution des papiers de La Peyrouse, qui avaient rapport à son voyage et qui étaient tombés au pouvoir des Anglais. Sauf quelques articles publiés dans les *Philosophical transactions*, sir Banks n'a rien écrit, mais il forma de précieuses collections qu'il ouvrait à tous ceux qui voulaient les consulter, ainsi que sa bibliothèque, l'une des plus riches de l'époque. Ce savant fut enlevé aux sciences en 1820.

BANLIEUE. On appelait ainsi autrefois, en terme de jurisprudence, l'étendue d'une lieue à l'entour d'une ville où pouvait se faire le *ban*

(voyez), c'est-à-dire les proclamations et même la justice de la ville. Ce mot s'emploie aujourd'hui pour désigner le voisinage des bourgs ou villages qui touchent aux faubourgs d'une grande ville. La banlieue est d'ailleurs soumise à une autre juridiction que la ville, et n'y adhère que par certains détails d'administration.

BANNIÈRE. On donnait autrefois le nom de bannière aux drapeaux et aux étendards, qui s'appelaient aussi *pennons, gonfanons*, etc., avec cette différence que le gonfanon était une bannière d'église, tandis que le pennon ou guidon était une bannière militaire.

L'usage des bannières dans les églises et aux processions est fort ancien ; il remonte jusqu'en l'an 1414, et nous voyons qu'au concile de Constance on porta, pour la première fois, à la canonisation de saint Roch, l'image du saint cano-

Pennon royal, XIe siècle.

nisé. Autrefois le droit de porter bannière était réservé aux seuls seigneurs bannerets, aux officiers de la couronne et à leurs lieutenants. L'investiture se donnait par la bannière ; les seigneurs se présentaient à genoux devant le prince, tenant en main la bannière armoriée du blason de leurs armes. La bannière de France était le drapeau de nos anciens rois; c'était le plus grand et le plus riche. Vers l'an 1100, on s'avisa d'attacher cet étendard au haut d'un mât, planté sur un charriot tiré par des bœufs, et couvert de housses de velours. Au pied du mât, un prêtre disait la messe tous les jours de grand matin. Dix chevaliers, jour et nuit, montaient la garde sur l'estrade. Cette lourde machine fut en vogue en France pendant 120 ou 130 ans. Elle était au centre de l'armée, et c'est là que se donnaient les plus grands coups, pour enlever le pennon royal ou pour le défendre; car on n'était point censé vainqueur si l'on ne s'en rendait maître, ni vaincu qu'on ne l'eût perdu.

Nos rois de la troisième race eurent encore un étendard appelé *bannière royale;* elle était semée de fleurs de lis, avec une croix blanche au milieu. Eudes, duc de France, aïeul de Hugues-Capet; Hugues-Capet lui-même et ses successeurs n'en eurent point d'autre jusqu'à Louis-le-Gros, qui prit l'oriflamme. (Voyez *Oriflamme.*)

Quant aux bannières religieuses, l'usage en est très répandu; elles sont portées à plusieurs cérémonies du culte catholique, comme les processions, etc.; chaque congrégation, chaque confrérie a une bannière particulière; elles sont ordinairement riches et ornées de franges en or ou en argent. Le patron du lieu, la sainte Vierge, y sont le plus souvent représentés.

BANNISSEMENT. On retrouve cette peine dans toutes les législations anciennes et modernes. Autrefois le bannissement, en France, était ou perpétuel ou temporaire; perpétuel, il emportait la confiscation des biens et la mort civile. Depuis, la durée du bannissement a été réduite à cinq ans au moins et à dix ans au plus; mais si, dans un but quelconque, le banni rentre sur le territoire de la France, s'il *rompt son ban*, il encourt sur la seule preuve de son identité la peine afflictive, infamante et perpétuelle de la déportation. Bien que le bannissement soit déclaré peine infamante par le Code pénal, l'opinion publique relève souvent ceux qui le subissent de la tache que leur imprime la loi. C'est ainsi que, dans nos mœurs, les délits politiques ne sont jamais considérés comme honteux et infâmes. Plusieurs fois aussi le bannissement a été prononcé comme mesure politique par les grands pouvoirs de l'État. L'ordonnance du 24 juillet 1815, la loi du 12 janvier 1816, qui éloignent de la France les membres de la famille de Napoléon; celle de

1832, qui interdit à Charles X et à sa famille l'entrée du territoire français; celle enfin de 1849, qui a exclu à son tour Louis-Philippe et ses proches sont des exemples récents. Nous ne discuterons pas jusqu'à quel point les nécessités politiques peuvent justifier de pareils actes, nous ferons seulement remarquer que ce n'est pas là le bannissement proprement dit.

BANQUE. On donne ce nom à des établissements destinés à faciliter la circulation de l'argent, ordinairement dépositaires de valeurs en espèces, en lingots ou en lettres-de-change, et qui sont en outre autorisés à mettre en circulation des bons payables au porteur et à vue. On distingue deux sortes de banques, les banques de dépôt et les banques d'escompte; les *banques de dépôt* reçoivent l'argent des particuliers et en facilitent la transmission par le virement des parties, ou en donnent des récépissés qui entrent dans la circulation et se transfèrent entre les négociants. La principale opération des *banques d'escompte et de circulation* consiste à escompter des lettres-de-change, c'est-à-dire à en payer le montant par anticipation en retenant un escompte ou intérêt proportionné à l'éloignement de leur échéance. On donne quelquefois le nom de *banques prêtantes* aux *Monts-de-Piété.* (Voyez.) Ce fut pour éviter les frais, les risques et les inconvénients qu'entraîne toujours le transport du numéraire d'une ville à l'autre, et aussi pour en économiser l'emploi, qu'on institua les premières banques de dépôt; la plus ancienne dont on se souvienne a été fondée à Venise au XIIe siècle, celles de Hollande et des villes hanséatiques furent établies dans les XVIe et XVIIe siècles. Mais avant la création de ces banques, les négociants, pour rendre les transactions plus faciles, et pour empêcher que le commerce languît faute de numéraire, étaient dans l'usage de faire leurs paiements à des époques fixes, en se réunissant une ou plusieurs fois par année pour apurer et solder leurs comptes au moyen de revirements et de transports de crédit. Chaque négociant avait son banc dans la place du commerce, *banca*, et c'est là l'étymologie du mot *banque*. Lorsqu'un négociant avait mal fait ses affaires, qu'il se déclarait *fallito* (failli) et qu'il abandonnait son bien à ses créanciers, son banc était rompu *banca rotta*, d'où banqueroute. Sous le directoire, le commerce de Paris établit, pour l'escompte de ses lettres de change, une caisse spéciale qui rendit de grands services; l'industrie suivit cet exemple. Les banquiers élevèrent alors à côté de ces établissements une banque d'escompte. Mais dès que Napoléon eut renversé la république, les espérances du privilége et du monopole se réveillèrent; la banque d'escompte sollicita et obtint un monopole, et ce fut en 1800, c'est-à-dire quatre-vingts ans après les essais malheureux de Law, que la *Banque de France* commença ses opérations; elle reçut le privilége exclusif d'émettre des billets payables à vue au porteur; on l'autorisait en même temps à établir des comptoirs dans les départements, en lui assurant le monopole partout où elle s'établirait. La loi du 24 germinal an XI avait fixé à 45 millions le capital de la banque. Le 22 avril 1806, il fut fixé à 90 millions, et la durée de son privilége de quinze ans qu'il était d'abord, fut porté à quarante-cinq ans; ses statuts furent définitivement arrêtés par un décret impérial du 7 janvier 1808. D'après ces statuts, les opérations de la banque devaient se borner à l'émission de billets, à l'escompte et au prêt sur dépôt de matières d'or ou d'argent; à recevoir en dépôt toutes les sommes qu'on veut lui confier. Le taux de son escompte, d'abord fixé à 5 p. 0/0, fut ensuite abaissé à 4 p. 0/0. Par ses statuts, la banque s'était interdit l'escompte du papier de circulation; elle ne devait prendre que des effets revêtus de trois signatures de personnes solvables; mais il fallait que les effets lui fussent présentés par des négociants ayant un compte ouvert chez elle, et le nombre de ces comptes a toujours été très limité. Pour être admis à l'escompte et avoir un compte-courant à la banque, il faut en faire la demande par écrit à M. le gouverneur, et l'accompagner d'un certificat signé du demandeur et de trois personnes connues qui certifient sa signature et qu'il fait honneur à ses engagements. La banque ne peut admettre d'opposition sur les sommes qu'elle a en compte courant. Ceux qui font des dispositions sur la banque sans avoir fait les fonds pour les échéances, peuvent être privés de leur compte-courant par le conseil-général. la direction générale des affaires de la banque est attribuée à un gouverneur assisté de deux sous-gouverneurs, de quinze régents et de trois censeurs. Ces administrateurs, avec le concours des principaux chefs de division, donnent l'impulsion aux diverses branches de ce vaste établissement. Ils se constituent en cinq comités qui connaissent chacun d'une branche spéciale; douze négociants ou fabricants en activité d'affaires sont, pour le choix du papier, adjoints au comité d'escompte. Ils ne sont pas membres du conseil général, et sont nommés par les censeurs sur une liste triple présentée par les régents et le gouverneur. — On peut céder l'usufruit des actions

de la banque. Nonobstant cette cession, on peut disposer de la nue-propriété. Les actions peuvent être immobilisées par la simple déclaration du propriétaire : dès-lors elles sont à l'instar des immeubles de toute nature; elles sont sujettes aux mêmes lois et ont les mêmes prérogatives. Ainsi, tout l'escompte qui se faisait à Paris, par l'intermédiaire d'une institution destinée à répandre le crédit dans les moindres classes des travailleurs, n'était réellement utile qu'au grand commerce et à la finance. La banque n'est en réalité qu'une succursale du trésor, et quoique son crédit soit solidement établi dans les temps de calme, il doit suivre constamment la fortune de l'Etat; il ne saurait en être autrement, puisque la banque a toujours au moins une somme égale à son fonds capital, engagée dans les affaires financières de l'Etat. L'escompte au commerce représente à peine le tiers de son revenu. La banque de France a des comptoirs en province, et plusieurs villes possèdent des banques particulières; tels sont Rouen, Nantes, Bordeaux, le Hâvre, Marseille, Lyon. Voilà les seuls établissements financiers que possède aujourd'hui la France, c'est certainement à leur rareté autant qu'à leur administration mal entendue qu'on doit attribuer l'état arriéré de notre agriculture, la gêne de la plupart de nos propriétaires ruraux et la propagation du système de l'usure qui dévore toutes les ressources de la production. — Comment l'Ecosse a-t-elle converti les lits de ses torrents en fertiles pâturages, comment l'Amérique du Nord réalise-t-elle chaque jour de nouvelles conquêtes sur les forêts et les savanes? Par l'industrie, dira-t-on; sans doute, mais l'industrie ne peut pas exister par elle-même : il faut qu'elle puisse facilement réaliser ses produits, qu'elle ait sans cesse des capitaux à sa disposition, et les banques seules peuvent procurer ces facilités. Nous traiterons des banques particulières au mot *Change*.

BANQUEROUTE. L'état de faillite résulte, pour un commerçant, de la cessation de ses paiements. Si quelque faute grave peut être reprochée au failli, alors la faillite prend le caractère de *banqueroute simple*, et s'il y a fraude, elle devient *banqueroute frauduleuse*. (Voyez *Faillite.*)

BAOBAB (*adansonia*), famille des *malvacées*, Jussieu; arbre remarquable par sa grosseur. Le tronc, dont le diamètre est de 25 à 30 pieds, haut de 12 à 15, se divise à son sommet en branches très grosses et longues de 50 à 60

pieds, dont une partie s'étendent horizontalement, et, entraînées par leur poids, touchent le
sol et cachent le tronc de l'arbre, qui, vu à certaine distance, apparaît comme une masse énorme de verdure de 150 pieds de diamètre et 60
à 70 de hauteur. A chacune des branches correspond une racine de la même grosseur ; une
seule qui est au centre, suit la direction du tronc,
et s'enfonce verticalement à une grande profondeur ; les autres s'étendent horizontalement. L'é-
corce des racines est d'un brun couleur de rouille,
celle des branches et du tronc est cendrée, lisse,
épaisse, comme vernissée au dehors ; son bois est

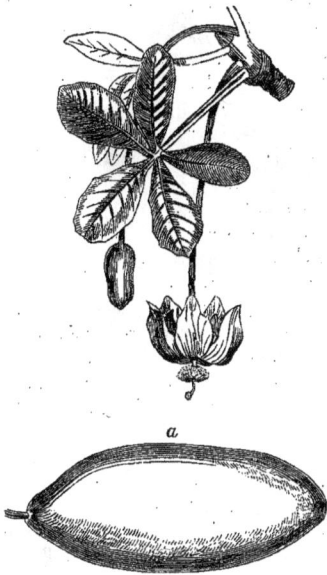

Branche florale et fruit (a).

mou, blanc et léger. Les feuilles naissent sur les
jeunes rameaux, sont pétiolées, alternes, composées de trois à cinq folioles, ovales, vertes en
dessus. Fleurs en calice, cinq pétales blancs ;
étamines nombreuses, au nombre de six à sept
cents, style très long et légèrement contourné,
dix à quatorze stigmates ; les fleurs sont solitaires
dans les aisselles des feuilles, suspendues par des
pédoncules longs d'un pied, chargés de trois
écailles écartées les unes des autres. Le fruit est
connu des habitants du Sénégal sous le nom de
pain de singe; c'est une capsule ovoïde terminée
en pointe aux extrémités, longue d'un pied à un

pied et demi, de 4 à 6 pouces de diamètre, à
écorce ligneuse recouverte d'un duvet verdâtre,
assez épais, divisé intérieurement en dix ou
quatorze loges renfermant plusieurs graines en
forme de reins entourés de pulpe ; l'accroissement de l'arbre est d'abord très rapide, puis devient insensible ; sa durée est prodigieuse. Adanson en a remarqué dont l'âge, suivant ses calculs,
pouvait s'élever à *quelques milliers d'années.*
Les nègres font sécher les feuilles de cet arbre à
l'ombre, puis les réduisent en poudre, qu'ils
nomment *lalo,* et la conservent dans des sachets
de coton ; ils font usage de cette poudre dans
leurs aliments quotidiens ; elle a la propriété de
modérer leur transpiration et d'atténuer l'ardeur
extrême qui les dévore. La tisane faite avec les
feuilles préserve des diarrhées, des fièvres chaudes, des ardeurs d'urine, maladies assez communes chez les Français qui résident au Sénégal.
La pulpe est aigrelette, édulcorée avec du sucre,
elle est assez agréable ; on en extrait le suc avec
lequel on fait une boisson d'un effet magique
dans les fièvres putrides.

BAPTÊME (du grec *baptô,* laver, plonger).
C'est le premier sacrement que l'Eglise chrétienne confère à l'homme. L'usage des ablutions
(voyez.) a existé dans tous les temps et a été
commun à presque tous les peuples. Lors de la
venue du Christ, il était fort répandu en Orient,
et les Juifs y étaient soumis par la loi de Moïse.
Tous les peuples ont attaché aux ablutions des
idées de purification morale. — Les premiers
chrétiens reconnaissaient trois sortes de baptême : 1° le baptême de l'eau, qui est celui que
Jésus-Christ institua sur les bords du Jourdain ;
2° le baptême de la pénitence qu'il fonda au Cal-
vaire en pardonnant au voleur converti qui mourait à son côté ; 3° le baptême de sang qu'il institua encore en consommant le sacrifice de sa
vie sur la croix. Le baptême de l'eau est celui
dont on s'est toujours servi et dont on se sert
encore aujourd'hui ; l'emploi de tout autre liquide rendrait le sacrement nul. Les eaux du
baptême peuvent s'administrer de trois manières:
par immersion, par infusion et par aspersion.
Le premier mode a été le seul en usage chez
tous les peuples chrétiens, jusqu'au XIIe siècle,
époque à laquelle l'Eglise d'Occident lui substitua l'infusion qui consiste à verser l'eau sur la
tête de celui qu'on baptise. Quant à l'aspersion,
on suppose qu'elle a dû être employée par les
apôtres qui baptisaient en un seul jour jusqu'à
cinq mille personnes. L'Eglise bénit les eaux du
baptême deux fois par an, les samedis de Pâques

et de la Pentecôte. — La forme du baptême consiste dans ces paroles que doit prononcer le ministre qui le confère : *N., je te baptise au nom
du Père et du Fils et du Saint-Esprit.* Le
moindre changement à cette formule entraîne la
nullité du sacrement. Le ministre ordinaire du
baptême est un prêtre; cependant, dans le cas
de nécessité, c'est-à-dire quand une personne est
en danger de mourir sans le baptême, tout
homme même hérétique, excommunié, juif ou
païen et toute femme peuvent donner valide-
ment et licitement le baptême, pourvu qu'ils
prononcent les paroles consacrées en versant
l'eau. Lorsque c'est un prêtre qui est le ministre
du baptême, le catéchumène est présenté à l'E-
glise par un parrain et une marraine pour montrer qu'il est indigne de s'y présenter de lui-
même, le prêtre lui souffle trois fois sur le visage,
et en forme de croix, pour montrer à la fois que
le démon est chassé par la vertu du Saint-Esprit
et par les mérites de Jésus-Christ. Il lui fait le
signe de la croix sur le front et sur la poitrine,
ce qui signifie qu'il doit porter la croix, l'aimer
et s'en glorifier. Le prêtre fait ensuite divers
exorcismes, après quoi il met dans la bouche de
celui qu'il baptise du sel, emblème de pureté,
puis de la salive qu'il met aussi dans les oreilles
en prononçant le mot *epheta*, ce qui se fait en
mémoire de la guérison que Jésus-Christ opéra
par ce moyen sur un homme sourd et muet; en
même temps le prêtre demande que celui qu'il
baptise et qui est sourd et muet spirituellement
ouvre ses oreilles à la vérité. — Les effets du
baptême sont d'imprimer le caractère du chrétien, il donne la grâce habituelle et justifiante,
et par elle il remet tout péché originel ou actuel.
C'est un dogme de la foi chrétienne que le baptême est d'une absolue nécessité pour le salut ;
quant aux enfants morts sans baptême, la plus
grande partie des théologiens catholiques pense
qu'il y a de la témérité à les condamner à un
châtiment qu'ils n'ont pu mériter. — Le *baptême de sang*, n'est autre chose que le martyre.
Pendant les premiers siècles du christianisme,
beaucoup de néophytes périrent dans les tortures
avant d'avoir reçu le baptême de l'eau; mais
aux yeux des fidèles, le supplice lui-même leur
tenait lieu du sacrement qu'ils n'avaient pu recevoir.

BAPTISTE (saint Jean). Voyez *Jean* (saint).

BAPTISTÈRE, lieu destiné à la conservation
de l'eau baptismale et à l'administration du ba-
tême. Les premiers fidèles n'eurent d'autres
baptistères que les fontaines, les fleuves, les lacs;
mais aussitôt qu'il leur fut permis de bâtir des
églises, ils construisirent près des cathédrales des
édifices qu'on nomma *baptistères, piscines.*

Le baptistère était d'ordinaire bâti en rond,
ayant un enfoncement où l'on descendait par
quelques marches pour entrer dans l'eau, car
c'était proprement un bain. Depuis, on se contenta d'une grande cuve de marbre ou de porphyre, et enfin on se réduisit à un bassin, comme

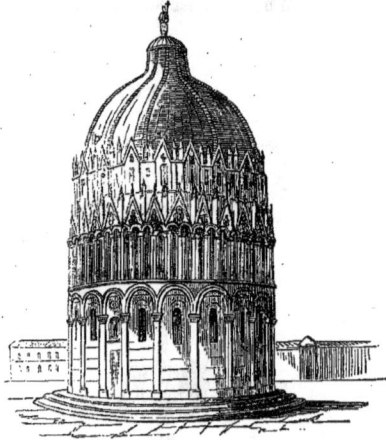

Baptistère de Florence.

sont aujourd'hui les fonts. Plus tard les bapti-
tères furent restreints dans l'enceinte des basiliques, et en firent partie, ce ne fut même le plus
souvent que des chapelles disposées à l'entrée des
églises, au milieu desquelles s'élevait un bassin
de pierre propre à contenir l'eau baptismale.
C'est ce que l'on voit généralement dans les
Etats qui professent la religion catholique.

On trouve encore en Italie des baptistères séparés des églises, dont quelques-uns sont remarquables sous le point de vue de l'art. L'un des
plus beaux est celui de Ravenne, bâti en 540
par saint Orso. Celui de Florence est également
célèbre; c'est un ancien temple de Mars.

BAR (comté, puis duché de). Ce fief exista
sous forme d'Etat séparé, pendant près de cinq
siècles (951-1431). Il avait pour limites le Luxembourg au nord, la Franche-Comté au sud, la
Lorraine à l'est et la Champagne à l'ouest. Le
Barrois, habité du temps des Romains, faisait

partie du pays des *Leuquois*, sous le nom de *Pagus Barrensis;* il fut ensuite enclavé dans le royaume d'Austrasie. Il répondait à peu près au département actuel de la Meuse. Sa capitale était Bar-le-Duc. (Voyez *Meuse.*)

BAR ou BARS, poisson du genre *Perche.* (Voyez.)

BARATERIE (de barater, tromper). L'on entend par *baraterie de patron,* les prévarications ou les fautes du capitaine maître ou patron d'un navire, et des gens de mer placés sous ses ordres, au préjudice de ceux qui lui ont confié le chargement. Ce crime, prévu par l'article 36 de l'ordonnance de 1681, entraînait la peine capitale. Dans notre nouvelle législation, il est passible de différentes peines en harmonie avec la nature du délit.

BARATTE. Voyez *beurre.*

BARBADE (*île*), la plus orientale des petites Antilles et des îles *Windward* des Anglais, gît par 13° 10' de lat. N., 62° de long. O. C'est la première île de cet archipel dont les Anglais se soient rendus maîtres en 1605. Ils la trouvèrent couverte de forêts inaccessibles; mais bientôt ils y introduisirent la culture du coton, de l'indigo, du tabac, plus tard la canne à sucre; et ces plantes continuent à y être cultivées avec beaucoup d'avantage. Sa population qui, quarante ans après son occupation, était montée à 150,000 habitants, est réduite aujourd'hui à 90,000, dont 20,000 blancs et 70,000 esclaves nègres. Elle a pour capitale *Bridgetown*, ville de 5,000 âmes, et le port des Antilles le plus près de l'Europe. Son climat est celui des Antilles. (Voyez ce mot.)

BARBARES. Les Grecs donnaient le nom de *barbares* à tous les peuples qui ne parlaient pas leur langue. Ils divisèrent le genre humain en deux moitiés inégales, les Grecs et les barbares, en confondant sous cette dénomination commune tous les peuples non grecs. Les victoires d'Alexandre abaisssèrent leur orgueil, et lorsque les Romains eurent réduit la Grèce en province romaine, ils empruntèrent des vaincus le terme de *barbare.* Des étymologistes font venir ce mot du redoublement du mot syrien *bar,* qui signifie un homme éloigné, un étranger. C'est dans ce sens qu'Ovide, exilé dans le pays des Gètes, dit :

Barbarus hic ego sum quia non intelligor ulli.
Ici je suis un barbare, car personne ne me comprend.

Dans le langage ordinaire, ce mot conserve son sens primitif, et l'on dit d'un homme qui n'a pas de goût, c'est un barbare : il est devenu aussi le synonyme du mot cruel. Mais quand l'histoire parle des *barbares*, elle ne veut parler que de ces peuples qui, se partageant les débris de l'empire romain, jetèrent les premiers fondements du monde nouveau, de la civilisation moderne. (Voyez *Invasion des Barbares* et *Rome.*)

BARBARIE, nom impropre par lequel on désigne la partie de l'Afrique, la plus rapprochée de l'Europe, celle comprise entre le haut Atlas et l'océan Atlantique, c'est-à-dire l'Algérie, le Maroc, les Etats de Tunis et de Tripoli. (Voyez ces mots et l'article *Afrique.*)

BARBARISME (*barbarismus*). Ce mot a la même étymologie que celui de barbare. C'est une faute de diction qui consiste à se servir d'un mot inusité ou inconnu, ou à employer une locution vicieuse et tout-à-fait étrangère à une langue. En un mot, toute façon de s'exprimer étrangère à la langue que l'on parle est un *barbarisme.*

BARBAROUX (Charles) naquit à Marseille en 1767. D'un caractère exalté et impétueux, Barbaroux embrassa avec ardeur les idées révolutionnaires. Il publia l'*Observateur marseillais,* journal patriotique, qui ne contribua pas peu à faire de Marseille l'un des plus ardents foyers de la révolution. Nommé secrétaire de la commune, il en remplit les fonctions difficiles avec une rare habileté. Lorsque l'Assemblée législative eut remplacé l'Assemblée constituante, Marseille voulut avoir à Paris un mandataire particulier et son choix se porta sur Barbaroux. Arrivé à Paris, le jeune républicain se lia avec Rolland et plusieurs hommes éminents. Il devint l'âme des Marseillais, et prit avec eux une part active à la mémorable journée du 10 août, qui brisa le trône. Il revint alors à Marseille, où il fut reçu avec enthousiasme et bientôt après envoyé comme député à la Convention. Persuadé, comme il le dit lui-même, que Robespierre et Marat allaient perdre par le crime une révolution qui, suivant lui, ne pouvait se maintenir que par la vertu, il entra dans le parti des Girondins. Il fut un de ceux qui, dans le procès de Louis XVI, votèrent l'appel au peuple. Il se montra rigoureusement opposé au parti de Marat et de Robespierre, et accusa ce dernier de tendre à la dictature; le 31 mai il fut proscrit comme royaliste et comme ennemi de la république. Barbaroux se retira dans le Calvados, et de là gagna la Gironde ; mais la terreur y était pleinement organisée : il fut bientôt arrêté et décapité au mois de juin 1793 ; il n'avait que 26 ans. Barbaroux, que sa beauté avait fait nommer l'*Antinoüs moderne*, n'oublia jamais les lois sacrées de la morale et de l'humanité, et ne connut d'autres mobiles que l'amour de la patrie et l'attrait de la liberté. Il a laissé des mémoires publiés par son fils dans la collection des *Mémoires relatifs à la Révolution* (1822).

BARBE. On donne le nom de *barbe* aux poils qui garnissent les joues, les environs de la bouche et le menton de l'homme et de quelques mammifères, tels que les boucs et certains singes (Voy. *Poils*.) Chez les oiseaux, on donne ce nom à des faisceaux de petites plumes ou poils qui pendent à la base du bec. On nomme encore *barbe* des bouquets de poils longs et raides qui garnissent le front ou les antennes de certains insectes. Ce mot s'applique non-seulement au poil des animaux, mais encore aux touffes poilues placées sur une partie quelconque des plantes, et au filet qui termine la balle de plusieurs graminées. On donne en outre les noms vulgaires de :

Barbe de bouc, au salsifis sauvage (*tragopogon*).

Barbe de capucin, à la chicorée sauvage.

Barbe de Jupiter, à la joubarbe.

Barbe de vieillard, aux géropogons, à cause de leur réceptacle couvert de poils.

BARBE, variété du cheval né en Barbarie.

BARBEAU ou BARBOT (*cyprinus barbus*, Linn.), poisson d'eau douce, du genre cyprin. Aux angles de son museau, qui est pointu et cartilagineux, pendent deux barbillons de chaque côté, d'où lui est venu son nom ; une petite veine rouge règne dans l'intérieur de ces barbillons. Yeux petits, forme du corps oblongue, un peu arrondie dans son contour ; le dos arqué, à son sommet une arête aiguë, parsemé de points noirs, mâchoire inférieure plus longue que la supérieure, pas de dents, fente des ouïes très petite, écailles moyennes, tendres, minces, de couleur olivâtre sur le dos et argentées sous le ventre ; nageoires du ventre jaunes, celles de la queue rougeâtres, bordées de noir. Ce poisson a communément un pied à un pied et demi de long, et pèse deux à trois livres ; on en a vu aller jusqu'à dix-

huit livres, mais ces exemples sont rares. Quand le barbeau est pêché dans l'eau pure, sa chair est blanche et d'un goût assez agréable. Les appâts vivants sont ceux qui l'attirent le plus facilement. Les Romains faisaient un grand cas de la chair du barbeau ; il n'est pas aussi recherché de nos jours. Un fait rapporté par Valmout de Bomare semblerait donner au fiel du barbeau des vertus héroïques contre les maux d'yeux. Ce fait, s'il était confirmé, éviterait aux incrédules la peine de chercher le nom du poisson auquel Tobie arracha le fiel pour rendre la vue à son vieux père.

BARBERINI, famille florentine, originaire de Barberino, en Toscane. L'un de ses membres, Maffeo Barberini, né en 1568, fut élu pape en 1623 sous le nom d'Urbain VIII. (Voy. *Urbain*.)

BARBEROUSSE. On désigne sous ce nom deux célèbres pirates qui, au XVIe siècle, s'emparèrent d'Alger ; ils durent leur surnom à la couleur de leur barbe. Ils étaient tous deux fils d'un corsaire renégat. L'aîné, Aroudj, se signala dès sa jeunesse par son audace, et il avait à peine 21 ans, qu'il se trouvait à la tête de quarante galères. Son nom répandait la terreur sur les côtes de l'Italie et de l'Espagne, et Aroudj nourrissait des projets ambitieux, lorsque l'occasion de les mettre à exécution se présenta. Selim Eusemi, dey d'Alger, implora son secours contre les Espagnols d'Oran. Aroudj, laissant à son frère le commandement de la flotte, marcha à la tête de 5,000 hommes à Alger, où il fut reçu comme un libérateur, assassina le dey et se fit proclamer roi à sa place. Il n'en continua pas moins ses pirateries. Charles-Quint, craignant pour ses possessions d'Afrique, envoya contre lui des forces considérables ; battu en plusieurs rencontres, Aroudj se renferma dans Trémécen, qu'il avait conquis quelque temps auparavant, mais ayant tenté une sortie, il fut accablé par le nombre et périt en combattant valeureusement.

Barberousse II, Khaïr-Eddyn ou Hariadan, frère du précédent, lui succéda dans le gouvernement d'Alger ; il se mit sous la protection de la Porte-Ottomane, à laquelle il céda la souveraineté d'Alger, reçut de Soliman II le titre de pacha, et un secours de 2,000 janissaires. Après avoir fortifié Alger, il soumit Tunis et Biserte, et recommença ses brigandages avec plus d'activité que jamais. Il ravagea les côtes de l'Italie, soumit l'Yémen, remporta sur Doria un avantage à Ambracie et vint dans Marseille prêter

Hariadan Barberousse.

le secours de sa flotte à François Ier contre Charles-Quint. Il revint à Constantinople où il mourut de ses débauches, en 1546.

BARBEROUSSE. Voyez *Frédéric Ier.*

BARBIÉ DU BOCAGE , savant géographe,
naquit à Paris en 1760. Il fit ses études au collége Mazarin, puis fut l'élève de Danville, qui
reconnaissait en lui son digne continuateur. Il
fut d'abord attaché au cabinet des médailles de
la Bibliothèque royale , puis nommé géographe
du ministère de l'intérieur ; mais quand éclata
la Révolution , il perdit l'une et l'autre place. Il
n'en continua pas moins ses travaux, qui ont jeté
un grand jour sur l'histoire et la géographie anciennes. On lui doit le bel *Atlas du voyage d'A-
nacharsis*, celui du *Voyage pittoresque en
Grèce* de Choiseul-Gouffier, et de nombreuses
notices. On peut dire qu'il a coopéré à toutes les
entreprises géographiques de quelque importance, faites de son temps. Il était membre de
l'Institut et de la Société royale des Antiquaires
de France, des Académies de Florence, de Prusse,
des Pays-Bas, etc. Il se préparait à faire des études sur l'Afrique, lorsqu'une attaque d'apoplexie
l'enleva aux sciences et à ses amis, en 1825.

BARBIER (Antoine-Alexandre), savant bibliographe, naquit en 1765, à Coulommiers. Il
était vicaire à Dammartin lorsque la révolution
éclata. Il prêta serment et fut nommé curé à la
Ferté-sous-Jouarre. En 1793 , il renonça à la

prêtrise et se maria. Il fut, l'année suivante, élu
membre de l'École normale , et chargé de recueillir dans les couvents et les églises les livres
et objets d'art. Nommé conservateur de la Bibliothèque du directoire, en 1798, il fut choisi par
Napoléon , en 1807, pour son bibliothécaire
particulier. On doit à Barbier la création des bibliothèques du Louvre, de Compiègne et de Fontainebleau ; à la restauration il fut nommé administrateur des bibliothèques particulières du
roi , mais il perdit cette place en 1822. Il mourut trois ans après. Ce savant a laissé un *Dictionnaire des anonymes et des pseudonymes*. Il a
aussi publié la *Nouvelle bibliothèque de l'homme
de goût* et des *Catalogues raisonnés*.

BARBILLONS. On donne ce nom aux filaments qui existent autour de la bouche de certaines espèces de poissons et que les naturalistes
regardent comme des organes du tact. Chez quelques-uns, comme la baudroie (voyez), ces tentacules servent d'appât à ces animaux , qui se cachent dans la vase et attirent leur proie en les
laissant flotter à la surface.

BARCELONE, anciennement *Barcino*. Ville
célèbre d'Espagne, capitale de la Catalogne, située sur la Méditerranée , à l'extrémité d'une
vaste plaine. L'on attribue sa fondation au Carthaginois Amilcar Barca, ce qui la ferait remonter à trois siècles environ avant Jésus-Christ.
Après avoir été soumise aux Romains, Barcelone
passa sous la domination des Goths, au ve siècle,
puis sous celle des Sarrasins, au viiie. Charlemagne s'en empara en 801, et en fit le siège d'un
comté qu'il donna à un seigneur goth. En 888,
il devint héréditaire en faveur du comte Geoffroi dont les descendants conquirent le reste de
la Catalogne et montèrent sur le trône d'Aragon,
en 1137, en la personne de Raymond Bérenger.
Le comté de Barcelone devint indépendant de la
France, en 1258, par la paix de Corbeil, et l'histoire de Barcelone se confond dès lors avec celle
de l'Aragon. (Voyez.) Pendant les guerres de succession cette ville fut prise et reprise plusieurs
fois par les Français et les Espagnols. Elle fut
encore au pouvoir des Français, de 1808 à 1814,
pendant la guerre de l'indépendance. En 1821,
elle fut désolée par la fièvre jaune qui lui enleva
le cinquième de sa population. Enfin elle a joué
un rôle important dans les événements qui ont
désolé l'Espagne pendant ces dernières années.
Barcelone est une des places les plus fortes de
l'Espagne, des fossés profonds, des remparts, une
citadelle et plusieurs forts la protégent du côté

de la terre ; du côté de la mer s'élève un mur de 127 mètres de longueur, 16 de hauteur et autant de profondeur. La ville, divisée en deux parties, haute et basse, renferme plusieurs beaux édifices dont les plus remarquables sont : la cathédrale, les églises de Saint-Jacques et de Saint-Michel, le palais des rois d'Aragon, la Bourse,

Ancienne porte de la ville.

l'Hôtel-de-Ville, etc. On y voit plusieurs promenades ombragées de beaux arbres. Elle possède aussi une académie, un cabinet d'histoire naturelle, huit colléges, quatre bibliothèques, des écoles de médecine, de peinture, de navigation, de sourds-muets, sept hôpitaux, etc. Quelques ruines romaines y subsistent encore. Barcelone est le centre de tout le commerce de la Catalogne. Il entre, chaque année, plus de mille navires dans son port. On y compte 150,000 habitants.

BARCLAY DE TOLLY (le prince), feld-maréchal-général au service de la Russie, et ministre de la guerre, de 1810 à 1813, naquit en Livonie, en 1759, d'une noble famille écossaise. Entré dans l'armée dès l'âge de dix ans, comme cadet, il prit part successivement aux campagnes contre les Turcs, contre les Suédois et contre les Polonais. Les combats de Poultousk et d'Allenstein commencèrent sa réputation. A la bataille d'Eylau il fut dangereusement blessé, et gagna le grade de lieutenant-général. En 1809, il surprit les Suédois, en traversant sur la glace le

golfe de Bothnie dans une étendue de 80 kilomètres. Le grade de général en chef de l'infanterie fut la récompense de cette audacieuse entreprise. Il dirigea, en 1812, la campagne contre Napoléon, et fut l'auteur de ce fameux plan de défense qui consistait à attirer l'ennemi dans l'intérieur du pays, à lui couper les vivres et à le laisser périr de fatigue et de froid. Il se mit lui-même à la tête de la première armée de l'Ouest pour assurer la réussite de ses plans, mais poursuivi par l'envie, il se vit retirer le commandement, qui fut confié à Koutousof. Barclay se rangea sous les ordres de son nouveau chef et le seconda de tous ses moyens ; il commandait l'aile droite de l'armée à la bataille de la Moskowa. En 1813, il reprit le commandement en chef ; il signala sa brillante valeur à la bataille de Bautzen, battit Vandamme à Kulm, contribua puissamment au gain de la désastreuse bataille de Leipzig, pénétra en France où il livra plusieurs combats meurtriers et présida au dernier combat qui eut lieu le 30 mars 1814 ; et le lendemain du jour de l'entrée des alliés à Paris, il fut nommé feld-maréchal et prince. Il mourut, en 1818, âgé de 59 ans. Le czar professait pour Barclay la plus haute estime, et en donna des marques à sa veuve.

BARDANE (lappa glabra), vulgairement glouteron, plante bisannuelle qui croît naturellement en Europe, sur les bords des routes, dans les lieux incultes, se trouve en Afrique aux environs d'Alger. Racines fusiformes, spongieuses ; noirâtre à l'extérieur, blanche à l'intérieur ; tiges striées, rameuses, hautes de deux à trois pieds ; feuilles radicales, grandes, pétiolées, cordiformes, vertes en dessus, légèrement cotonneuses en dessous ; fleurs terminales, de couleur purpurine, à écailles calicinales couvertes d'un duvet glabre. Sèches, les fleurs se détachent d'elles-mêmes, et se fixent après les toisons des agneaux et les habits des passants, ce qui les a fait nommer teignes.

La racine de bardane prise en décoction est sudorifique ; on l'emploie en tisane avec succès pour les dartres et autres maladies de la peau. Les feuilles prises à l'intérieur sont stomachiques et fébrifuges ; macérées, réduites en cataplasme, elles sont résolutives : les graines sont un assez bon diurétique.

BARDES. C'était le nom qu'on donnait aux poëtes, aux chantres des peuples celtiques. Ils chantaient les exploits des héros en s'accompagnant d'une harpe ; ils animaient les combattants et transmettaient leurs noms et leurs exploits à la postérité. La vénération pour les bardes était si grande, qu'ils n'avaient qu'à se placer entre les deux partis pour faire cesser le combat le plus acharné. Pendant la paix, les bardes animaient les festins, et chaque prince ou chef de tribu avait son barde pour chanter ses exploits et ceux de ses aïeux. Les Celtes qui, du temps de César, habitaient entre le Rhône et la Garonne, les emmenèrent avec eux en Angleterre, en Irlande et en Écosse, et ce fut dans ce dernier pays que se conserva le plus longtemps la langue des bardes. *Ossian* (voyez), le *barde calédonien*, fut un de ces poètes. Les bardes formaient un corps dirigé par des chefs; ils se réunissaient en congrès poétique à des époques fixes. Les rois les employaient également comme ambassadeurs, hérauts d'armes, pour déclarer la guerre ou demander la paix. Les bardes exerçaient une sorte de sacerdoce; leur religion était opposée aux rites sanguinaires et aux dogmes intolérants des druides, mais il ne nous en reste rien.

BARÉGES, ville du département des Hautes-Pyrénées, est célèbre par ses eaux chaudes et sulfureuses. Ces eaux sont fournies par trois sources principales qui alimentent plusieurs bains; leur température varie de 30 à 45 degrés centigrades. Chaque année les bains attirent à Baréges de 1200 à 1500 étrangers. Les eaux doivent leurs propriétés thérapeutiques à la présence de sels qui ont le soufre pour base (*hydrosulfate* et *sulfate de soude*); elles contiennent aussi de *l'hydrochlorate* et du *carbonate de soude*. Elles sont parfaitement limpides. Les eaux de Baréges, prises sur place, paraissent avoir des propriétés réellement héroïques; il est vrai de dire que les lieux où l'on en fait usage sont élevés à 1300 mètres au-dessus du niveau de la mer, et qu'on respire l'air pur et vif des montagnes; en outre, Baréges n'offrant aucun des plaisirs des grandes villes, les malades y observent forcément un régime qui ne peut que leur être favorable. Les eaux de Baréges sont surtout conseillées pour combattre les maladies de peau. (Voy. *Eaux minérales*.)

BARGE, genre d'oiseau de l'ordre des échassiers, de la famille des longirostres de Cuvier. Ses caractères sont : bec très long, cylindracé, mou et flexible dans toute sa longueur; narines latérales, longitudinalement fendues dans le sillon et percées de part en part; pieds longs, grêles, quatre doigts; ayant de chaque côté une étroite bordure membraneuse; ailes à première et se-

conde rémiges égales et les plus longues, queue courte. Les barges sont d'assez grands oiseaux, très haut montés sur pattes et à bec très long. Comme les chevaliers et les courlis avec lesquels ils ont de grands rapports, ils prennent au printemps un plumage roux. Le mâle est constamment plus petit que la femelle. Ces oiseaux se plaisent à l'entour des marécages, particulièrement des marais salés et sur les bords fangeux des fleuves, près de leur embouchure. Leur bec très mou et flexible leur sert à trouver, en fouillant la vase, les vers aquatiques et les petits crustacés dont ils se nourrissent. On en connaît deux espèces en Europe : la *barge à queue noire* (*limosa melanura*), et la *barge rousse* (*L. rufa*). Les barges pondent des œufs très gros, à proportion de leur volume.

BARNABÉ (*saint*), un des premiers disciples des apôtres et leur collaborateur, était Juif, et né dans l'île de Chypre. Il avait été le condisciple de saint Paul à l'école de Gamaliel, et alla avec lui prêcher la foi dans diverses régions de la Syrie, de l'Asie-Mineure et de la Grèce. Il se rendit en Chypre avec saint Marc son parent, et l'on prétend qu'il y subit le martyre vers l'an 63. Ce saint ne nous a laissé d'authentique qu'une épître sur la convenance de renoncer à l'observation des cérémonies mosaïques. L'*Évangile* et les *Actes* publiés sous son nom, ne sont que de pieuses légendes.

BARNAVE (Pierre-Joseph-Marie), député à l'Assemblée nationale, naquit à Grenoble en 1761. Reçu comme avocat au parlement de Grenoble à l'âge de 22 ans, il fut choisi par le barreau pour parler au nom de cet ordre et prononça un discours sur la *nécessité de la division des pouvoirs dans les corps politiques*. Barnave ne resta pas étranger à ce flot d'idées nouvelles qui se faisaient jour de toutes parts et minaient sourdement l'échafaudage de la vieille monarchie; il publia différentes brochures politiques qui le firent connaître à ses concitoyens, et, lorsque éclata la révolution française, Barnave, nommé député du tiers-état par le Dauphiné, se rangea parmi les ennemis déclarés de la cour. Son éloquence et son ardent amour de la liberté lui acquirent bientôt une immense popularité qu'il s'efforça de conserver. Il éleva tour-à-tour la voix pour faire décréter l'établissement des municipalités, l'organisation des gardes nationales, la déclaration des droits de l'homme, la réunion des biens du clergé aux domaines nationaux. Enfin il porta le dernier coup à la monarchie en proposant que les décrets eussent désormais force de loi sans la sanction royale. Il trouva en Mirabeau qui défendait alors les intérêts de la cour, tout en cherchant à les concilier avec ceux du peuple, un puissant adversaire; il en triompha cependant dans la fameuse question du droit de paix et de guerre, et le peuple lui décerna les honneurs du triomphe. « Et moi aussi, j'ai été porté en triomphe, s'écria Mirabeau, et pourtant on crie aujourd'hui : *La grande trahison du comte de Mirabeau*. Je n'avais pas besoin de cet exemple pour savoir qu'il n'y a qu'un pas du Capitole à la roche Tarpéienne. » Cet avis prophétique fut perdu pour Barnave, et la rapidité de sa course l'emporta tellement qu'il ne s'aperçut pas qu'il dépassait le but. Mais le jour arriva où, regardant en arrière, il fut épouvanté du chemin qu'il avait fait; il voulut arrêter l'élan que lui-même avait donné au parti démagogique et se rallier aux idées plus modérées que professait la société constitutionnelle dont Lafayette était le chef; mais dès lors il perdit sa popularité. Lorsque Louis XVI, évadé des Tuileries, fut arrête à Va-

rennes, Barnave, chargé avec Pétion de ramener les captifs à Paris, fut touché de tant d'infortunes et lui témoigna les plus grands égards

ainsi qu'à la reine; puis il prit hardiment la défense de Lafayette accusé d'avoir favorisé le projet d'évasion de la famille royale; dès lors il fut regardé comme déserteur de la cause populaire. Après la session il se retira à Grenoble et se déroba au monde; mais lorsque le 10 août eut fait passer la famille royale des Tuileries dans un cachot, l'ouverture de l'armoire de fer vint révéler aux ennemis de Barnave une correspondance qu'il avait entretenue avec la cour dans les derniers temps. Arrêté le 19 août sur un décret de l'Assemblée législative, il fut jeté dans les prisons de Grenoble où il resta quinze mois; il fut ensuite conduit à Paris et condamné à mort par le tribunal révolutionnaire. Mené au supplice avec Duport-Dutertre, il franchit avec fermeté les degrés de l'échafaud, et, frappant du pied la planche : « Voilà donc, s'écria-t-il, le prix de ce que j'ai fait pour la liberté! » Ainsi périt, âgé de trente-deux ans, le 18 novembre 1793, un des plus beaux talents oratoires, une de ces organisations d'élite qui surgirent à cette époque féconde en illustrations.

BARNEVELDT (Jean-Olden), célèbre républicain, grand pensionnaire de Hollande, naquit à Amersfoort en 1549. Lorsque les Espagnols se furent emparés d'Anvers, en 1585, les Provinces-Unies se mirent sous la protection de l'Angleterre, et Maurice de Nassau fut nommé stathouder de la nouvelle république. Barneveldt, qui avait déjà rempli plusieurs missions auprès des cours de France et d'Angleterre, négocia avec l'Espagne le traité par lequel cette puissance reconnaissait l'indépendance des Provinces-Unies, et conquit ainsi une juste popularité. Républicain vertueux, ne séparant jamais la cause de la liberté de celle de l'ordre et de la justice, il fit tous ses efforts pour s'opposer aux projets ambitieux de Maurice; il craignait avec raison les excès auxquels la reconnaissance pouvait entraîner les Bataves. A cette époque surgirent les querelles théologiques des arminiens (voy.) et des gomaristes; Maurice, redoutant l'ascendant de Barneveldt et le haïssant comme l'ennemi secret de son pouvoir, se déclara en faveur de Gomar par cette raison seule que Barneveldt avait embrassé le parti d'Arminius. Pour mettre un terme à ces querelles scandaleuses, on proposa de porter la cause devant un synode national. Barneveldt et les États de Hollande, qu'il dirigeait de concert avec Grotius, s'y opposèrent, et, pour mettre un terme aux désordres qu'excitaient les gomaristes, ils levèrent des troupes sans le concours de Maurice, capitaine-général de la république. Celui-ci saisit cette occasion de satisfaire sa haine contre Barneveldt ; il le dénonça d'abord comme hérétique et le fit arrêter avec Grotius, puis le fit accuser d'avoir voulu livrer son pays aux Espagnols. Les états-généraux, intimidés, approuvèrent honteusement ces actes ; Barneveldt fut livré à une commission composée de ses ennemis et condamné à mort. Agé de 72 ans (1619), il porta sur l'échafaud sa tête blanchie au service de son pays, et mourut en faisant des vœux pour cette patrie ingrate qui récompensait par le supplice toute une vie de dévoûment.

BAROMÈTRE (du grec *baros*, pesanteur, et *metron*, mesure), instrument qui sert à mesurer la pression exercée par le poids de l'air. Il est composé d'un tube creux en verre d'environ 1 mètre de longueur et de 7 ou 8 millimètres de diamètre, fermé à un bout et rempli de mercure ; l'extrémité ouverte plonge dans une cuvette remplie du même métal sur la surface duquel pèse l'air extérieur. Cette pression de l'air soutient le mercure dans le tube à une hauteur de 28 pouces (76 cent.), et la largeur de la colonne de mercure varie à proportion des changements qui arrivent dans le poids de l'atmosphère ; si ce poids augmente, la colonne s'élève, elle descend au contraire s'il diminue. Cet instrument fut inventé en 1640 par Torricelli, quand le génie de Galilée eut découvert la pression atmosphérique. On emploie divers baromètres, qui tous rentrent dans les trois sortes de baromètres connus sous les noms de *baromètre à cuvette*, *baromètre à syphon* et *baromètre à cadran*. Le baromètre dont nous avons indiqué plus haut le principe, est le baromètre à cuvette. Le baromètre à syphon (2) a son tube recourbé pour former en bas une courte branche verticale où le mercure reçoit la pression de l'air par un petit trou d'aiguille qui ne permet pas la sortie du mercure lorsqu'on retourne l'appareil pour l'emporter en voyage, c'est l'instrument le plus portatif ; il est de l'invention du savant Gay-Lussac. Dans le baromètre à cadran (3), les hauteurs sont indiquées par une grande aiguille qui tourne sur un cadran ; l'axe de l'aiguille porte une poulie sur laquelle s'enroule un fil de soie, ce fil est, d'un côté tiré par un contre-poids, et de l'autre, par un flotteur d'acier qui plonge en partie dans le mercure de la branche ouverte et qui s'élève et s'abaisse avec lui. C'est le baromètre le plus répandu, celui dont la fonction la plus vulgaire est d'indiquer la pluie et le beau temps, fonction qu'il ne remplit pas toujours d'une manière satisfaisante,

bien que la chute de la pluie et la sérénité de l'atmosphère soient, jusqu'à un certain point, liées aux variations de la pression atmosphérique. Le baromètre est donc une véritable balance servant à peser la pression que l'air exerce sur

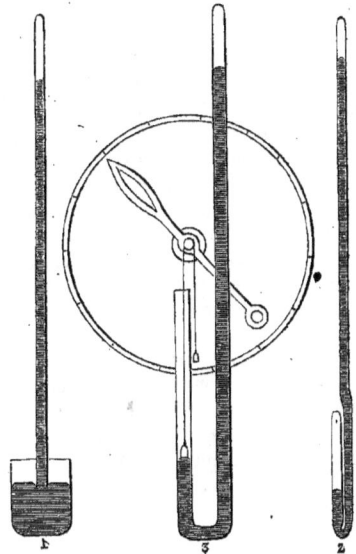

la surface du mercure. Les lois de l'équilibre qui forment le niveau général de toutes les mers, forment aussi le niveau de l'atmosphère et sa limite supérieure ; il est donc très naturel qu'au niveau de la mer, dans tous les pays du monde, la hauteur moyenne du baromètre soit, à très peu près la même. A mesure que les continents s'élèvent au-dessus du niveau de la mer, le baromètre doit avoir une moindre hauteur moyenne, puisqu'il y a au-dessus de lui moins de couches d'air qui le pressent ; puis, si l'on s'élève progressivement sur les plateaux, sur les flancs des montagnes et sur leurs cimes, la hauteur moyenne du baromètre deviendra de plus en plus petite. Ainsi, au niveau de l'Océan, la hauteur moyenne est de 0 m. 7629 ; à Paris, au niveau de la Seine, elle est de 0,76, et au sommet du Saint-Bernard elle n'est plus que de 0,57. C'est ainsi qu'après avoir déterminé les lois de décroissement du poids spécifique de l'air, et connaissant les hauteurs moyennes du baromètre dans deux lieux différents, on peut connaître leur hauteur relative; cependant ces expériences demandent de grandes précautions à cause des influences locales.

BARON. Ce mot, dont l'origine est assez douteuse, paraît venir du mot gaulois *baro*, dont les romains avaient fait *baro*, et qui signifiait un homme vaillant. Il servit d'abord à désigner tous les seigneurs, quel que fût leur titre particulier, qui tenaient leurs fiefs de la couronne, et l'on appelait *hauts barons* ceux qui possédaient les grands fiefs. Cette dignité conserva longtemps un haut degré d'illustration, et Laurière nous apprend que : « *à la table d'un baron ne sied aucun, s'il n'est chevalier, prêtre ou clerc d'autorité.* » Plus tard, lorsque les ducs eurent usurpé le droit de souveraineté, ils voulurent, à l'exemple des rois, avoir leurs barons, et ils érigèrent à cet effet en baronies les terres possédées par leurs principaux vassaux. Ce titre devint si commun qu'il descendit au dernier degré de la hiérarchie nobiliaire. (Voyez *Titres*.) L'abolition des titres de noblesse fut prononcée par les lois des 4 août 1789 et 19 juin 1790 ; mais en 1808, Napoléon créa par sénatus consulte une nouvelle noblesse, et les barons prirent rang après les comtes. Les chartes de 1814 et de 1830 ont maintenu ces titres, abolis de nouveau en 1848.

BARON (Michel BOYRON, dit), célèbre acteur français, naquit en 1653 à Issoudun. Son père, marchand de cuirs, s'éprit d'une comédienne, et quitta son commerce pour s'engager dans la même troupe. Il inspira de bonne heure à son fils le goût de la scène, et bientôt le jeune Baron joignit à ses avantages physiques des talents qui le firent distinguer par Molière. Celui-ci le fit entrer dans la troupe qu'il dirigeait, et, grâce aux conseils de ce grand écrivain, il put se perfectionner dans son art. Molière, Corneille et Racine trouvèrent dans Baron un digne interprète. Il quitta le théâtre à l'âge de 38 ans, dans la force de son talent, et en resta éloigné pendant trente ans. Puis il y rentra en 1720, âgé de 68 ans; il semblait n'avoir rien perdu de son talent et fut reçu avec enthousiasme. Il fit pendant près de dix ans encore les délices du public parisien, et mourut en 1729, atteint d'un mal subit au milieu d'une représentation. Baron a également composé quelques comédies, dont la plus connue est l'*Homme à bonnes fortunes*.

BARQUE, bâtiment de 100 à 150 tonneaux, ponté et non ponté, destiné à faire le cabotage le long des côtes. Leur gréement varie beaucoup, ainsi que leur forme ; généralement elles n'ont qu'un ou deux mâts. C'est sur la Méditerranée et la Baltique que l'on rencontre le plus fréquemment des barques ; celles de la Méditerranée sont d'une forme plus élégante. Néanmoins, ces sortes de constructions ne sont pas faites pour tenir la grosse mer; aussi leurs capitaines, que l'on appelle *patrons de barque*, ont-ils soin de chercher de suite un abri au premier pronostic d'orage. — On donne aussi le nom de barque à des bateaux plats et sans quille, construits seulement pour naviguer sur les canaux et rivières; ces barques, tirées par des chevaux, font le service par eau entre certaines localités; elles sont pontées, ont une salle pour les voyageurs, et des soutes pour les marchandises.

BARRABAS était un Juif condamné à mort pour meurtre, et qui se trouvait en prison au moment de la passion de Jésus-Christ. L'usage existait, chez les Juifs, de mettre en liberté, chaque année, à la fête de Pâques, un criminel. Pilate ayant demandé au peuple assemblé qui, de Barrabas ou de Jésus, devait être délivré, les Juifs désignèrent tout d'une voix Barrabas, et Jésus-Christ fut conduit au supplice.

BARRAGE. A l'embouchure de presque tous les fleuves, la rencontre des eaux douces et des flots de la mer qui viennent frapper les rivages détermine le dépôt des matières que ces eaux tiennent en suspension; il en résulte des *barres* ou *barrages* qui s'opposent souvent à l'entrée des vaisseaux dans les fleuves. La Seine, la Gironde, l'Adour et la plupart des grands fleuves présentent à leur embouchure des barres semblables, bien connues des navigateurs.

BARRAS (Paul-Jean-François-Nicolas *comte* DE), naquit en 1755, à Fohemboux (Var). Il s'embarqua à l'âge de 20 ans pour l'Ile-de-France, comme sous-lieutenant, passa de là aux Indes et revint en France après avoir concouru à la défense de Pondichéry. Il mena à Paris une vie assez dissipée, et compromit gravement sa fortune. La révolution éclata sur ces entrefaites, et Barras devint un des apôtres les plus ardents des idées nouvelles. Elu député à la Convention, par le département du Var, en 1792, il siégea avec les montagnards et vota la mort du roi. Envoyé dans le Midi, après le 31 mai, pour réprimer les mouvements des royalistes, il établit le blocus de Toulon. Ce fut au siège de cette ville qu'il distingua Bonaparte, alors simple capitaine d'artillerie. Il lutta contre Robespierre, et montra une grande fermeté. Nommé commandant de la force armée de Paris, il marcha contre la commune et s'empara de sa personne (9 thermidor). Il fut nommé successivement secrétaire et président de la Convention, et membre du comité du salut public; il fit rayer beaucoup d'émigrés de la liste fatale. Porté de nouveau au commandement en chef, le 13 vendémiaire, il confia le commandement de l'artillerie au général Bonaparte, qui dispersa le peuple insurgé par la mitraille. Lors de la création du Directoire (4 novembre 1795), Barras en fut nommé membre, et après le coup d'état du 18 fructidor, dont il prit toute la responsabilité sur lui, il régna en dictateur jusqu'à l'entrée de Sièyes. On assure que Pitt lui offrit à cette époque l'appui de l'Angleterre, s'il voulait s'emparer de l'autorité. Mais le gouvernement du Directoire tomba bientôt dans le discrédit, et, le 18 brumaire, il s'effaça devant la puissance sous laquelle devait bientôt plier toute l'Europe. Barras se retira dans ses terres, et de là en Belgique, où il jouit en paix de son immense fortune. Il rentra en France à la restauration, et vécut dans une complète obscurité jusqu'en 1829. On reproche à Barras des mœurs très dissolues et une grande avidité.

BARRE. Voyez *Barrage.*

BARREAU. Le barreau est, en terme de palais, le lieu où se placent les avocats pour plaider; mais par extension, cette expression sert à désigner l'ordre même des avocats. L'existence des avocats est fort ancienne. Chez les anciens, les orateurs du barreau étaient aussi les orateurs de la tribune; ils plaidaient tour-à-tour les intérêts de leurs clients et ceux de leur patrie, et jouissaient de la vénération publique. Le barreau conduisait alors aux plus hautes dignités de la république. Les Romains introduisirent dans les Gaules leurs lois et les coutumes de leur barreau; mais lorsque les Francs eurent envahi le pays, les usages changèrent complétement. Pendant longtemps il n'y eut guère de loi que la loi du glaive, et les contestations se vidèrent sur le terrain, chacun plaidant lui-même sa cause, la hache ou l'épée à la main. Ce fut sous la seconde race que les abbayes, les monastères et les églises eurent leurs défenseurs, qui s'appelèrent *advocati* (avoués), *defensores ecclesiarum.* Ils étaient chargés de plaider les causes des églises auxquelles ils étaient attachés; de plus, ils administraient leurs affaires temporelles. Plus tard, les villes et les provinces eurent aussi leurs avoués.

Il y avait en outre des particuliers qui défendaient ceux qui venaient réclamer leur assistance. On les nommait *plaideurs.* Mais l'institution des avocats en France ne date réellement que de l'institution des parlements. Dans les premiers temps de leur établissement, les parlements connaissaient beaucoup plus des affaires d'État que des affaires des particuliers; mais lorsque les affaires contentieuses commencèrent à y être plaidées, il y eut des avocats qui s'y attachèrent. Il y eut en outre des avocats au Châtelet de Paris. Il n'était pas permis à tout le monde de se faire recevoir avocat, il fallait avoir des mœurs pures et une conduite irréprochable. Par un mandement du 23 avril 1299, Philippe-le-Bel fait défense aux baillis de Touraine et du Maine de recevoir comme avocats les excommuniés. A mesure que les parlements acquièrent une fixité et de la puissance, le barreau vit ses attributions se développer, sa considération et son influence s'accroître. Après la révocation de l'édit de Nantes, les protestants ne purent exercer la profession d'avocat, il fut même défendu aux avocats catholiques d'avoir des clercs protestants. Lorsqu'en 1789 le parlement fut aboli, l'ordre des avocats le fut également, mais il fut rétabli en 1810.

Le 20 novembre 1822, parut une ordonnance royale contenant réglement sur l'exercice de la profession d'avocat et la discipline du barreau. Voici les principales dispositions qui régissent encore aujourd'hui le barreau français:

« Nul ne pourra être inscrit sur le tableau des avocats d'une cour ou d'un tribunal, s'il n'exerce réellement près de ce tribunal ou de cette cour.

« Les conseils de discipline surveillent les mœurs et la conduite des avocats stagiaires; ils répriment d'office, ou sur les plaintes qui leur sont adressées, les infractions et les fautes commises par les avocats inscrits au tableau.

« Les peines de discipline sont : l'avertissement, la réprimande, l'interdiction temporaire, la radiation du tableau.

« La durée du stage sera de trois années.

« Les avocats inscrits au tableau des cours royales pourront seuls plaider devant elles.

« Les avocats attachés à un tribunal de première instance ne pourront plaider que dans la cour d'assises et dans les autres tribunaux du même département.

« La profession d'avocat est incompatible avec toutes les autres fonctions de l'ordre judiciaire, à l'exception de celle de suppléant; avec les fonctions de préfet, de sous-préfet et de secrétaire-général de préfecture, avec celles de greffier, de notaire et d'avoué, avec les emplois à gage et ceux d'agent comptable; avec toute espèce de négoce.

BARRÈME (François), arithméticien célèbre du XVII° siècle, dont le nom est devenu proverbial, naquit à Lyon vers 1640, et mourut à Paris en 1703. Son livre de *comptes faits* a joui longtemps d'une très grande vogue; et l'on donne en général le nom de *Barrêmes* à tous les livres ou tableaux de comptes faits.

BARRÈRE DE VIEUZAC. Voyez *Vieuzac*.

BARRICADE. L'art des barricades, qui a atteint de nos jours un si haut degré de perfection, est très ancien; à Paris, on barricadait les rues en y tendant des chaînes que l'on suspendait à des crochets scellés dans les murs des maisons. Ce moyen fut employé, en 1357, par Marcel, prévôt des marchands, comme mesure de sûreté contre les troupes dirigées par le Dauphin sur la capitale. Plus tard, comme les chaînes ne mettaient pas à l'abri du feu de l'ennemi, on employa des tonneaux remplis de terre, des pièces de bois, des débris, etc., puis on dépava les rues et l'on renversa les voitures; sur les boulevarts, les arbres abattus barricadaient les chemins en 1830 et 1848.

BARRICADES (*Journée des*). En 1588, le duc de Guise, chef de la *Ligue* (voyez), qui, depuis quelque temps, n'était plus à Paris, y rentra soudainement, et fut accueilli par les acclamations du peuple qui le regardait comme le soutien de l'État, et le plus ferme défenseur de la religion. A cette nouvelle, Henri III résolut d'employer des moyens énergiques pour réprimer l'audace des Parisiens et se rendre maître des principaux chefs de la ligue, il voulut introduire les régiments suisses dans Paris pour les joindre aux gardes-françaises. Le 12 mai, à la pointe du jour, les Suisses, au nombre de 4,000, suivis de 2,000 gardes-françaises, se glissèrent dans la capitale. Mais l'alarme fut aussitôt donnée, et la population prit les armes; les amis et serviteurs de Guise se répandirent dans toute la ville pour encourager les efforts de la population. Le comte de Brissac, ardent ligueur, fit faire la première barricade sur la place Maubert, avec des tonneaux, d'où vient le nom de cette émeute, que l'on nomma la *Journée des barricades*. Des chaînes furent tendues dans les principales rues, les pavés arrachés et lancés du haut des maisons sur les Suisses. Ceux-ci, ne pouvant plus tenir,

et fatigués de verser leur sang pour défendre une lâche royauté qui leur ordonnait de se rendre, battirent en retraite. La victoire était au peuple, et l'on faisait entendre de tous côtés le cri répété de *vive Guise!* Le duc devait plus tard payer chèrement ce triomphe. Henri III envoya des messagers au puissant ligueur pour le prier d'arrêter le mouvement populaire, en même temps, ne se croyant pas en sûreté à Paris, il s'enfuit, roulant dans son esprit des projets de vengeance qu'il accomplit aux États de Blois. (Voyez.)

BARRIÈRE, fanatique, qui conçut le projet d'assassiner Henri IV. S'étant ouvert de son dessein au P. Banchi, celui-ci, indigné, le dénonça. Barrière fut arrêté à Melun au moment où il se rendait à Paris pour exécuter son crime. Il fut rompu vif, et déclara qu'il avait été encouragé à commettre ce crime par plusieurs curés de Paris; mais ce fait ne put être prouvé.

BARRIÈRES. Voyez *Octroi*.

BARRY (*la comtesse* DU). Voyez *Dubarry*.

BART (Jean), célèbre marin français, naquit à Dunkerque, en 1651, d'une simple famille de pêcheurs. Il servit d'abord dans la marine hollandaise; mais lorsque celle-ci fut en guerre avec la France, il revint dans sa patrie, et équipa un corsaire. Il se signala tellement par son audace et son indomptable bravoure que Louis XIV lui donna une commission pour croiser dans la Méditerranée, et l'éleva plus tard au grade de lieutenant de vaisseau. Fait prisonnier par les Anglais dans une rencontre où il avait osé se mesurer contre des forces trop supérieures, il fut enfermé à Plymouth, mais il parvint à s'échaper, fit plus de 60 lieues en mer sur un bateau de pêcheur et revint en France où l'attendait le grade de capitaine. Aussitôt Jean Bart vole à Dunkerque, bloqué par les Anglais, et se couvre de gloire, tout en faisant un butin énorme. On rapporte que, complimenté par le roi qui lui annonçait sa promotion au rang de chef d'escadre, il répondit : « *Vous avez bien fait, sire.* » En 1694, il préserva son pays de la disette en faisant entrer à Dunkerque, malgré le blocus, un convoi considérable chargé de grains. Dans le combat qu'il eut à soutenir pour le protéger, il détruisit plusieurs bâtiments anglais, aborda le vaisseau amiral et tua le contre-amiral anglais de sa propre main. Le roi lui donna des titres de noblesse et le défendit souvent contre les sarcasmes des courtisans auxquels donnaient lieu sa rude franchise et ses allures un peu brusques. La paix de Riswyck interrompit les

exploits de Jean Bart. Il passa ses dernières années à Dunkerque, et y mourut en 1702; cette ville lui a élevé une statue.

BARTHÉLEMY, l'un des douze apôtres, était de Cana en Galilée; saint Luc, l'historien des apôtres, parle peu de saint Barthélemy, mais plusieurs Pères rapportent qu'il prêcha l'Evangile dans les Indes, l'Ethiopie, la Lycaonie, et qu'il trouva enfin le martyre à Albanopolis en Arménie. Suivant la légende, il fut écorché vif, puis crucifié. Dans son admirable peinture du *Jugement dernier,* Michel-Ange l'a représenté tenant sa peau dans une main et l'instrument de son supplice dans l'autre.

BARTHÉLEMY (*l'abbé J.-J.*), savant archéologue, naquit en 1716, à Cassis, en Provence; il fit ses études au collége de l'Oratoire, à Marseille, puis vint à Paris, où il étudia les langues orientales. Ayant un grand penchant pour l'étude, il vivait retiré à Aubagne, dans le sein de sa famille, lorsque dans un voyage qu'il fit à Marseille il se lia avec M. de Cary, savant antiquaire qui lui inspira le goût des sciences archéologi-

ques. Sentant que la province n'offrait pas assez de ressources à l'étude, il vint à Paris où il fut présenté à Gros de Boze, secrétaire de l'Académie des inscriptions et conservateur du cabinet des médailles. Ce savant sut tellement apprécier Barthélemy qu'il le fit nommer conservateur adjoint. Après la mort de son protecteur, le jeune érudit lui succéda dans la place de conservateur. Barthélemy obtint une commission du roi pour visiter l'Italie, et enrichit de nombreuses acquisitions le cabinet qui lui était confié. Ce fut dans ce voyage qu'il fit la connaissance du duc de Choiseul, dont la protection éclairée influa sur son existence entière. Déjà membre de l'Académie des inscriptions et belles-lettres, son *Voyage d'Anacharsis* lui ouvrit les portes de l'Académie française. Cet ouvrage où l'auteur présente dans un style élégant le tableau de la Grèce au siècle de Périclès lui coûta trente années d'études. Outre cet ouvrage, dont la réputation est européenne, ce savant a publié des écrits importants dans les mémoires de l'Académie des inscriptions et belles-lettres. La révolution dépouilla Barthélemy de ses places, il fut même incarcéré; mais bientôt rendu à la liberté, il obtint du ministre Paré la place de bibliothécaire. Il mourut en 1795. Ses œuvres ont été publiées en 1821, en 4 vol. in-8°, avec une notice de M. Villenave.

BARTHÉLEMY (*la Saint-*). Voyez *Saint-Barthélemy.*

BARTHOLE, célèbre jurisconsulte, naquit en 1312, à Sasso-Ferrado, ville de l'Ombrie. Il fut quelque temps juge à Pise, puis il se consacra à l'enseignement du droit, qu'il professa à Pise, puis à Pérouse. Cette dernière ville l'envoya comme député auprès de l'empereur Charles IV dont il sut se concilier la bienveillance, et qui le nomma conseiller. Barthole a laissé des ouvrages fort estimés, et dans lesquels la sagacité la plus fine se trouve alliée à la plus vaste érudition; il a écrit sur toutes les parties du droit, et savait l'hébreu, la théologie, la géométrie et toutes les sciences en honneur de son temps. Les jurisconsultes qui l'ont suivi, le regardent d'un commun accord comme leur maître, et Dumoulin l'appelle le *coryphée des interprètes du droit.* Il mourut en 1355, âgé de 42 ans.

BARYTE (du grec *barus*, pesant), terre alcaline découverte en 1774 par le chimiste Scheele. La baryte sèche, anhydre, se présente sous forme d'une matière grisâtre, poreuse, d'une saveur caustique et alcaline. Elle est très caustique, et si elle ne cautérise pas aussi bien que la potasse, c'est qu'elle est moins soluble que cet alcali. Sa densité est 4,0, elle ne fond qu'à une température excessivement élevée. Au contact de l'eau, elle présente le même phénomène que la chaux; la baryte blanchit et se réduit en poudre, et il se produit en même temps une chaleur énorme; 100 parties d'eau n'en dissolvent que 20 parties; elle est plus soluble à chaud qu'à froid. Exposée à l'air, la baryte, comme les alcalis, attire l'humidité et l'acide carbonique de l'air pour se transformer en carbonate hydraté. La baryte est une base vénéneuse. A la dose de cinq décigrammes, elle fait périr un chien de taille moyenne. On rencontre cette substance abondamment répandue à l'état de sulfate en Italie, en Espagne, en Angleterre. Elle existe dans la nature combinée avec l'acide carbonique sous le nom de *witherite*.

BARYTON (du grec *barus*, grave; *tonos*, ton), voix d'homme qui tient le second rang du grave à l'aigu; elle tient le milieu entre la voix de basse et le ténor. Le baryton s'appelait autrefois *seconde taille*, *bas-ténor* et *basse-taille*. Il est à remarquer que les compositeurs français ont presque toujours travaillé pour les voix de baryton, de préférence aux voix de basse; tandis qu'en Italie la basse seule est considérée; l'on ne fait rien pour le baryton. Son diapason commence en *si bémol* placé sur la seconde ligne; la clé étant celle de *fa*, quatrième ligne, elle monte jusqu'au *fa* et au *sol* au-dessus des lignes.

BAS. L'usage de ce vêtement remonte au moyen âge; les premiers n'étaient qu'une enveloppe de toile, de peau ou d'étoffe quelconque, fixée sur la jambe au moyen de lacets ou cordons. Ils n'avaient pas de pieds; plus tard, lorsque ce luxe se développa, l'on y joignit cet appendice nouveau : les deux parties étaient réunies et fermées par des coutures. Tout porte à croire que l'art du tricot fut inventé sous François Ier; ce qui est constant, c'est que Henri II porta aux noces de sa fille les premiers bas de soie tricotés que l'on eût vus en France. Il paraît que ce vêtement était d'un prix très élevé, car, longtemps après, le peuple, et même les seigneurs continuèrent à porter des bas cousus. Nous parlerons ici de cette ingénieuse machine appelée *métier à bas;* selon les uns, son inventeur était français et vivait sous Louis XIV : on a fait, à ce sujet, une histoire que nous citerons sans en garantir l'authenticité. L'inventeur fit

présenter au roi la première paire de bas produite par son métier; les bonnetiers, effrayés d'une découverte qui allait ruiner leur industrie, gagnèrent un valet de chambre qui en coupa plusieurs mailles, de sorte qu'ils se déchirèrent la première fois que le grand roi voulut les mettre, ce qui priva l'inventeur du prix que méritait sa découverte; de dépit, il passa en Angleterre. Ce qui est certain, c'est que, en 1656, le premier métier à bas fut apporté d'Angleterre dans les environs de Paris, par Jean Hynder, qui établit la première fabrique à Madrid. Le métier à bas, que tout porte à croire d'invention anglaise, était d'un si grand rapport pour nos voisins d'outre-mer, qu'il y avait peine de mort pour qui tenterait d'en exporter le modèle.

BASALTE, roche noire ou d'un gris bleuâtre plus dure que le verre très tenace, d'apparence homogène, mais essentiellement composée de feldspath et de pyroxène, et contenant une très grande proportion de fer oxydé ou titané. Le basalte est une roche ignée qui a été poussée de bas en haut à la surface du sol et qui se trouve soit sous forme de filons remplissant les fissures dans lesquelles elle a été injectée, soit sous forme de coulées ou vastes nappes qui forment des plateaux étendus, soit enfin sous forme de masses coniques qui résultent de l'accumulation de ma-

La grotte basaltique de Fingal.

tières autour d'orifices d'éruption. Les basaltes sont souvent divisées en colonnades prismatiques, ce qui résulte du retrait qu'éprouve nécessairement une roche homogène fondue lorsqu'elle se refroidit lentement et régulièrement. Parmi les terrains volcaniques, la formation basaltique est une des plus répandues à la surface de la terre, elle recouvre rarement à elle seule de grandes étendues, mais elle présente des masses puissantes qui forment des montagnes et des plateaux dont les aspects varient avec la structure des roches. La formation des basaltes en prismes plus ou moins réguliers est un des caractères les plus remarquables. Leurs escarpements formés d'innombrables colonnes rangées symétriquement les unes à côté des autres produisent quelquefois des effets qui donnent l'idée de monument d'architecture et surpassent en magnificence les travaux des hommes. Les plateaux à flancs si abruptes de l'Ecosse et de l'Irlande présentent surtout cette disposition curieuse. Tout le monde a entendu parler de la fameuse *Chaussée des Géants* en Irlande et la *Grotte de Fingal* dans l'île de Staffa, l'une des Hébrides. Les parois de cette grotte, dans laquelle la mer s'engouffre avec un bruit effroyable, sont formées de prismes verticaux réguliers de 20 mètres de hauteur et qui soutiennent un plancher divisé lui-même en prismes couchés en diverses directions. Cette grotte a 80 mètres de profondeur et 30 de largeur; vue à quelque distance, elle figure une grande et belle nef d'église. Les anciens ont employé cette substance dans un grand nombre de monuments, et les Égyptiens le tiraient de l'Éthiopie pour en faire des statues et des vases.

BAS-BRETON. Voy. *Breton.*

BASCULE. On donne ce nom à un système composé d'abord d'une barre de bois ou de fer supportée sur un pivot qui la divise en deux parties, et sur lequel elle oscille dès qu'une force agit à l'une des extrémités : le fléau d'une balance peut rendre cette définition sensible. Les bascules sont peu usitées en mécanique ; des moyens plus ingénieux et plus sûrs leur ont été substitués, surtout pour les bascules hydrauliques qui tendaient à élever l'eau au-dessus de son niveau.

BASE SALIFIABLE (*chimie*). On appelle base salifiable toute substance qui, combinée avec un acide, produit un *sel ;* les alcalis, les substances terreuses, les oxydes métalliques, sont autant de bases salifiables. (Voy. *Sels.*)

BAS-EMPIRE, successivement appelé *Em-*

pire d'Orient, Empire Byzantin ou Grec et *Empire de Constantinople ,* commence à la mort de Théodose (395) et finit à la prise de Constantinople par Mahomet II, en 1453. Théodose ayant partagé l'empire romain (voy.) entre ses fils Arcadius et Honorius, le premier eut la portion qui dès lors fut appelée empire d'Orient. En Asie, il comprenait l'Asie-Mineure, les côtes de la mer Noire, et tous les pays situés en deçà de l'Euphrate ; en Afrique, l'Egypte ; en Europe, il eut pour limites la mer Adriatique et le Danube. Il s'étendit ensuite sur les côtes d'Afrique et même en Italie, et il survécut de dix siècles à l'empire d'Occident. — Rufinus , tuteur et ministre d'Arcadius, avait voué une haine implacable à Stilicon, ministre de l'empire d'Occident, et l'inimitié de ces deux hommes puissants remplit de troubles les deux empires. Rufinus fut assassiné, Eutrope lui succéda, et se perdit par ses excès. Dès lors Arcadius et son empire furent gouvernés par l'impératrice, l'infâme Eudoxie (voy.), qui mourut en 404. Les Huns ravagèrent les provinces de l'Asie et du Danube, et en 408, Théodose, mineur, succéda à son père sous la direction de sa sœur Pulchérie. Théodose fut contraint à payer un tribut au terrible Attila (448), et chose sans exemple jusqu'alors, Pulchérie fut reconnue souveraine à la mort de son frère (450). Elle éleva au trône le sénateur Marcien qui se distingua par sa sagesse. Après Marcien , qui mourut quatre ans après Pulchérie (457), Léon dut l'empire à l'élection. Zénon, son fils, lui succéda , mais son règne fut signalé par beaucoup de soulèvements et de désordres, les Goths ravagèrent ses provinces jusqu'à ce que leur chef Théodoric les conduisît en Italie (489). Ariane, veuve de Zénon, éleva Anastase au trône en l'épousant (491). Pendant son règne, l'empire eut à souffrir des attaques continuelles des Perses et des peuples voisins du Danube. Après sa mort, Justin fut proclamé empereur par ses soldats (518) ; son règne ne fut signalé que par des persécutions religieuses et des crimes. Son neveu, Justinien, lui succéda en 521. Les victoires de Bélisaire (voy.) illustrèrent son règne; mais après lui, sous le faible Justinien II, l'empire fut saccagé par les Lombards, les Perses et les Avares. Le chagrin altéra sa raison, et Tibère, son habile ministre, fut proclamé César ; il battit les Perses et fit alliance avec les Turcs. Tibère II força les Perses à accepter la paix, et l'acheta à prix d'or des peuples du Danube. Il proclama César, son général Maurice, qui rétablit sur le trône Kosroès II, et obtint ainsi l'appui des Perses, mais l'avarice et les rigueurs de Maurice lui aliénèrent l'armée, qui proclama Phocas empereur. Maurice s'enfuit, mais il fut repris et mis à mort. Les crimes et les absurdités de Phocas amenèrent sa ruine : Héraclius, gouverneur d'Afrique, prit les armes, s'empara de Constantinople et envoya Phocas au supplice. Attaqué par les peuples du Danube et par les Perses, il battit ceux-ci, et conclut la paix avec Siroès (628). Cependant les Arabes, devenus puissants sous Mahomet et sous les kalifes, vinrent conquérir la Phénicie, les contrées de l'Euphrate, la Syrie, l'Egypte (631-641) ; puis sous les faibles princes de la postérité d'Héraclius, ils s'emparèrent d'une partie de l'Afrique, de Chypre et de Rhodes (653). Constance, fils de Constantin et meurtrier de son frère Théodose, perdit la vie à Syracuse en combattant les Lombards (660). Sous le règne de son fils, Constantin IV, les Arabes inondèrent l'Afrique et la Sicile, pénétrèrent dans la Thrace à travers l'Asie-Mineure, et vinrent attaquer Constantinople. Constantin obtint cependant une paix honorable, mais il fut obligé de payer un tribut aux Bulgares (680). Son successeur, Justinien II, fit, contre les Arabes et les Bulgares, des guerres malheureuses ; renversé du trône par Léontius, il fut mutilé et exilé dans la Chersonèse Taurique. A son tour Léontius fut chassé par Absimare qui prit le nom de Tibère III ; celui-ci fut vaincu par le roi bulgare Trebellius qui rétablit Justinien II sur le trône (705). Mais peu à près Philippicus Bardanes s'insurgea contre lui, et avec Justinien II finit la race d'Héraclius. Tandis que Philippicus ne songeait qu'à faire triompher le monosthéisme et persécutait ses adversaires, les Arabes ravageaient l'Asie-Mineure et la Thrace, et Léon II fut proclamé par l'armée (714) ; il repoussa les Arabes qui étaient venus mettre le siége devant Constantinople ; mais pendant ce temps l'Italie devenait la proie des Lombards. Léon II s'occupa de la suppression du culte des images. (Voyez *Iconoclastes*.) Après sa mort, son fils Constantin monta sur le trône ; généreux et plein de bravoure, son règne est un point de repos au milieu de cette série de crimes et de bassesses qu'offrent les annales du Bas-Empire. Il arrache aux Arabes une partie de la Syrie et de l'Arménie, et bat les Bulgares. Son fils, Léon III, lui succéda en 775, et laissa le trône à son fils Constantin VI, qu'il avait eu d'Irène. Cette princesse, tutrice de son fils, se fit un puissant parti et rétablit le culte des images. En vain Constantin voulut s'affranchir de la tutelle de sa mère et du favori de l'impératrice Stauratius ; il mourut en 796, après qu'on lui eut crevé les yeux. Irène avait conçu le projet de s'unir à

Charlemagne ; cela mécontenta les grands qui mirent sur le trône Nicéphore (802) ; l'impératrice mourut dans un couvent. Nicéphore fut tributaire des Arabes et périt dans une expédition contre les Bulgares. Son fils, Stauratius, fut détrôné par Michel, qui le fut par Léon IV, l'Arménien (813). Celui-ci à son tour fut tué par Michel (826). Ce prince proscrivit les images, ainsi que son fils Théophile. Théodora, tutrice de Michel III, termina la querelle des Iconoclastes (841). Pendant qu'on s'occupait à persécuter les Manichéens, les Arabes dévastaient les provinces de l'Asie. Michel, prince prodigue et dissipé, relégua sa mère dans un couvent. Son oncle, Bardas, gouverna pour lui, mais après sa mort, Basile-le-Macédonien, favori de Michel, ôta la vie à son bienfaiteur et s'empara du trône. Il s'efforça de rétablir l'ordre dans l'armée, la paix dans l'Eglise, et combattit avec succès les Arabes. Léon-le-Philosophe, son fils, ne régna pas avec bonheur ; Constantin VIII, qui lui succéda, eut pour tuteurs Alexandre et sa mère Zoé. Constantin *Porphyrogénète* vint après, et fut contraint par Lacopénus, son général, de partager le trône avec lui. En 939, Romain II lui succéda, et fut remplacé, en 963, par Nicéphore Phocas, que le général Jean Zemiscès fit périr en 970. Basile II, fils de Romain, lui succéda ; il battit les Arabes et les Bulgares. Son frère, Constantin IX, le remplaça en 1025. Romain III monta sur le trône en épousant Zoé, fille de Constantin, princesse d'un grand esprit, mais d'une vie déréglée ; elle fit périr son mari, et éleva successivement au trône Michel IV, Michel V et Constantin X. Sous son règne, les Russes et les Arabes ravagèrent l'empire. Après Zoé, sa sœur, Théodora, fut élue impératrice (1053) ; son successeur, Michel VI (1054), fut détrôné par Isaac Comnène, qui devint moine en 1039. En 1071, Michel VII, fils de Constantin XII, lui enleva la couronne, fut détrôné à son tour par Nicéphore III, que renversa Alexis Comnène (voy.) en 1081. C'est sous cet empereur que commencèrent les croisades. Jean II, son fils, battit les Turcs. Alexis II, son petit-fils, fut dépossédé par son tuteur Andronic, et celui-ci fut chassé cinq ans après par Isaac l'Ange (1185). (Voyez ces noms.) Alexis III, son frère, le renversa du trône (1195). Les croisés rétablirent Isaac II, mais les habitants de Constantinople proclamèrent Alexis V, que le fils d'Isaac l'Ange, Alexis IV, fit mourir. En 1204, les Latins s'emparèrent de Constantinople ainsi que de la plupart des provinces européennes de l'Empire. Baudouin, comte de Flandres, devint empereur.

(Voyez *Empire des Latins*.) Théodore Lascaris prit possession des provinces d'Asie, et se fit appeler empereur de Nicée, et de tous côtés s'élevèrent de petits tyrans particuliers. Baudouin mourut en 1206, prisonnier des Bulgares; il eut pour successeur Henri, son frère, Pierre et Robert de Courtenay; mais ils perdirent toutes leurs conquêtes, à l'exception de Constantinople. En 1261, Michel Paléologue (voyez) reprit Constantinople à Baudouin II. Jusqu'au moment de sa chute, l'empire languit dès lors en proie à des guerres intestines et aux attaques des Turcs. En 1361, le sultan Mourad Ier prit Andrinople. Bajazet ne laissa guère à l'empereur Jean Paléologue que Constantinople, et le força de payer un tribut. Le conquérant remporta, en 1396, la célèbre victoire de Nicopolis et mit Constantinople à deux doigts de sa perte. L'invasion de Tamerlan dans les provinces turques (1402) sauva pour cette fois Constantinople. L'empire reprit un peu de splendeur sous Manuel; à la faveur de la désunion qui régnait parmi les fils de Bajazet, il reconquit quelques-unes de ses provinces. Mais son fils Jean fut battu par Mourad II, reperdit tout l'empire, excepté Constantinople, et fut assujéti à un tribut (1444). Constantin succéda à son frère Jean, il fit des efforts héroïques pour défendre Constantinople, mais le 29 mai 1453, Mahomet II mit fin à l'empire grec. (Voy. *Constantinople*.)

BAS-FONDS. On donne ce nom aux parties du sol submergées par la mer qui s'approchent le plus de la surface des eaux. Ce sont ordinairement les attérissements et les bancs de sable qui forment les bas-fonds, mais quelquefois aussi ceux-ci sont composés de roches solides et régulièrement stratifiées. Dans ce dernier cas les bas-fonds prennent le nom d'*écueils*, *récifs*.

BASILE (saint), surnommé *le Grand*, naquit à Césarée, ville de la Cappadoce, en 329. Son éducation première fut confiée aux soins de sainte Macrine, son aïeule, puis il se rendit à Constantinople et de là à Athènes pour étudier les lettres et la philosophie. Ce fut dans cette dernière ville qu'il se lia avec saint Grégoire de Nazianze et avec le prince Julien qui fut plus tard empereur. De retour dans sa patrie, saint Basile ouvrit une école de rhétorique et se livra à l'exercice du barreau qu'il quitta pour la solitude. Il fixa sa retraite dans le Pont et y fut rejoint par saint Grégoire; mais une famine étant survenue dans la Cappadoce, Basile vola au secours de ses compatriotes et signala sa charité et

sa foi; il soutint la cause catholique contre les ariens, et, malgré sa résistance, il fut nommé évêque de Césarée à la mort d'Eusèbe, il s'appliqua dès lors à instruire le peuple et combattit les hérésies avec ardeur. En vain l'empereur Valens voulut l'attirer dans son parti, ni les menaces ni les promesses ne purent triompher de l'évêque de Césarée. Faible de corps, consumé par les austérités et les chagrins que lui inspiraient les maux de l'Église, Basile mourut en 379, âgé de 51 ans; il fut pleuré par le peuple entier sans distinction de religion. Il avait fait bâtir à Césarée une magnifique église et fait construire de vastes hôpitaux. Il a laissé des homélies, des discours, des lettres nombreuses et des traités de *morale* et d'*ascétisme*. La meilleure édition de ses œuvres est celle publiée par le bénédictin Garnier, 3 volumes in-fol., grec et latin.

BASILIC, genre de reptiles de la famille des iguaniens, dont les caractères distinctifs sont : une expansion cutanée de figure triangulaire s'élevant verticalement au-dessus de l'occiput; le bord externe des doigts postérieurs garni d'une frange dentelée, une arête écailleuse dentelée en scie règne depuis l'occiput jusqu'à l'extrémité de la queue; des dents palatines et pas

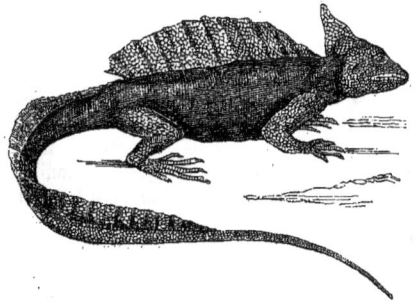

de pores fémoraux. Le dessus du tronc est couvert d'écailles rhomboïdales, carénées, disposées par bandes transversales, le ventre est garni d'écailles lisses; les membres sont très allongés, surtout ceux de derrière; les doigts grêles, la queue longue et comprimée. Le reptile qui porte aujourd'hui le nom de basilic n'était pas connu des anciens, puisqu'il est originaire de l'Amérique, et l'on ne sait pas bien quel animal portait ce nom dans l'antiquité, tant les descriptions extraordinaires qu'on en donne s'accordent peu. Le basilic des anciens (du grec *basilicos*, petit roi) était le plus terrible des animaux : il portait sur la tête une couronne (d'où son nom), ses yeux lançaient le feu et la mort d'une violence telle qu'il n'en était pas lui-même à l'abri et qu'il suffisait de réfléchir ses regards au moyen d'un miroir pour lui donner le trépas ; son souffle seul était si délétère que les plantes qui croissaient et les animaux qui passaient près de son repaire périssaient aussitôt. On voit que le basilic des anciens n'est, fort heureusement, pas facile à retrouver ; mais une opinion singulière, et qui s'est propagée jusqu'à nos jours dans les campagnes, c'est que le basilic provient d'un œuf pondu par un vieux coq. Quoi qu'il en soit, le saurien auquel Linné a donné le nom de basilic est un lézard de deux pieds de longueur, aussi inoffensif que l'autre avait de puissance malfaisante ; il vit sur les arbres se nourrit de graines ou poursuit de branche en branche les insectes dont il fait sa proie. Le *basilic à capuchon* se trouve à la Guiane, à la Martinique et au Mexique ; il est d'un brun fauve en dessus, blanchâtre en dessous. Sa gorge porte des bandes d'un brun plombé, et de chaque côté de l'œil règne une raie blanchâtre liserée de noir. Une autre espèce, originaire du Mexique, a été décrite sous le nom de basilic à bandes ; elle doit son nom à six ou sept bandes noires régnant en travers du dos.

BASILIC (*ocymum*), genre de plante de la famille des labiées de Jussieu, et dont les caractères sont : calice à deux lèvres, la supérieure large et arrondie, l'inférieure plus longue à quatre dents aiguës ; corolle renversée, à lèvre supérieure quatrilobée ; étamines au nombre de quatre, les deux plus courtes munies d'un petit appendice à leur base. Les basilics sont des plantes herbacées et aromatiques originaires pour la plupart des parties chaudes de l'ancien continent et cultivées dans les jardins, tels sont : le *basilic commun* ou *grand basilic*, originaire des Indes, à tige droite, légèrement velue, d'un pied, à feuilles cordiformes, dentelées ; à fleurs blanches ou purpurines, disposées à l'extrémité de la tige, et des rameaux en anneaux composés de cinq à six fleurs et formant par leur réunion une sorte d'épi. On l'emploie quelquefois comme condiment. Le *basilic anisé* qui fournit un assaisonnement fort agréable. Le *basilic à petites feuilles*, de Ceylan, à feuilles vertes ou violettes, fleurs blanches. Le *basilic à*

grandes fleurs, etc. Ces plantes aiment la chaleur.

BASILIQUE (du grec *basilicos*, royal). Ce mot désignait, chez les Grecs et chez les Romains, un somptueux bâtiment dans lequel les magistrats rendaient la justice. La forme la plus ordinaire de ces bâtiments était un parallélogramme, avec un portique à chacune de ses extrémités. Constantin, en assignant aux chrétiens plusieurs basiliques anciennes pour y exercer leur culte, introduisit cette dénomination appliquée de nos jours aux églises remarquables. A dater de cette époque, la plupart des édifices chrétiens, en Occident furent construits à peu de différence près dans la forme de basilique. D'après les règles architecturales, la basilique, parallélogramme plafonné, était terminée par un hémicycle voûté ; deux rangs de colonnes divisaient l'édifice en trois nefs, la plus grande au milieu ; sur chaque rang de colonnes s'en élevait un autre, entre eux était un plancher qui formait une galerie semblable à celles qui, dans les églises gothiques, prennent le nom de travées. L'hémicycle que nous nommons aujourd'hui le *chœur* était séparé de la nef par une balustrade. Cependant, plusieurs basiliques chrétiennes furent construites dans des formes différentes : la disposition crucificale, le sanctuaire dirigé vers l'orient. Les principales basiliques sont : Saint-Jean-de-Latran, Saint-Paul, Saint-Pierre du Vatican, Sainte-Marie-Majeure, à Milan ; Saint-Paul de Londres, etc.

BASKIRS ou *Bachkirs*, peuple d'origine tatare, établi en deçà des montagnes de l'Oural,

dans les gouvernements russes de Perm et d'Oren-
bourg. Ils font, ainsi que les Cosaques, le service
de la garde des frontières. Jadis nomades, ils se
livrent aujourd'hui à l'agriculture et à l'éducation des bestiaux et des abeilles. Les plus riches
d'entre eux possèdent jusqu'à 2,000 chevaux.
Les Baskirs sont de taille moyenne, large et tra-
pue ; ils sont belliqueux et ont souvent des démêlés avec leurs voisins les Kirguises, qui leur
donnent le nom d'*Istaki* (sales), surnom qu'ils
justifient de reste. Le cheval est la providence
du Baskir ; il mange sa chair, boit le lait des ju-
ments, se fait des vêtements de son cuir, des
cordes avec ses crins. Leurs habitations sont des
tentes de feutre ou de bouleau, ou de chétives
cabanes. Le mahométisme est la religion dominante chez les Baskirs.

BASOCHE. Les étymologistes sont peu d'accord sur l'origine de ce mot ; Boiste lui donne
pour racine le mot grec *bazein, railler*. Selon
Ménage, il vient de *basilica*, dérivé des portiques où, à Athènes, les archontes (*basileus*)
rendaient la justice. L'origine de la basoche est
liée avec celle du parlement de Paris. En 1303,
les procureurs, ne pouvant suffire pour faire les
nombreuses écritures que nécessitait leur charge, furent autorisés par le parlement à s'adjoin-
dre de jeunes clercs. Philippe-le-Bel établit d'une
manière positive les règles de cette nouvelle confrérie, qui avait pris le titre de *Royaume de la
basoche* : un arrêt du parlement confirma ces
statuts, ordonna que le chef porterait le titre de
roi, et qu'à lui seul appartiendrait le droit de
connaître des différentes contestations qui pourraient s'élever entre les clercs. Chaque année,
le roi de la basoche devait faire la revue des
clercs du palais, lesquels s'y rendaient par bandes et en uniforme. Le 25 juin 1540, François Ier
assista à une de ces cérémonies ; huit cents clercs
à cheval et musique en tête défilèrent devant le
roi. Cette confrérie prouva, en 1548, qu'elle savait
faire mieux que de parader. La Guyenne s'était
révoltée, le roi de la basoche offrit ses services à
Henri II. Celui-ci ayant accepté, 10,000 clercs
vont renforcer l'armée du connétable de Mont-
morency. En récompense de leurs bons services,
le roi, par lettres-patentes de la même année,
accorda à leur roi le droit de prendre pour armoiries *trois écritoires*, et au-dessus, timbre,
casque et morion supporté par deux anges ; et
lui accorda en outre de nombreux priviléges.
Henri III, à qui la puissance du roi de la basoche
portait ombrage, lui ôta le titre de roi ; cette autorité fut conférée au chancelier de l'ordre ; les

revues annuelles se bornèrent à la réunion des
officiers ; de là date la fin de la puissance baso-
chiale. Les clercs de procureur de la chambre
des comptes formèrent aussi une corporation
distincte, sous le nom de *Souverain empire de
Galilée*. L'institution de la basoche, quoique bien
modifiée, subsista jusqu'en 1789 ; elle forma un
bataillon qui fut obligé de suivre le mouvement
qui entraîna le peuple parisien au château de
Versailles. On reconnut bientôt le danger d'armer le peuple par corporation, et la loi du 18
juin 1789 promena son niveau sur les derniers
vestiges du corps basochial.

BASQUES. Le pays des Basques, appelé par
les Romains Cantabrie ou pays des Cantabres,
s'étend sur les deux versants des Pyrénées. Du
côté de la France, on l'appelle *Pays basque*, et
du côté de l'Espagne *Provincias bascongadas*,
c'est-à-dire provinces basques. Ces dernières,
au nombre de trois, sont : la Biscaye, Alava et
Guipuzcoa. La Navarre espagnole est aussi un
canton basque, bien qu'elle ne soit pas comprise
sous ce titre officiel de *provincias bascongadas*.
Du côté de France, le pays basque renferme les
trois petites contrées de Labourd, de Basse-
Navarre et de Soule, comprises aujourd'hui dans
le département des Basses-Pyrénées. Ce peuple
remarquable tire son origine des anciens Vascons;
les Romains le désignaient sous le nom de *Bascos*
(peuple sauvage), mais lui-même ne s'est jamais
désigné que par la dénomination de *Escaldonnac*
(hommes à la main adroite). Ils combattirent
contre les Romains, les Goths, les Maures, qui
ne purent jamais les soumettre entièrement à
leur domination. — Le pays des Basques dépendait autrefois de la Gascogne : Baïonne en était
la capitale. Il est actuellement compris dans l'arrondissement de Baïonne et dans celui de Mau-
léon. On y récolte peu de froment, mais le seigle,
le maïs, le millet, qui font la principale nourriture des habitants, y viennent en abondance;
ce pays produit également des fruits et du vin.
Les Basques français, fiers et belliqueux, ont
conservé d'âge en âge la simplicité de leurs mœurs
et la passion de l'indépendance. Ils sont d'une
taille moyenne, mais bien proportionnée ; ils sont
vifs, agiles, entreprenants, et ne s'allient jamais
qu'entre eux. Ces peuples ont une langue particulière, qui, sauf quelques différences, leur est
commune avec les Biscayens espagnols. (Voyez
Gascogne.)

BAS-RELIEF. Le bas-relief est un ouvrage
quelconque de sculpture, s'avançant en saillie

sur un fond uni auquel il est inhérent. La destination ordinaire des bas-reliefs est d'interpréter les monuments qu'ils décorent; ainsi, dans l'antiquité, les piédestaux portaient des bas-reliefs retraçant quelques événements remarquables puisés dans l'histoire que représentait la statue. Il en était de même des tombeaux, quand ils n'étaient pas ornés du festin, plus usité, des funérailles; ou de quelque allégorie appliquable aux habitudes du défunt. Les autels indiquaient, par les rapports de leurs ornements, la divinité qu'on y adorait. Il existe un autre genre de bas-reliefs appelé ronde-bosse, dans lequel certaines parties des saillies se détachent entièrement du fond.

BAS-RHIN. Voyez *Rhin*.

BASSANO (*duc* DE). Voyez *Maret*.

BASSE, quatrième partie de la musique ; c'est celle qui est au-dessous des autres et la plus basse de toutes. Sous le rapport de la mélodie, on désigne par le titre de *basse* les voix ou les instruments qui, par les sons graves qu'ils produisent, sont au-dessous des voix ou instruments du médium et de l'aigu ; le diapason de la voix de basse commence au second *fa* grave du piano, s'élève jusqu'au *re* et même au *mi*, au-dessus des lignes; sa partie s'écrit sur la clef de *fa*. La basse est la plus importante des parties de l'harmonie, et elle sert de base à toute composition musicale. Elle doit faire entendre les notes essentielles de l'harmonie qui ne se trouvent pas employées dans le chant, et marcher autant que possible en sens contraire avec le chant, c'est-à-dire qu'elle doit monter quand il descend et *vice versa*.

Basse (instrument). Voyez *Violoncelle*.

Basse. Voyez *Voix*.

BASSE-COUR. Voyez *Ferme*.

BASSES-ALPES. Voyez *Alpes*.

BASSES-PYRÉNÉES. Voyez *Pyrénées*.

BASSIN. On donne ce nom, en anatomie, à la partie du squelette des vertébrés qui sert de point d'attache aux os des membres postérieurs. (Voyez *Anatomie* et *Squelette*.)

BASSIN. On désigne sous ce nom, en géologie, une dépression à la surface du sol, vers le centre de laquelle coulent et convergent les eaux qui tombent dans un certain rayon. La forme et l'étendue des bassins sont très variables, et toute la surface de la terre est divisée en bassins séparés par des lignes étroites qui sont celles du partage des eaux. Ces lignes ne se voient pas seulement dans les montagnes comme les Alpes, les Pyrénées, mais aussi dans les plaines basses, comme celles du centre de la Russie. Il s'en faut de beaucoup que le fond des bassins soit au même niveau ; on trouve dans les Andes, dans les Alpes et les Pyrénées des dépressions du sol a plusieurs mille mètres d'élévation. La disposition, la forme, le nombre des bassins qui partagent la surface du sol n'ont rien de fixe, et les mouvements, les dislocations que celui-ci a éprouvés, et qui peuvent chaque jour avoir lieu, ont changé plusieurs fois les rapports des parties basses et des parties élevées, et modifié les plans de pente. (Voyez *Fleuve et Sol*.)

BASSIN. Un bassin maritime est un réduit pratiqué dans l'intérieur d'un port, pour y mettre les bâtiments à l'abri, ou pour les construire ou pour les réparer. Dans le premier cas, ils sont appelés bassins de port ; dans le second, bassins de construction. Les bassins de port sont fermés par des portes busquées comme les écluses, afin d'y retenir l'eau.

BASSOMPIERRE (François DE), maréchal de France, naquit en Lorraine en 1579. Il voyagea en Italie, puis vint se fixer à la cour de Henri IV, où il se rendit célèbre par sa bravoure, son esprit et ses galanteries. Il figura avec beaucoup de distinction dans la plupart des guerres que Henri IV et Louis XIII eurent à soutenir. Ses services furent récompensés, en 1614, par le grade de colonel général des Suisses et, en 1622, par le bâton de maréchal de France. Le favori de Luynes, auquel son crédit portait ombrage, lui fit donner successivement les ambassades d'Espagne, de Suisse et d'Angleterre. Ayant pris part à quelques intrigues contre Richelieu, ce puissant ministre le fit mettre à la Bastille, dont il ne sortit que douze ans après, à la mort du cardinal, en 1643. Bassompierre fut réintégré par Mazarin dans la charge de colonel général des Suisses, et l'on songeait même à le nommer gouverneur de Louis XIV, lorsqu'il mourut d'une attaque d'apoplexie, le 12 octobre 1646. On a de lui des *Mémoires* sur sa vie, où se trouvent une foule de détails curieux sur les hommes et les événements de l'époque où a vécu l'auteur; les *Ambassades du maréchal de Bassompierre;*

des *Notes,* et de *Nouveaux mémoires* recueillis par le président Hénault.

BASSORA. Voyez *Irak-Arabi.*

BASTIA, ville forte, chef-lieu de sous-préfecture dans la Corse. Elle resta la capitale de la Corse jusqu'à la division de la France en départements. En 1745, elle fut bombardée et prise par les Anglais: assiégée sans succès par les Piémontais en 1748; les Anglais s'en emparèrent de nouveau en 1794. Cette ville est bâtie en amphithéâtre, entre la mer et une montagne escarpée, sur le sommet de laquelle est la citadelle. Ses rues sont étroites et tortueuses; son port, abrité par un môle, est défendu par plusieurs petits forts. Son commerce consiste en vins, huile, cuirs, poisson, etc.; elle possède des fabriques de savon, de cire, de liqueurs, etc.

BASTILLE. On donnait autrefois ce nom à une tour, à un bastion, à un ouvrage de fortification en général. Ce nom est resté comme nom propre au château-fort élevé au nord-est de Paris, dans le quartier Saint-Antoine, en 1369, sous la direction de Hugues Aubriot, prévôt des marchands. Cette forteresse, destinée d'abord à la défense de Paris, devint bientôt entre les mains du pouvoir un instrument de despotisme, et son fondateur Aubriot y fut enfermé le premier. Cet édifice ne consistait d'abord qu'en deux tours; en 1383, il y en avait huit que Charles VI fit entourer d'un fossé. Au fond de ces tours existaient des cachots enfoncés de six mètres au-dessous du niveau de la cour; le jour n'y arrivait que par une étroite ouverture donnant sur le fossé. Le prisonnier, plongé dans une atmosphère infecte et humide au milieu d'un limon où pullulaient les crapauds, n'y pouvait vivre longtemps. Aussi, n'y plaçait-on guère que ceux dont on voulait arracher des aveux par la terreur. Les autres étages étaient des poligones de cinq mètres de diamètre et de cinq à six mètres de hauteur. Au cinquième étage étaient les calottes, étouffantes en été et glaciales en hiver. La Bastille pouvait contenir environ cinquante prisonniers logés séparément. En 1588, le duc de Guise se rendit maître de la Bastille, et en confia le commandement à Bussy Leclerc, ligueur forcené, qui y fit enfermer le parlement parce qu'il hésitait à signer le pacte de la ligue. Henri IV ne s'en empara que quatre jours après s'être rendu maître de la capitale; il en donna le commandement à Sully et y fit déposer son trésor. — Le 11 janvier 1649 la Bastille fut investie par les rondeurs, et ne fut rendue au roi que le 21 octobre 1651, la même année où eut lieu le fameux combat de la porte Saint-Antoine, entre Condé et Turenne. L'armée ne dut son salut qu'au canon de la Bastille qui protégea sa retraite dans Paris. La Bastille fut assiégée pour la dernière fois le 14 juillet 1789. Depuis la séance royale du 23 juin, le bruit s'était répandu que le roi voulait employer la force, faire arrêter les chefs du parti national de l'Assemblée constituante et les jeter à la Bastille. Les esprits fermentaient, et des groupes nombreux se formaient sur toutes les places publiques. Le 12 juillet se répandit le bruit du renvoi de Nécker et de ses collègues, et leur remplacement par des ministres opposés à la cause populaire. Vers les quatre heures, plus de dix mille personnes étaient rassemblées au Palais-Royal, discutant sur les mesures à prendre. Tout-à-coup, un jeune homme, Camille Desmoulins, connu par sa bouillante exaltation, monte sur une table, agite deux pistolets et s'écrie : C'est le tocsin d'une Saint-Barthélemy de patriotes; ce soir, les Allemands et les Suisses sortiront du Champ-de-Mars pour nous égorger ! Aux armes ! De bruyantes acclamations répondent à ces paroles, et la foule se précipite sur ses pas. On va demander des armes au gouverneur de la Bastille, qui refuse d'en donner, alors on se rend aux Invalides, l'arsenal est envahi et pillé en un clin d'œil. Un cri général se fait entendre : *A la Bastille !* Cette prison d'État, depuis longtemps détestée, semblait le fort de la tyrannie, et les canons des Invalides roulent vers la Bastille. Pendant ce temps des députations parties de l'Hôtel-de-Ville et des districts se rendaient près du gouverneur Delaunay pour l'engager à se rendre. Il promit de ne pas tirer le premier, mais refusa de rendre la place; la garnison se composait de quatre-vingt-deux invalides que renforçaient depuis quelques jours trente-deux Suisses; et une pareille garnison ne pouvait tenir longtemps. Le peuple qui s'avançait en masse par le faubourg Saint-Antoine, envahit la première cour, deux hommes grimpent sur le toit du corps-de-garde et brisent à coups de hache les chaînes du pont-le-vis; le pont s'abaisse et la foule se précipite en faisant une décharge de mousqueterie. La garnison riposte et fait reculer les assaillants, mais trois cents gardes-françaises arrivent avec du canon et attaquent les murs. Après quatre heures de combat, les invalides demandent à capituler, Delaunay voulait mettre le feu aux poudres et faire sauter la Bastille avec tout ce qu'elle contenait de monde, assiégés et assiégeants. On l'en empêcha, et sur l'assurance

qu'aucun mal ne serait fait aux soldats, les invalides et les Suisses mirent bas les armes, et le
second pont-levis fut abaissé. Les assiégeants se
précipitent alors dans la cour, et malgré les promesses et les efforts des gardes-françaises, Delaunay et plusieurs officiers sont massacrés. Le

reste obtint grâce. Il n'y eut qu'une voix pour
demander la démolition de la Bastille, chacun se
faisait honneur d'y travailler, et quelques jours
après les Parisiens dansaient sur son emplacement.

Prise de la Bastille (14 juillet 1789).

BASTINGAGE, sorte de parapet élevé sur le
plat-bord d'un bâtiment, pour mettre l'équipage
à l'abri de la fusillade et de la mitraille. Ce sont
ordinairement des chandeliers de fer supportant
des barres de bois, recouverts d'une toile. Dans
cette espèce de caisse on met les hamacs roulés
des matelots et des sacs remplis de vieilles cordes.

BASTION. On appelle ainsi une pièce de fortification qui fait partie de l'enceinte d'une place
forte. (Voyez Fortifications.)

BATAILLE. Voyez Stratégie.

BATAILLON, corps d'infanterie de 7 à 800
hommes. En temps de paix il en entre deux ou
trois dans un régiment, et souvent quatre en
temps de guerre. Le bataillon se compose aujourd'hui de huit compagnies de 90 à 100
hommes. Ce nombre a souvent varié. Les deux
premières compagnies, celle des grenadiers et
celle des voltigeurs, sont formées de l'élite des
hommes du bataillon. Le surplus reste affecté
aux six autres compagnies dites du centre. Cha-

cune de ces compagnies est commandée par un
ou deux capitaines, un lieutenant et deux sous-
lieutenants; dans le génie et dans l'artillerie, les
compagnies ont deux capitaines et deux lieutenants. Les huit compagnies qui composent un
bataillon sont sous les ordres d'un commandant
commun qui a le titre de chef de bataillon.

BATARD. Voyez Enfant naturel.

BATARDEAU. Dans les travaux hydrauliques, il arrive souvent que l'on est obligé de
préserver de l'action des eaux des espaces destinés à la construction d'un pont ou de tout autre
ouvrage fondé à un niveau inférieur à leur surface. On y parvient en construisant une digue
que l'on élève jusqu'au niveau de la rivière, et
qui résiste à l'effort de l'eau; c'est ce que l'on
appelle un bâtardeau. Si la hauteur d'eau à
supporter n'excède pas un mètre, une simple
levée de terre est suffisante, maintenue au besoin par des planches mises de champ et soutenues par une file de pieux; mais lorsque la hauteur d'eau est plus considérable, le bâtardeau se

composé de deux rangées de pieux espacés les uns des autres d'un mètre environ; on les réunit par des madriers cloués transversalement contre lesquels s'appuient des planches assemblées à rainures et à languettes, et enfoncées verticalement dans le sol. Ces planches portent le nom de *palplanches;* leur extrémité inférieure est taillée en biseau pour qu'elles entrent plus facilement dans le sol. On forme ainsi deux cloisons solides, soutenues par des pieux; puis on enlève la vase qui se trouve dans l'espace qui les sépare; cette opération se fait à l'aide d'une *dragué,* espèce de hotte en fer percée de trous et fixée à l'extrémité d'une longue perche. On réunit ensuite les deux cloisons par des pièces transversales appelées entretoises, et l'on remplit de terre le vide du bâtardeau. C'est généralement de l'argile que l'on emploie bien pilonnée. On donne ordinairement aux bâtardeaux une épaisseur égale à la hauteur d'eau qu'ils ont à supporter. Lorsque le bâtardeau est terminé, on épuise les eaux.

BATAVES. Voyez *Hollande* et *Pays-Bas.*

BATAVIA, capitale de l'île de Java et de tous les établissements hollandais, dans l'Inde. Voyez *Java.*

BATEAU. Voy. *Barque.* — *Bateau sous-marin.* Voyez *Sous-marin.* — *Bateau à vapeur.* Voy. *Vapeur.*

BATH (*bain*), ville d'Angleterre, chef-lieu du comté de Somerset, et célèbre par ses eaux thermales. Les Romains les connurent et leur donnèrent le nom d'*Aquæ solis;* on y voit encore des vestiges de leurs constructions, entre autres les ruines d'un temple de Minerve. La ville de Bath, l'une des plus belles de l'Angleterre, possède, outre sa cathédrale, superbe monument gothique, plusieurs édifices remarquables, tels que le Palais-de-Justice, le Bazar, le Cirque royal, le Théâtre, etc. Bath est une ville toute de plaisir, l'industrie y est presque nulle. Ses bains, renommés pour la goutte, les paralysies, les rhumatismes, y attirent chaque année la société brillante de Londres.

BATISTE, sorte de toile de lin ou de chanvre dont le fil est très fin et le tissu très serré. Elle se fabrique principalement à Valenciennes, à Vervins et dans toute la Picardie. La *batiste d'Écosse* diffère de la batiste ordinaire, en ce qu'elle est beaucoup plus forte et plus serrée.

Ces toiles se fabriquent à peu près comme les mousselines. (Voyez *Mousseline.*)

BATON D'OR. Voyez *Giroflée.*

BATON DE MARÉCHAL. L'origine du *bâton de maréchal* remonte à l'époque même de l'institution du maréchalat. Philippe-Auguste remit au maréchal un bâton, symbole du commandement qu'il lui donnait et de l'obéissance que lui devaient les troupes. Le bâton de maréchal est un cylindre de bois d'environ deux pieds, recouvert de velours bleu, parsemé de fleurs de lis d'or sous les Bourbons, d'abeilles sous l'Empire, et d'étoiles depuis 1830. Sur l'une des calottes en vermeil qui terminent ses extrémités, est gravée cette légende : *Terror belli, decus pacis.* (Voyez *Maréchal.*)

BATONNIER, chef de l'ordre des avocats. Anciennement les procureurs et les avocats se réunirent en confrérie, sous l'invocation de saint Nicolas. A chaque anniversaire, la bannière ou bâton de saint Nicolas se portait avec pompe chez le doyen des avocats. C'est par suite de cet usage que le titre de *bâtonnier* a remplacé plus tard celui de doyen pour désigner l'avocat chargé de faire le tableau de l'ordre, de présenter les jeunes avocats au serment et d'agir solennellement pour l'ordre entier. (Voyez *Barreau.*)

BATRACIENS (du grec *batrachos,* grenouille). Les batraciens forment le quatrième ordre de la classe des reptiles, et comprend des animaux qui ont avec les grenouilles des rapports plus ou moins intimes de forme ou d'organisation. Les batraciens ont le corps revêtu d'une peau nue et muqueuse, et presque tous ont les doigts dépourvus d'ongles. Ils n'ont au cœur qu'un seul ventricule et une seule oreillette cloisonnée. A leurs poumons se joignent dans le premier âge des branchies analogues à celles des poissons, et situées de même sur les côtés du cou; mais en arrivant à l'état parfait, la plupart perdent ces branchies. Les mâles n'ont point d'organe copulateur, et l'accouplement a lieu par simple contact. Il y a parmi les batraciens quelques espèces ovovivipares; mais le plus grand nombre pondent des œufs dont l'enveloppe est simplement membraneuse; et dans plusieurs espèces, le mâle ne les féconde qu'à leur sortie. Les petits subissent divers degrés de transformations; d'abord dépourvus de membres et munis d'une queue, ils prennent, en grandissant, quatre pattes et perdent leur queue comme les amours ou la conservent comme les urodèles. Presque tous vivent dans l'eau ou dans les lieux humides; ils sont herbivores dans leur premier âge et deviennent carnivores en passant à l'état parfait. L'ordre des batraciens ne renferme qu'un petit nombre de familles dont les principales sont : les grenouilles, les salamandres, les protées, les syrènes et les cécilies. (Voy. ces mots.)

BATTERIE. On désigne sous ce nom la réunion de plusieurs bouches à feu, pourvues de tout ce qui leur est nécessaire pour combattre. (Voyez *Bouches à feu*.)

BATTERIE ÉLECTRIQUE, appareil de physique, composé d'un plus ou moins grand nombre de vases de verre garnis en dedans et en dehors de lames d'étain, excepté à leur partie supérieure, qui demeure sans garniture; ces vases sont contenus dans une boîte de bois également doublée de lames d'étain. Cet appareil s'électrise à la manière de la *bouteille de Leyde;* il produit un effet d'autant plus grand que les vases sont eux-mêmes plus grands ou plus nombreux. (Voy. *Électricité*.)

BATTEUR D'OR ET D'ARGENT. On donne ce nom aux ouvriers qui étendent par feuilles excessivement minces des quantités diverses d'or, d'argent ou de cuivre. Ces métaux jouissent d'une grande malléabilité, c'est-à-dire qu'ils ont la propriété de s'étendre sous le marteau en feuilles minces et légères. La première opération consiste à faire choix d'un or ou d'un argent le plus pur possible; la seconde, a pour objet la fusion du lingot qu'on forge ensuite avec le marteau à forger. Après viennent des laminages successifs, au moyen desquels le lingot, d'abord réduit à deux lignes d'épaisseur, finit par n'avoir plus qu'une demi-ligne et ne former qu'un ruban d'un pouce de largeur. Ce sont ces divers rubans qu'on coupe en quartiers ou morceaux de dix-huit lignes de longueur. On les met les uns sur les autres et on les forge de manière à leur donner à chacun l'épaisseur d'une feuille de papier gris. On place ces morceaux dans des feuilles de vélin et entre des feuilles de parchemin. Le tout compose un cahier appelé *caucher*. C'est alors que commence l'opération de la *batte*. Les quartiers sont coupés en quatre parties égales et placés dans un second caucher qu'on bat comme le premier; puis les feuilles d'or sont placées entre des feuilles de baudruche, et ce nouveau cahier est battu pendant deux heures, et jusqu'à ce que les feuilles d'or commencent à désaffleu-

rer. Les feuilles défectueuses sont mises de côté avec les rognures, et servent à faire l'or en coquille, destiné à la peinture. La malléabilité de l'or est telle qu'on obtient d'une once de ce métal 5,000 feuilles carrées de 9 cent. de côté, ce qui peut couvrir une surface de 40 mètres carrés. L'épaisseur de ces feuilles est tout au plus d'un trente millième de ligne.

BAUCIS. Voyez *Philémon*.

BAUDOUIN. Ce nom a été porté par neuf comtes de Flandre. (Voyez *Flandre*.)

BAUDOUIN I à V se succédèrent sur le trône de Jérusalem de 1100 à 1185. Un an après, Jérusalem tomba au pouvoir de Saladin. (Voyez *Jérusalem*.)

BAUDOUIN I, empereur latin de Constantinople, était d'abord comte de Hainaut et de Flandre. Il prit la croix en 1200, et aida Alexis IV, fils d'Isaac l'Ange, à remonter sur le trône de Constantinople. Après la mort de ces deux princes, il se fit proclamer lui-même empereur (1204); mais le mépris qu'il affectait pour les Grecs lui aliéna l'esprit de ses sujets, et pendant qu'il assiégeait Andrinople révoltée, Joannice, roi des Bulgares, appelé par eux, l'attaqua, le fit prisonnier et le fit périr dans les tortures (1206).

BAUDOUIN II, dernier empereur latin de Constantinople, était fils de Pierre de Courtenay; il n'avait que onze ans quand il monta sur le trône, sous la tutelle de Jean de Brienne (1228). Il fut plusieurs fois obligé d'implorer des secours d'Europe contre ses ennemis, et en 1261 il se retira devant Michel Paléologue, qui s'empara de Constantinople. Baudouin s'enfuit en Italie où il vécut retiré jusqu'en 1273.

BAUDROIE (*lophius*), genre de poissons de la famille des acanthoptérygiens à pectorales pédiculées. Les baudroies, ou raies pécheresses, sont surtout remarquables par la grosseur de leur tête, qui est tout-à-fait disproportionnée avec le reste du corps; elle entre pour plus des deux tiers dans le volume total de l'animal. Cette tête est très large, déprimée, arrondie en avant; sa surface est hérissée d'épines. La bouche offre une fente considérable. La mâchoire inférieure dépasse la supérieure, et toutes deux portent des dents en crochets extrêmement pointues, le palais et les os pharyngiens sont garnis de dents moins longues, mais aussi aiguës. Les yeux sont placés sur le milieu de la tête. Le corps est court, gros et conique ; la peau de ces poissons est tout-à-fait dépourvue d'écailles. Plusieurs des rayons de la nageoire dorsale sont séparés des autres ; il y en a deux principalement plus longs, libres, mobiles, et terminés par une petite palette charnue qui surmonte le front. Ces poissons, très voraces, auraient pu difficilement satisfaire leur appétit si la nature ne leur avait donné les moyens de suppléer par la ruse à leur manque d'agilité. En effet, la baudroie se tapit au fond de l'eau, cachée dans la vase, et ne laisse apercevoir que

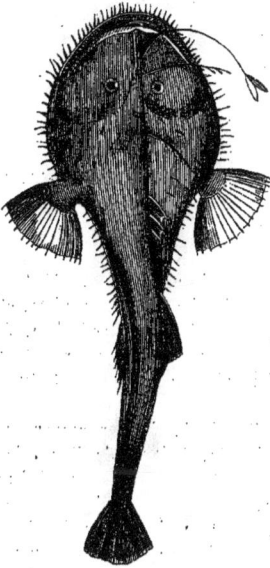

les rayons de sa tête qu'elle agite pour les faire ressembler davantage à des vers. De cette manière, elle attire d'autres poissons sur lesquels elle se jette dès qu'ils sont à sa portée. La baudroie commune (lophius piscatorius), vulgairement nommée diable de mer ou galanga, habite nos mers, elle atteint jusqu'à cinq pieds de longueur ; sa couleur est fauve marbré de brun en dessus et blanchâtre en dessous.

BAUDRUCHE. On appelle ainsi une pellicule qui tapisse le cœcum, ou gros intestin du bœuf et du mouton (membrane péritonéale), et qui sert à divers usages. On la fait sécher, puis on lui fait subir diverses préparations qui ont pour but de l'adoucir. Les batteurs d'or l'emploient

pour la dernière opération du battage en interposant entre les feuilles d'or des feuillets de baudruche. Cette opération donne à la baudruche elle-même une finesse et une souplesse qu'elle n'avait pas auparavant. On fait servir la baudruche à la confection des aérostats (voy.); elle remplace à merveille le taffetas d'Angleterre, ce qui lui a valu le nom de peau divine.

BAUHIN. Deux frères, célèbres dans les sciences naturelles, ont illustré ce nom. Leur père, médecin distingué, exerçait à Amiens, lorsqu'il fut forcé de se réfugier en Suisse par suite des persécutions religieuses. Ce fut à Bâle que ses deux fils virent le jour. L'aîné, Jean Bauhin, naquit en 1541, fit ses études médicales à Bâle, puis visita les Alpes, la Suisse, une partie de l'Italie et de la France méridionale pour préparer les matériaux de l'Histoire universelle des plantes, qu'il méditait, et qui ne parut que trente-huit ans après sa mort. Nommé médecin d'Ulrich, duc de Wurtemberg-Montbéliard, il passa auprès de ce prince le reste de ses jours, et mourut en 1613. On a de lui, outre l'ouvrage précédent, une Histoire de la rage des loups et un Traité des animaux ailés qui nuisent par leurs piqûres.

Gaspard Bauhin, son frère, né en 1550, fut d'abord professeur de langue grecque, puis de botanique et d'anatomie à Bâle. Son principal ouvrage de botanique est le Pinax theatri botanici, c'est un index des ouvrages de Théophraste, Dioscoride, Pline, etc., avec la synonymie des plantes. Il mourut en 1624.

BAUME (balsamum). Les baumes sont des résines qui découlent de certains arbres, et dont quelques-uns passent à l'état solide par la dessiccation, tandis que d'autres associés à une certaine quantité d'huile volatile restent mous ou même fluides. Ils se distinguent des résines proprement dites, en ce qu'ils contiennent tous de l'acide benzoïque, qu'on peut isoler en les traitant à chaud avec une dissolution de carbonate de soude qu'on sature ensuite d'acide sulfurique. Ces baumes sont, comme les résines, insolubles dans l'eau, et au contraire très solubles dans l'alcool, l'éther et les huiles; ils sont très inflammables et répandent en brûlant une odeur aromatique. Les baumes sont généralement employés en médecine comme stimulants ou bien encore comme parfums, comme cosmétiques ou pour aromatiser certains mets. Les principaux baumes sont :

Le baume du Pérou, extrait du myroxylum peruiferum.

Le *baume de Tolu*, produit par le *toluifera balsamum*, arbre de l'Amérique méridionale, cultivé aux environs de la ville de Tolu (Carthagène).

Le *benjoin* s'extrait du *styrax benzoin*, arbre des îles de la Sonde.

Le *storax* découle des incisions faites au tronc des aliboufiers.

Baume blanc, *B. de Judée*, *B. de la Mecque*, *B. de Syrie*, *B. d'Egypte*, noms que l'on donne au suc de l'*amyris opobalsamum*, arbre de l'Arabie. *Baume du Brésil ou de Copahu.* Voyez *Copaïer* et *Liquidambar*. On donne encore le nom de *baume* à la tanaisie, de *baume aquatique* à la menthe aquatique, de *baume des champs* à la menthe commune, *baume des jardins* à la balsamine, etc., etc.

BAUMIER, nom vulgaire du *mélilot*.

BAUTZEN ou **BADISCHEN**, ville du royaume de Saxe, chef-lieu du cercle de Lusace. Elle est bâtie sur une montagne au pied de laquelle coule la Sprée. Cette ville est bien bâtie; on y compte 8,800 habitants. On y fabrique des draps, des toiles, de la bonneterie, de la poudre, du papier, etc. C'est dans les environs de cette ville que fut livrée la célèbre bataille de *Wurschen* et *Bautzen*, bataille gagnée par les Français sur les Russes et les Prussiens, les 20 et 21 mai 1813.

BAVE, salive qui s'écoule de la bouche des enfants qui sont dans le travail de la première dentition. (*Voyez.*) On donne aussi ce nom au liquide spumeux qui s'échappe de la bouche des animaux enragés. (Voyez *Hydrophobie*.)

BAVIÈRE (en latin *Bajuvaria*, en allemand *Baiern*). D'abord duché, puis cercle électoral, aujourd'hui royaume, la Bavière est composée de deux parties séparées par le royaume de Wurtemberg et le grand-duché de Bade, et situées l'une à l'E., sur le Danube, l'autre à l'O., sur la rive gauche du Rhin. La première, qui forme la presque totalité du royaume, confine au nord, à la Hesse électorale, aux duchés de Saxe et à la principauté de Reuss; à l'est, à l'extrémité du royaume de Saxe et à l'empire d'Autriche; au sud, elle est bornée par les États autrichiens et par une petite partie du lac de Constance; à l'ouest, par le Wurtemberg et les grands-duchés de Bade et de Hesse-Darmstadt: sa surface est de 1,282 milles carrés. La partie la plus petite ou Bavière rhénane est comprise

entre le grand-duché de Bade à l'E., le grand duché de Darmstadt au N.-E., celui du Bas-Rhin à l'O. et la Lauter au S., qui la sépare de la France, elle n'a que cent milles carrés de superficie. La Bavière occupe le troisième rang dans la confédération germanique, et a quatre voix à l'assemblée générale. Sa population s'élève à 4,120,000 habitants, dont les deux tiers appartiennent au culte catholique; elle fournit un

Cathédrale de Spire.

contingent fédéral de 35,600 hommes. — Les chaînes de montagnes qui environnent la Bavière la couvrent presque entièrement de leurs ramifications; elles s'abaissent à mesure qu'elles s'avancent vers le Danube, et l'on rencontre le long de ce fleuve de nombreux marais et des tourbières. La Bavière est généralement bien arrosée; les principaux fleuves sont le Danube, le Mein, le Rhin et les affluents du Danube, l'Iller, le Lech, l'Isar est l'Inn. Le climat est sain et tempéré; des forêts immenses sont remplies de gibier. On rencontre dans les montagnes des ours, des chamois et des marmottes. Il n'y a guère de provinces d'Allemagne où l'économie rurale et l'éducation des bestiaux soient plus avancées qu'en Bavière. Le pays est fertile, mais inégalement; on y récolte beaucoup de grains, du lin, du chanvre, du houblon, du tabac, et la vallée du Mein fournit un vin estimé. Les montagnes sont riches en plantes médicinales, et l'on tire de leur sein de la houille, du plomb, du cuivre, de l'étain, du marbre et de belles agates. Le fer y est très abondant, et Seelberg et Insbach ont des mines d'argent. Les eaux minérales sont nombreuses, et c'est de la Bavière que les autres contrées de l'Europe tirent les pierres lithographiques les plus estimées. — Le royaume de Bavière se divise en huit cercles qui sont :

L'Isar, *chef-lieu.* . . . . . Munich.
Le Bas-Danube. . . . . . Passau.
Regen. . . . . Ratisbonne.
Le Haut-Mein. . . . . . . Bayreuth.
Le Bas-Mein. . . . . . . Wurtzbourg.
Rezat. . . . . Anspach.
Le Haut-Danube. . . . . Augsbourg.
Le Rhin. . . . . Spire.

Le royaume a trois universités établies à Munich, Wurtzbourg et Erlangen ; et de plus, sept lycées, 74 gymnases et écoles préparatoires, 16 écoles normales et plus de 5,000 écoles primaires. Munich est la capitale de la Bavière.

Histoire. — Les historiens allemands font descendre les Bavarois des Celtes Boïens (*Baii*), qui étaient les habitants primitifs de l'Allemagne méridionale. Ces contrées, dévastées et presque désertes du temps de César, devinrent sous Auguste une province romaine, et prirent le nom de Vindélicie et de Norique. Vers la fin du Ve siècle, les Boïens étendirent leurs possessions dans la partie occidentale du Norique jusqu'au Lech ; Ratisbonne en était la capitale. Mais sous Dagobert, le pays tomba sous la domination des rois d'Austrasie, tout en conservant ses ducs particuliers. Ces ducs continuèrent à régir la Bavière au nom des rois francs jusqu'à Odilon, qui, en 743, prit le titre de roi; il tenta, mais en vain, de se soustraire à la suzeraineté de Charles Martel, son beau-père, et fut vaincu par ses beaux-frères Carloman et Pépin. Tassillon, son successeur, viola le serment de vasselage qu'il avait prêté à Pépin, et s'allia avec son beau-père Didier, roi des Lombards, et avec le duc d'Aquitaine, contre Charlemagne ; mais vaincu et fait prisonnier par ce dernier, il fut relégué avec toute sa famille dans un couvent où sa race s'éteignit. Charlemagne laissa à la Bavière le titre de duché, et en confia le gouvernement à Gérold, comte de Souabe, et son beau-frère, Louis-le-Débonnaire, l'érigea en royaume en 814, et la donna à Lothaire, son fils aîné, qui, ayant été

associé à l'empire, la céda, en 817, à Louis-le-Germanique. C'est à cette époque que la puissance temporelle des évêques s'affermit de plus en plus, et que les comtes palatins, auxquels le gouvernement était confié, devinrent si puissants. Après la mort de Louis (840), son fils, Carloman, obtint la Bavière, qui comprenait alors, outre la Bavière, la Carinthie, la Carniole, l'Istrie, le Frioul, l'ancienne Pannonie, la Moravie et la Bohême. La race carlovingienne s'étant éteinte en la personne de Louis-l'Enfant (911), Arnulf, général bavarois, qui, depuis 907, était margrave et général en chef, fut élu duc, et s'arrogea l'autorité suprême. Il eut quelques démêlés avec Conrad, roi d'Allemagne, qui, cependant, lui laissa la Bavière comme fief de l'empire. Ce pays souffrit beaucoup pendant plusieurs siècles, tant par les croisades qui le dépeuplaient que par l'arbitraire des empereurs qui nommaient et dépossédaient les ducs suivant leur bon plaisir. Il fut possédé par des ducs de la maison de Saxe, par les Guelfes ou Welfs de la maison d'Este, par des ducs autrichiens, jusqu'à ce qu'il tombât entre les mains d'Othon, comte palatin de Bavière, descendant d'Arnulf et chef de la maison de Wittelsbach. Son règne fut glorieux, et il mérita le surnom de *Major.* Sa maison a régné jusqu'à la fin du siècle dernier. Après la mort d'Othon, en 1183, Louis Ier monta sur le trône de Bavière; il acquit le Palatinat du Rhin, et son successeur, Othon l'*Illustre*, étendit encore ses États, dont une partie avait été détachée lors de l'avénement d'Othon Ier. Les deux fils d'Othon l'*Illustre*, Louis et Henri, se partagèrent ses États après sa mort (1253). La Bavière supérieure échut à Louis et la Bavière inférieure à Henri dont la ligne s'éteignit bientôt. Le second fils de Louis fut couronné empereur en 1314, sous le nom de Louis-le-*Bavarois;* il agrandit considérablement ses domaines, et lorsqu'il mourut (1347), il possédait outre la Bavière, le Brandebourg, la Hollande, la Zélande, le Tyrol, etc. Les fils de Louis III se partagèrent ces diverses provinces et formèrent un grand nombre de branches qui s'éteignirent rapidement, de sorte qu'en 1507, Albert II put de nouveau réunir toute la Bavière. Ses successeurs s'opposèrent de toutes leurs forces à la réformation et accordèrent leur protection aux adversaires de Luther. Albert-le-*Magnanime*, quoique l'appui des jésuites, n'en fut pas moins un protecteur libéral des arts et des sciences. Guillaume III, dit le *Vieux*, l'aîné de ses trois fils, lui succéda ; mais en 1596, il abandonna le gouvernement à son fils aîné, Maximilien, pour se retirer dans un couvent. Ce prince, doué d'éminentes qualités, devint l'âme de la ligue formée contre l'union des protestants. Pendant la guerre de trente ans, l'empereur Ferdinand II éleva Maximilien à la dignité d'électeur et de sénéchal de l'empire, qu'il rendit héréditaire pour toute la branche de Guillaume. Cette dignité lui fut confirmée, en 1648, par le traité de Westphalie; ce prince mourut en 1651. Son petit-fils, Maximilien Emmanuel, ayant embrassé le parti de la France dans la guerre pour la succession d'Espagne, fut mis au ban de l'empire (1704), et ne rentra dans ses droits qu'après la paix de Bade, en 1714. Charles Albert, son fils, faisant revivre d'anciennes prétentions, revendiqua la succession de l'empereur Charles VI, conquit l'Autriche entière, et se fit couronner empereur à Francfort en 1742, sous le nom de Charles VII. Mais la fortune, qui l'avait jusqu'alors favorisé, l'abandonna, et vaincu par les troupes autrichiennes, il se vit non-seulement forcé de renoncer à l'empire, mais encore d'abandonner la Bavière elle-même à Marie-Thérèse. Charles ne survécut pas à l'issue de la guerre, il mourut en 1745, âgé de quarante-huit ans. Son fils, Maximilien Joseph, fit la paix avec François de Lorraine, et recouvra ses États par la paix de Fussen. Maximilien Joseph s'efforça dès lors de rétablir la prospérité dans ses États; il fit refleurir l'agriculture épuisée, l'industrie et l'exploitation des mines, réforma les écoles et l'administration judiciaire, la police et les finances; il fonda l'Académie des sciences de Munich et encouragea les arts. La Bavière jouissait d'une paix bienfaisante lorsque la mort de ce prince, dernier rejeton des Wittelsbach, souleva de nouvelles discordes (1777). La succession au trône de Bavière appartenait bien incontestablement à l'électeur palatin; cependant l'Autriche forma des prétentions sur la Basse-Bavière et menaça de les appuyer les armes à la main. Telle est l'origine de la guerre *pour la succession de Bavière.* Cependant, Charles Théodore monta sur le trône malgré l'Autriche, et après sa mort (1799), son neveu, Maximilien Joseph, duc de Deux-Ponts, lui succéda. La guerre qui venait encore d'éclater fut terminée par la paix de Lunéville (9 fév. 1801). Elle assura à la France toute la rive gauche du Rhin, et fit perdre à la Bavière toutes ses possessions situées sur cette même rive. Longtemps alliée fidèle de la France, elle fut obligée de lui fournir de nombreux contingents, et eut beaucoup à souffrir des guerres de cette époque. Elle signa l'acte de la confédération du Rhin, et sous la protection de Napoléon, qui avait considérable-

ment agrandi son territoire, elle fut érigée en royaume dès 1806. Mais après la guerre de Russie, Maximilien Joseph, changeant tout-à-coup de politique, se retira de la confédération du Rhin et tourna ses armes contre la France. A la paix de Paris, conclue le 30 mai 1814, la Bavière rendit à l'Autriche le Tyrol et le Vararlberg, et fut indemnisée par le grand-duché de Vurzbourg et celui d'Aschaffenbourg. Au congrès de Vienne fut reconnue la souveraineté et l'indépendance du gouvernement bavarois. Maximilien Joseph conclut le 5 juin 1817 un concordat avec le Saint-Siége, et le 26 mai 1818, il accorda une Charte constitutionnelle à la Bavière. Il mourut le 13 octobre 1825, et eut pour successeur son fils, Louis Ier, qui protégea les sciences et les arts et fit élever à Munich de nombreux monuments. Ce prince a abdiqué en 1848 en faveur de son fils Maximilien. D'après la Charte de 1818, le gouvernement est représentatif, il se compose d'un roi et de deux chambres; le sénat et les députés; les chambres partagent le pouvoir législatif et votent l'impôt; la couronne est transmissible de mâle en mâle par droit de primogéniture.

BAYADÈRES. Voyez *Baïadères.*

BAYARD (Pierre du Terrail, *seigneur* DE), surnommé le *Chevalier sans peur et sans reproche*, naquit au château de Bayard, à quelques lieues de Grenoble, en 1476, d'une des plus anciennes familles du Dauphiné. Il était le second des quatre fils d'Aymon du Terrail, et son éducation fut dirigée par l'évêque de Grenoble, son oncle. A l'âge de treize ans, il fut présenté au duc de Savoie, Charles Ier, qui fut si charmé de son air noble et de son adresse qu'il le fit entrer dans les pages. Le jeune Bayard quitta bientôt le service du duc de Savoie pour celui du roi de France, Charles VIII, et il avait dix-huit ans lorsqu'il le suivit à la conquête de Naples. Ce fut à la bataille de Fornoue qu'il fit ses premières armes, et il s'y distingua de la manière la plus brillante. Louis XII, ayant succédé à Charles VIII, entreprit de réduire le Milanez, sur lequel il avait des droits, et Bayard trouva dans cette nouvelle expédition l'occasion d'acquérir de nouveaux titres de gloire. Parmi les hauts faits d'armes qu'il accomplit, l'un des plus brillants fut de défendre seul, contre un corps ennemi, un pont sur le Garigliano. Lors de la ligue de Cambrai, en 1509, Bayard fit des prodiges de valeur au siége de Padoue où il commandait une compagnie; les Vénitiens, battus à Vérone, se renfermèrent dans Brescia, et Bayard fut chargé de diriger la première attaque; il y reçut une blessure grave à la cuisse. A peine rétabli de sa blessure, il se rendit au siége de Ravenne, qui ouvrit ses portes aux Français. A Pavie, Bayard, à la tête de trente-six hommes, arrêta les ennemis pendant deux heures et eut deux chevaux tués sous lui; dans la retraite, il reçut un coup de fauconneau qui lui fracassa l'épaule. Il se rendit alors à Grenoble, près de son oncle, et y demeura quelque temps. En 1513, au siége de Térouane, par Henri VIII, Bayard fut fait prisonnier et mené au camp anglais. Henri, admirant sa bravoure, le renvoya sans rançon; mais avant son départ, il lui fit faire des offres brillantes pour

Bayard, Pierre du Terrail.

entrer à son service; Bayard répondit: « Je n'ai qu'un maître au ciel, qui est Dieu, et un maître sur terre, qui est le roi de France; je n'en servirai jamais d'autres. » Sous François Ier, il fit de nouveau la guerre en Italie, et fit prisonnier le général ennemi, Prosper Colonne, qui occupait pour le pape le marquisat de Saluces. François Ier voulut être armé chevalier par Bayard. Lorsque les impériaux attaquèrent Mézières, Bayard se jeta dans la ville et força l'ennemi à lever le siége. « La défense de Mézières, a dit un historien moderne, suffirait pour la gloire de tout autre que de Bayard; mais elle n'est qu'un triomphe de plus pour ce grand homme, modèle le plus accompli des chevaliers. » Chargé, peu de temps après, de couvrir la retraite de l'armée à

Gathinara, Bayard traversait la Sesia, le visage tourné vers l'ennemi; lorsqu'il reçut dans le flanc droit un coup d'arquebuse qui lui brisa l'épine du dos. Se sentant blessé mortellement, il donna ordre qu'on le plaçât au pied d'un arbre, le visage tourné vers l'ennemi; il survécut deux heures à sa blessure, et mourut le 30 avril 1524, âgé de quarante-huit ans. Quelques instants avant sa mort, le connétable de Bourbon, qui servait dans les rangs espagnols, lui exprimant ses regrets: « Ce n'est pas moi qu'il faut plaindre, lui dit-le héros, mais bien vous qui portez les armes contre votre patrie, votre prince et votre serment. » Bayard fût pleuré même par ses ennemis. La vie de ce preux chevalier a été écrite par un de ses secrétaires, sous le titre de: *Le Loyal serviteur*, et depuis, par plusieurs autres écrivains, entre autres M. Guyard de Berville, 1768, et M. Cohen, en 1822.

BAYLE (Pierre), célèbre écrivain français, né en 1647, au Carlat, dans le comté de Foix, fut élevé dans le protestantisme; il étudia à Toulouse, où les jésuites lui firent abjurer sa religion; mais peu de temps après il y rentra brusquement, et se réfugia à Genève pour éviter la peine du bannissement perpétuel que les lois portaient contre les relaps. Il se hasarda cependant à rentrer en France, et obtint au concours, en 1675, une chaire de philosophie à l'académie protestante de Sédan, qu'il occupa avec distinction jusqu'en 1681, époque à laquelle les préventions religieuses du temps firent supprimer les universités protestantes. Bayle, philosophe véritable, sachant vivre de peu et portant en lui-même une fortune, se rendit à Rotterdam où on lui offrit une chaire d'histoire et de philosophie. Il publia cette même année des *Pensées sur la comète*, 1681, dans lesquelles il cherche à éclairer le public qui voyait dans l'apparition de ce météore un présage effrayant. Il fonda, quelques années après, un journal littéraire, connu sous le titre de *Nouvelles de la république des lettres*. Lors de la révocation de l'édit de Nantes, il combattit avec beaucoup de hardiesse l'intolérance de Louis XIV. Ses ennemis et ses envieux, et Jurieu à leur tête, trouvèrent dans ses écrits un prétexte pour le faire priver de sa chaire. Il entreprit alors son *Dictionnaire historique et critique*, dont il publia la première édition en 1697. Cet ouvrage, qui a fait sa réputation, lui suscita de nouvelles persécutions. Son ennemi Jurieu l'accusa d'impiété et lui fit enjoindre par le consistoire de faire de nombreux changements à son ouvrage; Bayle, pour avoir la paix, con-

sentit à tout ; mais il ne put désarmer ses ennemis, et continua à être en butte aux persécutions les plus révoltantes. Il publia cependant,
en 1702, une deuxième édition de son dictionnaire, plus étendue que la première, et composa
plusieurs ouvrages de critique et de controverse,
parmi lesquels on remarque surtout les *Réponses
aux questions d'un provincial.* Il mourut en
1706, âgé de 59 ans. Son principal ouvrage, le
Dictionnaire critique, renferme une foule d'articles pleins de sens, de raison et d'érudition, et
a exercé une influence immense sur les lettres
et la philosophie. Bayle était sceptique, et c'est
lui qui a frayé la voie à Voltaire. L'édition la plus
estimée de son dictionnaire est celle de Beuchot,
16 vol. in-8°.

BAYLEN, ville d'Espagne, située au pied de
la Sierra-Morena, à huit lieues de Jaën. Ce lieu
est célèbre par la capitulation qu'y signa, le 22
juillet 1808, le général Dupont, surpris entre
Baylen et Andujar. Cet événement peut être considéré comme l'origine des désastres qui ont terminé la guerre de la péninsule hispanique. Le
général Castagnos, qui commandait les troupes
espagnoles, fut fait duc de Baylen.

BAYONNE (du basque *Baïa-Ona*, Bonne-
Baie), ville importante du pays des Basques,
dans le département des Basses-Pyrénées. Elle
est située au confluent de l'Adour et de la Nive,
à une lieue de la mer et à six lieues des frontières d'Espagne. C'est une ville forte de première
classe, ses rues sont larges et bien percées, ses
places vastes et décorées de beaux édifices, parmi
lesquels les plus remarquables sont : la cathédrale et l'hôtel des monnaies. Elle est le siège
d'un évêché, possède un collége, un séminaire,
une école de navigation et de beaux chantiers de
construction pour les navires de l'Etat et de la
marine marchande. Le commerce de transit pour
l'Espagne est très considérable à Bayonne ; malheureusement un banc de sable rend l'accès de
son port difficile. Les jambons de Bayonne sont
renommés. Sa population est de 13,500 habit.
Bayonne a soutenu un grand nombre de siéges,
dont le plus célèbre est celui de 1523, entrepris
par les armées combinées de l'empereur Charles-
Quint et du roi d'Angleterre, Henri VIII. C'est
alors, dit-on, que fut inventée l'arme connue
sous le nom de *baïonnette.*

BAZAR, mot arabe passé dans notre langue.
Il sert à désigner en France un lieu couvert où se
trouvent réunies, toute l'année, un certain nombre

de boutiques, de marchandises ; en un mot, une
foire perpétuelle. Dans l'Orient, il est synonyme
de notre mot *marché*, car à Constantinople on
voit des bazars à ciel ouvert. Le bazar couvert des
Turcs est un vaste parallélogramme élevé, à voûte
éclairée par le haut ; son intérieur est divisé en
cellules symétriques, dont deux sont affectées à
chaque marchand ; la première, pour l'étalage,
la seconde, pour le magasin ou dépôt de marchandises. Les bazars se divisent en grands et
petits bazars ; dans les premiers, on voit toutes
sortes de branches de commerce, dans les seconds, une seule industrie. Tels sont les bazars
d'esclaves.

Un bazar à Constantinople.

Le commerce étant la principale occupation
des Orientaux, il a dû nécessairement être en
honneur, aussi les bâtiments qui lui sont destinés
ont un certain caractère monumental. Le grand
bazar de Constantinople, bâti en 1462 par Mahomet II, est cité pour ses proportions grandioses.
Ce bazar est le point de réunion général ; en
toutes saisons les marchands s'y rassemblent pour
causer de leurs affaires ; ce bâtiment remplace la
Bourse. On cite le bazar de Tauris comme l'em-

placement le plus vaste que l'on connaisse ; on y a, dit-on, plusieurs fois rangé 30,000 hommes en bataille; il contient 15,000 boutiques. Indépendamment des divers établissements connus à Paris sous le nom de Bazars, ce qui y ressemble le plus, le véritable prototype d'un hazar européen, c'est le Palais-National. Nos passages sont aussi de véritables hazars.

BÉARN (du nom de l'ancienne ville de *Beneharnum* dans la Novempopulanie), province de France sur les confins de l'Espagne; elle avait pour bornes : à l'O., la Navarre française et la Soule; à l'E., le Bigorre; au N., la Chalosse ; au S., les Pyrénées. Elle faisait partie du gouvernement de Navarre. — Le Béarn passa des Romains aux Goths, puis des Goths aux Francs pour subir entre les mains de ces derniers toutes les vicissitudes des morcellements successifs de la monarchie. Chilpéric fit entrer le Béarn dans le cadeau de noces qu'il offrit à Galzuinde, et quand celle-ci fut tombée sous les coups de l'infâme Frédégonde, Brunehaut recueillit cette part de l'héritage de sa sœur. Le Béarn fut ensuite annexé à Bordeaux et à Bigorre pour former un duché particulier destiné à servir de barrière contre les invasions des Vascons ; mais, malgré l'opposition des Francs, les nouveaux venus se maintinrent dans les cantons envahis ; ils reconnurent toutefois la suprématie des ducs mérovingiens. Le Béarn fit ensuite partie de l'empire des Carlovingiens comme toute l'Aquitaine, puis devint un vicomté héréditaire (819) en la personne de Centule Ier, deuxième fils de Loup, duc de Bourgogne. Après une durée de 315 années, la maison de Béarn s'éteignit en la personne de Centule V (1134) et fut remplacée par la maison de Gabaret qui tenait ses droits de Guiscarde, sœur de Centule. La ligne masculine des Gabaret s'éteignit à son tour et Marie de Gabaret porta leur héritage à la maison de Moncade puissante en Catalogne. En 1290, ce domaine passa à la maison de Foix, puis à celle de Grailly qui le transmit, à son tour, à celle d'Albret, remplacée elle-même ensuite par celle de Bourbon ; enfin le Béarn fut réuni à la couronne de France par l'avénement de Henri IV, qui toutefois lutta pendant dix-huit années contre le parlement de Paris avant de consentir à la réunion de ses domaines à celui de l'État L'édit de réunion ne fut même prononcé qu'en 1620 sous Louis XIII. En 1790, le Béarn et les provinces basques furent agrégés en un seul département, sous le nom de *Basses-Pyrénées* (voy.); le Béarn forma les districts d'Orthez, Oloron et Pau.

BÉATIFICATION. C'est l'acte solennel par lequel le souverain pontife déclare, suivant les formes usitées dans ces circonstances, qu'il y a lieu de penser que l'âme de telle personne jouit dans le sein de Dieu du bonheur éternel, et qu'il est permis de lui rendre un culte religieux. Les personnages qui ne sont que *béatifiés* sont honorés d'un culte moins solennel que ceux qui sont canonisés. (Voy. *Canonisation.*) La cérémonie de la béatification fut introduite par les papes, afin de permettre aux ordres religieux de rendre un culte particulier au personnage proposé pour être canonisé, avant d'avoir procédé à la longue enquête nécessaire pour la canonisation.

BÉATRIX. Plusieurs princesses du moyen-âge ont porté ce nom; les plus célèbres sont: *Béatrix* de Savoie, qui, en 1220, épousa Raymond Bérenger, comte de Provence, et qui protégea les lettres; et *Béatrix* de Provence, sa fille, qui épousa, en 1245, Charles d'Anjou, frère de Louis IX, depuis roi de Naples.

BEAU, BEAUTÉ. Voyez *Esthétique.*

BEAUCAIRE (au moyen-âge *Belloquadra*), chef-lieu de canton de l'arrondissement de Nîmes (Gard), sur la rive droite du Rhône qui la sépare de Tarascon et près d'un canal dit *canal d'Aigues-Mortes à Beaucaire*, qui met le grand Rhône en communication directe d'une part avec la Méditerranée, de l'autre avec le canal du Midi, par les étangs de Manguio et de Maguelonne. Un magnifique pont suspendu en chaines de fer fait communiquer Beaucaire et Tarascon. Beaucaire est une ville assez bien bâtie, mais ses rues sont étroites. On y remarque surtout les ruines de l'ancien château, aux environs duquel existe un souterrain qui a trois lieues et passe sous le Rhône. L'hôtel-de-ville et l'église paroissiale sont également dignes de remarque. Ce qui a donné à Beaucaire une célébrité européenne, c'est sa foire qui attirait jadis les négociants des quatre parties du monde; c'était l'entrepôt général du commerce de la France avec l'Espagne, l'Afrique, l'Italie et le Levant. Aujourd'hui que nos compatriotes ont établi des comptoirs dans les principales villes du monde, Beaucaire a beaucoup perdu de son importance, cependant la population de Beaucaire dépasse encore 200,000 âmes à l'époque de la foire qui dure du 1er au 28 juillet. Comme la ville est loin de pouvoir suffire à cet immense accroissement de population, on campe sous des tentes placées dans une vaste prairie qui borde le Rhône. Cette foire a ses conditions et ses priviléges. Un tribunal de commerce, composé de douze membres, juge tous les différends qui s'élèvent pendant sa durée.

BEAUCE (la), ancienne contrée de France qui faisait partie de l'Orléanais et comprenait le pays chartrain, le Dunois, le Vendômois et le Mantois. Chartres en était la capitale. Le territoire de la Beauce consiste en un plateau uni, qui n'est un peu varié au sud que par quelques légères collines. Sa fertilité en grains est proverbiale. La Beauce forme aujourd'hui la majeure partie des départements d'Eure-et-Loir et de Loir-et-Cher.

BEAUFORT (Henri DE), frère de Henri IV, roi d'Angleterre, reçut le nom de Beaufort du bourg de l'Anjou où il était né ; il fut fait évêque de Lincoln, puis de Winchester, chancelier d'Angleterre, ambassadeur en France, légat du pape en Allemagne où il combattit le schisme et l'hérésie des hussites de Bohême. Lorsque le duc de Beaufort occupa la France au nom du roi d'Angleterre, ce fut lui qui couronna le jeune Henri VI et le proclama roi de France. Il siégea plus tard à Rouen parmi les juges de Jeanne d'Arc et la fit condamner au bûcher. Il se mêla en Angleterre aux disputes sanglantes des deux roses et trempa dans l'assassinat du duc de Glocester, son neveu. Le remords le rendit fou, dit-on, et il mourut en 1447 dans d'horribles terreurs.

BEAUFORT (la duchesse DE). Voyez Estrées (Gabrielle D')

BEAUFORT (François de Vendôme, duc DE). Voyez Vendôme.

BEAUGENCY (Loiret), ville de France située sur la Loire. Ses environs offrent de bons pâturages, des bois remplis de gibier et des vins estimés. Ces vins et les laines font l'objet principal du commerce de cette ville. On y voit les ruines du château des seigneurs de Beaugency, dont la terre fut réunie à la couronne au XIIIe siècle.

BEAUHARNAIS (François, marquis DE), naquit à La Rochelle en 1756. Représentant de la noblesse aux Etats-généraux, il défendit les privilèges de ce corps et mérita le surnom de feu Beauharnais. Il émigra en 1792 et fut

nommé major-général dans l'armée de Condé. Lorsque Bonaparte eut épousé Joséphine, veuve de son frère Alexandre de Beauharnais, il lui écrivit que son devoir était de rendre le trône aux Bourbons. Bonaparte répondit en mariant sa fille à M. de la Vallette. (Voy.) Ayant enfin reconnu la domination de Napoléon, le marquis de Beauharnais fut nommé successivement ambassadeur auprès de la reine d'Etrurie et du roi d'Espagne. S'étant opposé aux vues de Napoléon sur l'Espagne, il fut exilé dans sa terre en Sologne, et y demeura jusqu'à la Restauration. Mais il ne reçut alors aucune faveur en récompense de son ancienne fidélité.

Beauharnais (Alexandre, vicomte DE), frère du précédent, né à la Martinique en 1760, tint une conduite bien différente de celle de son frère. Opposé à la cour, il présidait l'Assemblée constituante le 21 juin 1791, lorsque Louis XVI fut arrêté à Varennes. Il fut nommé général en chef de l'armée du Rhin ; mais mécontent de la conduite des représentants du peuple qui entravaient ses plans, il donna sa démission et se retira dans sa terre de la Ferté-Beauharnais (Loiret-Cher). Arrêté comme suspect en 1794, il fut condamné à mort quelques jours avant qu'on y envoyât Robespierre. Il avait épousé Joséphine Tascher de la Pagerie, qui devint l'épouse de Napoléon, et en avait eu un fils, Eugène de Beauharnais (voy.), et une fille, Hortense, qui par son mariage avec Louis Bonaparte, devint reine de Hollande.

Beauharnais (Eugène DE), fils du précédent et de Joséphine, né en 1781, accompagna Bonaparte en qualité d'aide-de-camp dans les campagnes d'Italie et d'Égypte, se distingua à Marengo et fut successivement colonel et général de brigade. Il fut, sous l'Empire, élevé à la dignité de prince, puis nommé vice-roi d'Italie (1805). L'année suivante il épousa la princesse Amélie de Bavière et fut adopté solennellement par Napoléon, qui le désigna pour son successeur. Chargé en 1809 du commandement en chef de l'armée d'Italie, il gagna la bataille de Raab et contribua beaucoup au succès de celle de Wagram. Il opéra la retraite de Magdebourg après le départ de Napoléon, et se retira à la Restauration auprès du roi de Bavière son beau-père, avec le titre de duc de Leuchtenberg. Il mourut à Munich d'une attaque d'apoplexie, en 1824. Le prince Eugène a laissé le duc de Leuchtenberg ; Joséphine, mariée à Oscar Bernadotte, prince héréditaire de Suède ; Eugénie, mariée au prince d'Hohenzollern-Hechingen ; Amélie, mariée à don Pedro, empereur du Brésil, Théodolinda, et le prince

Maximilien, aujourd'hui duc de Leuchtenberg, et qui a épousé en 1839 une fille de l'empereur Nicolas.

BEAUJEU. Voyez *Anne de Beaujeu.*

BEAUJOLAIS, ancienne contrée de France qui faisait jadis partie du gouvernement du Lyonnais et du Forez. Sa capitale était Beaujeu et plus tard Villefranche. Elle répond aujourd'hui au département du Rhône. (Voy.) Le dernier prince qui ait porté le titre de comte de Beaujolais, fut le troisième frère du feu roi Louis-Philippe Ier.

BEAUMANOIR (Jean, *sire* DE), issu d'une des premières familles de Bretagne, prit part en faveur de Charles de Blois aux guerres civiles qui déchirèrent ce duché au XIVe siècle. En 1347, il succéda à son père, Robert de Beaumanoir, dans la dignité de maréchal de Bretagne. Il fut l'un des chevaliers qui se distinguèrent le plus dans le fameux *combat des Trente*, ou trente Bretons défièrent trente Anglais à *jouter de glaives* et furent vainqueurs.

BEAUMANOIR (maréchal de Lavardin). Voyez *Lavardin.*

BEAUMARCHAIS (P.-Aug. Caron DE), né à Paris en 1732, était fils d'un habile horloger ; il embrassa d'abord l'état de son père, mais son talent musical lui ouvrit le chemin de la cour, où il donna des leçons à Mesdames, filles de Louis XV. Il se lia avec Paris Duvernay, le financier de la cour, se jeta dans les affaires et acquit en quelques années une belle fortune. Après la mort de Paris Duvernay, son légataire ayant réclamé à Beaumarchais 150,000 fr., un procès s'ensuivit ; ce procès perdu donna lieu à un autre procès contre le rapporteur Gœtzmann, et Beaumarchais écrivit un mémoire pour sa défense. Cette pièce, remplie d'esprit, de verve et d'ironie, eut un succès prodigieux, et dès-lors son auteur jouit d'une réputation qu'il soutint en donnant au théâtre le *Barbier de Séville*, puis le *Mariage de Figaro*, le chef-d'œuvre de Beaumarchais ; le drame de la *Mère coupable* vint ensuite. Ayant acheté les manuscrits de Voltaire, Beaumarchais entreprit la fameuse édition de Kehl des *OEuvres complètes* de ce grand écrivain, entreprise qui lui fut peu profitable, car il y dépensa des sommes énormes. Nommé membre provisoire de la commune de Paris, lors de la révolution, il donna bientôt sa démission pour

rentrer dans les affaires. Arrêté et emprisonné comme suspect sous la terreur, il échappa avec peine à l'échafaud et fut obligé de se cacher. Il mourut en 1799, subitement et sans maladie.

Outre les écrits cités plus haut, Beaumarchais a laissé plusieurs mémoires judiciaires ; un drame, les *Deux Amis ;* un opéra, *Tarare*, et des lettres. Ses œuvres complètes ont paru à Paris, en 1780, et ont été réimprimées en 1809, 1821 et 1826.

BEAUNE, chef-lieu d'arrondissement du département de la Côte-d'Or, à neuf lieues S.-O. de Dijon, renommé pour ses vins. La *côte beaunoise* s'étend depuis Nuits jusqu'à la rivière de Dheune ; elle fournit environ 140,000 pièces de vin par an et produit des vins fins et suaves. Parmi les meilleurs vins de la côte beaunoise, on cite ceux de Volnay, de Beaune et de Pomard. Beaune est une ville bien percée et bien bâtie : elle possède une bibliothèque publique, un collège et un hôpital ; on y compte 10,700 habitants. C'est la patrie de Monge.

BEAUREPAIRE, chef du premier bataillon de Maine-et-Loire, fut chargé en 1792 du commandement de la place de Verdun. Sommé de rendre la ville aux Prussiens qui l'assiégeaient, et ne trouvant plus dans les habitants les dispositions nécessaires pour la défendre, il se brûla la cervelle plutôt que de se rendre à l'ennemi. La Convention nationale lui décerna les honneurs du Panthéon et donna son nom à une des rues de Paris (quartier Montmartre).

BEAUVAIS, chef-lieu du département de l'Oise. Cette ville est très ancienne ; elle portait sous les Romains le nom de *Cæsaromagus*, puis celui de *Bellovaci*. Des Romains elle passa aux Francs et fut ravagée par les Normands (850). Les Anglais et Charles-le-Téméraire l'assiégèrent inutilement au xve siècle ; elle fut sauvée la première fois par le dévoûment de Jean Lignière, et la seconde par le courage de Jeanne Hachette. La peste, les inondations et la famine la ravagèrent au xviie siècle. La ville de Beauvais est située dans un riche vallon, entouré de collines boisées, au confluent de l'Avelon et du Thérain. Elle est mal bâtie, mais on y voit plusieurs maisons curieuses par les sculptures de leurs façades de bois. Les principaux monuments de la ville sont : la cathédrale, magnifique édifice du xe siècle, l'hôtel-de-ville, le palais épiscopal, le collége, etc. Elle possède une manufacture de tapisserie rivale de celle des Gobelins. On fabrique à Beauvais des draps, des flanelles, des toiles, des dentelles, des châles, de la faïence, etc. On y compte 13,400 habitants.

BEAUX-ARTS, autrefois appelés *arts libéraux* parce qu'ils étaient enfants de la liberté et de l'imagination. On comprend sous la dénomination de beaux-arts, la sculpture, l'architecture, la peinture et la musique. (Voy. ces mots.)

BEC (*rostrum*). C'est le nom particulier qu'on donne à la bouche des oiseaux. (Voy. *Oiseau*.)

BÉCARRE, caractère de musique qui s'écrit ainsi : ♮, et qui se place à la gauche d'une note, pour indiquer que cette note ayant été précédemment haussée par un dièse ou abaissée par un bémol, doit être remise dans son état naturel.

BÉCASSE (*scolopax*), genre d'oiseaux de l'ordre des échassiers, de la famille des longirostres ; ses caractères distinctifs sont : bec long, droit, mou et très grêle ; la mandibule supérieure plus longue que l'inférieure, renflée à sa pointe en crochet. Les bécasses sont des oiseaux assez stupides, comme l'indiquent assez leur tête comprimée et leurs gros yeux placés en arrière. Les espèces de ce genre, peu nombreuses, ont été réparties dans les trois sections suivantes : *bécasses* proprement dites. Elles ont le tibia emplumé jusqu'au genou. On n'en connaît qu'une espèce en Europe, elle habite les hautes montagnes

boisées d'où elle descend dès les premiers froids ; elle arrive dans nos contrées en octobre ou novembre, et les quitte dès les premiers beaux jours. Elle reste cachée dans les bois tout le jour et n'en sort que le soir pour aller chercher sa nourriture. La femelle fait son nid à terre, près d'un tronc d'arbre ou d'une grosse racine ; elle y dépose quatre ou cinq œufs de la grosseur de ceux du pigeon, d'un gris-roussâtre, et marbrés d'ondes plus foncées ; les petits courent aussitôt qu'ils sont éclos. Le vol de la bécasse est peu élevé et de courte durée. La bécasse est longue de 3 à 4 décimètres, elle a le haut de la tête, le cou, le dos, les couvertures des ailes variés de marron, de noir et de gris ; quatre larges bandes noires transversales sur le cou, et une petite bande de même couleur de chaque côté de la tête. — 2° Les *bécassines* ont la partie inférieure de leur tarse dénuée de plumes. Ces oiseaux habitent les prairies marécageuses, où elles aiment à se ca-

Grande bécassine.

cher parmi les joncs et les roseaux. La *bécassine commune* (scolopax gallinago) est plus petite que la bécasse, sa tête est divisée par deux raies longitudinales noires et trois rougeâtres ; le cou et le dessus du corps sont variés de brun et de rougeâtre ; la poitrine et le ventre sont blancs. La bécassine vole avec rapidité, et lorsqu'elle est très élevée, elle fait entendre un cri prolongé, *mée, mée, mée*, assez analogue avec celui de la chèvre. Elle habite nos contrées pendant le printemps et l'automne , et les quitte en été et en hiver ; ses œufs sont verdâtres, tachés de brun. La *double bécassine* est plus grande que la précédente d'un tiers; ses mœurs sont les mêmes. — 3º Les *bé-cassines chevaliers* ont le doigt extérieur et celui du milieu réunis par une petite membrane. On n'en connaît qu'une espèce, la *bécassine ponctuée*, très rare en Europe, mais très répandue dans l'Amérique du Nord; son plumage est couvert de bariolures noires et blanc-roussâtre. Cette espèce forme le passage entre les bécasses et les chevaliers (voyez), dont elle a, du reste, le facies et les habitudes.

BÉCASSEAUX. Les bécasseaux ou maubèches sont des oiseaux de rivage qui se tiennent ordinairement sur le bord des lacs, dans les marais et sur les côtes de la mer. Leur bec est long, un peu fléchi à la pointe, mou et flexible dans toute sa longueur; les ailes sont médiocres, à première rémige plus longue que les autres. Ces oiseaux voyagent en petites troupes, et se réunissent plusieurs couples dans un même lieu pour nicher. A l'aide de leur bec long et grêle, ils cherchent dans la vase et le sable les insectes et les petits mollusques dont ils se nourrissent. On en connaît plusieurs espèces en France; la plus répandue est le *bécasseau cocorli* ou *alouette de mer*, qui varie beaucoup dans son plumage, suivant les saisons et les sexes; il est long de deux décimètres environ; on trouve également en Afrique et dans l'Amérique méridionale. On joignait autrefois aux bécasseaux les *combattants*, qui forment aujourd'hui un genre à part. (Voy. *Combattant*.)

BÉCASSINE. On donne ce nom à des oiseaux du genre *bécasse*. (Voyez.)

BEC CROISÉ (*loxia*), genre d'oiseau de la famille des gros becs, dont les caractères distinctifs sont d'avoir un bec fort, allongé, à mandibules très arquées dans le sens opposé, et se croisant vers les deux tiers de leur longueur. Ces oiseaux vivent de graines qu'ils tirent d'entre les écailles des cônes résineux ou du centre des fruits pulpeux, et la conformation particulière de leur bec leur sert merveilleusement à cet usage. L'Europe et l'Amérique possèdent chacune deux espèces de ce genre singulier. L'espèce qui nous vient communément en France, est le *bec croisé des pins* (loxia curvirostra). Les vieux mâles ont un plumage rouge; les jeunes, jaune-rougeâtre; les femelles, vert-jaunâtre. Ces oiseaux habitent les contrées boréales de l'Europe et de l'Amérique, et se plaisent dans les forêts de pins.

BEC DE LIÈVRE, nom donné, d'après une

vague ressemblance, à une difformité qui consiste dans la division de l'une des lèvres, et particulièrement de la supérieure. Le bec de lièvre est congénial ou accidentel; beaucoup plus commun dans le premier cas, tantôt la lèvre est simplement divisée, tantôt les os de la mâchoire supérieure sont eux-mêmes écartés. Les enfants qui naissent avec un bec de lièvre simple ont peu de peine à téter, mais ceux chez lesquels il existe écartement des os sont quelquefois dans l'impossibilité de prendre le sein; on est alors obligé de leur porter les aliments à la bouche avec une cuiller. Cette difformité n'offre aucune tendance vers la guérison spontanée, et l'on n'a de ressource que dans une opération chirurgicale quelquefois difficile. Cette opération consiste dans l'avivement des bords de la division que l'on traverse ensuite avec des aiguilles d'acier, sur lesquelles on tortille des fils destinés à rapprocher les surfaces saignantes qui se réunissent et se cicatrisent ainsi. Alors on retire avec précaution les aiguilles et les fils, en favorisant la consolidation de la cicatrice.

BEC EN CISEAUX (*rhynchops*), genre d'oiseaux de l'ordre des palmipèdes, de la famille des longipennes ou grands voiliers, remarquables par la conformation de leur bec aplati latéralement en deux lames superposées; la mandibule supérieure beaucoup plus courte que l'inférieure; ses deux bords sont rapprochés en dessous, de manière à former, depuis sa base, une étroite rainure comme le manche d'un rasoir; la mandibule inférieure, rétrécie dès sa base en lame à deux tranchants, entre un peu dans la rainure de la mandibule supérieure. Pour se procurer sa nourriture, le bec en ciseaux rase la surface de la mer en plongeant sa mandibule longue et coupante dans l'eau, et en tenant la supérieure très ouverte et hors de l'eau. Lorsque quelque petit poisson ou ver marin vient à frapper le dessus de sa lame inférieure, il referme brusquement l'autre et avale sa pêche. M. Lesson, qui a observé ces oiseaux en troupes innombrables sur les côtes du Chili, rapporte que, lorsque la marée descendante laisse à découvert ces plages sablonneuses, dont les flaques d'eau se trouvent remplies de mactres et d'huîtres, les becs en ciseaux se placent près de ces mollusques, attendant qu'ils entr'ouvrent un peu leur coquille, et profitent de ce mouvement pour enfoncer la lame inférieure de leur bec entre les valves qui se referment; alors ils enlèvent la coquille, la frappent sur la grève, coupent le ligament du mollusque, après quoi ils l'avalent sans obstacle. Le *bec en ciseaux com-*

mun habite toutes les parties chaudes et tempérées des deux Amériques ; il est noir en dessus,
avec le front, la face et tout le dessous blancs ; il
a 40 centimètres de long, et 1 mètre 20 centimètres d'envergure.

BEC-FIGUE (*ficedula*), espèce de gobe-
mouches de notre pays. (Voy. *Gobe-mouches*.)
Dans le midi de la France, on appelle *becs-
figues* différentes espèces de fauvettes et autres
becs fins qui, en automne, au lieu de continuer à
faire la chasse aux insectes, attaquent et mangent les figues, les raisins et autres fruits savoureux. Cette nourriture les engraisse à l'excès et
rend leur chair fine et délicate, aussi leur fait-
on alors une chasse acharnée.

BECS FINS (*motacilla*), famille d'oiseaux de
la tribu des passereaux dentirostres, se distinguant par leur bec droit, grêle, en forme d'alène.
Il comprend les traquets, fauvettes, roitelets, tro-
glodytes, hochequeues, bergeronnettes etc. (Voy.
ces mots.) Quelques naturalistes désignent cette
famille par le nom de sylviadées.

BECKET (Thomas), 5° archevêque de Cantorbéry et lord-chancelier d'Angleterre, naquit à
Londres, en 1119, d'un marchand anglais nommé
Gilbert Becket. Il commença ses études à Oxford
et vint les achever à Paris. A son retour dans sa
patrie, il fut présenté à Thibaut, archevêque de
Cantorbéry, qui se l'attacha et l'envoya à Rome
où il remplit avec succès quelques missions difficiles. Rappelé en Angleterre, il sut gagner les
bonnes grâces du roi Henri II, qui lui confia l'é-
ducation de son fils et le nomma grand chancelier, puis l'éleva au siége de Cantorbéry, auquel
était joint le titre de primat d'Angleterre. Thomas Becket était ambitieux, et pénétré de ces
idées de suprématie ecclésiastique qui prévalaient
alors, il ne se regarda plus comme le serviteur
du roi, mais comme celui du souverain pontife.
Il se démit alors de sa charge de chancelier et
s'aliéna bientôt, par sa conduite, l'esprit du roi.
Henri, qui l'avait élevé dans l'espérance qu'il se-
conderait ses vues sur le clergé, fut furieux de
l'opposition du primat ; il le fit condamner comme
rebelle par le Parlement. Becket se réfugia en
France, à la cour de Louis-le-Jeune. Rappelé
quelque temps après en Angleterre, il fut réintégré dans sa charge, et ses biens lui furent rendus ; mais il ne voulut pas plier devant la volonté
du roi, plus que par le passé. La fureur de Henri
ne connut plus de bornes, et à son instigation,
quatre gentilshommes assassinèrent le primat au

pied même de l'autel (1170). Le pape Alexandre III, qui l'avait encouragé dans sa résistance,
le canonisa. Henri II désavoua les assassins et
vint faire pénitence sur le tombeau de la victime.
En 1538, Henri VIII, pour s'emparer des trésors
qu'avait amassés en ce lieu la piété des fidèles,
fit condamner Becket comme coupable du crime
de lèse-majesté, et fit brûler ses os.

BÈDE, dit *le Vénérable*, naquit en 673, dans
le comté de Durham. Ordonné prêtre en 702, il
embrassa toutes les sciences de son temps et fut
l'homme le plus remarquable de son siècle. Il
vécut retiré dans le monastère de Jarrow où les
plus illustres personnages allaient le consulter.
Sollicité par le pape Sergius de venir auprès de
lui, il ne se rendit pas à cette invitation, et mourut à Jarrow, en 735. Bède a laissé de nombreux
ouvrages sur l'Écriture Sainte, une *Histoire ecclésiastique de l'Angleterre* et un *Manuel de
dialectique*. La meilleure édition de ses œuvres
est celle de Cambridge, 1722, in-fol.

BEDEAU. Ce nom que quelques auteurs font
venir du latin *pedum*, baguette, d'où *pedellus* et
bedellus, et d'autres de l'hébreu *bedal*, ordonner, ranger, est celui d'employés subalternes qui
ont appartenu aux universités et que l'on voit encore aujourd'hui dans les églises. Leur rôle consiste à marcher devant le clergé dans les cérémonies, une verge à la main, et à maintenir l'ordre et faire faire place au cortège.

BÉDÉGUAR (*spongia cynobasti officina-
rum*), galle chevelue et très odorante, qui est
produite sur les jeunes rameaux des rosiers par
la piqûre d'un insecte du genre cynips. (Voyez
Cynips et *Galle*.) Elle est spongieuse, remplie
de cellules en dedans, de la grosseur d'une noix,
irrégulièrement arrondie, recouverte d'une espèce de mousse ou de bourre très serrée. Sa couleur est verte, mélangée de rouge. Cette production végétale a été autrefois employée en médecine, principalement pour dissoudre les calculs
urinaires, et comme vermifuge, on ne l'emploie
plus aujourd'hui, si ce n'est comme un léger astringent.

BEDFORD (*comté de*), *Bedfordshire*, un des
comtés du centre de l'Angleterre, situé entre
ceux d'Huntingdon, Cambridge, Hertford, Buckingham, Northampton. Sa capitale, Bedford
sur l'Ouse, est une petite ville assez commerçante, qui possède des manufactures de flanelle

et de dentelles; on y remarque une belle église gothique.

BEDFORD, (J. Plantagenet *duc* DE), frère du roi Henri V, aida puissamment ce prince à conquérir une partie de la France. A la mort de son frère, il proclama Henri VI, roi d'Angleterre et de France, et fut nommé régent de ce royaume (1422). Il se vit un moment maître de presque tout le royaume; mais la délivrance d'Orléans et la défection du duc de Bourgogne mirent un terme à ses succès. C'était, dit-on, un des princes les plus accomplis de son temps; mais il ternit sa gloire par le supplice de Jeanne d'Arc. Il mourut à Rouen en 1435.

BEDLAM, célèbre hospice d'aliénés en Angleterre, et qui, comme notre Bicêtre, réunit dans une même enceinte des aliénés et des criminels. Cet hospice, qui est un véritable palais, renferme 400 aliénés et 60 condamnés.

BÉDOUINS ou Arabes nomades. Ce sont des tribus qui descendent, dit-on, d'Ismaël, et sont répandues en Egypte, en Syrie, dans les Etats barbaresques et dans d'autres parties de l'Afrique. Les Bédouins forment de nombreuses tribus, parmi lesquelles il règne une grande variété. Les unes, commandées par des *cheiks*, campent sous des tentes dans le désert, et méprisant tout travail, ne vivent que de brigandages; elles dépouillent les caravanes et les voyageurs isolés, ou leur vendent leur protection. D'autres, ce sont les moins nombreuses, établies sur la limite des pays bien peuplés, font quelque trafic avec leurs voisins et se livrent un peu à l'agriculture. Ainsi que tous les Arabes, les Bédouins mènent une vie très sobre. Les hommes et les femmes se couvrent habituellement d'une chemise de toile bleue; les hommes s'affublent en outre du *bournous*, manteau de laine blanc; ils sont tous bien montés et bien armés. Tout leur luxe consiste dans de beaux chevaux et de belles armes. Parmi les tribus que l'on rencontre en Egypte et en Syrie, les plus importantes sont: les Ababdehs qui habitent près de Fayoum, et ont de nombreux troupeaux; les Hanadonès de la Haute-Egypte, que l'on regarde comme descendant des anciens Kophtes; les Akacès en Syrie; ces derniers escortent les pèlerins et les caravanes sur la route de la Mecque. Le fond du caractère Bédouin est une férocité impitoyable; mais leur hospitalité sous la tente est devenue proverbiale. Le nom des Bédouins est devenu populaire en France, depuis l'occupation d'Al-

ger, comme celui d'ennemis acharnés. L'armée française avait déjà appris à les connaître pen-

Bédouins voyageurs.

dant son expédition en Egypte, et il est à craindre que ce fléau, attaché aux déserts de l'Afrique, ne dure autant que ces plaines de sable. La civilisation seule les effraie.

BÉELZÉBUTH. Ce nom veut dire *Dieu mouche;* c'est celui d'une divinité des Accaronites, peuple philistin. Il en est question dans le livre des Rois et dans le Nouveau-Testament, où on lui donne la qualité de prince des démons. Suivant quelques commentateurs, Béelzébuth ne serait autre que la mouche, qu'on adorait à Accaron, de même qu'en Egypte on rendait les honneurs divins au scarabée. (Voyez *Belus.*)

BEETHOVEN (Louis Van), célèbre compositeur, naquit à Bonn, le 16 décembre 1772. Son père, premier ténor à la chapelle de l'électeur de Cologne, commença lui-même l'éducation musicale de son fils, puis la confia à Vander

Eden, célèbre organiste, sous lequel le jeune Beethoven fit de rapides progrès. Il étudia ensuite avec Neefe, organiste de la cour auquel il succéda à l'âge de 19 ans. En 1792, il se rendit à Vienne où il fut présenté à Haydn, puis à Albrechtsberger, l'un des plus célèbres compositeurs de l'Allemagne. Ce dernier initia Beethoven à la science de son art. Il publia quelques compositions pour le piano et autres instruments; et ce fut en 1801 qu'il donna sa première symphonie en *ut*. De ce moment sa place fut marquée. Beethoven avait dans son talent des moyens assurés de fortune; mais son caractère bizarre et inquiet le rendit toujours incapable de soigner lui-même ses intérêts. Jérôme Napoléon, roi de Westphalie, organisait en 1809 sa chapelle; il en offrit la direction à Beethoven, mais l'archiduc Rodolphe, qui était son élève, lui assura une pension de 4,000 florins pour le conserver. Rassuré sur les besoins de la vie, Beethoven aurait pu vivre heureux si un affreux malheur n'était venu l'atteindre; il devint sourd! Tous les secours de l'art furent inutiles, et son infirmité s'accrut au point de rendre toute conversation impossible. Beethoven se résigna alors à une profonde retraite, sa mélancolie habituelle augmenta, et il ne trouva de soulagement que dans le travail; il composait toujours, n'entendant plus, pour ainsi dire, la musique que par les yeux. Il continua d'enfanter des chefs-d'œuvre. Cependant sa santé s'affaiblit rapidement; une hydropisie le consumait lentement, et il mourut en proie à des souffrances continuelles, le 26 mars 1827. Il faudrait des volumes pour l'analyse des œuvres de ce grand compositeur, contentons-nous de dire que toutes ses compositions portent le cachet de l'originalité, ses symphonies sont des chefs-d'œuvre à jamais admirables, et Beethoven, qui, comme tous les grands génies, a eu de nombreux détracteurs, est aujourd'hui l'objet d'une admiration sans bornes. Beethoven a considérablement produit; ses principales œuvres sont : 10 symphonies à grand orchestre, 8 ouvertures, 5 œuvres pour harmonie; pour le violon, 1 concerto, 1 septuor, 1 sextuor, 3 quintuors, 17 quatuors et 6 trios. Pour le piano, 5 concertos, 1 concertante, 1 fantaisie, 1 quintuor, 4 quatuors, 7 trios, 17 duos ou sonates avec accompagnement pour violon ou violoncelle, 32 sonates pour le piano seul, plus une foule de variations, rondos, fantaisies, marches, bagatelles, etc. — *Musique vocale*, 2 grand'messes, le Christ au mont des Oliviers, Oratorio : Fidelio, opéra en deux actes; Scena ed Aria, avec orchestre; Adélaïde, cantate avec piano; 25 chansons écossaises avec chœur et accompagnement de piano, violon et basse, et une quantité de morceaux de chant à une ou plusieurs voix.

BEFFROI, tour élevée que l'on construisait dans les villes et les forteresses, et au haut de laquelle veillaient des gardes qui, en mettant en branle une cloche, avertissaient les habitants de l'approche de l'ennemi, et les appelaient ainsi aux armes. Lorsque les communes s'établirent en France, la première clause des *communiers* était de se rendre en armes, dès que la cloche du beffroi sonnerait, sur la place d'armes qui leur était assignée, pour se défendre les uns les autres. Quelques auteurs font dériver *beffroi* du saxon *bell*, cloche, et de *fried*, paix, ou *cloche de la commune*.

BÉGAIEMENT, difficulté plus ou moins grande dans la parole, hésitation, répétition saccadée, suspension et même empêchement complet de la faculté d'articuler, soit toutes les syllabes, soit certaines syllabes en particulier. Tous les bègues ne le sont pas de la même façon : les uns s'arrêtent seulement avant de prononcer la première syllabe, les autres ne sont arrêtés que par certaines syllabes. On n'est pas d'accord sur les causes du bégaiement; les uns l'ont cherchée dans quelque vice de conformation des organes vocaux, tel que la longueur du filet, le volume de la langue, le mode d'implantation des dents incisives; mais le plus généralement, l'examen de ces organes chez les bègues n'a rien présenté de particulier; d'autres ont supposé que chez le et bègue, l'irradiation cérébrale qui suit la pensée devient le principe propre à mettre en action les muscles nécessaires à l'expression orale des idées, jaillit avec une telle impétuosité, et se reproduit avec une telle vitesse, qu'elle passe la mesure de mobilité possible des agents de l'articulation. Une objection suffisante pour combattre l'hypothèse, qui attribue cette infirmité à la trop grande activité de l'imagination, c'est qu'il y a des individus qui ne bégaient que dans les instants de calme, il en est même qui sont presque idiots. Quelle que soit, au reste, la nature de ce vice organique, on est parvenu à en étudier assez exactement les effets pour y remédier souvent d'une manière efficace. Une dame Leigh de New-York entreprit la cure d'une jeune fille qui bégayait d'une manière très prononcée. Après avoir observé attentivement un grand nombre de bègues, elle crut s'apercevoir qu'à l'instant où ceux-ci hésitent, leur langue est placée dans le bas de la bouche, tandis qu'elle est ordinairement placée contre le palais chez les personnes qui parlent avec facilité; cette observation la conduisit à engager la jeune fille à élever la pointe de la langue vers la voûte palatine toutes les fois qu'elle voudrait parler, et le résultat fut des plus satisfaisants. Au bout de quelque temps, la guérison était complète. Madame Leigh fit bientôt l'application de son procédé sur un certain nombre de sujets, et ouvrit à cet effet une institution pour les bègues. Les avantages de sa méthode, constatés par les médecins les plus célèbres des Etats-Unis, ont été publiés dans les recueils scientifiques ; cette méthode, transportée en Europe, a subi les nombreuses modifications suggérées par l'expérience, et présente toujours les plus heureux résultats.

BEHRING (Vitus), navigateur danois qui a découvert le détroit du même nom. Pierre-le-Grand l'employa comme capitaine de vaisseau dans sa marine naissante, et lui confia la direction d'un voyage de découvertes sur les côtes du Kamtchatka (1725). Dans ce voyage, il acquit la certitude que l'Asie n'était pas jointe à l'Amérique. en découvrant le détroit qui porte son nom. En 1741, il repartit pour explorer ces contrées, mais jeté sur une île déserte, couverte de neige et de glace, il y tomba malade et y mourut la même année.

BEHRING (détroit de), à l'extrémité N.-E. de l'Asie, sépare ce continent de l'Amérique et l'océan Glacial arctique de l'océan Pacifique. Suivant Cook, il n'a que 10 milles de largeur, là où il est le plus étroit.

Behring (île de). On appelle ainsi l'île déserte sur laquelle mourut le navigateur de ce nom ; elle est située dans l'océan Glacial arctique par 162° 30' - 164° long. O. et 54° 4' - 55° 38' lat. N.

BEIRAM. C'est le nom des deux seules fêtes religieuses dont les mahométans regardent la célébration comme un devoir. La première ou Grand-Beïram se célèbre le dixième jour du dernier mois de leur année. C'est en commémoration du pèlerinage de la Mecque que tout musulman doit faire dans ce mois au moins une fois en sa vie. La deuxième ou le Petit-Beïram, tombe le 1er de la lune de chaval; elle dure trois jours, et se célèbre dans tous les pays mahométans avec beaucoup de pompe. Cette dernière met fin aux jeûnes du Ramazan. (Voyez.) A l'occasion de cette solennité, le grand seigneur distribue des largesses et des faveurs.

BEL. Voyez Bélus.

BELA, nom porté par plusieurs rois de Hongrie. (Voyez Hongrie.)

BELETTE, espèce du genre putois. Ce joli petit animal a 16 centimètres de longueur, non compris la queue qui mesure 6 centimètres. Son corps est extrêmement effilé, d'un brun roux en dessus, blanc en dessous ; l'extrémité de sa queue n'est jamais noire, si ce n'est dans ses variétés. La belette se rencontre dans toutes les parties tempérées de l'Europe, et ne s'écarte guère des habitations, si ce n'est dans la belle saison. Elle part alors pour la campagne, suit le bord des ruisseaux et des petites rivières, et se plaît dans les haies et les broussailles, se logeant dans un trou de rocher ou d'arbre, sous un tas de pierres où dans le terrier d'une taupe ou d'un mulot. Elle est d'une agilité extraordinaire, et ses mouvements sont aussi gracieux que vifs. Elle va toujours par bonds, grimpe aux arbres, sautant de branche en branche avec la même facilité que l'écureuil. Dans la campagne, elle fait la chasse aux mulots, aux taupes, aux rats d'eau, aux lézards et aux serpents; son courage est extrême, elle attaque le surmulot deux fois plus gros qu'elle, et sort presque toujours vainqueur de la lutte. Au printemps, elle prépare une espèce de nid avec de la paille, des feuilles sèches ou de la mousse, et met bas trois à cinq petits qui grandissent vite et ne tardent pas à suivre leur mère à la chasse. Lorsque vient la mauvaise saison, toute la famille se retire dans les greniers à fourrage, et elle commet alors de grands dégâts. Sa taille lui permet de se glisser dans les plus petits trous, et si elle s'introduit dans un poulailler, elle tue tous les poussins et suce la cervelle des vieilles volailles, en leur trouant le crâne. On rencontre assez fréquemment en France des belettes jaunâtres, et même toutes blanches.

BELGES (Belgæ), peuples anciens qui habitaient les pays compris entre l'Océan, le Rhin, la Seine, la Marne et les bouches de la Meuse. Ils étaient d'origine germaine, et avaient passé le Rhin fort anciennement déjà, lorsque César soumit le territoire qui forma les deux Belgiques de la Gaule romaine. On fixe à deux siècles avant l'ère vulgaire, l'époque à laquelle les Germains expulsèrent les Celtes du territoire belge.

BELGIQUE (Belgium), région septentrionale de l'ancienne Gaule, fut successivement soumise aux Francs, à la Bourgogne, à l'Espagne, à l'empire d'Allemagne, à la France, à la Hollande. Elle forme, depuis 1830, un royaume indépendant. — Le royaume de Belgique, situé entre 49° et 52 de lat. N. et entre 0° 15' et 3° 46' de long. E., est borné au N.-E. par la Hollande, au S. par la France, à l'E. par le grand-duché de Luxembourg et la monarchie prussienne, à l'O. par l'Océan. Sa superficie est de 2,470 lieues carrées, et sa population de 4,300,000 habitants. —,La Belgique est divisée en neuf provinces, administrées par des gouverneurs, et subdivisées en districts; ce sont : la province d'Anvers, ch.-l. Anvers; le Brabant méridional, ch.-l. Bruxelles; la Flandre-Occidentale, ch.-l. Bruges; la Flandre-Orientale, ch.-l. Gand; le Hainaut, ch.-l. Mons; Liége, ch.-l. Liége; Namur, ch.-l. Namur; le Limbourg-Belge, ch.-l. Hasselt; et le Luxembourg-Belge, ch.-l. Arlon. — La religion dominante en Belgique est le catholicisme. On y parle le flamand dans le nord, le français et le wallon dans les provinces du sud; mais la seule langue de la bonne société est le français. — La Belgique est un pays généralement plat; on trouve à peine, dans la partie méridionale, quelques ramifications des Ardennes. Dans le Brabant et la Flandre, les plateaux sont couverts de forêts, et une partie de l'ancien évêché de Liége est couvert par des marais et des bruyères; en descendant vers la mer du Nord, les côtes sont tellement basses, qu'il faut des digues immenses pour les empêcher d'être submergées. Deux grands fleuves arrosent la Belgique, l'Escaut et la Meuse; le premier a pour principaux affluents la Scarpe et la Lys; la Meuse reçoit la Sambre et l'Ourte. D'autres rivières, telles que la Dyle, la Senne et la Dendre, arrosent le pays, qui possède en outre de nombreux canaux, reliant entre elles les rivières navigables; les plus remarquables sont ceux de Bruges, d'Anvers, de Louvain, de Malines, de Bruxelles, de Charleroi. Le climat est tempéré, pur et sain dans les contrées de l'est et du midi; il est humide et mal sain dans les provinces basses et marécageuses. Le sol est généralement fertile et bien cultivé; il produit du blé en abondance, du chanvre, du lin, de la garance, de bons fruits et un peu de vin, mais surtout des graines oléagineuses, du houblon et du tabac. Le bois est rare, mais la tourbe et la houille s'y rencontrent en abondance; le fer, la calamine, l'alun, le vitriol et la chaux y sont assez communs. Les chevaux y sont grands et vigoureux, et le bétail d'excellente qualité; on y élève aussi des abeilles et des vers à soie. Les brasseries et distilleries y sont nombreuses et renommées;

c'est avec le commerce des grains et des bestiaux, la principale branche d'industie. L'industrie est arrivée en Belgique à un haut degré de perfection; il est d'autant plus à regretter qu'elle cherche souvent à vivre aux dépens de celle des pays voisins. Les toiles de Flandre, les dentelles de Bruxelles, les draps de Verviers, la faïence de Tournay, la coutellerie de Liége et de Namur sont avantageusement connus. Anvers et Ostende, ports de mer, et les places de Bruxelles, Bruges et Gand sont les principaux siéges du commerce belge. — La Belgique, en se séparant de la Hollande, se trouva privée de colonies. Une société de colonisation se forma en 1841, et acquit légalement dans le Guatémala la propriété du port et du district de Saint-Thomas, d'une étendue de 404,656 hectares. Cet établissement, placé au centre d'une contrée fertile, paraît appelé à un brillant avenir. L'instruction est moins avancée en Belgique qu'en Hollande ; on y compte néanmoins trois grandes universités, celles de Louvain, de Bruxelles et de Gand.

Histoire. — Comme nous l'avons déjà dit, les Belges sont originaires de la Germanie, et lors de la conquête des Gaules, ce furent les Belges qui opposèrent la plus vive résistance; *omnium fortissimi Belgœ*, dit César. Drusus, Germanicus, Caligula. commandèrent en Belgique. Les Francs et les Belges, écrasés sous la domination romaine, formèrent une ligue pour expulser leurs oppresseurs. Ils établirent leur capitale à Tournay, où fut découvert, en 1638, le tombeau de Childéric. Après la mort de Clovis, la Belgique fit partie du royaume d'Austrasie. Charlemagne établit, aux embouchures des fleuves et des rivières, des flottilles dans le but de réprimer les brigandages des Normands; mais à sa mort, ils ravagèrent Anvers, la Frise, Gand, Courtray, Tournay, Louvain et les pays environnants. Après la mort de Louis-le-Débonnaire, la Belgique fut comprise dans le royaume de Lotharingie, et quand celui-ci devint duché de l'empire germanique, et se partagea en Haute et Basse-Lorraine, la Belgique entra presque tout entière dans cette dernière (sauf la Flandre jusqu'à l'Escaut). Au xve siècle, la Belgique échut à la Bourgogne. Le duc Philippe-le-Bon administra la Belgique, sous le titre de grand-duc d'Occident; ses possessions s'étendaient de la mer du Nord à la Somme. Charles-le-Téméraire, son fils, lui succéda; il périt à la bataille de Nancy, en 1477, ne laissant pas d'héritiers mâles. Marie de Bourgogne, étant l'unique héritière de Charles, apporta, par son mariage avec Maximilien d'Autriche, la Belgique à l'empire d'Allemagne, et au XVIᵉ siècle, Charles-Quint en composa les dix-sept provinces qui furent nommées *Cercle de Bourgogne*, et qui relevèrent de l'empire tout en appartenant à la ligne espagnole de la maison d'Autriche. Charles-Quint, lassé des grandeurs, abdiqua à Bruxelles en faveur de son fils, Philippe II (1555). Ce prince, ambitieux, sombre et cruel, haïssait les Flamands, qui portèrent tout le poids de son caractère sous le gouvernement du fameux duc d'Albe; il fit périr en six ans plus de 18,000 personnes par le glaive, la roue, la corde et les flammes. Ces horreurs soulevèrent l'indignation de la nation entière, et donnèrent lieu à des troubles qui amenèrent de nouvelles cruautés. Les provinces de Hollande et de Zélande se déclarèrent en pleine révolte contre l'Espagne; mais les provinces wallones, le Brabant et la Flandre furent pacifiés par le prince de Parme. Cette insurrection, qui enleva sept provinces à l'Espagne et à l'empire, donna naissance à la république des *Provinces-Unies* (voyez) : mais les provinces qui répondaient à la Belgique actuelle restèrent à la maison austro-espagnole. Après la mort de Philippe II (1598), les Belges respirèrent. En 1714, ils passèrent dans la maison d'Autriche par le traité de Rastadt. Charles VI, dernier prince de cette maison, mourut en 1740. Sa fille, Marie-Thérèse, lui succéda, et sut, par la douceur de son gouvernement, se faire adorer des Belges. En 1789, Joseph II, ayant commis plusieurs infractions à la loi fondamentale du Brabant, encourut la déchéance. Il mourut à Vienne le 20 février 1790. Léopold II prit sa place, et afin d'apaiser l'irritation des Belges, il leur adressa des propositions modérées qu'ils rejetèrent. Le maréchal Bender entra dans le Brabant, le congrès fut dissous et l'armée belge dispersée. Léopold mourut en 1792; François II lui succéda, la France lui déclara la guerre, et la bataille de Jemmapes (6 novembre 1792) ouvrit aux Français le territoire de la Belgique. Réunie à la France, elle en partagea le sort jusqu'en 1814, où l'invasion des puissances du Nord l'en sépara ; alors elle forma par le traité de Vienne du 17 mai 1815, avec la Hollande, le royaume des Pays-Bas, sous le gouvernement de Guillaume de Nassau, prince d'Orange. Les Belges furent satisfaits pendant quelques années de ce nouveau gouvernement ; mais la religion, les mœurs, le caractère, les intérêts des deux peuples étaient si fort en opposition, que l'on pouvait prévoir aisément une désunion prochaine. Le roi la retarda toutefois par de sages concessions ; mais l'opposition grandissant tous les jours, le gouvernement eut recours, en 1829, à des me-

sures de répression qui produisirent un effet contraire à celui qu'on en attendait ; une nouvelle loi contre la presse arma le ministère, et l'irritation des partis ne connut plus de bornes. Le 25 août éclata la révolution de Bruxelles ; et de la capitale, la révolution se propagea bientôt dans les provinces. Les Hollandais entrèrent dans Bruxelles le 23 septembre ; mais quatre jours après, ils en furent chassés par les patriotes commandés par Van Halem et par le général français Mérlin. Un gouvernement provisoire fut établi et les couleurs brabançonnes établies. Le congrès national proclama l'indépendance de la Belgique, et prononça que la maison d'Orange-Nassau était déchue du trône. Après de longues conférences tenues à Londres, en 1831, et grâce à l'intervention de la France, la Belgique fut reconnue indépendante. En 1832, les deux chambres, par un vote libre, décernèrent la couronne à Léopold Iᵉʳ, prince de Saxe-Cobourg, après l'avoir offerte d'abord au duc de Nemours.

BELGRADE, *ville blanche* (de *bielo* blanc, et *gorod* ville), ville importante de la Servie, autrefois capitale de cette principauté, située par 44° 43′ de lat. N. et 18° 30′ de long. E., sur le Danube, près du confluent de la Save. C'est une

Le vieux château de Belgrade.

place de commerce importante, et une forteresse turque de premier ordre, bâtie sur une colline escarpée, dont le fort occupe le sommet. Tour-à-tour prise et reprise par les Turcs et les Hongrois, cette place, que l'on considérait avec raison comme la clef de la Hongrie, fut conquise, en

1717, par le prince Eugène de Savoie. Sous la domination de l'Autriche, Belgrade s'agrandit, et s'embellit de beaux édifices. La paix de 1739 la livra de nouveau aux Othomans, mais démantelée. Les Turcs qui n'aiment pas les maisons élevées, en démolirent les étages supérieurs, et Belgrade, tristement mutilée, n'offre aujourd'hui que le chétif aspect de la plupart des villes othomanes.

BÉLIAL, mot hébreu qui signifie malin, mauvais, et par lequel l'Ancien-Testament désigne souvent le génie du mal. On croit que Bélial est le même que Baal ou Moloch. Dans le langage figuré, on dit souvent les *Enfants de Bélial* pour désigner les impies.

BÉLIER. Voyez *Mouton*.

BÉLIER, machine de guerre employée par les anciens pour percer ou renverser les murailles des villes qu'ils attaquaient. On en attribué l'invention aux Carthaginois, et son nom lui vient de ce que la masse de fer placée à son extrémité, dont on se servait pour battre les murailles représentait une tête de bélier. C'était une poutre, garnie à l'une de ses extrémités d'une tête de bélier en fer ou en bronze, que l'on suspendait à une autre forte poutre transversale, soutenue par un échafaudage en grosses charpentes, et que l'on balançait en équilibre à force de bras, en la poussant contre les murs. Vespasien employa contre les murs de Jérusalem un bélier dont la tête ne pesait pas moins de 1,500 talents (environ 90,000 kilogrammes). Le bélier était ordinairement placé sous une galerie couverte, pour mettre ceux qui le manœuvraient à l'abri des projectiles lancés par les assiégés. Ceux-ci, pour détruire l'effet du bélier, lui opposaient des matelas ou des sacs remplis de paille, ou bien encore lançaient des pierres énormes pour fracasser la machine.

BÉLIER, nom mythologique d'une constellation du zodiaque. (Voyez *Zodiaque*.)

BELLADONE (belle-dame, *atropa*), genre de plantes de la famille des solanées. Presque toutes les espèces de ce genre sont des poisons narcotiques. Le rapport de forme, de grosseur et de couleur de leurs fruits avec la cerise a malheureusement trop souvent trompé les enfants, qui ont payé de leur vie un moment de gourmandise. L'espèce la plus répandue est la belladone commune (*atropa belladona*) que l'on

trouve dans beaucoup de jardins, et qui croît spontanément dans nos bois. Sa tige monte à 10 ou 12 décimètres, elle est très rameuse, couverte de feuilles molles et pubescentes, laissant aux doigts, quand on les froisse, une odeur vireuse et désagréable; ses fleurs sont solitaires, axillaires, d'une couleur pourpre obscure, auxquelles succèdent des fruits charnus, d'abord verts, puis rougeâtres. — On se sert, en Italie, du suc des feuilles dans la composition de certains cosmétiques, et c'est de là que lui vient

son nom de *belladona*. Quant au nom scientifique d'*atropa*, il rappelle celui d'une des trois Parques, et les propriétés malfaisantes de la plante. On l'emploie en médecine dans le traitement des maladies nerveuses, la coqueluche, la scarlatine, etc. On retire des baies cueillies avant leur entière maturité une belle couleur verte.

BELLE-DAME, nom vulgaire de la belladone.

BELLE-DE-JOUR, nom vulgaire du *convolvulus tricolor*.

BELLE-DE-NUIT, nom vulgaire d'une espèce de plante du genre *nyctago*.

BÉLISAIRE, un des plus illustres guerriers de l'Empire romain, naquit en Thrace vers l'an 490 de l'ère chrétienne. On ne sait rien sur sa jeunesse, si ce n'est qu'il fit d'abord partie de la garde de Justinien. Envoyé en Orient contre les Perses, il s'y distingua par des expéditions hardies, et fut nommé général en chef de l'armée et des frontières d'Orient (528). La paix lui permit de revenir à Constantinople où il eut le malheur d'épouser Antonine, digne amie de l'impératrice Théodora. Une sédition occasionnée par la haine de Théodora contre une faction du cirque fut étouffée par Bélisaire, qui, l'année suivante (533), reçut le commandement de l'armée que Justinien envoyait pour reconquérir l'Afrique sur les Vandales. Cette expédition audacieuse fut exécutée par Bélisaire dans l'espace de neuf mois; il tailla en pièces les Vandales, dans plusieurs rencontres, refoula les Maures dans leurs déserts, et les étendards de l'empire romain flottèrent encore une fois sur les remparts de Carthage. Bélisaire revint à Constantinople, chargé des dépouilles de l'ennemi et amenant captif Gelimer, dernier roi des Vandales. Le moment parut favorable à Justinien pour enlever l'Italie aux Ostrogoths; Bélisaire part à la tête d'une petite armée, s'empare de la Sicile, prend Naples et se rend maître de Rome. Il poursuit jusque dans Ravenne, sa capitale, Vitigès, roi des Goths, et conduit de nouveau à Constantinople un roi captif. De là, retournant en Perse, il s'opposa aux progrès de Chosroès, puis, volant en Italie, il reprend Rome, enlevée par Totila (457); mais le manque de forces suffisantes le forcent d'abandonner ses conquêtes et de revenir à Constantinople. Pendant son absence, les calomnies et les soupçons ne l'avaient pas épargné, et Justinien commençait à le craindre. Sa présence à Constantinople gênait aussi les débordements d'Antonine, son indigne épouse, et sa perte fut jurée. Il fut accusé de complot, jeté dans les fers, et dépouillé de ses biens. Toutefois l'empereur reconnut plus tard son innocence, et lui rendit une ombre de faveur. Mais après quelques expéditions en Italie, il obtint de revenir à Constantinople et y passa onze années dans l'inaction. Cependant il reprit son épée lors de l'invasion des Bulgares (559), et sauva l'empire; mais le danger passé, il fut de nouveau réduit à l'inaction, et mourut peu de temps après (565). Avec lui mourut l'honneur des armes romaines. — Suivant une tradition fort répandue et suivie par Marmontel dans son roman de *Bélisaire*, ce grand homme aurait eu les yeux crevés et aurait été réduit à mendier. Il est aujourd'hui prouvé que cette fable est de l'invention de Tzetzès, médiocre poète du XIIe siècle, qui espérait donner ainsi plus d'intérêt à son poème.

BELLE-ISLE-EN-MER, île située sur les côtes de France (Morbihan), à 12 kilomètres de Quiberon. Elle a environ 40 kilomètres de circonférence et forme un canton dont le chef-lieu est le Palais. Elle possède deux ports d'échouage, un excellent mouillage, et un phare de premier ordre, de 84 mètres d'élévation. On lui donne 8,550 habitants, qui s'occupent de l'élève des chevaux et de la pêche de la sardine. Son territoire fertile et agréable produit de très beau froment, et abonde en très beaux pâturages.

BELLÉROPHON, héros mythologique immortalisé par les poètes. Il était fils de Glaucus, roi de Corinthe, et petit-fils de Sisyphe. Ayant par mégarde tué son frère à la chasse, il se réfugia à la cour de Prœtus, roi d'Argos, dont l'épouse Sténobée essaya de le rendre sensible à la tendresse qu'elle avait conçue pour lui. Bellérophon, ne voulant pas abuser de la confiance du roi d'Argos, fut inflexible, et Sténobée furieuse l'accusa d'avoir voulu la séduire. Prœtus, pour se venger sans violer les lois de l'hospitalité, envoya Bellérophon chez Iobatès, roi de Lycie, son beau-père, avec une lettre dans laquelle il le priait de le faire mourir. Iobatès, ne voulant pas souiller ses mains du sang de son hôte, lui confia des missions périlleuses, espérant qu'il y trouverait la mort; mais, grâce à la protection de Minerve qui lui amena le cheval Pégase, Bellérophon sortit triomphant de toutes ces épreuves. Il tua la Chimère, dompta les Amazones et les Lyciens. Iobatès, reconnaissant son innocence, lui donna une de ses filles, et le nomma son successeur.

BELLIN ou *Bellini*. Gentile et Jean Bellini, frères et tous deux peintres, sont regardés comme les chefs de l'école vénitienne. Ils mirent au jour les premiers ce coloris, qui rendit si célèbres le Giorgion et le Titien, leurs élèves. Ils naquirent vers le commencement du XVe siècle et moururent tous deux octogénaires. Jean Bellin, le plus jeune, fut le plus habile; il se distingua ainsi que son frère dans la décoration de la grande salle du conseil de la république de Venise. Les œuvres les plus remarquables de Jean Bellin sont un saint Zacharie et une Bacchante qui fut son dernier tableau. Gentile Bellin se rendit à la cour de Mahomet II, où il peignit le portrait du grand sultan, celui des principaux seigneurs de la cour, et une décollation de saint Jean. Les tableaux des frères Bellin sont très recherchés des amateurs. La Vierge de J. Bellin, qui orne le maître-autel de l'église Saint-Zacharie à Venise, a été estimée 200,000 francs.

BELLINI (Vincent), né à Catane en 1808, est l'un des compositeurs modernes les plus féconds; élève de Zingarelli, il se livra au genre tragique, et donna successivement au théâtre plusieurs opéras, dont les plus remarquables sont : *il Pirata, la Straniera, la Sonnambula, Norma, i Puritani*, etc. Il promettait de nouveaux chefs-d'œuvre, lorsqu'il fut enlevé aux arts en 1835, à peine âgé de 33 ans.

BELLONE, déesse de la guerre chez les Romains, sœur ou femme de Mars qu'elle accompagnait au milieu des champs de bataille. On lui donne pour attributs une lance et un fouet. La Bellone des Romains est la représentation de l'idée de l'Enyo des Grecs et de la fureur dans le combat.

BELLUNE (*duc* DE). Voyez *Victor*.

BÉLOUTCHISTAN, pays montagneux, élevé, à l'est de la Perse et au nord-ouest de l'Inde, sur l'Océan. Il s'étend entre 56° et 66° long. E. et 25°-30° lat. N. On évalue sa surface à plus de 16,500 lieues carrées. La partie orientale est couverte par les monts Brahouis, dont quelques cimes s'élèvent à 2,800 mètres. Au nord et au sud s'étendent de vastes déserts de sables où l'on rencontre de rares oasis. L'intérieur du Béloutchistan est traversé par des ramifications du Kerman. La plage de la mer est très aride, et les montagnes sont généralement nues, mais entre leurs ramifications s'étendent de riches vallées où l'on récolte toutes sortes de grains, du sucre, de l'indigo et du coton. Les montagnes renferment des mines abondantes de fer, de cuivre, de soufre et d'alun. La plupart des rivières ne sont que des torrents qui restent à sec une partie de l'année. — On évalue la population du Béloutchistan à 3 millions d'habitants. Ils se divisent en deux tribus principales, les Béloutchis et les Brahouis. Les premiers parlent un idiome analogue au persan, et professent l'islamisme. Ils sont en grande partie nomades et pasteurs, et se subdivisent en nombreux *kheils* obéissant chacun à un chef, et se faisant souvent la guerre entre eux. Les Brahouis sont Hindous d'origine, leur langage se rapproche de l'Indostany. Ils ont des demeures fixes comme les habitants de l'Inde; ils professent également l'islamisme. Les habitants du Béloutchistan sont en général bien faits et robustes, intelligents et hospitaliers. Leur nourriture se compose de galettes de froment et d'orge, de riz, de dattes, de laitage et de la chair des animaux domestiques. Ils fument beaucoup. — Le Béloutchistan après avoir successivement fait partie de l'empire persan, de l'Inde, puis du royaume de Kaboul, se rendit indépendant au XVIIIᵉ siècle, et forma un seul Etat fédéral divisé en une foule de khanats dont le principal est Kelat, autrefois capitale du Béloutchistan.

BELPHÉGOR, divinité des Moabites qui présidait aux plaisirs licencieux.

BELSUNCE DE CASTEL MORON (Henri-François-Xavier DE), évêque de Marseille, pendant la terrible peste qui ravagea cette ville en 1720, se distingua par son admirable conduite. Il parcourait tous les quartiers, toutes les rues, portant partout des secours spirituels et temporels et encourageant tout le monde par ses discours et encore plus par son exemple. On lui offrit plus tard l'archevêché de Bordeaux, mais il refusa de quitter Marseille. Dans un poème intitulé *Belsunce ou la peste de Marseille*, le poète Millevoye a chanté le dévoûment de cet illustre prélat. Belsunce avait été élevé par les jésuites, et dans les discussions qui s'élevèrent entre ces derniers et les jansénistes, il prit fait et cause pour eux. Il mourut à Marseille en 1755, regretté de tous ceux qui l'avaient connu.

BELT (*Grand* et *Petit*), noms de deux détroits du Danemark, le premier, entre l'île de Fionie et de Seeland, et le second entre cette première île et la côte orientale du Jutland. Ces détroits sont moins commodes et moins fréquentés que le Sund. Ils gèlent quelquefois. En 1658, Charles-Gustave traversa avec son armée le Grand-Belt sur la glace pour aller assiéger Copenhague.

BÉLUS ou BEL fut, d'après les traditions grecques, le premier roi de Babylone et d'Assyrie et le père de Ninus. Il donna des lois à son peuple, favorisa l'agriculture en faisant creuser des canaux pour l'écoulement des eaux, et protégea les sciences et les arts naissants. Le nom de *Bel* n'est, suivant quelques auteurs, qu'une variante de celui de *baal* (seigneur) , et aurait été souvent donné aux premiers rois ; de sorte que les traditions postérieures ont dû réunir sur le même individu les travaux et les bienfaits de plusieurs règnes.

BÉMOL. On désigne sous ce nom, en musique, un signe ainsi figuré ♭, auquel on a donné la faculté de baisser d'un demi-ton, de l'aigu au grave, la note qu'il précède. (Voyez *Notation*.)

BEN, mot arabe qui veut dire fils, et qui précède beaucoup de noms propres.

BENARÈS, ville de l'Inde anglaise, chef-lieu du district de ce nom, est construite en amphithéâtre sur un plateau granitique au bord du Gange. C'est un des lieux les plus vénérés par les Hindous. Ses nombreuses pagodes, ses mosquées et ses palais lui donnent un aspect imposant. Des taureaux et des singes consacrés parcourent la ville, et des nuées de fakirs et de mendiants y sollicitent la charité publique. Les Hindous y font de fréquents pèlerinages, et l'on y voit souvent des fanatiques terminer leur vie en se précipitant dans les eaux sacrées du Gange.

— Les maisons de Benarès sont généralement construites en briques, badigeonnées de rouge ou couvertes de dessins curieux; elles n'ont qu'un étage; les rues sont étroites et souillées des ordures des animaux sacrés qui s'y promènent en paix. Le commerce y est très actif, il s'exerce principalement sur les châles, les étoffes d'or et d'argent, les mousselines, et les diamants qui viennent des mines du sud. — Benarès appartient aux Anglais depuis 1775. On y compte 620,000 habitants.

BÉNÉDICTINS, ordre religieux fondé au mont Cassin par saint Benoît, vers le milieu du VIᵉ siècle. Les statuts de cet ordre étaient un choix des meilleures règles pratiquées par les monastères de l'Orient, et avaient pour but de prévenir la vie purement contemplative; ils recommandaient le travail manuel et faisaient un devoir de la lecture et du travail intellectuel. Chaque couvent devait posséder et produire ce dont il avait besoin. Le costume des bénédictins consistait en une double robe et une espèce de scapulaire; ce vêtement pouvait, du reste, être modifié suivant le climat et les circonstances. L'hospitalité était recommandée par saint Benoît comme un devoir. Comme ces statuts étaient aisément praticables, ils furent adoptés dans un grand nombre de couvents, et des communautés de bénédictins s'établirent en Angleterre, en France, en Allemagne, etc. Au Xᵉ siècle, Eudes, abbé au monastère de Cluny, introduisit dans son couvent une nouvelle règle à laquelle se soumirent plusieurs abbayes, et obtint les priviléges d'un évêque. Les bénédictins organisèrent des écoles, dans lesquelles furent formés la plupart des grands hommes de ces siècles. Guillaume, abbé d'Hirson, établit dans son couvent (1080) un *scriptorium* ou chambre de copistes, où des moines s'occupaient sans cesse, sous la surveillance d'un chef, à copier des manuscrits tant pour la bibliothèque du couvent que pour la vente au dehors. Les principales congrégations qui ont pris naissance en France sont, outre celle de Cluny, fondée vers 910, l'ordre de Cîteaux, fondé au XIᵉ siècle; ceux de Fontevrault et de Clairvaux au XIIᵉ, la congrégation de Saint-Vanne à Verdun (1600), et enfin celle de Saint-Maur, constituée en 1627, et à laquelle toutes les autres congrégations de bénédictins, en France, furent subordonnées. Les bénédictins de Saint-Maur avaient pour chef-lieu l'abbaye de Saint-Germain-des-Prés à Paris, et possédaient une fort belle résidence à Saint-Maur, près de Vincennes. Cette congrégation, qui a compté parmi ses membres Mabillon, Montfaucon, Sainte-Marthe, et tant d'autres religieux dont les travaux jouissent dans le monde savant d'une considération bien méritée, a publié, entre autres ouvrages remarquables, la *Gallia Christiana*, ou Histoire des évêchés, monastères et églises de France, les *Acta sanctorum*, l'*Art de vérifier les dates*, l'*Histoire littéraire de la France*, la collection des *Histo-riens de France*, la *Diplomatique*, l'*Histoire de Paris*, etc. — Les querelles théologiques sur la grâce, qui agitèrent le clergé catholique au xviiie siècle, troublèrent malheureusement la

tranquillité de ces laborieux religieux. S'étant opposés à la constitution *unigenitus*, protégée par les jésuites, ils se virent en butte aux persé-cutions de cet ordre jaloux et intrigant; forcée de se soumettre, la congrégation ne se releva point de ce coup porté à son institution, et, en 1790, un décret de la Constituante la supprima comme toutes les autres institutions monastiques de France.

BÉNÉFICE (*beneficium*, bienfait, grâce). Ce mot fut mis en usage après l'établissement des Barbares dans l'Empire romain, par les rois goths et lombards, qui distribuaient à ceux qui les avaient bien servis à la guerre des terres ap-pelées *bénéfices*, et qui conféraient à leurs pos-sesseurs le titre de bénéficiers (*beneficiarii*). Au ixe siècle, ce nom de bénéfice fit place à celui de

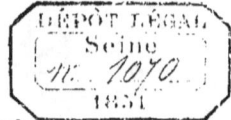

fief (voyez), et le mot bénéfice s'appliqua aux fonds de terre ou aux revenus affectés à certaines dignités ecclésiastiques. Les bénéfices n'existent plus en France depuis la révolution; les ecclé-siastiques quels qu'ils soient n'ont que des trai-tements.

BÉNÉFICE. Dans la langue du droit civil, le mot bénéfice signifie, en général, une exception favorable admise par la loi dans certains cas dé-terminés; ainsi on appelle — *bénéfice de cession*, la faculté accordée par la loi au débiteur dont les créanciers refusent de consentir à un arrange-ment amiable, de leur abandonner tous ses biens et de conserver à ce prix sa liberté.

Bénéfice de discussion (du latin *discutere*, rechercher). C'est la faculté accordée à la cau-tion d'obliger le créancier, au moment où il di-rige des poursuites contre elle, à saisir et faire vendre les biens du débiteur principal. Après cette vente, et en cas d'insuffisance du prix, la caution peut être contrainte à acquitter le sur-plus de la dette.

Bénéfice d'inventaire. La loi en appelant l'héritier à recueillir tous les biens et droits qu'une personne laisse en mourant, l'oblige à acquitter toutes les charges de la succession. Cependant, si l'héritier craint que la succession ne lui soit onéreuse, il peut déclarer sa volonté de ne l'accepter que sous *bénéfice d'inventaire*, c'est-à-dire de n'être tenu des charges de la suc-cession que jusqu'à concurrence de la valeur des biens dont elle se compose, et de conserver le droit de réclamer contre elle le paiement de ses créances.

BÉNÉVENT (*Beneventum*), ville de l'Etat de l'Eglise, située dans une vallée délicieuse, au confluent du Sabato et du Calore, à 48 kilomètres N.-E. de Naples. Cette ville, que l'on dit être plus ancienne que Rome même, porta d'abord le nom de *Maleventum*, nom que les Romains changèrent en celui de *Beneventum*. Elle fut classée dans la Campanie. Au vi^e siècle les Goths la détruisirent presque entièrement; mais, peu après, le roi lombard Antharis la releva et en fit le siége d'un duché, qui, après la chute de l'Empire lombard renversé par Charlemagne, fut longtemps gouverné par des ducs et des prin-ces particuliers. En 1047, les Normands s'en emparèrent; mais ils en furent chassés six ans après, par l'empereur Henri III qui céda ce du-ché au pape Léon IX, son parent. En 1806, Napoléon restaura le titre de cette principauté en faveur de M. de Talleyrand. Elle fut rendue au pape en 1814. — Bénévent est le siége d'un archevêché érigé en 969, et important par ses revenus ; c'est toujours un cardinal qui en est le titulaire. La ville possède de fort beaux édifices, entre autres sa cathédrale ainsi que des restes d'antiquités fort remarquables, surtout le bel arc de triomphe de Trajan (*porta aurea*). On y compte environ 14,000 habitants.

BENGALE, ancienne province de l'Hindoustan, située entre 21° et 27° de lat. N., et 84° et 90° de long. E. — Elle est bornée au nord par le Népaul et le Boutan, à l'est par l'empire Birman, au sud par le golfe du Bengale, à l'ouest par les provinces d'Orissa et de Bahar. Sa superficie est d'environ 12,786 lieues carrées, et l'on évalue sa population à 25 millions d'habitants. Tout ce pays ne forme qu'une vaste plaine d'alluvion, imperceptiblement penchée vers la mer et arrosée par le Gange, qui y forme avec l'Hougly un vaste delta entrecoupé d'une multitude de bras de ces deux fleuves. Outre ces cours d'eau, nous citerons le Bramapoutra et ses affluents. Cette province est renommée pour sa prodigieuse fertilité due en partie aux inondations périodiques du Gange, mais cette humidité rend aussi le climat très pernicieux pour les Européens. On y recueille en abondance du riz, du froment, de l'orge, du maïs, du tabac, du sucre, du coton, de l'indigo, des clous de girofle, des noix muscades, une quantité de drogues médicinales, du bois de sandal et autres. On y élève du gros bétail, des chèvres, des moutons et des vers à soie. On y rencontre des éléphants, des tigres, des buffles, des sangliers et beaucoup d'autres animaux sauvages. Dans les districts qui avoisinent l'Hymalaya sont d'abondantes mines de fer. La majeure partie de la population se compose d'Indous et de mahométans, on y parle l'idiome bengali. D'abord royaume indépendant, le Bengale fut conquis par les Afghans, puis par les Mongols. Les Anglais s'en sont emparés en 1757. Le Bengale est aujourd'hui compris dans la présidence de Calcutta, et se divise en dix-huit districts : Calcutta, Naddia, Hougly, Djessore, Bakergandj, Tchissagong, Tipera, Dakka-Djelalpour, Moymansingh, Silhet, Rangpour, Dinadjpour, Pourniah, Radjchahi, Birboum, Mourched-Abad, Bardouan, Midnapour. — La France possède dans le Bengale Chandernagor. Calcutta est la capitale du Bengale.

BENGALE (*golfe du*). Formé par l'océan Indien, sur la côte méridionale de l'Asie, ce vaste golfe sépare les deux presqu'îles de l'Inde. Il prend son nom de la province de Bengale qui le limite au nord ; il est borné à l'ouest par les côtes d'Orissa et de Coromandel, à l'est par l'empire Birman. Il a environ 450 lieues dans sa plus grande largeur de l'ouest à l'est, et 400 lieues de profondeur du nord au sud. Les îles principales de ce golfe sont : l'île Ceylan à la pointe S.-O., les îles Andaman et Nicobar sur la côte orientale.

BENJAMIN, dernier fils de Jacob et de Rachel. Sa mère mourut en lui donnant le jour. Lorsque Jacob envoya ses fils en Egypte pour acheter du blé, il garda Benjamin auprès de lui. Joseph qui était ministre de Pharaon ordonna qu'on le lui amenât, et pleura de joie à sa vue. (Voyez *Joseph*.) Benjamin donna son nom à l'une des douze tribus. (Voyez *Tribus* (*les douze*.)

BENJOIN, substance balsamique qui s'obtient au moyen d'incisions faites au tronc du *styrax benzoin*, arbre qui croît aux îles Moluques. On trouve deux sortes de benjoin dans le commerce l'un dit *en larmes*, l'autre dit *en sorte*. Le premier se présente en morceaux de la grosseur d'une noisette, arrondis, d'un blanc jaunâtre, à cassure luisante. Il est sans saveur, mais son odeur est douce et suave, et se développe surtout lorsqu'on le fait brûler sur les charbons. Le second est en masses plus ou moins volumineuses, amorphes, jaunâtres ou brunâtres ; sa cassure est terreuse, son odeur est plus prononcée que celle de la précédente. C'est principalement comme objet de parfumerie que le benjoin est usité, et son odeur agréable le fait employer comme encens. Il forme la base des fameuses *pastilles du sérail* et du *lait virginal*. On l'employait autrefois en médecine en fumigations, comme antispasmodique et comme expectorant dans les maladies de poitrine.

BEN JOHNSON. Voyez *Johnson*.

BENOIT (*saint*) naquit en 480 dans l'Ombrie, et fut l'un des premiers instituteurs de la vie monastique en Occident. Jeune encore il se retira dans une grotte solitaire près de Sublacum (Subiaco), et y vécut trois ans ; mais bientôt sa réputation de sainteté attira les fidèles, et sa demeure devint pendant quelque temps un lieu de pèlerinage. Il se mit alors à prêcher, et un grand nombre de ses auditeurs s'étant placé sous sa direction, il en résulta une sorte de congrégation religieuse, vivant selon les règles qu'elle s'était données elle-même. Persécuté dans sa retraite,

Benoît alla s'établir avec ses disciples sur le mont Cassin, et y fonda un monastère devenu célèbre. (Voyez *Bénédictins*). Jusque-là les ermites d'Occident, adonnés à la vie purement contemplative, perdaient dans une stérile oisiveté leurs facultés physiques et intellectuelles. Benoît comprit l'importance d'une réforme, et donna à ses moines une règle regardée de tout temps comme un modèle de sagesse; il voulut que le travail des mains alternât avec celui de l'intelligence, la culture des champs avec celle des lettres. Jetées au milieu de la barbarie du moyen-âge, les colonies de bénédictins furent autant d'écoles de civilisation. Mais saint Benoît ne vécut pas assez pour jouir des bienfaits de son œuvre; il mourut au mont Cassin en 543.

BENOIT. Quatorze papes ont porté le nom de Benoît.

*Benoît I*er fut élu en 574 et *Benoît II* en 684; tous deux étaient romains, mais on ne sait rien de positif sur leur règne.

Benoît III, élu en 855, malgré l'opposition des empereurs Lothaire et Louis, mourut en 858.

Benoît IV régna pendant trois ans avec beaucoup de sagesse (900-903).

Benoît V, compétiteur de Léon VIII, fut élu en 964, et mourut l'année suivante à Hambourg, où le faisait détenir Othon-le-Grand.

Benoît VI, élu en 972, eut pour compétiteur l'antipape Boniface VII, qui le renversa et le fit étrangler dans sa prison, en 974.

Benoît VII, élu en 975, eut, comme son prédécesseur, à lutter contre Boniface VII; mais il l'emporta et régna jusqu'en 983.

Benoît VIII, né à Tusculum, monta sur le siége pontifical en 1012; il eut pour compétiteur un certain Grégoire qui le força de quitter Rome, mais il fut réintégré par l'empereur Henri II. En 1016, il remporta, à la tête des troupes chrétiennes, une victoire signalée sur les Sarrazins qui avaient envahi la Toscane. Il tint à Pavie un concile où le mariage fut défendu aux ecclésiastiques, et mourut en 1024, avec la réputation d'un grand pontife et d'un profond politique.

Benoît IX (Théophilacte), fils d'Albéric, comte de Tusculum, monta à l'âge de 12 ans sur le saint-siège, que lui avait acheté sa famille

(1033). Le trône pontifical lui fut disputé par Sylvestre III, Grégoire VI et Clément II; il parvint à s'y maintenir, mais il abdiqua en 1048 et se retira à Grotta-Ferrata, où il mourut six ans après.

Benoît X, antipape, placé en 1058 sur le trône pontifical par une troupe de factieux, fut chassé par les Romains quelques mois après. Il mourut en 1059.

Benoît XI, fils d'un berger de Trévise, fut d'abord maître d'école. Il entra dans l'ordre des dominicains dont il devint général, puis fut fait cardinal-évêque d'Ostie. A la mort de Boniface VIII (1303) il fut élu à l'unanimité. Il leva l'excommunication lancée par son prédécesseur contre Philippe-le-Bel, accorda de nouveaux priviléges à ses anciens confrères, et mourut en 1304. Il fut canonisé.

Benoît XII, né dans le comté de Foix, était fils d'un boulanger; religieux de Cîteaux, évêque de Pamiers et cardinal, il fut élu pape à la mort de Jean XXII, en 1334. Il s'efforça de vivre en bonne intelligence avec tous les princes de son temps, s'attacha à réformer les mœurs des religieux, et se montra généralement modéré, généreux et désintéressé. Il siégea à Avignon, où il mourut en 1342.

Benoît XIII, antipape, connu d'abord sous le nom de Pierre de Luna. (Voyez *Luna* (Pierre de).

Benoît XIII, Romain, de la famille des Ursins, fut dominicain et archevêque de Bénévent; il se distingua par sa charité, lors du terrible incendie qui dévasta cette ville. Il succéda à Innocent XIII en 1724. Il assembla, en 1725, un concile pour confirmer la bulle *Unigenitus*, et publia, en 1729, un bref pour autoriser la légende de Grégoire VII. (Voyez.) Cet acte souleva contre lui toutes les puissances. Il mourut en 1730.

Benoît XIV (Prosper Lambertini), né à Bologne en 1675, fut d'abord évêque d'Ancône, puis cardinal-archevêque de Bologne. Il se distingua par ses lumières, sa tolérance et sa charité. Élu en 1740, il s'efforça de calmer les querelles religieuses, et s'opposa à la censure de la *défense des quatre articles* de Bossuet, que demandait l'inquisition d'Espagne. Il tâcha d'adoucir les rigueurs que l'on exerçait à l'occasion de la bulle *Unigenitus*, et garda la plus stricte neutralité dans les affaires politiques de l'Europe. Il s'attira par cette sage conduite l'estime de tous les souverains. Il favorisa le progrès des sciences et des lettres, et protégea les savants. Il mourut

en 1758, universellement regretté. Ce pape a laissé de nombreux ouvrages, dont les plus estimés sont : *De Beatificatione et canonisatione, De sacrosancto Missæ sacrificio* et *De Synodo diocesana.* Caraccioli a publié une *Vie de Benoît XIV.*

BENSERADE (Isaac DE), poète et bel esprit du siècle de Louis XIV, naquit à Lyons en Normandie, en 1612. Accueilli à la cour, Benserade se distingua par ses bons mots, ses pointes et ses petits vers; il fut pensionné tour-à-tour par Richelieu et Mazarin, et atteignit l'apogée de la réputation et de la fortune au commencement du règne de Louis XIV. Poète de la cour, il fit des vers pour les ballets du roi, et composa de nombreux rondeaux, sonnets et chansons. Il fut élu à l'Académie en 1674. Il eut la malheureuse idée de mettre en rondeaux les *Métamorphoses d'Ovide,* ouvrage pour l'impression et l'illustration duquel Louis XIV donna 10,000 fr. On a aussi de lui plusieurs pièces de théâtre(*Cléopâtre, la Mort d'Achille, Gustave, Méléagre*). Il mourut à Gentilly en 1691.

BENTHAM (Jérémie), célèbre jurisconsulte et publiciste anglais, né à Londres en 1747. Son père, avocat célèbre à Londres, le destina au barreau, le jeune Bentham y débuta d'une manière brillante, mais révolté des abus qui régnaient dans les tribunaux, il consacra sa vie à l'amélioration de la justice, et s'efforça de constituer sur de nouvelles bases la législation et la politique. Sa *Défense de l'usure,* dans laquelle il prouvait qu'il était impolitique de mettre des entraves au commerce de l'argent, établit sa ré-

putation. Il donna ensuite l'*Introduction aux principes de morale et de jurisprudence,* où il traite à fond les points principaux de l'art gouvernemental. Parmi ses écrits les plus profonds figure son *Plan of a judicial establishment,* qui comprend le *Traité de la législation civile et pénale,* et la *Théorie des peines et récompenses.* Ces ouvrages lui attirèrent en France une telle estime, que la Convention lui conféra le titre de citoyen français. Il publia encore la *Tactique des assemblées délibérantes et des sophismes politiques,* le *Panoptique* ou *Maison d'inspection,* ouvrage dans lequel fut proposé pour la première fois le système pénitentiaire; *Church of englandism,* où il combat le système d'exclusion de l'Eglise anglicane, etc. Le principe fondamental de tous ses ouvrages est qu'en législation et en morale on ne doit admettre d'autre règle que l'utilité, d'où vient le nom d'*utilitaire* qu'on donne à son école. — Bentham était simple et plein de dignité dans ses habitudes; son commerce était doux, d'une aimable gaîté. Philosophe pratique, il exerçait noblement la bienfaisance. Il mourut le 6 juin 1832, et ordonna que son corps serait livré à la dissection, et cela pour se mettre en opposition avec le préjugé qui règne encore en Angleterre.

BENTIVOGLIO (Gui), camérier secret de Clément VIII, archevêque de Rhodes, puis cardinal, naquit en 1579 à Ferrare. Il jouit de la faveur des papes Paul V et Urbain VIII, et fut envoyé comme nonce apostolique en Flandre et en France (1607-1617). Louis XIII, qui l'avait en grande estime, le choisit pour protecteur de la France auprès du pape. Toutes les chances étaient en sa faveur pour succéder à Urbain VIII, lorsqu'il mourut dès l'ouverture du conclave, en 1644. Ce cardinal, historien et politique habile, a laissé plusieurs ouvrages, parmi lesquels une *Histoire de la guerre de Flandre,* des *Lettres,* des *Mémoires* sur sa vie. Ces ouvrages offrent beaucoup d'intérêt, et ont été réimprimés plusieurs fois.

BENTURONG (*ictides*), genre de mammifères de la famille des carnassiers plantigrades, voisin des paradoxures. Les benturongs sont des animaux à corps trapu, dont la tête est grosse, les yeux petits, les oreilles arrondies et velues; les pieds ont cinq doigts armés d'ongles crochus, comprimés et assez forts, mais non rétractiles; la queue est prenante, entièrement velue. Ils ont dix-huit dents à chaque mâchoire, savoir: six incisives, deux canines et dix molaires. On connaît deux espèces de ce genre qui se trouvent à Malaca, à Sumatra et à Java, ce sont : le benturong à front blanc (*J. albifrons*). qui a deux

pieds de longueur sans la queue, sa couleur est un gris noirâtre ; et le benturong noir (*J. ater*), un peu plus grand que le précédent et noir. On ne connaît pas les mœurs de ces animaux, ni leur genre de nourriture ; mais tout porte à croire que ce sont des animaux nocturnes qui passent le jour cachés dans leurs retraites et vont la nuit pourvoir à leurs besoins.

BÉRANGER. Voyez *Bérenger*.

BÉOTIE (*Bœotia*), aujourd'hui *Livadie*, contrée de l'ancienne Grèce. Elle avait pour borne : au S.-E l'Attique, à l'O. la Phocide et au N.-E. l'Eubée, dont elle n'était séparée que par un canal étroit. Une chaîne de montagnes, traversant diagonalement le pays, le divisait en deux régions ; l'une vers le nord, froide, montueuse, peu fertile, c'est la Phocide ; l'autre vers le sud et l'ouest, plus chaude, plus fertile, mais beaucoup moins salubre. Les principales cimes de cette chaîne étaient le Cithéron, l'Hélicon et le mont du Sphynx ; deux lacs, l'Haliée et le Copaïs ; le débordement de ce dernier est connu sous le nom de Déluge d'Ogygès. L'histoire primitive de la Béotie se confond avec la fable ; les Béotiens furent d'abord presque tous pasteurs, et c'est de là qu'on fait venir leur nom (*βαότai*, bouviers). Après les premiers rois autochthones vient Cadmus, le phénicien, qui ap-

porte à la Grèce l'alphabet et l'écriture, soumet les indigènes et fonde Thèbes, qui, bientôt éclipse l'ancienne Orchomène. Après Cadmus, la guerre s'engage entre sa famille et les Spartes ; les deux races règnent tour-à-tour, et chacune donne à la Béotie des dieux, des héros, des victimes. Labdacus, Amphion, Laïus, OEdipe, Créon, Etéocle, Thersandre, règnent après lui. Vers 1190, la monarchie fut abolie et les villes principales, Thèbes, Coronée, Chéronée, Labadée, Orchomène, Thespies, Platée, Tanagre, Oncheste, formèrent ensemble une confédération dite *Pambéotique ;* chaque ville fut gouvernée par un *béotarque,* et envoya des députés à une diète commune. Les guerres médiques fournirent aux Béotiens l'occasion de ce signaler, ils prirent part aux batailles de Marathon et de Platée. Lors de la guerre du Péloponèse, Thèbes se déclara pour les Lacédémoniens ; Platée prit le parti d'Athènes ; mais lorsque Lacédémone eut vaincu Athènes, elle soumit la Béotie. Thèbes secoua cependant le joug (378), et devint, par les victoires de Leuctres et de Mantinée, la puissance prépondérante de la Grèce. (Voyez *Thèbes*.) Dès cet instant, l'histoire de la Béotie se fond dans celle de Thèbes. — Les Béotiens passaient dans l'antiquité pour lourds, peu spirituels et peu guerriers, et leur nom, devenu proverbial, s'emploie comme une injure. Cependant le génie et la bravoure ne leur manquaient pas. Hésiode, Pindare, Corinne, Epaminondas, Pélopidas, Plutarque en sont des preuves éclatantes, et Sparte éprouva ce que pouvaient les Béotiens quand une fois ils s'étaient déterminés à combattre.

BERBÈRES ou **BERBERS.** On donne ce nom à une partie de la population des côtes septentrionales d'Afrique, appelées Barbarie. Gibbon voit dans le nom de Berbères une corruption de la qualification de *Barbaroi,* que les Grecs donnaient aux peuples dont l'idiome différait du leur, et ce nom, adopté par les Romains, leur aurait été emprunté par les conquérants arabes. Léon-l'Africain le fait dériver de *ber* (racine de *bariet,* désert). Les Berbers sont généralement de race blanche ; ils occupent les hautes vallées de l'Atlas, une partie des plaines de l'empire du Maroc, de l'Algérie et de Tunis. Ce sont les vrais indigènes de la région atlantique. Par leurs mœurs, ils se distinguent également des Maures et des Bédouins ; moins nomades que ces derniers, ils n'ont cependant pas, comme les premiers, les habitudes sédentaires des villes ; ils ne vivent pas sous la tente, mais dans des cabanes faites de terre et de bois. Dans les montagnes, les Berbers sont désignés par les Arabes sous le nom de *Kabyles*.

BERENGER I et II, rois d'Italie.

Béranger I, fils d'Eberhard, duc de Frioul, fut couronné roi d'Italie en 888 à Pavie, et empereur romain en 915, après avoir triomphé de plusieurs rivaux. Il périt assassiné dans Vérone l'an 924.

Béranger II, petit-fils du précédent, marquis d'Ivrée, s'empara, avec l'aide d'Othon-le-Grand, d'une partie de l'Italie, et se fit élire roi en 950. Plus tard, Othon ayant voulu faire de l'Italie un fief relevant de l'Allemagne, Béranger se révolta; mais il fut vaincu et fait prisonnier par Othon, qui l'envoya dans les prisons de Bamberg, où il mourut en 966.

BÉRENGER (Raymond). Plusieurs comtes de Provence ont porté ce nom. (Voyez *Provence.*)

BÉRÉNICE, nom de plusieurs reines et princesses de l'antiquité.

Bérénice, fille de Ptolémée Philadelphe, roi d'Egypte, épousa son frère Ptolémée Evergète, et occupa le trône avec lui. Ayant consacré sa chevelure à Vénus en reconnaissance de l'heureux retour de son mari, l'astronome Canon donna par flatterie le nom de *chevelure de Bérénice* à une constellation nouvellement découverte. Cette princesse fut mise à mort par son propre fils Ptolémée Philopator.

Bérénice, princesse juive, naquit l'an 28 de l'ère chrétienne; elle épousa d'abord Hérode, roi de Chalcis, puis Polémon, roi de Cilicie. Titus la vit pendant la guerre de Judée, et en devint éperdument amoureux. Il voulut même l'épouser, mais il fut obligé de renoncer à ce projet, par suite de l'opposition des Romains.

Cette situation fait le sujet d'une des tragédies de Racine.

Bérénice, plusieurs villes de l'Egypte ancienne, aujourd'hui détruites, ont porté ce nom.

BÉRÉSINA, fleuve de la Russie d'Europe, qui prend sa source près de Polotsk, traverse le gouvernement Russe de Minsk et se jette dans le Dniéper, après un cours d'environ 90 lieues. Ce fleuve est devenu surtout célèbre par le passage désastreux des Français, lors de la retraite de 1812. — Le 25 novembre, l'armée française,

vaincue plutôt par le climat de la Russie que par les armes russes, arriva sur les bords de la Bérésina. Sur une des rives était la mort ou la captivité, sur l'autre le salut, la liberté; il fallait donc traverser le fleuve; on le traversa sous le feu des Russes; mais les ponts, trop faibles et trop étroits pour porter cette foule compacte de cavaliers et de fantassins, s'écroulaient, et ceux qui ne mouraient pas étouffés, périssaient dans le fleuve couvert de glaçons. Il est impossible de retracer les terribles accidents de cette trop mémorable catastrophe, dont M. de Ségur a reproduit les sombres tableaux avec une rare vérité.

BERGAME, *Bergamum* des Romains, est une grande et belle ville du royaume Lombard-Vénitien, et chef-lieu de la délégation de ce nom, à 10 lieues N.-E. de Milan. Elle est bâtie en amphithéâtre sur une colline, entre le Brembo et le Sério, est le siége d'un évêché, et possède une cathédrale et quatorze églises, ainsi que des hôpitaux nombreux. Le monument moderne le plus remarquable est le bel édifice de *la Fiera,* construit tout entier en pierres de taille et contenant plus de 600 boutiques symétriquement rangées, avec une grande place et une belle fontaine. Il s'y tient une foire du 24 août au 8 septembre, pendant laquelle cette vaste enceinte offre le coup d'œil le plus animé. Bergame fait un grand commerce de soie, laine, toile et vins. Prise par les Français en 1796, elle devint, sous Napoléon, le chef-lieu du département du Sério. Sa population est de 32,000 âmes.

BERGERAC, ville de France, chef-lieu de sous-préfecture dans le département de la Dordogne; elle possède un tribunal de première instance, et un collège communal; sa population est de 10,200 habitants. Cette ville, fort ancienne, est située sur les bords de la Dordogne, elle est mal bâtie, mais sa position agréable et la beauté de ses environs en font un séjour assez agréable. On y remarque un beau pont sur la Dordogne, une salle de spectacle et une bibliothèque publique. Bergerac est renommé pour ses vins et ses eaux-de-vie. C'est la patrie de Cyrano et du duc de Biron.

BERGERONNETTE (*motacilla*), groupe d'oiseaux de la division des becs-fins de G. Cuvier, comprenant les espèces à bec droit, grêle, à narines basales ovoïdes, à moitié fermées par une membrane nue; queue longue, égale; ailes à seconde rémige, la plus courte de toutes; tarses deux fois plus longs que le doigt du milieu.

Les bergeronnettes ou hoche-queue arrivent en France au printemps et émigrent à l'entrée de l'hiver, quelques espèces cependant ne quittent pas la France ; elles nichent dans les trous ou les touffes d'herbes dans les champs, principalement sur le bord des rivières. Le nom de hoche-queue leur a été donné par suite de l'habitude qu'elles ont de baisser et d'élever sans cesse leur queue en marchant. On a subdivisé ce groupe en deux sections : les *lavandières*, qui ont l'ongle du pouce recourbé, et les *bergeronnettes* propres, qui l'ont presque droit. La *bergeronnette lugubre*, noire en dessus et blanche en dessous, appartient à la première section. A la seconde, appartient la *bergeronnette jaune*, cendrée en dessus, jaune clair en dessous avec les sourcils blancs ; la gorge est noire.

BERGHEM (Nicolas), peintre et graveur célèbre, naquit à Harlem en 1624. Son père lui enseigna les premiers principes de son art, et le plaça ensuite chez le peintre Van Goyen, où il se distingua bientôt par la pureté de son dessin et l'harmonie de son coloris. Il jouit de bonne heure d'une grande réputation, et se vit bientôt dans l'aisance, mais le mauvais caractère et l'avarice de sa femme empoisonnèrent toutes ses jouissances. Il mourut en 1683. Les tableaux de Berghem représentent tous des paysages et des animaux, d'une nature parfois peu poétique, mais qui se recommandent toujours par la vérité et la correction. Ce peintre a beaucoup produit, et ses œuvres n'en sont pas moins recherchées par les amateurs. Ses dessins et ses nombreuses gravures à l'eau-forte sont aussi fort estimés.

BERG-OP-ZOOM, ville de Hollande (Brabant septentrional), sur le Zoom, à 7 lieues d'Anvers, est très forte, tant par sa position naturelle au milieu de marais, qui rendent ses abords très difficiles, que par ses fortifications. Son château est remarquable, surtout par sa tour qui s'élargit en s'élevant ; l'église de Sainte-Gertrude mérite aussi une mention. On y compte 6,000 habitants qui s'occupent principalement de la pêche et de la salaison des anchois. En 1622, Berg-op-Zoom fut assiégée en vain par les Espagnols. Les Français s'en emparèrent en 1747, mais la paix d'Aix-la-Chapelle la rendit à la Hollande l'année suivante. Les Français s'en emparèrent de nouveau en 1792, et en 1814, les Anglais éprouvèrent devant ses murs un échec considérable.

BÉRIL, variété d'émeraude (voy.) qui se distingue par sa couleur d'un vert bleuâtre.

BÉRING. Voyez *Behring*.

BERLIN, capitale de la monarchie prussienne, située sur la Sprée par 11° 2' de long. E. et 52° 71' 14" de lat. N., est une des plus grandes et des plus belles villes de l'Europe ; elle a quatre lieues de circonférence et 400,000 habitants. L'histoire de Berlin est fort obscure, son origine n'est pas connue d'une manière certaine, cependant on croit qu'elle fut fondée vers 1210 par Albert II, margrave de Brandebourg ; mais elle ne devint importante que sous Frédéric Guillaume-le-Grand, électeur, et c'est au grand Frédéric qu'elle doit d'être ce qu'elle est aujourd'hui. Les Autrichiens occupèrent la ville en 1760, et les Français en 1806, après la bataille d'Iéna. — Berlin a 13 portes et 9 quartiers, dont cinq portent le nom de villes et les autres celui de faubourgs ; ces quartiers sont Berlin propre, Kœln sur la Sprée, divisé en vieux et en nouveau Kœln, Friedrichswerder, Dorotheinstadt, Friedrichstadt ; les faubourgs sont : Wilhelmstadt, Kœnigsstadt, Stralau et Spandau. La Sprée traverse Berlin du sud-est au nord-ouest, on y compte 280 rues et 22 places, 27 églises paroissiales et 37 ponts. En général, les places sont belles et les rues bien alignées. Parmi les édifices publics, un grand nombre se distinguent par l'élégance ou la grandeur imposante de leur architecture. Nous citerons surtout les suivants : l'arsenal, le château, l'université, le dôme, l'église catholique, le musée, la porte de Brandebourg, l'académie de musique, l'opéra, la salle de spectacle, l'école militaire, l'église luthérienne de Saint-Nicolas (la plus ancienne de Berlin), l'église Sainte-Marie avec une tour haute de 286 pieds, le temple réformé, avec un carillon, la nouvelle église française, la synagogue juive, etc. Les plus beaux édifices sont situés dans la rue *des Tilleuls*, longue de 1,032 pas sur 160 pieds de largeur, et plantée de quatre rangées d'arbres. Parmi les places nous citerons la Wilhelmsplatz bordée de tilleuls et ornée des statues des guerriers célèbres de la Prusse ; la Lustgarten ornée de la statue du prince Léopold d'Anhalt-Dessau ; la place de l'Opéra avec la statue de Blücher. Un peu en dehors de la ville, sur le Kreutzberg, s'élève la flèche gothique en bronze consacrée à la délivrance de l'Allemagne en 1813. Berlin peut être considéré comme le principal foyer de lumières de tous les pays de la confédération germanique, le mouvement intellectuel y est immense ; il y a une académie des sciences fondée par Leibnitz et célèbre par ses travaux, et un grand nombre d'établissements d'instruction supérieure dignes d'être cités; une bibliothèque de 300,000 volumes et fort riche en manuscrits; une académie des beaux arts, une académie des sciences mécaniques et d'architecture, une école de médecine et de chirurgie, une école militaire, etc., etc.; de nombreuses sociétés savantes et littéraires; un cabinet d'histoire naturelle, des médailles, une galerie de tableaux et des statues, un musée égyptien, un observatoire, etc. Berlin fait un commerce considérable et possède plusieurs manufactures de draps, de porcelaine, d'étoffes de soie, de coton, et une grande fonderie royale en fer, etc. Parmi les hommes illustres auxquels Berlin a donné le jour, nous citerons le grand Frédéric, Baumgarten, le poète Tieck, les frères de Humboldt, etc.

BERMUDES (*Somer's islands*), groupe d'îles de l'Océan atlantique, au N.-E. des Antilles, situé par 64° 43' de long. O. et 31° 53' et 32° 18' de lat. N. Elles sont au nombre d'environ 400, et la plus grande a à peine cinq lieues de long sur moins d'une lieue de large; elles sont entourées d'écueils et hérissées de rochers. Les Bermudes ont un climat très sain, mais leur sol est aride et dépourvu de ruisseaux; on s'y procure de l'eau au moyen de vastes citernes. Les plantes naturelles à ces îles sont peu nombreuses, et le seul arbre forestier qu'on y rencontre est une espèce de genevrier (*juniperus bermudiana*). Ces îles ne renferment aucun mammifère indigène, et les seuls oiseaux qu'on y rencontre sont le bouvreuil et une espèce de bec-fin. Les principales îles sont celles de Bermude (la plus grande), Saint-George, Saint-David et Sommerset; cette dernière possède un port grand et sûr, défendu par des forts. La population totale de l'archipel monte à 10,000 habitants; les nègres y sont très nombreux. Ces îles furent découvertes en 1527, par le navigateur espagnol Jean Bermudès, mais on les négligea. Un siècle après, sir George Somer y fit naufrage, et les Anglais y fondèrent une colonie.

BERMUDIENNE (*sisyrinchium*), genre de plantes de la famille des iridées, renfermant des espèces nombreuses qui croissent, pour la plupart, dans les parties tempérées de l'Amérique méridionale, et dont plusieurs sont cultivées dans nos jardins à cause de leur beauté. Leur périanthe est tubuleux à la base, formé de six divisions étalées, presque égales; les étamines, 3, sont soudées par leurs filets en un tube grêle,

plus ou moins long, à anthères allongées. L'ovaire infère est à trois angles obtus et à trois loges contenant un grand nombre d'ovules; le style se termine par trois stigmates filitormes; le fruit est une capsule membraneuse couronnée

par le calice. — Les bermudiennes sont des plantes vivaces à racine souvent fibreuse, rarement tubériforme. Leurs feuilles sont étroites, engainantes à leur base. La tige est simple et cylindrique, quelquefois comprimée. Les espèces le plus généralement cultivées sont la bermudienne à petites fleurs (*s. bermudiana*), de Virginie, à fleurs bleues; la bermudienne bicolore (*s. bicolor*), des bermudes, à fleurs violettes, tachées de jaune, et la bermudienne striée (*s. striatum*), du Mexique, que nous avons figurée; ses fleurs sont blanches, veinées de jaune à la base.

BERNADOTTE (Jean-Baptiste-Jules), général français et roi de Suède, sous le nom de Charles XIV, naquit à Pau en 1764. Fils d'un avocat, il s'engagea comme simple soldat à l'âge de 17 ans. Simple adjudant en 1789, il marcha de succès en succès et s'éleva de grade en grade. Colonel en 1793, il se fit remarquer par Custine aux combats de Spire et de Mayence, et fut, après la bataille de Fleurus, promu au grade de général de brigade *pour actions d'éclat et traits de bravoure.* Général de division à l'armée de Sambre-et-Meuse, Bernadotte, par de nombreux succès et par ses savantes manœuvres, s'éleva au rang des généraux les plus expérimentés. Chargé par le directoire, en 1797, de conduire à Bonaparte, en Italie, 20,000 hommes de l'armée de Sambre-et-Meuse, il seconda de tous ses efforts le jeune général; mais démêlant dès lors ses sentiments et son ambition, il en augura mal pour la république. Il eut une part glorieuse au passage du Tagliamento, prit Trieste, Layback, Idria, et vint après la campagne présenter au directoire les drapeaux enlevés à l'ennemi.

Bonaparte le comblait d'éloges; mais craignant que son ascendant sur les troupes et ses idées républicaines ne contrariassent ses projets, il s'empressa de le renvoyer en France. Après la paix de Campo-Formio, Bernadotte fut envoyé comme ambassadeur à Vienne. Le directoire, qui ne voyait d'autre moyen de conserver son existence qu'en tenant par la guerre le sort de la république dans l'incertitude, faisait tous ses efforts pour la faire éclater de nouveau; il ordonna à Bernadotte d'arborer les couleurs nationales sur son hôtel, et cet acte, comme on s'y attendait, devint le signal d'une émeute, dont Bernadotte faillit être victime. De retour en France, il fut appelé au ministère de la guerre le 15 messidor an VII. Il s'occupa alors de ranimer le courage des troupes, de réorganiser les services, et par des opérations stratégiques, aussi hardies que savantes, il ramena la victoire sous nos drapeaux. Mais les intrigues de Sieyès lui enlevèrent le ministère. La révolution du 18 brumaire arriva, et Bernadotte, qui avait refusé d'y concourir, fut envoyé dans la Vendée, qu'il pacifia (1800); par ses habiles dispositions, il empêcha les Anglais de débarquer à Quiberon. Admis en 1804 parmi les maréchaux de l'empire, il reçut en même temps le gouvernement du Hanovre, où il déploya un rare talent d'administration, et organisa un beau corps d'armée à la tête duquel il rétablit dans Munich l'électeur de Bavière, allié de la France, et décida le succès de la bataille d'Austerlitz en enfonçant le centre de l'armée russe. Après la paix de Presbourg, Bernadotte fut fait duc et prince souverain de Ponte-Corvo; à l'ouverture de la campagne de 1806, il bat les Prussiens devant Halle et Lubeck, où il enferme Blücher et le force à capituler. Grièvement blessé à Spanden, il fut obligé d'abandonner ce beau corps discipliné par ses soins, et dont l'empereur avait fait le *premier corps de la grande armée.* Après sa guérison, il fut nommé gouverneur des villes hanséatiques, puis chargé d'opérer contre Gustave IV, l'éternel ennemi de la France et de son chef. A la nouvelle de la révolution qui avait précipité Gustave du trône de Suède, Bernadotte suspendit les hostilités, conduite qui lui concilia l'estime et l'affection des Suédois, mais qui excita le mécontentement de Napoléon, dont elle contrariait les projets. En 1809, il contribua grandement au succès de la bataille de Wagram, à la tête des Saxons, et se retira mécontent du silence qu'avait gardé l'empereur dans ses bulletins sur la belle conduite de ses troupes. Il jouissait depuis quelque temps du repos à Paris, lorsque la nouvelle du débarquement des Anglais à Walcheren (juillet 1809), lui fit reprendre un commandement. Il rejoint l'armée de lord Chatam, la force à abandonner ses positions et à regagner ses vaisseaux. Cependant, malgré ses éminents services, l'empereur ne lui pardonnait pas sa franchise et son indépendance; son commandement lui fut de nouveau retiré, et il reçut l'ordre de regagner sa principauté de Ponte-Corvo. Il paraissait être en pleine disgrâce, lorsqu'un événement inattendu vint changer sa position. La diète suédoise réunie à Ærebro pour l'élection d'un prince royal, porta ses suffrages sur Bernadotte, qui les accepta. Il fut élu le 20 août 1810 prince royal de Suède, et adopté par le roi Charles XIII. En arrivant, il embrassa le luthérianisme. Il consentit d'abord à seconder la politique de l'empereur, et accéda même au blocus continental; mais en 1812, les troupes françaises ayant envahi le territoire suédois, il s'ensuivit une rupture, et la Suède s'allia avec la Russie : un an après, elle entra dans la coalition contre la France. Nommé généralissime de l'armée du Nord, Bernadotte débarqua à Stralsund, à la tête de 30,000 Suédois, battit Oudinot et Ney et prit une part active à la bataille de Leipsick. Toutefois il s'arrêta sur les bords du Rhin et fit ses efforts pour détourner les alliés de le traverser; mais il échoua, et ne put amener Napoléon à faire la paix. Il ne prit aucune part à la deuxième invasion. De retour en Suède, où il fut reçu le plus vif enthousiasme, il marcha sur la Norwége, dont les traités lui assuraient la possession, et s'en rendit maître en quinze jours (1814). A la mort de Charles XIII, Bernadotte fut reconnu roi de Suède, sous le nom de Charles-Jean. Il s'occupa activement d'assurer la prospérité de ses États, développa l'instruction publique, l'agriculture, l'industrie et le commerce, et s'efforça de cimenter l'union des Suédois et des Norwégiens, tout en laissant à chacun des deux peuples sa constitution propre. Il est assurément l'un des souverains qui eurent le plus de titres à l'affection de leurs sujets. Bien qu'il soit à regretter que Bernadotte ait tourné ses armes contre la France, on ne peut méconnaître en lui un grand général, brave au-delà de toute expression, et qui, aux talents d'un habile tacticien, joignait ceux d'un rare administrateur. Napoléon, tout en le traitant très sévèrement dans le *Mémorial*, rend justice à son caractère loyal et indépendant. Bernadotte avait épousé Eugénie Clary, fille d'un négociant de Marseille et sœur de la femme de Joseph Bonaparte. Il laissa en mourant (1844) un fils, le prince Oscar, qui lui a succédé sur le trône de Suède. — L'histoire de Bernadotte a été écrite par Touchard Lafosse (1838), et par Sarrans jeune (1845).

BERNARD, roi d'Italie, fils de Pépin et petit-fils de Charlemagne, succéda à son père; il eut des démêlés avec Louis-le-Débonnaire, son oncle, et voulut disputer l'empire à Lothaire. Battu

et fait prisonnier en 818, Louis eut la cruauté de lui faire crever les yeux, et l'infortuné Bernard mourut des suites de ce supplice barbare.

BERNARD (*saint*) *de Menthou*, archidiacre d'Aoste, passa sa vie à réformer la religion et à secourir l'humanité. C'est à lui que l'on doit la fondation des deux hospices construits sur le sommet des Alpes, qui ont conservé les noms de Grand et de Petit-Saint-Bernard, et qui sont destinés à recueillir les voyageurs et à rechercher les malheureux qui se sont perdus dans les neiges. Il mourut en 1008, âgé de 85 ans. (Voy. *Saint-Bernard* (Grand et Petit-).

BERNARD (*saint*), fondateur de l'ordre des Bernardins, naquit en 1091, aux environs de Dijon. Son père, homme de guerre, descendait des comtes de Châtillon. Il fit d'excellentes études, et résolut à 22 ans d'embrasser la vie monastique. Il se fit bientôt une grande réputation de piété et d'éloquence, et telle était, dit-on, l'empire de sa parole, qu'un grand nombre de ceux qui s'efforçaient de le retenir dans le monde le suivirent dans le cloître, vaincus par ses raisonnements. Bernard et ses disciples bâtirent de leurs mains, dans un site inculte et sauvage, les premiers asiles de leur modeste communauté, qui prit le nom de Clairvaux, et le jeune religieux en fut le premier abbé. Il attira auprès de lui une foule de novices, dont plusieurs devinrent par la suite des hommes éminents. Partagé entre l'étude des saintes écritures et l'administration de son abbaye, il jouit bientôt, malgré sa modestie, d'une telle réputation qu'il fut plusieurs fois appelé comme arbitre des différends qui s'élevaient entre les évêques, les rois et les papes. L'abbé de Clairvaux se fit remarquer aux conciles de Troyes et de Châlons, et lorsque après la mort du pape Honorius II (1130), Innocent II et Anaclet se disputèrent la tiare, on s'en remit à sa décision. Bernard prononça en faveur d'Innocent II, et ce pape, en considération de ce service, affranchit Clairvaux des dîmes qu'il devait à Cluny. L'abbé de Clairvaux refusa plusieurs évêchés et ne voulut pas sortir de son cloître. Il fut l'adversaire d'Abélard (voyez), et le fit condamner dans un concile. Innocent II étant mort en 1143, Célestin II en 1144 et Lucius en 1145, on élut pape Eugène III, ancien moine de Clairvaux, sous lequel saint Bernard acquit un tel degré de puissance, qu'on disait qu'il était plus pape que le pape lui-même La même année, il prêcha la croisade, et le fit avec un tel succès que le roi Louis VII et l'empereur

Conrad III prirent eux-mêmes la croix, suivis par des milliers de fidèles dont le plus grand nombre ne devait pas revoir le sol de la patrie. Pendant ce temps saint Bernard restait en France, occupé à combattre les hérétiques; il réfuta Pierre de Bruys, Arnaud de Brescia, Gilbert de la Porée. Saint Bernard mourut à Clairvaux, en 1153, entouré de ses moines Il était âgé de 63 ans et moine depuis 40; il avait fondé soixante-douze monastères, dont trente-cinq en France. Il fut enterré à Clairvaux et canonisé en 1174. Bernard avait acquis des droits incontestables à cet honneur par la pureté de ses mœurs et la ferveur de son zèle. « Il n'a rien dit qui ne fût vrai, et n'a rien fait qu'il ne crût juste », dit M. Daunou. Ses œuvres, écrites en latin, ont été imprimées plusieurs fois; elles se composent de traités théologiques, de lettres et de sermons. L'édition la plus estimée est celle de Mabillon.

BERNARD (Pierre-Joseph), surnommé *Gentil Bernard*, par Voltaire, et généralement connu sous ce nom, naquit à Grenoble en 1710. Son père, sculpteur de cette ville, le plaça chez les jésuites de Lyon, mais Bernard s'échappa et vint se cacher à Paris chez un procureur, qu'il fut obligé de quitter parce qu'il passait son temps à rimer au lieu de minuter et grossoyer. Ce fut à cette époque qu'il fit paraître l'*Épître à Claudine* et la chanson de *la Rose*, qui commencèrent sa réputation. Il s'enrôla dans les dragons, et devint secrétaire du maréchal de Coigny. Il obtint ensuite, grâce aux bouquets poétiques qu'il adressa à madame de Pompadour, des places lucratives, qui lui procurèrent une agréable aisance. Son opéra de *Castor et Pollux*, dont Rameau fit la musique, alla jusqu'aux nues; mais ce qui mit le dernier sceau à sa gloire fut l'*Art d'aimer*. Bernard colporta ce poème avec lui pendant vingt ans, et tint ainsi la vogue et la curiosité en haleine; on s'arrachait les morceaux qu'il laissait échapper, et il devint bientôt l'homme à bonnes-fortunes le plus occupé. Mais il en abusa, et les excès lui firent tout-à-coup perdre la mémoire (1771). Il resta jusqu'à la fin de sa vie dans une espèce d'enfance. Après sa mort (1775), ses amis firent imprimer l'*Art d'aimer*, mais soit faiblesse du poème, soit réaction, cette œuvre de Gentil Bernard tomba dans l'opinion publique.

BERNARD, duc de *Saxe-Weimar*. (Voyez *Saxe-Weimar*.)

BERNE, un des cantons de la Suisse occidentale et le plus grand de la confédération helvétique. Il est borné par ceux de Bâle, Soleure, Argovie, Lucerne; Underwald et Uri à l'est, par le Valais au sud, les pays de Vaud et de Neufchâtel, le canton de Fribourg et la France à l'ouest et au nord. Son étendue est de 9,474 kilomètres carrés. Ce canton est très montagneux; le sol s'élève depuis le lac de Bienne, en s'avançant vers le sud, et forme quelques-unes des cimes les plus élevées des Alpes, telles que Finsteraarhorn, l'Eiger et le Jungfrau; la principale rivière est l'Aar, qui reçoit de nombreux affluents formant les lacs de Bienne et de Thun. Le climat est très varié, suivant la nature du sol. Celui-ci produit du blé, du chanvre, du lin, du vin, etc. Mais la principale industrie des habitants est l'éducation des bestiaux. La partie septentrionale du canton, coupée par beaucoup de collines, possède de belles plaines et des vallées délicieuses; son sol est très fertile et cultivé avec soin. La partie méridionale, appelée l'*Oberland*, commence au pied de la haute chaîne de montagnes du Valais, et s'étend jusqu'à leur sommité la plus élevée. Les vallées les plus profondes produisent d'excellents fruits, et leurs parties supérieures sont couvertes de gras pâturages, au-dessus desquels s'étendent des masses de rochers, dominés par d'immenses glaciers. La population de ce canton est évaluée à 380 mille habitants. Sa capitale est Berne; ses villes principales sont Bienne, Burgdorf, Thun, Parentruy. *Berne*, capitale du canton, est située sur une presqu'île formée par l'Aar, à 570 mètres au-dessus du niveau de la mer; c'est une ville bien bâtie. On y voit quelques beaux monuments, tels que la cathédrale, édifice gothique, surmonté d'une tour de 190 pieds de haut; l'église du Saint-Esprit du XIIe siècle; l'hôtel-de-ville. Berne possède une académie, un grand nombre d'établissements destinés à l'enseignement public, des sociétés littéraires et scientifiques; un musée, une bibliothèque et un arsenal. L'industrie consiste en toiles, indiennes, mousselines, étoffes de soie et de laine, articles fabriqués dans les manufactures de la ville. La population de Berne s'élève à 20,500 habitants.

Au XIIe siècle, Berne n'était encore qu'un petit bourg; le duc de Zœhringen le fortifia, et il prit bientôt l'importance d'une ville. En 1218, l'empereur Frédéric II déclara Berne ville libre et impériale. Aux XIIIe et XIVe siècles, la noblesse et la bourgeoisie bernoises eurent de fréquentes querelles qui donnèrent lieu à des luttes sanglantes; la bourgeoisie eut enfin le dessus (1339), et la ville s'agrandit beaucoup; elle entra, en

1352, dans la confédération suisse où elle tint le
second rang. Dévorée en partie par les flammes,
en 1405, elle se releva plus florissante que jamais Elle soutint de longues guerres contre l'Autriche, la Bourgogne et la Savoie, et fut toujours
victorieuse : sa prospérité ne fit que s'accroître
jusqu'en 1798, époque à laquelle son territoire
fut envahi par l'armée française. Berne perdit
alors la moitié de son territoire; sa partie septentrionale fut incorporée au canton actuel d'Argovie, et de la partie du sud-est fut formé un can-

Vue du lac de Thun.

ton souverain, celui de Vaud. — D'après la constitution de 1832, le peuple est souverain ; il est
représenté par un grand conseil composé de
240 membres dont 200 nommés dans les assemblées primaires et 40 par le conseil même. Un
landamman, renouvelé tous les ans, préside le
conseil qui nomme le pouvoir exécutif, formé de
16 membres et présidé par l'avoyer. Un conseil
secret veille à la police et à la sûreté de l'État,
La durée du mandat législatif est de six ans.

BERNINI (J.-Laurent), dit le *Cavalier Bernin*, né à Naples en 1598, fut à la fois peintre,
sculpteur et architecte, comme Michel-Ange.
Son père, sculpteur florentin, lui enseigna les
principes de son art. Ses talents furent si préco-
ces, qu'il produisit à l'âge de 18 ans son groupe
d'Apollon et de Daphné, qui passe pour l'une de
ses meilleures productions. Lorsque son protecteur, le cardinal Maffei, devint pape sous le nom
d'Urbain VIII, il confia au Bernin la décoration

d'une partie de la basilique de Saint-Pierre,
c'est là qu'il exécuta le fameux baldaquin et la
chaire qu'on y admire encore. Les travaux de
Bernin sont innombrables ; les plus remarquables sont le groupe de sainte Thérèse, le mausolée d'Urbain VIII, celui d'Alexandre VII ; les
fontaines des places Barberini, Navone, d'Espagne et les figures du château Saint-Ange. Sa réputation d'architecte est fondée sur la fameuse
colonnade de la place Saint-Pierre et sur l'admirable escalier à deux rampes qu'il construisit au
Vatican. Ses tableaux, pour la plupart réunis
au palais Barberin, ne sont pas sans mérite;
mais sa peinture est inférieure à sa sculpture.
Charles Ier, roi d'Angleterre, fit faire sa statue
par lui, et Louis XIV l'appela en France pour
diriger les travaux du Louvre et faire son buste.
Le Bernin mourut, en 1680, à Rome; il jouit
jusqu'à son dernier moment de la plus grande
considération, et on lui fit des obsèques magnifiques. Il laissa, dit-on, une fortune de deux
millions. En général, les ouvrages de sa jeunesse
sont d'un style plus correct, plus étudié que ceux
d'un âge avancé ; et le style un peu maniéré de
ses dernières productions eut une fâcheuse influence sur les artistes de son époque qui exagé-
rèrent ce défaut.

BERNARDIN DE SAINT-PIERRE (Jacques-
Henri), célèbre par ses écrits, naquit au Hâvre
en 1737. Il n'entra que fort tard dans la carrière des lettres; car il avait 47 ans lorsqu'il publia ses *Études de la nature* : sa jeunesse fut
agitée et romanesque ; la lecture de Robinson et
des Lettres édifiantes lui inspira tour-à-tour le
désir d'être marin puis missionnaire; enfin il
entra à l'âge de 20 ans à l'école des Ponts-et-
Chaussées, et obtint trois ans après un brevet d'officier ingénieur. Il fit, en cette qualité, quelques
campagnes, mais son insubordination lui fit perdre son grade. Il vint alors à Paris, puis bientôt
repris de sa soif de voyages, il visita la Hollande
et la Russie. Il se rendit de là en Pologne pour
défendre la cause de l'indépendance, puis après
avoir vainement offert ses services à l'Autriche
et à la Prusse, il revint en France où il obtint un
brevet d'ingénieur pour l'île-de-France. Il y resta
trois ans, au bout desquels il voulut revoir sa patrie. Bernardin avait alors 34 ans, mais il n'avait
ni état ni fortune, il chercha à se rapprocher de
quelques hommes remarquables de son époque;
mais trop religieux pour les philosophes du xviiie
siècle, et trop philosophe pour les dévôts, il se
retira, dégoûté du commerce et de la vue des
hommes. De là cette misanthropie qu'on lui a

souvent reprochée. Il se lia pourtant avec J.-J. Rousseau, dont le caractère offrait tant de rapports avec le sien, et après six ans de travaux il fit paraître les *Études de la nature* (1784). Cet ouvrage, dont nul éditeur ne voulut d'abord se charger, établit, dès qu'il fut connu, la réputation de son auteur. Encouragé par le succès, et à l'abri désormais de la misère, Bernardin se remit à l'œuvre, et fit paraître, en 1788, *Paul et Virginie*, touchante histoire, qui passe avec raison pour un chef-d'œuvre de style et de sentiment. Il publia ensuite son fragment de l'*Arcadie*, élégante réminiscence de l'antique, les *Vœux d'un solitaire* (1789), la *Chaumière indienne*, puis enfin les *Harmonies de la nature* (1796). Nommé, en 1792, intendant du Jardin des Plantes, en remplacement de M. de Buffon, il entra à l'Institut en 1795, et fut ri-

chement pensionné sous l'empire. Il mourut en 1814 à l'âge de 77 ans. Comme écrivain, Bernardin de Saint-Pierre s'est placé au premier rang, et s'il n'a ni la perfection de style de Fénelon, ni la vigueur passionnée de J.-J. Rousseau, il les surpasse peut-être par sa grâce et son brillant coloris. M. Aimé Martin a donné, en 1818, une édition complète des œuvres de Bernardin de Saint-Pierre (12 vol. in-8°), avec une notice sur sa vie et ses ouvrages.

BERNIS (François-Joachim de Pierres, cardinal DE), naquit à Saint-Marcel de l'Ardèche,

en 1715; cadet de sa famille, il entra dans les ordres et prit le titre d'abbé. Il vint à Paris, où son joli visage, ses jolies manières et ses jolis vers le mirent bientôt à la mode. Bernis, que sa naissance mettait en rapport avec les gens de cour et de la haute finance, souffrit beaucoup de sa pauvreté, jusqu'à ce qu'il plût à madame de Pompadour de lui faire accorder un logement aux Tuileries et une pension de 1,500 francs sur la cassette du roi. La favorite lui fit ensuite obtenir une ambassade à Venise, où il déploya des talents qu'on ne lui soupçonnait point. Rappelé en France, il entra au grand conseil, devint ministre des affaires étrangères, et fut fait cardinal. Il signa le traité d'alliance avec l'Autriche; mais pendant la désastreuse guerre de sept ans, il donna sa démission et fut disgracié. Au bout de quelques années, il rentra en grâce, et fut nommé archevêque d'Alby, puis ambassadeur à Rome, en 1769, fonctions qu'il conserva jusqu'à la révolution française. Jamais la France ne fut plus dignement représentée que par le cardinal de Bernis. Lorsque éclata la révolution, Bernis préféra renoncer à l'ambassade de France et aux 400 mille livres de rentes qu'elle rapportait, que de prêter un nouveau serment qu'il croyait incompatible avec ses premiers vœux. Il mourut à Rome en 1794. On a recueilli en un volume ses *œuvres mêlées en prose et en vers*. Son style est facile et ne manque pas d'élégance, quoique surchargé de figures et de fleurs de rhétorique. On a encore de lui, outre sa correspondance avec Paris Duverney, un poème, la *Religion vengée*, qui a eu plusieurs éditions.

BERNOUILLI (les), famille suisse, originaire d'Anvers, qui a produit aux xvii° et xviii° siècles plusieurs savants du premier ordre. Le premier qui ait acquis un nom célèbre, *Jacques Bernouilli*, naquit à Bâle en 1654, il y professa les mathématiques pendant toute sa vie. Il mérita par ses travaux et ses brillantes découvertes d'être nommé membre de l'Académie des sciences de Paris (1699), et de celle de Berlin. Ses œuvres ont été publiées à Genève; mais l'écrit le plus remarquable de ce profond mathématicien est son *Ars conjectandi*, où il pose les fondements de la théorie mathématique et philosophique des probabilités. Cet ouvrage ne fut publié qu'après sa mort, arrivée en 1705.

Bernouilli Jean, son frère, né à Bâle, en 1667, lui succéda dans les fonctions de l'enseignement, et les remplit jusqu'à sa mort (1748). Il fut rangé par ses contemporains à côté de Newton et de Leibnitz. Il développa dans les *Acta*

eruditorum de Leipzig les merveilleuses ressources du nouveau calcul infinitésimal, dont
Leibnitz n'avait fait qu'indiquer les principes.
Membre des académies de Paris, de Londres, de
Berlin et de Saint-Pétersbourg, il leur a fourni
un grand nombre de mémoires, réunis sous le
nom d'*Opera omnia*. Il faut y joindre son *Com-
mercium philosophicum et mathematicum*
avec Leibnitz.

Bernouilli Daniel, fils de Jean Bernouilli,
né à Groningue en 1700, soutint avec éclat le
nom de sa famille, rival des Clairaut, des d'A-
lembert et des Euler; il cultiva à la fois les
sciences mathématiques et les sciences naturelles.
Il se fit recevoir docteur en médecine, puis enseigna les mathématiques à Saint-Pétersbourg.
Il publia un grand traité d'*Hydrodynamique*,
où il se montre aussi habile physicien que profond géomètre. Il fut, comme son père, membre
des académies de Paris, de Berlin, de Londres et
de Saint-Pétersbourg. Il mourut en 1782.

BERQUIN (Arnaud), dont le nom est cher à
l'enfance, naquit à Bordeaux en 1749 ; il commença à se faire connaître par des idylles et des
romances ; l'une des plus jolies est celle qui a
pour refrain ce vers bien connu :

    Dors mon enfant, clos ta paupière.

On peut encore citer celle de *Geneviève de Brabant*. Il publia ensuite l'*Ami des enfants*, recueil en six volumes de dialogues, de récits,
d'instructions amusantes, à la portée des enfants.
L'Académie décerna un prix à cet ouvrage,
comme au plus utile qui eût paru dans l'année.
On a encore de lui *Lectures pour les enfants*,
l'*Ami de l'adolescence*, *Sandfort et Merton*,
le *Petit Grandisson*, *Bibliothèque des villages*,
le *Livre de famille*, etc., tous ouvrages remplis
d'une douce morale et écrits dans un style simple et naïf, à la portée de l'enfance. Il faut avouer
que ces ouvrages sont, la plupart, imités de
Weiss; mais cela n'ôte rien au mérite de la
forme. Berquin n'écrivit pas exclusivement dans
ce genre ; il rédigea pendant quelque temps le
Moniteur, et fut le collaborateur de Ginguené
et de Grouvelle dans la *Feuille villageoise*. Il
mourut en 1791.

BERRY, ancienne province de la France centrale, qui forme actuellement les départements
du Cher et de l'Indre, et une partie de ceux de
la Nièvre, de la Creuse et de l'Allier ; elle était
bornée au nord par l'Orléanais ; au sud, par la
Marche ; à l'ouest, par la Touraine ; à l'est, par

le Nivernais. Sa capitale était Bourges. Ses anciens habitants, les Bituriges, tenaient le premier
rang parmi les peuples de la Gaule celtique. Ils
opposèrent à César la plus vive résistance, et Vercingétorix, leur chef, ravagea le pays d'à l'entour
pour enlever toute espèce de vivres aux Romains.
Malgré cela, César assiégea Bourges qui lui ouvrit ses portes Le Berry resta sous la domination
romaine jusqu'en 475 environ, époque à laquelle
Evaric, roi des Goths d'Espagne, envahit cette
province. En 507, Clovis en chassa les Goths et
la réunit à son royaume. Depuis ce temps, elle
fut gouvernée par des chefs militaires qui prirent
le titre de comtes de Bourges. En 1061, Herpin,
comte de Bourges, céda le comté à Philippe Ier,
et le Berry demeura réuni à la couronne jusqu'en
1360, époque à laquelle le roi Jean l'érigea en
duché-pairie et le donna en apanage à Jean, son
troisième fils, qui prit le titre de duc de Berry.
En 1461, Louis XI l'ajouta à l'apanage de son
frère Charles, qu'il fit plus tard empoisonner. Il
passa alors à Jeanne de France, sa fille puînée,
qui épousa le duc d'Orléans, depuis Louis XII
(1499); puis à Marguerite de Navarre, sœur de
François Ier; à Marguerite de Savoie, sœur de
Henri II; au duc d'Anjou (Henri III) en 1570,
et à la veuve de ce prince, la reine Louise. Depuis la mort de cette princesse, en 1601, le Berry
est toujours resté uni à la couronne. Le Berry
est généralement fertile, il abonde en blé, en
fruits de toute espèce et en vins, dont les plus
connus sont ceux d'Issoudun et de Sancerre.
Cette province est surtout renommée pour ses
moutons, dont la laine est fine et la chair délicate. (Voyez *Cher* et *Indre*.)

BERRY (Marie-Elisabeth, duchesse DE),
fille de Philippe d'Orléans, depuis régent, naquit
en 1695. Elle épousa, en 1710, le duc de Berry,
petit-fils de Louis XIV. Veuve dès 1714, cette
jeune princesse se distingua au milieu de la cour
dissolue de son père, par ses mœurs corrompues,
et mourut à la fleur de son âge, en 1719, entraînée dans le tombeau par sa fureur pour le
plaisir.

BERRY (Ch.-Ferdinand d'Artois, duc DE),
petit-fils de France, naquit à Versailles en 1778.
Il suivit son père, le comte d'Artois, frère de
Louis XVI, lorsque celui-ci quitta la France.
Le duc de Berry combattit dans les rangs de l'ar-
mée de Condé, puis il prit du service en Russie.
Il se retira ensuite auprès de son père, dans le
château d'Holy-Rood, en Écosse, et revint en
France en 1814, avec les Bourbons. Napoléon

revint occuper le trône le 20 mars 1815 ; mais l'issue de la bataille de Waterloo y fit rasseoir Louis XVIII. Le duc de Berry épousa, en 1816, la princesse Caroline de Naples. Le 13 février 1820, au moment où ce prince donnait la main à sa jeune épouse, au sortir de l'Opéra, il fut frappé au cœur d'un coup de poignard par le fanatique Louvel, qui espérait éteindre en lui la race des Bourbons. Transporté dans une chambre de ce théâtre, et souffrant d'atroces douleurs, ce prince généreux demanda avec instance la grâce de son assassin ; il rendit le dernier soupir le 14 février 1820. Il laissait une fille, Louise-Marie-Thérèse, appelée *Mademoiselle*, née à Paris, le 21 septembre 1819. Madame la *duchesse de Berry* était grosse, et le 29 septembre, c'est-à-dire sept mois et quinze jours après la mort de son mari, elle mit au monde un fils, le duc de Bordeaux. Par une négligence incompréhensible, la princesse accoucha seule, et l'opposition s'empara de cette circonstance pour mettre en doute sa maternité. Cependant la ressemblance de l'enfant avec sa mère et sa sœur ne permit pas plus tard de continuer à le croire supposé. — Lorsque les journées de juillet 1830 firent monter sur le trône la branche cadette des Bourbons, la princesse suivit Charles X dans l'exil, se promettant bien de revenir en France. Elle y rentra en effet, contre la volonté des Bourbons, et débarqua dans la nuit du 28 avril 1832, sur la plage, à quelques lieues de Marseille, où l'on tentait un mouvement en sa faveur. Le mouvement n'ayant pas réussi, elle fut obligée de gagner la Vendée. La princesse trouva des amis en Bretagne, et la guerre civile menaçait d'éclater lorsqu'elle fut trahie par un juif allemand, converti à Rome, qui révéla la maison qu'elle habitait à Nantes. Réfugiée avec quelques personnes derrière une cheminée, elle y était depuis seize heures, à l'abri des investigations de la police, lorsque du feu allumé dans cette cheminée la força d'en sortir, ses vêtements en partie brûlés. Madame la duchesse de Berry fut enfermée dans le château de Blaye, et peu de temps après, dans une lettre datée de sa prison et publiée dans le *Moniteur*, elle écrivit que les circonstances graves dans lesquelles elle se trouvait la forçaient à déclarer qu'elle avait contracté un second mariage. Elle était près d'accoucher, et l'on apprit que son nouvel époux était un jeune seigneur napolitain, M. de Lucchesi-Palli. Tout le parti légitimiste regarda ce nouvel hymen comme un crime politique, la princesse perdant ainsi tous droits à une régence que pouvaient amener les événements. Renvoyée

de France une seconde fois, la princesse s'embarqua à Blaye le 8 juin 1833, et aborda en Sicile vingt-quatre jours après. Elle se rendit de là près de la famille royale, retirée aux environs de Prague, et se réconcilia avec ses membres. (Voir, pour plus de détails, l'ouvrage du général Dermoncourt, *la Vendée et Madame*, et l'*Histoire de dix ans*, de M. Louis Blanc.)

BERTHE (*au grand pied*), ainsi nommée parce qu'elle avait un pied plus grand que l'autre. Fille de Caribert, comte de Laon et épouse de Pépin-le-Bref Berthe monta sur le trône en 751, et fut mère de Charlemagne. C'est là son plus beau titre de gloire. Elle mourut à Choisy en 783, et fut enterrée à Saint-Denis, auprès de son époux

Berthe, fille de Conrad, roi de Bourgogne, épousa Robert, roi de France, en 996 ; mais comme ils étaient parents, le pape excommunia Robert, et celui-ci fut obligé de répudier Berthe. (Voyez *Robert*.)

BERTHIER (Alexandre), maréchal de l'empire, prince souverain de Neufchâtel et prince de Wagram, naquit à Versailles, en 1753. Destiné par son père, officier du génie, à suivre la même carrière que lui, il entra dans le corps des ingénieurs, qu'il quitta pour passer comme officier d'état-major à l'armée expéditionnaire d'Amérique, sous les ordres du général Rochambeau. Il se conduisit vaillamment pendant la guerre de l'indépendance, et fut nommé, à son retour en France, major-général de la garde nationale de Versailles, où il protégea la cour. Il prit part aux guerres de la république, et fut promu, en 1795, au grade de général de division. Bonaparte le choisit pour chef d'état-major, lorsqu'il prit le commandement de l'armée d'Italie. Berthier prit une part glorieuse aux combats de Millesimo, Mondovi, Lodi, Rivoli, et eut l'honneur d'apporter au Directoire le traité de Campo-Formio. Il remplaça Bonaparte dans le commandement en chef de l'armée d'Italie, acheva la conquête de Rome, et organisa la république de Milan. Il accompagna Bonaparte en Égypte, et lorsque celui-ci fut premier consul, il choisit Berthier pour son ministre de la guerre. Il quitta ce poste en avril 1800, pour prendre le commandement en chef en Italie, et ouvrit la campagne de Marengo. A Austerlitz et à Iéna, Berthier remplit les fonctions de chef d'état-major. Il fut fait maréchal en mai 1804, prince souverain de Neufchâtel en 1806, et prince de Wagram en 1809, après la bataille de ce nom, au succès de laquelle il contribua beaucoup. Quoi-qu'il désapprouvât hautement la campagne de Russie, Berthier y prit part, mais il soupirait après le repos; et à la restauration de 1814, il ne fut pas des derniers à signer l'acte de dé-chéance de Napoléon. Ce fut lui qui, à la tête des maréchaux, prononça l'allocution obligée à Louis XVIII, dans le château de Compiègne. Lors du retour de l'empereur, il se retira à Bamberg, auprès du duc Guillaume de Bavière, son beau-père. Peu de temps après sa retraite, il se pré-cipita du haut d'un balcon du château, dans un accès de fièvre chaude (1er juin 1815). Quelques écrivains ont attribué ce déplorable événement à des causes politiques. On a de Berthier plusieurs ouvrages, entre autres une *Relation de la ba-taille de Marengo*, et une *Relation des cam-pagnes d'Egypte et de Syrie.*

BERTHOLLET (Louis-Claude), célèbre chi-miste, naquit à Talloires, en Savoie, en 1748. Il fit ses études médicales à Turin, où il se fit re-cevoir docteur, puis vint à Paris, et fit la con-naissance de Tronchin, grâce au crédit duquel il fut attaché en qualité de médecin à la maison du

duc d'Orléans. Il quitta bientôt la médecine pour s'adonner exclusivement à l'étude de la chimie, et entra dans la voie nouvelle ouverte par La-voisier. Il se fit bientôt connaître par d'excellents mémoires; puis publia son bel ouvrage, l'*Essai de statique chimique*. Il fut successivement

nommé membre de l'Académie des sciences, puis de l'Institut, membre de plusieurs commis-sions et professeur aux écoles normales.

Il suivit Bonaparte en Italie et en Egypte, et fut chargé du soin de choisir les savants qui de-vaient composer le corps scientifique de cette dernière expédition. Il fit dans ce pays d'impor-tantes recherches sur le *natron*, et enrichit la science de nombreux procédés. Nommé mem-bre du sénat par Napoléon, en 1805, il vota, en 1814, la déchéance de l'empereur. Acte que Louis XVIII récompensa par la pairie. Berthollet vécut dès lors retiré dans sa maison de campagne à Arcueil où se réunissait l'élite des savants de l'époque. C'est dans cette retraite qu'il mourut en 1822. Un de ses ouvrages les plus estimés est son *Traité de l'art de la teinture.*

BERTON (J.-Baptiste), maréchal-de-camp, naquit en 1774, aux environs de Sédan. Il entra à l'école de Brienne, et en sortit en 1792 comme lieutenant; il se distingua sous les ordres de Mo-reau et fut fait capitaine. Sa bravoure le fit dis-tinguer à Austerlitz, à Friedland, etc., et il fut attaché aux états-majors des généraux Bernadotte et Victor. Pendant la guerre d'Espagne, il mon-tra une intrépidité et une habileté remarquables; il prit Malaga à la tête d'un détachement de 1,000 hommes, et en fut nommé gouverneur par le maréchal Soult. Il fut, en 1813, promu au grade de maréchal-de-camp, et commanda une brigade à la bataille de Toulouse, en 1814, et à celle de Waterloo. D'abord mis à la demi-solde, lors de la seconde restauration, il fut bientôt rayé complètement des contrôles de l'armée à cause de ses opinions politiques. Etant entré, en 1822, dans un complot, qui avait pour but de renverser du trône la famille des Bourbons, il marcha sur Saumur à la tête de quelques insur-gés; mais bientôt, abandonné des siens, il fut pris, traîné devant la cour d'assises de Poitiers et condamné à mort. Il marcha au supplice le 5 novembre 1822, poussa le cri de *vive la li-berté! vive la France!* et mourut avec la fer-meté d'un soldat français. On a de lui un *Précis historique de la bataille de Waterloo.*

BERTON (Henri Montans), né à Paris en 1767, est un des compositeurs de l'école fran-çaise, qui ont le plus fait pour la gloire de cette école. A l'âge de treize ans, il fut admis comme violon à l'orchestre de l'Opéra. Il reçut les le-çons du compositeur Sacchini, et présenta, en 1787, au théâtre Italien, un opéra comique, *les Promesses de mariage;* le succès fut complet.

En 1807, Berton fut appelé à la direction du théâtre Italien, et ce fut lui qui fit connaître au public parisien les chefs-d'œuvre de Mozart et de l'école italienne. Il fut ensuite nommé professeur d'harmonie au Conservatoire de musique, puis maître de composition et membre de l'Institut. Berton a été compositeur fécond ; outre quarante-neuf opéras ou ballets, on a de lui plusieurs cantates, de nombreuses romances ; ses opéras les plus remarquables, et qui ont fondé sa réputation, sont : *Aline, reine de Golconde*, *Montano et Stéphanie*, le *Délire*, etc. On a également de lui un *Traité d'harmonie* et un *Dictionnaire des accords*.

BERTRAND (Henri-Gratien, COMTE), général de division, grand maréchal du palais sous Napoléon, grand officier de la Légion-d'Honneur, naquit, en 1773, à Châteauronx, où son père était maître des eaux-et-forêts. Il entra dans le corps du génie, et parcourut rapidement tous les grades. Il suivit Napoléon en Égypte, et rendit des services multipliés qui lui valurent la confiance du général en chef et les grades de colonel et de général de brigade. Après la bataille d'Austerlitz, où le général Bertrand se couvrit de gloire, l'empereur l'admit au nombre de ses

aides-de-camp. Il prit une part active aux batailles de Friedland, de Wagram, et fut nommé général de division, comte de l'Empire, puis grand maréchal du palais à la mort de Duroc

(1803). Après les désastres de la campagne d'Allemagne, Bertrand protégea la retraite des troupes et sauva les débris de l'armée. De retour à Paris, il fut nommé, en 1814, aide-major de la garde nationale, et défendit intrépidement le territoire français. Il assista à l'abdication de Fontainebleau, et suivit Napoléon à l'île d'Elbe. Il favorisa de tout son pouvoir les projets de l'empereur pendant les Cent-Jours, et, fidèle à la mauvaise comme à la bonne fortune de ce prince, il ne le quitta plus, et le suivit à Sainte-Hélène avec le comte de Las Cases et le général Montholon. Il ne revint en France qu'après avoir reçu le dernier soupir du héros de la France. Sa conduite aux Cent-Jours l'avait fait condamner à mort par contumace, en 1816, mais à son retour en France, le roi annula le jugement par ordonnance, et lui rendit tous ses grades. En 1830, il fut nommé commandant de l'École polytechnique, puis député de Châteauroux. Il accompagna, en 1840, le duc de Joinville à Sainte-Hélène, et rapporta avec lui les restes de Napoléon. Le général Bertrand mourut en 1844 ; sa dépouille mortelle a été déposée aux Invalides, auprès de celle de l'Empereur.

BERTRAND DE MOLLEVILLE (Antoine-François, marquis DE), naquit à Toulouse en 1744. Maître des requêtes sous le ministère de Maupeou, il fut nommé intendant de la Bretagne, où il courut de grands dangers en voulant dissoudre le parlement de Rennes. Rappelé à Paris, il fut choisi par Louis XVI pour ministre de la marine ; mais il se vit bientôt obligé de se retirer devant le blâme que lui infligea l'Assemblée législative, à l'occasion des désastres de Saint-Domingue. Il se réfugia en Angleterre, après la journée du 10 août, et composa dans les loisirs de son long exil, plusieurs ouvrages, dont les plus connus sont : l'*Histoire de la révolution française* (14 vol., 1803), et l'*Histoire d'Angleterre depuis l'invasion des Romains jusqu'à la paix de 1763* (6 vol., 1815). Après sa rentrée en France, en 1816, il fit paraître des *Mémoires particuliers sur le règne de Louis XVI*. Il mourut à Paris en 1818.

BERWICK (Jacques Fitz James, duc DE), fils naturel du duc d'York, depuis roi d'Angleterre, sous le nom de Jacques II, et d'Arabelle Churchill, sœur du duc de Marlborough, naquit en 1670. Il fut envoyé en France au collège de Juilly, puis à celui de la Flèche. A 15 ans, il se rendit en Hongrie, près de Charles de Lorraine, pour guerroyer contre les Turcs. Après avoir assisté au siége de Bude et à la bataille de Mohacz, il revint en Angleterre. Son père, qui avait succédé à Charles II, lui donna le gouvernement de Portsmouth. Après la révolution de 1688, Berwick prit part à toutes les tentatives faites pour replacer son père sur le trône, puis enfin revint en France (1691). Il servit comme volontaire sous le maréchal de Luxembourg et le maréchal de Villeroi, et montra de grands talents militaires. Il fut fait lieutenant-général en 1693, et envoyé en 1704, par Louis XIV, en Espagne. En 1705, il combattit dans le Languedoc contre les Camisards, et reçut l'année suivante le bâton de maréchal. Il retourna en Espagne en 1707, gagna la bataille d'Almanza, qui rendit le royaume de Valence à Philippe V, et prit Barcelone. Après une longue paix, la guerre de 1733 lui rendit l'activité; commandant en chef l'armée du Rhin; il fit le siége de Philipsbourg; et ce fut devant cette place qu'il fut tué d'un coup de canon, le 12 juin 1734. On place Berwick comme général à côté de Villars et de Catinat. Montesquieu dit de lui que son talent particulier était de faire une guerre défensive, de relever les choses désespérées et de bien connaître toutes les ressources que l'on peut avoir dans le malheur. Le duc de Fitz James, petit-fils du maréchal, a publié les *Mémoires de Berwick* (1778).

BESANÇON (*Vesontio*), chef-lieu du département du Doubs, place de guerre et siége d'un archevêché. L'origine de cette ville remonte à une haute antiquité; métropole de la Grande-Séquanaise sous l'empire romain, elle fut dévastée en 456 par les Burgondes, et en 937, par les Hongrois. Plus tard, relevée de ses ruines, elle suivit la destinée de la Franche-Comté (voy.), dont elle fut la capitale, cédée à l'Espagne par le traité de Munster. Louis XIV l'assiégea en personne, et la prit en 1660. Besançon est agréablement situé dans une vallée qu'arrose le Doubs; ce fleuve la divise en deux parties réunies entre elles par un beau pont bâti par Aurélien. La ville est bien bâtie et possède, outre la citadelle, l'un des plus beaux ouvrages de Vauban, quelques édifices remarquables; tels sont: la cathédrale de Saint-Jean, du XIᵉ siècle, les églises Saint-Pierre, Saint-François-Xavier et Sainte-Madeleine, l'hôtel de la préfecture, le palais de justice, etc. La ville possède en outre, une salle de spectacle, une bibliothèque, un musée, un cabinet d'histoire naturelle. Besançon est une ville industrieuse et commerçante, les manufactures d'horlogerie y sont très

importantes. Il y a des fonderies, des faïenceries, des brasseries, etc. On y fabrique des tapis et des papiers peints. Sa population monte à 34,500 habitants. C'est la patrie du jésuite Nonotte, du maréchal Moncey, de Suard, de Charles Nodier et de Victor Hugo.

BESSARABIE, province méridionale de la Russie d'Europe, bornée au N. par celle de Podolie, à l'E. par celle de Kerson, au S. par la mer Noire, à l'O. par la Moldavie, dont le Pruth la sépare. Sa superficie est de 786 milles carrés. La partie méridionale de cette contrée n'offre à l'œil attristé que de vastes steppes où pas un arbre, pas une colline, ne viennent rompre la monotonie. La partie septentrionale est traversée par une branche peu élevée des monts Krapachs. Le pays est arrosé par le Danube, le Dniester, le Pruth, le Kagalnik. Avant 1812, la Bessarabie faisait partie de la Moldavie, sous le nom de Basse-Moldavie. Son sol assez fertile produit du blé, du maïs, du vin, de la garance, du safran, etc. Des forêts étendues couvrent la partie septentrionale, et vers le sud on trouve des salines considérables, qui ne rapportent pas moins de 50,000 pouds. La population se compose en grande partie de Moldaves, qui professent la religion grecque. On y rencontre aussi beaucoup de Juifs, d'Arméniens et de colons allemands. On évalue le total de cette population à 780,000 âmes. Kichenef, le chef lieu de cette province, est situé à peu près au centre; les autres villes sont Bender, Ismaïl, Choczim, Kilia, Akerman.

BESSIÈRES (Jean-Baptiste), duc d'Istrie, maréchal de l'empire, naquit en 1769, à Preissac, département du Lot. Il entra d'abord comme simple soldat dans la garde constitutionnelle de Louis XVI, d'où il passa dans la légion des Pyrénées; il y conquit le grade de capitaine, et passa en 1796 dans l'armée d'Italie. Là, sa belle conduite à Roveredo et à Rivoli le fit distinguer par Bonaparte, qui le nomma commandant des guides de sa garde. Ce fut à la tête de ce corps qu'il gagna, en Egypte, le grade de général de brigade. De retour en France, il seconda Bonaparte au 18 brumaire, et, devenu général de division, il passa du commandement des guides à celui de la garde consulaire. Elevé en 1804 au rang de maréchal de l'empire, il resta colonel de la garde à cheval qui décida si souvent du sort des batailles par son bouillant courage. Les batailles d'Austerlitz, d'Iéna, d'Eylau, de Wagram, ajoutèrent à son illustration, et ce fut après cette dernière bataille qu'il reçut le titre de duc d'Istrie. En 1808, en Espagne, il gagna la bataille de Medina-del-Rio-Seco. La veille de la bataille de Lutzen (1er mai 1813), il fut emporté par un boulet de canon. Ce guerrier illustre, aussi distingué par ses qualités militaires que par ses vertus privées, était cité pour son humanité et sa bienfaisance, et l'on a pu dire de lui qu'il avait vécu comme Bayard et qu'il était mort comme Turenne.

BESSUS, gouverneur de la Bactriane sous Darius, trahit ce prince infortuné qui fuyait après la bataille d'Arbelles, et l'assassina. Alexandre le poursuivit et, l'ayant fait prisonnier, le livra à un frère de Darius qui le fit périr dans les plus cruels tourments. (Voyez *Darius III.*)

BÉTAIL. On comprend sous ce nom tous les quadrupèdes que l'homme a réduits à l'état de domesticité, et qui servent soit à sa nourriture soit à la culture de la terre. Cette dénomination embrasse donc les taureaux, vaches, bœufs, chevaux, ânes, mulets, moutons, chèvres, porcs. Nous croyons devoir consacrer à chacun de ces animaux un article particulier.

BÉTEL, nom d'une espèce de poivrier, le *piper betle*, qui croit dans l'Inde et aux Moluques; les habitants de ces contrées en mâchent les feuilles comme nos matelots font du tabac; il produit sur ceux qui n'y sont pas habitués un peu d'ivresse. Son usage colore la salive en rouge, noircit les dents, les altère et les détruit même. Le bétel est un puissant astringent, et les naturels le regardent comme un spécifique contre les fièvres et les dyssenteries communes et funestes dans ces climats.

BÊTES, nom collectif des animaux considérés comme des êtres dépourvus d'intelligence. On a donné ce nom de bête, accompagné d'un adjectif, à une foule d'animaux de divers ordres; ainsi l'on appelle :
Bête à bon Dieu, les coccinelles;
Bête à feu, les lampyres;
Bête de la mort ou *bête noire*, les blaps;
Bête de farine, le ténébrion;
Bête puante, diverses espèces de mouffettes.

BETHLÉHEM, ville de la tribu de Juda, éloignée de Jérusalem de 20 kilomètres environ, et célèbre pour avoir vu naître le roi David et surtout Jésus-Christ. Cette ville porta d'abord le nom d'Ephrata qui, comme celui de Bathléhem

(maison de pain), fait allusion à la fertilité de la contrée. On y voit aujourd'hui un vaste convent enclos de murailles, et une église qui comprend le lieu même où naquit Jésus.

BETHUNE (Maximilien DE). Voyez *Sully.*

BETHUNE, ville de France, dans le département du Pas-de-Calais, chef-lieu de sous-préfecture, siége d'un tribunal de première instance, place de guerre de 2e classe. Cette ville, située sur la Brette, est assez bien bâtie : on y remarque le beffroi, l'hôtel-de-ville et l'église. Il y a des fabriques d'huile, de savon, de toiles et de drap, des distilleries et des raffineries de sucre de betterave D'abord possédée par de puissants seigneurs, Bethune fut réunie à la France par le traité d'Utrecht. 7,500 habitants.

BÉTIQUE (*Bœtica*), nom d'une division de l'Espagne, ou Ibérie occidentale, sous les Romains; elle répondait à peu près aux provinces actuelles de l'Andalousie et du royaume de Grenade. (Voyez.)

BÉTOINE, genre de plantes de la famille des labiées, dont l'espèce la plus remarquable, la bétoine ordinaire (*betonica officinalis*), était considérée par les anciens comme une panacée universelle; elle guérissait la goutte, la sciatique, la céphalalgie, etc.; ses racines étaient employées comme purgatives. C'est une plante vivace, à tige carrée, droite, haute de 30 à 45 centimètres, les feuilles inférieures sont pétiolées et festonnées, les supérieures presque sessiles; les fleurs sont rouges, disposées en épi terminal. La plante entière exhale une odeur pénétrante qui provoque l'étourdissement; ses feuilles sont sternutatoires, et quelques personnes les fument en guise de tabac. Plusieurs espèces se cultivent comme plantes d'agrément, telles sont : la *bétoine velue*, la *bétoine orientale* et la *bétoine à grandes fleurs.*

BÉTON, mortier qui a la propriété de durcir sous l'eau en très peu de temps. Il se compose de chaux, de sable et de gravier. Les anciennes voies romaines sont en partie faites avec ce mortier. Pour faire le béton, on forme un bassin de sable et de gravier, dans lequel on éteint de la chaux nouvellement sortie du four. Quand elle est bien éteinte, et sans attendre qu'elle soit refroidie, on jette les bords du bassin sur la chaux, puis avec des *broyons* on mêle le tout ensemble. (Voyez *Mortier.*)

BETTE (*beta*, du celte *bett*, rouge), genre de la famille des chénopodées, de la pentandrie digynie, remarquable par deux de ses espèces. La première, la *bette-poirée* (b. cicla), est une plante culinaire originaire du Midi. Sa racine cylindrique, ligneuse, légèrement ramifiée, donne naissance à une tige droite, haute d'un mètre, garnie de larges feuilles ovales, portées sur des pétioles épais. Les fleurs, disposées en longs épis grêles, sont petites, blanchâtres, réunies trois ou quatre ensemble. Cette espèce, dont les feuilles servent à adoucir l'acidité de l'oseille, offre une variété à feuilles d'un blanc jaunâtre, dont la nervure médiane est très large et se mange comme le cardon et le céleri. La seconde espèce est une des plantes les plus

intéressantes pour l'homme, c'est la *bette-rave* (b. vulgaris). Sa racine pivotante, charnue, est susceptible de prendre un volume très considérable; cultivée comme plante culinaire, on mange sa racine et l'on en retire, après la cuisson, un vin doux fort agréable et une confiture qui rivalise avec le meilleur raisiné. Ses feuilles forment un excellent fourrage. En 1747, Mar-

graff, chimiste berlinois, reconnut dans cette plante la propriété de donner un sucre absolument identique avec le sucre de canne. Nous examinerons ses qualités et les moyens employés pour son extraction, au mot *sucre*. La betterave demande une terre saine, bien préparée, et qui ait été fumée avant l'hiver; on la sème de la fin de mars en mai, en ligne, à une distance de 15 pouces au moins. La betterave se sème aussi en pépinière, pour être replantée dans les champs quand le plant est déjà fort et que les racines ont atteint la grosseur du doigt. D'octobre à novembre, avant les gelées, on arrache les racines, on les effeuille en coupant le collet, et, après les avoir laissées ressuyer pendant quelques jours, on les serre dans un lieu sain, et mieux dans des silos ou fosses creusées en terre, où, après les avoir empilées, on les recouvre d'un bon lit de paille, puis de terre, en ayant soin de les défendre le mieux possible contre les gelées et l'humidité.

BETTERAVE, espèce du genre *bette*. (Voyez.)

BEURNONVILLE (Pierre Riel, *marquis* DE), maréchal de France et ministre de la guerre, naquit à Champignoles (Aube), en 1752. Après avoir fait les campagnes de l'Inde, de 1779 et 1781, sous le bailli de Suffren, il revint en France en 1789, et servit sous Luckner et Dumouriez dans les armées de la république. Il fut bientôt élevé au grade de général, et prit part aux batailles de Valmy et de Jemmapes. Nommé en 1793 ministre de la guerre par l'influence de la Gironde, il montra beaucoup de fermeté et dénonça Dumouriez. Beurnonville fut alors chargé, avec quatre commissaires de la Convention, de se rendre à l'armée du Nord et d'arrêter Dumouriez; mais celui-ci le fit arrêter lui-même avec ses collègues, et les livra tous aux Autrichiens. Beurnonville passa trois ans dans les prisons d'Olmutz et fut enfin échangé, en 1795, contre la fille de Louis XVI, depuis duchesse d'Angoulême. A son retour à Paris, il fut nommé au commandement en chef de l'armée de Sambre-et-Meuse. Le dérangement de sa santé le fit renoncer au service actif, et il fut d'abord nommé inspecteur général d'infanterie. Sous le consulat et l'Empire, il fut envoyé comme ambassadeur à Berlin et à Madrid, où il conclut la convention des subsides du 30 octobre 1803. Il fut, en récompense de ses services, nommé grand officier de la Légion-d'Honneur, sénateur et comte. Il appuya plus tard l'acte de déchéance de Napoléon, et se prononça contre la proclamation de

Napoléon II et la régence de Marie-Louise. Il en fut récompensé par le titre de ministre d'Etat, puis de pair et de maréchal de France. Il mourut en 1821.

BEURRE. Chacun sait qu'on obtient le beurre en battant la crême pendant quelque temps, soit dans un tonneau dont l'axe mobile offre plusieurs ailes, soit au moyen d'un disque de bois attaché à l'extrémité d'un long bâton. Après quelque temps de cette opération que l'on nomme *barattage*, la crême que l'on a préalablement séparée du lait se partage en deux parties : l'une liquide et laiteuse, porte le nom de *lait de beurre*, et contient du petit-lait, du caséum ; l'autre est le beurre proprement dit. On sépare le beurre du petit-lait, on le lave à grande eau, on le pétrit avec des battoirs, et on le malaxe jusqu'à ce qu'il ne blanchisse plus avec l'eau ; alors on le livre dans le commerce. Parfaitement pur, le beurre est un corps mou, de couleur jaune ou blanche, d'une saveur douce et agréable, légèrement aromatique ; il se fond très facilement, est insoluble dans l'eau, soluble dans l'alcool bouillant, décomposable par les alcalis, altérable à l'air. Le beurre se conserve d'autant plus longtemps frais qu'il renferme moins de substance séreuse et caséeuse. On ne fait pas seulement le beurre avec le lait de vache, on en extrait aussi de celui de brebis, de chèvre et même d'ânesse ; mais aucun d'eux n'approche de la qualité du premier. —La conservation du beurre de l'état frais étant impossible au-delà d'un temps assez court, on a cherché divers moyens pour l'empêcher du moins de rancir en vieillissant. La méthode la plus en usage est de le saler. Quelques auteurs recommandent de mêler au sel une petite quantité de nitre. En Angleterre, on fait fondre le beurre au bain-marie, on l'écume et on le laisse refroidir. Dans tous les cas, on lui conserve sa bonne qualité d'autant plus longtemps, qu'on le tient dans un lieu frais et à l'abri du contact de l'air.

BEYROUT, ville de Syrie, dans l'eyalet d'Acre, sur le versant occidental du Liban, au bord de la Méditerranée. Son port, autrefois sûr et commode, est aujourd'hui comblé par les sables. La population monte à peine à 10,000 habitants. Cette ville a joué un rôle important dans la politique de la *question d'Orient*. En 1840 la ville, occupée par Soliman-Pacha, fut bombardée par les flottes combinées de l'Angleterre, l'Autriche et la Turquie, sous les ordres de l'amiral Stopford. Les troupes du pacha d'Egypte l'évacuèrent le 9 octobre.

BÈZE (Théodore DE), l'un des plus célèbres théologiens réformés du XVIᵉ siècle, naquit à Vézelay, dans le Nivernais, en 1519 Il se fit d'abord connaître par des poésies érotiques, sous le nom de *Poemata juvenilia*. Sa famille, qui avait du crédit, lui fit obtenir de riches bénéfices ; mais, tout-à-coup, des motifs de conscience lui firent renoncer à tous ces avantages, et il se rendit à Genève, où il embrassa la religion réformée. Là il se lia étroitement avec Calvin. Il obtint à Lausanne une chaire de langue grecque, et publia successivement une traduction des Psaumes en vers français, et une foule d'écrits politiques et polémiques qui lui acquirent une grande célébrité. Il revint bientôt se fixer à Genève, où il reçut le titre de citoyen et fut admis aux fonctions du ministère ecclésiastique et à l'enseignement de la théologie. Dès lors Théodore de Bèze fut l'un des principaux représentants du parti de la réforme, et fut envoyé au colloque de Poissy pour en soutenir la cause. A la mort de Calvin (1564), de Bèze succéda à ce laborieux réformateur ; il présida le synode de la Rochelle auquel assistaient toutes les Eglises réformées, et ne cessa jusqu'à sa mort de travailler avec le plus grand zèle à la propagation de ses doctrines. On a reproché à cet homme éminent l'intolérance qu'il blâmait chez les autres ; il écrivit l'apologie du supplice de Servet, et apporta dans la controverse une violence excessive. Théodore de Bèze mourut à Genève en 1605 ; il publia, à l'âge de 70 ans, son *Histoire ecclésiastique des Eglises réformées au royaume de France.*

BÉZIERS (*Biterra, Beterra*), ville de France, dans le département de l'Hérault, située sur l'Orbe, à l'endroit où elle reçoit le canal de Languedoc. Cette ville est fort ancienne. Prise et ravagée par les Goths au Vᵉ siècle, puis par les Arabes au VIIIᵉ, elle fut enlevée à ces derniers par Charles-Martel. Devenue florissante sous les rois de la deuxième race, elle fut saccagée par l'armée de Simon de Monfort qui y passa près de 60 000 hommes au fil de l'épée. — Béziers fut réuni à la couronne par saint Louis. Cette ville est assez bien bâtie, on y remarque la cathédrale, l'aquéduc, l'église de la Madeleine, etc. On y fabrique des draps, des gants, des produits chimiques. C'est la patrie de Riquet, à qui l'on doit le canal de Languedoc ; de Pélisson et de Mairan. On y compte 19,000 habitants.

BÉZOARD. On donne ce nom à des concrétions calcaires qui se forment quelquefois dans le tube digestif des ruminants. Cette substance animale, à laquelle on prêtait autrefois des vertus extraordinaires, se payait au poids de l'or. Ces concrétions ont porté divers noms suivant leur origine, ainsi, on nommait *bulithes*, ceux du bœuf; *hippolithes*, ceux du cheval; *egagropiles*, ceux de la chèvre. Le bézoard *oriental*, que l'on retire de l'une des poches stomacales de la gazelle des Indes, a longtemps joui d'une grande réputation dans l'ancienne médecine; mais l'esprit d'examen et de critique est venu détruire ces vertus miraculeuses. Les bézoards présentent en général une surface lisse, brillante, fragile, brune ou vert foncé; son odeur est fortement aromatique quand on le chauffe, et sa saveur est âcre et chaude. Quelques savants les regardent comme un produit de la bile, d'autres pensent que c'est un produit immédiat de la nourriture de ces animaux. (Voyez *Concrétions* et *Calculs*.)

BEZOUT (Étienne), savant mathématicien, naquit à Nemours en 1730. Savant modeste, il se livra à l'instruction publique et consacra ses loisirs à des recherches sur le calcul intégral; ses mémoires sur ce sujet lui ouvrirent les portes de l'Académie des sciences, en 1763. Placé par M. de Choiseul à la tête de l'instruction de la marine royale, il rédigea pour ses élèves le *Cours de mathématiques à l'usage des gardes de la marine*; bientôt après il publia une nouvelle édition de son ouvrage, en y introduisant les applications nécessaires aux officiers d'artillerie. Ces deux ouvrages acquirent à son auteur une immense popularité. Bezout mourut en 1783. Il a laissé aussi la *Théorie générale des équations déterminées*.

BIAS, l'un des sept sages de la Grèce, naquit à Priène, dans l'Ionie, vers l'an 570 avant J.-C. Il se consacra à l'étude de la philosophie et des lois, et fit le plus noble emploi de son savoir en obligeant ses amis, soit en plaidant pour eux, soit en les aidant de ses conseils. Il mourut dans un âge avancé. Lorsque les Ioniens furent subjugués par Cyrus, les Priéniens résolurent de s'expatrier, en emportant ce qu'ils avaient de plus précieux; le seul Bias n'emportant rien, quelqu'un s'en étonna: *Omnia mecum porto*, répondit le philosophe, « je porte tout avec moi. »

BIBLE (du mot grec *biblion*, livre). On désigne sous ce nom la collection des livres sacrés du judaïsme et du christianisme. Ces livres contiennent l'Ancien et le Nouveau Testament,

c'est-à-dire l'ancienne et la nouvelle alliance de Dieu avec les hommes. — Dans l'Ancien Testament se trouvent réunis tous les historiens des Juifs, depuis l'origine de leur nation jusqu'à la fin de la guerre des Machabées et la domination des Romains — Le premier de tous, par ordre de dates et d'importance, est Moïse, et les livres laissés par lui, qui sont au nombre de cinq, sont connus sous le nom de Pentateuque. C'est d'abord la Genèse (création) Le commencement des choses y est raconté avec une magnifique et sublime poésie; puis l'auteur sacré passe à l'histoire de la nation juive, dont il donne la généalogie et l'histoire jusqu'à la mort de Joseph, c'est-à-dire jusqu'au temps où vivait Moïse. Vient ensuite l'Exode (sortie). Dieu a résolu d'arracher son peuple à la servitude des Pharaons et de le conduire dans la terre promise; c'est au milieu de la marche dans le désert qu'il lui donne les tables de la loi nouvelle. Le troisième livre de Moïse contient les lois, les rites et les cérémonies que devront observer les Hébreux; il s'appelle Lévitique, du nom de la tribu de Lévi, spécialement chargée des fonctions sacerdotales. Le livre des Nombres renferme le dénombrement des tribus qui s'avançaient dans le désert à la suite de Moïse, et la continuation de leur histoire jusqu'au moment où, sur le point d'entrer dans la Palestine, Moïse sent le besoin d'ajouter quelques nouveaux préceptes à la loi qu'il a déjà donnée; car Dieu lui a prédit qu'il ne verrait point la terre promise. Ce cinquième livre, appelé Deutéronome (seconde loi), complète le Pentateuque. — A la mort de Moïse, Josué prend le commandement des Hébreux, les introduit dans la Palestine et leur en partage le territoire. Un livre connu sous le nom de livre de Josué, est consacré à la narration de ces faits. — Des juges éligibles succédèrent à Josué dans le gouvernement des Juifs. Un livre, appelé livre des Juges, raconte leur histoire; puis vient le livre des Rois, divisé en quatre parties, dont les deux premières sont attribuées à Samuel et les deux autres à Malachim. Il comprend depuis Saül jusqu'à la captivité de Babylone. Les deux livres des Paralipomènes viennent compléter ce qui manque aux récits de Samuel et de Malachim. — Après que Cyrus, vainqueur, eut rendu la liberté aux Hébreux, ils retournèrent dans leur pays sous la conduite d'Esdras, et rebâtirent le temple de Salomon et les murs de Jérusalem. Esdras nous a laissé le récit de ces faits dans quatre livres qui portent son nom. — Après la captivité de Babylone, on ne voit plus cette unité dans les auteurs sacrés, on ne rencontre plus, depuis Esdras jusqu'aux Machabées, que des épisodes mais pas une histoire suivie; que des prophètes qui, comme Jérémie, se lamentent sur le présent, et crient au siècle de faire pénitence, ou, comme Daniel, appellent les joies d'un avenir magnifique.

Le nouveau traité d'alliance promis à la société affligée est écrit dans le nouveau Testament. Le Fils de Dieu fait homme vient prêcher au monde la fraternité universelle. Ce n'est plus à un seul peuple d'élus, comme Moïse, que sa parole s'adresse, les gentils aussi sont appelés. Les évangélistes saint Mathieu, saint Marc et saint Luc, qui ont été admis à vivre plus près de Jésus, nous racontent d'abord la naissance, la vie, les paroles, les œuvres, la mort, la résurrection et l'ascension du Sauveur. (Voyez *Évangiles*.) Saint Luc, auteur d'un évangile, complète ses récits sur l'origine du christianisme et de son fondateur, en racontant aussi les actes, les premières prédications, les travaux et les missions des apôtres. Les *Actes* forment la clôture des livres historiques du nouveau code. — L'Ancien Testament a été écrit en hébreu, et le Nouveau presque tout entier en grec. Les septante (voyez) traduisirent en grec tout l'Ancien Testament sous le règne de Ptolémée Philadelphe, et au IVe siècle saint Jérôme traduisit en latin la Bible tout entière. Sa traduction, connue sous le nom de *Vulgate*, est la seule qui soit reconnue par l'Eglise. Les modernes ont traduit la Bible dans toutes les langues. Les plus célèbres de ces versions sont celles de Luther, de Calvin, de Tindal, de Cranmer, Le Maitre de Sacy, etc.

BIBLIOGRAPHIE (du grec *biblion* livre, et *graphô* j'écris). La bibliographie est la science des livres. Le bibliographe est celui qui peut écrire en connaissance de cause sur les livres considérés principalement sous le rapport de l'édition, c'est-à-dire de la date, du format, du papier, du prix, du plus ou moins de rareté des exemplaires, en un mot de la nature du livre envisagé matériellement. C'est une science vaste et compliquée, surtout de nos jours, où les publications de toutes sortes et les éditions des bons ouvrages se sont si fort multipliées.

La bibliographie était une science facile chez les anciens, en raison du petit nombre de manuscrits qu'on possédait, à cause de la difficulté de leur reproduction manuelle. L'imprimerie, par l'immense multiplication des livres, a fait de la bibliographie un vaste dédale, dont il n'est donné à aucun homme de connaître à fond tous les recoins. Le titre d'un ouvrage, les change-

ments qu'il a subis dans ses diverses éditions, les modifications faites au texte, à chacune d'elles, soit en bien, soit en mal, le nom de l'imprimeur, la date, le lieu, le prix de l'édition, tels sont les principaux objets de la bibliographie. Ils demandent, chez l'homme qui se livre à cette science, une grande aptitude au travail, une intelligence peu commune, une étude solide, des textes, pour mettre de la méthode et pour ainsi dire de la philosophie dans le classement des ouvrages par ordre de matières. Ces qualités sont indispensables chez le bibliographe.

Les meilleurs ouvrages de bibliographie, publiés jusqu'à nos jours en France, sont: la *Bibliographie instructive* de G.-F. de Bure (1768), le *Manuel du libraire et de l'amateur de livres* de Brunet, le *Dictionnaire des ouvrages anonymes et pseudonymes* de Barbier, le *Dictionnaire de Bibliologie* de Peignot, le *Catalogue d'un amateur* de M. Renouard, la *Bibliographie de France*, ou Journal de la librairie de M. Beuchot. — Nous traiterons des éléments principaux de la confection du matériel des livres aux articles *Imprimerie* et *Typographie*.

BIBLIOTHÈQUE (du grec *biblion* livre, et *théké* dépôt). Selon le sens littéral, bibliothèque veut dire un lieu destiné à renfermer des livres. La bibliothèque dont il est le plus anciennement fait mention dans l'histoire est celle du roi d'Égypte, Osymandias, qui régnait douze siècles avant Jésus-Christ: elle était à Thèbes, et sur la porte principale était écrit: *médecine de l'âme*. Plus tard, Pisistrate créa une bibliothèque à Athènes qui fut enlevée par Xercès et transportée en Perse. Mais la plus célèbre des bibliothèques de l'antiquité est celle d'Alexandrie, fondée par Ptolémée Soter (voyez *Alexandrie*), et qui contenait, dit-on, 700 mille volumes, lorsqu'elle devint la proie des flammes (1). Parmi les bibliothèques particulières, celle d'Aristote occupa le premier rang; Sylla en ayant fait l'acquisition, la fit transporter à Rome. Il y avait à Rome deux sortes de bibliothèques: les unes publiques, qui étaient comme les archives de la république et de l'empire, on y conservait les lois, les sénatusconsultes et les édits; les autres *sacrées* confiées à la garde des augures, des pontifes, renfermaient les livres sibyllins et tous les écrits qui regardaient la religion. On ne commença à for-

(1) Il faut dire que ces volumes étaient des rouleaux de papyrus écrits d'un seul côté, et qu'il en aurait fallu au moins cinquante pour faire un de nos volumes in 4°. (Voyez *Livre*.)

mer de bibliothèque proprement dite que sous l'empereur Auguste, qui fit placer des volumes dans le temple d'Apollon, sur le mont Aventin. Tibère les transporta dans son palais; ils furent perdus dans l'incendie qui, sous Néron, détruisit une partie de la ville. Domitien tenta de réparer cette perte; Vespasien recomposa une bibliothèque; elle fut placée dans le temple de la Paix, et anéantie par un incendie qui éclata sous Commode. Enfin, Trajan en forma une nommée Ulpienne; elle fut en partie composée de copies faites sur les ouvrages de la bibliothèque d'Alexandrie. Sous Gordien le jeune, la bibliothèque Ulpienne était portée à un nombre assez considérable de volumes. Sous Constantin, elle suivit le siége de l'empire romain, et une partie de ses ouvrages allèrent augmenter la riche bibliothèque que ce prince faisait construire dans sa nouvelle capitale. A la mort de Théodose, la bibliothèque de Constantinople était riche de cent vingt mille volumes. Les Barbares détruisirent dans leurs longues invasions, une grande partie des trésors de l'antiquité littéraire, et cette perte fut irréparable. Mais lorsque vint Charlemagne, l'œuvre de destruction et de vandalisme s'arrêta, et c'est de cette époque que date la recomposition des bibliothèques. Tous les monastères, toutes les églises cathédrales eurent bientôt leurs bibliothèques et leurs écoles. Les livres sacrés s'y produisent sous toutes les formes, la théologie envahit tout après le retour de saint Louis de la Terre-Sainte. Charles V, le premier, fonda une bibliothèque publique. L'inventaire qui en fut fait en 1373 par Gilles Mallet, garde de la librairie du Louvre, constate l'existence de neuf cent dix volumes, dont la majeure partie étaient de théologie et d'astrologie. En 1429, le duc de Bedford, régent du royaume, achète la bibliothèque du roi et l'envoie en Angleterre : ce n'est que Louis XI qui prend véritablement à cœur cette institution; il réunit les livres épars dans les maisons royales; l'invention de l'imprimerie ne tarde pas à contribuer puissamment au développement de cette bibliothèque naissante, que l'on peut regarder comme la base de la bibliothèque nationale de Paris, estimée à juste titre la première du monde; elle s'accrût de la bibliothèque des ducs de Bourgogne, dont les domaines furent réunis à la couronne de France. En 1495, après la conquête de Naples, par Charles VIII, elle reçut la bibliothèque de cette ville; sous Louis XII, elle recueillit les livres que Charles, duc d'Orléans, avait acquis pendant sa captivité d'Angleterre; ceux de Jean, comte d'Angoulême, la bibliothèque fondée à Pavie par les ducs de Milan,

les livres qui avaient appartenu à Pétrarque : en 1527, on y ajouta les livres des princes de la maison de Bourbon, ceux de la succession de Louise de Savoie et de Marguerite de Valois. En 1544, François 1er la fit transporter à Fontaine-

Ce qui reste de la Bibliothèque d'Alexandrie.

bleau. Dès lors elle ne fit plus que progresser chaque année, surtout depuis l'ordonnance de Henri II, en 1556, qui prescrit la remise d'un exemplaire en vélin et relié, de tout ouvrage imprimé par privilége. En 1790, lors de la suppression des couvents, la bibliothèque s'accrût des importantes collections de plusieurs communautés religieuses. Quoique la France ait moins de bibliothèques publiques que l'Allemagne, deux cents de ses villes en possèdent, dont plusieurs comptent au-delà de cinquante mille volumes, comme celles d'Aix, d'Amiens, de Besançon, de Dijon, de Grenoble, de Marseille, de Montpellier, de Rouen, de Strasbourg, de Toulon, de Troyes; quelques-unes, plus de 100 mille, comme celles de Bordeaux et de Lyon. — Paris a quarante bibliothèques, dont quatre principales, la bibliothèque *Nationale*, tour-à-tour, *royale* et *impériale;* la bibliothèque de l'Arsenal, la bibliothèque Mazarine et la bibliothèque Sainte-Geneviève ou du Panthéon. La première contient aujourd'hui plus de 900 mille volumes imprimés, 80 mille volumes manuscrits et plusieurs centaines de milliers de pièces historiques renfermées dans des cartons. La seconde, 180 mille volumes et 5,000 manuscrits; la troisième, 100 mille volumes et 4,000 manuscrits; la dernière, 163 mille volumes et 3,600 manuscrits. Les autres bibliothèques sont celles de la ville de Paris (50 mille volumes), du Louvre (55 mille volumes), du conseil d'État (36 mille), de la Chambre des députés (40 mille), de la Cour de cassation, du tribunal de première instance, des divers ministères, de la Préfecture, de l'Institut national (95 mille volumes), du Muséum d'histoire naturelle (13 mille volumes), de la Faculté de médecine (30 mille vol.), du collége de Louis-le-Grand, du collége de France, de l'École des Mines, de l'École polytechnique, du Conservatoire des Arts et Métiers, des Archives du royaume, etc., etc. (Voy. *Médailles* et *Estampes*.)

BICÉPHALES (de *bis*, deux, et *képhalé*, tête qui a deux têtes. Voyez *Monstres*.

BICHAT (Marie-François-Xavier), célèbre physiologiste, naquit à Thoiresse en Bresse, en 1771. Fils d'un médecin et destiné à suivre la même carrière que son père, il commença ses études médicales à Lyon et vint les terminer à Paris, où Desault professait avec éclat la chirurgie. Il devint l'ami de l'illustre professeur, l'aida dans ses travaux et publia ses œuvres après sa mort. Il entra, en 1797, dans la carrière du professorat et attira bientôt un nombreux auditoire par ses vues neuves et hardies. Laissant de côté la routine, il enseigna l'anatomie sous un point de vue tout nouveau; jusque-là on n'avait étudié les organes qu'en masse, Bichat démontra l'imperfection de ce système, et décomposant le corps humain en ses tissus élémentaires, il montra ceux-ci s'associant, se groupant pour former les divers organes. Ce médecin philosophe adopta les idées de Bordeu et de Barthez sur la force vitale; il chercha à coordonner les phénomènes de la vie en les groupant autour des forces diverses, sous l'empire desquelles ils s'accomplissent; il appela ces forces, *propriétés vitales*. Il distingua la vie animale et la vie organique; l'une, vie excentrique, qui a pour instruments matériels les organes au moyen desquels l'être vivant se met en rapport avec le monde extérieur; l'autre, la vie organique dont le caractère est de présider à la conservation et à la nutrition de l'animal, et qui a des organes en harmonie avec la spécialité de sa nature. Bichat a développé ces idées avec un talent admirable, dans son *Anatomie générale*. Il a publié en outre un

Traité des membranes, une *Anatomie descriptive* et des *Recherches sur la vie et la mort*. Nommé, en 1800, médecin de l'Hôtel-Dieu, il mourut deux ans après, le 22 juillet 1802, des

Monument funèbre de Bichat.

suites d'une chute, il avait 31 ans. — Quoique beaucoup des idées de Bichat ne soient déjà plus admises dans l'état actuel de la science, il en est plusieurs dont l'expérience de chaque jour confirme la justesse, et cet esprit supérieur eût plus que personne reculé les bornes de la science, s'il lui avait été donné de fournir une plus longue carrière.

BICHE. Voyez *Cerf*.

BICOQUE, village du royaume lombard-vénitien, à une lieue de Milan, célèbre par la bataille qu'y perdit l'armée française, le 29 avril 1522. Lautrec, chargé de la défense du Milanez, voulait bloquer l'armée impériale, retranchée à la Bicoque, et la forcer ainsi à se rendre à discrétion. C'était certainement une sage disposition; mais les mercenaires suisses, dont la solde était arriérée, espérant s'indemniser par le pillage du camp ennemi, demandèrent à grands cris de livrer.bataille, menaçant de faire défection si l'on n'accédait à leur demande. Lautrec se vit donc obligé d'engager l'affaire malgré lui. Ce fut la *journée de la Bicoque*. Les Suisses se condui-sirent d'abord avec la plus grande valeur, mais bientôt déconcertés par le courage flegmatique des Allemands, ils se dispersèrent, abandonnant la gendarmerie française, qui, malgré des prodi-ges de valeur, fut obligée de battre en retraite. Cette défaite eut des suites très importantes; la France perdit le Milanez.

BIDASSOA, rivière qui sépare la France de l'Espagne ; elle prend sa source à la cime du Bélat, l'une des crêtes des Pyrénées, entre Saint-Jean-Pied-de-Port et Maya, village espagnol ; française à son origine, elle parcourt un arc si-nueux. d'environ douze lieues dans le territoire espagnol , et devient commune aux deux pays, près de son embouchure. Elle se jette dans la mer de Biscaye, à côté de Fontarabie. La posses-sion de cette rivière a été le sujet de nombreuses contestations entre les deux pays qu'elle baigne; mais en 1510 des commissaires royaux, nommés des deux parts, réglèrent les droits de chaque pays. Chacune des deux rives dut appartenir au pays qu'elle baigne, et la rivière elle-même de-meura propriété commune ou neutre. En 1659, Mazarin et don Luis de Haro se réunirent dans une petite île formée par la Bidassoa et y jetèrent les bases du traité des Pyrénées. Cette île s'ap-pelle l'île des *Faisans* ou de la *Conférence.*

BIENS. On comprend en général, sous cette dénomination, tout ce qu'un homme possède en meubles ou immeubles, en argent, créances, droits, actions, etc. — On dit aussi les *biens d'une succession*, *d'une communauté*, *de l'État, des communes*, etc. — Les *biens* se di-visent en *biens meubles* et *biens immeubles.* On appelle *biens meubles* les objets qui peu-vent facilement être transportés d'un lieu dans un autre, soit qu'ils se meuvent par eux-mêmes, comme les animaux, soit qu'ils ne puissent chan-ger de place que par l'action d'une force étran-gère, comme les choses inanimées. — Les *biens* sont *meubles* par leur nature ou par la détermi-nation de la loi. On appelle *biens immeubles* ceux qui ne peuvent être mus, changés de place, comme les terres, les bâtiments. — Les *biens* sont *immeubles* par leur nature, par leur desti-nation ou par l'objet auquel ils s'appliquent.— Les bateaux, bacs, navires, moulins, bains sur bateaux et généralement toutes usines non fixées par des piliers et ne faisant point partie de la

maison sont meubles. Les matériaux procédant de la démolition d'un édifice, ceux rassemblés pour en construire un nouveau sont meubles, jusqu'à ce qu'ils soient employés dans une con-struction. — Les moulins et usines fixés sur pi-liers et faisant partie du bâtiment, les objets que le propriétaire d'un fonds y a placés pour le ser-vice et l'exploitation de ce fonds sont immeu-bles par destination ; ainsi, les animaux attachés à la culture, les ustensiles aratoires, les semences données au fermier sont immeubles à ce titre. Pour les *biens des mineurs*, *de la commu-nauté*, *dotaux*, *communaux*, etc., voyez les articles : *Mineur, Communauté*, *Dot*, *Com-mune*, etc.

Les *biens nationaux* sont ceux qui furent confisqués d'autorité et au profit de la nation, à l'époque de la révolution de 1789, et qui prove-naient de l'ancien domaine du roi, du clergé, des corporations civiles et religieuses, des émi-grés et des condamnés révolutionnairement. La Charte de 1814, art. 9, et celle de 1830, art. 8, en ont déclaré la propriété inviolable, dans l'in-térêt de ceux qui les ont acquis. (Voyez *Clergé, Domaines nationaux*, etc.)

BIÈRE, liqueur alcoolique résultant de la fermentation de l'orge. On prétend que l'art de fabriquer la bière a été inventé en Egypte. Ta-cite dit que les Germains avaient un breuvage fait avec de l'orge, et converti par la fermenta-tion en une espèce de vin. L'usage de la bière est plus répandu que celui du vin; cette boisson contient moins d'alcool que le cidre et le vin, et est par conséquent moins enivrante. Elle nour-rit, excite légèrement les organes de la digestion et est évidemment diurétique.

Préparation de la bière. On plonge l'orge dans l'eau pendant quarante-huit heures, afin de la disposer à la germination. On l'étend en-suite sur un plancher, et au bout de vingt-quatre heures, on le retourne deux fois par jour; afin qu'il ne s'échauffe pas trop. Vers le cinquième jour, il se manifeste des signes extérieurs de ger-mination que l'on arrête vingt-quatre heures après, de peur que la fermentation acide ne sur-vienne ou que le sucre ne soit entièrement ab-sorbé par les germes. Pour cela, on soumet l'orge à une température de 60°, dans une étuve qu'on appelle *touraille*. Alors les germes qu'on nomme *touraillons* se détachent par le frottement, et l'orge, séché et séparé de ses germes ; prend le nom de. *drèche* ou *malt*. La germination que l'on provoque a pour but de détruire la majeure partie de l'hordeine et d'augmenter la quantité de sucre. L'orge est ensuite grossièrement moulu et mis en contact pendant deux ou trois heures avec de l'eau à 80°, dans une cuve à double fond ; le fond supérieur est percé de petits trous coniques dont la pointe est en haut, afin que la fécule ne les bouche pas. On renouvelle souvent l'eau qui finit par s'emparer du sucre, de l'albumine, d'une matière analogue au ferment, du mucilage de l'amidon modifié, d'un peu de gluten et de tannin. On concentre la liqueur et on y ajoute du houblon dont le principe amer très soluble retarde la fermentation acide et dont la quantité équivaut en poids 0,002 ou 0,003 de la drèche ou malt. On la fait refroidir promptement, et lorsque sa température est seulement à 12°, on l'introduit dans une grande cuve et on délaie un peu de levure. Bientôt après la fermentation se développe, et aussitôt qu'elle s'apaise, on verse la liqueur dans de petits tonneaux qu'on laisse ouverts pendant plusieurs jours, afin que l'écume qui se forme puisse trouver une issue et l'acide carbonique se dégager. Lorsque la bière ne donne plus d'eau, on la colle, et trois jours après, lorsque le dépôt est entièrement formé, on la met en bouteilles ; mais elle ne mousse qu'au bout de huit à dix jours.

BIÈVRE (Maréchal, marquis DE), né en **1747**, petit-fils de George Maréchal, premier chirurgien de Louis XIV, se rendit célèbre par le nombre de calembourgs et de bons mots qu'il mit à la mode. Il servit d'abord dans les mousquetaires, et s'acquit bientôt une grande réputation par ses réparties et ses jeux de mots. Outre ses recueils de calembourgs, il fit représenter une comédie en cinq actes et en vers, le *Séducteur* (1783). Il mourut en 1789 aux eaux de Spa ; jusqu'à son dernier soupir il conserva son esprit et sa gaîté. « Mes amis, je ne me tirerai point de Spa (de ce pas), disait-il à ceux qui l'entouraient.» Ayant tenté inutilement de se faire admettre à l'Académie, et l'abbé Maury l'ayant emporté sur lui, il s'en consola en citant ce vers connu :

Omnia vincit amor et nos cedamus amori (à Maury).

On a publié, en 1800, sous le titre de *Bièvriana*, un recueil de ses calembourgs.

BIÈVRE. Voyez *Gobelins*.

BIGAMIE. Le crime de bigamie consiste dans le fait de contracter un second mariage avant la dissolution du premier. La bigamie n'est un crime que relativement aux mœurs du pays ; il

existe en effet des sociétés où l'état d'un individu mari de plusieurs femmes et *vice versà* est l'état ordinaire et légal. (Voyez *Polygamie*.) Chez les Romains, le coupable était noté d'infamie, mais la peine était abandonnée à l'arbitrage du juge. En France, très anciennement, le crime de bigamie était puni de la peine capitale, puis on se contenta d'envoyer le coupable aux galères. De nos jours, le Code pénal statue de la manière suivante sur la bigamie : Quiconque, étant engagé dans les liens du mariage, en aura contracté un autre avant la dissolution du précédent, sera puni de la peine des travaux forcés à temps. L'officier public qui aura prêté son ministère à ce mariage, connaissant l'existence du précédent, sera condamné à la même peine. La poursuite du crime de bigamie appartient au ministère public qui, outre la punition des coupables, fait prononcer la nullité du second mariage.

BIGORRE, province de la Gascogne, entre le Béarn et le Nébouzan. Cette contrée, séparée de l'Espagne par les Pyrénées, tire son nom de ses premiers habitants, les Bigerrones. Le Bigorre, après avoir passé de la domination des Romains sous celle des Visigoths, au commencement du vᵉ siècle, et au vıᵉ, sous celle des Francs, fit partie du duché de Gascogne. Il fut définitivement réuni à la couronne en 1607, par Henri IV. — Tarbes était la capitale du Bigorre, dont les autres villes principales étaient Antin, Ibos, Lourdes, Luz, Campan, Bagnères, Baréges, etc. Il forme aujourd'hui le département des *Hautes-Pyrénées*. (Voyez ce mot.)

BIJOUTIER, **BIJOUX**. Le mot *bijou* a pour étymologie, comme les mots *jeu*, *joyeux*, *joyaux*, le *jocus* des latins, précédé de la monosyllabe *bi* dérivé de *biau* ou *beau*. Le bijoutier est celui qui fabrique ou vend les bijoux. Aujourd'hui, on fabrique des bijoux avec un grand nombre de matières : pour ceux qui véritablement sont d'or ou d'argent, voyez *Orfèvre ;* pour les diamants et pierres fines, *Joaillier*, et tout ce qui se fabrique avec l'écaille, l'ivoire, la nacre de perles, le mot *Tabletier*.

BILAN (du latin *bilanx*, balance). C'est l'état balancé de l'actif et du passif qu'un négociant en faillite est tenu de déposer au greffe du tribunal de commerce du lieu de son domicile. La loi veut que le *bilan* soit composé de cinq parties distinctes : 1° d'un état détaillé de tous les effets mobiliers et immobiliers du failli, contenant aussi leur évaluation ; 2° d'un état de ses dettes actives et passives, où il doit énoncer les sommes qui lui sont dues et les noms de chacun de ses débiteurs; les sommes qu'il doit, et les noms de chacun de ses créanciers connus ou présumés; 3° d'un tableau de ses profits et pertes, qu'il doit y exposer avec fidélité pour qu'on puisse y puiser les renseignements propres à faire apprécier les causes et les circonstances de sa faillite ; 4° d'un tableau de ses dépenses, pour justifier qu'il n'a point dissipé follement son avoir ; 5° de la balance de son actif et de son passif, pour établir et fixer sa situation. Le *bilan* doit être conforme à ses livres, et embrasser au moins la période de dix ans, pendant laquelle la loi lui impose l'obligation de les conserver : il doit être certifié véritable, daté et signé par le failli ou par son fondé de pouvoirs.

On dit d'un négociant qu'*il dépose son bilan* pour exprimer qu'il se déclare en état de faillite. (Voy. *Faillite.*) On appelle encore bilan le solde du grand livre ou d'un compte particulier, ou la clôture d'un inventaire.

BILE (*bilis*). La bile est un liquide qui est sécrété par le foie et qui coule de cet organe dans le duodénum, par un conduit particulier, auquel en aboutissent deux autres, dont l'un sert à l'écoulement du suc pancréatique, et dont l'autre mène à la vésicule biliaire. Cette dernière est placée immédiatement sur la face inférieure du foie. La bile a une couleur verte; sa saveur est amère, et son odeur particulière est nauséabonde. La bile qui est contenue dans la vésicule est mucilagineuse, et très souvent épaisse et filante. MM. Frommberz et Gugest, qui se sont occupés de l'analyse de la bile, ont trouvé dans celle de l'homme les matériaux suivants : du mucus, de la matière colorante, de la matière salivaire, de la matière caséeuse, de l'extrait de viande, de la cholestérine, du sucre biliaire, de la résine biliaire, des oléates, des margarates, carbonates, phosphates de soude et de potasse, du sulfate et du carbonate de chaux. — La bile est susceptible d'éprouver des altérations morbides assez notables, qui, le plus ordinairement, sont dues à des affections du foie, mais qui sont encore peu connues. Ainsi, on a trouvé la bile quelquefois très acide, d'autres fois jaune et épaisse comme du blanc d'œuf; Mascagni en a rencontré de violacée, etc. — On est encore peu certain du véritable but auquel tend la formation de la bile dans le corps; les physiologistes sont partagés d'opinion sur ses usages dans notre économie; les uns pensent que ce liquide exerce une influence essentielle et chimique dans l'acte de la digestion, d'autres pensent au contraire qu'elle ne joue aucun rôle dans cette fonction importante de la vie, et qu'elle n'a été créée que pour être évacuée. Cette dernière opinion ne nous paraît guère soutenable. Dans les arts, la bile sert à enlever les taches de graisse sur les étoffes; on la mêle avec certaines couleurs employées par les peintres, et la médecine l'administre comme tonique, comme amer, soit à l'intérieur, soit à l'extérieur, sous forme d'extrait, en bols ou en pilules.

BILL. Ce mot anglais, qui signifie *loi*, désigne plus particulièrement un projet de loi présenté par écrit au parlement d'Angleterre. Un bill se propose, se discute et se vote, en Angleterre, dans la chambre des communes et dans celle des lords, comme nos lois en France. Ce n'est qu'après avoir été approuvé par les deux chambres et sanctionné par le roi, que ce projet devient acte du parlement et prend le nom de *statut du royaume.*

BILLARDIÈRE (du nom du voyageur français *Labillardière*). Genre de plantes dicotylédonées polypétales hypogynes, famille des Pittosporées. Ce sont des arbrisseaux grimpans, à feuil-

1. fleur. 2. fruit.

les alternes, entières, crénelées, à fleurs jaunes, portées sur des pédoncules simples, solitaires uniflores, pendant du sommet des rameaux. Le fruit est une capsule à parois épaisses et coriaces anguleuses. On en cultive dans les jardins 4 ou 5 espèces, toutes propres à la Nouvelle-Hollande. Nous avons figuré la *Billardière grimpante*.

BILLAUD-VARENNES (J.-Nicolas), naquit près de la Rochelle en 1760. D'abord préfet des études au collége de Juilly, il vint à Paris en 1785, et fut reçu avocat au parlement. Lorsque éclata la révolution de 1789, il embrassa avec ardeur les idées nouvelles, et attaqua les ministres de Louis XVI dans un écrit virulent (*Despotisme des ministres de France*, 1790). Dès l'origine, il fit partie de la société des Amis de la Constitution, devenue célèbre sous le nom de *Société des Jacobins*, et se lia avec Danton, Robespierre et Marat. On l'accuse d'avoir dirigé, de concert avec Danton, les sanglantes journées de septembre. Elu par les électeurs de Paris à la Convention, il prit place parmi les plus ardents montagnards, et poursuivit avec acharnement Louis XVI et les girondins. Il vota contre l'appel au peuple, et demanda la mort du *tyran* dans les vingt-quatre heures. Le 15 juillet, il fit décider la mise en jugement des girondins. Nommé président de la Convention et membre du Comité de salut public, il organisa avec Robespierre le système de la terreur, mais il se sépara de ce dernier lorsqu'il fut accusé d'aspirer à la dictature ; il fut même un des premiers qui parlèrent contre lui dans la séance du 9 thermidor. Le 1er avril 1795, il fut condamné à la déportation avec Collot-d'Herbois, Barrère et Vadier. Il parvint, dit-on, à s'évader de Cayenne et se réfugia à Saint-Domingue où il fonda un pensionnat. Il y mourut en 1819. Il est resté de lui quelques écrits ; mais ses *Mémoires*, publiés en 1823, paraissent apocryphes comme tant d'autres.

BILLAUT (Adam). Voy. *Adam* (Maître).

BILLET. Les billets de commerce sont de deux sortes, les lettres de change (voy. *Change*) et les billets à ordre. Le billet diffère de la lettre de change, en ce qu'il énonce que la somme qu'il représente peut être payée dans le lieu même où il a été souscrit. La durée d'un billet à ordre est fixée le plus souvent à quatre-vingt-dix jours, à partir de la date de sa création. Le défaut de paiement n'entraîne la con-

trainte par corps maintenant que pour une somme excédant deux cents francs, et encore faut-il que le créateur de l'effet soit négociant. (Voyez *Protêt*, *Prescription*.)

BILLON (*monnaie de*), menue monnaie d'un titre inférieur à l'argent et supérieur au cuivre. Cette monnaie est composée d'un mélange métallique ; les petites pièces de dix centimes, fabriquées sous le consulat et l'empire, sont les dernières qui aient été frappées. Cette fabrication n'a plus lieu depuis longtemps.

BIMANE (de *bis* et *manus*, qui a deux mains). Ce mot s'applique au seul genre *homme*. (Voyez.) L'homme est en effet le seul être vivant qui soit à la fois bimane et bipède. Les singes sont *quadrumanes*. (Voyez *Singes*.)

BIMANES. Cuvier a donné ce nom à un genre de reptiles qui n'ont que deux membres antérieurs, et qui forment le passage des sauriens

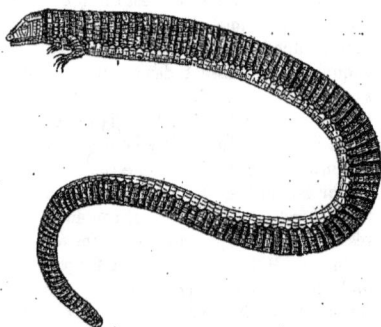

Chirote mexicain.

aux serpents. Ces singuliers animaux ressemblent assez à des lézards très allongés, mais leur corps est tout d'une venue, sans renflement qui distingue la tête du corps, ni celui-ci de la queue, et les écailles, au lieu d'être disposées comme des tuiles, sont rectangulaires et forment des bandes transversales qui n'empiètent point les unes sur les autres. Leurs mâchoires sont garnies tout autour de petites dents serrées. L'espèce la mieux connue de ce genre curieux est le chirote du Mexique ou bimane cannelé. Ses deux pieds placés près du cou sont courts, à quatre doigts chacun avec un vestige de cinquième. — Il a

20 à 25 centimètres de long, est gros comme le petit doigt, couleur de chair. La rencontre des anneaux du dos et de ceux du ventre forme de chaque côté du corps une cannelure. On connaît peu les mœurs de cet animal qui vit d'insectes et habite le Mexique.

BIMBELOTIER (du mot *bimbelot*, jouet d'enfant, bagatelle), fabricant ou marchand de jouets d'enfants et d'une foule de petits objets. Cet art, qui en résume une infinité d'autres, est originaire de l'Allemagne. Ce sont les habitants de la Forêt-Noire qui, pendant longtemps, ont été en possession d'exploiter ce genre d'industrie; aujourd'hui, il est très répandu en France. La bimbeloterie comprend les jouets d'enfants dont les formes varient à l'infini, chevaux, carrosses, meubles, poupées, armées en plomb, ustensiles de ménage, etc., dont l'énumération serait trop longue. La plus importante manufacture de bimbeloterie est celle de Valenciennes, le petit village de Saint-Claude (Jura) produit considérablement de ces petits objets, dont le débouché, à certaines époques de l'année, est très considérable.

BINAGE. Voyez *Labourage*.

BINOCLE. Voyez *Lunettes*.

BINÔME (de *bis*, deux, et *nomos*, terme). On désigne sous ce nom toute expression algébrique formée de deux termes, liés par les signes *plus* où *moins*. Ainsi $a + b$, $a^3 - bc^2$, sont des binômes. (Voyez *Algèbre*.)

BIOGRAPHIE (du grec *bios*, vie, et *graphô*, j'écris). La biographie a pour objet d'exposer avec plus ou moins de détails l'histoire individuelle des hommes qui, à un titre ou à un autre, se sont acquis quelque célébrité. Les *Vies des hommes illustres* de Plutarque sont d'admirables biographies. Cornélius Nepos, Tacite, dans la vie d'Agricola, Quinte-Curce et Suétone entre les anciens, nous ont encore laissé de fort beaux monuments en ce genre; mais on ne saurait dire que leurs ouvrages fussent conçus sur le même plan que nos biographies modernes. Ces écrivains ne composaient la vie que de certains héros de choix qu'ils offraient en quelque sorte en exemple au reste des hommes. Ce sont des biographies *individuelles*; telles sont encore la vie de Descartes, par Baillet; celle de Théodose, par Fléchier; les histoires de Fénelon et de Bossuet, par le cardinal de Bausset, etc. On a encore des biographies *spéciales*, comme la vie des anciens philosophes de Diogène Laërce, les vies des grands capitaines de Cornélius Nepos; les vies des saints, par Baillet; des grands capitaines, par Brantôme; des marins célèbres, par Richer, etc.; ou *collectives*, comme les *Vies des hommes illustres* de Plutarque; *Degli uomini famosi*, par Pétrarque; les *Hommes illustres* de Perrault, etc. Les anciens ne nous ont pas transmis de modèles de *Biographie universelle*, genre d'ouvrage où se trouvent réunies en un seul corps des notices historiques sur les personnages célèbres de tous les temps et de tous les pays. Juigné de la Boissinière est le premier qui ait publié en France un Dictionnaire historique dont la huitième édition est de 1645. Vinrent ensuite les fameux Dictionnaires de Moréri et de Bayle.

Depuis un demi siècle, les biographies spéciales et générales sont devenues si nombreuses qu'il serait fort difficile de mentionner toutes celles qui ont été publiées. La plus complète jusqu'ici, et pour ainsi dire la plus monumentale, est sans contredit celle connue sous le titre de *Biographie universelle*, des frères Michaud, qui, avec les suppléments, a plus de 60 volumes in-8°.

BION. Plusieurs hommes célèbres de l'antiquité ont porté ce nom. Les plus connus sont *Bion* de Smyrne, poète grec, contemporain de Théocrite et son rival. Il ne nous reste de lui que quelques idylles qui font regretter celles que le temps nous a ravies. Elles ont été traduites en français par Gail, en 1795.

Bion le Borysthéniste, philosophe scythe de la secte des cyniques, qui se distingua en même temps comme poète et musicien. Il excella surtout dans la satire, et fronda impitoyablement les superstitions de son siècle, ce qui le fit accuser d'athéisme. Il vivait 240 ans avant Jésus-Christ.

BIPÈDE (de *bis* et *pes*, qui a deux pieds). On désigne sous ce nom tous les animaux pourvus de deux pieds; tels sont l'homme et les oiseaux. C'est ce qui donna lieu à la plaisanterie de Diogène, qui, pour réfuter cette définition de Platon : « l'homme est un bipède sans plumes, » lâcha dans son école un coq plumé, et s'écria : « Voilà l'homme de Platon. »

BIRAGUE (Réné DE), né à Milan en 1507, entra au service de la France; nommé conseiller au parlement de Paris par François Ier, il jouit de la faveur de Henri II et de Charles IX, et devint le confident de Catherine de Médicis. Il fut l'un des auteurs et même, si l'on en croit quelques écrivains, le principal instigateur du massacre de la Saint-Barthélemy. Après la mort de L'hospital il fut fait chancelier. Il prit part aux plaisirs et aux mascarades de Henri III, qui obtint pour lui le chapeau de cardinal (15̅ 8̅). Il mourut en 1583, âgé de 73 ans, et ayant dépensé dans les plaisirs une immense fortune.

BIREN ou BUREN, fils d'un serviteur du duc de Courlande, sut se faire distinguer de la duchesse Anne Ivanovna, et devint le favori de cette princesse lorsqu'elle monta sur le trône de Russie (1730). L'impératrice le nomma grand chambellan, lui donna des terres considérables et le fit comte de l'empire. La noblesse ne vit pas d'un bon œil l'élévation de ce parvenu, et Biren ne se maintint qu'en exilant ou en faisant périr dans les supplices tous ceux qui lui faisaient ombrage. Il se fit élire duc de Courlande, malgré l'opposition des grands, et cimenta sa puissance en faisant couler des flots de sang. Mais son ambition n'était pas encore satisfaite, et il se fit déclarer régent du royaume pendant la minorité d'Ivan Antonowitch, dans le cas où l'impératrice mourrait avant la majorité de ce prince. Ce cas arriva le 28 octobre 1740, et Biren se fit reconnaître régent, puis il régna en maître absolu, au nom d'un enfant qu'on soupçonnait de vouloir déshériter en faveur de son propre fils qu'il aurait uni à la grande princesse Elisabeth. Il était au comble de la puissance, lorsque le feld-maréchal Munnich, qui avait jusque-là secondé le favori, voyant que ses services ne recevaient pas la récompense qu'il en avait attendue, proclama la princesse Anne grande duchesse et régente, et fit arrêter Biren qui fut envoyé en Sibérie (1741). Une nouvelle révolution de palais eut lieu un an après, et Munnich alla remplacer dans l'exil Biren, qui, rappelé par l'impératrice Elisabeth, vécut cependant éloigné de la cour. Catherine II lui rendit son duché de Courlande qu'il résigna à son fils en 1766. Il mourut en 1772. Pendant sa faveur, il gouverna avec une cruauté inouïe, mais non sans gloire. (Voyez *Anne Ivanovna*.)

BIRMANS (*Empire des*). Cet Etat, situé dans la presqu'île au-delà du Gange, est compris entre 9° 27' de latitude nord, et entre 89° 30' et 98° 40' de longitude est. Il est borné au nord par le Thibet, au sud par le golfe de Bengale et de Siam, à l'ouest par le golfe de Bengale, et à l'est par la Chine et le territoire de Siam. Sa longueur est de 500 lieues, et sa largeur de 200. — Les principales rivières sont l'Arakan, qui, après avoir baigné les murs de la ville de ce nom, se jette dans le golfe du Bengale; l'Irraouaddy, ou la grande rivière d'Ava, qui prend sa source dans le Thibet et arrive dans le même golfe par plusieurs embouchures, et le Kiu-Duem, qui coule du nord-ouest jusqu'aux confins de l'empire Birman. — L'air y est généralement salubre, et les saisons très régulières. Le sol des parties méridionales est d'une grande fertilité, et produit autant de riz que le Bengale. Les provinces du nord sont moins riches en moissons, parce que c'est un pays irrégulier et montueux; mais la fertilité est la même dans les plaines et les vallées. Le froment, des légumes, des cannes à sucre, l'indigo, le coton, le tabac de qualité supérieure, et tous les fruits des tropiques se trouvent en abondance dans ce délicieux pays. Le teck, arbre dont le bois est excellent pour la construction des vaisseaux, remplit toutes les forêts. Il y a de fort beaux sapins dans les montagnes qui sont à quatre journées au nord de la capitale. — Il y a des singes, des rhinocéros, des tigres et des éléphants; on trouve, surtout dans la province de Pégu, des éléphants blancs. On tire des mines de l'or, de l'argent, de l'étain, du fer, et presque tous les métaux. On y rencontre aussi des pierres précieuses, de l'ambre et du naphte. — On évalue la population de l'empire Birman à 7 ou 8 millions d'âmes. — Les Birmans ressemblent beaucoup aux Chinois, leur nourriture principale consiste en riz et en poissons. Les femmes sont bien faites et très blanches; elles conservent toute leur liberté et sont actives et laborieuses; c'est à elles seules que tous les travaux de l'intérieur sont confiés. Les Birmans sont monogames, leur culte est le bouddhisme et ils croient à la métempsycose. Ils passent pour avides, rusés et querelleurs. Comme tous les peuples de l'Asie, ils professent le plus profond respect pour leurs souverains. L'empereur exerce le despotisme le plus absolu, et son pouvoir est illimité. Il choisit son successeur parmi ses fils. Sa résidence est *Oumerapour*, capitale actuelle de l'empire Birman, bâtie depuis peu de temps avec les débris de l'ancienne capitale *Ava*. Les maisons sont en bois, à l'exception de quelques temples et de la citadelle. On y admire le *temple d'Arakan*, orné de sculptures et de 250 hautes colonnes de bois doré, chacune d'un seul tronc. On y révère la figure colossale de *Gantama*. Les villes les plus importantes sont ensuite Saïgang, Pégu, Rangonn, etc. Les Anglais possèdent aujourd'hui les provinces méridionales de l'empire Birman, qu'ils se sont fait céder par le traité de 1826, à la suite

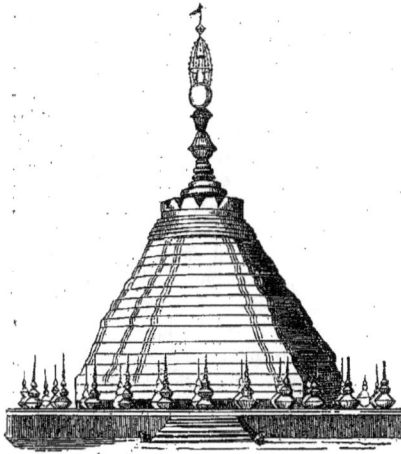

Pagode de Pégu.

d'une guerre qu'ils surent habilement amener et dont ils sortirent vainqueurs.

BIRMINGHAM, une des villes manufacturières les plus importantes de l'Angleterre, située dans le comté de Warwick, au milieu d'un pays riche en mines de fer et de charbon, et près de la rivière Rea, n'était au xiie siècle, sous le règne d'Alfred le-Grand, qu'un petit bourg habité par des tanneurs. Depuis la seconde moitié du dernier siècle, cette ville a pris un accroissement extraordinaire, grâces à son immense industrie, dont les produits aussi parfaits que variés en ont fait le grand atelier de l'Angleterre. Ses fabriques d'armes, de bijouterie d'acier, dont Bolton poussa l'art si loin, et surtout ses fabriques de machines à vapeur et de quincaillerie, ne connaissent pas de rivales. A Soho, l'un de ses faubourgs, se trouvent les immenses ateliers de Bolton et Watts, où l'on admire, entre autres machines ingénieuses, la grande fabrique d'armes qui, pendant les guerres de la révolution de France, a fourni au gouvernement anglais 14,500 fusils par semaine; et celle pour battre la monnaie, avec laquelle on frappe 30 à 40,000 pièces par heure. Quoique Birmingham se trouve presque au milieu de l'Angleterre, dont elle est la plus centrale de toutes les grandes villes, elle

n'en communique pas moins avec tous ses principaux ports par le moyen des canaux qui y aboutissent. Le canal de Fazeley, qui se joint à celui d'Oxford et de Grand-Tronc, met Birmingham en communication avec Londres, Hull, Manchester et Liverpool, tandis que le Vieux-Canal lui facilite les arrivages des produits des mines de fer et de charbon du comté de Stafford. Cette ville se trouve ainsi en communication avec les mers qui entourent l'Angleterre. Cette heureuse situation, que l'art a su rendre encore plus favorable, donne une étendue immense à son commerce, et facilite l'exportation des produits de ses fabriques, qui se répandent dans toutes les parties du monde. Birmingham est généralement parlant moins belle et moins propre que les autres grandes villes de l'Angleterre. Ses bâtiments les plus remarquables sont : le théâtre, qui est le plus grand parmi ceux que l'on trouve dans les provinces; le magnifique magasin de M Jones (manufactory and show rooms), qui peut soutenir la comparaison avec tout ce qu'il y a de plus beau en ce genre à Londres et à Paris; celui de M. Thomassen, qui vient immédiatement après; les bâtiments de la fabrique de Soho, où les escaliers, les planchers et le toit sont en fer fondu; les églises Christ-Church et Saint-George; le bâtiment de l'Athénée, la bibliothèque de la ville, une des plus riches parmi celles des provinces; l'Athénée, l'Institut des sourds-muets et la Société philosophique sont ses principaux établissements publics. — On peut juger du progrès de la prospérité industrielle de Birmingham par l'accroissement de sa population. En 1801, cette ville comptait 73,670 hab.; en 1831, 118.914, et aujourd'hui (1851, environ plus de 180,000 âmes. Les environs de Birmingham, jusqu'à plusieurs lieues à la ronde, ne sont pour ainsi dire qu'une série non interrompue d'usines et d'ateliers.

BIRON, illustre famille de France, qui a fourni plusieurs hommes remarquables.

BIRON (Arnaud de Gontaut, baron DE), maréchal de France, l'un des plus grands capitaines de son temps, naquit en 1524. Il fut élevé parmi les pages de Marguerite, reine de Navarre, et se distingua dans les guerres du Piémont. Quoiqu'il penchât secrètement pour les huguenots, il prit parti contre eux et assista aux batailles de Dreux, de Saint-Denis et de Montcontour. Nommé grand-maître de l'artillerie (1569), il fut chargé de conclure avec les huguenots la paix dite de Saint-Germain. Fait maréchal de France en 1577, il commanda successivement en Guyenne et dans les Pays-Bas. Après la mort de Henri III, Biron s'attacha à la fortune de Henri IV, et lui rendit d'éminents services aux journées d'Arques et d'Ivri. Il fut emporté par un boulet au siége d'Epernay, en 1592.

Biron (Charles de Gontaut, *duc de*), fils du précédent, hérita des brillantes qualités militaires de son père; né en 1561, il avait à peine 14 ans qu'il était déjà colonel des Suisses. Il combattit toujours aux côtés du roi, se couvrit de gloire et mérita l'amitié de Henri IV, qui le fit maréchal-de-camp, lieutenant-général, puis maréchal de France en 1594. Il fut ensuite nommé gouverneur de la Bourgogne et fait duc et pair en 1598. Malgré tant de bienfaits, et quoique Henri lui eût sauvé la vie au combat de Fontaine-Française, Biron, esprit vain et léger, poussé par l'ambition et la cupidité, traita avec l'Espagne et la Savoie, et s'engagea à soutenir les rebelles que leurs émissaires parviendraient à soulever en France. Ce complot fut découvert par le roi, qui fit des reproches à Biron et lui pardonna. Mais le maréchal continua ses menées. Arrêté par ordre du roi, Biron nia tout; mais ses écrits donnaient des preuves non équivoques de sa trahison. Jugé et condamné à être décapité, cette sentence fut exécutée le 31 juillet 1602. Le maréchal de Biron avait 40 ans. Le petit-neveu de ce maréchal de Biron, *Charles-Armand*, fut également maréchal de France.

Armand-Louis de Gontaut (duc de Biron), est plus connu sous le nom de *Lauzun*. (Voyez.)

BISCAYE (*Viscaya*), province d'Espagne bornée au N. par la baie de Biscaye, à l'E. par le Guipuscoa, au S. par l'Alava, à l'O. par l'intendance de Burgos. Le chef-lieu est Bilbao avec un port et 15,000 âmes; c'est le grand entrepôt des laines d'Espagne destinées à l'exportation, et une des villes les plus commerçantes du royaume. La Biscaye est traversée par des montagnes très boisées, où l'on rencontre du gibier en quantité; les rivières qui l'arrosent sont sans importance, mais très poissonneuses. Le climat est salubre. Les villes principales après Bilbao sont : Vitoria, Saint-Sébastien, Vergora, Somorrostro, renommé pour ses mines de fer. — La Biscaye était habitée du temps des Romains par les *Cantabri* et les *Antrigones*. Cette province fut réunie à la couronne de Castille en 1479.

BISCAYE (*golfe de*). Voyez *Gascogne* (golfe de).

BISCAYEN, petit boulet de fer battu, de divers calibres, dont on charge les canons pour lancer ces projectiles à la distance de 4 à 600 mètres. On range les biscayens par couches dans les boîtes à cartouches, en mettant au fond un culot de fer battu qui leur communique toute l'action de la charge.

BISE. Voyez *Vents*.

BISMUTH. Les anciens confondaient ce métal avec le plomb et l'étain. A l'état pur, il ressemble beaucoup à l'antimoine. Il se trouve à l'état natif de sulfure simple ou composé d'arséniure, de phosphosilicate. On exploite presque toujours le bismuth natif; et, comme il est très fusible, il suffit de le chauffer dans des creusets pour obtenir des culots. On emploie le bismuth pour faire le blanc de fard, pour faire les alliages fusibles et pour préparer quelques émaux. Il est d'un blanc gris un peu rougeâtre, à structure lamelleuse éclatante. Il s'obtient facilement, cristallise en trémies dérivées du cube. Pur, il est ductile. Il est peu tenace. Un peu moins dur que le cuivre. Sa densité est 9,822. Il fond à 247°. Il est volatil à 30° du pyrom., se ternit un peu à l'air humide, s'oxyde facilement par le grillage, et ne décompose l'eau dans aucune circonstance. Il se dissout dans l'acide nitrique et dans l'eau régale. Il n'est pas sensiblement attaqué à froid par l'acide chlorhydrique et sulfurique. L'acide sulfurique concentré le dissout à chaud. Il se combine directement au soufre et au sélénium, et a très peu d'affinité pour le phosphore. Chauffé dans le chlore, il s'enflamme et se convertit en chlorure. Il s'allie très bien avec la plupart des métaux.

BISON, espèce du genre *Bœuf*. (Voyez.)

BISSEXTILE. Voyez *Année*.

BISSON (Hippolyte), né à Guéméné (Bretagne), en 1796, était lieutenant de marine; chargé, dans l'expédition de Grèce, du commandement d'un brick capturé, il fut séparé des autres navires par un coup de vent. Le soir même il fut attaqué avec furie par deux navires ennemis; l'équipage, composé de 15 hommes, lutte avec une admirable intrépidité contre 130, mais enfin le nombre l'emporte, 9 Français sont tombés et le pont est envahi; alors Bisson, n'écoutant que son courage, crie à ses compagnons : « *Sauvez-vous, jetez-vous à la mer,* » puis il se précipite vers les poudres, une mèche à la main, et fait sauter le navire plutôt que de se rendre

(6 nov. 1827). Les chambres votèrent à la sœur de Bisson une pension de 1,500 fr. à titre de récompense nationale, et par ordre du roi, un monument fut élevé à Lorient pour perpétuer le souvenir de cette action héroïque.

BISTORTE (de *bis*, deux fois, et *tortus*, tortueux), espèce de plante du genre *polygonum*, qui croît dans les pâturages et les prairies dans presque toute l'Europe tempérée. Sa tige est simple, haute d'un pied environ, terminée à son sommet par un épi dense de petites fleurs roses; ses feuilles sont ovales, pétiolées, entières; la racine à peu près de la grosseur du doigt,

deux fois coudée sur elle-même (d'où son nom), est brune et rugueuse extérieurement, rougeâtre en dedans; son odeur est presque nulle; sa saveur très astringente. Elle contient une grande quantité de tannin. Aussi l'emploie-t-on en médecine comme un des médicaments astringents indigènes les plus énergiques, dans les diarrhées chroniques, le scorbut et même les fièvres intermittentes.

BISTOURI, petit couteau à l'usage des chirurgiens, servant à diviser les parties molles; son nom vient de *Pistori*, ville où était une fabrique renommée de ces instruments.

La forme des bistouris varie suivant l'usage auquel on les destine. C'est ordinairement une lame d'acier trempé, à tranchant très fin, montée à charnière sur un manche tantôt semblable à celui d'un rasoir, tantôt garni à la façon des couteaux de poche, d'une pièce destinée à rendre le tout fixe; la lame peut être aiguë et droite, ou bien courbe et tranchante sur sa convexité ou sa concavité, ou même tranchante des deux côtés.

BISTRE, couleur brune un peu jaunâtre, formée de suie détrempée, dont les artistes se servaient autrefois pour le dessin et le lavis sur papier. Les peintres anciens ont fréquemment employé cette couleur pour jeter sur le papier les premières pensées de leurs tableaux. On se sert aujourd'hui pour le lavis d'encre de Chine ou de *sépia*. (Voyez.)

BITAUBÉ (P.-Jérémie), né en 1732, à Kœnigsberg (Prusse), d'une famille protestante réfugiée, se distingua de bonne heure par ses écrits. Il publia, en 1764, une traduction de l'Iliade, qui attira sur lui les regards de Frédéric. Ce prince le nomma membre de son académie, et lui accorda une pension. Ce ne fut que vingt ans après qu'il fit paraître la traduction de l'Odyssée. Son poème en prose de l'épisode si touchant de *Joseph* fut aussi bien accueilli que ses traductions. La révolution de 89 vint lui rendre ses droits de français, et l'enthousiasme lui inspira son poème de *Guillaume de Nassau ou les Bataves*. Mais bientôt les passions révolutionnaires vinrent troubler sa vie paisible; ami de Brissot et de Roland, il fut déclaré suspect et jeté comme tel dans les cachots. Le 9 thermidor vint lui rendre la liberté, et il fut ensuite nommé à la troisième classe de l'Institut. Il mourut en 1808. Ses œuvres complètes ont été publiées en 9 vol. in-8°, 1804.

BITUME. Cette substance, qui est le résultat de la décomposition des matières végétales, se subdivise ainsi : *bitume solide* ou *asphalte*, dont l'aspect est le même que celui de la houille, dans les filons de laquelle on le rencontre quelquefois. Chauffé, il répand une odeur de poix; sa combustion est accompagnée d'une flamme claire et vive, et d'une fumée noire et épaisse. — *Bitume glutineux* (vulgairement poix minérale) on *pissasphalte;* même caractère que le précédent. — *Bitume résinite,* parce qu'il ressemble à la résine. — *Bitume élastique* ou *caoutchouc minéral,* sec dur ou flexible et mou. — Le bitume liquide prend le nom de *naphte* quand il est d'une teinte d'un blanc jaunâtre, et celui d'*huile de pétrole,* lorsqu'il est d'un brun noirâtre. Le bitume se rencontre dans les terrains de seconde ou troisième formation, principalement dans les contrées volcaniques. Sa connaissance date des temps les plus reculés; les Égyptiens l'employaient pour l'embaumement de leurs morts; les murs de Babylone, selon quelques historiens, étaient faits de briques de bitume. Aujourd'hui, on tire parti de cette substance pour le pavage; elle est employée par les peintres comme siccatif, et il est démontré qu'elle peut remplacer le cou lron avec avantage; mélangée avec des sables et des calcaires en poudre, elle remplace avantageusement les tuiles et les ardoises pour la couverture des bâtiments. (Voy. *Asphalte.*)

BIVALVES. On donne le nom de *bivalves* à toutes les coquilles composées de deux valves, comme celles des huîtres, des mactres, des moules, etc. (Voir l'article *Mollusques* pour plus de détails.)

BLAIREAU (*meles*), genre de mammifères de l'ordre des carnassiers plantigrades, qui présente pour caractères principaux . 36 dents, savoir : 6 incisives et 2 canines en haut et en bas, 8 molaires à la mâchoire supérieure et 12 à l'inférieure. Ce sont des animaux nocturnes, dont la queue est très courte, les doigts très engagés dans la peau, et qui se distinguent surtout par une poche située sous la queue, et d'où suinte une humeur grasse et fétide. Leurs ongles de devant très allongés les rendent habiles à fouir la terre. Leurs poils sont longs et soyeux. Le *blaireau d'Europe,* grisâtre en dessus, noir en dessous, avec une bande noirâtre de chaque côté de la tête, a la taille d'un chien de médiocre grandeur, et la physionomie du mâtin; il est beaucoup plus bas sur jambes. C'est un animal défiant, solitaire, qui habite les bois déserts, et s'y creuse un terrier, où il passe les trois quarts de son existence. Il ne sort que la nuit pour chercher sa nourriture, qui consiste en baies et fruits, mais quelquefois aussi en petits animaux, tels que mulots, grenouilles, lapereaux, oiseaux, etc. Il déterre le nid des guêpes pour en manger le couvain, et quand toutes ces ressources lui manquent, il se contente de sauterelles, de hannetons et de vers de terre. Attaqué par les chiens, le blaireau se défend courageusement des dents et des griffes, et leur fait souvent de profondes blessures; il tient tête aux chiens en se couchant sur le dos. Pris jeune, le blaireau s'apprivoise au point de suivre son maître et de se familiariser avec tout le monde. Ses poils servent à faire des brosses et des pinceaux estimés.

BLAISOIS (le). Voyez *Blois* (pays de).

BLANC (*couleur*). Les corps blancs n'excitent en nous la sensation d'aucune couleur. Newton a trouvé, par l'expérience, que la blancheur consiste dans le mélange bien proportionné et la réunion parfaite de toutes les couleurs primitives. Un disque, sur lequel sont peintes les couleurs du spectre solaire, donne, étant rapidement tourné, la sensation de la lumière blanche. (Voyez *Couleur* et *Lumière.*)

BLANC (*technol.*). Le blanc le plus commun et le plus usité est le blanc dit d'Espagne, qui n'est autre chose qu'une marne blanche très soluble dans l'eau. On la dépose dans des cuves d'eau, on la remue fortement; on la laisse reposer, pour que les matières hétérogènes se précipitent au fond, puis on verse cette eau dans une autre cuve, où elle repose jusqu'à ce qu'elle devienne claire; alors on retire cette eau claire, ayant soin de ne pas troubler la couche blanche qu'elle a déposée au fond de la cuve; on laisse quelque temps l'humidité s'évaporer, jusqu'à ce que cette pâte ait pris assez de consistance, puis on la fabrique en pains que l'on met sécher à l'air libre. Cette fabrication, très simple, est assez commune dans les environs de Paris.

BLANC DE CÉRUSE ou **BLANC DE PLOMB,** oxyde ou carbonate de plomb. On enferme entre des lames de plomb roulées en spirales de la chaux, du vinaigre, du marc de raisin ou toute autre matière propre à produire du gaz acide carbonique: on met ces lames de plomb, ainsi roulées, dans des vases que l'on entoure de fumier; ils subissent 30 à 35 degrés de chaleur, on retire les vases, on déroule les spirales de plomb, et on enlève les croûtes de blanc dont ils sont couverts. On choisit les parcelles qui se détachent en écailles qu'on appelle *blanc d'argent.* Ce blanc est employé comme fard lorsqu'il est broyé et purifié avec soin. La céruse est employée dans la peinture à l'huile; ce blanc se fabrique en Hollande; en France, on a essayé cette fabrication : elle a réussi surtout à Clichy, où l'établissement de ce genre, que dirige M. Rouard, donne des produits d'un blanc supérieur à celui de la Hollande, mais dont le grain, plus maigre, ne rend pas autant. Le procédé employé à Clichy, est plus prompt que le procédé hollandais, il consiste à produire une dissolution sursaturée de protoxyde de plomb, que l'on obtient en agitant à froid du vinaigre et de la litharge, et à faire passer dans cette dissolution concentrée au degré convenable, un courant de gaz acide carbonique, qui se combine avec l'oxyde de plomb dissous : le précipité est le blanc de céruse lavé, que l'on fait sécher, pour ensuite être livré au commerce. L'inconvénient de cette fabrication est de causer aux ouvriers des coliques graves, appelées coliques des peintres ; jusqu'à ce jour, la science a été impuissante pour les prévenir.

BLANC DE BISMUTH, ou BLANC DE PER·LES, blanc métallique d'un usage abandonné, en raison du danger qu'offrait la présence de l'arsenic dans sa composition.

BLANC DE ZINC. Voyez *Zinc.*

BLANC DE BALEINE, concrétion sébacée qui se trouve principalement dans l'huile contenue dans la tête du cachalot (*physeter macrocephalus*), et à laquelle on a donné assez ridiculement le nom de *sperma ceti.* Cette substance, lorsqu'elle est débarrassée de l'huile qu'elle contient, puis fondue et refroidie, se présente en masses blanches, cristallines, brillantes, onctueuses et translucides. Sa saveur est douceâtre et son odeur faible. On prêtait autrefois à cette substance des vertus merveilleuses pour la guérison d'un grand nombre de maladies, mais elle est aujourd'hui sans emploi dans la médecine. Son principal usage est pour la fabrication de bougies fort recherchées, à cause de leur blancheur et de leur transparence.

BLANC D'OEUF. Voyez *Albumine.*

BLANCHARD (François), célèbre aéronaute, né aux Andelys (Eure), en 1738, osa le premier traverser en ballon la Manche, de Douvres à Calais (1785) ; il était accompagné du docteur Jefferies. Il mourut en 1809, après avoir fait plus de soixante-six voyages heureux dans la région des nuages. — Sa femme, qui avait participé à ses travaux pendant sa vie, les continua après sa mort ; mais elle ne fut pas aussi heureuse que lui. S'étant élevée de Tivoli dans son ballon, une pièce d'artifice mal dirigée le fit éclater, et cette infortunée tomba morte dans sa nacelle, sur le toit d'une maison de la rue de Provence.

BLANCHE de Castille, fille d'Alphonse IX, naquit en 1185, épousa Louis VIII, roi de France, et fut mère de saint Louis. Après la mort de Louis VIII, et par sa volonté, Blanche devint tutrice de ses enfants et régente du royaume,

La reine Blanche d'après un manuscrit du P. Montfaucon.

qu'elle gouverna avec sagesse. Cette princesse, aussi célèbre par sa beauté que par ses vertus, mourut à Melun, en 1252. (Voyez *Louis VIII et Louis IX.*)

BLANCHE (mer), en russe *Belse More*, vaste golfe de l'Océan glacial arctique, sur la côte septentrionale de la Russie d'Europe, entre 29° 20' et 43° 15' long. est, et 63° 48' et 68° 50' de lat. nord. Les eaux de cette mer sont très peu salées, aussi sont-elles gelées pendant plusieurs mois de l'année. Elle reçoit l'Onéga, la Dwina et la Mézen. Son principal port est *Arkhangel.* (Voyez.) Ses pêcheries sont abondantes et donnent d'importants résultats.

BLANCHIMENT, opération qui a pour but de débarrasser complétement de leur matière colorante les substances qui servent à fabriquer les étoffes, telles que le lin, le chanvre, le coton, la laine, etc. Les étoffes de soie et de laine, ou tissus animaux, sont blanchies par une méthode différente de celle qu'on emploie pour les tissus végétaux. C'est à Berthollet qu'on doit la première application du chlore au blanchiment des étoffes, méthode qui a fait de cette opération un art tout nouveau. Pour les tissus végétaux, on enlève d'abord le duvet des toiles par le grillage, ensuite on les fait macérer, pour leur ôter la colle dont les enduit le tisserand, puis on procède au blanchiment proprement dit par l'emploi du chlore et des lessives. On lessive les toiles plusieurs fois de suite, avec une dissolution alcaline de potasse ou de soude. On ajoute souvent à ces opérations l'exposition des toiles sur le pré. — Pour blanchir les *laines*, on leur enlève d'abord leur suint, en employant un savon à base de potasse; on les lave dans une eau courante et on les soumet ensuite à l'action de l'acide sulfureux. Pour les *soies*, on commence par les *décreuser*, on leur enlève leur vernis en les plongeant dans un bain de savon blanc de Marseille, et on les lave ensuite dans une eau courante. On blanchit le papier dans un bain de chlore, puis dans un bain d'acide sulfurique.

BLANCHISSAGE. Le blanchissage diffère essentiellement du blanchiment; nous avons vu, dans l'article précédent, que cette dernière opération avait pour objet de dépouiller les tissus d'une matière colorante inhérente à leur nature, tandis que dans l'autre il ne s'agit que de les nettoyer de certaines substances qui les salissent *accidentellement*, et particulièrement de matières grasses. L'art du blanchisseur, dans ce cas, se compose de trois opérations, *le lessivage*, *le lavage* et *le battage*. Le lessivage a pour but de dissoudre les corps gras contenus dans le linge, en les saponifiant par les alcalis; on procède à cette opération première, après avoir ce qu'on appelle *échangé* le linge, c'est-à-dire après avoir essayé d'enlever à l'eau seule tout ce qu'il est possible de faire disparaître sans le secours des alcalis, ce qui a l'avantage de salir d'autant moins la lessive; le linge est *entassé* dans un cuvier, et recouvert d'une pièce de toile sur laquelle on étend de la cendre; puis on verse sur les cendres du cuvier de l'eau bouillante; les sels solubles des cendres, particulièrement le sous-carbonate de potasse entraîné par le liquide, s'infiltre à travers les diverses couches du linge, arrive au fond du cuvier, où est pratiquée une ouverture dans laquelle est placé un bouchon

de paille longue de huit pouces, et assez espacée pour donner passage au liquide qui tombe dans un seau, pour de là être remis dans la chaudière, et versé encore sur le cendrier : cette opération doit se renouveler ainsi pendant douze heures. Au sortir du cuvier, le linge est savonné à l'eau claire, battu, puis rincé. Lorsqu'il est blanc ou bien décrassé, on le passe dans une eau légèrement colorée d'une dissolution de sulfate d'indigo, ce qui lui donne une teinte azurée qui pousse au blanc; de là on le fait sécher à l'air libre et au séchoir; puis enfin on le repasse ou on le calendre : cette dernière opération doit se faire un peu avant que le linge soit parfaitement sec. — *Blanchissage à la vapeur*. Ce mode, pratiqué par les Orientaux, a été chez nous indiqué par Chaptal; il consiste à avoir un cuvier percé d'une ouverture dans le fond, pour y faire passer la vapeur. Le linge est disposé par couches espacées de manière à laisser la vapeur y circuler facilement; l'orifice supérieur est muni d'un couvercle percé de petits trous pour laisser la vapeur se perdre peu à peu. Au bout d'une heure la lessive est faite. Ce procédé est surtout avantageux pour détruire les miasmes pestilentiels que pourrait contenir le linge.

BLANCS ET NOIRS (*bianchi e neri*), factions rivales qui ensanglantèrent Florence (voyez) pendant les premières années du xive siècle. Ce n'était, sous des noms nouveaux, que l'ancienne querelle des bourgeois et des nobles, des gibelins et des guelfes. (Voyez *Guelfes* et *Gibelins*.)

BLANCS-MANTEAUX, nom populaire donné aux guillelmites, à cause du manteau blanc qu'ils portaient. Ils habitaient, à Paris, une maison située dans la rue qui porte encore aujourd'hui le nom de *rue des Blancs-Manteaux*.

BLASON. C'est l'art qui s'occupe de l'étude et de la composition des armoiries. Le P. Ménétrier fait venir le mot blason de l'allemand *blasen* (donner du cor), parce que, dit-il, c'était la coutume de ceux qui se présentaient pour combattre dans les tournois de notifier ainsi leur arrivée. Les hérauts d'armes les annonçaient ensuite, décrivant à haute voix leur blason. Comme nous l'avons vu à l'article *Armoiries*, l'origine du blason ne remonte guère au-delà des croisades; et c'est en France que cet art a été le plus cultivé. Il est aujourd'hui tombé dans un oubli presque complet. Quoique son étude, peut-être trop vantée du temps de nos pères, puisse rendre encore quelques services à l'archéologie et à la numismatique (voyez), nous croyons inutile de donner ici un traité du blason, la définition et l'étymologie du mot nous paraissent suffisantes.

BLATTE (du grec *blaptô*, je nuis), genre d'insectes orthoptères, caractérisés par leur tête presque entièrement cachée par le prothorax en forme de bouclier, et garnie de longues antennes; par des élytres plates sur l'abdomen, se recouvrant l'une l'autre sur la ligne médiane par des pattes essentiellement propres à la course, ayant des tarses de cinq articles. Ces insectes qui, malheureusement, se rencontrent dans tous les pays habités par l'homme, lui causent les plus grands dommages; ils vivent dans l'intérieur des maisons, dans les cuisines, les boulangeries et les moulins à farine, et attaquent le pain, le sucre, la viande, tous les comestibles; ils rongent aussi les étoffes de laine, de soie, et jusqu'aux chaussures. Quelques espèces habitent les bois et se nourrissent d'autres insectes. La blatte lapone

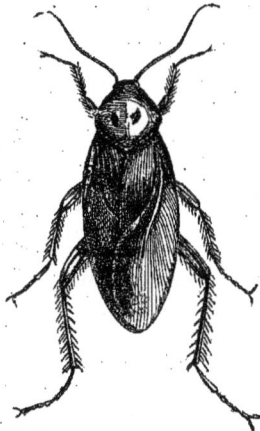

B. laponica), répandue dans toute l'Europe, est longue de dix lignes, d'un brun noirâtre, ses élytres sont gris clair. Elle est commune en Laponie, où elle ronge le poisson sec qui est la seule ressource des habitants. La blatte orientale (*B. orientalis*), un peu plus grande que la précédente, est d'un brun rousâtre; on la trouve en Asie et dans l'Amérique méridionale. Ces insectes fuient la lumière.

BLÉ, espèce du genre *triticum*, de la famille des graminées. Cette céréale, une des plus précieuses, est pour l'homme d'une importance immense, puisqu'elle forme aujourd'hui la base de la nourriture des peuples civilisés.

Caractères généraux : épilets solitaires sur chaque dent de l'épi et opposés à cet axe, glume à deux valves, renfermant plusieurs fleurs, glumelle ou balle à deux valves; le fruit, appelé vulgairement grain de blé se nomme en botanique, *cariopse.* Cette céréale a un nombre de variétés locales, dont la plupart rentrent, après deux ou trois années, dans celles des pays où elles ont été transportées. On distingue cependant les blés de mars ou de printemps, et les blés d'automne, que l'on sème avant l'hiver. Savoir :

FROMENT OU BLÉ DE MARS Barbes faibles, balles un peu serrées, excellente qualité. Variétés : *blé de Pologne, blé de Crète* ou d'*été*, sans barbes; *blé du Bengale*, à barbes noires; *blé du Cap*, barbes, graines blanches qui deviennent jaunes les années suivantes, mais bien farineuses; *blé de mars*, sans barbes, très précieux; *blé de Sicile*, sans barbes, épis courts et carrés, plus hâtif et plus haut que les précédents; le blé à barbes de Sicile ou *trimenia* est encore plus précoce; le *blé de Mirade*, à épi rameux et barbes, quoiqu'il dégénère en épi simple, est aussi très bon.

On sème tous ces blés de mars en avril, par plates-bandes de 6 pieds de largeur, espacés d'un pied entre elles. Cette culture est d'autant plus profitable dans les grands carrés, qu'elle peut succéder à des choux récoltés en février et mars, etc.

FROMENT D'HIVER, *triticum hibernum*, sans barbes, grains lourds et très farineux : *blé rouge d'Égypte*, barbes longues, pailles pleines, épis très beaux, grenus, bonne qualité; *blé Lamas*, précieux, considéré comme très précoce, quoique depuis 1813 qu'il a été envoyé au Jardin des Plantes, il n'ait pas mûri plus tôt que le *blé d'hiver*, auquel il ressemble beaucoup; *blé de Philadelphie*, très bon, il est barbu, l'épi est long, mais peu serré; *blé de Talavera*, très estimé en Angleterre, et recherché depuis peu en France.

FROMENT ÉPEAUTRE, *triticum sperta*; on distingue la grande épeautre et la petite. Ces deux variétés se sèment également bien au printemps, viennent dans de très mauvais terrains, sont très rustiques, donnent la meilleure farine, surtout dans les terres sablonneuses, mais le grain est difficile à extraire de sa balle.

SARRASIN OU BLÉ NOIR, *polygonum*. Ce blé, que l'on sème en juin à la volée, et qui vient bien dans les terrains pauvres, mais mieux dans les autres, est d'une grande ressource pour les malheureux des contrées ingrates; il présente aussi de grands avantages ailleurs par une abondante récolte succédant en octobre à cele qui se termine en juin. Les hommes, les chevaux les volailles, etc., tirent partie de ses graines, etc., et, semé fin de juillet, ou commencement d'août, pour le retourner à la fleur, c'est encore un engrais excellent. Enfin, fauché alors, il donne un des meilleurs fourrages.

L'origine du blé se perd dans la nuit des temps; les Égyptiens, les Grecs, les Romains, le cultivaient en grand ; les Chinois font remonter l'invention de cette culture à Chin-nong, le second des neuf empereurs qui précédèrent les dynasties. (Voyez *Céréales.*)

BLÉ DE TURQUIE. Voyez *Maïs.*

BLESSURE (de *plessein*, frapper). Toutes les fois qu'une violence extérieure amène un désordre local, on dit qu'il y a *blessure.* Celle-ci existe donc dans certains cas, sans que les parties frappées soient divisées. Ainsi les contusions, les luxations, les fractures, les hernies peuvent être des *blessures*; l'on sait que, lorsqu'elles sont simples, les parties molles ne sont pas mises à nu. Lorsqu'il y a, au contraire, solution de continuité, la blessure prend le nom de *plaie.* La *plaie* n'est donc qu'une blessure compliquée, produite par une cause externe qui a agi en partageant les parties sur lesquelles a porté son action, et assez généralement accompagnée à l'instant même d'une hémorrhagie plus ou moins abondante. Nous ferons l'histoire de chaque espèce de blessure, en suivant l'ordre alphabétique où elles se présenteront.

BLEU. Pour la couleur en général, voyez *Couleur, Lumière ;* et pour les divers produits de l'art en fait de substances bleues, voyez *Azur, Cobalt, Cyanogène, Cuivre, Indigo, Outremer,* etc.

BLEUET ou *Bluet*, espèce du genre *centaurée.* (Voyez.)

BLEUES (*Montagnes*), chaîne orientale des monts Alleghanys dans l'Amérique du Nord, et qui s'étend de la Géorgie à la pointe sud-est de l'État de New-York.

BLEUS (*Les*), nom que donnaient les royalistes aux soldats de l'armée républicaine, pendant les guerres de la Vendée, à cause de la couleur de leur uniforme.

BLOCKHAUS (mot allemand qui signifie une maison, un fort de bois). Il désigne une redoute, un fortin fait en bois, percé d'un ou deux étages de meurtrières, et couvert d'une plate-forme armée de quelques pièces de canon. Ce genre de construction peut être disposé à l'avance, ou transporté et dressé promptement sur le point que l'on veut occuper. On en avait construit à Paris un assez bon nombre pour l'expédition d'Alger, et quand le débarquement de l'armée française fut effectué, on fit usage de ces blockhaus avec le plus grand succès pour mettre les avant-postes à l'abri de toute surprise de la part des Arabes.

BLOCUS, occupation des avenues d'une place forte : 1° pour empêcher les secours en troupes et en vivres d'y entrer, et la prendre par famine; 2° pour s'opposer à ce que la garnison de la place en sorte et tombe sur les derrières de l'armée qui l'aura dépassée. — On voit qu'un blocus, opération inerte et presque défensive, diffère essentiellement d'un siège qui consiste à attaquer de vive force les retranchements qui couvrent l'ennemi. — On fait aussi le blocus d'un port pour empêcher l'entrée ou la sortie de bâtiments, de vaisseaux ennemis. Après le fameux décret impérial de Berlin (21 novembre 1806), qui déclarait les îles britanniques en état de blocus, l'Angleterre fit la même déclaration à l'égard des ports de France devant lesquels elle n'avait pas même de navires stationnaires. Napoléon, voulant à tout prix ruiner le commerce de notre éternel ennemi, préludait par son décret de Berlin au système continental. (Voyez *Système continental.*)

BLOIS (*Ville et États de*). Le Blaisois ou pays de Blois faisait jadis partie de l'Orléanais. (Voy.) La ville de Blois en était la capitale. Chef-lieu actuellement du département de Loir-et-Cher, Blois est situé sur la rive droite de la Loire. C'était, sous les rois de la première race, un château-fort entouré de plusieurs bourgades, et situé à l'endroit où s'élève le château actuel. Au commencement du XVe siècle, Blois devint le séjour favori des Valois. Louis XII y naquit et François Ier, Charles IX et Henri III y résidèrent. La ville est mal bâtie, si l'on en excepte la partie basse qui longe le cours de la Loire. Un très beau pont de 11 arches, construit en pierres de taille l'unit à un de ses principaux faubourgs. On y remarque, en outre, quelques beaux édifices, tels que le château et l'hôtel de la préfecture. Sa population est de 11,500 habitants. Dans les guerres de religion du xvi⁰ siècle, Blois fut deux fois le siège des États-Généraux en 1577 et 1588.

États de Blois de 1577. — Henri III avait donné, au mois de mai 1576, un édit de pacification si favorable aux protestants, que ceux-ci conçurent des doutes sur sa sincérité ; de leur côté, les catholiques le prenant au sérieux formèrent la célèbre association connue sous le nom de *Sainte-Ligue.* Les huguenots demandèrent la convocation des États-Généraux qui furent assemblés à Blois. Après des discussions longues et animées, l'édit de pacification fut révoqué, et Henri III se déclara le chef de la *ligue.* (Voyez.) Henri de Navarre de son côté se mit à la tête du parti calviniste, et la guerre civile éclata avec une nouvelle violence.

États de Blois de 1588. — Après la journée *des Barricades* (voyez), Henri III, pour déjouer les projets ambitieux du duc de Guise, convoqua de nouveau les États-Généraux à Blois, dans l'intention, disait-il, de réformer tous les abus du royaume. Le roi espérait trouver dans l'assemblée un appui contre le puissant chef de la ligue ; mais il reconnut bientôt que la majorité lui était toute dévouée. L'*édit d'union* fut déclaré loi de l'État, et Guise, élevant la voix, forma des prétentions qui ne tendaient à rien moins qu'à dépouiller le roi de toute son autorité. Henri se décida alors à frapper un coup décisif, et le 23 décembre le duc de Guise fut assassiné, son frère, le cardinal de Guise, éprouva le même sort le lendemain, et le cardinal de Bourbon fut arrêté. Ce crime ne fit qu'exaspérer les ligueurs ; les États nommèrent un comité de quarante personnes pour gérer les affaires du royaume, et Henri III, excommunié, périt peu de temps après, sous le couteau d'un moine fanatique.

En 1814 l'impératrice Marie-Louise se retira à Blois, et c'est de cette ville que furent datés et expédiés les derniers actes de la régence et du gouvernement impérial.

BLONDES. Voyez *Dentelles.*

BLUCHER, prince de *Wahlstatt,* célèbre général prussien, naquit à Rostock en 1742. Il fit ses premières armes sous le grand Frédéric, dans un régiment des hussards suédois, dont il devint capitaine, puis commandant. Il se signala par sa bravoure à l'armée du Rhin, en 1793 et 1794, et fut élevé au rang de général-major. En 1802, il s'empara d'Erfurth et de Mulhausen.

Il prit part aux guerres de l'empire, fut fait prisonnier à Lubeck (1806), et échangé contre le général Victor. Admis à la retraite par le cabinet prussien, qui désirait plaire à Napoléon, il reprit le commandement en chef de l'armée prussienne, lorsque cette puissance se déclara de nouveau contre l'empereur. Il se couvrit de gloire à Lutzen et à Bautzen, et remporta, sur les généraux Macdonald et Sébastiani, la victoire de Katzbach (26 août 1813). Il entra le premier à Leipzig et contribua beaucoup à la déroute de nos armées.

Le général Blücher d'après un croquis d'Hoffmann.

La rapidité de ses mouvements lui avait fait donner le sobriquet glorieux de maréchal *vorwœrts* (en avant). Il gagna, en 1814, les batailles de la Rothière et de Laon, et se dirigea sur Paris où il entra le 31 mars. Tous les souverains s'empressèrent alors d'envoyer leurs ordres au général Blücher, et Frédéric III le fit prince de Wahlstatt et feld-maréchal. Lors du retour de Napoléon, en 1815, il reprit les armes, et décida, par son arrivée inattendue, en faveur des alliés, la victoire qui semblait pencher pour les Français. Blücher refusa l'armistice proposé et marcha sur Paris. Il se montra toujours l'ennemi implacable des Français. Après la paix de Paris, Blücher se retira de nouveau dans ses terres : ses compatriotes lui firent ériger, à Rostock, une statue colossale en bronze, et le roi de Prusse lui en éleva une à Berlin. Il mourut en 1819.

BLUMENBACH (Jean-Frédéric), célèbre naturaliste, naquit à Gotha en 1752. Il fit ses études à Gœttingue où il devait lui-même professer plus tard avec tant d'éclat, et se fit recevoir médecin à l'âge de 21 ans. Placé à la tête du Muséum, il professa les sciences naturelles, et devint bientôt l'un des savants les plus distingués de toute l'Allemagne. Blumenbach s'occupa spécialement de l'étude physique de l'homme et publia son *De generis humani varietate nativa*, puis le *Decades VIII craniorum diversarum gentium* avec 80 figures. D'après l'examen du crâne, ce savant admit cinq races distinctes dans le genre humain (voyez *Homme*) : la Caucasienne, la Mongole, la Nègre, l'Américaine et la Malaise. — Ce travail important nécessita des études d'anatomie comparée qui l'amenèrent à publier son *Specimen physiologiæ comparatæ inter animantia calidi ac frigidi sanguinis, vivipara et ovipara*; ouvrage rempli de fines observations, d'idées neuves et de recherches étendues. Son Manuel d'histoire naturelle (*Handbuch der Naturgeschichte*), traduit dans toutes les langues, n'a pas eu moins de douze éditions en Allemagne. Blumenbach termina en 1840 sa carrière laborieuse, âgé de 88 ans; il appartenait à toutes les académies du monde civilisé, et avait célébré en 1826 le 50e anniversaire de sa nomination au professorat. On a de lui, outre les ouvrages cités plus haut, plusieurs écrits sur la médecine, tels que *Introductio ad historiam medicinæ litterariam, Institutiones physiologicæ et pathologicæ, Medicinische Bibliothek*, etc.

BLUTAGE. Voyez *Farine* et *Moulin*.

BOA. Les anciens donnaient ce nom à certains gros serpents d'Italie, qui, si l'on en croit Pline, étaient ainsi appelés parce qu'ils venaient sucer le pis des vaches. Cette croyance ridicule est encore de nos jours fort répandue dans les campagnes. (Voyez *Serpent*.) Les naturalistes comprennent aujourd'hui sous ce nom tous les grands serpents qui n'ont ni éperons ni osselets à la queue, ni crochets venimeux. Ils ont pour caractères distinctifs: mâchoires fortement dilatables, tête recouverte d'écailles, langue extensible et fourchue; corps gros et comprimé, renflé dans son milieu; bandes écailleuses transversales sous le ventre et la queue, un crochet de chaque côté de l'anus. L'espèce la plus remarquable est

le boa constrictor ou devin, dont les nègres de Juida font leurs fétiches : tête en forme de cœur; lèvre supérieure bordée d'écailles rangées en dentelures : son signe particulier est une large raie, qui règne sur toute la longueur du dos; elle est formée alternativement de taches noirâtres tantôt foncées, tantôt pâles, échancrées, irrégulières et hexagonales. Le corps du boa constrictor est varié de gris, de noir, de roux et de blanc.

Quoique les boas soient dépourvus de venin, ils n'en sont pas moins très dangereux, par leur force et leur longueur, qui atteint jusqu'à quarante pieds. Ils poursuivent leur proie, et, le plus souvent, l'épient en se cachant dans les hautes herbes; des voyageurs prétendent qu'ils se tiennent même suspendus aux branches d'arbres, se jettent sur les animaux à leur passage, les enlacent, les brisent dans leurs replis, les enduisent de leur salive, puis les introduisent dans leur gosier qui se dilate au point de leur permettre d'avaler un bœuf, dont les membres ont été brisés et broyés par la contraction de leurs anneaux. Chez le boa, la déglutition et la digestion sont deux opérations longues et laborieuses ; la proie qu'il introduit dans sa gueule horriblement dilatée , n'arrive que petit à petit dans son estomac ; c'est là le moment propice pour l'attaquer. Cette proie , à moitié introduite, ne peut plus sortir ; retenue par les dents recourbées, il faut absolument qu'elle suive la direction de l'estomac ; retenu par ce poids extérieur, le boa ne peut plus fuir, ni faire usage, pour sa défense, de cette agilité remarquable dont l'a pourvu la nature. Lorsque la proie est entrée entièrement dans l'estomac, le boa se retire dans un lieu solitaire, y reste plongé dans une immobilité absolue ; là il achève sa digestion. Cette lenteur à digérer chez un animal aussi redoutable est un bienfait de la nature ; car, le plus souvent, la putréfaction s'empare de ses aliments pendant l'intervalle de la déglutition, et l'odeur fétide qui se répand autour de lui avertit de sa présence. Lorsque les nègres le surprennent dans cet état, ils le tuent, le hissent sur un arbre pour le dépouiller de sa peau et savourent sa chair avec délices. — Ce qu'il y a de plus surprenant, c'est la petitesse des œufs du boa, qui ont à peine trois pouces dans leur plus grand diamètre.

BOCCACE (Giovanni Boccaccio di Certaldo) naquit à Florence en 1313 ; on ne sait trop rien sur sa jeunesse, sinon que, commis chez son père, qui exerçait le négoce, il jeta un beau jour les livres de commerce au vent et se fit poète. Ses premiers poèmes ne sont pas sans beautés , mais ils sont presque oubliés aujourd'hui, tels sont : *Il Filostrato*, la *Teseida*, *Nimfale fiesolano, l'amorosa visione*. Sa poésie est lourde et embarrassée, et bien pâle à côté de l'harmonieuse versification de Pétrarque. Boccace reconnut qu'il se fourvoyait, et abandonna les vers pour la prose. Il préluda par le *Filocopo, l'amorosa Fiametta*, le *Corbaccio*, etc., ou Decamerone. Si Pétrarque et Dante ouvrirent la voie aux poètes italiens, Boccace fut le créateur de la prose italienne. Dans son *Decamerone* (les dix journées galantes), la diction se déroule douce et moelleuse, sans inégalité. On a souvent reproché à Boccace l'indécence des *Nouvelles* contenues dans le *Decamerone*, et certes, il serait difficile de le nier, mais il est très facile de l'expliquer par les mœurs du temps et surtout du pays. Florence a toujours passé pour l'un des plus galants pays du monde ; et puis, Boccace, élevé à l'école des romanciers peu chastes du moyen-âge, n'a point appris dans leurs livres l'art des réticences et des circonlocutions gazées ; il raconte

tout simplement les bonnes histoires qu'il a entendu dire au coin des rues par les fines commères, et il n'y a changé que le style.—Boccace fut l'ami de Pétrarque, et comme cet illustre poète, il occupa à Florence des emplois politiques importants. Il mourut dans toute sa gloire

à Certaldo en 1375. On a de lui plusieurs ouvrages latins estimés : tels que *Genealogia deorum ; De mulieribus claris*, et *De casibus virorum et feminarum illustrium*. On a donné des principaux ouvrages de Boccace de nombreuses éditions ; la seule complète est celle de Florence, 18 vol. in-8° (1827). Le *Decameron* a été traduit dans toutes les langues.

BOCCHORIS, roi d'Egypte , confondu à tort avec le Pharaon, qui permit aux Israélites de quitter l'Egypte sous la conduite de Moïse. (Voy. *Aménophis*.) Il fut attaqué et vaincu par Sabacon, roi d'Ethiopie, qui le fit périr dans les flammes (765 av. J.-C.).

BOECE (A. Manlius Torquatus Severinus Boetius), philosophe et homme d'Etat, naquit à Rome en 470. Il fit ses études dans cette ville, puis se rendit à Athènes pour étudier les lettres et la philosophie grecques. Il sut plaire à Théodoric, roi des Ostrogoths, qui régnait sur Rome, et fut élevé aux premières charges de l'Etat. Nommé consul en 510, il exerça sur l'esprit du roi une grande influence, et ne s'en servit que pour faire le bonheur du peuple. Cependant, les nombreux ennemis que lui avait attirés son élévation parvinrent à inspirer à Théodoric des soupçons sur la conduite de son favori. Accusé d'être d'intelligence avec la cour de Constantinople, il fut renfermé à Pavie, et bientôt après mis à mort (524). Ce fut dans sa prison qu'il composa son livre *De Consolatione philosophica*, mélange en vers et en prose, rempli de pensées élevées, et écrit dans un style qui le met bien au-dessus des productions littéraires de son siècle. On a de lui aussi des traductions latines de plusieurs philosophes grecs, avec des commentaires. On a publié plusieurs éditions de ses œuvres complètes.

BOÉMOND. Voyez BOHÉMOND.

BOERHAAVE (Hermann), célèbre médecin du XVIIIᵉ siècle, naquit près de Leyde en 1668. Il fut d'abord destiné par son père à l'état ecclésiastique, il suivit à Leyde les cours de théologie, et soutint en grec, à l'âge de 21 ans, une thèse, qui lui fit décerner une médaille d'or, et lui valut le titre de docteur en philosophie. Mais son goût pour les sciences naturelles l'emportant, il étudia la médecine et se fit recevoir docteur en 1693. Il occupa à la fois, et avec le même talent, les chaires de médecine théorique et pratique, de botanique et de chimie, que lui confia l'Université de Leyde. Il publia de nombreux ouvrages de médecine, dont quelques-uns figurent encore aujourd'hui au nombre des livres classiques de la médecine moderne, et qui lui valurent une réputation immense, et telle, qu'un mandarin lui ayant adressé une lettre avec cette suscription : *A Boërhaave, médecin en Europe*, la lettre parvint à son adresse. Ce savant laborieux mourut de la goutte en 1783, à l'âge de 70 ans. Boërhaave a puissamment contribué à l'avancement de la chimie et de la botanique, par ses propres travaux et par les encouragements qu'il donna à ses élèves, entre autres au célèbre Linné. Ses principaux ouvrages sont *Institutiones medicæ, Aphorismi de cognoscendis et curandis morbis, Methodus discendi medicinam*, pour la médecine; les *Elementa chimiæ* pour la chimie, et un grand nombre de descriptions d'espèces et de genres nouveaux de plantes. La ville de Leyde fit élever dans l'église de Saint-Pierre un monument à sa mémoire.

BŒUF (*bos*). Dans le langage ordinaire, ce mot sert à désigner le taureau lorsqu'il a subi la castration ; mais en histoire naturelle, il s'ap-

plique à toute la famille des mammifères herbivores ruminants, à pieds fourchus, à cornes simples, à tige osseuse carrée, communiquant avec l'intérieur des sinus frontaux. Buffon ne distingua que deux espèces parmi les bœufs, celle du taureau et celle du buffle. Il regarde les autres espèces comme de simples variétés dues à la diversité des climats. Aujourd'hui que le cabinet d'anatomie comparée possède les squelettes ou au moins les têtes de toutes les espèces connues, on ne peut plus admettre l'opinion du célèbre écrivain, et l'on est obligé de reconnaître au moins dix espèces. — Sans nous arrêter aux diverses opinions émises sur l'origine de notre bœuf domestique, nous dirons que Cuvier l'a trouvée dans les débris fossiles d'une espèce répandue parmi les tourbières de l'Allemagne, de la France et de l'Angleterre, et que les anciens nommaient *urus*. — Le bœuf domestique (*bos taurus domesticus*) se distingue par son cou garni en dessous d'un repli de la peau plus ou moins lâche et pendant, auquel on donne le nom de *fanon*; par ses cornes coniques, lisses, recourbées d'abord en dehors, puis en avant et en haut, implantées en arrière du front, par son mufle large, ses lèvres épaisses et son poil touffu, court et égal partout, si ce n'est au front, en arrière du paturon et à l'extrémité de la queue. Sa couleur est ordinairement rougeâtre, noire ou blanche, souvent mélangée de ces trois nuances. La taille moyenne du bœuf est de 4 pieds environ, et sa longueur de 7. Son poids varie de 5 à 600 kilos ; son accroissement se fait rapidement ; il cesse de téter à 2 ou 3 mois ; du dixième au vingtième mois, il perd successivement ses dents incisives qui repoussent alors pour ne plus se renouveler ; ses cornes ne tardent pas non plus à éprouver la même révolution. — Le bœuf vit 14 à 15 ans, son âge se connaît aux dents et aux cornes ; les cornes croissent chaque année ; on y distingue un nœud annulaire qui indique la pousse de l'année, en comptant pour trois ans le bout de la pointe jusqu'au premier anneau, et les autres pour un an. Le bœuf est un animal vif, impétueux, que l'on rend souple et docile par la castration, sans rien détruire de sa force ; c'est à 18 mois, 2 ans, qu'on lui fait subir cette opération. La vache porte neuf mois ; elle peut engendrer à dix-huit : le taureau n'est propre à cette fonction qu'à deux ans ; tous deux, au temps des amours, en ressentent les atteintes, au point d'en devenir dangereux. On choisit pour les réunir l'intervalle de mai à juillet. Le bœuf est l'animal domestique le plus utile après le cheval : dans bien des pays il est employé au labour, même au charroi; attelé par les cornes, il tire des poids considérables; son pas est lent et grave, mais pour la charrue, c'est une qualité qui rend le labourage plus régulier. Après avoir rendu, dans sa vigueur, tous les services possibles, son sort est d'aller à la boucherie; on les engraisse à l'âge de dix ans, en les laissant paître sans leur imposer de fatigues : là, ils acquièrent une force d'embonpoint quelquefois surprenante. C'est ainsi qu'on vit promener dans Paris, pendant le carnaval de 1826, un bœuf dont le poids excédait 1,900 kilogrammes. Rien n'est perdu dans le bœuf après sa mort; sa chair nourrit l'homme, sa peau fournit des cuirs excellents, ses cornes et ses os alimentent un grand nombre d'industries.

Le bœuf se trouve dans toutes les contrées d'Europe, en Asie, en Afrique et en Amérique : dans cette dernière contrée, où il était inconnu avant que les Européens l'y eussent transporté, il s'est multiplié à l'infini. Une variété de notre

Zébu d'Abyssinie.

bœuf est le *zébu* des Indes, qui a une bosse sur le dos et le poil beaucoup plus doux. Celle d'Abyssinie se distingue par des cornes d'une grandeur prodigieuse; elles sont si grandes qu'elles tiennent plus de vingt litres de liquide. Les Abyssins en font leurs cruches et leurs bouteilles. L'*aurochs*, plus fort et plus haut sur jambes que notre bœuf, s'en distingue par son front bombé, plus large que haut, par le poil laineux et crépu qui couvre la tête et le cou du mâle, et par une paire de côtes de plus. Répandue autre-

fois dans toutes les grandes forêts de l'Europe, cette espèce est aujourd'hui confinée dans les marais boisés de la Pologne et du Caucase.

Le *bison d'Amérique*, qui habite les parties tempérées de l'Amérique septentrionale, a la tête, le cou et les épaules couverts d'une laine crépue, qui devient fort longue en hiver; il ressemble beaucoup au précédent, mais il a les jambes et surtout la queue plus courtes. Il s'accouple avec l'espèce du bœuf domestique. — Le *buffle*, originaire de l'Inde, et amené en Egypte, en Grèce, en Italie, pendant le moyen-âge, a le front bombé, plus long que large, les cornes dirigées de côté, et marquées en avant d'une arête longitudinale saillante. C'est un animal d'une grande vigueur, dont le lait est bon, le cuir extrêmement fort. — Le *yack* est une espèce de petite taille, originaire des montagnes du Thibet, qui porte une longue crinière sur le dos, et dont la queue est garnie d'un crin long et élastique comme celui du cheval, fin et lustré comme la plus belle soie. C'est avec cette queue qu'on fait les étendards en usage chez les Turcs pour distinguer les officiers supérieurs; de là les noms de pacha à une, deux ou trois queues, suivant le nombre de cette espèce d'enseigne qu'on porte devant eux. — Le *buffle musqué d'Amérique* ne se trouve que dans les parties les plus froides de l'Amérique septentrionale, où il vit dans les forêts; cette espèce n'a pas de mufle, son museau est couvert d'un poil fin jusqu'aux lèvres, comme dans les moutons; son front est très bombé, les cornes sont rapprochées chez les mâles, et très courtes chez les femelles : taille médiocre, queue courte, poils du corps noirs, longs et touffus; en hiver, une laine cendrée très fine vient garnir la racine de ces poils, et tombe en été; cette espèce exhale avec force l'odeur musquée, que l'on remarque plus ou moins chez les bœufs.

BOGOTA, capitale de la *Nouvelle Grenade* (Voy. *Grenade*).

BOHÊME (géogr.), *Boishemum*, en allemand *Boïenheim*, autrefois royaume indépendant et formant aujourd'hui l'un des grands gouvernements des Etats autrichiens, est compris entre les 48° 33' et 51° 2' lat. N. et 9° 59' et 14° 26' long. E. Cette contrée est bornée, au N.-O., par la Saxe; au N.-E., par les Etats prussiens; à l'E., par la Moravie; au S., par l'Autriche propre. Elle est entourée de toutes parts par diverses chaînes de montagnes; le Riesengebirge (mont des Géants) la sépare de la

Prusse ; l'Ertzgebirge, de la Saxe, et le Boeh-
merwald (forêt de Bohême), de la Bavière. Elle
forme ainsi un vaste bassin dont la superficie est
de 957 milles carrés géographiques. — Ses principaux fleuves sont l'Elbe et la Moldau, dont les
eaux se réunissent près de Melnik ; le principal
affluent de l'Elbe est l'Eger. On y rencontre
aussi plusieurs lacs et étangs, dont les plus importants sont le Rosenberg, le Strankau et le
grand Tcheperka. — Ses montagnes nombreuses
et couvertes d'épaisses forêts rendent son climat
généralement âpre ; mais elle devient plus douce
dans les vallées, et principalement dans la plaine
où se trouve la capitale, Prague.

Ce pays est un des plus riches de l'Europe par
la variété de ses productions minérales ; l'or,
l'argent, l'étain, le cuivre, le plomb, le fer, le
zinc, l'arsenic, le mercure, sont extraits de différents points de son territoire. Les exploitations
des montagnes du S.-O., si productives au
moyen-âge, ont cessé depuis longtemps de rapporter ; les plus vastes sont actuellement celles
de l'Ertzgebirge. La houille est aussi très abondante dans presque toutes les parties de la Bohême. Parmi les pierres précieuses, nous citerons le rubis, le saphyr, l'améthyste, la topaze,
le jaspe, la cornaline, etc., etc. Des pierres à bâtir d'excellente qualité, des marbres, du kaolin
pour la porcelaine, se trouvent dans plusieurs
endroits. Le sel y manque absolument, mais
elle est riche en eaux minérales très renommées,
telles sont celles de Sedlitz, Carlsbad, Tœplitz, etc. Son sol, très fertile, produit des grains
de toute espèce ; on y récolte aussi un peu de
vin. La principale production du pays consiste
en lin, en chanvre et en houblon ; les arbres
fruitiers y abondent. Les forêts sont remplies de
gibier et les rivières très poissonneuses. La population de la Bohême s'élève à 4,500.000 habitants. Nous en parlerons plus bas avec détail.
Depuis le commencement du siècle où nous
sommes, la civilisation a fait des progrès. Les
sources d'instruction se sont multipliées ; ainsi,
outre l'ancienne université de Prague, les nombreux et importants établissements scientifiques
et littéraires de cette ville, et plusieurs hautes
écoles, le pays renferme plus de 3,000 écoles
pour l'enseignement primaire. On porte à 2,000
le nombre des seules écoles du dimanche.

L'industrie et le commerce ont aussi pris un
développement considérable. La culture des céréales, l'éducation des bestiaux, si longtemps
négligées, sont devenues une source de richesses.
L'industrie manufacturière a, dans certaines
branches, atteint le plus haut degré de perfection, particulièrement dans la verrerie et le tis-
sage des toiles : on estime encore dans le commerce les articles de quincaillerie de Carlsbad et
de Prague, et l'orfèvrerie de cette dernière ville.
Prague (Prag', autrefois la capitale du royaume
de Bohême, est encore le siége du gouvernement, des tribunaux et des administrations supérieures. Cette ville, avec son territoire, forme
un district particulier, le capitanat de Prague.
Tout le reste du pays est administrativement divisé en seize cercles, désignés presque tous par
le nom de leur chef-lieu. Ce sont : les cercles
de Rakonitz, chef-lieu Schlan ; Beraun ; Kaur-
zim ; Bunzlau, chef-lieu Zungbunzlau ; Bidschow, chef-lieu Zungbunzlau ; Bidschow, chef-
lieu Gitschin ; Konigingratz ; Chrudim ; Czaslau ;
Tabor ; Budweiss ; Prachin, chef-lieu Pisek ;
Klattau ; Pilsen ; Ellbogen ; Scatz et Leitmeritz.
Les chefs-lieux des cercles que nous venons de
nommer sont en général les villes les plus considérables ; aucune d'elles, cependant, n'atteint
une population de 25,000 âmes.

BOHÊME (*ethnogr. et linguist.*). Ce pays
est habité par deux races distinctes : 1° Les
Tchèques, qui appartiennent à la grande famille
slave et qui forment les deux tiers de la population ; 2° les Allemands qui, avec quelques milliers de juifs, composent le reste. Il règne peu
d'harmonie entre ces éléments divers : les Tchèques se considérant comme un peuple conquis,
et les Allemands étant pour eux l'étranger. Les
Slaves de Bohême se donnent à eux-mêmes le
nom de Tchèque qui, dans leur langue, paraît
signifier *chef;* leur idiome diffère peu de ceux
que parlent les peuples de la même famille répandus dans la Silésie, la Hongrie et la Moravie.
Régularisé dès le IXe siècle, il s'est corrompu au
XIVe par l'introduction de beaucoup de mots allemands. La réforme de Jean Huss s'étendit jusque sur la langue : il fit traduire la Bible et
régla l'orthographe. Après la défaite des réformateurs, le Tchèque eut encore une époque brillante, comme langue de la diplomatie et de
l'histoire ; mais après la guerre de trente ans, le
pays tout entier tomba dans une véritable barbarie : en 1774, l'allemand fut imposé dans
l'instruction publique ; mais au commencement
du siècle actuel une réaction nationale se fit sentir ; la découverte de fort beaux fragments épi-
ques et lyriques du XIIIe siècle vint accélérer le
mouvement qui dure encore aujourd'hui ; car il
se publie actuellement de nombreux ouvrages
scientifiques et littéraires, douze journaux et
d'importants recueils périodiques dans cette lan-

gue tchèque qui paraît être à la fois pittoresque, mâle, précise, douée d'une grande liberté de construction, de désinences très variées, et d'un vocabulaire très riche.

Histoire. Les Tchèques ne sont pas néanmoins les premiers habitants de la contrée, ils y furent précédés par les *Boïens*, peuple celte sorti des Gaules sous la conduite de Sigovèse, au commencement du vi⁰ siècle avant Jésus-Christ. Ces Gaulois, qui laissèrent leur nom au pays, en furent chassés au temps d'Auguste par des Germains appelés Marcomans. Ce ne fut qu'au vi⁰ siècle de notre ère que des hordes slaves vinrent à leur tour des bords de la mer Noire établir dans cette contrée une foule de petits Etats, principautés ou républiques, qui se réunirent progressivement en une monarchie. On cite Samo et Krok comme les premiers chefs; Prémislas, époux de Libussa, fille de Krok, fut le premier duc héréditaire. Les attaques des Francs et de Charlemagne nécessitèrent sans doute cette concentration des pouvoirs.

Un des successeurs de Prémislas, Borsiwog Ier, établit non sans difficulté le christianisme en Bohême; les autres ducs furent occupés dans des luttes contre l'empire, contre la Pologne et souvent contre leurs sujets païens révoltés.

Vers la fin du xi⁰ siècle, Wratislas II reçut de l'empereur Henri IV, avec le titre de roi, l'investiture de la Lusace, de la Moravie et de la Silésie. Des discordes de famille empêchèrent ce pouvoir de s'établir héréditairement, et quatorze souverains belliqueux, mais sans pouvoir pour faire le bien du pays, passèrent successivement sur le trône. Ce ne fut qu'en 1197 que Prémislas-Ottocar, dit le Victorieux, malgré les revers qu'il éprouva dans sa lutte contre Rodolphe de Habsbourg, parvint à rendre le titre de roi héréditaire dans sa famille. Son fils, Wenceslas IV, lui succéda, encore enfant. Ce prince habile épousa la fille de l'empereur Rodolphe, dont il sut se faire un appui. Il se ligua ensuite avec Albert d'Autriche, prétendant à l'empire, contre Adolphe de Nassau, et contribua à la défaite de celui-ci. Il accrût ainsi ses Etats, y joignit la Saxe, et reçut la couronne de Pologne. Le trône de Hongrie lui fut même offert; mais il y envoya son fils qui ne put s'y maintenir. Celui-ci, Wenceslas V, succéda, en 1305, à son père, dont il se montra peu digne : prodigue et débauché, il mourut assassiné au bout d'un an.

Ce fut alors que la Bohême fit le premier pas vers la perte de sa nationalité. Des princes allemands la gouvernèrent jusqu'en 1427. L'un d'eux, Jean de Luxembourg, fut un des pre-

miers capitaines et des plus habiles politiques de son temps; il périt à la bataille de Crécy, en combattant bravement, quoiqu'il fût privé de la vue, pour le roi de France, son allié (1346). Il avait agrandi son royaume, et son fils, Charles, empereur d'Allemagne, imita son exemple. Mais ces princes étaient nécessairement trop occupés de leurs relations extérieures. Wenceslas VI, fils de Charles (1378), et comme lui empereur, également étranger à la Bohême, n'eut point la vertu de ses prédécesseurs; aussi une révolte générale éclata-t-elle contre lui.

Aux motifs politiques de l'insurrection vinrent se joindre des idées d'innovation religieuse. Les flammes du bûcher de Constance où fut jeté Jean Huss ne firent que raviver le zèle des réformateurs. Jean Ziska marcha sur Prague à leur tête, et jeta par les fenêtres de l'hôtel-de-ville les partisans du tyran étranger. A la nouvelle de cet acte de vengeance populaire, Wenceslas tomba foudroyé (1419), léguant à son frère Sigismond la cruelle guerre des Hussites, qui fut terminée par Albert d'Autriche (1349). (Voy. ces différents noms.) Enfin, la Bohême put respirer sous un souverain national. Georges Podiebrad, simple gentilhomme bohémien, la gouverna sagement, d'abord comme tuteur de Ladislas, le fils posthume d'Albert, puis en son propre nom. En mourant, en 1471, il opposa aux prétentions de Mathias Corvin, roi de Hongrie, appuyées par le pape, un successeur de race slave au moins, Ladislas II, fils du roi de Pologne. A celui-ci succéda son fils Louis, qui périt glorieusement à la bataille de Mohacz, en combattant contre les Turcs (1556).

Louis ne laissait pas d'enfants : Ferdinand Ier s'empara de la couronne de Bohême, et de ce moment l'histoire de ce pays se confond avec celle de l'Autriche et de l'empire d'Allemagne. (Voy.) Il est à remarquer seulement qu'une autre guerre religieuse, pareille à celle des Hussites, ravagea encore ce malheureux pays : la guerre de trente ans commença en Bohême par une seconde *défénestration* de Prague (1618), et eut pour dernier fait d'armes la prise d'une partie même de cette ville par les Suédois (1648). (Voy. *Guerre de trente ans*, au mot GUERRE). Dans ces derniers temps, au milieu des troubles qui ont mis la monarchie autrichienne à deux doigts de sa perte, la Bohême est restée paisible, contenue par la proximité, puis ensuite par l'occupation des armées russes.

BOHÉMIEN, IENNE (*ethnogr.*). Ce mot s'emploie rarement en parlant des habitants de la Bohême, que l'on appelle plus proprement *Tchèques*, ou quelquefois *Bohêmes*. Mais en France, on applique fréquemment ce nom à des hordes errantes que l'on retrouve dans différents pays de l'Europe, que les Allemands appellent *Zigeuner*; les Italiens, *Zingani*; les Levantins, *Zingari*; les Espagnols, *Gitanos*; et les Anglais, *Gipsies*. Des études récentes ont fait reconnaître, dans la langue que parlent ces tribus, beaucoup de mots appartenant aux langues de l'Inde; et comme on trouve sur les bords de l'Indus une peuplade appelée *Tchinganes*, on croit pouvoir en conclure que leur véritable nom est *Zingani* ou *Tzingani*. Ce qui donne encore plus de vraisemblance à cette opinion, c'est que leur première apparition en Europe, au commencement du xve siècle, coïncide avec les dévastations commises à cette époque dans l'Indoustan par le farouche Tamerlan; c'est enfin que cette apparition a lieu vers l'orient de l'Europe, en Suisse d'abord, où on les voit très nombreux, puis bientôt après à Paris où Pasquier ne signale encore que quelques individus. Aujourd'hui même, ils pullulent encore dans l'Orient, tandis que nos contrées n'en voient errer que de faibles bandes. On évalue à 700 mille le nombre des Bohémiens ou Tzingani qui se trouvent actuellement en Europe.

Cette population nomade offre un type particulier, un teint basané, des cheveux noirs, des yeux noirs et brillants, des dents d'une beauté remarquable, des membres grêles, mais souples et bien proportionnés. Les Bohémiens ou Tzingani voyagent ordinairement par troupes, de canton en canton, sans s'écarter néanmoins d'un certain cercle : ils se font dans les bois et les solitudes des huttes où ils campent quelques nuits, visitent les villages voisins où les hommes exercent l'industrie de chaudronniers, de guérisseurs pour les animaux, etc., tandis que les femmes disent la bonne aventure. La plupart du temps ils exercent encore un métier plus clandestin, la maraude nocturne : ils enlèvent les volailles, les bestiaux des fermes, détruisent le gibier; on les a même accusés souvent de dérober les enfants. Quand ils craignent d'avoir soulevé contre eux le cri public, ils décampent soudain sans qu'il soit facile de suivre leurs traces. Les efforts tentés en Allemagne pour les ramener à la vie civile ont été infructueux. La sévérité de la police a mieux réussi à en débarrasser quelques pays. En France, dès 1560, les États-Généraux les ont bannis, et l'on retrouve à peine quelques Bohémiens, dans nos départements de l'Est et dans ceux du Midi. En Angleterre, il n'en

existe plus que dans les ouvrages de quelques romanciers qui ont tiré un admirable parti de ce personnage fantastique. C'est en Espagne seulement qu'un observateur moderne a pu les étudier à loisir.

BOHÉMOND, prince d'Antioche, fils de Robert Guiscard, duc de Pouille et de Calabre, montra dès son jeune âge un bouillant courage; il battit en plusieurs rencontres l'empereur Alexis et pénétra sur le territoire grec. Son père, en mourant (1085), n'écoutant que son injuste prédilection pour son fils cadet Roger, lui abandonna ses États; mais Bohémond força son frère à lui céder la principauté de Tarente. Il se joignit aux croisés (1096), mit le siège devant la ville d'Antioche, s'en empara et y fonda une principauté chrétienne qui subsista pendant près de deux siècles. Fait prisonnier dans un combat par un émir turc, il resta deux ans captif et obtint au bout de ce temps sa liberté en payant une forte rançon. Bohémond, qui avait hérité de la haine de son père pour les Grecs, chercha à exciter les princes croisés contre Alexis, et ayant rassemblé une armée formidable, il vint mettre le siège devant Durazzo. Mais la peste et la famine le forcèrent à demander la paix. Retourné dans la Pouille, il préparait contre Alexis une nouvelle expédition, lorsqu'il mourut en 1111. Plusieurs princes du nom de Bohémond lui succédèrent dans la principauté d'Antioche; à la mort de Bohémond VII, en 1288, la principauté fut enlevée par le sultan Kelaoun (Voy. *Antioche.*)

BOIAR, titre usité en Russie pour désigner de hauts fonctionnaires ou des personnages d'une naissance distinguée. Ce nom paraît venir de *boï*, bataille, ce qui porterait à croire que les boïars étaient primitivement des chefs militaires. Il n'en est question que vers le xve siècle. Pierre-le-Grand cessa de mentionner leur approbation en tête de ses ukases. Il composa cependant un suprême collège de neuf boïars. Ce titre paraît aujourd'hui exclu du langage officiel. En Moldavie, on le donne aux nobles du premier ordre.

BOIENS, peuple de la Gaule, que l'on trouve fort divisé dès les premiers temps de l'histoire. Les plus fixement établis occupent une partie de la Guyenne. Parmi le reste, les uns vont s'établir en Bohême avec Sigovèse (voy. *Bohême*); quelques-uns d'entre ceux-là reviennent plus tard et sont placés par César dans la première Lyonnaise (Bourbonnais); d'autres envahissent l'Italie dans le IIIe siècle avant notre ère, et ont longtemps Bononia pour capitale ; la Bavière paraît aussi avoir été occupée par des Boïens et avoir reçu d'eux son nom (ce qui est fort contesté) : enfin, les *Tolisto-Boïens* de Galatie pourraient appartenir à la même famille.

BOIELDIEU (Adrien-François), né à Rouen en 1775, vint à Paris à l'âge de 20 ans, et s'y fit bientôt connaître comme pianiste et comme auteur de romances. Nommé vers 1799 professeur de piano au Conservatoire, il se rendit en 1803 à St-Pétersbourg, où l'empereur Alexandre le nomma son maître de chapelle, et où il resta jusqu'à 1812, époque à laquelle il revint en France. Pendant ce temps, il composa plusieurs opéras, qui furent joués à Paris sur le théâtre de l'Opéra-Comique et y obtinrent le plus grand succès, t ls sont : *la Jeune Femme colère*, *les Deux paravents*, *Calypso*, *les Voitures versées*, *un Tour de soubrette*, *Télémaque*. Il avait déjà fait jouer avant son dé art : *la Famille Suisse*, *la Dot de Suzette*, *Zoraïme et Zulnar*, *le Calife de Bagdad et ma tante Aurore*. Après son retour il donna : *Jean de Paris*, *le Nouveau seigneur du village*, *la Fête du village voisin*, *le Petit chaperon rouge*, *la Dame Blanche* et *les Deux nuits*. Il mourut en 1834. Sa musique, remplie de grâce et d'élégance, se distingue surtout par la netteté et la finesse des accompagnements. On connaît la vogue justement méritée dont jouit depuis 25 ans *la Dame Blanche*.

BOILEAU-DESPRÉAUX (Nicolas), l'un des plus célèbres poètes français, naquit à Paris le 1er novembre 1636. Son père, Gilles Boileau, greffier de la grande chambre, le destina au barreau, mais passant tout son temps à lire des romans et des poésies, il fit peu de progrès dans la science des légistes, et résolut de se consacrer aux lettres. Il publia d'abord quelques poésies légères, faibles essais de sa muse, qui ne débuta réellement qu'en 1660 par la première satire, les *Adieux d'un poète à la ville de Paris*, et celle où sont décrits les embarras de cette grande cité. Ces pièces, remarquables par la pureté du style et l'élégance de la versification, obtinrent un grand succès ; il les fit suivre de sept autres satires qui furent également goûtées. Beaucoup de littérateurs de son époque furent en butte à la malignité de ses critiques, et il n'épargna pas les Chapelain, les Cotin les Scudéri, ni les Perrault, malgré la vogue dont ils jouissaient alors ; il est juste de dire que ceux-ci le

lui rendaient bien. Après les satires, il fit paraître ses *Epîtres*, bien supérieures à ses premiers écrits, puis enfin l'*Art poétique* et le *Lutrin* (1674), chefs-d'œuvre qui lui coûtèrent cinq années de travail, et qui le placèrent au premier rang des poètes modernes. Nous ne parlerons de ses odes et de ses épigrammes que pour regretter qu'on les ait imprimées à la suite des chefs-d'œuvre qui ont immortalisé le nom de Boileau. Il est à regretter aussi qu'un critique aussi austère ait descendu au rôle de courtisan et ait prodigué les louanges au grand roi dans ses écrits ; Louis XIV y est complimenté sous toutes les for-

mes et jusque dans le *Lutrin*. Si l'on en croit madame de Sévigné, Boileau n'était cruel qu'en vers, et toujours prêt à pardonner les offenses qu'il avait reçues et jusqu'à celles qu'il avait faites. Il s'estimait heureux quand il pouvait réparer envers les hommes de lettres les injustices de la fortune et de la société, et l'on cite de lui de nombreux traits de générosité. Il fut l'ami des hommes éminents de son siècle et fut particulièrement lié avec Molière, Racine et Lafontaine. Outre ses œuvres poétiques, Boileau a publié la traduction d'un Traité grec sur le sublime, des dissertations polémiques sur les grands écrivains de l'antiquité, et divers opuscules. Il

fut appelé à l'Académie en 1684, et mourut le 17 mars 1711, d'une hydropisie de poitrine.

Deux frères de Boileau se sont également distingués dans la carrière des lettres, sans atteindre à la hauteur de Despréaux. L'un, *Jacques Boileau*, docteur de Sorbonne, n'a guère écrit que sur des matières ecclésiastiques, et la plupart de ses livres sont en langue latine. L'aîné, *Gilles Boileau*, auteur de poésies françaises, de traductions en vers et en prose, a été membre de l'Académie française 25 ans avant Nicolas.

BOIS. L'acception primitive de ce mot doit être celle de réunion d'arbres, petite forêt, du germanique *bosch*. Par extension, on l'a pu appliquer ensuite à ce qui compose la forêt, c'est-à-dire la partie ligneuse bonne soit à brûler, soit pour construire (en latin *lignum* ou *materia*.) Les *bois* et les forêts inspirèrent aux hommes une religieuse terreur : ils furent le sanctuaire du premier culte. De là, dans les temps où le polythéisme avait pris une forme plus précise, l'usage de conserver autour de chaque temple un bois sacré (*lucus*) dont la coignée devait respecter les arbres. Quelquefois le *bois sacré* était entouré d'une enceinte, et on l'appelait alors *temenos*. La forêt prophétique des chênes de Dodone n'était qu'un bois sacré qui entourait l'oracle. Des bois sacrés étaient particulièrement dédiés aux divinités champêtres, à Pan, aux sylvains, aux faunes, aux dryades. Apollon avait un bois sacré à Claros; Esculape à Épidaure, etc. Les druides avaient la même vénération pour les forêts. De riches off. andes, des ornements divers étaient fréquemment suspendus aux arbres du bois sacré : coutume qui se prolongea même après l'établissement du christianisme, et que plusieurs papes et souverains furent obligés d'interdire sous des peines sévères.

BOIS (*lignum*), partie dure des végétaux ligneux. Le *corps ligneux* se compose de *bois* et d'*aubier*; il est formé de couches concentriques, qui se recouvrent les unes les autres annuellement, et peuvent ainsi indiquer l'âge du végétal. Les couches les plus extérieures, celles qui touchent à l'écorce, constituent l'*aubier*, qui ne diffère pas essentiellement du bois proprement dit; seulement il est plus jeune, et n'a pas encore toute la dureté et la ténacité qu'il doit acquérir plus tard. Dans les arbres où le bois est très dur, l'aubier présente d'ordinaire une différence très remarquable dans la couleur : dans le bois de campêche et l'ébène. le bois proprement dit est rouge foncé ou noir, l'aubier est blanc ou grisâ-

tre. Dans les arbres à bois blanc et à gros grains, la différence est peu sensible. Le bois est formé des couches les plus intérieures de l'aubier, qui acquièrent successivement plus de dureté, et se convertissent à la fin en véritable bois. A une certaine époque de la vie du végétal, il se forme chaque année une couche de bois et une couche d'aubier, et il s'ajoute une nouvelle zône con-

Tranche du tronc d'un jeune chêne.

centrique à celles qui existaient déjà. L'âge influe sur leur épaisseur; dans les vieux arbres, les couches intermédiaires, celles qui se sont formées quand le végétal était dans toute sa vigueur, sont plus fortes que les centrales et les extérieures. Une différence importante entre le bois et l'aubier, c'est que celui ci est dépourvu de vaisseaux, tandis qu'il en existe dans le bois; c'est au moyen de ces vaisseaux que la sève est portée dans l'épaisseur du tronc. mais avec l'âge leurs parois se rétrécissent, leur diamètre diminue; ils finissent par disparaître, et la circulation de la sève est pour jamais interrompue dans le corps ligneux. Si le bois employé directement est indispensable sous tant de formes à nos besoins, les produits immédiats qu'on en obtient naturellement ou artificiellement, ont aussi une grande importance dans l'économie domestique et industrielle. Outre le charbon (voy.), on en retire par la distillation une huile propre à l'éclairage et à la peinture, et de l'acide acétique. Divers bois contiennent de la matière colorante et des sucs précieux, tels que les gommes, les résines, les huiles essentielles, etc. — Pour l'*exploitation* des bois, voyez *Aménagements, Forêts, Coupes*.

BOIS (*Zool.*). Le bois est une substance qui, chez certains animaux, diffère essentiellement des cornes, quoique, comme elles, il soit le prolongement de l'os frontal ; ce qui lui a valu son nom de bois, c'est qu'il s'assimile de lui-même à la végétation par une chute régulière ; c'est, pour ainsi dire une végétation animale. Voici, pour sa formation, ce qu'en dit M. Bory de Saint-Vincent : « Les vaisseaux sanguins du front versent, au lieu où l'os doit se prolonger en bois, des fluides qui, soulevant la peau, ne tardent pas à passer à l'état cartilagineux, et qui s'ossifient bientôt ; à mesure que ce travail s'opère, la peau s'élève, et couvre les ramifications du bois qui, dans son état parfait, finit par se dépouiller. Trois semaines ou un mois suffisent pour que le bois ait atteint sa première hauteur ; cette hauteur et le nombre de ramifications varient selon l'âge de l'animal : chaque année augmente ce nombre, ce qu'en termes de vénerie on appelle un andouiller. Les organes destinés à la reproduction de l'espèce, dans les animaux qui portent des bois, ont une influence considérable sur cette excroissance qui paraît même en dépendre entièrement. Si l'on retranche au cerf, par exemple, les attributs de son sexe, pendant que son front est dégarni, ce front ne revêt plus sa parure : si cette opération est faite tandis que le bois décore la tête, il ne tombe plus, et l'animal conserve à jamais, comme caractère de son impuissance, ce qui auparavant prouvait en lui le développement des facultés génératrices. » Le cerf, l'élan, le daim, le renne, ont la tête armée de bois plus ou moins développés. (Voyez ces mots.)

BOIS-LE-DUC (*Hist.*), ville forte du royaume des Pays-Bas, chef-lieu du Brabant hollandais (13,000 hab.), patrie du philosophe et physicien Gravesand, fut pris par les Français en 1794 à la suite de la victoire qu'ils avaient remportée non loin de cette place sur l'armée anglaise.

BOISSEAU, mesure de capacité autrefois usitée pour les substances sèches, et dont la grandeur variait suivant les lieux. Ce que l'on appelle *boisseau* aujourd'hui est le huitième d'un hectolitre : c'est un vase de bois cylindrique ayant 25 cent. de hauteur et autant de diamètre. (Voy. *Mesures.*) On nomme BOISSELIER l'ouvrier qui fabrique, non-seulement les boisseaux, mais encore une foule d'ustensiles de ménage en bois tels que seaux, tamis, soufflets, etc.

BOISSONS. On nomme boissons différents liquides dont l'homme et les animaux font usage, pour étancher leur soif, pour délayer les aliments solides qui vont dans l'estomac, et en faciliter la digestion. — Considérées dans leur ensemble, les boissons peuvent se diviser en trois grandes classes : celles qui sont purement aqueuses, sans aucun principe spiritueux et aromatique, telles sont l'eau pure, la limonade, l'eau de groseilles, etc.; celles qui renferment un aromate associé à l'eau, comme le café, le thé, etc.; enfin, celles qui renferment une proportion plus ou moins considérable d'alcool, telles que le vin, l'eau-de-vie, la bière, le cidre, etc. Considérées sous le rapport de leur influence sur la digestion, de leur impression sur l'estomac, les boissons agissent à la manière des assaisonnements. Celles qui sont stimulantes, comme les vins, la bière forte, les liqueurs, le café, etc., sont indispensables pour que la digestion se fasse chez certaines personnes, et particulièrement chez celles qui en ont contracté l'habitude, dont l'estomac est débile, sans énergie, et qui le chargent d'une grande masse d'aliments. Cependant il est beaucoup d'individus dont ces boissons troublent la digestion, et qui se trouvent mieux, pour la hâter, d'un verre d'eau pure ou sucrée, que des vins les plus généreux.

BOISSY – D'ANGLAS (François-Antoine, *comte*), naquit à Saint-Jean-Chambre (Ardèche), en 1756. Il se fit recevoir avocat, et fut élu député du Tiers-État pour la sénéchaussée d'Annonay. Il se montra toujours fort modéré, mais n'en combattit pas moins la noblesse et ses priviléges.

Après la dissolution de l'Assemblée, Boissy-d'Anglas fut nommé procureur-syndic dans le département de l'Ardèche, et fut, en 1792, envoyé par ce département à la Convention. Il vota la détention et la déportation de Louis XVI, l'appel au peuple et le sursis. — Après le 9 thermidor, Boissy-d'Anglas devint l'un des membres du Comité du salut public ; chargé de diriger l'approvisionnement de Paris, il fut accusé d'être l'un des auteurs de la disette. Le 1er prairial an III, Boissy-d'Anglas présidait, lorsqu'une populace, ivre et en désordre, poussée par des chefs invisibles, envahit les Tuileries où siégeait alors la Convention, en criant : *du pain et la Constitution de 93*. Menacé de mille morts, l'héroïque président reste immobile et calme comme s'il n'eût entendu nul cri, comme s'il n'eût vu ni le fer, ni les mousquets tournés contre lui. On égorge Féraud sous ses yeux, et sa tête, portée au bout d'une pique, est placée devant le bureau. Boissy, impassible, salue religieusement cette tête sanglante, et se rassied dans le fauteuil que rien ne peut le décider à quitter. Son exemple empêcha ses collègues d'abandonner un poste dont l'anarchie triomphante se fût emparée. Cependant quelques sections s'étaient réunies, on entendait au loin le tambour, et le tocsin sonnait l'alarme du haut du pavillon de l'Horloge; la multitude, saisie d'une inexprimable épouvante, se mit à fuir de tous côtés. Cet exemple de force d'âme et de calme stoïque fut applaudi de la France entière, et Boissy-d'Anglas conquit dans cette journée toute la gloire de sa longue vie. En sortant de la Convention il entra au Conseil des Cinq-Cents, qu'il fut appelé à présider au mois de thermidor an IV. Proscrit par le Directoire au 18 fructidor, il se déroba à la déportation par la fuite. Après le 18 brumaire, il fut élu membre du tribunal, puis appelé au Sénat avec le titre de comte par l'empereur, et à la Chambre des Pairs par Louis XVIII, au retour duquel il avait donné son adhésion. Il y défendit jusqu'au dernier moment les principes de libéralisme qu'il avait professés depuis le début de sa carrière, et mourut à Paris en 1826. On a de lui plusieurs écrits; entre autres un *Essai sur la vie et les écrits de Malesherbes*, une *Notice sur Florian*, dont il avait été l'ami, et les *Études littéraires et poétiques d'un vieillard*, outre une foule d'*Opinions* et de *Rapports*.

BOKHARA. Voyez *Boukharie*.

BOLERO, air à trois temps, sur lequel on chante un couplet espagnol appelé *seguidilla*, avec son refrain que l'on nomme *estrivillo*. Le tout s'appelait *seguidilla*, avant qu'un danseur appelé *Bolero* y adaptât un nouveau pas auquel il a donné son nom. Le refrain se compose toujours de huit mesures, après lesquelles les danseurs et les musiciens doivent s'arrêter parfaitement ensemble sur le premier temps de la neuvième.

BOLESLAS, nom de plusieurs princes qui ont porté la couronne de Pologne.

*Boleslas I*er, surnommé *le Vaillant*, fils de Miécislas, monta sur le trône en 992. Il agrandit ses États aux dépens de ses voisins, et obtint de l'empereur Othon III l'affranchissement de la Pologne et le titre de roi, les souverains de ce pays n'ayant jusqu'alors porté que le titre de duc. Il porta ses armes jusqu'à l'Elbe et la Saale, vainquit les Moscovites, conquit la Moravie, et

étendit sa domination depuis Magdebourg jusqu'à Kief. Il mourut en 1025.

Boleslas II, surnommé *le Hardi*, monta sur le trône en 1058; mais il se rendit bientôt odieux à la nation polonaise par ses vices et ses cruautés; il fut excommunié par le pape Grégoire VII, en 1081, puis déposé. Il se réfugia dans le couvent de Villach en Carinthie, où il mourut en 1090.

Boleslas III à V. Voyez *Pologne*.

BOLET. V. *Champignon*.

BOLEYN. V. *Boolen*.

BOLIDES. V. *Aérolithes*.

BOLINGBROKE (Henri Saint-John, *vicomte* DE), connu comme homme d'État et comme écrivain, naquit en 1672, à Battersea, dans le comté de Surrey. Après avoir mené une jeunesse assez dissipée, il entra au parlement en 1700 et embrassa le parti des torys. Il se fit bientôt remarquer par son esprit supérieur, et fut nommé secrétaire d'État en 1704. Après quatre ans de ministère, il céda la place à Horace Walpole, chef du parti whig. Deux ans après il revint au pouvoir comme garde-des-sceaux, et signa la paix d'Utrecht (1713); cet acte politique lui fit le plus grand honneur, et lui valut la pairie et le titre de vicomte de Bolingbroke. Mais à l'avénement de Georges Ier il perdit tout son crédit, fut accusé du crime de haute trahison, et forcé de se dérober par la fuite aux poursuites de ses ennemis. Il se réfugia alors en France, et offrit ses services au prétendant Jacques III; mais Bolingbroke se détacha de ce parti et sollicita de Georges Ier son rappel en Angleterre. On lui imposa comme condition de livrer les secrets du prétendant, et Saint-John repoussa avec indignation cette lâche proposition. Pendant son exil, il épousa la nièce de madame de Maintenon, et s'adonna aux lettres; il écrivit ses *Réflexions sur l'exil*, et ses Lettres sur les affaires d'Angleterre au chevalier Wyndham. Il revint en Angleterre en 1723, et fut par ses écrits le plus redoutable adversaire du ministère Walpole; ce fut à cette époque qu'il écrivit sa *Dissertation sur les partis*. Mais il ne put ressaisir le pouvoir, et revint en France en 1735 pour y passer le reste de ses jours. Il mourut en 1751. Dans cette dernière partie de sa vie il écrivit les *Lettres sur l'étude de l'histoire*, et plusieurs écrits philosophiques où il se montre déiste et attaque la révélation précurseur des encyclopédistes et de Voltaire, qui, plus d'une fois, invoquèrent son nom. Les œuvres complètes de Bolingbroke ont été publiées à Londres en 1754 et 1809, et ont été publiées en français.

BOLIVAR (Simon), le *libérateur* de l'Amérique espagnole, naquit à Caracas en 1780. Il voyagea en Espagne, en France, en Italie et dans les Etats-Unis, pour perfectionner ses études ; puis revint dans sa patrie. Il donna d'abord l'exemple de l'affranchissement des nègres dans ses domaines, et se prépara à combattre pour l'indépendance de son pays. Un mouvement s'était déclaré sous la direction de Miranda, Bolivar courut lui offrir ses services (1811) ; nommé colonel et chargé de la défense de Puerto-Cabello, il dut céder au nombre et se retira à Carthagène.

Mais en 1812 il reparaît sur le sol de la confédération, fait appel à tous les bons citoyens, et rassemble bientôt autour de lui un millier d'hommes déterminés ; avec cette faible troupe il bat Monteverde et Morillo, généraux espagnols, les chasse de Venezuela et mérite le nom de *Libérateur*. Après quelques défaites, Bolivar reprend sa supériorité et fixe définitivement la victoire sous ses drapeaux. En 1819, les deux

républiques de Venezuela et de la Nouvelle-Grenade, réunies sous le nom de république de Colombie, l'investirent de la présidence avec un pouvoir dictatorial. Après avoir remporté sur Morillo la victoire décisive de Boyaca (8 août), il força les Espagnols à demander un armistice. Ceux-ci ayant repris les hostilités dans le Pérou (1822), Bolivar les battit dans plusieurs rencontres, proclama l'indépendance du Pérou et fonda au sud de ce pays un nouvel Etat qui prit le nom de Bolivie. Enfin, la victoire éclatante qu'il remporta dans les plaines de Junin et d'Ayacucho mit fin à la guerre sur le continent et délivra de tout ennemi le territoire de ces républiques. Nommé à différentes reprises président des Etats qu'il avait affranchis, il abdiqua pour détruire d'injustes accusations d'aspirer à la tyrannie, et refusa de reprendre le pouvoir. Ses vertus lui avaient suscité de nombreux ennemis, et il échappa plusieurs fois au poignard des assassins ; enfin, s'étant retiré à San-Pedro, il y mourut d'une fièvre bilieuse, le 17 décembre 1830, à l'âge de 47 ans.

BOLIVIE, Etat indépendant de l'Amérique du Sud, situé entre 59° 30' - 73° 28' long. O. et 11° 23' - 30° lat. S. Il est borné au nord-ouest et au nord par le Pérou, à l'est par le Brésil, au sud par la confédération de Rio de la Plata, Buénos-Ayres et le Paraguay ; à l'ouest par l'océan Pacifique. Cet Etat, fondé par Bolivar (voyez), comprend l'ancien Haut-Pérou et particulièrement les sept provinces espagnoles de la Paz, Oruro, Potosi, Chuquisaca, Tarija, Cochabamba et Santa-Cruz de la Sierra, qui constituent maintenant chacune un département. La capitale de la république est Chuquisaca. Le territoire de la Bolivie comprend une superficie de 270,000 kilomètres, et l'on estime sa population à 1,380,000 âmes, dont les deux tiers sont indigènes, et le reste composé de descendants des Espagnols, de métis et de quelques noirs. — Ce vaste territoire présente deux régions bien distinctes ; à l'est et au nord-ouest ce sont d'immenses pampas, à l'ouest de hautes montagnes qui font partie de la chaîne des Andes et dont le point culminant, le Nevado de Sorata, n'a pas moins de 7,696 mètres au-dessus du niveau de la mer. Les rivières qui l'arrosent sont le Rio-Béni, le Rio-Cochabamba et le Rio-Grande qui se portent au nord ; le Rio de la Plata, la Paspaya, le San-Juan, prennent leur direction vers le sud. Le climat varie beaucoup suivant l'élévation du sol ; les plaines, brûlantes pendant la saison des chaleurs, sont inondées dans celle des pluies; dans les hautes régions l'air est froid et vif. Les mines de cette contrée sont des plus productives. (Voyez *Pérou*.)

La Bolivie (*hist.*) forme un État indépendant fondé par le libérateur Bolivar, après les journées de Junin et d'Ayacucho. Le congrès du Haut-Pérou, réuni à Chuquisaqua en 1825, déclara la résolution de se séparer du reste du Pérou ainsi que de Buénos-Ayres, et de se constituer en république indépendante; Bolivar fut chargé d'en rédiger la constitution, qui établit trois chambres, tribuns, sénateurs et censeurs, et un président à vie dont les pouvoirs sont très étendus. Le général Sucre fut le premier président; une sédition militaire l'expulsa au bout de trois ans. Son rival Blanco fut tué bientôt après; et, en 1828, le général Santa-Cruz fut appelé à la présidence. — C'est dans la Colombie que commença le mouvement de l'Amérique du Nord contre la puissance espagnole. Un tribut annuel de 10,000 hommes que l'on enlevait pour les mines, tribut appelé la *mita*, épuisait et désolait le pays: déjà en 1780 il avait déterminé un soulèvement qui avorta; mais, en 1808, la petite ville de la Paz donna le signal de l'insurrection qui aboutit à l'indépendance du pays.

BOLLANDISTES, nom donné à une réunion d'écrivains d'Anvers appartenant à l'ordre des jésuites, qui entreprirent la grande collection latine connue sous le titre d'Actes de tous les saints. Le père *Bolland*, qui donna son nom à l'entreprise, fit paraître, en 1643, les deux volumes du mois de janvier. Cette publication, nécessairement lente fut arrêtée, en 1793, au 53ᵉ volume allant jusqu'au 14 octobre. La collection complète à ce point est aujourd'hui très rare. C'est un ouvrage utile pour les historiens même profanes, mais où l'on remarque plus d'érudition et de zèle que de critique. Le travail des bollandistes a été repris et se continue sous les auspices du nouveau gouvernement belge.

BOLOGNE, belle et grande ville archiépiscopale, industrieuse, commerçante et la plus importante de l'État de l'Église après Rome. Elle est située sur le canal de Bologne, entre le Reno et la Savena, au milieu d'une campagne délicieuse, couverte de jolies maisons et de villages; sa population dépasse aujourd'hui 67,000 habitants. Les maisons sont en général bâties ou revêtues de pierres de taille avec des portiques en arcades, élevés au-dessus du niveau de la rue, en sorte qu'on peut parcourir cette ville à l'abri des injures du temps, à pied sec et sans être incommodé par les voitures. Parmi les nombreux édifices qui font l'ornement de Bologne on doit citer: la cathédrale dédiée à saint Pierre, dont on admire la nef; l'église de Sainte-Pétrone, où se trouve la fameuse méridienne tracée par Cassini; l'église des Célestins, les bâtiments de l'ancienne Université, où se trouvent maintenant les écoles élémentaires, et celui de l'Institut; l'hôtel des Monnaies, le théâtre Communale, un des plus grands de l'Italie; les palais Caprara, Ranuzzi, Fantuzzi, Tanari, et ceux de Zambeccari et Sampieri, remarquables par leurs belles collections de tableaux; on ne doit pas oublier la tour des Asinelli, la plus haute de l'Italie, et celle de Garisendi, remarquables en ce qu'elles sont inclinées de huit pieds, et la magnifique fontaine de Neptune qui orne la grande place: c'est un beau groupe en bronze, tra-

Les tours penchées à Bologne.

vail de Jean Bologna. — Bologne s'est toujours distinguée et se distingue encore par ses importants établissements publics, à la tête desquels on doit mettre l'*Université*, une des plus anciennes de l'Europe; le *Jardin botanique*, l'*Instituto*, établissement magnifique, où se trouvent une des plus riches bibliothèques de cette partie du monde et des collections superbes de chimie, de physique, d'anatomie et un bel observatoire; l'*Académie des beaux-arts*, deux superbes *galeries de peinture et de sculpture*, le *Lycée philharmonique*, etc. Bologne compte parmi ses citoyens les hommes les plus libéraux de l'Etat de l'Eglise, et ceux qui y cultivent les sciences et les lettres avec le plus de succès.

L'école de peinture dite *école Bolonaise*, existait dès le commencement du XIII° siècle; elle fut illustrée vers 1600 par Annibal et Louis Carrache, et produisit le Dominiquin, le Guide et l'Albane : c'est dans cette école que l'on trouve réunis les divers systèmes qui se sont partagé le domaine de l'art : les peintres bolonais ont su être à la fois coloristes et dessinateurs.

BOMBAY, l'une des trois grandes présidences de l'Inde anglaise, sur la côte occidentale de la presqu'île. Elle a une superficie de 59,438 milles carrés anglais et comprend les anciennes provinces d'Aurengabad, Beydjapour, Kandeisch, Guzarate et Adjemir; sa population est évaluée à 7,000,000 d'habitants. Son sol est fertile, et produit du riz, du coton, du poivre, des bambous, du bois de sandal et de la gomme. On en tire principalement de l'ivoire et des perles. — Sa capitale est Bombay, située sur la petite île de ce nom, grande ville défendue par une vaste citadelle et siége d'une vice-amirauté. En général, elle est assez bien bâtie. Parmi ses édifices les plus remarquables on doit surtout nommer l'*église anglicane*, le *palais du gouverneur*, le *bazar*, les *casernes*, les *bassins* ou *docks* et l'*arsenal*. On doit ajouter un magnifique *temple guèbre.* Depuis quelques années les Anglais ont transféré à Bombay leurs grands établissements de marine militaire; le port auquel cette ville doit son nom est le meilleur et le plus sûr de toute la côte occidentale de l'Inde. Bombay est l'entrepôt général de toutes les marchandises de l'Inde, de la Malaisie (Archipel Indien), de la Perse, de l'Arabie et de l'Abyssinie. Sous le rapport du commerce, elle n'est inférieure qu'à Calcutta; mais elle dépasse même cette grande capitale pour le commerce de cabotage et pour le nombre de vaisseaux qui appartiennent à son port. Ce dernier a été déclaré franc et une des stations pour les paquebots à vapeur destinés à entretenir une correspondance régulière entre l'Inde et l'Angleterre à travers l'isthme de Suez.

BOMBARDE. On donne ce nom dans la marine aux bâtiments destinés à recevoir des mortiers à bord et à envoyer des bombes sur les places fortes, que l'on veut assiéger par mer, ou sur les flottes bloquées que l'on cherche à incendier.

BOMBE, globe creux en fonte de fer, dans lequel on introduit une quantité déterminée de poudre et d'artifice pour la faire éclater en plusieurs morceaux. La bombe est percée d'un trou conique, qu'on appelle *œil*, on y place une fusée remplie de composition assez lente à brûler pour donner à la bombe le temps d'arriver à sa destination avant d'éclater. Il y a, à la partie de la bombe opposée à l'œil, une surépaisseur que l'on nomme *culot* et qui a pour objet d'empêcher la bombe de tomber sur la fusée. Il y en a de plusieurs calibres, de 12 pouces, de 10 pouces et de 8 pouces de diamètre. Les premières pèsent de 71 à 73 kilogr.; celles de 10 pouces, de 48 à 50 kilogr., et celles de 8 pouces, de 21 à 22 kilogr.

BOMBYX (du grec *bombux*, ver à soie), genre d'insectes lépidoptères (papillons), de la famille des nocturnes, qui ont pour caractères distinctifs : les ailes supérieures inclinées en toit, les inférieures débordant celles-ci; leur trompe est courte. Les chenilles des bombyx dévorent les parties tendres des végétaux et occasionnent souvent de grands ravages. Elles se filent une coque de soie et y opèrent leurs métamorphoses. La plus belle espèce de nos pays est le *bombyx, paon de nuit*, ou grand paon (*attacus pavonia major*), qui se rencontre dans une grande partie de l'Europe. Ce beau papillon a les ailes supérieures, ayant 12 centimètres d'envergure, d'un gris nébuleux, avec l'extrémité noire et le centre orné d'un œil semblable à ceux qui terminent la queue des paons; sa chenille vit sur l'orme, elle est d'un beau vert avec des tubercules bleus. Elle file une coque de soie dure et brune, mais qu'à cause de sa grossièreté l'industrie n'exploite pas. C'est à ce genre qu'appartient le *bombyx du mûrier*, ou papillon du *ver à soie* (fig. 1), dont les ailes d'un blanc sale sont ornées, chez le mâle, d'un croissant et de bandes brunâtres. La chenille (fig. 2), ou *ver à soie* proprement dit, est d'un blanc rosé nuancé de gris, avec une corne sur la queue. Cette espèce, originaire de la Chine, est devenue domestique dans nos contrées. Le cocon qu'elle fabrique est ovale (fig. 3), formé d'un fil blanc, vert, ou jaune d'or. Comme chacun le sait, la nourriture de cet intéressant insecte est le mûrier. Les anciens Romains tiraient la soie de l'Orient, mais sans savoir au juste d'où elle venait : ils la payaient son poids réel d'or ; mais ce ne fut que pendant le bas-empire, sous Justinien, que des moines, envoyés dans l'Inde, parvinrent à tromper la surveillance jalouse de ceux qui élevaient les vers à soie, observèrent leur méthode d'éducation, et rapportèrent dans un bâton creux des œufs que l'on fit éclore à la chaleur du fumier.

Bombyx ver à soie.

Dès lors la culture de la soie se répandit sur les côtes d'Afrique, en Espagne, en Sicile ; mais ce ne fut qu'à l'époque des croisades qu'elle fut introduite en France ; cette branche d'industrie ne prit réellement d'importance que sous le règne d'Henri IV, et par les soins de Sully. Depuis, elle a pris une extension remarquable, et de nos jours l'ouvrière elle-même porte des robes de soie, que les femmes des empereurs romains ne pouvaient se procurer qu'à prix d'or. — Il est peu de personnes qui, dans leur jeunesse, ne se soient amusées à élever des vers à soie ; leur culture, exécutée sur une grande échelle, est à peu près la même ; nous en parlerons avec détail à l'article *soie*. La femelle du bombyx du mûrier

pond ses œufs vers le milieu de l'été ; ce n'est qu'au printemps suivant qu'ils éclosent. Les jeunes vers sont noirs et hérissés de poils ; trois ou quatre jours après leur naissance, ils changent de peau, et leur couleur commence à s'éclaircir ; une seconde mue a lieu quelques jours après la première, et ils se dépouillent encore trois fois de leur peau avant d'avoir acquis leur entier développement. Après la dernière mue, le ver à soie mange considérablement, puis il devient plus lent, cesse de manger, et commence à filer son cocon. Lorsque sa retraite est entièrement confectionnée, son corps, comme celui de toutes les autres chenilles, se raccourcit, se renfle davantage par le milieu du corps, et au bout de quelques jours se transforme en chrysalide. Une quinzaine de jours plus tard, le papillon éclôt ; il perce son cocon d'un trou circulaire, et se traîne au dehors en agitant ses ailes. Ces insectes s'accouplent presque en naissant, et l'accouplement dure une journée. La femelle pond aussitôt ses œufs par plaques, et les papillons périssent bientôt après. — On désigne, sous le nom de *magnaneries* (voyez) les endroits où se fait l'éducation des vers à soie.

BONALD (L.-Gabriel-Ambroise , *vicomte* DE), célèbre écrivain , ministre d'Etat et pair de France , naquit à Monna , dans le Rouergue , en 1753. D'abord conseiller du département de l'Aveyron, il quitta la France en 1790. Attaché par principes à la cause de la royauté, et par conscience à celle de la religion , il travailla pendant sa vie à soutenir l'une et l'autre. Il débuta dans la carrière littéraire par sa *Théorie du pouvoir politique*. Etant , plus tard, rentré en France, il accepta , en 1810, la place de conseiller de l'Université. A la restauration, il fut élu député dans son département , et défendit constamment à la chambre les principes monarchiques et ceux d'une théocratie ultramontaine ; il fut nommé ministre-d'Etat en 1822 et pair de France en 1823. Il était entré à l'Académie en 1816. Lorsque éclata la révolution de 1830, M. Bonald se retira dans son château de Monna et ne prit plus aucune part aux affaires publiques. Il mourut en 1840. Ses œuvres complètes (12 vol. in-8°) comprennent les ouvrages suivants : *du Divorce , Législation primitive , Recherches philosophiques , Mélanges littéraires et politiques, Pensées et Discours*, etc. Le style de M. de Bonald est noble et soutenu, l'expression riche et la pensée profonde , mais ses opinions ont été en butte aux plus vives attaques.

BONAPARTE ou **BUONAPARTE**, famille noble, originaire d'Italie et qui remonte au XIIe siècle, mais dont les membres ne doivent en réalité leur illustration qu'à Napoléon Bonaparte (voy. *Napoléon*), qui a jeté tant d'éclat sur son pays et sur sa maison. C'est d'une branche des Buonaparte, résidant primitivement à Sarzana, dans le territoire de Gènes, que sortait *Louis-Marie-Fortuné* BONAPARTE, qui alla se fixer à Ajaccio en 1612, et qui fut l'aïeul de *Charles* BONAPARTE, père de Napoléon. *Charles*, juge à Ajaccio, épousa, en 1767, *Letizia Ramolino*, qui lui donna huit enfants. Il mourut, en 1785, d'un ulcère au pylore. Après les événements de 1792 (voy. *Corse*), la famille Bonaparte fut bannie de Corse par délibération *della Consulta* de Corte, en date du 27 mai 1793 Elle se retira à Marseille, où elle vécut des secours que la Convention faisait distribuer aux réfugiés corses. Mais lorsque Napoléon devint général en chef de l'armée d'Italie, cette position précaire changea ; madame Bonaparte alla visiter plusieurs villes d'Italie, puis elle vint se fixer à Paris. Elle s'efforça toujours de maintenir l'union entre ses enfants, et ne se mêla jamais des affaires publiques. Elle se retira, en 1814, à Rome, où elle mourut en 1859.

1° JOSEPH, son fils aîné, né en 1758, épousa, en 1794, à Marseille, Marie-Julie-Clary, fille d'un négociant de cette ville. De cette union sont nés *Zénaïde*, mariée à Charles Bonaparte prince de Musignano, fils de Lucien, et *Charlotte*, veuve du prince Louis-Napoléon Bonaparte, fils de Louis, roi de Hollande. Il fut roi de Naples de 1806 à 1808, d'Espagne, de 1808 à 1813, et mourut en 1844.

2° NAPOLÉON, né en 1769. Voy. *Napoléon*.

3° LUCIEN, *prince de Canino*, né en 1775, épousa d'abord Christine Boyer, fille d'un aubergiste, puis madame veuve Jouberthon, dont il eut cinq filles et un fils, Charles-Lucien, prince de Musignano.

4° *Elisa*, née en 1777, grande duchesse de Toscane, princesse de Lucques, mariée à Félix Bacciocchi, mourut à Trieste en 1820.

5° LOUIS, comte de *Saint-Leu*, né en 1778, marié à Hortense de Beauharnais, roi de Hollande. De ce mariage sont nés un prince, mort dans son enfance en Hollande; Napoléon-Louis, né en 1804, mort en 1831, et Louis-Napoléon, né en 1808, élu en 1848 président de la République française.

6° *Marie-Pauline*, née en 1780, mariée d'abord au général Emmanuel Leclerc, puis au prince Camille Borghèse, duc de Guastalla; morte en 1825.

7° *Caroline*, née en 1782, mariée en 1800 au général Joachim Murat, depuis grand-duc de Berg et ensuite roi de Naples; devenue veuve en 1815, elle se retira en Italie, où elle vécut sous le nom de comtesse de Lipona; elle mourut en 1839.

8° JÉRÔME, comte *de Monfort*, né en 1784, épousa d'abord, à Baltimore, mademoiselle Paterson, puis la princesse Catherine de Wurtemberg. De son premier mariage il eut un fils, *Jérôme Bonaparte;* et de son second, Jérôme, Mathilde et Napoléon. — Nous consacrerons des articles particuliers aux principaux membres de cette illustre famille.

BONCHAMP (Arthus, *marquis* DE), l'un des plus habiles généraux vendéens, naquit en 1759, dans l'Anjou. Il fit ses premières armes dans la guerre d'indépendance d'Amérique. De retour en France, il embrassa le parti royaliste, et accepta le commandement que lui offraient les insurgés vendéens (1793). Il obtint quelques succès dans l'Anjou ; mais à l'attaque de Chollet (17 octobre 1793) il fut mortellement blessé. Cet homme généreux demanda en expirant la vie de 4,000 prisonniers républicains que l'on allait décimer. La marquise de Bonchamp a laissé des mémoires.

BONE, anciennement *Hippone* (Hippo regius), célèbre par l'épiscopat de saint Augustin. Ville de l'Etat d'Alger, sur la côte, elle a deux ports, rendez-vous des navires employés à la pêche du corail que l'on fait le long de la côte. On y compte 8,000 habitants. Son commerce consiste en burnous, tapis, selles, peaux, cire, grains, etc. Les Français l'occupent depuis 1832.

BONHEUR. D'après un novateur trop confiant dans les forces humaines, le *bonheur* consiste à avoir beaucoup de désirs et beaucoup de moyens de les satisfaire. Il nous paraît plus juste et plus modeste de faire dépendre le bonheur de l'équilibre entre les désirs et les moyens de jouissance. Et comme il nous est plus facile de réagir sur nous-mêmes, de faire ou de refaire notre éducation intérieure, que de modifier les circonstances du dehors, il s'ensuit que nous pouvons nous rendre relativement heureux en modérant nos désirs, en vivant de la vie morale plus que de celle du corps. Si des maux inévitables nous atteignent, la patience et la tranquillité d'esprit nous aideront à les supporter. En fait de bonheur comme en fait de richesse, ce n'est point au-dessus de nous, mais au-dessous qu'il faut regarder pour nous trouver satisfaits de notre lot. La santé de l'âme et du corps, le développement des sentiments affectueux, les plaisirs de l'intelligence et de l'activité, tels sont les premiers des biens ; et pour les assurer à qui en possède les éléments, il ne faut point l'opulence : il suffit de cette médiocrité dorée dont parle le poète ; et même dans la condition la moins brillante, il suffit du travail, de l'ordre et de l'économie.

BONIFACIO (*détroit de*). Il sépare la Corse de la Sardaigne, et tire son nom de la ville de Bonifacio située à l'extrémité de la Corse. C'est une place de guerre et le siége d'un tribunal de commerce. Son port est profond et sûr. Sa po-

pulation monte à 2,500 âmes. La ville de Bonifacio est bâtie au sommet de la falaise sur un rocher long et étroit qui s'avance comme une haute muraille, plongeant à pic de toutes parts sur la mer. La position de cette espèce de jetée naturelle est inaccessible, excepté par le point où elle tient au reste de l'île. Bonifacio est au reste mal bâti et ne présente rien autre de remarquable.

BONIFACE (*saint*), né vers 680, dans le Devonshire, en Angleterre, alla prêcher l'Évangile aux nations barbares de l'Allemagne. Il y éleva des autels et des églises, fonda des écoles et des congrégations chrétiennes, et rendit les plus grands services à la cause du christianisme. Le

pape Grégoire III le nomma archevêque et primat d'Allemagne, avec pouvoir d'établir des évêchés partout où il le jugerait utile aux intérêts de la religion. Ce fut lui qui sacra Pépin-le-Bref, par ordre du pape Zacharie. Porté sur le siége épiscopal de Mayence, il retourna dans la Frise, pour y achever son œuvre de conversion ; mais il y fut massacré par les barbares, avec cinquante-trois de ses compagnons. Cet homme vertueux, que l'Église a inscrit au nombre de ses saints, a laissé des *lettres et sermons* recueillis par Serarius.

Neuf papes ont aussi porté ce nom :

*Boniface I*er fut élu pape en 418, après la mort de Zosime. Il eut pour compétiteur l'archidiacre Eulalius. L'empereur Honorius, informé de ce schisme, ordonna aux deux concurrents de sortir de Rome jusqu'à ce que l'affaire eût été jugée par un concile. Les évêques jugèrent en faveur de Boniface, qui rentra à Rome et demeura paisible possesseur du Saint-Siége. Il mourut en 422. Saint Augustin lui dédia ses quatre livres contre les Pélagiens.

Boniface II, romain, succéda à Félix IV en 530 et mourut en 532. Il essaya en vain de porter atteinte à la liberté des élections, en voulant imposer son favori Virgile aux évêques de la métropole, pour son successeur.

Boniface III, élu en 607, ne régna que quelques mois.

Boniface IV lui succéda en 608, et mourut en 614 ; son règne n'offre rien de remarquable, non plus que celui de ses deux successeurs.

Boniface V, qui régna de 617 à 625.

Boniface VI, élu en 866, mort quinze jours après.

Boniface VII, romain, élu pape en 974, du vivant de Benoît VI, fut accusé de la mort de son compétiteur, et fut chassé de Rome. Il y revint peu de temps après ; mais Jean XIV, qui occupait le Saint-Siége, le fit jeter en prison où il mourut de faim. Après sa mort, son corps fut mutilé et traîné dans les rues par la populace.

Boniface VIII (Benoît Caïetan), né à Anagni, avait étudié le droit et fut d'abord avocat et notaire du Saint-Siége ; nommé cardinal, puis légat en Sicile et en Portugal, il fut élu pape en 1294, après l'abdication de Célestin V. Il commença par excommunier les Siciliens qui refusaient de lui rendre hommage. D'un caractère entier et violent, il eut de vifs démêlés avec la famille des Colonne et l'empereur Frédéric. En

1296, il fulmina la fameuse bulle *Clericis laïcos*, dans laquelle il établit en principe qu'aucun ecclésiastique ne peut être imposé sans le consentement du Saint-Siége. Philippe-le-Bel ayant fait arrêter l'évêque de Pamiers, qui avait tenu des propos injurieux contre lui, Boniface lui ordonna audacieusement de le mettre en liberté. Le roi indigné fit brûler la bulle publiquement. Boniface le menaça alors de le châtier *comme un petit garçon* et de lui ôter sa couronne; puis il l'excommunia. Philippe-le-Bel répondit en envoyant Guillaume de Nogaret, son avocat, et Sciarra Colonne, à la tête de 300 chevaux, arrêter le pape dans Anagni. Sciarra le retint prisonnier dans son propre palais, et s'oublia jusqu'à le frapper. Mais ces actes de violence soulevèrent le peuple d'Anagni, qui délivra le pape et l'escorta à Rome. Il y mourut au bout d'un mois (octobre 1303), d'une fièvre continue occasionnée par ces événements. — Ce pape, violent et avide, imposa des contributions sur le clergé et institua le jubilé séculaire en 1300. Le Dante l'a placé dans l'*Enfer*, parmi les simoniaques. On trouve l'énumération de ses crimes et de ses honteux débordements dans les conclusions prises par l'archevêque de Narbonne, en pleine assemblée des Etats du royaume, le 14 juin 1303, et rapportées dans les *Actes et preuves des démêlés de Boniface VIII avec Philippe-le-Bel*, par Baillet.

Boniface IX (Pierre Thomacelli), napolitain, monta sur le trône pontifical après Urbain VI, le 2 novembre 1389. Il eut pour compétiteurs, à Avignon, Clément VII et Benoît XIII. Il établit les *Annates* (voyez) et fit commerce de toutes sortes de grâces. Il mourut en 1404, laissant après lui une réputation d'avarice et de corruption.

BONN (*Bonna*), ville des Etats prussiens, dans la régence de Cologne, est située sur la rive gauche du Rhin, qu'on passe sur un pont de barques. Parmi ses édifices les plus remarquables, sont : le château où résidaient autrefois les électeurs de Cologne, et qui appartient aujourd'hui à l'Université; on y admire une riche bibliothèque, un musée des antiques, un cabinet de physique et de riches collections zoologiques et minéralogiques; devant le château se trouve le jardin botanique. La cathédrale et l'église Saint-Martin sont également remarquables. — Bonn fut originairement un de ces forts établis par les Romains sur plusieurs points de l'Allemagne; il fut tour-à-tour assailli par les Huns, les Francs et les Normands. Les Français s'y

soutinrent en 1673 contre les efforts réunis des Hollandais, des Espagnols et des Autrichiens; mais elle fut prise en 1689 par le grand électeur. Les Français s'en emparèrent pendant les guerres de la révolution, et la cédèrent en 1814 à la Prusse. — L'industrie de Bonn consiste principalement dans la fabrication des étoffes de coton et de soie, du savon, de la cire, etc.

BONNE DÉESSE, fille de Faunus, dont les mystères secrets n'étaient célébrés à Rome que par les femmes. Quelques mythographes l'appellent Fauna, Fatua ou Fatuella; d'autres la confondent avec Cérès et même avec Cybèle ou la Terre. Le culte de la Bonne Déesse dégénéra en orgies : il fut prohibé par plusieurs empereurs et flétri par le satirique Juvénal.

BONNE-ESPÉRANCE (cap de (cape of Good Hope), cap situé à l'extrémité sud-ouest de l'Afrique méridionale, par 16° 10' long. E, et 34°23' lat. S. Découvert en 1486, par Bartholomeo Diaz, navigateur portugais, il fut doublé en 1497 par Vasco de Gama. Ce fut en 1650 que les Hollandais y fondèrent la *colonie du Cap*. (Voyez *Cap*.)

BONNET (Charles), philosophe et naturaliste, naquit à Genève en 1720. La lecture des œuvres du Pluche et de Réaumur lui inspira le goût de l'étude des sciences naturelles, à laquelle il se consacra sans retour. A peine âgé de 20 ans, il publia le résultat de ses premières observations, et fit des découvertes importantes qui attirèrent sur lui l'attention des savants. Il découvrit la fécondité des pucerons pendant plusieurs générations, sans le moyen de l'accouplement, et fit de curieuses expériences sur l'appareil respiratoire des chenilles et des papillons. Ces expériences sont consignées dans son *Traité d'insectologie*, qu'il publia en 1745. Il fit aussi d'importantes découvertes sur la physique végétale, et publia, en 1754, un ouvrage *sur l'usage des feuilles*, où il décrit le mécanisme de la respiration et de la nutrition chez les plantes. Il donna ensuite ses *Considérations sur les corps organisés* (1762), où il combat le système des molécules organiques de Buffon, pour y substituer celui des germes. (Voyez *Molécule* et *Germe*.) Malheureusement, pour lui et pour la science, Bonnet fut forcé de s'arrêter dans la carrière expérimentale; sa vue, affaiblie par le travail et l'usage du microscope, le força de renoncer à ce genre de recherches, et il se livra dès-lors tout entier à l'étude de la philosophie générale. Dans son *Essai de psychologie* et son *Essai analytique des facultés de l'âme*, il part du principe de relation entre l'âme et le corps, pour en conclure la nécessité d'un organe matériel pour l'exercice de l'intelligence; il explique, par l'excitation des molécules de cet organe, l'association des idées dont le sens sont la source. Il veut que l'âme ne soit que présente au cerveau, et par cet organe au reste du corps. Mais c'est surtout dans sa *Contemplation de la nature* (1764) que son génie se déploie tout entier : il s'attache à montrer que tous les êtres font partie d'un même système, et forment une échelle non interrompue; il compare l'économie végétale et animale, et établit entre l'une et l'autre les parallèles les plus ingénieux. Dans sa *Palingénésie philosophique* (1770) il établit la nécessité d'une autre vie non-seulement pour l'homme, mais même pour les animaux; il semble promettre à ces derniers une vie future, l'accroissement de leur industrie, le changement de leur nature. En 1773 parurent les *Recherches philosophiques sur les preuves du christianisme*. Bonnet défend la révélation, et regarde le christianisme comme le développement de la religion naturelle et de la raison; son plus grand ennemi, dit-il, est l'indiscrète curiosité théologique qui, en voulant l'expliquer, le rend odieux et ridicule. Bonnet fut aussi modeste que savant; il fait honneur de ses ouvrages à Réaumur, dont il se dit l'élève, et attribue au hasard qui l'a mieux servi les observations qu'il publie et qui ont échappé à ce savant. Ces nobles qualités ne purent cependant le soustraire aux attaques de l'envie et aux sarcasmes du philosophe de Ferney. Il mourut à Genève en 1793, âgé de 73 ans. Ses ouvrages ont été traduits dans presque toutes les langues.

BONNET ROUGE, coiffure adoptée comme emblème par les républicains les plus exaltés, après le retour à Paris des Suisses du régiment de Châteauvieux, qui avaient été envoyés aux galères pour s'être révoltés à Nancy, contre leurs officiers, et qui avaient été amnistiés par l'Assemblée nationale. On se rappela que le bonnet phrygien avait été à Rome, le symbole de l'affranchissement : on en coiffa plus tard la statue de la liberté, et on le reproduisit sur les monnaies. Il faut observer qu'à Rome le bonnet des affranchis n'était pas rouge, mais bleu.

Le **bonnet vert** était autrefois une marque d'infamie qu'acceptaient les banqueroutiers cessionnaires de biens, pour échapper à l'exécution des décrets de prise de corps. C'était un usage venu d'Italie vers le xvie siècle. Pasquier et Boi-

Jean en ont parlé. Aujourd'hui, le bonnet vert est porté au bagne par les condamnés à perpétuité.

BONNETS (les (*hist.*). Voyez *Chapeaux*.

BONNIVET (Gouffier DE), frère cadet de Boisy, gouverneur de François Ier, fut élevé avec le jeune prince, et devint son favori lorsque celui-ci monta sur le trône. Il se conduisit avec la plus grande valeur à la journée de Marignan, et reçut en récompense la charge d'amiral. Peu après il fut envoyé comme ambassadeur en Angleterre, où il sut captiver le cardinal Wolsey par son faste et ses prodigalités; ce succès lui acquit la réputation d'un habile diplomate, réputation qu'il démentit lorsqu'il fut envoyé à la diète de Francfort, assemblée pour donner un successeur à l'empereur Maximilien, en laissant élire Charles-Quint. Il n'en fut pas moins nommé au commandement de l'armée de Guyenne dirigée contre la Navarre, et s'empara de Fontarabie. Chargé, en 1523, du commandement de l'armée dans le Milanais, il eut d'abord quelques succès, puis fut obligé de battre en retraite; il fut blessé au passage de la Sésia, et laissa le commandement à Bayard qui fut tué (1524). L'année suivante, ce fut par ses conseils que François Ier livra la bataille de Pavie, où il perdit la liberté. Ne voulant pas survivre aux désastres dont il était le principal auteur, il se jeta au milieu de la mêlée, et se fit tuer. Ennemi déclaré du connétable de Bourbon, il fut en partie la cause de la défection de ce prince.

BON SENS. Voyez *Sens.*

BONTÉ, qualité de l'âme qui nous porte à sympathiser aux maux de nos semblables, et à souffrir patiemment leurs torts envers nous. Quoique la politesse en soit l'expression habituelle, la bonté n'exclut pas la franchise et l'énergie. En prenant un caractère plus élevé, plus ardent, elle devient la charité; mais si elle s'abaisse jusqu'à l'abnégation de tout droit, de toute initiative personnelle, elle n'est plus que faiblesse; ce genre de bonté est un tort envers ceux que nous sommes chargés de conduire. La bonté, application constante de ce principe : « Fais aux autres comme tu voudrais qu'il te fût fait à toi-même, » est à la fois le plus puissant des liens sociaux, et le plus doux charme des relations entre les hommes.

BONZES, nom par lequel les Européens désignent les prêtres chinois, japonais, cochinchinois et birmans. On l'applique également aux prêtres de Fo, de Lao et de Bouddha. Les *bonzes* observent le célibat, et quelques-uns vivent en communauté. Ils sont, en général, très superstitieux et fort ignorants; mais ils ne se montrent point intolérants à l'égard des autres religions, et ils ne s'immiscent jamais dans les affaires civiles.

BOOLEN ou *Boleyn* (Anne DE), seconde femme d'Henri VIII, roi d'Angleterre, était fille de sir Thomas Boleyn et petite-fille, par sa mère, du duc de Norfolk. Elle naquit vers 1500, et suivit à la cour de France la princesse Marie, fiancée de Louis XII; elle entra successivement au service de la reine Claude et de la duchesse d'Alençon, l'une femme, l'autre sœur de François Ier. En 1525, elle retourna en Angleterre, et devint dame d'honneur de la reine Catherine. Anne, qui s'était formée à l'école de Marguerite de Valois, sut captiver l'inflammable Henri VIII, qui l'éleva d'abord au rang de comtesse de Pembroke, et l'épousa solennellement en 1532, après qu'il eut fait casser son mariage avec Catherine. On sait que ce fut pour contracter ce mariage, que le pape refusait de sanctionner, qu'Henri VIII abandonna le catholicisme. Un an après, Boleyn donna le jour à Elisabeth; mais, malgré ce gage, sa faveur fut de courte durée; supplantée à son tour par Jane Seymour, elle passa de la couche royale dans la tour de Londres, accusée du crime d'adultère avec un musicien nommé Smeaton, auquel on fit confesser, dans les tortures, qu'il avait joui des faveurs de la reine. Condamnée à mort, Anne de Boleyn fut exécutée le 19 mai 1536.

BOON-UPAS. Voyez *Upas*.

BORATES, sels résultant de la combinaison de l'acide borique avec les bases salifiables.

BORAX (*borate de soude, soude boratée* ou *tinckal*), substance saline, blanche, d'une saveur douceâtre, soluble dans l'eau, très fusible, que l'on trouve en petites couches cristallines sur les bords de certains lacs de l'Inde, et principalement du Thibet, ou dissous dans leurs eaux. Il résulte de la combinaison de l'acide borique avec l'oxyde de sodium. On le prépare maintenant en France en saturant l'acide borique par la soude, et faisant cristalliser. — A l'état natif, le borax est d'un gris verdâtre, couleur qu'il doit à une matière organique. On le purifie par la fusion, la dissolution dans l'eau et la cristallisation. C'est ainsi qu'on obtient les cristaux de borax qui se rencontrent dans le commerce. Il est formé en

poids de soude 16,37; acide borique, 13,52, et eau 47,11. Le borax est employé dans les arts comme fondant, à cause de sa grande fusibilité; dans la soudure des métaux, dans la peinture sur verre et sur émail. La médecine en fait encore quelquefois usage à l'extérieur comme astringent, contre les aphthes, les ulcérations de la langue, de la face interne des joues, etc.

BORDA (J.-Charles), savant français, naquit à Dax en 1733. Il entra fort jeune au service, et occupa ses loisirs par l'étude des sciences; plusieurs mémoires d'analyse et de physique mathématique lui valurent le titre d'associé de l'Académie des sciences. En 1771, il fut nommé commissaire de l'Académie pour l'examen des montres marines, et fut quelques années après chargé d'un travail hydrographique important. Il releva les positions des îles Canaries et d'une portion des côtes d'Afrique. Il fut nommé major général de la flotte du comte d'Estaing, pendant la guerre d'Amérique, et eut plusieurs commandements dans lesquels il se distingua autant par sa bravoure que par sa science. On lui doit plusieurs inventions, principalement celle du cercle répétiteur à réflexion, et la méthode des doubles pesées; il perfectionna un grand nombre d'instruments, et prit une part active à la grande opération de la mesure du méridien entre Dunkerque et Barcelonne. Ce savant mourut en 1799. Il a laissé plusieurs ouvrages, notamment : *Voyage fait en 1771 et 1772 en Europe et en Amérique ; Description et usage du cercle de réflexion ; Tables trigonométriques décimales ;* un grand nombre de *mémoires,* et une excellente *carte des Canaries*.

BORDEAUX, chef-lieu du département de la Gironde, est situé sur la rive gauche de la Garonne, qui y forme un port magnifique. Autrefois capitale de la Guienne, siége d'un archevêché et d'une cour royale, c'est une des villes les plus belles, les plus commerçantes, et les plus peuplées du royaume. La fondation de Bordeaux se perd dans la nuit des temps : sous le nom de *Burdigala,* elle fut chef-lieu des *Bituriges Vibisei ;* les Romains en firent la capitale de la seconde Aquitaine ; les Visigoths, en se rendant en Espagne, saccagèrent et occupèrent Bordeaux jusqu'au moment où ils en furent chassés par Clovis. Les Sarrasins, les Alains, les Normands la pillèrent ensuite à leur tour ; enfin, les ducs de Gascogne, vers 911, en devinrent possesseurs. En 1152, le mariage d'Éléonore de Guienne fit passer cette ville sous la domination anglaise, et elle y resta jusqu'en 1451. Si dans le vieux Bordeaux, on ne trouve que des rues étroites, tortueuses et des places irrégulières, la ville nouvelle, surtout les beaux quartiers du Chapeau-Rouge et des Chartrons présentent des rues larges et bien alignées, de belles places, des maisons élégantes et plusieurs édifices remarquables. Peu de villes ont subi plus d'heureuses transformations que Bordeaux depuis trente ans : le château Trompette a été démoli, et de belles promenades publiques remplacent ses murailles ruineuses. Un pont majestueux de 486 mètres de long, composé de 17 arches, réunit depuis 1821 les deux rives de la Garonne. Parmi les nombreux édifices qui décorent cette ville, nous citerons la cathédrale, beau monument gothique; l'église des Feuillants, remarquable par le tombeau de Michel Montaigne; le grand théâtre, l'un des plus beaux de l'Europe; les ruines d'un amphithéâtre romain, la Bourse, dont on admire le vaste dôme, et qui est considérée comme l'un des plus beaux établissements de ce genre en Europe; l'ancien palais archiépiscopal. La place Royale, la place Dauphine, la place d'Armes; celles de Saint-Germain et des Grands-Hommes; les allées de Tourny et les bains publics méritent aussi de

La tour de l'Hôtel-de-ville à Bordeaux.

fixer l'attention du voyageur. Le cimetière, situé à l'une des extrémités de la ville, que plusieurs monuments en marbre décorent, comme celui du Père-Lachaise à Paris. Bordeaux possède des fabriques et des manufactures de tout genre; les

plus nombreuses et les plus importantes sont : les fabriques de vinaigre et d'acide nitrique, les raffineries de sucre, les distilleries, les filatures de coton, les papeteries, les fabriques de faïence, de chapeaux, de bouteilles, de bas, de toiles métalliques, les manufactures de taffetas ciré et de tapis de pied. Bordeaux est le centre du commerce des vins et eaux-de-vie de toute la France occidentale, et d'une grande partie de la France méridionale et centrale; aussi, les vins forment le principal article de ses exportations. Bordeaux possède une banque et arme annuellement près de 200 navires pour l'Amérique, l'Afrique et l'Inde, et prend une part active à la pêche de la morue et de la baleine; elle communique avec la Méditerranée par le canal du Midi. Bordeaux tient aussi un rang distingué parmi les villes de France, tant par ses institutions littéraires que par le nombre de ses établissements d'instruction publique. Outre l'académie universitaire et le collège national, elle possède des écoles d'architecture, de navigation, de botanique, de peinture, de médecine, de commerce, etc. C'est la patrie d'Ausone, du pape Clément V, de Berquin, du vertueux Desèze, de Carle Vernet, etc., etc.

BORDEU (Théophile), célèbre médecin, naquit en 1722 à Iseste, dans le Béarn. Fils, petit-fils et frère de médecins, il se livra avec ardeur aux études médicales, et se fit recevoir docteur à l'âge de 20 ans. Il se signala dès le début par son opposition aux doctrines de Boërhaave et embrassa avec enthousiasme les doctrines du vitalisme. Il s'attacha à prouver que tout ne peut s'expliquer dans les fonctions vitales, par les simples lois de la mécanique ou de la chimie, et qu'il faut admettre une force spéciale, qu'il nomme *sensibilité*. Il fit d'importantes découvertes en anatomie sur les glandes et les muqueuses, et a laissé de nombreux ouvrages sur ces diverses questions. On a de lui : *Recherches sur la digestion, Recherches sur les maladies chroniques, Recherches sur le pouls par rapport aux crises, De l'inoculation*, etc., ainsi que de nombreux articles dans l'Encyclopédie. Il mourut frappé d'apoplexie en 1796, âgé de 54 ans.

BORE, corps simple qui ne se trouve jamais pur dans la nature, il est toujours combiné avec l'oxygène, et forme ainsi un acide borique qui existe seul ou combiné soit à la soude, soit à la magnésie, et que l'on trouve dans quelques minéraux tels que l'axinite et la tourmaline. Le bore a l'aspect d'une poussière verdâtre, est très friable, insipide, inodore, plus pesant que l'eau dans laquelle il est insoluble ; il est infusible, mais chauffé au rouge dans l'oxygène, il se convertit en partie en acide borique. Il se combine aussi avec le chlore, le soufre, le fluor.

BORÉE, le vent du nord personnifié par la mythologie qui le supposait fils d'Astrée, l'un des Titans, et de l'Aurore : on le représente sous les traits d'un vieillard ailé et barbu, dont les membres inférieurs se terminent en queues de serpent. Il enleva Orithye, fille d'Erechtée, roi d'Athènes, et la transporta en Thrace. C'est de son nom qu'on a formé le mot *boréal*, synonyme de septentrional. — *Aurore boréale*. (Voyez *Aurore*.)

BORGHÈSE, puissante famille romaine originaire de Sienne, et qui compte parmi ses membres plusieurs hommes éminents. Le pape Paul V, qui appartenait à cette famille, combla ses parents d'honneurs et de richesses. (Voyez *Paul*.) C'est ce pontife qui fit bâtir la *villa Borghèse*, célèbre par la magnificence de ses jardins et par la quantité d'objets d'art qu'elle renfermait. Une partie de cette riche collection fut achetée par Napoléon, et l'on en voit aujourd'hui les chefs-d'œuvre au musée du Louvre.

BORGHÈSE (Camille-Ludovic), prince de Sulmone et de Rossano, duc de Guastalla, l'un des derniers représentants de cette famille, naquit à Rome en 1775. Il s'attacha au général Bonaparte, lors de l'entrée des Français dans la Péninsule, et épousa en 1803 la sœur cadette de Napoléon, *Pauline*, veuve du général Leclerc. Nommé colonel de la garde impériale, puis général de division, il prit part à la campagne de 1806, et fut ensuite nommé gouverneur des provinces transalpines. Après l'abdication de Napoléon, il se retira à Florence, où il mourut en 1832.

BORGIA, famille romaine originaire d'Espagne, dont un membre, *Alphonse Borgia*, monta sur le trône pontifical en 1455, sous le nom de *Calixte III*. (Voyez)Ce pape autorisa son beau-frère, Godefroi Lenzuoli, à prendre le nom de Borgia ; et c'est au fils de ce dernier, le trop fameux pape *Alexandre VI* et à ses enfants, qu'est due la fâcheuse renommée de cette famille. Alexandre VI, étant cardinal, avait eu de sa maîtresse Vanozza cinq enfants ; *Giovanni*, l'aîné, devenu duc de Bénévent, fut assassiné par ordre de son frère César, jaloux de sa fortune.

BORGIA (César), second fils d'Alexandre, né en 1457, montra dans sa jeunesse les plus brillantes qualités ; mais bientôt, s'abandonnant à ses mauvaises passions, il se lança dans une carrière de crimes et de débauches. Nommé cardinal en 1493, et dévoré d'une noire jalousie contre son frère aîné, duc de Bénévent et de Gandie, il le fit assassiner, et déposa la pourpre pour se parer des titres de sa victime. Alexandre VI, qui trouvait un bras dévoué dans un tel fils, ferma les yeux sur ce crime et le combla de nouveaux biens. Envoyé en France pour négocier une alliance avec Louis XII, il lui porta la dispense pontificale qui lui permettait de répudier Jeanne de France, sa femme, et d'épouser Anne de Bretagne. En récompense de ce service, il reçut le duché de Valentinois avec une pension de 20,000 écus, et la main d'une fille de Jean d'Albret, roi de Navarre. De retour en Italie, César entreprit la conquête de la Romagne ; il se défit par le fer et le poison des princes qui régnaient dans ce pays, et se fit investir, en 1501, du titre de duc de la Romagne. Puis après avoir dépouillé ceux qui lui étaient étrangers, il tourna les yeux vers ceux-là même qui l'avaient aidé dans ses spoliations, et les fit périr pour s'emparer de leurs biens. Un cri d'indignation général s'élevait contre tant d'infamies ; mais, César, soutenu par son père et par le roi de France, était un rude et puissant adversaire. Cependant, lorsque le poison vint trancher les jours d'Alexandre, César Borgia vit s'écrouler cette puissance. Arrêté par ordre du pape Jules II, et abandonné de Louis XII, il fut obligé de restituer le fruit de ses rapines ; puis, livré au roi d'Espagne, qui avait à se plaindre de lui, il fut enfermé au château de Médina del Campo. Etant parvenu à s'échapper, il gagna les Etats de son beau-frère, le roi de Navarre. Il l'accompagna dans une expédition contre l'Espagne, et fut tué au siége de Viana, en 1507.

LUCRÈCE BORGIA, sœur du précédent, célèbre par sa beauté et son esprit, eut des mœurs aussi dissolues que celles de son père et de César son frère ; elle fut même accusée par ses contemporains d'avoir entretenu un commerce incestueux avec ce dernier. Elle eut pour premier mari Jean Sforza, seigneur italien ; mais lorsque Alexandre VI monta sur le Saint-Siége, il rompit cette union qu'il regardait comme peu convenable. Lucrèce épousa en secondes noces Alphonse d'Aragon, fils naturel d'Alphonse II, roi de Naples, qui fut étranglé dans son lit Une alliance brillante fut négociée par Alexandre, et Lucrèce épousa en troisièmes noces Alphonse d'Este, fils d'Hercule, duc de Ferrare. Initiée de bonne heure par son père à la politique, Lucrèce se montra à la hauteur de sa brillante fortune, et gouverna avec sagesse, sans toutefois renoncer aux plaisirs. Elle accorda aux lettres une protection éclairée, et se fit ainsi pardonner en partie l'infamie de sa conduite.

A côté des membres corrompus de cette famille, il est juste de citer *François Borgia*, duc de Gandie et grand d'Espagne, qui jouit de la faveur de Charles-Quint, et donna l'exemple de toutes les vertus. A la mort de sa femme, il se retira dans l'ordre des Jésuites, dont il devint général en 1565. Il fut canonisé par Clément IX.

BORIQUE (*acide*). Voyez *Acides*.

BORNÉO, grande île de la mer des Indes, située sous l'équateur par 106°25'-116°5' long. E., 7°7' lat. N., 4°12' lat. S. Elle a environ 40,000 lieues carrées de superficie; c'est la plus grande île du globe, si l'on en excepte la Nouvelle-Hollande. L'intérieur est hérissé de montagnes qui tempèrent la chaleur du climat; mais sur les côtes, de nombreux marécages rendent l'air malsain et engendrent des maladies funestes aux Européens. Des forêts immenses couvrent les montagnes; on y rencontre l'ébène, le bois de sandal, et d'autres arbres précieux tels que: muscadiers, poivriers, girofliers, camphriers, etc. Les montagnes recèlent dans leurs flancs des mines d'or, de fer, d'étain. de cuivre et d'antimoine; on en tire également du cristal de roche. On y rencontre des buffles, des tigres, des panthères, des éléphants et de grandes espèces de singes, notamment l'orang-outang. On évalue sa population totale à 3 millions d'habitants de diverses races; celles qui dominent sont les Javanais et les Malais, hommes féroces qui exercent la piraterie. L'intérieur de l'île est habité par diverses races connues sous les noms de *Dayaks*, de *Biadjous*. On rencontre dans les montagnes des Papouas noirs aux cheveux ébouriffés; on y trouve aussi des Chinois, des Hollandais et des Anglais. Le littoral seul est bien peuplé et offre des villes. — Bornéo est divisé en partie soumise aux Hollandais et en partie indépendante. Cette dernière est formée de plusieurs petits Etats dont le principal est *Bornéo*, qui s'étend sur toute la côte septentrionale. La capitale Bornéo, bâtie sur pilotis, a de petits canaux au lieu de rues, ce qui lui donne quelque ressemblance avec Venise, à la magnificence près. Cette ville contient environ 10,000 habitants, dont une partie demeure constamment sur

des bateaux. Les autres Etats sont ceux de Passir, de Soulou, etc. La partie soumise aux Hollandais forme deux provinces : celle de la *côte occidentale*, qui renferme les plus riches mines de l'île ; elle est défendue par un fort situé sur la rivière Samba, ; et celle des *côtes méridionale et occidentale*, dont la capitale est Banjermassin, sur la rivière de ce nom. Bornéo fut découvert par les Portugais en 1521 ; les Hollandais s'y établirent en 1604.

BORODINO. Voyez *Moskowa*.

BORROMÉE (*saint* Charles), issu d'une illustre famille de Lombardie, naquit au château d'Arone, sur les bords du lac Majeur, en 1538. Neveu du pape Pie IV, il fut élevé au cardinalat, puis à l'archevêché de Milan (1560). Malgré sa jeunesse (il avait 23 ans), cette haute fortune n'altéra en rien ses sentiments religieux, il se consacra tout entier au service de l'Eglise et s'efforça de réformer les abus qui s'y étaient introduits. Il combattit la réforme au concile de Trente et fit rédiger, suivant les principes de ce concile, le célèbre catéchisme qui porte son nom. pour l'opposer à celui de Luther. En 1565, il quitta Rome pour se rendre dans son diocèse de Milan qu'il résolut de ne plus quitter. Il trouva l'administration et les mœurs en proie au plus grand désordre; mais par sa fermeté et ses vertus, il rétablit partout la discipline, il fonda des écoles et des maisons de refuge, et devint bientôt l'idole du peuple. Lorsque la peste vint ravager Milan (1576), il porta partout des secours temporels et spirituels, et vendit tout ce qu'il avait pour soulager les infortunés. Epuisé par les fatigues et les austérités, il mourut en 1584, à l'âge de 46 ans. Paul V le canonisa en 1610, mais le peuple n'attendit pas ce moment pour lui consacrer le culte de l'invocation. Il a laissé des écrits théologiques composés d'actes synodaux, de sermons, de lettres et de conférences.

BORROMÉE (Frédéric), cousin du précédent et archevêque de Milan, de 1595 à 1631, marcha sur ses traces, il fut l'ami des malheureux et protégea les lettres. Ce fut lui qui fonda, à Milan, la bibliothèque ambroisienne.

BORROMÉES (*îles*), petites îles situées dans le lac Majeur (Etats sardes). Ces îles, au nombre de trois, Isola Bella, Isola Madre et Isola de Pescatori, doivent leur nom à la famille Borromée, qui y fit élever des palais et des jardins délicieux, ornés de fontaines jaillissantes. Les jardins d'Isola Bella s'étendent sur des terrasses élevées les unes au-dessus des autres; au sommet de la dernière se trouve une statue colossale de licorne ailée, qui fait partie des armes de la famille Borroméo.

BORYSTHÈNE, fleuve de la Sarmatie, aujourd'hui le *Dniéper*. (Voyez ce mot.)

BOSNIE, province de la Turquie d'Europe, bornée au N. par l'Esclavonie; à l'E., par la Servie; à l'O., par la Croatie; au S., par l'Albanie et la Dalmatie. Sa superficie est de 1,063 milles carrés géographiques, et sa population s'élève à 850,000 hab., pour la plupart d'origine slavone. On y compte environ deux tiers d'indigènes professant le culte grec de l'Église orientale, et un tiers de Turcs mahométans; il y a en outre beaucoup de Juifs et de Bohémiens. La Bosnie, unie et plate dans sa partie septentrionale, est montagneuse et couverte de bois vers le sud; elle est arrosée par la Save, le Berbas, la Basna, la Nama et la Drina. Le sol, sans être d'une grande fertilité, rend bien à la culture; les vallées offrent de bons pâturages, et les montagnes sont bien boisées. On y cultive la vigne et beaucoup d'arbres fruitiers. On y élève aussi beaucoup de bestiaux. Les armes, les maroquins, les tissus de laine, etc., forment les principaux produits de l'industrie bosnienne.

Histoire. Au xiie siècle, ce pays appartenait à la Hongrie; il dépendit ensuite de la Servie. Mais à la mort d'Etienne, roi de cette dernière contrée, la Bosnie forma un Etat indépendant. Occupée tour-à-tour par les Turcs et les Hongrois, elle fut cédée aux premiers par la paix de Carlowitz, en 1699.

BOSPHORE (du grec *bous*, bœuf ou vache, et *poros*, passage), détroit ainsi nommé, parce qu'il fut traversé à la nage, dit la fable, par la vache Io. Les anciens nommaient Bosphore de Thrace le détroit que les modernes appellent *canal de Constantinople*. Le Bosphore fait communiquer la mer Noire ou Pont-Euxin avec la mer de Marmara ou Propontide qui tient elle-même à l'Archipel (mer Egée), par les Dardanelles (Hellespont). Ces trois parties de mer séparent l'Europe de l'Asie. Tous les géologues s'accordent aujourd'hui pour reconnaître qu'autrefois l'Europe et l'Asie étaient jointes sur ce point. La mer Noire ayant été dans l'origine un lac immense formé par les eaux de tous les grands fleuves dont l'embouchure est dans ce vaste bassin, fermé au sud-ouest par de hautes monta-

gnes, les eaux s'y accumulèrent tellement que, sous la pression des courants qui descendent du nord au sud, de violents déchirements eurent lieu et les eaux s'ouvrirent un passage par lequel le trop plein du Pont-Euxin se répandit dans les vallées qui devinrent la Propontide; ce bassin comblé à son tour creusa les montagnes qui le séparaient de la mer Egée, et l'Asie se trouva ainsi complétement séparée de l'Europe. Ce détroit a sept lieues de longueur, et sa moindre largeur entre les deux châteaux des Génois est de moins d'un quart de lieue.

Le château d'Asie sur le Bosphore.

Les montagnes des deux rives du Bosphore forment sept coudes qui rompent la rapidité du courant; leurs sommets sont ornés de groupes d'arbres, et leur pied couvert d'agréables villages qui se succèdent presque sans interruption depuis Constantinople jusqu'à l'entrée de la mer Noire. En face de Constantinople est Scutari, l'ancienne Chrysopolis, autour de laquelle les Turcs aiment à placer leurs tombeaux.

BOSPHORE CIMMÉRIEN, aujourd'hui *détroit d'Iénikalek*. (Voyez.)

BOSPHORE (*royaume du*), Etat fort ancien qui s'étendait sur les deux rives du Bosphore cimmérien. Il fut fondé dans les temps héroïques, parmi les populations scythes, par des Grecs de l'Asie-Mineure qui bâtirent *Panticapée* dans la presqu'île Taurique, et *Phanagorie* de l'autre côté du détroit. Les médailles des rois du Bos-phore remontent jusqu'à Spartokus, 442 ans avant J.-C. Ils forment plusieurs dynasties sous lesquelles fleurit dans ce pays toute la civilisa-tion des Grecs, mais dont l'histoire est sans inté-rêt jusqu'à l'époque où la souveraineté du Bos-phore fut cédée à Mithridate-le-Grand, roi de Pont. (Voy. *Mithridate.*) Ce prince, après avoir gouverné le Bosphore pendant cinquante-deux ans (113-63), transmit ce royaume à son fils Ma-charès, qui fit alliance avec Lucullus et se tua ou fut mis à mort (c'est celui que Racine appelle Xipharès), puis ensuite à Pharnace, qui régna par la grâce des Romains, se révolta contre eux, et perdit le trône avec la vie. Depuis cette épo-que, le royaume du Bosphore ne fut plus qu'une dépendance du grand empire. Les Barbares, après l'avoir plusieurs fois attaqué, l'envahirent et le ruinèrent complètement au vie siècle. (Voy. *Tauride.*)

BOSSAGE (*archit.*), partie des pierres de construction qu'on laisse en saillie pour les saisir et les mettre en place, ou surface extérieure qui, étant demeurée brute, dépasse les surfaces voi-sines. On se propose ordinairement d'abattre et de polir les bossages; mais comme ils ont sub-sisté fortuitement dans quelques monuments, on a jugé à propos de les considérer comme une espèce d'ornement, et de les imiter à ce titre, en les disposant avec symétrie. Les bossages ou rus-tiques, et particulièrement les bossages vermi-culés produisent un effet heureux dans certaines constructions, telles que des fontaines ou le rez-de-chaussée de quelque grand édifice; mais on a quelquefois étrangement abusé de ce moyen gros-sier d'ornementation.

BOSSE (*beaux-arts*). Ce terme s'applique en général aux modèles moulés d'après lesquels les dessinateurs s'exercent à rendre les reliefs des corps. Les termes *bosse* ou *ronde bosse*, *demi-bosse* et *bosse plate* ou *méplat*, s'emploient aussi pour désigner le degré de saillie donné par un sculpteur à sa composition : la première ex-pression désigne des figures tout-à-fait isolées et dégagées du fond, les autres s'appliquent aux différentes sortes de relief et bas-relief.

BOSSE (*anthropologie*), voy. *Phrénologie.* Pour les déformations de la colonne vertébrale, voyez *Gibbosité* et *Orthopédie.*

— **BOSSUET** (Jacques Bénigne), le flambeau de l'Église gallicane et l'une des plus grandes illustrations littéraires de la France, naquit en 1627, à Dijon. Son père, avocat et conseiller aux Etats de Bourgogne, l'envoya à Paris faire sa philosophie et sa théologie au collège de Navarre. Il soutint sa première thèse à l'âge de 16 ans, et ce fut avec un tel éclat que le jeune théologien attira sur lui l'attention générale. Il fut fait cha-noine de Metz, archidiacre, puis doyen du cha-pitre. Ce fut là qu'en 1655 il commença à mon-trer son talent pour la controverse, en réfutant le catéchisme de Paul Ferry, célèbre ministre pro-testant; il fit à Metz des missions et des confé-

rences ecclésiastiques. Etant revenu à Paris, en 1659, il commença à prêcher dans les chaires de la capitale, et ensuite à la cour. Il passa sa vie à combattre pour l'Église catholique, et eut la gloire de rendre le maréchal de Turenne à la foi de ses pères. En 1669, il fut nommé à l'é-vêché de Condom, et l'année suivante le roi le choisit pour être précepteur du dauphin. Il donna alors sa démission de son évêché, montrant ainsi son respect pour les règles de l'Église, et parta-gea son temps entre les soins de l'éducation de son royal élève et des travaux utiles à l'Église. Il tint chez lui des conférences sur l'Ecriture-Sainte, et contribua beaucoup à la retraite et à l'éclatante pénitence de madame de la Vallière; il parvint même à rompre quelque temps les liaisons de Louis XIV avec madame de Montespan. Il écrivit, en 1671, l'*Exposition de la doctrine de l'Eglise catholique*, ouvrage célèbre qui ramena Turenne et le marquis de Dangeau à la religion de Louis XIV, et qui devint « un bouclier contre lequel les protestants aiguisèrent vainement leurs traits. » Il eut avec le ministre Claude, en 1678, une célèbre conférence qui eut pour résultat la conversion de mademoiselle de Duras. Dans ses longues controverses avec les protestants, il conserva toujours une dignité calme et une grande modération. Ce fut pour l'éducation du dauphin que Bossuet écrivit son admirable *Discours sur l'histoire universelle*, son *Abrégé de l'histoire de France*, sa *Politique tirée des propres paroles de l'Ecriture-Sainte*, livre digne de l'étude des rois et de la curiosité de l'Univers, dit le père Delarue. Il composa, dans le même dessein, une *Logique*, des *Réflexions sur la morale d'Aristote*, un *Traité de la connaissance de Dieu et de soi-même*, etc. L'éducation du prince étant terminée, Bossuet fut nommé évêque de Meaux, en 1681. Chaque année de son épiscopat fut marquée par de grands travaux, et des services rendus à l'Eglise. En 1682, il publia le *Traité de la communion sous les deux espèces*; en 1688, l'*Histoire des variations*; en 1689, l'*Explication de l'Apocalypse*; puis les *Avertissements aux protestants*. Il entonna une négociation avec l'évêque de Neustadt, le docteur Molanus et le célèbre philosophe Leibnitz pour amener la fusion des Eglises catholique et luthérienne; des concessions furent faites de côté et d'autre, et les plus grandes difficultés semblaient être surmontées, lorsque la négociation échoua devant la persistance de Leibnitz, dans ses attaques contre l'autorité du concile de Trente.

En 1682, dans l'assemblée du clergé, qui eut lieu à l'occasion des démêlés entre Louis XIV et le pape, Bossuet se montra un des plus zélés défenseurs des libertés gallicanes, et rédigea les quatre propositions qui en sont la plus fidèle expression. Dans les dernières années de sa vie, Bossuet se trouva engagé dans une lutte sérieuse avec Fénelon, à propos du *quiétisme*. (Voyez *Fénelon*.) Il montra dans sa discussion une passion indigne de ses grandes vertus et de la hauteur de son génie, et laissa éclater une joie peu chrétienne, lorsque son adversaire fut condamné par le pape et exilé par le roi. Ces grands travaux ne l'empêchaient pas de vaquer aux soins de son diocèse, où il résidait habituellement. Il faisait à ses administrés, de fréquentes visites pastorales, prêchait dans les campagnes et savait se mettre à la portée des esprits les plus faibles.

Bossuet conserva jusqu'au dernier moment toute la vigueur de son esprit, et mourut de la pierre, dans sa 76ᵉ année, le 12 avril 1704. Il avait fait, en 1666, l'oraison funèbre de la reine Anne d'Autriche, en 1669, celle de madame Henriette de France, puis celles de la duchesse d'Orléans, de Marie-Thérèse d'Autriche, d'Anne de Gonzague, princesse de Clèves, de Le Tellier, du prince de Condé, etc. — Le célèbre jésuite Delarue prononça la sienne. Ces oraisons, dit La Harpe, sont des chefs-d'œuvre d'une éloquence qui ne pouvait pas avoir de modèle dans l'antiquité, et que personne n'a égalée depuis. « Mais que dire de ce personnage qu'on admire malgré soi, qui accable par le grand nombre et par l'éminence de ses talents : orateur, historien, théologien, philosophe d'une rare érudition, d'une plus rare éloquence, soit dans ses entretiens, soit dans ses écrits, soit dans la chaire; un défenseur de la religion, une lumière de l'Eglise; et pour parler d'avance le langage de la postérité, un Père de l'Eglise. » (Labruyère.)

BOSTANDJI (*hist. ottom.*). Ce nom, dérivé du turc *bostan*, melon, signifie proprement jardinier; mais il sert à désigner en général les gardes du sérail, qui sont en même temps les jardiniers et les rameurs du sultan. Quand ce prince se promène sur le Bosphore, c'est leur chef, le *bostandji bachi*, qui tient le gouvernail de la barque impériale. Les *bostandjis* ne forment nullement un corps militaire.

BOSTON, chef-lieu de l'Etat de Massachusetts et la quatrième ville des Etats-Unis. Elle est agréablement située au fond de la baie de Massachusetts, sur une langue de terre. Son port, défendu par deux forts, est un des plus grands et des meilleurs de l'Union. Sept ponts, dont trois en bois, d'une longueur extraordinaire, font communiquer cette ville avec ses faubourgs, ainsi qu'avec les villes voisines de Charlestown et de Cambridge. Boston est une des plus belles villes de l'Amérique; elle compte plusieurs beaux édifices parmi lesquels nous citerons : le *palais de l'Etat*, le *théâtre*, l'*hôtel-de-ville*, la *salle de concert* et des *avocats*, la *douane*, le *nouveau marché*, un des plus beaux bâtiments de ce genre. Parmi ses places publiques se distingue surtout celle de *Franklin*, et parmi ses monuments la *statue de Washington*. Boston est une des villes de l'Union qui possède le plus d'établissements scientifiques et littéraires. A la tête de tous, il faut mettre son grand *athénée*, dont on vante la beauté du local, la riche bibliothèque et les collections; le *collége de médecine*, l'*académie des sciences et des arts*, la *société historique du Massachusetts*, la *société linnéenne*, deux *écoles supérieures* et un grand nombre d'*écoles élémentaires*. Boston a de nombreuses typographies; on y publie quatre-vingt-huit journaux, et l'*American-Almanac*, une des meilleures et des plus utiles publications de ce genre. Sa position avantageuse, sa nombreuse marine marchande, les *canaux* qui y aboutissent, les *six chemins de fer* qui la joignent à *Portsmouth*, au fleuve *Hudson*, au *Connecticut*, à *Providence*, à *Taunton* et à *Lowell*, en font une des villes les plus commerçantes des deux Amériques. Boston, qui compte aujourd'hui 95,000 habitants, est le siége d'un évêché catholique.

C'est du nom de Boston, qui donna, en 1773, le signal de l'insurrection, qu'est venu celui d'un jeu de cartes qui se joue à quatre, et dont les chances et les règles de paiement sont assez compliquées. Les termes employés à ce jeu, comme *grande* et *petite indépendance*, *grande* et *petite misère*, etc., semblent rappeler les divers incidents de la guerre anglo-américaine.

BOSTON, ville d'Angleterre, dans le comté de Lincoln, importante par son port sur le golfe de Wash et par sa marine marchande, dont la plus grande partie est employée aux pêches et au commerce avec la Baltique; on doit mentionner sa belle église gothique de Saint-Botolph, surmontée d'une tour, l'une des plus élevées de l'Angleterre.

BOTZARIS (Marcos), l'un des héros de la Grèce moderne, naquit en Albanie, vers 1790. Les Souliotes gémissaient sous la domination d'Ali-Pacha, lorsque celui-ci, résistant aux firmans du grand seigneur, fut assiégé par les Turcs dans Janina. Botzaris, croyant le moment favorable pour délivrer son pays, fait un appel aux armes, et bientôt quelques centaines de Souliotes viennent se grouper autour de lui. Ali-Pacha lui proposa de reconnaître l'indépendance des Souliotes s'il voulait faire une diversion en sa faveur, et Botzaris ayant reçu des ôtages, attaqua les Turcs avec impétuosité. Il remporta sur eux de nombreux avantages; et bientôt ses succès retentirent dans toute la Grèce. L'insurrection y devint générale en 1821, et Botzaris fut nommé général en chef. Il remporta de nouveaux succès, mais Ali succomba et toutes les forces des Turcs purent être réunies sur un seul point. Après le malheureux combat de Peta où la Grèce perdit

l'élite de ses soldats (juillet 1822), Botzaris vint s'enfermer dans Missolonghi et y fit une héroïque résistance; mais attaqué par des forces considérables, il résolut d'écraser l'ennemi par un coup d'audace. Après avoir prévenu les chefs grecs de son dessein, il pénètre pendant la nuit dans le camp des Turcs, en fait un affreux carnage, et donne le signal du milieu même de ce camp. Cette action intrépide fut couronnée d'un plein succès, mais Marcos ne put jouir de son triomphe: atteint d'une balle au front, il tomba pour ne plus se relever. Son frère, qui combattait à ses côtés, reçut son dernier soupir, et le vengea en complétant la victoire.

BOTANIQUE (du mot grec *botané*, plante), science qui apprend à connaître les végétaux, à les distinguer et à les classer. La botanique, proprement dite, considère les plantes comme des êtres distincts les uns des autres, qu'il s'agit de décrire et de distribuer en classes ou en familles. La physique végétale étudie les plantes comme êtres organisés et vivants, nous fait connaître leur structure intérieure, le mode d'action propre à chacun de leurs organes, et les altérations qu'elles peuvent éprouver soit dans leur tissu, soit dans leurs fonctions. Enfin, on donne le nom de botanique appliquée à cette partie de la science qui s'occupe des végétaux sous le rapport de leur culture, de leur utilité, ou de leurs usages dans la médecine, les arts, l'économie domestique, etc.

La botanique est, de toutes les parties qu'embrasse l'histoire naturelle, celle qui présente en même temps et les objets d'utilité les plus nombreux, et les agréments les plus variés. Les aliments sains et de tout genre que les plantes offrent à l'homme pour ses besoins les plus essentiels; les ressources innombrables qu'elles fournissent à la médecine dans le traitement des maladies; les tributs multipliés dont elles enrichissent tous les arts; enfin les charmes qu'elles ont, soit à la campagne, soit dans nos jardins, sous mille aspects divers: tout, en un mot, concourt à assurer une prééminence marquée à cette branche étendue des connaissances humaines, et à en faire sentir les attraits inépuisables. — On connaît actuellement soixante à soixante-dix mille espèces de plantes; pour parvenir à distinguer les uns des autres cette immense quantité d'êtres si divers, on a imaginé des moyens plus ou moins ingénieux de les classer d'après leur analogie, et les rapports constants qui existent entre les parties les plus importantes des végétaux. Ces systèmes ou méthodes peuvent se réduire à trois principaux: le système de Tournefort, celui de Linné, et la méthode de Jussieu. Tournefort divisa d'abord les plantes en deux grandes classes : les arbres et les herbes, qu'il partagea ensuite en familles, d'après la forme de la corolle. Linné partagea les végétaux en vingt-quatre classes, d'après le nombre, la position, la proportion, la connexion ou l'absence des étamines.

TABLEAU SYNOPTIQUE DU SYSTÈME SEXUEL DE LINNÉ.

DIVISIONS.	SOUS-DIVISIONS.		CLASSES.	
		d'une.	I	Monandrie.
		de deux.	II	Diandrie.
		de trois.	III	Triandrie.
		de quatre.	IV	Tétrandrie.
		de cinq.	V	Pentandrie.
	1° Les étamines n'é-	de six.	VI	Hexandrie.
	tant unies par aucu-	de sept.	VII	Heptandrie.
	ne de leur parties;	de huit.	VIII	Octandrie.
	égales et au nombre.	de neuf.	IX	Ennéandrie.
I°		de dix.	X	Décandrie.
MONOCLINES		de douze.	XI	Dodécandrie-
ou		souvent 20 adhérent au calice.	XII	Isocandrie.
HERMAPHRODITES,		plus de 20 jusqu'à 100 n'ad-hérant pas au calice.	XIII	Polyandrie.
I° FLEURS à organes sexuels apparents.	on	2° Les étamines étant inégales; deux tou-jours plus courtes..	ayant deux filets plus longs.	XIV	Didynamie.
	Étamines et pistils situés dans la même fleur.		ayant quatre filets plus longs	XV	Tétradynamie.
			1° Par les filets.		
		3° Les étamines étant réunies par quelques unes de leurs parties ou avec le pistil.	en un corps.	XVI	Monadelphie.
			en deux corps.	XVII	Diadelphie.
			en plusieurs corps.	XVIII	Polyadelphie.
			2° Par les anthères.		
			en forme de cylindre..	XIX	Syngénésie.
			attachées au pistil.	XX	Gynandrie.
	II° DICLINES ou UNI-SEXUELLES, ou Étamines et pistils dans des fleurs différentes.	1° sur le même pied..		XXI	Monoécie.
		2° sur des pieds différents.		XXII	Dioécie.
		3° sur des pieds différents, ou sur le même pied avec des fleurs hermaprodites.		XXIII	Polygamie.
II° FLEURS à organes sexuels non apparents..				XXIV	Cryptogamie.

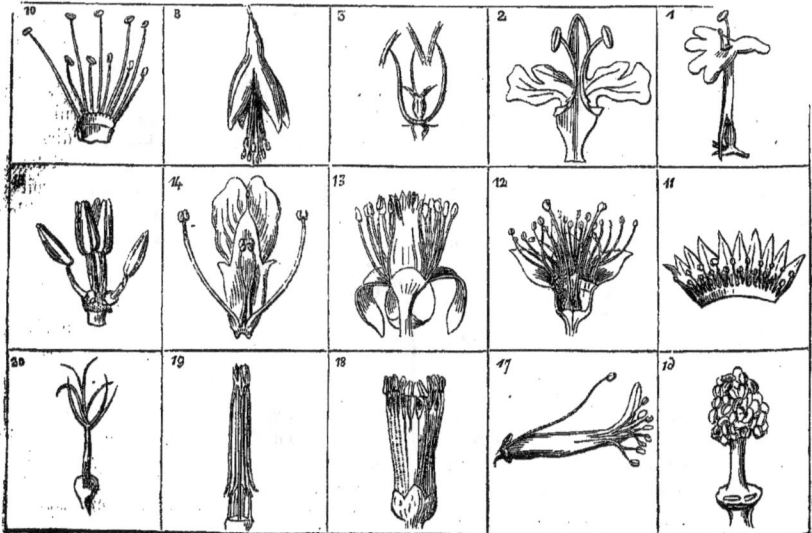

Jussieu, dans sa méthode, considère le nombre des feuilles séminales, ou leur absence, et l'insertion des étamines. Cette méthode offre la distribution la plus naturelle des végétaux; on n'y trouve point de ces disparités choquantes dont sont remplis les systèmes de Tournefort et de Linné. Elle a l'avantage de conserver les familles naturelles, de rassembler les plantes analogues par leurs vertus, et de présenter un tableau gradué de l'organisation végétale, depuis la plante la plus simple jusqu'à celle qui est la plus compliquée.

TABLEAU DE LA MÉTHODE DE JUSSIEU.

PLANTES.	ACOTYLÉDONES.			I	Acotylédonie.
	MONOCOTYLÉDONES à étamines.	hypogynes.		II	Hypostaminie.
		périgynes.		III	Péristaminie.
		épigynes.		IV	Épistaminie.
	DICOTYLÉDONES.	Apétales à étamines.	épigynes.	V	Épicalicie.
			périgynes.	VI	Péricalicie.
			hypogynes.	VII	Hypocalicie.
		Monopétales à étamines.	hypogynes.	VIII	Hypocorollie.
			périgynes.	IX	Péricorollie.
			épigynes (anthères réunies).	X	Epicorollie(*Synanthère*).
			épigynes (anthères distinctes).	XI	Epicorollie(*Asynanthère*)
		Polypétales à étamines.	épigynes.	XII	Épipétalie.
			hypogynes.	XIII	Hypopétalie.
			périgynes.	XIV	Péripétalie.
		Monoïques, dioïques, polygames.		XV	Diclinie.

Ces quinze classes se subdivisent en cent quarante-un ordres, auxquels s'appliquent également les règles que nous venons d'indiquer. Les plantes acotylédones de Jussieu correspondent aux herbes sans corolles, sans étamines et sans fruits, de Tournefort, aux cryptogames de Linné, aux agamiques de M. Lamark. Elles n'ont pas de caractères communs, par cela même que leur réunion est produite par un défaut de parties. Leur structure est cependant différente des végétaux qui ont des feuilles séminales, et dans lesquels on a observé des vaisseaux; tandis qu'ici on n'a reconnu que des cellules ou aréoles, ou une substance semblable dans toutes les parties. Elles forment cinq familles : les champignons, les algues, les lichens, les hépatiques et les mousses. Sous le nom de monocotylédones ou d'unilobées, sont comprises toutes les plantes dont les semences, confiées à la terre, se développent avec un seul lobe ou cotylédon, lequel renferme et absorbe les sucs destinés à alimenter la plantule dans son premier âge, et avant que la radicule puisse absorber les liquides nécessaires à la nutrition. Sous celui de dicotylédones, sont comprises toutes celles dont l'embryon offre deux cotylédons. Ces trois grandes divisions offrent des caractères bien tranchés que nous développerons à l'article *Plantes*. —Les plantes se divisent en annuelles, qui croissent et périssent dans la même année; en bisannuelles, qui achèvent leur accroissement et périssent la deuxième année; et en vivaces, qui vivent un temps indéterminé. — Des expériences ont appris que les plantes périssent bientôt quand elles sont privées d'air atmosphérique qu'on ne renouvelle pas; que toutes les parties vertes des plantes exposées à la lumière du soleil exhalent du gaz oxygène; que pendant la nuit, et lorsqu'elles sont exposées à l'obscurité, elles absorbent ce même gaz et vicient l'air. On a remarqué aussi que, dans les mêmes circonstances, elles absorbent le gaz acide carbonique sous l'état de fluide liquide, ou dissous dans l'eau. — La respiration des plantes tient à leur nutrition et consiste : 1° dans la décomposition du gaz acide carbonique; 2° dans l'absorption du carbone par le végétal; 3° dans le dégagement de l'oxygène pendant le jour; et 4° par l'absorption de l'oxygène pendant la nuit. Non-seulement la lumière agit ainsi évidemment sur la respiration des végétaux, mais elle paraît encore produire la couleur, la saveur et l'odeur des feuilles et des fruits. Tout le monde sait que les plantes privées de la lumière restent ou deviennent blanches, fades et aqueuses; cet état de la plante se nomme étiolement. Les plantes sécrètent certains sucs ou humeurs particuliers, comme les huiles grasses et volatiles, les résines, les gommes, les gommes-résines, le sucre, l'amidon, etc. Presque toutes les plantes ont des organes destinés à la fécondation; mais ils ne se développent qu'à une époque fixe et déterminée pour chaque espèce. C'est ce qu'on nomme la floraison. Il y a la plus grande diversité à cet égard entre les végétaux. Les uns fleurissent souvent dans la même année qui les a vus naître, et ne donnent du fruit qu'une fois; d'autres sont deux ou trois ans, et quelquefois même jusqu'à vingt ans, avant de reproduire des fleurs qui se succèdent ensuite sans interruption d'année en année, jusqu'à la fin naturelle de l'individu. Quelques plantes semblent même avoir une époque fixe dans le mois et dans le jour pour donner leurs fleurs, (Voyez *Plantes*, *Végétal* (règne).

BOTANY-BAY, dans la Nouvelle-Galles méridionale (Australie). *Botany-Bay*, ou la baie de botanique, ainsi nommée à cause de la quantité prodigieuse de plantes que sir Joseph Banks y recueillit en 1770, époque où elle fut découverte par le capitaine *Cook*, est située à 7 ou 8 milles au sud du port Jackson. Les Anglais y fondèrent, en 1787, une colonie pour la déportation des malfaiteurs. (Voyez *Galles du Sud* (*Nouvelle-*).

BOTHNIE ou BOSNIE (*golfe de*), portion septentrionale de la mer *Baltique*. (Voyez.)

BOTHWELL (Hephburn, *comte de*). Voyez *Marie Stuart*.

BOTHWELL, village d'Ecosse, à 2 lieues S.-E. de Glasgow, célèbre par la victoire qu'y remporta, en 1679, sur les covenantaires révoltés, Monmouth, général de Charles II.

BOUC, mâle de la *chèvre*. Voyez.

BOUCANIERS. Les premiers aventuriers français qui habitèrent Saint-Domingue prirent ce nom dérivé de *boucan*, grille de bois sur laquelle les Caraïbes faisaient *boucaner*, c'est-à-dire sécher et fumer la viande des bœufs, coutume que ces Européens imitèrent. Ils étaient, en 1635, au nombre de 3,000, la plupart Normands. Les boucaniers n'avaient point de femmes, et s'associaient deux à deux pour subvenir aux besoins de la vie : c'est ce qu'ils appelaient s'amatelotter. Ils ne reconnaissaient d'autres lois que celles qu'ils s'étaient eux-mêmes imposées, et vivaient presque en sauvages, du produit de leur chasse, et de la vente des peaux de bœufs que des marchands venaient chercher au port de la Tortue. Les Espagnols, établis dans une autre partie de l'île, entreprirent d'exterminer les boucaniers, qui se défendirent bravement, mais qui, voyant leur nombre diminuer, finirent par se disperser: les uns se firent planteurs; d'autres, allèrent s'enrôler parmi les *flibustiers*, qui parurent seulement alors dans les Antilles, et qu'il ne faut pas confondre avec les *boucaniers*.

BOUCHE, cavité naturelle que l'on rencontre chez tous les animaux d'une organisation supérieure, et qui concourt à l'exercice des fonctions de la respiration, de la déglutition et de l'articulation des sons. Cette cavité, formant chez l'homme une espèce de voûte ovalaire, divisée en bouche et en arrière-bouche, se trouve bornée latéralement par les joues; en haut, par la voûte palatine; en bas, par la langue, par une membrane muqueuse, riche en follicules, qui, après l'avoir tapissée, se prolonge sur les voies alimentaires et respiratoires; en avant, par les lèvres qui l'agrandissent, la ferment à volonté, et forment l'entrée de l'appareil digestif; en arrière, par le voile du palais et le pharynx. — La bouche, cavité première et supérieure du conduit alimentaire, siège de la mastication, de l'organe du goût, est continuellement humectée par les mucosités des cryptes nombreux qui la tapissent, mais surtout à l'aide des canaux excréteurs des glandes salivaires, qui, situées dans son voisinage, préparent ce suc indispensable à la digestion, la *salive*. — L'arrière-bouche, qui s'étend jusqu'au pharynx, contient le voile du palais d'où s'échappe la *luette*, et dans les piliers duquel on aperçoit deux follicules muqueux, ovoïdes, semblables par leur forme à des amandes; on les appelle *amygdales*, et de leur face interne s'écoule un mucus visqueux, transparent, qui vient encore faciliter la déglutition, en lubréfiant l'isthme du gosier. Enfin, la bouche communique par les narines postérieures avec les fosses nasales, pour former avec ces dernières le tuyau par lequel s'échappe le son vocal, (Voy. *Lèvres*, *Langue*, *Voix*, et les différentes classes d'animaux.)

BOUCHER (François), peintre français, naquit, en 1704, à Paris. Il eut pour maître Lemoyne, et remporta à 19 ans le grand prix de peinture. Il partit pour Rome où il étudia peu les grands maîtres, ce qui ne l'empêcha pas, à son retour en France, d'obtenir de grands succès. Il fut reçu à l'Académie, en 1731, sur son tableau de *Renaud aux pieds d'Armide*, et succéda à Carle-Vanloo, comme premier peintre du roi. Ses tableaux sont une peinture fidèle des mœurs de son siècle, mignard, prétentieux et licencieux, il est le peintre le plus faux et le plus maniéré qui ait jamais existé. Son pinceau n'a jamais produit rien de grand ni de beau; et s'il a quelque mérite, c'est celui d'avoir su bien disposer ses personnages et leur donner des mouvements gracieux. Ses femmes fardées sont toutes des danseuses ou des grisettes, n'exprimant aucun sentiment; ses bergers ne sont pas des hommes, et semblent avoir à peine la force de tenir leur houlette. Boucher travaillait avec une extrême facilité ; aucun peintre n'a plus que lui occupé le burin des graveurs. Ses tableaux sont, au reste, peu estimés aujourd'hui.

BOUCHES A FEU, terme générique sous lequel on comprend toutes les armes à feu non portatives, telles que *canons, mortiers, obusiers*, etc. (Voyez ces mots.)

BOUCHES-DU-RHONE (*département des*), situé au sud-est de la France, il tire son nom de sa position à l'embouchure du Rhône dans la Méditerranée, et est formé d'une partie de l'ancienne Provence. Ses limites sont la Méditerranée au S., le département du Gard, à l'O. ; celui de Vaucluse, au N., et du Var, à l'E. Sa superficie est de 601,060 hectares. Sa population monte à 414,000 âmes. Le département comprend trois arrondissements : celui de Marseille, celui d'Aix et celui d'Arles. Marseille (voy.) est le chef-lieu du département ; Aix est le siége d'un archevêché et d'une académie de l'Université. — Le sol de ce département est très accidenté, surtout dans la partie est et sud, où l'on trouve des montagnes dont le point culminant, le mont Sainte-Victoire, à 1,050 mètres au-dessus du niveau de la mer ; dans la partie septentrionale, est un petit prolongement des Alpes. Ces sommets, boisés autrefois, sont aujourd'hui nus et stériles ; mais les vallées sont d'une grande fertilité, surtout celles de la Crau et de la Camargue au sud-ouest. Outre le Rhône, plusieurs rivières arrosent le territoire de ce département, ce sont : la Durance, l'Huvéaune, l'Arc et la Touloubre, et l'on y rencontre de nombreux étangs, le plus considérable est celui de Berne, qui a dix lieues de tour. L'amandier, l'olivier, le figuier, le câprier et la vigne, dont les produits constituent la principale richesse agricole du pays, viennent dans les régions basses et moyennes, mais disparaissent à mesure que le terrain s'élève. On y trouve des arbres fruitiers, du tabac, de la garance, des truffes, et des massifs de lauriers et de grenadiers qui donnent au pays un aspect des plus riants. On y exploite des carrières de marbre, d'albâtre, de plâtre, de houille, etc. L'industrie y consiste principalement dans la fabrication des savons, des huiles, de la soude, de la garance, dans les distilleries, etc. Le département possède un grand nombre d'établissements consacrés à l'instruction, entre autres des facultés de théologie, de droit et de médecine, des écoles de dessin, de mathématiques, d'hydrographie, quatre colléges et plus de cinq cents écoles primaires. Plusieurs sociétés scientifiques et littéraires s'y font remarquer. (Voyez *Marseille*.)

BOUCHON. Voyez *Liége*.

BOUCICAULT (Jean Le Maingre DE), né à Tours en 1364, fit sa première campagne à l'âge de 12 ans, sous les ordres de Duguesclin. Il fut armé chevalier par Charles VI, sous les yeux duquel il avait fait des prodiges à la bataille de Rosbec. A 25 ans, il fut fait maréchal de France. Il délivra des mains de Bajazet, Manuel, empereur de Constantinople, qu'il ramena en France. Gênes s'étant donnée à la France, il en fut nommé gouverneur, et conserva ce poste jusqu'à la révolte qui sépara de la France cette inconstante république. Malgré son extrême bravoure, le maréchal de Boucicault fut fait prisonnier deux fois : une première fois, à la bataille de Nicopolis, et la seconde fois, à la funeste bataille d'Azincourt, qui fut livrée contre son avis.

BOUCLIER, une des plus anciennes armes défensives ; les anciens en avaient de plusieurs sortes : l'*aspis* des Argiens ou Grecs, *clypeus* des Romains, était de forme ronde ou ovale. Romulus le remplaça par le bouclier sabin, carré ou hexagone qu'on appela *scutum*. La cavalerie romaine avait un petit bouclier rond, appelé *parma*; celle des Grecs portait le bouclier triangulaire, *pelta*. C'était une note d'infamie pour un soldat que d'avoir perdu son bouclier.

Les boucliers primitifs étaient en osier ou en bois léger, doublé de cuir de bœuf ; bordés seulement d'une lame de métal, ils portaient encore au milieu une plaque métallique, armée le plus souvent d'une pointe. Ceux des chefs furent plus forts et plus lourds ; et on les couvrit tout entiers de métal richement ciselé, comme on le voit dans Homère par la description du bouclier d'Achille. Les *boucliers votifs*, suspendus dans les temples, étaient souvent d'une grande richesse.

Chez les Francs, le bouclier fort grand s'appelle *pavois*; c'est sur le pavois qu'ils élèvent leur chef nouvellement élu pour le montrer à l'armée. Pendant les croisades, l'écu des chevaliers devient le champ où ils placent leur blason : jusque-là le bouclier n'avait reçu que des emblèmes. Il existait encore des boucliers ronds, *rondelles* ou *rondaches*, des *targes* légères ; et de grands *tallevas* ou *pavois*, que l'on fichait en terre, servaient d'abri aux archers. Ces armes défensives, impuissantes contre les effets de la poudre, disparurent entièrement au XVIe siècle.

BOUDDHA, BOUDDHISME, une des religions les plus répandues dans le monde, que l'on peut considérer comme une réforme du brahmanisme. Elle paraît avoir été fondée dans l'Inde au commencement du ve siècle avant J.-C., par un jeune prince appelé Siddartha, qui renonça au monde, et fut appelé Chakya-Mouni, c'est-à-dire le solitaire des Chakyas, race militaire. Il prit le titre de *Bouddha*, c'est-à-dire de savant, d'où vient le nom de Bouddhisme. Les principes enseignés par Chakya-Mouni se répandirent rapidement dans l'Inde; car les Grecs, en y pénétrant avec Alexandre et tous ses successeurs, y trouvèrent deux systèmes religieux en présence: celui des brahmanes et celui des garmanes, en sanscrit, *sramanas* (invariables), nom que les bouddhistes se donnent encore aujourd'hui. Après des luttes terribles, dont l'histoire ne nous est point parvenue, le bouddhisme succomba sous les efforts des brahmanes et surtout de la secte de Schiva, et se réfugia dans l'île de Ceylan et le Nepaul, d'où il se répandit jusqu'à Java, puis dans la Mongolie, le Tibet, la Chine et le Japon. On le trouve établi dans le céleste empire dès l'an 120 avant J.-C. En total, on estime à environ 200 millions le nombre des hommes qui le professent aujourd'hui.

Il serait difficile de donner en peu de lignes une idée complète de la religion fondée par Chakya-Mouni. Ce qu'il importe de constater d'abord, c'est qu'elle fit faire un progrès moral à une portion considérable de l'humanité. Sans anéantir complètement l'idée des castes, elle ne la porta pas dans le pays où elle ne la trouva pas établie; et dans l'Inde même, elle la décapita pour ainsi dire, en supprimant le brahmanisme, la caste sacerdotale, et en déclarant la perfection religieuse accessible aux membres des races jusque-là les plus méprisées; elle se répandit par la parole, la prédication populaire et non par le sabre; elle recommanda la pureté, le perfectionnement de soi même par la méditation et la vertu; elle établit la confession, c'est-à-dire la réhabilitation par le repentir; enfin, le dégagement de la matière et des sens fut offert comme la voie du bien en ce monde et la récompense dans l'autre.

La métaphysique bouddhiste est très obscure. Il paraît cependant qu'elle n'est ni athée ni panthéiste, comme on l'en a souvent accusée. Elle ne nie pas le créateur Brahma; mais elle place au-dessus de lui la raison primitive abstraite et absolue, qu'on pourrait appeler le bouddha primitif. La création matérielle est mauvaise, c'est la mer toujours agitée du Sansara, des métempsycoses perpétuelles, à laquelle l'intelligence suprême veut arracher les hommes pour les faire arriver eux-mêmes à l'éternel nirvâna ou au repos, à l'immatériel absolu. Pour atteindre ce but, cette intelligence aide, dans des temps donnés, des êtres choisis à s'élever jusqu'à elle, et ces hommes sont des bouddhas; car l'idée de Bouddha comprend l'unité et la pluralité. Ces hommes sont l'idéal de la perfection. Le rôle des simples mortels est de croire en eux et de les imiter : là est toute la foi et toute la pratique. Chakia-Mouni n'était que la troisième de ces êtres privilégiés, et il en viendra encore un 5,000 ans après lui. Du reste, il demeure toujours incarné dans quelques hommes : le Dalaï-Lama du Tibet n'est qu'une de ses manifestations ; et c'est d'incarnation en incarnation que se produit le Bouddha révélateur, rénovateur, qui institue une nouvelle ère religieuse.

La cosmogonie bouddhiste est, comme celle des brahmanes, gigantesque jusqu'à la terreur. Les trois mondes (*Triloka*) comprennent vingt-huit cieux divers et mille millions de systèmes pareils à celui dont la terre fait partie. Le temps est divisé en kalpas, dont le plus petit a près de 17 millions d'années.

Le culte bouddhiste était primitivement d'une simplicité extrême : la contemplation, la méditation ; des retraites dans les monastères, tant pour les femmes que pour les hommes ; des offrandes de fleurs et de parfums, des prières et des chants. Mais le contact du brahmanisme altéra aussi cet aspect de la religion ; de là vient que l'on rencontre dans les temples bouddhistes non les figures de Brahma et de Vichnou; mais les formes terribles et grotesques des divinités attachées à Schiva. Les bouddhistes ne les considèrent néanmoins que comme des génies inférieurs faisant partie du monde matériel, et ne leur rendent point de culte.

Tel est le résumé succinct des doctrines qui se trouvent développées dans des collections originales, dont la plus célèbre, le *Khangiour* thibétain, n'a pas moins de 110 volumes, sans compter tout ce que l'on a publié de volumes en Europe sur le même sujet, études colossales comme tout ce qui nous vient de ce merveilleux Orient.

BOUÉE ou BOYE, corps flottant destiné à marquer à la surface de la mer la position qu'une ancre tient au fond. On marque de même un écueil, un danger quelconque, la direction d'un chenal, ou d'une passe difficile. La bouée est ordinairement faite de bois ou de liège : elle a la forme d'un tonneau bien cerclé. (Voy. *Balise*.)

BOUFFONS. Chez les anciens, les hommes riches ou puissants avaient des bouffons en titre, *moriones* : c'étaient des esclaves, que leurs infirmités naturelles, physiques et morales, désignaient pour ce triste office. On trouve, au xᵉ siècle, des fous en titre à la cour de Constantinople; et dans les siècles suivants, les souverains de l'Europe ont tous des bouffons à gages, usage imité par les moindres seigneurs. Triboulet, le fou de François Iᵉʳ, acquit une grande célébrité, et Louis XIV lui-même eut son fou l'Angely, après lequel cette charge fut définitivement supprimée. Ces êtres dégradés avaient cependant un rôle utile à remplir dans un ordre social où la vérité se faisait difficilement jour : ils la faisaient passer quelquefois sous leur costume bizarre, leurs grotesques allures et l'excentricité de leur langage. Les peuples, qui ont remplacé les rois, n'ont aujourd'hui de bouffons qu'au théâtre, et les enseignements les plus sévères n'ont plus besoin d'avoir la folie pour enveloppe.

BOUFFLERS (Louis-François DE), maréchal de France, issu d'une des plus anciennes familles de Picardie, naquit en 1644. Il apprit à faire la guerre à l'école des Condé et des Turenne, contribua, en 1690, à la victoire de Fleurus, s'empara de Furnes en 1693, et obtint le bâton de maréchal. En 1695, il défendit Namur, commanda l'armée de Flandres, en 1702, et conquit de nouveaux lauriers par sa belle défense de Lille (1708), qui lui valut le titre de duc et pair. Après la défaite de Malplaquet, il fut chargé de la retraite, et l'armée lui dut son salut. Il mourut en 1711.

BOUFFLERS (Stanislas, *chevalier* DE), poète et bel esprit du xviiiᵉ siècle, naquit à Lunéville en 1737. Les charmes de son esprit et de sa personne lui firent obtenir de grands succès dans le monde. Il entra au service, fut nommé colonel de hussards, puis maréchal-de-camp, et fut ensuite envoyé comme gouverneur au Sénégal (1785), exil encouru par une chanson sur la reine Marie-Antoinette. Revenu en France, en 1788, il se livra entièrement à son goût pour la littérature; il fut reçu à l'Académie la même année. Appelé, en 1789, aux états-généraux, il s'y montra consciencieux et modéré. Il émigra au 10 août, et ne revint en France qu'en 1800. Il mourut à Paris en 1815. Boufflers est surtout connu par ses poésies légères et ses contes parfois très licencieux. Ses œuvres complètes ont été publiées en 1813, en 2 vol.

BOUGAINVILLE (Louis-Antoine DE), célèbre navigateur, né à Paris en 1729. Après avoir été secrétaire d'ambassade à Londres, il fut nommé aide-de-camp du marquis de Montcalm, gouverneur du Canada, où il se couvrit de gloire et obtint le grade de colonel. Rentré en France, il se tourna vers la marine, et fut chargé d'aller

occuper les îles Malouines. Bougainville est particulièrement célèbre pour son voyage autour du monde, qu'il termina en 1769, et dont il rapporta de précieux documents. En 1790, il fut nommé commandant de l'armée navale de Brest; il essaya en vain d'y rétablir l'ordre, et demanda sa retraite. On a de lui un traité de calcul intégral et la relation de son voyage autour du monde. Bougainville eut non-seulement l'honneur d'être le premier navigateur français qui eût fait le tour du monde; mais il eut encore celui de signaler à la géographie plusieurs terres entièrement inconnues avant lui, telles sont les *îles des Navigateurs*, les nouvelles Hébrides, etc.

BOUGIE, ville de l'Afrique septentrionale, dans le cercle de Constantine. (Voyez.) Bougie est remarquable par son port et par les riches mines de fer que l'on exploite dans ses environs; elle est fameuse surtout par l'invention des chandelles de cire qui portent son nom. Située dans une position admirable, cette ville, l'une des plus commerçantes de l'Afrique au moyen-âge, est aujourd'hui presque abandonnée, surtout depuis ses derniers désastres. On y voit de nombreuses ruines romaines et mauresques. Elle compte à peine aujourd'hui 1,000 habitants dont la moitié d'Européens.

BOUGIE, cylindre de cire dont l'axe est une mèche de coton et dont on se sert pour l'éclairage. La bougie est une véritable chandelle de cire et se fabrique par les mêmes procédés. (Voyez *Chandelle.*)

BOUIDES, membres d'une dynastie musulmane qui régna en Perse au xe siècle de notre ère. Elle était issue d'un pêcheur nommé *Bouïah*, dont les trois fils s'élevèrent du rang de simples soldats au pouvoir souverain : ils renversèrent leurs maîtres, les sultans dilémites, et régnèrent, l'un à Bagdad, où les califes n'avaient plus qu'un pouvoir nominal, les autres sur divers points du pays qu'ils se partagèrent. Ils furent détrônés à leur tour par les Gaznévides et les Seldjoucides.

BOUILLÉ (François-Claude-Amour, *marquis* DE), maréchal-de-camp et commandant des îles sous le vent, en 1778, s'empara de la Dominique, de Saint-Eustache et de Saint-Christophe. A son retour en France, il fut fait lieutenant-général et commandant des trois évêchés. En 1791, il favorisa inutilement la tentative d'émigration du roi Louis XVI. Forcé lui-même de fuir, il demanda à la Suède et à la Russie des troupes pour combattre la révolution. Voyant ses efforts inutiles, il se retira à Londres où il mourut en 1800. Il a laissé des *Mémoires sur la révolution,* souvent consultés.

BOUILLEUR. Voy. *Machine à vapeur.*

BOUILLON, petite ville de Belgique, dans le duché de Luxembourg, sur la frontière française. 2,600 habitants. Son territoire a formé autrefois une seigneurie qui, au xie siècle, prit le titre de duché : c'était une dépendance du duché de la Basse-Lorraine, et l'un et l'autre furent conférés en 1087 par l'empereur Henri IV à Godefroi, fils d'Eustache, comte de Boulogne. Ce héros, nommé chef de la première croisade, à la suite de laquelle il fonda le royaume de Jérusalem (voyez), et pressé par le besoin de fonds, engagea sa seigneurie à l'évêque de Liége. En 1482, le farouche Guillaume de la Marck, le sanglier des Ardennes, s'étant rendu maître de Liége, tua l'évêque et contraignit le chapitre à nommer Robert son frère, duc de Bouillon. Cette famille régna jusqu'au mariage de Catherine de la Mark avec Henri de Latour-d'Auvergne, qui fit passer le duché de Bouillon dans la maison de ce dernier.

Henri, maréchal de France, qui avait rendu de grands services à Henri IV, fut lui-même père d'un héros, son second fils. (Voyez *Turenne.*) Les Latour-d'Auvergne furent ducs souverains de Bouillon jusqu'à la révolution française. En 1814, le territoire de Bouillon fut joint au royaume des Pays-Bas, et une indemnité fut donnée en 1822 aux Rohan, héritiers de l'ancienne famille.

BOUILLON (*jus*), produit de la décoction des substances animales dans l'eau. Le mot *bouillon* s'emploie principalement pour désigner le produit du pot-au-feu. On le prépare en mettant dans l'eau froide de la viande de bœuf, dans la proportion d'une livre pour deux livres d'eau, et en la soumettant à l'ébullition. L'osmazome, la gélatine et les sels solubles se dissolvent, la graisse se fond ; l'albumine se coagule et s'élève en écume à la surface du liquide, d'où on la retire. Le bouillon est un liquide trop connu pour avoir besoin d'être décrit : c'est un aliment léger et nutritif qui convient dans les maladies et les convalescences comme à l'état de santé. On fait avec le veau, le poulet et autres viandes blanches des bouillons fort légers et fort rafraîchissants, mais peu nutritifs ; ils conviennent dans les irritations. Les bouillons de grenouilles et de tortues sont conseillés dans certaines maladies. Enfin, on emploie comme laxatif une préparation connue sous le nom de *bouillon aux herbes*, et dont l'oseille, la poirée, le cerfeuil, le pourpier, font la base.

BOUILLON (Godefroy DE), fils d'Eustache II, comte de Boulogne, naquit en 1061, à Bèze (Brabant). Il fut adopté par son oncle, Godefroy le Bossu, duc de Bouillon, qui lui laissa en mourant ses États. Il servit l'empereur Henri IV contre le pape, et prit part au sac de Rome (1083). Mais le repentir d'avoir porté les armes contre le chef de l'Église, et les craintes d'une grave maladie lui inspirèrent la résolution de prendre la croix pour aider à la délivrance de la Terre-Sainte. Il vendit son duché de Bouillon, et se mit en marche, accompagné de ses deux frères, Eustache et Baudouin et d'autres chevaliers. Il arriva à Constantinople, et bientôt sa valeur, son caractère ferme et loyal, le firent choisir pour chef de l'armée chrétienne. Il s'empara de Nicée et d'Antioche (1097), et montra, au milieu des plus grandes misères, un courage que rien ne pouvait abattre. Il assura à son frère Baudouin la possession d'Edesse, puis vint prendre position devant Jérusalem, dont il s'empara le 15 juillet

1099. Godefroy, élu unanimement roi de Jérusalem, refusa ce titre pompeux, et prit celui de *baron et protecteur du Saint-Sépulcre*. Après avoir gagné la bataille d'Ascalon (12 août), il s'occupa d'organiser son royaume et donna à ses nouveaux États un code de lois connu sous le nom d'*Assises de Jérusalem*. (Voy.) Au retour d'une expédition contre Damas, il tomba malade et mourut (1100). Ce guerrier, si remarquable par sa valeur et ses vertus, a été choisi pour héros par le Tasse, dans son immortel poème de la *Jérusalem délivrée*.

BOUILLON (Robert de la Marck, *duc* DE), maréchal de France. Voy. *La Marck*.

BOUILLON (Henri de Latour–d'Auvergne, *duc* DE), maréchal de France, naquit en 1555. Il porta longtemps le titre de vicomte de Turenne, que devait illustrer l'un de ses fils (voy. *Turenne*), et ne prit le titre de duc de Bouillon que lorsqu'il eut acquis ce duché et la principauté de Sédan, par son mariage avec Charlotte de la Marck. On le vit souvent changer de parti dans sa longue carrière militaire. Il s'attacha d'abord au duc d'Anjou, puis au duc d'Alençon, enfin il embrassa le calvinisme et prit le parti du roi de Navarre. Créé maréchal de France par Henri IV, en 1592, il fut envoyé comme ambassadeur en Angleterre, et chargé de plusieurs missions diplomatiques. Compromis dans la conspiration du maréchal de Biron, il se retira à Sédan, et obtint enfin son pardon du roi. Après la mort du roi Henri, le duc de Bouillon prit tour-à-tour parti pour les calvinistes et pour la reine, tantôt rebelle, tantôt fidèle sujet, suivant ses intérêts. Le duc de Bouillon termina cette vie d'agitation et d'intrigues en 1623. Il fut, du reste, grand capitaine, habile négociateur, et, ce qui suffirait à sa gloire, père du grand Turenne, issu de son second mariage avec Elisabeth de Nassau, fille de Guillaume, prince d'Orange.

BOUILLON (Frédéric–Maurice DE LATOUR D'AUVERGNE, *duc* DE), fils du précédent et frère aîné de Turenne, né à Sédan en 1605, mort en 1652, prit une grande part aux guerres civiles, et remporta, avec le comte de Soissons, la bataille de la Marfée sur les troupes de Richelieu (1641). Il fut compromis dans la conspiration de Cinq-Mars, et devint plus tard l'âme de la Fronde. Il fit sa paix avec la cour en lui cédant la principauté de Sédan. On a de lui des *Mémoires*.

BOUILLON (Emmanuel-Théodose DE LATOUR

D'AUVERGNE), fils du précédent, fut cardinal à 27 ans. (Voyez *Latour-d'Auvergne*.)

BOUKAREST. Voyez *Bukarest*.

BOUKHARIE ET **BOUKHARA**. La grande Boukharie ou Khanat de Boukhara, ancienne *Sogdiane*, État de l'Asie centrale, comprend les plus belles contrées du Turkestan; mais sa partie cultivée occupe à peine le dixième de sa surface, qui consiste en vastes déserts. Tout le Khanat est actuellement divisé en neuf provinces, qui prennent le nom de leur chef-lieu, à l'exception de celles de Minkal et de Labiab : ces provinces sont : *Boukhara, Karakoul, Kermina, Minkal, Samarcande, Juzzak, Karchi* (Kurshee), *Labiak* et *Balkh* Sa capitale est Boukhara, grande ville, bâtie au milieu d'une plaine très bien cultivée et traversée par un grand canal dérivé du Zer-Afchan, c'est la résidence ordinaire du khan. Peu de villes répondent plus mal que Boukhara à l'impression agréable produite par son extérieur; car, à l'exception des bains, des mosquées et des medressés, on ne voit que des maisons en terre de couleur grisâtre, entassées sans ordre et formant des rues étroites, tortueuses, sales et tracées au hasard. Ces maisons, qui ont leurs façades sur des cours, n'offrent du côté des rues que des murs uniformes, sans fenêtres, sans rien qui puisse fixer l'attention ou récréer les regards des passants. Un mur en terre, de 4 toises de haut, flanqué de tours rondes avec des bastions, environne cette ville. La population de Boukhara paraît s'élever au-dessus de 100,000 âmes; dans ce nombre près des trois quarts ou près de 60,000 sont Tadjiks; le reste se compose d'Ouzbeks qui sont la nation dominante; de Juifs, qui sont plus nombreux que dans aucune autre ville de l'Asie centrale; de Turks, d'Afghans, de Kalmouks et d'autres peuples. L'édifice le plus remarquable de Boukhara est l'*Ark* ou le palais du khan; on le dit bâti dans le ixe siècle; il est sur une éminence et entouré d'un mur haut de 10 toises; il n'y a qu'une seule porte d'entrée. On doit citer immédiatement après, le *minaret de Mirghharab*, regardé comme le monument le plus beau sous le rapport de l'architecture; il ressemble à une grande colonne. Viennent ensuite quelques-unes des 560 mosquées que compte Boukhara et plusieurs des 60 medressés (collèges), construits ordinairement vis-à-vis des mosquées; on doit aussi citer le *couvent et le cimetière de Tcheharbekr*. Boukhara a un grand nombre de fabriques et de manufactures, et son commerce est très étendu, étant

BOU

pour ainsi dire le rendez-vous de toutes les nations commerçantes de l'Asie. Depuis le temps
de Pierre-le-Grand, il existe une communication
continuelle entre Boukhara et la Russie, basée
sur les avantages réciproques du commerce.

BOUKHARES, race de la famille persane qui
occupe non-seulement ce que les géographes appellent la grande et la petite Boukharie, mais aussi
tout le Turkestan chinois où ils vivaient indépendants avant l'invasion des Turcomans et des Uz-
beks. Les Boukares habitent les villes, tandis
que leurs conquérants sont restés nomades. Ils
font un grand commerce avec la Russie, où on
les appelle *Sarti* : eux-mêmes se nomment *Tad-
jik.* (Voyez *Boukhara.*)

BOUKHARIE (*Petite*), province de l'empire
chinois. Voyez *Chine.*

BOULANGERIE. Voyez *Pain.*

BOULEAU (*betula*), genre de plantes dicotylédones de la monoécie décandrie de Linné, de
la famille des amentacées de Jussieu. Les bouleaux sont des arbres dont les fleurs sont disposées en chatons unisexuels, solitaires, allongés et
cylindriques. Les fleurs mâles naissent une à une
sous trois petites écailles imbriquées, elles ont de
6 à 12 étamines ; les fleurs femelles naissent 3 à
3 sous des écailles trilobées ; elles ont un ovaire

à deux loges surmonté de 2 styles. — Le bouleau
commun, la seule espèce cultivée en grand en
France (*betula, alba*), s'élève de 13 à 16 mè-

tres, garni de branches nombreuses ; ses rameaux
sont flexibles ; ses feuilles, alternes, pétiolées
deltoïdes, aiguës. L'écorce, d'abord brune, devient blanche et s'enlève par bandes transversales. Le bouleau croît partout, c'est le dernier
arbre qu'on rencontre en avançant vers le pôle.
C'est un des arbres les plus utiles à l'homme.
Les habitants du Kamtchatka mangent, dit-on,
son écorce tendre, mêlée avec du frai de poisson ;
les Finlandais font infuser ses feuilles en guise
de thé ; les Norwégiens les conservent pour affour-
rager le bestiaux pendant l'hiver, et ils tirent
de la sève une espèce de sirop qui devient, par
la fermentation, liqueur piquante fort agréable ;
les Russes l'emploient pour remplacer la drèche,
dans la fabrication de la bière. Les Lapons s'en
servent pour tanner les peaux de rennes ; ils couvrent leurs cabanes avec ses branchages, et font
avec le tronc tous leurs meubles et ustensiles de
ménage. En France, où l'on en tire un moins
bon parti que dans le nord, on emploie les jeunes
tiges pour faire des cercles de tonneau et les brin-
dilles pour faire des balais ; de plus, c'est un excellent bois de chauffage. Son bois acquiert dans
le Nord une dureté qu'il n'atteint pas dans nos
climats. Outre le bouleau commun, on connaît
plusieurs autres espèces ; tels sont : le bouleau-
nain qui croît dans les marais du nord de l'Europe, le bouleau noir d'Amérique dont les Canadiens construisent leurs légères pirogues, etc.

BOULET, globe ou projectile sphérique en
fonte de fer dont on charge les canons. (Voyez.)
Il y en a de différents calibres, de diverses formes.
Dans l'armée de terre on emploie des boulets de
4, 8, 12, 16 et 24. Dans la marine, on emploie
en outre, ceux de 6, 18 et 36. — Les *boulets
rouges* sont des boulets ordinaires, chauffés au
rouge clair ; on s'en sert pour incendier les édifices ou les vaisseaux ennemis. C'est en 1675,
au siége de Stralsund, qu'on employa pour la
première fois en Europe les boulets rouges. —
On nomme *boulets ramés* deux boulets joints
par une barre de fer ; ils sont destinés à couper
les cordages, à déchirer les voiles, à briser les
mâts. On désignait sous le nom de *boulets messagers* des boulets creux, doublés en plomb, dont
on faisait usage pour donner des ordres ou des
nouvelles dans une place assiégée ou dans un
camp.

BOULET. Voy. *Code militaire* et *Désertion.*

BOULEVART. (de l'allemand *bollwerk*, fortification), en anglais *bulwark.* Ce mot fut d'a-

bord employé pour désigner un ouvrage de fortification extérieure, destiné à couvrir d'autres
ouvrages élevés pour la sûreté d'une place. Plus
tard, on donna ce nom à l'espace libre qui entourait l'enceinte des villes; puis on y planta des
arbres, et ce lieu devint pour les habitants un
rendez-vous de promenade. La magnifique ave-
nue, connue à Paris sous le nom de boulevarts,
et qui s'étend depuis la Madeleine jusqu'à la
Bastille, bornait autrefois la capitale au nord;
mais la ville trop à l'étroit renversa ses murailles,
et s'étendit dans la campagne, de sorte qu'aujourd'hui les boulevarts se trouvent au milieu
de la cité agrandie; ils n'ont gardé d'autres traces
de leur ancienne destination que les deux arcs-
de-triomphe qui leur servaient de portes. Paris
possède en outre des *boulevarts extérieurs*, qui
déjà se trouvent enfermés dans l'enceinte des
fortifications.

BOULOGNE est l'ancienne *Gessoriacum*, et
son nom vient de *Bononia*, petit fort bâti un
peu au nord de la ville, où fut établi depuis un
phare appelé *Turris ardens*, et par corruption
Tour d'ordre. On appelle *Camp de Boulogne*
la réunion aux environs de cette ville d'une armée et d'une flottille destinées contre l'Angleterre. Napoléon y distribua, en 1804, les premières décorations de la Légion-d'Honneur;
mais bientôt il partit avec toutes ses troupes, soit
qu'il fût appelé en Allemagne par la nécessité d'y
défendre ses alliés, soit qu'il fût empressé de renoncer à une entreprise inexécutable. Une colonne élevée sur la falaise rappelle le séjour de
l'armée française. C'est à Boulogne qu'un des
neveux de l'empereur, Louis-Napoléon Bonaparte, essaya, en 1840, une seconde tentative
contre le gouvernement de Louis-Philippe, tentative qui le mena dans les prisons de Ham.

BOULOGNE. Le pays de Boulogne ou Boule-
nois, comprenant une partie de celui des anciens
Morins, appartint successivement à la Flandre,
aux comtes de Ponthieu, à la maison de Blois,
à Renand de Dammartin, qui entra dans la ligue
contre Philippe-Auguste et mourut en captivité
à Péronne. Il fut vendu ensuite par le duc de
Brabant à la maison d'Auvergne. Enfin, Louis XI
le réunit à la couronne en 1477, en le plaçant
sous la suzeraineté de la Vierge. Il fit ensuite
partie du gouvernement de Picardie.

BOULOGNE-SUR-MER, capitale de l'ancien
comté de ce nom, est aujourd'hui le siège d'une
sous-préfecture du département du Pas-de-Ca-

lais, avec un port sur la Manche, qui prend tous
les jours plus d'importance. Cette ville est divisée
en haute et basse. Cette dernière est bâtie avec
beaucoup de régularité, et possède un magnifique établissement de *bains de mer*, digne de
rivaliser avec ce que l'Angleterre offre de mieux
en ce genre. L'*école de navigation*, l'*école de
dessin*, une *société d'agriculture*, *de commerce*, *des sciences et arts*, une *bibliothèque*,
une *galerie de tableaux* et un *musée* sont les
principaux établissements littéraires et scientifiques de Boulogne. Les nombreux armements
pour les pêches du hareng, du maquereau et de
la morue, et les *paquebots* qui partent régulièrement tous les jours pour l'Angleterre, ajoutent au mouvement commercial de cette ville.
Depuis 1814, un grand nombre d'Anglais s'y
sont établis. Population : 29,100 habitants. —

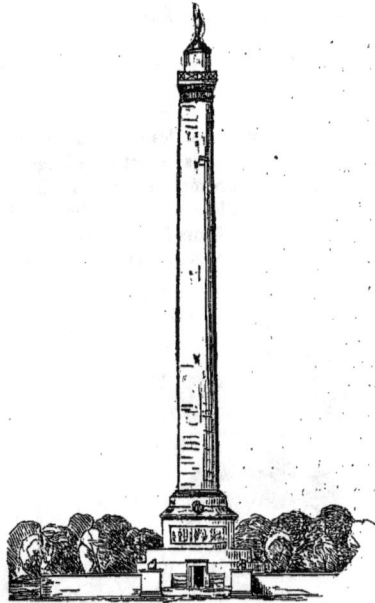

Dans ses environs immédiats on voit la belle *colonne* en marbre, érigée à Napoléon par l'armée
rassemblée en 1804, pour exécuter le débarquement qu'il projetait de faire en Angleterre, et
sur laquelle a été élevée sa statue en 1841; il
existe aussi dans les environs de Boulogne des
carrières de marbre et des mines de houille très
riches.

BOUQUET (dom Martin), savant bénédictin de Saint-Maur, né à Amiens en 1685, mort en 1754, se forma aux travaux historiques, sous la conduite de Montfaucon. Il a laissé les huit premiers volumes de la grande collection, intitulée : *Rerum gallicarum et franciarum scriptores.*

BOUQUETIN (en allemand *stein-bock*, bouc des rochers). Voyez *Chèvre.*

BOURBON. La *maison de Bourbon* est une branche de la famille capétienne qui occupait naguère le trône de France et qui occupe encore ceux d'Espagne et des Deux-Siciles. La sirerie de Bourbon, tirant son nom du chef-lieu ou plutôt du château de *Bourbon l'Archambaud*, et qui s'étendit quelquefois au-delà des limites du Bourbonnais, fut fondée au xe siècle par un certain Adhemar ou Aymar qui descendait, dit-on, de Childebrand, frère de Charles-Martel. Le quatrième de ces seigneurs, Archambaud Ier, ajouta son nom à celui de la ville. Archambaud X n'eut qu'une fille appelée Béatrix, qui épousa, en 1272, Robert de Clermont, fils de saint Louis: ce fut ainsi que la sirerie de Bourbon passa dans la famille royale, et que plus tard les sires de Bourbon eux mêmes, dans la personne de Henri IV, eurent des droits au trône. — Dans l'intervalle, la maison de Bourbon produisit plusieurs hommes remarquables. Louis Ier, fils de Robert (1310-1341), s'éleva par ses services militaires et diplomatiques à une des cinq grandes dignités de la couronne, dignité qui resta héréditaire parmi ses descendants jusqu'à la trahison du fameux connétable. La seigneurie de Bourbon fut élevée pour lui en duché-pairie. Ses successeurs se distinguèrent également; mais le septième duc mourut sans enfant, et son héritage passa à son collatéral Pierre, comte de Beaujeu, époux d'Anne, fille de Louis XI, et régent du royaume pendant la minorité de Charles VIII et l'expédition de Naples. Sa fille épousa le duc de Montpensier, lequel devint ainsi ce trop fameux connétable de Bourbon qui trahit la France après l'avoir servie, commanda les armées de Charles-Quint, et mourut en 1537, au sac de Rome. En conséquence de cette félonie, le duché de Bourbon fut confisqué dès 1523. La seule branche collatérale de Vendôme conserva quelque puissance, et c'est à cette branche qu'appartenait Antoine de Bourbon, duc de Vendôme, qui épousa Jeanne d'Albret, infante de Navarre, et fut père de Henri IV (1553) Un des frères d'Antoine fut le cardinal de Bourbon, proclamé roi par la ligue, sous le nom fatal de Charles X, et mort

en 1590. Un autre fut Henri de Condé, tige de la branche de Condé éteinte d'une manière funeste en 1830.

Pour terminer l'histoire de la maison de Bourbon, nous rappelerons seulement les noms de ses principaux membres, renvoyant le reste à leurs biographies spéciales. Remarquons d'abord que la descendance collatérale des Capétiens, de saint Louis à Henri IV (1270-1589), subsiste à part du trône occupé par la suite des Capétiens directs, puis par les Capétiens-Valois, le Valois d'Orléans (Louis XII) et les Valois d'Orléans d'Angoulême, ou deuxièmes Valois, avec lesquels par conséquent les Bourbons n'ont rien de commun que l'origine.

Henri IV (1589-1610) eut pour fils Louis XIII (1601) et Gaston d'Orléans (1608-1660), lequel n'eut d'autre enfant que mademoiselle de Montpensier.

De Louis XIII (1610-1643) naquirent Louis XIV (1638) et Philippe d'Orléans (1640), chef de la branche des *Bourbons d'Orléans.* (Voyez ci-après)

Louis XIV (1643-1715) eut pour fils Louis (1661 1711), le grand dauphin, mort avant le roi, laissant après lui Louis, duc de Bourgogne (1682 1712), et Philippe duc d'Anjou (1683), chef de la branche des *Bourbons d'Espagne.* (Voyez ci-après). Enfin, le duc de Bourgogne mourut encore avant son grand-père, laissant Louis duc d'Anjou (1710) qui fut depuis Louis XV.

Louis XV (1715-1774) vit également mourir avant lui son fils Louis le dauphin, et laissa trois petit-fils qui régnèrent tous les trois : Louis XVI (1754), Louis XVIII (1755) et Charles X (1757).

Louis XVI (1774-1793) ne laissa qu'un fils qui mourut en prison (1795), et que dans le système dynastique on appelle Louis XVII.

Louis XVIII (1814-1824) mourut sans enfants.

Charles X (1824-1836), détrôné par la révolution de 1830, eut pour fils le duc d'Angoulême (1775-1844), qui, selon les doctrines légitimistes, régna sous le nom de Louis XIX, pendant l'intervalle nécessaire pour que la plume qui devait signer son abdication passât des mains de son père aux siennes; et le duc de Berry (1778), assassiné en 1820, et laissant un fils posthume, connu sous le nom de duc de Bordeaux ou de comte de Chambord

Reprenons la BRANCHE D'ORLÉANS, après avoir rappelé encore qu'elle n'a rien de commun ni avec les Valois d'Orléans, ni avec Gaston d'Orléans, fils de Louis XIV. Au fondateur de cette branche, PHILIPPE Ier (1640-1701), succédèrent régulièrement de père en fils :

PHILIPPE II (1674-1723), régent de France pendant la minorité de Louis XV.

LOUIS (1703-1752).

LOUIS-PHILIPPE Ier (1725-1785).

LOUIS PHILIPPE-JOSEPH (1747), mort sur l'échafaud en 1793.

LOUIS-PHILIPPE II (1773-1850), qui, en 1830, fut nommé roi des Français, sous le nom de Louis-Philippe Ier.

FERDINAND-PHILIPPE (1810-1842), mort avant son père.

LOUIS-PHILIPPE (1838), comte de Paris, reconnu comme prince royal avant la révolution de 1848.

La BRANCHE D'ESPAGNE est fondée par PHILIPPE V (1700-1746), duc d'Anjou, petit-fils de Louis XIV : à ce monarque succèdent trois de ses fils, dont les deux premiers meurent sans enfant : LOUIS Ier (1703 1724), FERDINAND VI (1713-1759) et CHARLES III. (Il y a en outre un quatrième fils, PHILIPPE (1720), qui devient le chef de la *branche de Lucques*).

CHARLES III (1759-1788) a trois fils, *Philippe* exclu du trône à cause de ses infirmités, *Charles IV* (1728), qui lui succède, et *Ferdinand* (1751), chef de la *branche de Naples et de Sicile*.

CHARLES IV (1788-1819) abdique en 1808 en faveur de Napoléon et au préjudice de son fils Ferdinand (1784).

FERDINAND VII remonte sur le trône en 1814, et laisse par testament (1832) le trône à sa fille Marie-Isabelle-Louise, actuellement régnante sous le nom d'ISABELLE II.

La BRANCHE DE NAPLES ET DE SICILE est fondée par FERDINAND Ier (1756-1830), fils de Charles III, roi d'Espagne, lequel a un fils nommé *François* (1777) et un petit-fils, *Ferdinand-Charles* (1810), qui prit la couronne après lui et qui règne encore sous le nom de FERDINAND II.

La BRANCHE DE LUCQUES a pour fondateur PHILIPPE (1748-1765), fils de Philippe V, roi d'Espagne, auquel succédèrent régulièrement les princes *Ferdinand* (1751-1802, *Louis*, roi d'Étrurie (1773-1803, *Charles-Louis*, id. (1799), actuellement régnant : son fils, Ferdinand-Joseph, a épousé la sœur du duc de Bordeaux.

Nous avons cru devoir résumer ici cette généalogie un peu longue, parce qu'elle donne la clef de l'histoire moderne de la France et du midi de l'Europe, et qu'elle peut prévenir les erreurs que l'on commet journellement à ce sujet.

BOURBON (Robert de France, *comte de Clermont*, *seigneur* DE), sixième fils de saint Louis et de Marguerite de Provence, est la tige de la maison qui monta sur le trône de France en la personne de Henri IV, et plus tard sur ceux d'Espagne, de Naples et de Parme. Robert, né en 1256, mort en 1318, épousa Béatrix, fille d'Agnès, héritière du grand fief de Bourgogne, qui fut érigé en duché-pairie l'an 1327, en faveur de Louis, fils aîné de Robert de France.

BOURBON (Charles, *duc et connétable* DE), né en 1489, reçut à 26 ans l'épée de connétable. Il se distingua par sa haute valeur à la bataille de Marignan et dans le Milanais, dont il fut nommé gouverneur. Plus tard, poursuivi par la haine de la reine, mère de François Ier, et menacé de voir confisquer tous ses biens, il se retira auprès de Charles Quint, combattit contre la France, et contribua beaucoup à notre défaite à Pavie. Il fut tué en 1527, au siége de Rome, dont il avait promis le pillage à ses soldats, par le sculpteur Benvenuto Cellini qui se trouvait au nombre des défenseurs de la ville.

BOURBON-CONDÉ (Louis-Henri-Joseph, *duc* DE), né en 1756, se battit en duel, dans sa première jeunesse avec le comte d'Artois, et fut, pour ce fait, exilé à Chantilly. Il émigra, en 1789, avec le prince de Condé, son père. Il combattit contre la France en 1792 et en 1793, à l'armée de Condé. En 1797, il suivit l'armée russe avec laquelle il revint sur le Rhin en 1799. Ce prince déshonora sa vieillesse par une liaison indigne de lui. Le 27 août 1830, il fut trouvé sans vie dans son appartement. Son corps était suspendu à l'agrafe des volets intérieurs d'une croisée de sa chambre.

BOURBON ou MASCAREIGNE (*Mascarenhas*), l'une des îles africaines orientales, dans l'Océan indien par 20° 51' de lat. S. et 55° de long E., à 300 lieues de la côte d'Afrique; 140 de Madagascar et 35 de l'Ile-de-France. Sa forme est celle d'une ellipse, dont le grand diamètre, dirigé du N. au S., a 14 lieues, le petit 9, et le contour à peu près 40. Les sinuosités de ce contour ne forment en général que des baies très ouvertes, et n'offrent aucun port. La superficie est estimée à 170,794 hectares. — Deux montagnes volcaniques, l'une au N., la plus élevée (Morne des Salazes, 1,800 ou 1,700 t.) et éteinte depuis longtemps; l'autre au S., en pleine activité, occupent les deux foyers de l'ellipse et sont les deux points culminants de la surface. Les ravins ou déchirures profondes de la matière volcanique qui forme l'île, sont les seuls lits des nombreuses rivières ou plutôt des torrents rapides et impraticables qui rayonnent la circonférence. — Les ouragans sont fréquents à Bourbon; la chaleur moyenne y est de 25° cent. Les vents habituels soufflent de l'E. De là, la division de l'île en deux parties : celle *du vent* et *celle sous le vent*. — Brûlante et privée de sources, cette dernière est cependant celle où la végétation offre le plus de vigueur et de richesse; l'autre, arrosée d'eaux abondantes, forme un amphithéâtre de l'aspect le plus riant dont les gradins descendent jusqu'au

Chute Sainte-Suzanne.

bord de la mer. Par son climat et la qualité de son sol, cette île convient à la culture de presque toutes les plantes utiles, tant des régions intertropicales que des régions tempérées. Elle était, quand les Européens y abordèrent, couverte de bois où l'on remarquait le *palmiste*, *l'oranger*, le *lubibe;* en 1718, le café y fut introduit, et en 1776, par les soins de M. Poivre, gouverneur de l'Ile-de-France, elle reçut de la Malaisie hollandaise, le *giroflier*, la *muscade*, la *cannelle* et l'arbre à pin. Le cacao, le coton, réussissent encore à Bourbon; mais les articles les plus importants de la culture sont les sucres et le café.

Le chiffre de l'exportation moyenne du sucre dépasse 34 millions de kilos par an, et celui du café 1 million. La population de l'île était, avant 1848, de 110,000 habitants, dont 70,000 esclaves. Il y a à Bourbon deux villes et huit bourgs ou villages. Saint-Denis, siége du gouvernement, situé dans la partie du vent, où se trouvent également la cour d'appel, un tribunal de première instance et un collége, à 10,000 habit.; l'autre ville est Saint-Paul, sous le vent, c'est-à-dire au sud. Cette île fut découverte, en 1545, par les Portugais qui, du nom de leur chef, l'appelèrent Mascarenhac, mais ils n'y formèrent point d'établissement, et elle resta inhabitée jusqu'en 1646. Ce fut alors que Pronis, agent de la compagnie des Indes, à Madagascar, en prit possession au nom du roi de France; douze condamnés, qu'il y déporta, en furent les premiers habitants. Elle reçut vers la même époque le nom de *Bourbon* et fut donnée à la compagnie française des Indes orientales, qui la céda, en 1767, au gouvernement français, à qui elle n'a cessé d'appartenir que dans les trois dernières années de l'empire, temps pendant lequel elle resta entre les mains des Anglais, qui s'en étaient emparés en 1810. L'île Bourbon a porté, sous la république, le nom d'île de la Réunion, et celui d'île Bonaparte, sous l'empire.

BOURBON-L'ARCHAMBAULT (*Aquæ Borboniæ*), ville de France, dans le département de l'Allier, ancienne capitale du Bourbonnais, auquel elle a donné son nom. Cette ville est célèbre par ses eaux minérales. On y voit encore des ruines remarquables du château des anciens sires de Bourbon; nous en avons donné un croquis à l'article *Allier*.

BOURBON-VENDÉE, ville de France, cheflieu du département de la Vendée, siége d'un tribunal de première instance et d'un collége. 6,800 habitants. Cette ville, située sur une colline, dont la petite rivière d'Yon baigne le pied, est bien bâtie; elle a un beau théâtre et une bibliothèque. Sous l'empire, elle prit le nom de *Napoléon-Vendée*, et reprit son ancien nom à la restauration. (Voy. *Vendée*.)

BOURBONNAIS, ancienne province de France, bornée au N. par le Nivernais; au S., par l'Auvergne et la Marche; à l'E., par la Bourgogne; à l'O., par le Berry. Le territoire du Bourbonnais était, au temps de César, occupé par les *Éduens*, depuis il a appartenu successivement aux Visigoths, aux rois français de la première race, et enfin aux ducs d'Aquitaine jusqu'en 900 ou 922, époque à laquelle il devint un fief de la couronne de France. Son nom vient de celui de Bourbon, capitale et résidence des premiers seigneurs ou sires de Bourbon. Plusieurs d'entre eux ayant porté le nom d'Archambaud, il fut ajouté à celui de la capitale, qui dès lors fut appelée Bourbon-l'Archambaud. — Le Bourbonnais forme aujourd'hui le département de l'Allier. (Voyez.)

BOURBONNE-LES-BAINS, petite ville de France, célèbre par ses eaux thermales, située dans le département de la Haute-Marne, à 28 kil. de Langres. On y voit des antiquités romaines et un hôpital militaire. Sa population propre est de 3,500 hab.

BOURDALOUE (Louis), l'un des plus célèbres prédicateurs français, né à Bourges en 1632, entra chez les jésuites et fit d'abord des sermons en province. Il prêcha devant Louis XIV, l'Avent en 1670, et le Carême en 1672. Rarement le même prédicateur était appelé à la cour plus de trois fois. Bourdaloue y parut dix fois, et fut toujours accueilli avec le même empressement. Vers la fin de sa vie, il abandonna la chaire pour se consacrer complètement aux œuvres de charité. Il mourut en 1704. On a recueilli ses sermons et ses œuvres diverses en 14 vol. (1707).

BOURDON dit DE L'OISE (François-Louis) était, en 1786, procureur au parlement de Paris; il fut député par le département de l'Oise à la Convention, vota la mort du roi et se prononça pour toutes les mesures les plus violentes; mais envoyé en Vendée, comme commissaire de la Convention, les excès dont il fut témoin calmèrent son exaltation. Il contribua au renversement de Robespierre. Nommé membre des cinq-cents, il se rangea dans le parti de Clichy contre le Directoire, et fut une des victimes du coup d'Etat du 18 fructidor. Déporté à Sinnamary, il y mourut quelques mois après son arrivée.

BOURDON (musique), jeu d'orgues, composé de tuyaux bouchés par le haut, ce qui les baisse d'une octave et leur assigne une longueur moitié moindre qu'il ne faudrait pour obtenir le même son avec un tuyau ouvert. Ainsi, par exemple, le bourdon le plus bas n'a que 16 pieds et remplace un tuyau de 32 pieds. — On appelle aussi bourdon une très forte cloche d'église, ainsi que le gros tuyau de la cornemuse. Enfin, un accompagne-

ment qui imite la répétition continuelle du son de ce tuyau est également nommé bourdon.

BOURDON (bombus), genre d'insectes hyménoptères qui, par leurs mœurs et leurs caractères, se rapprochent des abeilles; leur trompe est plus courte que le corps, et ils ont le côté externe des tibias postérieurs creusé en corbeille pour récolter le pollen. Ces insectes se distinguent facilement des abeilles par leur corps velu, couvert de poils de couleurs tranchantes, ce qui a fait donner à certaines espèces les noms vulgaires de cul blanc, cul rouge, etc. Ces insectes habitent nos jardins et nos bois; ils vivent en société comme les abeilles; mais leurs réunions ne dépassent guère cinquante ou soixante individus; et ce n'est que très rarement qu'elles vont jusqu'à deux cents; les femelles sont beaucoup plus grosses que les mâles; les neutres ou ou-

2. Bourdon femelle. — 1. Bourdon mâle.

vrières sont de taille moyenne. Les bourdons construisent leurs nids dans la terre, et emploient la mousse pour leurs constructions. Les sociétés des bourdons ne durent jamais au-delà d'une saison; les ouvrières et les mâles périssent aux approches de l'hiver; les femelles fécondes se cachent alors dans les creux des arbres ou dans les fissures des murailles où elles passent l'hiver dans l'engourdissement. Aux premières chaleurs, les femelles sortent, et sentant approcher le moment de la ponte, elles construisent leur demeure, forment des boules composées de pollen et de miel et y déposent leurs œufs. Lorsque les larves qui en sortent, de nymphes sont devenues insectes parfaits, elles s'occupent, de concert, à agrandir leur demeure. Leurs mœurs, du reste, diffèrent peu de celles des abeilles. (Voyez.) On en connaît de nombreuses espèces, dont les plus répandues sont le bourdon des mousses, le bourdon des forêts, le bourdon souterrain, le bourdon des jardins et le bourdon des pierres.

BOURG Voyez *Bourgeois.*

BOURGEOIS. C'est à partir du xie siècle seulement que le mot *burgensis*, bourgeois, figure dans les chartes; le mot *burg*, lieu fortifié, bourg, d'où il dérive évidemment, se trouve primitivement dans toutes les langues germaniques; mais il paraît qu'avant l'époque indiquée on n'avait pas encore eu lieu de caractériser cette population d'anciens hommes libres, traqués par la barbarie, ou d'esclaves échappés à leurs liens, qui était venue se réfugier à l'entour du *burg*, bâti par un chef déjà assis dans le pays, place forte qui fut appelée bientôt après *castellum*, château. Déjà pourtant ces nouveaux venus s'étaient construit des demeures et formaient ainsi le dehors, le *foris burgum*, faubourg, ou par extension le *bourg*. Avant cette époque, les villes gauloises, devenues romaines, avaient leurs *municipes*. (Voy. ce mot.) Mais les réunions d'habitants qui constituèrent le bourg, soit autour du château, soit partout ailleurs, à l'imitation de celui-ci, et très souvent en s'entourant de murailles, ces bourgeois primitifs ne jouirent d'abord d'aucun privilége régulier. Ils vécurent dans un servage plus modéré, par cela même qu'il était plus intime et régulier. Cependant, à la dissolution de l'empire carlovingien et à l'établissement de la féodalité, de même que chaque seigneur s'appuya sur ses propres forces pour convertir son bénéfice en fief (voy. ces mots), de même, les habitants des bourgs, ouverts ou fermés, se liguèrent pour conserver ou pour étendre l'espèce d'indépendance dont ils jouissaient. Il y eut à cette époque une lutte ouverte et universelle, dans laquelle se forma proprement la bourgeoisie. Au xiie siècle, le mouvement des *communes* (voy. ce mot) vint sanctionner, écrire ce droit, qui s'était posé par lui-même. Mais alors même, il ne faut pas confondre la commune et la bourgeoisie; car, à part des communes, la *bourgeoisie* fut fréquemment conférée par le roi à des personnes de condition libre, c'est-à-dire que l'on affranchissait préalablement ou qui s'étaient dégagées du servage par la lutte anti-féodale; elle supposait toujours un corps préexistant et fixé dans un lieu déterminé auquel ces personnes étaient associées. La bourgeoisie ainsi conférée, le plus souvent par le roi ou par un prince souverain, attachait ces personnes, soit à un bourg primitif, soit à un ancien municipe, soit à une commune. D'où il résulta que les membres de ces trois associations prirent bientôt le titre de bourgeois : toute commune supposait une bourgeoisie, mais toute bourgeoisie ne sup-

posait pas une commune. Les rois de France favorisèrent particulièrement la simple bourgeoisie, tant pour l'opposer à la turbulence des communes, que pour former cette classe moyenne entre la noblesse et le peuple, sur laquelle ils s'appuyèrent pour arriver à la puissance absolue. Un pas de plus fut l'établissement des *francs bourgeois* ou de la *bourgeoisie personnelle* (1255), qui fut une espèce de noblesse d'institution royale. Dès lors l'habitant des villes put, moyennant une minime condition de propriété, et sans quitter son domicile, se soustraire à la juridiction de son seigneur. La féodalité était morte. —Du reste, les différents corps de bourgeois possédaient, outre la liberté et le droit de se juger entre eux, des priviléges, quelquefois fort bizarres, qui variaient selon les localités : comme à Paris, celui de saisir partout les biens de leurs débiteurs; à Rouen, d'exercer la haute justice; en quelques endroits, de châtier personnellement les non-bourgeois, etc. Ainsi, continuellement recrutée de tout ce qui, dans les classes inférieures, se distinguait par quelque aptitude et quelque succès, ainsi se forma une classe puissante qui est réellement le sang et le cerveau du peuple. La bourgeoisie opposa à la chevalerie la rude milice de ses hommes de pied ; elle égala les richesses des monarques, et leur prêta même son argent, créa le commerce et l'industrie, fournit un large contingent aux lettres, aux sciences et aux arts, et accapara progressivement toutes les positions judiciaires, administratives et financières. Puis, à la fin du xviiie siècle, sous le nom de tiers-état, forçant la convocation des États-généraux, appelant à elle les classes moins favorisées, faisant rentrer dans son sein la majorité du clergé, absorbant une partie de la noblesse, elle constitua enfin l'unité nationale, pour la sanctionner après trois révolutions, par le droit universel de bourgeoisie, qui n'est que le suffrage universel. — Après ce grand dénoûment de l'histoire de la bourgeoisie, le terme de bourgeois ne pouvait plus conserver qu'une signification flottante, indécise, qu'il commençait à prendre dès le siècle dernier : on l'emploie par opposition aux mots *paysan, ouvrier, noble,* etc.; mais il n'a plus de valeur officielle. Chez les autres peuples de l'Europe, la bourgeoisie a une origine semblable, et joue un rôle analogue à celui qu'on lui voit remplir dans l'histoire de France, qui est l'histoire type des peuples modernes : seulement elle est en marche et plus ou moins loin du but. En Angleterre, les francs tenanciers ne forment que la majorité de la chambre des communes. En Suède et dans le Tyrol, on compte encore

quatre ordres : le clergé , la noblesse , les bourgeois et les paysans. En Belgique, la bourgeoisie,
c'est toute la partie de la nation qui paie un cens,
très minime à la vérité, et qui élit les membres
des deux chambres représentatives.

BOURGEONS. Les *bourgeons* proprement
dits sont de petits corps coniques ou arrondis, ordinairement entourés d'écailles, naissant sur les
branches, dans l'aisselle des feuilles ou à l'extrémité des rameaux, et renfermant les rudiments
des tiges, des branches, des feuilles et des organes de la fructification. Dans les arbres et les arbrisseaux, ils paraissent au moins un an avant
leur épanouissement; dans les arbustes et les
plantes herbacées, ils ne se montrent que l'année
même où ils doivent se développer. Les bourgeons, dans nos pays tempérés, paraissent en été;
ils portent alors le nom d'*yeux*. Ils s'accroissent
peu durant l'automne et constituent les *boutons;*
en hiver, leur végétation s'arrête ; au printemps,
ils se gonflent, écartent leurs écailles et se développent complétement; c'est alors qu'on les appelle proprement bourgeons. Le froid peut très
longtemps arrêter leur développement sans détruire leur principe vital : des arbres, qui avaient
été placés dans une glacière, n'en furent tirés
que dix-huit mois après pour être plantés; la plupart réussirent très bien. Dans les arbres de nos
climats, les bourgeons sont protégés extérieurement contre le froid par un enduit visqueux, et
à l'intérieur par une espèce de bourre ou de coton qui recouvre la jeune pousse ; ces enveloppes
manquent dans ceux des contrées méridionales.
On reconnaît les bourgeons à fleurs ou à fruits
par leur forme conique, arrondie et gonflée; les
bourgeons à feuilles sont effilés, allongés et pointus. On appelle *terminal* le bourgeon destiné à
prolonger les tiges et les rameaux à l'extrémité
desquels il est placé.

BOURGES, chef-lieu du département du
Cher, et autrefois capitale du Berri, ville assez
mal bâtie, au confluent de l'Auron et de l'Yèvre,
siége d'un archevêché et d'une cour d'appel. Sa
magnifique cathédrale, comptée parmi les plus
beaux monuments gothiques de l'Europe, l'hôtel-
de-ville, ancienne demeure du fameux Jacques
Cœur, un des plus riches négociants du temps
de Charles VII et son intendant des finances,
l'obélisque égyptien, élevé à la mémoire de Cha-
rost Béthune dans le jardin public de l'archevêché et le puits foré artésien , sont les constructions les plus remarquables de cette ville. L'a-
cadémie universitaire, le collège national, le

séminaire , l'école spéciale de musique, le cours
de géométrie et de mécanique appliquées aux
arts, la société d'agriculture, commerce et arts ,
la bibliothèque, sont les établissements scientifiques et littéraires les plus importants de cette
ville. Bourges offre encore quelques restes d'antiquités. Population : 22,900 habitants.

Hôtel-de-Ville de Bourges.

Cette ville, appelée anciennement *Avaricum*,
était la capitale des *Bituriges Cubi*. Elle fut
prise et brûlée par César (52 av. J.-C.) et par
Chilpéric Ier (553); Charlemagne la releva et
Philippe-Auguste l'agrandit. Bourges eut une
suite de comtes et vicomtes, sous la mouvance
des ducs d'Aquitaine ; le dernier Eudes-Arpin
partant pour la croisade vendit sa vicomté au
roi Philippe Ier. Charles VII y séjourna pendant
l'invasion anglaise, ce qui le fit appeler le *roi de
Bourges*. Elle souffrit beaucoup pendant les
guerres de religion. Louis XIV fit détruire , en
1651 , la grosse tour de Bourges, qui rendait
l'approche de cette place assez difficile. Cette cité
vit plusieurs réunions d'Etats (1316, 1422, 1435).
Il s'y tint divers conciles; et la pragmatique sanction y fut rédigée en 1438. L'université de
Bourges, fondée par Louis XI, en 1463, compta
parmi ses professeurs le célèbre Cujas. C'est la
patrie de Louis XI, du financier Jacques Cœur,
du prédicateur Bourdaloue et du peintre Boucher.

BOURGOGNE (*géogr.*), ancienne province et gouvernement militaire de France, située vers l'est, bornée au N. par la Champagne; à l'E., par la Franche-Comté; au S., par le Beaujolais, et à l'O., par le Bourbonnais et le Nivernais. Elle avait 124 kil. de longueur et autant de largeur. Elle se divisait en Dijonnais, Châlonnais, Autunois, Auxois, Pays-de-Montagna, Charolais, Mâconnais, Auxerrois et Barrois. Capitale, *Dijon*. Lors de la nouvelle division de la France, on en a fait les départements de la Côte-d'Or, de l'Yonne, de Saône-et-Loire et de l'Ain. Le sol de la Bourgogne est fertile; ses vins sont renommés et disputent depuis longtemps la prééminence à ceux de la Champagne : on évalue la vendange moyenne des coteaux de Beaune, Mâcon, Nuits, Tonnerre, Châblis, etc., à près de 2 millions d'hectolitres, formant une valeur de plus de 40 millions. L'étendue du territoire bourguignon a varié suivant les différentes phases de son histoire, que nous allons parcourir.

BOURGOGNE (*hist.*). Ce pays était habité, avant la conquête romaine, par les Eduens, un des peuples les plus puissants de la Gaule. Au commencement du vᵉ siècle, la nation germanique des Burgondes, déjà civilisée et chrétienne, vint s'y établir, sous la conduite de Gondicaire. Avant la fin du siècle, ils avaient conquis un tiers des Gaules : les Visigoths et les Francs occupaient le reste. Ce premier *royaume de Bourgogne* eut huit rois, parmi lesquels on remarque Gondebaud, guerrier et législateur, auteur de la loi Gombette (502) ; il fut détruit par les fils de Clovis en 533.

Le *royaume mérovéen de Bourgogne,* fondé en 561, par Gontran, fils de Clotaire, n'eut que trois monarques; le troisième, Thierry, était encore enfant, et le pouvoir tomba entre les mains des maires du palais; l'aristocratie bourguignonne devint toute puissante, et après la mort de Thierry (613), elle sut gouverner le pays pendant deux siècles sans que le titre de roi appartînt à personne.

A la chute de l'empire de Charlemagne, Boson, beau-frère de Charles-le-Chauve, se fit roi de la *Bourgogne cisjurane* (879), tandis que Rodolphe, gouverneur du reste du pays, prenait le titre de roi de la *Bourgogne transjurane,* et bientôt ces deux Etats se fondirent dans le *royaume d'Arles* (937), d'où se détacha au xiᵉ siècle le *comté de Bourgogne* ou *Franche-Comté.* (Voy. ce mot.) Cependant, la partie de l'ancien royaume, située à l'est du Rhône et de la Saône, avait formé, dès 843, un grand fief qui resta attaché

à la France sous le nom de *duché de Bourgogne :* il comprenait le Dijonnais, l'Autunois, le Châlonnais et le Pays de la montagne. Richard le justicier, quoique nommé par Charles-le-Chauve, favorisa les prétentions de la maison nouvelle qui, par une espèce d'élection, tentait alors de se substituer à celle des Mérovéens. Il fit proclamer roi Eudes, comte de Paris. Son fils et successeur, Raoul de Bourgogne, monta lui-même sur le trône de France; et le duché, malgré quelques contestations, resta comme propriété dans la branche collatérale de la maison capétienne, issue des anciens comtes et ducs de Paris. Les puissants ducs de Bourgogne, les Eudes, les Hugues, les Robert, se montrèrent de bons et loyaux vassaux et pairs de la couronne de France, soit aux croisades, soit dans les luttes contre les Anglais. Le dernier Philippe, fils de Jeanne de Boulogne, qui épousa en secondes noces le roi Jean, fut déclaré majeur après le désastre de Poitiers : il mourut en 1361, et en lui s'éteignit la première branche des ducs de Bourgogne.' — La *seconde branche des ducs de Bourgogne* ou *branche des Valois* eut pour chef *Philippe le-Hardi,* quatrième fils de Jean-le-Bon, qui, après son retour de captivité, lui donna cet apanage comme récompense de sa belle conduite à Poitiers. Les trois autres ducs de cette famille, devenue bientôt si puissante par ses héritages, turent de père en fils *Jean-sans-Peur, Philippe-le-Bon* et *Charles-le-Téméraire.* On trouvera à l'article biographique de ces quatre personnages des détails sur leur vie qui, à des titres divers, fut également remarquable. Il importe seulement de signaler ici l'influence qu'eut sur les affaires de France le parti dirigé par ces ducs et appelé le parti *bourguignon.* — Pendant la démence de Charles VI, et après la mort des oncles du roi, Jean-sans-Peur disputa la régence au duc d'Orléans, frère du malheureux monarque et tige de la branche de Valois-Orléans, qui arriva plus tard au trône dans la personne de Louis XII. Ne pouvant l'emporter par l'intrigue, Jean fit assassiner son rival (1407). Mais le parti de ce prince choisit immédiatement pour chef Bernard, comte d'Armagnac, beau-père du fils de la victime : de là les dénominations de ces deux factions, les *Bourguignons* et les *Armagnacs,* qui ensanglantèrent si longtemps la France. On peut croire que pour amener une lutte aussi grandiose et aussi acharnée, aux haines des chefs de parti se joignirent de vieilles antipathies de race : les Bourguignons représentaient l'élément germanique, les Francs, établis au nord de la Loire ; les Armagnacs étaient lès Aquitains et les restes des Visigoths, cette vieille et pauvre noblesse gasconne qui, sous l'étendard anglais, avait vaincu les Français du Nord à Crécy et à Poitiers. Les Armagnacs se firent détester par leur insolence et leurs rapines. le peuple de Paris, voyant avec raison dans les Bourguignons les véritables Français, se souleva contre l'étranger, et la corporation des bouchers souilla malheureusement sa victoire par un massacre dans les prisons. Un nouveau crime fut encore commis en représailles d'un forfait ancien déjà, et Jean-sans-Peur fut assassiné sur le pont de Montereau, avec l'autorisation, dit-on, du dauphin, depuis Charles VII, qui devait y avoir une conférence avec le duc. — Philippe-le-Bon, pour venger son père, oublia tous ses devoirs de prince français. Il fit déclarer, par l'insensé Charles VI et par l'infâme Isabeau de Bavière, que le dauphin, leur fils, était désormais indigne de régner; il se ligua avec Henri V, lui fit épouser la fille de Charles, et lui assura la succession au trône de France. Dès lors les Bourguignons n'étaient plus que le parti de l'étranger; la terre de France devait les rejeter : eux et les Anglais furent bientôt détestés dans Paris, comme l'avaient été les Armagnacs. Le mouvement national eut une héroïne à sa tête : il triompha et le parti bourguignon acheva sa ruine par la part qu'il prit au martyre de Jeanne d'Arc. Philippe se détacha enfin des Anglais et fit sa paix avec Charles VII en 1435. Depuis lors, il ne fut plus question de Bourguignons ou d'Armagnacs comme partis en France. (Voy. *Armagnac*.) — Philippe-le-Bon, qui avait acquis tous les Pays-Bas, vécut en paix comme un souverain étranger à la France, et assura la prospérité de la Bourgogne. Charles-le-Téméraire, après l'avoir épuisée, la perdit en se perdant lui-même, par son opiniâtre rivalité contre Louis XI, et par ses folles entreprises. Il fut tué devant Nancy, en 1477, et en lui s'éteignit la dernière maison souveraine de Bourgogne. — Comme Charles ne laissait qu'une fille, appelée Marie de Bourgogne, le duché, fief mâle, fit retour à la couronne de France; cependant Marie apporta à son époux Maximilien le reste des États de son père, à savoir : les Pays-Bas et le comté de Bourgogne ou la *Franche-Comté*, et cette réunion de pays connue sous le nom de *Cercle de Bourgogne* depuis 1512; incorporée à l'empire en 1548 et malgré ses pertes successives, elle conserva cette dénomination jusqu'à la fin de l'empire d'Allemagne. (Voyez *Pays-Bas*.) — Quant à la Bourgogne, désormais province française, longtemps réclamée par l'empire, et objet des guerres entre Charles-Quint et François Ier, elle forma un gouvernement militaire, auquel vint s'ajouter la Bresse. (Voy. ce mot.) Elle conserva ses antiques franchises, ses États qui s'assemblaient de droit tous les trois ans. Une sorte d'indépendance et le souvenir de son ancienne grandeur, là préparèrent à jouer un rôle important dans l'histoire moderne de la France.

BOURGOGNE (Louis, *duc* DE), né à Versailles en 1682, du dauphin, fils de Louis XIV et de Marie-Anne-G. de Bavière, reçut une excellente éducation, sous la direction de Fleury, de Fénelon et de Beauvilliers. Louis XIV lui donna successivement le commandement des armées de Flandre et d'Allemagne, et le fit, en 1708, après la défaite d'Hoch-tet et de Turin, généralissime des armées de Flandre, sous la dépendance du duc de Vendôme. La mésintelligence des deux généraux français qui avaient en face d'eux pour adversaires Eugène et Marlborough fut la principale cause de la défaite d'Oudenarde et de la perte de Lille. A la mort de son père, arrivée en 1711, le duc de Bourgogne prit le titre de dauphin. Louis XIV voulut partager avec lui le fardeau de la royauté. Le prince s'occupait, avec le plus grand zèle, des affaires du royaume, lorsque la mort vint le surprendre le 18 février 1712, après une courte maladie; six jours après, la dauphine, son épouse, mourut tout aussi inopinément. Ces deux morts soudaines et inexplicables plongèrent le peuple dans la consternation.

BOURGUEMESTRE. Ce mot, formé de l'allemand *bürger*, bourgeois, et *meister*, maître, sert à désigner en Flandre, en Hollande et en Allemagne, le principal magistrat de certaines villes. Les fonctions et les droits du bourguemestre ne sont pas partout les mêmes; cependant, on peut généralement l'assimiler au maire des villes françaises; comme eux, il administre les finances, la justice et la police. En Suisse, les bourguemestres sont les chefs du pouvoir exécutif dans tout un canton.

BOURGUIGNONS. Voyez *Bourgogne*.

BOURMONT (Victor, *comte de Gaisnet* DE), naquit en 1773, au château de Bourmont, en Anjou; il émigra fort jeune, fut aide-de-camp du prince de Condé, et prit une part active à la guerre de Vendée. En 1800, il offrit ses services au premier consul; mais compromis dans l'attentat de la *machine infernale*, il fut incarcéré.

Il parvint à s'évader, et se réfugia en Portugal (1805). S'étant joint aux Français à Lisbonne pendant leurs revers, il rentra en grâce, et reprit du service. Il se distingua à Naples, en Russie, en Allemagne et dans la campagne de France, défendit héroïquement Nogent contre des forces supérieures (1814), et reçut en récompense le grade de général de division. Il sollicita, au retour de l'île d'Elbe, un commandement; mais trahissant la confiance de l'empereur, il abandonna son corps d'armée la veille de la bataille, et se rendit à Gand, auprès de Louis XVIII. Rentré en France à la suite de ce prince, il fut comblé de faveurs. Il fit, en 1823, la campagne d'Espagne, fut créé pair à son retour, et fit partie du ministère Polignac en 1829, comme ministre de la guerre. Il obtint, en 1830, le commandement de l'armée dirigée contre l'Algérie, dressa un plan de campagne brillant et sûr, et entra à Alger le 5 juillet, vingt-deux jours après le débarquement; il soumit ensuite les beys de Titery et d'Oran, et venait de recevoir le bâton de maréchal, lorsque la révolution de juillet éclata. Il remit le commandement au maréchal Clausel, et quitta la France. Après s'être mêlé aux affaires de Vendée (1832), en faveur de la cause royale, il prit parti pour dom Miguel en Portugal, et quitta ce pays en 1833 pour rentrer en France. Il renonça dès lors à la politique, et se retira au château de Bourmont où il mourut en 1846.

BOURRÉE, danse originaire de l'Auvergne, dont l'air est à deux temps et d'un mouvement rapide. Marguerite de Valois, fille de Catherine de Médicis, ayant la jambe fort bien faite, introduisit à la cour les *bourrées* et les gigues que l'on ne peut danser qu'avec des vêtements courts, et qui dès lors remplacèrent les basses danses consistant à marcher plutôt qu'à sauter. Cette mode se maintint jusqu'au règne de Louis XIII. Aujourd'hui, la bourrée n'est plus en usage que dans le pays qui l'a vue naître, ou bien parmi ses compatriotes établis à Paris.

BOURRACHE (*borago*), plante médicinale dont l'usage est très répandu à cause de ses propriétés adoucissantes et sudorifiques qui la font prescrire dans le rhumatisme, dans les maladies éruptives et les affections catarrhales, mais ses vertus sont peu énergiques. Cette plante est bisannuelle et croît dans les jardins et les champs cultivés. Sa tige et ses feuilles sont garnies de petites soies ; ses fleurs bleues ou roses sont disposées en panicules, leur corolle est à 5 divi-

sions. La bourrache appartient à la pentandrie monogynie de Linné, et à la famille des boraginées de Jussieu.

BOURREAU. Voyez *Exécuteur*.

BOURIENNE (Fauvelet DE) naquit à Sens, en 1769. Elevé à l'école militaire de Brienne en même temps que Napoléon, il devint à cette époque son ami et son confident. Il quitta l'école militaire pour aller étudier le droit et les langues étrangères à l'Université de Leipsig. Vers 1797, il vint retrouver Napoléon, lui rappela leur ancienne amitié, devint son secrétaire intime, et l'accompagna dans toutes ses expéditions jusqu'au moment où, s'étant trouvé compromis par les opérations de la maison *Coulon*, dans lesquelles il était intéressé, Napoléon l'éloigna de sa personne. Depuis, il alla à Hambourg avec le titre d'envoyé extraordinaire près le cercle de Basse-Saxe. Rentré en France, il fut nommé directeur des postes par Talleyrand, président du gouvernement provisoire. Le 12 mars 1815, il obtint la préfecture de police. Au retour de Napoléon, il se rendit à Gand. Après la seconde restauration, il fut nommé conseiller d'État en service ordinaire. Il mourut à Caen en 1834. Il a laissé des mémoires assez curieux, 8 vol. in-8°.

BOURSE, lieu de réunion pour les commerçants qui s'y communiquent les nouvelles relatives au négoce, établissent les prix des marchandises : il sert plus particulièrement dans certaines grandes villes, et depuis le commencement de ce siècle pour la spéculation sur les effets publics, spéculation à laquelle le jeu, c'est-à-dire le marché fictif, prend souvent trop de part. Des bourses furent établies d'abord dans les villes anséatiques, Hambourg, Bruges, Anvers ; puis à Venise, à Londres ; les premières en France furent celles de Toulouse (1549) et de Rouen (1556). Celle de Paris ne date que de 1724. Les faillis non réhabilités sont exclus de la Bourse. A Paris, on s'est vu récemment dans l'obligation d'en interdire l'entrée aux femmes. Des mesures ont été essayées pour en exclure l'agiotage, pour réserver aux seuls agents de change les négociations que des courtiers-marrons exploitent dangereusement. Les progrès du mal sont constants, et une fatale erreur porte trop de gens à croire que son activité est un signe de la prospérité publique et de la stabilité du gouvernement. On fait à la Bourse, sur les effets publics, quatre sortes de spéculation, 1° les marchés au comptant pour acquérir réellement : ils reposent ainsi sur la base la plus solide ; 2° le report, achat également au comptant, mais en revendant immédiatement à terme ; 3° les marchés fermes ou à terme qui constituent essentiellement l'agiotage ; 4° les marchés libres ou à prime, qui sont comme les marchés à terme des paris, sur des valeurs non encore existantes, mais à cette condition que le perdant ne paiera que la différence. La première espèce de marché devrait seule être licite ; mais les lois et les mesures de police paraissent impuissantes à atteindre la spéculation dépourvue d'objet réel et actuel qui produira toujours l'agiotage. — Sous le rapport architectural, une bourse doit être un grand édifice aux abords et aux dégagements faciles, pourvu d'une cour ou d'une grande salle intérieure, bordée de portiques et de galeries, où l'on puisse s'entretenir en se promenant ou former des groupes isolés, et ayant en même temps les appartements nécessaires pour le tribunal de commerce, le greffe, les réunions syndicales, celles des prud'hommes, etc. Telles sont les plus anciennes bourses d'Europe, celles d'Anvers, Amsterdam, et les plus modernes comme celles de Saint-Pétersbourg, de Paris, de Londres (détruite par un incendie et rebâtie nouvellement), etc., etc.

BOUSIER. Voyez *Scarabée*.

BOUSSOLE. La boussole est un instrument dont la propriété est d'indiquer le nord, c'est-à-dire la direction de l'axe de la terre. Elle se compose d'une boîte, dans laquelle est suspendue, aussi parfaitement que possible, et à l'abri de toute influence étrangère, une aiguille aimantée, de bon acier, qui tourne constamment vers le nord et le sud, et de cette manière indique les points cardinaux. La terre exerce, sur toute aiguille aimantée, la même action qu'un véritable aimant; le pôle boréal du monde attire le pôle austral de l'aiguille et réciproquement. Une aiguille qui peut se mouvoir librement obéit à cette action et prend en chaque lieu une direction à laquelle elle revient constamment lorsqu'on s'en écarte. La direction de l'aiguille aimantée n'est pas exactement celle du méridien terrestre. Elle forme avec lui un angle qui varie selon les époques et les lieux. Cette différence constitue ce qu'on appelle la *déclinaison de l'aiguille aimantée*. Pour prendre une orientation très exacte, il faut avoir égard à cette différence. Cet instrument est d'une grande utilité pour les pilotes. Les anciens, qui ne le connaissaient pas, ne pouvaient naviguer que le long des côtes ; on attribue généralement la découverte de la boussole aux Chinois qui s'en seraient servis plus de mille ans avant Jésus-Christ pour se diriger sur les continents ; mais on ne sait pas bien qui en a introduit l'usage en Europe, où l'on s'en servait déjà au XIIᵉ siècle. — La boussole de mer est composée d'une aiguille aimantée, fixée sur un disque de carton où est tracée une rose des vents composée de trente-deux divisions ou *rumbs*. Un cercle concentrique à celui de la rose et divisé en 360 degrés sert à mesurer les angles et les écarts de la boussole. La boîte qui contient la boussole est suspendue de manière à conserver toujours la position horizontale malgré les agitations du vaisseau. Cette boîte est carrée, et offre dans son intérieur un trait vertical nommé *cap*, qui coïncide ou est parfaitement parallèle à l'axe longitudinal du vaisseau. On comprend alors que c'est une espèce de point de mire servant à voir exactement l'angle formé par la longueur du vaisseau avec le méridien indiqué par la direction de l'aiguille.

BOUTEILLE DE LEYDE, nom que l'on donne à une bouteille de verre en partie pleine d'eau, de limaille de fer ou de quelque autre substance électrisable par communication, et qui sert à accumuler de l'électricité et à en faire sentir l'effet. Cet instrument doit son nom à ce que les premières expériences en furent faites par des physiciens de Leyde.

BOUTO, déesse suprême des Égyptiens, antérieure à toutes les autres. C'est le principe féminin et passif renfermant tous les germes; et pour les philosophes d'Alexandrie qui ont voulu l'expliquer, c'est la nuit primitive, l'humidité génératrice. Le principe mâle et actif, Knef, n'est lui-même qu'une émanation de Bouto : c'est-à-dire que dans ce système la matière contient en elle l'esprit organisateur. Du reste, cette croyance n'était peut-être pas générale, quoiqu'on ne voie nulle part le principe actif posé comme supérieur. La musaraigne, qui, chez les anciens, passait pour aveugle, lui était consacrée. Les Grecs l'ont confondue avec leur Latone.

BOUTON. Voyez *Fleur*.

BOUTON (*médecine*). Voyez *Pustules, Vésicules*.

BOUTON. Rien n'est plus varié que la forme et la matière des boutons; on en fait en bois, en corne, en os, en ivoire, en nacre, en acier, en cuivre, en argent et en or. On les recouvre souvent d'étoffe, et le passementier les entoure de soie et de fils de diverses sortes, dont il varie le dessin à l'infini. La fabrication des boutons comprend plusieurs opérations qui diffèrent suivant l'espèce qu'on veut avoir. On peut ramener cependant tous les boutons à deux types; ceux qui sont percés de trous et ceux qui sont garnis d'un anneau. Les premiers sont fabriqués au moyen d'une espèce de tour sur lequel est monté un instrument appelé *perçoir;* l'ouvrier les coupe dans de petites planchettes d'os, de bois, d'ivoire ou de nacre, et pratique en même temps à leur surface, soit des rainures circulaires, soit les trous au moyen desquels on les fixe aux vêtements. Les boutons en métal sont fondus ou découpés dans une plaque de métal laminé, soit avec un emporte-pièce, soit avec un découpoir à balancier, comme pour la monnaie; souvent on les frappe en creux ou en relief en même temps qu'on les découpe; on soude alors au milieu un petit anneau qui sert à les fixer sur l'étoffe. La rapidité avec laquelle se font ces diverses opérations rend raison du bas prix auquel on peut livrer les boutons au commerce.

BOUTS-RIMÉS, sorte d'amusement en usage dans quelques sociétés du xviie siècle et du xviiie, dans lesquelles on affichait des prétentions littéraires. On proposait une série de rimes formée de mots aussi éloignés que possible par le sens, et c'était à qui en ferait des vers en les enchaînant dans une pièce plus ou moins logique. On sent qu'un pareil travail ne pouvait mener qu'à la platitude ou à l'extravagance du résultat. Tout le monde a renoncé, depuis la date sérieuse de notre histoire (1789), à un exercice aussi puéril : un habile improvisateur, M. Pradel, compose encore des bouts-rimés avec une rapidité merveilleuse et comme tour de force poétique, mais il se garde bien de les faire imprimer.

BOUTURE (*talea*). On désigne sous ce nom toute partie d'un végétal capable de produire des racines et des branches nouvelles. Une bouture consiste dans un entre-nœud ou une portion d'entre nœud garnie d'un nœud et d'un bourgeon. Si le bourgeon est seul sans entre-nœud, il prend le nom d'*œil*. — La bouture mise en terre peut développer des feuilles avant que les racines adventives soient formées; mais alors la transpiration ne serait pas balancée par l'absorption et la bouture serait exposée à périr; c'est pour cela qu'on maintient son atmosphère dans un état uniforme d'humidité en la couvrant d'une cloche de verre. Lorsqu'on entoure de terre ou de coton mouillé la base d'une branche tenant à la tige et qu'on fait en même temps une incision annulaire au-dessous de cette base, il se développe des racines adventives; la branche alors séparée du tronc et plantée en terre devient une nouvelle plante, c'est ce qu'on appelle une *marcotte*. Lorsqu'on fait croître la bouture non en terre, mais sur une autre plante, elle prend le nom de *greffe*. (Voyez ce mot.)

BOUVREUIL (*pyrrhula*), genre de passereaux de la famille des moineaux, renfermant plusieurs espèces répandues dans les contrées tempérées des deux mondes. L'espèce type est notre bouvreuil commun (*loxia pyrrhula*), l'un des plus jolis et des plus gracieux oiseaux de volière, et qui joint à la beauté du plumage un naturel des plus sociables et même susceptible d'attachement pour celui qui le soigne. Toute sa poitrine et son cou sont revêtus d'un beau rouge tendre, et le dessus du plumage est cendré. Mais il revêt quelquefois en cage un plumage tout noir, et l'on attribue cette sorte de mélanisme à sa nourriture lorsqu'elle se compose uniquement de chénevis. Son chant doux et flûté ne se compose que de trois notes; mais formé à la serinette, il devient varié et très agréable. A l'état sauvage, le bouvreuil habite les bois où il se nourrit de graines et de bourgeons; il place dans les buissons son nid, composé de petits morceaux de bois entrelacés, où la femelle pond cinq ou six œufs d'un blanc bleuâtre marqués de taches brunes.

BOUVINES, commune du département du Nord, avec un pont sur la Marque, à 11 kilom. de Lille, célèbre par la victoire que Philippe-Auguste y remporta, le 27 juillet 1214, sur l'empereur Othon III et le roi d'Angleterre, appuyés par le roi de Bohême, les ducs de Saxe, de Brabant, etc., et même plusieurs des grands vassaux de France, parmi lesquels on remarquait Ferrand, comte de Flandre. Philippe-Auguste avait réuni 200 mille hommes, presque tous fournis par les communes. On a souvent répété qu'avant la bataille le roi posa sa couronne sur un autel en face de l'armée, en s'écriant : « S'il se trouve ici un plus digne que moi, qu'il la prenne ! » Mais cette anecdote ne repose sur aucun témoignage contemporain. Ce qu'il y a de certain, c'est que dans cette bataille, où l'on combattit avec un acharnement sans exemple, Philippe paya de sa personne, et après avoir couru les plus grands dangers, perça jusqu'à la troisième ligne de l'ennemi où était l'empereur Othon, qui fut blessé et prit la fuite. Cette victoire assura au roi la possession de toutes les provinces de France dont il avait dépouillé le monarque anglais, Jean-sans-Terre.

BOYAUX. Voyez *Intestins*.

BOYELDIEU. Voyez *Boïeldieu*.

BOYER (Jean-Pierre), président de la république d'Haïti, naquit vers 1780, au Port-au-Prince, parmi les mulâtres de la colonie française de Saint-Domingue. Il vint faire son éducation en France, et embrassa la carrière des armes. Lorsque les Anglais se furent emparés de Saint-Domingue, Boyer se joignit aux Français pour tenter de reprendre cette colonie, et combattit également dans leurs rangs l'insurrection des noirs, soulevés à la voix de Toussaint-Louverture (voyez); mais lorsque les mulâtres se joignirent aux noirs pour expulser définitivement les blancs, Boyer tourna ses armes contre ceux-ci, et coopéra à l'émancipation définitive de la colonie. Dessalines, général des Africains, trompant ses alliés, se fit proclamer empereur; ses

excès indisposèrent bientôt contre lui ses sujets, et le général Christophe organisa une conjuration dans laquelle trempèrent Péthion et Boyer, chefs des mulâtres. Cet événement eut pour résultat la mort de Dessalines et l'élévation de Christophe. Péthion et Boyer séparèrent alors leur cause de celle de Christophe, et proclamèrent la république dans la partie occidentale de l'île. Péthion fut nommé président, et Boyer fut investi du commandement en chef de l'armée républicaine. Il battit les noirs dans plusieurs rencontres, et fut désigné par Péthion comme son successeur à la

présidence. Il fut proclamé, en 1818; et après d'habiles négociations, parvint, à la mort de Christophe (1820), à réunir l'île entière sous sa domination. La France reconnut, par un traité (1825), l'indépendance de la république, que Boyer gouverna pendant quinze ans avec une rare habileté, et porta au plus haut degré de prospérité. Mais accusé de tyrannie, il fut renversé en 1843, et se retira en France où il vécut dans la retraite. Il mourut à Paris en 1850. (Voyez *Haïti*.)

BOYNE (LA), fleuve d'Irlande, qui prend sa source dans le comté de Kildare, et se jette dans la mer d'Irlande, près de Drogheda. Elle a donné son nom à la *bataille de la Boyne*, livrée le 10 juillet 1690, entre les troupes franco-irlandaises de Jacques II, roi d'Angleterre, qu'il commandait en personne, et celles de Guillaume d'Orange, son gendre, par qui il avait été chassé du trône. Jacques allait attaquer, malgré l'avis de son conseil de guerre, quand Guillaume prit l'offensive : son lieutenant Schomberg fut tué dans l'action, et néanmoins, après plusieurs chances alternatives, le courage personnel du monarque protestant décida la victoire. Il y avait des Français dans les deux partis : d'un côté, le secours envoyé par Louis XIV avec Lauzun, de l'autre, des protestants réfugiés. Le roi Jacques, qui était resté spectateur de l'action, fut forcé de quitter l'Angleterre peu de temps après cette défaite.

BRABANÇONS. On a donné ce nom à des aventuriers du XIIIᵉ siècle, parce que la plupart d'entre eux venaient du Brabant et de la Flandre, pays qui avaient été très agités vers cette époque. Des brigands de toute origine s'étaient joints à eux, et leurs bandes se louaient aux princes engagés dans une guerre, ou ravageaient et pillaient les campagnes pendant les intervalles de paix et de trève. Tels étaient, du reste, avec la chevalerie et les milices des communes, les éléments de toutes les armées de cette époque. Les *Brabançons*, appelés encore *routiers*, *écorcheurs*, *retondeurs*, *tards-venus* et *cottereaux*, commirent de tels excès en France, sous Philippe-Auguste, que ce monarque entreprit de les exterminer, il les vainquit en effet dans le Berry, et en tua un grand nombre. Peu après, néanmoins, on voit des bandes ou routes de Brabançons sous des chefs nommés Lupicaire, Arcas, Cadoc, dans les armées de Philippe et dans celles de son adversaire Jean-sans-Terre. On les retrouve encore, vainqueurs et vaincus, pendant la captivité du roi Jean. Enfin, Duguesclin parvint à leur donner une sorte de discipline sous le nom de *grandes-compagnies*, et il en délivra la France en les conduisant au-delà des Pyrénées.

BRABANT, ancienne principauté qui paraît s'être formée du VIIᵉ au VIIIᵉ siècle, comme la Flandre, et au nord-est de celle-ci, mais en dehors de la vassalité de la France. Le Brabant n'était d'abord que le nom d'un canton nommé aussi comté d'Eynham, qui fit partie du royaume de Lotharingie. (Voyez.) Lors du démembrement de cet État, le Brabant se composait des comtés de Louvain, de Bruxelles, d'Eynham et du Pays-Roman ou Wallon. Ses limites varièrent considé-

rablement pendant le moyen-âge, et il passa successivement dans les maisons de Bouillon, de Limbourg et de Louvain. Enfin, au commencement du XIIᵉ siècle, Godefroi-le-Barbu, comte de Louvain, prend le titre de comte de Brabant, et alors seulement ce pays forme un État politique distinct. Le troisième successeur de Godefroi, Henri dit le Guerroyeur, s'intitula duc. Après lui vient une série de souverains, souvent batailleurs, quelquefois amis des arts et de la civilisation, comme la plupart de ceux qui régnaient alors sur les petits États situés au nord-ouest de l'Europe. En 1406, par extinction de la famille ducale, le Brabant est donné à Antoine, deuxième fils de Marguerite de Flandre, qui fut tué à la bataille d'Azincourt. Jean IV, son fils, épouse la comtesse de Hollande, Jacqueline ; mais celle-ci fait casser son mariage pour s'unir à Humphrey, duc de Glocester, ce qui amena, dans les Pays-Bas, une guerre générale, et jeta la comtesse elle-même dans une série d'aventures romanesques. Cette branche des ducs de Brabant s'étant éteinte en 1430, le duché passe à Philippe-le-Bon, duc de Bourgogne ; et par le mariage de Maximilien et de Marie, il entre dans l'empire comme partie du cercle de Bourgogne. Comme la plupart des comtés et duchés environnants, le peuple du Brabant eut, presque dès son origine, des garanties de liberté. Ses États, composés de trois ordres, n'accordaient d'argent au souverain que quand le tiers-état lui-même avait joint sa voix à celle des autres ordres, et quand l'objet de la dépense, s'il s'agissait d'une guerre, était bien connu et spécifié. Cet état de choses subsista jusqu'à la révolution française. Après la séparation des provinces du nord, en 1609, le Brabant se trouva partagé en *Brabant espagnol* (puis *autrichien* en 1714), lequel se composait des quartiers de Bruxelles, de Louvain, d'Anvers et de Malines ; et en *Brabant hollandais*, partie du pays de généralité, comprenant Bois-le-Duc, Kuick, Breda, Berg-op-Zoom, Grave et Ravenstein. Une division presque semblable existe encore : les deux Brabants, après avoir constitué, sous la domination française, les départements de la Dyle, de la Nèthe, etc., ont été réunis dans le royaume des Pays-Bas (voyez) (1815 1830), et sont séparés de nouveau ; mais depuis 1815, ils ont formé trois provinces : 1° la *province d'Anvers*, à la Belgique (voyez) ; 2° le *Brabant méridional*, province du royaume de Belgique. 430.000 habitants, chef-lieu Bruxelles ; 3° le *Brabant septentrional*, province du royaume des Pays-Bas, 294,000 hab., chef-lieu Bois-le-Duc. La province du Brabant avait une étendue de 22 lieues du sud au nord, et 20 lieues en largeur de l'est à l'ouest ; elle était arrosée par la Meuse, l'Escaut, la Dyle, le Demer, les deux Nèthes, l'Aa, etc. Le Demer parcourt une partie du Brabant, et reçoit les eaux de la Ghète, de la Dyle, de la Senne et des deux Nèthes. Cette rivière, gonflée par ces divers affluents, prend le nom de Rupel, puis va se jeter dans l'Escaut. Un canal, creusé en 1550, existe près de Bruxelles, il commence à la Senne jusqu'au village de Villebroeck ; là il rejoint le Rupel qui, lui-même, se mêle un peu au-dessus, à l'Escaut. Un autre canal a été ouvert depuis Louvain jusqu'au Rupel ; au moyen de ces canaux, la navigation est possible depuis Bruxelles jusqu'à la mer du Nord. Le Brabant a été de tout temps renommé pour ses manufactures de draps.

BRACELET. Cet ornement paraît être d'un usage fort ancien. Chez les peuples de l'Orient, Juifs, Mèdes, Perses, Lydiens, etc., le cercle de métal précieux, chargé de pierreries, était porté au poignet, et de plus à la partie supérieure du bras, même par le sexe fort, comme signe d'honneur, de rang et de richesse. Les rudes Sabins eux-mêmes avaient des bracelets d'or ; car Tarpéia leur demanda, pour prix de sa trahison, ce qu'ils portaient à leur bras gauche ; et après leur avoir livré le Capitole, elle périt écrasée sous le poids des boucliers des vainqueurs. A Rome, les bracelets deviennent, comme les colliers, une récompense militaire : plus tard, ce sont des amulettes : Néron portait au bras la dépouille d'un serpent dans un bracelet d'or. Chez les Grecs, les femmes seules se paraient de cet ornement : on n'en trouve de traces que dans les images de déesses. La Vénus de Médicis montre encore la trace d'un anneau de métal ; et chez les Athéniens, une statue d'or, celle de la Victoire, avait à ses deux bras cet ornement appelé *amphidées*. Les modernes imitent en cela les Grecs : ce n'est pas toutefois que nos aïeux ne nous aient donné un autre exemple ; car on trouve des bracelets dans les tombeaux des Gaulois ; les Francs ont juré par leurs bracelets comme par leurs armes ; et des monuments nous montrent des rois, des guerriers, ainsi parés, jusqu'au milieu du xiie siècle.

BRACHÉLYTRES (*insectes*). Voyez *Staphylins*.

BRACHYGRAPHIE. Voyez *Sténographie*.

BRADYPE. Voyez *Paresseux*.

BRAGANCE, ville de Portugal, chef-lieu de la province de Tras-os-Montès. 3,700 hab. C'est le domaine des anciens ducs de Bragance, descendant de l'ancienne maison d'Avis, par Alphonse, fils naturel du roi Jean Ier, en faveur duquel cet apanage fut constitué en 1442. Après la mort de dom Sébastien (1578), un duc de Bragance, qui avait épousé une princesse du sang royal, se trouva le légitime héritier de la couronne ; mais bientôt Philippe II d'Espagne s'empara du Portugal, et ce ne fut qu'en 1640 que les Bragance purent faire valoir leur double droit et celui du pays contre l'oppression étrangère. Une conspiration habilement conduite par le secrétaire du duc Pinto Ribeiro (voyez) éclata tout-à-coup : les Espagnols furent chassés et Jean IV prit la couronne. Depuis cette époque, la maison de Bragance a donné au Portugal sept autres souverains ; l'avant-dernier fut Jean VI qui, prince régent pendant la démence de sa mère Marie de Bourbon, infante de Castille, ne p... résister aux armes françaises, et se réfugia au Brésil, dont il fit un empire indépendant. Il mourut en 1826. Son fils, dom Pédro, lui succéda comme empereur ; mais comme roi de Portugal, il donna une charte constitutionnelle à ce pays et abdiqua en faveur de sa fille dona Maria, née en 1819. Forcé d'abandonner également la couronne impériale, en 1831, à son fils dom Pédro II, il vint en Europe soutenir les droits de sa fille contre dom Miguel, second fils de Jean VI, qui s'était emparé du trône en 1827, et qu'il en chassa en 1832. Dona Maria de Bragance et Bourbon règne encore dans ce pays agité par de fréquentes commotions politiques.

BRAHÉ, célèbre astronome. Voyez *Tycho-Brahé*.

BRAHMA, *Brahmane, Brahmanisme*. Les *brahmanes*, docteurs de la religion de Brahma, composent la première caste de la population hindoue. Les autres classes sont : 2° les *kchattryas* ou guerriers, d'où sont issus les radjaks et les naïrs du Deccan ; 3° les *vaïsyas*, commerçants, agriculteurs, également connus sous le nom de *banians* ; 4° les *soudras*, artisans et ouvriers. Les premiers se disent sortis de la bouche de Brahma, les autres de ses bras, de ses cuisses et de ses pieds. Le reste des Hindous se compose de *parias*, individus qui paraissent avoir été chassés de leur caste et dont on fuit le contact comme celui d'un animal immonde : les parias habitent des lieux solitaires ou se livrent dans les villes aux occupations les plus rebutantes. — Ces castes paraissent avoir formé autrefois des nations tout-à-fait distinctes et avoir changé progressivement de dogmes et de mœurs. Chacune avait primitivement ses rois et ses pontifes. Les brahmanes, venus des plaines fertiles du Cachemire, s'intitulaient eux-mêmes les enfants de la vache : c'était évidemment un peuple pasteur et agricole; quoiqu'ils n'aient conservé de leur première profession qu'un respect superstitieux pour l'espèce bovine et pour la vie des animaux en général, et en outre des mœurs douces et l'observation rigoureuse d'une diète végétale; car on ne trouve pas dans l'Inde des traces de cette férocité sauvage qui ensanglante le berceau de tous les peuples. Les brahmanes se considérés, depuis lors comme la parole vivante et incarnée de Brahma, et ils ont pris des fonctions qui ne répondent pas exactement à l'idée que nous nous faisons du sacerdoce, puisque d'autres qu'eux peuvent faire des offrandes et des sacrifices; mais qui se rattachent plutôt à l'enseignement qu'ils répandent dans les familles sous le nom de *gourous* : s'ils officient, c'est quelquefois dans les temples domestiques des autres castes, excepté les soudras. Quant aux guerriers, que l'on a nommés *asvas* ou cavaliers, ils paraissent venus de la Médie. Les deux autres castes semblent aussi des populations autochthones et peut-être subjuguées, surtout la dernière; car les trois premières seules prennent un titre exclusif, celui de *dvidja*, deux fois né. Les livres de l'Inde ne nous présentent pas le brahmanisme comme ayant été primitivement la religion de l'Inde. Selon les védas, suite d'hymnes et de préceptes qui paraissent recueillis au xive siècle avant l'ère chrétienne, la croyance commune était alors une sorte de naturalisme, c'est-à-dire de personnification et d'adoration des forces de la nature, d'où résulta bientôt tout un système mythologique : ce fut alors qu'on adora : *Indra*, le ciel, les *Açvini*, deux jumeaux qui représentent les deux crépuscules du soir et du matin; *Agni*, le feu, *Vayou*, l'air, *Aditya*, le soleil, etc., en tout trente-trois divinités primitives ou *dévas*. Des recueils de légendes d'où sont sorties ensuite les grandes épopées indiennes sont venus encore fortifier cette tendance polythéiste. Cependant de saints patriarches que l'on appelle les *richis*, rappelèrent un peu le culte à l'unité, en concentrant en une seule les trois dernières divinités citées tout à l'heure, et lui donnant le nom de Grande âme du monde. Enfin, vers le xe siècle avant J.-C. parurent les lois de Manou ou le *Dharma-Shastra*, et c'est là que s'établit tout le système du brahmanisme, avec la division des castes,

telle que nous l'avons indiquée tout à l'heure. Selon ce code religieux, *Brahma* ou *Brahman* est une divinité complexe; c'est à la fois la puissance créatrice et l'esprit suprême, absolu. Après un long repos, l'absolu veut se manifester; et étant hermaphrodite, il se féconde et se crée lui-

Brahma, tiré d'un manuscrit indien,

même : Brahma, enfant, sort du sein des eaux et apparaît comme un œuf d'or sur la feuille du lotus. Cet œuf, partagé en deux, forme le ciel et la terre, et toutes les créatures en sont successivement engendrées. Ainsi Brahma a passé par trois états différents, que l'on appelle *gounas :* il a dormi d'un sommeil absolu; puis il a rêvé, désiré; puis il est arrivé à l'existence réelle qui se manifeste par un monde visible. Quand il reviendra à lui-même, quand il rentrera dans son sommeil, le monde ne sera plus, jusqu'à ce que Brahma rêve et s'éveille de nouveau. Mais outre que pour chaque période mondaine Brahma fait sortir de son sein toutes les créatures, et les hommes même dont les âmes circulent dans une transmigration universelle, l'être absolu veut se faire particulièrement connaître à l'humanité et l'arracher à la matière. Pour cela, il s'incarne dans les *manous*, personnages privilégiés, par l'intermédiaire desquels il rappelle les hommes à lui, en leur enseignant la prière et le sacrifice, en leur apprenant à rentrer dans leurs âmes pour y trouver Brahma l'absolu, ainsi que ce Dieu de son côté tend à détruire sa manifestation pour retourner à son repos. Déjà six manous avaient paru; le septième est l'auteur des lois dont il s'agit. On trouve ici quelque chose d'analogue aux fondements du bouddhisme. Manou a enseigné le *dharma*, c'est-à-dire la loi et la justice, par l'observation desquelles l'homme de toutes les castes peut déjà s'approcher de la divinité et dans sa prochaine métempsychose renaître au moins pur brahmane. Ce dharma renferme cinq préceptes: 1° la lecture de la loi, 2° les offrandes aux dieux, 3° la bonté envers les animaux, 4° le culte des ancêtres, 5° l'hospitalité. Mais il y a, pour s'élever à l'absolu, un chemin plus court et plus sûr, le *sanyas*, qui est le renoncement à ce monde et même au dharma, la contemplation et l'absorption perpétuelles. C'est là le côté ascétique du brahmanisme, le point de doctrine auxquels s'attachent les *yoguis* ou *faquirs* qui, passant des années dans une immobilité absolue, se soumettant à toute sorte de privations, et même de tortures, croient ainsi s'unir immédiatement à la divinité. Le polythéisme, précédemment en vigueur, devait aussi se faire une place dans le système des brahmanes. Aussi, de ce triple rôle de créateur, d'incarnateur et de destructeur, assigné à l'être éternel, on a bientôt fait une trinité (*trimourti*) et trois dieux différents. Ces trois dieux furent Brahma lui-même, sous son aspect fini; puis *Vichnou* le sauveur, qui, dans une de ses incarnations ou *avatars* successifs a produit *Crichna*, le plus généralement adoré, et enfin *Siva*, le destructeur, et sa femme *Bhavani*. Et de là sont nées des sectes sans nombre, toutes adorant des idoles monstrueuses, les unes simplement absurdes, les autres portant la férocité jusqu'à la démence; de là le fanatisme de ces milliers de victimes qui se font écraser sous les roues du char de l'idole de Jaggrenaut, et cette coutume barbare qui force les veuves à se brûler sur le bûcher de leurs maris; de là enfin, sinon la destruction, du moins la confusion universelle des doctrines brahmaniques, fort ébranlées d'ailleurs par la réforme de Bouddha (voy. *Bouddhisme*), puis par l'invasion des peuples mongols et mahométans, et enfin par la conquête anglaise. (Voyez *Inde*.)

BRAHMAPOUTRA ou *Bourampoutra*, fleuve de l'Inde qui, venant du Thibet et après un cours sinueux de près de 600 lieues, se jette dans le golfe du Bengale à peu de distance de l'embouchure du Gange auquel il se lie par plusieurs canaux naturels. Il traverse le lac Bramakaud et reçoit le Dekho, le Disang et plusieurs autres rivières qui descendent des monts Himalaya.

BRAMANTE, célèbre architecte italien dont le nom véritable est *Donato*, naquit en 1444 à Monte-Astrualdo, dans l'État d'Urbin. Il apprit dans sa jeunesse le dessin et la géométrie, et, se sentant du goût pour l'architecture, il partit pour Rome, où il étudia les monuments de l'antiquité. Bramante rendit bientôt son nom célèbre par l'érection de plusieurs temples et palais que l'on admire encore de nos jours, et mit le sceau à sa gloire en jetant les fondements de

Saint-Pierre de Rome.

la basilique de Saint-Pierre de Rome, mais il ne put achever son œuvre, qui fut continuée par Michel-Ange. Bramante n'excella pas seulement dans l'architecture; il fut bon peintre et poète; ses fresques et ses tableaux sont répandus dans le Milanez et sont exempts de la sécheresse qu'on reproche généralement aux peintres du XVe siècle. Il fut le maître et le protecteur de Raphaël, qui l'a placé dans son célèbre tableau de l'école d'Athènes. Mort en 1514, son corps fut déposé dans cette église de Saint-Pierre que Rome devait à son génie.

BRAMINES. Voyez *Brahmanes*.

BRANCHIES, organes qui remplacent dans certains animaux les poumons ou les trachées. Les branchies, vulgairement appelées *ouïes* dans les poissons, sont des espèces de petites lames disposées comme les barbes d'une plume ou les dents d'un peigne; elles sont généralement situées sur les côtés du cou, suspendues aux os du crâne. Les branchies ont une vésicule qui apporte le sang noir des veines pour le mettre en contact avec l'air contenu dans l'eau, puis une artériole qui reprend ce sang vivifié, le reporte au cœur, pour de là être réparti dans tout le corps de l'animal. Les branchies sont les organes respiratoires des poissons, des crustacés, des mollusques, des annélides, etc. Les vaisseaux sanguins des branchies sont plus ou moins forts chez certains poissons ; chez les uns, tant que les branchies contiennent de l'humidité, l'animal vit encore quoique hors de l'eau, tels que les anguilles, les lamproies, etc. ; chez d'autres, les vaisseaux sanguins se déchirent au moindre contact de l'air, ainsi les maquereaux dont les ouïes deviennent saignantes aussitôt qu'ils sortent de l'eau. Chez tous les animaux où l'on rencontre des appareils branchiaux, ces organes ne sont pas situés près de la tête ; ainsi les squilles les ont placées sous la queue, d'autres crustacés les ont situées à la racine des pieds ; chez certains mollusques elles entourent l'anus ou sont implantées sur le dos, etc. (Voyez *Poissons, Mollusques, Crustacés*, etc.)

BRANDEBOURG (hist.). *Maison et margraviat de Brandebourg*. V. *Prusse*.

BRANLE, danse autrefois très à la mode en France, que plusieurs personnes dansaient en se tenant par la main sur un air vif et le plus souvent chanté. On distinguait le *branle simple*, le *branle gai* et le *branle de sortie* par lequel on terminait le bal. Il y avait en outre une foule de sortes de *branles* distingués par le nom d'une province ou par celui d'un accessoire qu'on y joignait.

BRANLE, ancien nom du hamac. Le mot *branle* n'a été conservé dans le langage maritime que dans le commandement *branle-bas*, c'est-à-dire à bas les branles, décrochez les hamacs. — Le *branle-bas de combat* est une opération qui comprend toutes les dispositions à prendre pour mettre le bâtiment en état de combattre. On débarrasse les batteries et le faux-pont des hamacs qui y sont tendus, on dispose l'artillerie et chaque homme prend son poste.

BRANTOME (Pierre de Bourdeilles, *seigneur de*), célèbre courtisan et remarquable écrivain, naquit, en 1527, d'une famille noble du Périgord, dont l'origine remontait à Charlemagne. Brantôme apprit le métier des armes sous François de Guise. Après la mort de Charles IX, il se retira dans ses terres, et c'est dans cette retraite, qui ne paraît pas avoir été tout-à-fait volontaire,

qu'il se livra à la composition de ses nombreux ouvrages. Les plus remarquables sont la Vie des hommes illustres et grands capitaines français ; la Vie des dames illustres, la Vie des dames galantes. Tous ces écrits, d'une lecture attrayante, sont précieux pour l'étude des mœurs au XVIe siècle. Brantôme est certainement le plus amusant des chroniqueurs, et, s'il est parfois médisant, il rachète ce défaut par sa naïveté et son esprit. Il mourut en 1614, ayant joui de la faveur de Charles IX, qui l'avait fait chambellan en lui accordant une pension de 10,000 livres. Il fut bien moins avant dans les bonnes grâces de Henri III, aussi célèbre-t-il dans ses écrits les vertus de Charles un peu aux dépens de son successeur.

BRAS, membre supérieur chez l'homme. Voyez *Anatomie* et *Membres*.

BRASSART. On désignait sous ce nom cette partie de l'armure qui enveloppait la presque totalité du bras et de l'avant-bras, depuis l'épaule jusqu'au gantelet. Le brassart se composait de deux pièces solides en forme de tuyau de fer ou d'acier poli ; le milieu, répondant au coude, était formé d'une pièce mobile nommée *cubitière*, ayant pour double objet de servir de défense et de réunir les parties supérieure et inférieure. On donne encore le nom de brassart à tout ornement ou signe de reconnaissance fixé sur le bras ; tels sont les rubans tricolores que portent au bras gauche les officiers d'état-major de la garde nationale de Paris.

BRASSEUR. Voyez *Bière*.

BRAVO. On donnait ce nom en Italie, dans les siècles derniers, à des hommes qui faisaient le métier d'assassin. Ces misérables, dont l'espèce est heureusement perdue aujourd'hui, attendaient, le stylet ou le poignard à la main, au coin d'une rue ou d'un bois, la victime qu'on leur avait désignée et l'égorgeaient le plus souvent par derrière.

Bravo et *Brava* sont aussi les cris de satisfaction par lesquels les *dilettanti* marquent leur contentement dans les théâtres italiens.

BRAVOURE. Dans cette expression, usitée en musique, *air de bravoure*, le dernier mot n'est pas employé sous son acception française, mais avec le sens du mot italien *bravura*, qui signifie à la fois hardiesse et habileté. C'est un morceau fort compliqué et surchargé d'agréments de chant, ports de voix, trilles, roulades, etc., de manière à faire briller le chanteur qui l'exécute. L'usage de placer ces sortes de concertos dans les opéras, souvent en dépit de la situation et de la marche de l'intrigue, fut introduit d'Italie en France par Piccini Tous les compositeurs de la fin du dernier siècle s'y sont conformés, par complaisance pour le goût du public ou plutôt pour les prétentions des virtuoses favoris. La dénomination *air de bravoure* est tombée en désuétude; mais la chose existe encore sur nos théâtres lyriques.

BREBIS. Voyez *Mouton*.

BREDA, ville forte du royaume des Pays-Bas, dans le Brabant septentrional, au confluent de la Merk et de l'Aa, peuplée d'environ 13,000 habitants On y trouve une école militaire servant pour tout le royaume; un athénée, etc. La tour de la cathédrale est remarquable par son élévation. Breda est célèbre par la ligue du *Compromis* que la noblesse des Pays-Bas y forma, en 1566, par plusieurs congrès et surtout par celui de 1667, qui amena le traité dit *Paix de Breda* entre l'Angleterre et les Provinces-Unies. Par l'acte *Uti possidetis*, ces deux puissances belligérantes se rendirent mutuellement leurs conquêtes; mais l'Acadie fut donnée à la France, et la loi an laise, appelée acte de navigation, fut modifiée en faveur du commerce hollandais : en somme, les conditions furent au désavantage de l'Angleterre.

BREF. Ce mot, qui s'appliquait autrefois à une foule d'actes publics ou civils, ne s'entend plus aujourd'hui que de certains actes pontificaux relatifs à des indulgences, des dispenses, etc., dont la forme fut déterminée au xve siècle. Les *brefs* doivent être scellés en cire rouge avec l'anneau du pêcheur représentant saint Pierre dans sa barque, tandis que les *bulles*, actes beaucoup plus importants, sont toujours scellées en plomb. (Voy.)

BRÉGUET (Abraham-Louis), célèbre horloger, né en Suisse, en 1747, d'une famille de protestants français réfugiés, montra d'abord quelque répugnance pour la carrière qui devait l'illustrer. Il fit son apprentissage à Paris et à Versailles, et se fit remarquer tout d'abord par les perfectionnements qu'il apporta dans le mécanisme des montres perpétuelles qui se remontent elles-mêmes. Il inventa ensuite un parachute qui garantit le régulateur de toute frac-

ture; des ressorts-timbres qui ont donné l'idée des montres et tabatières à musique. Mais c'est pour la physique, l'astronomie et la navigation qu'il a exécuté les plus remarquables ouvrages: plusieurs échappements libres, tels que l'échappement à force constante et à remontoir indépendant, les échappements dits naturels, à tourbillon, à hélice, etc. Bréguet, qui avait été forcé de s'expatrier pendant la révolution, fut, à son retour en France, nommé horloger de la marine, membre du bureau des longitudes et de l'Institut. Il mourut en 1823.

BRÊME, une des quatre villes libres de la Confédération germanique, enclavée dans le Hanovre et située sur le Weser, qui la partage en deux. Sa population, avec celle du territoire renfermant une trentaine de villages, s'élève à 53,000 âmes environ, dont la majorité appartient à la confession d'Augsbourg. On y remarque la cathédrale, la bourse et l'hôtel-de-ville, ancien palais archiépiscopal, dont les caves sont fort belles. Les sciences y sont cultivées et c'est là qu'Olbers découvrit Pallas et Vesta. L'historien Heeren y est né. Le commerce est actif, surtout en vins et denrées coloniales. L'ancien port ne pouvant recevoir les navires d'un fort tirant d'eau, on en creuse un nouveau appelé Bremer-Hafen, à 7 kilomètres de la ville, sur un terrain concédé par le Hanovre. Brême forme une petite république démocratique où le pouvoir législatif est confié à une assemblée nommée par les bourgeois, et l'exécutif à un sénat qui élit lui-même ses membres parmi les négociants et les hommes instruits. Dans les circonstances importantes on convoque une réunion générale de tous les citoyens appelée la *Science*. Cette ville a une voix dans la diète plénière et dans le comité un quart de voix seulement, les quatre villes libres n'ayant qu'un représentant collectif.

Brême était autrefois le chef-lieu d'un duché beaucoup plus étendu que son territoire actuel. Ce fut d'abord un évêché fondé sous Charlemagne, puis archevêché en 845, sécularisé en 1648 lorsque la population eut embrassé la réforme, et donné alors comme duché à la Suède. Il passa en 1729 à la maison de Brunswick, puis après avoir suivi les diverses vicissitudes de cette partie de l'Allemagne au commencement du siècle il fut cédé au Hanovre en 1813.

La ville elle-même figure au premier rang dès la fondation de la ligue anséatique, et dès lors elle était indépendante de son archevêque, avec lequel elle eut au xiiie siècle des contestations assez vives. Dans les luttes qui suivirent la réforme, elle eut à soutenir plusieurs siéges pour défendre ses libertés ; mais ce ne fut que pendant les trois dernières années de l'empire français qu'elle les perdit momentanément.

BRÊME, genre de poissons comprenant une quinzaine d'espèces habitant les eaux de l'Europe, et dont les caractères distinctifs sont : d'avoir une dorsale petite, sans rayons épineux, une anale très longue, la bouche petite et sans barbillons. Le type du genre, la *brème commune*, se trouve dans les eaux douces du nord et du nord-est de l'Europe, son corps est haut et comprimé, sa chair est blanche et savoureuse, assez semblable à celle de la carpe. Ce poisson devient parfois tellement commun dans certains lacs, qu'au rapport de Richter, on en prit une fois plus de cinquante mille dans un lac de Suède. La brème fraie en mai et atteint souvent plus d'un pied de longueur.

BRENN, mot gaulois qui signifie chef. L'histoire nous a transmis le souvenir de deux *brenns* dont le titre est devenu chez les écrivains latins le nom propre *Brennus*.

BRENNUS, chef des Gaulois-Sénonais, entra, vers 391 av. J.-C., en Italie avec une puissante armée, battit les Romains sur l'Allia, marcha sur Rome, la prit et la pilla (388 av. J.-C.). Selon Tite-Live, Camille aurait délivré les Romains au moment où ils s'apprêtaient à payer leur rançon ; mais il paraît certain que cette délivrance est une fable imaginée par l'amour-propre national, que les Gaulois ne quittèrent l'Italie que par suite d'un traité tout à leur avantage, et qu'ils laissèrent même au-delà des Alpes des colonies qui devinrent dans la suite très florissantes.

BRENNUS, autre chef gaulois, fit, vers l'an 135 av. J.-C., une expédition en Grèce, à la tête d'une armée de 175,000 hommes ; il se préparait à piller le temple de Delphes, lorsque ses soldats, saisis d'une terreur religieuse, prirent la fuite et s'entre-tuèrent. Brennus lui-même reçut la mort dans la mêlée.

BRESCIA, ville du royaume Lombard-Vénitien, chef-lieu de la délégation de ce nom. Elle est située au pied des montagnes sur les rivières Mella et Garza. C'était autrefois une forteresse, mais il ne reste aujourd'hui du côté du nord que le château dit *Il Falcone di Lombardia*, qui,

placé sur un rocher, domine la ville. Les monuments les plus remarquables de cette cité sont : sa belle cathédrale, la bibliothèque, le palais de justice et le théâtre. On y voit aussi beaucoup d'antiquités romaines. Brescia possède plusieurs fabriques estimées de draps, de toiles et de soieries. On y compte 35,000 habitants.

BRÉSIL (*empire du*). *Position.* Longitude ouest, entre le 37° 45' et le 73° 4' ; latitude, entre les 4° 33' nord et 33° 54' sud. — *Limites.* Au nord la république de Colombie, les trois Guyanes anglaise, hollandaise, française et l'océan Atlantique. A l'est le même océan ; au sud le même océan, la Banda orientale, le dictatoriat du Paraguay et la confédération du Rio de la Plata. A l'ouest la même confédération et les républiques de Bolivia, du Pérou et de la Colombie. Les côtes du Brésil offrent plusieurs baies considérables, telles que celles de Tous-les-Saints ou de Bahia, de Rio de Janeiro, de Sainte-Catherine et d'Es-

Couvent d'Espiritu-Santo.

piritu-Santo. — Les *caps* sont en assez grand nombre. Les principaux sont ceux d'Orange et du Nord, dans la province du Para, de San-Roque, dans celle de Rio-Grande, et le cap Frio dans celle de Rio de Janeiro. Un grand nombre de fleuves arrosent le vaste territoire de cet empire ; les suivants ont leur embouchure dans l'Atlantique : l'*Oyapoc*, peu considérable en étendue, mais large et profond, séparant les deux Guyanes française et brésilienne ; l'*Amazone*, qui vient de la république de Colombie, et traverse la vaste province du Para ; elle reçoit dans son cours de nombreux affluents ; le *Tocantin* ou *Para*, formé par le Tocantin proprement dit, et le Rio-Grande, ou Araguaya, qui est la branche principale ; il sépare les provinces de Matto-Grosso et du Para, et entre dans l'Océan par une large embouchure ; un canal naturel le joint à l'Amazone ; le *Maranhâo*, fleuve majestueux qui descend de la Serra d'Isapicura, coupe du sud au nord la province à laquelle il donne son nom ; le *Paranahiba*, un des plus grands fleuves du Brésil, sépare les provinces de Maranhâo et de

Port de Rio-Janeiro.

Piauhy ; l'*Ignaribe*, le *Seara*, le *Rio-Grande du Nord*, le *Parahiba du Nord*. Ces trois derniers donnent leurs noms à trois provinces. Le *Rio San-Francisco*, un des cinq grands fleuves du Brésil, traverse la province de Minas Geraës et celles de Pernambuco et de Sergipe ; le *Paraguaçu* arrose celle de Bahia, ainsi que le *Rio-Pardo*. Le *Rio-Doce*, le *Parahiba*, le *Rio-Grande de Belmonte*, le *Rio-Grande du Sud*, le *Parana*, etc.

Le Brésil compte quelques lacs, mais ils s'éloignent de ce caractère de grandeur qu'offrent ceux de l'Amérique septentrionale. Les plus remarquables sont les lacs de Manguera, de Manguaba, de Cabo-Frio. Le lac des Xarayes n'est, à proprement parler, qu'un vaste marais qui diminue insensiblement avec les chaleurs, et dont les bords, dans la saison des pluies, s'étendent sur les deux rives de la Plata, à quelques centaines de milles, sur les territoires brésilien et bolivien. Les côtes de cet empire offrent un grand nombre d'îles. Aux embouchures de l'Amazone et du Para on trouve la grande île Marajo ou Joanes qui forme seule un district. L'île Maranhâo ou San-Luis, située à l'embouchure du Maranhâo ; Itaparica, à l'entrée de la baie de Bahia ; Ilha-Grande dans la province de Rio de Janeiro ; Sainte-Catherine, dans la province de ce nom, et l'îlot stérile de Fernando de Noronha, lieu de déportation pour les criminels à deux cents milles au N.-E. du cap San-Roque. Des ramifications des Cordillières parcourent le Brésil et aboutissent à la mer où elles forment les caps ; quelques-uns de ses plateaux s'élèvent jusqu'à 850 mètres au-dessus du niveau de la mer. Les points culminants du système brésilien sont : l'*Itacolumi*, de 1,900 mètres, et la *Serra-do-Frio*, de 1,864 mètres. Le Brésil possède une des plus belles vallées de l'Amérique méridionale, c'est celle du San-Francisco, et la plus grande plaine du globe après celle du Mississipi, c'est la plaine de l'Amazone. Placée dans un climat chaud et humide, elle offre dans ses forêts immenses une vigueur de végétation inconnue dans les autres continents ; sa superficie, selon M. de Humboldt, est de 260,000 lieues carrées. Après la plaine de l'Amazone vient celle du Rio de la Plata, ce sont d'immenses *pampas*, qui diffèrent de la plaine de l'Amazone par le manque d'arbres, et par les innombrables graminées qui croissent sur leur vaste étendue. Le Brésil a plusieurs vastes déserts; le plus étendu est celui de Pernambuco, qui se prolonge dans une grande partie du plateau du nord-ouest; au milieu de ses monticules de sable mouvant se déroulent plusieurs oasis, d'une belle végétation.

La partie septentrionale du Brésil, située dans la zône torride méridionale, est sujette à des chaleurs excessives que tempèrent cependant les pluies, d'abondantes rosées et l'humidité naturelle du sol; le climat de la partie méridionale est plus doux, les fièvres jaunes n'y sévissent pas comme aux Antilles, et la température est en général fort saine. La fertilité du sol est remarquable, la terre y rapporte au centuple. Malgré les progrès de la civilisation dans le Brésil, les forêts vierges occupent encore une grande partie de son territoire. Dans ces bois impénétrables, les arbres jetés confusément sont enlacés jusqu'à leurs sommets par de fortes lianes et des plantes parasites qui forment des murailles de verdure, épaisses de plusieurs lieues. Ces fourrés gigantesques sont parcourus par des milliers de bêtes féroces. On y rencontre des tribus variées de singes, de nombreuses espèces de chauves-souris, des jaguars et des chats-tigres, des tatous, des agoutis, des pecaris, etc. L'autruche d'Amérique parcourt les déserts sablonneux de Pernambuco, et les bois sont peuplés d'une foule d'oiseaux d'une rare beauté; les reptiles y sont également fort nombreux. Les rivières regorgent de poissons. Ses admirables papillons, ses brillants insectes sont devenus vulgaires dans nos collections par leur abondance. Chaque nuit des myriades d'insectes phosphorescents illuminent le sol, les plantes et jusqu'à l'atmosphère. La flore du Brésil demanderait des volumes, ce sont surtout les palmiers, le safran, le coton, l'ambre, le baume, le brésillet, la cochenille, le tabac, le sucre, le café, l'indigo, le gingembre, le poivre, le quinquina, le blé, le maïs, le vin, etc. La terre renferme des richesses minérales immenses et inépuisables, ce sont : des diamants, du platine, de l'or, de l'argent, des pierres précieuses de toute espèce, du cuivre, du fer, du plomb, de l'étain. On évalue la superficie du Brésil à 483 000 lieues carrées et sa population à 7 millions d'habitants, tant blancs que noirs et mulâtres libres, indiens et esclaves. — Les principales exportations du Brésil consistent en coton, sucre, café, cacao, rhum, indigo, or, diamants et autres

pierres précieuses, cuir, pelleteries, drogues médicinales, bois de teinture, de construction, d'ébénisterie, etc. L'empire du Brésil est aujourd'hui divisé en provinces, dont quelques-unes subdivisées en *comarcas;* ces provinces sont : Rio de Janeiro, dont le chef-lieu du même nom est la capitale du Brésil; elle a un port magnifique. San-Paulo, Santa-Catharina, San-Pedro, Matto-Grosso, Goyaz, Minas-Geraës, Espirito-Santo, Bahia, Sergipe, Alagoas, Pernambuco, Parahyba, Rio-Grande, Ciara, Piauhy, Maranhâo, Para, ces provinces ont des chefs-lieux qui portent généralement le même nom, et sont les principales villes de l'empire, tels sont : Bahia, qui a 130,000 âmes; Pernambuco, 50,000 âmes; Maranhâo, 32,000 âmes; Para, 25,000 âmes, etc.

BRÉSIL (*ethnogr. et hist.*). Lorsque ce pays fut découvert par l'Espagnol Pinzon, le 26 janvier 1500, et par le Portugais Cabral, le 24 avril de la même année, ils le trouvèrent habité par de nombreuses tribus sauvages entre lesquelles on n'a pu établir encore aucune parenté bien certaine, vu la prodigieuse variété et la complète dissemblance de leurs idiomes, dont un voyageur porte le nombre à plus de trois cents. D'anciens auteurs partagent les aborigènes en deux classes, celle des Toupis et celles des Tapouyas : les premiers habitaient les bords de la mer lors de l'arrivée des Européens; seize langues, parmi lesquelles on remarque celle des Tupinambas, se rattachent à l'idiome des Toupis, qui paraît avoir régné autrefois dans une grande partie du Brésil, et que l'on appelle aussi Guarani. Les Portugais la connaissent sous le nom de *langue générale.* Quant aux Tapouyas, refoulés dans l'intérieur du pays, ils ont des ramifications moins étendues : c'est à eux cependant que quelques auteurs rattachent les sauvages Botocudos. Du reste, cinquante langues déjà analysées échappent à cette classification, et les tribus qui parlent le guarani ou toupi sont souvent séparées entre elles par d'autres tribus dont le langage n'a aucun rapport avec cet idiome. Depuis l'arrivée des Européens, ces tribus se sont mêlées tant entre elles qu'avec les nègres libres et avec les blancs, ce qui a produit un grand nombre de métis, appelés *mamalucos;* mais il faudra peut-être des siècles pour que de cette confusion résulte enfin l'unité. Un pays ainsi habité ne pouvait avoir aucun nom général : Cabral l'appela d'abord Terre de Sainte-Croix, nom remplacé bientôt après par celui de *Brésil* ou *Brasil,* dérivé de *braza,* braise, à cause de la couleur rouge vif du bois qui fut la première production tirée de la nouvelle colonie. La double prise de possession, espagnole et portugaise, produisit bientôt ses fruits naturels : de longues discussions qui se terminèrent cependant à l'avantage du Portugal. Mais ce royaume étant tombé lui-même sous la domination espagnole, en 1580, perdit complétement sa marine. Les Français et les Hollandais en profitèrent pour attaquer sa naissante colonie; et les derniers prirent, en 1624, San-Salvador, qui avait été fondée en 1549 par le roi Jean. Mais après l'avénement de la maison de Bragance, les colons portugais chassèrent eux-mêmes les intrus (1654), et à partir de cette époque le Brésil enrichit la métropole d'une masse énorme d'or et de diamants. Après l'occupation du Portugal par les Français (1808), Jean VI transféra le siége de son gouvernement à Rio-Janeiro; mais les événements de 1821 l'ayant rappelé dans ses États d'Europe, son fils, dom Pédro, nommé d'abord régent, fut forcé de déclarer l'indépendance du Brésil et de prendre la couronne impériale. Depuis lors le Brésil forme une monarchie constitutionnelle reconnue en 1828; mais, en 1851, des menées anarchiques et la perte de Montevideo amenèrent l'abdication de dom Pédro, qui fut remplacé par son fils Pédro II. Depuis la majorité de ce jeune prince, l'ordre paraît s'être consolidé, et le pays est rentré dans la route du progrès. (Voy. *Bragance, Portugal.*)

BRESLAU, au confluent de l'Ohlau avec l'Oder, capitale de la province de Silésie (voyez) et du gouvernement de son nom, siége du tribunal d'appel de ce dernier, ainsi que d'un évêché catholique, est une ville très marchande et industrieuse. Ses principaux établissements scientifiques et littéraires sont : l'université avec sa riche bibliothèque, le musée, l'observatoire, le jardin botanique, l'amphithéâtre d'anatomie, les cabinets de médailles, de tableaux et d'antiquités, l'école des beaux-arts, d'architecture et des métiers, deux séminaires, quatre gymnases et diverses sociétés savantes. Parmi les édifices les plus remarquables qui décorent Breslau, on doit nommer la cathédrale, d'une architecture gothique aussi hardie que simple; la belle église de Notre-Dame, celle de la Croix; la ci-devant église des Jésuites; l'église évangélique de Sainte-Elisabeth, avec sa tour élevée et son énorme cloche; les superbes bâtiments du ci-devant couvent des Augustins; le palais épiscopal, le château royal, l'hôtel du gouvernement, l'hôtel de-ville, l'université, la bourse, l'hôtel de la monnaie. Parmi ses places on doit nommer celle de Trauenzien,

avec la statue de ce général, et celle de Blücher, sur laquelle on voit le monument en bronze élevé à ce guerrier. Ses rues sont belles. Breslau jouit du titre officiel de troisième capitale de la monarchie; elle est réellement la seconde sous tous les rapports; sa population dépasse aujourd'hui 90,000 âmes.

BRESSE (*la*), ancienne province de France, comté, puis ensuite marquisat, située entre la Bourgogne, le Dauphiné, le Bugey et le Lyonnais; son chef-lieu était *Bourg*. Habitée autrefois par les Insubres, et par des Ségusiens, des Séquanais et des Eduens, sous la domination romaine, elle fit partie de la deuxième Lyonnaise. Elle se trouva ensuite englobée dans les deux royaumes de Bourgogne, jusqu'au IXe siècle, époque où la faiblesse des souverains de ce pays permit à une foule de seigneurs de se rendre indépendants. Hugues Ier, sire de Baugé, fut la tige des comtes de la Bresse, qui gouvernèrent ce pays héréditairement jusqu'au XIIIe siècle. Alors la Bresse fut divisée en deux portions dites Savoyarde et Châlonnaise : celle-ci fut réunie, en 1247, avec le comté de Châlon, au duché de Bourgogne; l'autre resta au duc de Savoie jusqu'au traité de Lyon, de 1601, qui la donna à la France en échange du marquisat de Saluces. Ce fut alors un pays d'état tantôt annexe du gouvernement de Bourgogne, tantôt gouvernement spécial sous le nom de Bresse et Bugey. Elle forme aujourd'hui à peu près le département de l'Ain. (Voyez).

BREST, chef-lieu de l'arrondissement de ce nom, dans le département du Finistère, est une ville forte, construite en partie sur le penchant d'une colline, avec un des plus beaux ports du monde et le premier port militaire de France, fréquenté aussi par un grand nombre de navires marchands. Sa rade est une des plus vastes du monde. Un magnifique arsenal, de vastes chantiers de construction, des magasins et des ateliers immenses, des casernes construites sur une longue esplanade, et l'église de Saint-Louis, sont les principaux bâtiments de cette ville que des édifices modernes embellissent tous les jours, surtout dans sa partie basse, en remplaçant d'anciennes constructions gothiques. On doit aussi mentionner des quais magnifiques, les cinq bassins de construction, dont quatre creusés dans le roc, et le bagne, vaste édifice, bâti presque au sommet d'une colline pour recevoir près de 4,000 condamnés. Parmi les établissements littéraires de cette ville, nous citerons le jardin botanique, la bibliothèque de la marine, l'observatoire, le cabinet d'histoire naturelle, l'école flottante l'école royale de navigation et de dessin et la société d'agriculture. Brest est le siége d'une préfecture maritime. Population : 48,200 habitants. Dans son voisinage et dans un rayon de 25 milles, on trouve : *Landernau*, petite ville commerçante, avec un port. *Audierne* et *Douarnenez* très petites villes, auxquelles leurs ports et leurs pêcheries donnent une certaine importance.

BRETAGNE. A l'époque de la conquête romaine, les pays situés entre la Seine, la Garonne et l'Océan étaient occupés par des peuples galliques ou celtiques, se reconnaissant de même race et de même langue que ceux qui occupaient la grande île située au-delà du détroit. La partie du pays celtique située sur le bord de la mer, espèce de presqu'île qui s'avance dans l'Océan, avait dans la langue indigène le nom d'Armorique *ar mor* près de la mer) qu'elle conserva longtemps. On y trouvait les Vénètes dans la partie qui forma le diocèse de Vannes, les Osismiens du côté de Brest, et les Curcosolites vers St-Brieuc. — Les Armoricains se distinguèrent par leur opiniâtre résistance aux armes romaines : ils avaient fourni 36,000 hommes pour la guerre qui se termina par la prise d'Alesia et les Vénètes qui se soulevèrent bientôt après, ne furent domptés que par la terrible défaite de Vannes où ils luttèrent à la fois sur terre et sur mer contre César et contre Brutus. — Sous Dioclétien, des familles de l'île de Bretagne, inquiétées par les Saxons, furent autorisées à s'établir dans l'Armorique. En 384, Maxime, gouverneur de la Grande Bretagne, ayant pris la pourpre impériale dans cette province insulaire, passa dans les Gaules avec une armée bretonne commandée par Conan Meriadec. Il fut vaincu par Valentinien, qui se montra clément, et permit à tous les Bretons d'outre-mer de se fixer sur le continent avec Conan leur chef qui se déclara roi. Ce fut ainsi que l'Armorique, avec sa population celtique renouvelée, changea son nom en celui de Bretagne. Conan eut une longue suite de successeurs, parmi lesquels on remarque Hoël 1er, vainqueur des Frisons (513); il partagea ses Etats entre ses trois fils, dont les discordes mirent le pays à la merci des Francs, après une vaillante défense conduite principalement par Waroch, petit-fils de Hoël. — Sous les derniers Mérovéens, les princes bretons restèrent obscurs Mais lors de la décadence carolingienne, Noménoé, nommé duc de Bretagne en 825 par Louis-le-Débonnaire, rétablit l'indépendance nationale et

lutta victorieusement contre Charles-le-Chauve. Ses successeurs résistent au Normand; mais tous n'arrivent point au pouvoir par la voie légitime: les assassinats, les empoisonnements, les dépositions des souverains sont fréquents dans l'histoire de cette époque. Enfin Conan IV marie sa fille Constance avec Geoffroi, fils du roi d'Angleterre Henri II et père d'Arthur de Bretagne, dont on connaît la fin tragique (1202). (Voyez.) A la suite du crime commis par Jean-sans-Terre d'Angleterre sur la personne d'Arthur son neveu, Philippe s'empara de la Bretagne comme des fiefs continentaux du monarque anglais; il donna la main d'Alix, sœur d'Arthur, à un prince de sa maison, Pierre de Dreux. Ainsi fut établi le duché français de Bretagne : l'histoire de ses divers souverains se trouve à leur article biographique; ils furent pour la France tantôt des vassaux rebelles, tantôt de fidèles auxiliaires, et en raison de ces faits, le patriotisme breton les qualifie d'une manière inverse. Il suffit de rappeler ici les luttes soutenues au milieu du XIVe siècle par la fameuse Jeanne de Montfort. (Voyez.) Enfin la duchesse Anne, fille du duc François II, épousa en premières noces Charles VIII, roi de France, et en secondes noces, son successeur Louis XII. Claude, qu'elle eut de ce dernier époux, hérita de sa mère : elle épousa François 1er qui réunit la Bretagne à la couronne en 1532. — Ainsi la Bretagne devint une province ou gouvernement de France que l'on divise communément en haute et basse Bretagne. C'était un pays libre sous quelques rapports dont les Etats s'assemblaient tous les deux ans pour voter un don gratuit, mais qui n'était point soumis aux tailles, aides et gabelles. C'est pourquoi d'une part on vit régner dans ses villes un esprit d'opposition qui préparait le mouvement de 1789, tandis que d'autre part ses campagnes résistèrent à une complète fusion dans la grande République française (Voyez *Vendée.*) La Bretagne forme aujourd'hui les départements d'Ille-et-Villaine, des Côtes-du-Nord, du Finistère, du Morbihan et de la Loire-Inférieure. (Voyez.)

BRETAGNE (*Grande-*). La plus grande des Iles-Britanniques comprend l'Angleterre et l'Ecosse. Les Romains qui y descendirent (en 55 av. J.-C.) lui donnèrent le nom d'Albion d'après la blancheur de ses côtes et celui de *Britannia*, corruption de *Prydain*, mot dont les habitants celto-bretons se servaient pour désigner leur pays. Après l'invasion saxonne, qui remplaça les Romains, on voit cette île divisée en deux parties principales qui devinrent des Etats distincts, l'*Angleterre* et l'*Ecosse*. On trouve à ces mots l'histoire de ces deux royaumes jusqu'à la réunion des deux couronnes sur la tête de Jacques Ier (Voyez.) C'est à ce point que nous avons à en reprendre l'histoire.

Jacques Ier commençait, pour l'Angleterre, la dynastie des Stuarts, et réunissait sous un même sceptre les trois royaumes, car l'Irlande, annexée par Henri II, avait été définitivement conquise par Henri VIII et Elisabeth. (V. *Irlande*.) Cependant chaque pays conservait son titre de royaume, son parlement et ses lois : ce ne fut qu'en 1707 que la reine Anne fondit les deux royaumes d'Ecosse et d'Angleterre en un seul par l'acte d'union, et l'Irlande elle-même ne perdit qu'en 1800 son titre de royaume distinct et l'ombre de parlement qu'elle avait obtenu en 1782. L'humeur dogmatique de Jacques Ier habitua ses nouveaux sujets à discuter ses droits et les leurs, et Charles Ier son fils étant entré en lutte avec la chambre des communes, fier et faible à la fois, tantôt vainqueur, tantôt vaincu, se réfugia chez les Ecossais qui le livrèrent à l'armée parlementaire; il porta sa tête sur l'échafaud et la République fut proclamée. Cromwell, un des membres les plus influents des communes, déjà célèbre comme général, prit le titre de protecteur et garda le pouvoir jusqu'à sa mort : il apaisa les troubles de l'Irlande, rétablit la marine et rendit la Grande-Bretagne redoutable au dehors. Son fils Richard, homme dénué d'énergie, abdiqua le protectorat après l'avoir exercé un an, et bientôt Charles II, fils du roi décapité, fut restauré par les intrigues de Monk. Ce prince vindicatif, quoique voluptueux et faible, exerça de cruelles représailles sur les républicains, il abandonna le pouvoir à des favoris tels que Buckingham, se laissa entourer de feintes conspirations pour satisfaire ses créatures en leur livrant les biens des proscrits et légua à son frère Jacques II des affaires en désordre que celui-ci embrouilla encore par son penchant trop connu pour les croyances catholiques et le pouvoir absolu. La révolution de 1688 le renversa et plaça sur son trône Guillaume d'Orange, prince protestant, époux de sa fille Marie, qui prit le titre de Guillaume III, et eut à lutter contre les tentatives de restauration de son beau-père. Ces deux époux ne laissant pas d'enfants, une autre fille de Jacques, Anne, monta sur le trône et fut la dernière des Stuarts. De son vivant même, un acte de parlement appela au trône la branche protestante collatérale de Brunswick-Hanovre qui règne encore aujourd'hui et a fourni les six derniers souverains de la Grande-Bretagne. Quant aux

événements qui ont signalé le règne de chacun d'eux, on les trouvera à leur biographie. Nous nous bornons à terminer la liste chronologique commencée à l'article Angleterre.

8. *Maison de Stuart.*

Jacques Ier.	1603
Charles Ier :	1625

9. *République* (1649-1660).

Olivier Cromwell, protecteur .	1652
Richard Cromwell (*id*.). . .	1658

10. *Restauration.*

Charles II.	1660
Jacques II.	1685

11. *Révolution.*

Guillaume III.	1689
Anne	1702

12. *Maison de Hanovre.*

Georges Ier.	1714
Georges II.	1727
Georges III.	1760
Georges IV	1820
Guillaume IV.	1830
Victoria	1837

Il nous reste à résumer en peu de mots les éléments actuels de la puissance de la Grande-Bretagne, ou comme on l'appelle encore de l'empire britannique. 1° En Europe, outre les trois royaumes, elle possède les îles adjacentes à ses deux grandes îles : Hébrides, Orcades, Shetland, Man, Anglesey, Wight, etc.; plus : Jersey, Guernesey et Aurigny près des côtes de France, Helgoland près du Danemark, Gibraltar en Espagne, Malte et les îles ioniennes dans la Méditerranée. — 2° En Afrique : Sierra-Leone avec une colonie de noirs affranchis, Fernando-Po, le Cap, l'île de France ou Maurice, Ste-Hélène, l'Ascension. — 3° En Asie : l'Inde, une partie de l'empire Birman et de Ceylan, un pied-à-terre en Chine, à Hong-kong. — 4° En Amérique : le Canada et pays avoisinants, Terre-Neuve, la Jamaïque, Ste-Lucie, Antigoa. St-Christophe, St Vincent, la Dominique, Grenade, Neves, Tabago, les Bermudes, Bahama, les Vierges, Essequebo, Démérary, Berbice, la Trinité, Honduras et les Malouines. — 5° Dans l'Océanie, la moitié du continent de l'Australie (Nouvelle-Hollande), la Nouvelle-Zélande, la Diéménie, Norfolk.

Les trois royaumes ne renferment qu'environ 25 millions d'habitants; mais la population de toutes les possessions de la Grande-Bretagne s'élève à plus de 118 millions d'âmes. — Les produits annuels de toutes les propriétés privées et publiques de ces vastes Etats sont estimés à plus de 22 milliards de francs. — La marine marchande anglaise occupe plus de 24,000 bâtiments et 150,000 hommes d'équipage. — Les budgets annuels ne s'élèvent ordinairement qu'à 1,250 millions de francs. — L'armée pour tout l'empire ne dépasse pas 100,000 hommes, non compris 180,000 hommes de troupes coloniales qui ne sont pas à la charge de la métropole — Une pareille puissance, munie de tant de ressources, grevée de si peu de charges proportionnelles, serait effrayante, invulnérable, si elle était concentrée en une plus compacte unité.

BRETAGNE (*Nouvelle-*), archipel situé à l'est de la Papouasie (Nouvelle-Guinée). C'est une des parties les mieux peuplées de l'Australie. Ses habitants appartiennent à la race des Papouas. Leur taille est plus haute et leurs traits sont plus beaux que ceux des Papouas de la Papouasie, quoique, selon M. le docteur Garnot, leur angle facial soit presque aussi aigu que celui des nègres de Sydney. Ses îles les plus remarquables sont : là Nouvelle-Bretagne (*Birara* des naturels). C'est la plus grande de tout l'archipel. On y trouve le Port-Montaigu. — La Nouvelle-Irlande (*Tombara* des naturels), la seconde en étendue, est remarquable par la civilisation de ses nombreux habitants, leur religion et la propreté de leurs villages. On y trouve les ports Praslin, Likiliki, Carteret et la baie des Frondeurs. Dans les environs du Port-Praslin, vers l'est, on voit les chutes de la magnifique *cascade de Bougainville*, formées par cinq gradins s'élevant rapidement les uns au-dessus des autres à une hauteur d'environ 30 à 40 pieds. Viennent ensuite les îles : du duc d'York avec un port; de la Nouvelle-Hanovre, remarquable par la civilisation de ses habitants; de Caen (*Oraison de Bougainville*); de Gerrit-Denis (Gerard de Nys), très peuplée; St-Mathieu, avec un *pic élevé;* et les petits groupes des îles Françaises, de Portland, des Hermites, de l'Echiquier et celui de l'Amirauté, dont l'île de ce nom est remarquable par son étendue.

BRETIGNY, village de France dans le département d'Eure-et-Loir, à 9 kil. de Chartres. Il est fameux par le traité qui y fut conclu en 1360 entre Edouard III, roi d'Angleterre, et le régent de France, depuis Charles V, après la bataille de Poitiers (1356), et pendant la captivité du roi Jean. Ce traité désastreux cédait aux Anglais la Guyenne, la Gascogne, le Poitou, la Saintonge, le Limousin, l'Angoumois, Calais et le comté de Ponthieu sans autre dédommagement que l'abandon des prétendus droits d'Edouard au trône de France. La rançon du roi Jean était fixée à trois millions d'écus d'or. Mais les provinces cédées protestèrent et sur leurs plaintes renouvelées en 1368, le traité fut rompu par Charles V.

BRETON (*ethnogr. et linguist.*). Nous avons indiqué à l'article *Bretagne* l'origine commune de l'ancienne population de l'île de la Grande-Bretagne et des peuples de l'Armorique. On sait peu de choses des anciens habitants que les Romains ont rencontrés dans l'île : leur culte était sans doute celui des druides, mais l'histoire n'a pu en recueillir les particularités. Leurs arts étaient grossiers mais empreints d'une majesté sauvage, ainsi qu'on peut encore en juger par les monuments qui en existent, tels que les pierres levées, les dolmen, les cercles et les avenues formées de rocs énormes dressés de main d'homme. (*Voy.* Carnac.) Le caractère des populations bretonnes a été chaleureusement apprécié par M. de Châteaubriand dans un passage de ses études sur l'histoire de France (tom. IV, p. 15-17).

Le breton ou bas-breton paraît n'être autre chose qu'un dialecte du celtique primitif; mais il a reçu de la langue française une foule d'expressions qui lui manquaient nécessairement, puisqu'il désigne des objets et des notions étrangères à un peuple encore dans l'enfance de la civilisation. C'est ce qui doit rendre très circonspect à reconnaître dans le celtique breton, comme l'ont fait quelques étymologistes, l'origine des mots français qui se tirent plus naturellement du latin ou même du germanique, ou enfin d'une source à peine entrevue aujourd'hui qui serait commune à toutes les langues de l'Occident. L'absence de monuments celto-bretons, chroniques, légendes, inscriptions, ou même chansons populaires dont l'antiquité soit incontestable, légitime surtout la plus grande réserve à cet égard; peut-être des recherches ultérieures jetteront-elles sur ce point de critique linguistique une nouvelle clarté. Quoi qu'il en soit, ces recherches peuvent embrasser les deux côtés du détroit, car les quatre dialectes encore parlés en Bretagne, ceux de Cornouailles, de Tréguier, de Vannes et de Saint-Brieuc, offrent la plus grande analogie avec la langue galloise ou cambrienne, qui se parlait naguère dans le pays de Galles, avec le dialecte erse des indigènes de l'Irlande et avec le calédonien des montagnes d'Ecosse.

BREVET D'INVENTION. Voy. *Invention.*

BRÉVIAIRE, livre qui contient les heures canoniales que l'on est dans l'usage de dire en public ou en particulier dans l'Eglise catholique. Ce mot vient de *breviarium* abrégé, parce qu'il est composé de morceaux détachés de l'Ecriture sainte et des Pères, et qu'il en est en quelque sorte le sommaire, l'abrégé. (Voyez *Heures, Office divin.*)

BRIARE, petite ville située sur la Loire (Loiret), à la jonction du canal de Briare avec ce fleuve. Le canal de Briare est le premier ouvrage de ce genre qui ait été effectué en France. Commencé sous Henri IV par les soins de Sully, il fut interrompu par la retraite de ce ministre et ne s'acheva qu'en 1740, sous le règne de Louis XV. Ce canal, qui commence à Briare et se jette dans le canal du Loing, à Montargis, unit la Loire et la Seine. Son étendue est de 75,137 mètres.

BRIARÉE, un des géants qui osèrent attaquer le ciel. Il avait cent bras et cinquante têtes. Il fut terrassé par Neptune, qui l'emprisonna sous l'Etna.

BRICK ou **BRIG,** grand bâtiment à deux mâts. Les deux mâts du brick sont perpendicu-

laires ou à peu près : il porte des hunes à l'extrémité de ses bas mâts. C'est là ce qui le distin-

gue des autres bâtiments à deux mâts. Les bricks de guerre portent de 18 à 22 caronades ; ils ont un entrepont. Le gréement des bricks, leur mâture et leur voilure, sont les mêmes que le gréement, la mâture et la voilure du grand mât et du mât de misaine des trois-mâts; aussi voit-on fréquemment de grands bricks devenir des trois-mâts en recevant un mât d'artimon en plus. Les bricks ont deux grandes voiles, la *grande voile carrée,* que l'on envergue sur la grande vergue, et la *brigantine,* grande voile en pointe qui s'établit sur l'arrière du grand mât et qui s'étend à l'extérieur de la poupe même ; sa partie supérieure s'envergue sur une corne placée au haut de l'arrière du grand mât. Les bricks du commerce portent jusqu'à 500 tonneaux.

BRIÇONNET (Guillaume), cardinal, né à Tours en 1445, avait dirigé les finances du Languedoc sous le règne de Louis XI, fut nommé surintendant des finances par Charles VIII, qui lui accorda toute sa confiance. Il contribua beaucoup au succès de l'expédition de Naples par son habileté financière. Entré dans les ordres à la mort de sa femme, il obtint l'évêché de Saint-Malo Ayant contribué beaucoup à réconcilier le roi de France et Alexandre VI, ce pape lui donna le chapeau de cardinal. A la mort de Charles VIII il perdit une grande partie de son influence et se retira à Rome. Louis XII le chargea de convoquer à Pise un concile composé des cardinaux ennemis de Jules II, pour corriger les mœurs du chef et des membres de l'Église. Ce concile fut transféré à Milan, puis à Lyon. Briçonnet y déploya beaucoup de vigueur. Aussi fut-il excommunié et privé de la pourpre Cette excommunication fut levée à la mort de Jules II. Briçonnet mourut en 1514.

BRIDGEWATER (François-Egerton, *duc* DE**),** né en 1736, mort en 1808, a entrepris à ses frais la construction du premier canal navigable en Angleterre. Ce canal commence à Worsley, à 7 milles de Manchester, et se prolonge jusqu'à Mersey. Un des travaux les plus étonnants de cette construction, est l'aqueduc construit à 40 pieds au-dessus du niveau de la rivière d'Irwel, de sorte qu'on voit les barques passer au-dessus, dans le canal, et les vaisseaux au-dessous, dans la rivière, à pleines voiles. Ce canal, qui a coûté au duc des sommes énormes, donne un revenu de quelques millions de francs à la famille Bridgewater.

BRIE, contrée de France dans laquelle se

trouvent compris les départements de Seine et-Marne, de l'Ain, de la Marne et de l'Aube. (Voy. ces mots.) Elle faisait partie de la Champagne et du gouvernement de l'Ile-de-France. Sa longueur est environ de 30 lieues, et sa largeur de 22. Elle est située entre la Seine et la Marne, où elle forme une espèce de carré On divisait cette province en *Brie champenoise*, qui était comprise dans la Champagne, et en *Brie française*, qui faisait partie de l'Ile-de-France. La *Brie champenoise* est bornée au sud par le Gâtinois français, au nord par le Valois et le Soissonnais, à l'est par la Champagne proprement dite et le Rhémois, et à l'ouest par l'Ile-de-France et par la *Brie française*. L'air en est sain : le blé, le vin y sont en abondance. Il y a aussi des bois, et les pâturages y sont excellents. On divisait la *Brie champenoise* en *Haute* et *Basse-Brie* et en *Brie pouilleuse*. La *Haute-Brie champenoise* avait pour capitale la ville de Meaux. C'est dans cette partie de la *Brie champenoise* que l'on fait ces fromages si renommés, connus sous le nom de *fromages de Brie*. La *Basse-Brie* est située au sud. Provins en était la capitale. La *Brie pouilleuse*, au nord, avait pour principale ville Château-Thierry. La *Brie française*, comprise dans le gouvernement de l'Ile-de-France, à l'ouest de la *Brie champenoise*, avait pour capitale Brie-Comte-Robert. Le territoire de cette petite contrée est fertile en bons pâturages. Si le vin qu'on y récolte est en petite quantité et d'une qualité médiocre, le beurre et les fromages qu'on y fait sont très estimés.

BRIENNE (Jean DE), fils d'Erard II, comte de Brienne, né vers 1180, épousa en 1209 Marie de Montferrat, héritière du royaume de Jérusalem. Il partit pour prendre possession de son royaume et fut sacré roi de Jérusalem dans la ville de Tyr. Il eut des succès passagers, suivis bientôt de revers, qui le décidèrent à chercher un appui dans la personne de Frédéric II, empereur d'Allemagne, auquel il donna en mariage sa fille Yolande et le droit de porter le titre de roi de Jérusalem. Mais bientôt l'Europe fut troublée par les querelles des papes et des empereurs. Jean de Brienne se rangea du côté du Saint-Siége et combattit à la tête des armées du pontife contre son gendre. Il fut bientôt lui-même appelé au trône de Constantinople par le suffrage des barons français, et défendit sa capitale contre les Bulgares et les Grecs, brûla leur flotte, les défit une seconde fois et leur inspira une telle épouvante, qu'ils n'osèrent plus reparaître. Il mourut en 1287.

BRIENNE (Étienne-Charles-Loménie, *comte* DE), né en 1727, céda son droit d'aînesse à son frère et entra dans les ordres. Il fut successivement nommé évêque de Condom et archevêque de Toulouse, puis de Sens ; il se distingua par une bonne administration, et joignit la Garonne au canal de Caraman, par un autre canal qui porte encore le nom de canal de Brienne. Il fut nommé chef du conseil des finances, en même temps que son frère était fait ministre de la guerre, et devint bientôt lui-même ministre principal ; mais il ne commit que des fautes dans ce poste élevé et fut remplacé par Necker, à la satisfaction générale. On lui fit avoir pour le consoler le cardinalat, dont il se démit plus tard en prêtant serment à la constitution. Mais en 1793, arrêté comme suspect, il fut jeté en prison et mourut peu après d'une attaque d'apoplexie.

BRIGADE. Avant la république, les corps de la maison du roi étaient divisés en brigades de force différente dans chaque corps. Au commencement de la République, les armées furent formées par divisions et par brigades. Chaque division était composée de deux brigades, et chaque brigade de deux régiments ou demi-brigades de trois bataillons. Le chef d'un régiment s'appelait alors chef de brigade ; le général de brigade, désigné depuis la restauration sous le nom de maréchal-de-camp, commandait la brigade entière. On emploie de nos jours le nom de brigade pour désigner des subdivisions, des compagnies de gendarmerie composées de quatre à cinq hommes sous les ordres d'un sous-officier qu'on appelle brigadier. (Voy. *Gendarmerie*.)

BRIGHTON, jolie petite ville d'Angleterre, sur la côte de la Manche, dans le comté de Sussex, et trop remarquable pour ne pas être décrite avec quelques détails. Elle a été créée pour ainsi dire de nos jours par Georges IV lorsqu'il était prince royal, en attirant un grand concours d'étrangers aux bains minéraux et de mer qu'il allait y prendre régulièrement tous les ans. C'est un des lieux les plus beaux qu'il y ait en Angleterre. Qu'on se figure un rivage escarpé, un quai infini, où d'un côté s'étend à perte de vue une ligne de maisons et pour mieux parler de palais magnifiques, où de l'autre règnent l'Océan et sa masse immense. La grève étroite qui sépare des eaux de la mer le rocher sur lequel la ville s'élève, est un jardin d'où s'élance au-devant des navires une jetée en fil de fer qui va chercher, pour ainsi dire, les passagers à 600 pas au milieu des vagues. Toutes les architectures sont là réunies : l'Italie, Constantinople, la Chine, la Grèce, le moyen-âge, l'Espagne moresque, ont tour-à-tour inspiré les créateurs de ces merveilles. Le *Pavillon* ou le palais bâti par Georges IV, est un bâtiment magnifique qu'on ne saurait comparer à aucun autre, offrant des groupes de dômes, de minarets, de lanternes, de coupoles, de girandoles, dont l'élégance bizarre semble créée par l'imagination d'un conteur des *Mille et une Nuits.* L'établissement des bains est magnifique. Ce fut de Brighton que Charles II se sauva en France six semaines après la bataille de Worcester, sur un bâtiment charbonnier. Brighton est situé vis-à-vis notre port de Dieppe, et des bateaux à vapeur font journellement le service entre ces deux villes.

Une petite ville de l'Etat de New-York dans les Etats-Unis porte également ce nom.

BRILLANT. Voyez *Diamant.*

BRILLAT-SAVARIN. Voyez *Savarin.*

BRINDES (*Brindisi*), ville du royaume de Naples (terre d'Otrante), à 52 kil. de Tarente, sur l'Adriatique, remarquable par son port, formé par deux jetées naturelles dont un château défend l'abord. On y distingue encore les pilotis que César fit planter à l'entrée du port

Château de Brindes.

pour y enfermer Pompée. Ces pilotis retinrent des amas de sable qui s'accumulèrent, et les Vénitiens achevèrent sa ruine en y coulant à fond des bâtiments pleins de pierres. Toutes ces entraves n'ont laissé qu'un passage très étroit et si peu profond que les petites barques seules peuvent arriver au bassin. L'eau ne se renouvelant plus, il devint un marais pestilentiel. Décimée

par le mauvais air, la population de Brindes est descendue de cent mille habitants à six mille. On fait remonter l'origine de Brindes à Diomède, même à Thésée, dont les compagnons, dit-on, la fondèrent au retour de l'expédition de la Toison d'or. Le poète Pacuvius y naquit et Virgile y mourut.

BRINVILLIERS (Marie-Marguerite, *marquise* DE), fille du lieutenant civil Dreux d'Aubray, acquit une odieuse célébrité par ses crimes, sous le règne de Louis XIV. Douée d'un extérieur très agréable, et ayant tous les dehors de la piété et de la modestie, elle épousa en 1651 le marquis de Brinvilliers, mestre-de-camp au régiment de Normandie. Ce fut dans la maison de son mari qu'elle fit la connaissance du chevalier de Sainte-Croix, avec lequel elle eut des liaisons dont le scandale devint tel, que le lieutenant civil se vit forcé de lancer contre Sainte-Croix une lettre de cachet. Celui-ci fit la connaissance dans sa prison d'un Italien nommé Exili, habile dans l'art de composer des poisons, et il sortit de la Bastille au bout d'un an, aussi instruit qu'Exili lui-même. Initiée par son amant à ces terribles secrets, la marquise de Brinvilliers dépassa bientôt son maître, et dès-lors la mort sembla planer autour d'elle. En moins de quatre ans, son père, ses deux frères, une sœur, tombent sous ses coups. Son mari n'échappa que grâce à Sainte-Croix, qui, craignant d'être forcé d'accepter la main ensanglantée de cette femme, lui donnait un antidote chaque fois que la marquise lui versait du poison. Tant de forfaits reçurent enfin leur punition ; Sainte-Croix les expia le premier : un jour qu'il distillait un poison violent, le masque de verre dont il se couvrait le visage vint à se briser, et le chevalier tomba foudroyé. La justice, éclairée par cet événement, s'empara de ses papiers et y trouva la preuve de ses crimes et de la complicité de la marquise. Celle-ci prit la fuite et se retira à Liége, mais, attirée dans un piége par le fameux agent de police Desgrais, elle fut arrêtée et ramenée à Paris, où elle fut jugée et exécutée en 1676. Avant de mourir, elle écrivit sa *Confession*, mais ses aveux sont d'une nature si épouvantable qu'on regarde cette pièce comme apocryphe.

BRIQUE, pierre artificielle, composée d'un mélange d'argile et de sable, soumis ensuite à la cuisson. Sans nous arrêter à décrire tous les divers modes de fabrication employés dans les briqueteries, nous exposerons le procédé le plus habituellement en usage. L'argile doit, avant d'être employée, rester au moins un hiver exposée à l'air libre; la pluie et la gelée la rendent plus ductile et plus facile à manipuler; elle doit surtout être autant que possible parfaitement dépouillée de matières pierreuses; l'argile, ainsi purgée de substances hétérogènes, et après avoir été remuée et battue souvent, est propre à être mise en œuvre; c'est alors qu'on lui adjoint une quantité de sable qui varie selon les qualités de l'argile, et ce mélange est délayé dans une quantité d'eau suffisante pour en former une pâte malléable. Lorsque la pâte a été suffisamment pétrie dans des fosses, elle est extraite en mottes qu'on pétrit sur une table. On forme la brique au moyen de moules en fer équilatéraux; leur dimension est ordinairement de 25 centimètres de longueur, 12 de largeur, et 6 d'épaisseur. Lorsque la brique est sortie du moule, on la range en piles sous un hangar, appelé *séchoir*; là elles restent exposées à l'air libre et à l'abri du soleil. Ces briques sont dites *crues*, et leur dessiccation doit être progressive; le moindre rayon de soleil les saisissant, les ferait gercer. Lorsque les briques sont parfaitement sèches, elles passent au four; cette dernière opération, la *cuisson*, se fait au moyen de fours qui ne diffèrent que par la capacité, ce qui les a fait classer en grands et petits fours; les premiers peuvent contenir jusqu'à cent dix milliers de briques, et les seconds trente-cinq. Aujourd'hui, on bâtit les fours en briques crues. Les briques sont disposées sur champ dans le sens de la longueur, le second rang de briques croise le premier, et ainsi de suite, de manière à laisser un vide entre chaque brique; le dernier rang est couvert par une couche d'argile de dix à douze centimètres d'épaisseur; cette couche est là pour concentrer la chaleur, et la modérer en y pratiquant des ouvertures au besoin; la tuile se confectionne par les mêmes procédés, qui sont du ressort de la fabrication du briquetier. Les briques sont de qualité plus ou moins bonne; la chaleur n'étant pas également répartie dans les fours, il résulte qu'il s'en trouve de plus ou moins cuites; les meilleures sont celles dont la cassure présente un grain fin et compacte, et dont la teinte est noirâtre. Il est à remarquer que plus la pâte a été corroyée avec soin, plus la brique sera forte, et en même temps plus elle sera légère. Les briques de Bourgogne sont réputées les meilleures; leur couleur est d'un beau rouge, ou quelquefois d'un rouge jaunâtre. La brique est d'un grand usage en maçonnerie, on l'emploie souvent en guise de moellon ou de pierre de taille : c'est elle qui compose le plus souvent les languettes de cheminées, les fourneaux et surtout les fours; l'usage de la brique remonte à la plus haute antiquité; on en retrouve dans les ruines de Babylone, dans les anciens monuments grecs ou romains; on en voit de parfaitement conservées dans les thermes qui ont été découverts en France.

BRIQUET, appareil destiné à procurer du feu. On a pendant longtemps été borné à la pierre à fusil, à l'amadou et au briquet proprement dit, dont l'usage est bien connu de tout le monde. Les parcelles de fer enflammées par le choc (étincelles) tombent sur l'amadou et la mettent en ignition. On a depuis imaginé divers appareils plus ou moins compliqués : tels sont le *briquet pneumatique*, petit corps de pompe en cuivre, dans lequel on place à l'extrémité du piston un petit morceau d'amadou qu'enflamme la compression de l'air; le *briquet électrique*, beaucoup plus compliqué, se compose de deux vases de verre, l'un supérieur, l'autre inférieur; l'un contient les éléments nécessaires pour produire du gaz hydrogène (eau, acide sulfurique, zinc), l'autre sert de réservoir au gaz préparé qui peut s'échapper par un robinet. Un électrophore placé dans le socle donne une étincelle électrique au moment où le robinet s'ouvre, et enflamme le jet de gaz qui va allumer une bougie placée en face de l'ouverture. Cet appareil et divers autres, tels que le *briquet galvanique* de Wollaston, celui de Dobereiner avec le platine, etc. Le *briquet phosphorique* se fabrique en introduisant un petit cylindre de phosphore dans un petit flacon de plomb. On se sert d'allumettes ordinaires qu'on plonge dans le flacon et qu'on frotte légèrement à la surface du phosphore; la parcelle détachée prend feu au contact de l'air et enflamme l'allumette. Le *briquet chimique* de Fumade est un petit flacon rempli d'amiante qu'on imbibe d'acide sulfurique : ce briquet exige des allumettes faites exprès. (Voy. *Allumettes*.)

BRISANTS. On donne ce nom aux bancs de roches, de coraux, de sables contre lesquels la mer vient se briser. On appelle aussi *brisants* ces amas d'écume blanche que produisent les lames d'eau qui viennent battre ces écueils. Les côtes de la Basse-Bretagne, les plus mauvaises que l'on connaisse, sont hérissées de brisants, dont le bruit se fait entendre à plusieurs kilomètres de distance.

BRISE. C'est le nom que les marins donnent au vent toutes les fois qu'il n'est pas assez fort pour mériter le nom de bourrasque, tempête ou ouragan. (Voy. *Vent*.)

BRISÉIS ou *Hippodamie*, fille de Brisès, grand-prêtre de Jupiter en Cilicie, devint après la prise de sa patrie captive d'Achille ; elle fut enlevée à ce dernier par Agamemnon. (Voyez *Achille*.)

BRISSAC, bourg de l'Anjou, à 15 kilomètres S.-E. d'Angers, érigé en comté pour le premier maréchal de Cossé, qui ajouta son nom au sien.

BRISSAC (Charles de Cossé, *comte de*), né en 1505, se signala de bonne heure dans la carrière des armes. En 1540, il fut nommé grand-fauconnier de France, puis colonel général. Il combattit avec succès les Impériaux et les Anglais en Champagne et en Flandre, et reçut en récompense la charge de grand-maître de l'artillerie, puis celle de maréchal de France (1550). Henri II lui confia le commandement général du Piémont, où il déploya autant d'habileté administrative que de talents militaires. En 1559, il fut nommé gouverneur de la Picardie, puis de la Normandie, en 1563, année de sa mort. Plusieurs membres de sa famille furent après lui maréchaux de France.

BRISSAC (Artus de Cossé), son frère, servit Charles IX contre les calvinistes, et fut fait maréchal de France en 1567. Il mourut en 1582.

BRISSAC (Charles Cossé, *comte de*), fils du premier, embrassa le parti des ligueurs, et fut nommé, en 1594, gouverneur de Paris, par le duc de Mayenne ; il rendit la place à Henri IV, qui lui donna le bâton de maréchal de France. Il mourut en 1621, duc et pair.

BRISSAC (Hercule-Timoléon de Cossé, *duc de*), gouverneur de Paris, colonel des Cent-Suisses, puis enfin commandant de la garde constitutionnelle sous Louis XVI, fut massacré en septembre 1792.

BRISSON (Barnabé), savant jurisconsulte et avocat-général au Parlement de Paris sous Henri III, naquit à Fontenay en Poitou, l'an 1531. Il fut employé dans plusieurs négociations importantes et rendit des services au roi qui le nomma président à mortier. Lorsque les Seize furent restés maîtres de Paris en 1589, après la fuite de Henri III, ils nommèrent Brisson premier président en remplacement de Achille du Harlay qu'ils avaient fait mettre à la Bastille. Mais

soupçonné d'avoir des intelligences avec la cour, Brisson fut conduit au petit Châtelet, par ordre des Seize, et pendu à une poutre de la chambre

du conseil (1591). Il avait été chargé de la rédaction du recueil connu sous le nom de *Code Henri*. On a en outre de lui le livre *De regio Persarum principatu* et plusieurs ouvrages estimés de jurisprudence.

BRISSOT (Jean-Pierre) naquit à Warville près de Chartres, en 1754. Son père, honnête traiteur, lui fit donner une bonne éducation et l'envoya à Paris, chez un procureur. Ayant peu de goût pour l'étude de la chicane, Brissot fit la connaissance de plusieurs hommes de lettres, et particulièrement de Linguet, qui le chargea de quelques articles pour le *Mercure*. Il se fit recevoir avocat à Reims, et publia sa *Théorie* et sa *Bibliothèque des lois criminelles*. Au retour d'un voyage en Angleterre, il fut dénoncé comme l'auteur d'un pamphlet contre la reine, et enfermé à la Bastille ; il en sortit au bout de quatre mois, mais une nouvelle lettre de cachet le força bientôt à s'embarquer pour l'Angleterre. A son retour à Paris, il fonda, de concert avec Clavières et Mirabeau, une *Société des amis des noirs* pour l'abolition de l'esclavage (1788, et partit pour l'Amérique afin d'étudier les moyens d'émancipation. Lorsque Brissot revint dans sa patrie, la révolution était imminente ; il y poussa de toutes ses forces et publia le *Patriote français*, journal dans lequel il attaquait audacieusement les abus du régime d'alors. Il fut élu membre de la commune et rédigea, après la fuite de Louis XVI, la fameuse pétition pour la déchéance du roi. Il fut porté à l'Assemblée nationale par les électeurs de Paris, et à la Convention nationale par ceux d'Eure-et-Loir; il y combattit de tout son pouvoir l'anarchie, flétrit les excès des septembriseurs et s'éleva contre la condamnation du roi, puis il vota l'appel au peuple. Brissot obtint dans ces assemblées une grande influence, et fut regardé comme le chef de ce parti brissotin ou girondin, dont le pouvoir s'éteignit avec la royauté qu'il avait renversée pour y substituer un ordre de choses nouveau. Mais s'étant attiré la haine et la jalousie de Robespierre, et sans cesse attaqué par la faction montagnarde, il fut accusé de royalisme, et succomba avec tous ses amis au 31 mai. Arrêté à Moulins, où il s'était réfugié, il fut mis en jugement, condamné à mort et exécuté le 31 octobre. Brissot fut l'un des hommes qui ont exercé le plus d'influence sur la marche de la révolution française; il a laissé, outre les écrits cités plus haut, son *Voyage aux États-Unis*, des *Mémoires* et son *Testament politique*.

BRISTOL, dans le comté de Sommerset, au confluent de l'Avon avec la Severne; c'est la ville la plus riche, la plus commerçante, la plus peuplée de l'Angleterre, après Londres; elle est sur l'Avon, qui la divise en deux parties. Les rues sont étroites et les maisons fort élevées. Quoique généralement mal bâtie, Bristol renferme cependant quelques beaux édifices et deux places publiques, dont l'une appelée la place de la Reine, est ornée de la statue équestre du roi Guillaume III. On y remarque une belle église de Sainte-Marie, dont le clocher est un des plus hauts de l'Angleterre. Au mois de novembre 1831, la présence d'un député opposé à la réforme parlementaire provoqua dans cette ville les plus graves désordres. Une populace en délire livra aux flammes l'hôtel-de-ville, l'évêché, le collége, la douane, plusieurs autres édifices publics, et les plus belles maisons de la place de la Reine. La population de Bristol est de 95,000 âmes.

Une île de l'archipel de Sandwich porte aussi le nom de Bristol. (Voyez *Sandwich*.)

BRISTOL (*canal de*), golfe ou bras de mer dans l'océan Atlantique, sur la côte occidentale de l'Angleterre; la Severne et l'Avon y ont leur embouchure.

BRITANNICUS (Tiberius-Claudius Germanicus), fils de Claude et de Messaline, était regardé comme l'héritier présomptif du trône des Césars; mais le faible Claude ayant épousé Agrippine, celle-ci lui fit adopter son fils Néron, qu'elle avait eu d'un premier époux, puis elle empoisonna le vieil empereur dont elle n'avait plus besoin, et fit proclamer Néron par les gardes prétoriennes. Cependant Britannicus avait de nombreux partisans, et Néron, inquiet des talents de son jeune rival, résolut de s'en débarrasser. Sous prétexte d'une réconciliation, il invita Britannicus à un festin, mais à peine celui-ci eut-il porté à ses lèvres une coupe que lui tendait l'empereur, qu'il tomba mort (56 av. J.-C.). Cet événement a fourni à Racine le sujet de sa tragédie de *Britannicus*.

BRITANNIQUE (*Empire*). Voyez Bretagne (*Grande-*).

BROCHET (*esox.*), poisson connu de tout le monde par sa voracité et la délicatesse de sa chair. Son corps est allongé, arrondi, et couvert de grandes écailles; sa gueule est fendue jusqu'aux yeux, sous un museau large et déprimé, et ses mâchoires garnies de dents nombreuses et aiguës. Le brochet a la dorsale petite, reculée sur le dos et au-dessus de l'anale, la queue est courte et comprimée. On ne connaît que trois espèces

de brochets: la première, le *brochet commun*, habite les eaux douces de l'Europe et de l'Amérique septentrionale. La couleur générale de ce poisson est grise, variée de taches jaunâtres qui, pendant le temps du frai, acquièrent souvent l'éclat de l'or; mais ces nuances changent suivant la nature des eaux qu'il habite. Parvenu à un certain âge, il a le dos noirâtre et le ventre blanc avec des points noirs. On a surnommé avec raison le brochet le requin des eaux douces; il attaque tous les animaux dans l'eau, et souvent ceux de sa propre espèce; les rats d'eau, les oiseaux aquatiques et même les animaux morts deviennent sa proie. Le brochet croît très vite et atteint une très grande taille; mais on l'a singulièrement exagérée lorsqu'on a parlé d'individus de dix-neuf pieds. On en a pêché dans le Volga qui avaient plus de sept pieds et pesaient près de cinquante livres. La chair du brochet est légère et agréable au goût; on la sale dans beaucoup d'endroits, et l'on fait du caviar avec ses œufs; mais ces œufs passent pour purgatifs et malfaisants. On emploie pour pêcher ce poisson le trident, la ligne, le collet, la nasse et l'épervier.

BROCHEUR. Lorsque les ouvrages sortent de l'imprimerie, ils sont livrés en feuilles au brocheur. Les feuilles sont mises à *l'étendage,* c'est-à-dire que, pour les dépouiller de toute humidité, elles restent exposées sur des cordes; lorsque les feuilles sont ainsi séchées, on les assemble: cette opération consiste à réunir les feuilles par ordre de signature ou de numéro, de manière à ce que leur ensemble présente la série qui doit compléter chaque volume; de *l'assemblage* on passe à la *pliure;* des ouvrières, à l'aide d'un couteau de bois nommé *plioir,* plient les feuilles suivant leur format. La pliure faite, on collationne par feuille chaque volume: puis on le livre à la couture: avec la première et la dernière feuille on coud un morceau de papier blanc appelé *garde,* sur lequel doit reposer la couverture de chaque côté du volume. On colle alors la couverture; puis les volumes, après avoir été *ébarbés,* sont mis en presse pour de là être livrés aux libraires.

BRODERIE. La broderie est un dessin fait à l'aiguille ou au crochet, sur une étoffe quelconque. Cet art est de toute antiquité, et la mythologie grecque en attribue l'invention à Minerve, qui ne fut égalée que par Arachné. Les peuples anciens ne nous ont rien laissé qui pût nous indiquer jusqu'à quel point le luxe avait poussé cet art; mais le moyen-âge nous a légué quelques beaux monuments de broderies, tels que la toilette de Bayeux, brodée par la reine Mathilde et ses femmes, sur laquelle on voit la conquête de l'Angleterre par Guillaume-le-Conquérant. Dans la principale église de Cracovie on voit encore des broderies de la reine Edwidge. — Il y a plusieurs sortes de broderies; celles qui sont faites à l'aiguille, avec du coton, sur mousselines, sont dites broderies au passé ou au plumetis. Cet ouvrage se travaille sans métier; le modèle est placé sous l'étoffe, et faufilé de manière à ne pas se déranger. On ne fait que suivre, avec l'aiguille, les contours que la transparence de l'étoffe permet de bien distinguer. La broderie, dite au crochet, se fait sur un métier dit *métier à broderie.* Le dessin doit être tracé sur l'étoffe, et l'on passe le coton au moyen d'un petit crochet en acier, très aigu et très léger, dans les mailles du tissu. On fait aussi des broderies en or et en argent, en fil, paillettes et en soie nuancée; on imite même, de cette manière, des fleurs, des oiseaux. Tous ces genres de broderies s'exécutent au crochet: l'étoffe est montée sur un châssis à pieds et roulée sur les grands côtés. La broderie est devenue le partage des femmes. Depuis quelques années, on a cependant imaginé des machines au moyen desquelles on exécute, avec autant de rapidité que de perfection, les broderies de toute espèce.

BROGLIE, famille illustre, originaire de Quiers en Piémont, et qui a fourni à la France plusieurs personnages distingués.

BROGLIE (Victor-Maurice, *comte* DE), né en 1639, mort en 1727, se distingua dans les guerres du règne de Louis XIV, et fut fait maréchal en 1724.

BROGLIE (François-Marie, *duc* DE), fils du précédent, né en 1671, mort en 1745, se signala à Denain et à Fribourg, fut fait maréchal en 1734, et remporta, avec le maréchal de Coigny, les batailles de Parme et de Guastalla. Il fut fait duc en 1742, et mourut dans l'exil trois ans après, victime d'intrigues de courtisans.

BROGLIE (François, *duc* DE), fils aîné du précédent, né en 1718, fut fait maréchal de France en 1760. Il fut ministre de la guerre sous Louis XVI (1789), mais il fut peu après obligé de se démettre et d'émigrer. Il commanda contre la France l'armée des princes, et mourut à Munster, en 1804. Il avait été nommé, par l'empereur d'Allemagne, prince de l'empire, en récompense des services qu'il lui avait rendus dans la guerre contre la Prusse.

BROGLIE (Victor-Claude, *prince* DE), fils du précédent, fut député aux États généraux en 1789. Il fut nommé maréchal-de-camp, et commanda en cette qualité à l'armée du Rhin; mais ayant refusé de reconnaître l'acte qui suspendait le roi de ses fonctions, il fut destitué. Il fut traduit devant le tribunal révolutionnaire, et porta sa tête sur l'échafaud, le 27 juin 1794. Son fils, *Achille-Charles-Léonce-Victor*, duc *de Broglie*, expair de France, et actuellement représentant à l'Assemblée nationale, était alors âgé de 9 ans.

BROME (du grec *bromos*, puanteur), corps simple, découvert, en 1826, par Balard. Il doit son nom à l'odeur forte et désagréable qu'il exhale. Balard l'a trouvé, en très petite quantité, dans l'eau-mère qui reste après la cristallisation du sel marin. Il est contenu dans les eaux de la mer, sous la forme de brômure magnétique. Ses usages sont très restreints. — Le brôme est liquide à la température ordinaire de l'air. En masse, sa couleur est d'un rouge-brun foncé. Son odeur est très forte, et ressemble beaucoup à celle du chlore ; sa pesanteur spécifique est de 2,966. Le brôme entre en ébullition à 47° cent., et cette grande volatilité contraste avec sa forte pesanteur spécifique ; il attaque les matières organiques, notamment la peau, qu'il corrode en jaune.

BROMÉLIACÉES, famille de plantes monocotylédonées, à fleurs hermaphrodites disposées en épis ou en grappes, sans corolle, à étamines attachées au calice, celui-ci est formé de six sépales sur deux rangs ; l'ovaire a trois loges, contenant chacune un nombre variable d'ovules. Toutes les plantes de cette famille sont originaires soit des Antilles, soit de l'Amérique méridionale. Ce sont des plantes vivaces, quelquefois des arbustes rameux, portant des feuilles épaisses et raides, armées de dents épineuses sur leurs bords. Le fruit est d'ordinaire une baie à trois loges, couronnée par les lobes du calice ; quelquefois toutes les baies sont unies ensemble, de manière à former un fruit composé, semblable au cône du pin pignon. Les végétaux les plus intéressants de cette famille sont les agaves et les ananas (*bromelia*, type du genre. Voyez.)

BRONCHES (du grec *brogchos*, gosier). On donne ce nom aux deux conduits qui naissent de la bifurcation de la trachée-artère, et s'introduisent dans les poumons pour y porter l'air nécessaire à l'acte de la respiration. Parvenues dans les poumons, les bronches se divisent (dans les mammifères) en deux ou trois branches qui, après un court trajet, se bifurquent elles-mêmes et fournissent des rameaux de moins en moins volumineux qui se portent dans toutes les directions. C'est à l'extrémité la plus déliée des bronches

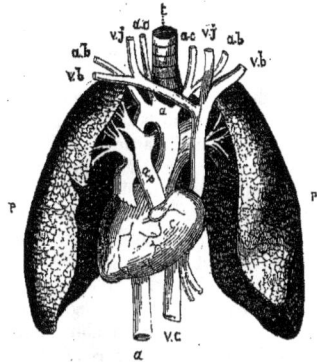

t. Trachée et bronches. (Voyez *Anatomie*.

qu'a lieu le contact du sang veineux avec l'air atmosphérique, et la modification qui rend ce liquide propre à entretenir la vie. (Voyez *Respiration*.)

BRONCHITE. On donne ce nom, en médecine, à l'inflammation de la muqueuse. Elle est tantôt aiguë et tantôt chronique. A l'état aigu, c'est une des maladies les plus fréquentes dans les zônes tempérées, partout où les variations atmosphériques sont brusques et où le caractère dominant du climat est le froid humide ; on le désigne vulgairement en France sous le nom de *rhume*. Cette maladie est souvent précédée ou accompagnée de coryza ; ses symptômes et sa durée varient suivant son intensité. Un malaise général et fébrile, des frissons, du coryza, tels sont les prodrômes de la bronchite ; souvent même une fièvre assez intense se déclare, mais il est rare qu'elle entraîne de graves accidents à moins qu'il ne survienne complication. Un léger chatouillement, souvent douloureux et qui provoque la toux, est le phénomène principal de la maladie. La bronchite peut passer à l'état chronique, surtout chez les vieillards, elle prend alors le nom de *catarrhe* (Voyez) Le traitement de la bronchite aiguë est celui de toutes les inflammations du même genre : il consiste à soustraire les organes affectés à l'action des causes morbifiques, puis à les ramener à l'état normal par des saignées, des boissons douces et quelques narcotiques pour calmer la toux et provoquer le sommeil.

BRONZE (*œs*), alliage composé de cuivre et d'étain, connu de la plus haute antiquité; les proportions employées varient suivant l'usage qu'on veut en faire : 100 parties de cuivre et 10 parties d'étain constituent le bronze des canons, des statues, des médailles, etc.; 100 parties de cuivre et 20 à 25 parties d'étain donnent le métal des cloches, métal élastique, sonore et cassant, auquel on ajoute quelquefois du zinc et de l'antimoine. Le bronze est dur, cassant, sonore; il est beaucoup plus fusible que le cuivre pur, ce qui le rend très propre aux diverses épreuves qu'on lui fait subir. D'après les expériences de Darcet, le bronze rougi au feu et plongé dans l'eau froide se ramollit d'une manière très sensible, tandis que rougi et refroidi dans l'air, il devient dur, aigre et cassant. Les anciens, qui ne connaissaient pas l'acier, fabriquaient leurs armes de bronze, et c'est au moyen du refroidissement lent dans l'air qu'ils leur donnaient la dureté nécessaire. En outre, ils lui attribuaient la vertu de chasser les spectres et les esprits malfaisants; il était consacré aux dieux. Aussi tous les objets destinés au culte étaient-ils de ce métal, et sur les monnaies de bronze, on lisait *moneta sacra*. Les Romains se servaient de tables de bronze pour graver les lois et les actes publics.

BRONZER. Le bronze, au contact de l'air, acquiert en s'oxydant une teinte vert-clair, que l'on a nommée *patine antique*, et qui est fort estimée dans les arts. C'est cette teinte, dont l'industrie s'est emparée, que l'on appelle bronzer. La composition employée pour bronzer les métaux n'est autre qu'une dissolution, dans un demi-litre de vinaigre blanc, de huit grammes de sel ammoniaque, deux grammes de sel d'oseille; on l'applique avec un pinceau. Il faut que la pièce à bronzer soit très sèche, et que la chaleur soit assez forte dans l'atelier pour que la dessiccation soit instantanée; on multiplie les diverses couches jusqu'à ce qu'on ait obtenu la teinte voulue. Pour bronzer les plâtres on se sert d'une dissolution, dans l'eau de colle, d'ocre jaune, de bleu de Prusse et de noir de fumée.

BROSSE (Jacques DE LA). Voyez *La Brosse*.

BROSSE (Pierre DE LA). Voyez *La Brosse*.

BROSSES (Charles DE), né à Dijon en 1709, cultiva en même temps et avec un égal succès les sciences, les lettres et le droit. Parvenu au poste de premier président du parlement de Dijon, il fut nommé en 1746 membre de l'Académie des inscriptions. La suspension du parlement, en 1771, lui procura de longs loisirs auxquels on doit une grande partie de ses ouvrages. Il a laissé : *Lettres sur l'état actuel de la ville d'Herculanum; Dissertation sur le culte des dieux fétiches; Histoire des navigations aux terres australes; Traité de la formation mécanique des langues;* l'*Histoire du VIIe siècle de la république romaine; Lettres historiques sur l'Italie.* Il mourut en 1777.

BROUET NOIR (*jus nigrum*), mets favori des Spartiates, qui consistait en un mélange de viandes et de sang assaisonnés avec du sel et du vinaigre. Denys le tyran, voulant connaître ce mets, fit venir exprès de Lacédémone un cuisinier pour l'apprêter; mais il ne put le manger.

BROUILLARD, amas de vapeurs, plus ou moins épaisses, qui s'élèvent dans l'air, et tantôt se divisent dans les hautes régions de l'atmosphère, tantôt retombent sur la terre en forme de bruine ou de pluie fine. Les brouillards sont des nuages terrestres; les nuages sont des brouillards aériens. — L'eau, qui est de toutes parts à la surface de la terre, s'évapore sous la forme de vapeur invisible, s'élève dans l'atmosphère en vertu de sa force expansive, et se répand de tous les côtés; cette évaporation continue jusqu'à ce que l'air soit totalement saturé. Si la température de l'air vient à diminuer, toute la vapeur ne pourra pas exister à cette nouvelle température; le froid alors saisira la vapeur excédante, et la condensera sous forme de petits globules creux, que l'on nomme vésicules ou *vapeur vésiculaire.* Si cette condensation se fait dans les hautes régions de l'air, ces vésicules formeront un nuage d'autant plus grand que le froid se sera fait sentir dans une plus grande étendue de l'atmosphère; mais si, au contraire, elle a lieu dans les régions de l'air qui sont en contact avec la terre, ces vésicules formeront un brouillard. C'est ainsi que sont produits les nuages et les brouillards. - Les cultivateurs ont trouvé dans les brouillards des pronostics assez sûrs de beau ou de mauvais temps; en général, s'ils ont de la tendance à s'élever rapidement sous l'influence des premiers rayons solaires, on doit s'attendre à une pluie prochaine; s'ils tombent, au contraire, lentement à la surface du sol, c'est l'indice d'un temps calme et serein.

BROUSSAIS (François-Joseph-Victor), célèbre médecin français, naquit à Saint-Malo en 1772. Fils d'un médecin, il fit ses premières études sous la direction de son père, et fit, en qualité de chirurgien, toutes les campagnes de la République et de l'Empire. A la Restauration, Broussais rentra en France, et reçut le titre de médecin principal avec la croix de la Légion-d'Honneur. Il fut placé comme second professeur au Val-de-Grâce, et fit des cours publics de médecine qui furent suivis avec enthousiasme par la jeunesse. Broussais se posait en réformateur; sa parole puissante et persuasive, son style énergique et incisif, sa dialectique pressante, tout ce qu'il fallait pour jouer ce rôle, il le possédait au plus haut degré. En 1816 parut son *Examen des doctrines médicales*, ouvrage qui fit révolution dans l'école et souleva contre son auteur toute la vieille faculté; la polémique fut rude de part et d'autre, mais Broussais avait pour lui la jeunesse avide de nouveautés, et ses idées triomphèrent peu à peu. (Voyez *Irritation* et *Antiphlogistique*.) Cette révolution eut, comme toujours, ses fanatiques; l'exagération s'en mêla, et l'on vit bientôt ressusciter la médecine du docteur Sangrado; mais était-il juste d'en accuser Broussais, qui n'avait attaqué les idées reçues qu'avec discernement. Continuant son œuvre, il publia successivement les *Annales de la médecine physiologique*, et un *Traité de physiologie pathologique*. En 1829 parut son *Traité de l'irritation et de la folie*, qui souleva contre lui les spiritualistes. Nommé membre titulaire de l'Académie de médecine, il devint premier professeur au Val-de-Grâce; et, après 1830, une chaire de *pathologie* et de *thérapeutique générale* fut fondée pour lui à la Faculté de Paris. En 1832, il devint membre de l'Académie des sciences morales et politiques. Broussais appela l'attention des médecins sur l'irritation; il voulut expliquer tous les phénomènes pathologiques par cette cause, et préconisa le traitement antiphlogistique. Dans les dernières années de sa vie, il défendit avec chaleur les idées du docteur Gall. On lui doit également un mémoire remarquable sur le choléra-morbus (1832). Il mourut à Paris en 1838.

BROUSSEL (Pierre), conseiller au parlement de Paris, prit une part active aux troubles de la Fronde. S'étant vivement opposé aux mesures du gouvernement, il fut arrêté par ordre de la régente Anne d'Autriche (1648); le peuple se souleva et exigea son élargissement. L'année suivante, les frondeurs s'étant emparés de la Bastille, Broussel en fut nommé gouverneur.

BRUANT (*emberiza*), genre de passereaux conirostres, ayant pour caractères généraux un bec conique, court, droit; mandibule supérieure plus étroite et rentrant dans l'inférieure; au palais un tubercule saillant et dur. Ces petits oiseaux se nourrissent de graines l'hiver, et d'insectes l'été; ils ont, en général, peu de prévoyance, et sont faciles à donner dans les piéges qu'on leur tend. On en trouve des espèces dans les deux continents : parmi celles que nous avons en France, nous citerons comme la plus impor-

tante : le bruant commun ou *bruant jaune*, long de six pouces trois lignes, à dos fauve tacheté de noir; la tête et tout le dessus du corps jaune, les deux pennes externes de la queue à bord interne blanc. Il niche dans les haies, et l'hiver se rapproche, en troupes nombreuses, des maisons habitées. — La chair des bruants est très délicate, certaines espèces ont même acquis une grande réputation, tel est l'ortolan (*emberiza ortolanus*), commun dans le midi de l'Europe, mais qu'on ne trouve en France que pendant la belle saison.

BRUCE, illustre famille écossaise, dont le nom se rattache, avec ceux des Wallace, aux temps héroïques de l'Ecosse.

BRUCE (Robert), comte d'Annandale, issu de la maison royale, fils de Robert Bruce le noble et d'Isabelle d'Ecosse, disputa le trône à

John Baliol après la mort d'Alexandre III (1286). Edouard Ier fut pris pour arbitre et se déclara pour Baliol qui se reconnut vassal du roi d'Angleterre. Lorsque plus tard Baliol se révolta contre lui, Robert Bruce, par esprit de vengeance, prit du service dans les rangs de l'armée anglaise. Baliol fut vaincu et l'Ecosse soumise : mais bientôt William Wallace délivra son pays et se fit nommer régent. Robert Bruce l'accusa d'aspirer à la dictature et reprit les armes dans les rangs anglais ; mais écoutant les justes reproches de Wallace, il s'unit à lui pour délivrer l'Ecosse, et mourut peu de temps après.

Bruce (Robert), son fils, emmené à Londres par Edouard après la victoire de Falkirk, parvint à s'échapper et à gagner l'Ecosse. Il assemble ses amis à Dumfries, proclame l'indépendance de l'Ecosse et se fait couronner à Scone. Battu à deux reprises, il se réfugie dans les Hébrides, mais sa femme est emmenée en captivité à Londres, et ses trois frères sont pendus. Bruce, sans se décourager, lève une nouvelle armée et livre, en 1314, la bataille de Bannockburn, qui assura l'indépendance de l'Ecosse. Après de nombreux combats, il força Edouard III à reconnaître son droit, et mourut en paix la même année 1329.

Bruce (David), fils du précédent, lui succéda sous le nom de David II ; il fut battu et détrôné par Edouard Baliol, que soutenait Edouard III. Mais en 1342, il reprit ses Etats avec le secours de Philippe de Valois, roi de France, et fit la guerre à Edouard. Il eut d'abord quelques succès, mais vaincu et fait prisonnier à la journée de Nevill's Cross, il resta pendant dix ans renfermé dans la tour de Londres, et n'en sortit que par un traité honteux. Il mourut en 1370, laissant sa couronne à son neveu Robert Stuart. En lui s'éteignit la ligne directe des Bruce.

Bruce (James), célèbre voyageur écossais, naquit à Kinnaird, en 1730. Il s'adonna d'abord au commerce et se fit une assez belle fortune ; mais ayant perdu sa femme, qu'il aimait beaucoup, il quitta les affaires et se décida à voyager pour se distraire. Après avoir parcouru le Portugal, l'Espagne, la France et les Pays-Bas, il résolut de visiter l'Afrique. Il pénétra dans l'Abyssinie à travers mille dangers et se mit à la recherche des sources du Nil qu'il crut avoir trouvées dans celles du Bahr-el-Azrek, un de ses affluents. Il revint en Ecosse après onze ans d'absence, et publia la relation de ses voyages (1785). Bruce n'est pas toujours très véridique,

mais on lui doit d'avoir jeté une grande lumière sur la géographie et l'histoire de l'Abyssinie.

BRUCHE (bruchus), genre d'insectes coléoptères de la famille des rhyncophores, ayant pour caractères : la tête prolongée en museau portant des palpes très visibles ; les antennes filiformes, et les pieds postérieurs très grands. Ce sont de petits insectes qui vivent à l'état de larves, aux dépens des graines dont ils dévorent la substance intérieure, et causent souvent, par leur nombre, de grands dommages aux cultivateurs. Chez nous, ils attaquent principalement les pois, les fèves, les lentilles ; l'insecte parfait vit sur les fleurs. L'espèce la plus commune est le *bruche* du pois (*b. pisi*), long de 4 à 5 millimètres, noir, avec une petite tache blanche sur le corselet, quelques points sur les élytres et une croix blanche sur la partie anale. Cet insecte dépose ses œufs sur les gousses vertes, et les petites larves qui en sortent s'introduisent dans les graines.

BRUCTÈRES, peuple germanique qui habitait les marais des bords de l'Ems et s'étendait jusqu'au Weser, partie de la Prusse et de la Hollande. Ils combattirent Drusus, et ligués avec les Chérusques et les Marses, ils soutinrent l'entreprise de Civilis. Plus tard, subjugués par les Saxons, la plupart des Bructères entrèrent dans les milices romaines ou se mêlèrent aux Francs.

BRUEYS (David-Augustin), né en 1640, à Aix en Provence, de parents calvinistes, fut élevé dans leur religion. Il se livra à l'étude du droit et de la théologie et combattit les écrits de Bossuet. Mais l'illustre prélat entreprit sa conversion, et Brueys devint un des plus zélés défenseurs de la religion qu'il avait attaquée d'abord. Il embrassa même l'état ecclésiastique et composa plusieurs ouvrages en faveur du catholicisme, entre autres l'*Examen des raisons qui ont donné lieu à la séparation des protestants*, et la *Défense du culte extérieur de l'Eglise catholique*. Brueys avait un grand fonds de gaîté et un penchant décidé pour le théâtre, que n'étouffait pas en lui son zèle pour la religion. Ne pouvant, à cause de l'habit qu'il portait, faire paraître des comédies sous son nom, il s'associa Pellaprat, son compatriote et son ami, et donna au théâtre le *Grondeur*, le *Muet*, l'*Important de cour*, le *Sot toujours sot*, les *Empiriques*, l'*Avocat Patelin*, pièce tirée d'une ancienne farce de la foire. Ses tragédies eurent

moins de succès et sont aujourd'hui complètement oubliées. Il mourut en 1723.

BRUEYS (François-Paul), issu d'une noble
famille du Languedoc, naquit à Uzès en 1753;
après s'être distingué dans l'expédition contre
les États barbaresques (1768), et avoir servi
comme lieutenant de vaisseau dans l'armée du
comte de Grasse, il fut fait capitaine en 1792,
et chargé de plusieurs expéditions dans les ports
de l'Adriatique. Promu au grade de contre-
amiral en 1796, et nommé vice-amiral, en 1798,
il fut chargé du commandement de la flotte destinée à transporter en Egypte l'armée sous les
ordres du général Bonaparte; le débarquement
eut lieu à l'ouest d'Alexandrie, le 1er juillet, et
la flotte alla mouiller dans la baie d'Aboukir.
(Voyez.) Le 1er août parut la flotte anglaise commandée par Nelson. Le combat fut engagé avec
acharnement de part et d'autre, et l'escadre française fut presque entièrement détruite. Brueys
montra le plus grand courage, et, déjà blessé, il
fut tué par un boulet sur son banc de quart qu'il
n'avait pas voulu quitter.

BRUGES, ville de Belgique, dans la Flandre
occidentale, et chef-lieu de cette province; elle
est située sur le beau canal qui de Gand va à
Ostende en communiquant par d'autres canaux
avec l'Écluse et Nieuport; elle a un bassin spacieux, où les navires d'un tirant d'eau de 18 pieds
arrivent à la voile par un superbe canal. Cette
belle et grande ville, qui a été vers la fin du
XIIIe siècle un des plus grands entrepôts du commerce du monde, n'offre qu'une ombre de son
ancienne splendeur; mais la halle, l'église de
Notre-Dame avec sa belle tour, l'hôtel-de-ville,
le palais ci-devant épiscopal et d'autres édifices
remarquables, ainsi que ses fabriques, son commerce et ses chantiers de construction, lui assi-
gnent encore un rang distingué parmi les villes
les plus importantes du royaume. L'athénée ou
collége royal, le jardin botanique, la bibliothèque
publique, le cabinet de physique et d'histoire
naturelle, l'académie royale de dessin, de sculpture et d'architecture, et la société royale de
littérature et de langue nationale, sont ses principaux établissements littéraires. Le dernier recensement lui accorde 43,000 habitants.

BRUIT. Voyez *Son*.

BRULOT, sorte de vaisseau chargé d'artifices
et de matières combustibles; il est armé de grap-
pins dans tous les endroits où il peut toucher les
bâtiments ennemis, de manière à s'accrocher; il
est spécialement destiné à prendre feu et à incendier les bâtiments sur lesquels on le dirige;
on emploie à cet usage des bâtiments presque
hors de service; l'équipage qui le monte y met
le feu, près de la destination, de manière à se
ménager le temps de la retraite. C'est principalement la nuit qu'ont lieu ces expéditions. Les
anciens, qui ne connaissaient point l'usage de la
poudre, y suppléaient en chargeant des radeaux
de matières combustibles; c'est à l'aide de ce
moyen qu'ils détruisaient les ponts ou les galères
ennemis. Pendant nos guerres maritimes, nous
n'avons pas fait usage de brûlots. Ce sont les
Anglais qui s'en servirent contre nous; l'une des
plus terribles expéditions de ce genre est celle
dirigée en 1809 contre la division française
mouillée en rade de l'île d'Aix, sous les ordres
du vice-amiral Lallemand. Plusieurs vaisseaux
français sautèrent en l'air, et le jour vint éclairer
le spectacle épouvantable d'une plage couverte
de débris et de cadavres. Les Grecs se servirent
avec succès des brûlots dans la guerre de l'indépendance, et incendièrent la flotte turque mouillée dans le canal de Chio.

BRULURE (*ustio, ambustio*), lésion plus ou
moins grave, produite sur une partie vivante par

l'action du calorique concentré. — Suivant que les parties vivantes ont été soumises à l'action du calorique pendant un temps plus ou moins long, elles présentent un état différent. Au premier degré l'on éprouve une sensation pénible et douloureuse. La peau rougit, se gonfle, et devient chaude et douloureuse à la pression ; au bout de quelques heures les parties malades reviennent à l'état naturel ; seulement l'épiderme se détache et tombe en lames plus ou moins étendues, c'est ce qui a lieu dans l'érysipèle produit par la chaleur solaire, connu vulgairement sous le nom de *coup de soleil*. Dans le second degré, non-seulement la peau est rougie superficiellement, mais son tissu propre s'enflamme et exhale en abondance une sérosité qui soulève l'épiderme et y produit des ampoules ; dans ce cas, plus de tissus se trouvent intéressés, et le retour à la santé est plus long et plus difficile. Enfin, dans le troisième degré, une somme plus considérable de calorique a agi sur une partie du corps et l'a frappée de mort ; on donne le nom d'*eschares* à ces portions de peau ou de tissu cellulaire rôties et désorganisées qui se séparent de l'économie par la suppuration, laquelle s'accompagne souvent de douleurs vives et d'une fièvre plus ou moins aiguë. Ces trois degrés de la brûlure peuvent se montrer séparés, mais souvent on les trouve réunis sur le même sujet. Dès qu'une personne est brûlée, on doit s'empresser de la soustraire à l'action de la chaleur ; ainsi, il est bon de plonger tout de suite la partie brûlée dans l'eau froide, on est souvent parvenu par ce seul moyen à arrêter complétement les ravages de la brûlure. Quand l'épiderme se trouve soulevé par de la sérosité, il est bon de vider les ampoules au moyen de piqûres ; mais il faut bien se garder d'arracher l'épiderme, il faut, au contraire, le remplacer là où il manque, par un peu de papier brouillard enduit de cérat. Dans les brûlures qui ont intéressé une grande épaisseur de parties et où des eschares se sont formées, il faut attendre leur chute et activer le travail de la cicatrisation. Du reste, le traitement des brûlures est très variable comme leur pronostic. C'est à ceux qui entourent le malade à introduire les modifications rendues nécessaires par les circonstances. On a conseillé beaucoup de moyens comme jouissant d'une efficacité particulière ; telles sont la pulpe de pommes de terre râpée, celle de carottes, la gelée de groseilles ; mais ces corps n'agissent qu'en soustrayant le calorique comme le fait l'eau froide, et celle-ci a sur eux l'avantage d'être toujours sous la main. (Voyez *Combustion* et *Calorique*.)

BRUMAIRE, mois de l'année républicaine, qui comprenait du 21 octobre au 21 novembre. Le 18 *brumaire* an VIII (9 novembre 1799), le général Bonaparte, qui avait quitté furtivement l'Egypte et se trouvait en France depuis un mois, s'étant entendu avec deux des cinq directeurs, Sièyes et Royer-Ducos, et ayant trompé les trois autres, obtint du conseil des anciens sa nomination comme chef de toutes les troupes de la division et la translation des deux conseils à Saint-Cloud. Le lendemain 19, il fit entourer de soldats le palais de Saint-Cloud, et tenta d'obtenir du pouvoir législatif un changement dans la constitution. Il harangua d'abord les anciens, sur lesquels il produisit peu d'effet, et rencontra dans les cinq-cents une opposition formidable ; mais aidé par son frère Lucien qui présidait ce dernier conseil, il envoya un peloton de grenadiers qui fit évacuer la salle. Dans la nuit, le conseil des anciens et les débris de celui des cinq-cents bâclèrent la constitution consulaire. Un *dix-huit brumaire* se dit, par extension, de tout coup d'État analogue à celui du général, enfant de la République, qui, dans cette journée fatale, a égorgé sa mère !

BRUNE (Guillaume-Marie-Anne), maréchal de l'Empire, né en 1763 à Brives-la-Gaillarde, était fils d'un avocat au présidial de cette ville. Il embrassa avec ardeur les principes révolutionnaires, publia quelques brochures relatives aux affaires du temps, et fonda avec Danton le fameux club des Cordeliers. Il fut envoyé en Belgique en 1791, comme commissaire civil, et prit à son retour en France du service dans les armées républicaines. Il fut d'abord élu adjudant-major, et parvint en peu de temps au grade de général de brigade. Il se distingua en Italie, sous les ordres de Bonaparte, et fut fait général de division. Il fut nommé par le Directoire au commandement de l'armée de Suisse, puis de celle de Hollande, et s'éleva dans cette campagne au rang des premiers généraux (1799). Il prit part l'année suivante à la pacification de la Vendée ; puis fut placé à la tête de l'armée d'Italie. Envoyé comme ambassadeur à Constantinople, Brune y passa deux années, et lors de son retour il fut fait maréchal de l'empire (1805). Deux ans après, il fut nommé gouverneur des villes hanséatiques, et fut chargé de la conquête de la Poméranie. Il prit Stralsund, mais fut, on ne sait trop pourquoi, rappelé et disgracié. Lors du retour de l'île d'Elbe, Brune se déclara pour Napoléon, qui lui donna un commandement dans le Midi et le nomma à la chambre des pairs ;

mais à la seconde rentrée de Louis XVIII il fit sa soumission. Il se préparait à partir pour

Paris, lorsqu'il fut lâchement assassiné, le 2 août 1818, par la populace ameutée contre lui par le trop fameux Trestaillons. Ce crime resta impuni,

BRUNEHAUT, fille d'Athanagild, roi goth d'Espagne, devint l'épouse de Sigebert, l'un des fils de Clotaire Ier et roi d'Austrasie, et Chilpéric Ier, frère de Sigebert et roi de Neustrie, épousa la même année Galsuinthe, sœur de Brunehaut; mais il l'abandonna bientôt à la haine de sa concubine Frédégonde, qui la fit mettre à mort. Brunehaut, voulant venger le meurtre de sa sœur, poussa Sigebert à déclarer la guerre à Chilpéric. Sigebert vainquit son frère, et déjà Brunehaut se croyait maîtresse de ses ennemis, lorsque deux assassins aux gages de Frédégonde poignardèrent le roi d'Austrasie. Brunehaut devint captive de Chilpéric qui lui laissa la vie, et elle ne dut sa liberté qu'à l'amour de Mérovée, fils de Chilpéric, qui lui procura les moyens de s'enfuir et la suivit en Austrasie; cet acte lui

coûta la vie. Brunehaut gouverna sous la minorité de son fils Childebert et sous celle de son petit-fils Théodebert; mais une intrigue de palais l'ayant chassée d'Austrasie, elle se réfugia en Bourgogne auprès de Théoderic, un autre de ses petits-fils, et exerça sur lui une grande influence. Elle indisposa bientôt contre elle les Leudes par sa tyrannie, et s'attira l'indignation de l'Eglise par le meurtre de saint Didier, évêque de Vienne. Après la mort de Théoderic elle fut livrée à Clotaire II, fils de Chilpéric et de Frédégonde, qui la traita avec une atroce barbarie; elle fut liée par les cheveux à la queue d'un cheval fougueux qui la mit en pièces. Cette princesse, qui se distinguait autant par la supériorité de son esprit que par la beauté de sa personne, commit il est vrai quelques excès; mais elle s'efforça d'établir une bonne administration dans ses Etats, et fit élever divers ouvrages utiles, et notamment de belles chaussées qui portent encore son nom.

BRUNELLESCHI, célèbre architecte italien, né à Florence en 1377, mort en 1444, se forma par l'étude des monuments antiques, et régénéra l'art de l'architecture en Italie. On lui doit la célèbre coupole de Sainte-Marie-des-Fleurs de Florence, les églises de Saint-Laurent et du Saint-Esprit, à Florence; le palais Pitti, les forteresses de Milan et de Pesaro, les deux citadelles de Pise, etc.

BRUNN, chef-lieu du gouvernement de Moravie et Silésie (voyez), est situé au confluent de la Schwarza et de la Zwittawa. C'est une ville bien bâtie et qu'on peut regarder comme une création du commerce et de l'industrie, tant elle leur doit d'accroissement dans ces dernières années. On la regarde comme la première ville de l'empire pour les manufactures de laine. Les teintures, les soieries, le savon, le tabac, mais surtout ses manufactures de draps et de toiles de coton occupent le plus grand nombre de ses habitants. On doit citer les églises de Saint-Jacques et de Saint-Pierre, le palais du gouverneur, celui du prince Dietrichstein, l'hôtel-de-ville, le théâtre, le monument en marbre érigé en mémoire des guerres de 1813 à 1815; la citadelle du Spielberg qui a servi parfois de prison d'Etat et dans laquelle existe un puits de 130 mètres dans le roc. Brünn est le siége d'un archevêché, du tribunal d'appel de cette, province ainsi que de son gouvernement général militaire.

BRUNNEN, bourg de Suisse, dans le canton

de Schwitz et sur le lac de Lucerne. C'est là que fut confirmée en 1315, après la victoire de Morgarten, l'union formée dès 1307 entre les cantons d'Uri, Schwitz et Urterwald, union qui prit dès-lors le nom de *ligue perpétuelle de Brunnen*, et à laquelle accédèrent successivement Lucerne (1332), Zurich (1351), Glaris et Zug (1352), et enfin Berne (1353) : ce qui compléta les huit vieux cantons.

BRUNO (*saint*), fondateur de l'ordre des Chartreux, naquit à Cologne vers le milieu du XI° siècle. Il étudia à Paris et à Reims, et fut nommé chanoine dans cette ville, puis chancelier de l'Eglise. Il refusa plus tard l'archevêché de Reims, et prit la résolution de se retirer du monde. Il choisit pour retraite la Chartreuse (voyez), lieu âpre et sauvage, merveilleusement propre à seconder une vie contemplative. Saint Bruno fut accompagné par six de ses amis, et fonda un monastère (1086). Les chartreux ne reçurent point de statuts particuliers, il adoptèrent la règle de saint Benoît. (Voyez *Chartreux*.) — Bruno ne jouit pas longtemps du repos qu'il s'était préparé; appelé auprès du pape Urbain II (1089), qui réclamait ses conseils, il fut comblé d'honneurs; cependant, il aspirait toujours à la

Couvent de la Grande-Chartreuse.

solitude, et ayant obtenu la permission de se retirer en Calabre, il y fonda une seconde Char-

treuse dans le désert de la Torre (1094), où il mourut en 1101. Il fut canonisé en 1514. Saint Bruno a laissé des épîtres, un commentaire sur les Psaumes, un autre sur les épîtres de saint Paul. Sa vie a été écrite par le P. Tracy. Les vingt-six tableaux de Lesueur représentent des traits de la vie de ce saint, et qui décoraient le cloître des Chartreux, à Paris, sont au Luxembourg.

BRUNO (Jordano), philosophe italien, né vers 1550, à Nole en Campanie, entra jeune encore dans l'ordre des Dominicains. Mais ayant conçu des doutes sur la vérité de la religion, il quitta son couvent et se rendit à Genève (1580), où, après avoir conféré avec Calvin et Théodore de Bèze, il embrassa le calvinisme. Il quitta Genève pour venir à Paris, où il combattit la philosophie d'Aristote; alla en Angleterre et en Allemagne, où il séjourna quelques années, puis rentra en Italie et s'établit à Pavie. Il y vivait dans la retraite depuis six ans, sans avoir été inquiété, lorsqu'il fut saisi par ordre de l'inquisition de Venise et livré au saint-office de Rome. Bruno fut incarcéré pendant deux ans, et, sur son refus de désavouer ses doctrines, il fut condamné, comme coupable d'apostasie et d'hérésie, à être brûlé vif. Il fut exécuté le 17 février 1600. Bruno s'était fait un système de philosophie pareil au panthéisme de Spinoza. Il regardait Dieu comme l'âme de l'univers, et celui-ci comme un organisme vivant. Il défendit aussi avec chaleur le système de Copernic et émit la doctrine de la pluralité des mondes.

BRUNSWICK, petit Etat partagé en trois parties enclavées presque entièrement dans la province prussienne de Saxe et dans la partie méridionale du royaume de Hanovre. Les principaux pays qui le composent sont : les principautés de Wolfenbüttel et de Blankenburg, la prélature de Helmstedt, le chapitre de Walkenried et une partie du Bas-Harz possédée en commun avec le roi de Hanovre. — Il est arrosé par le Weser et quelques-uns des affluents de l'Aller, tels que l'Ocker, la Leine, et quelques rivières (la Bode, la Zorge) qui appartiennent au bassin de l'Elbe. — D'après la dernière organisation, tout le duché est divisé en six districts, savoir : de Brunswick, de Wolfenbüttel, de Helmstedt, de Gandersheim, de Holzminden et de Blankenburg, ainsi nommés de leurs chefs-lieux respectifs. — Le gouvernement y est monarchique constitutionnel, et la couronne peut passer aux femmes. Le Brunswick a deux voix dans l'assemblée plénière de la diète germanique; mais dans le comité il ne possède que la moitié d'une voix, étant représenté en commun avec la principauté de Nassau. — A la chute de l'empire de Charlemagne, ce pays, compris dans ce qu'on appelait alors la Saxe, eut déjà quelques princes indépendants qui fondèrent les principales villes; mais ce ne fut qu'en 1235 qu'Othon l'enfant, héritier des Guelfes, reçut ce duché comme fief de l'empereur Frédéric II. Après lui, la maison de Brunswick s'affaiblit en se divisant et se subdivisant en plusieurs lignes : Lunebourg, Grubenhagen, Gœttingen, Wolfenbüttel, Kalemberg, Zell, et Danneberg. Cependant, vers la fin de la guerre de trente ans, qui causa d'horribles ravages dans ce pays, Auguste, descendant comme la maison de Hanovre d'Ernest-le-Confesseur, duc de Lunebourg-Zell, acquit la succession de la seconde maison de Brunswick, et fonda la famille encore régnante aujourd'hui. La paix fut conclue à Geslar en 1642, entre l'empereur et toute la maison de Brunswick. Auguste mourut en 1666, laissant la réputation d'un des princes les plus sages et les plus éclairés de l'Europe. Rodolphe-Auguste, son fils aîné, réduisit à l'obéissance la cité de Brunswick, qui voulait s'ériger en ville libre (1671). Antoine-Ulrick, autre fils d'Auguste, succéda à Rodolphe et tenta en vain, en s'alliant à Louis XIV, de mettre obstacle à l'érection du Hanovre en électorat (1693). Le plus célèbre de ses successeurs est ce Charles-Guillaume-Ferdinand, qui, après avoir rétabli en Hollande le stathoudérat à l'aide des forces prussiennes (1787), se fit connaître comme un des plus ardents adversaires de la révolution française. A la tête de l'armée d'invasion, en 1793, malgré l'outrecuidance de son fameux manifeste, il dut quitter le commandement après deux campagnes malheureuses. Il s'occupa pendant quelques années des affaires intérieures de son pays, dont il rétablit les finances; mais en 1806, une sorte de fatalité le rappela dans les rangs prussiens, et il fut tué au combat d'Auerstadt. Brunswick fut, jusqu'en 1813, une des principales villes du royaume éphémère de Westphalie. En 1815, le fils de Charles-Guillaume Frédéric, marchant sur les traces de son père, vint à Ligny chercher une balle française. Charles, fils de Frédéric, était mineur : Georges IV, alors régent d'Angleterre, comme chef de la maison de Brunswick-Hanovre, s'empara de sa tutelle. A sa majorité, le jeune duc refusa d'observer une constitution acceptée en 1820 par ses tuteurs; il fut condamné par la diète, en 1829, se réfugia à Paris d'où il fut chassé par la révolution de

1830, et revint dans ses Etats, où une autre révolution lui enleva définitivement la couronne pour la faire passer à son frère Guillaume. Celui-ci, fort de l'appui de l'Angleterre, fit déclarer la couronne héréditaire dans sa propre ligne (1836), et mutila la constitution en réduisant les deux chambres à une seule assemblée autocratique, (Voyez *Hanovre*.) — La capitale du duché est Brunswick (Brauschweig), sur l'Ocker, ville assez grande et bien bâtie, avec environ 36,000 habitants. Ses principaux édifices sont : le Graue-Hof ou le château ducal, qui a été brûlé pendant la révolution éclatée en 1830; l'ancien hôtel-de-ville, l'hôtel de la ville neuve, la nouvelle salle d'opéra, la cathédrale, l'église de Saint-André, avec un clocher très élevé; l'arsenal, les casernes, le monument en fer des deux derniers ducs, morts sur le champ de bataille à Auerstadt en 1806, et à Quatre-Bras en 1815; la maison des orphelins. Parmi les nombreux établissements scientifiques et littéraires de Brunswick nous mentionnerons : le collegium Carolinum, qui jouit d'une grande réputation; l'institut ducal, le collège d'anatomie et de chirurgie, le séminaire pour les maîtres d'école, l'institut des sourds-et-muets, l'école des cadets, la société d'horticulture. Cette ville possède en outre une bibliothèque publique assez riche et un superbe musée où se trouvent une collection d'antiquités et une belle galerie de tableaux. On trouve dans ses environs Wolfenbüttel, petite ville de plus de 8,000 âmes, avec un gymnase, un séminaire pour les maîtres d'école et une des plus riches bibliothèques de l'Europe, placée dans un bel édifice; elle est en outre le siége du tribunal suprême d'appel pour les pays de Brunswick, de Lippe et de Waldeck.

BRUNSWICK (*Nouveau-*). Voyez *Écosse* (*Nouvelle-*).

BRUNSWICK (George-Louis, *duc* DE). Voyez *Georges I*er, roi d'Angleterre.

BRUNSWICK (Ferdinand, *duc* DE), né à Brunswick en 1721, entra de bonne heure au service de la Prusse, et se distingua pendant la guerre de sept ans. Il gagna les batailles de Crevelt et de Minden, et chassa les Français de la Hesse. A la paix, il se retira dans son pays, et s'occupa de protéger les beaux-arts. Il mourut en 1792.

BRUNSWICK (Charles-Guillaume-Ferdinand, *duc* DE), fils aîné du duc Charles de Brunswick, alors régnant, naquit en 1735. Il fit ses premières armes sous Ferdinand de Brunswick, son oncle, pendant la guerre de sept ans, et montra de grands talents militaires. A la mort de son père (1780), il prit les rênes du gouvernement et s'occupa d'encourager le commerce et l'agriculture, et de diminuer les charges publiques. Lorsque la Prusse et l'Autriche se coalisèrent contre la France, en 1792, le commandement général de l'armée fut confié au duc de Brunswick, qui publia à Coblentz, le 15 juillet, son fameux manifeste. Il entra en Champagne ; mais arrêté près des défilés de l'Argonne (voyez), où s'était retranché Dumouriez, il ne put le forcer à accepter une bataille décisive, et fut obligé de conclure un armistice et d'évacuer la Champagne. Il se démit du commandement peu de temps après, et le reprit en 1806. Mortellement blessé à la bataille d'Auerstadt, il mourut le 10 novembre de la même année. Son fils fut tué en 1815 aux Quatre-Bras.

BRUTIUM. Voyez *Calabre.*

BRUTUS (M. Junius), fondateur de la république romaine, était fils de Marcus Junius et de Tarquinie, fille de Tarquin-l'Ancien, ou sœur de Tarquin-le-Superbe. Celui-ci, pour s'emparer des biens de cette famille, avait fait périr Marcus Junius et ses fils, à l'exception d'un seul qui, pour échapper au trépas, contrefit l'insensé. De là ce surnom de *Brutus* (brute). Mais lorsque Sextus Tarquin eut outragé Lucrèce, Brutus, saisissant l'occasion, jeta le masque, harangua le peuple et fit décréter que Tarquin et les siens seraient à jamais exilés de Rome. A sa demande la royauté fut abolie, et le pouvoir partagé entre deux magistrats ou préteurs élus pour un an. Telle fut l'origine de la république de Rome. Brutus et Collatin furent les premiers préteurs. Tarquin, obligé de fuir, implora le secours des étrangers et fomenta des complots dans Rome. Plusieurs jeunes gens des premières familles ourdirent une conspiration, mais l'esclave Vindex ayant dénoncé le complot, tous les complices furent mis à mort, et les deux fils de Brutus, coupables aussi, ne purent trouver grâce devant leur père et furent décapités. Peu après, les fils de Tarquin marchèrent sur Rome à la tête d'une armée de Véiens ; Brutus courut à leur rencontre, et périt dans le combat en donnant la mort à Aruns, fils du roi banni (508 av. J.-C.).

BRUTUS (M.-Junius), austère républicain, fils de Servilie, sœur de Caton, prétendait descendre du fondateur de la république romaine. Lorsque éclata la guerre civile, il embrassa le parti de Pompée et prit part à la bataille de Pharsale. Cela ne l'empêcha pas de rentrer en grâce auprès de César qui l'aimait beaucoup, et qui, dit-on, était son père. Le dictateur lui confia même le gouvernement de la Gaule cisalpine, et lui fit obtenir la préture urbaine. Malgré ces nombreuses faveurs, Brutus entra dans la conspiration tramée par Cassius. César périt assassiné, et en voyant briller le poignard dans la main de Brutus, il lui dit d'un ton de reproche : « Et toi aussi, mon fils ! » Mais les meurtriers eurent contre eux le peuple ; le Capitole ne leur parut bientôt plus un refuge suffisant, et Brutus et Cassius, suivis des principaux conjurés, se retirèrent en Orient. Octave et Antoine les y poursuivirent bientôt, et les deux partis se rencontrèrent à Philippes en Macédoine. Brutus et Cassius firent des prodiges de valeur ; mais la fortune leur fut contraire, et ils se tuèrent pour ne pas tomber entre les mains de leurs ennemis. On prétend qu'en mourant Brutus s'écria : « Vertu, tu n'es qu'un nom ! » Sa vertu austère, sa mâle éloquence, lui méritèrent d'être appelé « le dernier des Romains. »

BRUXELLES (*Brüssel*), capitale de la Belgique, chef-lieu du Brabant méridional. Cette ville est bâtie sur un terrain inégal, sur les bords de la Senne. Sa partie basse, la moins saine et la moins régulière, renferme beaucoup de maisons dans le goût gothique ; mais le quartier voisin du Parc offre des rues larges, bien alignées et des maisons élégamment bâties. La place Royale et celle de Saint-Michel, remarquables par les bâtiments qui les décorent, sont les places principales. Plusieurs belles fontaines ornent cette ville qui possède des promenades d'une rare beauté ; celle du Parc, enrichie de magnifiques statues, est regardée comme une des plus belles de l'Europe ; l'allée Verte offre trois avenues de plus d'un mille de long, qui se prolongent jusqu'au pont de Lacken ; et les nouveaux boulevarts, construits sur l'emplacement des anciens remparts. Cette ville s'est beaucoup agrandie dans ces dernières années, et plusieurs magnifiques bâtiments ont été ajoutés à ceux qui la décoraient déjà. Ses édifices les plus remarquables sont : le palais du roi, celui du prince royal, le palais des États, la nouvelle salle de spectacle ou le théâtre royal, l'hôtel-de-ville, surmonté d'une tour gothique d'une grande élévation et couronnée par la statue colossale de saint Michel, tournant sur un pivot au moindre vent ; l'ancien palais du gouvernement autrichien, où l'on a établi le musée et la bibliothèque; le magnifique palais de justice, dont le portail a été construit sur le modèle de celui du temple d'Agrippa à Rome; il a été brûlé pendant la révolution de 1830; les magnifiques serres du jardin d'horticulture. Parmi ses églises, nous citerons celles de Saint-Gudule, du Sablon, de la chapelle de Notre-Dame et de Saint-Jean-Baptiste. Parmi les constructions d'un autre genre on ne doit pas oublier le grand bassin du commerce, pouvant contenir 400 vaisseaux, et le canal de Bruxelles à l'Escaut, approfondi et élargi de manière à pouvoir porter des navires de 300 tonneaux. — Un grand nombre d'établissements scientifiques ajoutent à l'importance de la capitale de la Belgique; nous nous bornerons à citer : l'académie des sciences et belles-lettres, la société royale des beaux-arts, la société Concordia, pour la littérature nationale; la société de botanique ou de flore, la société de musique, l'athénée, espèce de collége royal; l'école supérieure de commerce et d'industrie. l'observatoire, fourni d'instruments sortis des meilleurs ateliers français, anglais et allemands; le jardin botanique, un des plus beaux de l'Europe; le musée national pour l'industrie et les arts; des professeurs habiles y font des cours publics sur les différentes branches des sciences et belles-lettres; on y voit un beau cabinet de physique, un cabinet d'histoire naturelle, riche surtout en objets rares des productions de la Russie et des possessions hollandaises dans l'Océanie; une galerie de tableaux, où l'on admire beaucoup de chefs-d'œuvre anciens et modernes; enfin la bibliothèque de la ville, récemment enrichie d'un grand nombre de volumes. Bruxelles a une industrie et un commerce développés, on y rencontre tous les genres de professions qu'attirent les grandes capitales. Elle est pour le royaume une sorte d'entrepôt des objets de luxe et de goût, et le centre d'un commerce de librairie très considérable. Elle a des presses nombreuses surtout employées à la contrefaçon d'ouvrages français. On lui accorde 106,000 habitants. — Autrefois capitale des Pays-Bas autrichiens, Bruxelles est la résidence du roi et des grands corps de l'État, et le siège d'une des deux cours suprêmes de justice.

BRUYÈRE (erica), genre nombreux de plantes de la famille des éricinées (de l'octandrie monogynie de Linné). Ce sont des végétaux élégants qui ne croissent que dans l'ancien continent. Quelques espèces atteignent à peine dix centimètres de hauteur, tandis que d'autres montent à plus de sept mètres; les unes forment des touffes arrondies, les autres des tapis serrés de plusieurs myriamètres d'étendue. Toutes sont remarquables par leur verdure persistante, la disposition et la couleur de leurs fleurs. Celles-ci sont sphériques, en grelot, en cloche, en massue, affectant des formes bizarres, ou se prolongeant en tubes cylindriques. Un petit nombre seulement ont une odeur agréable. Les bruyères croissent généralement dans les terrains incultes de nature sablonneuse, dont elles augmentent progressivement l'épaisseur et la fécondité par leurs dépouilles, et forment ces terreaux légers et substantiels connus sous le nom de terre de bruyère, si utiles dans l'horticulture. Parmi les espèces de France, nous citerons la bruyère

Bruyère à grandes fleurs.

commune (*erica vulgaris*) à fleurs roses ou lilas. Elle couvre des espaces immenses dans les landes de Bordeaux, de la Sologne, etc. Les bestiaux la mangent avec plaisir quand elle est jeune, et elle donne un bon engrais. On cultive dans les serres plusieurs espèces du Cap; nous avons figuré l'une des plus remarquables, la bruyère à grandes fleurs (*erica grandiflora*), arbuste d'un mètre et demi de hauteur, à fleurs d'un rouge orangé en dessus, d'un beau jaune en dessous.

BRYENNE (Nicéphore), général sous l'empereur Michel Parapinace, se révolta et se fit proclamer empereur; mais Alexis Comnène, envoyé contre lui, le vainquit et l'emmena à Constantinople où il eut les yeux crevés (1079). Son fils, Nicéphore Bryenne, jouit de la faveur d'Alexis Comnène lorsque celui-ci eut à son tour usurpé le trône. Il épousa sa fille Anne, et fut décoré du titre de César; mais il ne put se faire nommer son successeur. Il a écrit l'*Histoire des empereurs Isaac Comnène, Constantin Ducas, Michel Parapinace.*

BRYONE (*bryonia*), genre de plantes de la famille des cucurbitacées. La bryone commune (*bryonia alba*) croît dans les bois, près des haies; sa tige velue, garnie de vrilles, grimpe et s'attache aux corps environnants, ses feuilles sont cordiformes, ses fleurs, d'un blanc verdâtre, sont dioïques, en grappes; aux fleurs femelles succèdent des baies noires ou rouges renfermant trois ou six graines. La racine est charnue, fusiforme, de couleur blanche, son odeur est vireuse et nauséabonde, sa saveur amère et âcre; elle est employée en médecine comme purgatif violent; de plus, elle contient une grande quantité de fécule que l'on peut facilement dépouiller de sa substance vénéneuse par le lavage.

BUANDERIE. On donne généralement ce nom à un local consacré au blanchissage du linge, et qui est pourvu de fourneaux, de chaudières, de cuviers, etc., en un mot, de tous les instruments nécessaires à cet usage.

BUBON. Voyez *Peste* et *Syphilis.*

BUCENTAURE, monstre que les anciens représentaient comme ayant le corps et les quatre pieds d'un taureau, avec le torse, les bras et la tête d'un homme. On donnait ce nom à un grand galion couvert de dorures, sans voiles ni mât, et voguant à force de rames, sur lequel le doge de Venise montait dans la première année de ses fonctions, le jour de l'Ascension, pour célébrer son mariage symbolique avec la mer Adriatique. Le Bucentaure, escorté d'une multitude de gondoles, portant les premières autorités de l'État et du clergé, et les ambassadeurs des diverses puissances, s'avançait jusqu'en pleine mer; et là le doge, après avoir fait bénir son anneau par un prêtre, le laissait tomber dans les flots.

BUCÉPHALE, cheval d'Alexandre, qui a participé à la gloire de son maître. Ce coursier fougueux, que nul autre qu'Alexandre ne pouvait monter, porta ce héros jusqu'au-delà de l'Indus, après la défaite de Porus. Il avait seize ans lorsqu'il mourut; Alexandre lui fit de magnifiques funérailles, et fonda sur son tombeau la ville de *Bucéphalie.* Son nom, qui veut dire en grec *tête de bœuf,* vient, non pas comme on l'a avancé, de la ressemblance de sa tête avec celle d'un bœuf, ce qui s'accorderait mal avec la beauté tant vantée de ce noble animal, mais de ce qu'il portait sur la cuisse une petite tête de bœuf, marque du haras dont il sortait, suivant l'usage des Grecs. Il était né en Thessalie, et Philippe l'avait payé, dit-on, 13 talents (environ 70,000 fr. de notre monnaie).

BUCHAREST. Voyez *Bukarest.*

BUCHER. La coutume de brûler les cadavres humains paraît venir de l'Inde où elle est de rigueur pour les castes supérieures et où les veuves se précipitent encore dans le bûcher de leurs maris, malgré tous les efforts des Anglais pour abolir cette coutume barbare appelée *sutti.* Chez les Grecs et les Romains, la crémation n'était pas universellement employée. Socrate dit qu'il lui était indifférent d'être brûlé : Numa voulut expressément qu'on l'ensevelit. Hercule et Didon voulurent mourir sur un bûcher, attachant sans doute à cette destruction de leur corps une idée expiatoire. Sylla voulut être brûlé de crainte qu'on n'outrageât son cadavre comme il avait outragé celui de Marius. Odin, le héros scandinave, voulut aussi que ses restes disparussent dans les flammes. Les anciens nous ont laissé des sarcophages aussi bien que des urnes cinéraires. Dans l'antiquité, le bûcher funéraire avait la forme d'un autel : on le formait de bois odoriférant, et quelquefois on l'ornait avec luxe : les parents y mettaient le feu en détournant la tête. Du bûcher d'un empereur on faisait échapper un aigle, symbole de son apothéose. Des gladiateurs, appelés *bustuaires,* s'entretuaient sur les cendres encore chaudes. Chez les chrétiens, le corps doit retourner à la terre d'où il est sorti; mais les bûchers ont été employés à un usage autrement barbare que la crémation des cadavres. L'inquisition a fait périr dans les flammes des milliers de victimes; et à Palerme, en 1720 (la postérité voudra-t-elle le croire?), on a brûlé deux malheureux accusés d'hérésie.

BUCKINGHAM (*comté de*), en Angleterre. Buckingham, sa capitale, est à 20 lieues N.-O.

de Londres : c'est une province agricole et manufacturière ; sa longueur est de 15 lieues, et sa largeur de 6 ; sa population est de 117,650 individus. L'air de ce pays est sain, et son territoire est d'une grande fertilité. Il produit du blé, de l'orge, de l'avoine, et il abonde en excellents bestiaux. On y fabrique du papier, de la dentelle, genre d'industrie dans lequel les habitants ont acquis une grande réputation. — Deux villes partagent le rang et les priviléges de capitale de ce comté ; la plus importante est Aylesbury, siége de la cour d'assises, et où Guillaume-le-Conquérant fit sa résidence ; et Buckingham, fondée à une époque très reculée. Elle possède trois beaux ponts, des fabriques de dentelles, et des papeteries. Les autres lieux ou petites villes de cette contrée ne méritent pas d'être cités.

BUCKINGHAM (George Villiers, *duc* DE), ministre et favori des rois Jacques I$_{er}$ et Charles Ier, naquit en 1592. Ayant perdu son père fort jeune, sa mère l'envoya faire son éducation en France. De retour en Angleterre, il fut présenté au roi Jacques, auquel il plut par les grâces de sa personne et de son esprit. En moins de deux ans, il fut fait baron, vicomte, duc, lord, grand-amiral, grand-écuyer, etc., enfin premier ministre. Envoyé en Espagne pour négocier le mariage du prince de Galles (Charles Ier), avec l'infante, il fit manquer ce projet par son arrogance, et fit déclarer une guerre injuste à l'Espagne. Pour s'enrichir lui et les siens, il établit de lourdes taxes et vendit des faveurs ; aussi fut-il toujours l'objet de toutes les haines populaires. Plusieurs fois les parlements tentèrent, mais en vain, de l'éloigner. Lorsque Jacques mourut (1625), on porta contre lui une accusation de haute trahison, mais Charles Ier, aveuglé comme son père, punit ses accusateurs, et l'insolent favori n'en devint que plus hautain et plus avide. Envoyé à Paris pour chercher Henriette de France, fiancée de Charles Ier, Buckingham osa, dit-on, déclarer son amour à la reine Anne d'Autriche, et se fit nommer ambassadeur à la cour de France. Mais Louis XIII, éclairé par Richelieu, refusa de le recevoir, et Buckingham, pour venger son amour-propre et sa passion, alluma la guerre entre la France et l'Angleterre, sous le prétexte de la religion. Il échoua pourtant dans ses tentatives sur la Rochelle et l'île de Ré (1627), et il préparait une nouvelle expédition, lorsque le poignard d'un fanatique, John Felton, vint mettre fin à ses jours (23 août 1628).

BUCKINGHAM (George), fils du précédent, accompagna Charles II dans l'exil, le suivit en Écosse, et jouit d'une grande faveur auprès de ce prince après la restauration.

BUCOLIQUE. Voyez *Pastorale*.

BUDE (*Ofen* des Allemands, *Buda* des Hongrois), sur la rive droite du Danube, dans le comitat de Pesth, située presque au milieu du royaume de Hongrie, dont elle est la capitale depuis 1784, et vis-à-vis de Pesth, à laquelle la réunit un pont de bateaux. Le palais royal, où réside le palatin ou vice-roi de Hongrie, remarquable par son étendue et par sa situation délicieuse ; l'arsenal, où l'on conserve plusieurs objets curieux du moyen-âge ; et l'observatoire de l'université, bâti sur le Blocksberg, ainsi que quelques palais des magnats ou grands seigneurs hongrois, sont ses édifices les plus remarquables. L'archigymnase, les deux écoles principales (Hauptschulen), l'école de dessin et l'observatoire sont les établissements publics les plus importants. Bude est le siége d'un évêché grec et du commandement général militaire de toute la Hongrie. La délicieuse île Marguerite ou du Palatin, transformée par l'archiduc palatin en un charmant jardin, et les bains chauds très fréquentés méritent d'être mentionnés. La population s'élève actuellement au-dessus de 35,000 âmes (Voyez *Pesth*.)

BUDGET. Ce mot que nous avons emprunté à la langue anglaise, paraît néanmoins venir du vieux français *bougette*, petite poche ou sac. Il est en usage chez nous, depuis que nous avons des finances régulières, c'est-à-dire depuis 1789, et désigne l'état et la balance des recettes et dépenses nationales. La restauration régularisa complètement le budget de l'État, malgré les dettes léguées par les dernières années de l'empire, les contributions de guerre, les dépenses occasionnées par le séjour des alliés, puis la guerre d'Espagne, et enfin le milliard donné aux émigrés. Nous donnerons seulement en nombres ronds le chiffre des dépenses réelles des années les plus remarquables jusqu'en 1844 :

1815.	798,591,000 fr.
1818.	1,154,649,000
1819.	853,853,000
1823.	1,118,025,000
1826.	976,949,000
1828.	1,024,101,000
1831.	1,214,611,000
1840.	1,363,706,000
1841.	1,425,344,000
1844.	1,405,536,000

BUÉNOS-AYRES, autrefois vice-royauté, et actuellement le plus important des États de la confédération du *Rio de la Plata* (voyez *Plata* (*Rio de la*), est borné au N. par la province d'Entre-Rios ; au N.-O., par la province Cordovas ; au S.-O., par le Rio-Negro ; au S. et au S.-E., par l'Atlantique. On évalue sa population à 470,000 âmes. Buénos-Ayres proclama son indépendance en 1807, c'est celle des provinces-unies du Rio de la Plata qui a joué le plus grand rôle dans les événements qui ont signalé l'ère de l'indépendance et la formation de la république Argentine. La ville de *Buénos-Ayres* devint alors le siége du gouvernement central et du congrès de ces nouveaux Etats-Unis de l'Amérique méridionale, et elle fut déclarée, en 1826, par le congrès, capitale de l'Etat fédératif. Cette ville est non-seulement la plus peuplée, la plus riche et la plus commerçante de la confédération, mais une des principales places de commerce du Nouveau-Monde, et un de ses principaux foyers d'instruction et de civilisation. Quoique située sur la rive droite et près de l'embouchure d'un des plus grands fleuves du monde, elle n'a pas de port pour les gros navires, à cause de plusieurs bancs de sable qui entravent la navigation ; les bâtiments de long cours sont forcés de s'arrêter à la baie de Barragan. Buénos-Ayres n'a qu'un fort pour toute défense, et 'est assez bien bâtie. De belles rues régulières et pavées, avec des trottoirs, de belles maisons, quoique presque toutes à un seul étage, quelques vastes bâtiments, de nombreuses églises avec leurs dômes et leurs clochers, rendent agréable l'aspect de cette ville, dont le climat justifie le nom que son fondateur Mendoza lui a imposé. Ses plus belles rues sont : la Victoria, la Plata, la Florida ; la place de la Victoria, celles del Fuerte et del 25 de Mayo, sont ses plus belles places. La cathédrale, l'église de San-Francisco, celle de la Merced ; la banque et l'hôtel des monnaies, le grand hôpital, la chambre des députés, sont ses édifices les plus remarquables ; on doit aussi mentionner le fort. On peut dire, sans exagération, que Buénos-Ayres, sous le rapport des ressources scientifiques et littéraires, tient le premier rang parmi les grandes villes de l'Amérique méridionale, ci-devant espagnole. Parmi les nombreux établissements auxquels elle doit cet avantage, nous citerons : l'université, qui, pour le nombre et le talent des professeurs comme pour la méthode d'enseignement, est une des premières du Nouveau-Monde. On nomme encore, parmi les principales écoles spéciales : l'école de commerce, l'académie commerciale, l'académie

argentine, l'académie des Province s-Unies, le gymnase argentin, le lycée argentin. On doit citer encore : le département topographique, l'observatoire, le cabinet de physique et celui de minéralogie ; la bibliothèque publique, qui est une des plus riches et la meilleure de toute l'Amérique méridionale ; la société littéraire. Aucune ville de l'Amérique du Sud ne pouvait, en 1826, soutenir la comparaison avec Buénos-Ayres, sous le rapport de l'activité de la presse périodique ; dans cette année on n'y publiait pas moins de dix-sept journaux ; ce nombre est aujourd'hui réduit à cinq ou six. Malgré les sanglantes révolutions dont elle a été le théâtre depuis 1800, cette ville possède encore une population qu'on s'accorde à estimer à 90,000 âmes ; dans ce nombre, on compte quelques milliers d'Anglais, d'Italiens, de Français, d'Allemands et d'autres nations d'Europe et d'Amérique. On y rencontre aussi quelquefois des gauchos, espèces de pâtres cavaliers qui gardent dans les immenses plaines de la contrée d'innombrables troupeaux de chevaux et de bœufs. Ces hommes, à demi sauvages, passent leur vie à cheval ; féroces et indomptables, ils ont joué un grand rôle dans la guerre de l'indépendance.

BUFFLE, animal de la famille des bœufs. (Voyez *Bœuf*).

BUFFON (George-Louis-Leclerc, *comte* de), naquit, en 1707, à Montbar (Côte-d'Or). Fils d'un conseiller au parlement de Dijon, il reçut une éducation brillante. Pour compléter ses études, il voyagea en Suisse, en Italie et en Angleterre, et à son retour en France, il se fit connaître par des expériences de physique et d'économie rurale, et par plusieurs savants mémoires. Ses travaux lui ouvrirent, dès 1739, les portes de l'Académie des sciences, et il fut bientôt appelé à l'intendance du Cabinet d'histoire naturelle et du Jardin du roi. Dès lors il consacra son génie tout entier à l'étude de l'histoire naturelle. Profitant des ressources que lui offrait le bel établissement qu'il dirigeait, il entreprit de reprendre le plan d'Aristote, de lui donner plus de développement, de tracer enfin le tableau de la nature entière : s'associant Daubenton, savant anatomiste, il lui confia la description des formes, la partie anatomique, et se réserva tout ce qui a rapport aux grands phénomènes de la nature, aux vues générales, aux mœurs et aux habitudes des animaux. Pendant dix ans, Buffon travailla sans relâche et dans le silence, et en 1749, parurent les premiers volumes de l'*Histoire natu-*

relle. Ces pages brillantes, le plus beau modèle de la noblesse et de l'harmonie du style, opérèrent une révolution dans les esprits; chacun se sentit du goût pour cette science, que Buffon présentait sous un jour tout nouveau. La *Théorie de la terre* eut de nombreux partisans et d'ardents détracteurs; les *Idées générales sur les animaux*, et l'*Histoire de l'homme* eurent un succès complet; l'éloquent tableau du développement physique et moral de l'homme est la plus belle page de la philosophie moderne. Douze volumes suivirent successivement les trois premiers, ils renferment l'*Histoire des quadrupèdes et des oiseaux.* Enfin parurent l'*Histoire des minéraux*, et les *Epoques de la na-*

ture, chef-d'œuvre de Buffon. Les souffrances d'une grave maladie vinrent arrêter ses travaux; il se renferma alors dans les soins de l'agrandissement et de l'embellissement du Jardin des Plantes. Placé au premier rang des écrivains et des savants, Buffon obtint tous les honneurs; l'Académie française l'avait reçu dans son sein en 1753, et avant de mourir, il put voir sa statue placée à l'entrée du Musée d'histoire naturelle avec cette inscription : *Majestati naturæ par ingenium.* Il mourut en 1788, âgé de 81 ans.

On peut reprocher à Buffon d'avoir trop dédaigné les classifications scientifiques, et de s'être parfois trop laissé emporter par son imagination pour expliquer les phénomènes de la nature. Il a, en outre, le tort de substituer à l'instinct si merveilleux des animaux un froid mécanisme. Les œuvres de Buffon ont été réimprimées un nombre considérable de fois, avec des *suites.* Les meilleures éditions, après l'édition *princeps*, sont celles publiées par MM. Lamouroux et Desmarest (1824-32, 42 vol. in-8°), et par Fr. Cuvier (1829-31).

BUIS (*buxus*). On ne connaît guère en France que l'espèce naine du buis (*buxus humilis*), dont on fait des bordures dans les jardins, mais il existe dans les parties méridionales et montagneuses de l'Europe, et dans l'Asie, deux espèces arborescentes qui montent à plusieurs mètres de hauteur, et forment des massifs. Le bois du buis est si compacte et si dense qu'il va au fond de l'eau: il est d'une dureté considérable et est exempt de carie, ce qui le fait rechercher pour les ouvrages de tour et de tabletterie. On l'emploie aussi pour la gravure sur bois. Les feuilles auxquelles on attribue des propriétés sudorifiques sont quelquefois employées comme succédanées du houblon, mais elles n'en possèdent pas l'amertume agréable, et leur âcreté en rend l'usage difficile; c'est sans doute à cette qualité que le buis doit d'être respecté par les animaux. — Le buis est un genre de la famille des euphorbiacées, à fleurs monoïques.

BUISSON. On donne ce nom à tous les arbrisseaux et arbustes sauvages bas et très rameux, soit qu'ils aient des épines, soit qu'ils en soient dépourvus.

Buisson ardent. C'est le nom d'une espèce de néflier, le *mespilus pyracantha*, à cause du rouge vif de ses gros bouquets de fleurs. Il est originaire de Virginie.

BUKHAREST ou BUCHAREST, capitale de la Valachie, est située sur la Dumbovitza, dans une vaste plaine marécageuse, elle est le siége d'un archevêché grec. Ce n'est, dit Malte-Brun, qu'un grand village, où quelques châteaux, plusieurs beaux et grands couvents, les tours nombreuses de soixante églises grecques, se perdent parmi des jardins fleuris, des bosquets odorants, des promenades délicieuses. Ses rues sont droites, assez larges et presque toutes garnies, au lieu de pavé, d'un plancher en madrier, sous lequel on a creusé de larges canaux pour recevoir les immondices. Les maisons sont construites en briques, enduites de plâtre et blanchies en dehors et en dedans. Le palais où résidait l'hospodar, vaste édifice, brûlé en 1813 par accident, a été rebâti depuis. Les hôtels des consuls autrichien et russe, le palais archiépiscopal, l'église métropolitaine et la tour du Kolza ou Hôpital sont les bâtiments les plus remarquables. Bukharest pourrait être regardée comme le point de partage entre la civilisation européenne et la civilisation asiatique; les mœurs et les usages de ces deux parties du monde viennent pour ainsi dire s'y confondre. Le lycée, qui comptait, il y a quelques années, douze professeurs et près de trois cents étudiants; la bibliothèque publique et la société littéraire sont des établissements qui doivent être mentionnés, ainsi que la gazette en valaque qu'on y publie depuis quelque temps. L'industrie de cette ville est très petite eu égard à son étendue; mais en revanche le commerce y était très considérable avant la dernière guerre, époque où l'on portait jusqu'à 80,000 le nombre de ses habitants.

BUKHARIE. Voyez *Boukharie.*

BULBE (*bulbus*). On donne ce nom au corps plus ou moins arrondi et charnu, formé d'écailles insérées les unes sur les autres et naissant au-dessus de la racine chevelue d'un certain nombre de plantes vivaces. L'ognon comestible est un bulbe, les tulipes et les lis naissent d'un bulbe qui forme le collet de leur racine.

BULGARES, peuple de la famille ouralienne ou scythique, qui se divise en deux rameaux : *Bulgares du Volga* et *Bulgares du Danube.* Les premiers se montrent après que les Huns ont disparu de la scène historique. Au xe siècle, on les signale comme un peuple mahométan et nomade : ils firent venir de Bagdad des architectes pour construire leur première ville, dont on voit encore les ruines près de Kazan. Ils furent anéantis par les Mongols au xiiie siècle, et plus tard, leur pays fut conquis par les princes de Moscou. — Les Bulgares du Danube paraissent sur ce fleuve à la fin du ve siècle : des Slaves se mêlèrent avec eux. Ce peuple était belliqueux et tellement féroce que Jornandès voit en eux un fléau envoyé du ciel. Ils menacèrent Constantinople d'où ils ne purent être repoussés que par Bélisaire. Ils formèrent, de 679 à 1392, un royaume indépendant et chrétien, qui, sous les princes appelés Asanides, embrassa même la Valachie, Bajazet 1er le subjugua. Depuis lors leur

pays forme une province septentrionale de l'empire ottoman, séparée de la Valachie par le Danube, et ayant à l'est la mer Noire sur laquelle elle possède le port de Varna. La population est de 1,800,000 habitants, attachés à la religion grecque. Les principales villes sont Sophia, qu'on regarde comme la capitale, Viddin, Choumla, Routchouk, Silistri, etc.

BULLANT (Jean), sculpteur et architecte français du xvie siècle, passa sa jeunesse en Italie, où il étudia l'architecture. De retour en France, il bâtit le château d'Ecouen, celui des Tuileries avec Philibert Delorme, l'hôtel de Soissons pour Catherine de Médicis, etc. On lui doit une *Règle générale d'architecture.* Il mourut en 1578.

BULLE, titre réservé aux rescrits du souverainpontife qui traitent d'affaires considérables pour l'Eglise : ils doivent être écrits sur parchemin et scellés d'un sceau particulier, *bulla,* d'où leur nom de bulle. Ce sceau est en plomb : il porte d'un côté les images de saint Paul et de saint Pierre; et de l'autre le nom du pape avec l'année de son pontificat. Si l'acte a rapport à quelque grâce, le sceau est suspendu à des fils de soie; s'il appartient à la justice, le sceau est attaché avec une corde de chanvre. — Le pape prend dans ses bulles le titre d'évêque, serviteur des serviteurs de Dieu. Dans aucun Etat les bulles ne sont publiées sans la permission de l'autorité civile. Les *bulles doctrinales* d'enseignement portent cette clause : *ad perpetuam rei memoriam.* Les évêques ne sont sacrés que quand ils ont reçu de Rome leurs *bulles d'institution.* Les *bulles d'excommunication* sont assujéties à des formalités très rigoureuses : on en lisait une ordinairement en public le jeudi saint; c'est pourquoi on l'appelle *Bulle in cœna Domini.* Clément XIV fit cesser cette coutume en 1770. Il existe un grand nombre de bulles dans l'histoire ecclésiastique; on les désigne ordinairement par les premiers mots latins du texte : telles sont les bulles *clericis laïcos* (1296), *ausculta fili* (1301), *unam sanctam* (1302), causes des querelles de Philippe-le-Bel avec le pape; la *bulle unigenitus* (1713), qui réveilla les troubles du jansénisme. Les dernières bulles sont : celle par laquelle Pie VII excommunia Napoléon (10 juin 1809), et celle du même pape qui rétablit les jésuites et fulmina contre les carbonari (7 août 1814).

La *bulle d'or* est aussi le nom du grand sceau de l'empire germanique, et l'on appelle spécialement ainsi les règlements sur l'élection et le couronnement des rois des Romains, le nombre et les droits des électeurs, etc., qui furent publiés par Charles IV en 1356. On cite encore la *bulle d'or de Brabant* (1360) et celle de *Milan* (1349).

BUONAROTTI. Voyez *Michel-Ange.*

BUPRESTE (*buprestis*, du grec *bous*, bœuf, et *prétho*, enfler). Les anciens donnaient ce nom à une espèce d'insectes qui, disaient-ils, faisaient enfler et crever les animaux qui l'avalaient en paissant l'herbe. Le célèbre entomologiste Latreille a prouvé que cet insecte devait se rapporter au genre *meloe*, dont les propriétés vésicantes sont très prononcées; mais Linné ayant déjà appliqué ce nom à une famille d'insectes coléoptères, sa nomenclature a prévalu, bien qu'ils n'eussent rien de commun avec l'insecte dont parlent les anciens. La famille des buprestes renferme les plus splendides insectes connus; on les a nommés *richards*, pour donner une idée de l'éclat de leur enveloppe. On trouve chez eux les couleurs métalliques les plus étincelantes; mais leurs formes sont lourdes et peu gracieuses. Les buprestes sont nombreux en espèces, surtout dans les pays chauds, où se rencontrent les plus grandes espèces et celles qui ont les couleurs les plus élégantes. Leurs larves sont des vers blancs qui vivent dans le tronc des arbres. Quelques espèces ont le corps parsemé de pinceaux de poils colorés qui font le plus singulier effet (*julodis*). Leur taille varie depuis une ligne de longueur jusqu'à près de trois pouces (*chrysochroa bicolor*).

BURCKHARDT (Jean-Louis), voyageur né à Lausanne, en 1784, d'une famille patricienne de Bâle, montra dès sa jeunesse un grand goût pour les voyages. Il fut chargé en 1806, par la société africaine, d'explorer l'intérieur de l'Afrique, et se prépara à cette expédition par l'étude approfondie de la langue et des mœurs de l'Orient. Il se fit passer pour un marchand arabe dont il prit le nom et le costume, et parcourut ainsi l'Arabie et la Nubie; il visita le mont Liban, la Mecque et le mont Sinaï, et se préparait à partir pour le Fezzan, lorsqu'il fut emporté au Caire par une fièvre violente. Il mourut en 1817. On a publié d'après ses journaux la relation de ses voyages qui se distingue surtout par la fidélité et l'exactitude, qualités malheureusement trop rares chez les voyageurs.

BURE et BUREAU, étoffe grossière, de cou-leur brune, qui servait autrefois au vêtement des gens du peuple et à celui des religieux. On en couvrait les tables destinées à écrire, et qui ont pris de là le nom de *bureau* qu'elles ont conservé. On a par extension donné le nom de *bureau* au lieu dans lequel on travaille.

BUREAUCRATIE, nom de formation assez barbare, par lequel on désigne l'influence de l'administration sur les affaires publiques et privées. La bureaucratie est le produit naturel de la centralisation. Dans l'ancien régime, les revenus et même le pouvoir étant pour ainsi dire affermés à quelques privilégiés, les agents directs du gouvernement étaient peu nombreux, les commis, disséminés dans quelques bureaux de ministres, de gouverneurs de province, de fermiers généraux, disparaissaient aux yeux de la nation. Mais quand la révolution se ressaisit partout d'une influence directe, quand elle établit sur tous les points le rayonnement d'un contrôle central, tous les agents inférieurs réunis hiérarchiquement formèrent un corps immense, qui s'est accru sans cesse sous nos gouvernements divers, et particulièrement sous les gouvernements constitutionnels. — La bureaucratie, ou pour mieux dire l'administration centralisée, a ses avantages radicaux : l'unité d'action, la régularité, etc.: la détruire, ce serait frapper les bases de l'unité nationale. Elle a ses abus : la paperasserie, la multiplicité des détails d'où la lenteur dans l'expédition des affaires, le parasitisme des emplois, la corruption quelquefois, souvent l'esprit de corps et même la morgue dans les rapports des employés avec les simples citoyens. Ces vices inhérents aux institutions humaines peuvent disparaître, en partie, par la vigilante fermeté des chefs et la simplification des rouages administratifs.

BURGOS, ancienne capitale de la Vieille-Castille, aujourd'hui chef-lieu de la capitainerie de Burgos. Cette ville, dont la population s'élève à 12,000 âmes, possède quelques monuments remarquables, tels que sa cathédrale et son hôpital royal. Elle fait encore quelque commerce en laine et a quelques fabriques; mais elle est bien déchue de la splendeur dont elle a brillé jadis comme capitale de la monarchie espagnole, avant Tolède et Madrid. Elle est enceinte de murailles et possède un château fort, redoutable au moins par sa position élevée; cette place est la clef des routes principales de l'Espagne, qui y convergent des quatre points cardinaux. C'est pourquoi les Français y dirigèrent leurs efforts dans la campagne de 1808. Le désastre de Baylen avait relevé l'ardeur des insurgés, et la réserve espagnole occupait la position centrale de Burgos, sur laquelle Napoléon lança lui-même

Château de Burgos.

les corps de Soult et de Bessières. Malgré le feu de trente pièces de canon, la première charge des Français mit l'ennemi dans une déroute si complète, que l'on entra pêle-mêle avec lui dans la ville où la forteresse fut immédiatement occupée. Ce beau fait d'armes, qui était presque un acte de témérité, mit au pouvoir du vainqueur douze drapeaux et toute l'artillerie de l'ennemi.

BURGRAVE (*hist.*), mot dérivé de l'allemand *burg graf*, comte du château. On appelait ainsi, au moyen-âge, le capitaine et gouverneur d'un château seigneurial. Depuis, cette dénomination a été appliquée au gardien d'un château appartenant à des enfants mineurs. Mais à la chute de la monarchie de Charlemagne, les burgraves se rendirent pour la plupart indépendants. Une œuvre dramatique encore récente a peint avec énergie la vie de ces seigneurs brigands du burg, qui luttaient à la fois contre les villes et les empereurs, et se montraient en même temps pillards et hospitaliers, ennemis du riche et du puissant, protecteurs du pauvre et du faible. Nous avons dit à l'article *Bourgeois* comment la société moderne se forma sous l'ombre de leurs manoirs.

BURIN, instrument employé dans la gravure sur métaux et autres corps durs. C'est un barreau d'acier d'environ 4 ou 5 pouces de longueur, de quelques lignes d'épaisseur, coupé obliquement à l'une de ses extrémités et portant à l'autre un manche court et arrondi ; sa pointe doit toujours être aiguë et tranchante pour inciser le métal. (Voyez *Gravure*.)

BURKE (Edmond), célèbre orateur, né à Dublin en 1730, exerça d'abord à Londres la profession d'avocat. Il se fit bientôt connaître par divers écrits et notamment par un *Essai sur le beau et le sublime*, qui le plaça au rang des premiers écrivains de l'Angleterre. Élu membre du parlement en 1765, il embrassa le parti de l'opposition, se montra favorable aux réclamations de l'Amérique anglaise, et attaqua avec une rare éloquence le gouverneur des Indes orientales, Hastings, qui avait abusé de son pouvoir. Burke se déclara l'adversaire de la révolution française, et l'attaqua dans un écrit : *Réflexions sur la révolution française*, qui eut un immense retentissement, et ne contribua pas peu à soulever en Europe les préventions populaires. Les écrits de Burke ont été traduits dans presque toutes les langues ; son style animé est plein de verve et de finesse. Comme orateur, il éleva l'éloquence anglaise à une hauteur qu'elle n'avait jamais atteinte. On lui attribue les fameuses *Lettres de Junius*. Il mourut en 1797.

BURLESQUE (*littérature*), mot calqué sur l'italien *burlesco*, qui vient lui-même de *burlar*, se moquer. C'est un genre de composition destiné uniquement à faire rire le lecteur, et dans lequel on n'emploie que des idées et des expressions bouffonnes, extravagantes et souvent triviales. Le genre burlesque est originaire de l'Italie, où il avait produit le *seau enlevé* de Tassoni : comme le mot lui-même, il était encore nouveau en France au temps de Ménage (1650). On l'employa surtout à parodier les ouvrages sérieux de l'antiquité. Scarron y réussit particulièrement, et l'on peut encore relire avec agrément quelques vers de son Enéide travestie ; quelques vers seulement, parce que ce parti pris d'être toujours plaisant entraîne une monotonie insupportable. Après lui, d'Assoucy, comme dit Boileau, « trouva des lecteurs. » Une partie du théâtre de Cyrano de Bergerac, et particulièrement son rôle de capitan, tant aimé du public, appartiennent au burlesque. Longtemps oublié et dédaigné, le burlesque se retrouve aujourd'hui dans la caricature, les petits journaux et certains théâtres de vaudeville : on l'appelle la *charge*.

BURRHUS (Afranius), commandant des gardes prétoriennes et gouverneur de Néron avec Sénèque, se distingua au milieu d'une cour corrompue par ses vertus. Néron fut le meilleur des princes tant qu'il suivit ses conseils; mais enfin, fatigué de ses censures, il le fit empoisonner l'an 62 avant Jésus-Christ.

BUSES et BUSARDS. Ces oiseaux forment un groupe distinct dans la famille des falconidés (*faucons*). Les buses (*buteo*) ont les ailes longues, atteignant au moins l'extrémité de la queue; la queue est égale, le bec courbé dès sa base; et l'intervalle entre lui et les yeux sans plumes, les pieds sont forts. Nous en possédons deux espèces qui sont : la buse commune, brune plus ou moins ondée de blanc au ventre et à la gorge, à tarses nus et écussonnés; c'est l'oiseau de proie le plus abondant et le plus nuisible de nos contrées. « Elle n'a guère, dit Buffon, que quatre pieds et demi de vol, sur vingt ou vingt-un pouces de longueur de corps. Cet oiseau demeure toute l'année dans nos forêts. Il paraît assez stupide, soit dans l'état de domesticité, soit dans celui de liberté. Il est assez sédentaire et même paresseux : il reste souvent plusieurs heures de suite perché sur le même arbre. Cet oiseau de rapine ne saisit pas sa proie au vol; il reste sur un arbre, un buisson ou une motte de terre, et de là se jette sur le petit gibier qui passe à sa portée : il prend les levrauts et les jeunes lapins, aussi bien que les perdrix et les cailles; il dévaste les nids de la plupart des oiseaux; et se nourrit aussi de lézards, de serpents, de sauterelles, etc., lorsque le gibier lui manque.» La buse patue, de même taille que la buse commune, variée assez irrégulièrement de brun plus ou moins clair, et de blanc plus ou moins jaunâtre, avec les tarses emplumés jusqu'aux doigts. C'est un des oiseaux de proie les plus répandus. Les busards (*cincus*) diffèrent des buses, dont ils ont d'ailleurs tous les caractères, par leurs tarses plus élevés et par une espèce de collier que les bouts des plumes qui couvrent leurs oreilles forment de chaque côté de leur cou. Nous en avons en France trois espèces, qui sont : La sous-buse, brune dessus, fauve, tachetée dans sa longueur de brun en dessous, longue de près de vingt pouces pour la femelle. L'oiseau saint-martin, cendré, à pennes des ailes noires et d'une taille plus petite, n'est que le mâle de la même espèce, qui, dans sa vieillesse, devient presque entièrement blanc, avec les pennes des ailes toujours noires. Cette espèce niche par terre, et chasse sur le soir aux rats, aux jeunes perdreaux, etc. Le busard com-

mun ou busard des marais, de même taille que le précédent, brun, avec du fauve clair à la tête et à la poitrine. « Il ne se tient, dit Buffon, que dans les buissons, les haies, les joncs, et à portée des étangs, des marais et des rivières poisson-

Buse commune.

neuses; il niche dans les terres basses. Le busard chasse de préférence les poules d'eau; il prend les poissons vivants, et les enlève dans ses serres; au défaut de gibier ou de poissons, il se nourrit de reptiles, de crapauds, de grenouilles et d'insectes aquatiques.»

BUSIRIS, selon les Grecs, roi d'une partie de l'Egypte, fils de Neptune et d'Anippe ou de Libye. Pour faire cesser une peste qui ravageait ses Etats, il immolait aux dieux des victimes humaines, et surtout des étrangers. Hercule le vainquit et le tua. Quelques archéologues confondent Busiris avec Osiris. Ce qu'il y a de positif, c'est qu'il existe dans l'ancienne Egypte deux villes appelées Bousiris ou Pousiris, dans l'une desquelles les Grecs plaçaient le tombeau de Busiris; l'autre étant pour eux Taphousiris ou le tombeau d'Osiris.

BUSSY LECLERC (Jean), un des chefs de la faction des seize pendant la ligue, fut nommé commandant de la Bastille, et y enferma le parlement (1589). Il s'est rendu fameux par son fanatisme. Il ne rendit plus tard la Bastille qu'à la condition d'avoir la vie sauve, et se réfugia à Bruxelles.

BUSSY-RABUTIN (Roger, *comte* de), né à Epiry dans le Nivernais, en 1618, se distingua d'abord dans la carrière militaire. Colonel à 18 ans, il conquit par sa valeur les grades de mestre-de-camp et de lieutenant-général, et s'acquit une grande réputation par la finesse et la causticité de son esprit. Il encourut la colère de Louis XIV pour avoir chansonné les amours du grand roi et de madame de La Vallière, et passa un an à la Bastille, d'où il ne sortit que pour être exilé dans ses terres. Il se consola par la culture des lettres. Il composa l'*Histoire amoureuse des Gaules*, chronique scandaleuse où il décrit les mœurs galantes de la cour pendant la jeunesse du roi. Cet ouvrage, souvent réimprimé, est le seul dont on se souvienne aujourd'hui. Il a laissé en outre des *Lettres*, des *Mémoires* et une *Histoire abrégée de Louis-le-Grand*, pleine d'adulations. On l'a surnommé le *Pétrone français*, mais il n'avait ni la verve ni la vigueur de ce poète. Il mourut en 1693.

BUTLER (Samuel), célèbre poète satirique anglais, naquit à Strensham (Worcester) en 1612. Il se fit connaître de bonne heure par son talent poétique, et fut attaché à la maison de la duchesse de Kent. Témoin de la révolution anglaise, et du fanatisme religieux et politique de ses contemporains, il écrivit le fameux poème burlesque d'*Hudibras*, persifflage rempli de verve et d'esprit, fait contre les indépendants et les puritains qu'il détestait cordialement. Ce poème rempli d'allusions est aujourd'hui fort difficile à comprendre. Il eut, à l'époque de sa publication (1663), un succès immense, mais ne rapporta que de la gloire à son auteur, qui mourut dans la misère en 1673. Il a été traduit en vers français par l'Anglais Townlay. Butler est aussi l'auteur de plusieurs satires et de pensées diverses. Il a composé en prose un Traité sur la raison, et des Caractères imités de Théophraste.

BUTORS. Voyez *Hérons.*

BUZOT (François-Nicolas-Léonard) naquit à Évreux en 1760. Il fut d'abord avocat dans cette ville, puis successivement député aux Etats-généraux, président du tribunal criminel de son département, et enfin membre de la Convention nationale. Nourri dès son enfance de la lecture des historiens de la Grèce et de Rome, il fut révolté de la frivolité et de la mollesse qui régnaient à la cour de Versailles, et développa dans l'Assemblée ses principes républicains. Buzot devint un des chefs du parti de la Gironde; il vota la

condamnation de Louis XVI, mais demanda l'appel au peuple, puis un sursis. Le sursis fut rejeté, et Buzot fut accusé d'être un partisan de la royauté. Il repoussa cette accusation et dénonça à son tour Robespierre comme aspirant à la dictature. Proscrit avec tous les girondins, il erra de département en département; ses biens furent confisqués, sa maison rasée. Refugié avec Barbaroux et Pétion dans la maison d'une belle-sœur de Guadet, ils en furent chassés par une visite domiciliaire. Ils fuyaient à travers champs, lorsque se croyant poursuivis ils s'ôtèrent la vie. Le lendemain on trouva leurs cadavres à moitié dévorés par les animaux. Buzot avait alors 34 ans.

BYRON (Georges-Gordon, *lord*), célèbre poète anglais, descendant d'une des plus illustres familles de l'Angleterre, naquit le 22 janvier 1788, à Douvres. Peu de temps après sa naissance, son père passa en France où il mourut, laissant à sa

mère le soin de l'élever. Par suite de la tendresse et de l'indulgence que nécessitaient sa santé délicate et une infirmité qu'il avait au pied, au lieu d'être envoyé dans les écoles avec les autres enfants, il lui fut permis de parcourir en liberté les montagnes du Nord. On peut remarquer dans plusieurs parties de ses ouvrages l'influence de ces premières années. La grandeur de la nature qui l'environnait ; la conversation d'un peuple dont les plus grands plaisirs consistaient, à cette époque encore, dans les récits d'exploits héroïques, d'actions d'éclat, entremêlés d'histoires surnaturelles, et, pardessus tout, la liberté illimitée dont il jouissait, lui firent une espèce d'éducation préparatoire beaucoup plus poétique que celle qu'il eût obtenue à l'abbaye de Newstead. Après quelques années d'habitation dans les montagnes, son grand-oncle *Guillaume*, cinquième lord Byron, étant mort à l'abbaye de Newstead, Georges hérita de ses titres et domaines ; il avait alors environ dix ans. Par suite de ce changement de fortune, il passa de la tutelle de sa mère sous celle du comte de Carlisle, son parent, et fut envoyé au collége d'Harrow, où il resta pendant six années ; de là il passa au collège de Cambridge. A cette époque, son esprit se tourna vers la satire, et son premier essai tomba sur les doyens et les docteurs de Cambridge, qui lui en ont toujours montré beaucoup de rancune. A l'âge de 19 ans, lord Byron fit ses adieux à l'Université et se retira au sein de sa famille ; ce fut là qu'il composa et fit paraître, à Newark, un recueil de poèmes, sous le titre de : *Heures de loisir*. Quoique peu remarquable et sans prétention, ce petit volume lui attira, de la part de la *Revue d'Édimbourg*, qui alors tenait le premier rang en fait de critique et jugeait sans appel, des attaques violentes ; mais le poète s'en vengea en faisant paraître, peu de temps après : *les Bardes anglais et les faiseurs de revues écossais*, ouvrage dans lequel il couvrit ses adversaires d'un tel ridicule, qu'ils ne purent jamais s'en relever. — Quand il eut atteint sa majorité, Byron résolut de voyager pour augmenter la connaissance qu'il avait déjà de l'esprit humain ; il fit voile pour Lisbonne, visita le midi de l'Espagne, traversa la Méditerranée et aborda les montagnes sauvages de l'Albanie, dont la vue âpre et les habitants plus rudes encore firent sur son esprit une impression profonde ; ayant parcouru dans tous les sens cette terre classique de la Grèce, après avoir étudié sa nature avec l'œil d'un poète et d'un peintre, et ses habitants avec la tête d'un sage et le cœur d'un patriote, il retourna en Angleterre, ayant recueilli de son voyage plus de fruits que n'en eût rapporté tout autre. Peu après son retour, parurent le premier et le second chant de *Child-Harold*; jamais aucun poème n'avait excité une attention et une admiration aussi universelles. Lord Byron, qui n'a-

vait pas encore atteint sa 33e année, fut depuis ce moment regardé comme le premier poète de l'époque. Il publia ensuite quatre poèmes : *le Giaour, la Fiancée d'Abydos, le Corsaire*, et *Lara*, qui se suivirent de près, œuvres remarquables par la hardiesse du sentiment et la vigueur du coloris. — Le 2 janvier 1815, lord Byron épousa la fille unique de sir Ralph Milbank, baronet, dans le comté de Durham ; mais ce mariage, bien qu'il augmentât considérablement sa fortune, n'apporta aucun bonheur au poète. Après une séparation dont les causes n'ont jamais été bien connues, il quitta l'Angleterre, remonta les rives du Rhin, visita les Alpes et le lac de Genève, et publia peu après le troisième chant de Child-Harold ; vers le même temps il fit paraître, outre quelques ouvrages moins importants : *le Prisonnier de Chillon Manfred* et *la Plainte du Tasse*. Pendant son séjour en Italie, Byron compléta le pèlerinage d'Harold par un poème du sentiment le plus tendre et du goût le plus exquis. Sous le ciel pur de l'Italie son esprit devint plus enjoué, et il publia *Beppo* et *Mazeppa*. Ce fut à cette époque qu'il traça le plan de l'ouvrage qui, s'il eût assez vécu pour le compléter, eût été le plus remarquable de tous ses poèmes, *don Juan*. Ce dernier ouvrage, renfermant plus d'allusions politiques et plus de personnalités que tous ses ouvrages précédents, excita des clameurs surtout parmi ceux sur lesquels s'appesantissait sa plume. En même temps que *don Juan*, il fit paraître un essai, dans un genre nouveau pour lui, ce sont des *Drames sacrés*. Ceux-ci, avec la continuation de *don Juan* jusqu'au seizième chant, furent les derniers travaux poétiques de l'illustre barde. Son activité prit une direction nouvelle et peut-être plus glorieuse ; il consacra dès-lors tout son pouvoir à arracher la Grèce de l'esclavage, en lui prodiguant sa fortune et son génie ; mais attaqué à Missolonghi d'une fièvre rhumatismale, il fut enlevé après dix jours de souffrances à ses nombreux amis, et aux Grecs dont il avait si bien secondé les efforts, le 9 avril 1824. On a publié un grand nombre d'éditions des *OEuvres* de Byron ; elles ont été traduites en français, par MM. Amédée Pichot, Paulin Paris et Benjamin Laroche. Thomas Moore a écrit la *Vie de Byron*.

BYSSUS (du grec *bussos*, fil de lin). Les anciens donnaient le nom de *byssus* à des étoffes faites avec les filaments d'une plante inconnue aujourd'hui, et dont la culture s'est perdue à mesure que la soie du bombyx du mûrier s'est introduite en Europe. Aujourd'hui on donne ce nom en botanique à des filaments délicats, rameux, rampants, déliquescents, qui croissent dans les lieux humides et dépourvus de lumière, tels que les mines et les caves. (Voyez *Champignons* et *Mousses*.) — On désigne encore sous le nom de *byssus* une touffe de filaments qui sort de la coquille de certains mollusques lamellibranches, et leur sert à s'attacher aux corps sous-marins. Ces animaux sont pourvus d'une sorte de pied rudimentaire contractile, à l'aide duquel ils filent le byssus dont la matière est fournie par une glande particulière. (Voyez *Jambonneau, Pinne, Tridacne*.) Les habitants de la Calabre et de la Sicile en fabriquent des étoffes précieuses d'un brun doré à reflets verdâtres, recherchées pour leur moelleux et leur finesse.

BYZANCE. Voyez *Constantinople.*

BYZANTIN, INE, qui appartient à Byzance ; — EMPIRE BYZANTIN. Voyez *Bas-Empire.* — *Art byzantin*, expression qui désigne l'ensemble des travaux d'architecture, de sculpture et de peinture, exécutés à Constantinople depuis l'époque où cette ville devint la capitale de l'empire, en 395, jusqu'à sa ruine, en 1453. On indique aussi par cette dénomination le style qui prévalut dans les productions des artistes de l'empire d'Orient. C'est en général une raideur toujours croissante, la profusion des ornements, la recherche asiatique de la magnificence et du gigantesque plutôt que de la beauté des formes et des proportions. Comme l'architecture romaine était déjà une dégénérescence de celle des Grecs, l'architecture byzantine suivit les mêmes voies : elle entassa les unes sur les autres des voûtes hémicycliques ou sphériques, et les supporta par de minces piliers ; elle supprima l'intermédiaire des corniches et même l'abaque des chapiteaux qui n'appartinrent plus à aucun ordre, et qu'elle couvrit d'ornements capricieux. La profusion des marbres et des métaux précieux sembla propre à remplacer toute autre beauté. La sculpture et la peinture, restreintes longtemps par le triomphe des iconoclastes aux seules arabesques ou à l'imitation de la nature morte, se réveillèrent pourtant au IX° siècle, après le rétablissement du culte des images ; mais ces arts aussi dégénérèrent en un misérable mécanisme. Les figures du Christ, de la Vierge, des apôtres, devant reproduire minutieusement un type convenu, ce style officiel s'introduisit bientôt dans toutes les parties de l'art, et les empereurs, les hommes célèbres, les saints personnages prirent la même physionomie, les mêmes traits et toujours la même attitude : les proportions même se perdirent ; le nu, l'âme de la peinture et de la sculpture ne trouva plus aucune place, ne fut même plus accusé ; les vêtements devinrent en revanche extrêmement riches, on y mit des ornements d'or ; on crut enrichir les statues en leur donnant des joyaux et des pierres précieuses. Le fonds même des tableaux fut doré tout entier. Cette tendance fut encore accélérée par l'emploi fréquent de la mosaïque. (Voyez.) Quant au style spécial des ornements, également distinct du roman et de l'arabesque, mais tenant un peu des deux, des dessins peuvent seuls en donner une idée exacte. C'est néanmoins dans l'art byzantin que s'est conservé un germe précieux de celui des Grecs, genre d'où est sortie la renaissance moderne. Les types religieux créés à Constantinople furent apportés dans l'occident, comme le style d'architecture de Sainte-Sophie se reproduisait dans l'église de Saint-Marc, à Venise : ce furent eux qui enfantèrent la première école de peinture d'Italie, et l'école allemande de Cologne.

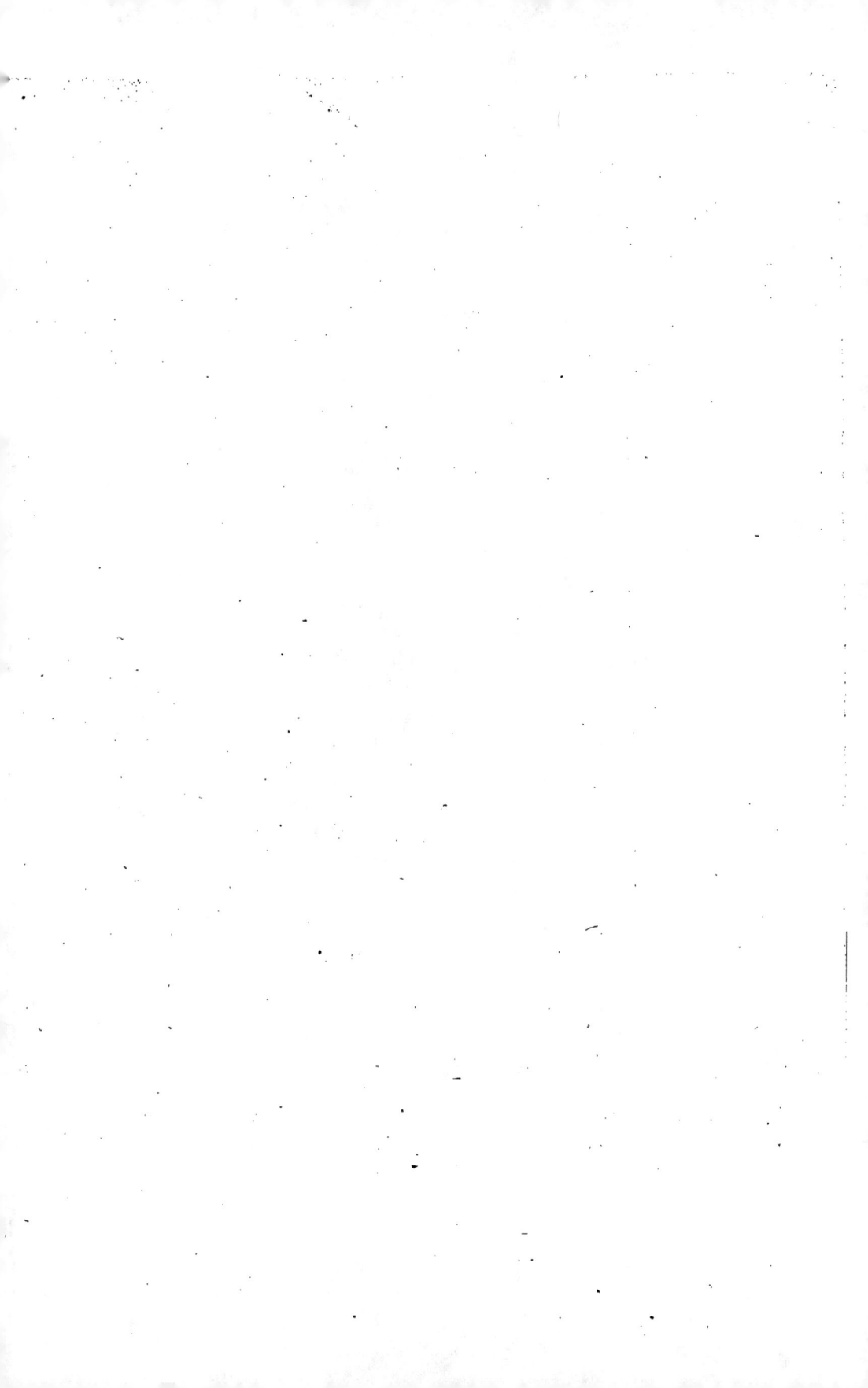

www.ingramcontent.com/pod-product-compliance
Lightning Source LLC
Chambersburg PA
CBHW071138270326
41929CB00012B/1800